Diogenes Taschenbuch 23881

Egon Friedell

Kulturgeschichte des Altertums

Kulturgeschichte Ägyptens und des alten Orients / Kulturgeschichte Griechenlands

Leben und Legende der vorchristlichen Seele

Diogenes

Dieser Band versammelt erstmals
die *Kulturgeschichte Ägyptens und des alten Orients*
und die *Kulturgeschichte Griechenlands.*
Die erste Auflage der *Kulturgeschichte Ägyptens
und des alten Orients* erschien 1936 in Zürich
(unter dem Titel ›Kulturgeschichte des Altertums:
Ägypten und Vorderasien‹), die zweite Auflage 1947 in London.
Die Kulturgeschichte Griechenlands erschien posthum
1950 in München, herausgegeben von Walther Schneider.
Umschlagillustration: Carl Werner,
›Pyramiden von Gizeh‹, 1870
Foto: Copyright © Archiv für Kunst
und Geschichte, Berlin

Veröffentlicht als Diogenes Taschenbuch, 2009

www.diogenes.ch
30/09/36/1
ISBN 978 3 257 23881 5

Diese *Kulturgeschichte des Altertums* steht zu meiner dreibändigen *Kulturgeschichte der Neuzeit* in keiner unmittelbaren Beziehung: sie setzt deren Lektüre nirgends voraus, auch nicht an den seltenen Stellen, wo sie sich auf sie beruft; sie will aber auch nicht umgekehrt eine Art nachträgliche Einleitung zu ihr bilden; und sie stellt nicht einmal ein »Parallelwerk« dar, denn sie ist nach einer anderen Methode angelegt und ausgeführt. Man kann daher ebensogut dieses Werk vor jenem lesen wie jenes vor diesem, aber auch nur dieses oder nur jenes und sogar beide nebeneinander; und man kann auch keines von beiden lesen.

E. F.

Es ist mein tiefster Glaube, daß eine jegliche Arbeit, die das Recht auf diesen Namen hat, eine Berufung vom Sichtbaren auf das Unsichtbare ist, eine Anrufung höherer Mächte.

Carlyle

Inhaltsverzeichnis

Die Kulturgeschichte Ägyptens und des Alten Orients

EINLEITUNG

Die Mär der Weltgeschichte

ERSTES KAPITEL

Das Geheimnis Ägyptens

ZWEITES KAPITEL

Der Turm von Babel

Kulturgeschichte Griechenlands

ERSTES KAPITEL

Ionischer Frühling

ZWEITES KAPITEL

Der Welttag Athens

Kulturgeschichte Ägyptens und des alten Orients

Leben und Legende der vorchristlichen Seele

EINLEITUNG

Die Mär der Weltgeschichte

Versinke denn! Ich könnt' auch sagen: steige!
's ist einerlei. Entfliehe dem Entstandnen
In der Gebilde losgebundne Reiche!
Ergetze dich am längst nicht mehr Vorhandnen!

Faust

Die Dissonanz

Durch den donnernden Flutgang der Jahrtausende tönt eine Stimme, tröstend und warnend: des Menschen Reich ist nicht von dieser Welt. Aber daneben erklingt eine brausende Gegenstimme: diese Erde voll Glanz und Finsternis gehört Dir, dem Menschen; sie ist Dein Werk und Du das ihrige: ihr kannst Du nicht entfliehen. Und Du dürftest es auch gar nicht, selbst wenn Du es könntest! Wie sie geschaffen ist, furchtbar und wunderbar: Du mußt ihr die Treue halten. Diese unaufgelöste Dissonanz bildet das Thema der Weltgeschichte.

Man sollte nun meinen, ja man müßte geradezu fordern, daß jeglicher Geschichtsbetrachtung die Deutung dieses rätselhaften Widerstreits voraufzugehen habe. Denn sonst ist alle Historie ein verschleierter Schlüsselroman. Ehe wir dies nicht erklärt haben, können wir ja gar nicht anfangen. Aber wir *können* es nicht erklären! Hier sich Klarheit oder gar ein Wissen eintäuschen zu wollen, wäre eine Art feinerer Atheismus. In diesem Dilemma besteht das Wesen der Geschichtsphilosophie.

Jeder Mensch, ob er sich dessen deutlich bewußt ist oder nicht, ringt unaufhörlich mit dieser dunkeln Frage. Sie ist die Wurzel und Krone aller Religion, ja: sie zu stellen, ist bereits Religion. Sie verwandelt unsere farbenmächtigsten Künste und unsere fruchtbarsten Wissenschaften in grauen Dunst. Sie erfüllt unseren oberflächlichsten Alltag mit Tiefgang und nimmt unseren wuchtigsten Taten das Schwergewicht. Aber nur ein einziges Mal im Gange des uns bekannten Weltgeschehens ist der Versuch gemacht worden, sie ganz zu Ende zu denken und dadurch zu lösen; und dieser ist mißlungen. Er ist mißlungen; aber trotzdem verdient er unsere ernste und nachdenkliche Betrachtung.

Der unbekannte Gott

Der griechische Kunstschriftsteller Pausanias, der zur Zeit der antoninischen Kaiser seine »Rundreise«, eine Art Cicerone durch die hellenischen Sehenswürdigkeiten, verfaßte, berichtet in Übereinstimmung mit anderen Autoren, daß es in Griechenland von alters her Altäre gegeben habe, die »dem sogenannten unbekannten Gotte« geweiht waren, darunter einen neben der Bildsäule des Zeus von Olympia, dem weltberühmten Goldelfenbeinwerk des Phidias. Und der Kompilator Diogenes Laërtius, der etwa ein halbes Jahrhundert später gelebt haben dürfte, erzählt in seinem Buch über »Leben, Lehren und Aussprüche der berühmten Denker«, einem mehr belletristischen als philosophischen, aber in den Angaben sehr zuverlässigen Werk, daß sogar »anonyme Altäre« vorhanden waren, die überhaupt keine Aufschrift trugen. Man versichert uns zwar, dies seien bloße Äußerungen einer *religio eventualis* gewesen, einer Religion für alle Fälle, die besorgte, man möge vielleicht einen Gott übersehen haben, der in Vergessenheit geraten oder nur im Ausland bekannt geworden sei, auch habe es auf jenen Altaraufschriften nur ganz allgemein geheißen: »Den unbekannten Göttern«, und die Berichterstatter hätten sich bloß verlesen, aus den anonymen Opfersteinen aber spreche die Verehrung einer Art von namenlosen »Gattungsgöttern«; indes, alle diese späten Kalküle einer engbrüstigen Philologenspitzfindigkeit tragen, so »belegt« sie sein mögen, den Stempel superkluger Unglaubwürdigkeit. Viel natürlicher und menschlicher, größer und einfacher wäre es, anzunehmen, schon in den Alten habe ein dunkles Gefühl dafür gelebt, daß der ganze Kreis der Olympischen und selbst der zur »reinen Vernunft« geläuterte Zeus nicht das Wesen der Gottheit umspanne, daß vielmehr einer noch fehle, der sich noch nicht geoffenbart habe und daher unbekannt sei; und zugleich namenlos, da er über allen Namen sei.

An ein solches Heiligtum, das in Athen dem unbekannten Gotte geweiht war, knüpft die Predigt an, die der heilige Paulus auf dem Areopag hielt. Er sagte: »Ihr Männer von Athen! Ich verkündige euch eben diesen Gott, den ihr bisher, ohne um ihn zu wissen, verehrt habt. Denn er ist ja nicht fern von einem jeglichen unter uns: in ihm leben, weben und sind wir.«

Das Licht der Gnosis

Jenes »Wissen um Gott« war auch das Ziel der gnostischen Bewegung, deren Blütezeit in die erste Hälfte des zweiten nachchristlichen Jahrhunderts fällt. Gnosis ist Eingeweihtsein in die Mysterien des Himmels und der Erde, der Natur und der Geschichte, aber nicht durch Spekulation oder Empirie, sondern durch Offenbarung; sie ist *mathesis,* höhere Erkenntnis, *gnosis soterias,* Wissen des heiligen Weges. Sie ist das »Licht«, ein erleuchtetes Schauen, eine innere Erfahrung, man könnte auch sagen: Erfassen durch Intuition, wenn dieser Begriff durch seine heutige Anwendung auf das Schaffen des Künstlers und Forschers nicht schon zu sehr rationalisiert wäre. Diese höchst suggestive Geheimlehre, bilderwütig und orakelsüchtig, verwirrt durch mystifizierenden Formelspuk, barbarische Kultsymbole, abenteuerliche Allegorik, nebulose Weltentstehungslehren, schwankte zwischen Heidenchristentum und neuplatonischer Philosophie, sublimem Spiritualismus und massivem Zauberglauben, Ekstase und Begriffsspalterei unentschlossen hin und her und war auch in der Lebenspraxis halb Askese, halb Libertinismus, da beides sich als eine Konsequenz aus der grundsätzlichen Verachtung der Sinnenwelt rechtfertigen ließ. Denn das Herzstück aller Gnosis ist das Wissen des Geistes um seine Befreiung vom Erdenrest, die Erinnerung der Seele an ihren göttlichen Ursprung. Die vier Grundkräfte, die im Kosmos walten, sind die Materie, die Seele, der Logos und der Geist. Nach ihnen ordnet sich die Hierarchie der Wesen: zuunterst stehen die Gesteine, die bloß Materie sind; auf sie folgen die Pflanzen, die eine Ernährungsseele, und die Tiere, die eine Sinnenseele besitzen; über sie erhebt sich der Mensch, begabt mit der Kraft des Logos, der Vernunft, und befähigt zum Geist zu gelangen, dessen Stufen durch eine immer höher steigende Schar immaterieller Potenzen repräsentiert werden und vor dem Throne Gottes endigen. Auf dieser Leiter entspricht die Seele etwa dem Nervenleben, der Logos den rationalen Fähigkeiten, der Geist aber, das Pneuma, einem Vermögen, das nicht von dieser Welt ist. Dementsprechend gliedert sich auch die Rangordnung der Menschen in die Sarkiker, die bloß dem Fleisch leben, die Psychiker und die Pneumatiker. Reiner Geist und Gott sind dasselbe; aber, sagt der berühmte Basilides, der Hauptvertreter der sogenannten ägyptischen Gnosis, alles Positive und alles Negative, das man von Gott aussagen könne, habe nur den Wert eines Zeichens.

Dem über alles Denken erhabenen göttlichen Urwesen, dem »Unaussprechbaren, Unnennbaren, mit Schweigen Angerufenen« völlig entgegengesetzt ist die Materie, der Grund alles Bösen, aber zugleich das Nichtseiende. Sie ist das Werk des Bildners oder *Demiurgen*, eines von der Gottheit geduldeten untergeordneten Geistes, eines bösen, aber reuigen Wesens. Die Welt ist also eine Art Gegenschöpfung und zugleich eine Scheinschöpfung. Dies erkannt zu haben, ist identisch mit der Rückkehr zu Gott. Dieses Wissen bereits erlöst; aber nur dieses Wissen. Ohne Gnosis ist der Mensch verdammt. Die Gottheit, ungeworden, unsichtbar, unfaßbar, wie sie ist, war auch dem Demiurgen unbekannt; aber sie hat sich Christus offenbart und durch ihn allen, die der Gnade der Gnosis teilhaftig geworden sind. Nach der Auffassung des syrischen Gnostikers Saturnilus ist der Weltschöpfer einer der Engel Gottes; aber, fügt Valentinus hinzu, der Stifter einer der angesehensten gnostischen Sekten, der Mensch ist mehr als die Engel, die ihn schufen. Zwar herrscht auch im Reich der Seele der Demiurg: sie ist, wie Valentinus es sehr anschaulich ausdrückt, eine schmutzige Kneipe, in der die Dämonen aus- und eingehen. Aber der Mensch trägt in sich einen Funken des göttlichen Lichts, er ist »groß und elend«. Es ist dieselbe Formel, zu der anderthalb Jahrtausende später der größte Christ der gallischen Rasse, Blaise Pascal, gelangte: »Alles Elend des Menschen erweist seine Größe. Es ist das Elend eines großen Herrn, das Elend eines entthronten Königs.«

Der größte Ketzer

Indes hat es die ganze gnostische Bewegung nirgends zu mehr gebracht als zu verstreuten unterirdischen Gedankenkeimen, halben Ahnungen und widerstreitenden Aperçus. Zu Licht und Frucht sind sie erst im Geiste Marcions gelangt, eines religiösen Genies von großartiger Einfachheit, profunder Frömmigkeit und rasanter Denkschärfe, der aber seit vielen Jahrhunderten für die Nachwelt kaum einen Namen bedeutet. Marcion ist für das religiöse Bewußtsein der Gegenwart verschollen. Für die meisten Historiker der christlichen Kirche ist er »ein Gnostiker«. Er war aber weder dieses, vielmehr ein abgesagter Gegner der gnostischen Sekten: ihres buntgewürfelten Synkretismus, ihrer geheimniskrämerischen Esoterik, ihrer gewalttätigen allegorischen Methoden, noch war er überhaupt einer unter anderen, sondern eine einmalige Erscheinung von unwiederholbarer Prägnanz, die hart bis an die Grenze der Bizarrerie und Monomanie streift. Alle Mysterienweisheit, ja alle Philosophie gilt ihm als »leerer Betrug«, und er verhält sich zu den Gnostikern ähnlich wie Sokrates zu den Sophisten, dem ja auch das paradoxe Schicksal widerfuhr, daß er von seinen Zeitgenossen gerade jener

Schule zugerechnet wurde, die er sein Leben lang aufs heftigste bekämpfte. Er war, um es mit einem Worte zu sagen, der größte Ketzer, der jemals aus dem Christentum hervorgegangen ist. Adolf von Harnack erklärt, keine zweite religiöse Persönlichkeit nach Paulus und vor Augustin könne an Bedeutung mit Marcion rivalisieren, und in der Tat bezeichnen diese drei die gewichtigsten Marksteine in der Entwicklung der katholischen Kirche: der größte Apostel, der größte Kirchenvater und der größte Häretiker. Bei Polykarp heißt er der Erstgeborene des Satans, bei Tertullian *»antichristus Marcion«*, Origenes hingegen rühmt ihm feurigen Geist und göttliche Gaben nach, ohne die er eine solche Häresie nie hätte stiften können, und Clemens Alexandrinus nennt ihn einen Giganten und Theomachen.

Er wurde um das Jahr 85 in Sinope am Pontus geboren, als Sohn des dortigen Bischofs, der ihn wegen der Irrlehren, mit denen er schon früh hervortrat, selbst exkommunizierte: ein Geist von diesem diamantenen Ernst und Diogenes, der Buffo der griechischen Philosophie, in dem diese wie in einem Satyrspiel sich selbst den Epilog spricht, waren Söhne derselben Stadt. Marcion begab sich zunächst nach Kleinasien, wo seine Doktrin zurückgewiesen wurde; dasselbe widerfuhr ihm in Rom: die dortige Gemeinde verdammte seine Thesen und schloß ihn aus. Damals war Marcion schon fast sechzig Jahre alt; der Tag seines Bruchs mit Rom wurde von der marcionitischen Kirche als Stiftungsfest gefeiert, ähnlich wie der Wittenberger Thesenanschlag von der lutherischen; er fiel in den Juli des Jahres 144. Ort und Zeit seines Todes sind unbekannt.

Die Marcioniten

Die Marcioniten waren nicht etwa eine Sekte wie die Montanisten, die Basilidianer, die Valentinianer und zahlreiche andere, sondern eine mächtige Gegenkirche, die im zweiten Jahrhundert mit der werdenden katholischen Kirche um die Vorherrschaft rang. Sie verehrten Marcion als ihren Stifter: sein Hauptwerk, die *Antithesen*, stand in ihrem Kanon, galt also als eine Art heilige Schrift; sie sahen im Himmel zur Rechten des thronenden Heilands Paulus sitzen, zur Linken Marcion. Er selbst aber hat sich niemals für etwas anderes gehalten als für einen getreuen Verkünder des Evangeliums und den wahren oder vielleicht auch: einzigen Schüler des Paulus. Sein Zeitgenosse Justinus bezeugt bereits: »Sein Evangelium erstreckt sich über das ganze Menschengeschlecht«, und etwa ein halbes Jahrhundert später versichert Tertullian: »Marcions häretische Tradition hat die ganze Welt erfüllt.« Kompakte Marcionitengemeinden fanden sich um jene Zeit in ganz Kleinasien und Syrien, auf Kreta und Zypern, in den Weltstädten Rom und Alexandria; ihr Ausbreitungsradius reichte von Persien bis Lyon. Noch im vierten Jahrhundert hielt man es in einzelnen asiatischen Gemeinden für notwendig, in das Glaubensbekenntnis einen Passus einzufügen, der sich gegen den Marcionitismus richtete; letzte Reste seiner Anhänger gab es im Orient noch im zehnten Jahrhundert. August Neander, einer der feinsten Kirchenhistoriker des Vormärz, hat Marcion den ersten Protestanten genannt. Wollte man diese Auffassung gelten lassen, so wäre der Protestantismus älter als der Katholizismus; jedenfalls aber hat es sich um ein gewaltiges Schisma gehandelt, das an Bedeutung hinter der Reformation nicht zurücksteht, nur hat es das umgekehrte Schicksal erlitten: es ist von der katholischen Kirche aufgesogen worden und in dieser Form aufbewahrt geblieben. Man kann daher sagen: der Marcionitismus hat sich behauptet, so gut wie der Protestantismus, nur in der *Gegenreformation*, etwa wie wenn eine Erneuerung der römischen Kirche seinerzeit das Luthertum, hegelianisch gesprochen, »aufgehoben«, nämlich zugleich negiert und konserviert hätte. Der Katholizismus hat vieles, das dadurch anonym weiterlebte, von Marcion übernommen, nur gerade den Wurzelgedanken seiner Lehre nicht, der auch in der Tat, wie wir bald sehen werden, für die Kirche unannehmbar war.

Die Verschwörung

Wir können uns den Gedankengang, durch den Marcion zu seiner Doktrin gelangte, noch heute ohne jede Mühe und Gewaltsamkeit nachkonstruieren. Die einzige heilige Schrift, die die Urchristen besaßen, war das Alte Testament. Indem er nun dessen Bücher als frommer Christ las, kam ihm eines Tages die Erleuchtung: Christus ist gar nicht der dort verkündete Messias, Christus ist ein ganz anderer! Daher sind die Juden vollkommen im Recht, wenn sie den Messias noch erwarten; Jesus aber, dessen Name nirgends im Alten Testament erwähnt wird, hat das Gesetz nicht erfüllt, sondern aufgelöst. Sein ganzes Leben war ein Kampf gegen das Gesetz und seine Lehrer. Er hat mit dem Alten Testament völlig gebrochen, das Band zerrissen, sich von Mose in allem geschieden und deutlich davor gewarnt, einen neuen Lappen auf ein altes Kleid zu flicken, neuen Wein in alte Schläuche zu gießen. Nur durch die allegorische Erklärung gewisser Bibelstellen kann überhaupt das Weissagungsprinzip aufrechterhalten werden; im Alten Testament darf aber nichts allegorisch, muß alles wörtlich und buchstäblich ausgelegt werden. Demnach ist Christus nirgends geweissagt, er ist unerwartet und plötzlich erschienen: der Sohn Gottes braucht keine Propheten, die ihn »bezeugen«; seine Zeugen sind seine Heilandsworte und seine Wundertaten. Man wird bei dieser Deduktion Marcions an einen Ausspruch Lagardes erinnert, eines der wenigen Menschen des neunzehnten Jahrhunderts, in denen der echt protestantische Geist des Protestierens noch einmal Fleisch geworden ist: »Es gibt ja noch Leute genug, welche das Verhältnis des Alten und Neuen Testaments als das von Weissagung und Erfüllung ansehen, während in Wirklichkeit nie eine Weissagung erfüllt ist. Erfüllt in dem gemeinen Verstand des Worts werden nur Wahrsagungen, und auf Wahrsagungen läßt sich eine Religion niemals ein.«

Wie aber konnte diese einfache und fast selbstverständliche Wahrheit den Christgläubigen so lange verborgen bleiben?

Dies vermochte sich Marcion nur dadurch zu erklären, daß sogleich nach der Entrückung des Heilands eine ungeheure Verschwörung einsetzte und ihr finsteres Werk verrichtete. Dieses bestand in einer systematischen Verfälschung der Botschaft, die der Heiland in die Welt gebracht hatte. Nur ein Christentum, das von allen judaistischen Elementen völlig rein ist, kann als wahres Christentum gelten. Die vier Evangelien enthalten aber solche Bestandteile, also sind sie alle vier falsch. Paulus spricht immer nur von *einem* Evangelium, welches *das* Evangelium ist: also kann es nicht vier geben; eines aber muß es wiederum geben, folglich ist eines von den vieren bloß *verfälscht*. Die Wahl Marcions fiel auf Lukas, der in der Tat von allen Evangelisten am meisten Heidenchrist ist. Alle zwölf Apostel haben den Heiland nicht verstanden; darum mußte dieser sich in Paulus einen neuen Apostel erwecken, der die wahre Lehre verkündigte. Wie ein einziges Evangelium, so gibt es auch nur *einen* Apostel; aber auch dessen Briefe enthalten viel Judaistisches. Also sind auch sie falsch oder vielmehr, wie Lukas, verfälscht. Von diesen Überzeugungen ausgehend, unternahm es Marcion, den Christen eine heilige Schrift zu schaffen, bestehend aus dem Evangelium des Lukas und zehn Paulusbriefen, wobei er aber in aller Naivität selbst eine gewaltige Fälschung beging, indem er durch Kürzungen, die zum Teil sehr beträchtlich, und Zusätze, die allerdings meist nur geringfügig waren, einen »gereinigten« Text herstellte. Andrerseits ist es aber höchst merkwürdig, daß er dem Alten Testament, das er völlig verwarf, kein derartiges Mißtrauen entgegenbrachte; er erachtete es für ein durchaus zuverlässiges Geschichtswerk und hat keine Zeile darin redigiert.

Das Neue Testament

Indes durch dieses sonderbare Verfahren, das sich nur aus dem geringen Verantwortungsgefühl erklären läßt, das die Antike dem geschriebenen Wort entgegenbrachte, ist Marcion der Schöpfer des Neuen Testaments geworden. Vor Marcion galten die Evangelien weder als heilige Schrift noch befanden sie sich im Besitz sämtlicher Gemeinden; und Paulus wurde den Uraposteln keineswegs im Range gleichgestellt, da er nicht den Umgang des Herrn genossen hatte. Noch um 160 verweigerten die »Aloger«, die so genannt wurden, weil sie die Gleichung Jesus = Logos nicht billigten, dem Johannesevangelium, das diese Lehre vertritt, ihre Anerkennung; und andrerseits stand das »Ägypterevangelium«, dem später die Kanonisierung versagt wurde, noch vielfach in Gebrauch. Auch war der Text noch keineswegs in dem Maße fixiert, wie dies beim Alten Testament der Fall war. Hierin bestand die große theologische Tat Marcions: er setzte Urkunde gegen Urkunde, Schrift gegen Schrift, Evangelium gegen Gesetz, Apostolat gegen Prophetie. Erst durch Marcion ist die werdende katholische Kirche dazu geführt worden, dasselbe zu tun und ihren eigenen neutestamentlichen Kanon dem marcionitischen gegenüberzustellen. Paulus zitiert immer nur aus dem Alten Testament; andere schriftliche Autoritäten kennt er nicht. Erst um 200, als Marcion sicher schon tot war, besaßen die großen Kirchen des Westens ein »Neues Testament«: vier Evangelien und dreizehn Paulusbriefe, dazu die Apostelgeschichte, die als Bindeglied eingeschoben wurde, und die Apokalypse Johannis, die aber hundert Jahre später von den meisten Griechen wieder aufgegeben wurde. Die syrische Kirche hielt an einem einzigen Evangelium fest, dem »Diatessaron«, das Tatian, allerdings einer anderen Methode folgend als Marcion, aus den vier kanonischen Evangelien komponiert hatte. Aber erst im Jahr 367 proklamierte Athanasius den Kanon von siebenundzwanzig Büchern, den wir heute besitzen, indem er die sieben »katholischen« Briefe (zwei von Petrus, drei von Johannes, je einen von Jakobus und Judas) hinzufügte und den lange umstrittenen Hebräerbrief dem Paulus zuerkannte. Die Kirche hat, in der Weitherzigkeit ihrer Auswahl viel weniger dogmatisch als der Ketzer Marcion, einen bewunderungswürdigen Takt bekundet, indem sie, vor Widersprüchen der Überlieferung nicht zurückschreckend, das urchristliche Leben in seiner ganzen Gnade und Fülle durch die Zeiten gerettet hat.

Der gute Fremde

Wenn aber Christus nicht der Messias war, was war er? Der Sohn Gottes! Aber welches Gottes? Doch nicht des alttestamentlichen, dessen Gesetz er zerstört hat? Hier erhebt sich das ungeheure Problem, dem Marcion mit der größten Kühnheit ins Auge geblickt hat. Er entschloß sich, nicht nur Altes und Neues Testament, sondern auch den Gott Mosis und den Gott Christi völlig voneinander zu trennen. Dieser Scheidung und Gegenüberstellung diente eben sein Werk *Antithesen*, worin in streng zweigliedriger Anordnung die beiden Welten miteinander konfrontiert wurden. So sagt zum Beispiel der Judengott zu Mose beim Auszug aus Ägypten: seid bereit, beschuht, die Stäbe in den Händen, die Säcke auf den Schultern, und traget alles Gold und Silber mit euch davon; der Herr aber sprach zu seinen Jüngern bei ihrer Aussendung in die Welt: habt keine Schuhe an den Füßen, keinen Sack auf dem Rücken, kein Geld in den Gürteln! Josua hat mit Gewalt und Grausamkeit das Land erobert, Christus verbietet alle Gewalt und predigt Barmherzigkeit und Frieden. Im Gesetz heißt es: Aug' um Auge, Zahn um Zahn, im Evangelium: wenn dich jemand auf die eine Backe schlägt, so biete ihm auch die andere dar. Der Gott des Alten Testaments verlangt Gehorsam und richtet die Ungehorsamen, der Gott Jesu verlangt nur Glauben und straft die Sünder nicht. Der alte Gott war schon Adam und allen folgenden Geschlechtern bekannt, der Vater Christi war unbekannt, wie Christus selbst bezeugt hat: niemand hat den Vater erkannt außer der Sohn. Und als Petrus in Cäsarea das große Bekenntnis zur Gottessohnschaft seines Meisters ablegte, mußte dieser ihm Schweigen auferlegen, denn Petrus hielt ihn fälschlich für den Sohn des anderen Gottes.

Wie verhält sich nun nach Marcions Konzept der bekannte,

wie der unbekannte Gott zur Welt und zum Menschen? Der Bekannte hat die Welt geschaffen: er ist der Demiurg; der Unbekannte hat bloß seinen Sohn gesandt. Er ist außer der Welt, ein hyperkosmisches Wesen, die Welt geht ihn nichts an. Er ist der »Fremde«, der »gute Fremde«: in allen marcionitischen Gemeinden und allen Sprachen, deren sie sich bedienten, war dies die Bezeichnung für die Gottheit. Das Evangelium ist die frohe Botschaft vom fremden Gott: Unser Raum ist die Welt, die grauenvolle Welt des Schöpfergottes, der gute Gott aber winkt uns in eine selige Ferne. Wir leben auf der Erde nicht etwa im Exil: Sie ist unsere Heimat, und wir können ihr nur entrinnen, wenn wir uns von ihrem und unserem Schöpfer lossagen. Dies ist die großartigste Leugnung der Materie, die vielleicht jemals durch eines Menschen Haupt gegangen.

Der fremde Gott ist reine Güte und nichts als Güte; keine anderen Eigenschaften können von ihm ausgesagt werden. Sein ganzes Wesen erschöpft sich in erbarmender Liebe, seine Wirksamkeit in Selbstoffenbarung, die identisch ist mit Erlösung. Eben weil dieser Gott ganz Liebe ist, hat er sich aus purer Gnade eines Gebildes angenommen, das ihm völlig fremd ist: Er ist die *unbegreifliche* Liebe. Und eben weil er ganz und gar nicht von dieser Welt, nicht einmal als ihr Schöpfer mit ihr verbunden ist, vermag er die Menschen über die Welt zu erheben. Dies ist das unfaßliche Mirakel der christlichen Heilsbotschaft. »O Wunder über Wunder, Verzückung, Macht und Staunen, daß man gar nichts über das Evangelium sagen, nichts darüber denken, es mit nichts vergleichen kann«: So lauteten die ersten Worte der *Antithesen*.

Betrachten wir es recht, so ist jener geheimnisvolle Fremde niemand anders als der »liebe Gott«, zu dem noch heute jedes kleine Kind betet. Denn die Metaphysikerfrage, ob Gott die Welt »geschaffen« habe, bekümmert eine reine und ursprüngliche Frömmigkeit nicht; ihr genügt, daß er *ist*.

Der gerechte Demiurg

Welche Eigenschaften aber besitzt der *Demiurg*? Er ist, sagt Marcion, weder ἀγαθός noch κακός, weder gut noch böse, sondern δίκαιος καὶ πονηρός, gerecht und schlimm, nicht *malus*, aber *conditor malorum*, Urheber der Übel: ein Gott, der seine Sache schlecht gemacht hat. Er sandte die Sintflut, den Brand Sodoms, die ägyptischen Plagen, er bestraft die Väter an den Kindern und begünstigt sündhafte Menschen: den ehebrecherischen David, den unzüchtigen Salomo, den betrügerischen Jakob. Das vernichtendste Argument gegen ihn aber ist die Welt selbst, seine ganze Schöpfung. Und es reut ihn auch, daß er sie gemacht hat. Daß aber in einer solchen Welt für den Menschen die Askese das einzig mögliche Verhalten ist, ergibt sich von selbst. Und auch hier ist Marcion bis ans Ende gegangen: Er gebot nicht nur größte Enthaltsamkeit in Speise und Trank (die Ernährung, sagt Tertullian, halten die Marcioniten gewissermaßen für etwas Entehrendes), sondern untersagte auch seinen Gläubigen jeglichen Geschlechtsverkehr und taufte nur Ehelose oder die Verehelichten, die Keuschheit gelobten; denn wer sich fortpflanzt, hilft die Welt des Demiurgen verewigen, und weil wir Söhne des Höchsten geworden sind, soll die leibliche Sohnschaft aufhören.

Der Demiurg ist nicht etwa der Widersacher des fremden Gottes: dies kann er schon deshalb nicht sein, weil er ihn ja gar nicht kennt, und seine Welt ist auch keineswegs teuflisch, vielmehr so gut, wie sie eben, aus Materie gemacht, sein kann. Er ist nicht das Prinzip des schlechthin Bösen wie Satan oder Ahriman oder wie »Mâra, der Versucher« in der buddhistischen Religion. Aber was ist er? Hier gelangt Marcion zu einem der zartesten und erhabensten Gedanken, die je ein Mensch gedacht hat: der Schöpfer der Welt ist *gerecht*! Deshalb ist er nicht böse; aber deshalb ist er auch nicht gut. Deshalb konnte er nur die »schlimme Welt« schaffen, in der alles gerecht zugeht, aber nicht gut, in der gerichtet wird, aber nicht geheiligt, in der die

Rache herrscht, aber nicht die Gnade. Christus aber, der Sohn des fremden Gottes, hat die Liebe gebracht, die von der Welt erlöst, von allem in dieser Welt, auch von ihrer Gerechtigkeit. Sogar in die Unterwelt ist er hinabgestiegen und hat alle Verworfenen befreit: den bösen Pharao, die Sodomiter, alle Heiden, selbst Kain. Nur Abel, Henoch, Mose, alle Patriarchen und Propheten konnten nicht gerettet werden. Denn sie glaubten an den Schöpfergott und seine Welt der Gerechtigkeit. Nur der Sünder kann erlöst werden, denn er vermag die grundlose Gnade und uferlose Liebe des fremden Gottes zu erkennen, der Gerechte aber nicht, denn er ist im Gesetz verhärtet, in Gesetzestreue und Gesetzesstolz blind für das Licht aus der Fremde.

Messias Versuchen wir uns das theologische System Marcions in großen Zügen zu vergegenwärtigen, so springen als seine reformatorischen Hauptgedanken ins Auge: die Leugnung der Messianität Jesu, die Ausscheidung des Alten Testaments aus dem christlichen Kanon und der Dualismus des fremden Gottes und des Schöpfergottes. Daß Christus nicht der jüdische Messias war, kann wohl von keiner vorurteilslosen Betrachtung geleugnet werden. Ursprünglich ist der Messias bekanntlich ein weltlicher Nationalheros, aber auch in der geläuterten Auffassung des späteren Judentums ist er niemals der leidende Messias, der die Schuld der ganzen Menschheit sühnt. In keinem einzigen der Zukunftsbilder, sosehr sie sich im Laufe der vielen Jahrhunderte gewandelt haben, ist von seinem Opfertode die Rede. Die berühmte Stelle aus Deuterojesaja, die einzige, die so gedeutet werden könnte, versteht unter dem »leidenden Gottesknecht« ein Kollektivum und ist überhaupt nicht Weissagung, sondern Rückblick. Ist aber der Heiland nirgends im Alten Bunde verkündigt, welche Beziehung besteht dann zwischen den beiden Teilen der Bibel? Nach Marcion verhalten sie sich wie polare Gegensätze, nach der Auffassung der Kirche wie Stufen: das Alte Testament ist *legisdatio in servitutem*, das

Neue Testament *legisdatio in libertatem.* Aber ist das Judentum wirklich eine Art Vorhalle des Christentums? Wenn man will, ist alles Vorhalle, und eine im vorigen Jahrhundert sehr beliebte, heute glücklicherweise schon im Verschwinden begriffene Geschichtsmethode pflegte jedes historische Phänomen mosaikartig aus »vorbereitenden Momenten« aufzubauen. Dann freilich sind nicht bloß Mose und Daniel, sondern auch Plato und Philo, Buddha und Zarathustra Vorläufer des Christentums. Aber das Christentum *hat* keinen »Unterbau«! Eben weil Marcion das schlechthin Neue, Weltumwandelnde des Evangeliums so erschütternd empfand, wollte er von einem Alten Testament als Heiliger Schrift nichts wissen, ohne daß er geleugnet hätte, daß darin viel Nützliches und Schönes zu lesen sei. Deshalb erlaubte er auch seinen Jüngern dessen Lektüre; jedoch nur an der Hand der *Antithesen.* Aber es ist schon so, wie Harnack sagt: »Was christlich ist, kann man aus dem Alten Testament nicht ersehen.« Dasselbe hatte bereits Schleiermacher erkannt. Aber auch Nietzsche empfand mit voller Deutlichkeit, daß es sich hier um zwei ganz verschiedene Ebenen handelt, als er (natürlich von seinem Standpunkt des »Antichrist«) in *Jenseits* sagte: Dieses »Neue Testament, eine Art Rokoko des Geschmacks in jedem Betrachte, mit dem Alten Testament zu einem Buche zusammengeleimt zu haben, als ›Bibel‹, als ›das Buch an sich‹: das ist vielleicht die größte Verwegenheit und ›Sünde wider den Geist‹, welche das literarische Europa auf dem Gewissen hat«; und in der *Morgenröte* spricht er von dem »unerhörten philologischen Possenspiel«, das man um das Alte Testament herum aufgeführt habe: »Ich meine den Versuch, das Alte Testament den Juden unter dem Leib wegzuziehen, mit der Behauptung, es enthalte nichts als christliche Lehren und *gehöre* den Christen als dem *wahren* Volke Israels: während die Juden es sich nur angemaßt hätten ... überall sollte im Alten Testament von Christus und nur von Christus die

Rede sein... alles Anspielungen und gleichsam Vorspiele des Kreuzes!«

Das Buch der Rache

Gerade weil das Alte Testament in einzelnen Teilen ein Dokument der reinsten und erhabensten Ethik ist, die überhaupt vor dem Erscheinen des Heilands möglich war, darf man jene anderen Partien nicht geflissentlich übersehen, in denen der Gegengeist sich offenbart: die Predigt der Rachsucht und Roheit, des Hasses und Hochmuts. Man denke zum Beispiel an die Eroberung des Gelobten Landes: nichts als Mord und Tücke, giftige Schadenfreude, teuflische Grausamkeit, ein einziger langer Jubelschrei des Blutrausches: »Keiner blieb übrig!« Man darf freilich diese kranken Halluzinationen einer zügellosen Vernichtungswut nicht allzu wörtlich nehmen, denn die nachexilischen Juden (von denen diese späte Schilderung stammt) waren groß im Aufschneiden; aber es bleibt das barbarische Behagen an diesen in der Phantasie wollüstig nachgeschmeckten Animalitäten. Nirgends die geringste Anwandlung, die Seele des Feindes zu achten, ja auch nur zu beachten: er ist nur Schlachtvieh. Dieser erschütternde Kampf zwischen zwei Welten, der sich durch das ganze Alte Testament zieht, macht dieses zu einem der *dramatischsten* Bücher der Weltliteratur.

Man sagt uns zwar, diese Dinge müßten »entwicklungsgeschichtlich« betrachtet werden: dieser Jahwe der Wüste sei nur eine Art »Vorjahwe«, es handle sich hier (und anderwärts im Alten Testament) um eine frühe Schicht der israelitischen Gottesvorstellungen, die sich nur gleichsam illegitim behauptet habe. Aber ist der Gegenstand der Bibel die hebräische Geschichte oder der christliche Glaube? Was wir aus dem Buch der Bücher zu empfangen wünschen, ist Anleitung zum seligen Leben, nicht zur Religionswissenschaft. Wir wollen daraus erfahren, wie wir zu Gott gelangen können, nicht, wie die Juden allmählich zu *ihrem* Gott gelangten. Dieses gewiß höchst lehrreiche, ja sogar erbauliche Thema möge der Ethnolog, der Altertumsforscher, der Geschichtspsycholog, der Kulturphilosoph ergründen: ein christliches Problem ist es nicht.

Das Alte Testament ist, wie jedermann weiß, eine Sammlung von literarischen Produkten sehr ungleichen Alters und sehr ungleichen Werts. Eine Sichtung und Redaktion hat wohl im Lauf der Zeiten stattgefunden; aber sie geschah nie nach religiösen Gesichtspunkten: nämlich nicht nach den Gesichtspunkten der einzigen Religion, die diesen Namen verdient: der christlichen. Als Christus erschien, war der Text des Alten Testaments bereits unwiderruflich fixiert, und wir haben bereits gehört, daß es bis auf Marcion die einzige heilige Schrift auch für die Christen bildete und daß selbst Marcion es nicht wagte, seinen Inhalt durch Streichungen oder Änderungen zu korrigieren. Das Judentum, wie es sich nach dem Exil entwickelt hat, ist von allem Anfang an eine Buchreligion gewesen, im Gegensatz zum Urchristentum, das in erster Linie Botschaft, Predigt, Gemeindebewußtsein war. Es liegt in der Natur einer solchen Religion, daß sie einen übertriebenen Respekt vor dem »Es steht geschrieben« bekundet und dazu neigt, alles »Alte«, soweit es literarisch bezeugt ist, kritiklos für »heilig« hinzunehmen; und dazu kommt noch, daß die Juden immer eine besondere Vorliebe für Schriftliches hatten: alles in Buchstaben Fixierte ist für sie eine Wahrheit höherer Ordnung und daher bis zu einem gewissen Grade sakrosankt; nur ein geschriebener Vertrag ist wirklich gültig, dieser aber unter allen Umständen: und das ganze Alte Testament ist ja eigentlich nichts anderes als ein immer wieder erneuerter Vertrag zwischen Jahwe und Israel, der fortlaufende Schriftsatz eines Prozesses zwischen Volk und Gott. So kam es, daß sie in der Auswahl wenig rigoros waren und vieles mitschleppten, was sie selbst nicht mehr glaubten.

Der Sündenfall

Aber es gibt ein Stück im Alten Testament, um deswillen man fast versucht wäre, alles übrige in den Kauf zu nehmen, und es steht ganz am Anfang: es ist die Geschichte vom Sündenfall. Die Sünde der ersten Menschen besteht darin, daß sie vom Baum der Erkenntnis essen; der Verstand ist also das Böse, er ist nicht von Gott, sondern vom Teufel, »des Teufels Hure«, wie Luther sich drastisch ausdrückte, die Mitgift der Schlange, auf deren Rat es zum Genuß der verbotenen Frucht kommt. Er ist die große Versuchung des Menschen, die dieser nicht bestanden hat. Und seine Strafe dafür ist die Arbeit, zu der er *verflucht* wird. Erkenntnis und Arbeit sind fortan das Los des Menschen, seine Erbsünde und sein Erbfluch. Und seitdem muß er sterben.

Aber wo in der grauen Geschichte des Alten Bundes kehrt dieses machtvoll angeschlagene Leitmotiv wieder, obgleich es doch, so sollte man annehmen, wie ein eherner Glockenton durch das ganze fernere Menschheitsdrama schallen müßte? Als Adam und Eva vom Apfel gegessen hatten, sahen sie, daß sie nackt waren, das heißt: sie erkannten, daß sie Mann und Weib waren: also auch Geschlechtlichkeit ist Sünde. Die höchsten Güter aber, die alle Frommen Israels preisen, Könige und Propheten, Priester und Patriarchen, sind unbegrenzte Fruchtbarkeit des Menschen, unerschöpflicher Segen der Erde, unfehlbares Wissen um das Gesetz: Brunst, Arbeit, Erkenntnis; der dreifache Adamsfluch.

Und in der Tat ist der Anfang der Genesis ein eingesprengter Fremdkörper. Schon eine sehr alte babylonische Abbildung zeigt einen Baum, zur Rechten einen Mann, zur Linken ein Weib und dahinter eine Schlange. Das Paradies entspricht den Inseln der Seligen in der epischen Dichtung der Babylonier. Dort findet sich auch die Verführungsgeschichte. Die Entstehung des ganzen Abschnittes fällt in die Zeit der Assyrerherrschaft, die in Palästina eine Periode des religiösen Synkretismus war. Deshalb sagt auch Schopenhauer: »Die Verbindung des Neuen Testaments mit dem Alten ist im Grunde nur eine äußerliche, eine zufällige, ja erzwungene, und den einzigen

Anknüpfungspunkt für die christliche Lehre bot dieses nur in der Geschichte vom Sündenfall dar... der im Alten Testament wie ein hors d'œuvre dasteht.«

Zwischen der Gottheit des Alten und der Gottheit des Neuen Testaments kann es daher nicht Identität oder Harmonie, auch nicht das Verhältnis halber und voller Offenbarung geben, sondern nur schroffe Alternative. »Ihr müßt«, sagt Kant, »zwischen Jahwe, dem *deus ex machina,* und Gott, dem *deus ex anima,* wählen, für beide ist nebeneinander nicht Platz.«

Der Fürst der Welt

Warum aber hat Marcion Adonai nicht einfach als falschen Gott verworfen? Weil er überzeugt war, daß dieser die Welt *wirklich regiert.* Als sein Werk verkündet sie seinen Namen. Und der Mensch ist sein Ebenbild, ein kleiner Gott, freilich: ein Judengott. Auch hierfür ließe sich manche Andeutung im Neuen Testament finden. Im ersten Brief Johannis heißt es: »So jemand die Welt lieb hat, in dem ist nicht die Liebe des Vaters... denn alles, was in der Welt ist... *ist nicht vom Vater, sondern von der Welt*«, und in dem Evangelium desselben Johannes sagt der Heiland zu den Juden: »Ihr seid von Eurem Vater, dem Teufel.« Von hier bedurfte es für Marcion offenbar nur eines Schritts, um dem Demiurgen, dem Vater des Bösen, dem Herrn der Erde oder wie man ihn sonst nennen will, Schöpferkräfte zuzuerkennen und ihm die Welt zuzuschreiben. Auch Augustinus lehrt im Einklang mit fast allen Kirchenvätern, das Reich der Welt sei ein *magnum latrocinium,* eine große Räuberhöhle, von Dämonen regiert. Das Böse, sagt Kant, ist der Fürst dieser Welt, das Gute ist *nicht* von dieser Welt, das Böse ist *nur* von dieser Welt.

Der gute Gott muß daher notwendig der fremde Gott sein. Er ist, wie Meister Eckhart sagt, von der Welt »abgeschieden«: »Wiß ihr, wovon Gott Gott ist? Davon, daß er ohne alle Kreaturen ist! Selbst als er Himmel und Erde schuf und alle Kreatur, das ging seine Abgeschiedenheit sowenig an, als ob er nie etwas geschaffen hätte.« Und der fremde Gott kann nur der unbekannte sein; auch dies predigt Meister Eckhart: »Wollt ihr Gott aber in Wahrheit erkennen, so müßt ihr einsehen, daß er etwas Unbekanntes ist! Dionysius hat das gesagt«; und in der Tat lehrte dieser, Gott lasse sich nur durch Verneinungen, lautlos und im Dunkel erkennen. Insofern kann man sagen, daß jeder wahre Christ zugleich Gnostiker und Agnostiker ist. »Erhabener, lebendiger Wille«, ruft Fichte in der »Bestimmung des Menschen«, »den kein Name nennt und kein Begriff umfaßt, wohl darf ich mein Gemüt zu Dir erheben, denn Du und ich sind nicht getrennt... Wie Du für Dich selbst bist und Dir selbst erscheinst, kann ich nie einsehen. Nach tausendmal tausend durchlebten Geisterleben werde ich Dich noch ebensowenig begreifen als jetzt, in dieser Hütte von Erde.«

Wir sehen, wie die tiefsten christlichen Denker um den Marcionitismus ihre Kreise ziehen, ohne daß sie ihn doch jemals zu berühren wagen. Denn in der Tat: hier herrscht in rätselhafter Durchdringung lauterstes Licht und dazwischen schrecklichste Finsternis: nämlich Zweigötterei! Wäre dies nicht, so wären wir vielleicht heute alle Marcioniten. Der Marcionitismus ist etwas Schauerliches, zweifellos: und trotzdem kann man ihn nicht unchristlich nennen.

Die Weltschöpfung durch Luzifer

Aber vielleicht ist der Demiurg bloß ein Engel des guten Gottes? Wir haben schon gehört, daß der Gnostiker Saturnilus dies behauptete; auch Apelles, der bedeutendste Schüler Marcions, der aber dessen ebenso kühnes wie konsequentes System doch schon stark umgebogen und verwässert hat, lehrte die Monarchie Gottes und wies dem Schöpfer nur einen untergeordneten Rang an. Wir könnten auch sagen: der Demiurg ist Luzifer, der gefallene Engel; sein Fall besteht eben darin, daß er die Welt geschaffen hat. Eine Weltschöpfung durch Luzifer würde nicht der Allmacht Gottes widerstreiten, denn Gott, über allem Schaffen und Nichtschaffen thronend, vermag jeden

Schöpfungsakt zuzulassen. Ob man hierbei die kosmologischen Vorstellungen der Genesis oder der heutigen Astronomie im Auge hat, ist für den theologischen Aspekt belanglos: es ist völlig gleichgültig, ob man sagt, Gott (oder Luzifer) habe die Welt geschaffen, oder ob man sagt, er habe die Erde geschaffen, denn dem Menschen ist von Gott, seinem Vater, die irdische Laufbahn aufgegeben und nur diese; Milchstraßen und Spiralnebel können daran nichts ändern und verschieben das Problem auf eine falsche Ebene, wodurch nur Konfusion entstehen kann.

Ferner könnte man versuchen, sich den Marcionitismus dadurch annehmbarer zu machen, daß man sich vorstellt, die Schöpfung Luzifers sei eine Scheinwelt. Das ist sie natürlich. Weshalb auch, im naiven, aber tief symbolischen Volksglauben so gut wie bei allen Theosophen und Mystikern, Satan immer als der *Realist* gekennzeichnet ist. Darin eben besteht seine Hinterlist. Aber andrerseits muß er zwangsläufig diesen Standort einnehmen, denn wollte er diese Welt als Schein, Traum und Trug demaskieren, so müßte er ja sein eigenes Werk diskreditieren. Aus demselben Grunde ist er stets der hartnäckige und exklusive Rationalist (so erscheint er auch noch in seiner letzten, völlig verbürgerlichten Form bei Goethe), denn das Organ, womit diese Welt als die »wirkliche« erkannt wird, ist der Verstand. Dies meint ja auch der Name Luzifer, Lichtbringer (und nicht viel anders verhält es sich mit dem gestürzten Halbgott Prometheus, dem Feuerbringer oder Vater der Technik). Und schließlich ist Satan auch Sensualist, Verteidiger und Förderer der Sinnenlust, denn die Sinne bestätigen ebenfalls seine Welt. Für das gesunde Empfinden aber ist er der Winkeladvokat, Taschenspieler und Oberintrigant, seine »Realität« Schwindel, seine Ratio Sophistik, seine Sinnenbejahung Versuchung.

Das Satansspektakel

Denn es ist höchst unwahrscheinlich, daß es öfter als hie und da einen Menschen gegeben hat, der an die Realität wirklich und wahrhaftig, mit voller Überzeugung und Inbrunst, ohne jeden

Abstrich und Vorbehalt geglaubt hätte. Alle unsere Erlebnisse und Erkenntnisse, Taten und Theoreme umgibt ein trüber Hof von Ungewißheit. Zwischen uns und die Dinge ist ein Flor gespannt, wie im Theater, wenn »Vision« markiert werden soll. Alles, was »geschieht«, hat das Stigma des Provisoriums, Manövers und Intermezzos. Gerade auf den Höhepunkten unseres Daseins: in den Augenblicken der tiefsten Ergriffenheit durch die Macht der Natur, die Macht der Liebe, unsere eigene Macht, überfällt uns dieses Gefühl am stärksten. Es ist, wie Seneca sagt, »alles nur geliehenes Tafelgerät« und, nach Marc Aurels düsterer Weisheit, »unsere Zeit ein Augenblick, was zum Leib gehört, ein Strom, was zur Seele gehört, ein Traum, das Leben eine Reise in fremdem Land und der Nachruhm Vergessenheit«. Wer wagt es, »mein« zum Dasein zu sagen? Alle Dörfer dieser Welt sind von Potemkin. Es herrscht eine stillschweigende Übereinkunft unter allen, bloß so mitzumachen, und zugleich die Verabredung, kein Spaßverderber zu sein und über diese geheime Spielregel niemals laut zu sprechen. Schon der »Wilde« oder »Primitive« (und gerade er, weil er, naturnah, die Natur durchschaut), glaubt nicht an die Solidität der Szenerie und Maschinerie, die ihn umgibt, er hält sie für einen Zauber, ja vielleicht sogar für einen »faulen Zauber«. Aber wir alle wissen so gut wie er, daß wir in einem großen Spukhaus leben. Niemand ist, auch wenn er die Stimme des Zweifels zu dämpfen oder niederzuzischen versucht, in Wahrheit so dumm, seinem Verstand und dessen Gespinsten zu trauen. Es ist alles nur Rauch und Rausch, Wolkenspiel und Schleiertanz, eine Viertelstunde Regenbogen: »und selbst die Träume sind ein Traum«. Dies kommt daher, daß der Teufel bloß Blendwerk zu schaffen vermag, virtuose Imitation, von der sich nur der Intellekt foppen läßt, weil er selbst ein ohnmächtiges Satansspektakel ist.

Im Unsichtbaren

Aber dies alles erwogen: Man kann sich dennoch, so erhaben der Gedanke der grundlosen Güte des fremden Gottes ist, unmöglich mit der Voraussetzung abfinden, daß Gott bis zum Erscheinen seines Sohnes der Welt völlig abgewendet gewesen sei, daß er je eine rein luziferische geduldet habe. Denn da Gott die unendliche Güte ist, so muß diese alles berühren, auch was außer ihr ist, auch was gegen sie ist. Hier könnte uns vielleicht ein Rätselwort Marcions den Weg weisen, aber nur wie ein düsteres und flackerndes Fackellicht. Er sagt nämlich einmal, der gute Gott habe das Unsichtbare geschaffen. Meinte er damit, daß es neben der Welt des Demiurgen noch eine zweite Welt gebe, eine »gute« Welt, die entweder *vor* der materiellen bestand, als eine präexistente geistige, oder *hinter* der luziferischen besteht, als die »wahre«? Denn das Sichtbare ist nicht bloß das Böse, sondern auch das Unwirkliche. Wir wissen es nicht, denn der Text Marcions ist uns weder vollständig noch authentisch erhalten, er ist untergegangen und wir können ihn uns nur aus den Schriften rekonstruieren, die gegen den Marcionitismus gerichtet waren: es sind dies in erster Linie die christliche Apologie Justins, das große Werk des Irenäus *Adversus haereses*, die *Stromata* des Clemens Alexandrinus und die *Fünf Bücher gegen Marcion*, die Tertullian verfaßt hat. Sehr bemerkenswert ist es, daß der bedeutendste heidnische Polemiker der Frühzeit, Celsus, der in seinem »Sermo verus« einen umfassenden Angriff gegen das Christentum richtete, die marcionitische Kirche als eine der katholischen vollkommen ebenbürtige behandelte; ihm erwiderte der große Origenes in seiner Schrift *Adversus Celsum*.

»Warum«, fragt Celsus, »läßt der obere Gott einen schlechten Demiurgen, der sich ihm widersetzt, schalten und walten? Das ist mir ein verehrungswürdiger Gott, der danach trachtet, der Vater von Sündern zu sein, die von einem anderen verdammt und verworfen sind, und der nicht imstande ist, den er gesandt hat, zu rächen!« Man kann von Celsus, der kein Christ war, kein Verständnis dafür erwarten, daß der gute Gott gerade danach trachtet, der Vater der Sünder zu sein, und daß er den Tod seines Sohnes nicht rächt; aber der Einwand, warum er den Demiurgen frei schalten lasse, mußte in der Tat auch damaligen Christen zu denken geben. Vielleicht hat Marcion gemeint, daß der Geist Gottes, in Unsichtbarkeiten thronend, schon immer durch die Welt wehte und deren Lauf daher auf die Ankunft seines Sohnes angelegt war, welche freilich nur seiner Allwissenheit bekannt war. Doch das sind bloße Vermutungen; was aber Marcion mit voller Deutlichkeit und höchstem Nachdruck betont hat, ist die Fortdauer des demiurgischen Regiments auch während des christlichen Aeons. »Marcion glaubt«, sagt Tertullian, »daß er vom Reich des Schöpfers erlöst sei, aber in der Zukunft, nicht in der Gegenwart.« Die Herrschaft des Schöpfergottes endet also erst mit dem Jüngsten Gericht. Solange dieses Säkulum besteht, dauert auch noch die Regierung des Gottes dieses Säkulums.

Und so verhält es sich ja auch in der Tat. Das einzige, wodurch sich die christliche Welt von der vorchristlichen unterscheidet, ist das Wissen um Gott und seinen Sohn und der Glaube an dieses Wissen; Glauben aber heißt sich auf die unverdiente Liebe Gottes in Christo verlassen. Der luziferische Lauf der Welt hat sich nicht geändert. Daß aber Gott dennoch hienieden wirkt und webt, ist ebenso unbezweifelbar wie unerklärlich. Hier stehen wir, in dem tiefsten Sinne, der diesem Wort gegeben werden kann, im »Unsichtbaren«.

Das Gewissen

Dies ist alles, was eine christliche Geschichtsbetrachtung, die die Ehrlichkeit der Bequemlichkeit vorzieht, an Theodizee beizubringen vermag. Und dennoch sagt Gustav Droysen in der Einleitung zum zweiten Bande seiner *Geschichte des Hellenismus* mit Recht: »Die höchste Aufgabe unserer Wissenschaft ist ja die Theodizee.« Aber es ist eine unendliche Aufgabe. Gerade darin, daß sie immer wieder: von jedem Zeitalter, jedem Volk, jedem Stand, jedem Individuum aufs neue gestellt wird, erfüllt sich das historische Schicksal. »Über allem«, schreibt Ranke in einem Brief an seinen Bruder Otto, »schwebt die göttliche Ordnung der Dinge, welche zwar nicht gerade nachzuweisen, aber doch zu ahnen ist.« Diese göttliche Ordnung der Dinge ist identisch mit der Aufeinanderfolge der Zeiten.

Wir wissen nur von *einem* wirklich Gewissen: dem Gewissen. Das Gewissen ist die einzige (obschon fast unsichtbare) *Tatsache*, sowohl im privaten Leben wie im öffentlichen. Es richtet über alles, und nach ihm richtet sich alles; auch wenn die Menschen es nicht wissen oder leugnen. Dies ist der Weg der Seele; und alle anderen Wege sind nur falsche Spiegelungen. Die Weltgeschichte, von außen betrachtet, Geschichte der Macht, ist von innen gesehen, Geschichte des Gewissens.

Geschichte der Geschichte

Von der Geschichte hat es zu allen Zeiten eine Art Wissenschaft gegeben; aber mit sehr verschiedenen Methoden. Denn nicht nur jede Wissenschaft, sondern auch jedes Teilgebiet einer Wissenschaft erfordert seine besondere Methode, man kann auch sagen: seinen eigenen Stil. So besteht zum Beispiel zwischen Geschichte der Neuzeit und Geschichte des Mittelalters ein Unterschied nicht bloß des Themas, sondern auch der angemessenen Darstellungsart: das Mittelalter kann man nämlich nur als Theolog behandeln. Zu jener Zeit waren alle Menschen Theologen, vom Bauern bis zum Papst, also muß es doch wohl auch ihr Historiker sein. Tritt man mit dem Aspekt eines Profanen an diese Epoche heran, so entsteht: nun, man hat gesehen, was seit der Aufklärung entstanden ist. Andrerseits aber hat auch jedes Zeitalter selber, ja vielleicht schon jedes Menschenalter seine eigentümlichen Stilprinzipien, sozusagen »Baugedanken« im Hinblick auf die Wissenschaft im allgemeinen und deren sämtliche Einzeldisziplinen. So haben auch über Zweck und Wesen der Geschichtsschreibung nacheinander die unterschiedlichsten Auffassungen geherrscht. Schon über den

Maßstab, nach dem man den Quellen »Autorität« zuzuschreiben habe, war man durchaus nicht immer derselben Ansicht. Im Mittelalter galten als absolut zuverlässiges Fundament alle Autoren, von denen man annahm, daß sie entweder direkt inspiriert seien oder doch auf inspirierten Berichten fußten, also in erster Linie alle Apostel, alle Kirchenväter, aber auch, mit gewissen Einschränkungen, sowohl die späteren Lehrer von Rang, die *scriptores ecclesiastici*, als auch die Hagiographen, die Verfasser der Heiligenlegenden. An ihre Stelle traten in der Renaissance alle antiken Autoren: Sie galten für sakrosankt; *wahr*, sagt der Humanist Manetti, sei alles, was zum Beispiel von Curtius, Justin, Livius, Sallust, Plinius und Sueton berichtet werde, was die Späteren erzählten, sei nur *wahrscheinlich*. Für die moderne Forschung spielt diese Rolle das sogenannte »diplomatische« Material: Gesandtschaftsberichte, Verwaltungspapiere, Verhandlungsprotokolle und ähnliche Urkunden, wie sie vornehmlich in den Archiven aufgestapelt sind. Es ist vielleicht nicht überflüssig, darauf hinzuweisen, daß dieser Gesichtspunkt um nichts weniger subjektiv und daher um nichts wissenschaftlicher ist als die früheren; denn es ist beim besten Willen nicht einzusehen, warum das Zirkular einer Regierung keine Lüge und die Relation eines Attachés keinen Unsinn enthalten soll. Vielmehr muß der Begriff der absolut zuverlässigen Quelle für alle Zeiten und Völker dahin definiert werden, daß sie dazu wird, nicht weil sie »wahr« ist, sondern weil die Zeiten und Völker ihr glauben. Im Mittelalter glaubte man an die Kirche, in der Renaissance an die Antike und im neunzehnten Jahrhundert an die Behörde.

Was die *Form* der Geschichtsschreibung anlangt, so kann man sagen, daß jedem Zeitalter ein anderer Typus als Ideal vorgeschwebt hat, und fast jedem einer, der sich mit dem Begriff des Historikers nicht deckt. Im Altertum ist es der Rhetor. Die langen eingelegten Reden waren, obgleich durchwegs erfunden, die

Glanzlichter und Kernstücke der Darstellung und entscheidenden Prüfsteine für das Talent des Geschichtsschreibers. Aber auch die übrigen Partien waren nach rhetorischen Gesichtspunkten geformt, nämlich für den lauten Vortrag, der in der Antike musikalischen Charakter hatte; sie waren eine Art von Partituren. Da man künstlerische Einheit forderte, so war alles verpönt, was von einer anderen Person und daher in einem anderen Stil verfaßt war. Deshalb wurden Reden, die so vorlagen, wie sie wirklich gehalten worden waren, sowie Briefe und überhaupt alle schriftlichen Belege stets umgearbeitet und der Ausdrucksweise des Autors angepaßt. Es ist dies eben das rhetorische Prinzip. Denn in einer Rede stört jeder fremde Ton.

Die mittelalterliche Geschichtsschreibung dient der Erbauung. Sie schildert die Taten Gottes durch Völker und Führer, die *gesta Dei per Francos.* Sie wäre vor dem Gedanken zurückgeschaudert, Selbstzweck zu sein. Zwischen einer Chronik und einer Predigt besteht kein Unterschied der Form. Beide sind ein Gefäß, in das frommer Sinn sein Gefühl ergießt. Darum vermeiden sie auch im allgemeinen das Individualisieren. Denn der *homo religiosus* denkt in Universalien. Diese Art, die Vergangenheit zu schauen, ist mit dem Mittelalter nicht verschwunden, sie hat in Bossuets gewaltigen Geschichtsdichtungen weitergeblüht und lebt noch in dem feurigen Schwung der zürnenden Kanzelreden Carlyles.

Die Historiker der Renaissance hingegen wollten spannen und erschüttern, Furcht und Mitleid erwecken. Ihr eingestandenes Vorbild waren die Tragödien Senecas. Neben die üblichen drei Dichtungsgattungen trat für sie als vierte die Historie. Waren die antiken Geschichtswerke Partituren, so waren die ihrigen gewissermaßen Libretti. Auch dieses Genre hat Nachtriebe hervorgebracht, zum Beispiel in den dramatisch bewegten Kompositionen Schillers, die ebenfalls von der großen Oper herkommen. Indes hat schon die Renaissance noch eine zweite

Form hervorgebracht, die am vollsten von Machiavelli verkörpert ist. Für ihn ist die Geschichte Lehrmeisterin der praktischen Politik, Magazin der Staatskunst, Demonstrationssaal für Regenten und Diplomaten. Diese Art Historiographie hat bis in die jüngste Vergangenheit immer wieder Vertreter gefunden, ebenso wie die der Aufklärungszeit, die pikant und populär, haranguierend und polemisch, aktuell und tendenziös, kurz eine Art Zeitung ist: ihr glänzendster Vertreter war im achtzehnten Jahrhundert Voltaire, im neunzehnten Macaulay, aber auch die Weltgeschichte von Wells bewegt sich noch genau in derselben Richtung des eleganten Leitartikels eines liberalen Weltblatts. Aber es hat bekanntlich auch eine »romantische« Geschichtsschreibung gegeben, die sich an der Malerei orientierte: ihr Programmatiker war Chateaubriand, der die Parole von der *»couleur locale«* ausgab, und ihre Muster waren die pittoresken Sittenschilderungen Walter Scotts; und aus dem Impressionismus ist die »naturwissenschaftliche« Schule hervorgegangen, die im Historiker eine Art Eprouvettenchemiker und Fossilienanatomen erblickt: ihr faszinierendster Virtuose war Taine.

Wir sehen also, wie die Form der Geschichtsschreibung selber einem geschichtlichen Wandel unterworfen ist: Sie erinnert abwechselnd an eine Arie und ein Fresko, eine Exhorte und eine Parlamentsrede, ein Theaterstück und ein Laboratorium. Aber mit dem Inhalt verhält es sich nicht anders. Was ist das Objekt der Geschichte? Vielleicht erhalten wir hierüber bei jener höchsten Instanz Aufschluß, die schon in so vielen Fragen der Erkenntnistheorie klassische Entscheidungen gefällt hat, nämlich bei der Philosophie Kants.

Die ästhetische Urteilskraft

Kant nennt den »Inbegriff aller Gegenstände einer möglichen Erfahrung« Natur und knüpft daran die Frage: Wie ist Wissenschaft von diesem Gesamtkomplex der Erfahrung, wie ist Naturwissenschaft möglich? Oder mit anderen Worten: Gibt es Begriffe, die für *alle* Erfahrung Gültigkeit haben, und wenn dies der Fall ist, *warum* gelten sie? Es gibt solche Begriffe, zum Beispiel: Einheit des Ich, Substanz, Kausalität; und sie haben empirische Geltung oder, was dasselbe bedeutet, Realität, weil sie die Erfahrung *machen*, weil durch sie die Erfahrung überhaupt erst möglich wird. Kant nennt sie »reine« Begriffe, weil sie der Erfahrung nicht bedürfen, vielmehr *ohne* Zuhilfenahme der Erfahrung in uns entstanden sind, und das Vermögen, sie zu bilden, »transzendental«, weil es, als bloße Möglichkeit der Erfahrung, *vor* aller Erfahrung liegt, ihr vorhergeht. Alle Erfahrung wird nachträglich, a posteriori, gewonnen, diese Begriffe aber sind als die apriorische Ausstattung unseres Verstandes in uns allen von Anfang an vorhanden, und ebendarum haben sie allgemeine, notwendige und objektive Geltung; aber bloß für uns. Sie gelten, soweit die Erfahrung reicht; und nur so weit. Der Verstand schöpft seine Gesetze nicht aus der Natur, vielmehr verhält es sich gerade umgekehrt: er diktiert sie ihr. Da aber die gesamte Natur durch die subjektive Organisation des Menschen (nicht des Individuums, aber der Gattung) bedingt, bestimmt und vorausbestimmt, da sie ein Produkt seiner Denkformen ist, so trägt sie den Charakter der bloßen Erscheinung.

Gegeben sind uns nur die Eindrücke oder Empfindungen. Indem wir diesen dunklen Stoff durch die uns innewohnende Anschauung in eine zeitliche und räumliche Ordnung, durch unseren Verstand in eine gesetzmäßige Verknüpfung bringen, entsteht erst Natur, Erfahrung, Realität. Was wir hinzubringen, ist lediglich die Form: Zeit und Raum, Kausalität und die anderen Kategorien. Aber die Form ist für die Erfahrung alles, ohne sie wäre nichts da, oder vielmehr: wir können nicht im geringsten sagen, was dann noch da ist. Was zurückbleibt, ist das »Ding an sich«, das Ding, wie es, abzüglich aller Apperzeption, die wir von ihm haben, an sich selbst ist, das Ding ohne unsere Vorstellungen, also das vollkommen Unvorstellbare.

Während die *Kritik der reinen Vernunft* sich mit der Untersuchung befaßt: was ist Wahrheit?, beantwortet die *Kritik der Urteilskraft* die Frage: was ist Schönheit? Der Gedankengang ist hier wiederum ein ganz ähnlicher. Wie die Naturgesetze ein Produkt unseres Verstandes, so sind die ästhetischen Gesetze ein Produkt unseres Geschmacks, einer ganz bestimmten Betrachtungsart, durch die die Objekte erst unter die Kategorie des Schönen gebracht werden. Schönheit ist ein Prädikat, das wir den Dingen verleihen, das ihnen ebenso hinzugefügt wird wie der Begriff der Kausalität dem Stoff unserer Erfahrung; nicht die Dinge sind ästhetisch, sondern unsere Vorstellungen von ihnen, unsere Urteile über sie. Das Vermögen, solche Vorstellungen zu bilden, nennt Kant die »ästhetische Urteilskraft«. (Die Bezeichnung ist nicht sehr glücklich gewählt, so wenig wie die Ausdrücke »rein«, »transzendental«, »Ding an sich« und überhaupt die meisten Vokabeln der kantischen Terminologie; aber man darf sich durch sie nicht abschrecken oder beirren lassen: es verhält sich hier ähnlich wie mit gewissen Ortschaften, bei denen im Baedeker die Warnung steht: »man achte darauf, daß bisweilen die Straßentafeln vertauscht sind«; deshalb können die Straßen noch immer vorzüglich angelegt und geführt sein.)

Die ästhetischen Urteile gründen sich auf ein universelles Gefühl, das Kant den ästhetischen Gemeinsinn nennt: eben weil es universell ist, ist es auch allgemein mitteilbar. Dadurch, daß die ästhetischen Vorstellungen auf einem *apriorischen Gefühl* beruhen, unterscheiden sie sich einerseits von den logischen Urteilen, die sich auf Funktionen des *Verstandes* stützen, und andrerseits von den Prädikaten der Nützlichkeit wie der Annehmlichkeit, da diese aus der Erfahrung geschöpft, also *aposteriorisch*, außerdem subjektiv und individuell, also nicht allgemeingültig sind. Das ästhetische Urteil aber tritt mit einem Gefühl der Universalität und Beglaubigung auf: »Die Lust, die wir fühlen, muten wir einem jeden anderen im Geschmacksurteile als notwendig zu.« Geschmacksurteile sind allerdings nicht beweisbar, weil sie eben nicht auf Begriffen beruhen. *De gustibus non est disputandum.* Aber dadurch *entziehen* sie sich auch dem Streit.

Die teleologische Urteilskraft

Der zweite Teil der *Kritik der Urteilskraft* handelt von der »teleologischen Urteilskraft«. Diese ist das uns eingepflanzte Vermögen, die Natur unter dem Aspekt der Zweckmäßigkeit anzusehen. Sie ist nicht Naturerkenntnis, sondern bloße Naturbetrachtung, eine Maxime der Naturbeurteilung. Sie hat wie alle anderen Vermögen ihre Wurzel in der Einrichtung unserer Vernunft, in einer bestimmten Beschaffenheit unseres Erkenntnisvermögens, die bewirkt, daß wir uns die Phänomene der organischen Natur nicht aus bloß mechanischen Ursachen erklären können, sondern nur durch die Idee der Zweckmäßigkeit. Die Prinzipien der teleologischen Urteilskraft sind heuristisch, »regulativ«, indem sie nicht Gesetze geben wie die Kategorien, sondern nur Richtlinien.

Erkennen können wir nur mechanisch wirkende Ursachen. Aber begreifen können wir die Lebenserscheinungen nur durch eine teleologische Betrachtungsweise. Dieses ist ein »als ob«, aber darum doch vom Range der Allgemeingültigkeit und Objektivität, denn sie ist eine vernunftnotwendige Ansicht. Die Zweckmäßigkeit wird ebenso wie die Schönheiten, die Kausalität zu den Dingen hinzugebracht, hinzugedacht, aber zwingend: durch die Struktur unserer Apperzeption. Die Formel für Frage und Antwort dieses Kapitels der kantischen Kritik würde demnach etwa lauten: wie ist Biologie möglich? durch unsere Zwecke setzende teleologische Urteilskraft.

Die historische Urteilskraft

Es ließe sich nun sehr wohl denken, daß Kant auch eine »Kritik der historischen Urteilskraft« verfaßt hätte. Wie seine »transzendentele Analytik« die Frage untersucht: wie ist Natur, oder auch: wie ist Naturwissenschaft möglich?, so hätte es sich hier um die Frage gehandelt: wie ist Geschichte, wie ist Geschichtswissenschaft möglich? Nach Kant ist, was wir Erfahrung nennen, ein Produkt unseres Verstandes und seiner Verknüpfungsbegriffe, Sittlichkeit ein Produkt unserer praktischen Vernunft (denn auch der kategorische Imperativ ist apriorisch), Schönheit ein Produkt unserer ästhetischen Urteilskraft und Zweckmäßigkeit ein Produkt unserer teleologischen Urteilskraft. Und ebenso ist Geschichte ein Produkt unserer historischen Urteilskraft.

Die historische Urteilskraft hat darin Ähnlichkeit mit der ästhetischen Urteilskraft, daß sie auch eine bestimmte Betrachtungsart ist, die die Erscheinungen erst zu historischen *macht.* Auch sie wurzelt in einem Gefühl, das universell und ebendarum auch allgemein mitteilbar ist. Das ästhetische Urteil ist, wie jedermann weiß, wandelbar, aber dennoch für das jeweilige Zeitalter oder Geschlecht, aus dem es geboren ist, stabil; ebenso verhält es sich mit dem historischen Urteil: Es gibt eine Art »historischen Geschmack«, der, obschon zeitgebunden, das Gepräge der Notwendigkeit und Allgemeingültigkeit trägt, es gibt einen »historischen Gemeinsinn«. »In jeder Geistesperiode«, sagt der holländische Kulturhistoriker Huizinga, »besteht eine tatsächliche Homogenität des historischen Wissens... eine gewisse Katholizität der Erkenntnis«. Es herrscht in jedem einzelnen Kulturzeitalter ein unterirdischer Konsensus über den ganzen Vorstellungskomplex »Weltgeschichte«: seine Hauptprobleme, seine Entwicklungslinien, seine großen Etappen, seine repräsentativen Gestalten. Im ganzen achtzehnten Jahrhundert regierte das Schlagwort vom »finsteren Mittelalter«: selbst Herder spricht von der »Nacht der mittleren Zeiten«, und Robertson gebraucht *»Dark Ages«* geradezu als Synonym für Mittelalter. Um den Beginn des neunzehnten Jahrhunderts wird das Mittelalter romantisch, und zu Anfang des zwanzigsten wird es expressionistisch. Es war natürlich nichts von alledem; aber für die Zeitgenossen dieser Stichwörter war dies seine unleugbare Realität. Die Adjektive »barock« und »gotisch« waren lange Zeit allgemein gebrauchte Schimpfnamen: wir sprechen ja auch heute noch von einem »barocken Stil« und meinen damit, daß er schrullenhaft, bizarr, verschnörkelt ist, und der junge Goethe bekennt: »Unter die Rubrik gotisch häufte ich alle synonymischen Mißverständnisse, die mir von Unbestimmtem, Untergeordnetem, Unnatürlichem, Zusammengestoppeltem, Aufgeflicktem, Überladenem jemals durch den Kopf gegangen waren«: gotisch bedeutete damals noch dasselbe wie barbarisch. Johannes Duns Scotus, das Schulhaupt der Scotisten, wegen der Feinheit und Schärfe seiner Distinktionen *doctor subtilis* genannt, war einer der originellsten und geistvollsten Denker des ausgehenden Mittelalters; er wurde aber von der orthodoxen Scholastik wegen seines Nominalismus bekämpft, und infolgedessen war in Deutschland lange Zeit Duns der Spitzname für einen einfältigen, aufgeblasenen Menschen, und in England ist *dunce* noch jetzt ein Wort für Dummkopf. »Shakespearisch« ist heute wohl der lobendste Ehrenname, den man einem dramatischen Produkt erteilen kann, aber vor zweihundert Jahren war es noch ein sehr bedenkliches Prädikat: es bedeutete soviel wie roh, chaotisch, kunstlos; ein Pavian, sagte ein angesehener englischer Kunstkritiker aus der Zeit der Königin Anna, besitze mehr Geschmack als Shakespeare, und noch Voltaire nannte ihn einen trunkenen Wilden und gotischen Koloß, wobei gotisch natürlich wiederum im herabsetzenden Sinne gemeint ist. *»Sophistes«* heißt der »Weisemacher«, also soviel wie der Weise, und dafür galten auch ursprünglich die Lehrer der Sophistik, während »Philosoph« bloß der »Weisheitliebende« war; aber unter dem Einfluß des Platonismus haben diese beiden Vokabeln ihre Rangordnung getauscht: Sophistik bedeutet später geradezu das Gegenteil von Weisheit. »Liberalismus« war im neunzehnten Jahrhundert das edle Bekenntnis zu Fortschritt und Freiheit; heute befindet sich das Wort schon ganz merklich auf dem Wege zur Ehrenbeleidigung. »Jesuit« bezeichnet das höchste Ideal, das überhaupt einem Irdischen vorzuschweben vermag, nämlich Genosse Jesu; aber diesen Wortsinn fühlt heute niemand mehr, vielmehr muß man, wenn man den Ausdruck nicht als Kränkung gebraucht wissen will, dies ausdrücklich hinzubemerken.

Der Autor der Geschichte

Es handelt sich aber in diesen und zahllosen anderen Fällen nicht um Privaturteile, austauschbare Gesichtswinkel, Wahlansichten, auch nicht um die Anschauungen gewisser Gruppen, die etwa durch tiefere Geschichtserkenntnis oder umfassenderes Geschichtswissen zu neuen Ergebnissen gelangt wären, sondern um die Meinung des *Zeitalters selber*. Sie kommt und geht; aber wodurch sie sich verändert, warum sie sich überhaupt verändert, das wissen wir nicht. Die Verwandlung ihres Antlitzes ist ein ebenso großes Rätsel wie das Verschwinden der Saurier, die Geburt der Sprache, das Aufleuchten eines neuen Sterns.

Man kann also sagen: Geschichte ist Dichtung und ihr Autor das Menschengeschlecht. Aber dies bedeutet nicht etwa, daß sie eine beliebige »Phantasie« ist, vielmehr trägt sie, wie jede echte Dichtung, den Charakter der Notwendigkeit. Was Kant in der *Dialektik der ästhetischen Urteilskraft* sagt: daß das Genie völlig reflexionslos oder naiv handle, absichtslos wie eine Naturkraft, und ebendadurch die Macht besitze, Regeln zu geben, das gilt auch vom Genius des Zeitalters, der sich jeweils sein Geschichtsbild schafft. Dieses Geschichtsbild ist eine geistige Tatsache, hell erleuchtet vom Tageslicht der Gegenwart und tief verwurzelt im dunklen Gemeingefühl der Kulturmenschheit; ebenso unendlich und in sich begrenzt, gesetzgeberisch und einmalig wie jedes große Dichtwerk, ebenso real und ebenso unbegreiflich.

Das historische Urteil ähnelt auch darin dem ästhetischen, daß es nicht (wie das theoretische Urteil des Verstandes) durch logische Begriffe, sondern durch eine »notwendige Empfindung« allgemeingültig erscheint. Es tritt mit dem Charakter der »Henide« auf: so hat Weininger jene Bewußtseinsinhalte bezeichnet, bei denen Denken und Fühlen noch eine Einheit bilden. Die Vorstellungen, die die »historische Urteilskraft« bildet, haben, ebenso wie die ästhetischen, etwas Verschwommenes, Unartikuliertes, Mehrdeutiges, aber ebendarum höchst Lebensvolles. Alles historische Licht ist Zwielicht, alles historische Erfassen ist Erahnen, alle historischen Gestalten sind »schwankende Gestalten«.

Wir hörten von der »teleologischen Urteilskraft«, daß sie eine bloße Anschauungsweise sei, die die Lebensbedingungen für zweckbeherrscht nimmt: ebenso verhält es sich mit der historischen Urteilskraft. Sie ist eine hineingelegte Betrachtung, sie sieht die Dinge so an, »als ob« sie historisch wären, sie werden erst durch sie historisch. Aber dies ist wiederum keine Willkür, keine freigewählte Fiktion, die wir auch ebensogut unterlassen könnten, sondern dieser historisierende Blick ist uns angeboren; die »Historie«: das Vermögen, historisch zu empfinden, »liegt in unserem Gemüte bereit«, wie es Kant einmal in einem anderen Zusammenhange, nämlich im Hinblick auf das Sittengesetz, ausdrückt. Eine Welt ohne Zwecke wäre für uns überhaupt keine Welt; eine Welt ohne Geschichte auch nicht. Freilich hat es zu allen Zeiten nihilistische Winkelzieher gegeben, die versuchten, uns die Geschichte und ihre »Wahrheiten« vor den Augen wegzueskamotieren, denn logisch beweisen lassen sie sich in der Tat nicht. Dasselbe gilt von der teleologischen Betrachtung, dasselbe von der ästhetischen. Wenn jemand behauptet: Der Mensch ist eine Maschine, die Welt ist ein dummer Kreisel, Hamlet ist verzeichnet und Friedrich der Große war nicht groß: wie soll ich ihn rational widerlegen?

Aber gerade dies erhebt ja die Geschichte zu einem höheren Range, als ihn die sogenannten exakten Fächer und die dialektischen Disziplinen einnehmen. Geschichte ist eine Vision und ein Glaube: und diese beiden Seelenzustände beweisen sich dadurch, daß man sie *hat*.

Geschichte ist uns nicht gegeben, sondern aufgegeben. Geschichte deckt sich daher nicht einfach mit »Geschehenem«. Geschichte entsteht erst, wenn etwas zu den Ereignissen hinzukommt, nämlich wir. Ereignis ist, was in unseren Geist eingegangen ist. An dieser Skala allein mißt sich die historische Wahrheit. »Was nicht geschehen sein kann«, sagt Bachofen, »ist jedenfalls gedacht worden. An die Stelle der äußeren Wahrheit tritt also die innere. Statt der Tatsächlichkeiten finden wir Taten des Geistes.« Und Novalis läßt den Grafen von Hohenzollern in *Heinrich von Ofterdingen* sagen: »Es ist für unseren Genuß und unsere Belehrung gewissermaßen einerlei, ob die Personen, in deren Schicksal wir dem unserigen nachspüren, wirklich einmal lebten oder nicht. Wir verlangen nach der Anschauung der großen einfachen Seele der Zeiterscheinungen, und finden wir diesen Wunsch gewährt, so kümmern wir uns nicht um die zufällige Existenz der äußeren Figuren.« Und in einem nachgelassenen Fragment bemerkt er: »Das Vergangene wirkt so wunderbar auf uns, weil, je unabhängiger ein Objekt von unserer Wirksamkeit ist, desto freier unsere Wirksamkeit spielt; daher auch die sonderbare Alltäglichkeit der Gegenwart. Hier wird das Gemüt zu einer bestimmten Wirklichkeit gezwungen.«

Der historische Kontakt

Wir machen nicht bloß *unsere* Geschichte: auch die, welche uns voraufgegangen ist. Man sagt: die Gegenwart steht im Schatten der Vergangenheit. Aber ebensogut kann man behaupten: die Vergangenheit ist der Schatten, den die Gegenwart wirft. Hier gilt nicht das Gesetz von der Nichtumkehrbarkeit des Zeitablaufs. Geschichte ist nicht etwas, wobei wir uns etwa rein empfangend und passiv verhalten, sondern der Kontakt zwischen zwei geistigen Kraftströmen. Sie verwandelt uns, und wir sie. Auch Huizinga spricht einmal vom »historischen Kontakt, den eine unbedingte Überzeugung der Echtheit, Wahrheit begleitet« und bemerkt dazu: »Auf dem Grabe Michelets hat man dessen Worte angebracht: ›*L'histoire c'est une résurrection*‹. Taine sagte: ›*L'histoire c'est à peu près voir les hommes d'autrefois*‹. In ihrer Unbestimmtheit sind diese beiden Aussprüche brauchbarer als sorgfältige erkenntnistheoretische Definitionen. Auf das ›*à peu près*‹ kommt es an.« Dieses »Erleben des Historischen« sei nahe verwandt »mit dem Begreifen von Musik, oder besser der Welt durch Musik«. Verhält es sich so, und wir können es kaum bezweifeln, so liegt die Analogie zwischen historischem und ästhetischem Empfinden klar zutage. Etwas ganz Ähnliches meinte Kant, als er sagte: »Das Geschmacksurteil gründet sich auf Begriffe von umfassender Geltung, aber auf unbestimmte.«

Wie erklärt sich diese Fähigkeit des Menschen zur historischen Vision? Georg Simmel denkt dabei, allerdings nicht ohne Zögern, an vererbte Gattungserinnerungen. »Wie unser Körper in den rudimentären Organen unmittelbar die Spuren früherer Epochen bewahrt, so enthält unser Geist die Resultate und die Spuren vergangener psychischer Prozesse von den verschiedenen Stufen vergangener Gattungsentwicklung her.« So materialistisch-biologisch läßt sich das Rätsel freilich nicht lösen. Sondern durch Gottes prästabilierte Harmonie stehen wir mit allen Kreaturen, die er je geschaffen, in dauernder Kryptogamie. Oder vielmehr: Diese Harmonie ist latent; sie kann jederzeit zum Leben erweckt werden. Vielleicht dachte Ranke an etwas dergleichen, wenn er sagte, die Taten Gottes zu erkennen, sei die Aufgabe des Geschichtsschreibers. Aber diese Taten Gottes – sie sind nichts anderes als die berühmten rankeschen »Ideen« – können, das betont Ranke oft und mit Nachdruck, nicht in Begriffen ausgedrückt, nur »angeschaut« werden; nur ein Mitgefühl ihres Daseins kann man in sich erzeugen.

Aber nicht nur diese Ideen wandeln sich, indem jede aus ihrem Schoße eine neue gebiert, sondern auch unsere Ideen von diesen Ideen. »Daß die Weltgeschichte«, sagt Goethe in der *Farbenlehre*, »von Zeit zu Zeit umgeschrieben werden müsse, darüber ist in unseren Tagen wohl kein Zweifel übriggeblieben. Eine solche Notwendigkeit entsteht aber nicht etwa daher, weil viel Geschehenes nachentdeckt worden, sondern weil neue Ansichten gegeben werden, weil der Genosse einer fortschreitenden Zeit auf Standpunkte geführt wird, von welchen sich das Vergangene auf eine neue Weise überschauen und beurteilen läßt.« Alle Geschichte ist Gegenwart. »Indem wir es also nur mit der Idee des Geistes zu tun haben und in der Weltgeschichte alles nur als seine Erscheinung betrachten«, lautet eine Kernstelle in Hegels *Philosophie der Geschichte*, »so haben wir, wenn wir die Vergangenheit, wie groß sie auch immer sei, durchlaufen, es nur mit Gegenwärtigem zu tun; denn die Philosophie, als sich mit dem Wahren beschäftigend, hat es mit ewig Gegenwärtigem zu tun. Alles ist ihr in der Vergangenheit unverloren, denn die Idee ist präsent, der Geist unsterblich, das heißt: er ist nicht vorbei und nicht noch nicht, sondern ist wesentlich *itzt*.«

Geschichte und Philosophie

Von hier aus erhellt sich auch das vielerörterte Verhältnis zwischen Geschichte und Philosophie. Manche behaupten, es dürfe überhaupt keine philosophische Geschichtsschreibung geben, Spekulation habe in einer empirischen Wissenschaft nichts zu suchen, Philosophieren sei ein unhistorisches Verfahren. Andere sind toleranter und sagen, auch der Historiker dürfe Philosoph sein, aber diese Standpunkte müßten sauber getrennt werden, diese beiden Gesichtswinkel dürften nicht zusammenfallen. Hierauf ist zu erwidern: es gibt weder Geschichte *oder* Philosophie noch Geschichte und Philosophie, sondern Geschichte *ist* Philosophie. Geschichte ist sogenanntes »Material«, in Worten dargestellt; aber indem ich aus diesem Material eine Auswahl treffe, philosophiere ich bereits, und indem ich darüber rede, philosophiere ich ebenfalls. Jedes dürftige Exzerpt und jede dürre Kompilation, jeder Schüleraufsatz und jede Kinderfibel enthält bereits Spekulation: lauter kleine Philosophen! Alle tun sie von ihrem Geist etwas hinzu, und zumindest lassen sie etwas weg. Alles Forschen ist Philosophie; alles Sprechen ist Philosophie; und sogar alles Schweigen ist Philosophie. »Tatsachen«, sagt Herman Grimm, »in die nicht eine bestimmte Idee hineingelegt wird, sind gar keiner Darstellung fähig, weil sie außer aller Erkenntnis liegen.«

Die »Vorgeschichte«

Schon die erste Frage, die die Geschichtswissenschaft sich zu stellen hat: wo die Geschichte denn eigentlich anfängt, ist ein philosophisches Problem. Vor noch ganz kurzer Zeit begann man mit der Erzählung beim Nebelfleck. Aber das ist Naturgeschichte, nicht Geschichte; und außerdem ist diese ganze Biographie der Erde, anhebend beim Urschleim und endigend beim Großhirn des *homo sapiens,* ein Märchen, obschon bisweilen ein recht farbiges und amüsantes. Denn weder waren die ersten Lebewesen etwas Einfaches, vielmehr in ihrer Art gerade so kompliziert wie die spätesten, noch gab es überhaupt kontinuierliche Entwicklung, sondern mehrere oder viele große Schöpfungsakte (auch darin »Akte«, daß sie wie in einem Drama einander ablösten), in denen, obgleich in verschiedener Mischung und Ausbildung, immer schon alles vorhanden war. Diese Hypothese ist freilich ebenso unbewiesen wie der Darwinismus; aber wir haben vor dessen Anhängern dies voraus, daß wir nicht auf sie schwören.

Aber auch die sogenannte »Vorgeschichte« ist, wie ja schon ihr Name sagt, noch nicht wirkliche Geschichte. Mommsen hat rundheraus erklärt, die Vorgeschichte handle von jenem Teil der Geschichte, der weder wißbar noch wissenswert sei. Vom

Standpunkt der strengen Historie hat er zweifellos recht. Denn im reinen und eigentlichen Sinne erzeugt die Vorgeschichte weder historisches Wissen noch historisches Interesse. Sie vermag die Perioden, mit denen sie zu tun hat, immer nur im Querschnitt zu zeigen, niemals im Längsschnitt; sie ist keine dynamische, sondern eine statische, ja man wäre fast versucht, zu sagen: eine statistische Wissenschaft. Und sie vermag nicht jene bewegte Anteilnahme des Nacherlebens zu erregen, die ebendie spezifisch historische ist. Obgleich sie in den letzten fünfzig Jahren an Umfang und Tiefe außerordentlich gewonnen hat, so bleibt doch bis zu einem gewissen Grade noch immer zu Recht bestehen, was Ranke in seiner Einleitung zu seiner Weltgeschichte über sie sagte: »Man muß diese Probleme der Naturwissenschaft und zugleich der religiösen Auffassung anheimgeben.« Indes müssen sie doch von uns wenigstens berührt werden.

Platos Atlantis

Hier tritt uns sogleich ein geheimnisvoller, vielsagender Name entgegen: Atlantis! Namen bedeuten immer etwas, und so ist es gewiß kein Zufall, daß das mächtige Atlasgebirge im Norden Afrikas und der gewaltige Ozean, der Europa von der Neuen Welt trennt, seit unvordenklichen Zeiten ebenso hießen wie jene sagenumsponnene Zauberinsel: Hier schimmert aus grauen Fernen der letzte Abglanz eines verschollenen Erdkreises. Die jüngste Kunde von ihm hat uns Plato aufbewahrt. Dieser erzählt in seinen Dialogen *Timaios* und *Kritias*, Solon, mit dem er verwandt war, habe eine Geschichte der Atlantis in Versen hinterlassen, die er ägyptischen Priestern verdankte. »Jung seid ihr alle an Geist«, hatten sie zu ihm gesagt, »denn in eueren Köpfen ist keine Anschauung aus alter Überlieferung und kein mit der Zeit ergrautes Wissen. Euer Altertum hat keine Geschichte und euere Geschichte kein Altertum.« Nach ihren geheimen Urkunden lag einst vor den »Säulen des Herakles« (der Straße von Gibraltar) eine Insel, größer als Libyen (Nordafrika) und Asien (das damals bekannte, also: Vorderasien) zusammengenommen, und von ihr gab es damals einen Übergang nach dem gegenüberliegenden Festland, welches von jenem Meer bespült ist, »das eigentlich allein den Namen Meer verdient; denn unser Meer ist nichts als eine Bucht mit schmalem Eingang«. Die Könige von Atlantis beherrschten nicht nur die umliegenden Inseln und Teile jenes Festlands, sondern auch »Libyen bis nach Ägypten hin« und Europa bis Tyrrhenien (Etrurien). Jenes Meer, das allein diesen Namen verdient, kann nur das Atlantische, jenes gegenüberliegende Festland nur Amerika sein. Atlantis, sagt Plato, war das fruchtbarste Land der Erde. Sogar für die riesigen Elefantenherden war Futter in reicher Menge vorhanden. Das am häufigsten verwendete Material war das allenthalben geförderte »Goldkupfererz«, ein prachtvolles Metall, das wir nicht mehr kennen. Ungeheure bronzebeschlagene Zyklopenmauern umgaben die Städte, die »Akropolis« war durch einen Ringwall aus Bleiplatten geschützt. Ganz Atlantis war von einem gigantischen System von »Marskanälen« durchzogen, aber es gab auch unterirdische Bewässerungsanlagen, ja sogar unterirdische Häfen, die ganze Flotten aufnehmen konnten. Die Streitmacht eines einzigen atlantischen Königreichs belief sich, wie Plato angibt, auf 10000 Streitwagen, 1200 Kriegsschiffe und 1200000 Soldaten. An solchen Herrschaftsgebieten besaß aber die Insel allein zehn. Eine viele Millionen zählende Heeressäule setzte sich etwa neuntausend Jahre vor Solon »in hellem Übermut« gegen Europa in Bewegung; aber die Hellenen geboten ihr Halt, wie später der Übermacht der Perser. Viele Menschenalter hindurch hatten die Söhne der Atlantis ihre Verwandtschaft mit den Göttern nicht verleugnet. Darum achteten sie alle Glücksgüter gering und machten sich nichts aus der Masse des Goldes und des übrigen Besitzes, die ihnen eher wie eine Last erschien. Aber allmählich begann ihr Wesen sich zu entgöttern und verruchte

Habsucht und Machtgier ihre Seelen zu erfüllen. Da beschloß der Gott der Götter, Zeus, »der einen scharfen Blick für dergleichen hat«, sie zu züchtigen, um sie dadurch zur Besinnung zu bringen. Er berief daher eine Götterversammlung... hier bricht der Bericht ab. Aber an anderer Stelle sagt Plato, es seien Erdbeben und Überschwemmungen gekommen, und »während eines schlimmen Tages und einer schicksalsschweren Nacht« sei die Insel im Meere verschwunden.

Die Realität der platonischen Atlantis ist schon im Altertum von Strabo und Plinius angezweifelt worden. Alexander von Humboldt hielt das Ganze zwar auch für eine Fabel, glaubte aber daran, daß Solon sie aus Ägypten mitgebracht habe, wohin sehr wohl eine dunkle Kunde von Amerika gelangt sein könne. Erwin Rohde erklärte in seinem vortrefflichen Werk über den griechischen Roman unter dem Einfluß der rationalistischen Skepsis, zu der sich damals jeder Mann der Wissenschaft verpflichtet fühlte, die beiden Schilderungen für dichterisches Spiel und Illustration des Idealstaates. Eine solche Absicht liegt zweifellos Bacons *Nova Atlantis* zugrunde; wenn aber Plato einer philosophischen Utopie die Darstellungsform gegeben hätte, wie er sie beide Male gewählt hat, so hätte er sich im Stil vollkommen vergriffen, was wir einem so großen Künstler doch nicht gut zutrauen können.

Ein gewisses Mißtrauen gegen die Ernsthaftigkeit des platonischen Berichtes hat sich bis zum heutigen Tag erhalten; man versucht ihn zumindest abzuschwächen. Leo Frobenius, der geniale Begründer der »Kulturmorphologie«, machte auf einer seiner Forschungsreisen in der Nähe der Negerstadt Benin Funde einer hohen uralten Kultur und lokalisierte daher Atlantis im Jorubaland in Oberguinea, Westafrika, in der Gegend der Nigermündung. Frobenius ist ein wenig zu sehr fasziniert von der afrikanischen Kultur und reagiert auf die bisherige Unterschätzung dieses Erdkreises mit einer Überschätzung. Außerdem liegt dieses Atlantis zwar jenseits der Säulen des Herakles und erzeugt Elefanten und südliche Früchte aller Art, wie es im »Kritias« eingehend geschildert wird, aber Plato spricht ausdrücklich von einer Insel und von einer außerordentlich großen. Es könnte sich also hier höchstens um einen Ableger der atlantischen Kultur handeln.

Noch bescheidener ist die Hypothese von Adolf Schulten, der Atlantis mit dem alten Tartessos identifiziert und ins Mündungsgebiet des Quadalquivir verlegt. Wenn Plato behauptet, die Insel sei größer gewesen als Libyen und Asien zusammengenommen, so meinte er damit nach Schulten die Ausdehnung des Handelsgebietes; und wenn er erzählt, sie sei während eines Tages und einer Nacht verschwunden, so bezieht sich das auf die Sperrung der Straße von Gibraltar durch die Karthager, die Tartessos von heute auf morgen aus dem Bereiche der hellenischen Schiffahrt spurlos verschwinden ließ. Es ist aber nicht recht verständlich, warum Plato, wenn er dieses meinte, jenes gesagt haben soll. Ebensowenig Überzeugendes hat die Theorie von Richard Hennig, Atlantis sei Tartessos und zugleich die Phäakeninsel Homers, die dieser als ein blühendes Land im Westen schildert, »am Ende der Welt gelegen«, bewohnt von unkriegerischen, aber höchst seetüchtigen Kauffahrern, umgeben von »türmenden Mauern« und geschmückt mit erzstrahlenden Bauwerken; denn diese Angaben können auf jede reiche Handelskolonie bezogen werden, und wie fern oder wie nah sich Homer das Ende der Welt dachte, ist schwer zu sagen; auch hätte Plato, wenn Atlantis wirklich nichts anderes war als die jedem Kinde in Hellas bekannte Insel Scheria, dies unbedingt erwähnen müssen.

Die Atlantis der Zugvögel

Im Jahre 1882 erschien ein Buch »Atlantis, the antediluvian world« von Ignatius Donnelly, das ein ähnliches Aufsehen erregte wie Schiaparellis ungefähr gleichzeitige Entdeckung der Marskanäle. Darin wurde dargelegt, daß die versunkene Atlantis ein großer Kontinent inmitten des Ozeans gewesen sei; seine höchsten Bergspitzen waren Madeira und die Azoren, die noch heute über den Meeresspiegel emporragen. Im Laufe einer vieltausendjährigen Geschichte verbreiteten sich die Atlantier nicht nur über ihre Insel, sondern fluteten auch nach Mexiko, Südamerika, Westafrika, Südeuropa hinüber: als das Reich seine größte Ausdehnung besaß, erstreckte es sich von den Kordilleren bis Vorderindien. Atlantis zerfiel in drei Höhenzonen: das Gebiet der vulkanischen Berge, die Tafelländer, wo die Könige residierten, und die »große Ebene«. Das Klima war subtropisch, sehr angenehm; und von hier ist alle menschliche Kultur ausgegangen. Von den Atlantiern stammen nicht nur der Ziegelbau und der Seidenbau, die Kultivation der Getreidearten und Edelfrüchte, die Domestikation des Rindes und Pferdes, sondern auch der Kompaß und das Schießpulver, die Stahlbereitung und Papierfabrikation, die Astronomie und das Alphabet, auch die Beschneidung zum Schutz gegen die amerikanische Syphilis. Atlantis, das paradiesische Land der Fruchtbarkeit und des Friedens, ist der Garten Eden, die Insel der Seligen, der Olymp, Asgard, jenes Traumbild einer schöneren Vergangenheit, das bei allen Völkern wiederkehrt. In Mexiko und Peru, Ägypten und Babylonien erhielten sich letzte Reste atlantischer Tochterzivilisationen.

Seitdem sind weitere Bestätigungen dieser Annahmen hinzugekommen. Wissenschaftliche Expeditionen, in erster Linie durch das englische Kanonenboot »Challenger« und den amerikanischen Dampfer »Delphin«, haben sehr sorgfältige Tiefenmessungen ausgeführt und den ganzen Boden des Atlantischen Ozeans kartographiert, mit dem Resultat, daß eine ungeheure Höhenkette entdeckt wurde, die sich von Irland bis zu den Azoren erstreckt; einzelne Spitzen erheben sich bis zu einer Höhe von 2700 Meter. Geologische Untersuchungen haben ergeben, daß diese Bergwelt mit den Antillen verwandt ist und daß sie gegen Ende der letzten Eiszeit versunken sein dürfte; ob allmählich oder plötzlich, läßt sich nicht mehr feststellen. Ferner hat man beobachtet, daß sich alljährlich Scharen von Zugvögeln in der Gegend der einstigen Atlantis versammeln und suchend über den Wassern kreisen: die Erinnerung ihrer Gattung wittert hier Land; offenbar mit derselben unfehlbaren Instinktsicherheit, die sie bei ihren Reisen nach dem Süden bestimmte geometrische Figuren formieren und fernste Nistplätze in jeder Saison wiederfinden läßt. Wie sie hier einem geheimnisvollen Kompaß folgen, so leitet sie bei der Atlantis eine Bussole, die Tausende von Jahren und Kilometern überbrückt. Diese Vögel sind zuverlässigere wissenschaftliche Führer als die vagen und willkürlichen Konjekturen der Archäologen.

Das Licht vom Westen

Ferner hat man auf die merkwürdigen Übereinstimmungen der Fauna und Flora hingewiesen, die zwischen der Alten und der Neuen Welt bestehen. Man hat zum Beispiel fossile Überreste des Kamels und des Pferdes, sogar des sogenannten »Urpferdes« in Amerika aufgefunden, und zwar nur dort. In der historischen Zeit verhielt es sich aber gerade umgekehrt: Pferd und Kamel waren auf der westlichen Halbkugel verschwunden und gelangten dorthin erst wieder durch europäische Vermittlung. Da es höchst unwahrscheinlich ist, daß dieselbe Tierspezies öfter als einmal entsteht, so glaubt man die Ähnlichkeit der ausgestorbenen Exemplare des Westens mit den späteren des Ostens nur dadurch erklären zu können, daß früher einmal eine Landbrücke bestanden hat; dieser Schluß ist allerdings nicht ganz zwingend, denn wir können nicht wissen, ob es nicht schon vor undenklichen Zeiten eine hochentwickelte Schiffahrt gegeben hat, die auch ohne das Bindeglied der Atlantis den Ozean zu durchqueren vermochte. Sehr nachdenklich stimmt es auch, daß sich ein phonetisches Alphabet sowohl bei den Phöniziern als auch bei den Indianern von Yukatan vorgefunden hat und daß über ein Dutzend dieser indianischen

Buchstaben die deutlichsten Beziehungen zu ägyptischen Hieroglyphen von derselben Deutung aufweisen. Hier ließe sich daran denken, daß Ägypten einmal eine atlantische Kolonie war und daß umgekehrt die Phönizier Atlantis besucht haben. Diodorus Siculus erwähnt, daß diese von der Küste Afrikas aus nach einer mehrtägigen Fahrt »eine große Insel im Atlantischen Ozean jenseits der Säulen des Herkules« entdeckten. (Es könnte sich in diesem Fall selbstverständlich nicht um richtige Phönizier, sondern nur um verschollene Voreinwohner des Landes gehandelt haben.) Übrigens sind die kulturellen Analogien zwischen den Ureinwohnern Amerikas und den alten Ägyptern auch sonst ganz erstaunlich. Beide verehrten die Sonnenscheibe, balsamierten die Leichen und erbauten Pyramiden, und zwar nach denselben Prinzipien der Himmelsorientierung und der inneren Architektur. Wir kommen auf diesen interessanten Gegenstand noch zurück.

Auch hier bestände jedoch die Möglichkeit, daß eine Besiedlung Ägyptens direkt von Amerika ausgegangen wäre. Aber die mexikanische Tradition berichtet, daß die Ureinwohner von Osten gekommen seien, nachdem das Land dort untergegangen war, und als die Spanier landeten, fanden sie, daß viele aztekische Städtenamen mit *»atlan«* gebildet waren. Es ist unter den Indianern Mittelamerikas eine allgemein verbreitete Legende, daß alle indianischen Stämme ursprünglich ein einziger Stamm gewesen seien und auf einer Insel gegen Sonnenaufgang wohnten. Durch Erdbeben und Überschwemmungen seien »zehn Länder« voneinandergerissen worden und versunken. Da haben wir wieder die platonischen zehn Könige von Atlantis. Wir müssen uns für diesen Fall vorstellen, daß diese Urindianer oder Atlantier ungefähr ebensohoch über den Untertanen Montezumas standen wie die klassischen Hellenen über den Griechen unter der Türkenherrschaft oder die alten Ägypter über den Fellachen; und dabei ist es außer Zweifel, daß auch die Azteken noch eine sehr hohe Kultur besaßen. Sie behaupteten, diese ihrem Gott Quetzalcoatl zu verdanken, der von Osten gekommen sei. Er und seine Nachkommen hätten viele Jahre regiert und sich von den Indianern durch weiße Hautfarbe, blaue Augen und blonden Bart unterschieden: diese Version läßt die Möglichkeit offen, daß die Atlantier keine Rothäute, sondern vielleicht Indogermanen oder »Vorindogermanen« waren. Gerade zur Zeit Montezumas hatten die Priester die Wiederkunft Quetzalcoatls prophezeit; aber die weißen bärtigen Fremden aus dem Osten, die in der Tat kamen, waren keine Götter, sondern verruchte Banditen. Was die Spanier am meisten überraschte, war die Anbetung des Kreuzes, die unter den Azteken herrschte. Sie konnten sich dies nur als ein Blendwerk des Teufels erklären; es war aber wohl eher eine geheimnisvolle Ahnung, daß auch im Westen einmal das Evangelium erscheinen werde. Noch verblüffender aber ist die Ähnlichkeit des Wortes für »Gott« im Osten und im Westen. Es lautet im Sanskrit *Dyaus*, im Lateinischen *Deus*, im Griechischen *Theos* und *Zeus* und im Mexikanischen *Teo* und *Zeo.* Auch dies würde für indogermanische Zusammenhänge sprechen. Auf Atlantis weist auch der griechische Name »Hesperiden«, Bewohner des Westlandes, des »Landes im Abend«. Im griechischen Mythus sind die Hesperiden die Töchter des Atlas; die von ihnen behüteten Gärten liegen auf einem Eiland im fernen Westen. War also das Versinken der Atlantis eine Art »Untergang des Abendlands«? Auch über den Satz *»ex oriente lux«* müßte man in diesem Falle umlernen, denn, von uns aus gesehen, läge dann die Kulturwiege im Westen. Warum aber ist sie zugrunde gegangen? Weil die Atlantier ihre göttlichen Gaben mißbrauchten. Sie entweihten ihr Wissen durch selbstsüchtige Zwecke, indem sie es zur Erlangung von Macht und Reichtum, zur Demütigung oder Vernichtung anderer Völker verwendeten. Ihre okkulten Kräfte erniedrigten sie zur Zauberei, zur »schwarzen Magie«.

Die okkulte Atlantis

Dies führt uns zu einer hochinteressanten Schrift, die Rudolf Steiner dem Atlantisproblem gewidmet hat. Sie umfaßt nur wenige Seiten, eröffnet aber ganz neue Perspektiven. Steiner schöpft aus »okkulten Quellen«, nämlich aus den Erkenntnissen, die man zu erlangen vermag, wenn man, durch Versenkung in sich selbst, an gegenwärtigen und vergangenen Ereignissen das erschaut, was an ihnen nicht sinnlich wahrnehmbar ist, aber ebendarum durch keine Zeit zerstört werden kann. Auch diese Schau kann sich täuschen, sie ist sowenig unfehlbar wie irgendein menschliches Tun. Aber es ist doch bemerkenswert, daß die historischen Geheimlehren seit Jahrtausenden miteinander übereinstimmen, während die Geschichtsforschung schon in einem einzigen Jahrhundert erheblichen Wandlungen unterworfen ist. »Die Eingeweihten«, sagt Steiner, »schildern zu allen Zeiten und allen Orten im wesentlichen das gleiche.« Die Theosophen und Anthroposophen nehmen an, daß es ein allumfassendes Gedächtnis der Natur selbst gibt, das mit größter Treue sämtliche Geschehnisse aufbewahrt, und daß es gewissen Menschen möglich ist, zu diesem Sammelreservoir Zugang zu gewinnen. Es handelt sich also hier um einen »metapsychologischen« Vorgang, ein Fernsehen, und zwar ein Fernsehen in die Zeit. Verwandte Erscheinungen sind der Metapsychologie längst bekannt: schon Swedenborg sah von Gotenburg aus eine Feuersbrunst in Stockholm, die er in allen Einzelheiten beschrieb; ferner weiß man von der »Psychoskopie«, der okkulten Fähigkeit, einem bestimmten Gegenstand durch seinen bloßen Anblick seine ganze Geschichte abzulesen. Mit Personen, die an derlei Dinge nicht glauben, läßt sich schwer diskutieren: sie gleichen, wie der Theosoph Sinnett treffend bemerkt, jenem Afrikaner, der die Existenz des Eises leugnete. Aber auch die nüchternste Erwägung müßte sich sagen, daß eine sogenannte okkulte Erkenntnis sehr oft nichts anderes ist als eine Erkenntnis, die noch nicht zu einer »wissenschaftlichen« geworden ist. Schon immer gab es in der Phantasie der Menschheit Drachen: sie flatterten durch alle Märchen und klebten an allen Bauresten; man belächelte sie so lange, bis man ihre Skelette ausgrub und mit großem Stolz in allen Museen zeigte. Daß die Hypnose ein ausgemachter Schwindel sei, war noch vor fünfzig Jahren die Meinung aller Gebildeten; heute kann man wegen ihrer Ausübung sehr leicht eingesperrt werden, was gewiß die höchste Reverenz vor ihrer Tatsächlichkeit bedeutet. Im törichten Volksglauben und im alchimistischen Aberglauben bestand nie ein Zweifel darüber, daß den Metallen, den Edelsteinen, den Elementen eine geheime Seele innewohne; ernste Mineralogen schüttelten darüber den Kopf, aber seit etwa einem Vierteljahrhundert weiß man, daß es »lebende Kristalle« gibt, die Nahrung aufnehmen, Sekrete abgeben, sich bewegen und sogar paaren.

Steiners Atlantislehre ist kurz diese: Logischer Verstand und rechnerische Kombination fehlten ursprünglich den Atlantiern gänzlich. Dafür hatten sei ein hochentwickeltes Gedächtnis. Wenn sie zum Beispiel eine Rechnung auszuführen hatten, so *erinnerten* sie sich an gleiche oder ähnliche Fälle. Ferner hatte bei ihnen das Wort nicht bloß Bedeutung, sondern auch Kraft. »Zaubermacht des Wortes«, für uns eine Redensart, war für sie eine Realität. Allmählich lernten sie vergleichen. Die Urteilskraft entwickelte sich. Aber dieser Gewinn wurde mit dem Verlust der seelischen Herrschaft über die Natur bezahlt. Mit dem kombinierenden Denken kann man nur die Kräfte der mineralischen Welt bezwingen, nicht die Lebenskraft. »Wie man heute aus den Steinkohlen die Kraft der Wärme herausholt, die man in fortbewegende Kraft bei unseren Verkehrsmitteln verwandelt, so verstanden es die Atlantier, die Samenkraft der Lebewesen in ihren technischen Dienst zu stellen ... Man denke an ein Getreidesamenkorn. In diesem schlummert eine Kraft. Diese Kraft bewirkt ja, daß aus dem Samenkorn der Halm hervorsprießt. Die Natur kann diese im Korn ruhende Kraft wecken. Der gegenwärtige Mensch kann es nicht willkürlich.«

Das magische Organ

Diese Anschauungen über die mutmaßlichen Grundlagen des atlantischen Seelenlebens erscheinen nur auf den ersten Anblick paradox. Nach den Aussagen zahlreicher Forschungsreisenden soll das Gedächtnis der sogenannten »Primitiven« noch heute ans Wunderbare grenzen. Sie haben keine Zahlwörter, aber nicht, wie man früher naiv annahm, weil sie »nicht bis drei zählen können«, sondern weil sich ihnen jede Rechnungsoperation, die sie einmal gemacht haben, für immer einprägt. Ferner sind sie imstande, die Spur jedes Tieres und jedes Menschen mit unfehlbarer Sicherheit wiederzuerkennen: nicht etwa mit Hilfe eines uns fehlenden »Geruchs«, sondern durch den Gesichtssinn. Ebenso können sie die Bilder der Gegenden, durch die sie gekommen sind, bis in die geringfügigsten Einzelheiten aufbewahren. Infolge dieses topographischen Gedächtnisses ist es für sie gänzlich unmöglich, sich zu Wasser oder zu Lande zu verirren. Hingegen sind die Funktionen des logischen Denkens bei ihnen weniger oder, richtiger gesagt: anders entwickelt als bei uns. Man spricht daher von einer »prälogischen« Geistesart der Primitiven. Auch herrscht bei ihnen der Glaube an die mystische Kraft des Wortes, der aber durchaus kein Aberglaube ist. Ihre Macht über die Natur ist gerade so real wie die unserige, nur beruht sie auf anderen Methoden. »Wenn die Beschwörung und der Kult«, sagt Edgar Dacqué sehr richtig, »den Stein nicht wirklich beeinflußt und abgelenkt, den Pfeil nicht wirklich in seiner Bahn bestimmt hätten, so würden die ›Wilden‹ ebensowenig weiter beschworen haben, wie wir weiter den Flug eines Geschosses berechnen und den Lauf eines Geschützes ziehen würden, wenn wir nicht wüßten und erfahren hätten, was für eine gewaltige Wirklichkeit dieses Tun herbeiführt.« In der Tat erblickt ja auch der Primitive in unserem System der Naturbeherrschung etwas wie Zauberei.

Beidemal handelt es sich um Einblicke in das Wesen der Natur, gewonnen durch Ausbildung und Ausübung gewisser geistiger Fähigkeiten, also um eine Art Wunder. Einen schwachen Abglanz jener anderen Einsicht in die Natur, wie sie die Atlantier besaßen, erblicken wir noch heute hier und da in den Phänomenen der Telepathie, wobei wir an die überhaupt höchsten Leistungen denken müssen, die auf diesem Gebiet je beobachtet wurden. Aber bei den Atlantiern war die Telepathie zur Telekinese und Teleplastik gesteigert, zur Kraft der Fernbewegung, Fernstrahlung und Materialisation. Wenn uns dies märchenhaft erscheint, so kommt das daher, daß wir zwei Fähigkeiten verloren haben, die sie noch besaßen. Wie wir mit der größten Virtuosität das Äußere eines jeden Dings zu erfassen vermögen, so vermochten sie in dessen Inneres einzudringen, indem sie so wirklich erfuhren, was »in ihm vorging«; und wie unter uns »soziale« Beziehungen bestehen, so bestanden für sie ähnliche zu der ganzen Natur, so daß deren Teile für sie fast dasselbe waren wie für uns die Glieder unseres Körpers. Wir erfassen die Wirklichkeit durch Intelligenz, sie erfaßten sie durch »Sympathie«. Sie atmeten mit der Natur wie das noch ungeborene Kind mit der Mutter. Wir vermögen nur das Anorganische zu beherrschen, denn der Verstand ist ein bloßer Mathematiker und Ingenieur, dem Leben gegenüber ist er ratlos. *»L'intelligence est caractérisée par une incompréhension naturelle de la vie«,* sagt Bergson.

Noch heute verwenden die Eingeborenen des malaiischen Archipels eine besondere Sprache, wenn sie auf die Kampfersuche gehen; auch glauben sie, daß das Zinn sich nur von bestimmten Personen entdecken lasse, vor anderen aber verberge. Ferner hat bei ihnen der König die Macht, gewisse Worte *»fady«* zu machen, das heißt: ihren Gebrauch entweder für einige Zeit oder für immer aufzuheben. Bekannter als das *fady* ist das *tabu.* Die Ethnologen des vorigen Jahrhunderts haben für diese ganze Vorstellungswelt die höchst unzulängliche Bezeichnung »Animismus« verwendet, indem sie von der vermeintlichen Höhe ihres positivistischen Aberglaubens hier nur kindische Dämonenfurcht und rohe Naturvermenschlichung erblickten. Aber auch die moderne psychoanalytische Deutung dreht in medizinischer Beschränktheit den Tatbestand um: sie erklärt den »Primitiven« für einen Neurotiker, während im Gegenteil der Neurotiker eine Art »Animist« ist, indem er infolge seiner höheren Sensibilität noch ein rudimentäres Organ für die Magie besitzt, wie es sich auch beim Primitiven infolge seiner größeren Naturnähe erhalten hat. Und in der Tat vermögen ja hysterische Personen an ihrem Körper materielle Veränderungen hervorzurufen. Alle drei: der Neurotiker, der Hysteriker, der Primitive repräsentieren die letzten kümmerlichen Überbleibsel einer versunkenen Kultur, zu deren Trägern sie sich verhalten wie das addierende Pferd zu einem Absolventen der Technischen Hochschule.

Die vitale Technik

Während also unsere Naturbeherrschung eine mechanische ist, war die atlantische eine vitale. Auch dies hat nur im ersten Moment etwas Befremdendes. Durch gewisse modische Diätkuren ist jedermann das Wort »Kalorie« bekannt, das soviel bedeutet wie: Brennwert eines Nahrungsstoffes als Einheitsmaß seines Energiegehaltes. Der Vorgang der Kraftumwandlung, durch den ein lebender Körper in Aktion erhalten wird, ist im Prinzip derselbe wie bei einer Maschine. Wenn ich meinem Organismus Reis oder Zucker zuführe, so heize ich ihn ebenfalls mit Kohlenstoff. Die Atlantier beherrschten nun den organischen Energieprozeß in gleichem Maße wie wir den maschinellen. Um sich zum Bewußtsein zu bringen, daß auch in den Organismen bedeutende Kraftquellen schlummern, braucht man sich nur daran zu erinnern, daß Bäume, die zwischen Felsen wachsen, mit ihren Wurzeln große Steinmassen auseinanderzusprengen vermögen, und daß selbst unscheinbare Pflanzen, zum Beispiel Erbsen, beim Keimen durch den lebhaften Stoffwechsel, der sich in ihnen abspielt, ihre Umgebung um ein bis zwei Grad erwärmen, während bei manchen tropischen Gewächsen und bei der Vergärung von Zuckerlösungen durch Hefezellen eine Temperatursteigerung erzeugt wird, die bis zu fünfzehn Grad beträgt. Es läßt sich überhaupt der Grundbaustein aller Organismen, das lebendige Eiweißmolekül oder Biogen, wie es der Physiologe Max Verworn nennt, nach dessen »Biogenhypothese« mit den explosiblen Körpern vergleichen, deren Atome einen sehr labilen Gleichgewichtszustand besitzen und bei Erschütterungen in stabilere Verbindungen zerfallen, wie zum Beispiel das zum Dynamit gewordene Nitroglyzerin: besteht der Lebensvorgang wirklich in solchen Explosionen, so müssen dabei fortwährend unverhältnismäßig große Energien freiwerden, die, entsprechend gelenkt, die gewaltigsten Wirkungen hervorbringen könnten.

Aber eben dies scheint zum Niedergang der atlantischen Kultur geführt zu haben: die Geistesmacht wurde zur Technik, ganz ähnlich wie in unseren Zeitläuften. Und dazu kam, wie auch schon aus Plato hervorgeht, das Gift des Imperialismus. Und als drittes und größtes Übel trat hinzu der Verstand, das rationelle Denken, das die magischen Kräfte versiegen machte. Die Atlantier lernten urteilen und schließen, kalkulieren und kombinieren und verloren darüber die mystische Gemeinschaft mit der Natur: wiederum die Geschichte vom Sündenfall! Und mit dem Urteil erwachte der Dünkel, mit dem Kalkül der Eigennutz. Und Atlantis versank: ein ergreifendes Symbol für des Menschen Überhebung und Sturz.

Hörbigers Atlantis

Zum Schluß wollen wir nicht unerwähnt lassen, daß die Tatsache Atlantis sich auch in Hörbigers »Glazialkosmogonie« vortrefflich einfügt. Der Untertitel des Werkes, das 1913 zum erstenmal erschien, lautet: »Eine neue Entwicklungsgeschichte des Weltalls und des Sonnensystems auf Grund der Erkenntnis des Widerstreites eines kosmischen Neptunismus mit einem ebenso universellen Plutonismus.« Nach Hörbiger teilen sich also Pluto und Neptun in die Weltherrschaft, indem Feuer und Wasser, Glut und Eis am Werdegang des Kosmos in gleichem Maße beteiligt sind. Er nimmt an, daß der Weltraum nicht leer ist, sondern von Wasserstoffgas in höchster Verdünnung erfüllt wird: Hier berührt er sich mit Rutherford, der auf einem analogen Gebiete, der Wissenschaft von der »Astronomie des Atoms«, die Hypothese vertritt, daß alle Atome aus Elektronen und Wasserstoffkernen aufgebaut seien, und dem es auch in der Tat gelang, von Stickstoffatomen Wasserstoffkerne, sogenannte H-Strahlen, abzusprengen. So fein die Verteilung des Wasserstoffs auch ist, so übt er doch auf die Körper, die den Weltraum durcheilen, einen Widerstand aus, der, obschon unendlich klein, im Laufe ungeheurer Zeiträume sich summiert und bei den Planeten und Monden unseres Sonnenreiches eine Bahnschrumpfung bewirkt; infolgedessen muß irgendwann einmal jeder Mond in seinen Planeten, jeder Planet in die Sonne stürzen. Alle Monde waren ursprünglich Planeten, die selbständige Bahnen um die Sonne beschrieben, allmählich aber in das Anziehungsfeld ihrer größeren Nachbarn gerieten und schließlich von diesen »eingefangen« wurden. Die Erde besitze nur *einen* solchen Mond, Saturn aber deren zehn; außerdem muß es einmal zwischen Saturn und Uranus einen sehr umfangreichen Planeten gegeben haben, den »Intra-Uranus«, den sich Saturn zum Großmond einfing: als dieser infolge der immer größeren Annäherung sich auflöste, wurde er zum Saturnring. Unser Mond war einmal der Planet »Luna«, wird einmal zum Ring werden und schließlich in die Erde stürzen. Schon heute zeigt er, da er sich immer mehr an die Erde heranschraubt und dadurch seinen Schwerpunkt verschiebt, eine schwache Annäherung an die Eiform; auch hat man bei der Beobachtung von Mondfinsternissen festgestellt, daß sich seine Geschwindigkeit im Jahr um etwa zwölf Bogensekunden vermehrt. Er hatte eine ganze Reihe von Vorgängern: seit der Kambriumzeit sollen es allein deren fünf gewesen sein, und der nächste und letzte Mond der Erde wird der Mars sein.

Wir haben also den Zyklus: Mondeinfang, Mondeinsturz, mondlose Zeit. Jedesmal, wenn ein Mond entweder zum Trabanten gemacht oder niedergeholt wird, ereignen sich gewaltige geologische Katastrophen; die mondlosen Zeitalter aber sind die »paradiesischen«, die »goldenen«: ewiger Frühling, erfrischtes und verjüngtes Aufatmen der Natur wie nach einem Riesengewitter. Der Einsturz des »Tertiärmondes«, der der letzte Vorgänger des unserigen war, bedeutete die Geburt der Atlantis. Durch das Verschwinden des Mondes wurde der Flutgürtel, den der Trabant längs des Äquators aufgestaut hatte, seiner Stütze beraubt, strömte mit ungeheurer Gewalt nach den beiden Polen ab, wogte mit halber Kraft wieder zurück und wiederholte dies so lange, bis ein Gleichgewichtszustand eintrat. Dadurch wurden große Gebiete nördlich und südlich des Äquators trockengelegt: im Westen Südamerikas das Osterinselreich, im Osten Südafrikas Lemurien und im Atlantischen Ozean die »Schwelle« zwischen Amerika und der Alten Welt: die langgestreckte Rieseninsel Atlantis, deren Geschichte also in eine mondlose Zeit fällt. Der Einfang unsres gegenwärtigen Mondes brachte ihr den Untergang. Dies ereignete sich, mit der astronomischen Uhr gemessen, erst gestern: etwa vor vierzehn Jahrtausenden. Der neue Satellit geriet unter die Anziehungskraft der Erde, aber auch die Erde unter die seinige: wie beim Vormond türmte sich ein Flutberg um den Äquator, die Landmassen, die bei der letzten Weltwende emporgetaucht waren, versanken. Diese Katastrophe liegt so kurz zurück, daß die Erinnerung daran in der ganzen Menschheit aufbewahrt geblieben ist: die Sintflutsagen reichen von Babylon bis Peru. In Amerika wissen die Eskimos so gut davon zu erzählen wie die

Bewohner des südlichen Kontinents. Sie alle berichten von der Zeit des »großen Wassers«, wo ihre Vorfahren in Gebieten, die jetzt mehr als zweitausend Meter über dem Meeresspiegel liegen, mit dem Kanoe gefahren seien. Dies war die Gürtelhochflut; und in der Tat beherbergt der Titicacasee, der noch weit über tausend Meter höher liegt, noch heute Meeresfauna. In einer altmexikanischen Urkunde heißt es: »Der Himmel senkte sich zum Wasser und an einem Tag ging alles zugrunde; alles, was Fleisch war, vernichtete jener Tag.« Das deckt sich fast wörtlich mit dem Bericht Platos. Aber das Gedächtnis der Sage, das viel zäher ist als das historische, geht noch weiter zurück. Der griechische Mythus weiß von »Proselenen«, Vormondmenschen, und in Kolumbien sagen die Märchen, wenn sie eine sehr alte Zeit bezeichnen wollen: »als noch kein Mond da war«.

Erdzeitalter

Aus Hörbigers Welteislehre läßt sich auch eine recht plausible Erklärung der Eiszeiten ableiten. Der Mond bewirkt rings um den Erdball jenes gewaltige Pulsen des Meeres, das jedermann als Ebbe und Flut bekannt ist. Aber auch das Luftmeer unterliegt der Anziehungskraft des Mondes. Indem dieser in der Gegend des Äquators einen hohen Luftmantel emporstaut, werden die gemäßigten Breiten von Luft entblößt und immer mehr der Weltraumkälte ausgesetzt. Dies führt uns zu der Frage, in welchem Erdzeitalter der Mensch aufgetaucht ist. Die Annahme der Darwinisten, daß er sich nach der Kapiteleinteilung des Zoologiebuchs gerichtet habe und als das höchste Lebewesen auch zuletzt erschienen sei, halten wir für eine phantastische oder vielmehr phantasielose Konstruktion. Er lebte wahrscheinlich schon im Mesozoikum, dem Mittelalter der Erde. Dieses, bei dem man die drei großen Zeitalter Trias, Jura und Kreide und innerhalb dieser je eine untere, mittlere und obere Formation unterscheidet, war eine der sonderbarsten Epochen der Erdgeschichte. Sie ist charakterisiert durch das

Vorherrschen der Saurier, jener grotesken Ungetüme, die der Phantasie Wilhelm Buschs entsprungen sein könnten. Es waren überlebensgroße, mit steinharten Knochenplatten bedeckte und zum Teil geflügelte Reptilien: enorme Tanks, Panzerboote und Aeroplane. Wenn sie schwammen, sahen sie aus wie phantastisch vergrößerte Krokodile; wenn sie sich auf den Hinterbeinen aufrichteten und, von ihrem gewaltigen Schwanz unterstützt, Siebenmeilensprünge vollführten, glichen sie fünf Stock hohen Känguruhs; wenn sie flogen, waren sie richtige Drachen. Der Gigantosaurus war dreißig Meter lang und fünfhundert Zentner schwer: Diese Größe erreicht heute noch bisweilen der Walfisch. Die meisten waren Vegetarianer und sind daher wahrscheinlich trotz ihrer sensationellen Dimensionen gutmütig gewesen; einige Arten allerdings dürften so ziemlich das Aufregendste gewesen sein, was je über die Erde gewandelt ist, weshalb sie mit Recht als Dinosaurier oder Schrecksaurier bezeichnet werden: einen, der zweifellos Fleischfresser war, hat man mit dem Namen Tyrannosaurus gebrandmarkt. Ein anderer heißt Brontosaurus, was etwa zu übersetzen wäre: »vor dem man baff ist«. Er maß etwa zweiundzwanzig Meter und besaß einen ungeheuer langen Hals, den er aufrecht trug, einen lächerlich kleinen Kopf und sehr schwache Zähne. Wenn er in den feuchten Wäldern und warmen Sümpfen graste, den haushohen Turm seines Halses giraffenartig emporgerichtet und mit dem dummen Gesichtchen herumschnuppernd, muß er einen ganz unwahrscheinlichen Anblick geboten haben. Das Gemüse, von dem sich die Tiere nährten, war ihren Körperformen angemessen: die Gräser und Farne, die damals wuchsen, waren mehrere Meter hoch; für Bratenfreunde gab es unter anderm eine prachtvolle Gattung von Florfliegen, die eine Flügelspannweite von einem Viertelmeter besaßen. Es existierten aber auch ausgesprochene Meerformen, wie die in der Oberkreide entdeckten Mosasaurier oder Maasechsen, so genannt nach ihrem ersten Fundorte Maestricht, zum Stamme der Lepidosaurier oder Schuppenechsen gehörig, mit Ruderpranken und sehr großen Fangzähnen bewehrt, zu denen als dritte Waffe der überaus kräftige Schwanz kam. Sie waren offenbar Seeräuber: daß sie furchtbare Kämpfe zu bestehen hatten, geht aus den verheilten Knochenbrüchen hervor, die man an ihren Skeletten festgestellt hat. Ihre Zeitgenossen waren die Pteranodonten oder »Flugzahnlosen«, ganz unmögliche Tiere: sie besaßen einen riesigen Schädel und am Hinterkopf als Fortsatz einen sehr langen Knochendamm, der nur als Seiten- und Höhensteuer gedeutet werden kann, während die ebenfalls sehr lange und spitz zulaufende Schnauze zum Fischfang diente. Ihre ausgespannten Flügel maßen acht Meter. Sie waren aber keine aktiven Flieger, sondern Gleitflieger, indem sie sich gleich einem Papierdrachen vom Winde treiben ließen, was aber ihre Leistungsfähigkeit kaum beeinträchtigt haben dürfte, sowenig wie die unseres Albatros, der, ebenfalls ein passiver Flieger, sich mit großer Schnelligkeit fortzubewegen und tagelang in der Luft zu erhalten vermag. Auf andere Weise war das Flugproblem bei Pterodactylus und Rhamphorhinchus gelöst, die beide im Oberjura lebten: der erstere war ein Flatterflieger nach der Art unserer Fledermäuse, der letztere ein Luftschiffer nach dem System der besten Segler unter unseren Vögeln. Im Solnhofer Schiefer des obersten Jura hat man auch die *Archäopteryx lithographica* entdeckt, den berühmten »Urvogel«, der als die Übergangsform zwischen Reptil und Vogel angesehen wird: Dieser vermochte sich jedoch lediglich durch Fallschirmflug von Baum zu Baum zu bewegen, wozu ihn ein sehr langer, zweizeilig befiederter Schwanz befähigte.

Die Welt in Eidechsenbesetzung

Sehr merkwürdig ist die Bipedität vieler Saurier, eine Eigenschaft, bei der man vorwiegend an den Menschen zu denken pflegt. Abgesehen von den Vögeln, die einen ganz anderen Typus repräsentieren, sind unter den heute lebenden Tieren nur die Känguruhs und einige exotische Springmäuse biped. Der Hase macht sein Männchen nur im Augenblick des Sicherns und als Osterhase. Selbst die Affen bewegen sich auf zwei Extremitäten nur, wenn sie den Erdboden berühren, was bei ihnen in der Freiheit sehr selten vorkommt; die meisten Arten sind überhaupt prinzipielle Quadrupeden. Die Iguanodonten aus der Unterkreide und die meisten Dinosaurier jedoch gingen immer aufrecht, was aus dem Bau ihrer Arme und Beine und aus ihren erhaltenen Fährten mit Sicherheit geschlossen werden kann, und benützten die Hände (man muß hier wirklich von Händen reden) ausschließlich zum Greifen und zur Verteidigung, worin sie der zu einem Dolchstachel transformierte Daumen wirksam unterstützte. Der bedeutendste Paläobiologe der Gegenwart, Othenio Abel, hat es übrigens sehr wahrscheinlich gemacht, daß der vorhin gebrachte Vergleich mit den Känguruhs unzutreffend ist: Alles spricht dafür, daß die Iguanodonten nicht sprangen, sondern promenierten oder liefen, wodurch sie etwas unheimlich Menschenähnliches gehabt haben müssen. Ihre schlimmsten Feinde waren die Raubdinosaurier, denn wenn sie diesen auch oft an Größe gleichkamen, so blieben sie doch durch ihr Herbivorengebiß gegen sie im Nachteil. Allerdings vermutet Abel, daß gerade die gefährlichsten Exemplare, wie der Tyrannosaurus und sein Verwandter, der den schrecklichen Namen Gorgosaurus führt, Aasfresser gewesen sind.

Einige Sauriergattungen könnte man als Büffelechsen deklarieren: Sie hatten Hufe und Hörner wie unsere Wiederkäuer, bei manchen waren es sogar drei Hörner. Eine andere Spezies sah aus wie ein gerupfter Strauß; sie verdient aber keines Blickes gewürdigt zu werden, denn sie war nur vier Meter hoch. Der Stegosaurus, nach dem Oberjura zuständig, war ein neun Meter langes Stachelschweinreptil. Mächtige Knochenplatten, die seinen ganzen Oberkörper bedeckten, sträubten sich dem Angreifer entgegen, und sein Schwanz war ein mit Knochenstacheln bewehrter Morgenstern. Dieser bewegliche Panzerturm konnte infolge des Gewichts seiner Armierung nicht auf zwei Beinen gehen: Er war zum Vierfüßler rückgebildet, aber seine unverhältnismäßig kurzen Vordergliedmaßen zeugen für seine Abstammung von bipeden Formen. Alle diese Absonderlichkeiten weisen darauf hin, daß wir es hier mit einem großen Tableau der Erdgeschichte zu tun haben, das sozusagen im Echsenstil entworfen war. Alle Formen waren da: Fisch, Vogel, Ochse, Schwein, Zweihänder, aber alles in Eidechsenausgabe, in Reptilienkostüm, »saurozentrisch« besetzt. Demgegenüber ist unsere heutige Fauna vom Säugertier aus »therozentrisch« konzipiert. Gewisse Tiere, wie der fliegende Hund, die Seekuh, das Gürteltier, wirken in unserer Welt ebenso fremdartig wie die Archäopteryx in der saurischen, sie sind gewissermaßen illegitime Säugetiere: von Rechts wegen hätte der Flughund ein Drache, die Seekuh ein Hydrosaurier, das Gürteltier eine Schildkröte werden müssen.

Das Märchenreich der Lindwürmer währte nach der niedrigsten heutigen Schätzung zehn Millionen Jahre; aber da sie so riesige Tiere waren und daher alles in riesenhaften Maßen sahen, so ist ihnen diese Zeit vielleicht nicht so lange vorgekommen wie uns. Schließlich aber hat alles einmal ein Ende, und eines Tages oder besser: eines Jahrtausends gab es auf Erden keine Saurier mehr. Abel nimmt als eine der maßgebenden Ursachen für ihr Aussterben Klimawechsel an und als Hauptursache »die im Gefolge des Existenzoptimismus einsetzende Degeneration«. Betrachtet man das Problem rein biologisch, so wird es sich wohl so verhalten haben. Indes sind wir der Meinung, daß in den Erdzeitaltern und ihren charakteristischen Faunen und Floren nicht lediglich geologische und paläontologische, sondern in erster Linie metaphysische Kategorien zu erblicken sind. Die Saurier verschwanden, weil ihre Zeit um war. Ein Abschnitt in der Geschichte der »Erdtrachten« hatte sein Ziel erreicht, einer der großen erdgeschichtlichen Baustile hatte sich ausgelebt. Warum? Vielleicht weil er alle in ihm angelegten Möglichkeiten erschöpft hatte. Vielleicht; aber sagen wir lieber: wir wissen es nicht. Warum verließ der gotische Mensch die Erdenbühne, warum zerfiel der Barockstil, warum begab sich das Rokokokostüm in die Theatergarderobe, wir können auch sagen: ins Fossilienkabinett? Es sind Gedanken Gottes, die kommen und gehen: ihre Lebensdauer kennt niemand. Aber eben weil sie Gedanken Gottes sind, sind alle Epochen, die größten wie die kleinsten, unsterblich. Und so verhält es sich auch mit der verblichenen Welt der Saurier. Sie leben: nämlich in unserer Phantasie, ja man kann sagen, daß wenige Bürger des Tierreiches in unserer Imagination ein so kräftiges Dasein führen wie die Drachen. Also sind sie immer die Lebensgefährten des Menschen gewesen.

Der ewige Mensch

Und das ist nicht bloß symbolisch zu verstehen. Denn man hat in Nordamerika, in der Gegend des Colorado, eine menschliche Höhlenzeichnung auf Rotsandstein gefunden, die einen Dinosaurier darstellt. Ganz in der Nähe des Felsbildnisses fanden sich auch die Fußspuren dieses Tieres. Das ist für die Paläontologie eine sehr unbequeme Zeugenaussage, denn sie wirft ihr ganzes System um. Aber warum sollte der Mensch nicht noch früher, warum sollte er nicht schon immer dagewesen sein? Die Natur befolgt in ihren Hervorbringungen keinen pedantischen Lehrkursus; und es ist für sie offenbar ebenso schwer oder ebenso leicht, eine Muschel hervorzubringen wie einen Menschen. Nimmt man die Schöpfungstage der Genesis, die wie alles Biblische ein tiefes Gleichnis sind, als Erdzeitalter, so ergibt sich, daß alles: Kraut und Baum, Gevögel und Gewürm, jegliches Gewächs und Tier zugleich *vor* dem Menschen und *für* den Menschen geschaffen wurde, nämlich für seinen Geist, in dem es sich erst vollendet. Also ist es erst *mit* ihm da, erst *durch* ihn da, und der Steinkohlenwald bedarf ebenso seiner Präsenz wie der Menschenaffe.

Auf das Mesozoikum folgte das *Känozoikum* mit den beiden Unterabschnitten der *Tertiärzeit* und der *Quartärzeit*, die man auch als neuere und neueste Erdgeschichte bezeichnen könnte. Im Tertiär, dessen Dauer jetzt auf etwa fünf Millionen Jahre berechnet wird (die Ansätze für die geologischen Zeiträume pflegen sich ungefähr alle zehn Jahre zu verdoppeln oder auch zu vervielfachen), gab es in Mitteleuropa Kokospalmen und Zimtbäume, den schrecklichen Säbeltiger, der aber wahrscheinlich eher löwenähnlich war: ein hochbeiniges Ungeheuer, dessen Fangzähne Sense und Säge zugleich waren, das Mastodon, ein sprichwörtlich gewordenes Monstrum von Rüsseltier, das man sich vermutlich ebenfalls nicht ganz richtig vorstellt, da es nicht so sehr ein Mammut oder Elefant als eine Art kolossaler Tapir war, und das Megatherium, ein sieben Meter hohes Faultier, ein wahres Mausoleum der Trägheit. Der Schrecken des Meeres war ein Riesenhai, der den heutigen an Größe um ein Vielfaches übertraf. Auch die Erdoberfläche sah damals noch wesentlich anders aus. Wo zum Beispiel heute Wien liegt, befand sich im Miozän (der zweitjüngsten Stufe der Tertiärformation) ein Binnenmeer mit algenbewachsenen Felsküsten und weidenden Seekühen, das die ganze ungarische Tiefebene erfüllte und sich als »sarmatisches Meer« bis nach Südrußland fortsetzte. Das Quartär wird wiederum in zwei Epochen eingeteilt: das *Diluvium*, das nach der niedrigsten Schätzung eine Viertelmillion Jahre währte, und das *Alluvium*, den Zeitraum nach der letzten Vereisungsperiode, in dem wir uns noch heute befinden: seine bisherige Dauer wird ziemlich allgemein mit zwölftausend bis sechzehntausend Jahren angesetzt, welche Zahl mit Hörbigers Datum des letzten Mondeinfangs recht gut übereinstimmt, da dieses das arithmetische Mittel aus den beiden Zahlen angibt; aber auch mit Plato, der die

Atlantis neuntausend Jahre vor Solon, also vor rund zwölftausend Jahren, untergehen läßt. Alle bisher erwähnten Zahlen, höchstens mit Ausnahme der zuletzt genannten, sind jedoch bloß relativ zu verstehen, eine reale Vorstellung läßt sich ohnehin nicht mit ihnen verbinden, und so kann man bloß (und zwar auch nur didaktisch vereinfachend) sagen, daß das Diluvium etwa ein Zwanzigstel des Tertiärs, die bisherige Nacheiszeit ein Zwanzigstel des Diluviums gedauert haben dürfte. Und von dieser ist etwa die Hälfte »Geschichte«. Am ehesten wird man noch zu einem greifbaren Verhältnis gelangen, wenn man sich denkt, daß sich die ganze Neuzeit in einer Stunde abgespielt hätte. Dann hätte das Alluvium ungefähr von vier Uhr morgens bis zum Mittag des nächsten Tages, das Diluvium nahezu vier Wochen, das Tertiär rund anderthalb Jahre gedauert, der Siebenjährige Krieg aber nur eine Minute.

Diluvium

Diluvium heißt soviel wie Überschwemmung, Wasserflut: weil man die Schwemmlandbildung dieses Erdzeitalters auf die biblische Sintflut zurückführte (diese bedeutete aber höchstwahrscheinlich nicht den Anfang, sondern das Ende des Diluviums). Das Diluvium wird auch Paläolithikum oder Altsteinzeit genannt, weil sein Zeuge der »Steinzeitmensch« war. Man könnte es auch ganz allgemein als Eiszeit bezeichnen. Während im Tertiär über die ganze Erde eine wunderbare Wärme verbreitet war, überziehen sich zu Beginn des Diluviums zunächst die Polarzonen mit Eis, das immer weiter vorrückt und schließlich Nordamerika bei Saint Louis und Cincinnati, Rußland bis Kiew, ganz Skandinavien, die Britischen Inseln, die niederdeutsche Ebene bis zum Harz und zum Riesengebirge bedeckt: überall Vergletscherung und Inlandeis wie heute etwa im nördlichen Grönland. In den Gebieten, die heute warm oder heiß sind, äußerte sich die Eiszeit als Pluvial- oder Regenzeit. Die Sahara hatte wahrscheinlich ein gemäßigtes feuchtes Klima und war der schönste und fruchtbarste Teil der Erde; das

Mittelmeer war vielleicht ein großes Tal mit Binnenseen. In den eisfreien Gebieten Mitteleuropas – Frankreich und Süddeutschland – herrschte ein ausgesprochen arktisches Klima. Die Landschaft hatte den Charakter der Tundra, in der Fauna dominierten Eisfuchs, Moschusochse, Lemming, Rentier, Schneehuhn, Schneehase. Man hat in diesen Gegenden auch Fallen für das Mammut gefunden, dieses noch heute populäre Tier, das eine Art Urelefant war, gegen die Kälte durch einen zottigen rotbraunen Haarpelz gewappnet. Es war, mit einer Schulterhöhe von viereinhalb Metern, noch um einen Meter höher als die größte unter den Elefantenvarietäten, die heute leben. Außerdem unterschied es sich von diesen durch einen mächtigen Fettbuckel, der ihm, ähnlich wie dies noch jetzt bei den Kamelen der Fall ist, in mageren Zeiten als Nahrungsreservoir diente. Denn die Verpflegungsverhältnisse waren auf der dürren und oft vereisten Steppe sehr unsicher. Ein ständiger Begleiter des Mammuts war das Nashorn, ebenfalls mit einem dicken wolligen Fellkleid und einem Fetthöcker ausgestattet, häufig ein »Nashorn ohne Nashorn«. Weiter südlich lebte der Riesenhirsch mit seinem kolossalen Geweih, dessen Stangenweite vier Meter betrug, das Wildpferd, der Wildochse oder Wisent, der Löwe, der um ein Drittel größer war als der heutige. Viermal drang das Eis vor und wich wieder zurück, es wechselten Glazialzeiten mit Interglazialzeiten: das Diluvium bestand also aus einem siebenteiligen Zyklus und der achte Abschnitt ist unser Alluvium. Es gibt aber auch eine Theorie des »Monoglazialismus«, die das Diluvium als eine einzige große Eiszeit auffaßt und in dieser bloße Klimaschwankungen annimmt. Nach der Ansicht des hervorragenden Glazialmorphologen Albrecht Penck wechseln die Perioden der Eiszeit alle 10 500 Jahre. Andere machen viel höhere Ansätze, indem sie seit dem Beginn der letzten Eiszeit 40 000, ja 200 000 Jahre verflossen sein lassen. Das allgemeine Abschmelzen der

Inlandeisdecke, das das Ende dieser Glazialperiode bezeichnete, ist heute schon ziemlich weit vorgeschritten, aber wenn wir bedenken, daß noch immer weite Polargebiete vereist und die derzeitigen Klimazonen aufs schroffste gegeneinander abgegrenzt sind, so müssen wir sagen: Wir leben noch immer in einer Eiszeit. Ob diese sich bereits wieder auf dem Wege zu einer neuen Vergletscherungsperiode oder noch in fortschreitender rückläufiger Bewegung befindet oder wir vielleicht dem Ende der ganzen Eiszeit und einem neuen Erdenfrühling entgegengehen, darüber wissen die Gelehrten soviel wie über die meisten anderen Dinge, nämlich nichts.

Auch die Ursachen der einzelnen Glazialperioden sind trotz mannigfacher Theorien völlig unbekannt. Gegen den Erklärungsversuch Hörbigers könnte man einwenden, daß erstens die diluviale Eiszeit ja schon lange vor dem Mondeinfang begann und daß zweitens nach diesem die Erde immer kälter geworden sein müßte: woher also die Zwischeneiszeiten? Aber hierauf ließe sich vielleicht erwidern, daß schon durch die immer größere Annäherung des Mondes, die dem Einfang vorherging, eine vereisende Wirkung erzeugt worden sein könnte und daß der Wechsel der Glazialperioden eine Art von riesenhaften Gezeiten darstelle. Der Rhythmus von Ebbe und Flut, Systole und Diastole beherrscht ja alles Geschehen vom Größten bis zum Kleinsten.

Vom Menschen aus betrachtet, gliedert sich das Diluvium in die Zeit des *homo Heidelbergensis*, des Neandertalers und des Cromagnon-Menschen, das Alluvium in Neolithikum oder Jungsteinzeit, Steinkupferzeit, Bronzezeit und Eisenzeit und diese letztere wieder in die Hallstattperiode und die La Tène-Periode; die Eigennamen bezeichnen die Orte, an denen Überbleibsel der einzelnen Rassen und Kulturen zum erstenmal auftauchten. Wir gelangen somit zu folgender Einteilung des Känozoikums, wobei zu bemerken ist, daß alle derartigen Einteilungen fragwürdig sind, zeitlich: weil es zwischen den einzelnen Zeiträumen immer einerseits Löcher und Spielräume, andererseits Übergänge, »amphibische« Perioden gibt; und räumlich: weil verschiedene »Zeiten« sehr oft gleichzeitig verbreitet sind. Aber wenn man überhaupt abteilt, so muß man klar abteilen: Eine Übersicht ist nur so lange ein Hilfsmittel, als sie schematisiert.

Die angesetzten Zahlen sind ganz willkürlich und dienen ebenfalls nur der deutlicheren Synopsis.

Känozoikum

- Tertiär 5 000 000
- Quartär
  - Diluvium (Altsteinzeit) 250 000 Jahre = 1/20 Tertiär
    - Heidelbergensis
    - Neandertaler
    - Cromagnon (Spätpaläolithikum)
  - Alluvium (Nacheiszeit) 12 500 Jahre = 1/20 Diluvium
    - Jungsteinzeit
    - Steinkupferzeit seit 4000 v. Chr.
    - Bronze seit 2000
    - Eisen
      - Hallstatt seit 1000
      - La Tène seit 500

Die Höhlenkultur

Das Eigentümliche der sogenannten Vorgeschichte besteht nun darin, daß sie über die wichtigsten Fragen, wie Religion, Erotik, soziale Struktur, Siedlungsgebiet, nur sehr unsicher, hingegen über gewisse Details des Alltagslebens ziemlich genau unerrichtet ist. Wir wissen, wie der prähistorische Mensch seine Schuhe schnürte und was er frühstückte, aber wir wissen nicht, welches Weltgefühl ihn erfüllte und welches Antlitz er trug: und solange wir das nicht wissen, redet er nicht zu uns.

Ganz allgemein ist das Diluvium, das ebensogut eine Million wie eine Viertelmillion Jahre gedauert haben kann, als eine Zeit der Höhlenkultur zu bezeichnen. Auch in der Tierwelt dominierten entsprechende Formen: Höhlenlöwe, Höhlenbär, Höhlenhyäne. Das Rentier war wahrscheinlich schon Haustier.

Der Mensch der Altsteinzeit war Jäger. Er machte Messer und Lanzenspitzen, Hämmer und Sägen aus Feuerstein, Pfeilspitzen und Harpunen, Nadeln und Schnitzwerk aus Knochen. Er besaß Schläuche aus Tierhäuten, geflochtene Körbe, Muschelschmuck, Griffe mit Gravierungen. Zeichnungen von Menschen und Tieren finden sich in den Höhlen schon sehr früh.

Die ersten Anzeichen menschlicher Kultur, die sogenannten Eolithen oder »Steine der Morgenröte«, roh zubehauene Faustkeile, stammen vielleicht schon aus dem Tertiär, mindestens aber aus der vorletzten Zwischeneiszeit; manche halten sie allerdings für bloße Naturprodukte. Gegen Ende dieser Glazialperiode gab es bereits das *»abri sous roches«*, wie es die französischen Forscher nennen, das Obdach unter Felsen: in Bergnischen eingebaute Wohnstätten. Ebensoalt sind aber auch schon Zeichnungen von Hütten und Zelten. In die erste Zwischeneiszeit oder auch schon in die Grenze zwischen Tertiär und Diluvium gehört das älteste menschliche Skelettstück, das bisher zutage getreten war, ein Unterkiefer, der in der Nähe von Heidelberg ausgegraben wurde: mit menschenähnlichen Zähnen, aber sonst in der Form »stark affenartig«.

Wie man schon bemerkt haben wird, widersprechen wir uns fortwährend. Vorhin behaupteten wir, der Mensch sei Zeitgenosse der Saurier gewesen; jetzt sagen wir, sein Debüt falle in die erste Interglazialzeit. Und wann begann denn diese? Vor siebzigtausend oder vor siebenhunderttausend Jahren? Auch möchten wir gleich ein für allemal bemerken, daß die Affenähnlichkeit früherer Formen, die übrigens sehr umstritten ist, noch lange nicht beweisen würde, daß die Menschen von den Affen abstammen, was Darwin nie behauptet hat, oder daß sie deren Vettern sind, was er bloß vermutet hat. Der Mensch ist der Vetter aller Geschöpfe, und es hat einen tiefen Sinn, daß er in so vielen alten Kulturen sich der Tiermasken bedient. Auch durchläuft ja bekanntlich sein Embryo im Mutterleibe alle

Tierstadien, ist Amöbe, Wurm, Fisch, Lurch, Säugetier, ehe es zum Menschen wird. Aber das will nicht etwa besagen, daß diese Wesen seine Ahnen sind, sondern er ist der ihrige. Sein Herz schlägt in allem Lebendigen und alles Lebendige ist auf der Wanderung zu ihm. »Singe, meine Schwester«, sagte Sankt Franziskus zur Zikade, und zu den Schwalben: »Meine lieben Schwestern, ihr habt genug geschrien, jetzt ist die Reihe an mir, zu sprechen«, und zum Wolf: »Willst du denn immer ein Räuber und Mörder bleiben, mein Bruder?«, worauf der Wolf in sich ging. Und so wollen wir denn gern im Affen unseren Vetter und Bruder erkennen und, wenn uns die Zoologen von Menschenaffen und Affenmenschen, Anthropoiden und Orangoiden erzählen, darin, ähnlich wie im Märchengleichnis von der Seejungfer mit dem Fischleib, ein schönes Symbol erblicken, über das nachzudenken sich lohnt.

Neandertaler und Rhodesia-Mensch

In der letzten Zwischeneiszeit, also vor zwanzigtausend bis zweihunderttausend Jahren, tauchte der berühmte Neandertaler auf, so genannt, weil seine fossilen Reste zuerst im Neandertal bei Düsseldorf gefunden wurden. Er gilt als der *homo primigenius,* der Urmensch. Er war über ganz Afrika, Asien und Europa verbreitet und verschwand während der letzten Eiszeit. Er hatte einen massigen Kiefer, kein richtiges Kinn und starke Knochenwülste über den Augenhöhlen, die Stirn war fliehend, das Schädeldach flach. Er besaß also verhältnismäßig wenig Gehirnmasse, und das Vorderhirn, wo sich das Sprachzentrum befindet, war besonders klein. Indes gestattet dies noch keine zwingenden Schlüsse auf seine Geistesart: »Wer wollte«, hat schon vor mehr als sechzig Jahren der berühmte Geograph Oskar Peschel gegen diese materialistische Argumentationsweise bemerkt, »nach dem Gewichte entscheiden, ob eine Turmuhr oder ein Taschenchronometer schärfere Zeiteinteilungen gewähren«? Man denke an das Denkorgan der Biene und Ameise, das kaum stecknadelkopfgroß ist. Auch hat man von einigen Kapazitäten das Gehirn untersucht und dabei gefunden, daß es bei Gauß und Helmholtz nur wenig über den Durchschnitt wog, bei Ignaz von Döllinger sogar weniger. MacGregor hat versucht, das Antlitz des Neandertalers in einer Büste zu rekonstruieren; auf dieser hat er einen Sokrateskopf. Er war mit der Verwendung des Feuers vertraut, machte allerlei Werkzeuge, übte die Sitte der Totenbeigaben und besaß als Voraussetzung alles dessen sicher schon eine Art Lautsprache. Im übrigen lebte er gleich einem Raubtier von anderen Tieren; aber das tun wir ja auch. Er jagte wahrscheinlich auch seinesgleichen; aber das tun wir ja auch. Es liegt also kein Grund vor, sich über den Urmenschen aufzuregen.

Der Rhodesiamensch, der erst vor kurzem auf dem Gute Broken Hill in Südafrika entdeckt wurde, wird vielfach als die Übergangsstufe vom Neandertaler zum *homo sapiens* angesehen: nur die Stirnbogen sind noch affenartig und der Unterkiefer auffallend massiv. Man schätzt sein Alter auf wenige Jahrtausende. Hier stoßen wir aber auf einen neuen Vexierpunkt der prähistorischen Wissenschaft. Es haben sicher zu fast allen Zeiten höhere und niedrigere Rassen gleichzeitig auf Erden gelebt, und da wir bei keinem der Funde wissen, ob er die älteste oder die jüngste Form seines Zeitalters darstellt, so sagt er uns entwicklungsgeschichtlich gar nichts. Welche Ansicht die Prähistoriker in hunderttausend Jahren von der heutigen Spezies haben werden, wird lediglich davon abhängen, ob ihre Schaufeln auf den Angehörigen einer hochgezüchteten Rasse oder auf einen Australier stoßen werden, dem der Rhodesiamensch nicht gar so unähnlich gewesen sein dürfte.

Die Cromagnards

Am Beginn der letzten Eiszeit erscheint die Cromagnon-Rasse (genannt nach der Höhle Cro Magnon in der Dordogne), in Skelett und Schädelbildung dem heutigen Menschen sehr ähnlich. Sie repräsentiert bereits die Stufe des *homo sapiens fossilis.* War der Neandertaler ein selbständiger Zweig der Menschenform, der völlig ausstarb, oder war der Cromagnon-Mensch sein vollkommener Enkel? Das wissen wir nicht; aber jedenfalls war dieser eine ausgesprochene Schönheit. War er ein Atlantier, ein Urindianer, ein Urindogermane? Er liebte es, die Leichen zu bemalen oder ihnen Rötelstifte zur Selbstbemalung ins Grab zu legen. Daraus kann man schließen, daß er auch im Leben diese Sitte übte. Das Haupt schmückte er gern mit einer Federkrone. Vielleicht war er also eine Art »Rothaut«, denn auch die Indianer führen ja diesen Namen nur von ihrer Körperbemalung, und in der Tat hat er auf den Abbildungen ein bartloses Antlitz und lichtbraune Hautfarbe wie diese. Die Frauen hinwiederum trugen Glockenröcke und Pagenfrisuren, die an Kreta erinnern. Man hat auch auf Kieseln und Höhlenwänden Buchstaben gefunden, die den früheuropäischen Alphabetformen nicht unähnlich sind.

Das Baskische, das noch heute in den westlichen Pyrenäen gesprochen wird, das letzte Überbleibsel der Sprache der Iberer, eines Volkes unbekannter Rasse, das zur »Steinkupferzeit« in Spanien und Britannien lebte, steht als ein vollkommener Fremdkörper innerhalb aller europäischen Sprachen (die Südfranzosen behaupten, der Teufel habe sieben Jahre lang Baskisch gelernt, aber schließlich nur zwei Worte behalten, und die falsch), hat aber in Form und Syntax eine unverkennbare Ähnlichkeit mit den altamerikanischen Sprachen. Nach unserer (natürlich völlig hypothetischen) Ansicht waren die Cromagnards der Seitenstamm einer sehr edlen Rasse, die über Amerika, Atlantis und große Teile der Alten Welt verbreitet war und deren letzte Zweige im Westen die Inkas, im Osten jene geheimnisvollen Völker gewesen sind, die man bisher in Ermangelung einer anderen Charakteristik als »nichtindogermanisch« registriert hat, die aber vielleicht besser als vorindogermanisch zu bezeichnen wären.

Man pflegt dieses »jüngere Paläolithikum« in mehrere Kulturkreise einzuteilen: in das Aurignacien (nach einer Höhle bei Aurignac in Südfrankreich), das spätere Solutréen (Freilandstation Solutré bei Mâcon) und das noch spätere Magdalénien (Höhlen bei La Madeleine in der Dordogne). Im Aurignacien finden sich besonders reichlich Erzeugnisse der Glyptik: kleine Darstellungen in Elfenbein, Speckstein, Pferdezähnen, ferner »Kommandostäbe«: mit Schnitzereien verzierte Geweihstücke, die auch bei manchen Indianerstämmen als Zeichen der Häuptlingswürde galten; am Magdalénien ist es besonders interessant, daß es schon steinerne Lampen kannte, die mit Tierfett gespeist wurden. In den Grimaldigrotten bei Mentone hat man Skelette aus dem Aurignacien vorgefunden, die in »Hockerlage«: mit angezogenen Armen und Beinen begraben waren; es ist dies die »Wärmestellung«, die der Mensch unwillkürlich beim Schlafen einnimmt. Der »Grimaldimensch«, der übrigens von den Anthropologen dem Negertypus zugewiesen wird, hielt also den Tod für einen Schlaf.

Der Bildzauber

Die Kunst dieser Menschen hat eine Höhe erreicht, die für uns geradezu unfaßbar ist. In ihnen daraufhin immer noch »begabte Wilde« zu erblicken, wie dies Wells tut, ist die Verstocktheit eines liberalen Fortschrittsdogmatikers. Wer weiß überhaupt, welche Finessen sie auch sonst in ihren Lebensformen beobachteten? Von der Kultur des alten Peru ist dergleichen bekannt: ein Abglanz atlantischer Noblesse leuchtet noch aus Coopers *Lederstrumpf*. Und das Baskische hat für die zweite Person des Singulars verschiedene Formen je nachdem ein Mann oder eine Frau angeredet wird, was doch wohl der Gipfelpunkt der Galanterie ist. Übrigens haben auch die Polynesier, wie Luschan beobachtet hat, vier bis fünf Ausdrücke für Dame und keinen einzigen für »Frauenzimmer«.

Wir besitzen aus dem Spätpaläolithikum unter anderem: reliefierte, gravierte und schattierte Schwarzrotmalereien, sehr ähnlich den höchst gelungenen Felsbildern der Buschmänner

Südafrikas; Mammut, Wolf, Hirsch, Höhlenlöwe in virtuosen Umrißzeichnungen; Schattenrisse einer ungemein lebendig geschilderten Schweinsjagd und eines Kampfes zwischen Bogenschützen, wobei die kompliziertesten Stellungen gewagt sind, das Hintereinander jedoch als ein Übereinander gegeben wird: aber das tat auch noch Polygnot, der doch gewiß nicht zu den »Primitiven« gehörte. Auch Plastiken von Menschen und Tieren sind zutage gefördert worden, unter anderem die berühmte »Venus von Willendorf«, eine Statuette aus Kalkstein, mit Rötel überzogen, völlig nackt, in einer Art Gebetsstellung, wie sie noch heute bei den Orientalen gebräuchlich ist. Sie entspricht mit ihrem unförmig dicken Körper, ihren mächtigen Hängebrüsten und Mastschenkeln nicht ganz unsrem Schönheitsideal; aber es ist bekannt, daß bei vielen Völkern Fettleibigkeit als besonderer weiblicher Reiz gilt. So schön wie die Beautés des Kubismus, der uns Autobusse als weibliche Akte zumutet, ist sie auf alle Fälle, und vor allem ein größeres Kunstwerk, als dieser je hervorgebracht hat. Artistische Leistungen höchsten Ranges sind die farbenprächtigen Malereien in der Höhle von Altamira in Spanien: neben Bär, Reh, Wildschwein ist mit besonderer Meisterschaft der Wisent in allen möglichen Situationen geschildert: grasend, schlafend, angreifend, verendend. Man hat einen wundervollen knochengeschnitzten Pferdekopf aus Mas d'Azil mit den Skulpturen des Parthenon in Parallele gestellt, die Gruppenbilder mit expressionistischen Kompositionen, die Rötelgemälde mit Rembrandt; aber alle diese Vergleiche treffen nicht das Wesentliche: Diese Kunst ist magischer als die griechische, elementarer als die rembrandtische, echter als die expressionistische. Nur Ägypten, Kreta und die Gotik können hier genannt werden. Diese Künstler waren, was der große Paläontologe Edgar Dacqué »natursichtig« nennt: Sie blickten intuitiv in das Herz der Dinge. Hier ist der wahre *surréalisme*, nicht der ohnmächtige unserer Zeit, der bloß programmatisch gewollt war. Allerdings hat die prähistorische Malerei eine lange, wandlungsreiche Geschichte gehabt; sogar eine pointillistische Phase läßt sich erkennen.

Menschen, die es zu solchen Materialisationen des Kunstwillens brachten, müssen eine sehr hohe Kultur besessen haben. Man hat von der Höhe positivistischen Aufklärungsdünkels, für den Kultur erst mit der Revolverpresse und dem Clearingverkehr anhebt, in allen diesen Höhlenwundern Veranstaltungen eines religiösen Bildzaubers erblicken wollen. Faßt man diese Deutung nicht rationalistisch und materialistisch, wie sie gemeint ist, so ist sie völlig zutreffend, denn alle wahre Kunst ist Kult, Gottesdienst; und zugleich eine Beschwörung. Es muß in der Tat ein überirdischer Bildzauber gewesen sein, dem zwanzigtausend oder gar hunderttausend Jahre nichts von seiner Bannkraft zu rauben vermochten.

Die Jungsteinzeit

Das Neolithikum, das man auch schlechtweg als Steinzeit im engeren Sinne bezeichnen kann, entspricht, grob gerechnet, dem Alluvium bis zum Beginn der Metallzeit: sein Anfang fällt also in das Abklingen der letzten Eiszeit. Nicht so eindeutig läßt sich sein Ende bestimmen. In Ägypten und Mesopotamien fand es bereits um 4000 vor Christus seinen Abschluß, in Mittel- und Nordeuropa um 2000, in Ozeanien besteht es noch heute. Doch sind gerade die Ozeanier ein Beweis dafür, daß Metall und Kultur durchaus nicht Begriffe sind, die sich gegenseitig bedingen: ihre Technik des Mattenflechtens zum Beispiel und ihre Kunst, aus Baumbast zartesten »Batist« und gediegenstes »Leder« zu erzeugen, hat auf der ganzen Erde kein zweites Beispiel.

Als allgemeinste Merkmale des Neolithikums gelten: der Gebrauch von Steinwerkzeugen, die bereits (mit feinem Sand) geschliffen sind, der Betrieb der Töpferei (mit Bevorzugung der Flechtmuster, offenbar als Erinnerung an die bisher verwendeten Korbgefäße), der allmähliche Übergang von der alleinigen Verproviantierung durch »Okkupation« (Jagd und Sammeln) zu Ackerbau und Viehzucht und die Leichenverbrennung, die zwar nicht allgemein, aber vielfach verbreitet ist, auch in Amerika. Das Rentier, dem es in Mitteleuropa zu warm wird, wandert nach Norden ab und wird durch den Hund ersetzt, der wahrscheinlich vorher noch nicht Haustier war. Ob auch das Pferd von Anfang an gezähmt war, ist ungewiß; auf Zeichnungen erscheint es bereits im Aurignacien. Rind, Schaf und Ziege waren sicher schon domestiziert.

Die Endgrenze der Steinzeit deckt sich mit der Vorgeschichte nicht so allgemein, daß es prinzipiell erlaubt wäre, zu sagen: Mit dem Metall beginnt die eigentliche Geschichte. In Mittel- und Nordeuropa zum Beispiel, wo die Bronze bereits im zweiten Jahrtausend der vorchristlichen Ära in Gebrauch steht, reicht die Vorgeschichte bis zum Anfang unserer Zeitrechnung. Ebensowenig aber kann man sagen: erst mit dem Verlassen der Vorgeschichte hebt wahres Wissen an. Auch die Prähistorie ist eine Wissenschaft, sie ist nur keine historische Wissenschaft. Denn die Historie hat es immer mit der Individualität, mit der Einmaligkeit zu tun: auch wenn sie Kollektiverscheinungen, Massenereignisse betrachtet, sind es doch stets solche, die mit diesem Gesicht und Gang nie vorher da waren und nie wiederkehren werden. Die Menschen der Urzeit aber sind für uns eine körperlose Geisterschar: stumm, ohne Antlitz, ein Nebelschwaden. Nur durch Winke und Zeichen, die meist rätselhaft sind, künden sie uns ihr Dasein. Trotzdem ginge man viel zu weit, wenn man die Vorgeschichte als Objekt der Forschung überhaupt nicht anerkennen wollte. Das war das Vorurteil eines druckenden und nichts als druckenden Zeitalters, dessen Wortidolatrie nur an Geschehnisse glaubte, die aufnotiert waren, und daher die Geschichte dort aufhören ließ, wo die Philologie nichts mehr zu beißen hat. Den Gedanken, daß es auch schriftlose Kulturen gegeben haben könne, die den toten Buchstaben nicht brauchten, weil sie ihn durch das lebendige Gedächtnis ersetzten, hätte ein exzerpierendes, kollationierendes, rubrizierendes, Kommentare kommentierendes Jahrhundert mit überlegenem Lächeln zurückgewiesen. Erst die jüngste Zeit hat sich zu der Erkenntnis durchgerungen, daß der Grundriß eines Hauses, die Verzierung eines Gefäßes, die Anlage eines Grabes oder Altares ebenfalls ein historischer Bericht ist, der an Gewicht einer Inschrift oder Chronik durchaus gleichkommt. Aber nur an Gewicht, nicht an Gehalt; denn die primitivste oder dunkelste Rede des Menschen sagt uns mehr von seiner Seele als alle seine Schalen, Trachten, Schwerter und Idole. Wie er seine Tracht *trug*, welche *Idee* im Idol lag: das wünschen wir zu erfahren. Es wird also doch in einem gewissen Sinne bei den Worten des weisen Ranke bleiben: Vorgeschichte ist Naturwissenschaft oder Religion; wir haben nur die beiden Möglichkeiten, uns in ihren schönen Formenschatz liebevoll beschreibend zu versenken oder vor ihren geheimnisvollen Botschaften ehrfurchtsvoll zu verstummen.

An die Stelle der »Leitfossilien«, die den Paläontologen durch das Labyrinth der Erdgeschichte führen, tritt in der Steinzeit die Keramik mit ihren Schnur-, Band-, Rankenmustern. Auf die ebenso komplizierte wie kontroverse Einteilung in Perioden und Kreise gehen wir nicht näher ein. Das Neolithikum war eine Zeit der Völkerwanderungen. Künstlerisch stand es zweifellos unter dem Spätpaläolithikum. Jedermann bekannt sind die Pfahlbauten, auf hohen Holzrosten über Seen, Mooren, Flußtälern, aber auch über festem Boden errichtete Wohnstätten, ursprünglich wohl zum Schutz gegen wilde Tiere angelegt. Sie lassen sich bis in die Tropen verfolgen. Ebenso finden sich überall die Einbäume, aus großen Baumstämmen gehöhlte Boote. Die Untersuchung der Küchenabfälle, die besonders im Norden sehr reichlich zutage gefördert worden sind, zeigt uns, daß der Mensch der Pfahlbauzeit schon Gerste und Weizen,

Hirse und Erbsen, Holzäpfel und Wein baute, daß er nicht bloß reichlich Fische, sondern auch Austern, Miesmuscheln und Strandschnecken speiste und daß er sich, mit Ausnahme des Geflügels, fast alle heutigen Haustiere hielt; auch die Zucht des Pferdes, die nach dem Süden erst viel später gelangte, war ihm schon vertraut. Umgekehrt ist die Katze erst ein spätes Geschenk des Orients an Europa. Die Pfahlbauten bildeten bereits Dörfer; bei ihren größeren Anlagen ist die Gliederung in Herrenhaus, Verwaltungsgebäude, Viehstall und Getreidespeicher deutlich zu erkennen. Ein besonderes Charakteristikum der späteren Steinzeit sind die Hünenbetten oder Megalithgräber, die auch nach einem keltischen Wort, das soviel wie »Steintische« bedeutet, Dolmen genannt werden: aus Felsplatten erbaute Grabkammern in Form künstlicher Hügel, zu denen Alleen von obeliskenartigen Denksteinen führen, die sogenannten Menhire oder »langen Steine«. Ihre Fundstätten erstrecken sich von England bis Nordafrika. Bezeichnend für weite Gebiete ist auch der Dolchstab, eine Metallklinge, die rechtwinklig in einen Holzstiel eingelassen ist, Nachkomme der Axt, Vorläufer des Schwerts; neue Formen sind: Ledergefäße, große Tonfässer, auch zur Bergung von Hockerleichen, Kugelflaschen, Tulpenbecher, »Kaffeetassen«, ja es gibt sogar schon die Anfänge einer Similimanufaktur, indem roter Ton durch Politur Kupfer imitiert.

Die Metallzeit

Hier befinden wir uns bereits im Übergang zur Metallzeit. Das erste Metall, das bearbeitet wurde, war das Kupfer; es ist aber bekanntlich sehr weich und vermag gediegen bearbeiteten Stein nicht völlig aus dem Felde zu schlagen. Man spricht daher von einer »Steinkupferzeit«. Die Erfindung der Bronze geschah wahrscheinlich um 2500 vor Christus. Sie bestand einfach darin, daß man dem Kupfer Zinn beimischte; der Zusatz war anfangs gering und stieg allmählich bis zu zehn Prozent, welches Verhältnis sich als das vorteilhafteste erwies und die

Regel blieb. Die neue Legierung war nicht nur härter, sondern auch schmelzbarer. Die klassische Ära der Bronzekultur ist erst das zweite Jahrtausend. Sie ist, sehr allgemein gesprochen, das Zeitalter der erwachenden Schiffahrt, der »heliolithischen Kultur«, die im Kultus der Sonnenscheibe wurzelt, und der Gräber in Bergkammern. Wiederum finden sich Similiwaren: gebuckelte, mit Goldglimmer überzogene Tongefäße, die täuschend Bronze nachahmen; ein Zeichen für die Weltherrschaft dieses Metalls, die von Mexiko und Peru bis Indien und China reichte.

In Amerika dauerte die Bronzezeit bis zu seiner Entdekkung. In Ägypten gab es nach Funden aus prähistorischer Zeit Eisen schon im fünften Jahrtausend; aber bis etwa 1000 vor Christus wurde es dort nur als Zahlungsmittel und kostbarer Schmuckstein verwendet. Obgleich in Europa die Kultur während der Bronzezeit weit niedriger stand als im Orient, ist dort trotzdem der Übergang zum Eisen nicht später, wahrscheinlich sogar früher erfolgt. Aber das ganze erste Jahrtausend der mitteleuropäischen Eisenzeit, das letzte vor Christus, ist für uns, wie gesagt, noch Vorgeschichte. In der Eisenzeit befinden wir uns noch heute oder vielmehr: befanden wir uns noch vor kurzem; denn seit zwei oder drei Menschenaltern darf man von einer Stahlzeit sprechen.

Das Hauptgebiet der prähistorischen Eisenkultur ist in Europa die Alpen- und Donaugegend. Die ältere Eisenzeit wird als Hallstattkultur bezeichnet, nach dem bedeutendsten Fundort Hallstatt in Oberösterreich. Ihre charakteristischsten Produkte sind Töpferwaren mit Figurenschmuck in einem »geometrischen« Stil, wie er sich ähnlich in Griechenland findet, und »Fibeln«: Schnallen und Sicherheitsnadeln in vielfältigster Broschenform. Ihr Grundzug ist eine gewisse archaische Pracht, wie sie uns etwa im Nibelungenlied entgegentritt, an das sie auch in Schmuck und Tracht erinnert. Man hat an

Hallstätter Schwertgriffen Elfenbein, an südeuropäischen derselben Zeit Bernsteineinlagen gefunden, woraus hervorgeht, daß der Handelsverkehr damals schon von Afrika bis zur Nordsee reichte. Die jüngere Eisenzeit, die die zweite Hälfte des ersten Jahrtausends vor Christus umspannt, wird, nach La Tène am Neuenburger See, La-Tène-Kultur genannt. Sie gehört in erster Linie den Kelten, die, vielleicht von den Britischen Inseln stammend, sich in Gallien, Mitteldeutschland, Spanien festsetzten, 390 Rom plünderten, im dritten Jahrhundert über Österreich und Ungarn auf die Balkanhalbinsel vordrangen und sich in Kleinasien als »Galater« festsetzten. Vindobona ist ein keltischer Name. Im übrigen muß man sich davor hüten, mit dem Begriff der Vorgeschichte ohne weiteres den der Vorkultur zu verknüpfen: die wundervollen kunstgewerblichen Erzeugnisse der Hallstattzeit belehren uns eines Besseren.

Spengler In einer kleinen, aber ungemein gehaltvollen Schrift *Der Mensch und die Technik*, die erfüllt ist von jenem eigentümlichen kalten Glanz, wie ihn alle seine Werke ausstrahlen, hat Oswald Spengler seine Vision vom Entwicklungsgang der Menschheit aufgezeichnet. Für ihn ist der Mensch ein Raubtier: »nur der feierliche Ernst idealistischer Philosophen und – anderer Theologen besaß nicht den Mut zu dem, was man im stillen recht gut wußte.« Und zwar ist der Mensch der Typus des erfinderischen Raubtiers. Wodurch ist er dazu geworden? »Die Antwort lautet: durch die Entstehung der Hand... Sie muß plötzlich entstanden sein, jäh wie ein Blitz, ein Erdbeben, wie alles Entscheidende im Weltgeschehen, epochemachend im höchsten Sinne.« Mit der Hand zugleich waren Waffe und Werkzeuge gegeben, als ihre notwendige Ergänzung. Eine zweite derartige »Mutation« ereignete sich durch die Entstehung der Sprache, deren Gebrauch identisch war mit Unternehmung, Berechnung, Organisation: sie fällt nach Spenglers Ansicht in das fünfte vorchristliche Jahrtausend. Heute stehen wir auf dem Gipfel, dort, wo der fünfte Akt beginnt. »Die letzten Entscheidungen fallen. Die Tragödie schließt.«

Diese Katastrophenphilosophie ist zweifellos eine tiefere Konzeption als der bürgerliche Evolutionismus; und auch eine heroischere. Aber der eisige Pessimismus Spenglers denkt *nur* in Katastrophen, und noch dazu in sinnlosen: »an und für sich ist es belanglos, welches Schicksal dieser kleine Planet hat, der irgendwo im unendlichen Raum für kurze Zeit seine Bahnen zieht... Die Geschichte des Menschen auf diesem Planeten ist kurz, ein jäher Aufstieg und Fall von wenigen Jahrtausenden, etwas ganz Belangloses im Schicksal der Erde.« Das ist naturalistischer Atheismus, obschon höchsten Ranges; bei aller Genialität eine mephistophelische Ansicht. Spengler ist, obgleich er ihn bekämpft, immer noch von Darwin fasziniert. Aber alles Geschaffene ist Leben, alles Lebendige ist Geist; Leben und Geist haben eine Geschichte, aber keinen Anfang; und jede Ruine ist ein Blütenboden. Vor Gott sind alle Planeten gleich groß, alle Lebensläufe gleich ewig, und vor seinem Thron gibt es nur gefallene Seelen, nicht emporgestiegene Raubtiere. Wahrscheinlich ist nicht einmal das Raubtier ein Raubtier. Nur in Augenblicken der Vergeßlichkeit sozusagen, die freilich nicht selten sind, ist der Mensch eines. Und das Abendland wird untergehen, aber nur soweit es von Spengler ist.

»Planetarische« Weltgeschichte

Man muß sich darüber klarwerden: die Perspektive des Positivismus ins »Kosmische« ist, ungeachtet ihrer schwindelerregenden Quantitätsausmaße, die subalternere, die *kleinere*! Denn sie hat keinen zentralen Blickpunkt, also keine Seele. Ebenso dachte man ja auch fälschlich, eine »planetarisch« orientierte Weltgeschichte sei die »größere«. Sie ist aber bloß die dickere: die unförmigere, undynamischere. Sehr treffend sagt Benedetto Croce, die von den Europäern konzipierte Geschichte könne nur europäozentrisch sein, »wenn sie nicht die Geschichte in einen Ausstellungssalon der verschiedenen Zivilisationstypen verwandeln will«. Geschichtsschreibung ist nicht eine tote Addition einander gleichgültiger Fakten, ein synchronisierendes Nachziehen von »Parallelen«, die sich niemals schneiden, sondern der Versuch, einen *Organismus* abzubilden, das heißt: eine Symbiose sich gegenseitig bedingender, ineinandergreifender lebendiger Kräfte. Es gibt Weltgeschichten, die vom »ethnogeographischen« oder »anthropologischen« Gesichtspunkt ausgehen, zum Beispiel das neunbändige Sammelwerk, das Helmolt herausgegeben hat. Aber das ist »statische« Geschichte, »mechanische« Geschichte, also ein Widerspruch in sich selbst. Der Effekt ist eine Bereicherung oder vielmehr Belästigung unseres Gedächtnisses mit leeren Namenhülsen, Jahreszahlen, die sich selbständig gemacht haben, und Kuriositäten, deren Sinn verraucht ist. Die außereuropäischen Völker sind für uns nur soweit geschichtlich, als sie ein Glied *unserer* Geschichte sind; und das sind sie erst seit heute oder gestern. Bis zu diesem Zeitpunkt sind sie bloß geographische, nicht historische Realitäten. Griechenland ist ein Stück unserer Seele, China ist ein Reiseziel. Als dort der große Kaiser Shi-Huang-Ti regierte und sich (für die Chinesen) Ungeheures ereignete, lag es für uns, nicht bildlich gesprochen, sondern buchstäblich, auf dem Monde. Samoaner, Lappen und Bantuneger sind in unserem historischen Bewußtsein keine Ponderabilien; also haben sie niemals existiert. Auch Japan geht uns erst seit wenigen Jahrzehnten etwas an. Der Begriff der Weltgeschichte ändert fast mit jeder Generation seinen Umfang und Inhalt. Wir tragen unser heutiges Weltgefühl, das in der Tat planetarisch ist, in das der Vergangenheit ein, was ganz unhistorisch gedacht ist. Unser Bild ist natürlich ebensowenig »objektiv« oder »vollständig« wie das mittelalterliche oder das biblische, vielmehr sind alle drei von gleichem Wert. Im Jahre 1241 brachte der Mongolenkhan Ogdai dem deutsch-polnischen Heere bei Liegnitz eine furchtbare Niederlage bei. Den

Ritterheeren, die Europa damals aufzubringen vermochte, waren die Mongolen nicht nur numerisch, sondern auch in der Organisation und Bewaffnung weit überlegen: sie besaßen bereits Kanonen, die sie aus China mitgebracht hatten. Sie hätten damals Mitteleuropa zu einer asiatischen Provinz machen können. Sie zogen aber wieder ab; aus unbekannten Gründen. Von dieser ungeheuern Gefahr hat aber damals in Europa kein Mensch etwas bemerkt; sie ist daher für den Historiker nicht vorhanden. Ein Vierteljahrtausend früher wurde Europa durch den Chiliasmus in Aufregung versetzt: den weitverbreiteten Glauben, daß im Jahr 1000 die Welt untergehen werde; der Chiliasmus ist daher ein nicht unwichtiges historisches Phänomen. Wenn es uns eines Tages gelingen sollte, auf den Mars zu gelangen, so wäre es historisch berechtigt, unsere Geschichte in eine vormarsische und eine nachmarsische einzuteilen, auch bestände die Möglichkeit, eine Geschichte des Mars bis zu seiner Entdeckung zu schreiben: aber diese synchronistisch mit der Erdgeschichte zu erzählen, wäre offenbarer Unsinn.

Der Raum des Altertums

Nach der Relativitätstheorie ist die Zeit eine Funktion des Orts. Auf das historische Gebiet übertragen, bedeutet dies: Geschichte ist eine Funktion des Raums. Der Raum der Gegenwart sind die Weltmeere mit ihren Erdinseln, der Raum der Neuzeit ist Europa, der Raum des Altertums ist das Mittelmeer. Alte Geschichte ist Geschichte der Völker ums Mittelmeerbecken und der Nachbarkulturen, soweit sie diese Völker befruchteten. Darum sind zum Beispiel die Inder kein antikes Volk, denn für das Bewußtsein des Altertums hatten sie immer nur Märchenrealität. Aber für uns ist auch von dem, was damals Wirklichkeit besaß, noch nicht alles »antike Geschichte«. Denn Vergangenheit ist nur soweit Geschichte, als sie Gegenwart ist. Eine *Naturgeschichte* des Altertums hätte vielleicht Anlaß, alle antiken Varietäten, von denen wir Kunde haben, zu sammeln, zu ordnen und zu diagnostizieren. Kulturgeschichte jedoch ist nicht Wissen, sondern Leben. Sollten Fassungsraum und Aneignungskraft unserer Seele aus irgendwelchen Gründen plötzlich rapid wachsen, so daß vieles für uns »historisch« wird, was heute für uns bloß da ist oder noch nicht einmal da ist, so wird diese *Kulturgeschichte des Altertums* sich sehr freuen, selber ein Stück überholtes Altertum geworden zu sein.

Carl Ritter, der Begründer der modernen wissenschaftlichen Erdkunde, sagt: »Die Betrachtung des Ganzen ist es, die uns allein das Maß der Teile gibt.« Bei allem mechanisch Entstandenen sind die Teile die Ursache des Ganzen, bei allem Organischen ist das Ganze die Ursache der Teile: das Ganze ist, wie schon Aristoteles erkannt hat, bei organischen Bildungen früher als die Teile. Man kann daher sagen: im Anfang war der Raum; und aus ihm wird Geschichte: nach Gesetzen, die ebenso geheimnisvoll sind wie die alles Lebens. Der Raum der antiken Geschichte ist der Erdteil Mediterranien.

Kleinafrika

Dieser ist im Süden quer abgeriegelt durch den ungeheuern Wüstengürtel der Sahara, der, im Mittel so breit wie die Entfernung zwischen Berlin und Palermo, vom Atlantischen Ozean bis zum Roten Meer reicht. Man hat daher bisweilen die Frage aufgeworfen, ob Nordafrika überhaupt zu Afrika gehöre. Geologisch ist es jedenfalls ein Teil des eurasischen Faltenlandes. Arabien stimmt in Klima, Gesteinsformation und Oberflächenbildung mit Nordafrika völlig überein. Ritter scheidet die Atlasländer (die westliche Hälfte Nordafrikas: Marokko, Algier, Tunis) als »Kleinafrika« vom übrigen Afrika; sie sind auch ethnographisch ein Sondergebiet, indem sie vorwiegend von Berbern bewohnt werden, einer in prähistorischer Zeit eingewanderten »Urbevölkerung«, die nur oberflächlich arabisiert wurde: man faßte daher früher diesen Komplex unter dem Namen »Berberei« zusammen. Politisch und geographisch am wichtigsten ist das Gestade von Tunis, das als Gegenküste von Sizilien mit dieser Insel eine Einheit bildet und auch immer so aufgefaßt wurde: sowohl die Karthager als auch die Griechen und Römer versuchten stets, beide Gebiete in der Hand zu haben; die Vandalen griffen sofort von der uralten und immer von neuem umstrittenen karthagischen Kampfstätte nach Sizilien hinüber, ebenso die Araber. Der italienische Publizist Fiamingo nannte in einer 1907 erschienenen Abhandlung über die auswärtige Politik Italiens Tunis »eine Art Verlängerung Siziliens«; daß es französisch ist, wird immer das größte Hindernis für eine Verständigung zwischen den beiden romanischen Großmächten bilden.

Ähnliche Pendants wie Italien und Kleinafrika repräsentieren Griechenland und Kleinasien: die Inseln des Ägäischen Meeres bilden gewissermaßen eine Postenkette, die küstennahen unter ihnen eine Art schützender Hafendämme. Nur der Verfall der einst so hochkultivierten Gebiete Kleinasiens und Nordafrikas unter der türkischen Barbarenherrschaft, die aus ihnen Räuberhöhlen und Ruinenfelder gemacht hat, hat diese Beziehungen verdunkelt. Um das Irreführende unseres heutigen Erdbilds zu erkennen, braucht man sich nur daran zu erinnern, daß, von ihm aus gesehen, Herodot und Heraklit Asiaten, Augustinus und Septimius Severus Afrikaner waren: alle vier sicherlich das, was Nietzsche den »guten Europäer« nennt.

Man hat aber auch Spanien ein kleines Afrika genannt, im Hinblick auf seine plumpe, wenig gegliederte Gestalt, sein heißes und trockenes Klima, seine Abgeschlossenheit durch drei Meerseiten und den Wall der Pyrenäen und sein flaches Zentralgebiet, die Meseta, die eine afrikanische Steppenvegetation trägt.

Die Ägäis

Was im Süden die Wüstentafel, das vollbringt im Norden der Mittelmeerwelt die Mauer riesiger Gebirgszüge: an die Pyrenäen reihen sich die Cevennen, die Alpen, der Balkan, der Kaukasus. Dieser nach oben und unten sehr gut abgegrenzte Erdteil ist nur um etwa ein Viertel kleiner als Europa, und wenn wir Rußland abrechnen, wozu wir heute nicht nur berechtigt, sondern fast verpflichtet sind, sogar bedeutend größer. Man muß allerdings in Rechnung ziehen, daß dieses Gebiet die beiden größten Binnenmeere, das Mittelländische und das Schwarze, einschließt und seine Haut daher zu zwei Dritteln aus Wasser besteht. Dieses Verhältnis erscheint in verkleinertem Maßstabe noch einmal bei Griechenland (in seinen heutigen Reichsgrenzen), das, an Umfang ein europäischer Großstaat, höchstens zu einem Drittel Land ist. Nach dem allgemein akzeptierten Vorschlag Alfred Philippsons faßt man das Ägäische Meer mit seinen sämtlichen Inseln und Landsäumen unter dem Namen »Ägäis« zusammen, als eine geographische und historische Einheit etwa vom Range des heutigen Mitteleuropa. Gleichwohl ist die Ostgrenze Mediterraniens die einzige, die sich nicht völlig eindeutig bestimmen läßt. Bei Kleinasien und Syrien steht die Zugehörigkeit außer Frage; ist aber auch noch Mesopotamien ein Glied der Mittelmeerwelt? Geographisch bestimmt nicht; aber eigentlich auch nicht historisch. Der Alexanderzug war eine Episode, und das Römische Reich war, vorübergehende Schwankungen abgerechnet, am Euphrat zu Ende. Selbst die Perser haben in die antike Geschichte immer nur hineingeragt, etwa wie Rußland in die europäische. Aber kulturell war der Einfluß Vorderasiens, zumal Babyloniens, so außerordentlich, daß es doch einbezogen werden muß. Indien und China hingegen sind für die alte Geschichte, wie gesagt, Mondgebiete.

Das Klima Mediterraniens

Auch im Hinblick auf das Klima bildet die Mittelmeerwelt einen deutlich ausgeprägten Bezirk: dieses ist das günstigste, das sich denken läßt, indem es wahrhaft ein Klima des Meeres und der Mitte ist. Die Folge davon ist eine Flora, die sich von der übrigen europäischen sehr kenntlich abhebt; allgemein bekannte Charakterpflanzen sind die immergrünen Hartlaubgewächse: Ölbaum, Lorbeerbaum, Steineiche, Myrte, Pistazie,

Oleander, der immergrüne Buschwald, auf Korsika *maquis*, in Italien *macchia*, in Spanien *monte bajo* genannt. Dieses Klima besitzt auch die Kraft der Einbürgerung: Mais, ein Geschenk Amerikas, ist aus dem jetzigen Landschaftsbild des Mittelmeeres nicht mehr wegzudenken und als Polenta und Mamaliga ein ebenso populäres Nahrungsmittel wie bei uns Pellkartoffel und Erdäpfelbrei; ebenso verhält es sich mit den aus Südasien stammenden Zitrusarten: Orange, Zitrone, Pomeranze, Mandarine und der erst im achtzehnten Jahrhundert aus Mexiko eingeführten Agave, die heute für Südeuropa so charakteristisch ist, daß Friedrich Preller, der Homeranekdoten in ein sonst sehr gewissenhaft studiertes »klassisches« Lokal stellt, mit ihnen seine Odysseelandschaften schmückte.

Die politischen Einheiten

Das Mittelmeer war für den Menschen des Altertums buchstäblich die Welt und seine Geschichte die Weltgeschichte. In diesem Rahmen war Karthago für den Phönizier, »Großgriechenland« (Sizilien und Unteritalien) für den Hellenen »Übersee«; an heutigen Verhältnissen gemessen, entsprach die Verbannung nach dem Pontus der Verschickung nach Sibirien und das seegewaltige Kreta England; dieses aber, erst um die Mitte des vierten vorchristlichen Jahrhunderts von Pytheas aus Marseille entdeckt und allgemein angezweifelt, war etwa, was für die Neuzeit die Arktis oder Australien ist; und das Römische Reich war in viel weiterem Sinne ein Weltreich als alle modernen: von der Art, wie wenn England außer seinen Dominions auch noch Europa, Amerika und ganz Rußland zu beherrschen vermöchte. Randmächte wie die Parther und die Germanen, die auch der römischen Expansion eine Grenze setzten, hätten dann Ostasien und Innerafrika entsprochen.

Das Römische Reich ist also die größte politische Einheit, die das Altertum jemals erblickt hat. Die kleinste ist der *Kanton*, der »Stammesstaat«: Beispiele sind die zahllosen antiken Poleis, die nach unseren Begriffen Kleinstädte waren. Eine größere Zusammenfassung ist schon das *Territorium*, der »Bundesstaat«, wie ihn zum Beispiel Israel zur davidischen Zeit, Sparte zur Zeit der peloponnesischen Liga bildete; die Kleinstadt entwickelt sich zur Bedeutung einer Provinzialhauptstadt. Der nächsthöhere Komplex ist die *Großmacht*, der »Nationalstaat«: Rom, als seine Herrschaft vom Po bis Syrakus reichte, die attische Symmachie unter der Hegemonie Athens, die vorderasiatischen Reiche; im Mittelpunkt steht die Großstadt, die dieselbe Tendenz zeigt, alles an sich zu saugen, wie wir dies in der Neuzeit an Paris und Berlin beobachten können. Zum *Imperium* oder Weltstaat *muß* jeder Großstaat sich zu erweitern suchen; nach organischen Wachstumsgesetzen, die er in sich trägt, wie ein Baum oder ein Tierleib. Seine Grenzen, die er weder unerfüllt lassen noch überschreiten darf, sind von der Natur gegeben. Für Rom war es eben die Mittelmeerwelt, anfangs sehr gegen den Willen des konservativen Agrarvolks. Alexander der Große hatte die Absicht, Italien zu erobern; daß dies infolge seines frühen Todes nicht geschah, hat den Untergang des hellenistischen Weltreichs verursacht, das trotz seiner phantastischen Größe seine natürlichen Grenzen *nicht* erreicht hat. Durch das Umgekehrte: das Sprengen seiner Grenzen, das Hinübergreifen in den fremden Weltteil Germanien ging Rom zugrunde. Im Altertum kann sonst nur noch Persien zur Zeit seiner größten Ausdehnung auf den Titel eines Imperiums Anspruch erheben. Im Imperium wird die Großstadt zur Weltstadt; und es ist charakteristisch, daß sich gewöhnlich zwei solche Riesensiedlungen bilden, die in einer Art Polarität zueinander stehen, ähnlich wie im höchstentwickelten Organismus zwei Nervenzentren existieren: Gehirn und Sonnengeflecht. Für das Römische Reich waren dies Rom und Alexandria, für das persische Susa und Persepolis. Beispiele solcher Doppelsonnen sind für die Neuzeit Petersburg und Moskau im russischen, New York und Chicago im amerikanischen Weltreich. Übrigens ist es fraglich, ob man das alte Persien bloß auf Grund seiner enormen Landausdehnung als Weltmacht ansprechen darf, denn zu dieser gehört Seegeltung, die die Perser nie besessen haben. Umgekehrt können selbst kleine Einheiten sich durch maritime Entwicklung zur Großmacht emporschwingen wie im Altertum Athen und Karthago, in der Neuzeit Portugal und Holland. Allerdings sind Herrschaften mit so schmaler Landbasis immer zu episodischer Bedeutung verurteilt.

Undine

Das Mittelmeer ist ein sogenanntes »geschlossenes Meer«. Dadurch erhält die Geschichte des Altertums gleichfalls etwas Geschlossenes und Übersichtliches, Prägnantes und Dichtes, Klares und Ebenmäßiges; auch infolge ihrer feinen und scharfen Gliederung sowohl in räumliche wie in zeitliche Abschnitte, die sich einprägsam voneinander abheben. Die Volksindividualitäten des Altertums waren profilierter, umrissener, »charaktervoller« als die heutigen, weil sie noch auf sich selbst und ihre Heimaten mehr angewiesen waren als wir. Sie waren in höherem Maße Gewächse und vollkommenere Gewächse, aber dafür auch erdiger, bodengebundener, ungeistiger. »Alles Schöne ist ein Herausschneiden« sagt Friedrich Theodor Vischer. Dies gelingt bei den antiken Objekten und Subjekten viel besser als bei den modernen. Sie sind dankbarere Gegenstände der ästhetischen Betrachtung, simpler, bildhafter, porträtabler. Gerade ihre Einfachheit ist es, die uns veranlaßt, ihnen eine eigentümliche Größe zuzubilligen. Gestalten wie Homer und Hiob, Zarathustra und Cäsar hat schon das Mittelalter nicht mehr hervorgebracht. Der Mensch Mediterraniens war durchsichtig wie das glasblaue Meer, das ihn geboren hat. Aber er ist auch darin ein Kind des Wassers, daß er gleich Undine, der schönen Seenixe, keine Seele besitzt.

Die Toga als Alibi

In alledem liegt eine große Verführung zum Stilisieren. Schon Niebuhr sagte, man habe die alte Geschichte bisher behandelt, als ob sie nicht wirklich geschehen wäre. Sie trug ausnahmslos, ob sie poetisch oder »wissenschaftlich« traktiert wurde, Märchencharakter. Alle ihre Taten waren typisch, alle ihre Gestalten Figurinen. Hier einmalige Tonfälle und Gesichter herauszulesen, hätte man für blasphemisch gehalten. Auch die Kausalität war die des Lesebuchs. Man sah sie grundsätzlich immer gesteigert, überdimensional, heroisch. Aber gerade dadurch wurde sie unwirklich, und das heißt: unheroisch. Denn der Held ist die realste Erscheinung, die es auf dieser Erde gibt. Das Große an einem Luther oder Cromwell, Napoleon oder Bismarck war, daß sie ganz und gar in Wirklichkeiten lebten, die die anderen entweder gar nicht sahen oder ängstlich mieden. Durch dieses Pathetisieren der Antike wurde der Alexanderzug zu einem Abenteuerroman und das Reich der Cäsaren zu einem lateinischen Aufsatz. Ein bis zur Unbewußtheit selbstverständlicher Zweifel an der Existenz dieser Zeitläufte und Personen begleitet uns durch die Schulen, Theater, Bibliotheken, von ihm ist dieser ganze Vorstellungskomplex »Altertum« imprägniert. Toga und Tiara sind ein Alibi. Seit Mommsen und Burckhardt, Nietzsche und Shaw wissen wir allerdings, daß auch die Alten Geschöpfe wie wir waren, und nur bornierte Schulmeister können hier von zerstörten Idealen reden. Wer nicht auch im Schlafrock ein König ist, der ist nie einer gewesen. Der Alte Fritz ist größer bei Menzel als bei Schadow. Ein bekanntes Sprichwort sagt zwar: vor dem Kammerdiener gibt es keinen Helden; aber das ist falsch, wie die meisten Sprichwörter: erst vor dem Kammerdiener zeigt sich, ob einer ein Held ist. Die großen Menschen sind gerade in ihren menschlichsten Augenblicken am allergrößten. Das Schönste und Unvergänglichste an ihnen werden immer ein paar Alltagsanekdoten bleiben.

Perlippe, perlappe

Auch in der Periodisierung hat man stilisiert. Eine synchronistische Betrachtungsweise ist in der antiken Geschichte gar nicht üblich. Die einzelnen Völker marschieren hintereinander auf wie Kostümgruppen in einem Festzug. Es ist wie im Puppenspiel vom Doktor Faust: wenn Kasperle perlippe sagt, so kommen die Geister; sagt er perlappe, so verschwinden sie. Daß zum Beispiel Romulus, Homer und der Prophet Amos ungefähr Zeitgenossen waren, dürfte den meisten Menschen nicht zum Bewußtsein gekommen sein. Man hat den Eindruck, daß eines Tages die Ägypter plötzlich ausgestorben seien. Jetzt gibt es bis auf Alexander nichts als Griechen; mit dessen Tode aber tauchen sie unter: perlappe! und, perlippe, steigen die Römer aus der Versenkung. Indes ist dieses Verfahren doch gar nicht so unberechtigt, wie es scheint, denn die antiken Völker haben sich viel isolierter entwickelt als die modernen, und ein Grieche des perikleischen Zeitalters hat wirklich von Latium oder Palästina nicht viel mehr gewußt als ein Renaissancemensch von Japan oder der Südsee. Die alte Geschichte ist auch darin ein ästhetischerer Gegenstand als die spätere, daß sie ganz von selber in klar abgegrenzte Akten, Stufen, Peripetien zerfällt. Eigentlich ist ja mit Alexander die griechische Geschichte wirklich zu Ende, und die römische vor Alexander ist eine Art Prähistorie. Und überhaupt scheint es, daß wir uns anschicken, sowohl auf geologischem wie auf historischem Gebiet zur Katastrophenlehre des alten Cuvier zurückzukehren. Der Darwinismus entsprach dem englischen Temperament und dem bourgeoisen Weltgefühl, das nicht an jähe und gewaltsame Metamorphosen, plötzliche Weltaufgänge und Weltuntergänge glauben wollte, sondern nur an behagliche Entwicklung. Wir denken darüber anders. Wir haben nacheinander in Rußland, in der Türkei, in Italien und in Deutschland über Nacht einen völligen Umbau sich vollziehen und, wie aus der Erde gestampft, einen neuen Menschentypus emporsteigen gesehen. Es scheint, daß wirklich ganze Völker mit einem Schlage sich verwandeln, auftauchen, verschwinden können. Nach Cuvier entsteht in jeder geologischen Epoche durch Neuschöpfung eine besondere Fauna, die eines Tages durch eine Katastrophe völlig vernichtet wird, um einer anderen Platz zu machen: die Erdgeschichte vollzieht sich in Revolutionen. Auch Hörbiger nimmt an, daß in ihr ruhige Abschnitte (Evolutionsperioden) mit Zeiten rascher Umbildungen (Paroxysmen, Diastrophen) dauernd abwechseln. Goethe war seiner ganzen Natur nach ein dezidierter Anhänger der epischen Geschichtsauffassung. Am 2. August 1830 teilte er Eckermann jubelnd mit, daß der Evolutionist Geoffroy de Saint-Hilaire in einer Sitzung der Pariser Akademie Cuvier erfolgreich bekämpft habe. Aber genau an demselben Tage waren die ersten Nachrichten von der Julirevolution nach Weimar gelangt. Selbst Rankes hochkonservatives, vom Staatskabinett aus visiertes Geschichtsbild nimmt für die Neuzeit eine Art Turnus an, in dem die führenden Nationen einander ablösen; und bei den Völkern des Altertums können wir uns des Eindrucks nicht erwehren, daß sie fast alle durch Mord oder Selbstmord geendet haben. Also doch perlippe, perlappe!

Der Tierkreis

Für die chronologische Gliederung der antiken Geschichte müssen wir die Astrologie zu Hilfe nehmen. Die Kreisbahn, die die Sonne im Laufe eines Jahres am Himmelsgewölbe von Westen nach Osten durchläuft, nennt man Zodiakus, Tierkreis oder Ekliptik. Bei Frühlingsanfang, am 21. März, befindet sich die Sonne im Äquinoktialpunkt: es ist dies der eine der beiden Tage des Jahres, an denen die Nacht dem Tage gleich ist; sein Gegenstück ist der Herbstnachtgleichenpunkt. Man bezeichnet den 21. März auch kurz als Frühlingspunkt. Indes war bereits den Babyloniern seit den ältesten Zeiten die *Präzession* der Sonne bekannt: die Tatsache, daß bei Frühlingsanfang die Sonne nicht alljährlich an derselben Stelle des Tierkreises steht, sondern daß dieser Punkt ebenfalls den ganzen Zodiakus durchläuft, und zwar in entgegengesetzter Richtung zur Ekliptik. Der griechische Astronom Hipparch fand um 150 vor Christus durch Vergleichung mit früheren Beobachtungen, daß der Frühlingspunkt sich im Laufe eines Jahrhunderts um mehr als einen Grad nach Westen verschiebt. Spätere bestimmten die Differenz noch genauer mit 72 Jahren für einen Grad. In rund 26000 Jahren vollbringt der Frühlingspunkt einen vollen Umlauf von 360 Grad. Dieser Zeitraum heißt das Große oder Platonische Jahr. Vollständig genau ist er nie berechnet worden, und er ist auch, infolge gewisser kleiner Veränderungen, denen die Bewegung unterworfen ist, nicht immer derselbe. Selbstverständlich handelt es sich bei allen diesen Vorgängen nur um scheinbare Bewegungen. In Wirklichkeit ist die tägliche Rotation des Himmelsgewölbes durch die Drehung der Erde um ihre Achse verursacht, der Jahreslauf der Sonne durch die Drehung der Erde um sie und die Präzession der Äquinoktien durch eine Richtungsänderung der Erdachse.

Die auf der Ekliptik liegenden Sternbilder bilden den Tierkreis, es sind zwölf: Widder, Stier, Zwillinge, Krebs, Löwe, Jungfrau, Waage, Skorpion, Schütze, Steinbock, Wassermann, Fische. Man nennt sie Zeichen. Jedes von ihnen entspricht einem Abschnitt der Ekliptik, einem Sonnenbahnstück von 30 Grad. Infolge der Präzession verschiebt sich der Aspekt in 30 x 72 = 2160 Jahren um ein solches Bogenstück, und zwar rückläufig; ungefähr alle zwei Jahrtausende tritt also die Erde in ein neues Zeichen. Historisch können wir noch die Herrschaft von drei bis vier Sternbildern konstatieren. Die ältesten erhaltenen Urkunden stammen aus der Periode des Stiers. Aber das ganze System ist viel älter und zeigt deutliche Spuren der vorangegangenen Ära, wo der Frühlingspunkt sich in den Zwillingen befand. Der Zodiakus von Dendera in Oberägypten, eine Tierkreisabbildung, die in einem alten Tempel angebracht war, zeigt die Situation gegen heute um mehr als 60 Grad verschoben: Die Stierzeit befand sich damals in ihrem letzten Stadium. Als Hipparch die Zeichen einführte, ging gerade die Widderzeit zu Ende, und wir stehen heute am Ausgang der Fischzeit. Die Regentschaft der Zwillinge begann etwa um 6500 vor Christus, die des Stiers um 4400, die des Widders um 2300, die der Fische um 150, und sie wird noch in diesem Jahrhundert in die des Wassermanns übergehen. Wir befinden uns also an einer großen Zeitwende: daher unsere Unruhe und Zerrissenheit. Selbstverständlich handelt es sich bei diesen Übergangsepochen nicht um Jahre oder auch nur Jahrzehnte, sondern um breite Grenzsäume.

Das Hinüberwechseln vom Stier zum Widder ist markiert durch die Begründung des Mittleren Reichs in Ägypten und des Babylonischen Großreichs in Vorderasien. Beim Eintritt der Fischära beginnt auch historisch eine neue, die christliche Zeitrechnung. Stier bedeutet breite, ruhende, pflanzenhafte Fruchtbarkeit, weiträumigen Blick, Empfänglichkeit, aber auch Voreingenommenheit. Es ist das Weltgefühl des alten Reichs der Ägypter, in dem der Stier göttliche Verehrung genoß. Widder ist kriegerische Aggression und Herrschbegier, Intellektualität und Wirklichkeitssinn, feines und starkes Gefühl für das Nahe: es ist die »euklidische« Seelenhaltung der klassischen Antike, die hier zur Herrschaft gelangt. Während Mose widdergehörnt ist, ist der Fisch von Anfang an das Symbol der Christen gewesen. Im Mittelpunkt eines jeden dieser Zeitalter steht eine bestimmte Idealgestalt als höchster Ausdruck seiner Lebensform (der polare Typus sowohl wie der gemischte ist natürlich auch immer da, aber sozusagen illegitim): im Stier ist es der Magier, im Widder der Tyrann, in den Fischen der Heilige. Der Gegenspieler des herrschenden Typus ist in der Widderzeit der Philosoph, der die Welt verachtet und sich so auf seine Art ebenfalls zu ihrem Tyrannen macht, in der Fischzeit der Eroberer, der physisch ebenso ins Unendliche strebt (auch in seiner Spielart als Techniker), wie dies der Heilige seelisch versucht. Und wie Alexander und Augustus, Perikles und Cäsar etwas vom Philosophen hatten, so waren Karl der Große und Barbarossa, Fridericus und Napoleon wenn auch nicht Heilige, so doch eine Art Märtyrer, die ein unsichtbares Kreuz trugen. Auch über den Weltenmonat des Wassermanns ließe sich heute schon einiges sagen: wir wollen dies aber unterlassen, weil auf keinem Gebiete Mißverständnisse näher liegen als auf dem astrologischen. Auch alles bisher Bemerkte ist, dies muß aufs allernachdrücklichste betont werden, nicht im geringsten wörtlich zu nehmen, wie denn überhaupt diese Zusammenhänge in Worten gar nicht ausdrückbar sind.

Die Heilige Nacht

Die Heilige Nacht bezeichnet nicht nur den Beginn der christlichen, sondern auch das Ende des antiken Weltalters. Die Zäsur erscheint auch auf weltlichem Gebiet im Prinzipat Cäsars und dem Eintritt der Germanen in die Geschichte. Daß Cäsar durch seine Eroberungszüge das Herz Europas aufschloß, war, wie Hegel sagt, »die Mannestat des römischen Feldherrn, welche erfolgreicher war als die Jünglingstat Alexanders, die gleich wie ein Ideal bald wieder verschwunden ist«. Es ist ein kurzsichtiger Namenaberglaube, der nur die Oberfläche der Dinge berührt, wenn man annimmt, das Altertum habe so lange gewährt wie das Römische Reich. Auch in der heidnischen Welt vollzog sich während der Kaiserzeit eine völlige Metamorphose. »Ist das Genie vorbeigeschritten«, sagt Diderot, »so ist es, als habe sich das Wesen der Dinge umgewandelt, denn sein Charakter ergießt sich über alles«: um wieviel mehr, wenn ein Gott die Erde berührt! Die Herabkunft des Heilands reißt die Weltgeschichte in zwei Hälften auseinander. Wir wollen nichts wissen von jenen engstirnigen und subalternen Bemühungen, die die größte Peripetie der Menschheitsgeschichte aus »historischen Strömungen« erklären wollen. Dies gelingt nicht einmal bei einer so profanen Tatsache wie der Französischen Revolution, die wahrhaftig kein göttliches Ereignis war, aber doch ein Elementarereignis, ein rasendes Flammenmeer, kein ausrechenbares Feuerwerk! Nur in einem symbolischen und fast überzeitlichen Sinne kann man bei der Entstehung des Christentums von magischen Vorschatten, dunklen Zeichen reden, die wie Wetterleuchten und Erdpochen diese kosmische Umwälzung geheimnisvoll ankündigen. Da die Menschheit seit ihrer Geburt, obschon völlig unbewußt, auf diese Weltenwende ihr Antlitz richtet, ist es nicht verwunderlich, daß bisweilen in besonders erleuchteten Seelen eine telepathische Ahnung davon aufblitzt; aber mehr läßt sich nicht sagen.

Das Altertum ist der langwierige, beschwerliche, aber notwendige Umweg über die Natur zum Geist. Die »kürzeren Wege« sind sehr oft die falschen: sie bergen, sagt Nietzsche, die Gefahr in sich, daß die Menschheit den Weg verliert. Die Neuzeit war ein solcher abkürzender Irrweg, der ins Blinde geführt hat.

Erst seit dem Christentum gibt es Naturgefühl, weil erst das Christentum sich von der Natur trennt, sich *gegen* sie stellt und sie damit zu seinem Objekt, seinem »Gegenstand« macht. Schiller drückt dies Verhältnis einmal sehr prägnant aus: »Die Alten empfanden natürlich, wir das Natürliche.« Sie wußten überhaupt nicht, was »Landschaft« ist. Nebel und Nacht, Zwielicht und Wolke empfanden sie bloß als störend, Winter und Wüste, Gießbach und Gewitter bloß als schrecklich. Erst seit dem Christentum gibt es Erotik, weil erst jetzt das Geschlechtliche als böse gilt, daher seine Welt sublimiert, verklärt, hypostasiert werden muß, woraus die immanente Tragik der Geschlechtsliebe erwächst, die dem Altertum ganz unbekannt war. Und überhaupt gibt es in der Antike noch keine Tragik. Begriffe wie »Zerrissenheit« oder »Ambivalenz« sind ihr fremd. Hingegen ist selbst in dem atheistischen »Weltschmerz« eines Byron oder Leopardi noch Christentum. Im griechischen Drama ist das tragische Geschick ein Naturereignis (und kann, ebenso wie dieses, erschüttern oder erheben), aber kein inneres, kein seelisches, kein historisches Ereignis, vielmehr ein ins Titanische gesteigerter Zufall, ein ins Metaphysische gehobenes Unglück. Nach der Schuldefinition gehört zur Tragik Größe; aber das Schicksal der Antigone oder Elektra ist, bei aller Größe, im modernen, im christlichen Sinne nicht tragisch, während Hannele und Hedwig Ekdal, die doch gewiß nicht zu den großen Frauengestalten gehören, auf dieses Prädikat im höchsten Maße Anspruch erheben dürfen. Man vergleiche den Wahnsinn bei Ajax und Lear, den Kampf mit Gott bei Prometheus und Brand, den Liebeshaß bei Euripides und Strindberg: hier ist alles Seele, dort alles Fassade. Die Grundform ist beim antiken Drama die Anekdote, beim christlichen, ob es von Schiller oder Shaw, von Racine oder Raimund ist, die Ballade. Und ebenso fehlt dem Altertum der Zwillingsbruder der Tragik: der Humor. Auch die Antike vermag zu lachen, aber nur physisch, nicht metaphysisch. Die aristophanische Komik ist Clownerie, die buschische ist Philosophie. Der Humor kann nur aus einem Weltaspekt erwachsen, der die Wirklichkeit als das Unwirkliche erkannt hat und sie daher nicht mehr ernst nimmt. In einem gewissen Sinne ist Franz von Assisi ein Humorist und Don Quixote ein Heiliger. Die Evangelien sind auch darin Frohe Botschaft, daß auf ihnen der Duft einer silbernen Heiterkeit ruht, den man im Alten Testament, das alles bleiern kompakt nimmt, völlig vermißt. Hier starrt uns die Welt als steinharte Realität entgegen, dort ist sie nichts als ein zitternder Abglanz, ein seliges Versprechen, und dadurch schon von sich erlöst.

Eigentlich gibt es auch erst seit dem Christentum Geschichte im wahren Sinne, nämlich innere Entwicklung. Der Mensch des Altertums sagte ja: zu sich, zur Natur, zur Vernunft, zur Gegenwart. Erst jenes tiefe Mißfallen des Menschen an sich selbst, das das Christentum in die Welt gebracht hat, jene Exkommunikation des logisierenden, analysierenden, verstehenden Intellektes, der ein bloßes Organ der Nahsicht ist, jene Diabolisierung der Natur und Wegwendung des Blicks vom Hier und Jetzt hat den Menschen aus einem Objekt der Geschichte zu einem Subjekt der Geschichte, einem Historie konzipierenden Wesen gemacht. Erst seit dem Christentum hat der Mensch Vergangenheit und Zukunft. Im Altertum gibt es nur *Wachstum*, wie von Baumriesen, die Jahresringe ansetzen: für die einzelnen Völker in Tempo und Periodizität sehr variabel, wie das ja auch bei den verschiedenen Pflanzen und Tieren der Fall ist. Wie bei diesen kann man von Altersstufen sprechen, aber nicht von einer Biographie. Die Alten selber wußten nicht, daß auch die Nationen Lebewesen sind, die keimen, kulminieren und vergreisen: sie waren sich zum Beispiel nie darüber klar, daß der Ägypter des Neuen Reichs oder der alexandrinische Grieche ein Spätling sei. Wir hingegen haben schon seit längerem erkannt, daß auch das Altertum ein Altertum und eine »Moderne« hatte, wodurch es für uns viel interessanter geworden ist. Aber vielleicht legen wir dies nur hinein, vielleicht sind dies nur »Prädikate unserer historischen Urteilskraft«. Wir sehen an diesem Beispiel besonders deutlich, mit welchem Anspruch absoluter Gültigkeit diese Kategorien auftreten. Denn wer von uns möchte daran zweifeln, daß auch die Weltalter und Kulturen Jugend, Reife und Herbst erleben? Trotzdem ist dies ein Gedanke, der niemals durch einen antiken Kopf gegangen ist. Und noch für den Evolutionismus, dessen mechanisches Geschichtsbild das ganze neunzehnte Jahrhundert beherrscht hat, war die Menschlichkeit eine Lokomotive, die einen Berg hinaufkeucht, und jede rückläufige Bewegung nur eine Serpentine.

Wie es aber »wirklich gewesen«, wer vermöchte das zu entscheiden? Es ist alles, was man über alle wichtigen und fragenswürdigen Fragen sagen kann, immer nur Bruchstück, roher Baustein und Torso; Konjektur, die nur so lange wahr ist, bis ein neues Denkglied auftaucht; kurzlebige Geburt der Zeit. Es könnte auch eine Untersuchung, die um so viel tiefer, reicher und geschlossener wäre als die folgende dürftig, provisorisch und zersplittert, nichts anderes zutage fördern als ein Arsenal von unverantwortlichen Beobachtungen und ein Magazin von unentwirrten Widersprüchen: allerlei Exempel und Veduten, Textproben und Kostümbilder aus jenem ebenso befremdenden wie anziehenden Drama, das wir noch nicht betiteln können und vorläufig mit Ranke »Mär der Weltgeschichte« nennen wollen: »Taten und Leiden dieses wilden heftigen gewaltsamen, guten edeln ruhigen, dieses befleckten und reinen Geschöpfes, das wir selber sind.« Und das, obgleich wir selber es sind, bei jeder neuen Erforschung seine Unerforschlichkeit bestätigt.

ERSTES KAPITEL

Das Geheimnis Ägyptens

Ich schreite kaum – doch wähn ich mich schon weit.
›Du siehst, mein Sohn, zum Raum wird hier die Zeit.‹
Parsifal

Das anonyme Volk

Renan nennt Ägypten »ein Leuchtfeuer in dem umnachteten Meere der Urzeit«. Und in der Tat: nur von hier blickt uns aus der vorgriechischen Welt ein Antlitz entgegen, uns fremd und doch ähnlich, ein Bild nur und seltsam umflort, aber dennoch ein Bild. Allein auch jener antike Autor hat recht, der wehmütig prophezeite: »O Ägypten, Ägypten, von deinem Glauben werden nur Fabeln übrigbleiben, den späteren Geschlechtern unglaublich, und nur Worte auf den Steinen!«

Und, müssen wir hinzufügen, selbst die Worte nur in Fabelform. Was Schiller in seinen allbekannten Versen am Ruhme preist, hat sich an den Ägyptern nicht erfüllt, vielmehr das gerade Gegenteil: der Leib ist nicht zu Staub zerfallen, der »große Name« dagegen lebt nicht mehr. Denn, höchst sonderbar, wir kennen von keinem einzigen Ägypter den Namen! Oder vielmehr: sie sind alle vielnamig wie ihre Götter. So hieß zum Beispiel die derzeit sehr populäre Königin Hatschepsut noch vor fünfzig Jahren Hatasu; aber auch ihr heutiges Kennwort wird ihr nicht bleiben. Von all den Königen und Kanzlern, Prinzen und Priestern, die uns Denkmäler hinterlassen haben, wissen wir nur eines mit voller Bestimmtheit: daß sie nicht so geheißen haben, wie wir sie nennen. Dies ist übrigens keine ägyptische Spezialität. Eigennamen werden immer nur in ihrem Geburtslande richtig ausgesprochen, von anderen Völkern grundsätzlich falsch. Und das ist ganz natürlich, denn jede Sprache ist eine einmalige Melodie in der großen Symphonie der Menschheitsgeschichte; ist sie einmal verklungen, so gibt es leider kein Münchhausensches Posthorn, worin sie aufbewahrt werden kann. Es ist auch jede Transskription eines fremdsprachigen Worts unrichtig oder doch höchstens annähernd richtig, weil entweder dieselben Buchstaben beidemal andere Laute bezeichnen oder die entsprechenden Lautzeichen überhaupt fehlen. So können wir zum Beispiel den französischen Vornamen *George* nur »Schorsch« schreiben, was vollkommen falsch ist. Umgekehrt kommt es uns nicht zum Bewußtsein, daß unser *ch* in »Rache« und »Rechen« durchaus nicht dasselbe, sondern das eine Mal ein Kehllaut, das andre Mal ein Gaumenlaut und beidemal im Französischen nicht vorhanden ist, ebensowenig wie das *g* in »singen«, das wiederum mit dem *g* in »siegen« nicht identisch ist.

Beim Ägyptischen tritt aber noch eine besondere Erschwerung hinzu. Die Ägypter haben bekanntlich, ebenso wie die Hebräer, die Araber und die meisten anderen Orientalen, nur die Konsonanten geschrieben und die Vokale ausgelassen. Daher kommt es, daß wir nicht einmal eindeutig wissen, wie der Name des Propheten ausgesprochen wurde. Hieß er Mohammed, Muhammed, Muhammad, Mahomet? Oder Mehemet, Mehmed, wie die nach ihm benannten türkischen Sultane? Und auf welcher Silbe lag der Akzent? Früher setzte man ihn allgemein auf die erste Silbe, neuerdings betont man aber die mittlere und bei den Sultanen bevorzugt man die letzte.

Die uns geläufige biblische Transskription der orientalischen Eigennamen ist ganz besonders falsch. So konnte es geschehen, daß Namen bei uns weltberühmt wurden, die nur eine schwache Andeutung ihrer tatsächlichen Form geben. Nebukadnezar zum Beispiel hieß babylonisch Nabu-kudurri-ussur; doch hat er diese Verballhornung, die schon fast einem Pseudonym gleichkommt, angesichts der miserablen Rolle, die ihm das Alte Testament zugewiesen hat, kaum zu beklagen. Fast alle übrigen Namen sind in ähnlicher Weise verstümmelt; aber da sie auch von Luther in seine Bibelübersetzung übernommen wurden und dadurch heute als feste Begriffe eingebürgert sind, wäre es reine Schikane oder gelehrte Affektion, sie richtigstellen zu wollen.

Das Namenbabel

Man versucht den Vokalismus des Ägyptischen mit Hilfe des Koptischen zu erschließen: dies ist das mit griechischer Schrift, also mit Vokalen geschriebene Ägyptisch des dritten nachchristlichen Jahrhunderts, das sich bis heute als Kirchensprache in der Liturgie der Kopten erhalten hat, ähnlich wie das Lateinische im katholischen, das Hebräische im mosaischen, das Sumerische im babylonischen Ritus. Aber mit diesem Verfahren verhält es sich etwa so, wie wenn man die italienische Aussprache zur Erkundung der altrömischen heranziehen wollte oder das heutige Sächsisch für die Diktion der alten Sachsen. Eine zweite Handhabe bietet die altgriechische Umschreibung der ägyptischen Eigennamen; sie ist aber ebenfalls recht wackelig, denn auch die Griechen haben ganz unbekümmert fremde Namen verunstaltet, man kann auch sagen verschönert: aus Menkere zum Beispiel machten sie Mykerinos, aus Wehebre Apries, der in der Bibel Hophra heißt. Wir haben uns angesichts dieser Schwierigkeiten daran gewöhnt, in der ägyptischen Benennung die verschiedenartigsten Formen nebeneinander zu gebrauchen, nämlich erstens *rein ägyptische*, mehr oder minder willkürlich vokalisierte wie Nofretete (von den englischen Ägyptologen Nefertiti geschrieben), zweitens *gräzisierte* wie Sesostris (aus Senwosret gebildet), drittens *rein griechische* wie Herakleopolis, viertens *arabische* wie Tell el Amarna und fünftens *verdeutschte* wie Theben (nach dem griechischen Thebai), das die Ägypter Weset und später, als es im Neuen Reich das Glanzzentrum des Landes geworden war, einfach *nut,* »die Stadt« nannten, wie der Franzose von Paris als *la ville* spricht. Dieses fünffache Verfahren ist nicht sehr konsequent, aber auch kein Unglück, denn alle Namen sind gut, wenn man weiß, was mit ihnen gemeint ist.

Es muß überhaupt die paradoxe Tatsache festgestellt werden, daß unsere Kenntnis der ägyptischen und frühen vorderasiatischen Geschichte weit mehr dem Druck und Wandel der »letzten Nachrichten« unterworfen ist als die Kunde von der Gegenwart. Umstürzende Enthüllungen sind bei der neuesten Geschichte, die doch noch gar nicht richtige Geschichte geworden ist, viel weniger zu gewärtigen als bei der ältesten, die es doch schon so lange ist. Die alte Historie veraltet viel leichter als die junge. Es hat daher ein Bericht über graues Altertum fast mit Sicherheit das Schicksal zu erwarten, daß er über kurz oder lang zur Fabel wird, welche Gefahr bei späteren Ereignissen fast gar nicht besteht: die verdunkelnde Legende pflegt sie nur so lange zu umnebeln, als sie »aktuell«, das heißt: den Lügen oder Wahnideen der unmittelbar Mitlebenden ausgeliefert sind. Es gibt, mit einem Wort, über das Altertum viel mehr Neuigkeiten, und dies sollte uns vorsichtig und nachdenklich stimmen. Man kann den Fall aber auch optimistisch ansehen und in dem Umstand, daß alle Altertumsforschung nur eine Art höherer Klatsch ist, einen besonderen Reiz erblicken.

Das stumme Land

Dazu hemmt uns bei den Ägyptern noch ein besonderer Übelstand: wir besitzen von ihnen keine richtige Literatur. Hatten sie überhaupt keine oder ist sie bloß nicht erhalten? Oder sind wir es, die nicht zwischen den Zeilen zu lesen vermögen? Jedenfalls: was sie hinterlassen haben, ist für uns ein kindliches Gestammel, der bloße Versuch, zu sprechen, kein frei fließender Strom, keine befreiende Beichte. Vielleicht fehlte ihnen überhaupt das Bedürfnis, sich Rede zu stehen, vielleicht genügte es ihnen, ihr Gefühl in den stummen Stein zu bannen. Sie sind darin das vollkommene Gegenstück der Israeliten: hier ist Rede, aber kein Bild. Nur die Griechen meisterten beides, und darum sind sie unserem Herzen so nahe. Und selbst sie verstanden es noch nicht ganz, ihre Seele im Wort zu erlösen: das hat erst das Christentum in die Welt gebracht. Wir wissen nicht, wer der »Frankfurter« war, der vor sechshundert Jahren die »Theologia deutsch«, das Buch »vom vollkommenen Leben« schrieb; aber sitzt er nicht noch heute neben uns, ergreift unsere Hand und führt uns durch seine Seele zur Seele des Heilands, in das Geheimnis Gottes? Die Lebensspur Shakespeares liegt im Nebel, sein Name ist anonym, aber sein Werk ist es nicht. Seine Biographie ist ein Gerücht, seine Seele ist keines: wir kennen niemand besser als den Dichter der Sonette, des Hamlet, des Lear. In den Bauwundern der Ägypter, hinter den Stirnen ihrer Steinriesen leben gewaltige Gedanken: aber wer wagt es, sie zu lesen? Dies und nichts anderes ist die ägyptische Sphinx. Sie waren kein größeres und kein geringeres Rätsel, als es alle Kreatur ist; aber daß sie nicht sprachen, ist das Unbegreifliche. Ihr Schicksal war, ein großes Rebus zu bleiben: sich und der Nachwelt.

So ist die Geschichte des Nillands für uns nichts als ein großer Film: prachtvolle Bilder mit schwachem und magerem Text.

Boden und Geist

Die Stummheit Ägyptens hat etwas Pflanzenhaftes. Und in der Tat: Niemals hat es einen so innigen Kontakt zwischen Boden und Gewächs gegeben, wie er uns in Land und Volk Ägyptens entgegentritt. Dieses Phänomen hat im Lauf der Jahrtausende die schon nicht mehr normale Entwicklung zur *Kuriosität* genommen, wie bei den sogenannten »Spezialisten« des Pflanzen- und Tierreiches, die an gewisse Lebensbedingungen aufs virtuoseste angepaßt sind, aber nur an diese. Die Ägypter, sagt Herodot, machen alles anders als die übrigen Menschen. Der Haupteindruck, den alle Völker von ihnen empfingen, war der einer gewissen großartigen Einseitigkeit und eines übertriebenen Konservativismus. Sie besaßen, mehr als der Angehörige irgendeiner anderen Nation, einen ganz bestimmten Habitus, der, nur ihnen eigentümlich, jede ihrer Lebensäußerungen färbte und füllte und sich dem Blick auch des Fernstehenden sofort aufdrängte, ähnlich wie man heutzutage den Offizier in Zivil, den Professor im Schwimmbad, den Schauspieler im Salon sofort herauszuerkennen vermag. Wir können am Ägypter wie an einem Lehrpräparat die Wechselwirkung zwischen Erde und Geist, Boden und Rasse studieren. Welche der beiden Kräfte ist die primäre? Das wissen wir nicht, aber jedenfalls verstärken sie sich *gegenseitig*. Man kann ebensogut sagen: die Rasse schafft den Boden, wie: der Boden erzeugt die Rasse. Wir bemerkten vorhin, die Geschichte sei eine Funktion des Raums; aber mit derselben Berechtigung läßt sich behaupten, der Raum sei eine Funktion der Geschichte, nämlich des Menschen. Indem der Mensch ein bestimmtes Stück der Erdoberfläche als *seinen Raum* konzipiert, wird es historisch. Das Konzept des Altertums hieß: Mediterranien, das der erwachenden Neuzeit: Atlantic. Es verhält sich mit Boden und Rasse wie bei einer Dynamomaschine: Der Magnetismus des Eisenkerns erzeugt in der Drahtspule einen elektrischen Strom; dieser verstärkt den Magnetismus des Eisenkerns und wird dadurch selbst wieder verstärkt: so steigert andauernd der Magnetismus die Stromkraft, die Stromkraft den Magnetismus. Geistiger Strom aus der Menschenseele und magnetische Kraft der Erde: Aus diesem Wechselspiel erblühen die Kulturen.

Volk, Staat, Sprache

Wir müssen uns nun fragen, was denn eigentlich unter diesem geschichtsbildenden Phänomen der Rasse zu verstehen ist. Sie ist zunächst ein Mysterium wie alle lebendigen Kräfte. Adolf Bastian nennt die Rassen »neue und vollkommene Schöpfungen, die die ewig junge Produktionskraft der Natur aus dem Unsichtbaren des Hades hervortreten läßt«; Fichte sagt, die Nationen seien »Dekrete des Absoluten«. Rasse deckt sich nicht mit Nation, noch weniger mit Staat oder Sprache, und doch stehen alle diese Kollektiva untereinander in einer schwer entwirrbaren Beziehung. Volk und Rasse unterscheiden sich dadurch, daß diese eine naturhistorische, jenes aber eine historische Kategorie ist. Die Nation ist eine höhere Lebensform, die durch gemeinsame Geschichte geschweißt wird, nicht durch gemeinsame Abstammung, sie ist überhaupt nicht die Summe ihrer einzelnen Glieder, sondern deren Produkt; aber da zu den Faktoren, die Geschichte machen, auch die Rasse gehört, so verwischt sich der Unterschied wieder einigermaßen. Der Staat wiederum ist nicht mit der Nation identisch, sondern ein Organismus, der fast mit jedem Menschenalter seinen Umfang und Inhalt verändert, indem sein Leib, gleich dem der Amöbe, sich vorstreckt, einzieht, kleinere Organismen »umfließt«; gleichwohl enthält der Begriff des Idealstaates die Forderung, daß seine Ausbreitung dieselben Grenzen erfülle wie die Nation. Daß Sprache und Rasse zweierlei sind, bedarf keines Beweises; und doch lehrt die Empirie, daß auch der Wechsel der Muttersprache rasseumbildend wirken kann, wie es sich zum Beispiel an so vielen in die Vereinigten Staaten eingewanderten Mitteleuropäern beobachten läßt, die binnen weniger Generationen in Weltanschauung und Lebensform, Habitus und Gesichtsschnitt zu vollkommenen Angelsachsen werden, ebenso an den nach Brandenburg emigrierten Franzosen: das klassische Exempel ist Fontane, in dessen Dichtungen der Duft der Mark, die Luft Altberlins zu einer einmalig starken Essenz verdichtet worden ist. Auch braucht man sich nur an die Holländer zu erinnern, die lediglich durch ihre Sprache ein besonderes Volk geworden sind, während andrerseits die Norweger mehrere Jahrhunderte lang als Dänen galten und sich fühlten, weil sie deren Sprache angenommen hatten. Aber man kann nicht auch umgekehrt sagen, daß die Sprache ein Erzeugnis der Rasse ist, ja eine ihrer stärksten und charakteristischsten Lebensäußerungen darstellt?

Wir können also nur sagen, daß bei den vier genannten Gemeinschaftsphänomenen jedesmal ein Moment, sowohl für die theoretische Begriffsbildung wie für die tatsächliche Gruppenbildung, das wesentliche ist: beim Volk das historische, beim Staat das politische, bei der Sprache das kulturelle und bei der Rasse das physiologische.

Die Antinomie

Rasse wäre demnach körperliche Übereinstimmung. Für deren Feststellung gibt es bekanntlich eine ganze Reihe von Methoden, in erster Linie die Messung des sogenannten Schädelindex, des Zahlenverhältnisses zwischen der größten Länge L und der größten Breite B der Schädelkapsel, das durch den Bruch B/L ausgedrückt wird: danach unterscheidet man Langschädel, Mittelschädel und Kurzschädel. Die Gesichtsform wird durch das Verhältnis der Gesichtshöhe zur Jochbogenbreite bezeichnet, woraus sich Breitgesichter, Mittelgesichter und Schmalgesichter ergeben. Aber ein zuverlässiges Mittel zur Rassenbestimmung sind diese Merkmale nicht: darüber sind sich ältere und neuere Forscher einig. Johannes Ranke, einer der namhaftesten Anthropologen des ausgehenden neunzehnten Jahrhunderts, sagt: »Eine Gegend Europas, wo ausschließlich unter einer größeren Menschenzahl nur *eine* typische Schädelform vorkommt, kennen wir nicht; ebenso scheint es, soweit die Untersuchungen reichen, in Asien und Amerika«, und Rudolf Martin bemerkt in seinem »Lehrbuch der Anthropologie«, das als eines der vorzüglichsten modernen Werke anerkannt ist: »Schließlich darf auch nicht unerwähnt bleiben, daß wir vielleicht das Längen-Breiten-Verhältnis des Schädels überhaupt zu Unrecht als ein einheitliches Merkmal, das sich als solches vererben muß, betrachten... ein Umstand, der das ganze Problem außerordentlich kompliziert.« Ähnlich verhält es sich mit der Farbe der Haare, der Augen und anderen Kennzeichen.

Der Grund für diese Unsicherheit liegt darin, daß es keine

reinen Rassen gibt, daß sie sich, wie Eduard Meyer betont, »alle nur a potiori definieren lassen, daß eine scharfe Scheidung zwischen ihnen nicht gelungen, sondern ganz unmöglich ist... je höher die Kultur, desto stärker ist meist die Mischung. Reinheit des Bluts, Autochthonie, Fernhaltung der fremden Einflüsse ist sowenig ein Vorzug, daß vielmehr in der Regel ein Volk um so leistungsfähiger ist, je mehr fremde Einwirkungen es aufgenommen und zu einer inneren Einheit verschmolzen hat – nur wo das nicht gelingt, ist die Mischung verderblich.« Reine Rassen sind wahrscheinlich die Pygmäen Innerafrikas, die Buschmänner Südafrikas und die Australier, die sich alle auf keiner sehr hohen Entwicklungsstufe befinden. Hingegen steht es, wie Alfred Hettner, einer der bedeutendsten Geographen der letzten Jahrzehnte, hervorhebt, von so edeln Rassen wie den alten Germanen, ja selbst den alten Indogermanen keineswegs fest, daß sie rein gewesen sind. Einer der energischsten Verfechter der sogenannten »Rassentheorie« ist bekanntlich Houston Stewart Chamberlain; aber auch er läßt keinen Zweifel darüber, daß er in der Rasse keine Kategorie erblickt, die sich nach rein anatomischen Befunden feststellen ließe. So sagt er zum Beispiel in seinen *Grundlagen des neunzehnten Jahrhunderts*: »man unterschätze die rein geistige Dolichocephalie und Brachycephalie nicht... man braucht nicht die authentische Hethiternase zu besitzen, um Jude zu sein, vielmehr bezeichnet dieses Wort vor allem eine besondere Art, zu fühlen und zu denken; ein Mensch kann sehr schnell, ohne Israelit zu sein, Jude werden... andererseits ist es sinnlos, einen Israeliten echtester Abstammung, dem es gelungen ist, die Fesseln Esras und Nehemias abzuwerfen, in dessen Kopf das Gesetz Mose und in dessen Herzen die Verachtung andrer keine Stätte mehr findet, einen Juden zu nennen.«

Sehr erschwert wird die Feststellung der Rasse auch durch die Erscheinung der sogenannten »rezessiven« oder zurücktretenden Merkmale. Es sind dies vererbte Eigentümlichkeiten, die durch viele Generationen hindurch gleichsam unterirdisch zu bestehen und plötzlich wieder aufzutauchen vermögen. Ein führender Rassenforscher wie Günther hält es sogar für möglich, daß Merkmale der Neandertalrasse sich bei Verbrechern erhalten haben, so daß an diesen »fliehende niedrige Stirnen, auffällige starke Überaugenwülste, plumpe Unterkiefer oder vorstehende Kiefer und ein kleiner Gehirnteil des Schädels nicht immer nur als Entartungszeichen gedeutet werden müßten, sondern in manchen Fällen als einzelne in der Bevölkerung zerstreute Erbanlagen der genannten vorgeschichtlichen Rasse, die sich nach der seelischen Seite leicht in verbrecherischen Neigungen äußern könnten«. Nimmt man zu dieser Möglichkeit, daß also die Bausteine, aus denen sich ein Individuum zusammensetzt, Hunderte von Jahrtausenden alt sein können, die Tatsache, daß auch in der Gegenwart die Elemente sich ununterbrochen auf die bunteste und unberechenbarste Weise mischen, so wird der Rassenbegriff zu einem sehr schwankenden. Daher sagt Heinrich Driesmans: »Rasse ist nicht etwas Stabiles: es gibt keine Rasse an sich: sondern nur eine rassenbildende Kraft«, und ganz ähnlich Chamberlain: »Man könnte die Rasse mit dem sogenannten Kraftfeld eines Magneten vergleichen«, womit wir dem wahren Rassenbegriff schon etwas näherkommen.

Wir stehen also hier vor einer Antinomie: So hat Kant das Nebeneinanderbestehen zweier Behauptungen genannt, die, obwohl sie sich widersprechen, die gleiche Überzeugungskraft und Geltung besitzen. Die Thesis lautet: die Rasse ist *keine* Realität, da sie sich weder als Begriff noch als Tatsache eindeutig fixieren läßt; die Antithesis: die Rasse ist eine der *stärksten* Realitäten, bezeugt durch Vergangenheit und Gegenwart, Leben und Geschichte.

Die Variationen

Es gibt dreierlei Formen, unter denen sich eine Metamorphose der Individuen und Rassen vollziehen kann: die *Parava-*

riation oder Abänderung durch Umwelt, die *Mixovariation* oder Abänderung durch Kreuzung und die *Idiovariation* oder Selbstveränderung, die auch »Mutation« genannt wird; es ist dies der sehr merkwürdige Vorgang der spontanen, sprunghaften, explosiven Entstehung neuer Merkmale, wie ihn de Vries besonders an Pflanzen beobachtet hat, der aber in der ganzen Natur verbreitet ist. Manche Forscher nehmen an, daß eine Modifikation der Erbmasse nur durch Mixovariation stattfindet; es könnten demnach neue Eigenschaften nur durch eine Mischung schon vorhandener Erbeinheiten entstehen: dies würde aber die ganze Menschheitsgeschichte zum Rang eines geistlosen Kaleidoskops und mechanischen Permutationsspiels herabwürdigen; auch bleibt bei dieser Annahme völlig unerklärt, wie denn seinerzeit die heute, wenn auch nur noch als Komponenten, vorhandenen Menschenrassen zustande gekommen sind, denn durch bloße Kreuzung können sich nur neue Bastarde bilden, aber niemals neue Rassen. Ja selbst einzelne Darwinisten haben als Ursache der Artbildung lediglich Mischung jener Keime gelten lassen wollen, die schon von Geburt an in den elterlichen Organismen vorhanden sind, die Vererbung erworbener Eigenschaften aber in Abrede gestellt, ohne zu bedenken, daß damit ihr ganzes System fällt. Denn die Darwinsche Anpassung kann sich doch nur in der Form vollziehen, daß die Individuen durch gewisse Reize der Umwelt affiziert werden und darauf mit entsprechenden Abänderungen reagieren; sind diese nicht vererbbar, so verschwinden sie wieder mit dem betroffenen Individuum, und von einer Entstehung neuer Arten durch stete Steigerung und Befestigung der durch Anpassung erworbenen Eigenschaften kann nicht die Rede sein. Sowohl Paravariation wie Idiovariation sind Voraussetzungen des Darwinismus. Es war Lamarck, einer der bedeutendsten Vorgänger Darwins, der zuerst auf die Tatsache der Transmutation aufmerksam machte, der Veränderung durch innere, im

Organismus selbsttätige Ursachen. In seiner 1809 erschienenen »Zoologie philosophique« verweist er darauf, daß man zwar schon seit langem den Einfluß unserer Organisation auf unseren Charakter, unsere Neigungen, unsere Handlungen und sogar auf unsere Begriffe beobachtet habe, aber noch niemals den Einfluß unserer Gewohnheiten auf unsere Organisation; und er gelangt zu folgenden drei Grundgesetzen: jede dauernde Veränderung in den Verhältnissen bewirkt eine Veränderung in den Bedürfnissen; jede Veränderung in den Bedürfnissen macht andere Tätigkeiten notwendig, um diese Bedürfnisse zu befriedigen, und folglich andere Gewohnheiten; jede neue Gewohnheit erfordert entweder den stärkeren Gebrauch eines schon vorhandenen Organs, wodurch dieses vergrößert und entwickelt wird, oder die Bildung eines neuen Organs, das die Bedürfnisse unmerklich durch »Anstrengung eines inneren Gefühls« entstehen lassen. »Man hat in diesem Punkt schon lange das Richtige gefühlt, indem man die jedermann bekannte, sprichwörtlich gewordene Sentenz aufstellte: die Gewohnheiten werden zur zweiten Natur.« Ein weiteres Gesetz lautet: Alles, was die Individuen durch Gebrauch oder Nichtgebrauch eines Organs erwerben oder verlieren, wird durch die Fortpflanzung auf die Nachkommen vererbt.

Diese Gesetze, die sich der »Neolamarckismus« zu eigen gemacht hat, werden von nicht wenigen heutigen Biologen in Zweifel gezogen, insbesondere das zuletzt genannte, indem darauf verwiesen wird, daß sich dessen Wirksamkeit nicht einwandfrei experimentell nachweisen lasse. Indes genügt, wie gesagt, bereits eine einfache logische Erwägung, um seine notwendige Geltung zu fordern und außerdem lassen sich derartige Erscheinungen nicht unter künstlichen Versuchsbedingungen, sozusagen in der Retorte, erzeugen: von solchen Homunkulusspielereien Einblicke in die Offizin der Natur zu erwarten, ist eine gelehrte Naivität. Dazu kommt noch, daß Lamarck ausdrücklich von »unmerklichen« Veränderungen spricht und also mit sehr großen Zeiträumen rechnet.

Daß die Umwelt die Organismen zu modifizieren vermag, läßt sich in der freien Natur sehr wohl beobachten. Hellfarbige Tiere werden unter dem Einfluß hoher Temperaturen immer dunkler, schließlich pechschwarz, in arktischen Gebieten hingegen weiß. Ja man hat sogar beobachtet, daß Zugvögel, die immer wieder dieselben Gegenden besuchen, eine besondere Art von Gesang ausbilden, einen vom Ort erzeugten Dialekt. Die Kreolen sind in Südamerika geborene Weiße, die sich niemals mit Farbigen vermischt haben, zum Teil direkte Nachkommen der Konquistadoren; gleichwohl hat im Laufe der Jahrhunderte der Boden seine Wirkung getan und ihnen nicht nur eine dunklere Haut, sondern auch »indianischen« Habitus verliehen. Die Levantiner sind Franzosen und Italiener, die lange Zeit im Osten des Mittelmeergebiets gelebt, aber immer nur untereinander geheiratet haben; das Ergebnis ist ein Menschenschlag prononciert orientalischen Charakters: dunkel und, nach den Aussagen der Ethnologen, von »armenischem« Typus. Unter die Umwelteinflüsse, die auf das Keimplasma zu wirken vermögen, muß auch die höchst sonderbare, aber ganz unleugbare Tatsache der Telegonie oder Fernzeugung gerechnet werden: das allbekannte »Sichversehen« und die nicht selten beobachtete Erscheinung, daß der Devirginator alle späteren Geburten zu beeinflussen vermag.

Die Religionsrassen

Hier berühren wir schon das Gebiet der geistigen Umwelt und ihrer verwandelnden Kräfte. An der Spitze steht hier die Religion. Es entsteht nicht, wie positivistische Flachheit glaubt, aus einer Rasse eine Religion, als eine ihrer vielen Früchte, sondern die Religion ist der Mutterleib der Rasse. Man kann ohne allzu große Übertreibung sagen, daß es vor Mohammed noch keine Araber, vor Moses noch keine Israeliten, vor Homer noch keine Hellenen, vor Odin (der sicher gelebt hat) noch keine

Germanen gegeben hat. Die Identität zwischen Religion und Nation ist noch dem ganzen Altertum eine Selbstverständlichkeit gewesen. Der wirkliche Herr des Landes ist der Gott; wird das Land erobert, so wird auch der Gott abgesetzt. »Was einen Gott hat«, sagt der epochemachende Orientalist Hugo Winckler, »ist ein Volk; und nur das ist ein Volk, was einen eigenen Gott besitzt.« Vortrefflich erläutert Spengler im *Untergang des Abendlandes*, daß der Begriff der Kirche, den die Spätantike geschaffen hat, nichts anderes bedeutet als »eine Nation magischen Stils«: »wer dem Glauben angehört, gehört zur Nation; es würde frevelhaft sein, ein anderes Merkmal auch nur anzuerkennen«; »unter dem Namen Griechen hat zuerst das Heidentum als Nation die Christen, dann das Christentum als Nation den Islam bekämpft«.

Die Gemeinschaft der Moslim war ursprünglich ein buntgewürfeltes Gemenge aus allen möglichen Völkern, Stämmen und Rassen: Persern, Syrern, Ägyptern, Berbern und noch vielen andern; durch die Einheit des Glaubens sind sie alle Araber geworden. Der Norden Afrikas vom Roten Meer bis zu den Kanarischen Inseln ist noch heute hamitisch; da er aber islamisiert wurde, so muß man diese ganze Bevölkerung als arabisch bezeichnen, was auch jedermann in der Praxis tut, während die »Wahrheit«, von rein wissenschaftlichem Interesse, in die Lehrbücher der Ethnographie verbannt bleibt. Auch die »Bosniaken«, ein uralter, fast rein gebliebener südslawischer Menschenschlag, der einstmals den Kern des großserbischen Reichs bildete, gelten allgemein als Türken, weil sie unter deren Herrschaft Mohammedaner geworden sind. Das stärkste Beispiel für ein unbestimmtes Mischvolk, das lediglich durch seinen Glauben zur Nation geworden ist, bilden die Juden. Sie waren viel radikalere Antisemiten, als es spätere Völker jemals gewesen sind, indem sie sich von allen semitischen Nachbarstämmen mit einer Verachtung und Strenge abschlossen, die in der Geschichte einzig dastehen dürfte: hat zum Beispiel jemals ein christlicher Antisemit auch nur theoretisch gefordert, man dürfe nicht aus einem Geschirr essen, das ein Jude benutzt hat? Es gibt eine mohammedanische Rasse: ihr Schöpfer ist der Koran; es gibt eine mosaische Rasse: ihr Schöpfer ist der Talmud. Es gibt aber auch eine katholische, eine protestantische, eine puritanische, eine griechisch-orthodoxe Rasse. Wenn man an Calderon und Greco die katholischen Rassenmerkmale aufgezeigt hat, an Cromwell und Carlyle die puritanischen, an Kant und Bach die protestantischen, an Dostojewski und Peter dem Großen die byzantinischen, so hat man von ihrer Eigenart und Gegensätzlichkeit alles Wesentliche ausgesagt. Dies wird besonders sinnfällig, wenn man die angeblichen homines irreligiosi, die »Freigeister«, »Konfessionslosen« und »Atheisten« ins Auge faßt, die scheinbar alle dasselbe, nämlich nichts glauben: so gehört zweifellos Lenin zur orthodoxen, Shaw zur puritanischen, Spengler zur protestantischen, Flaubert zur katholischen und Freud zur mosaischen Rasse. Religionslose Menschen gibt es überhaupt nicht, und es darf in diesem Zusammenhang nicht unerwähnt bleiben, daß gegenwärtig an den beiden Enden der Erde zwei *Teufelsreligionen* im Begriff sind, sich auszubilden und zu befestigen und zwei neue Rassen zu erzeugen: der Bolschewismus und der Amerikanismus, die sich voneinander nur durch entgegengesetzte Vorzeichen unterscheiden. Sie bedeuten eine ungeheure Gefahr für das Schicksal des Planeten, die, im Fall eines Sieges, nur in einer Katastrophe, vergleichbar dem Untergang der Atlantis, enden könnte.

Die Geburt aus dem Unsichtbaren

Es handelt sich bei den genannten Varianten jedesmal um eine bestimmte Gruppe von Vorstellungen, die sich zunächst zu gewissen geistigen und seelischen Eigenschaften kristallisieren, schließlich aber sogar in physiologischen Merkmalen niederschlagen. Wenn durch eine Anzahl von Generationen eine Religion geglaubt (nicht bloß bekannt) wird, so müssen die

Sprößlinge unfehlbar den puritanischen Gesichtsschnitt, das buddhistische Phlegma, den mosaischen Tonfall, die römische Nase, den griechischen Blick, die konfuzianische Gebärde bekommen. Auf ganz ähnliche Weise entstehen die einzelnen Nationen: durch Weltanschauung. Die plastische Potenz, die ein Volk formt, bindet und abgrenzt, ist das gemeinsame Schicksal. So bildet sich allmählich eine Summe von Elementarvorstellungen, Monaden im leibnizischen Sinne, die, für jedes Volk spezifisch, die Sternenwelt seines »Nationalgefühls« aufbauen. Die Volksglieder erkennen wie Geheimbündler einander an diesen Elementarzeichen, die die »anderen« meist gar nicht verstehen und mißtrauisch, ja feindselig betrachten. Jedes Volk hat seine eigene Klaviatur und Kategorientafel: bestimmte Gesten, Vokabeln, Begriffe, Tonarten, Seelenfarben. Vom rein biologischen Standpunkt ist die Entstehung einer neuen Nation oder Rasse gar nicht zu erklären, denn Kreuzung und Vererbung der seit undenklichen Zeiten über die Erde wirr verstreuten Komponenten könnten nur ein immer charakterloseres Chaos ergeben. Wann wird aus einem Agglomerat von Bastarden eine Rasse? Wenn es eine Seele bekommen hat.

Und dabei haben wir die ebenso großartige wie geheimnisvolle Möglichkeit noch ganz außer acht gelassen, daß auch ganz von selbst, nicht durch Kreuzung, nicht durch Vererbung erworbener neuer Eigenschaften, nicht durch geistige Umwelt, sondern spontan, plötzlich, konvulsivisch neue Rassen, Völker, Kulturen emportauchen können, aus dem »Unsichtbaren des Hades«, dem dunkeln Schoße der Zeit und Ewigkeit, der nichts von Züchtung und Anpassung weiß! Ja vielleicht ist sogar die Geburt *jeder* neuen Menschenvarietät eine solche Genesis im wahrsten und erhabensten Sinne des Wortes, eine Schöpfung aus dem Nichts.

Die Ethik des Zimmers

Jede Schöpfungstheorie, die mit der Biologie allein auszukommen meint, ist darwinistischer Materialismus und mit der

Unzulänglichkeit dieser Interpretationsweise behaftet. Der Lamarckismus, obgleich ein halbes Jahrhundert älter als der Darwinismus, ist zweifellos das universellere und vorurteilslosere System. Auch Fechner betonte gegen den Darwinismus, sogleich bei dessen Debüt, die Wichtigkeit des »psychischen Strebens« für die Ausbildung neuer Organe, und Schopenhauer erklärte lange vor Darwin sehr treffend und anschaulich, jedes Organ sei eine »fixierte Sehnsucht«, der Ausdruck eines Willensakts. Dies läßt sich ja auch in der Tat im kleinen alltäglich beobachten. Der oft Zornige bekommt die Zornader, der Rührselige Tränensäcke, der Denker ein »durchgeistigtes« Antlitz, der Fromme ein »weltabgewandtes«, der Habgierige, Neidische, Rachsüchtige ein »verzerrtes«; alte Ehepaare werden einander ähnlich. Es gibt intelligente, brutale, sensitive, asketische Hände, nicht vererbt, sondern als Charakterprodukt (auch bin ich fest überzeugt, daß geradedenkende Menschen niemals krumme Beine haben). Sollten diese Dinge, die jedes Kind weiß, bei der Entstehung der Arten keine Rolle gespielt haben? Was man andauernd und intensiv sich denkt, sich vorstellt, wird man schließlich: das schöne deutsche Wort »sich etwas einbilden« drückt dieses Verhältnis zwischen geistiger Ursache und physischer Wirkung sehr plastisch aus. Der 1891 verstorbene amerikanische Philosoph Prentice Mulford, ein genialer Dilettant wie seine Landsleute Whitman und Emerson, hat über dieses Thema einige unsterbliche Essays verfaßt. Nach seiner Überzeugung gibt es keine Grenzlinie zwischen Geist und Materie: »Die Materie ist nur die Form des Gedankens, die sich den äußeren Sinnen offenbart«; »jeder unserer Gedanken ist eine Realität, eine Kraft (bitte sich das zweimal vorzusagen)«; »jede Imagination ist eine unsichtbare Realität, und je länger, je intensiver sie festgehalten wird, desto mehr von ihr wird sich in jene Form des Seins umsetzen, die man fühlen, sehen, berühren, wahrnehmen kann.« Kurz: »Ein Gedanke ist so wirklich wie ein Telegraphendraht.« Häßlichkeit der Mienen entspringt stets der unbewußten Übertretung eines Gesetzes; ist der herrschende Ausdruck auf einem Gesicht die Grimasse, dann grimassieren auch die Gedanken hinter dieser Stirn: »Die Rolle, die wir am häufigsten spielen, wird dem Leib, der Maske dieser Rolle, den herrschenden Ausdruck verleihen.« Dieser Einfluß des Geistes erstreckt sich, wie Mulford in seinen »Gedanken über den Gebrauch eines Zimmers« darlegt, sogar auf die »tote« Materie: »Jedes Zimmer ist mit der geistigen Substanz der Zwecke erfüllt, denen es dient. In einer Kirche webt Andacht, auch wenn sie leer ist. Eine Bar – auch am Vormittag, wenn niemand darin ist – stimmt weniger andächtig. In Zimmern, wo Mord, Raub oder Betrug lange geplant oder auch nur bedacht wurden – gleichviel, ob diese Pläne und Gedanken Tat wurden oder nicht – liegen Mord, Raub und Betrug in der Luft. Ein Zimmer, in dem nur Geschäftliches gedacht und gesprochen wird, füllt sich mit Geschäftsgeist. Wenn du deine Arbeitsstätte zum Tummelplatz schwatzhafter Unterhaltung von Tagedieben und niedriger Scherze machen läßt, wird sich eine schädliche Atmosphäre bilden, die dich hemmen wird.« Ähnliche Beobachtungen hat wohl jedermann schon gemacht, ohne sich vielleicht darüber Rechenschaft gegeben zu haben. Orte, die der Schauplatz von Bluttaten waren, sind mit Recht verrufen. In dem Volksglauben, daß in Schlössern, die lange von demselben Geschlecht bewohnt wurden, dessen Tote umgehen, das heißt: ihr Geist dort noch lebt, liegt ein tiefer Sinn. Es ist bekannt, daß neuerbaute Schauspielhäuser anfangs keine gute Resonanz haben, sie müssen »eingespielt« werden: erst dadurch, daß viele sprechen und hören, werden sie akustisch. Bei berühmten alten Theatern spricht man von der »Weihe des Hauses«; Konzertsäle, in denen andauernd minderwertige Musik gemacht wird, bekommen eine ordinäre Akustik. Eine Violine, auf der ein Virtuose regelmäßig zu spielen pflegt, klingt ganz anders als eine Schülergeige. Selbst alte Weinstuben haben eine eigentümliche Aura: es wird behauptet, daß man in ihnen leichter betrunken wird. Man kann daher ohne allzu große Paradoxie von der Rasse eines Raumes, eines Klaviers, eines Erdflecks sprechen. Es gibt allerdings Personen, die alle diese Phänomene als »Autosuggestion« abtun wollen: diese kann ich nur als Esel bezeichnen.

Genau in dem Augenblick, als der Mensch das Bedürfnis empfand, durch das tausendfach vervielfältigte Wort in die Breite und Weite zu wirken, entstand die Druckerpresse; als er begann, die Welt und sich selbst als Mechanismus zu konzipieren, folgte auf dem Fuße die Geburt der Dampfmaschine; und als sein Auge anfing, impressionistisch zu sehen, flammten Bogenlampen und Glühbirnen auf, die Nacht in ihren flimmernden Lichtmantel hüllend, um ein neues Sehbild zu bestätigen. Die ganze Welt besteht aus Materialisationen, sichtbaren und unsichtbaren!

Und damit gelangen wir zur Auflösung unserer Antinomie: Die Rasse ist das wirklichste und das unwirklichste Ding von der Welt, nämlich eine Idee.

Typus und Idee

Die realisierte Idee ist der Typus, der sich aber nur in der natürlichen Welt vorfindet, niemals in der geistigen. Je tiefer auf der Leiter der Schöpfung wir hinabsteigen, desto reiner, klarer finden wir den Typus verwirklicht: am schönsten im Mineralreich mit seinen scharfgekanteten, gradwinkligen, spiegelflächigen Gebilden, seinen Würfeln und Polyedern, Pyramiden und Säulen, die sich sogar in geometrische Systeme bringen lassen. Aber auch in der Pflanzen- und Tierwelt regiert noch der Typus. Man nehme zum Beispiel drei so bizarre Gebilde wie: die indische Rafflesia, die mit ihren fetten rötlichweißen Blumenblättern und ihrem intensiven Aasgeruch von einem Riesenfetzen verfaulten rohen Fleisches kaum zu unterscheiden ist, die Gottesanbeterin oder ihre noch groteskere Kusine, die

Teufelsanbeterin, deren Seidenflügel, im zartesten Creme, Weiß und Violett schimmernd, einer Blume zum Verwechseln ähnlich sehen, und das Seepferdchen, zweifellos ein höchst sonderbarer Fisch mit seiner veritablen Pferdeschnauze, dem affenartigen Greifschwanz, den großen runden Augen, von denen es jedes für sich zu bewegen vermag, der chamäleonhaft wechselnden Schutzfärbung, durch die es sich den blauen, grünen und braunen Tangwiesen des Meeresgrundes anpaßt, und der kugelförmigen Bruttasche, die in jener verkehrten Welt das Männchen trägt. Aber wenn man von diesen höchst eigenartigen Geschöpfen ein einziges gesehen hat, so kennt man alle. Die bekannte Scherzfrage, was die einzelnen Nationen täten, wenn man sie fragt, was ein Kamel sei, schließt mit der Pointe: der Deutsche würde sich auf seine Studierstube begeben und dort den Begriff des Kamels aus der Tiefe seines Gemüts konstruieren. Der Deutsche hat aber gar nicht so unrecht. Denn wenn man (was allerdings nur eine theoretische, keine praktische Möglichkeit ist) sämtliche Merkmale des Kamels angeben könnte, so wäre es möglich, sein Bild auf dem Zimmer zu konstruieren. Wir versuchen etwas Ähnliches ja auch tatsächlich bei den vorweltlichen Tieren, und das Resultat fällt nur deshalb unvollkommen aus, weil wir eben nicht alle Bestimmungsstücke beisammenhaben. Aber einen Menschen nachzubilden ist unmöglich, auch wenn wir das reale lebende Exemplar vor uns haben: das lehrt die Fotografie. Obgleich sie vollkommen exakt und physikalisch arbeitet oder vielmehr, weil sie dies tut, ist sie unfähig, eine Geisteserscheinung wiederzugeben. Man könnte es auch kurz so ausdrücken: bei den Pflanzen- und Tierrassen konstituiert die Summe der Merkmale die Einzelexemplare, bei den Menschenrassen die Summe der Einzelexemplare die Merkmale. Dies eben ist der Unterschied zwischen Typus und Idee. Was eine Fledermaus ist, kann ich an jedem unversehrten Individuum erschöpfend und eindeutig feststellen; was ein Ägypter ist, nur durch einen Flug durch Zeit und Raum, über die langen Jahrtausende und das weite Nilland, durch Zusammenschau möglichst vieler Individuen, die alle den Ägypter nicht rein darstellen; und erschöpfend kann ich es niemals. Und doch war er da und lebt noch heute in unserem zurückschweifenden Blick; aber beide Male nur ein Geist.

Die Idee erscheint niemals in der Realität, sondern bildet bloß deren gestaltendes Prinzip; der Typus erscheint *nur* in der Realität. Deshalb liegt um die Namen von Völkern und Rassen ein magischer Glanz. Löwe und Adler sind heroische Begriffe, aber sie sind fertig geworden; Begriffe wie »Römer« oder »Gote« sind niemals fertig geworden: nach dem Tode aller ihrer Träger lebten sie weiter in römischer Kirche und gotischer Kunst.

Die Wunderlampe

Als Goethe Schiller die Urpflanze aufzeichnete, schüttelte dieser den Kopf und sagte: »Das ist keine Erfahrung, das ist eine Idee!«, was Goethe zwar nicht sogleich, aber wenige Jahre später einsah, indem er erklärte, das Urbild, das er von der Pflanze entworfen habe, gelte »nicht den Sinnen, doch dem Geiste«; und noch später gestand er geradezu: »Die Idee ist in der Erfahrung nicht darzustellen, kaum nachzuweisen; wer sie nicht besitzt, wird sie in der Erscheinung nirgends gewahr.« Die Idee ist eine Wunderlampe, die, von einem höheren Lichte gespeist, in die dunkle Wirklichkeit hineinleuchtet. Sie gestaltet sowohl unser Wissen wie unser Leben: jenes, indem sie uns zur tieferen unsichtbaren Wahrheit des Tatsächlichen leitet, dieses, indem sie uns erzieht, zu sich hinanzieht. Sie ist eine moralische Forderung oder, wie Kant es ausdrückt, »ein Postulat der praktischen Vernunft«: die Ideen, sagt dieser, geben keine Gesetze, sondern nur eine Richtschnur, sie sind nicht konstitutive, sondern regulative Prinzipien; was sie feststellen, ist kein Gegenstand, sondern ein Ziel, eine Aufgabe.

Rasse ist anfangs nicht einmal eine Idee, sondern noch weniger: ein Ideal; aber dieses stets gegenwärtige Ideal, aus dem Leben geboren und Leben zeugend, bewirkt, daß schließlich wirklich eine Rasse entsteht. Dies klingt wie ein Zirkelschluß, aber Natur und Geschichte arbeiten sehr oft mit Zirkelschlüssen, ja man kann fast sagen: es ist ihre charakteristische Methode. Schwindet, zerfällt, »atrophiert« dieses Ideal, indem es seine Stärke und Reinheit einbüßt, so geht die Rasse, die Nation, das Gemeinwesen unter. Rom, Athen, Sparta starben; nicht durch das Gift der Vermischung mit Barbaren, sondern weil ihr Ideal dahinsank.

Rasse ist ein Imperativ. Weil die Rasse eine Idee ist, kann sie niemals voll verwirklicht werden. Weil die Rasse eine Idee ist, soll sie verwirklicht werden. Der Mensch ist dazu da, das Unmögliche zu wollen. Dies ist seine Begnadung, sein heiliges Privileg. Er ist, angefüllt mit allen seinen Widersprüchen, die wandelnde Utopie und immer auf dem Wege zu noch höheren, noch paradoxeren, noch unmöglicheren Utopien. Er hat eine große Liebe zur Vergangenheit, eine noch größere zur Zukunft, diesen beiden Irrealitäten, die nur in der Idee erreichbar sind, eine sehr geringe zur Nähe und Gegenwart. Wir sind Wesen, die ewig werden. Was wir sind, geht uns nichts mehr an.

So haben auch die Ägypter sich fünf Jahrtausende lang gesucht. Und wir stehen wieder vor der unbeantworteten Anfangsfrage: Was war früher: die Landschaft oder die Seele, Ägypten oder der Ägypter?

Das potamische Tempo

Carl Ritter unterscheidet drei Stufen in der Entwicklung der großen historischen Kulturen: die potamische, die an großen Flußläufen, die thalassische, die an Binnenmeeren, und die ozeanische, die an den Weltmeeren entsteht. Zur potamischen Gruppe gehören die ältesten Kulturen, von denen wir Kunde haben: die vorderasiatische am Euphrat und Tigris, die indische am Indus und Ganges, die chinesische am Hoangho und Jangtsekiang und die ägyptische am Nil. Man könnte sie auch die subtropische nennen. Ist dieses Klima vielleicht überhaupt das günstigste für die Entwicklung hoher Kulturen? Die ganze Geschichte des Altertums würde es bestätigen; die Neuzeit bestätigt es nicht. In diesem Zeitraum lagen die beherrschenden Zentren: Paris, Berlin, Petersburg, im Norden, England errang die Weltherrschaft, und die drei unbestreitbar größten Dichter der ausgehenden Neuzeit: Ibsen, Strindberg und Hamsun waren ein Geschenk des kleinen Skandinavien. Hingegen waren die beiden einzigen hohen Kulturen, die das vorkolumbische Amerika hervorgebracht hat, die peruanische und die mexikanische, Tropengewächse. Mit der Geographie kommt man eben beim Menschen nicht aus.

Eine gewisse pflanzenhafte Trägheit des Stoffwechsels, ein eigentümliches Andante des Lebenstempos scheint allen potamischen Kulturen gemeinsam zu sein. In ihren Biographien zählen erst die Jahrtausende; der Chinese und Inder lächeln noch heute über unsere Raschlebigkeit. Das Zweistromland hat allerdings sehr bewegte Schicksale gehabt, viele Völker kamen und gingen; aber unser Blick vermag sie nicht zu unterscheiden: wie Statisten ziehen sie an uns vorüber. Sehr schön sagt hierüber Ernst Curtius in seiner »Griechischen Geschichte«: »Es erfolgen Umwälzungen, aber keine Entwicklungen, und mumienartig stockt im Tale des Nils die Kultur der Ägypter; sie zählen die einförmigen Pendelschläge der Zeit, aber die Zeit hat keinen Inhalt; sie haben Chronologie, aber keine Geschichte im vollen Sinne des Wortes.«

Der Nil

Ägypten ist nach einem Wort Herodots, das seither immer wieder zitiert worden ist, »ein Geschenk des Nils«; aber woher Nil und Nilschwelle kämen, war den Ägyptern ein Rätsel. Auch für den Römer bedeutete *»caput Nili quaerere«* so viel wie: sich mit etwas Fruchtlosem abgeben, und Lactantius, der »christliche Cicero«, kennzeichnete die Eitelkeit alles weltlichen Wissens mit den Worten: »Selbst wenn ich wüßte, wo der

Nil entspringt – könnte mich das selig machen?« Die Quellen des Nils wurden erst in den fünfziger Jahren des vorigen Jahrhunderts drei Grad südlich vom Äquator entdeckt; die beiden großen zentralafrikanischen Seen, die er durchströmt, heißen nach dem damaligen englischen Herrscherpaar Victoriasee und Albertsee. Mit seiner Gesamtlänge von mehr als 6000 Kilometer ist er der zweitlängste Fluß der Erde; nur der Mississippi-Missouri übertrifft ihn. Nachdem er in seinem Oberlauf, der »Weißer Nil« genannt wird, etwa die Hälfte der gesamten Stromlänge zurückgelegt hat, nimmt er bei Khartum aus den abessinischen Bergen einen bedeutenden Nebenfluß auf, der wegen seines dunklen Schlammgehalts im Gegensatz zum weißgelben Hauptstrom »Blauer Nil« heißt. Weiter nördlich empfängt er noch eine zweite Wasserader, den ebenfalls in Abessinien entspringenden Atbara. Dann macht er eine riesige S-förmige Krümmung, indem er eine weite Strecke lang geradezu rückwärts fließt, gelangt bei Wadi Halfa, etwa 1500 Kilometer vom Meer entfernt, nach Unternubien, das von den Ägyptern in den Zeiten ihrer Großmacht als Reichsgebiet angesehen wurde, und betritt bei Assuan, 1100 Kilometer vom Meer, endlich das eigentliche Ägypten. Höchstens ein Viertel des Nillaufs darf demnach als ägyptisch gelten.

An sechs Stellen ist es dem Nil nicht gelungen, sich durch die vorgelagerten Granitdämme ein vollkommen glattes Bett zu graben. Dies sind die Katarakte, keine eigentlichen Wasserfälle, aber Stromschnellen von sehr erheblichem Gefälle. Da sie die Schiffahrt sehr erschweren, haben sie zu allen Zeiten Grenzbedeutung gehabt. Am sechsten Katarakt (der eigentlich der erste heißen müßte) liegt Khartum, die Hauptstadt des anglo-ägyptischen Sudan, ihr gegenüber befand sich in den achtziger Jahren, zur Zeit des Eingeborenenaufstands, in Omdurman die Residenz des Mahdi; am zweiten Katarakt liegt Wadi Halfa, am ersten Assuan. Etwas über 150 Kilometer südlich vom Meer gabelt sich der Nil und umschließt ein breites Landdreieck, das die Griechen mit ihrem Buchstaben Delta verglichen, wovon es noch heute seinen Namen trägt. Die beiden heutigen Mündungsarme heißen der Nil von Rosette und der Nil von Damiette; im Altertum gab es deren sieben. Man bezeichnet das Delta als Unterägypten, das Gebiet von da bis Assuan, das »vordere Land«, wie es die Ägypter nannten, als Oberägypten. Unter den Ptolemäern und den Römern unterschied man Delta, Heptanomis oder Mittelägypten (etwa bis Tell el Amarna) und Thebaïs (südliches Oberägypten).

Die Orientierung nach dem Nil war dem Ägypter so selbstverständlich, daß er für »nördlich« stromab, für »südlich« stromauf sagte und den Euphrat, dessen Lauf von Norden nach Süden gerichtet ist, das »verkehrte Wasser« nannte, das »stromab geht, wenn es stromauf fließt«, ja er bezeichnete sogar die *Landreise* nach Nubien als Stromauffahrt, nach Syrien als Stromabfahrt. Dies hing auch damit zusammen, daß dem Ägypter überhaupt die Beförderung zu Schiff als die einzig natürliche erschien. Sie war nach Norden ein einfaches, durch Ruder reguliertes Treibenlassen des Fahrzeugs, ging aber auch gegen den Strom infolge des fast beständig wehenden kräftigen Nordwinds mit Segeln recht flott vonstatten. Einen dauernden Anlaß zum Kentern boten die vielen Sandbänke; daher ist der Pilot mit dem Suchlot eine wichtige Person. Dazu kamen als ungemütliches Detail, das heute fast ganz verschwunden ist, die lebendigen Sandbänke: in grauer Unbeweglichkeit tückisch lauernde Krokodile; in Ombos, der Heimat des Gottes Seth, der einst Krokodilgestalt angenommen hatte, galt es allerdings als Ehre, von einem Krokodil gefressen zu werden. Der Nilbarke bedienen sich selbst die Götter, der Tote macht auf ihr seine letzte Fahrt, und auch im Jenseits kann er sie nicht entbehren: tönerne Schiffchen finden sich unter den ältesten Grabbeigaben.

Die Nilschwelle

Die alljährliche Nilschwelle wird nur zum geringsten Teil dem Weißen Nil verdankt, obgleich er dem regenreichen Seengebiet Äquatorialafrikas entströmt; vielmehr ist ihre Hauptursache die Schneeschmelze in den abessinischen Bergen, die, vereint mit starken Niederschlägen, im Frühling den Blauen Nil hoch ansteigen läßt. Auch der Atbara, der vom Hochsommer bis zum Frühjahr völlig trocken liegt, füllt sich dann mit wildem Gewässer. Die Folge davon ist, daß ganz Ägypten in einen See verwandelt wird. Ein weitverzweigtes System von Kanälen und Reservoirs sorgt dafür, daß die Überschwemmung geregelt verläuft und ihre kostbare Last an fetter schwarzer Schlammerde auf die Felder absetzt. Derzeit beträgt die Jahresdifferenz zwischen dem höchsten und dem tiefsten Stand des Nils bei Assuan sieben Meter, bei Kairo fünf Meter. Doch sind dies nur Durchschnittszahlen, denn es gab zu allen Zeiten fette und magere Jahre, höhere und geringere Flut: ihrer genauen Feststellung dienten von alters her die Nilmesser, die auch die Grundlage für die Besteuerung bildeten. Steigt das Wasser nicht hoch genug, so vermag es die Kanäle nicht zu füllen, die zur Bewässerung der höher gelegenen Äcker angelegt sind; aber auch eine Wasserführung, die die Norm überschreitet, bringt Schaden. Gewisse Felder vermag die Flut überhaupt nicht zu erreichen, und zu deren Berieselung benutzt der ägyptische Bauer eine Art Ziehbrunnen, heute wie vor sechstausend Jahren: den Schaduf, mit dem er das Wasser hinaufhebt; eine harte und eintönige Arbeit. So ist der Nil, der höchste Segen des Landes, auch dessen höchste Sorge, die schon in frühesten Zeiten zur organisatorischen Zusammenfassung der Volkskräfte geführt hat. Die Bestellung der Felder, die Anlage der Deiche, die Bedienung der Schöpfwerke war eine Art Arbeitsdienstpflicht, zu der man ausgehoben wurde wie zum Militär.

Die große Oase

Assuan, wo der Strom den letzten Granitriegel sprengt, hieß im Altertum Syene: dort wurde das härteste Gestein gebrochen, der dunkelfarbige Syenit. Gegenüber lag auf einer Insel die Ortschaft Ab, von den Griechen Elephantine, die »Elfenbeinstadt«, genannt; wie der Name sagt, war dies der Sammelplatz für den Tauschhandel mit Nubien: die Gouverneure von Elephantine führten den etwas umständlichen, aber stattlichen Titel »Karawanenführer, der seinem Herrn die Erzeugnisse der Fremdländer überbringt«; auch das arabische Suan bedeutet Marktplatz. Erst von hier an bildet das Fruchtland einen breiten Saum, und dies ist die Αἴγυπτος: dieses griechische Wort ist, wie man vermutet, eine Umbildung von *het-Ka-Ptah*, Haus des Geistes des Ptah, der seit uralten Zeiten der Gott von Memphis war; die Ägypter selber nannten ihre Heimat *kemet*, das schwarze Land (im Gegensatz zur Wüste, dem Rotland, und daher stammt auch der Name des Roten Meers: Meer des Rotlands) oder auch *to*, das Land, wie auch der Nil bei ihnen sowohl *hapi* als auch einfach *jotru*, der Fluß, hieß. Seine stärkste Ausdehnung hat das Kulturland natürlich im Delta, wo es sich zu einem grünen Fächer öffnet, dessen größte Breite etwa 250 Kilometer beträgt; dieses Gebiet war ursprünglich, wie schon Herodot richtig vermutet, ein Meerbusen. Überhaupt darf man nicht annehmen, daß die Karte des Altertums genau dieselbe war wie die heutige. Durch Frost, durch die Kohlensäure des Regenwassers, durch spaltende Bakterien verwittern die Gesteine und verwandeln sich in Humus, das fließende Wasser nagt an ihnen, auch der Wind übt eine abschleifende Wirkung aus. Außerdem finden fortwährend Senkungen und Hebungen des Landes statt. Viele Orte, die früher einmal Häfen waren, liegen heute landeinwärts, andrerseits gibt es »ertrunkene« Gebirge und Täler. Das Delta wächst noch heute immer mehr ins Mittelländische Meer hinein.

Die hervorstechendste geographische Eigentümlichkeit Ägyptens ist seine scharfe Isolierung: im Westen durch die libysche, im Osten durch die arabische Wüste, im Süden durch die Katarakte und im Norden durch das Delta, das sich zur Anlage von Häfen sehr wenig eignet und besonders im Winter von heftigen Stürmen heimgesucht wird. So innig die Ägypter sich mit ihrem Strom verbunden fühlten: für das »große Grüne«, wie sie das Mittelmeer nannten, haben sie nie viel übrig gehabt; ein arabisch-ägyptisches Sprichwort lautet: »Das Bauchknurren der Kamele ist besser als das Gebet der Fische.« Was nicht zum flachen Fruchtland gehörte, war für den Ägypter die Fremde: er bezeichnete Gebirge, Wüste und Ausland mit demselben Wort und derselben Hieroglyphe: XXX. Diese »Oase größten Stils«, wie Eduard Meyer Ägypten nennt, hat eine Länge, die etwa der Entfernung von Berlin bis Florenz oder von Wien bis Bukarest entspricht, umfaßt aber an Flächeninhalt nur etwa neun Zehntel des Königreichs Belgien. Der Ägypter dachte sich die Erde als langgestreckte Fläche, die in ihrer ganzen Ausdehnung von einem breiten Strom durchflossen wird, ringsherum erheben sich hohe Gebirge, auf ihnen ruht als ebene Platte der Himmel, von dem die Sterne als Lampen herabhängen: dies ist in der Tat ein schematisches Bild Ägyptens. Hier gibt es keinerlei Romantik: keine wilden Heiden und schwarzen Wälder, bunten Wiesen und moosgrünen Felsen, glitzernden Bäche und rauschenden Quellen; wie auf seinen Friesen bot die Landschaft dem Ägypter nur einförmige tapetenhafte Wiederholung: weiße Nilschlammhütten, spärliche Palmengruppen, gelbbraune kahle Berggalerie, geometrisch eingedeichte Ackererde. Und wie der Raum, so die Zeit: der Rhythmus des Nils hebt und senkt sich mit der Regelmäßigkeit des Pulsschlags: alljährlich zur selben Zeit Sintflut und Ebbe.

Die ägyptische Luft

Auch das Klima ist höchst gleichmäßig. Ägypten gehört zur Passatzone, dem regenlosen Gürtel der Erde. In Oberägypten regnet es überhaupt nicht, im Delta zur Winterzeit an etwa 25 Tagen; doch handelt es sich immer nur um kurze, obschon bisweilen sehr heftige Sturzgüsse, die auch von Gewitter begleitet sein können, was auf die Ägypter immer einen großen Eindruck gemacht und sich in ihrer Bildersprache niedergeschlagen hat: wenn ein König eine Stadt erobert, so »nimmt er sie wie eine Wasserwolke«, Ramses der Zweite ist »ein lautbrüllendes Unwetter für die Fremdländer«. Die Ernte ist also von der Witterung im Delta nahezu, in Oberägypten gänzlich unabhängig. Die Landwirtschaft Ägyptens war im Altertum autark und versorgte zur Kaiserzeit ganz Rom mit Getreide; seither ist das Korn der Baumwolle gewichen, mit der mehr als ein Drittel des anbaufähigen Bodens bepflanzt ist, so daß das Land jetzt einen Teil seiner Nahrungsstoffe einführen muß. Die ägyptische Baumwolle gilt als die beste, ebenso vorzüglich ist der Reis, der im Delta, und das Zuckerrohr, das in Mittelägypten gebaut wird. Von Produkten, die dem alten Ägypten unbekannt waren, erzeugt das heutige außerdem noch die Schalotte, eine besonders feine Zwiebelart, die einen bedeutenden Ausfuhrartikel nach Europa bildet, und den Tabak oder vielmehr die Zigarette, denn in den dortigen Fabriken wird bloß mazedonisches und kleinasiatisches Kraut zu den berühmten »Ägyptischen« verarbeitet. Man führt die Qualität auf das Klima zurück, das einen besonderen Gärungsprozeß hervorrufen soll; man kann sich aber auch an Mulford halten und annehmen, daß es der Genius loci des uralten Kulturlandes ist, der der Rauchware ihr vornehmes Aroma verleiht. Umgekehrt verhält es sich mit Nordamerika, wo das prachtvollste Obst und Gemüse wächst, das aber nach gar nichts schmeckt. Neuerdings wird dort auch mechanisch gemolken: eine solche Milch kann unmöglich mehr ein Genußmittel sein.

Die Luft Ägyptens ist infolge der doppelten Nachbarschaft der Wüste von wunderbarer Reinheit und Trockenheit. Sie bewirkt, daß auch die größte Hitze ohne Beschwerden ertragen wird, da die Körperfeuchtigkeit sofort auf angenehm kühlende Weise verdunstet. Aus demselben Grunde behält auch das Wasser in porösen Tongefäßen eine erquickende Frische. Die Nächte sind immer kühl, und gegen Morgen kann es sogar empfindlich kalt werden. Die Trockenheit ist auch die Ursache, warum sich in Ägypten Mumien, Papyrusrollen, Gewebe, Wasserfarbenmalereien und andere vergängliche Objekte in so staunenswerter Unversehrtheit erhalten haben. Weniger erfreulich sind die ägyptischen Plagen der Heuschrecken und Skorpione, Fliegen und Stechmücken. Der Fliegenwedel war das ständige Attribut des vornehmen Altägypters und, gemeinsam mit dem Krummstab, sogar das Abzeichen königlicher Gewalt. »Wedelträger zur Rechten des Königs« war eine hohe Hofcharge, etwa unserem Kämmerer vergleichbar, und das Moskitonetz, das auch Herodot erwähnt, ist am Nil ein unentbehrliches Nachtrequisit.

Die ägyptische Landschaft

Gleichwohl ist Ägypten von allen Völkern mit Recht als ein Paradies angesehen worden. Sein Winter entspricht etwa unserem Sommer: überall wogende Getreidefelder und weidendes Vieh; im Sommer ist es ein Tropenland. Das ganze Jahr gibt es frische Blumen und Früchte, und fast jeden Tag kann man im Freien verbringen; des Nachts prangt der Himmel in kristallener Klarheit, und seine Sterne, in der Tat goldenen Lampen vergleichbar, funkeln in märchenhafter Leuchtkraft zum Greifen nahe. Weder die Farbenscheu der klassizistischen Baukunst und Plastik noch die Valeurmalerei des Impressionismus wäre in diesem Land möglich gewesen, wo die Sonne jedes Objekt aufs glänzendste koloriert, aufs schärfste umreißt und aufs deutlichste meißelt. Daß die ägyptische Kunst zu einer so hohen Blüte gedieh, wurde begünstigt durch die Fülle vortrefflicher Gesteine, die das Land barg: bei Assuan wurde neben dem Syenit der wunderschöne Rosengranit gebrochen, auch Diorit und Basalt, in Oberägypten Marmor, Porphyr und sehr harter Sandstein, im Delta Alabaster und Gips, und Kalkstein überall. Ägyptische Charakterbäume waren wohl zu allen Zeiten die im

Nilland besonders süß duftende Akazie, der Granatbaum mit seinen herrlichen Blüten und Äpfeln, die schattige feigenspendende Sykomore, die Dattelpalme, die nicht bloß Nahrung, sondern auch Blätterschindeln, Bastmatten, Stäbe, Körbe, Besen lieferte, und die Dumpalme, wegen des eigentümlichen Geschmacks ihrer Früchte auch Pfefferkuchenbaum genannt. Die Palme ist die typische Oasenpflanze, denn sie liebt den heißen Atem der Wüste, hat aber andrerseits sehr durstige Wurzeln. Auch Cucurbitaceen, wie Wassermelone, Flaschenkürbis, Gurke, hat es schon im alten Ägypten gegeben, und von Zwiebel, Rettich und Knoblauch behaupteten die Griechen sogar, daß sie dort göttlich verehrt würden. Hingegen fehlten die beiden delikatesten Gemüse, Spargel und Artischocke: der Ägypter scheint niemals etwas für sie übrig gehabt zu haben, denn auch in der Gegenwart werden sie, obschon von hervorragender Qualität, nur für Europäer gebaut; die Römer hingegen schätzten sie sehr und züchteten die Artischocke mit besonderem Mist, den Spargel zu besonderer Dicke. Die Weintraube, deren köstlichste Sorten aus dem Faijum kommen, wird heute nur noch gegessen, da das Land mit billigen ausländischen Weinen überschwemmt wird. Im Altertum gehörte zu jedem größeren Gut ein Weinberg; aber sollte die Umkehrung des Verhältnisses wirklich so vollkommen gewesen sein, daß Trauben überhaupt nicht verzehrt wurden? Diesen Schluß wollten einige Forscher aus der Tatsache ziehen, daß sie sich als Tafelobst nirgends dargestellt finden; das aber heißt die Gewissenhaftigkeit zu weit treiben: man kann doch nicht annehmen, daß die Ägypter den Genuß der rohen Traube ausschließlich den Affen überlassen haben, denn bei diesen ist er durch Bilder bezeugt.

Das heutige Landschaftsbild deckt sich nicht vollkommen mit dem antiken. Zunächst hat der erwähnte Wechsel im Anbau die Physiognomie verändert, ferner gibt es heute viel mehr Bäume, darunter die so charakteristischen Agrumen: Zitrone,

Orange, Mandarine; auch Pfirsich, Aprikose, Banane, alle von erlesener Güte, sind neu. Und vor allem: Der Papyrus ist fast ganz verschwunden, die Repräsentationspflanze des alten Ägypten, an symbolischer Bedeutung der deutschen Eiche vergleichbar. Er wuchs über das ganze Delta hin bis zu anderthalbfacher Manneshöhe in malerischen Sumpfdickichten, in denen Käfer und Schmetterlinge, große und kleine Wasservögel, Fische und Frösche ein buntes Leben entfalteten. Hier im Nachen spazierenzufahren, zu jagen und zu fischen war das größte Vergnügen des Ägypters. Der Papyrus diente schlechterdings zu allem: sein fleischiger Wurzelstock war eßbar, aus dem unteren Ende seiner Stengel preßte man aromatischen Zuckersaft, aus dem Mark verfertigte man Fackeldochte, aus der Rinde Segel und Sandalen, er lieferte dicke Taue und Körbe, ganze Kähne und Tragbahren, vor allem aber war er ein komplettes Schreibwarenmagazin: aus den spitzen Blütenhüllen wurden Griffel gemacht, aus der verkohlten Wurzel Tinte, aus den Schäften das berühmte Papier. Daneben verwendete man auch Pinsel aus zerfasertem Rohr, die in einem Wassergefäß angefeuchtet wurden, und schwarze Tusche aus Holzkohlenpulver, für Initialen und »Fettdruck« rote Tusche. Die Herstellung der Papierblätter war verhältnismäßig einfach. Man schnitt dünne Streifen, die man senkrecht nebeneinander legte, und bedeckte diese mit einer ebensolchen Lage waagrechter Streifen. Dann wurde das Ganze durch Klebstoff verbunden, gepreßt, getrocknet und poliert, und der Papyrus war fertig: ein Schreibmaterial von höchster Feinheit, Dichtigkeit und Weiße, ebenso schön fürs Auge wie angenehm im Gebrauch, dabei von fast unzerstörbarer Dauerhaftigkeit. Klebte man die Papierblätter aneinander, so entstanden Buchrollen, die bisweilen eine Länge von vielen Metern erreichten. Eine stehende Figur im alten Ägypten ist der Schreiber mit Tintenfaß und Rolle und der Reservefeder hinterm Ohr. Auch der echte Lotus, die ägyptische Seerose, ist heute im Nilland ausgestorben; er unterschied sich von den heute noch vorhandenen Arten: einer blauen, die sich bei Tag, und einer weißen, die sich des Nachts öffnet, dadurch, daß seine Blüten größer und rosenfarbig waren und nicht schwammen, sondern sich auf geraden holzigen Stengeln über den Wasserspiegel erhoben; sie strömten einen lieblichen Anisduft aus. Lotos und Papyrus lieferten den Modellschatz für die ägyptische Säule, die, ursprünglich dreikantig wie der Papyrusstengel, in ihrem Schaft bald den einfachen Halm, bald ganze Bündel, in ihrem Kapitell offene Einzelblüten, geschlossene und Dolden nachahmt; doch gab es auch Palmenkapitelle. Die Basis der Säule war blau oder braun, das Emporsteigen der Pflanze aus dem Wasser oder der Erde andeutend. Die ägyptische Säule will nicht, wie die meisten anderen Säulenformen, die Funktion des Tragens symbolisieren, wozu eine Blume auch ganz ungeeignet wäre; und ebensowenig ist dies bei den seltenen Pfeilerfiguren der Fall, die sich den griechischen Karyatiden vergleichen lassen: der Gott Bes zum Beispiel, der bisweilen hierzu verwendet wird, hat eine Federkrone auf dem Kopf, die ebenfalls als Stütze einer Last widersinnig wäre. Der Tempelsaal bedeutet für den Ägypter nicht einen geschlossenen Raum, sondern seine Decke ist der blaue Himmel, in den Vögel und Sterne gestickt sind.

Die ägyptische Wirtschaft

An Bauholz hat der Ägypter immer Mangel gelitten, da die Palmen dafür zu wertvoll, die Stämme der Akazie und Sykomore aber knorrig und krumm waren. Schon aus diesem Grunde konnte seine Wirtschaft nicht isoliert bleiben. Er bezog alle möglichen Sorten Hölzer, von den rohesten bis zu den kostbarsten, aus Asien; aus Nubien Ebenholz. Vom Libanon kam, zusammen mit dem hochgeschätzten Zedernöl, vortreffliches Nadelholz. Uralte Beziehungen bestanden zur Sinaihalbinsel, die, ein gleichschenkeliges Dreieck von der Größe Siziliens, den Riegel zwischen Asien und Afrika bildet. Ihre

Bergwerke lieferten Türkise, Kupfer und Kupferspat, den die Griechen Malachit, die Ägypter Grünstein nannten, während der »Blaustein«, unser Lapislazuli, aus den medischen Bergen kam. Seeverkehr bestand schon im Alten Reich, aber fast nur mit Phönizien, so daß man die Meerschiffe, die stärker und größer waren als die Nilsegler, nach dem phönizischen Hauptdelsort, »Byblosfahrer« nannte. Die Hauptartikel, die dort eingetauscht wurden, waren Weine und Buckelrinder. Auf dem Seeweg wurde auch Punt erreicht, das »Weihrauchland« am Südausgang des Roten Meeres, dem Golf von Aden. Seine Bewohner lebten in bienenkorbförmigen, auf Pfählen erbauten Rundhütten und exportierten nach Ägypten wohlriechende Hölzer und Harze, Windhunde, Affen, Pantherdecken, vor allem aber die Myrrhe, das Öl von der »Weihrauchsykomore«, denn das Räuchern spielte im ägyptischen Leben eine große Rolle: im Tempel, beim Totenkult, bei der Huldigung vor dem König, aber auch im Hause zur Ehrung des Gastes. Unternubien, das Land zwischen dem ersten und zweiten Katarakt, wo die Berge meist dicht an den Fluß herantreten, nannten die Ägypter Wewet; beim zweiten Katarakt beginnt der Sudan, auf deutsch »Land der Schwarzen«, das ägyptische Kusch. Die Nubier, die von den Griechen Äthiopier genannt wurden (während die moderne Ethnologie unter diesem Sammelbegriff die Nordafrikaner versteht) fungierten als Sklaven, Soldaten, Polizisten (sie dienen auch heute noch zahlreich im ägyptischen Heer) und lieferten neben dem bereits erwähnten Ebenholz und Elfenbein Löwen- und Tigerfelle, Straußenfedern, Akazienbretter, vor allem Gold. Selbst die Pygmäen Innerafrikas waren von alters her in Ägypten zu finden; sie bekleideten nicht selten den Posten des Hofzwergs.

Die ägyptische Rasse

In Oberägypten bestand denn auch zweifellos ein gewisser nubischer Einschlag, während von Norden her, aus Vorderasien und Südarabien, sich von jeher semitische Einflüsse geltend gemacht haben, die durch die arabische Eroberung im siebenten nachchristlichen Jahrhundert verstärkt worden sind; aber echte Araber sind auch heute noch nur die Beduinen und Bruchteile der Großstadtbevölkerung. Der Ägypter hat sich zum Asiaten immer in einem Gegensatz empfunden. »Der elende Asiat, übel ist der Ort, wo er weilt, mit schlechtem Wasser, unzugänglich vor vielen Bäumen, und die Wege sind schlecht wegen der Berge. Nie wohnt er an demselben Ort und seine Füße wandern. Seit den Tagen des Horus kämpft er und siegt nicht, aber er wird auch nicht besiegt«, heißt es in einer Weisheitslehre aus der zweiten Hälfte des dritten Jahrtausends. Man ersieht daraus auch, was der Ägypter für das größte Unglück ansah: wandern und in den Bergen leben.

Die Nordafrikaner oder Hamiten, zuerst von italienischen Forschern als »äthiopische Rasse« bezeichnet, sind ein Zweig der weißen Menschheit, zu dem außer den Ägyptern die Galla, die Somali und einige andere Wüstenbewohner östlich des Nils und die Berber im Westen gehören, die Nachkommen der alten Libyer. Diese haben eine Haut, die nicht brauner ist als die eines Südeuropäers, und nicht selten blonde Haare und blaue Augen. »Wenn man«, sagt Theobald Fischer, einer der besten Kenner der Mittelmeerwelt, »einen dieser Bauern wie einen deutschen Bauern kleidete, niemand würde zweifeln, einen solchen vor sich zu haben.« Adolf Erman, der hervorragendste ägyptische Philolog der letzten fünfzig Jahre, rechnet sämtliche semitischen und nordafrikanischen Sprachen zu demselben großen Sprachstamm. Der Sprachbau des Ägyptischen ist deutlich semitisch: die Wortwurzeln, die Zahlwörter, das Pronominalsystem, die Konjugation, aber auch die Syntax. Auch zahlreiche lexikalische Übereinstimmungen waren ursprünglich vorhanden, haben sich aber im Laufe der Jahrtausende zum großen Teil abgeschliffen. Nicht wenige Forscher neigen daher der Ansicht zu, daß Semiten und Hamiten in Urzeiten Angehörige einer gemeinsamen, der »protosemitischen« Rasse gewesen seien, von der sich die Ägypter durch Abwanderung nach Afrika differenziert hätten. Der Orientalist Fritz Hommel will überhaupt in der ganzen ägyptischen Kultur nur einen uralten Ableger der babylonischen erkennen: er leitet die Stufenpyramide von den Zikkurati, den siebenstufigen Tempeltürmen der Babylonier, ab; auch die Form der Vasen und Siegel, die Zeitrechnung, die älteste Bestattung in Feuernekropolen ist nach ihm babylonischen Ursprungs. Es ist dies der vielumstrittene Panbabylonismus. Aber alle diese Erwägungen über Sprache und Kultur, selbst wenn sie die festeste empirische Unterlage hätten, lassen das ebenso einfache wie einleuchtende Faktum außer acht, daß in Ägypten jene westliche Abspaltung der Ursemiten eben ägyptisch geworden ist. Dabei pflegt man im allgemeinen auch zu ignorieren, daß die Ägypter Söhne des heißen Afrika waren. Wir kennen sie allerdings nur unter dem Lack ihrer zum höchsten Stil kristallisierten Kunst und zur vollendetsten Etikette geronnenen Sitte. Wenn wir von den Spaniern der philippischen Zeit nichts wüßten, als was uns ihre Repräsentationsbildnisse, Komplimentierbücher und offiziösen Memoiren erzählen, würden wir von ihrer Glut und Härte auch nur wenig ahnen.

Der heutige Fellah, »Feldbesteller«, ist der unmittelbare Nachkomme der alten Ägypter. Seine Hautfarbe ist in Unterägypten hellbraun, wie bei uns nach fleißigen Sonnenbädern, und verdunkelt sich in Oberägypten bis zu tiefer Bronze. Auf seinen Friesen malte der Ägypter die Libyer weiß, die Asiaten gelb, die Nubier schokoladebraun, die Neger schwarz, sich selbst rotbraun, die Frauen hellgelb. Man erklärt dies damit, daß die Frauen sich mehr in den Häusern aufhielten, aber bei den Bäuerinnen trifft dies gar nicht zu, und auch die vornehmen Damen liebten leidenschaftlich das Leben im Freien, zudem würde sich darauf allein ein so krasser Unterschied im

Teint nicht zurückführen lassen; es hat sich also vielleicht um eine Galanterie gehandelt, die später zur Konvention geworden ist, oder, am wahrscheinlichsten, um eine bloße Farbensymbolik zur Unterscheidung der Geschlechter. Charakteristisch sind für den Fellah, ganz ebenso wie für den alten Ägypter, die breiten Schultern, der weite Brustumfang und der schwach entwickelte Bartwuchs. Die Frauen, mit großen, glänzenden, mandelförmigen Augen, schweren dunklen Wimpern, langen blauschwarzen, seltener kastanienbraunen Flechten, sind zartgliedrig, schmalhüftig, sehr anmutig. Die Ägypterin hat zu allen Zeiten dem modernen Schönheitsideal des flachbrüstigen Ephebenkörpers entsprochen; auf alten Porträts, die nicht durch eine bestimmte Kleidung gekennzeichnet sind, ist oft das Geschlecht nicht festzustellen. Überhaupt ist der Ägypter durch eine sehr geringe Neigung zur Fettleibigkeit ausgezeichnet: In den Darstellungen aller Perioden begegnet uns immer wieder derselbe schlanke, sehnige Typus. Aber sicher hat es auch immer Dicke gegeben: schon im Alten Reich wurden sie karikiert, der berühmte »Dorfschulze« ist ein Mann von sehr stattlichem Embonpoint, und das Kalksteinsitzbild des Prinzen Hemon, aus der Zeit der vierten Dynastie, zeigt hinreißend individualisiert einen Bonvivant von witzigem und verschmitztem, aber nicht sehr tiefsinnigem Gesichtsausdruck, der trotz jugendlichen Alters schon reichlich Amüsierfett angesetzt hat.

Noch näher als die Fellachen stehen den alten Ägyptern die Kopten (welcher Name vom arabischen Gypti, Ägypter, herkommt), da sie sich infolge ihrer Religion völlig rein erhalten haben. Sie sind die Nachfahren jener christlichen Ägypter, die sich im fünften Jahrhundert als »Eutychianer« oder »Monophysiten« von der Kirche abgespalten haben, als diese die Lehre des Eutyches, daß zwei Naturen in Christus nur vor dessen Menschwerdung zu unterscheiden seien, nachher aber alles Menschliche in seinem göttlichen Wesen aufgegangen sei, im

Konzil zu Chalcedon verwarf und den *Diphysitismus* festsetzte: zwei Naturen, unvermischt, aber auch unzertrennlich, sind in der einen Person Christi vereint. Die Kopten stehen unter dem Patriarchen von Alexandria, der aber heute in Kairo residiert und zugleich das Oberhaupt der abessinischen Kirche ist, und sind der intelligenteste und geschickteste Teil der Bevölkerung. Man muß aber im Auge behalten, daß sie, obgleich sie sich niemals mit der »mohammedanischen Rasse« gekreuzt haben, nur als eine Fortsetzung des altägyptischen Kleinbürgers gelten können; die »feine« ägyptische Rasse, ein Produkt äußerster Hochzüchtung der herrschenden Schichten, ist heute ebenso ausgestorben wie die Inkarasse. Man kann an den Bildsäulen der Könige, Prinzen und Würdenträger deutlich verfolgen, wie der Typus sich immer mehr raffiniert und bis zur Dekadenz adelt. Obgleich die Ägypter eine Aristokratie in unserem Sinne niemals gekannt haben, so gab es doch auch bei ihnen so etwas wie blaues Blut. Die Königin Nofretete verhielt sich zu einem gewöhnlichen Ägypter genauso wie die Kaiserin Elisabeth zu einem Münchener Spießer. Auf vielen Statuen findet sich das stereotype süßschmerzliche Lächeln, das als »archaisch« angesprochen wird, aber gerade bei den späteren Bildnissen häufiger auftritt: Es ist das Merkmal uralter hochkultivierter Rassen, kennzeichnet noch heute den vornehmen Chinesen und begleitete die französische Creme bis zur Guillotine.

Das China der Antike

Die Bevölkerungsziffer betrug nach zuverlässigen Schätzungen zur Pharaonenzeit sieben Millionen, ging im Mittelalter sehr zurück, hatte aber 1882, zur Zeit der englischen Besetzung, schon fast wieder die alte Höhe erreicht und ist heute auf das Doppelte gestiegen. Alexandria, zur Römerzeit eine Stadt von zwei Drittel Millionen Einwohnern, hat derzeit rund um hunderttausend weniger, war aber um 1800 ein Flecken mit kaum fünftausend Menschen. Nach Herodot gab es unter Amasis zwanzigtausend ägyptische Städte, nach Diodor beim

Regierungsantritt der Ptolemäer dreißigtausend; es werden aber wohl keine richtigen Städte gewesen sein. So lebte diese Bevölkerung in einer Dichte, die der unserer stärkstbesiedelten Industriebezirke entspricht, durch die Jahrtausende: melancholisch und heiter, intelligent und infantil, lärmend und lenksam, unermüdlich und genügsam: noch heute sind die Bedürfnisse des Fellachen äußerst gering, Maisbrot und Saubohnen, Gurken und Zwiebeln, Käse und Sauermilch seine Hauptnahrung, Kaffee und Wasserpfeife seine einzigen Genüsse. Die Sprache war immer nur ein Überwurf: unter dem Mantel des Griechischen, Arabischen, Türkischen, Französischen blieb der homo niliacus stets derselbe. Vielleicht war schon das Ägyptische eine Fremdsprache. Als der soeben erwähnte »Dorfschulze«, eine fünf Jahrtausende alte, etwa meterhohe Holzstatuette, ausgegraben wurde, riefen die Eingeborenen: »Das ist ja unser Schech el beled!«, und daher erhielt die Figur den Namen. Indes nicht nur die körperliche Erscheinung, sondern auch die Art zu gehen, zu stehen, zu sitzen, die Haltung bei den einzelnen Verrichtungen, beim Ackern, Backen, Drechseln, Tanzen, Wassertragen, und der Ausdruck der Gemütsbewegungen, der Freude, Zärtlichkeit, Trauer, Ehrerbietung ist noch heute der gleiche wie auf den Grabbildern des Alten Reichs. Und auch alle Fremdbürtigen bekamen über kurz oder lang den ägyptischen Habitus. Ein arabischer Autor des Mittelalters überliefert das ägyptische Sprichwort: »Wer das Wasser des Nils trinkt, vergißt sein Vaterland.« Selbst die importierten Rinderarten verschiedenster Rasse wurden immer wieder zum ägyptischen Rind, wie es die ältesten Darstellungen zeigen.

Dies ist das »Geheimnis Ägyptens«. Die anderen Geheimnisse des Nillands sind uns leider verschlossen. Die Legende, daß es kraft verborgener Mysterienweisheit den Schlüssel zu allen Welträtseln berge, ist, durch die Priester der Spätzeit gefördert, von den Griechen aufgebracht worden und in der Form, in der sie sie überliefert haben, für uns wertlos; von ihnen stammt auch der Irrglaube, daß sich dort seit Jahrtausenden nichts geändert habe, denn sie lernten diese Kultur in einem Stadium kennen, wo sie nur noch leere Hohlform und Maske war: »Und wenn du nachforschst«, sagt Plato in den »Gesetzen«, »wirst du finden, daß die Malerei und Skulptur, die sie vor zehntausend Jahren (und das nicht so gesagt, sondern wirklich vor zehntausend Jahren) geschaffen haben, ihrer heutigen weder überlegen ist noch nachsteht, sondern aus derselben Kunstübung hervorgegangen ist.« Überhaupt haben die Hellenen Ägypten mehr angestaunt als erforscht. Daß einer von ihnen Ägyptisch verstand, war eine seltene Ausnahme, und unter der Ptolemäerherrschaft, als das Land voll von Griechen war, wußten sie über seine Geschichte weniger als der alte Herodot. Die alexandrinischen Gelehrten, die fleißigsten und findigsten Philologen und Altertumsforscher der vorchristlichen Ära, haben keine Spur von einer Ägyptologie entwickelt. Sie, die in alles ihre Nase steckten, hatten dicht vor ihrer Nase eine viel größere Fülle von Denkmälern als die heutigen Forscher, denn die schwersten Zerstörungen hat nicht die Zeit, sondern der Fanatismus der Christen und Mohammedaner verursacht, aber sie haben diese Schätze vollkommen ignoriert. Hierauf ist es auch zurückzuführen, daß die Hieroglyphen, die damals noch jeder gebildete Ägypter lesen konnte, so lange »Hieroglyphen« geblieben sind. Die Hauptquelle für die Kenntnis Ägyptens blieben für die Griechen während der ganzen Alexandrinerzeit die »Aigyptiaka« des Hekataios von Abdera, ein romanhaftes Werk, verfaßt unter Ptolemaios dem Ersten, das die ägyptischen Götter in der Manier des Euhemeros teils als personifizierte Naturgewalten, teils als vergötterte Heroen deutete und den Nilstaat als eine Art Mustermonarchie darstellte, in der väterliche Herrscher unter weisen Gesetzen ihr Volk beglückten und zur Tugend führten: eine Stilisierung, wie sie ähnlich zur Zeit der französischen Aufklärung China widerfuhr. Auch Geschichten von Abenteurern, Räubern und verfolgten Liebenden spielten gern in Ägypten, ja die Phantasie der Romanschreiber machte sogar Homer zum Thebaner.

Der Ägyptizismus

Es war die Genialität Alexanders des Großen, die, indem sie den einzig richtigen Punkt dafür ausersah, durch die Gründung der Hafenstadt Alexandria Ägypten mit einem Schlage zur Seemacht erhob. Auf der kleinen vorgelagerten Insel Pharos erstand der 120 Meter hohe Leuchtturm, der von den Alten zu den sieben Weltwundern gezählt wurde und allen späteren Leuchttürmen den Namen gab; ein ebenso großes Wunderwerk war die Bibliothek, die fast eine Million Rollen umfaßte. Das Museion war die bedeutendste Gelehrtenrepublik des Altertums und ἐκ Μουσείου eine ähnliche Distinktion wie heute *de l'académie;* eine ebenso wirksame Empfehlung war es, wenn ein Mediziner seine Studien in Alexandria gemacht hatte, denn die dortigen Ärzte waren die gesuchtesten. Durch die römische Eroberung wurde die Bedeutung Alexandrias eher noch gesteigert; neben den Erzeugnissen, die Ägypten in alle Welt exportierte: dem Papier, der exquisiten Leinwand und den feinen Glaswaren (die Glasmacherpfeife ist eine ägyptische Erfindung), lagerten dort die Produkte des Nahen und Fernen Ostens, sogar Byssus aus Indien und Seide aus China. Die Fahrt von Puteoli, dem Hafen Roms, nach Alexandria dauerte zwei Wochen, Ägypten war also für Italien, wie gesagt, »transatlantisch«. Ägyptische Spezialitäten, echte und imitierte, überschwemmten den Westen: Teppiche, Mosaiken, Sphinxe, Obelisken, »Perlen der Kleopatra«, begleitet von Tänzern und Musikern, Schlangenbeschwörern und Wunderdoktoren, Astrologen und Nekromanten. Man ahmte die Einrichtung der ägyptischen Häuser nach, legte ägyptische Gärten an und schmückte die Wände mit Gemälden, die die ganze ägyptische Landschaft mit Lotos und Lilie, Nilpferd und Krokodil, Ichneumon und Ibis nachbildeten, nach der Art der heute gebräuchlichen zusammenfassenden Reproduktionen der vorsintflutlichen Tierwelt, die Abel treffend »Menageriebilder« genannt hat. Kurz, Ägypten war in den ersten Jahrhunderten der römischen Kaiserzeit die große Mode. Wir werden hier wiederum an die Rolle erinnert, die die »Chinoiserien« im achtzehnten Jahrhundert gespielt haben. Von besonderer Bedeutung war in diesem Zusammenhang das Vordringen des Isiskults. Isis, mit Venus identifiziert, und Osiris, zum Serapis umgewandelt, eroberten, von allen kaiserlichen Dynastien gefördert, das ganze Römische Reich: bis nach Britannien und Pannonien verbreitete sich ihre Anbetung; »die ganze Erde«, sagt Tertullian, »schwört jetzt auf Serapis«. Isis war die Schutzheilige der leichtfertigen Frauen, ihre Tempel standen im Rufe, der Schauplatz galanter Abenteuer zu sein, und Lucian bezeichnet die Göttin geradezu als Kupplerin. Derselbe Lucian läßt in seiner Satire *Der Rat der Götter* den Momus zu Anubis sagen: »Du hundsköpfiger, in Leinen gehüllter Ägypter, wer bist du denn? Wie kannst du bellender Hund ein Gott sein wollen? Was für lächerliches Zeug ist aus Ägypten in den Himmel eingeschmuggelt worden! Wie könnt ihr Götter das nur mitansehen?« Zeus gibt zu, daß die ägyptische Religion abscheulich sei, »aber«, setzt er vorsichtig hinzu, »vieles an ihr ist ein Rätsel, und wer nicht in sie eingeweiht ist, soll nicht über sie lachen.« Sie wich nur sehr langsam dem Christentum: noch am Ende des vierten Jahrhunderts konnte man in Rom pomphafte isische Prozessionen erblicken, und der Isistempel auf der Nilinsel bei Assuan, die ein weltberühmter Wallfahrtsort war, wurde erst um die Mitte des sechsten Jahrhunderts in eine christliche Kirche verwandelt. Aber auch nach ihrem Sturz lebten die ägyptischen Götter noch als Gespenster und Zauberwesen weiter.

Antinous

Einer der wärmsten Gönner des Ägyptertums war der Kaiser Hadrian, der, während seiner Regierung fast immer unterwegs, im Jahr 130 auch das Nilland bereiste. Er gelangte wahrscheinlich bis Theben, jedenfalls bis Koptos unterhalb Theben, das der Stapelplatz für den Handel mit Arabien und Indien war. Auch damals noch müssen sich die ägyptischen Kulturreste in einem wesentlich frischeren und kompletteren Zustand befunden haben als heutzutage. So waren zum Beispiel die Pyramiden, von denen heute bloß der in Stufen ansteigende Kern steht, noch mit je vier riesigen leuchtend polierten Platten bekleidet, die über und über mit Hieroglyphen bedeckt waren; ein arabischer Schriftsteller des dreizehnten Jahrhunderts, der sie noch gesehen hat, sagt, die Texte der beiden großen Pyramiden würden abgeschrieben mehr als zehntausend Seiten füllen. Ja der Verfasser einer Abhandlung über die sieben Weltwunder, namens Philo, berichtete sogar, dieser Mantel habe aus allerlei Steinarten bestanden, die verschiedenfarbige Streifen bildeten: weiße, hellrote, dunkelrote, schwarze, grüne. Ferner liegt, da sämtliche Pyramiden an ihrem oberen Ende abgestumpft sind, die Vermutung nahe, daß sie ursprünglich von einer vergoldeten Spitze gekrönt waren, die funkelnd in den azurnen Himmel ragte: von den Obelisken ist dies ja längst bekannt. Dies (und die Farbenfreudigkeit der Ägypter läßt es nicht unwahrscheinlich erscheinen) würde unsere Vorstellung von den Pyramiden vollständig umwerfen: heute stehen sie da als aschgraue verwitterte Mumien, und einstmals waren sie ein jubelnder, schillernder Gruß an die goldene Sonne! Zur Zeit Hadrians sang auch noch allmorgendlich beim ersten Strahl der Sonne die Memnonsäule, der umgestürzte Koloß Amenemhets des Dritten; aber zwei Menschenalter später ließ sie der Kaiser Septimius Severus restaurieren, und seit diesem Eingriff der vorwitzigen Menschenhand ist die Säule verstummt. In Ägypten widerfuhr Hadrian der größte Schmerz seines Lebens: sein Liebling Antinous ertrank im Nil; nach einer anderen Version soll er sich zum Wohl des geliebten Kaisers den Götter geopfert haben. Dieser trauerte um den schönen Jüngling mehr als Achill um Patroklos und umgab sein Andenken mit noch reicheren Ehren als Alexander den frühen Tod des Hephästion: er gründete in Oberägypten die Stadt Antinoupolis, weihte ihm eine Fülle von Gemmen und Münzen, Statuen und Tempeln und erhob ihn zum Gott; und noch heute kündet ein Sternbild in der Milchstraße seinen Namen.

Antonius

Aber auch die Geschichte des Christentums ist durch starke Fäden mit Ägypten verknüpft. Origenes, einer der geistesgewaltigsten Systematiker des neuen Glaubens, der eigentliche Begründer der christlichen Dogmatik, war in Alexandria geboren; von da stammten auch Athanasius und Arius, die den großen Lehrstreit ausfochten, ob der Sohn dem Vater wesensgleich *(homoousios)* oder wesensähnlich *(homoiousios)* sei: um dieses Iota wurde jahrzehntelang so heftig gekämpft, daß nicht selten Arianer und Athanasianer einander in Alexandria Straßenschlachten lieferten; auf dem Konzil von Nicäa siegte die Lehre des Athanasius, daß der Sohn mit dem Vater eine strenge Einheit bilde. Auch das Mönchstum ist eine ägyptische Schöpfung. Sein Begründer ist der Heilige Antonius, der in der zweiten Hälfte des dritten Jahrhunderts in den Ruinen von Theben ein weltabgewandtes Leben führte und zahlreiche andere Eremiten an sich zog, die sich dann zu Siedlungen zusammenschlossen: so wurde er, wie Karl von Hase schön sagt, »kinderlos der Vater eines unermeßlichen Geschlechts«. Übrigens bargen auch schon die ägyptischen Serapisheiligtümer Zellen, in denen Mönche und Nonnen der Bekämpfung des Fleisches lebten, und die Tonsur geht auf die Sitte der Isispriester zurück, das Haupt zu rasieren. Den Gipfel der Askese erklommen die »Säulenheiligen«, die, unbeweglich auf den hohen Tempeltrümmern sitzend, für sich und die Menschen Buße taten.

Die ägyptische Finsternis

Nach einer byzantinischen Periode von einem Vierteljahrtausend geriet Ägypten unter die Herrschaft des Islams. *Islam* ist ein Infinitiv und bedeutet »sich ergeben« (in den Willen Allahs); *moslim* ist das Partizip dazu: der sich Ergebende; *hidschra,* die Übersiedlung Mohammeds von Mekka nach Jathrib, das von da an Medina, »die Stadt«, heißt, bedeutet nicht »Flucht«, sondern »Lossagung«. Acht Jahre danach, 630, zog Mohammed in Mekka als Sieger ein, zwei Jahre später starb er. Im *dschihad,* dem Heiligen Krieg, der nun aufflammte, eroberten die Moslim in weniger als einem Jahrhundert Syrien, Persien, Nordafrika, Südspanien; Ägypten schon im Jahre 640. Dort gründeten sie die Hauptstadt el Kahira, »die Siegreiche«. Fünf Jahrhunderte lang entfaltete die islamische Kultur unter den Abbasiden, die als Kalifen oder »Stellvertreter« (des Boten Allahs) in Bagdad, »Geschenk Gottes«, residierten, einen zauberhaften Glanz: in den Wundern ihrer Moscheen und Paläste, Brunnen und Bäder, der Formenpracht ihrer Arabesken und Stalaktiten, Märchen und Liebespoesien und der Tiefe ihrer Blicke in die Natur; noch heute verkünden Wörter wie Algebra und Algorithmus, Zenith und Azimut, Alkali und Alkohol, was wir den Arabern verdanken. Ägypten aber hat in mohammedanischer Zeit der Kulturwelt nur ein einziges Geschenk gemacht, die Geschichten »aus tausendundeiner Nacht«, die, aus Indien stammend, dann von persischen und arabischen Händen überarbeitet, in ihren jüngsten Teilen ägyptisch sind: ein kostbares Gemälde der Mameluckenzeit, dessen blutige und bizarre Farben noch heute brennen.

In all diesen Jahrhunderten war Ägypten verschollen. Seine Pyramiden und Pharaonen waren zur Sage geworden. Ägyptische Finsternis lagerte über dem Nilland. Man wußte von ihm, was im Buch Mose stand, und daneben noch etwas gruseligen Hokuspokus, dessen sich noch zur Zeit der Aufklärung Geheimgesellschaften wie die Rosenkreuzer und Scharlatane wie

Cagliostro bedienten: auch in Schillers prachtvollem »Geisterseher« ist der Fadenzieher des Gaukelspiels ein Ägypter. Winckelmann brachte der ägyptischen Kunst nur ein sehr geringes Verständnis entgegen, was Herders feinem Gefühl für Volksindividualitäten nicht entging: er macht »dem besten Geschichtsschreiber der Kunst des Altertums« den Vorwurf, daß er über die Kunstwerke der Ägypter »offenbar nur nach griechischem Maßstabe« geurteilt, sie also verneinend geschildert habe: »und da es den Ägyptern meistens so geht, daß man zu ihnen aus Griechenland und also bloß mit griechischem Auge kommt – wie kann's ihnen schlechter gehen?« Dies änderte sich erst durch die ägyptische Expedition Napoleons. Sie verwirklichte eine Idee, die schon Leibniz Ludwig dem Vierzehnten unterbreitet hatte; in seiner Denkschrift vom Jahre 1672, die aber wahrscheinlich nie an den König gelangte, waren sehr lichtvoll und überzeugend die Vorteile des Unternehmens erörtert: dieses Mittel ergreifen, heiße die Taten Alexanders nachahmen; Ägypten sei der Isthmus der Welt, das Band zwischen Orient und Okzident, das allgemeine Emporium, der Weg nach Ostindien und damit die einzige Stelle, von der aus die Macht Hollands entscheidend getroffen werden könne. Einen ähnlichen Schlag beabsichtigte Napoleon fünf Vierteljahrhunderte später gegen England. Sein ägyptischer Feldzug war bekanntlich ein Mißerfolg, aber gleichwohl eine der glänzendsten Taten seines Lebens, denn er bedeutete die Eroberung Ägyptens für die europäische Wissenschaft. Ein ganzer Stab von hervorragenden Gelehrten hatte Napoleon begleitet, darunter Monge, der Erfinder der »darstellenden Geometrie«, Berthollet, der Entdecker der chemischen Wahlverwandtschaft, Denon, der Porträtist Voltaires, einer der ersten Kunstkenner seiner Zeit. Im August 1798 wurde das Institut d'Égypte gegründet, genau ein Jahr später wurde der Stein von Rosette entdeckt, von dem wir noch hören werden.

In den Kämpfen gegen Bonaparte tat sich ein albanischer Offizier namens Mehmed Ali besonders hervor, der aber sein Talent und seine Energie sehr bald gegen den Sultan selbst wandte. Er machte sich als Statthalter Ägyptens vollkommen unabhängig, eroberte den Sudan, der seit den Pharaonen nicht mehr ägyptisch gewesen war, und entriß der Türkei Kreta und Syrien. Er mußte zwar unter dem Druck der Großmächte diese beiden Gebiete wieder herausgeben, erlangte aber die Ernennung zum offiziellen, der Türkei bloß tributpflichtigen Erbherrscher und wurde so der Begründer der noch heute regierenden Dynastie. Seine bemerkenswertesten Nachfolger waren Said, der Begründer des herrlichen Museums zu Kairo und der wichtigen Hafenstadt Port Said, und Ismail, der den Suezkanal eröffnete und den Titel eines Chediws oder Vizekönigs erlangte, aber durch ausschweifenden Luxus die Finanzen des Landes vollständig ruinierte. Dies führte unter seinem Sohn zu einer Militärrevolte, die, in ein Europäergemetzel ausartend, 1882 England den Vorwand zur Okkupation gab. Kurz darauf ging durch den Mahdistenaufstand der Sudan verloren, der erst 1898 durch Kitchener wiedererobert wurde. Seit März 1922 ist Ägypten ein unabhängiges Königreich mit konstitutioneller Verfassung, allein England ist durch die Kriegsschiffe im Hafen von Malta und die beiden Riesenstauwerke, das seit 1925 fertiggestellte am Blauen Nil und das im Bau begriffene am Weißen Nil, von denen die ganze Wasserversorgung Ägyptens abhängt, nach wie vor Herr des Landes. Die bewegten politischen Schicksale Ägyptens haben aber die Erforschung seiner Geschichte und Sprache, Kunst und Kultur niemals ernstlich beeinträchtigt, die während des ganzen neunzehnten Jahrhunderts eine ständig steigende Entwicklung nahm. Um die Mitte des Jahrhunderts waren ihre bedeutendsten Vertreter der Deutsche Richard Lepsius und der Franzose Auguste Mariette, später standen die Deutsche Orientgesellschaft und die englische

Egypt exploration society in schönem Wettstreit, in ihren aufregenden Entdeckungsreisen in die Vergangenheit von der Teilnahme der ganzen Welt begleitet: Namen wie Nofretete und Tutenchamon sind heute so populär wie einst Semiramis und Sardanapal.

Herodot

Der erste Ägyptologe war eigentlich Herodot. Von seinen neun den Musen gewidmeten Geschichtsbüchern handelt das zweite (Euterpe) gänzlich, das dritte (Thalia) in seinen Anfangskapiteln von Ägypten. Während seines Aufenthalts, der in die Mitte des fünften Jahrhunderts fällt und nicht viel länger als ein Vierteljahr dauerte, besuchte er das Deltaland, verweilte längere Zeit in Memphis, besichtigte das Faijum und gelangte bis Elephantine. Auf seiner Reise begleitete ihn die »Erdbeschreibung« des Hekataios von Milet (nicht zu verwechseln mit dem vorhin erwähnten Hekataios von Abdera), des ersten Griechen, der über Ägypten geschrieben hat, Herodot hat ihn ziemlich stark, aber nicht ohne Kritik benützt. In der Gegend des griechischen Hafens Naukratis, des Vorläufers Alexandrias, haben sich sogar Bruchstücke einer Vase gefunden, die den Namen Ἡρόδοτος trägt, denn die Touristen huldigten damals genauso wie heute der Sitte, an berühmten Stätten ihre Visitenkarte zu hinterlassen. Man hat Herodot lange Zeit ohne Grund nicht recht ernstgenommen. Lucian nannte ihn einen Lügner. Er verstand allerdings, ebenso wie Hekataios, nicht Ägyptisch und war daher auf die Angaben angewiesen, die ihm die eingeborenen Dolmetscher und seine Landsleute, meist Gastwirte und Händler, zutrugen: dabei wird es wohl ohne Flunkereien und Renommagen nicht abgegangen sein. Die »Priester«, auf die er sich gern beruft, waren nicht viel mehr als Tempeldiener, die die Fremden unter mehr oder minder albernen Erklärungen herumführten. Auch ist bei Herodot von einem Interesse, geschweige denn Verständnis für die Kunstdenkmäler nichts zu bemerken; er hat nur Sinn für das novellistische Element: die Entstehungsgeschichte der großen Bauten, die Fabeln, die sich um sie ansetzten, und dergleichen. Die Sphinx erwähnt er überhaupt nicht; es ist allerdings möglich, daß sie damals unter Sand begraben lag. Aber trotz alledem ist, wie die neuere Forschung festgestellt hat, seine Darstellung für die beiden Jahrhunderte, die ihm voraufgingen (die Saiten- und Perserzeit), in allen wesentlichen Punkten vollkommen zuverlässig; aber auch für die frühere Geschichte ist sie durchaus nicht ohne Wert: sie schildert den Bodensatz, den diese in der Volksseele zurückgelassen hat, und besitzt daher, wenn auch nicht immer die äußere, so doch eine innere Wahrheit, etwa von der Art, wie wenn man die Geschichte Barbarossas und selbst Napoleons aus der Legende konstruieren wollte: bei aller Verzerrung und Verkürzung würde das wirklich Bedeutsame der Vorgänge gleichwohl Gestalt annehmen.

Die einheimischen ägyptischen Quellen sind nicht sehr ergiebig. Sie erzählen alle von denselben Dingen: Siegen, Tributen, Opfern, Bauten; und mit fast denselben unpersönlichen und hochtrabenden Phrasen. Von Niederlagen, Thronwirren, Gebietsverlusten ist fast niemals die Rede; eine Kritik an einer königlichen Handlung findet sich nur ein einziges Mal. Das Motiv für diese höchst parteiische Berichterstattung ist wahrscheinlich nicht bloß in Großsprecherei und Liebedienerei zu suchen, sondern wohl ebensosehr in einer gewissen Scheu, unglückliche Ereignisse und überhaupt irgendwelche unangenehmen Dinge beim Namen zu nennen: man fürchtete, dadurch ihre Wiederholung herbeizuziehen. Der Glaube an die Magie des Worts war im ganzen Altertum viel stärker als in der heutigen Welt, die ihn nur in der Warnung, den Teufel nicht an die Wand zu malen, aufbewahrt hat. Der Ägypter gebrauchte zum Beispiel nur ungern das Wort »Krokodil«, sondern sagte lieber »Kraut des Sees« (weil es darunter versteckt lauerte), wie ja auch die Römer die Schlange umschreibend *serpens*, die Kriechende, nannten; zudem entstellte er häufig die Schreibung von gefährlichen Dingen: wilden Tieren, Krankheiten und ähnlichem, oder ließ die Wörter auch ganz aus. Böse Geschehnisse aber gar im »ewigen Stein«, dem Material der Chroniken, aufzuzeichnen, wäre besonders bedenklich gewesen.

Die Dynastien

Um 300 vor Christus schrieb ein ägyptischer Priester namens Manetho in griechischer Sprache eine Geschichte seines Landes. Das Werk, dessen Wert gering war, ist in der hellenistischen Literatur nicht beachtet worden und uns nur durch einen Abriß des Eusebius und einen Auszug bei Josephus bekannt. Die Königslisten, die Manetho gibt, sind durch neuere Funde im großen und ganzen bestätigt worden: alle Könige, die Manetho aufzählt, sind historisch, aber nicht alle historischen sind aufgezählt; auch ist von ihren Regierungen bloß die Tatsache unanzweifelbar, nicht aber die Reihenfolge und Dauer. Manetho zählt dreißig Dynastien und läßt sie mit der Einigung des Reichs durch König Menes beginnen: man pflegt daher die Zeit, die davor liegt, als die »vordynastische« zu bezeichnen; nicht ganz zutreffend, denn auch schon vor Menes gab es Dynastien. Die mehr als dreihundert Herrscher, die Manetho anführt, haben nicht einfach hintereinander regiert; es finden sich unter ihnen auch Mitregenten, Prätendenten und Teilfürsten. Die manethonischen Jahreszahlen haben sich fast durchwegs als viel zu hoch gegriffen herausgestellt, aber auch die derzeit geltenden sind bis zum Beginn des zweiten vorchristlichen Jahrtausends strittig; von da an können sie an astronomischen Daten in Papyrusurkunden ziemlich zuverlässig nachgeprüft werden; genau lassen sie sich erst von 663 an feststellen, dem Beginn der Saïtenzeit. Ludwig Borchardt und Friedrich Wilhelm von Bissing, zwei ungemein verdiente Forscher, setzen das Ende der vordynastischen Zeit um etwa ein Jahrtausend früher an als die meisten übrigen Ägyptologen; der letztere berechnet aber auch noch die Hyksoszeit, die bereits in die Mitte des zweiten Jahrtausends fällt und ziemlich allgemein für etwa hundertjährig gilt, mit 430 Jahren.

Mit der ersten manethonischen Dynastie beginnt das Alte Reich: seine beiden Hauptperioden sind die Frühzeit oder Thinitenzeit, in der ein Herrschergeschlecht aus This oder Thinis regierte, und die Ära der Pyramidenerbauer von Memphis. Die letzten anderthalb Jahrhunderte des Alten Reichs, die Zeiten der sechsten Dynastie, waren eine Epoche des Feudalismus. Dann folgt die sogenannte Zwischenzeit, eine Periode der Wirren unter den letzten Memphiten und einem neuen Geschlecht, das aus Herakleopolis stammte. Mit der elften Dynastie setzt das Mittlere Reich ein, das durch neuerliche Wirren und den Einfall der Hyksos sein Ende findet; mit deren Vertreibung und der achtzehnten Dynastie beginnt das Neue Reich. Dieses zerfällt in die Unterabschnitte der Großmachtzeit, der Tanitenzeit und der Libyerherrschaft. In der »Spätzeit« gelangt Ägypten zunächst unter äthiopische und saïtische Fürsten, dann unter die Botmäßigkeit der Perser, der Griechen, der Römer. Manethos Dynastien enden bei den Ptolemäern, unter deren erster sein Buch verfaßt ist; dies wäre die einunddreißigste Dynastie.

Die nachfolgende Tabelle gibt die Zahlen von Eduard Meyer, James Henry Breasted und Georg Steindorff, drei Kapazitäten, die heute ziemlich allgemein das meiste Ansehen genießen. Bei seinen Ansätzen für die Zahlen der ersten Dynastien erklärt Eduard Meyer, einen Spielraum von 200 Jahren zuzulassen; dies würde gerade der Differenz zwischen Breasted und Steindorff entsprechen. Übrigens wird man bemerken, daß auch diese beiden nur in den Anfangs- und Endzahlen der einzelnen Perioden auseinandergehen, hingegen für deren Dauer fast überall zu übereinstimmenden Resultaten gelangen.

		Meyer	Breasted		Steindorff
Urzeit: ältestes sicheres Datum		4241	4241		4241
Altes Reich	1. 2. Dyn. (Thiniten)	3315	3400	200	3200
		420	420		420
	3. 4. 5. Dyn. (Pyramiden)	2895	2980	200	2780
		355	355		360
	6. Dyn. (Feudalzeit)	2540	2625	205	2420
		150	150		150
Zwischenzeit	7. 8. Dyn. (Wirren)	2390	2475	205	2270
		30	30		30
	9. 10. Dyn. (Herakleopoliten)	2360	2445		2240
		300	285		140
Mittleres Reich	11. 12. Dyn.	2060	2160		2100
	13. Dyn. (Wirren)	1788	1788		1788
Hyksos	14. 15. 16. 17. Dyn.	1680	1675		1700
Neues Reich	18. 19. 20. Dyn. (Großmacht)	1580	1580		1580
	21. Dyn. (Taniten)	1085	1090		1090
	22. 23. 24. Dyn. (Libyer)	950	945		945
Spätzeit	25. Dyn. (Äthiopier)	717	712		712
	26. Dyn. (Saïten)	663	663		663
	27. 28. 29. 30. Dyn. (Perser)	525	525		525
	Alexander d. Gr.	332	332		332

Es ist vielleicht am einfachsten, wenn man folgende runden Zahlen als Mittelgrößen annimmt: Altes Reich 3400 bis 2400; Zwischenzeit 2400 bis 2100; Mittleres Reich 2100 bis 1700; Hyksos 1700 bis 1600; Neues Reich 1600 bis 700; Spätzeit 700 bis 332. Nach Borchardt begann das Alte Reich 4186, also ein Jahrtausend, die Zwischenzeit 2740, also ein rundes Halbjahrtausend früher als nach Steindorff. Den Beginn des Mittleren Reiches setzt Borchardt ungefähr in dieselbe Zeit wie Steindorff, Bissing jedoch in die Zeit um 2900. Eine Gedächtnisstütze bietet sich dadurch, daß nach unserem runden Ansatz Altes Reich + Zwischenzeit etwa 1300 Jahre gedauert haben, Mittleres Reich + Hyksos 500 Jahre, Neues Reich + Spätzeit wiederum 1300 Jahre. Um sich von diesen riesenhaften Zeiträumen eine Vorstellung zu machen, übertrage man sie auf die europäische Geschichte. Dann würde das Alte Reich mit Zwischenzeit ungefähr dem Zeitraum vom Trojanischen Krieg bis Julius Cäsar entsprechen, das Mittlere Reich der römischen Kaiserzeit, das Neue Reich dem Mittelalter und die Spätzeit der Neuzeit, und wir befänden uns jetzt in der Ptolemäerzeit. Das wäre, zum Beispiel auf Italien angewandt, die Zeit von Äneas bis Mussolini.

Die Neuzeit der Europologen

Im übrigen spiegeln sich uns die Vorgänge, die diese Jahrtausende erfüllen, nur in sehr groben und schiefen Umrissen. Sollten künftige »Europologen« oder »Okzidentalisten« von unserer Neuzeit ein ähnlich klares Bild besitzen, so würde der Bericht vielleicht folgendermaßen lauten: »Die erste Hälfte dieses Zeitraums ist von wilden Bürgerkriegen erfüllt. Einer von ihnen hat nach übereinstimmenden Angaben dreißig Jahre gedauert, doch erweckt die runde Zahl, die genau einem Menschenalter entspricht, Verdacht; sie will wohl nur so viel besagen wie: ›eine Generation lang‹. Die Dynastie der mittleren Zeit herrscht noch, verliert aber zusehends an Macht. Die Landräte von Prussien machten sich selbständig. Ihr stehender Beiname ›der Friedreiche‹ scheint die Bezeichnung einer Erbwürde gewesen zu sein; vielleicht waren sie ursprünglich Friedensrichter. Die spätere Zeit ist ruhiger. Es bildete sich ein großes Westreich, dessen Gouverneure alle Ludwig, und ein Ostreich, dessen Könige alle Franz oder Josef hießen. Etwa zwei Jahrzehnte lang herrschte eine korsikanische Dynastie über fast ganz Europa. Ferner hören wir von einer Dynastie der Jakobiner (Jakobsöhne), die aber nur kurze Zeit und möglicherweise als Gauherrscher nebeneinander regiert haben. Auf den beiden Inseln im Nordwesten blühte ein gewerbefleißiges Volk, das aber mehr seefahrend als kriegerisch war. Daß Handelsbeziehungen mit dem Kontinent bestanden, beweisen zahlreiche Funde von Waren mit einem Aufdruck, der besagt, daß sie ›in Germanien gemacht‹ seien. Zu Beginn des zwanzigsten

Jahrhunderts ging das Neue Reich in einem neuerlichen Bürgerkrieg unter. Die Dynastien wurden vertrieben, das Ostreich zerfiel in seine alten Gaue. Diese Verwirrung benützte ein wilder, bisher noch nicht rassemäßig festgestellter, vermutlich innerasiatischer Stamm, um, aus seinen alten Sitzen hervorbrechend, unter seinem Häuptling Bolschew fast ganz Russien zu überfluten und dort, ähnlich wie schon Jahrhunderte früher die Mongolen, eine blutige Gewaltherrschaft zu errichten, die eine dauernde Bedrohung für das übrige Europa bildete; auch verfolgten die Bolschewsöhne, da sie Heiden waren (sie beteten zu einem Sternsymbol), das Christentum. Die Kultur dieser vier Jahrhunderte scheint auf einer sehr niedrigen Stufe gestanden zu haben. Die Zeichenkunst war noch so primitiv, daß sie nur einen einzigen Moment festzuhalten wußte. Von Architekturwerken kennen wir, da die Steinbauten alle zerfallen sind, nur einen dreihundert Meter hohen Eisenturm, der auf dem Boden der einstigen Hauptstadt des Westreiches ausgegraben wurde (vermutlich aus der Korsikanerzeit) und von so abstoßender Häßlichkeit ist, daß es sich möglicherweise um gar kein Kunsterzeugnis handelt. Die Naturbegriffe waren ebenso roh: man dachte sich alle Dinge aus gleichartigen kleinsten Teilen zusammengesetzt. Verkehr mit Geistern scheint überhaupt nicht stattgefunden oder in den kindischsten Anfängen gestanden zu haben.«

Die vordynastische Zeit

Flinders Petrie, der sowohl der Zeit als dem Range nach als der erste Kenner der ägyptischen Vorgeschichte gelten darf, läßt die »vordynastische« Zeit um 8000 vor Christus beginnen; es hat danach also schon vor zehntausend Jahren eine ägyptische Kultur gegeben. Die ältesten Funde gehen bis hinter das Jahr 5000 zurück. Der untersten Schicht entspricht die Badarikultur, so genannt nach ihrem Hauptfundort in Oberägypten, die der Jungsteinzeit angehörte und sich mit der Kultur der Nubier berührte. Es gibt daher auch eine Theorie, die annimmt, daß die Ägypter mit diesen ursprünglich eine gemeinsame, die protoägyptische oder urägyptische Rasse gebildet haben. Die Bestattungsform war das Schachtgrab, in der frühesten Zeit war aber höchstwahrscheinlich die Verbrennung der Leichen mitsamt ihren Beigaben das Übliche gewesen. Die mittlere Schicht bildet die sogenannte »erste Kultur« aus Nagada in der Nähe von Theben. In dieser waren Jagd und Fischfang vorherrschend. Es war bereits eine Steinkupferzeit, denn die Hockerleichen, die der Salzgehalt des Wüstenbodens bis heute konserviert hat, waren in Ziegenfelle gehüllt, die mit Kupfernadeln zusammengehalten waren. In den Gräbern fanden sich meist mehrere Leichen, auch Hunde und einmal sogar drei Esel. Die alten Ägypter haben den Hund, der schon damals *»auau«* hieß, sehr geliebt, und besonders das Windspiel war auf der Jagd und im Garten ihr ständiger Begleiter; heute hat sich das vollkommen geändert: dem mohammedanischen Fellachen gilt der Hund als unrein, nur schakalähnliche, herrenlose Tiere treiben sich noch im Lande herum, und »Hundesohn« ist eines der gebräuchlichsten Schimpfwörter, mit dem ein zorniger Vater auch bisweilen unüberlegt sein eigenes Kind apostrophiert. Aus der Nagadazeit stammt auch die Statuette einer Frau aus gebranntem Nilschlamm mit dicken Schenkeln, starkem Gesäß und Hängebrüsten: das Schönheitsideal war also damals noch ein anderes. Außerdem ist sie tätowiert und geschminkt: die letztere Sitte hat bei den Ägyptern zu allen Zeiten geherrscht und sich bei den Frauen bis zum heutigen Tage erhalten; sie haben sich immer die Augen leuchtend mit Farbe unterlegt wie in der Großen Oper: spätere Gräber haben auch Paletten aus Schiefer mit Schminke aus Malachit zutage gefördert.

Den Übergang zur historischen Zeit bildet die »zweite Kultur«, in der bereits Ackerbau und Viehzucht im Vordergrund stehen. Sie unterscheidet sich auch dadurch von der ersten Kultur, daß sie vom Nordosten Ägyptens ausging, während diese ihr Zentrum im Süden hatte. Ob sich die zweite Kultur erobernd oder kolonisierend über die erste schob, ist nicht mehr festzustellen. Gewisse Hieroglyphen tragen deutlich den Stempel der zweiten Kultur (zum Beispiel hat die Keule die Birnenform, der Pfeil die querschneidige Spitze, beides Waffenarten, die nur dieser Kultur eigentümlich sind), und man glaubt daraus schließen zu dürfen, daß erst sie die Schrift brachte. Doch kann das auch ebensogut in einer politischen und kulturellen Vorherrschaft seinen Grund haben, die diese Zeichen gegen frühere durchsetzte.

Horus

Die Königswürde ist in Ägypten uralt. Der Ornat der Pharaonen weist in die graueste Vorzeit zurück, denn einer seiner Bestandteile ist ein Gürtel, der vorn mit einem Stück Fell, hinten mit einem Löwenschwanz geschmückt ist, ein Herrscherabzeichen, das an sehr primitive Zustände erinnert. Die ältesten Kultstätten befanden sich in On, dem Heliopolis der Griechen, das etwas nördlich von Kairo, direkt am Eingang ins Delta gelegen ist, in Busiris, das im Delta selbst liegt, und in Ombos im südlichen Oberägypten. In On residierte der Sonnengott Horus, der Gott von Unterägypten, in Busiris, »Haus des Osiris«, der Totengott Osiris, in Ombos Seth, der Gott von Oberägypten. Von Heliopolis, der »Sonnenstadt«, aus wurden in prähistorischer Zeit Ober- und Unterägypten zum erstenmal vereinigt; Horus wurde Reichsgott, Seth aber allmählich zum Prinzip des Bösen und Ägyptenfeindlichen, schließlich zum Schutzgott der Fremdländer. Die Hieroglyphe des Esels, XXX, die den Gott Seth bezeichnet, ist im Ägyptischen auch das allgemeine Gattungszeichen für »Schreckliches«. Ich halte es nicht für unmöglich, daß das Verbot, Schweinefleisch zu essen, das die Juden und Mohammedaner von den Ägyptern übernommen haben, hier seinen Ursprung hat: Das Schwein war nämlich, neben dem Esel, das heilige Tier des Seth, und es wäre ganz natürlich, daß es nach dessen Depossedierung unrein wurde. Hygienische Erklärungen, wie sie die liberale Religionspsychologie des »gesunden Menschenverstandes«, der nichts weniger als gesund ist, immer wieder versucht, kommen jedenfalls nicht in Betracht. Alle diese Verhältnisse spiegeln sich in der Osirissage, die allerdings nur in widersprechenden Varianten und in keinem ägyptischen Text in zusammenhängender Darstellung überliefert ist. Nach Plutarch war Osiris ursprünglich ein edler und weiser Herrscher über Ägypten, das er im Feldbau und Götterkult belehrte. Aber sein böser Bruder Seth stellte ihm nach und lockte ihn in einen Sarg, den er ins Meer warf. Als Isis, die Schwester und Gattin des Osiris, von dessen Ermordung erfuhr, legte sie Trauerkleider an und suchte überall den Leichnam, den sie schließlich in Byblos in Phönizien fand. Aber Seth zerriß ihn und verstreute die Teile. Abermals aber gelang es der treuen Gattin, die Teile wiederzufinden; sie setzte sie zusammen und brachte es sogar zuwege, den Toten mit Hilfe von Zaubermitteln zu neuem Leben zu erwecken und sich mit ihm noch einmal zu vereinigen. Inzwischen war Horus, der Sohn der Isis und des Osiris, herangewachsen und rächte den Vater, indem er Seth im Kampfe besiegte. Ganz scheinen aber weder Sieg noch Wiederbelebung geglückt zu sein, denn Ägypten wurde zwischen Horus und Seth geteilt und Osiris herrscht als Totenkönig in der Unterwelt.

Spätestens um 4000 zerfiel das Land wieder in zwei Teilreiche. Nach Jahrhunderten kam es zu einer neuen Einigung, die aber diesmal nicht von der Wurzel des Deltas, sondern vom entgegengesetzten Pol, dem oberägyptischen This, ausging. Die ägyptische Geschichte zeigt überhaupt in der Machtverteilung eine regelmäßige Pendelbewegung zwischen Norden und Süden. Die Thiniten wurden von den Memphiten und den Herakleopoliten abgelöst, deren Herrschaftssitze nicht weit von der

Grenze Unterägyptens lagen. Die Gründung des Mittleren Reiches erfolgte von Theben, also vom Süden aus, die Hyksos regierten im äußersten Osten des Deltas. Das Neue Reich ist abermals thebanischen Ursprungs, die Libyer und die Taniten stammen aus dem höchsten Norden. In der Äthiopierzeit wurde Ägypten sogar von Napata aus beherrscht, das in Obernubien lag, unter den Saïten aber verschob sich der Schwerpunkt wieder ins Delta.

Die Anbetung des Horus hatte in der Zeit der heliopolitanischen Hegemonie auch Oberägypten so vollständig erobert, daß das Nordreich und das Südreich, die aus der Teilung hervorgingen, in der historischen Erinnerung als »die beiden Reiche der Horusverehrer« fortlebten. Die Könige residierten in Doppelstädten, die zu beiden Seiten des Flusses lagen Die Wappenpflanze war im Nordreich der Papyrus: XXX, der dort in so dichter Menge wuchs, im Südreich der Lotus: XXX. Das Schatzhaus des Nordens, in der Stadt der Schlangengöttin Buto, hieß das »rote Haus«, das des Südens, in der Stadt der Geiergöttin Nechbet, das »weiße Haus«. Dementsprechend ist die Krone des nördlichen Herrschers eine flache rote Kappe mit einer Drahtspirale, dem Symbol der Uräusschlange: XXX, die des südlichen Herrschers eine hohe weiße Tiara: XXX. Beiden Ländern gemeinsam ist das Symbol des Falken, XXX, der als Hieroglyphe das Zeichen für den Lichtgott Horus bildet, aber auch für »König« und für »Gott« überhaupt. Ebenso bedeutete die Uräusschlange, XXX, die mit der noch heute vorhandenen Hornviper identisch ist, neben der Buto auch ganz allgemein »Göttin«.

Der heilige Pillendreher

Damals bildete der Papyrus im Delta noch eine Art Urdickicht, worin das Nilpferd graste, das sich später nach Süden zurückzog; auch der Elefant, die Giraffe und der Wildstier waren zu jener Zeit noch ägyptische Tiere. Heute gibt es in Ägypten auch keine Löwen und Strauße mehr, deren Jagd im

Altertum als das vornehmste Vergnügen galt, ja sogar die beiden charakteristischsten Tiere des alten Ägyptens, der Ibis und das Krokodil, sind dort jetzt fast ausgestorben. Umgekehrt erscheint das Kamel in Ägypten erst zu Beginn unserer Zeitrechnung. Es war dort nicht ganz unbekannt: schon aus der Nagadazeit gibt es eine Vase, die ein ruhendes Lastkamel darstellt, und auch später kommt es auf Darstellungen exotischer Völker vor. Seine Rolle, auch auf Wüstenwanderungen, spielte damals der Esel. Natürlich sind aber auch viele Tiere dem Altertum und der Gegenwart gemeinsam: Gazelle und Steinbock, Igel und Stachelschwein, Hyäne und Wolf (dessen ägyptische Varietät klein und feig ist), Storch und Flamingo (Hieroglyphe für »rot«), Fuchs und Schakal (der auch die Bezeichnung für den Untersuchungsrichter, den »Spürhund«, war) und noch zahlreiche andere. Als Symbol der Löwin wurde im Mittleren Reich die nubische Falbkatze domestiziert, von der unsere Hauskatze abstammt. Die größte Verwunderung der Ägypter erregte von alters her der »heilige Pillendreher«, jener ebenholzschwarze, oft auch im herrlichsten Smaragdgrün leuchtende, nach Moschus duftende Käfer, dessen Kopf eine scharfe Schaufel und dessen vorderes Beinpaar ein veritabler Rechen ist. Mit diesen Werkzeugen formt er eine Kotkugel, die Nußgröße, Apfelgröße und schließlich Faustgröße erlangt, bei manchen größeren Varietäten sogar das Format einer Kanonenkugel. Nicht selten taucht ein zweiter Skarabäus auf, der den ersten entweder brutal beraubt oder in einem unbeobachteten Augenblick bestiehlt oder, wenn beides mißglückt, beim Transport der Kugel zudringlich unterstützt, um dann bei der Mahlzeit mittun zu können. Diese währt ohne Unterbrechung mehrere Tage und wird sofort verdaut und wieder ausgeschieden, indem es als eine endlose Schnur den After verläßt. Die Ägypter betrachteten den Skarabäus als ein Ebenbild des Lichtgottes, der den Sonnenball um den Himmel rollt, umgaben sich mit seinen Nachbildungen, die sie äußerst geschickt in den verschiedensten Größen und Materialien, auch aus wirklichen Smaragden, herstellten, und verwendeten sie als Amulette, als Insignien, als Grabbeigaben und als Heilmittel. Noch heute werden solche heiligen Käfer aus Stein, Ton und Fayence von den Ägyptern massenhaft benutzt und zum Verkauf angeboten, sie stammen allerdings zum größten Teil aus Gablonz in Böhmen.

Die Hochsteinzeit

Man könnte die vordynastische Zeit auch kurz als eine »Hochsteinzeit« bezeichnen, denn die Steintechnik hat damals einen Gipfel erreicht, der einzig dasteht. Die Gefäße sind auf das ebenmäßigste gerundet und poliert, die Griffe, die Ösen, die Ausgußröhren aufs präziseste gearbeitet. Die Kämme, die Anhänger, die Schminkplatten, in originellen Tierformen, sind vollendete Kunstwerke. Dabei wagte man sich an die härtesten Gesteine: Granit, Porphyr, Diorit. Bei Waffen und Werkzeugen dominiert der Feuerstein. Die Messer und Sägen, Äxte und Lanzenspitzen, Pfeile und Harpunen sind so spiegelglatt und haarscharf geschliffen, daß sie fast metallisch wirken. Daneben finden sich Goldarbeiten, glasierte Perlen, schöne Fayenceeinlagen, Tongefäße, die mit geritzten und gemalten Mustern und rohen, aber sehr lebendigen Bildern geschmückt und noch mit der freien Hand gedreht sind; später war den Ägyptern der Gebrauch der Töpferscheibe so selbstverständlich, daß sie sich die ersten Menschen auf ihr erzeugt dachten. Hingegen stand der Feuerbohrer schon damals in allgemeiner Verwendung: seine Hieroglyphe bedeutet »Handwerker, Künstler«. Auch »Elfenbein« verstand man zu bearbeiten; es handelt sich jedoch in diesen Fällen meist um Flußpferdzähne. Die Wildstierfüße für Throne und Ruhebetten aus diesem Material sind Höchstleistungen des Kunsthandwerks. Die Nachbildungen von Hund, Affe, Fisch, Frosch, Nilpferd in Ton, Knochen, Stein sind von prachtvollem Naturalismus, doch auch oft von sehr glücklicher Stilisierung.

Zum Bauen verwendete man Ziegel, die aus Nilschlamm geschnitten und an der Luft getrocknet waren: ein vorzüglich verwendbares, aber nicht sehr haltbares Material. Die gewöhnlichen Hütten werden nicht viel anders ausgesehen haben als die noch heute von den Fellachen bewohnten. Die Haare trug man kurz und gekräuselt, Wangen- und Kinnbart ebenfalls kurz geschoren und spitz zugeschnitten, die Lippen rasiert. Das Abzeichen der Krieger bestand in einem Kopfschmuck aus Straußenfedern, ihre Ausrüstung in Wurfholz und Bogen, Lanze und Schild, Dolch und Streitkolben. Die Hieroglyphen für Bogen und Bumerang zeigen diese Waffen in sehr feiner Silhouette; Keule + Schild bedeutet »kämpfen«. Die Knaben wurden beim Eintritt in die Mannbarkeit beschnitten und trugen von da eine Phallustasche: diese ist, da sie nicht verhüllt, sondern im Gegenteil unterstreicht, sicher nicht auf Schamgefühl zurückzuführen (das überhaupt in seiner heutigen Form dem Altertum unbekannt war), sondern hat ihren Ursprung in der dunklen Tiefe des Religiösen. Es herrschten in jener Zeit noch in jedem Bezirk besondere Götter, ja man kann, trotz der allgemeinen Verehrung des Horus, noch von Gaureligionen sprechen. Alle Gestalten des späteren ägyptischen Pantheons waren ursprünglich Stadtgötter, wie es ja auch anfangs nur souveräne Stadtfürsten gegeben hat; und die Erinnerung daran hat sich auch bis zu einem gewissen Grad immer erhalten: so hat bis in die spätesten Zeiten Amon in Theben besondere Verehrung genossen und Ptah als der Spezialgott von Memphis gegolten. Auf diesen Zusammenhang verweisen auch die »Nomoi« oder Kreise, in die Ägypten eingeteilt war: der zwölfte zum Beispiel hieß der Thotgau, der fünfte der Neithgau. An den Baum- und Tierkult erinnerten Bezeichnungen wie »Sykomorengau«, »schwarzer Stiergau«, aber auch viele ägyptische Eigennamen, die auf uns zum Teil spaßhaft wirken, wie Nilpferdstochter, Kaulquappe, Ichneumon, Affe. Aber beim Ägypter bezeichnet die Vergleichung mit dem Tier niemals eine Herabsetzung; das haben erst die Semiten aufgebracht. Ihm galten die Tiere als geheimnisvolle Schicksalsgefährten und gerade wegen ihres fremdartigen Wesens als verehrungswürdig, Sitz übernatürlicher Kräfte, übermenschlicher Sinne. Der Kult des Apis ist so alt wie Ägypten, und noch von Strabo, der zur Zeit des Augustus Ägypten bereiste, hören wir, daß im Faijum ein heiliges Krokodil lebte, das mit Backwerk, Fleisch und Wein gefüttert wurde: »Wir fanden das Tier am Ufer liegend; während einige Priester ihm den Rachen öffneten, steckte ein anderer ihm den Kuchen hinein, dann den Braten und goß den Wein nach; darauf sprang das Krokodil in den See und schwamm an das jenseitige Ufer.« In der Spätzeit wurden sogar zahlreiche Tiere einbalsamiert und als Mumien auf eigenen Friedhöfen feierlich beigesetzt.

Die Religionspsychologen

Man hat versucht, alle diese Erscheinungen durch die bekannten Begriffe des *tabu* und *totem* zu erklären. Tabu ist ein polynesisches Wort, das man vielleicht am ehesten mit »Achtung!« übersetzen könnte, wobei man an die doppelte Bedeutung: Warnung und Respekt, denken muß. Denn tabu ist alles, was entweder Ehrfurcht oder Abscheu einflößt, oder vielmehr: im Tabu fließen diese beiden Empfindungen ineinander. Tabu ist vor allem der Totem, das Tier, das als Stammvater und Schutzgeist der Sippe gilt, und der machtbegabte Gegenstand oder Fetisch, wie man ihn mit einem portugiesischen Wort bezeichnet. Vor dem Forum des modernen Fortschrittsdünkels, der nur noch die Maschine als Fetisch und das Goldene Kalb als Totem anerkennt, ist all dies roher Animismus, kindische Angst vor dem Unbekannten oder Priesterschwindel. Von besonderer Albernheit in Spencers Erklärung des Totemismus durch mißverstandene Spitznamen der Vorfahren. In jüngster Zeit ist die Aufhellung dieser Fragen auch von der Psychoanalyse versucht worden, die aber, obschon in tiefergelegene Stollen des Seelenlebens vordringend, infolge ihres Atheismus dazu ebenfalls völlig unfähig ist; scheinbar vermag sie allerdings jedes psychologische Problem einwandfrei zu lösen, da infolge ihrer Methode von jedem seelischen Tatbestand, den sie konstatiert, immer auch gleichzeitig das Gegenteil ausgesagt werden kann, indem es sich dann einfach um Inversion, Verdrängung, Ambivalenz, Sublimierung handelt, wodurch ihre Ergebnisse schlechterdings unangreifbar werden, sich andrerseits aber auch gegenseitig neutralisieren.

Alle »natürlichen« Erklärungen dieser Phänomene, die seit den Enzyklopädisten mit steigender Selbstgefälligkeit und Borniertheit vorgebracht worden sind, sind nichts als Produkte jenes eigentümlich scharfsinnigen Schwachsinns, den man »wissenschaftliche Weltanschauung« nennt, der modernen Irreligiosität, die sich an unverstandene Religionsformen heranwagt, unwissend, was ein Symbol ist und daß alles ein Symbol ist. Niemals hat der Gläubige, als er Stein und Schlange, Busch und Bild anbetete, gemeint, dies sei Gott: er erblickte nur durch diese Zeichen und hinter ihnen das geheimnisvolle Weben seiner Gottheit. Der »Abergläubische« nimmt nicht, wie die »Religionspsychologen« mit überlegenem Lächeln feststellen, das Sinnbild für eine Realität, sondern gerade umgekehrt alle Realität für ein Sinnbild. Sind denn nicht auch die Ursymbole des Christentums das Lamm und der Fisch? Aber daß jemals, selbst auf den Fidschiinseln, ein Mensch einen Fisch für einen Gott gehalten hat, können nur Menschen glauben, die vor lauter Vergleichen von »Analogien« ganz vergessen haben, was denn eigentlich verglichen werden soll.

Der Pharao

Die Thiniten, mit denen die historische Zeit anhebt, regierten über vierhundert Jahre. Als Begründer der Dynastie gilt Menes. Sein Name ist auf einem Schmuckstück in einer Kartusche erhalten: so nennt man den ovalen Ring: XXX, der in Ägypten zum Schutze gegen Dämonen den Eigennamen oder auch den Ortsnamen als Umrahmung diente. Vielleicht ist der

König Narmer auf der berühmten Prunkpalette, die seine Siege verherrlichte, mit Menes identisch. Das Symbol des Königtums, der Horusfalke, sitzt auf einem Rechteck, das die Fassade des königlichen Palastes darstellt und zwei Tore hat, eines für den Norden, eines für den Süden. Dieser Dualismus wird überall festgehalten: in allen Verwaltungsämtern, Magazinen, Büros, Hofchargen. Der König wird häufig zweimal nebeneinander abgebildet, zuerst mit der Krone von Oberägypten, dann mit der Krone von Unterägypten; er konnte aber auch den *pschent* tragen: XXX, die hohe weiße Krone in die flache rote geschoben. Die großen Opfer in den Tempeln brachte er zweimal dar, ja er hatte sogar zwei Gräber, eines südlich von This, in Abydos, das als Bestattungsort des Osiris galt, und eines bei Memphis. Der später abgestorbene ägyptische Dual, der durch Doppelsetzung desselben Zeichens geschrieben und für alles paarweise Auftretende verwendet wurde: die beiden Sohlen, die beiden Arme, die beiden Ohren, diente auch allen Begriffen, die sich auf die Zweiteilung des Landes bezogen; die allgemeine Hieroglyphe für »Land«, XXX, bedeutete, zweimal gesetzt, Ägypten (die beiden Länder). Auch die hebräische Bezeichnung für Ägypten, *misraim,* ist ein Dual; der Singular heißt *masar.* In den Doppeltitulaturen geht das Südland immer voran. Das Delta scheint noch lange unruhig gewesen zu sein, denn Inschriften der ersten und zweiten Dynastie sprechen von »Besiegung der Rebellen des Nordlands«. Es bestand also nur Personalunion; doch wurde der Dualismus allmählich zur reinen Formalität.

Menes gründete an der Grenze zwischen Oberägypten und Unterägypten die Hauptstadt des Alten Reiches, die nach der Farbe des Südens »die weißen Mauern« hieß, womit sie zugleich als Festung bezeichnet wird. Sie war in der Tat als Zwingburg gegen das Deltaland gedacht, was schon daraus hervorgeht, daß sie nach Oberägypten zu offen war. Ihren allbekannten Namen erhielt sie erst viel später, unter der sechsten Dynastie, als König Phiops (oder Pepi) der Erste sich in der Nähe der Stadt seine Pyramide erbaute, die er Men-Nofer, »gute Ruhestätte«, nannte. Daraus entstand dann »Memphis«. Auch die »Fürstenmauer« gegen Asien, in der Gegend des Suezkanals, ist ein Werk der Thiniten.

Der König gilt als Inkarnation des Horus, seine Wohnung heißt »Horizont«, seine Nilbarke »Stern der beiden Länder«; wenn er sich zeigt, geht er auf, wenn er stirbt, geht er unter. Er selbst führt den Titel »der Himmel«, auch *paro*, hebräisch *pharao*: »das große Haus«. Diese unpersönliche Bezeichnungsweise hat sich in Ausdrücken wie der Heilige Stuhl, die Hohe Pforte bis zum heutigen Tage erhalten, und wenn wir jemand als »großes Haus« apostrophieren, so sprechen wir, obschon weniger zeremoniös, noch immer ägyptisch. Dem Pharao gegenüber vermied man tunlichst die persönliche Anrede: man spricht nicht »zu« ihm, sondern »vor« ihm, »in seinem Angesicht«, »in seiner Gegenwart« und wählt, wenn man ihn erwähnt, gern Umschreibungen: »man besuchte«, »man befahl«, »man beabsichtigte«; auch von sich selbst gebraucht man nicht die Ichform, sondern nennt sich den »Diener seiner Majestät«. Der König ist der alleinige Eigentümer von allem; was seine Großwürdenträger besitzen, ist ihnen nur geliehen. Er ist das Auge des Landes, dem nichts verborgen bleibt, mit unendlich vielen Ohren begabt, er »versteht besser zu beobachten als die Sonne«. Er ist auch höchster Priester und vollzieht bei allen großen Anlässen: Siegesfeiern, Erntefesten, Tempeleinweihungen das Opfer in eigener Person. Denn unter der ersten und zweiten Dynastie gab es noch keinen selbständigen Priesterstand; auch in der Vorzeit waren die Gaufürsten Oberpriester des Lokalgottes gewesen. Außerdem hatte jedermann die Befugnis, sein eigener Priester zu sein, indem er vor der kleinen Kapelle, die das Bild seines Lieblingsgottes barg, alltäglich

Opfergaben niederlegte und seine »Verehrung« rezitierte, bei Krankheit besondere Schutzheilige anrief und bei Genesung ihnen Dankspenden darbrachte. Daneben aber scheint es schon frühzeitig Berufspriester gegeben zu haben, wenn auch vielleicht nur von subalternem Range. Diese hatten die Aufgabe, die Statue des Gottes, die im Allerheiligsten des Tempels, einer dunklen fensterlosen Kammer, wohnte, jeden Morgen herauszunehmen, durch Niederfallen und Gebet zu begrüßen, zu beräuchern, zu waschen, zu bekleiden und mit einem Mahl aus Brot, Braten und Wein auf blumengeschmücktem Tisch zu bewirten. An anderen Tagen führten sie den Gott in Prozession an den Tempelsee zum Bade oder in die Heiligtümer anderer Götter zum Besuche oder durch die Stadt, um ihn dem Volke zu zeigen. Daneben hatten sie die Aufgabe, das Eigentum und die Einkünfte des Tempels zu verwalten, Träume und Zeichen zu deuten. Eine besondere Klasse bildeten die Vorlesepriester, die der richtigen Betonung und Aussprache der heiligen Texte kundig waren: dem ägyptischen Glauben an Wortmagie galten sie als Zauberer. Es war unvermeidlich, daß sich aus der hohen Wichtigkeit aller dieser Funktionen allmählich ein mächtiger Priesterstand entwickelte.

Der Hof

Dem König zunächst steht der Wesir, »der das Geheimnis des Himmels schaut«. Auch er ist der Gegenstand höchster Ehrfurcht: man schreibt nicht direkt an ihn, sondern »legt ihm den Brief vor«. Dann folgte eine nach Titularen, Vorrechten und Behandlung bei den Staatsempfängen aufs feinste abgestufte Beamtenhierarchie. Da gab es die Hofmarschälle, die die Einhaltung des Zeremoniells peinlichst zu überwachen hatten, die Hofärzte, Hofgärtner, Hoffriseure, die Leiter der Hofbäckerei, der Hofwäscherei, der Hofkapelle, die königlichen Truchsesse, Mundschenke, Speichervorsteher, die Aufseher der Kopfbinden, der Salbgefäße, der Sandalen des Königs und noch viele andere Chargen, ferner Bekannte, Freunde, vertraute

Freunde, wahre Freunde des Königs, Geheimräte des verehrungswürdigen Hauses: alles bloße Titel. Von ihnen unterschieden sich die Ämter der wirklichen Räte, wirklichen Geheimräte, wirklichen Richter, wirklichen Gouverneure. Aber schließlich waren auch die »wirklichen« Würdenträger keine wirklichen mehr. Unter der zwölften Dynastie gab es sogar Verwandte und wirkliche Verwandte des Königs. Bei den Orden und sonstigen Auszeichnungen, die der Monarch in großer Zahl verlieh, lag das Hauptgewicht auf dem Materialwert der Spende, aber auch auf dem künstlerischen: es gelangten schwere goldene Spangen und Halsketten, mit Edelsteinen besetzte Halskragen, kostbare Tierfiguren zur Verteilung; als Sinnbilder der Tapferkeit Löwen und Stiere, aber auch Fliegen, die sonderbarerweise dem Ägypter als kriegerisches Symbol galten, wohl wegen ihrer unermüdlichen Angriffslust. Verläßt der König seinen Horizont, so tragen acht Magnaten die Stangen, auf denen der reichgeschmückte Thronsessel ruht, der Oberwedelträger (diesmal ein wirklicher) schreitet zu seiner Rechten, andere Vornehme schwingen riesige Blumensträuße über seinem Haupte.

Es scheint, daß die Könige schon damals bestrebt waren, das ganze Land von der Hauptstadt aus zu zentralisieren. Diese Versuche, deren Tendenz im ägyptischen Wesen ebenso tief begründet war wie später im französischen, sind immer wieder erneuert worden, aber nie restlos gelungen. Sie wurden unterstützt durch den alles beherrschenden und verbindenden Nil, den das ganze Land als eine bloße Borte, bald breiter, bald schmäler, flankiert, hingegen erschwert durch den Gaupartikularismus, der aus Ägypten niemals gänzlich verschwunden ist. Er findet seinen Ausdruck nicht bloß in dem Kult der Lokalgötter, sondern auch in sehr scharf gegeneinander abgesetzten Dialekten, so daß es von unverständlichen Reden hieß: sie nehmen sich aus »wie das Gespräch zwischen einem Mann aus dem Delta und einem Mann aus Elephantine«. Es hat aber andrerseits zu allen Zeiten ein Hochägyptisch gegeben.

Es war also, soweit wir uns von diesen grauen Zeiten überhaupt noch ein Bild machen können, die Regierungsform eine Despotie theokratischen und patriarchalischen Charakters. Es gibt eigentlich nur König und Gott. Das Gotteshaus ist nicht wie bei den Christen, den Juden und den Mohammedanern der Ort, wo die Gläubigen sich zu gemeinsamer Andacht versammeln, sondern, wie Mariette sagt, »ein Denkmal der Frömmigkeit des Königs, der es errichten ließ, um der Gunst der Götter wert zu werden, eine Art Königsbethaus und nichts weiter«. Die bildlichen Darstellungen auf den Innenwänden haben ein einziges Thema, das unzählige Male repetiert wird: der König opfert der Gottheit, diese nimmt die Gabe gnädig entgegen und verspricht ihm dafür Sieg und ewiges Leben. Die Außenwände enthalten Schlachtenbilder, auf denen nicht etwa das Heer den König verteidigt, sondern umgekehrt vom König geschützt wird, der »hinter seinen Soldaten steht wie eine eherne Mauer«. Hat er gesiegt, so dankt das Volk ihm und er den Göttern. Auch in ihren Biographien, die in späterer Zeit die Vornehmen in ihren Gräbern selber aufzeichnen ließen, sprachen diese nie von ihren Privatverhältnissen oder irgendwelchen persönlichen Leistungen, sondern ausschließlich von ihren Beziehungen zum König: Avancements, Aufträgen, Belobigungen, verliehenen Orden, Titeln, Geschenken, den einzigen Ereignissen, die in einem ägyptischen Leben erwähnenswert sind. Doch ist der König erst nach seinem Tode zum wirklichen Gott erhoben worden, dem offizielle Opfer und Gebete dargebracht werden. Im übrigen wird man guttun, sich einen Despoten auch im Orient und in der Frühzeit nicht allzu öldruckhaft vorzustellen. Daß die Pharaonen selbstbesessene Gewaltherrscher waren, die die Empfindungen für das allen Menschen Gemeinsame völlig verloren hatten, ist mehr als unwahrscheinlich. Das

»Böse« ist auch auf Thronen immer die unverständliche Ausnahme. Schon das Gefühl der ungeheuern Verantwortungslast pflegt fast immer läuternd zu wirken; daß es in den polaren Zustand des Cäsarenwahnsinns umschlägt, ist selten wie alles Pathologische. Zudem ist die Annahme, daß es nichts als den König gebe und alles andere stumme und stumpfe Statisterie sei, bloß die offizielle Version. Es bilden sich um jeden absoluten Herrscher Nebenregierungen: der »Palast«, das »Kabinett«, die Gentry, die Kirche, die seine Allmacht neutralisieren. Die Loyalität des Ägypters war allerdings zu allen Zeiten unbegrenzt.

Der Grabtypus der Thinitenzeit ist die sogenannte Mastaba: dies ist das arabische Wort für Bank, womit diese Bauform recht gut bezeichnet wird. Die Bänke, die sich aus dem aufgeschütteten Erdhügel entwickelt hatten, wuchsen allmählich zu stattlichen Gebäuden. Eine besonders charakteristische Anlage war die »Scheintür«, eine zugemauerte Pforte an der Ostseite, der Stelle, wo, wie man annahm, der Ka, der Geist des Toten, aus und ein ging. Bisweilen stellte man auch in den Türrahmen die lebensgroße Statue des Verstorbenen und baute davor eine Treppe, auf der er in die Opferkammer hinabsteigen konnte, um von den Speisen zu genießen, wenn die Opfernden sich entfernt hatten. Die Steine dieser Grabhäuser sind aufs vollkommenste behauen und ineinandergepaßt. Man war auch bereits dazu gelangt, die Riegel und Nägel, Türangeln und Beschläge aus Kupfer herzustellen, das schon in jener Zeit aus den Minen des Sinai importiert und, kunstvoll gehärtet, auch zu schönen Waffen und Gefäßen verarbeitet wurde. Die feinere Arbeit am Steinmaterial besorgte man mit Sand und Schleifsteinen. Die Höhe, auf der die Plastik stand, dokumentiert unter anderm der »Affe des Narmer«, die Alabasterfigur eines Mantelpavians mit dem Namen des Königs, die, verblüffende Lebendigkeit mit stärkstem Stilgefühl vereinigend, den besten Kopenhagener Stücken ebenbürtig ist. Die Darstellungen auf der bereits erwähnten Schiefertafel Narmers zeigen noch den echten archaischen Stil, während der spätere ägyptische bloß lange Zeit irrtümlich als ein solcher aufgefaßt wurde.

Der Kalender

Die größten Schöpfungen der ägyptischen Frühzeit aber sind die Schrift und der Kalender, beide uralt, spätestens im fünften Jahrtausend vollendet.

Es mußte den Ägyptern sehr bald auffallen, daß das erste Anschwellen des Nils ungefähr mit dem Tage zusammenfiel, an dem das hellste Gestirn des Himmels nach längerer Unsichtbarkeit zum ersten Male wieder in der Morgendämmerung aufleuchtete: die Sothis, unser Sirius oder Hundsstern. Dieser Termin lag damals in der Nähe der Sommersonnenwende: Mitte Juni, genauer 15. Juni unseres, des Gregorianischen Kalenders. Hier ließen die Ägypter ihr Jahr beginnen. Die Einteilung ergab sich ebenso natürlich; drei Jahreszeiten zu vier Monaten von je dreißig Tagen: Überschwemmung von Mitte Juni bis Mitte Oktober, Aussaat von Mitte Oktober bis Mitte Februar, Ernte von Mitte Februar bis Mitte Juni. Heute gibt es in Ägypten infolge der modernen Wirtschaftsmethode zwei bis drei Ernten im Jahr, was aber auf die Dauer sehr leicht zu einer Erschöpfung des Bodens führen kann; daß der altägyptische Bauer während der Überschwemmungszeit für andere Arbeiten verfügbar war, ist vielleicht einer der Erklärungsgründe (wenn auch sicher nicht der wesentlichste) für die Großartigkeit der Bauten.

An das Ende des Jahres fügten die Ägypter fünf Zusatztage, die »fünf Überschüssigen«, aber auch das genügte auf die Dauer nicht, da das Sonnenjahr bekanntlich eine Länge von rund 365 ¼ Tagen hat. Daher verschob sich das bürgerliche Jahr gegen das astronomische schon nach vier Jahren um einen Tag, nach 120 Jahren um einen Monat. Das Jahr des Ägypters war daher ein Wandeljahr, und er unterschied, da ihm dies natürlich nicht verborgen blieb, zwischen dem wandernden »Neujahr«

und dem wahren »Anfang des Jahres«. Wem dies seltsam vorkommt, der erinnere sich daran, daß wir es mit dem Monat ja noch heute nicht anders machen. Es entsprechen also 365 x 4 = 1460 wirkliche 1461 ägyptischen Jahren. Einen solchen Zeitraum nennt man eine Sothisperiode. Jedesmal, wenn er abgelaufen ist, fallen »Neujahr« und »Anfang des Jahres« wieder zusammen. Es ist klar, daß der Kalender nur in einem solchen Jahr eingeführt worden sein kann. Das Jahr 2781 war ein solches, aber unter der vierten Dynastie war er schon längst in Gebrauch. Wir müssen daher bis zum Jahr 4241 zurückgehen: dieses ist das älteste sichere Datum der ägyptischen Geschichte. Vielleicht ist sogar noch eine weitere Sothisperiode zuzulegen; doch lassen uns hier die Quellen im Stich. Aber auch der Ort, wo der Kalender entstand, läßt sich nach dem Siriusjahr bestimmen. Nur unter dem dreißigsten Breitengrad fiel der »Frühaufgang« des Hundssterns auf den 15. Juni: dies ist die Gegend von Heliopolis, wo ja gegen Ende des fünften Jahrtausends in der Tat die kulturelle Vorherrschaft lag. Das julianische Sonnenjahr, das Cäsar am 1. Januar 45 vor Christus einführte, stimmt mit dem ägyptischen überein, hat aber den regulierenden Schalttag. Mit dem wahren Sonnenjahr deckt es sich aber noch immer nicht, da dieses etwas kürzer ist; diese letzte Differenz wird erst durch den Gregorianischen Kalender behoben.

Der Stein von Rosette

Zur Heliopolitenzeit gab es sicher auch schon eine ägyptische Schrift. Man glaubte lange, die Hieroglyphen seien eine reine Bilderschrift, in der jedes Zeichen ein geheimnisvolles Symbol bedeute, und erging sich in den abenteuerlichsten Lesungen. Dies änderte sich mit einem Schlage durch den »Stein von Rosette«, einen großen schwarzen Granitblock, der von den Soldaten Bonapartes bei Schanzarbeiten zufällig entdeckt wurde. Er enthielt eine lange Dankadresse des Priesterkollegiums von Memphis an einen der ptolemäischen Könige, und zwar, wie sie selbst am Schlusse hervorhebt, »in heiliger, in landesüblicher und in griechischer Schrift«. Damit war zunächst erwiesen, daß das Ägyptische ebenso eine Buchstabenschrift ist wie das Griechische, und auf Grund einiger Eigennamen vermochte man auch eine Art Alphabet aufzustellen. Aber erst 1822 gelang es dem Genie François Champollions nach zehnjährigem Studium, die volle Lösung zu finden. Nachdem er einmal den Schlüssel in der Hand hielt, schritt die Arbeit rüstig vorwärts und ihre Frucht war eine vollständige ägyptische Grammatik und ein reichhaltiges Wörterbuch. Spätere Forschungen und Entdeckungen haben diese Resultate nur zu bestätigen vermocht, und heute, nach rastlosem Weiterdringen der neuen, besonders durch deutsche Gelehrte geförderten Wissenschaft, bietet ein ägyptisches Schriftstück dem Eingeweihten keine größeren Entzifferungsschwierigkeiten als ein altgriechisches oder japanisches; es ist zwar noch heute vielfach der Glaube verbreitet, die Erlernung der Hieroglyphen sei sehr mühsam, sie ist aber sogar besonders leicht und dabei überaus amüsant. So haben durch das Zusammentreffen eines einzigen Fundes und eines einzigen Kopfes Jahrstausende eine Stimme bekommen.

Die Bilderschrift

Es gibt dreierlei Möglichkeiten, Vorstellungen durch die Schrift zum Ausdruck zu bringen. Die eine ist die reine Bilderschrift, bei der man wieder die eigentliche Bilderschrift oder *Piktographie* und die symbolische Bilderschrift oder *Ideographie* unterscheiden kann. Die Piktographie ist die einfachste und natürlichste Form; sie wird bereits von jedem Kind gehandhabt. Wenn es Wörter wie »Blatt«, »Zimmer«, »Teller« wiedergeben will, so zeichnet es ein gestieltes Oval, ein Viereck, einen Kreis. Aber bei vielen, besonders bei den abstrakten Begriffen erweist sich diese Übertragungsweise als unzulänglich. Hier muß die symbolische Bildersprache aushelfen. Sie ist auch in unserer Welt noch nicht ganz ausgestorben. Sie findet zum Beispiel bei Aushängeschildern noch bisweilen Verwendung:

eine Kanne bezeichnet ein Wirtshaus, eine Schüssel eine Rasierstube, ein Schlüssel eine Schlosserwerkstatt; ferner in Wörterbüchern: Dort bedeutet ein Komet, daß ein Wort selten ist, ein Galgen, daß es der Gaunersprache angehört, eine Münze, daß es ein kaufmännischer, ein Anker, daß es ein nautischer Fachausdruck ist. Jedermann bekannt sind auch die Zeichen in Kursbüchern. Viele Völker haben mit Ideogrammen ihr Auskommen gefunden, unter anderen die Azteken, aber auch die Chinesen besitzen viele: So bedeutet zum Beispiel Mund + Vogel: »singen«, Flamme + tanzen: »Irrlicht«, ja manche Zusammensetzungen sind geradezu humorvoll, wie Hand + Stock = Vater, zwei Weiber = Zank, Tugend + Weib = Geschwätzigkeit (die Tugend des Weibes).

Die zweite Methode kann man als Rebusschrift bezeichnen. Sie arbeitet mit *Phonogrammen*, die den bloßen Lautwert einer Silbe darstellen. Nach diesem System vermag ein aufgezeichneter Arm auch die Vermögenslage »arm« zu bedeuten oder ein gebückter Mann am Stabe: XXX (das Zeichen für »alt«) auch die Stimmlage Alt. Solche Phonogramme besitzen die Chinesen ebenfalls in großer Anzahl, und außerdem benützen sie *Determinative* oder Deutzeichen, die angeben, zu welcher Begriffsgruppe ein Wort gehört. Die Silbe *ma*, »Pferd«, zum Beispiel bedeutet mit dem Deutzeichen für Edelstein »Achat«, mit Wurm »Blutegel«, mit Holz »Brett«, mit Mund »schelten«.

Die Buchstabenschrift

Die dritte Stufe ist die Buchstabenschrift. Sie beruht auf der Wahrnehmung, daß alle menschliche Rede sich aus einer beschränkten Anzahl einfacher Laute zusammensetzt und daß, wenn man für jeden von ihnen ein festes Zeichen einführt, alle erdenklichen Wörter mit verhältnismäßig sehr geringen Mitteln schriftlich zum Ausdruck gebracht werden können. Diese geniale Entdeckung, durch die sie die Wohltäter der ganzen späteren Menschheit geworden sind, haben die Ägypter gemacht. Gleichwohl wäre es irrtümlich, zu glauben, sie hätten jemals eine reine Buchstabenschrift besessen. Vielmehr haben sie immer alle drei Systeme nebeneinander gebraucht. Zunächst hat das Ägyptische aus der Zeit her, wo es nur solche kannte, reine Piktogramme: ein Skarabäus: XXX bedeutet »Käfer«, ein Enfaceköpfchen: XXX »Gesicht«, ein Kreis mit einem Punkt in der Mitte: XXX »Sonne«, fünf Zacken: XXX bezeichnen einen Stern, die Silhouetten von Schwalbe, Stier, Kröte, Fisch: XXX zunächst diese Tiere. Neben den eigentlichen gibt es natürlich auch symbolische Bilder: das Zeichen für 100 000 ist eine Kaulquappe: XXX (vermutlich wegen der großen Menge, in der sie vorkommt), das für eine Million ist ein Mann, der verwundert die Hände über dem Kopf zusammenschlägt: XXX, das für das Gehen die schematische Zeichnung zweier ausschreitender Beine: XXX. An der Hieroglyphe für »zurückgehen«: XXX sehen wir, daß für den Ägypter, im Gegensatz zu uns, die Normalrichtung von rechts nach links ging. Es ist übrigens interessant, daß die Taubstummensprache sich nicht selten mit dem Ägyptischen berührt: »Gehen« zum Beispiel wird von ihr ganz ähnlich ausgedrückt, indem Zeige- und Mittelfinger die Beinbewegungen nachahmen.

Phonogramme, bei denen das Bild auch jedes andere lautgleiche Wort bezeichnen kann, kommen im Ägyptischen ebenfalls sehr häufig vor, zum Beispiel kann die Hieroglyphe der Gans: XXX auch »Sohn« bedeuten, die Schwalbe »groß«, der Käfer »werden«, das Auge: XXX »tun«, das Dreieck: XXX »bereiten«, der Krugständer: XXX »vorn«, der Korb: XXX »jeder«, das Brettspiel: XXX »bleiben«. Hierbei kann es sich sowohl um Worte als auch um Wortteile handeln. Es können also zum Beispiel die Lautbilder für *wr* Schwalbe, *hr* Gesicht, *mn* Brettspiel, *wn* Hase: XXX, *rw* Löwe: XXX, *pr* Haus: XXX auch Silben innerhalb jedes beliebigen Worts bilden. Die Gleichsetzung wird im Ägyptischen dadurch erleichtert, daß Vokale nicht geschrieben werden, also nur die Konsonanten berücksichtigt werden müssen. Es verdient auch hier wieder eine Analogie angemerkt zu werden: die Sprache der schreibenden Pferde und Hunde, die meist nur auf Konsonanten reagiert: Pferd wird von ihnen *frt*, Zucker *zkr* geschrieben. Um uns die ägyptischen Worte überhaupt aussprechbar zu machen, müssen wir uns, soweit das Koptische keine Anhaltspunkte für Vokale bietet, damit helfen, daß wir zwischen die Konsonanten ein e einschalten. Wir sprechen also, wie gesagt, kein einziges ägyptisches Wort richtig aus, oder genauer ausgedrückt: wenn wir es tun, so ist das der reine Zufall. Das vorhin erwähnte Land Punt zum Beispiel wird *pwnt* geschrieben (w ist ein Halbvokal); man kann es daher mit ebensoguter Berechtigung Pewenet nennen. Das Ignorieren der Vokale ist es auch wahrscheinlich, das die Ägypter auf die Buchstaben geführt hat, denn diese konnten sehr leicht aus einkonsonantigen Silben entstehen. Es wurde aus dem Zeichen für *ta*, Brot, XXX: t; aus dem für *ro*, Mund, XXX: r; aus *nu*, Wasser, XXX: n; aus *schi*, See, XXX: sch; aus *dot*, Hand, XXX das eine, aus *dot*, Schlange, XXX das andere ägyptische d (das t ist bloß Endung). So entstand das ägyptische Alphabet von vierundzwanzig Konsonanten. Unter diesen fehlt das l. Da die grammatische Form durch die Endungen angegeben wird und diese meist vokalisch sind, so werden in ägyptischer Schrift Substantiv und Adjektiv, Nomen und Verbum, auch Modi und Tempora, soweit sie im Ägyptischen überhaupt vorhanden sind, sehr oft durch dieselbe Buchstabenfolge angegeben. *Nefer*, die Laute, XXX, das Zeichen für »schön«, kann zum Beispiel ebensogut »Schönheit« oder »schön sein« bedeuten. Es ist dies ungefähr so, wie wenn in unserer Schrift nur die drei Konsonanten *brg* dastünden (oder das Rebuszeichen für »Berg«): dies könnte dann außer »Berg« auch noch *Berge, berge, bärge, barg, birg,* aber eventuell auch *borge, Burg, Bürge* heißen.

Die Deutzeichen

Auch von Determinativen wurde ein sehr reichlicher Gebrauch gemacht. Sie hatten einen doppelten Zweck: die Worttrennung durchzuführen (da die Ägypter, wie fast alle Völker des Altertums, den Text unabgeteilt schrieben, wodurch die größten Mißverständnisse möglich waren) und gleichlautende Wörter zu unterscheiden. Dies konnte wiederum auf zweierlei Weise geschehen: entweder indem man zu den Buchstaben noch überdies das Bild hinzusetzte, zum Beispiel zu den Konsonanten, die das Wort »Krokodil« bilden, die Hieroglyphe dieses Tieres, XXX, oder indem man das Deutzeichen für die Begriffsgruppe beifügte, zu welcher das Wort gehört, wodurch ebenfalls Verwechslungen vermieden wurden. Steht bei einem Wort eine Papyrusrolle, XXX, so bedeutet das, daß es sich um ein Abstraktum handelt; ein Baum, XXX, gibt an, daß von den verschiedenen Bedeutungen der Lautgruppe nur »Sykomore« in Betracht kommt, ein Auge, daß der Begriff mit dem Sehen zusammenhängt; schießen aber aus dem Auge drei Strahlen, so hat er mit Weinen zu tun. Ein Männchen, das die Arme hängenläßt, XXX, bedeutet »ruhen«, »Müdigkeit«; eines, das die Hände emporhebt, XXX, »preisen, anbeten«, eines, das einen Topf auf dem Kopf hält, XXX, »tragen, beladen, arbeiten«. Die Laute heißt mit Deutzeichen des Pferdes »Fohlen«, mit Mann »Jüngling«, mit Frau »Jungfrau«, mit Krieger »Rekrut«, mit Flamme »Feuer«. Wenn XXX das Zeichen für »Himmel« ist, so kann XXX offenbar nur »Regen« bedeuten. Daß die Zeichen XXX und XXX »trinken« und »bauen« andeuten, wird man vielleicht jetzt schon erraten. Dabei finden sich manche Usancen, die auf uns befremdend wirken. So trägt zum Beispiel der Ägypter kein Bedenken, in gewissen Fällen ganz ungeniert einen Phallus aufzuzeichnen, und wenn er »Vogelwelt« andeuten wollte, so malte er einfach eine Gans, auch wenn es sich um eine Taube oder eine Ente, ja sogar um einen Käfer oder eine Heuschrecke handelte, denn auch diese waren für ihn Vögel.

Die Schriftarten

Das Ägyptische ist somit, obgleich es die Buchstaben zum erstenmal anwandte, keine reine Buchstabenschrift, sondern, wie Adolf Erman in seiner klassischen *Ägyptischen Grammatik* sagt, eine »lautlich ergänzte Bilderschrift«. Man kann aber auch ebensogut mit Eduard Meyer finden, daß »das ideographische Element nur akzessorisch und gewissermaßen erläuternd ist«; es kommt beides im Grunde auf dasselbe heraus. Die nächste Stufe war dann die semitische Schrift, die nur noch Konsonantenzeichen verwendete, und den Abschluß bildete das griechische Alphabet, das die Vokale hinzubrachte. Daß die Ägypter den letzten Schritt nicht getan haben, hatte seinen Grund sowohl in ihrem tiefeingewurzelten Konservatismus wie in ihrer Verspieltheit. Für wissenschaftliche oder gar technische Zwecke ist zweifellos ein reiner Buchstabentext das vollkommenere Instrument, aber die farbige Kindlichkeit des hieroglyphischen Ausdrucks hat keine spätere Schrift erreicht; auch heute noch besteht ja bei jeder Sprache der Reiz ihrer Formenbildung und Syntax in der lebensvollen Inkonsequenz, deshalb werden Schöpfungen wie Volapük und Esperanto sich nie durchsetzen. Das Schreiben war in Ägypten eine Kunst und Spezialität wie bei uns Uhrmachen oder Orgelspielen. Aber auch die Texte der gelernten »Schreiber« sind oft voll von grammatischen und orthographischen Fehlern, auch absichtlichen: Buchstaben sind aus spielerischen oder dekorativen Gründen umgestellt; nicht selten sind auch infolge der bereits erwähnten Furcht, sie dadurch in die Realität zu zaubern, gewisse Worte ausgelassen oder nicht ausgeschrieben, ja sogar regelmäßig wiederkehrende Buchstaben inkomplett, zum Beispiel f, die Schnecke: XXX, und d, die Schlange: XXX. Da der Phrasenschatz des Ägypters ziemlich eng umgrenzt war und er es liebte, bestimmte Situationen und Empfindungen immer wieder auf sehr ähnliche Weise wiederzugeben, so störten ihn diese Mängel nicht, weil er das meiste leicht erraten konnte.

Den Namen Hieroglyphen (heilige Eingrabungen) verdienen im vollen Sinne eigentlich nur die gemeißelten und gemalten Schriftzeichen, die vollendete Kunstwerke sind, von feinster und exaktester Ausführung nicht bloß in allen ihren Einzelheiten, sondern auch in ihrem Verhältnis zueinander und zum Rahmen. Sie sind scharf geprägt wie Gemmen; bunt und wirkliche Bilder, der Malerei ebenbürtig: ihre Anordnung ist ornamental. Sie dienen ebensosehr der Dekoration wie der Mitteilung und bilden, als Legende des Gemäldes, mit diesem ein Gesamtkunstwerk. Das rein künstlerische Prinzip äußert sich auch darin, daß bei zwei Inschriften, die Pendants bilden, nur die eine in normaler Richtung geführt wird (diese läuft im Ägyptischen, wie gesagt, von rechts nach links), die andere in der umgekehrten. Dies wäre etwa so, wie wenn wir aus Schönheitsgründen Spiegelschrift anwenden wollten. Umgekehrt sind die stereotypen Attitüden auf den Gemälden: Opfern, Thronen, Wagenkampf, Tributdarbringung, Erlegen des Feindes eine Art Hieroglyphen. Den monumentalen Hieroglyphen zunächst standen die geschriebenen oder vielmehr gezeichneten, reizende Silhouetten: die hieroglyphische Buchschrift; und aus dieser entwickelte sich die sogenannte hieratische Schrift, eine Schreibschrift oder Kursive, die die einzelnen Zeichen abkürzte und miteinander verband. Sie verhält sich zur hieroglyphischen Buchschrift etwa wie unsere Kalligraphie, zumal die mit der Rundfeder geschriebene, zu den Drucktypen, wenn man dabei an eine besonders schöne alte Fraktur denkt. In der griechischen und römischen Zeit hat sich dann das Hieratische durch weitere Vereinfachungen und Zusammenziehungen noch mehr abgeschliffen: zum sogenannten Demotischen, das, weil es für Briefe, Verträge und ähnliche Schriftstücke mit Vorliebe benützt wurde, auch epistolographische Schrift hieß. Es wäre vielleicht am ehesten mit einer »ausgeschriebenen« Kurrentschrift zu vergleichen, die sich bisweilen schon der Kurzschrift nähert.

Kalender und Alphabet sind zwei Einrichtungen, die uns

höchst selbstverständlich vorkommen. Und doch sind die selbstverständlichsten Dinge oft die wunderbarsten. Auf der Erde findet sich weit und breit keine feste Zäsur, die einen sicheren Zähler für den Ablauf der Zeit abgeben würde. Dazu muß der Mensch seine Grenzen überfliegen und sich zu den Gestirnen erheben. Aber auch diese beschreiben sehr eigensinnige Bahnen, die sich bei aller ihrer Regelmäßigkeit und gegenseitigen Abhängigkeit nur durch geduldigste Beobachtung und angestrengtesten Scharfsinn auf ein gemeinschaftliches Maß bringen lassen. Und doch ist erst eine eingeteilte Welt eine erinnerbare, erkundbare, im wahren Sinn erlebte Welt. Demselben stets wachen Wunsch des Menschen, sich über die Zeitlichkeit zu erheben, dient der Buchstabe. Man spricht vom »toten Buchstaben«, aber kein Buchstabe ist tot. Jeder Buchstabe ist ein unsterblicher Menschheitsgedanke, jedes Wort ist ein Haus, in dem vieltausendjährige Lebenserfahrung wohnt, jede Wortfolge ist ein geronnenes Stück Seelenleben. Unter Millionen denkt heute wohl kaum einer, wenn er schreibt oder liest, dankbar an diese Großtat der Ägypter, die ruhmwürdiger war als alle ihre Riesentempel und Pyramiden.

Die Pyramiden

Die Entstehung der Pyramiden fällt in die Zeit der dritten Dynastie, deren Regierung wahrscheinlich, rund gerechnet, das erste Jahrhundert des dritten Jahrtausends umspannte. Als ihr Begründer gilt König Zoser. Vielleicht verlegte erst dieser die Residenz nach Memphis. Sein Baumeister und erster Minister war Imhotep, eine der populärsten Gestalten des alten Ägypten. Er galt als ein großer Weiser und mächtiger Zauberer, sogar die Begründung der Arzneikunst und die Erfindung des Steinhauses wurden ihm zugeschrieben. Er war der Schutzpatron der Schreiber, und die Frommen unter ihnen vergaßen nie, ihm, bevor sie an die Arbeit gingen, aus dem Wasserbehälter eine Libation darzubringen. Auf ihn wird auch die merkwürdige »Stufenpyramide« von Sakkara, dreißig Kilometer südlich von Kairo, zurückgeführt. Sie ist noch keine richtige Pyramide, sondern besteht aus sechs übereinandergetürmten, sich verjüngenden Mastabas, deren Gesamthöhe sechzig Meter beträgt. Der nächste Schritt war die »Knickpyramide«, die wohl jedermann aus Abbildungen bekannt ist. Die erste wurde in einer Höhe von hundert Meter von dem letzten König der dritten Dynastie bei Daschur errichtet, das noch etwas südlicher liegt als Sakkara. Bei Daschur vollzog sich auch der Übergang zur reinen Pyramide: XXX unter König Snofru, dem Begründer der vierten Dynastie, die ungefähr von 2900 bis 2750 regierte. Die größte Pyramide ließ sein Nachfolger Cheops aufführen: sie hatte eine Seitenlänge von mehr als 230 Meter und eine Höhe von 148 Meter und erforderte eine Bauzeit von fünfundzwanzig Jahren. Sie steht, ebenso wie die Pyramiden des Chephren und des Mykerinos, bei Gise, schrägt gegenüber von Kairo. Chephren ist auch der Schöpfer der Großen Sphinx, die bekanntlich ein Herr ist, nämlich der König selbst mit einem Löwenleib. Das Ohr allein ist $1\frac{1}{3}$ Meter lang, der Mund $2\frac{1}{3}$ Meter breit. Als Porträt kann der Kopf freilich heute nicht mehr gelten, da die Mamelucken ihn als Schießscheibe benutzten. Ursprünglich hielt das Bildwerk, das jetzt vom Wüstensand völlig freigelegt ist, einen kleinen Tempel zwischen den Tatzen und war bemalt: der Körper rot, das Kopftuch weiß. Rings um die Pyramiden bildeten die Mastabas, in denen die Großen des Reiches begraben lagen, eine Art Suite.

Die Pyramide ist nichts anderes als ein riesiges Grabmal, unter dem die Sargkammer liegt. Einer ihrer Hauptzwecke war der Schutz vor Grabräubern. Das ungeheuer dicke Mauerwerk aus festestem Gestein war undurchdringlich und der enge Zugang, durch den der Sarg ins Innere gebracht worden war, auf die raffinierteste Weise versteckt. Trotzdem sind auch die Pyramidengräber erbrochen worden, aber sicher nicht ohne staatliche Patronanz, und dies war dann oft eine nicht minder gigantische Leistung wie der Bau selbst. Man gab daher im Neuen Reich die Pyramidengräber auf und ging zu Felsengräbern über, die noch unzugänglicher waren. Allein es fand sich immer ein Weg, und man hat kein Grab entdeckt, das sich nicht in geplündertem oder doch angeplündertem Zustand befand. Das Motiv war nicht immer Habgier, sondern auch politische oder religiöse Gegnerschaft, und neuestens ist es wissenschaftlicher Natur. Es ist übrigens merkwürdig, daß die wenigsten Menschen eine Empfindung dafür haben, welche Blasphemie darin liegt, eine Leiche aus ihrem Sarge zu reißen und in ein Museum zu stellen. Trotz allen diesen Attacken sind aber sicher gewisse Verstecke unauffindbar, und Mariette pflegte zu sagen, es gebe viele Mumien, die absolut nie wieder an das Tageslicht kommen würden.

Zu jeder Pyramide gehörte noch eine ganze weitläufige Anlage. Ihre Hauptteile waren der sogenannte Torbau: ein Tempel im Tale am Ufer des Nils, der gedeckte Rampenweg, der, bis zu vier Kilometer lang, zum Wüstenplateau emporführte, und der Totentempel, der, zu den Füßen der Pyramide gelegen, sich in eine breite Vorhalle und einen tiefen Säulensaal gliederte. Dazu kamen noch große Magazine. Die Ausstattung der Räume war von imposanter Einfachheit: der Fußboden aus schneeweißem Alabaster, die Wände aus leuchtendrotem Granit, dazu mächtige viereckige Pfeiler und überall überlebensgroße Standbilder des Königs aus grünem Stein, keine Reliefs, keine Inschriften. An der Anlage dieser uralten Tempel, die Strabo von seinem griechischen Standpunkte aus »barbarisch« nannte, wird auch deutlich, daß das Ursprüngliche in Ägypten der Holzbau war: es sind in Stein übersetzte Holzkonstruktionen.

Die Zwiebeltheorie

Über die Entstehung der Pyramiden hat Lepsius folgende Hypothese aufgestellt: Jeder König baute zunächst eine nicht sehr große Pyramide, um sein Grab für alle Fälle unter Dach zu bringen; war ihm eine längere Regierung beschieden, so ließ er Jahr für Jahr einen neuen Mantel um den alten Kern legen, und so wuchs das Bauwerk zu immer größerer Höhe und Breite. Nach dieser Theorie, die noch heute ziemlich allgemein akzeptiert ist, könnte man also von den Steinriesen wie an Jahresringen die Lebensdauer der Könige ablesen. Cheops, Chephren und Mykerinos, von denen die drei größten Pyramiden stammen, haben in der Tat sehr lange regiert. Aber andererseits machen ihre Grabmäler nicht den Eindruck, als seien sie nur durch günstige Umstände und gleichsam zufällig gewachsen wie Zwiebeln, vielmehr wirken sie nach Form und Anlage wie aus einem Guß und als eine von vornherein gefaßte großartige Konzeption. Sie sind der machtvoll lapidare Ausdruck des ägyptischen Heldenzeitalters, eines schwellenden Weltgefühls, wie es den Frühling eines Volkes zu erfüllen pflegt. Ohne vieljährige Arbeit konnten sie freilich nicht entstehen; aber eine innere Stimme muß diesen Königen gesagt haben, daß sie das heroische Werk vollenden würden. Die Zwiebelschalentheorie ist zu naturalistisch.

Instinkt oder Magie

Man hat berechnet, daß das Steinmaterial, das zur Cheopspyramide erfordert wurde, fünf Lastzüge füllen würde, jeder so lang wie die Strecke Wien–Paris. Die Brüche, denen es entstammte, lagen fünfzehn Kilometer vom Pyramidenfeld entfernt, wobei außerdem der Nil zu übersetzen war. Der Granit für die Tempelbauten stammte sogar aus Assuan, das rund tausend Kilometer von Gise entfernt ist. Die ungeheuer schweren Quadern mußten viele Stockwerke hoch gehoben werden. Einfache Maschinen wie Hebebäume, Rollen, Krane, Flaschenzüge haben die Ägypter sicher besessen. Es gibt auch ein bekanntes Grabgemälde, das den Transport eines Kolosses darstellt: 172 Mann ziehen an Tauen einen Bretterschlitten, auf dem die 6½ Meter hohe Bildsäule festgeschnürt ist; unterlegte Lederstücke schützen sie vor dem Abscheuern durch die Stricke; auf dem Piedestal steht einer, der Wasser ausgießt, um zu verhüten, daß die Planken sich durch die Reibung entzünden, ein Aufseher gibt, in die Hände klatschend, den Takt an, Leute mit Werkzeugen und Wasserträger folgen. Sollten die Pyramiden wirklich auf diese primitive Weise zustande gekommen sein, so würde dies an die fabelhaften Leistungen gewisser Insekten erinnern. Der Entomolog MacCook hat die Nester einer pennsylvanischen Ameisenart gemessen und ausgerechnet, daß sie im Vergleich zu den Dimensionen des Insekts vierundachtzigmal so groß sind wie die Cheopspyramide. Und dabei enthielt die Stadt, die die Tiere angelegt hatten, sechzehnhundert solche Nester; »neben solchen Siedlungen«, fügte MacCook hinzu, »sind London und New York bloße Dörfer«. Was die staunenswert exakte Bearbeitung der Bausteine anlangt, so kann an die Bienenzelle erinnert werden, die von so absoluter Regelmäßigkeit ist, daß Réaumur sie als internationales Normalmaß vorschlug. »Wenn«, sagt Maeterlinck in seinem wundervollen Buch über das Leben der Bienen, »ein Geist aus einer anderen Welt auf die Erde herabstiege und die vollkommenste Schöpfung der Logik des Lebens zu sehen begehrte, so müßte man ihm die schlichte Honigwabe zeigen.« Übrigens ist das Gehäuse, das sich die gemeine Weinbergschnecke erbaut, ein noch viel beunruhigenderes Problem. Es ist nach den Gesetzen einer Kurve zusammengerollt, welche »logarithmische Spirale« oder Schneckenkurve genannt wird und eine sogenannte transzendente Kurve ist, das heißt: eine, die durch unsere algebraischen Gleichungen nicht ausgedrückt werden kann. Dieses gemeine Weichtier ist also ganz offenbar eine höhere Mathematikerin als der Mensch. In diesen Zusammenhang gehören vielleicht auch die Kunststücke, die seinerzeit die Pferde von Elberfeld vollbracht haben: sie zogen unter anderm mit einer Geschwindigkeit, in der sie die meisten Menschen übertrafen, Quadratwurzeln und Kubikwurzeln aus vielstelligen Zahlen. Man pflegt alle diese Leistungen gerade darum so sehr anzustaunen, weil sie auf bloßer Instinktmäßigkeit beruhen. Man müßte aber umgekehrt sagen: nur weil sie Instinktleistungen sind, konnten sie überhaupt zustande kommen. Je tiefer wir hinabsteigen, desto sicherer sehen wir die Organismen arbeiten; desto enger wird aber auch der Kreis ihrer Tätigkeit, die Domäne ihres Genies. Der Geist geht in die Irre, weil er frei, weil er schöpferisch ist; der Instinkt trifft ins Zentrum, weil er zwangsläufig und unoriginell ist. Die zuverlässigste Art des Funktionierens findet sich an der toten Materie: dem rotierenden Kreisel, dem fallenden Stein, der rollenden Kugel. Der Geist ist deshalb in seiner Herrschaft weniger gesichert, weil er umfassender, weil sein Apparat universeller ist. Der Instinkt ist borniert wie alle Spezialisten. Auch auf dem Gebiet der Kunst erreichen die reichsten und tiefsten Ingenien niemals die technische Vollendung gewisser Virtuosen. Der geschickteste menschliche Handwerker wird mit der freien Hand nie etwas so Vollkommenes wie die Bienenzelle zustande bringen: die Hand vermag es nicht, eben weil sie frei ist. Auch die Marskanäle, falls sie existieren sollten, würden keineswegs für eine höhere Kulturstufe der Marsbewohner sprechen. Und so wären die Pyramiden, die größten Wunder der Baukunst, die in historischer Zeit jemals entstanden sind, »Instinktschöpfungen«?

Man könnte aber das Rätsel auch gerade vom entgegengesetzten Ende her zu lösen versuchen. Wir müssen uns dabei an die »vitale Technik« der Atlantier erinnern. »Urweltliche, andersartig in die Natur schauende Menschenwesen«, sagt Dacqué, »mögen grundlegend andere, uns nur sagenhaft bekanntgewordene Eigenschaften an sich gehabt haben, die uns physikalisch unverständlich sind. So etwa... eine Kraft, die sich nach außen werfen und sie dann etwa Steinkolosse von Ausmaßen und auf Entfernungen transportieren ließ, die von der spätzeitlichen Technik für unmöglich erklärt oder beneidet und als Geheimnis angestaunt werden.« Und so wäre vielleicht die Pyramidenzeit der letzte Abglanz jener über die halbe Erde verbreiteten magischen Kultur der Atlantis? Für diese Auffassung spricht manches. Zunächst müßten die Anlagen, wenn sie auf einem Wege zustande gekommen wären, der dem unserer modernen Technik analog ist, immer gigantischer geworden sein: Das liegt im Wesen jedes Maschinenzeitalters. Es verhielt sich aber gerade umgekehrt. Und zweitens hieße es die Kulturentwicklung auf den Kopf stellen, wenn man annehmen wollte, daß der Triumph der Mechanik irgendwo am Anfang gestanden habe. Es ist vielmehr ein völkerpsychologisches Gesetz, daß die Mechanisierung ein Endprodukt ist: aus Kunst wird Können, nicht umgekehrt, wie die dekadenten Zeitalter glauben, in denen das Kunsthandwerk die Hegemonie innehat. Alle »Fortschritte«, alle Erfindungen waren ursprünglich Künste, wie schon der Name sagt: die Heilkunst, die Rechenkunst, die Buchdruckerkunst, die Kunst des Schiffbaus; und zugleich eine Art Zauber. Faust, der Stammvater des »wissenschaftlichen« Menschen, ist selber noch Nekromant, Gutenberg war ein Schwarzkünstler, Kopernikus überzeugter Astrolog. In ihrer Jugend ist alle Chemie Alchimie, alle Naturforschung Mystik, und der Dichter ist in alten Zeiten ein Seher, Beschwörer, Magier; später »können« die Menschen das alles.

Die Mathematik der Pyramide

Die vier Seiten der Cheopspyramide sind genau nach den vier Himmelsrichtungen gestellt. Ein von Nord nach Süd durch die Spitze der Pyramide geführter Schnitt deckt sich mit der Ebene des sogenannten »idealen Meridians«, der über die meisten Kontinente und die wenigsten Meere geht. Der Eingangsstollen in die unterirdische Grabkammer, die den Pharao beherbergte, hatte eine Neigung von 27 Grad. Nun hat man berechnet, daß zur Zeit des Cheops der Stern XXX im Sternbild des Drachen der Polarstern war. Die Höhe seiner unteren Kulmination war 27 Grad: also fielen seine Strahlen direkt auf den toten Pharao, den »irdischen Polarstern«. Unser Sonnenjahr hat 365,242 Tage.

Dividiert man die genaue Seitenlänge der Pyramide durch diese Zahl, so erhält man eine Größe, die sich in den Ausmaßen der Gänge und Kammern in auffallender Weise wiederholt und die man deshalb »Pyramidenmeter« genannt hat. Dieser Pyramidenmeter ist genau der zehnmillionste Teil der halben Polarachse der Erde. Teilt man den Pyramidenmeter in weitere 25 Teile, so gelangt man zum »Pyramidenzoll«. Der Umfang der Grundfläche der Cheopspyramide beträgt 36524,2 Pyramidenzoll: es kehrt also die Zahl der Jahrestage wieder. Multipliziert man die Höhe der Pyramide mit einer Milliarde, so ergibt sich die Entfernung der Erde von der Sonne, eine Zahl, zu der die heutige Astronomie erst nach langen Irrwegen und mit Hilfe der kompliziertesten Apparate gelangt ist. Nur der banalste Philister könnte hier von lauter Zufällen reden, und mit Recht hat der Abbé Moreux, der Leiter des Observatoriums in Bourges, gesagt, daß alle Eroberungen der modernen Wissenschaft sich in der Pyramide finden. Die berühmtesten Astronomen der Welt: Newton, Herschel, Flammarion und andere, haben sich sehr ernsthaft und eingehend mit dem Rätsel der Pyramide beschäftigt.

Und wie viele Erkenntnisse mögen noch in ihr schlummern, die wir nicht nachzuprüfen vermögen, aus dem einfachen Grunde, weil wir selber nichts von ihnen wissen! Merkwürdig bleibt nur, daß sich weder in der Literatur noch auf den bildlichen Darstellungen die geringste Anspielung auf diese Weisheiten findet. Es scheint sich also um Priestergeheimnisse gehandelt zu haben. Im alten Orient war die Wissenschaft keine demokratische Angelegenheit. Vielleicht auch ist all dies sehr bald selbst den Eingeweihten abhanden gekommen; denn nur an der Cheopspyramide hat man bisher solche überraschende Beobachtungen machen können. Die ägyptische »Frühzeit« war möglicherweise keine Ouvertüre, sondern ein Finale.

Und in der Tat tritt uns unter der fünften Dynastie (etwa 2750 *Re* bis 2600) ein ganz neuer Geist entgegen. Die atlantische Zeit ist verklungen. Es ist sehr leicht möglich, daß die vierte Dynastie ein gewaltsames Ende fand und die neuen Herrscher in Memphis durch die Priester von Heliopolis eingesetzt wurden, die allmählich zu großer Macht gelangt waren. Der Sonnengott Re wird Reichsgott. Sein Kult findet in großen Sonnenheiligtümern statt, deren Mittelpunkt ein bildloser Obelisk, XXX, bildet, bis zu sechzig Meter hoch, auf einem riesigen würfelförmigen Unterbau ruhend. Diese merkwürdige Säulenform hat ihren Namen von den Griechen erhalten, die sie, wegen ihrer Ähnlichkeit mit einem Spieß, *obelos* und später *obeliskos*, »Spießchen«, nannten: Die Diminutivform ist aber für diese Ungetüme nicht recht verständlich, vielleicht handelt es sich um eine launige Bezeichnung des Volksmunds. Man nimmt auch an, daß die Obelisken als Sonnenuhren dienten; das kann aber jedenfalls nur ein Nebenzweck gewesen sein. In der Nähe des Heiligtums befand sich bisweilen etwas noch Sonderbareres: ein viele Meter langes Ziegelmodell des Sonnenschiffs, mit dem Re jeden Tag über den Himmel fährt. Wer ist Re? Ist er der Obelisk? Oder der Geist jenes Schiffs? Oder die Sonne selbst? Jedenfalls ist der regierende Pharao sein Sohn; aber während Re der »große Gott« ist, ist dieser bloß der »gute Gott«. Überhaupt scheint die Stellung des Königs etwas von ihrer Allmacht eingebüßt zu haben. Wurden bisher alle hohen Ämter von Söhnen oder anderen nahen Verwandten des Königs bekleidet, so sind jetzt die meisten Würdenträger nicht mehr mit dem Herrscher durch das Blut verbunden; »Königsabkömmling« ist eine leere Titulatur geworden, die im Prinzip für jeden erwerbbar ist. Vor allem scheint sich jetzt ein ganz selbständiger Klerus herausgebildet zu haben. Nach außen war es aber eine Zeit hoher politischer Macht: Die Pharaonen erlangten zum erstenmal die Suprematie über Nubien und Palästina. Memphis muß damals schon eine sehr große Stadt gewesen sein; es gab dort sogar bereits Kasernenviertel. Andrerseits verdient angemerkt zu werden, daß es in Ägypten kein spezielles Wort für Stadt gibt, denn *nut* kann auch Dorf bedeuten.

Die Bürokratie

In diese Zeit fällt auch die vollendete Ausbildung der Bürokratie, als deren Erfinder überhaupt die Ägypter angesehen werden können; alle fremden Regierungen, die sich später am Nil etablierten: die Achämeniden, die Ptolemäer, die römischen und byzantinischen Kaiser sind hierin bei ihnen in die Schule gegangen. Durch die ganzen Verhältnisse des Landes waren die Ägypter ja auch von vornherein auf ein möglichst sorgfältig ausgebautes Verwaltungssystem angewiesen. Es wird ununterbrochen kontrolliert, protokolliert, katastriert; nicht das Geringste bleibt unnotiert. Wie der Nilschlamm durch unzählige Kanäle über die ganze Fruchtniederung geleitet wird, so ist das feinmaschige Netz einer spezialisierten Beamtenhierarchie über alles Ägyptische gebreitet. »Schreiber« und »Beamter« sind Synonyme. Überall gibt es Archive, wo, in Krügen verwahrt und gewissenhaft rubriziert, die Akten ruhen. Natürlich hat diese Bürokratie, gerade weil sie die vollendetste war, auch alle Schattenseiten im höchsten Maße entwickelt. Zunächst den Leerlauf des Administrierens, durch den dieses schließlich Selbstzweck wird. Sodann die Korruption und Schlamperei, über die zu allen Zeiten Klagen ertönten: »Ich habe«, erklärt ein Oberarbeiter, »mein Getreide erst bekommen, nachdem ich zehn Tage täglich ›gib es doch‹ gesagt habe«, ein anderer reklamiert einen Esel, der im Instanzenweg verschwunden ist, aber ein Angestellter aus der thebanischen Zeit bleibt bei allem Ärger poetisch: »Was soll das heißen, daß ich dir sage: ›gib zehn Stück Gänse an meine Leute‹ und du dann nicht hingehst zu diesem weißen Vogel und zu diesem kühlen Teich?« Vor allem aber war die Berufsbeamtenschaft von jenem drolligen und lästigen Dünkel erfüllt, den sie zu allen Zeiten besessen hat. Der neue Stand blickte voll Hochmut nicht nur auf die dienende

Klasse der Bauern und Handwerker, sondern auch auf die herrschende der Krieger und Grundbesitzer, denn nur er war »gebildet«. Jede andere Tätigkeit ist erbärmlich: »Ich habe den Schmied bei seiner Arbeit gesehen«, sagte ein Dichter des Mittleren Reiches, »da saß er am Loch seines Ofens; seine Finger waren wie Krokodilhaut, er stank mehr als Fischrogen.« Auch der Künstler ist nur ein Kuli: »Der Künstler, der den Meißel führt, muß sich mehr abarbeiten als einer, der das Feld pflügt. Ist er vielleicht in der Nacht befreit? In der Nacht zündet er Licht an!« Und das Resümee lautet: »Setze dein Herz hinter die Bücher; es geht nichts über die Bücher.« Aber die Begründung ist sehr banausisch: Du kannst dann jeden Posten in der Residenz bekommen.

Aus der Zeit der fünften Dynastie stammt auch die *Lehre des Ptahhotep*, eines der berühmtesten ägyptischen Bücher, dessen Sentenzen noch nach zwei Jahrtausenden als geflügelte Worte umliefen. Ob Ptahhotep, der unter einem König Issi die Stelle eines Wesirs und »Vorstehers der Hauptstadt« bekleidete, wirklich der Verfasser ist, läßt sich nicht mehr ausmachen; vielleicht handelt es sich nur um eine literarische Fiktion. Das Werk enthält »Aphorismen zur Lebensweisheit«, etwa in der Art des Knigge, der ja auch kein bloßes Komplimentierbuch ist, und will daneben auch eine Vorlagensammlung für gewandte und vornehme Ausdrucksweise sein. Schon gleich der erste Ausspruch zeugt für die hohe Weisheit und Menschlichkeit des Verfassers: »Sei nicht stolz auf dein Wissen und baue nicht darauf, daß du ein Gelehrter bist. Hole dir Rat bei den Unwissenden so gut wie bei den Wissenden, denn es gibt keine Grenze für die Kunst und kein Künstler besitzt die Vorzüglichkeit ganz. Eine gute Rede ist versteckter als der Grünstein und doch findest du sie bisweilen bei der Sklavin am Mühlstein.« Auch von dem seichten und kläglichen Opportunismus der landläufigen Schreiberphilosophie findet sich bei Ptahhotep nichts. »Mit Recht und Wahrheit«, sagt er, »kommst du am weitesten im Leben.« Auf das weibliche Geschlecht ist Ptahhotep nicht gut zu sprechen: »Hüte dich, den Frauen zu nahen. Ein Ort, wo sie sind, ist nicht gut. Tausende gehen ihretwegen ins Verderben; man wird zum Toren gemacht durch ihre gläsernen Glieder, aber der Ausgang ist mißfarben. Ein Weniges, ein Kleines, einem Traume gleich, und am Ende steht der Tod.«

Die bildende Kunst Ägyptens erlebte in dieser Periode ihre erste Hochblüte. Sie ist in ihrem einmaligen Charakter längst fixiert. Die Holztafel mit dem Relief des Hesire aus der Zeit der dritten Dynastie zeigt bereits den Typus, wie er bis in die Spätzeit der Kanon des »schönen ägyptischen Menschen« geblieben ist. Und derselben Zeit gehören Vorlagen an, auf denen durch Hilfslinien und Punkte die genauen Dimensionen und Proportionen für den zeichnerischen Aufbau einer Männerfigur angegeben sind. Aus dem Anfang der vierten Dynastie stammen die berühmten sechs Gänse von Medum, die den ägyptischen Naturalismus in seiner vollen Souveränität zeigen: nur die Japaner haben bisweilen dieselbe Feinheit und Sicherheit des Faksimiles erreicht. In die fünfte Dynastie fallen einige der größten Kunstwerke der Plastik: der Dorfschulze, ein Holzporträt von sprühender Lebendigkeit, die durch die Bemalung noch erhöht worden sein muß, obgleich man sich das kaum mehr vorstellen kann; der Schreiber, heute im Louvre, eine Gipfelleistung geistreicher und warmer Charakteristik; die beiden prachtvollen Statuen des Ranufer, Oberpriester von Memphis. Die Ausschmückung der Tempel und Gräber wird zusehends redseliger: schließlich bedeckt ein reiches Spitzengewebe von kostbaren Stilleben Genreszenen, Familienidyllen alle Wände und Decken; auch der König erscheint, tapetenhaft vervielfacht, immer wieder: das heilige Feuer entzündend, räuchernd, Milch, Wein, Öl spendend, bald für den Norden, bald für den Süden; an die Stelle der kantigen Granitpfeiler treten zierliche Palmensäulen mit koketten Kapitellen.

Feudalismus und Bolschewismus

Unter der sechsten Dynastie (rund 2600 bis 2400) vollzieht sich der Übergang zum Feudalismus. Ihr Begründer ist König Teti; einer ihrer letzten Herrscher war Phiops der Zweite, der mit sechs Jahren den Thron bestieg und hundert Jahre alt wurde: sollte diese Angabe stimmen, so wäre dies die weitaus längste Regierungszeit, die ein Potentat jemals erreicht hat. Die Nomarchen oder Gaufürsten, ursprünglich einfache Bezirksgouverneure, die jederzeit versetzt oder abgesetzt werden konnten, machen sich zu kleinen Provinzsouveränen. Sie führen den Titel »Leiter des Landes« und »Erster unter dem König«, die Belehnung des ältesten Sohnes wird feststehende Regel und macht ihre Würde erblich, sie haben ihr eigenes Schatzhaus, Archiv, Deichamt, Gericht, Militär, sie zählen die Jahre nach ihrer Regierung, lassen bei ihrer Seele schwören und sich (was für das ägyptische Gefühl das entscheidendste ist) in ihrer Heimat begraben. Indes darf man dabei doch niemals an unseren Feudalismus denken: einen wirklichen Adel, ein, wenn man so sagen darf, heraldisches Weltgefühl hat es unter den Ägyptern niemals gegeben, Begriffe wie Pedigree, Mesalliance, Majorat und dergleichen sind ihnen stets fremd geblieben, nie ist in den Grabinschriften von Abstammung, Familiengeschichte oder erlauchten Ahnen die Rede. Die ägyptischen Großen waren Magnaten, aber keine Aristokraten. Daß sich schon überall der Verfall ankündigt, lehrt eine Schrift, die wahrscheinlich aus der Feudalzeit stammt: »Das Land wird wenig und seine Leiter werden viel. Das Feld wird kahl und seine Abgaben werden hoch. Das Korn wird gering und das Steuermaß wird groß, und man mißt so, daß es überläuft. Alle Leute sagen: es gibt nichts mehr!«

Die siebente Dynastie bestand nach Manetho aus siebzig Herrschern, die siebzig Tage regierten: Hinter diesem Spiel mit der Zahl Sieben verbirgt sich wahrscheinlich eine furchtbare Katastrophe. Auch die achte Dynastie kann nur ein kurzes Interregnum von ein paar Jahrzehnten gewesen sein, vielleicht eine Adelsoligarchie. Dann erschien ein neues Königsgeschlecht, die neunte und zehnte Dynastie aus Herakleopolis (am Südeingang zum Faijum), das 150 bis 300 Jahre regiert hat. Möglicherweise war es eine Militärdiktatur, jedenfalls trat das soldatische Element mehr hervor: Die Herakleopoliten umgaben sich mit einer ständigen Leibwache, in der auch viele Fremde: Libyer, Semiten, Nubier dienten, einer Art Schweizergarde. Daß die neue Dynastie nicht friedlich auf den Thron gelangte, zeigt der Zustand der alten Gräber: die Kartuschen der früheren Könige sind ausgekratzt, ihre Särge geöffnet, ihre Standbilder demoliert. Indem man so ihren Namen, ihre Porträts, ihre Mumien aus der Welt schaffte, vollzog man nach ägyptischer Anschauung erst die eigentliche Vernichtung ihrer Persönlichkeit und damit den schlimmsten Akt der Feindseligkeit, eine Art Todesurteil nach dem Tode. Dies weist auf eine ungeheure Revolution, vielleicht eine längere Episode bolschewistischen Charakters. Die Schilderung in einer zum Teil erhaltenen Schrift *Mahnworte eines Propheten* sieht ganz danach aus: »Es ist doch so: der Nil flutet, und doch pflügt man nicht für ihn; ein jeder sagt: wir wissen ja nicht, was im Land geschieht. Es ist doch so: die Vornehmen sind voll Klagen und die Geringen voll Freude; Gold und Lapislazuli, Silber und Malachit, Karneol und Bronze sind um den Hals der Sklavinnen gehängt. Es ist doch so: das Lachen ist zugrunde gegangen und man übt es nicht mehr; Trauer zieht durch das Land, vermischt mit Wehklagen. Groß und klein sagt: ich wünschte, ich wäre tot; die kleinen Kinder sagen: hätte man mich doch nicht ins Leben gerufen. Es ist doch so: man nährt sich von Kräutern und trinkt Wasser, man raubt die Abfälle; der Kleider, der Wohlgerüche, des Öls ist man entblößt. Sehet, die Amtszimmer werden geöffnet und ihre Listen fortgenommen, kein Amt ist mehr an seiner richtigen Stelle; sie sind wie eine aufgescheuchte Herde ohne Hirten. Sehet, der Reiche schläft durstig; wer ihn sonst um seine Neigen bat, trinkt jetzt starkes Bier. Sehet, die früher Kleider besaßen, sind jetzt in Lumpen; wer niemals für sich webte, besitzt feines Linnen. Sehet, wer nie etwas vom Harfenspiel verstand, besitzt jetzt eine Harfe; vor dem man nie sang, der preist jetzt die Göttin der Musik. Sehet, die keine Kiste hatte, besitzt jetzt eine Truhe; die ihr Gesicht im Wasser besah, besitzt jetzt einen Spiegel. Das Land dreht sich um wie eine Töpferscheibe.«

Das Gespräch des Lebensmüden

Den ergreifendsten Ausdruck hat die allgemeine Verzweiflung in dem merkwürdigen »Gespräch eines Lebensmüden mit seiner Seele« gefunden. Es ist eine Art Monolog, freilich von ägyptischer Prägung. Solche Unterredungen mit der »Psyche«, dem »Schatten«, hat das ganze Altertum gekannt; noch der heilige Augustinus hat einen wunderbaren Dialog mit seiner Vernunft verfaßt. Der Lebensmüde will Selbstmord begehen, und zwar, für den Ägypter etwas Unerhörtes, durch Verbrennung. Das Begräbnis mit seinen Zeremonien, die peinliche Erhaltung des Leichnams, der Kult des Toten, all das, sagt er, ist überflüssig. Die Seele sträubt sich. Daß die Gräber nichts nützen, gibt sie zwar zu: selbst aus den Pyramiden reißt man die Mumien. Aber vom Selbstmord will sie auch nichts wissen. Genieße froh das Leben, mahnt sie, was nachher kommt, darüber mach dir keine Sorgen. Allein das lehnt der Lebensmüde voll düsterer Erbitterung ab: »Zu wem soll ich denn sprechen? Man ist habgierig, ein jeder nimmt das Gut seines Nächsten. Zu wem soll ich sprechen? Die Sanftmut ist untergegangen, die Frechheit ist zu allen Menschen gekommen. Zu wem soll ich sprechen? Die Gesichter sind unsichtbar geworden, ein jeder hält den Blick gesenkt vor seinen Brüdern. Zu wem soll ich sprechen? Es gibt keine Gerechten, die Erde ist unter die Übeltäter verteilt. Der Tod steht vor mir wie die Genesung nach langer Krankheit, wie der Geruch der Myrrhen, wie der Geruch der Lotusblumen, der Tod steht vor mir wie der entwölkte Himmel, wie das Heimathaus, wie die Rückkehr nach langer Gefangenschaft.« Da läßt sich auch die Seele überzeugen: »Mach, was du willst, lebe oder stirb, ich werde dir folgen.« Ein fast hamletischer Skeptizismus spricht aus diesem merkwürdigen Gedicht.

Ägypten und Amerika

Die Kultur, die am Ende des Alten Reiches zusammenbrach, zeigt so frappante Ähnlichkeit mit einzelnen Vorderasiens, vor allem aber Altamerikas, daß es borniert wäre, hier von zufälliger Duplizität zu reden. Ebenso unhaltbar ist die steifleinene Weisheit, die derartige Parallelismen damit erklären will, daß alle Kulturen demselben Entwicklungsschema unterworfen seien und daher auf denselben Stufen gleichartige Lebensäußerungen hervorbringen müßten. Es ist vielmehr im Gegenteil zu beobachten, daß jede Kultur, sobald sie sich selbst überlassen bleibt, in Sprache, Kunst, Technik, Weltbild zu absolut einmaligen Ausdrucksformen gelangt. Phänomene wie den gotischen Dom, die romantische Oper, die moderne Physik hat es niemals vorher gegeben und wird es niemals wieder geben.

Den Panbabylonismus haben wir bereits kurz erwähnt. Er behauptet übrigens keineswegs, daß alles von Babylon ausgegangen sei, zu welcher Auffassung der nicht sehr glücklich gewählte Name leicht verleiten kann, sondern bloß, daß (wenn man die Richtung von Osten nach Westen nimmt) China, Indien, Mesopotamien, Ägypten, die Ägäis, Etrurien und Altamerika die gleichen Grundlagen des Geisteslebens aufweisen. Man nimmt vorläufig nur deshalb Babylon als Zentrum an, weil dort diese Elemente in verhältnismäßig ältester Zeit und am klarsten entwickelt vorliegen. Fest steht nur die Tatsache der Wanderung. »Sollte«, sagt Alfred Jeremias, einer der Hauptvertreter dieser Theorie, »sich einmal als Ausgangspunkt der Wanderung ein anderer Ort der Erde feststellen lassen, so würde die im Namen Panbabylonismus liegende These nur ihren Namen, nicht aber ihre Wahrheit verlieren.« Nach unserer Ansicht lag jene Wiege im Westen und ruht heute auf dem Grunde des Ozeans.

In Amerika blühten vor der Entdeckung der mittelamerikanische Kulturkreis und der Kulturkreis des südamerikanischen Hochlands, dessen Mittelpunkt Peru war. Die peruanische Staatsreligion war der Sonnenkult, wie er zweifellos auch in Ägypten von jeher bestanden hat. An den Sonnwendtagen fanden große Feiern mit prunkvollem Zeremoniell statt, neben denen allmonatliche Sonnenfeste einhergingen, überall standen Sonnentempel, der regierende Inka galt als Nachkomme des Sonnengottes. Die Peruaner dachten sich die Sonne männlich, den Mond weiblich und die beiden als Geschwister und vermählt wie Osiris und Isis. Die Geschwisterehe war im peruanischen Herrscherhaus ebenso häufig wie auf dem Thron der Pharaonen: der vorletzte Inka, der Eroberer des nördlichen Riesenreiches Quito, hatte seine Schwester zur Hauptfrau. Die Leichen wurden kunstvoll einbalsamiert, mit Binden umwickelt und mit kostbaren Beigaben begraben; die Übereinstimmung geht bis zu der Sitte, mehrfache Gesichtsmasken aufzulegen und heilige Tiere mitzumumifizieren. Infolge des günstigen Klimas und Bodens haben sich die Totenbeigaben in ähnlich unversehrtem Zustande erhalten wie am Nil; es fanden sich in reicher Menge: Speisen und Getränke, zum Beispiel Erdnüsse, Paprikaschoten, süße Kartoffeln, Dörrfleisch, Apfelwein; prachtvolle Schmucksachen, Geräte und Gewebe; Vorräte an Tabak und Coca; Toilettegegenstände, darunter: Puderdosen und Puderquasten, Rouge und Nagellack, Maniküre-feilen und Enthaarungspinzetten; ja sogar angefangene Malereien und Stickereien mit Material zur Fortsetzung der Arbeit. Große Verwandtschaft zeigen auch die staunenswerten Bewässerungsanlagen; und die peruanischen Bauten sind für uns ein ebenso großes Rätsel wie die ägyptischen, sowohl was die enormen Transportleistungen als was die mathematische Exaktheit des Schleifens und Behauens anlangt: das sogenannte »Bad des Inkas« auf der Titicacainsel zum Beispiel bestand aus einer großen runden Schale von äußerster Ebenmäßigkeit und Glätte, die aus einem einzigen feinkörnigen Trachytblock herausgearbeitet war; die riesige Verbindungsstraße zwischen Quito und Cuzko bediente sich mächtiger Tunnels, die meilenlang die Berge durchschnitten, massenhafter Füllblöcke, die ungeheure Schluchten passierbar machten, und kunstvoller Hängebrükken, deren Konstruktion uns unverständlich ist.

Den mittelamerikanischen Kulturkreis bildeten die sogenannten Mayavölker und die Mexikaner, deren Hauptrepräsentanten die Tolteken und Azteken waren. Wie bei den Ägyptern waren ihre religiösen Bauten riesenhaft und prunkvoll, während sie selbst in vergänglichen Lehmhütten wohnten. Ihre charakteristischen Bauformen waren die Stufenpyramide und die Spitzsäule. In der Rundplastik neigten sie ebenso zur Geometrisierung der menschlichen Formen wie der Ägyptizismus. Sie besaßen einen vorzüglichen Kalender, der an Vollkommenheit erst durch den gregorianischen erreicht worden ist, wie überhaupt ihre astronomischen Kenntnisse auf einer Höhe standen, die das Altertum vor den Alexandrinern nicht besaß. Ihre Schrift ist für uns unlesbar; sie war aber offenbar eine hieroglyphische auf dem Übergang vom Ideogramm zum Phonogramm. Sie bereiteten Papier aus den Blättern der Aloe, die auch in ihrer Allverwendbarkeit mit dem Papyrus Ähnlichkeit hatte: Ihre Wurzel lieferte ein Gemüse von feinem artischokkenähnlichem Geschmack, ihr Saft ein berauschendes Getränk, *pulque,* ihre Blätter dienten als wasserdichte Dachbedeckung, ihre Fasern zu Stricken und Kleiderstoffen, ihre Dornen zu Nägeln und Nadeln.

Die zwölfte Dynastie

Bei allen derartigen Nebeneinanderstellungen darf man jedoch nie zu beachten vergessen, welche Lebensalter man vergleicht. Amerika befand sich bei seiner Entdeckung bereits im Stadium der »Zivilisation«, der Erstarrung und »zweiten Barbarei«, die, in greisenhafter Infantilität zu Urformen zurückkehrend, den Untergang anzukündigen pflegt: die Conquista wäre sonst wohl nicht so leicht gelungen. Die Ägypter hingegen hatten am Ende des Alten Reichs eben erst jene Stufe hinter sich, die Spengler mit einem sehr glücklichen Ausdruck generell als »Merowingerzeit« bezeichnet hat. Nachdem die Töpferscheibe ihre Drehung vollendet hatte, gelangte das Land zu einer neuen Blüte. Durch die elfte Dynastie, die, begründet von Mentuhotep dem Ersten, vermutlich während des letzten Jahrhunderts des dritten Jahrtausends regierte, konsolidierten sich allmählich wieder die Verhältnisse. Mit ihr beginnt das Mittlere Reich und tritt Theben, genau an der Stelle gelegen, wo der Nil sich am meisten dem Roten Meer nähert, zum erstenmal in den politischen Vordergrund, das »hunderttorige«, wie die Griechen es zum Unterschied von dem ihrigen nannten, und in der Tat zu seiner Blütezeit (während des Neuen Reichs) sicherlich eine Millionensiedlung, noch heute im Tode das riesigste Trümmerfeld, das die Welt kennt. Die Rolle, die die neuen Könige spielten, war vielleicht der der französischen zur Zeit der Fronde nicht unähnlich: indem sie die Gaufürsten gegeneinander, aber auch gegen die noch immer mächtigen Herakleopoliten ausspielten (mit denen sich etwa die Guisen vergleichen ließen), gelang es ihnen, sich selbst zu Herren der Lage zu machen. Unter ihnen gelangte das Wesirat zur Allmacht, was an die Stellung erinnert, die die großen Kardinäle als Staatslenker Frankreichs einnahmen. Die beiden ersten Jahrhunderte des zweiten Jahrtausends, die Zeiten der zwölften Dynastie, bezeichnen einen Gipfel. Der Stammvater der Dynastie, Amenemhet (Amenemmes) der Erste, verlegte, obgleich ebenfalls aus Theben stammend, seine Residenz nach dem neugegründeten Iz-taui, »Eroberer der beiden Länder«, südlich von Memphis. Er machte noch zu seinen Lebzeiten seinen Sohn Sesostris den Ersten zum Mitregenten und sicherte dadurch die Erbfolge, eine Sitte, die auch seine Nachfolger Amenemhet der

Zweite, Sesostris der Zweite, Sesostris der Dritte und Amenemhet der Dritte beibehielten. Von diesem hatte das Volk noch gesungen: »Er macht Ägypten mehr grünen als der große Nil«; aber nach ihm beginnt der Verfall. Der bedeutendste Herrscher des Mittleren Reichs ist Sesostris der Dritte (1887 bis 1850), eine Verdichtungsgestalt, auf die vielleicht alle Taten der Dynastie übertragen wurden. Unter ihm wurde Nubien neuerlich erobert und sein Besitz dauernd befestigt, indem durch den ersten Katarakt ein Kanal gelegt und beim zweiten Katarakt die mächtige Festung Semme errichtet wurde. Ferner wurden die Karawanenstraßen zum Roten Meer durch zahlreiche Brunnenanlagen instand gesetzt und lebhafte Handelsbeziehungen mit Kreta angeknüpft. Er soll auch die große Oase in der Libyschen Wüste urbar gemacht haben, das Faijum oder »Seeland«, in das sich seit Urzeiten ein Nilarm, der heutige Josephskanal, ergoß; durch Anlage eines großen Schleusenwerks und zahlreicher Kanäle wurde das Land zum fruchtbarsten in ganz Ägypten. Dort erstand auch jener berühmte Totentempel, der von den Griechen das Labyrinth genannt wurde und nach Herodot an Großartigkeit selbst die Pyramiden übertraf. Die rasch aufblühende Hauptstadt des Faijum, von den Griechen nach dem Lokalgott der Landschaft, dem Krokodilgott Sobk, Krokodilopis genannt, war der Lieblingsaufenthalt der Könige.

Die Herrscher der zwölften Dynastie haben allem Anschein nach ihre Stellung durch einen klugen Kompromiß mit den lokalen Machthabern befestigt, die allmählich zu Kronbeamten umgewandelt wurden, ähnlich wie sich dies unter Ludwig dem Vierzehnten vollzog. Wie dieser waren sie auch bestrebt, einen kompakten Mittelstand aus Kaufleuten, Handwerkern, Künstlern, Regierungsorganen zu schaffen. Unter ihnen wurde auch die Dreiteilung des Landes in Nordland, Süden (Oberägypten bis Tell Amarna) und Kopf des Südens (die spätere Thebaïs) durchgeführt, was einigermaßen an die bourbonische Gouvernementeinteilung erinnert. Mit dem aufgeklärten Absolutismus berühren sich auch ihre merkantilistischen Maßnahmen zur Hebung der Wirtschaft, überhaupt ihre Bestrebungen, alles staatlich von oben zu organisieren, ganze Siedlungen und Kulturen aus dem Nichts hervorzuzaubern; so hat man in der Nähe von Kahun die Ruinen einer Stadt entdeckt, die offensichtlich ganz künstlich ins Leben gerufen worden ist, ein ägyptisches Petersburg. Die Zentralisation auf dem Gebiete der Religion machte weitere Fortschritte. Sie äußerte sich vor allem darin, daß die großen Ortsgötter immer mehr mit Re identifiziert wurden. So wird Sobk zu Sobk-Re; Amon-Re erlangt, aus dem Gott der Metropole Theben hervorgegangen, die höchste Würde; aus Atum, dem Gott von Heliopolis, war schon im Alten Reich Atum-Re geworden. In dieser Zeit sind die letzten großen Pyramiden entstanden; daneben kommen auch schon Felsengräber in Gebrauch. Im Neuen Reich finden sich Pyramiden nur noch bei Privatgräbern, in Nubien bestanden sie bis in die römische Kaiserzeit.

Die Literatur des Mittleren Reichs

Als Metall beginnt die Bronze zu dominieren, jedoch vorerst nur mit einem schwachen Zusatz von Zinn. Die Säulenform ist der sechzehnkantige kannelierte Pfeiler, die sogenannte protodorische Säule. Die Kunst hat nicht mehr den kolossalen Wurf und die Frühlingsfrische des Alten Reichs, ist aber dafür zu einer bisher unerreichten technischen Feinheit und geistigen Vertiefung gelangt. Die Fayencen: Igel, Maus, harfenspielende Äffin, die Wandmalereien im Grabe Chnemhoteps: ein Wiedehopf auf einer Nilakazie, eine lauernde Katze im Papyrusdickicht, zeigen die höchste Virtuosität; die Königsköpfe sind seelisch gealtert und von einem ganz neuen Pathos durchblutet: müde, skeptisch, vergrübelt, durch Leid zu wissender Resignation geläutert. Daß die Herrscher bei allem Glanz ihrer Siegestaten und Friedenswerke viel Furchtbares erlebt haben müssen, zeigen ihre Aufzeichnungen, die, wenn auch nur in höchst liederlichen Schülerabschriften (sie waren in späterer Zeit Unterrichtsgegenstand), teilweise auf uns gekommen sind; wenn die Knaben geahnt hätten, wie viele Professoren noch ihre Arbeiten durchsehen würden, hätten sie vielleicht besser aufgepaßt. Schon Amenemhet der Erste berichtet in der »Lehre an seinen Sohn« von bösen Verschwörungen: »Nach dem Abendessen war es, als es Nacht geworden war; ich hatte mir eine Stunde der Erholung gegönnt und schlief auf meinem Bette. Ich war müde und mein Herz begann dem Schlummer zu folgen. Da war es, als ob Waffen geschwungen würden. Ich ermunterte mich und bemerkte, daß es ein Handgemenge der Leibwache war. Ich nahm schnell die Waffen zur Hand und trieb die Schurken zurück...« Und er zieht für seinen Sohn am Ende seiner Regierung die Moral: »Höre auf das, was ich dir sage! Verhärte dein Herz gegen alle deine Untergebenen! Das Volk hört nur auf den, der es in Schrecken hält. Nahe dich niemandem allein, laß deinem Herzen keinen Bruder liebwerden, kenne keinen Freund und mach niemanden zu deinem Vertrauten – es kommt nichts Gutes dabei heraus. Der Mensch hat niemand am Tage des Unglücks. Ich gab dem Bettler und ernährte die Waise, ich ließ den Niedrigen zu mir wie einen Angesehenen; aber die mein Brot aßen, empörten sich, die ich an der Hand nahm, wurden mir zum Schrecken.« Noch düsterer ist die Weisheit eines Königs Antef (oder Entef), der gleichfalls der zwölften Dynastie angehörte. Es ist im Grunde dieselbe wie die salomonische: es ist alles ganz eitel. »Die Körper gehen dahin seit den Tagen der Ahnen. Die Götter, die einmal waren, ruhen in ihren Pyramiden; auch die Edeln und Weisen, begraben in ihren Pyramiden. Die da Häuser bauten, ihre Stätten sind nicht mehr; du siehst, was aus ihnen geworden ist. Ihre Stätte ist nicht mehr, sie sind, als ob sie nie gewesen wären! Niemand kommt von dort, uns zu sagen, wo sie weilen, uns zu sagen, wie es ihnen ergeht. Wessen Herz stille steht, der hört unsere Klage nicht, und wer im Grabe liegt, der nimmt unsere Trauer nicht an. Ach, niemand nimmt seine Güte mit sich, nein, niemand kehrt wieder, der davongegangen ist.«

Das Mittlere Reich galt überhaupt den Ägyptern als das klassische Zeitalter ihrer Literatur und sein Stil als der absolut vorbildliche. Er war in der Tat sehr gewählt, aber auch gesucht und bei den Durchschnittsautoren süßlich und überschmückt, geschwollen und geschraubt, in frostigen Wortspielen, erzwungenen Alliterationen, leerer Lautornamentik, affektierten Umschreibungen schwelgend. Jede Rede, lautete die Vorschrift, müsse »in Honig getaucht sein«. Die Ägypter haben aber all dies gerade als Schönheit empfunden, wie in der neueren Zeit die spanischen Gongoristen, die französischen Preziösen, die englischen Euphuisten, die bekanntlich sogar auf Shakespeare abgefärbt haben. Das Mittelägyptische galt auch im Neuen Reich und in der Spätzeit als das »richtige« Ägyptisch; es unterschied sich aber vom Altägyptischen der Pyramidentexte bereits sehr wesentlich. Da es von diesen durch mehr als ein Jahrtausend getrennt war und die Pyramideninschriften, wie alle religiösen Texte, schon bei ihrer Entstehung in altertümlicher Sprache abgefaßt waren, so wird man, wenn man das Mittelägyptische dem Mittelhochdeutschen gleichsetzt, für das Verhältnis nicht bloß das Althochdeutsche, sondern vielfach auch das Gotische heranziehen müssen. Die Vokallosigkeit verhüllt das. Das Altägyptische wird den Zeitgenossen des großen Sesostris nicht minder fremdartig geklungen haben als uns etwa die Anfangsworte von Wulfilas' Vaterunser: *»atta unsar thu in himinam.«* Seit Beginn des Neuen Reiches setzt sich als Verkehrssprache das Neuägyptische durch, das Mittelägyptische aber bleibt Literatursprache. Nur zur Saïtenzeit, wo man, in einer Art ägyptischem Humanismus, in Kunst, Religion, Lebensstil das Altertum künstlich zu erneuern strebte, hat man in

Inschriften wieder das Altägyptische zu kopieren versucht; die Sprache des täglichen Lebens war damals das Demotische. Das Neuägyptische unterscheidet sich vom klassischen Ägyptisch durch ähnliche Merkmale wie die romanischen Sprachen vom Lateinischen: durch den Gebrauch des bestimmten Artikels, der sich aus dem Demonstrativum, und des unbestimmten, der sich aus dem Zahlwort entwickelt *(il, le* aus *ille; uno, un* aus *unus),* durch Anwendung des Hilfszeitworts anstatt der Verbalformen *(j'ai fait, ho fatto* und bereits vulgärlateinisch *habeo factum* für *feci),* durch lautliche Reduktion *(facere* in *fare, dicere* in *dire, trahere* in *trarre)* und durch Einführung zahlreicher neuer Ausdrücke.

Sinuhe

Ob die Ägypter eine ausgebildete Metrik besessen haben, ist wegen des Vokalmangels nicht mehr feststellbar; es ist aber recht wahrscheinlich. Eine rhetorische Figur, die wir noch heute erkennen können, war der sogenannte *parallelismus membrorum:* sie besteht darin, daß ein und derselbe Gedanke zweimal ausgesprochen wird, wobei die zweite Fassung inhaltlich überflüssig ist und nur eine stilistische Unterstreichung darstellt. Wir haben diese Form in den angeführten Proben bereits mehrfach kennengelernt (sei nicht stolz auf dein Wissen und baue nicht auf deine Gelehrsamkeit; groß und klein sagt: ich wünschte, ich wäre tot, die kleinen Kinder sagen: hätte man mich doch nicht geboren). Auch wird man bereits bemerkt haben, daß der Ägypter es liebt, dieselben Sätze refrainartig wiederkehren zu lassen (es ist doch so; zu wem soll ich sprechen?). Sparsam und feinfühlig angewendet, vermögen diese Stilmittel starke Effekte zu erzielen; aber zur Manier gemacht, wirken sie ernüchternd und eintönig. Dasselbe gilt von der ägyptischen Bildersprache: sie ist nicht selten schlagend und farbenkräftig, aber sie arbeitet zu sehr mit einem festen Fundus und wird dadurch zum mechanischen Legespiel. Von der blühenden Chaotik der nachchristlichen Dichtung hat sie natürlich nichts; die Metapher dient bei ihr niemals der Suggestion, immer nur der Paraphrase. Der Parallelismus der Glieder ist, wie jedermann weiß, von den Dichtern des Alten Testaments übernommen worden und reicht mit seinem Einfluß bis in die modernste Literatur; und wenn wir heute das Hohelied, den Koheleth oder den Psalter kopieren, so sind wir, ohne es zu wissen, Ägypter. Ob der Abenteuerroman eine ägyptische Erfindung ist, läßt sich nicht mehr ausmachen; jedenfalls war er im Mittleren Reich bereits vollkommen ausgebildet, und der griechische Roman hat an ihn angeknüpft. Es gibt da unter anderm die »Geschichte des Schiffbrüchigen«, von märchenhaftem Charakter, und die berühmte »Geschichte des Sinuhe«. Sinuhe, ein höherer Beamter, befindet sich auf einem Zuge gegen die Libyer; beim Heere weilt auch der Kronprinz und Mitregent. Da trifft die Nachricht vom Tode des Königs ein. Der Thronfolger begibt sich eilends nach der Residenz; gleichzeitig versucht man einen Gegenkönig aufzustellen. Sinuhe erfährt von dem Komplott und gerät dadurch in eine furchtbare Verwirrung, die er sich selber nicht recht zu erklären vermag. Er flieht. »Diese Flucht hatte ich nicht beabsichtigt; sie war nicht in meinem Herzen und ich hatte sie nicht erdacht. Ich weiß nicht, was mich hinweggeführt hat. Es war wie ein Traum, wie wenn ein Mann vom Delta sich plötzlich in Elephantine sähe, ein Mann aus den Sümpfen in Nubien. Ich hatte nichts zu fürchten, man verfolgte mich nicht. Nur dies geschah, daß mein Leib schauderte und meine Füße bebten; mein Herz leitete mich und der Gott, der diese Flucht verhängte, zog mich fort.« Nach vielerlei Wechselfällen gelangt er als Greis wieder in die Heimat und wird vom König in Gnaden aufgenommen. Man hat diese merkwürdige Erzählung mit Recht die Schilderung einer Phobie genannt. Alle diese Romane (auch die griechischen) würden wir heute aber Novellen nennen, denn von einer seelischen Entwicklung des Helden ist nicht die Rede.

Die Wissenschaft

In die Zeiten des Mittleren Reiches fallen auch die Anfänge einer wissenschaftlichen Literatur. Dem Ägypter galt alle Wissenschaft als Gottesgabe; daher befand sie sich von Anfang an in den Händen der Priester und ihr Lehrort war die Tempelschule. Es ist merkwürdig, daß dasselbe Ägypten, das der Stilkunst eine ausschweifende Wertschätzung entgegenbrachte und im Schriftkundigen den höchsten Stand bewunderte, sich niemals mit Grammatik befaßt hat. Hingegen war die elementare Mathematik recht gut ausgebildet: dies lehrt der Papyrus Rhind, der auf eine Vorlage aus der zwölften Dynastie zurückgeht. Dort werden eine ganze Reihe praktischer Rechenaufgaben gestellt und gelöst, Multiplikation und Division gelehrt, allerdings nur als ein kompliziertes Addieren und Subtrahieren, Brüche aneinander gemessen, aber (außer $\frac{2}{3}$ und $\frac{3}{4}$) nur solche mit dem Zähler 1. Ferner verstanden die Ägypter die Berechnung des Flächeninhalts eines Rechtecks (aus den beiden ungleichen Seiten), eines rechtwinkligen Dreiecks (als halbes Rechteck) und des Kreises mittels der Zahl $3\frac{1}{7}$, die π ziemlich nahekommt. Für 1, 10, 100, 1000, 10000, 100000 und eine Million hatten sie besondere Zeichen, die übrigen Zahlen bezeichneten sie durch entsprechende mehrfache Setzung, also zum Beispiel 4241, unser ältestes Datum der ägyptischen Geschichte, durch 4 Tausender, 2 Hunderter, 4 Zehner, einen Einser; doch verbanden sie in der Praxis schon von 10000 an mit hohen Zahlen nur sehr allgemeine Vorstellungen. Ein Einmaleins besaßen sie nicht, da sie sehr geübte Fingerrechner waren. In der Medizin hatten sie Spezialisten für alle möglichen Krankheiten; es war dies aber vielleicht mehr in ihrer pedantischen Geistesart begründet als in einer besonderen Genauigkeit ihrer Kenntnisse: ihre anatomischen Begriffe zumindest waren sehr beiläufig, schon weil Untersuchungen durch Leichensektion aus religiösen Gründen völlig undenkbar waren. Sehr beliebt waren Diätkuren und Wasserkuren, vor allem aber

Brechmittel und Lavements. Im übrigen huldigte die ägyptische Heilkunst einer ausgesprochenen »Polypharmazie«: je mehr Medikamente, desto besser; auch gab es viele recht ekelhafte, die offenbar symbolische Bedeutung hatten: Würmer, Fischgräten, Schweinezähne, Schlangenfett, Eidechsenblut, Katzenharn, Kot von Eseln, Hunden, Fliegen. Auch bestimmte Steine und Metalle galten als Krankheitsvertreiber, kurz: es war eine richtige Hexenküche. Dies um so mehr, als der Arzt sich stets als eine Art Beschwörer und Exorzist empfand: nie ordinierte er ohne ein umständliches Ritual. Jedoch seit man erkannt hat, welche große Rolle bei aller Therapie die Suggestion spielt und welche geheime Heilkraft vielen »Bauernmitteln«, ja sogar manchen Ingredienzien der verrufenen »Dreckapotheke« innewohnt, wird man vielleicht über die ägyptischen Heilkünstler, die im ganzen Altertum das höchste Ansehen genossen, nicht mehr so naserümpfend hinweggehen wie bisher. Zudem können wir nicht wissen, über wieviel wirkliche Magie sie noch verfügten.

Die Hyksos

Ähnliche Thronwirren wie die von Sinuhe erwähnten haben sich offenbar immer wieder ereignet, und unter der dreizehnten Dynastie erfolgte der Zusammenbruch. Es regierten »Soldatenkaiser«, »Usurpatoren«, hinter denen sich wahrscheinlich wiederum ein Jahrhundert der Anarchie verbirgt. Noch während ihrer gegenseitigen Kämpfe erfolgte der Einbruch der Hyksos, des »Pestvolks«, der »Verruchten«, die hundert Jahre oder noch länger (bis etwa 1600) über Ägypten herrschten; Manetho zählt sie als vierzehnte bis siebzehnte Dynastie. Er sagt, nach dem Zitat bei Josephus, über sie: »Dieses ganze Volk wurde die ›Hirtenkönige‹ genannt: die erste Silbe *hyk* bedeutet in der heiligen Sprache einen König und *sos* bedeutet, freilich nur in der Volkssprache, einen Hirten. Einige sagen, sie seien Araber gewesen.« Neuerdings erklärt man das Wort aus dem ägyptischen *hyko schose*, »Herrscher der Fremdländer«. Sie waren zweifellos Asiaten. Sie residierten in Auaris, im äußersten Osten des Deltas, und gaben sich als Nachfolger der Pharaonen. Die einheimischen Gaufürsten scheinen sie als Suzeräne geduldet zu haben. Gleichzeitig mit ihnen regierte in Theben eine (vielleicht unabhängige) Dynastie der »Könige von Oberägypten«. Die Hyksos hatten auch die Herrschaft über Syrien und Palästina inne (und deshalb hatten sie wohl den Brückenkopf Auaris zu ihrem Regierungssitz gewählt), und ihre Fußstapfen lassen sich bis nach Kreta und Babylonien verfolgen. Vielleicht handelt es sich um ein kleinasiatisch-unterägyptisches Großreich. Oder um eine Völkerwanderung: um 1700 hat ein Einfall der Kassiten in Babylonien stattgefunden, und man kann annehmen, daß dieser ein allgemeines Drängen von Osten nach Westen zur Folge hatte. Von den Ägyptern werden sie als Barbaren geschildert; in deren Religion, Sprache und Sitte haben sie jedenfalls keine Spuren hinterlassen. Die Hauptwirkung ihrer Fremdherrschaft war, daß sie ägyptisiert, die Ägypter aber militarisiert wurden. Den Hyksos verdanken die Ägypter eine epochemachende Neuerung: die Einführung des Pferdes: XXX und des Kriegswagens: XXX (das ägyptische Wort für ihn stammt aus dem Syrischen); bis dahin hatten sie nur den Ochsenkarren und den Eselschlitten gekannt. Es waren offenbar Pferde der arabischen Rasse, die sehr edel, aber kleiner sind als die uns geläufigen. Die ägyptischen Wagen waren zweirädrig, zweispännig und nur für ein bis zwei Personen eingerichtet. Auf dem Kriegswagen standen der mit Bogen und Lanze bewaffnete Wagenkämpfer und der Lenker; bei den Asiaten kam meist noch ein Schildträger hinzu. Die Luxuswagen trugen häufig einen Sonnenschirm.

Mit der Vertreibung der Hyksos beginnt das Neue Reich, das in der Tat in jedem Sinne eine neue Zeit heraufführt. Ägypten wird, so sonderbar dies klingen mag, »modern«, was sich unter anderm darin äußert, daß es imperialistische Ziele verfolgt. Es greift in kriegerischer Eroberung und friedlicher Durchdringung über seine natürlichen Grenzen hinaus in die östliche Nachbarwelt, und hieraus entwickelt sich eine Art »ostmediterranes Konzert«, weshalb die ägyptische Geschichte von nun an nur im Zusammenhang mit der vorderasiatischen betrachtet werden kann.

Der Henotheismus

Das spezifisch ägyptische Weltbild steht aber längst fertig da. Es hat seinen Mittelpunkt, wie dies immer und überall der Fall ist, in der Religion. Wer der Hauptgott Re eigentlich war, werden wir allerdings niemals mehr erfahren. Da alle religiösen Vorstellungen innere sind, so können sie in ihrer wahren Bedeutung von Andersgläubigen überhaupt nicht nacherlebt werden: Greifbar ist an ihnen für die Nachgeborenen bloß die tote Hülse des Ritus und Mythus. Wir hören also von Re, daß er, in seiner Himmelsbarke thronend, der Schöpfer und Erhalter der Natur ist, der Spender alles Lebens, der Herr des Tages und der Jahreszeiten, das Licht, das die Finsternis besiegt, der große Wohltäter Ägyptens. Ihm zur Seite steht Thoth als sein himmlischer Wesir, der alles aufschreibt und richtet. Nicht bloß die einzelnen Stadtgötter sind, wie wir bereits gehört haben, nur besondere Erscheinungsformen des Re, sondern auch der große Osiris, eine der ältesten und bedeutsamsten ägyptischen Gottheiten, wird allmählich zum Sonnengott. Bei Tage der Urheber der Fruchtbarkeit, durcheilt Re des Nachts die unterirdischen Gefilde als König der Toten; am Abend zum Greise geworden, betritt er das Schattenreich, um sich dort auf geheimnisvolle Weise zu verjüngen und am Morgen als Kind wieder seinen Himmelslauf zu beginnen. Wir haben es also hier mit einem Monotheismus zu tun, der aber doch wieder keiner ist (denn der Glaube an die anderen Götter lebt weiter), mit einer Art polytheistischem Monotheismus. Man könnte hier Zeus zum Vergleich heranziehen, der in der späteren griechischen Religion eine ähnliche Rolle spielt: die Existenz der übrigen Götter wird nicht geleugnet, aber sie verblassen doch neben dem »Vater aller Dinge«; ja selbst die katholische Volksreligion bildet eine Parallele in den »Stadtmadonnen«. Wir sehen an diesem modernen Beispiel, wie vorsichtig man mit Ausdrücken wie »Lokalgötter« und »Vielgötterei« sein muß; denn obgleich jene Orte auf ihre besonderen Madonnen sehr stolz und eifersüchtig sind, so hat es doch niemals einen Katholiken gegeben, der bezweifelt hätte, daß es nur eine einzige Madonna gibt. Für die ägyptische Glaubensform und die ihr verwandten hat der berühmte Sprachforscher und Ethnologe Max Müller den Namen »Henotheismus« vorgeschlagen, der sich auch seither allgemein eingebürgert hat. Der wesentliche Unterschied ist der: im Monotheismus wird an einen einzigen Gott geglaubt, im Henotheismus wird bloß ein Gott als der einzige angerufen. Klarer und charakteristischer wäre daher wohl die Bezeichnung »Monolatrie«. Das ganze Altertum war henotheistisch: kein Römer oder Grieche (wenn er nicht überhaupt Atheist war) hat die Existenz Ba'als, Jehovas oder Wodans in Abrede gestellt; er betete bloß nicht zu ihnen.

Das Verständnis der ägyptischen Religion wird noch dadurch erschwert, daß dieses Volk nicht das geringste Talent zur Systematik besaß. Eine Hierarchie scharf umschriebener Begriffe aufzubauen, das Vorstellungsmaterial rein zu differenzieren, zu schichten und zu gliedern, ja überhaupt einen Gedankengang übersichtlich und folgerichtig zu disponieren, war nicht ihre Sache. Wie ihre Schrift keine Wortteilung kannte, so war auch ihre Ideenwelt gleichsam ohne Interpunktion. Sie waren daher völlig unfähig, eine Dogmatik zu entwickeln. Ein Bedürfnis, dissonierende religiöse Anschauungen in einer höheren Synthese zu versöhnen, widerstreitende Überlieferungen in Harmonie zu bringen, haben sie nie empfunden. »Die Götter«, sagt der ausgezeichnete Religionshistoriker Franz Cumont, »sind alles und nichts; sie verlieren sich in einem Sfumato. Anarchie und Konfusion beherrschen ihr Reich in einem beängstigenden Maße.« Inwieweit dieser Nebel nicht aber vielleicht gewollt war, läßt sich schwer sagen. Schon die ganze Anlage des Tempels zeigt den Willen zum Zwielicht und Dunkel. Ein »Gottesweg«, von steinernen Widdern, Löwen und Sphinxen flankiert, führt zum Vorbau, dem sogenannten Pylon: einem großen Tor, das von zwei riesigen schrägwandigen Türmen eingefaßt wird; hohe Masten tragen Flaggen, die bunt in der Sonne flattern. Dann folgt der offene Säulenhof, dessen Licht bloß durch die Mauern etwas gedämpft ist, auf diesen das Hypostyl, ein gedeckter Raum, der, nur vom Dach her beleuchtet, in dumpfem Dämmer liegt, und den Beschluß macht das stockfinstere Allerheiligste.

Der Ka Völlig ungreifbar ist für uns der Seelenglaube der Ägypter. Der Mensch existiert für sie in dreifacher Form. Zunächst als Körper, und als solcher auch über den Tod hinaus (deshalb legten sie so großen Wert auf die Mumifizierung; auch scheinen sie in irgendeiner Form an die Auferstehung der Toten geglaubt zu haben). Sodann als Ka. Der Ka ist der Doppelgänger, das »Double« des Menschen, der sich von diesem im Tod, in der Ohnmacht, im Schlaf zu trennen vermag, aber auch im Wachen, denn er ist ja imstande, einem anderen im Traume zu erscheinen. Man kann Ka mit »Geist«, »Genius«, »Persönlichkeit«, »Lebensodem«, »Astralleib« übersetzen, ohne damit auch nur annähernd das Richtige zu treffen. Der Ka ist auch der Schatten, den der Mensch wirft, das Spiegelbild, das ihm aus dem Wasser entgegenblickt, die Bildsäule, die seine Züge wiederholt; manchmal ist man versucht, zu glauben, der Ka sei das »zweite Gesicht«. Der Ka überlebt den Menschen, oder vielmehr: Er verleiht ihm Lebenskraft auch im Jenseits. Da der Ka das »Lebenspendende« ist, so kann er auch ganz einfach »Nahrung« bedeuten, und bisweilen ist er nichts als eine devote oder höfliche Redensart: »Dein Ka« ist soviel wie »Euer Liebden«

oder »Euer Gnaden«. Drittens aber gibt es noch den Ba. Er wird meistens in Vogelgestalt abgebildet, XXX, und kann überall sein: bei den Göttern im Himmel, zu Besuch bei der Mumie, als Gespenst unter den Überlebenden. Man könnte Ba vielleicht mit »Seelchen« übersetzen. Die Vogelgestalt ist für den Ba nicht wesentlich, er kann sich auch in eine Heuschrecke, eine Lotosblume, ein Krokodil verwandeln. Diese Vorstellungen haben zu der jahrtausendelangen Irrmeinung geführt, die Ägypter hätten an eine Art Seelenwanderung geglaubt. Man möge übrigens über diese Verwirrung nicht zu früh den Kopf schütteln, sondern bedenken, welche Schwierigkeiten einer ganz anders gearteten Kultur und viel späteren Zeit zum Beispiel der von uns so geläufig und sicher gehandhabte Begriff »Geist« bereiten würde. Wir sprechen von Lebensgeist und Aufgeben des Geistes, vom Geist einer Stadt, eines Raums, eines Bildwerks, vom Geist der Liebe, der Sprache, des Weins, aber auch von Weingeist, wir bezeichnen mit »Geist« die Summe der Verstandeskräfte und ein Gespenst, und es ist unser Wort für eine der Personen der Heiligen Trinität.

Das Grab

Das Verhältnis der Ägypter zum Tode hat Diodor mit den kurzen Worten charakterisiert: »sie halten die Zeit des Lebens für sehr kurz, die Zeit nach dem Tode aber für sehr lang«; worin sie zweifellos recht hatten. »Daher nennen sie«, fährt er fort, »die Wohnungen der Lebendigen Herbergen, die Gräber der Verstorbenen ewige Häuser. Auf jene verwenden sie daher keine erhebliche Mühe, diesen aber widmen sie eine großartige Ausstattung.« In der Tat könnte man nach der Ausdrucksweise der Ägypter vermuten, daß sie den Tod für das wahre Leben hielten: der Mensch stirbt nicht, sondern »geht zum Leben« oder »lebend zur Ruhe«, der König »vereinigt sich mit der Sonne«, das Totenreich heißt »Lebensland«, der Sarg »Lebensherr«. Es ist nicht so ohne weiteres ausgemacht, ob es sich hier immer nur um ganz gewöhnliche Euphemismen handelte. Das höchste Ziel war, in Abydos, der Stadt des Osirisgrabs, bestattet zu werden. Da dies nicht für alle erreichbar war, so pflegte man die Reise nach Abydos durch eine symbolische Grabbeigabe zu ersetzen: ein hölzernes Schiffchen, das mit der aufgebahrten Mumie südwärts segelt, oder man errichtete in jener Gegend ein Scheingrab. Die Trauerbezeigungen waren die im Orient allgemein üblichen: man streute Staub aufs Haupt und schlug sich die Brust; die Frauen ließen die Haare lang herabfallen: in der Schrift bilden drei Locken, XXX, das Deutzeichen für Trauer. Bei der Beerdigung fanden in den Grabräumen religiöse Tänze und Opferschmäuse statt, an denen man sich den Toten teilnehmend dachte. An bestimmten Tagen des Jahres wurden die Totenopfer erneuert, für deren Unterhaltung testamentarische Stiftungen sorgten; oft war der Ertrag ganzer Güter hierfür bestimmt. Hauptsächlich in diesem Zusammenhang galt Kinderlosigkeit in Ägypten für das größte Unglück.

Da Osiris-Re im Westen untergeht, so lagen die Gräber immer am westlichen Wüstenrande. Das Grab heißt auch »Haus des Ka«; und in der Tat ist es ja, wie wir bereits wissen, der Ka, der nach dem Tode dem Körper die Lebenskraft bewahrt. Der Leichnam muß möglichst intakt bleiben, um dem Ka jederzeit wieder als Sitz dienen zu können. Da aber im Tode die Züge sich verändern, so müssen in den Gräbern porträtähnliche Statuen des Toten aufgestellt werden; deshalb heißt im Ägyptischen der Bildhauer: »der am Leben erhält«. Und da der Ka schließlich auch Nahrung braucht, so muß für diese ebenfalls gesorgt werden. Die Mumifizierung war ein Prozeß, der nicht nur große Geschicklichkeit und Sachkunde erforderte, sondern auch einem peinlich vorgeschriebenen Ritual unterworfen war: sie erfolgte daher durch besondere Tempelbeamte, und es gab verschiedene Preislagen, je nach der Gediegenheit der Ausführung. Die Eingeweide wurden herausgenommen und in vier Krügen aufbewahrt, deren jeder den Kopf eines der vier Horussöhne als Deckel trug: diese sollten den Toten vor Hunger und Durst beschützen, als deren Sitz die Eingeweide galten. Das Herz wurde durch einen steinernen Skarabäuskäfer, das Bild des Sonnengottes, ersetzt, auf dem die Worte standen: »O Herz, das ich von meiner Mutter habe, o Herz, das zu meinem Wesen gehört! Tritt nicht gegen mich als Zeuge auf, bereite mir keinen Widerstand vor den Richtern, widersetze dich mir nicht vor dem Waagemeister!« Das Herz wurde nämlich vor dem Totenrichter gewogen, und es galt als der Ort aller Gedanken; sagte der Ägypter von jemandem: »er hat kein Herz«, so meinte er damit, er sei dumm. Die Mumie wurde mit Binden umwickelt, überall mit Amuletten behängt und in einen hölzernen, steinernen oder pappenen Sarg gelegt, der nicht selten doppelt war. Durch die Mumifizierung wurde der Tote zum Osiris. Die Zeremonien, die dabei stattfanden, waren eine Wiederholung der Zauberriten, durch die Isis dem Osiris das Leben wiedergegeben hatte. »So wahr Osiris lebt«, heißt es bereits in einem uralten Pyramidentext, »wird auch er leben; so wahr Osiris nicht gestorben ist, wird auch er nicht sterben; so wahr Osiris nicht vernichtet ist, wird auch er nicht vernichtet werden.« Deshalb sagten Ägypter, wenn sie zum Beispiel von einem Verstorbenen sprachen, der Ipi geheißen hatte: »Osiris Ipi«, wie wir »der selige Müller«.

Die Grabbeigaben sind von der interessantesten Mannigfaltigkeit. Da finden sich zunächst wirkliche Speisen und Getränke in großer Menge, aber auch nachgebildete: Gänsebraten aus Alabaster, Tische aus Kartonage mit einem ganzen Menü aus bemaltem Ton, Weinkrüge und Milchnäpfe, die aber nicht gehöhlt sind, was offenbar bedeuten soll, sie mögen immer voll bleiben; ferner Waffen und Gewänder, allem Anschein nach aus dem Besitz des Verstorbenen, da sie Abnützungsspuren zeigen, leere Papyrusrollen, Reserveperücken, Toilettenecessaires, Musikinstrumente, Brettspiele, das Holzmodell eines Umhängebarts, ja sogar ein nacktes Weib auf einem Bett und ein Buch mit obszönen Texten und Bildern. Dann gibt es da kleine Nachbildungen aller erdenklichen Dinge, die das himmlischste Kinderspielzeug abgeben würden: ganze Kompanien Bogenschützen und Schwerbewaffnete; Wäscher, Tänzerinnen, Müllerinnen, Opferträger; Lustbarken und bemannte Segelschiffe; komplette Küchen und Backstuben; Töpfereien, Brauereien, Möbelwerkstätten in voller Tätigkeit; Musikkapellen, Viehhöfe, Weinberge; aus dem Mittleren Reich reizende grüne Fayencenilpferde als Jagdtiere. Einem besonderen Zweck dienten die Holzpuppen, die man *uschebti,* Antworter, nannte; der Ägypter dachte sich auch das Jenseits als Ackerland, und um dort nicht arbeiten zu müssen, nahm er sich jene Figuren mit ins Grab, damit sie, wenn er dazu aufgerufen würde, für ihn antworten sollten. Die Inschrift lautete: »O du Uschebti! Wenn ich mit Namen gerufen werde und wenn ich abgezählt werde, um allerhand Arbeiten zu verrichten, die in der Unterwelt verrichtet werden, so sage du dann: hier bin ich.« Indes besteht immer noch die Möglichkeit, daß ein böser Mensch dem Toten seine Diener abspenstig machen könnte, wie das ja auch im Leben bisweilen vorkommt. Daher tragen manche Uschebti den Zusatz: »Gehorche nur dem, der dich machte, gehorche nicht seinem Feinde.« Wie man sieht, waren die Ägypter ganz und gar nicht der Ansicht, daß der Tod alle gleich mache. Die Minderbemittelten mußten sich denn auch mit einem viel geringeren Grabkomfort behelfen; für sie genügte es, wenn ein Gebet um »Brot, Bier, Gänsebraten, Kleider und alle guten Sachen, von denen die Götter leben« an die Grabwand geschrieben und das nötige Mobiliar auf die Innenseite des Sarges gemalt war. Noch viel summarischer verfuhr man mit den ganz Armen: Sie wurden in ein Natronbad gelegt und dann, in Tücher gehüllt, im Wüstensand verscharrt. Nicht selten aber gelang es ihren Hinterbliebenen, sich ein verwahrlostes Grab anzueignen, denn wenn die Familie ausgestorben war, kümmerte sich kein Mensch mehr um die Totenstätte; und manche verfielen auf einen rührenden Ausweg: sie verfertigten eine kleine Mumie aus Holz, beschrieben sie mit dem Namen des Verstorbenen und begruben sie am Eingang eines reichen Grabes; so konnte der Verstorbene an allen Vorteilen des Glücklichen teilnehmen.

Neben die Miniaturmodelle trat auch sehr bald das Gemälde. *Ti*
Unter allen Privatgräbern ist das am prächtigsten ausgemalte die Mastaba des Ti, der unter der fünften Dynastie ein hoher Hofbeamter und großer Grundbesitzer war: Als sie freigelegt wurde, machte sie den Eindruck, als ob sie eben erst fertig geworden wäre. Man sieht Ti in allen Situationen des täglichen Lebens, die Wonnen seines Besitzes auskostend. Ti besichtigt das Schlachten und Zerlegen der Opfertiere, das Melken der Kühe, das Füttern der Gänse, das Stopfen der Kraniche, das Ausschütten der gefangenen Fische, das Mähen, Verladen, Worfeln des Getreides; Ti fährt mit seiner Frau im Nachen spazieren, Ti wird in einer Sänfte getragen, Ti nimmt die Abrechnungen seiner Beamten entgegen; Kasten, Türen, Siegel, Steingefäße, Ledersachen werden verfertigt, ein ganzes Schiff wird gebaut; Flötisten und Harfenisten spielen zum Mahle; Zwerge führen Windhunde und Schoßaffen spazieren, Bäuerinnen bringen Fleisch, Gemüse, Früchte, Wein; Schiffer prügeln sich bei der Papyrusernte, auf dem Markt herrscht großer Verkehr. Wie gern muß Ti gelebt haben! Und hat er wirklich geglaubt, dieses ganze reiche und lustige Treiben zum Totenrichter mitschleppen zu können? Oder ist es nur der Künstler, der so empfand? Denn in der Tat wird die Kunst hier in homerischer Erzählerfreude bereits völlig souverän, Selbstzweck, bei aller Naivität artistisch, in sich selbst verlorenes beglücktes Preislied auf die Fülle des Daseins.

Mit der sechsten Dynastie treten einige Änderungen im Bestattungswesen ein: Um die Erhaltung des Ka noch weiter zu sichern, wird es üblich, dem Toten porträtähnliche Gipsmasken aufzulegen, vor allem aber kommt die Sitte auf, die Gänge und Kammern der Königsgräber mit Sprüchen zu beschreiben, die vom Schicksal des Herrschers im Jenseits und seinem Verkehr mit den Göttern handeln. Dies sind die »Pyramidentexte«. Da die Ägypter, wenn sie sich schon einmal zu einer Neuerung entschlossen, diese dann gewöhnlich auf die Spitze trieben, so können sie sich auch hier nicht genugtun im Ableiern und Repetieren ihrer formelhaften Beteuerungen und Beschwörungen. Immer wieder werden Re und Thoth angefleht: »Nehmt ihn mit euch, damit er esse, wovon ihr eßt, damit er trinke, wovon ihr trinkt, damit er lebe, wovon ihr lebt, damit er wohne, worin ihr wohnt, damit er stark sei, worin ihr stark seid, damit er fahre, worin ihr fahrt.« Manche Sprüche sind nicht ohne eine gewisse Kraft, zum Beispiel: »Wer fliegt, der fliegt! Er ist fortgeflogen, er ist nicht mehr auf Erden, er ist am Himmel. Er ist zum Himmel gestürmt als Reiher, er hat den Himmel geküßt als Falke, er ist zum Himmel gesprungen als Heuschrecke.« Die Ägyptologie hat übrigens an den Pyramidentexten eine besonders respektable Leistung vollbracht, indem sie, trotz den viel größeren Schwierigkeiten, in ihren Sinn viel besser einzudringen wußte als die Ägypter selbst; denn schon zur Blütezeit des Neuen Reichs klagte ein gelernter Schreiber, er verstehe kein Wort, »weder Gutes noch Schlechtes«.

Der Ägypter und der Tod

Diesen Bestattungssitten sind die Ägypter während ihrer ganzen Geschichte, wenn auch natürlich mit gewissen vom Zeitgeist diktierten Abwandlungen, völlig treu geblieben. Aber wie kamen sie zu dieser sonderbaren und fast pathologischen Anschauung, daß der Tod nichts anderes sei als eine einfache Fortsetzung des Erdenlebens mit aller seiner konkreten Vergänglichkeit und groben Vorläufigkeit, primitiven Ungerechtigkeit und unwissenden Subalternität? Hierüber ließen sich mehrere Vermutungen aufstellen, die aber wahrscheinlich alle nicht das Richtige treffen.

Es kann wohl kaum einem Zweifel unterliegen, daß die Ägypter bei aller ihrer außerordentlichen Begabung ein sehr kindliches Volk waren. Ein eigentümliches Fluidum von Infantilität geht von allen ihren Schöpfungen aus: ihrer Sprache und Schrift, Kunst und Dichtung, Wissenschaft und Religion. Sie kamen zum Beispiel niemals auf den Gedanken, daß die Sonne nicht wirklich untergehe, daß man Waren auf Kredit erwerben könne oder daß die Heuschrecke kein Vogel sei: lauter Dinge, die in der Tat auch einem Kind nie einleuchten würden. Baedeker bemerkt über die heutigen Fellachen: »Man vergesse nicht, daß man es mit Menschen zu tun hat, die in mancher Beziehung völlige Kinder sind«, und viel anders wird es auch im Altertum nicht gewesen sein. Die Ägypter waren, wenn diese Bemerkung gestattet ist, ein Volk im Stil Andersens und Wilhelm Buschs, des Schulhefts und Märchenbuchs: einige Beispiele hierfür werden wir noch kennenlernen. Zwar der weltbekannte Ausspruch jenes ägyptischen Priesters: »O Solon, Solon, ihr Griechen seid ewige Kinder!« scheint auf das Gegenteil hinzuweisen, aber da hat sich der Priester wohl nur patzig gemacht, denn wie penetrant erwachsen und abgebrüht wirken die Griechen schon in ihrer Jugend gegen die steinalten Ägypter!

Wie alle Kinder waren die Ägypter naive Realisten. Sie glaubten also dem Augenschein: daß die Sonne eine goldene Kugel sei, die (das eine ist so gut möglich wie das andere) von einem Mistkäfer oder einem Gott über den Himmel gerollt werde, daß man Sachen nicht mit Notizen, sondern nur immer wieder mit Sachen bezahlen könne und daß alles, was Flügel hat, ein Vogel sein müsse. Und ebenso leicht wurde es ihnen allem Anschein nach, zu glauben, daß der Tote, dessen Körper sich ja bis zu einem hohen Grade konservieren ließ und dessen Ka noch immer imstande war, jedem Beliebigen im Traume zu erscheinen, gar nicht tot sei. Man kann aber auch ebensogut sagen: wie alle Kinder waren die Ägypter natürliche Symbolisten. Mit gutem Grund hat man zu allen Zeiten gefunden, jeder Künstler habe etwas vom Kinde; und umgekehrt läßt sich behaupten: im Kindesalter ist jeder Mensch ein Künstler. Das beiden Gemeinsame ist die symbolische Auffassung alles Daseins. Noch nie hat ein Kind im Ernst geglaubt, der Stiefelknecht sei ein Krokodil und die Puppe esse Bonbons; das wäre nicht kindlich, sondern schwachsinnig. Sondern die symbolisierende Kraft ist so stark, daß sie die Realität überdeckt. Einen letzten Abglanz davon besitzt der Erwachsene in der Kunst. Aber in der Kindheit ist die ganze Welt ein Theater, jedes Bild die Sache selbst und die Märchenkausalität so reell wie die physikalische. Und vielleicht haben die Ägypter ähnlich empfunden. Wie alle Kinder haben sie den Tod nicht begriffen oder, was dasselbe heißt, nur als Symbol.

Die zweite Erklärungsmöglichkeit liegt auf mystischem Gebiet. Vielleicht besaßen die ältesten Ägypter noch eine dunkle Kunde aus jener atlantischen Zeit, wo nach den übereinstimmenden Berichten der okkulten Quellen noch Götterboten die Menschen belehrten. Vielleicht hat das Schicksal, das der menschliche Erdenwurm nach seinem Tode erfährt, Verwandtschaft mit dem der Raupe, die sich verpuppt. Ihre Verwandlung zum Schmetterling ist ja auch ein höchst paradoxer, völlig unerklärlicher Vorgang, den niemand glauben würde, wenn er ihn nicht vor Augen sähe; und die Ähnlichkeit der Mumie mit einer Schmetterlingspuppe ist sehr auffällig. Es würde sich in diesem Falle natürlich nur um den sehr verzerrten Schatten einer Wahrheit handeln, deren Licht längst erloschen ist und vielleicht niemals voll geleuchtet hat.

Oder sind jene absonderlichen Bräuche am Ende ganz einfach unsere eigenen, nur durch ägyptische Übertreibungssucht zur grotesken Elephantiasis aufgebläht? Errichten nicht auch wir Obelisken, Mastabas, Bildnisse des Ka über Gräbern und veranstalten Leichenspiele mit Paraden, Trauerfahnen und Konzerten, legen nicht auch wir dem Kind das Lieblingsspielzeug, der Gattin den Brautkranz, dem Fürsten die Insignien in den Sarg? Warum umhegen wir die Stätten der Verblichenen mit blühenden Gärten? Glauben wir, daß die Seele des Toten sich von Blumenduft nährt? Wer uns dies zumutete, handelte vielleicht nicht törichter als wir, wenn wir die Alabasterkuchen und Bratensprüche der Ägypter belächeln. Die Wahrheit ist: wir wissen nicht, warum wir all dies tun. Alle »schönen Sitten« haben etwas Irrationales. Wir können einem Geheimnis nur mit einem andern oder dessen Gebärde antworten.

Der Bauer

Das Grab des Ti gewährt uns unter anderm einen kompletten Einblick in einen altägyptischen Gutsbetrieb. Die Feldbestellung war von der heutigen nicht wesentlich verschieden. Der Boden wurde zuerst aufgehackt und dann mit einem hölzernen oder steinernen Pflug, XXX, bearbeitet, der von Ochsen gezogen und von zwei Männern bedient wurde: der eine drückte die Sterzen nieder, der andere trieb die Tiere an. Das Eintreten der Saat erfolgte durch Esel, Schweine und Rinder, die von hinten gedrängt, von vorne mit Futter gelockt wurden: alles unter großem Geschrei. Auch Lieder wurden dabei gesungen. Ein Hirt, der seine Schafe über die nassen Saatfelder treibt und dabei im Wasser waten muß, summt zu ihnen: »Euer Hirt ist im Wasser, da sind viele Fische, er spricht mit dem Wels, er begrüßt auch den Hecht!« Die reifen Ähren wurden mit Sicheln, XXX, deren Schneide mit Feuersteinsplittern besetzt war, gemäht und auf der Tenne von Haustieren ausgedroschen. Dabei gibt es wieder großen Lärm: Ein Esel läuft in der falschen Richtung, einer will überhaupt nicht vorwärts und muß am Vorderbein über die Tenne gezerrt werden. Das Arbeitslied lautet: »Drescht für euch und drescht für euch, Ochsen, drescht für euch! drescht für euch das Stroh zum Futter und das Korn für euren Herrn! gönnt euch keine Ruhe, heute ist's ja kühl.« Die Landwirtschaft war aber nicht bloß mühevoll, sondern auch keineswegs so sorgenlos, wie man nach der einzigartigen Natur des Landes annehmen sollte: »Gedenkst du nicht, wie es dem Ackersmann geht?« heißt es in einer Schrift des Neuen Reiches, »der Wurm hat die Hälfte des Korns geholt und das Nilpferd hat tüchtig gehaust. Mäuse gibt's viel auf dem Felde und die Heuschrecke ist eingefallen. Das Vieh frißt und frißt und die Vögel stehlen – wehe über den Ackersmann! Der Rest, der auf der Tenne liegt, dem machen die Diebe ein Ende.«

Auch die Ernährung des ägyptischen Bauern war der heutigen nicht unähnlich. Eine große Rolle spielten die Hülsenfrüchte. Was die Griechen »ägyptische Bohne« nannten, waren die Fruchtkörner des Lotus, die grün oder getrocknet ein schmackhaftes Gemüse abgaben. Ein beliebtes Gericht war Schrotmehl mit Linsen. Hekataios nennt die Ägypter die »Brotesser«. Die Mühle war ihnen unbekannt. Das Korn, meist Weizen oder Gerste, wurde zwischen zwei Steinen zerrieben und dann im Ofen verbacken. Aus Gerste wurde auch das Bier erzeugt, das den Ägyptern ebenso unentbehrlich war wie das Brot; sogar den Kindern wurde es zur Erfrischung in die Schule gebracht. Es ist heute noch immer oder vielmehr schon wieder Volksgetränk, da es zur Zeit Mohammeds in Ägypten nicht mehr gebraut wurde; daher ist es auch im Koran nicht ausdrücklich verboten. Daneben trank man Milch von Kühen, Schafen, Ziegen, Butter und Käse werden nie erwähnt. Zum Kochen, auch zum Salben und zur Beleuchtung verwendete man Öl von der Rizinusstaude, später von der Sesampflanze, das für das feinere galt. Der Flachsbau ist in Ägypten uralt, und der Bedarf an Leinenzeug, besonders für die sehr oft gewechselten Gewänder und die vielfach gewickelten Mumienbinden, war immer außerordentlich groß. Zur Feuerung diente getrocknete Tiermist, denn das Düngen besorgte ja der Nil und die Holzarmut gestattet kein anderes Material. Diese hat schon frühzeitig zu staatlichen Maßnahmen geführt: Bäume durften nur auf Befehl des Wesirs gefällt werden und der Export war streng verboten. Die wichtigsten Ausfuhrartikel nächst dem nubischen Gold waren in Salz eingepökelte Dörrfische und Glaswaren. Mit dem Glas verhält es sich ähnlich wie mit dem Alphabet: man hielt es lange Zeit für eine Erfindung der Phoiniker, während es diese nur von den Ägyptern übernommen hatten. Spätestens seit der sechsten Dynastie wurde es bereits zu Perlen, Salbgefäßen, Schalen, Bechern, Figürchen verarbeitet; glasierte, »mit Glas gesalbte« Tonwaren gab es schon im vierten Jahrtausend, bunte Kacheln, gelbe, grüne, rote Ziegel während des ganzen Alten Reichs. Durchsichtiges Glas hingegen verwendeten die Ägypter nicht.

Der Handel

Im Handwerk herrschte eine Art Zunftwesen, das Gewerbe vererbte sich zumeist vom Vater auf den Sohn; und dies hat zu der irrigen Annahme geführt, die Ägypter hätten Kasten gehabt wie die Inder. Daß im allgemeinen jedem sein Stand schon von der Geburt vorgezeichnet war, hatte seinen Grund im ägyptischen Traditionalismus, und zudem war technische und künstlerische Fertigkeit damals noch eine Art Geheimnis, das man gern in der Familie behielt. Wir sagten vorhin, die Ägypter hätten niemals ein Kreditsystem besessen; aber selbst das Geld war ihnen im Grunde unbekannt: sie verwendeten als Zahlungsmittel Kupferbarren und Goldringe, die immer erst wieder gewogen und geprüft werden mußten wie jede andere Ware. Wenn sie von »Weißgold« sprechen, so meinen sie Silber, das das seltenere und wertvollere Metall war; daneben gab es später auch noch Elektron, eine Legierung aus Gold und Silber. Die erste richtige Münze, die Dareike, wurde in Ägypten erst um 500 vor Christus durch die Perser eingeführt. Die eigentliche Form des ägyptischen Handels ist zu allen Zeiten der Tausch gewesen; sie ist sogar noch heute auf dem Lande nicht verschwunden. Auf den Darstellungen sieht man, wie ein Fisch gegen einen Kasten, ein Beutel gegen ein Paar Sandalen, ein Kuchen gegen ein Halsband, Gemüse gegen einen Fächer, ein Schlauch gegen einen Topf Öl, ein Angelhaken gegen eine Schreibtafel eingetauscht wird. Wer jemals den »Fischmarkt« in Kairo besucht hat, wird sich das wilde Gefeilsche der Kinder des Re vorstellen können. Übrigens schachert der Orientale nicht bloß aus Gewinnsucht, sondern geradezu aus Liebhaberei: Er wäre sehr enttäuscht, wenn man auf den unverschämten Preis, den er zuerst verlangt, ohne Widerrede einginge; ebensowenig aber wäre es nach seinem Geschmack, das angemessene Entgelt ohne vorheriges Überfordern anzugeben. Im Grunde ist das Tauschprinzip gar nicht so dilettantisch und primitiv, wie die Nationalökonomen von der hohen Warte ihrer Afterwissenschaft behaupten: Es reguliert den Wert einer Ware nach der persönlichen Einschätzung und dem momentanen Bedürfnis der Partner, und das ist ein sehr gesunder Standpunkt. Jedenfalls zeigt das Beispiel Ägyptens, das länger in wirtschaftlicher Blüte stand als irgendein anderes Land der Erde, daß es auch ohne Schatzscheine, Schecks und Aktien geht.

Die Moral

Ein großer Teil der Wirtschaft befand sich in den Händen des Staates, vor allem fast der gesamte Außenhandel, ferner die Ausbeutung der Bergwerke und der Papyrussümpfe; auch die Großfischerei und die Ziegelfabrikation waren königliches Monopol. Eine weitere Einnahme gewährten dem Staat die örtlichen Stromzölle und die hohen Steuern, deren Objekte durch Nilmesser, Kataster, Feldpolizei sehr genau kontrolliert wurden. Alljährlich mußte der Hausvorstand bei der Behörde erscheinen, genaue Angaben über seinen Besitzstand machen und diese beschwören. Bei der Eintreibung der Abgaben scheint es nicht sehr rücksichtsvoll zugegangen zu sein. In der vorhin erwähnten Schrift, die vom Schicksal des Bauernstandes handelt, heißt es: »Da landet der Schreiber am Uferdamm und will die Ernte aufschreiben. Die Türhüter tragen Stöcke und die Nubier Palmruten. Sie sagen: ›Gib Korn her!‹ ›Es ist keins da.‹ Da schlagen sie ihn lang ausgestreckt, er wird gebunden und in den Graben geworfen.« Auch im Grabe des Ti werden die Dorfältesten von Männern mit Stöcken zur Abrechnung in die Gutskanzlei geschleppt. Diese unhöflichen Einhebungssitten scheint es aber im Orient zu allen Zeiten gegeben zu haben; denn niemand zahlt weniger gern Steuern und weiß sich ihnen auf raffiniertere Weise zu entziehen als der Morgenländer, ob er Chinese oder Inder, Mesopotamier oder Ägypter ist. Jedenfalls gab es immer ein großes Gedränge und Geplapper. Auf einem Bild des Neuen Reichs sieht man das Vorführen der Gänseherden vor einen hohen Beamten. Ein Schreiber überreichte die Liste, die Hirten schieben sich vor und wollen sprechen; ein Aufseher sagt: »Sitzt still und redet nicht«, ein anderer: »Weißt du keine andere Zeit für dein Gerede?« Ein zweites Bild zeigt das Vorführen der Ochsenherden vor denselben Beamten: ein Sekretär hat die Liste in der Hand, ein junger Hirt spricht lebhaft auf ihn ein, wird aber mit den Worten zurechtgewiesen: »Lauf, mach, daß du wegkommst, rede nicht vor dem Seligen, ein schwatzender Mann ist ihm ein Greuel.« Die Kehrseite zu alldem bildet der ägyptische Moralkodex, der immer wieder Milde, Wohltätigkeit, Achtung auch vor dem Niedrigeren einschärft. Unzählige Male versichern die Grabinschriften: »Ich war des Greises Stab, des Kindes Amme, der Hort der Armen, das Brot der Bedrängten, die Halle, die jeglichen wärmte, der Frost litt; niemals zog ich den Großen dem Geringen vor.« Wenn es sich auch vielleicht hier zum Teil nur um schöne Reden handelt, so war es doch schon sehr viel, daß dies alles wenigstens als Ideal galt, und schließlich wurde, wie im christlichen Mittelalter, aus dem Gebot der Caritas Leben. Solches Elend wie im Norden gab es übrigens in Ägypten überhaupt nicht: die Bedürfnislosigkeit des Südländers und der Reichtum der Natur ließen es dazu nicht kommen. Eine Handvoll Bohnen oder Datteln und einen Krug Nilwasser, das der Ägypter ungemein liebt, hatte ein jeder, und Wohnung, Beheizung und Bekleidung sind im Nilland keine Probleme. Öffentliche Ausspeisungen scheinen regelmäßig und zu allen Zeiten stattgefunden zu haben.

Der Luxus Der vornehme Ägypter aber führte auf seinem Landsitz ein sehr bequemes und heiteres Leben. Zwar im Hausbau entfaltete er keinen übermäßigen Luxus, da er ja die meiste Zeit im Freien zubrachte und die Hauptsorge der Totenwohnung widmete. War diese aus »ewigem Stein«, so genügte für den Lebenden ein luftiger Bau aus Holz, Rohr und Schlammziegeln, die, in hölzernen Kasten sauber geformt und an der Sonne getrocknet, ein nicht sehr dauerhaftes, aber leicht ersetzbares Material waren; als Bindemittel diente ebenfalls der Nilschlamm. Die Villen waren manchmal nur ebenerdig, aber oft auch mehrstöckig und empfingen den Besucher zunächst mit einem Vorhof, einer Art ungedeckter Halle; dahinter lagen das Vorzimmer und das Stübchen des Portiers. Von da kam man in den großen säulengetragenen Speisesaal mit dem breiten Familientisch und vielen kleinen Tischchen für die Gäste. Nach hinten gingen die Schlafzimmer und Wirtschaftsräume; ein sehr beliebter Aufenthalt war das flache Dach. Alle Bauteile waren lustig bemalt, die Fassaden häufig mit Bildern verziert. Die Wände waren mit koloriertem Stuck oder auch mit bunten Schilfmatten belegt, an den Fenstern hingen Rollmatten. Die Türen, Pfeiler und Gesimse trugen farbige Einlagen aus Fayence und Glasfluß, die sich von vergoldeten Knöpfen, Leisten und Bändern wirksam abhoben, den Fußboden schmückte ein Sumpfdickicht mit Fischen und tanzenden Käfern oder ein grünender Acker mit hüpfenden Kälbern, den Plafond ein Himmel mit flatternden Tauben und Schmetterlingen. Im Schlafzimmer stand das mächtige Bett mit dem Treppchen, häufiger als aus Holz aus Stein oder Ton, von blühenden Pflanzen umgeben; am Kopfende befand sich die Nackenstütze, eine hölzerne Gabel, auf der der Hals ruhte, so daß das Haupt frei in der Luft schwebte: in dieser unbequemen Lage verbrachte der Ägypter die Nacht, um seine kunstvolle Frisur zu schonen. Dazu kamen eine Menge anderer Möbel und Gebrauchsgegenstände: steife Sessel und niedrige Schemel, Klappstühle und Polstersitze, Waschschränke und Toilettetische, Kasten und Truhen, Krüge und Körbe, Lampen und Kandelaber, Kupferspiegel und Glasflakons; auch Badezimmer mit Plattenbelag und Klosetts mit fließendem Wasser fehlten nicht. Das Haus stand inmitten eines weiten Gartens, der mit zierlichen Kiosken, prächtigen Topfbäumen und künstlichen Teichen versehen war: hier konnte man Gemüse und Fische züchten, baden und gondeln und im kühlen Schatten sich ausruhen. Natursinn in unserer romantischen Bedeutung haben die Ägypter nicht besessen, das Erhabene des Sternenhimmels, des Meeres, der Wüste haben sie nie empfunden: Sie ist für sie nur der Ort der Gespenster. Ihr Interesse für Tiere zeigen die zoologischen Gärten, in denen seltene oder exotische Exemplare zu sehen waren. Der ägyptische Modehund war das Windspiel, ohne jedoch der Mode unterworfen zu sein, denn wir finden es zu allen Zeiten; wie beliebt es war, zeigt ein Gleichnis: »Ich war wie ein Hund, der im Zelt schläft, ein Windhund des Bettes, geliebt von seiner Herrin.« Gerngesehene Haustiere waren auch *maumi,* die Katze, und der Affe, zumal der Pavian und die Meerkatze, deren Schabernack der Karikatur willkommenen Stoff bot: Sie springen einem Zwerg auf den Kopf, packen einen Opferträger am Bein, bringen die Schiffstaue in Unordnung und ziehen den heiligen Ibis am Schwanz. Bisweilen konnten sie recht jähzornig werden; deshalb bedeutet ihre Hieroglyphe, XXX, auch »Wut«. Auch sieht man sie auf Bildern von Früchten naschen: daß aber ein Ägyptologe daraus schließt, sie seien zur Feigenernte verwendet worden, ist sonderbar.

Der Ägypter umgab sich gern mit zahlreicher Dienerschaft;

ähnlich wie im alten Rußland lungerten überall Menschen herum, die eigentlich nichts zu tun hatten als zu statieren. Da gab es Salbbüchsenträger, Fächler, Parfümzerstäuber, Wassersprenger, Teppichausbreiter, Blumenstreuer und noch viele andere müßige Funktionäre. Der reiche Ägypter ging fast nie zu Fuß, sondern benützte die Sänfte, die entweder zwischen zwei Eseln hing oder, was weit häufiger war, von Menschen bedient wurde. Der Refrain eines Sänftenträgerliedchens, der die ganze ägyptische Liebenswürdigkeit zeigt, lautet: »Die Sänftenträger sind zufrieden, voll ist sie uns lieber, als wenn sie leer ist.« Ein arabisch-ägyptisches Sprichwort heißt: »Auf einem Roßkäfer reiten ist immer noch besser als auf einem Teppich gehen.« Aber die Ägypter ritten auch sehr ungern, obgleich der ägyptische Esel kein Tschandala ist wie der unserige, merklich größer und kräftiger und ein schönes, rassiges Tier, meist weiß, auch taubengrau und isabellenfarbig; noch heute ist er teurer als ein Pferd. Auch als die Ägypter dieses kennenlernten, bestiegen sie es nur sehr selten, sondern fuhren lieber damit spazieren. Sie waren also scheint's von Natur sehr faul, was übrigens wiederum eine kindliche Eigenschaft ist.

Die Ehe

Der vornehme Ägypter hatte auch einen Harem, doch besaß er immer nur eine Hauptgattin, die »Herrin des Hauses«, und nur ihre Kinder folgten dem Vater in seinen Würden, woraus beim Pharao häufig von Favoritinnen angezettelte Thronwirren entstanden. Eine perfekte Haremsdame mußte auch in Lautenspiel, Gesang und Tanz wohlbewandert sein. Daß die Sklavin die Geliebte ihres Herrn war, galt im Orient als selbstverständlich. Unorientalisch aber war die völlig freie Stellung, die die Gattin in Ägypten einnahm; sie besaß auch zeitlebens das volle Verfügungsrecht über ihre Mitgift. Die Mädchen verheirateten sich schon sehr früh: meist zwischen zwölf und vierzehn Jahren. Die Weisheitslehren schärfen dem Gatten ein, seine Frau gut zu behandeln, aber mehr aus äußerlichen Gründen: damit Frieden im Hause herrsche, damit er an ihr eine treue Pflegerin habe, damit kein Gerede unter den Leuten sei. Die ägyptischen Ehen scheinen aber im ganzen recht glücklich gewesen zu sein. Welche Zärtlichkeit der Ägypter dem weiblichen Geschlecht entgegenbrachte, zeigen Namen wie »Schönheit kommt«, »meine Herrin ist wie Gold«, »du Grünende« und viele andere; die Frauen wiederum riefen ihre Gefährten mit kosenden Lallformen wie »Pepe«, »Tete«, ähnlich wie man heute für Charlotte Lolo oder für Helene Lele sagt. Bekannt ist die ägyptische Sitte der Geschwisterehe, die im Königshaus geradezu die Regel war; auch die Ptolemäer übernahmen sie. War der Zweck vielleicht: Sicherung einer absolut legitimen Nachkommenschaft? In der Tat führt die königliche Schwestergattin den Beinamen »Tochter des Gottes«, das heißt: des Königs, der ja nach seinem Tod zum Gott wurde. Aber die Ehe zwischen Bruder und Schwester war in allen Schichten verbreitet; noch unter Kaiser Commodus war sie in der Stadt Arsinoë an zwei Dritteln der Bevölkerung zu konstatieren, und im Ägyptischen ist »Schwester« überhaupt das Synonym für »Geliebte«. Dabei herrschte, da ja der Harem ein relativ seltener Luxus war, in den meisten Fällen nicht nur nominelle, sondern auch tatsächliche Monogamie. Im heutigen Ägypten ist die Ehe mit der Base das Übliche. Die Geschwisterehe ist übrigens keine ägyptische Spezialität. Sie war, wie bereits erwähnt, auch eine Gepflogenheit der Inkas und besteht noch heute in einzelnen kleineren Negerstaaten. Der iranischen Regierung galt die Ehe mit der Schwester, ja sogar mit der Mutter und Tochter als besonders heilig, und noch bei den Griechen war die Vermählung mit der Stiefschwester gestattet. Auch in der Gegenwart wird der juristische Begriff der Blutschande in mehreren Staaten auf den Geschlechtsverkehr zwischen Aszendenten und Deszendenten beschränkt.

Die Adelphogamie

Nach den Lehren der Psychoanalyse ist bekanntlich die erotische Bindung des Sohnes an die Mutter, der Tochter an den

Vater, der Geschwister aneinander das Ursprüngliche und deren Perhorreszierung ein spätes Kulturprodukt. Es verhält sich aber wahrscheinlich umgekehrt: der Inzestkomplex steht nicht am Anfang, sondern ist eine Degenerationserscheinung; und daß das psychoanalytische System, in dem so ziemlich alles auf den Kopf gestellt wird, so großen und allgemeinen Anklang fand, war selber ein Phänomen der allgemeinen Dekadenz, für die eine These sich schon damit beweist, daß sie paradox ist. Die Abneigung gegen die Geschlechtsgemeinschaft mit nahen Verwandten läßt sich schon an einzelligen Wesen beobachten. Individuen einer Kultur, die durch fortgesetzte Teilung aus einem Urexemplar hervorgegangen ist, konjugieren sich niemals, wohl aber kommt es sofort zur Konjugation, wenn sie mit den Individuen einer anderen Kultur zusammentreffen. Auch in der Pflanzenwelt wird die Allogamie oder Bestäubung durch den Pollen fremder Blüten der Autogamie oder Belegung mit dem Pollen der eigenen Blüte vorgezogen. Häufig fällt an ein und derselben Blüte das »männliche« Stadium der Pollenreife mit dem »weiblichen« der Narbenreife nicht zusammen. In anderen Fällen wird durch besondere Größenverhältnisse der Staubgefäße und Stempel die Befruchtung mit dem eigenen Pollen unmöglich gemacht. Bei jenen Pflanzen, die man entomophil nennt, weil die Beförderung des Pollens von Stock zu Stock durch Insekten besorgt wird, gelingt die Befruchtung manchmal nicht: weil sie zu versteckt gelegen sind, weil andauernd regnerisches Wetter herrscht, weil keine Insekten oder keine mit passender Rüssellänge vorhanden sind oder aus anderen Gründen; in diesen Fällen springt die Autogamie ein, zum Beispiel indem der Pollen sich von selbst aus den Staubbeutelfächern entleert oder indem durch nachträgliche Bewegungen der Staubgefäße die Staubbeutel mit den Narben der eigenen Blüte in unmittelbare Berührung gebracht werden. Die Einrichtungen, die auf stellvertretende Autogamie abzielen, sind nicht minder mannigfaltig als die, durch welche die Kreuzung angestrebt wird. Aber der süße Duft, die reizenden Farben, der Nektar, die Saftmale, die »Täuschformen«, die in Geruch und Aussehen faules Obst, Aas und dergleichen nachahmen: all dies zeigt, daß die Natur auf die Fremdbestäubung eine Art Prämie gesetzt hat. Auch in der Insektenwelt findet sich die Geschwisterehe, von den Entomologen Adelphogamie genannt, öfters, aber keineswegs regelmäßig und immer nur als Lückenbüßer. Bei den Säugetieren kommt ausschließlicher Sexualverkehr innerhalb desselben Wurfs nur unter künstlichen Bedingungen vor und wirkt nach den Erfahrungen der Tierzüchter auf die Dauer degenerierend bis zur Unfruchtbarkeit. Was den Menschen anlangt, so lehrt die Statistik, daß bei Personen, die aus Ehen zwischen Geschwisterkindern stammen, Nervenkrankheiten und andere Degenerationserscheinungen relativ häufig auftreten: so ist zum Beispiel bei den Juden die Zuckerkrankheit unverhältnismäßig stark verbreitet. Man spricht auch nicht mit Unrecht von der Anämie gewisser Adelsgeschlechter, die immer untereinander geheiratet haben. Und vielleicht kam auch daher jenes eigentümlich Stagnierende der ägyptischen Kultur und Rasse, das einen ihrer auffälligsten Züge bildet.

Das Amüsement

Die ägyptischen Kinder wurden mit großer Liebe aufgezogen. Ihre Eltern nahmen sie überallhin mit. Ihr Spielzeug war dem heutigen sehr ähnlich: Es gab Puppen mit beweglichen Armen und Beinen und wirklichem Haar, allerlei Hampelmänner, zum Beispiel Bäcker, die den Mehlteig hin und her schoben, wenn man am Faden zog, Puppenstuben und Miniaturküchen, kleine Boote und Sänften, tönerne Esel und Kälber, Vögel auf Rädern, schwimmende Holzfische, Krokodile, die den Unterkiefer auf- und zuklappen konnten. Schon mit fünf Jahren kamen die Kinder in die Schule, wo es ihnen weniger gut ging: »der Knabe«, heißt es in einer der Weisheitslehren, »hat seine Ohren auf dem Rücken, er hört, wenn man ihn schlägt«; hierbei wurde kein Unterschied zwischen vornehm und gering gemacht. Ist der Mittag gemeldet, so verlassen sie jauchzend die Schule und laufen von der Arbeit »wie eine Antilope, wenn sie flieht«. Der Hauptunterrichtsgegenstand war natürlich die schwierige Kunst des Schreibens, sowohl Kalligraphie wie Orthographie, dazu kamen Kopfrechnen und Kalenderkunde, wozu im ganzen alten Orient auch die sogenannte Tagewählerei gehörte, die genaue Kenntnis der Tage, die Glück oder Unglück bringen. Daneben bestand eine Art Sporterziehung: Ballspiel, Bogenschießen nach der Tierhaut, Ringkämpfe mit speziellen Griffen und Knockout, aber wohl nur für gewisse Kreise. Es gab auch Schwimmmeister. Die Ägypter waren vermutlich ursprünglich Naturschwimmer wie die Indianer, und man nimmt an, daß ihre Schwimmform das Paddeln war; die Hieroglyphe für »Schwimmen« läßt aber eher auf Armtempi schließen. Als die eigentliche Kavaliersjagd galt der Kampf mit dem Löwen; auch das Nilpferd wurde trotz seiner Heiligkeit mit Harpunen verfolgt. Auf die zahlreichen Vögel: Wildgänse, Enten, Wasserhühner, Reiher, Flamingos, schoß man mit dem Wurfholz oder man fing sie in Netzen. Es scheint, daß man zum Apportieren auf dem Lande öfters Katzen verwendete; fielen die Vögel aber ins Wasser, so war das Herausfischen im scharfen Papyrusdickicht oft schwieriger als das Erlegen. Der ständige Jagdgefährte war natürlich der Windhund. Fische fing man mit der Angel, dem Handnetz, der Reuse und selbst mit der Lanze wie in grauer Vorzeit; »Fischstechen« galt sogar als besonders elegant. Es gab übrigens auch so etwas wie Stierkämpfe. Ein großes Vergnügen war die Nilfahrt. Längere Reisen unternahm man auf Schiffen, die mit bequemen mattenbekleideten Kabinen, bunten Segeln und Emblemen, Dienern, Harfenspielern, Sängerinnen und einer Küchenbarke ausgestattet waren; noch heute kann man in Ägypten solche »Hausboote« mieten. Musik begleitete überhaupt den Ägypter überallhin. Sie war allerdings für unsere Begriffe ziemlich primitiv, der Gesang nur rhythmisch, nicht melodisch, von taktierendem Händeklatschen begleitet und von Zeit zu Zeit durch einen refrainartigen Aufschrei unterbrochen. Die mittelgroße Harfe, XXX, wurde im Sitzen, die große im Stehen gespielt; daneben war zu allen Zeiten die Flöte in Gebrauch. Die Leier war aus Asien eingeführt. Im Neuen Reich kam eine Reihe lärmender Instrumente hinzu: Handtrommel, Tamburin, Sistrum, Zimbeln, Kastagnetten. Die Trompete war nur Kriegsgerät. Die Tänze waren in älterer Zeit gemessen, nach Art des Menuetts, später wurden sie wilder.

Die Küche

Die Ägypter waren große Freunde einer guten Mahlzeit; doch scheinen sie im Essen mäßig gewesen zu sein, sonst wären sie doch wohl, trotz ihrer geringen Veranlagung dazu, häufiger fettleibig gewesen. Fast jedes Volk hat seinen Nationalbraten, der im Menü dominiert: bei den alten Römern war es das Schwein (für »gebratene Tauben in den Mund fliegen« sagten sie *»cocti porci ambulare«*), bei den Türken ist es der Hammel, bei den Franzosen das *poulet,* bei den Engländern das *beef*; bei den Ägyptern war es die im Ofen geröstete Gans. Daneben wurde auch viel gekochtes Rindfleisch gegessen; eine feinere Speise war Ochsenstück, in Brotteig gebacken *(bœuf à la Wellington).* Schaf und Ziege kamen ebenfalls auf den Tisch. Das unreine Schwein sieht man auf den Gemälden nur zum Saateintreten verwendet; man hat es aber sicher auch gegessen, nur hat man sich gehütet, das abzubilden. Wachtel und Taube, beide in Ägypten sehr zahlreich, waren nicht Leckerbissen, sondern Volksnahrungsmittel; hingegen galt der Pelikan, gemästet, als vornehmes Essen. Das Haushuhn war noch unbekannt. Der Nil lieferte Fische in reicher Menge, besonders Welsarten, doch von nicht sehr hervorragender Qualität; sie wurden übrigens in manchen Gegenden (und vielleicht von allen Priestern) als unrein verschmäht: eine der Hieroglyphen des Fisches, XXX, bedeutet »Abscheu«. Jedenfalls galt er zu allen Zeiten in Ägypten als eines der ordinärsten und billigsten Nahrungsmittel. Man verstand ihn so vorzüglich zu konservieren, daß manche Exemplare noch heute so aussehen, als seien sie eben aus dem Wasser gekommen. Das Verfahren war eine Art Kombination aus Einpökelung und Luftabschluß, indem man die Tiere in Salzlake legte und dann mit einer Tonhülle umgab, wozu noch als dritter Faktor das wunderbar trockene Klima kam. Die Biene dürfte im Lande seit undenklichen Zeiten gezüchtet worden sein, denn ihre Hieroglyphe, XXX, ist das älteste Zeichen für »König von Unterägypten«. Die Ägypter waren auch vorzügliche Zuckerbäcker, nur daß ihr Zucker der Honig war: Aus verschiedenen Mehlsorten, Eiern, Feigen, Datteln, Öl komponierten sie die delikatesten Konditorwaren; auch verstanden sie es, Gebäck in Form von Kringeln, Schnecken, Kühen, Löwen, Bratenstücken herzustellen. Wie hoch die Küchenkultur stand, zeigen die Listen, in denen für den Verstorbenen allerlei Gutes erbeten wird: Da finden sich zehn Sorten Fleisch, fünf Sorten Geflügel, sechzehn Sorten Brot und Kuchen, elf Sorten Früchte. Auch vom Bier gab es verschiedene Gattungen: helles, dunkles, schweres, süßes, »Bier vom Hafen« (Importbier). Das nobelste Getränk war der Wein. Die länglichen Trauben, XXX, wurden sorgfältig gepflegt, nach der Lese mit den Füßen ausgetreten und dann noch einmal in einem Tuch ausgepreßt. Der gegorene Saft wurde in Töpfen aufbewahrt, die mit einer Kalkschicht hermetisch verschlossen waren und sowohl Jahrgang wie Weinberg genau verzeichnet trugen; zum Servieren wurde er in Krüge abgefüllt, auf die man eine gestickte Haube stülpte. Man trank aber auch Verschnittweine, Most, Dattelwein und alkoholfreien Traubensaft. Bei Festlichkeiten und Einladungen wurde tüchtig gezecht, aber Gewohnheitstrinker scheinen die Ägypter nicht gewesen zu sein. Ein reizendes Bild aus dem Neuen Reich schildert ein Gelage, das offenbar seinen Höhepunkt schon überschritten hat: Eine Dame weist den angebotenen Wein zurück, aber eine andere übergibt sich bereits, die Dienerin eilt mit der Schale herbei. Der Text ist verwittert, aber er kann nur gelautet haben: »Zu spät.« Wie die *jeunesse dorée* lebte, zeigen die Mahnworte eines Lehrers an seinen Schüler: »Man sagt mir: du verläßt die Bücher, du gibst dich dem Vergnügen hin. Du gehst von Straße zu Straße, der Biergeruch allabendlich, der Biergeruch scheucht die Menschen von dir, er richtet deine Seele zugrunde. Man trifft dich, wie du auf die Mauern steigst und das Brett zerschlägst, die Leute fliehen vor dir und du schlägst ihnen Wunden. O daß du doch wüßtest, daß der Wein ein Greuel ist und daß du nicht kühle Getränke dir ins Herz setztest!« In der römischen Zeit war Alexandria wegen seines ausschweifenden Vergnügungslebens berüchtigt und seine Wirtshäuser galten für die üppigsten und besten: selbst in den ordinärsten Garküchen bestand die Tagesplatte aus eingemachten Fischen, Schnecken, Linsenpudding und Gekröse.

Die Tracht

Man speiste zu zweit, an kleinen Tischen hockend, und mit der Hand; vor und nach der Mahlzeit wurde Waschwasser gereicht. Wände, Tische, Krüge und alle Gäste waren reich bekränzt, denn die Ägypter waren leidenschaftliche Blumenfreunde. Die Damen trugen Halsbänder aus leuchtenden Granatblüten. Diademe aus rosigen Lotoskelchen und in der Hand lange Stabgewinde aus vielen kleinen Sträußen, eine besonders schöne Blume ließen sie gern kokett in die Stirn baumeln. Daneben hatten sie, wie noch heute die Ägypterinnen, eine besondere Vorliebe für Armbänder und Fußspangen aus Gold, Silber, Bronze, Kupfer. Manche sind auf den Bildern intensiv grün gefärbt; man hat daraus geschlossen, daß auch Binsenstreifen zum Schmuck dienten: es handelt sich aber offenbar um Malachit. Die Kleidung war für unsere Begriffe sehr degagiert, die Brust oft völlig entblößt; zudem war die ägyptische Leinwand so fein, daß sie sich von Seide kaum unterschied und die enganliegenden Gewänder den ganzen Körper durchscheinen ließen. Tänzerinnen pflegten nackt zu gehen, und auch die aufwartenden jungen Sklavinnen waren meist nur mit einem Ledergürtel bekleidet. Hieraus ohne weiteres auf eine besondere Unsittlichkeit zu schließen wäre übereilt; denn nicht selten ist gerade die Verhüllung ein Zeichen gesteigerter Erotik. Im ausgehenden Mittelalter, das durch eine Art Satyriasis charakterisiert ist, trugen die Frauen eine Zeitlang Kapuzen, die nur die Augen frei ließen, und zur Gründerzeit, in der ebenfalls die Sexualität eine übergroße Rolle spielte, gingen die Damen sogar ins Strandbad von Kopf bis zu Fuß bekleidet; auch das Rokokokostüm hat vom weiblichen Körper nur wenig gezeigt. Die Farbe des ägyptischen Gewandes war fast immer weiß, woraus sich die wichtige Rolle begreift, die die Wäscherei in jedem Haushalt spielte; für den eleganten Herrn war reines Weiß *de rigueur*, bei Damen waren Stickereien, eingeschossene Goldfäden, farbige Borten, zu manchen Zeiten sogar buntgewürfelte Muster zulässig. Die Götter dachte man sich gern in rote Leinwand gekleidet. Der Schnitt wechselte natürlich im Lauf der Jahrtausende; Staatsgewänder und Amtstrachten waren immer betont altmodisch: So war zum Beispiel das uralte Pantherfell für Galatracht vorgeschrieben. Der Schurz, der etwa dieselbe Rolle spielte wie bei uns die Hose, war manchmal enorm weit, manchmal ganz eng, bald lang, bald kurz, einfach und doppelt, flach und gebauscht und auf die verschiedenartigste Weise gefältelt, wie überhaupt die Bügelfalte größte Bedeutung hatte: Sie mußte immer ein tadelloses Dreieck markieren; vielleicht hat man gewisse steif abstehende Formen auch durch Gestelle nach Art der Reifröcke erzielt. Die Fußbekleidung waren Sandalen, für den Hausgebrauch aus Papyrusrinde, für *full dress* aus feinem weißen Leder; am liebsten aber ging der Ägypter barfuß: er trug dann die Sandalen am geschulterten Stock wie unsere Handwerksburschen, reiche

Leute ließen sie sich von einem Diener nachtragen und beim Pharao besorgte es der »königliche Obersandalenträger«, eine Persönlichkeit von hohem Ansehen. Der Stock war übrigens kein einfaches Utensil, sondern ein Mittel der Repräsentation, ähnlich wie in der Barocke. Zum Gesellschaftsanzug gehörte auch, besonders bei Damen, ein prächtiger Halskragen aus gesticktem Goldstoff, Fayenceperlen oder bunten Glasstiften, den im Mittleren Reich die Brusttafeln ablösten, zum Teil wahre Meisterwerke der Ziselierkunst. Kopfbedeckungen trug man nur als Bestandteile eines offiziellen Ornats: Der Pharao erschien nie ohne Krone oder Königskopftuch; zum Schutze genügten der Sonnenschirm und die Perücke, die bereits unter der ersten Dynastie auftaucht. Dieses Kleidungsstück besaß für den Ägypter dieselbe hohe Wichtigkeit wie für den Barockmenschen: der Perückenmacher war eine der ersten Hofchargen. Die Formen waren äußerst mannigfaltig: Es gab einfache Toupets, die, gleich unseren Theaterperücken, wie eine Mütze aufgesetzt wurden, Pagenköpfe, reich gekräuselte Lockenfrisuren, lange Flechten und Zöpfe und riesige Staatsperücken von der Art der Allonge. Die männlichen Ägypter trugen nur im Knabenalter die echte, zur rechten Seite herabhängende »Jugendlocke«, die Frauen aber ihr reiches natürliches Haar, zu kunstvollen Touren frisiert, wobei selbstverständlich eine Nachhilfe durch falsche Coiffuren nicht ausgeschlossen war. Bei festlichen Anlässen aber bedienten auch sie sich oft richtiger Perücken; im großen und ganzen wird die weibliche Haartracht der Fontange entsprochen haben, die eine Mischung aus Kunst und Natur war. Ob die Ägypter das Haar kurz schoren oder das Haupt gänzlich rasierten, ist nicht völlig klar, vielleicht war auch dies der Mode unterworfen; für die Priester war in der Spätzeit Kahlköpfigkeit Vorschrift. In diesem Zusammenhange ist die Nackenstütze nicht recht verständlich, denn den künstlichen Haarschmuck konnte man ja vor dem Schlafengehen abnehmen. Wurde sie nur von den Frauen benützt oder war das Haar doch auch bei den Männern bisweilen echt? Dem Konservativismus der Ägypter wäre es aber auch zuzutrauen, daß sie an ihr festhielten, als sie bereits gar keinen Sinn mehr hatte. Ein anderes Ausstattungsstück ist jedenfalls auf diese Weise zu erklären. Ägypter hatten einen großen Abscheu vor Behaarung: man enthaarte sich am ganzen Körper, und seit der Urzeit, wo, wie wir uns erinnern, ein kurzer Bart am Kinn üblich war, haben nur noch Hirten, Fischer und ähnliche ungepflegte Leute einen Bart getragen. Hierbei hatte aber die Behaarungssucht des Ägypters ein schlechtes Gewissen und er griff zu dem absonderlichen Auskunftsmittel des viereckigen Umhängebarts, an den jedermann denkt, wenn er sich ein ägyptisches Porträt vorstellt. Die Götter unterschieden sich von den Menschen unter anderm dadurch, daß dieser Bart bei ihnen länger und mit der Spitze aufwärts gekrümmt war. Ein bizarres Detail ist auch die Sitte der Frauen, ihre schweren Haare hinter die Ohren fallen zu lassen, um diese dadurch abstehend zu machen: dies galt nämlich für schön. Sie hatten übrigens auch durch die Gewohnheit des Barfußgehens Plattfüße; und es scheint mir nicht ausgeschlossen, daß auch dies zu den Eigenschaften einer Beauté gehörte, denn sonst hätte man doch auf den Bildern und Statuen bisweilen versucht, es zu korrigieren. Es ist dies schließlich eine Angelegenheit der Mode und des Himmelsstrichs, und es ist einer Frau sicherlich nicht unmöglich, auch mit Plattfüßen überaus anmutig zu sein.

Die Ägypterinnen und auch viele Ägypter machten einen sehr reichlichen Gebrauch von wohlriechenden Essenzen und Salben: Man parfümierte nicht bloß sich selbst, sondern auch Perücken, Kleider, Möbel, Geräte. Ein sehr geschätztes Einfettungsmittel war das Lilienöl, das Feinste aber war ausländisches Öl »vom Hafen«. Auch verstand man es, aus den verschiedenartigsten Stoffen raffinierte Mischungen zu bereiten.

Aus Nilpferdfett machte man Haarwuchspomaden; sehr begehrt waren aber auch Zaubermittel mit gegenteiliger Wirkung für Nebenbuhlerinnen. Der Sitte, den Glanz der Augen durch unterlegtes Grün und Schwarz zu heben, huldigten alle Schichten, Geschlechter und Lebensalter: Man schminkte sogar Götterbilder, Säulen und Opferstiere. Bei den Frauen hat sich bis heute die Gepflogenheit erhalten, Hand- und Fußnägel und die Innenfläche der Hände mit Henna, dem Saft aus den Blättern des Färberstrauches, gelbrot zu färben. Der Lippenpinsel fand ebenfalls lebhafte Verwendung. Auch im Grabe durfte selbstverständlich das Toilettebüchschen mit mehrerlei Schminksorten und dem Stäbchen zum Auftragen nicht fehlen.

Der Obernachtigallbringer

Der gesellschaftliche Verkehr war überaus förmlich, was aber natürlich nicht hinderte, daß er gelegentlich, ganz wie in der Barockzeit, in die hemmungsloseste Ausgelassenheit übergehen konnte. Der Orientale von guter Erziehung besitzt eine feste Sammlung von immer wiederkehrenden Posen für die einzelnen Situationen des Lebens. So hatte auch der Ägypter Freudestellungen, Devotionsstellungen, Begrüßungsstellungen, Beileidsstellungen, die alle, je nach Rang und Anlaß, aufs feinste abgestuft waren: vom Niederfallen, XXX, Niederknieen, XXX, Freudensprüngen, XXX, bis zur einfachen Verbeugung, XXX, oder bloßen Bewegung der Hand und des Kopfes. Eine sonderbare Sitte war das »Beriechen«: Man beroch das Antlitz, die Hand, den Fuß, den Saum des Gewandes; es handelte sich wohl nur um ein symbolisches Nasennähern. Das Küssen scheint unter den Ägyptern nicht üblich gewesen zu sein, oder vielmehr: dies war ihre Form des Küssens. Von Liebespaaren heißt es: sie sitzen da, »Nase an Nase«; eine Blume, einen Kuchen »küssen« bedeutet: daran riechen. Auf einem Bild des Neuen Reiches sieht man, wie der König Echnaton, auf seinem Wagen stehend, seine Gattin Nofretete auf den Mund küßt; allein dieser Pharao, mit dem wir noch nähere Bekanntschaft machen werden, war in allen Dingen unägyptisch, nämlich ein Revolutionär. Die ägyptische Lust am Formelwesen zeigt sich auch in der komischen Sucht nach Titeln und der eifersüchtigen Überwachung der an sie geknüpften Ehrenbezeigungen. Es gibt nicht nur die bereits erwähnten Hofchargen des Leibmedikus und Kämmerers, Wedelträgers und Sandalenträgers, Marschalls und Mundschenks, sondern auch Schreiber des Kredenztisches, Vorsteher der Schminkgriffel, Geheimräte des Hauses der Wohlgerüche und noch viele andere. Man muß an Andersens Märchen von der Nachtigall denken, wo einer zum »kaiserlichen Obernachtigallbringer« ernannt wird. Der Höhere behandelte den Tieferstehenden mit einer ausgesuchten, obschon bloß äußerlich markierten Geringschätzung. Fragen des Vortritts, der Sitzgelegenheit, der Form und Dauer der Anrede wurden ebenso eifrig diskutiert wie im siebzehnten Jahrhundert. Und wieder wird man an die »Nachtigall« erinnert: da war einer so vornehm, daß er, wenn ein Geringerer ihn etwas zu fragen wagte, weiter nichts antwortete als »P!«, »und das bedeutet gar nichts«.

Der Geometrismus

Dieser Konventionalismus (im Grunde abermals ein infantiler Zug; man hat immer den Eindruck: die Ägypter spielen Erwachsene) hat auch die größte und eigenste Leistung der ägyptischen Kultur, die bildende Kunst, von Anfang bis Ende beherrscht. Die Plastik zum Beispiel kennt nur ein einziges Gruppenbild: Vater, Mutter, Kind; die eheliche Verbundenheit wird stets dadurch ausgedrückt, daß der Mann den Arm um die Schultern der Frau oder seine flache Hand auf die ihrige legt; das Kind ist meist unverhältnismäßig klein, ja nicht selten ist auch die Gattin bedeutend kleiner. Die stehenden Figuren sind fast immer an eine rechteckige Platte gelehnt, bei den sitzenden bilden die Beine einen Block, und hier wie dort werden die Arme dicht an den Leib gepreßt: auch dies beruht nicht etwa auf Unbeholfenheit, sondern auf Tradition aus einer Zeit, wo das Material oder Anfängertum es noch notwendig gemacht hatte.

Besiegt der König einen Feind, so ist dies immer dadurch bezeichnet, daß er ihn am Schopf packt. Auch für den Schreiber (der vielleicht ein Vorleser ist) gibt es nur eine einzige Stellung: Er sitzt mit untergeschlagenen Beinen, über dem weißen Schurz die gelbe Papyrusrolle, die Hände aufliegend, den Blick geradeaus. Die Stirnlocke und der Finger im Mund bedeuten »Kind«, und so kann es mitunter vorkommen, daß ein erwachsener junger Mann den Finger in den Mund steckt, zum Zeichen, daß er noch ein Prinz ist; und selbst der thronende Horus muß seine Sohnschaft auf diese Weise zur Schau tragen. Auch hat man schon früh bemerkt, daß die Schreitenden immer das linke Bein vorsetzen: vielleicht war »links« ein gutes Omen (so daß also die Ägypter sich gehütet hätten, mit dem rechten Fuß aus dem Bett zu steigen), vielleicht aber auch geht es auf die alte Schrift zurück, in der die Hieroglyphen stets nach rechts blickten; um Überschneidungen zu vermeiden, mußte dann stets der vom Beschauer abliegende Fuß vorgestreckt werden, und dies war eben der linke. Es gibt aber auch noch andere Gründe für die »Starrheit« der ägyptischen Rundbildnerei als den Traditionalismus. In Ägypten sind alle Großplastiken entweder selber eine Art Bauwerke, wie der Sphinx und die Memnonskolosse, oder Bauteile, integrierende Bestandteile des Raumeindrucks, als die sie sich von Säule, Türfüllung, Wandbekleidung nicht grundsätzlich unterscheiden, und daher, wie alle Architektur, »geronnenes Leben«. Darum sind sie mehr oder weniger geometrische Gebilde, die zum Winkel tendieren. Bezeichnend hierfür ist zum Beispiel der »Würfelhocker«: die kauernde Figur, die genau einen Kubus ausfüllt, und die Gepflogenheit, geballte Hände Walzen, sogenannte »Füllungen«, halten zu lassen, wodurch ebenfalls ein stereometrischer Eindruck entsteht. Auch die viereckige Rückenplatte geometrisiert. Zudem war in Ägypten alle große Kunst religiös, magisch; sie mußte daher ganz unausbleiblich zu allen Zeiten stilisiert, konservativ, hieratisch, »ägyptisch« sein. Alles Lebende ist vergänglich, Organismus ist Stoffwechsel. Ewigkeitscharakter wird der Form verliehen, wenn man sie dem Unorganischen annähert, versteinert, kristallisiert. »Das Leben der Götter ist Mathematik«, sagte Novalis. Die Kleinkunst der Ägypter, die dem bloßen Schmuck diente, trägt alle diese Züge nicht: sie ist graziös, kokett, gelöst, filigran, eine Art *»japonisme«*. Daß aber die ägyptischen Bildwerke doch nicht tot wirkten, dafür sorgte schon die Farbe, die niemals fehlte und in diesem Lande, wo die Sonne ganz anders koloriert als bei uns, sich viel mehr erlauben konnte (selbst Goethe sagt in seiner »Italienischen Reise«, obgleich längst Klassizist: »unter einem recht heitern und blauen Himmel ist eigentlich nichts bunt«). Auch die Augen waren sehr lebhaft nachgebildet: Sie bestanden aus silbergefaßtem Bergkristall mit einem Metallknopf in der Mitte, an den Großfiguren der Reliefs aus Email, bei dem berühmten goldenen Sperberkopf der Memphitenzeit, einem Wunderwerk edelster Natursynthese, aus rotem Jaspis. Bei jenen Gesteinsarten, die durch ihre natürliche Färbung die Bemalung überflüssig machten, kam als Steigerung die leuchtende Politur hinzu; wie geschätzt sie waren, geht daraus hervor, daß man in Holz und Kalkstein Rosengranit imitierte. Die Hauptfarben der Flachmalerei waren Weiß aus Gips und Eiklar, Gelb aus Ocker, Blau aus Lapislazuli, Grün aus Malachit, Rot aus Zinnober, Braun aus Tonerde, Schwarz aus gebranntem Elfenbein. Auch das Gold empfand der Ägypter als ein Stück der Palette. Doch war seine Malerei bloße Illumination, ein Austauschen der Flächen. Zwischen Gemälde und Relief machte er keinen Unterschied, oder vielmehr: Er faßte alles als Relief auf; selbst einfache Bilder umzog er mit roten oder schwarzen Konturen, so daß sie wie ausgemeißelt wirkten. Auch die verschiedenen Reliefarten behandelte er als ganz gleichwertig; eine davon: das versenkte Relief oder *relief en creux*, kommt sonst nirgends vor.

Der echte Expressionismus

Allgemein bekannt ist die Sitte des Ägypters, an derselben Figur Gesicht, Arme, Leib, Beine am Profil, Augen, Schultern, Schurz, Hände *en face* zu zeigen. Auch die Tragbänder des weiblichen Gewandes, die Hörner des Rindes sind immer so gezeichnet, als ob man sie von vorne sähe; der Nabel, der bei naturalistischer Wiedergabe der Profilstellung nur undeutlich oder gar nicht zu sehen wäre, wird nach rechts gerückt. Man wird ein wenig an die Jugendschöpfungen des Malers Klecksel erinnert: »Zunächst mit einem Schieferstiele macht er Gesichter im Profile; zwei Augen aber fehlen nie, denn die, das weiß er, haben sie.« So weit sind allerdings die Ägypter nie gegangen; aber es hätte nur einmal einer auf die Idee kommen sollen: Sie wäre sofort akzeptiert worden. Trägt ein Esel eine Tasche auf der dem Beschauer abgewendeten Seite, also gedeckt, so klappt sie der ägyptische Zeichner in die Höhe, so daß sie über dem Esel schwebt, und nun sieht man sie. Liegen auf einem Tisch Halsbänder, so werden sie aufgestellt. Gleichermaßen werden ein See, ein Brot, ein Fruchtteller, ein Bett mit Insassen nicht horizontal gegeben, sondern vertikal, wie wenn sie an eine senkrechte Wand gelehnt wären. Der Kupferkessel des Kochs, der Bottich des Kelterers, die Schakalmaske des Priesters werden durchsichtig gedacht, damit man ausnehmen kann, was sich im Innern befindet. Man hat hier, halb scherzhaft, von Röntgenbildern gesprochen; der geistvolle Erforscher der ägyptischen Ästhetik Heinrich Schäfer hat den guten Ausdruck »unechte Durchsichten« vorgeschlagen. Häuserwände weichen und gewähren Einblick in die Zimmer wie auf den »Schnitten« der Architekten oder wie im Zaubertheater; Räume, die hintereinander liegen, werden übereinander gezeichnet. Zeitliche Abfolge wird in räumliches Nacheinander verwandelt: Es erscheint dieselbe Figur in den verschiedenen Stadien eines Vorgangs wie auf einem Filmstreifen. Nach Lessing ist »die Zeitfolge das Gebiet des Dichters, so wie der Raum das Gebiet des

Malers«; wolle daher der Dichter schildern, so müsse er das Koexistierende in ein Konsekutives verwandeln und dadurch »aus der langweiligen Malerei eines Körpers das lebendige Gemälde einer Handlung machen«. Aber dem Ägypter war eine solche Malerei auch schon in der Malerei zu langweilig, er löste sie daher in Sukzessionen auf. Lessings klassisches Musterbeispiel für poetische Schilderung ist bekanntlich Homers Schild des Achill: »Wir sehen nicht das Schild, sondern den göttlichen Meister, wie er das Schild verfertigt. Er tritt mit Hammer und Zange vor seinen Amboß, und nachdem er die Platten aus dem gröbsten geschmiedet, schwellen die Bilder, die er zu dessen Auszierung bestimmt, vor unseren Augen, eines nach dem andern, unter seinen feineren Schlägen aus dem Erze hervor.« Aber genauso wie der griechische Dichter wäre der ägyptische Maler verfahren: Er hätte Hephaistos gezeigt, immer wieder, wie unter seinen Händen das ganze Werk entsteht.

Eine weitere Eigentümlichkeit der ägyptischen Kunst wird durch das von Julius Lange im Jahr 1892 entdeckte »Frontalitätsgesetz« bezeichnet, das die gesamte Rundbildnerei beherrscht: Man kann durch jeden Körper eine Senkrechte legen, die ihn in zwei ganz gleiche Hälften teilt; bei dem »grünen Kopf« des Berliner Museums zum Beispiel entspricht, unbeschadet seines geistreichen und packenden Naturalismus, jedem kleinsten Detail auf der rechten Hälfte ein gleiches auf der linken. Die Geometrie wird überhaupt niemals der Illusion geopfert. Der Sphinx von Gise zum Beispiel hat für den Beschauer viel zu große Tatzen, weil sie in ihren Maßen genau dem Kopf entsprechen. Alle diese Dinge sind aber nur für uns Absonderlichkeiten. Wird eine neue Bilderserie ausgegraben, so kann sie der Fellache sofort lesen, weil seine Art zu sehen der altägyptischen noch immer verwandt ist. Man darf nie vergessen, daß die ägyptische Malerei reine Dekoration ist. Ihre Aufgabe ist, eine Fläche geschmackvoll zu füllen. Linearperspektive oder gar Luftperspektive, Vordergrund und Hintergrund, Projektion, Auflösung der Kontur: All dies wäre von ihr, da es dem Prinzip der Flächenhaftigkeit und Ornamentalität feindlich ist, als höchst unkünstlerisch empfunden worden. Schatten hätten für sie bloße Schmutzflecken bedeutet. Aber das alles kommt uns ja merkwürdig bekannt vor. »Das Bild«, heißt es in einer der frühesten expressionistischen Streitschriften, »ist die Schönheit der Fläche. Das Bild ist, wie jedes Kunstwerk, ein Ganzes, ein Unteilbares. Es hat keinen Vordergrund und keinen Hintergrund. Jede körperliche Darstellung auf der Fläche ist eine Vortäuschung. Jede Vortäuschung, auch die optische, ist unkünstlerisch.« Und haben die Expressionisten nicht ebenfalls unechte Durchsichten und die Ungleichzeitigkeit gemalt und in der Plastik geometrisiert? Aber die Ähnlichkeit ist bloß die der Mimikry. Der Expressionismus war kein schöpferisches Gesicht, sondern eine kritische Ansicht, kein Schicksal, sondern ein Programm, eine gewollte Künstelei, aus dem Ressentiment gegen den Impressionismus geboren. Eine solche der unsrigen völlig polare Sehform kann man sich nicht vornehmen. Beim Ägypter war sie aus seinem tiefsten Weltgefühl geboren. Der große Alois Riegl, der nur leider das Pech hatte, in Österreich zu leben, weshalb er zeitlebens völlig unbekannt blieb, hat ein herrliches Wort geprägt: Er sagte, das Grundmotiv der ägyptischen Kunst sei die Raumscheu; infolgedessen habe sie die Tendenz, die Tiefenrelationen systematisch in Ebenrelationen umzuwandeln. Nun wird wohl jedermann sogleich einwenden, daß die Pyramiden nicht gerade auf Raumscheu schließen lassen. Doch weiß Riegl auch dieses Phänomen seiner Theorie einzugliedern: »Vor welche der vier Seiten immer der Beschauer sich hinstellt, sein Auge gewahrt stets bloß die einheitliche Ebene des gleichschenkligen Dreiecks, dessen scharf abschließende Seiten in keiner Weise an den Tiefenabschluß dahinter gemahnen.«

Die Schattenmalerei als Irreligion

Die ägyptische Optik ist um nichts weniger naturalistisch als die unsrige; sie huldigt nur einem anderen Prinzip. Der Ägypter will alles möglichst klar und deutlich zeigen, so daß keine Mißverständnisse möglich sind, und alles möglichst vollständig, er will die Dinge »richtig zeichnen«, wie die Kinder sagen: wie sie wirklich sind, nicht vom zufälligen Standpunkt eines einzelnen Beobachters gesehen. »Richtig« ist ein Objekt, wenn man alle seine wichtigen Teile von vorn sieht, wenn man ausnehmen kann, was darauf und was darin ist. Der Mensch hat einen Nabel, also muß er doch gezeichnet werden, in einem Steinkrug ist Wasser, also muß es doch hineingemalt werden. Auch will man wissen, wer im Bett liegt, also muß es aufgestellt werden. Welchen Zweck sollten Schatten haben? Sie können das Bild nur verwirren, und außerdem sind sie gar keine wirklichen Eigenschaften des Objekts.

Die Schattenmalerei ist zum erstenmal um 450 vor Christus von Apollodor ausgeübt worden. Sie wurde durchaus nicht von allen Athenern als Fortschritt begrüßt; noch Plato war ihr erbitterter Gegner. Sie ist bezeichnenderweise eine Zeitgenossin der Sophistik. In ganz analoger Weise fällt die Entdeckung oder vielmehr Wiederentdeckung der Linearperspektive mit dem Sieg des Nominalismus über den mittelalterlichen Realismus zusammen: Beide beginnen sich seit 1300 durchzusetzen. Aber erst seit 1650 gibt es eine Kunst der *valeurs*, des Ambiente, der farbigen Schatten, und sie erscheint gleichzeitig mit der Weltherrschaft des ersten großen phänomenalistischen Systems; die Barockmalerei ist gleichsam der Farbe gewordene Cartesianismus: das *dubito* der schwimmenden Aura und aufgelösten Kontur als Prämisse des *sum.*

Wilhelm Worringer hat für diese beiden gegensätzlichen Weltaspekte die Schlagworte »Abstraktion« und »Einfühlung« geprägt. Gewisse Völker und Zeitalter, sagt er, stehen zu der Erscheinungswelt, die sie umgibt, in einem vertraulichen Verhältnis, sie haben daher das Bedürfnis, sich in sie einzufühlen, sie nachzuahmen. Bei anderen ist das dominierende Gefühl, das sie der Welt gegenüber haben, die Furcht; sie fühlen sich durch die Realität bedrängt, suchen sich daher durch Abstraktion von ihr zu befreien. Der Raum gibt den Dingen dadurch, daß er sie verbindet und in das kosmische Wechselspiel, in die Relativität alles Seienden hineinzieht, ihren Zeitlichkeitswert; der Raum ist der größte Feind der Abstraktion. Aber wie verträgt es sich mit dieser Raumscheu, daß der Ägypter ungeheure Kolosse und ganze Tempel aus dem Felsen herausgehauen und endlose Alleen von Götterbildern angelegt hat, so daß Spengler geradezu den »Weg« als das Ursymbol der ägyptischen Seele bezeichnen konnte? Worringer hat denn auch seine eigenen Ansichten neuerdings stark in Zweifel gezogen. Er meint, aus der völligen Indifferenz des ägyptischen Verhaltens gegenüber der raumhaften Potenz des Daseins sei eine wohlüberlegte Verneinung des Raumfaktors gemacht worden: Möglicherweise war dem Ägypter das Organ für die Sprache räumlicher Werte noch gar nicht aufgegangen, so daß es für ihn keine Überwindung war, in dieser Sprache nicht zu sprechen. Vielleicht ließe sich die Frage so entscheiden, daß der Ägypter dem Raum weder angstvoll noch verständnislos gegenüberstand, sondern ganz einfach anders; aber wie, darüber wird es immer nur geistreiche Vermutungen geben. Denn die Metaphysik einer jeden großen Weltkultur ist ihr Privatgeheimnis, das sie mit ins Grab nimmt. Jede ausgeprägte Menschenvarietät, die auf den Plan der Geschichte tritt, ist ein Gedanke Gottes und daher ewig; aber nur in Gott.

Jedenfalls ist unsere Kunst keine geringere Vergewaltigung des Objekts als die ägyptische, ja vielleicht sogar eine größere. Sie ist eine sehr kühne Stilisierung auf einen einzigen Blickpunkt und eine sehr selbstherrliche Abstraktion von der Realität des ganz unleugbar Vorhandenen. In Wirklichkeit ist der entferntere Gegenstand *nicht* kleiner, der überschnittene *nicht* halbiert, der gedeckte *nicht* unsichtbar. Es ist die Optik der verkürzenden Wissenschaft, des egozentrischen Individuums, der Bühnenillusion. Der moderne Maler arrangiert die Wirklichkeit wie eine Theaterdekoration, der ägyptische packt sie aus wie eine Spielzeugschachtel; das letztere ist zweifellos realistischer. Und in der Tat hat sich die apollodorische Skiagraphie aus der Skenographie entwickelt. Ebenso sind der Impressionismus und die Große Oper Zwillingsgeschwister: beide sind Geburten der Hochbarocke. Immer, wenn der Mensch sich zum »Maß der Dinge« erklärt, ersteht die Perspektive: Dies geschah durch die Sophistik und den Nominalismus. In solchen Zeiten pflegt auch die »Wissenschaft« zu erwachen. Genau wie sie setzt der Impressionismus (das Wort im weitesten Sinne genommen) an die Stelle der Wirklichkeit ein System von sehr scharf durchdachten und sehr fein gestuften Fiktionen. Die Skiagraphie ist die gemalte Skepsis, Selbstvergötterung und Irreligion.

Die objektive Kunst

Die Ägypter malten nicht subjektiv, sondern objektiv. Daher war der Begriff der »Künstlerindividualität« ihnen unbekannt, obgleich sie großartige Meister besessen haben. Daher hat der Erzeuger sein Werk nie signiert. Aber das ist nicht ganz richtig: wir wissen von zwei Fällen, wo er es doch getan hat, und gerade die sind sehr charakteristisch. Das eine Mal hat sich der Maler dargestellt, wie er, in einem Kahn sitzend, mit großem Appetit speist, das andre Mal, wie er vor der Staffelei die Bilder der Jahreszeiten entwirft. Im ersteren Falle hat er sich als puren Professional aufgefaßt, der nach getaner Arbeit seine Mahlzeit hält, im zweiten als bloßen Teil des Genregemäldes, denn in einer allseitigen Abschilderung des ägyptischen Lebens durfte die Tätigkeit des Malers nicht fehlen. Aber mit modernem »Schöpferbewußtsein« hat das nichts zu tun. Der Ägypter schuf wie das Kind, das zu seinem eigenen Vergnügen zeichnet, bosselt und baut und zum Schluß, weil es so artig gespielt hat, mit einem großen Kuchen belohnt wird.

Ein Kind wird, solange es nicht mit dem künstlichen System unserer abstrakten Malerei bekannt gemacht wird, die Wirklichkeit genauso wiedergeben wie der Ägypter. Indes bedient sich auch die infantile Zeichenkunst gewisser Abstraktionen: Sie macht zum Beispiel den Vater oder den Lehrer größer als die anderen Menschen. Ganz dasselbe tat der Ägypter: Der König und jede andere Hauptperson, zum Beispiel Ti, sind immer überlebensgroß. Wir tun übrigens das gleiche, nur erschleichen wir es durch einen Trick: Wir setzen unwichtige Personen in den Hintergrund, wo sie ebenfalls viel kleiner erscheinen als die Protagonisten. Und auf Denkmälern scheuen wir uns gar nicht, auch die Gesetze der Perspektive zu ignorieren: Der Pharao ist ein Koloß und seine Feldherrn und Minister sind, je nach Rang und Bedeutung, kleiner und kleiner. Es würde auch ein Erwachsener, ganz sich selbst überlassen, noch heute »vorapollodorisch« konzipieren. Und der Mensch der Zukunft wird es wieder tun. Aber dieses veränderte Kunstgefühl wird nur durch ein völlig neues Verhältnis zu Gott und Welt ins Leben gerufen werden können, nicht durch Kaffeehausdekrete wie der Expressionismus.

Der Traditionalismus

Der französische Nationalökonom Chevalier sagt: »Eine Nation, deren Individuen sich alle auf einen einzigen Typus beziehen lassen, ist unter den Völkern, was der Hagestolz unter den Menschen: Das alte Ägypten war von dieser Art. Ein zweitypisches Volk dagegen erfreut sich, wenn keiner dieser Typen eine vernichtende Überlegenheit über den andern gewinnt, eines beständigen Austausches von Gedanken und Empfindungen wie ein Ehepaar; es hat die Gabe der Fruchtbarkeit, es erneut und verjüngt sich von selbst.« In der Tat waren die Ägypter, zumal für ein Volk der Subtropen, merkwürdig unerotisch. Vielleicht hängt auch dies mit ihrem Infantilismus zusammen. Alle ihre großen Schöpfungen: der Kalender, die Schrift, die bildende Kunst erinnern ein wenig an die Ideenwelt sehr kluger und begabter Kinder. Dabei hatten sie auch immer etwas vom Greis. Vielleicht beruht ihre Größe zum Teil darauf, daß sie so alt geworden sind. Wer weiß, wie alt sie schon waren, als sie in das Licht der Geschichte traten! Oder vielleicht erreichten sie nur darum ein so ungeheuer hohes Alter, weil sie von vornherein mit einem senilen Stoffwechsel begabt waren, dessen träge Selbstverbrennung sie ihren heiligen Krokodilen ähnlich machte. Das Krokodil ist gewiß ein sehr imposantes Geschöpf, und doch müssen wir bei seiner bloßen Nennung lächeln. Und ebenso liegt um Ägypten eine leise, rührende Komik wie von Kindern und alten Leuten.

Wie ein Greis lebte der Ägypter dauernd in der Vergangenheit, immer steht er unter der Hypnose eines grauen Altertums, seine ganze Geschichte besteht aus Restaurationen. Der einzige Reformator, der jemals auf dem Throne der Pharaonen gesessen hat, der Ketzerkönig Echnaton, scheiterte vollkommen. Abgeschafft hat der Ägypter überhaupt nie etwas; war etwas noch so überholt, so tat er doch immer noch so, als ob es noch da wäre. Am liebsten arbeitete er nach einem festen Schema des »Richtigen«: So gab es Musterzeichnungen für bildliche, Mustertexte für schriftliche Darstellung, aus denen man abnehmen konnte, wie eine menschliche Figur, ein Palast, eine Geburtstagsgratulation ein für allemal auszusehen haben. Daher kommt es, daß es in der ägyptischen Malerei miserable Leistungen überhaupt nicht gibt: Der Künstler brauchte ja nur die obligaten Formen auswendig zu lernen, um sich vor groben Patzereien zu bewahren. Ja, es gibt sogar für die Schilderung der einmaligen geschichtlichen Ereignisse eine fixe Schablone, die immer wiederkehrt: Eine ägyptische Schlacht oder Belagerung gleicht der andern. Die Könige des Neuen Reichs haben oft in historische Berichte aus der Zeit des Alten Reichs einfach ihren Namen einsetzen lassen und sogar die Porträtstatuen längst verstorbener Könige für sich usurpiert: Die Hauptsache war schließlich ja doch, daß das Bildnis korrekt einen Pharao wiedergab. Auch auf dem innerlichsten Gebiet des menschlichen Wesens, in der Moral, herrscht das Klischee: Die Beteuerungen eines gottgefälligen Lebenswandels sind immer fast wörtlich dieselben. Daß es sich mit der klassischen Literatur nicht anders verhielt, haben wir bereits gehört: Sie war nichts als ein Mosaik aus stereotypen Phrasen, ein Bukett aus getrockneten Redeblumen, vergleichbar dem lateinischen Aufsatz, wie er früher an den Gymnasien üblich war. Auch die Seligkeit erlangt man nur durch die genaue Kenntnis und Anwendung bestimmter Zauberformeln. Ihre Menge war sehr groß, da immer neue hinzukamen, ohne daß die alten aufgegeben werden durften.

Der Utilitarismus

Der Ägypter kannte nur Zweckkunst und Zweckwissenschaft, auch sein Verhältnis zur Natur war ein utilitaristisches: er liebte sie sehr, aber nicht als Kunstwerk, sondern als Gemüse, als Erfrischung und als Spenderin vorzüglicher Gerüche. Auch seine Religion ist ein Produkt des Opportunismus und der Pedanterie. Infolge seines Mangels an rein theoretischem Interesse hat er auch eine so überaus kümmerliche Mythologie, denn alle Theorie, bis hinauf zu unseren Ionen und Alphastrahlen, ist Mythologie. Schließlich sind ja auch die höchsten ägyptischen Vorstellungen, der Ka und der Ba, nicht viel mehr als ein robuster Spiritismus. Ihre Nüchternheit ließ die Ägypter auch vor den Abenteuern einer maritimen Expansion zurückschrecken, obgleich sich sowohl im Norden wie im Süden sehr verlockende Möglichkeiten geboten hätten. Wenn sie die Arbeitskraft und Zähigkeit, mit der sie ihre Kolosse und Kanäle zustande brachten, darauf verwendet hätten, Häfen und Flotten zu bauen, so hätten sie vom Delta aus Kreta und die Ägäis erobern, vom Roten Meer aus Arabien umschiffen und, im Besitz des Persischen Meerbusens, ganz Vorderasien beherrschen können. Aber solche heroischen Konzeptionen haben sich niemals in dem Kopf eines Ägypters befunden. Denn sie waren ein ausgesprochen unromantisches Volk. Ihre Sagenhelden sind gerechte Fürsten, staatskluge Wesire, Architekten, Schriftgelehrte, Wasserbauer, ihre Spukgebilde sind so prosaisch, daß sie fast komisch wirken, zum Beispiel der Sag, eine Löwin mit einem Sperberkopf und einem Lotusstengel als Schwanz, oder die Unterweltsgeister, die, wie sie in den Totenrollen abgebildet sind, an die Schreckfiguren erinnern, die in unseren unzerreißbaren Bilderbüchern die bösen Kinder holen. Auch die Erscheinung der Götter hat nichts, was uns Schauer einflößen könnte; es sind Menschen mit Tierköpfen, wie man sie bei Volksfesten oder Maskenbällen trägt. Gott Sobk hat sich als Krokodil verkleidet, Anubis als Hund, Bastet als Katze, Hathor als Kuh. In all dem liegt aber auch wiederum eine wundervolle kindliche Sachlichkeit, und kein Volk hat es so verstanden, seinen Fabelwesen die Selbstverständlichkeit organischer Gestalten zu verleihen, auch die Griechen nicht.

Das epische Volk

Die Ägypter waren auch ein ausgesprochen episches Volk. Ihre Malerei ist Illustration, Erzählung, Aufzählung, eine Art Atlas. Wenn sie den ganzen Inhalt einer Truhe über dieser postieren, sämtliche Möbel eines Zimmers rechts und links neben diesem ausstellen, damit man über alles gehörig Bescheid erhält, so ist das novellistisch. Deshalb stört es auch in einem ägyptischen Bild gar nicht, wenn fortwährend Text dazwischen steht. Ein Roman des vorigen Jahrhunderts begann mit den Worten: »An einem stürmischen Herbstabend des Jahres 18.. überquerten drei Personen die Hauptstraße des mitteldeutschen Städtchens L...., von denen uns jedoch nur die mittlere im weiteren Verlauf unserer Geschichte beschäftigen wird.« Dies ist, wenn auch etwas ungeschickt, die Technik des Erzählers. Und ganz ebenso machte es der Ägypter in der Malerei: pflückt einer eine Feige, so hängt nur sie am Baum, aber dafür fast so groß wie dieser; frißt eine Ziege von einem Ast, so wächst er ihr entgegen, als ob er allein auf der Welt wäre. Will der Ägypter Trupps von Soldaten oder Opferträgern aufs Bild bringen, so verdoppelt oder vervielfacht er die Konturen, was ebenfalls bloßes Referat ist. Dramatisch hingegen sind die Raumtiefe, die Vedute, Licht und Schatten, die Optik des »Operngucker s«: lauter antiägyptische Vorstellungen.

Die Ägypter sind zu allen Zeiten große Prahlhänse und Plaudertaschen gewesen: Auch darin waren sie echte Epiker. Zwar lautet eine ihrer Weisheitslehren: »Man wird taub gegen den, der viele Worte macht«; doch sie haben sie nicht befolgt. Ja, sie redeten viel, aber, wie schon am Anfang dieses Kapitels hervorgehoben wurde: sie sagten nichts. Beamte, die in den Steinbrüchen große Blöcke schlagen lassen, berichten dies mit den Worten: »so etwas ist seit der Götterzeit nicht passiert«, ein mathematisches Handbuch führt den Titel »Vorschrift, zur Kenntnis aller dunklen Dinge zu gelangen, aller Geheimnisse, welche in den Dingen enthalten sind«, ein Hofsekretär bezeichnet sich als »Herz des Königs, das berechnet, was ist, und zählt, was existiert«; aber einem Oberschatzmeister des letzten Königs der vierten Dynastie war das alles noch zu wenig: er nennt sich den »Leiter von allem, was existiert und was nicht existiert«. Zur Thronbesteigung gratuliert ein Beamter dem König mit den Worten: »Ruhst du dich aus in deinem Palaste, so vernimmst du die Worte aller Länder, denn du hast Millionen Ohren. Dein Auge ist heller als die Sterne des Himmels, du kannst besser sehen als die Sonne. Was einer spricht im fernsten Lande, das fällt in dein Ohr, und wenn ich etwas tue, das verborgen ist, dein Auge erblickt es.« Ein König hat die Absicht, auf einem Wüstenweg einen Brunnen bohren zu lassen, und fragt seine Räte um ihre Ansicht. Er erhält folgende Antwort: »Du gleichst dem Re in allem, was du tust, alles, was dein

Herz will, geschieht. Wenn du dir nachts etwas gewünscht hast, so ist es bei Tagesanbruch schon geschehen. Wir erblickten viele deiner Wundertaten, seit du gekrönt wurdest zum Könige beider Länder, und haben nichts gehört und nichts gesehen, das ihnen gleich wäre. Welchen Weg kenntest du nicht? Wer hat ihn vollendet wie du? Und wo wäre ein Ort, den du nicht gesehen hättest? Denn du verwaltetest schon dieses Land und hast regiert, als du noch im Mutterleib warst. Wenn du zum Wasser sprichst: komm auf den Berg, so kommt der Ozean hervor, gleich nachdem du gesprochen hast. Du wirst leben in Ewigkeit, und immer wird man deine Gedanken ausführen und allen deinen Worten gehorchen.« Sie reden noch ungefähr zweimal so lang, und erst dann gehen sie in die Materie ein. Noch Augustus führte die Titulatur: »Der schöne Knabe, lieblich durch Liebenswürdigkeit, der Fürst der Fürsten, auserwählt von Ptah und Nun, dem Vater der Götter, König von Oberägypten und König von Unterägypten, Herr der beiden Länder, Sohn der Sonne, Herr der Diademe, ewig lebend, geliebt von Ptah und Isis.«

Das barocke Volk

Derlei Anreden hat es auch in der Barockzeit gegeben. Wir haben schon früher gewisse Ähnlichkeiten zwischen dem Ägypter und dem Barockmenschen angedeutet und wollen diesen Vergleich nicht weiter ausspinnen, sondern bloß mit ein paar Schlagworten auf einige weitere Analogien hinweisen. Es kämen in erster Linie in Betracht: die Hinneigung der Ägypter zum Absolutismus und Zentralismus, zur Hierarchie und Bürokratie, ferner ihre Anbetung der Form, auch der großen Form, verbunden mit einer eigentümlichen Kleinkrämerei, und ihre bizarre Mischung aus Mystizismus und Epikureismus; aber sogar eine Reihe von Äußerlichkeiten sind gemeinsam: nicht bloß Paradestock, Perücke und Rasur, sondern auch die Sänfte, der stilisierte Garten, das viele Medizinieren. Und schließlich und vor allem haben beide in Leben und Kunst einen Stil von grandioser Einmaligkeit und Einheitlichkeit entwickelt. Aber all dies war bei den Ägyptern vorchristlich, noch ohne Seele. Sie blieben dazu bestimmt, immer nur ein großes Stück Natur zu bleiben. Und so lebten sie in geduldiger Schicksalsergebenheit drei Jahrtausende, fünf Jahrtausende, ja vielleicht zehn Jahrtausende lang. Neben ihrem Erdenwallen erscheint der Schöpfertraum des göttlichen Griechenland wie ein kurzes Fieber, Roms eherner Siegeszug um die Welt wie ein lakonisches Epigramm. Sie machten die Zeit zum Raum.

ZWEITES KAPITEL

Der Turm von Babel

Ja: wie große Wasser brausen, so werden die Völker wüten; um den Abend, siehe, ist Schrecken da. Und ehe es Morgen wird, sind sie nimmer da.

Jesaja

Gut und Böse

Ägypten und Babylonien sind nicht reiner Geist, sondern »Naturgeist«, gebundener Geist, der erst Geist werden will: Ägypten der des Kindes, Babel der des Tieres: dämonischer Geist. »Tiere«, sagt Hegel in seiner »Philosophie der Geschichte«, »sind weder böse noch gut, ebensowenig der bloß natürliche Mensch... Der Zustand der Unschuld, dieser paradiesische Zustand, ist der tierische. Das Paradies ist ein Park, wo nur die Tiere und nicht die Menschen bleiben können.« Ja, es scheint sogar, daß die Babylonier eine solche tiefe Erkenntnis ihres eigenen Zustands einmal selber besessen haben: in ihrer großen, der »sumerischen« Zeit, die vor dem Tagesgrauen der Geschichte liegt. Denn von damals stammt höchstwahrscheinlich die Erzählung vom Baum der Erkenntnis. Die einzige Sünde, die die ersten Menschen begingen, war der Genuß jener Frucht, die ihnen die Gabe verlieh, zu erkennen, Gut und Böse zu unterscheiden. Aber erst durch diese Gabe wurden sie zu wahren Menschen, und erst durch diese Schuld wurden ihre Nachkommen erlösungsfähig. Denn was unterscheidet den Christen vom Heiden, den Geistmenschen vom Naturwesen? Daß er um Gut und Böse weiß, daß er zu sündigen und zu bereuen vermag. Der antike Mensch frevelt, aber sündigt nicht, verwünscht sein Tun, aber bereut es nicht, kennt den Unterschied zwischen recht und unrecht, edel und gemein, steht aber tatsächlich jenseits von Gut und Böse, in welchen beiden Grundzuständen Nietzsche mit bewundernswert treffsicherem Instinkt das Entscheidende der christlichen Seelenhaltung erkannt hat. Wer etwas Feingefühl für sprachliche Ausdrucksform besitzt, wird davor zurückschrecken, von der Sünde des Prometheus und der Reue des Ödipus zu reden, ja selbst zögern, Sokrates gut und Nero böse zu nennen. Und man könnte fast die paradoxe Behauptung wagen – aber auf diesem Gebiet gibt es nur Paradoxien – daß Adam und Eva die ersten Christen waren und zugleich die letzten bis zum Erscheinen des Heilands. Denn die Historie vom Sündenfall, dieser »ewige Mythus des Menschen«, wie Hegel sie nennt, hat sich zwar im Gedächtnis der Menschheit erhalten, aber ihr Sinn hat sich verflüchtigt, und gänzlich unverstanden steht sie im Alten Testament. Was wußten die Juden vom Sündenfall? Und was wußten Babel und Assur vom Bösen? Nein: sie waren nicht böse, noch nicht einmal böse!

Die Welt ohne Individuen

Sehr schön sagt Mereschkowskij, der Wille zum nichtigen Riesenhaften, die Neigung zur schlechten Unendlichkeit habe die babylonische Zivilisation vernichtet. Eine gewaltige Kraft ist da, aber ohne ein Ziel, das über sie hinausweist: so lebt sie nur sich selbst und verzehrt sich. Auch ein Gefühl der geheimen Verbundenheit von Erde und Himmel ist da, aber es bleibt im Kosmos befangen und daher unerleuchtet. Darum liegt stumpfe Trauer über allem, was aus dieser Welt hervorgewachsen ist: ihrer Sternenweisheit und Zauberkunde, ihren weltweiten Reichen und wolkenhohen Türmen. Sie ist in noch ganz anderem Sinne anonym als die ägyptische: Wir kennen kein babylonisches *Individuum*! Es gibt kein einziges babylonisches Bildwerk, das ein Porträt eines einmaligen Menschen wäre, und kein einziges babylonisches Gesicht, das eine Gemütsbewegung ausdrückt! Oder doch: Die Löwen sind manchmal im Schmerz der Verwundung ergreifend gestaltet und die Stiere haben bisweilen ein eigenes Antlitz. Die Seele Mesopotamiens lebte im Tier. Die heraldischen Wesen unserer Münzen, Wappen und Fahnen, seltsame Gebilde einer dumpfen und drohenden Phantastik, sind ein letzter Gruß aus dieser fremden, dunklen Welt. Ein Wildstier und Wüstenlöwe, prächtig und fürchterlich, machtvoll daherbrüllend, aber dem Tode entgegen: Das ist das Sinnbild und mehr als das Sinnbild der Menschheit zwischen dem Persischen und dem Mittelländischen Meer.

Das Zweistromland

Die Völker Vorderasiens hielten ihre Welt für die *ganze* Welt. Wenn einer ihrer großen Eroberer vom »untern« bis zum »obern« Meer herrschte, so nannte er sich »Herr der vier Weltquadranten«. Aber diese äußerste Ausdehnung ist nur selten erreicht worden. Das Herz Vorderasiens und der entscheidende Schauplatz seiner Geschichte war immer nur Mesopotamien, und zwar gerade jener Teil, der gewöhnlich gar nicht so heißt. Von Rechts wegen nämlich müßte man unter Mesopotamien das gesamte »Land zwischen den Flüssen« begreifen. Man belegt aber mit diesem Namen im allgemeinen nur das Gebiet vom Taurus bis zu jener Stelle, wo Euphrat und Tigris sich zum erstenmal einander nähern, während man die Niederung, die, etwa so groß wie Holland, von den mächtigen Unterläufen der beiden Ströme umgrenzt wird, also: Untermesopotamien, als Babylonien bezeichnet. Dort lag am Euphrat der »Nabel der Erde«, die Stadt, die, gleich Rom und Byzanz, einer Welt den Namen gegeben hat: Babilu, »Tor Gottes«, hebräisch Babel, schon vor 3000 dicht besiedelt, seit Hammurapis Thronbesteigung (um 2000) Reichshauptstadt. Die ältesten Ruinen der Stadt, die bisher für uns zugänglich sind, gehören dieser Zeit an. Aber allerlei Steingeräte beweisen, daß sie schon in prähistorischer Zeit, spätestens im fünften Jahrtausend bestanden hat. Die Straßenzüge und Häuserkarrees sind mehrere tausend Jahre lang, durch alle Zerstörungen hindurch, nach demselben

Stadtplan immer wieder neu angelegt worden. Aber im Altertum war nicht nur das Siedlungsbild, sondern auch das Naturbild Babyloniens ein wesentlich anderes als heute. Euphrat und Tigris mündeten nicht gemeinsam, sondern durch einen erheblichen Zwischenraum getrennt ins Meer, und dieses schnitt viel tiefer ins Land, in der Frühzeit um nicht weniger als 400 Kilometer. Wie »Ägypten« und »Nil« fast identische Begriffe sind – weswegen Homer noch beide als *Aigyptos* bezeichnet, das Land mit dem weiblichen, den Fluß mit dem männlichen Artikel –, so beherrscht auch das Zwillingsgewässer des Euphrat und Tigris das gesamte Zweistromland von der See bis zum Hochgebirge. Der Tigris gehört in seiner ganzen Ausdehnung zu Mesopotamien, vom Euphrat fließt, ehe er eintritt, etwa ein Drittel durch die Wildnis Armeniens. Die alljährliche Überschwemmung spielt dieselbe Rolle wie in Ägypten, und ebenso wie dort kann sie nur durch die sorgsamste und fleißigste Anlage zahlreicher Gräben und Kanäle zu einer wohltätigen Macht gezähmt werden. Ihre Ursache ist die Frühlingsschneeschmelze in den armenischen Bergen; die Schwelle beginnt beim Tigris im März, beim Euphrat im April. Wenn sie, im Juni und Juli, ihren Höhepunkt erreicht, verwandelt sie das Land in eine riesige Wasserfläche, auf der die Guffa, ein korbähnliches Fahrzeug, aus den Stielen der Palmblätter geflochten und mit Erdpech gedichtet, heute wie vor fünftausend Jahren das Hauptverkehrsmittel bildet; daneben bedient man sich höchstens noch des schwimmenden Rückens der Pferde und, ebenfalls von alters her, aufgeblasener Schläuche aus Hammelhäuten: ein Alabasterrelief aus der Mitte des neunten vorchristlichen Jahrhunderts zeigt einen Truppenübergang, der diese Transportform für Mannschaft und Ausrüstung zur Anwendung bringt, während die Kriegswagen auf Booten verfrachtet werden. Waren aber alle Gefahren der Hochflut vermieden und die düngenden Gewässer richtig verteilt, so prangte das Land in einer Fruchtbarkeit, die den Völkern des Altertums zu allen Zeiten als ein Wunder erschienen ist. Heute sind die Kanäle verfallen und weite Strecken zum Ödland geworden, das, dem doppelten Angriff der Versumpfung und Versandung preisgegeben, nur noch armseligen Beduinenhorden kärgliche Nahrung bietet. Am freigebigsten entfalteten die beiden Ströme ihre lebenspendende Kraft an ihrem Unterlauf, wo sie, nah aneinandergerückt, fast parallel fließen: eben in Babylonien, dem biblischen Sinear; hingegen haben im Oberland sich immer nur schmälere oder breitere Rinnen von Fruchtland durch die Wüste gefressen: In dieser Hinsicht verhielt sich Babylonien zu Mesopotamien ganz ähnlich wie das Delta zu Oberägypten und Nubien: je mehr man sich vom Mündungsgebiet entfernte, desto dünner wurde der grüne Streifen der Kultur. »Von allen Ländern«, sagt Herodot, »ist meines Wissens keines so geeignet zum Getreidebau. Die Gaben der Demeter bringt es in solcher Fülle hervor, daß es in der Regel zweihundertfältige Frucht trägt und mitunter sogar dreihundertfältige Frucht. Wie hoch die Hirse und die Sesamstaude wächst, weiß ich auch recht gut, will es aber lieber gar nicht sagen, denn wer nicht in Babylonien gewesen ist, wird mir schon das nicht glauben, was ich über die Feldfrüchte gesagt habe.« Unter der persischen Herrschaft wurde der Ertrag Babyloniens doppelt so hoch veranschlagt wie der ägyptische. Der Sommer dauert in diesem paradiesischen Lande acht Monate: von Mitte März bis Mitte November, der eigentliche Winter kaum zwei: schon im Februar sprießen allenthalben saftige Futterkräuter.

Der Boden Mesopotamiens

Das Klima des Zweistromlands ist eines der heißesten der Erde. Im Sommer herrscht zwölf Stunden lang eine glühende Hitze von vierzig, fünfzig, ja sechzig Grad; dann ist, sagt der Geograph Banse, Mesopotamien eine Hölle: »gelbe Leichenfarbe lagert sich über Hügel und Ebene«. Daneben stehen aber sehr strenge Winter, wo der Schnee bisweilen fußhoch liegt, und auch im Sommer auffallend kühle Nächte, die das wärmende Kohlenbecken erfordern: Der Temperaturunterschied zwischen Tag und Nacht kann dreißig und mehr Grad betragen. Dabei fällt vom Juni bis zum September kein Tropfen Regen. Kein Wunder, daß dieses Land immer den Nährboden für eine gewisse Verrücktheit gebildet hat, die die allgemein menschliche noch um ein Beträchtliches übersteigt. Was die Tierwelt anlangt, so war sie im Altertum um einige Arten reicher: Es gab nicht nur Stiere und Esel, Schafe und Ziegen im wilden Zustande, sondern auch Elefanten, Löwen und Strauße. Aber Wölfe und Wildkatzen, Füchse und Hyänen, Wildschweine und Stachelschweine, Hirsche und Hasen, Gazellen und Steinböcke, Reiher und Kraniche, Rebhühner und Trappen haben sich bis zum heutigen Tage erhalten. Mohnblumen, Lilien, wilde Rosen bildeten schon im Altertum über weite Strecken leuchtende Teppiche. An baumartigen Formen gab es dagegen nur die Euphratpappel, ein ziemlich ärmliches Gewächs, etwas Tamariskengebüsch und zwerghaft gebliebene Weiden. Einen gewissen Ersatz bot der »Rohrwald«: dichte Schilfmassen von oft anderthalbfacher Mannshöhe; aus ihnen wurden Schalen, Körbe und Schachteln, auch Matten und Nachen erzeugt. In den Gärten aber gedieh in reicher Menge die Dattelpalme, von deren Früchten Xenophon rühmt: »sie waren von wunderbarer Größe und Schönheit und glichen an Farbe dem Bernstein«. Sie wurden nicht bloß roh gegessen, sondern auch zu Honig, Likör und Essig verarbeitet, das Mark der Palme lieferte ein artischockenähnliches Gemüse, der Bast Seile, das Rippenwerk allerhand Haushaltungsgegenstände. Daneben wurde die Feige, die Maulbeere, der Weinstock, der Granatapfelbaum gepflanzt, dessen Blüte die Lieblingsblume des Babyloniers war, ja sogar schon die aus Indien importierte Baumwollstaude, die Herodot mit Staunen betrachtete. Das Getreide, von dem er spricht, war Gerste, Weizen und Emmer;

von der Sesampflanze berichtet er, daß sie in Babylonien den Ölbaum ersetze, was in der Tat für alle uns bekannten Zeiten zutrifft; die Angabe, daß sie sich dort zu unglaublicher Üppigkeit entfalte, war nicht übertrieben. Von allen diesen Gewächsen haben aber die Mesopotamier immer gewußt, daß man aus ihnen nicht bloß Nahrung gewinnen könne: schon in der grauesten Urzeit gab es Granatapfelwein, Gerstenschnaps, Hirseschnaps, Sesamtrank. Hingegen besaß Babylonien niemals eigenes Bauholz; aber auch keine Steinbrüche. Daher war es von jeher auf den Backstein angewiesen, an dessen prächtige Emaillierungen jedermann zuerst denkt, wenn von der mesopotamischen Kultur die Rede ist. Für Gebäude und Bildwerke, die sich aus gebranntem Lehm nicht herstellen ließen, bezog man die Gesteine oft aus weiter Ferne, zum Beispiel den Diorit aus Ostarabien. Die Haustür, für die ein anderes Material als Holz kaum in Betracht kam, galt dem Babylonier als kostbares Erbstück, und wenn er umzog, nahm er sie in die neue Wohnung mit. Hingegen fand er allenthalben ein vorzügliches Bindematerial im Asphalt, der den Mörtel mehr als ersetzte.

Die toten Städte

Babylonien war immer durch großen Städtereichtum ausgezeichnet. Am südlichsten lag Eridu, direkt an der Lagune des Persischen Meerbusens, nicht viel nördlicher Ur, wo der Erzvater Abraham gelebt haben soll. Daran schlossen sich die Zwillingsstädte Uruk und Larsa und die drei Nachbarstädte Lagasch, Umma und Kesch oder Kisch, alle im Euphratgebiet. Noch weiter stromaufwärts erhoben sich Isin, Nippur und ein zweites Kisch; und diesem gegenüber stand Babel. Etwas südlicher als Babylon befand sich das uralte Borsippa und im Norden Akkad mit seiner Schwesterstadt Sippar. Diese Metropolen, jede von ihnen einst stolze Königin, sind für uns bloße Namen, kümmerliche und rätselhafte Ruinen; und viele von ihnen nicht einmal Ruinen! Und doch bezeichnet jeder dieser barbarischen, kaum aussprechbaren und auf jeden Fall falsch ausgesprochenen Namen ein wildes und tragisches Schicksal, ein buntes und blutiges Blatt in der Chronik des menschlichen Machtwahns. Der heiße Atem der Weltgeschichte hat alle diese Stätten aus dem Gedenken der Menschen hinweggeweht, sie sind nicht bloß in Trümmer, sondern buchstäblich in die Erde gesunken; wo einst ihr schwarzes Gewimmel kämpfte und feilschte, ist Sumpf und Lehm; wo blinkende Turmriesen ragten, flattert die Eule und heult der Schakal. Und so widerfuhr es ihnen allen, einer nach der anderen, und immer wieder erhoben sich neue, bis schließlich diese ganze Welt heimging in die Finsternis des Gewesenen. Denn ihr war versagt, was sie hätte überleben können: der Blitz eines großen Gedankens, der leuchtend durch alle Zeiten gewittert, der Ewigkeitspulsschlag eines großen Gefühls, das alle Erdgeborenen erwärmt und beschwingt. Sie kannte nur *einen* Traum: zu herrschen; ein vergänglicher Traum, der mit dem Träumer stirbt.

Sumer und Akkad

Akkad, die Hauptstadt Nordbabyloniens, hat diesem Teil des Landes den Namen gegeben. Die südliche Landschaft hieß Sumer, und die offizielle einheimische Bezeichnung für das ganze Gebiet war »Sumer und Akkad«. Der Name »Babylonien« stammt von den Nachvölkern und hat, von den Griechen übernommen, Weltgeltung erlangt. Die Akkader, die um 3000 vor Christus, wahrscheinlich aus dem unerschöpflichen Menschenreservoir Arabiens, über den Euphrat vorstießen, waren Semiten. Die semitischen Sprachen sind einander viel ähnlicher als die Zweige der anderen großen Sprachstämme; sie sind, in Wörtern und Wurzeln von weitgehender Übereinstimmung, nicht viel mehr als Dialekte, verschiedene Entwicklungsstufen, die sich hauptsächlich durch ihre größere oder geringere Ausdrucksfähigkeit voneinander unterscheiden. Das Akkadische ist dem Hebräischen sehr nahe verwandt. Man unterscheidet gemeinhin vier Gruppen des Semitischen: das Babylonisch-Assyrische, das in Mesopotamien, das Hebräisch-Phönikische, das in Südsyrien, das Aramäische, das in Nordsyrien, und das Nordarabisch-Südarabische, das in Arabien gesprochen wurde. Die Völker, die sich dieser Sprachen bedienten, nennt man Semiten, womit über ihre Abstammung noch wenig ausgesagt ist. Die Sumerer hingegen waren weder Semiten noch Indogermanen. In ihrer äußeren Erscheinung waren sie mit ihren niedrigen, fliehenden Stirnen, geradrückigen, feingeflügelten Nasen, kleinen, schmallippigen Mündern und glattrasierten Schädeln und Antlitzen das völlige Widerspiel der semitischen Akkader. Sie sind ein prähistorisches Volk, denn von ihrem Dasein kündet nichts als ihre Sprache, die vom Semitischen im Bau völlig verschieden ist. Diese aber hat ein überaus zähes Leben gehabt, denn sie war drei Jahrtausende lang in ganz Mesopotamien die Sprache der Gelehrsamkeit und des Gottesdienstes, also doppelt so lang wie das Lateinische unter den germanisch-romanischen Völkern. Sie hat auch ähnliche Schicksale gehabt, indem sie allmählich nach Art des Küchenlateins korrumpiert und zu stilistischen Spielereien mißbraucht wurde. Auch als König Sargon der Große das Akkadische zur Schriftsprache erhob, wurden alle historischen Berichte noch immer zweisprachig abgefaßt: nur so gewannen sie für das Gefühl des Volkes Gehalt und Würde. Die berühmte Gesetzsammlung Hammurapis freilich wurde nur in akkadischer Sprache publiziert, und von allen alten sumerischen Texten: Gebeten, Hymnen, Epen, Zaubersprüchen waren Übersetzungen in Umlauf, aber zu allen Zeiten gehörte es zur Bildung, beide Sprachen zu beherrschen, wofür zahlreiche Wörterbücher, Grammatiken und Phrasensammlungen sorgten.

Die Keilschrift

Die Sumerer sind die Erfinder der Keilschrift, die von den Akkadern, später auch von den östlichen und nördlichen Nachbarn, den Elamiten und den Assyrern, und schließlich von den meisten Völkern Vorderasiens übernommen wurde, so daß sie seit etwa 2000 überall als offizielle Schrift in Gebrauch stand.

Sie unterscheidet sich von der ägyptischen vor allem dadurch, daß sie auch die Vokale schreibt, so daß die grammatische Form sich meist unzweideutig entziffern läßt und auch die Aussprache kein so vollkommenes Rätselraten bietet wie bei den Hieroglyphen, obgleich sie sich natürlich ebensowenig zum Leben erwecken läßt, denn ein Wort ist unwiderruflich tot, wenn der letzte Mund verstummt ist, der es zu formen vermochte. Andererseits darf man sich nicht vorstellen, daß die Keilschrift bereits eine ausgebildete Buchstabenschrift war; zu dieser genialen Entdeckung sind bloß die Ägypter vorgedrungen. Sie vermag im Gegenteil immer nur zwei Buchstaben auf einmal, also bloß Silben zu schreiben: entweder Konsonant + Vokal oder Vokal + Konsonant (oder auch Konsonant und + Vokal + Konsonant). Auch sie war ursprünglich eine Hieroglyphenschrift: So war zum Beispiel anfänglich das Zeichen für Himmel ein Stern, für Wasser eine doppelte Wellenlinie, für Holzblock ein Rechteck, für Dolch, Fisch, Getreideähre deren schematisches Bild; aber vergleicht man sumerische Hieroglyphen mit ägyptischen, so erkennt man schon an diesem Detail den Unterschied und Abstand der beiden Kulturen: gewiß nicht ohne Bedeutung und Eigenart, wenn man sie für sich betrachtet, wirkt die sumerische doch, gegen die ägyptische gehalten, roh, nüchtern, formlos, stoffverhaftet. Auch haben die Ägypter, wie bereits dargelegt wurde, neben der Kursivschrift, zu der sich bei ihnen, ganz ebenso wie bei den Sumerern, die Bilderschrift allmählich abgeschliffen hatte, bis in die spätesten Zeiten die Hieroglyphen beibehalten, die als gemeißelte Monumentalschrift vollendete plastische und farbige Kunstwerke und als sorgfältig ausgeführte Buchschrift noch immer eine reizende Spielerei waren; und auch hierin äußerte sich ihr viel stärkeres künstlerisches Empfinden. Zu der Darstellung der Abstrakta waren die Sumerer auf ähnliche Weise gelangt wie die Ägypter. So bedeutete zum Beispiel die Hieroglyphe des männlichen Geschlechtsteils auch »männlich«, die des weiblichen »weiblich«, ein Stern auch »Gott«, ein plumper Fuß »Gehen«, ein Waagebalken »sich im Gleichgewicht befinden«; zum Teil befolgten sie aber auch ein System, das dem chinesischen verwandt war, indem zum Beispiel Mensch + groß »König«, Mensch + tot »Leichnam«, Mund + Brot »essen«, Mund + Wasser »trinken«, Auge und Wasser »weinen«, Himmel + Wasser »regnen« bezeichnete. Ganz rebusmäßig war ihre Gepflogenheit, bisweilen durch Anstreichen den Bildsinn anzudeuten: Ein Kopf mit Strichen am Kinn bedeutete »Mund«, ein Unterkörper mit Strichen an der Rückseite »Hinterteil«. Zu den Phonogrammen kamen sie natürlich auf dieselbe Weise wie alle anderen Völker: wenn zum Beispiel *sil* Straße bedeutete, so konnte dieser Lautwert auch in jeden anderen Wortzusammenhang eingesetzt werden. Aber weiter als zu Silbenzeichen kamen sie, wie gesagt, nicht, denn wenn zum Beispiel das Zeichen für »*a*, Wasser« dem Buchstaben a entsprach, so war das reiner Zufall. Es gibt für alle Konsonanten mit vorhergehendem oder folgendem Vokal besondere Schriftzeichen, zum Beispiel für *ar, ra, ir, ri, ur, ru, mu, ba, li, isch, ut* und so weiter; aber auch für die meisten Kombinationen aus zwei Konsonanten und einem dazwischenliegenden Vokal wie *ram, bar, bul, pir, lut, kin.* Auch Deutzeichen finden sich, aber, im Gegensatz zur ägyptischen Gepflogenheit, fast immer vorangestellt, und viel seltener. Wo reine Ideogramme in Verwendung blieben, boten sie den Vorteil, daß sie von allen vorderasiatischen Völkern gebraucht und verstanden werden konnten. Nur sprachen sie sie ganz verschieden aus, wie ja schon die Akkader den sumerischen Keilzeichen ihre Vokabeln substituiert hatten; dasselbe taten dann wieder andere, zum Beispiel die Hethiter, mit akkadischen Texten. Es war dies ein ähnlicher Vorgang wie ein von den alten Griechen gebrauchtes Wortbild, das bei ihnen *basileus* bedeutete, von den Italienern *re*, von den Franzosen *roi*, von den Engländern *king* und von den Russen *korólj* gelesen werden würde. So wurde die Keilschrift zu einer Art Universalschrift, die den internationalen Verkehr sehr förderte. Auch die späteren Ägypter beherrschten sie. Ein sehr nützliches Zeichen, das nur der Keilschrift eigentümlich ist, erleichterte deren Verständnis: der Worttrenner, in Form unseres mathematischen Zeichens für »größer« oder auch eines einfachen schrägliegenden Keils; allgemein verwendet findet er sich allerdings erst in der persischen Keilschrift. Auch eine Art Notenschrift besaßen die Sumerer, und es scheint, daß überhaupt die Kunst, Töne durch Zeichen auszudrücken, von ihnen erfunden worden ist.

Chaldäa und Elam

Aber wenn man den Begriff Babylonien in jenem weiteren und vageren Sinne nimmt, der ihm im ganzen Altertum beigelegt wurde und auch heute noch nur in der strengwissenschaftlichen Ausdrucksweise aberkannt wird, darf man nicht bloß an Sumer und Akkad denken, sondern muß noch einige andere Länder ins Gesichtsfeld ziehen. So lag südlich von den beiden Strommündungen, und diese beherrschend, das uralte »Meerland« der Chaldäer, die für die Babylonier, indem sie sie jederzeit leicht vom Meer abriegeln konnten, eine dauernde Kalamität bildeten, häufig aber auch aktiv in deren Geschichte eingriffen und zeitweilig ganz Mesopotamien beherrschten. Der große Nebukadnezar war ein Chaldäer. Er befestigte die Vorherrschaft seines Volkes in so hohem Maße, daß man in der späteren Antike die Bayblonier Chaldäer nannte, und schließlich wurde der Name wegen der astrologischen Kenntnisse, die im Zweistromlande ihren Ursprung hatten, sogar die Berufsbezeichnung für Sterndeuter: in diesem Sinne gebraucht ihn das Buch Daniel. Nördlich von den Strommündungen, zwischen dem Persischen Meerbusen und den Ketten des Zagrosgebirges, lag das biblische Elam, dessen sumerischer Name so viel wie »Hochland« bedeutete, mit der Hauptstadt Schuschan, dem zur Perserzeit hochberühmten Susa. Auch die Elamiten bildeten eine ständige Bedrohung Babyloniens, das sie mehr als einmal unterwarfen, aber niemals auf die Dauer. Sie unterschieden sich von den übrigen Bewohnern Vorderasiens unter anderm durch den Besitz des Lastwagens, der von diesen öfters als willkommene Beute erwähnt wird, aber merkwürdigerweise niemals nachgeahmt wurde, vielmehr bedienten sie sich nur des Kriegswagens und zur Frachtenbeförderung der Packesel und Kamele. Auch in ihren Verwaltungsgebräuchen, über die aber noch wenig Eindeutiges erkundet ist, gingen die Elamiten ihre eigenen Wege. Besonders eigentümlich ist, daß ihr Kronrecht nur Kinder aus einer königlichen Geschwisterehe als legitim anerkannte und daß ihre Kalenderrechnung auf dem Venusjahr fußte.

Assur Das wichtigste Nachbarland aber war Assur im Norden des oberen Tigris. Assur war der Name der Hauptstadt, des Volkes, des Landes und des Landesgottes. Im Gegensatz zu Babylonien ist Assyrien ein Gebirgsland, von Bergen umwallt und zerklüftet, und dementsprechend von wesentlich rauherem und kühlerem Klima: Die Dattel gelangt hier nicht mehr zur Reife. In späterer Zeit mußte das Felsennest Assur dem glänzenden, sprichwörtlich reichen Ninive den Rang der Metropole abtreten. In dessen Umgebung fand sich auch schöner Alabaster, und Kalkstein in beträchtlicher Menge, so daß Assyrien nicht an dem chronischen Steinmangel Babyloniens zu leiden hatte. Daraus entwickelten sich schon früh Handelsbeziehungen; aber natürlich unternahmen die Bergvölker auch häufig räuberische Einfälle in das fruchtbare »Schwarzland«. Umgekehrt haben schon die Sumerer versucht, das Gebiet von Assur zu kolonisieren und zu einem Brückenkopf gegen die feindlichen Nordstämme auszugestalten. So wurde Assyrien allmählich zu einer Art Nordmark, und in dieser Hinsicht hat der vorzügliche Erforscher der gesamten mesopotamischen Kulturwelt

Bruno Meißner Assur geradezu mit Brandenburg verglichen, das, von den sächsischen Kaisern als Bollwerk gegen die Slawen gegründet, schließlich die Vorherrschaft über das ganze Reich erlangte. Der Hauptgott Assur war, wie er auf den königlichen Gewändern, Siegeln, Feldzeichen und Standbildern immer wiederkehrt, als Herrscher der beiden Jahreshälften ein janusköpfiges Wesen: mit vier Augen und vier Ohren, Flügeln, Vogelschwanz und einer gespannten Armbrust; neben ihm stand als wichtigste weibliche Göttergestalt Istar, die Beschirmerin der Jagd und des Krieges, ein hartes und grausames Geschöpf, schrecklich blickend, mit Flammen bekleidet, bisweilen aber auch als milde, lieblich strahlende Himmelskönigin gedacht: Sie erscheint bald als wilde Herrin der Schlachten, mit Bogen, Köcher und Mauerkrone auf einem Panther reitend, bald als nackte Muttergöttin mit einem Kinde an der Brust.

Die Assyrer sollen den Akkadern nahe verwandt gewesen sein; jedenfalls sprachen sie eine bloße Mundart des Nordbabylonischen. Wir sehen aber hier, wie chaotisch bisweilen der Rassenbegriff sein kann, wenn er sich nur an physiologischen Merkmalen orientiert. Nach ihrem äußeren Habitus sind die Assyrer unverkennbar dem »semitischen«, genauer: dem »jüdischen« Typus zuzuordnen. Wie sie uns auf den erhaltenen Darstellungen entgegentreten, sehen sie mit ihren langen gepflegten Vollbärten, gekräuselten blauschwarzen Haaren, dichten dunklen Augenbrauen, fleischigen Lippen und kühn geschwungenen Nasen einem »feinen Juden« des Fin de siècle zum Verwechseln ähnlich, und es fehlt nichts als der Zylinder und das goldgeränderte Pincenez. Dieser »jüdische« Typus ist nun aber wieder derselbe, den die Ethnologen als »armenischen« anzusprechen pflegen; die Armenier aber gelten als Indogermanen. Es scheint jedoch, daß deren Ursprünge noch hinter die Indogermanen zurückgehen, nämlich bis zu den Hethitern. Die zahlreichen Völker, die sich erobernd über

Kleinasien gebreitet haben, vermochten die Rassenmerkmale der alten Bewohner niemals auszulöschen, denn die Herrscherschicht war immer in der Minderzahl, und außerdem scheinen diese Merkmale eine besonders zähe und vehemente Durchschlagskraft gehabt zu haben. So sagt denn auch Luschan, die Armenier seien in ihren körperlichen Eigenschaften überraschend homogen und hätten sich seit Jahrtausenden kaum verändert, man müsse sie als die unmittelbaren Nachkommen der Hethiter betrachten, deren syrische und ägyptische Reliefs »den Eindruck einer geradezu erschreckenden Porträtähnlichkeit machen«. Die Hethiterfrage ist noch nicht völlig spruchreif, aber eines steht bereits fest: daß sie keine Semiten waren. Und gerade von ihnen erbte sowohl der Armenier wie der Israelit die »Judennase«! Und um die Verwirrung vollkommen zu machen, fehlt diese den reinsten und charaktervollsten Repräsentanten des »semitischen« Typus, den Arabern. Wir stehen also vor der Paradoxie, daß ein nichtsemitisches Volk ein hervorstechendes Rassenmerkmal, das als typisch semitisch gilt, auf zwei Völker vererbt hat, von denen das eine als semitisch, das andere aber als indogermanisch angesehen wird; daß ein drittes Volk, das assyrische, das dasselbe Merkmal besitzt, vielleicht nur deshalb als semitisch registriert wird und daß dieses Kennzeichen sich schließlich als gar nicht typisch semitisch herausstellt. Fassen wir aber das Problem *geistig* auf, indem wir auf Moral, Weltanschauung, Staatsgesinnung, Kunstwillen blicken, so löst es sich sofort: denn dann kann man gar nicht schwanken, die Hethiter (warum, werden wir gleich sehen) als Indogermanen anzusprechen, ihre Erben, die Israeliten und die Armenier, beide als Semiten und die Assyrer nicht wegen, sondern trotz ihrer Nasen ebenfalls.

Die »Kleinasiaten«

Zu seiner Interessensphäre hat der babylonische Imperialismus immer auch Kleinasien und Syrien gerechnet; der Besitz dieser Gebiete bildete sogar das höchste Ziel seines Ehrgeizes.

Das kleine Syrien hat zu allen Zeiten als wichtiger Schlüsselpunkt gegolten, um den die antiken Großmächte immer wieder erbittert gerungen haben, und Kleinasien war jahrtausendelang ein geheimnisvoller Völkerkessel, in dem es unablässig brodelte und sich mischte. Die beiden Hauptrichtungen, von denen die Invasionswogen heranbrandeten, waren der Süden und der Westen: die riesige arabische Halbinsel, die immer neue Massen ausschleuderte, und das Ägäische Meer, das aus nahen und fernen Weltgegenden Völker ans Land spülte, deren Ursitz und Nationalität bis heute noch vielfach unaufgeklärt sind. Im Mittelpunkt des heutigen wissenschaftlichen Interesses stehen die Hethiter, von den Ägyptern *Cheta,* in den Keilinschriften *Chatti* genannt, deren Kernland das Gebiet des Halys, des Hauptstroms Ostkleinasiens, und deren Blüte die Zeit von 1400 bis 1200 umfaßte. Die ältesten Denkmäler der hethitischen Kultur sind die Ruinen eines Tempelpalastes, der wahrscheinlich schon um 2000 zerstört wurde. Sie liegen an der Stätte des heutigen Tell Halaf in Nordmesopotamien, nahe den Quellen des Chabur, des bedeutendsten Nebenflusses des Euphrat. Sehr eindrucksvoll sind die erhaltenen Bildwerke: riesige Götterfiguren mit spitzen Bärten und Mützen, unheimliche Löwenfratzen, plump stilisierte Stiere, groteske weibliche Sphinxe, alles ebenso roh wie machtvoll gestaltet. Nach Sprache und Rasse gehören die Hethiter zu den sogenannten »Kleinasiaten«, aber dieser Verlegenheitsname, den man der Urbevölkerung der Halbinsel gegeben hat, ist nicht viel mehr als eine Chiffre für unsere Unwissenheit; dabei ist er nicht einmal deckend, da sich, wie wir soeben an der alten Königsstadt von Tell Halaf gesehen haben, das Siedlungsgebiet der Hethiter weit über die Grenzen der Halbinsel nach Osten erstreckte, und wahrscheinlich umfaßte der Lebensraum der »Kleinasiaten« auch im Süden ganz Syrien und, was eine der überraschendsten Entdeckungen der neueren Forschung bildet, im

Westen große Teile der Balkanhalbinsel. Nur soviel weiß man, daß alle diese anonymen Völker eine große gemeinsame Sprachfamilie bildeten, die weder semitisch noch indogermanisch war, und daß sie alle »hyperbrachykephal«: ungewöhnlich kurzköpfig waren.

Auch in der hethitischen Geschichte unterscheidet man ein Altes, Mittleres und Neues Reich; nur daß man hier nicht mehr als die allergröbsten Umrisse zu erkennen vermag. In der alten Zeit gab es nur Stadtstaaten, die nicht selten im Kriege miteinander lagen. Im hethitischen Mittelalter gelingt es dem Land Hatti, unter dem König Labarnasch die Hegemonie zu erringen. Dieser muß eine sehr machtvolle Persönlichkeit gewesen sein, denn sein Eigenname ist, gleich dem Julius Cäsars, zum Gattungsbegriff des Herrschers geworden. Seinen Enkel Murschilisch den Ersten führte im Jahr 1758 der Siegeszug seines Heeres sogar bis Babylon, das erobert und geplündert wurde. Doch hatte diese gewaltige Diversion nur den Sturz der Hammurapidynastie zur Folge, im übrigen aber für das Land keine einschneidendere politische Bedeutung als die Kelteneinfälle für Rom. Nun folgen mehr als fünfzig Jahre innerer Wirren und fast drei Jahrhunderte, über die wir gar nichts wissen, bis um 1400 Schubbiluliuma den Thron besteigt, der in etwa fünfzigjähriger Regierung seine Herrschaft wieder über ganz Kleinasien, Nordsyrien und Nordmesopotamien ausdehnt. Dieses »Neue Reich«, eine orientalische Großmacht ersten Ranges, beginnt, ganz wie das ägyptische, mit der Vertreibung der Hyksos, findet aber zweihundert Jahre später seinen Untergang durch die »Ägäische Wanderung«, der auch Ägypten beinahe zum Opfer gefallen wäre: eine ungeheure Völkerverschiebung, die höchstwahrscheinlich von Ungarn ihren Ausgang nahm und, sich nach Illyrien fortpflanzend, die Thraker, die bis dahin dort gewohnt hatten, nach Kleinasien warf. Ägyptische Quellen berichten hierüber: »Nicht hielt irgendein Land stand vor ihren Händen von Hatti an. Sie richteten seine Leute zugrunde, als wären sie nie gewesen.«

Die hethitische Kultur

Die Hauptstadt des gesamten hethitischen Reiches war Chattuschasch, eine riesige Festung, die in der Gegend des heutigen Boghasköi, etwa 150 Kilometer östlich von Angora, in einer weiten Talmulde lag, nächst Babel die größte Stadt des damaligen Vorderasien und in der Zeit ihrer höchsten Blüte vielleicht nicht viel kleiner als die ägyptischen Metropolen. Im Winter 1906 auf 1907 wurde von Hugo Winckler das »Archiv von Boghasköi« ausgegraben, eine Sammlung von mehreren tausend Tontafeln mit Aufzeichnungen in Keilschrift; und zum Beweis der damaligen Weltherrschaft des Babylonischen haben sich ebendort auch Bruchstücke eines dreisprachigen Lexikons gefunden, worin jedes Wort auf sumerisch, akkadisch und hethitisch angegeben ist. Außerdem finden sich in den Texten, wie bereits erwähnt, zahlreiche Ideogramme, sowohl sumerische als auch akkadische; nur weiß man dann natürlich nicht, wie der Ausdruck gelautet hat, den die Hethiter dafür gebraucht haben. Auf den einheimischen und noch mehr auf den ägyptischen Abbildungen verleiht den Hethitern das große runde Doppelkinn, die fliehende Stirn, der etwas verkniffene Gesichtsausdruck, die Neigung zur Fettleibigkeit und die völlige Bartlosigkeit etwas Eunuchenhaftes. Höchst sonderbar ist, daß nicht wenige von ihnen auch den Kopf ganz kahlgeschoren trugen und dazu einen veritablen chinesischen Zopf; vielleicht war diese Haartracht das Vorrecht eines besonderen Standes, es kann sich aber auch um kantonale Abweichungen handeln. In ihrer Tracht unterschieden sich die kleinasiatischen Völker sehr erheblich von den Ägyptern; nicht nur durch ihre Freude an vielfältigen, ja grellen Farben, sondern auch durch eine Anzahl von Kleidungsstücken, die erst durch sie am Nil bekannt wurden: Stiefel und Schnabelschuhe, Kegelmützen und hohe Ärmel, Mantillen und plissierte Glockenröcke. Auch ihr Kriegswesen muß auf die Ägypter ganz neuartig gewirkt haben: ihre bevorzugte Infanterieformation war eine Art Phalanx, ihr Hauptangriffsmittel der Streitwagen, und zwar nicht bloß der schwere, sondern auch eine Sorte von leichten Rennwagen, die taktisch etwa die Rolle der heutigen Motortruppen gespielt zu haben scheinen.

Die Regierungsform des Hethiterreichs war ursprünglich ein Wahlkönigtum, später erwarb der König das Recht, seinen Nachfolger zu designieren; doch ist diese Bestimmung, wie in den meisten Staaten mit solcher Thronfolgeordnung, durch Palastintrigen, Militärrevolten und Usurpationen oft durchkreuzt worden. Im »Neuen Reich« ist die Königswürde erblich; der Herrscher führt den Titel Großkönig und »Seine Sonne«. Wenn er stirbt, so heißt es: »er ist Gott geworden«, er wurde also nach seinem Tode vergöttlicht, zu seinen Lebzeiten aber niemals. Er war auch Oberpriester und vor allem oberster Kriegsherr. In großen Zügen sehen wir eine Gesellschaftsordnung durchschimmern, die sich ganz unorientalisch, auf wesentlich feudalen Prinzipien aufbaut: Der König ist nicht mehr als die Spitze der Oberschicht, die an ihn hauptsächlich durch Bande der Loyalität geknüpft ist; selbst die Herrschaft über eroberte Fremdländer versuchte man auf das Verhältnis der Vasallentreue zu gründen. Der Kreis der Privilegierten gliederte sich in einen sehr selbstbewußten, über seine Rechte eifersüchtig wachenden Hochadel und ein zahlreiches niederes Rittertum, das in der Armee die Hauptrolle spielte. Auch die Leviratsehe, die Verpflichtung, die Witwe des Bruders zu heiraten, von der sich noch deutliche Spuren erkennen lassen, scheint, anders als bei den Israeliten, aus aristokratischen Standesrücksichten entstanden zu sein. Die religiösen Vorstellungen der Hethiter waren zweifellos polytheistisch, doch mit einer deutlichen Neigung zur Verehrung gewisser Hauptgötter. Daß das hethitische Pantheon unübersehbar war, hat man ohne tiefere

Berechtigung aus gewissen Beteuerungen der Staatsverträge zwischen Hatti und Ägypten erschließen wollen (»die tausend Götter des Hethiterlandes und die tausend Götter Ägyptens rufen wir zu Zeugen an«); die aber von seiten der Hethiter rein formelhaft sind und von seiten der Ägypter eine naive Eintragung der eigenen religiösen Phraseologie in die fremde. Im Vordergrund stehen die beiden »großen Gottheiten« Himmelskönig und Erdmutter, deren Vermählung alljährlich im Frühling orgiastisch gefeiert wird, während beim Absterben der Vegetation ein rauschendes Trauerfest mit wilden Klagen, Tänzen und Selbstverwundungen durchs Land zieht. Die zahlreichen Lokalgötter, die neben Amazonen, Korybanten und Verschnittenen das Götterpaar begleiten, haben keine selbständige Bedeutung, sondern sind mehr oder weniger Statisterie. Die weibliche Hauptgottheit trägt die Mauerkrone, die männliche die Doppelaxt: zwei Symbole, die im ägyptischen Kulturkreis oft wiederkehren und dessen Verwandtschaft mit Kleinasien dartun. Mit Kreta gemeinsam war den Hethitern außerdem das Petschaft mit Rundsiegel, während die Babylonier sich des zylindrischen Rollsiegels bedienten. Nach Ägypten weisen Sphinx und Flügelsonne; auch die Bilderschrift der Hethiter, die bei ihnen nur für monumentale Steininschriften Verwendung fand, dürfte auf die Hieroglyphen zurückgehen. An Ägypten erinnernd und in ganz Vorderasien ohne Beispiel war ferner die selbständige Stellung der Frau, die auch in der einflußreichen Rolle der Königin ihren Ausdruck fand (nicht selten folgte die Tochter als Alleinherrscherin auf den Thron), hingegen war die Geschwisterehe nicht nur nicht üblich, sondern sogar mit dem Tode bedroht. Im übrigen aber zeichnete sich das Recht der Hethiter durch eine auffallende Milde aus. Vor allem war der Standpunkt des »Aug' um Auge, Zahn um Zahn«, das sogenannte Talionsrecht, das im ganzen alten Orient galt, von ihnen bereits vollständig überwunden; bedenkt man, daß schon das *ius talionis* überall in der vorchristlichen Welt eine Stufe schwer errungener höherer Gesittung bezeichnet, so kann man nur staunen. Selbst abtrünnige Vasallen, nach dem Staatsrecht zweifellos zu den schwersten Verbrechern gehörig, wurden sehr glimpflich behandelt: In der Hauptstadt konfiniert oder an die Peripherie des Reiches verschickt, niemals getötet. Das hethitische Recht operiert auch bereits sehr bewußt und nachdrücklich mit dem Begriff des subjektiven Tatbestandes: Es urteilt ganz verschieden über vorsätzlichen Mord, Totschlag im Affekt und fahrlässige Tötung, ja, es macht so feine Unterschiede wie Raubüberfall in abgelegener und belebter Gegend, indem es im ersteren Fall Leichtfertigkeit des Opfers als entlastend annimmt; überhaupt ist es viel weniger Vergeltungsrecht als Wiedergutmachungsrecht: Leibesstrafen werden nur sehr selten verhängt, zumeist durch Geldbußen an die Beschädigten ersetzt. Es äußert sich hierin eine dem Orientalen sonst fremde Achtung vor dem Individuum als einmaligem Geschöpf Gottes, die auf ein tiefes Seelenleben hindeutet. Zur Todesstrafe wurde nur ganz ausnahmsweise gegriffen, merkwürdigerweise aber auch in einem Falle, über den wir ganz anders denken: nämlich bei unbefugter, das heißt: von staatlich nicht anerkannten und beauftragten Personen ausgeübter Zauberei. Doch läßt sich auch hierin ein Anzeichen höherer Seelenhaftigkeit erblicken, indem diese Auffassung Mißbrauch spiritueller Kräfte und Untaten des Geistes offenbar strenger verdammt als physische Vergehen. Man wird nach alldem die Hethiter, vielleicht nicht der Rasse, aber der »platonischen Idee« nach, als Indogermanen bezeichnen müssen.

Die »Sidonier«

Die Brücke zwischen Kleinasien und Ägypten bildet der Landstreifen längs des Mittelländischen Meers, der Syrien genannt wird. Es ist das Gebiet vom Euphrat bis zur Sinaihalbinsel, das zu allen Zeiten eine geographische und ethnographische Einheit gebildet hat, und daher ist der derzeitige politische

Begriff »Syrie«, der nur das französische Mandatsgebiet Nordsyrien umfaßt, ebenso verwirrend wie der noch immer vielfach gebräuchliche Terminus »Syrien und Palästina«, denn dieses kleine Land, das nichts andres ist als ein Teil Südsyriens, ist immer nur wegen des hervorragenden historischen Interesses, das ihm anhaftet, getrennt betrachtet worden. Weitere wichtige Teilgebiete Syriens sind Cölesyrien und Phönizien. Mit dem ersteren Namen des »hohlen Syriens« bezeichnete man im Altertum den langen Einbruchsgraben, der Libanon und Antilibanon auseinanderschneidet; hier entspringt nach Norden der bedeutendste Fluß Obersyriens, der Orontes, und an ihm lagen Antiochia, die glänzende Residenz der Seleukiden, zur Römerzeit die drittgrößte Stadt des Reichs, und das strategisch hochwichtige Kadesch, von dem wir noch hören werden. *Phoinike* hieß erst bei den Griechen der Küstensaum zwischen Meer und Libanon, der nicht länger als etwa 200 Kilometer und dabei so schmal ist, daß er bisweilen nur knapp den Raum für eine Straße bietet, wegen seines Klimas aber hochberühmt war: man sagte vom Libanon, auf seinem Haupte ruhe der Winter, auf seinen Schultern der Frühling, in seinem Schoße der Herbst und zu seinen Füßen der Sommer. Dieser Landstrich war sowohl durch seine Lage wie durch seine Gestalt gebieterisch auf Seefahrt, Handel und Kolonisation hingewiesen: Eine babylonische Inschrift aus der Zeit um 2600 spricht bereits von zahlreichen Hafenstädten, mit denen die Küste besät war; freilich dürfen wir dabei nicht an Phoiniker denken, denn die hat es damals noch nicht gegeben. Die Religion war wohl schon von den ältesten Zeiten her ein ausgedehnter Naturkult. Besondere Verehrung genossen heilige Steine, diese oft in der Form des männlichen oder weiblichen Geschlechtsteils, womit offenbar die Fruchtbarkeit versinnbildlicht werden sollte, und heilige Bäume, aber auch zu Quellen, Bächen, Flüssen, Seen wurde gebetet. *Ba'al* war nicht, wie die Israeliten und die übrigen Ausländer glaubten, der Eigenname des höchsten Gottes, sondern ein Gattungsbegriff für jede beliebige Gottheit, der wörtlich »Eigentümer«, »Inhaber« bedeutete; er erforderte daher immer eine nähere lokale Bezeichnung: Ba'al von Sidon, Ba'al von Tyros, Ba'al von Byblos. Das Mißverständnis war dadurch erleichtert, daß in der Alltagsrede jede Stadt von ihrem besonderen Gott als dem Ba'al schlechthin redete, ja sogar die Israeliten sprachen in der vorprophetischen Zeit von Jahwe als dem Ba'al, nämlich Israels. Neben dem Ba'al findet sich auch häufig eine gleichberechtigte weibliche Göttin, die sadistische Züge trägt. Überhaupt dachte sich das Volk seine Götter fast durchwegs als Unholde: finster, grausam, rachsüchtig, mißgestaltet, was auf seinen Charakter kein günstiges Licht wirft, zumindest von einem tiefen Pessimismus zeugt. Schadenfroh senden sie Seuchen, Dürre, Mäuseplagen; beim Opfer erfreut sie am meisten wildes Wehgeschrei, Scheren des Haupthaares (in dem man sich den Sitz der Lebenskraft dachte), blutige Selbstgeißelung. Daß sich das Opfer der Erstgeburt auch auf den Menschen erstreckte, ist kein griechisches Märchen. Dem schrecklichen Moloch, »einer ehernen Bildsäule, die die Arme emporstreckte, so daß die Kinder und Jünglinge, die daraufgelegt wurden, in den feuergefüllten Schlund hinabrollten«, wurden noch in historischer Zeit regelmäßige Tribute dargebracht. Allerdings hatte man sich daran gewöhnt, die eigenen Kinder durch gekaufte und heimlich untergeschobene zu ersetzen, wie es von Flaubert in einer prachtvollen Szene der *Salammbô* geschildert ist; als aber Agathokles von Syrakus den Karthagern eine Niederlage beibrachte, bekamen sie Gewissenbisse und brachten als Sühne für den Betrug fünfhundert Knaben der angesehensten Geschlechter zum Opfer, die Pauken und Flöten übertönten ihre Todesschreie, die Mütter mußten dabeistehen und durften weder klagen noch Tränen vergießen. Als Alexander der Große im Jahr 332 Tyros belagerte, wurden einige gefangene Soldaten auf die Mauer geführt und dort angesichts des feindlichen Heeres zerstückelt und ins Wasser geworfen: Durch diese Gabe von Menschenfleisch hofften die Tyrier die Gottheit des Meeres für sich zu gewinnen.

Als Bewohner eines zerklüfteten Gebirgslands waren die Phoiniker zu ewiger Kleinstaaterei verurteilt; sie scheinen aber überhaupt nicht die Gabe der Staatenbildung besessen zu haben, denn niemals haben sie auch nur den Versuch gemacht, sich ein angemessenes Hinterland zu schaffen: Aus diesem Grunde haben sie es trotz ihrer Seegewalt niemals zur Großmacht gebracht, auch in den Kolonien nicht. Die bedeutendsten Städte waren Sidon und Tyros; zwischen ihnen bestand dauernde Rivalität. Ursprünglich scheint Sidon die Vorherrschaft innegehabt zu haben, später trat Tyros an seine Stelle. Der Fang der vorzüglichen Seefische muß von Anfang an einen Haupterwerbszweig gebildet haben: »Sidonier«, sowohl im Alten Testament wie bei Homer der Generalname für alle Phoiniker, bedeutet »Fischersleute«. Der Wohnraum auch der großen Städte war sehr eng und zwang zum Bau vielstöckiger Häuser schon zu Zeiten, wo diese von den Fremden noch als Wunder angestaunt wurden; Tyros dürfte in seiner besten Zeit vierzigtausend Menschen beherbergt haben. Diese Stadt war schon durch ihre Lage eine Kuriosität: auf einem kahlen, wasserlosen Felsenriff erbaut, durch einen breiten Meerarm vom Festland getrennt, auf das sie in der Verproviantierung angewiesen war, andererseits fast uneinnehmbar. Ähnlich lag Sidon, aber durch eine Sanddüne mit der Küste verbunden. Auch das uralte Arados war eine Inselstadt. Auf dem Festlande lag nur Byblos, die »Bergstadt«, von besonderer Handelsbedeutung durch den Besitz der herrlichen Zedernwälder des nördlichen Libanon und daher schon früh das Ziel der ägyptischen »Byblosfahrer«, von denen wir bereits gehört haben. In allen diesen Städten herrschten Könige in stetem Kampf gegen eine aufsässige Magnatenoligarchie. Der Gesamtname *sidonîm* rührt von der ursprünglichen Hegemonie Sidons her oder hat seinen Grund darin, daß diese Stadt auch in späterer Zeit Sitz des Bundesheiligtums war. Ihr Land aber nannten die Phoiniker *kana'an*, und auch die Israeliten gebrauchten diese Bezeichnung bald für ihr eigenes Gebiet, bald für Phönizien. Ihre Sprache war das »Kanaanäische«, das sich zum Hebräischen wie eine bloße Mundart verhält, etwa wie das Norwegische zum Dänischen. Weiter nördlich saßen die Aramäer, deren Sprache ebenfalls nur ein Dialekt des »Nordsemitischen« war. Im Gegensatz sowohl zu den Hethitern wie zu den Ägyptern gingen diese Völker niemals bartlos.

Die phönizische Kultur

Auch in der Wahl ihrer Kolonien zeigten die Phoiniker eine Vorliebe für Vorgebirge, küstennahe Inseln und Landzungen: Ihre Pflanzstädte waren bloße Seeburgen und Stützpunkte, vom Kontinent aus möglichst unangreifbar, vom Meer aus möglichst leicht erreichbar, ohne jede Ambition einer wirklichen Aufschließung und Besiedlung des Landes. Sie haben niemals etwas anderes gegründet als periphere Niederlassungen mit Forts und Faktoreien, die lediglich der Monopolisierung des Handels und der Sicherung der Seelinien dienten. Übrigens konnten sie es schon darum zu keiner entscheidenden historischen Bedeutung bringen, weil ihre Kopfzahl zu gering war; es ist dasselbe Mißverhältnis, das zum Beispiel auch den imposanten Vormarsch Schwedens im siebzehnten Jahrhundert zu einer bloßen Episode gemacht hat. Und außerdem gebrach es ihrer Zähigkeit und Geschicklichkeit an jeder höheren politischen oder gar ethischen Idee. Sie waren die versatilen und versierten Zwischenhändler der Antike, und weiter nichts. Daß man lange Zeit darüber anders zu denken pflegte, hat seinen Grund darin, daß ebendiese Antike sie in ihrer Eigenschaft als Erfinder sehr stark überschätzt hat, indem sie die Vermittler mit den Urhebern verwechselte.

Ihre erste große Expedition dürfte die Landung auf Zypern gewesen sein. Hierdurch gewannen sie ein seestrategisch sehr wertvolles Vorland und eine unerschöpfliche Reichtumsquelle, denn die nirgends sonst so ergiebige Förderung jenes Metalls, das von der Insel noch heute seinen Namen führt, verlieh ihnen für die damalige Zeit und Welt fast eine Art Kupfermonopol. Ein ähnlicher Erfolg gelang ihnen später durch direkte Verbindung mit Britannien, von wo fast der ganze alte Handel mit dem für die Bronzeerzeugung so wichtigen Zinn versorgt wurde. Ob sie aber selber bis zu den »Zinninseln« gelangt sind, ist mehr als fraglich. Es ist sogar möglich, daß das Ganze nur ein Geschäftstrick war und sie das minderwertige spanische Zinn, das sie sich von ihrer Kolonie Gades aus leicht beschaffen konnten, für nordisches ausgegeben haben, um es dadurch konkurrenzfähiger zu machen. Ebensowenig ist die Tatsache, daß sie auch im Bernsteinhandel führend waren, ein Beweis dafür, daß sie die Nordsee erreicht haben. Hingegen haben sie schon sehr früh an der Südküste Kleinasiens stattliche Handelsemporien gegründet, die bei den Ägyptern »die Eilande des Nordens« hießen, denn diese Landratten glaubten, da oben gebe es nichts als Inseln. Ob sie sich vor dem letzten vorchristlichen Jahrtausend bereits am Nordrand Afrikas ausgebreitet hatten, läßt sich nicht sagen.

Die bedeutendsten Errungenschaften, die die Alten den Phoinikern zuschrieben, sind die Schrift, das Glas und der Purpur. Daß die Einführung der Buchstaben und die Herstellung von Glasflüssen den Ägyptern zu verdanken ist, haben wir bereits gehört. Purpurschnecken finden sich an der phönizischen Küste besonders zahlreich; ihr Saft ist bei den kleineren Exemplaren dunkelrot, bei den größeren fast schwarz, bei den Trompetenschnecken scharlachrot. Eine griechische Anekdote erzählt, daß eines Tages einem Hirten, der am Meeresstrande trieb, sein Hund mit bluttriefendem Maule entgegengerannt kam: er hatte aber bloß eine Schnecke zerbissen. Der Begriff »purpurn« umfaßte im Altertum eine ganze Farbenskala: durch Mischung, Verdickung und Verdünnung vermochte man alle möglichen Nuancen zu erzeugen, vom zartesten Hellrot bis zum tiefsten Blauschwarz. Als die feinsten Sorten galten der »doppelt gefärbte« tyrische Blutpurur und der violette Amethystpurpur. Der griechische Name Φοίνικες kommt von φοινός, dunkelrot; und »purpurfarbig« heißt auf griechisch φοινικοῦς. Derselbe Wortstamm *phoinos* kehrt in der lateinischen Bezeichnung Poenus, der Punier, wieder. Doch ist es auch denkbar, daß sowohl Griechen wie Römer den Phoinikern wegen ihrer rötlichbraunen Hautfarbe diese Namen gegeben haben. Übrigens nannten die Hellenen auch die Dattelpalme *phoinix*, weil sie deren Früchte zuerst von den Phoinikern bezogen hatten; ebenso hieß bei ihnen ein aus Kleinasien importiertes Saiteninstrument. Und hier dürfte auch der Schlüssel für die Lösung des Purpurproblems zu finden sein: die Phoiniker waren die fixen Exploiteure und Lieferanten aller dieser schönen Dinge. Der Purpur, der im Altertum so teuer war, daß selbst Wohlhabende sich mit einem breiten Streifen am Gewande begnügen mußten, hat übrigens für uns seinen Nimbus völlig eingebüßt: man ist jetzt imstande, die verschiedenartigsten lichtechten Imprägnierungen nicht nur sehr billig herzustellen, sondern auch in viel satteren und glänzenderen Farben; Purpurmäntel, wie sie früher nur ein Großkönig trug, besitzt heute jedes kleine Stadttheater.

Die phönizische Schrift war eine tatsächliche Verbesserung der ägyptischen, die, wie wir uns erinnern, Wortbilder, Silbenwerte, Deutzeichen und Konsonanten durcheinander gebrauchte, während jene eine reine Buchstabenschrift war, bestehend aus zweiundzwanzig Zeichen, die aus einfachen Strichen und Kreisen kombiniert waren. Doch bedeutete diese Restriktion und Rationalisierung der blühenden Hieroglyphenfülle einen rein praktischen, verkehrstechnischen Fortschritt, wie er einem kaufmännisch orientierten Denken eben nahelag. Die Maße und Gewichte, deren Erfindung man ebenfalls auf sie zurückführte, hatten die Phoiniker aus Babylonien. Daß sie tüchtige Rechner waren, versteht sich, aber erfunden haben sie auch hier nichts; sie waren auf allen Gebieten bloß die fingerfertigen Kolporteure. Dasselbe gilt von ihrem Kunsthandwerk: es war kostbarer Schund, schlaue Spekulation auf den gefallsüchtigen Negergeschmack des großen Haufens und seine Affenfreude an Glanzplunder, Modeindustrie, auf flotte Bedienung einer Allerweltskundschaft abgestellt, in allen Stilen zu Hause, aber nur zur Miete, dabei alle barbarisch vermischend und ebendarum international erfolgreich: phönizische Stickereien und Schmucksachen, Möbel und Tischgarnituren, Toiletten und Spielsachen eroberten die ganze Mittelmeerwelt. Die Phoiniker haben niemals eine eigene Kunstproduktion entwickelt, sondern immer nur, der Konjunktur folgend, eine imitierte ägyptische, assyrische, persische, griechische. Und ebenso entlarvend wie ihre Kunst ist ihre Religion: Zwischen Gott und Mensch besteht ein pures Geschäftsverhältnis des *do, ut des,* eine Art Kontokorrent, und es herrscht der Glaube, daß sich durch korrekte kultische Leistungen die Gunst der höheren Mächte geradezu erzwingen läßt.

Charakter der babylonischen Geschichte

Auch die Babylonier waren am stärksten im Handel und allem, was ihn hebt und verfeinert; sie heißen im Alten Testament das »Krämervolk«. Die wahre Blüte ihrer Kultur aber fällt in die vorgeschichtliche Zeit: die sumerische. Aus jenen dunklen Jahrtausenden stammen alle ihre großen lichtvollen Schöpfungen: der Kalender, die Keilschrift, die Astrologie, die Kunst des Wasserbaus und Gewölbebaus, der Siegelzylinder, ihre tiefsinnige, später verwirrte und verflachte Mythologie. Nach der einheimischen Überlieferung zerfällt die Geschichte Babyloniens in die Zeit vor der Flut und nach der Flut. Vor der

Flut regierten zehn Urkönige, die den zehn Erzvätern der Bibel entsprechen, alle von ungeheuer langer Lebensdauer; unter dem letzten kam es zur Sintflut, deren Geschichte im Gilgameschepos dem Titelhelden von seinem Stammvater Utnapischti erzählt wird: Der Götterrat hatte eine große Flut beschlossen, um die sündige Menschheit zu verderben; einer der Götter aber, Ea, benachrichtigte seinen Liebling Utnapischti von der drohenden Gefahr und befahl ihm, ein Schiff zu bauen und seine Familie und alle Arten Getier darein zu bergen. Kaum hat Utnapischti den Auftrag ausgeführt, bricht unter Sturm, Donner und Hagel eine so entsetzliche Überschwemmung herein, daß selbst die Götter Furcht bekommen und sich in den Himmel flüchten, wo sie sich ängstlich weinend zusammenkauern. Als endlich das Wasser fällt, bleibt die Arche an einer Gebirgsspitze hängen, und Utnapischti sendet zuerst eine Taube, dann eine Schwalbe nach Land aus, aber beide kehren unverrichteter Dinge zurück, und erst der Rabe kommt nicht wieder. Nun wagt es auch Utnapischti, das Schiff zu verlassen, und bringt den Göttern auf der Bergkuppe ein Dankopfer dar. Das deckt sich fast wörtlich mit dem Bericht der Bibel. Ist dies wiederum eine Erinnerung an die Katastrophe beim letzten Mondeinfang oder handelte es sich bloß um ein großes lokales Elementarereignis? Noah hat damals natürlich noch nicht gelebt, sondern die Erzählung im Ersten Buch Mosis ist einfach übernommen.

Alle orientalische Geschichte hat etwas Monotones. Doch hat dies bei der ägyptischen seinen Grund mehr in der Einförmigkeit der Quellen, die mit einem stereotypen Phrasenschatz die Darstellung sämtlicher Ereignisse bestreiten; es ist im Prinzip dieselbe Tapetentechnik wie auf den Tempelreliefs. Bei den Babyloniern aber handelt es sich wirklich um eine ewige Wiederkunft des Gleichen. Es ist immer dasselbe: Die Leute aus Umma oder Uruk oder sonst einem Stadtstaat brechen in das Nachbarreich ein, metzeln die Einwohner nieder, werfen Feuer in die Tempel und Paläste, zerschlagen die Götterstatuen und rauben die Schätze. Die Kanäle werden verstopft, die Nutztiere weggetrieben, die Obstbäume abgehauen, die Gärten niedergebrannt, die Wiesen zerstampft; nicht selten wird auch noch alles Ackerland durch Salpeter für die Zukunft unfruchtbar gemacht. »Die starke Mauer«, heißt es in einem anschaulichen Königsbericht, »aus spitzem Berggestein getürmt, habe ich wie einen Topf zerschmissen und der Erde gleichgemacht. Die vollen Kornspeicher öffnete ich und ihre Vorräte ohne Zahl ließ ich das Heer aufessen. Die versteckten Weinkeller betrat ich und die Krieger meines Gottes schöpften wie Flußwasser den duftenden Wein.« Die Bevölkerung, soweit sie nicht ausgemordet war, wurde »ausgerissen«: dies war die Bezeichnung für die sehr häufig angewandte Massendeportation, deren bekanntestes Beispiel das babylonische Exil der Juden ist. So sind viele Städte vom Erdboden verschwunden, ohne auch nur Trümmer zurückzulassen, und niemand weiß ihren Ort und Namen. Das luftige Ziegelmaterial, aus dem sie errichtet waren, machte es möglich, sie bis auf den Grund zu zerstören; freilich konnten sie auch ebensoleicht wiederaufgebaut werden.

Die Geschichte Mesopotamiens besteht aus lauter Episoden; von einer Kontinuität wie bei der ägyptischen ist hier niemals die Rede. Ihr einziger politischer Inhalt ist der Kampf des Kernlands der Strommündungen um die Herrschaft über ganz Vorderasien und der Widerstand der Völker und Stämme im Westen und Norden, von denen das eine oder andere bisweilen selber die Hegemonie erringt. Daher wechseln die Hauptstädte und Residenzen viel häufiger als anderwärts. Über das ewige Hin und Her dieser äußeren und inneren Machtstreitigkeiten sind wir vorläufig noch ziemlich dürftig und zweideutig unterrichtet, es ist dies aber kein allzu großes Unglück, denn auch die todsichere Wahrheit wäre vermutlich kaum übermäßig interessant. Immerhin bringt fast jedes Jahr neue Ausgrabungen und

Entzifferungen, so daß mit großer Wahrscheinlichkeit angenommen werden kann, daß die nachfolgenden Seiten, wenn sie vor den Leser treten, bereits veraltet sind. Im übrigen begnügen wir uns mit einigen bezeichnenden Stichproben, um so mehr, als auch die Denkmäler nur solche liefern.

Das mesopotamische Altertum

In ältester historischer Zeit, um 3000, hatte Kisch, im nördlichen Babylon gelegen, die Vormacht inne. Um 2800 trat in Lagasch Ur-Nina hervor, ein Priesterkönig, der die weltliche und geistliche Macht in sich vereinigte, wie seinerzeit der Papst im Kirchenstaat; seine Regierung wird als sehr glücklich gepriesen: Er erbaute Tempel, eine große Stadtmauer, Kanäle und Wasserreservoirs und rüstete Karawanen aus, die Waren brachten und ausführten. Sein Enkel war Eannatum (um 2750). Dieser schlug einen Angriff der Elamiten zurück und besiegte alle Nebenbuhler, die Fürsten von Umma, Ur, Uruk, Opis, Kisch und noch viele andere; dadurch gewann er die Oberherrschaft über ganz Sinear. Eines seiner Siegesdenkmäler, die berühmte Geierstele, so genannt, weil darauf Geier die Köpfe der Erschlagenen in die Lüfte tragen, zeigt, wie er persönlich dem König von Kisch seine Lanze in die Stirn schleudert. Die Darstellung der nackten, plumpen Krieger mit den langen Gurkennasen, die in Reih und Glied über die Leichen der Feinde hinwegmarschieren, wirkt auf den ersten Blick stilisiert, ist aber bloß roh, indes nicht ohne eine gewisse primitive Kraft. Um 2670 finden wir als Gebieter in Lagasch Urukagina, der eine sehr edle Persönlichkeit gewesen zu sein scheint: Er bekämpfte, wenn wir seinen Inschriften glauben dürfen, mit Erfolg den Eigennutz der Priester, die Willkür der Verwaltung, die Härte der sozialen Ordnung, hob die Leibeigenschaft auf, baute viele unnütze oder korrupte Beamte ab und sicherte Handel und Verkehr. Doch schon um 2650 erhob sich Lugalzaggisi, der Fürst von Umma, das vor hundert Jahren von Eannatum so vollständig zu Boden geworfen worden war, und eroberte, nicht ohne die landesüblichen Mordbrennereien und Plünderungen, Lagasch und alle übrigen babylonischen Städte, ja er dehnte sogar seine Herrschaft bis zum »oberen Meer« aus. Ob er alle die »Westvölker« wirklich unterworfen oder bloß in eine lockere Abhängigkeit gebracht hat, ist allerdings fraglich; auch seine staatsrechtliche Stellung im Innern ist für uns nicht mehr greifbar. Die erste Hälfte seines Namens, *lugal,* ist ein Gattungsbegriff und bedeutet so viel wie König; aber damit ist wenig gesagt. Man stelle sich vor, daß in einigen tausend Jahren jemand das Wort *duce* erklären sollte. Er würde es vermutlich mit *duca,* Herzog, in Verbindung bringen und dementsprechend entweder an eine Persönlichkeit von sehr hohem und altem Adel oder, noch weiter zurückgreifend, an eine Art erwählten obersten Kriegsherrn denken, aber von dem sehr komplizierten politischen Machtbegriff, der in der Führerbezeichnung steckt, hätte er wohl kaum eine Ahnung. Jedenfalls ist Lugalzaggisi die erste Persönlichkeit des Zweistromlands, ja der Weltgeschichte gewesen, die es versucht hat, ein »Weltreich« zu gründen. Aber schon ballten sich neue Gewalten zusammen, die dem mesopotamischen Altertum, wie man die bisher betrachtete Zeit nennen könnte, für immer ein Ende bereiteten.

Sargon der Große

Die Akkader waren ihren südlichen Nachbarn militärisch in mehrfacher Hinsicht überlegen. Plump wie die Figur der Sumerer war auch deren Kriegsrüstung: dicke Speere, Buckelschilde und Klappenhelme, während jene bereits den Bogen zu handhaben wußten. Dies verlieh ihnen einen fast ebenso großen Vorsprung, wie ihn die Feuerwaffen der Spanier gegen die Pfeile der Azteken oder die Maschinengewehre der Engländer gegen die Flinten der Mahdisten besaßen. Außerdem verfügten sie über ein stehendes Heer, das in Schwarmlinien angriff, was sie zu der schwerfälligen Miliz der Sumerer, die nur sehr langsam mobilisiert werden konnte und in starrer Phalanx kämpfte, in ein ähnlich vorteilhaftes Verhältnis brachte, wie es zwischen der zerstreuten Fechtart der französischen Revolutionsarmeen und der friderizianischen Lineartaktik ihrer Gegner bestand. Es ist daher kein Wunder, daß es ihnen gelang, das alte sumerische Reich zu überrennen. Dies geschah um 2600 (nach Hugo Winckler schon um 2750) unter Sargon dem Ersten, dem Begründer einer zweiten »Weltherrschaft«, der ersten semitischen, die sich nicht nur bis Südsyrien, sondern sogar, wie ein dort aufgefundenes Beamtensiegel bezeugt, über Zypern erstreckte. Es ist mehr als wahrscheinlich, daß schon damals zwischen Vorderasien und Ägypten ein diplomatischer und kommerzieller Verkehr bestand, denn die beiden Reiche waren am Jordan und Sinai bereits Nachbarn; zu kriegerischen Verwicklungen dürfte es aber noch nicht gekommen sein. Soviel man sehen kann, war Sargon kein geborener König, obschon vielleicht aus vornehmem Geschlecht, sondern ein Usurpator. Er zwang die schwache Dynastie von Kisch, das zu dem Oberherrn in Umma in einer Art Suzeränitätsverhältnis stand, zur Abdankung und setzte sich selbst auf den Thron. Daraufhin mußte es früher oder später zu einem Zusammenstoß zwischen ihm und Lugalzaggisi kommen. Daß er es wagte, seine Kräfte an der sieggewohnten Machtfülle eines Königs zu messen, vor dem die ganze Welt zitterte, muß seinen Zeitgenossen als Wahnsinn erschienen sein. Aber es kam umgekehrt als erwartet, wie, beiläufig bemerkt, fast immer in der Weltgeschichte. Wie viele unter den Mitlebenden haben wohl von vornherein an einen Sieg der Griechen über die Perser, der Schweizer über das Haus Habsburg, der Engländer über die Armada, Friedrichs des Großen über die Koalition, der Preußen 1866, der Japaner über Rußland, des Balkanbundes über die Türkei geglaubt? Wir von heute wissen freilich die Gründe dieser überraschenden Erfolge haargenau anzugeben, aber das ist weniger ein Beweis für unsere höhere Urteilskraft als für unsere spätere Geburt.

Nachdem Sargon mit seinen Nordbabyloniern das ganze Land besetzt und Akkad zur Hauptstadt, Residenz und Handelszentrale gemacht hatte, wandte er sich gegen Elam, dessen schwierige Unterwerfung ihm vollständig gelang, eroberte Assyrien, wo damals noch die Subräer (Subartu) saßen, und drang unaufhaltsam nach dem Westen vor, indem er von den ebenso gefährlichen wie zahlreichen Amoritern oder Amurru, einem nordsyrischen Volksstamm, den Durchzug erzwang. Dann überstieg er den Taurus und pflanzte seine Siegeszeichen in Ostkleinasien auf, dem späteren Sitz der Hethiter. Von dort aus unternahm er eine dreijährige Expedition »über das Westmeer«, die ihn bis nach Griechenland brachte, und schließlich wurde sogar Arabien dem Reich einverleibt. Er war nun wirklich »Herr der vier Weltteile«, Babyloniens im Süden, Elams im Osten, Subartus im Norden, Amurrus im Westen, und niemals mehr hat ein vorderasiatisches Großreich eine solche Ausdehnung erlangt, denn weder die arabischen Steppen noch die griechischen Küsten sind je wieder besetzt worden. In der inneren Verwaltung des Landes verfuhr Sargon ebenso kühn und energisch wie in seiner Kriegsführung. Er machte der Kleinstaaterei der halbsouveränen Landesfürsten, die eine ewige Quelle des Aufruhrs war, ein Ende und teilte das Reich in zahlreiche Distrikte von mäßigem Umfang, mit Beamten an der Spitze, die am Hof eine besondere Ausbildung genossen hatten und unmittelbar der Krone unterstellt waren. Handel und Gewerbe sollen unter seinem Szepter geblüht haben. Sogar eine regelmäßig befahrene Seelinie vom Persischen Golf zum Roten Meer hat es damals gegeben, und nur damals, denn ihre Voraussetzung war der Besitz gesicherter Stützpunkte in Arabien. Als Sargon all dies vollbracht hatte, fand er nach fünfundfünfzigjähriger Regierung den ewigen Schlaf in einem großartigen Mausoleum, das, von ihm selbst entworfen, jahrhundertelang den Herrschern zur Grabstätte gedient hat, als eine Art Kapuzinergruft.

Die wahren Sagen

Es ist nach alledem nicht verwunderlich, daß er im Bewußtsein des Volkes zu einer mythischen Gestalt emporwuchs. Schon seine Jugendgeschichte ist von Legenden umgeben. Es hieß, seine Mutter habe ihn heimlich zur Welt gebracht und in einem Schilfkästchen ausgesetzt: eine Geschichte, die bekanntlich auch von Krischna, Mose, Kyros, Romulus erzählt wird. Doch wäre es sehr töricht, hieraus einen Zweifel an seiner Geschichtlichkeit herzuleiten. Sehr fein bemerkt Winckler: »Wenn die Legende Sargons die gleichen Züge trägt wie die von Moses, so ist das dasselbe, als wenn ein musikalisches Motiv beim Auftreten eines Helden erklingt: dem Helden der Legende wird damit zugleich seine Stelle in der Entwicklung eines Volkes angewiesen.« Man ist früher in engstirnigem Rationalismus so weit gegangen, jede historische Persönlichkeit, um die sich Sagen ankristallisiert haben, als suspekt zu betrachten. Es verhält sich jedoch umgekehrt: gerade Sagen beweisen etwas. Man hat oft die Legende mit dem Efeu verglichen. Aber zu jedem Efeu gehört doch ein Stamm! Und zu jedem Rauch ein Feuer! »Sagen« sind vielleicht die einzigen historischen Überlieferungen, die, in einem höheren Sinne, *niemals* auf Erfindung beruhen, denn sie lassen sich nicht erfinden. Wie unvorstellbar müßten die Dichter, geschweige denn die anonymen Massen beschaffen sein, die einen einzigen der großen Helden und Heiligen ersinnen könnten! Irgendwo und irgendwann ist Jason Gestalt gewesen in einem furchtlosen Seefahrer und Siegfried in einem reinen Recken und Romulus in einem starken Gründer, denn seine Existenz ist durch die sicherste Tatsache bezeugt, die der Historiker sich wünschen kann: die ewige Stadt Rom! Mitten im erleuchteten neunzehnten Jahrhundert und im aufgeklärten Frankreich hat man es erlebt, daß Napoleon zum Mythus wurde, in dreitausend Jahren wird irgendeine Spinne von Historiker daraus zwingend folgern, daß er nicht existiert hat. Noch nie hat man es erlebt, daß eine zarte oder kühne Legende um ein Nichts gewoben wurde oder um eine Lüge, die noch weniger ist als nichts. An »Sagen« wollen wir recht gern glauben; und an »absurde« am liebsten.

Naramsin und Gudea

Der zweite große Name der akkadischen Geschichte ist Naramsin, der Enkel Sargons (um 2530). Von ihm kündet eine prachtvolle Stele. Der Vorgang einer Entscheidungsschlacht: die Einnahme der beherrschenden Paßhöhe durch den König selbst, das siegreich nachdringende Heer, die wilde Flucht der Feinde: All dies ist in dem sicher komponierten Steingemälde mit großartiger Symbolik zusammengefaßt, und der König ist ein wirklicher König, nicht, wie so oft in der orientalischen und auch in der abendländischen Kunst, der bloße Firmenstempel der Königswürde. Naramsin erweiterte sogar noch die Eroberungen Sargons. Aber nach ihm (er regierte achtunddreißig Jahre) beginnt der rasche Verfall: dieses starke, nicht, wie die meisten asiatischen Großherrschaften, bloß in der Titulatur vorhandene Imperium, in dem nach damaliger, freilich nur bildlicher Vorstellung die Sonne nicht unterging, denn es reichte bis zum »Meer des Sonnenuntergangs«, hat ebensowenig Bestand gehabt wie alle seine Vorgänger und Nachfolger. Um 2470 sehen wir wieder einmal den Süden triumphieren: die Fürsten von Ur nennen sich jetzt »König von Sumer und Akkad«. Aber das akkadische Element ließ sich nicht mehr ignorieren: es ist offenbar nur zu einer Personalunion gekommen, etwa wie in der österreichisch-ungarischen Monarchie. Auch die Doppelsprachigkeit ist bezeugt. Andrerseits ist noch lange nach der episodischen Vorherrschaft von Ur, die nur wenig über hundert Jahre währte, das Sumerische, wie bereits erwähnt, in ganz Mesopotamien die Sprache der Wissenschaft, Literatur und Gesellschaft geblieben, ähnlich wie bis vor noch gar nicht langer Zeit das Chinesische in Japan.

Um 2400 verheerte der Einfall eines barbarischen Stammes der Gutäer oder Guti, die in den Gebirgen nördlich des mittleren Tigris hausten, ganz Nordbabylonien; der Süden aber, der, wahrscheinlich durch ein Schutz- und Trutzbündnis mit Elam, der Gefahr rechtzeitig zu begegnen wußte, blieb verschont, und dort, in Lagasch, lebte um diese Zeit ein frommer, weiser und kunstsinniger Fürst, der Priesterkönig Gudea. Ihn beschäftigten nur Werke des Friedens: Aus allen Weltgegenden ließ er kostbare Hölzer, hartes Gestein, edle Metalle kommen, um seine Stadt zu Ehren der Götter zu schmücken. Auch dem Rechtswesen galt seine Fürsorge. In dem Gesetzbuch, das auf ihn zurückgeht, findet sich der Begriff des Dolus, der den Mesopotamiern später wieder abhanden gekommen ist: Es wird ein deutlicher Unterschied gemacht zwischen vorsätzlichen und fahrlässigen Delikten, zum Beispiel zwischen absichtlicher und zufälliger Verletzung einer Schwangeren. Einige schöne Dioritstatuen haben sein Bild aufbewahrt: Sie zeigen das milde Antlitz und die entspannte Haltung eines heiter in sich gekehrten Gottesknechts.

Hammurapi

Um 2200 hat ein Großreich von Elam bestanden. Wenn die Quellen nicht trügen, so unterwarfen die Elamiten zuerst Südbabylonien, dann Nordbabylonien und damit auch alle die mehr oder weniger abhängigen Länder im Westen, so daß schon damals, ähnlich wie viele Jahrhunderte später im persischen Weltreich, von Susa aus ein König bis zum Mittelmeer geboten hätte. Ur, das den ersten Stoß auszuhalten hatte, soll damals vollständig zerstört worden sein. Es ist aber ungeklärt, ob es nicht bloß zu einer elamitischen Tributärhoheit gekommen ist, und jedenfalls hat diese Fremdherrschaft nicht lange gedauert, denn wenige Jahrzehnte später hat es bereits eine »erste« Dynastie von Isin und eine von Larsa gegeben, die nebeneinander an Stelle des untergegangenen Ur die Hegemonie innehatten. Rimsin von Larsa aber zog um 1950 erfolgreich gegen Isin und herrschte wieder unumschränkt über ganz Babylonien, mit Ausnahme des Stadtgebietes von Babel. Gerade von dort aber kam das Verhängnis. Hundert Jahre früher waren nämlich die sehr kriegerischen Amoriter aus ihren westlichen Sitzen hervorgekrochen und hatten sich Babels bemächtigt, wo sie ein selbständiges Fürstentum errichteten, etwa in der Art, wie es die Goten und Normannen an vielen Orten getan haben. 1955 gelangte Hammurapi auf den Thron, dem es am Ende eines dreißigjährigen Kampfs, 1925, gelang, Rimsin vernichtend zu schlagen und nach sechzigjähriger Regierung gefangenzunehmen; Hammurapi selber regierte über vierzig Jahre (die Zahlen stammen, ebenso wie die meisten bisherigen, von Bruno Meißner, der derzeit wohl der zuverlässigste und intimste Kenner aller babylonischen Verhältnisse sein dürfte; es muß jedoch bemerkt werden, daß ein Forscher vom Range Hugo Wincklers die Hammurapizeit um volle anderthalb Jahrhunderte früher ansetzt). Mit Hammurapi gelangt wieder das semitische Element ans Ruder und beginnt der glänzende Aufstieg Babels, das, bisher ein unbedeutendes Provinznest, unter ihm eine goldene Märchenstadt und die Sonne Vorderasiens geworden ist. Seine Herrschaft stützte er auf seine ergebenen und kriegserprobten amoritischen Soldaten; eine besondere Elitetruppe, der »Knoten des Königs«, diente zu seinem persönlichen Schutz. Die Veteranen erhielten als unveräußerliches königliches Lehen Grundbesitz mit der Verpflichtung, ihren Beruf auf die Nachkommen fortzupflanzen: So schuf er sich eine Art Erbmilitär. In der inneren Verwaltung huldigte er einer versöhnlichen Unionspolitik. Er versuchte die sumerische und die akkadische Kultur zu verschmelzen, schon äußerlich, indem er in der Tracht den Mantel und die Kappe der Sumerer mit dem Bart der semitischen Völker vereinigte, die Lippen aber wieder, als Konzession an Sumerien, rasieren ließ. Als allgemeine Kirchensprache ließ er das Sumerische gelten; sein berühmtes Gesetzbuch aber war, wie bereits erwähnt, akkadisch abgefaßt. Eine großartige Kanalanlage, genannt »der

Hammurapifluß ist der Überfluß der Menschen«, an der er viele Jahre hatte bauen lassen, versorgte ganz Babylonien mit Wasser. Zum allmächtigen Reichsgott erhob er Marduk, den Bel von Babel, der, im Gegensatz zur Mondverehrung des Südens, ein Sonnengott war. Die Stellung Babels als Kirchenmetropole hat sich von da an durch alle politischen Wechselfälle erhalten: Es wurde das Byzanz der vorderasiatischen Welt. Auch die späteren assyrischen Herrscher konnten sich allein dadurch legitimieren, daß sie nach Babel gingen und »die Hand Marduks ergriffen«. Nur der Götterkönig Marduk vermag die Weltherrschaft zu verleihen.

Die Kossäer

Man hat Hammurapi nicht mit Unrecht mit Karl dem Großen verglichen. Aber schon mit seinem Sohn begann wieder der Abstieg. Immer mehr Außenländer rissen sich los. Um 1760 fielen die Hethiter ein, eroberten zahlreiche Städte, darunter Babel, und raubten sie aus. Sie zogen zwar bald wieder ab, aber die Invasion hatte das Reich so geschwächt, daß es etwa ein Jahrzehnt später einer zweiten, viel nachhaltigeren Katastrophe zum Opfer fiel. Die Kossäer (Kassiten, Kassu), die fern im Osten, nördlich von Elam, in den Grenzgebirgen des iranischen Hochlands nisteten, überschwemmten das ganze Land und brachten es unter ihre Botmäßigkeit. Und nun fällt für fast sechs Jahrhunderte (1750 bis 1170) der Vorhang. Die Kossäer scheinen im Lauf dieser Zeit nicht nur in der Kultur, sondern auch in der Rasse der unterjochten Völker des Zweistromlandes völlig untergetaucht zu sein, denn nicht die geringste Spur ist von ihnen zurückgeblieben. Sie selbst brachten den Babyloniern nur das Pferd und den Ärmelrock. Erst als um 1300 die Assyrer genügend erstarkt waren, vermochten sie es, die Kossäerherrschaft zu stürzen und sich unter Adadnirari, dessen Sohn Salmanassar dem Ersten und dessen Enkel Tukulti-Ninurta zu Herren Mesopotamiens zu machen. Aber der Sieg war vorübergehend: nach siebzig oder achtzig Jahren entrissen die Kossäer Assyrien wiederum die Macht und machten es sogar zeitweilig zur Provinz. Schließlich aber wurden sie 1170 von dem Begründer der zweiten Dynastie von Isin endgültig entthront. Sie zogen sich in ihre Berge zurück, und man hörte nichts mehr von ihnen. Für Babylonien sind sie ein ähnliches Unglück gewesen wie die Mongolen für Rußland. Unter Tiglatpileser dem Ersten, der um 1100 herum regierte, wurde aber wieder Assyrien Großmacht. Er drang bis ans obere Meer vor, das noch kein Assyrer vor ihm erblickt hatte, und ließ sich von den syrischen Städten huldigen. Auch der Pharao bezeugte ihm seine Reverenz und schickte ihm Geschenke, unter anderm Affen und Krokodile, die er auch noch nie gesehen hatte. Schließlich eroberte Tiglatpileser sogar Babel. Ebenso berühmt wie als Krieger war er als Jäger. Sein Lieblingswild war der Löwe, der im Zweistromland heute ausgestorben ist, damals aber noch sehr zahlreich im Sumpfdickicht und am Wüstensaum hauste; er interessierte sich aber auch für Steinböcke und Gazellen, Hirsche und Wildstiere, Eber und Strauße. Auch seine Bautätigkeit, die natürlich vor allem der Hauptstadt Assur zugute kam, wird gerühmt; der Kultur der Dattel und anderen Edelobstes wandte er besondere Aufmerksamkeit zu, ja er versuchte sogar die Zeder zu akklimatisieren, für deren prächtige duftende Stämme er eine besondere Leidenschaft hatte. Er nannte sich »König der Menschheit«, was aber für damalige Vorstellungen nichts besonders Größenwahnsinniges an sich hatte. Jedoch schon unter seinem Sohn gewann Babylonien wieder die Freiheit zurück; hier aber wollen wir vorläufig abbrechen, denn das Thema droht unerträglich langweilig zu werden.

Fassen wir das Ganze zusammen, so gelangen wir zu der nachfolgenden Übersicht; die ungefähr gleichzeitigen ägyptischen Daten sind danebengesetzt.

Vor 3000	Urkönige; Sintflut, Sumerer	Urzeit; Altes Reich: Thiniten
3000 bis 2800	Abwechselnde Vorherrschaft südbabylonischer Städte	Pyramiden
um 2750	Eannatum: Vorherrschaft von Lagasch	
um 2650	Lugalzaggisi: Großreich von Umma	
um 2600	Sargon I.: Großreich von Akkad	
um 2500	Großreich von Ur	»Zwischenzeit«
um 2400	Einfall der Gutäer	
um 2200	Großreich von Elam	Herakleopoliten
nach 2200	Vorherrschaft von Isin und Larsa	
nach 2000	Rimsin: Großreich von Larsa	Mittleres Reich: Blütezeit unter der 12. Dynastie
1955 bis 1912	Hammurapi: Großreich von Babel	
um 1750	Hethitereinfall	
etwa 1750 bis 1170	Kossäerherrschaft; dazwischen	Hyksos; Neues Reich: Großmacht
etwa 1300 bis 1230	Assyrerherrschaft	
1170	Dynastie von Isin	
um 1100	Tiglatpileser I.: Großreich von Assur	Taniten

Die Religion

Der Absolutismus der vorderasiatischen Reiche war vielleicht in der Praxis brutaler und willkürlicher, aber in der Theorie weniger extrem formuliert als der ägyptische. Eigentlicher Beherrscher des Landes war nämlich der Gott der Hauptstadt, der König nur dessen Statthalter oder »Pächter«. Immer ist es die Gottheit, die die Gesetze gibt, Krieg befiehlt und mit dem feindlichen Stadtgotte Frieden schließt. Die Bezeichnung für sie war bei den Semiten *el*, was ungefähr soviel bedeutete wie »höchste Macht«, *adon* (Herr), *melkart* (König) und *ba'al* (Besitzer). Ein Ba'al kann nicht bloß Eigentümer einer Stadt sein, sondern auch eines Berges, eines heiligen Baumes, einer Quelle; auch als Gestirngott ist er nicht einfach mit Himmel, Sonne, Mond oder Abendstern identisch, sondern deren »Inhaber«. Ferner ist er Besitzer der Menschen, die seine Sklaven sind, und der ihm häufig beigegebenen *ba'alat*, die aber seinem Regiment bedeutend mehr Schwierigkeiten bereitet als die Sterblichen. In älterer Zeit nennen sich die Fürsten *patesi*, »Diener«, nämlich der Gottheit. Was vorhin von Marduk erwähnt wurde, gilt von dem Bel jedes Gebietes: der König, ob legitim oder Usurpator, einheimisch oder fremder Eroberer, muß »seine Hand berühren«, das heißt: in seinen Dienst treten; nur dann ist er der Herr des Landes. Seit der Akkaderzeit pflegen jedoch viele Herrscher ihrem Namen das Wort »Gott« vorzusetzen, was aber vermutlich nicht viel mehr bedeutete als »in Stellvertretung«, und wenn es gelegentlich heißt: »Sargon ist mein Gott« oder Naramsin sagt: »Ich bin der mächtige Gott von Akkad«, so ist das bestimmt nicht wörtlich zu nehmen. Aber schon als Beauftragter der Gottheit konnte der Landesfürst übermenschliche Autorität und bedingungslose Unterwerfung in Anspruch nehmen: »Der König ist wie Gott« lautet ein assyrischer Eigenname. Wenn ein Rebell sich gegen ihn erhob oder ein Nachbar ihn angriff, so beging er nicht Hochverrat oder einen Bruch des Völkerrechts, sondern *Sünde*.

Im Mittelpunkt des alten, vielleicht noch sumerischen Glaubens steht die Götterdreiheit: Anu, Herr des Himmels, Enlil, Herr der Erde, Ea, Herr des Wassers, und die weibliche Hauptgöttin Ischtar, deren Bereich der Krieg und die Geschlechtsliebe sind. Marduk, der später alle anderen in den Hintergrund drängt, ist der Gott der Sonne und zugleich des Frühlings und der Fruchtbarkeit, der Wasser fließen läßt, grünes Kraut hervorlockt und dem Korn gebietet. Gleich Helios und Apoll ist er der allwissende Herzenskünder, reinigende Heilsmittler, Patron der Kranken, Vertreiber der Dämonen. In Sumer war ursprünglich die höchste Gottheit Sin, der Herr des Mondes, der Schöpfer der Monate, der auf silberner Sichelbarke durch den Himmel steuert; sein Sohn ist Schamasch, der Herr der Sonne, der an jedem Tage aus der Nacht hervorfährt, gleich Marduk der Hort der Wahrheit und Gerechtigkeit. Bemerkenswert ist es, daß die altbabylonischen Gottheiten zwar, wie die griechischen, Tiere, die ihnen heilig sind, zu ihren Füßen sitzen haben oder abgebildet sind, wie sie auf Fabeltieren stehen, auch gern mit gewissen Tieren, dem Löwen, dem Wildstier, der Schlange, verglichen werden, selber aber niemals Tiergestalt tragen. Ein Gott, der damals noch nicht hervortrat, aber später für die kleinasiatischen Religionen große Bedeutung erlangte, war Tammuz, der das Leben und Sterben der babylonischen Natur versinnbildlichte: im Frühling von blühender Jugendfrische, wird er durch die dörrende mörderische Hitze des Sommers, die in der verzehrenden Liebesglut seiner Braut Ischtar verkörpert ist, dahingerafft und verfällt als König der Toten der Unterwelt (deshalb heißt auch das Grab »das Haus des Tammuz«); aber in jedem Frühling kehrt er wieder siegreich auf die Erde zurück. Alle diese Götter sinken jedoch im Verlauf der Zeit zum Rang von Dämonen oder Schutzheiligen herab; und da sowohl Marduk von Babel als auch Assur von Assur das Pantheon vollkommen monarchisch regieren, auch als universell und ewig gedacht sind, unendlich in Raum und Zeit waltend wie der Himmel, in dem sie thronen, kann man von Monotheismus sprechen oder zumindest von Monolatrie, denn die Existenz der Fremdgötter wird nicht geleugnet. Aber dann war auch die Verehrung Jahwes bloß Monolatrie, denn dieser siegt über die anderen Götter, also müssen sie doch da sein; in beiden Fällen wird ihnen jedoch eine so geringe Achtung entgegengebracht, daß man dann jeden Glauben an feindliche Geister, auch den frühchristlichen an heidnische Dämonen, Polytheismus nennen müßte.

Der Klerus

Die Opfer waren entweder Schlachtopfer: Stiere, Schafe, Ziegen, Tauben, auch bisweilen, worüber ein Ägypter in Ohnmacht gefallen wäre, fette Schweine, oder Speiseopfer: Milch, Butter, Öl, Honig, Datteln, Getreide, oder Rauchopfer aus duftenden Hölzern und Essenzen, denen manchmal auch Rauschgifte beigemengt waren. Das Opfer ist »Himmelsspeise«, die die Götter genießen: sie drängen sich zu dem süßen Duft wie die Fliegen. Auch Kleider, bei reichen Spendern nicht selten golddurchwirkt und juwelenbesetzt, werden ihnen gestiftet. Nicht bloß in den Tempeln wurde geopfert, sondern auch an Quellen, auf Bergesspitzen, am Meeresufer, auf dem Dache des Hauses. Die Mengen des Dargebrachten waren so reichlich, daß die Priester ihren Anteil an den gehäuften Mastkeulen, Weinen, Fladen und Fischen nicht zu verzehren vermochten und daher regelmäßig verpachteten. In der Urzeit gingen sie bei den Kulthandlungen nackt, später bestand ihre Tracht aus reinem Linnen und einem Fez, bei Austreibungen von Dämonen in einem glänzendroten Gewand, von dem man hoffte, es werde diesen »Schrecken einjagen«. Eine eigene Klasse von Priesterinnen war dazu bestimmt, sich, besonders an hohen Festtagen, den Fremden hinzugeben. Hierin ist keine Unsittlichkeit zu erblicken: Indem die Hierodulen im Haine der Ischtar ihre Jugendblüte darbringen, tun sie etwas Analoges wie der Landmann, wenn er die Erstlinge der Feldfrucht opfert. Sie durften auch später heiraten, was oft geschah, aber keine Kinder bekommen, was durchaus logisch war, denn da sie sich im Grunde durch ihre heilige Prostitution der Gottheit vermählt hatten, wäre es für sie unpassend gewesen, sterbliche Geschöpfe zu gebären; sie brachten daher für diesen Zweck eine Nebenfrau mit in die Ehe. Eine andere merkwürdige Institution war die strenge Form der Leviratsehe, wie sie bei den Assyrern, aber wohl nur bei diesen, bestand: wenn es keinen Schwager gab, mußte der Schwiegervater einspringen, und wenn auch dieser nicht verfügbar war, konnte die Heiratsverpflichtung auf jeden männlichen Verwandten übertragen werden, der das zehnte Lebensjahr überschritten hatte.

Die zahlreichen Dämonen wohnen in der Unterwelt oder in der Wüste, wohin der Beschwörer sie zurückzutreiben hat. Sie sind die Ursache aller Krankheiten und Viehseuchen, der Dürre, des Unwetters, der Impotenz, der weiblichen Unfruchtbarkeit. Jeder Körperteil steht unter dem Einfluß eines bestimmten Dämons. Ihre Zeit ist die Nacht, ihre Zahl die Sieben oder vielmehr, da sich jedes Ereignis zu gleicher Zeit einmal im Himmel und einmal auf Erden vollzieht, zweimal sieben. Zu den bösen Mächten rechnete man auch die Geister der Toten: werden ihnen nicht regelmäßig Opfer, vor allem Wasserspenden, dargebracht, so müssen sie ruhelos umherirren und rächen sich für die Vernachlässigung. Die Schattengeister, die keinen Pfleger haben, müssen sich kümmerlich von den Abfällen nähren, die auf die Straße geworfen werden; deshalb ist es das größte Unglück, ohne nahe Angehörige zu sterben, und der Kinderlose sucht dies durch Adoption zu verhüten. Gegen verderbliche Wirkungen schützte die Magie mit Vorliebe durch symbolische Handlungen: Der Priester blies Spreu weg, riß Datteln ab, löste Knoten; oder er opferte Kopf, Hals, Brust eines Tiers für den entsprechenden erkrankten Körperteil eines Menschen. Auch die Technik des Abrakadabra war den Babyloniern wohlvertraut; man sagt zu dem boshaften Geist Worte wie »Ki rischti libiki la libi pisch; sa anzisch pischti anzischte«, aber wie oft und in welcher Reihenfolge, das wußte nur der Magier, dessen sich jedermann bediente: der Baumeister und der Bauer so gut wie der Kauffahrer und der Spieler, der Schankwirt und das Bordellmädchen.

Die Regierung

Es versteht sich, daß all dies dem Klerus eine hohe Macht verlieh. Der »Tempel« war der größte Grundbesitzer des Landes und besorgte durch seinen vieltausendköpfigen Beamtenstab auch die Agenden einer Großbank, indem er Hypotheken und Vorschüsse gewährte, Käufe und Pachtgeschäfte vermittelte, Gelder und Vertragsurkunden in Verwahrung nahm. Über ihm, aber nicht selten ganz unter seinem Einfluß stand der »Palast«, der Hof des Großkönigs, mit einem Heer von Angestellten: dem Hausvorsteher, dem Bierschenk, dem Speisemeister, dem Oberbäcker, dem Salbenmischer: lauter Chargen, die natürlich längst ebenso symbolisch geworden waren wie in Ägypten. In den Provinzen herrschte unter ernannten Statthaltern die landesübliche orientalische Satrapenwirtschaft. In sehr entfernten Ländern wurden meist die einheimischen Fürsten auf dem Thron gelassen, kontrolliert von Regierungskommissären, die aber nicht selten mit ihnen unter einer Decke spielten. Grabungen in der Gegend von Ur haben es sehr wahrscheinlich gemacht, daß dort die höchsten Würdenträger und deren Gattinnen dem König ins Grab folgten, nachdem sie ein starkes Betäubungsgift eingenommen hatten: eine uralte Sitte, die vermutlich noch in vorgeschichtlicher Zeit, aber später gewiß nicht mehr bestand und sich auch damals bloß auf die engste Umgebung des Herrschers erstreckte, als ein besonderes, sicher eifersüchtig gehütetes Vorrecht; denn wer mit dem König starb, zog, gleich diesem, in den Götterhimmel ein. Die Privatgräber befanden sich damals noch ausnahmslos in Form von Tonwannen im eigenen Hause: Jedes Gebäude war in seinem Souterrain ein Friedhof. Im übrigen herrschte natürlich zu allen Zeiten am Hof eine peinliche Etikette. Eine besonders feierliche Zeremonie war die Thronbesteigung: Die Großen geleiten den neuen König in den Krönungssaal, alles wirft sich vor ihm nieder, küßt die Erde und ruft: »Vater des Vaterlandes, seinesgleichen gibt es nicht!« Auch wer zum Herrscher in Audienz befohlen war, fiel vor ihm zu Boden und küßte seine Füße, während der gewöhnliche babylonische Gruß darin bestand, daß man sich tief verbeugte oder auch bloß die Hand segnend an die Stirn hob; genau wie in Ägypten sprach man nicht *mit* dem König, sondern *vor* dem König. Ist der König oder jemand aus seiner nahen Verwandtschaft gestorben, so wird »ein großes Weinen«, eine Landestrauer veranstaltet. Aber auch die privaten Trauersitten waren sehr ausgebildet: bezahlte Klagemänner und Heulweiber rufen »o wehe« und »ach wie schade«, schlagen sich an die Brust, zerreißen sich die Kleider und ritzen sich sogar, bei einem Begräbnis erster Klasse, mit Messern die Haut blutig. Die nächsten Hinterbliebenen trauern niedergehockt in Sack und Asche (von da haben es die Juden) oder werfen sich jammernd auf den Bauch.

Eine sehr merkwürdige Einrichtung war die Absetzung des Königs beim Frühlingsfest, das alljährlich zur Geburtsfeier des Tammuz stattfand. Der Oberpriester nahm ihm die Herrschaftsinsignien ab und an seiner Stelle wurde ein »Tauschkönig« auf den Thron gesetzt, der nun für die Dauer des Festes nach Belieben über den Hofstaat, die Tafel und sogar den Harem des Königs verfügen durfte: ein schönes Symbol für die Gebrechlichkeit aller irdischen Macht. Zur Zeit der ersten Dynastie von Isin, also vor etwa viertausend Jahren, ereignete sich aber ein ziemlich romantischer Zwischenfall. Während der Gärtner Ellil-bani, zum Maskenkönig erkoren, das Szepter führte, starb plötzlich der richtige König an einem heißen Brei, den er zu hastig geschlürft hatte. Ellil-bani behielt die Krone und regierte segensreich vierundzwanzig Jahre lang. Das Ganze, heißt es, war von der amourösen Ischtar arrangiert, die sich in den hübschen Burschen verliebt hatte (auch vom großen Sargon ging die Sage, daß er in seiner Jugend ein einfacher Gärtner gewesen sei). Es ist durchaus möglich, daß die Erzählung wahr ist; auf jeden Fall aber wäre sie ein dankbarer Stoff für ein

Drama, der sich entweder ins Lustspielmäßige wenden ließe, indem sich Ellil-bani als ein viel besserer König herausstellt als alle geborenen, oder ins Tragische, indem er unter der furchtbaren Last der Verantwortung zusammenbricht, oder auch, was dem Charakter dieses sinnigen Lebensmärchens vielleicht am besten entsprechen würde, ins Philosophische, indem der Gärtner zu der Erkenntnis gelangt, daß auch das echte Fürstentum bloß Larve und Schein ist und in seinen schlichten Blumen mehr Würde und Wahrheit lebt als in allem Kronenglanz, der immer nur geliehen ist.

Die Reform des Hammurapi

Man darf sich nun aber nicht vorstellen, daß alle Beherrscher Babyloniens träge, leichtfertige und genußsüchtige Paschas gewesen seien. Die besseren unter ihnen empfanden die hohen Verpflichtungen, die ihnen ihre Stellung auferlegt hatte, sehr wohl. An ihrer Spitze steht Hammurapi. Aus den zahlreichen Erlassen, die noch von ihm erhalten sind, geht hervor, daß er sich schlechterdings um alles kümmerte: um Münze und Marine, Obstzucht und Schafschur, Straßenbau und Holzimport, Kalender und Kanalisation, Prozesse und Prozessionen; und um alles persönlich und im Detail. In meist ganz kurzen, präzis abgefaßten Billetts werden Auskünfte gefordert, Maßnahmen angeordnet, Entscheidungen getroffen, zum Beispiel: »Warum habt ihr bis jetzt die dreißig Steuerlämmer nicht nach Babel gebracht? Geniert ihr euch denn gar nicht, so zu handeln? Ich schicke euch jetzt einen Reiter: sowie ihr diese Mahnung erblickt, müßt ihr sofort die dreißig Lämmer schicken. Andernfalls müßt ihr für jedes Lamm einen Schekel bezahlen« oder (es ist offenbar die amtliche Formel für einen Zahlungsauftrag: »Warum hast du deine Abgabe an Ziegenwolle nicht nach Babel geschickt? Genierst du dich denn gar nicht, so zu handeln? Sobald du diesen Brief erblickst, sende mir die Ziegenwolle nach Babel.« Im Jahre 1901 wurde in Susa ein Dioritblock aufgefunden, in den das »Gesetz des Hammurapi« eingegraben war. Dieses war zweifellos nur eine Kodifikation älterer Rechtsbestimmungen, ist aber in seiner Klarheit und Übersichtlichkeit mustergültig. Am Kopfende ist Hammurapi selbst dargestellt, wie er aus der Hand des Sonnengottes Schamach das Gesetz empfängt. Darunter steht: »Der Geschädigte soll vor dieses Bildnis hintreten, die Inschrift lesen und ihre kostbaren Worte hören; sie soll ihm seine Sache klarmachen, damit er sein Recht findet.« Das Ganze ist kein entwickeltes Rechtssystem, sondern mehr eine Kasuistik, eine Sammlung von charakteristischen Fällen und Entscheidungen, die wichtige Gebiete übergeht, andrerseits Fragen behandelt, die nicht eigentlich juristisch sind, wie Höchstpreise, Mindestlöhne und dergleichen. Im übrigen kann ihm nur eine *relativ* hohe Stufe zugestanden werden. Bei sämtlichen Delikten wird unterschieden, ob sie von einem Sklaven, einem Plebejer oder einem Patrizier begangen sind, und die Strafe fällt danach sehr verschieden aus. Der Grundsatz der Talion wird aufs strikteste festgehalten: Das geht so weit, daß beim Einsturz eines schlecht gebauten Hauses der Baumeister getötet wird, wenn der Besitzer erschlagen wurde, für den Sohn des Besitzers der Sohn des Baumeisters, für den Sklaven der Sklave. Wir wollen hoffen, daß diese und ähnliche Bestimmungen in der Praxis gemildert oder umgangen wurden, sonst müßte das berühmte Hammurapigesetz als höchst barbarisch bezeichnet werden. Das Prozeßverfahren scheint sehr sorgfältig gehandhabt worden zu sein: Die Zeugen wurden im Tempel vereidigt, ihre Aussagen genau geprüft, alle wichtigen Punkte protokolliert.

Auch die endgültige Organisation des Heerwesens wird auf Hammurapi zurückgeführt. Die Hauptwaffe war die Infanterie: Lanzenträger und Bogenschützen, diese im Manövrieren besonders geschickt: sie verstanden es, fahrend, kniend, im Marsch und nach hinten zu schießen. Das Arsenal, genannt »Palast, der alles aufbewahrt«, barg reiche Vorräte an Pfeilen und Köchern, Speeren und Schildern, Karren und Wagen, Zaumzeug und Zugtieren. Zur Beförderung dienten anfangs Maulesel, bisweilen auch Kamele; das Pferd, das in Mesopotamien als Wildpferd nicht völlig unbekannt war, haben, wie schon bemerkt, als Nutztier erst die Kossäer aus ihren Steppen eingeführt. Diese »Esel des Berglandes«, wie man sie nannte, binnen kurzem so zahlreich »wie Stroh«, wurden aber zunächst nur als Gespann für den Kriegswagen verwendet. Zwei Hengste liefen im Joch, einer als Ersatzpferd daneben, alle drei mit dicken Wollpanzern bekleidet und mit bunten Federn und Troddeln geschmückt. Die Besatzung bestand ursprünglich nur aus zwei Mann, dem »Zügelhalter« und dem Bogner, später kam ein Schildträger hinzu, der die Geschosse aufzufangen hatte, und in der Mitte des siebenten Jahrhunderts noch ein zweiter, der den Lenker deckte. Kavallerie tritt erst gegen Ende des zweiten Jahrtausends auf. Die Reiter jagten ohne Sattel und Steigbügel gegen den Feind, das Pferd nur mit dem glockenbesetzten Zügel lenkend, den stets schußfertigen Bogen in der Hand, den hilfsbereiten Schildknappen dicht neben sich: eine Kampfart, die eine fast nomadische Gewandtheit voraussetzt.

Die Wirtschaft

Ein Beduine ist aber der Mesopotamier niemals gewesen. Eine seßhafte Kultur hat es an den Strommündungen bereits um 4000 gegeben, vielleicht noch bedeutend früher. Zur selben Zeit wie die Ägypter bauten auch die Babylonier schon Deiche und Kanäle, zogen Wein und Feigen, Rinder und Esel, jagten und fischten. Schon früh herrschten sehr kapitalistische Sitten: aus der Hammurapistele erfahren wir, daß der Pächter an den Besitzer vom Feldertrag ein Drittel, vom Gartenertrag zwei Drittel abführen mußte, der Geldschuldner an den Gläubiger jährlich zwanzig Prozent; im Nichteinbringungsfalle konnte er zu Sklavendiensten herangezogen werden. Die staatliche Steuer betrug offiziell ein Zehntel der Ernte, in der Praxis aber nicht selten mehr; auch für Getreidedarlehen wurde mehr als das

Gesetzliche, gewöhnlich ein Drittel des Betrages, als Verzinsung verlangt, in Assyrien sogar die Hälfte; ebensowenig ist die vorgeschriebene unterste Grenze des Lohns vom Arbeitgeber regelmäßig eingehalten worden. Der lebhafteste Geschäftsverkehr spielte sich an den Kauftoren ab oder vielmehr in ihnen, denn die mächtigen Portale, die in die Stadtmauern eingelassen waren, waren richtige Gebäude mit zahlreichen Läden und Büros; auch auf den prächtigen Kais, die an den Flußufern errichtet waren, herrschte den ganzen Tag ein reges Treiben: Waren aus allen Weltgegenden lagen hier aus, um von dem dichten Korso der Vorbeiströmenden begafft und erfeilscht zu werden; hier boten auch die Kurtisanen ihre Reize an und lauerten die Falschspieler und Wucherer auf ihre Opfer. Das wichtigste einheimische Produkt war der Ton, den das fette Schwemmland in hervorragender Qualität und Menge lieferte; man verstand alles mögliche aus ihm herzustellen: Lampen und Herde, Fässer und Kisten, Siegel und Nägel, Spielzeug und Nippes, Wiegen und Särge. Das Mobiliar war großenteils aus diesem Material, doch ließ sich dazu auch das inländische Rohr gebrauchen. Die Fabrikate wurden entweder an der Sonne getrocknet oder im Ofen »gekocht«, der selber aus Ton war. Die wichtigste Verwendung fand er aber in den zahllosen Täfelchen, die, solange die Masse noch weich war, auf beiden Seiten beschrieben und dann durch Brennen so gut konserviert wurden, daß wir noch heute eine Unmenge Schenkungsurkunden und Kaufverträge, Testamente und Ehekontrakte, Quittungen und Lieferungsabschlüsse und ähnliche »Papiere« besitzen. Wichtigere Dokumente steckte man in eine versiegelte Tonenveloppe, auf der der Text wiederholt war; Zeugen bestätigten unter Anrufung der Götter die Richtigkeit der Abmachungen. Für besonders bedeutsame Aufzeichnungen: Staatsverträge, hohe Stiftungen, Zaubertexte benutzte man auch Metallplatten; die Stelen waren aus Granit, Basalt oder anderem dauerhaften Gestein. Aus der

Tatsache, daß die Babylonier auf Ton schrieben, erklärt sich die Keilschrift, denn beim Eindrücken des Rohrgriffels, der, in einem Lederfutteral geborgen, jedem besseren Babylonier an der Hüfte baumelte, mußte aus jedem Zeichen ein Keil werden. Es gab aber auch Stempel, sogar aus beweglichen Lettern zusammengesetzte. Die Babylonier hatten also bereits im Prinzip die Buchdruckerkunst erfunden; sie waren aber zu weise oder zu indolent, um diese Errungenschaft weiter auszubauen.

Münzen und Banken

Während die Ägypter zur Geldwirtschaft erst in ihrer späten Verfallszeit gelangt sind, war sie bei den Babyloniern ebenso früh wie intensiv entwickelt. Das Münzwesen war auf der Silberwährung (Goldvaluta findet sich nur gelegentlich) und auf dem Sexagesimalsystem aufgebaut, dessen Einheit die Sechzig ist: ein Talent war gleich 60 Minen, eine Mine gleich 60 Schekel, ein Schekel gleich 180 Getreidekörnern. An Feingehalt entsprach die gebräuchlichste Münze, der Schekel, ungefähr dem holländischen Gulden. Das Edelmetall wurde ursprünglich ebenso in Form von Barren, Ringen und Plättchen, also als Ware, auf den Markt gebracht wie am Nil und anderwärts, aber schon sehr bald mit einem Stempel versehen, also zur Münze gemacht. Verzweifelte Finanzkünste geldbedürftiger Fürsten und Städte führten oft zu lokalen Entwertungen: man unterschied zwischen minderwertigem und gutem oder »weißem« Geld. Schekel oder Lot, Mine oder Pfund und Talent waren auch Gewichtseinheiten: demnach hätte also eine Mine Getreide 10800, ein Talent Getreide 648000 Körner gefaßt. Das Hohlmaß für Flüssigkeiten, aber auch für Korn war ein Sila = 0,4 Liter. Der Getreidekurs war großen Schwankungen unterworfen; in einer Urkunde findet sich auch eine Bemerkung über Schleichhandelspreise, die während einer Belagerung erzielt wurden.

Wir haben schon gehört, daß die Kirche sich mit der Vermittlung von Darlehen, Verwaltung von Depots und dergleichen abgab; in späterer Zeit gab es auch richtige Bankinstitute, darunter Häuser von internationalem Ruf und Kredit wie »Egibi Söhne« in Babel und »Muraschschu Söhne« in Nippur, die mit Gebäuden, Grundstücken, Sklaven, Karawanen Großgeschäfte betrieben und Kriege, See-Expeditionen, Bergwerke, Wasserbauten finanzierten; in ihren Archiven, die sich zum Teil erhalten haben, waren alle Transaktionen genau verbucht, ihre Schecks wurden überall akzeptiert. Aber schon vor 2000 wurden in Ur den Priestern des Mondgotts für Reisezwecke Kreditbriefe ausgestellt, die in allen Städten Sinears honoriert wurden. In dieser uralten Stadt, die schon zu Anfang des zweiten Jahrtausends verschwunden war, gab es während ihrer Glanzzeit noch kein gemünztes Geld, aber eine bis ins kleinste organisierte Naturalwirtschaft mit Listen, Überschlägen, Bezugsscheinen, Buchung und Gegenbuchung und großangelegte Manufakturen mit Hunderten von Arbeiterinnen, über deren Rohstoffbezug, Tagesleistung und Löhnung sorgfältig Rechenschaft gegeben wurde.

Man kann sich bei aller Bemühung, an die Babylonier nicht fremde abendländische und christliche, sondern ihre eigenen Maßstäbe anzulegen, des Eindrucks nicht erwehren, daß sie, von Ausnahmepersönlichkeiten natürlich abgesehen, auch in ihrer besten Zeit eingefleischte Diesseitsnaturen gewesen sind, die sich mit Haut und Haaren der Materie verschrieben hatten, was ihnen aber auch wieder eine eigentümliche Kraft und wilde Schönheit verlieh. Indes ist es immer mißlich, ein ganzes Volk auf einen einzigen Nenner bringen zu wollen, und die alten Sumerer waren gewiß ganz anders geartete Menschen. Aber ihr abgeschiedener Geist irrte unverstanden, ein fremder blutloser Schatten, durch das Zweistromland, nur dazu angetan, die Leute von Babel zu verwirren: sie und uns, denn wir vermögen Sumer und Akkad nicht mehr zu scheiden.

Ja, es war ein Sündenbabel und ein Turm von Babel, dieses

Reich zwischen den Flüssen, aber es hat für seine Sünden bezahlt, denn der Turm gelangte nie zum Himmel. Nicht, weil es zu viele Sprachen, sondern weil es gar keine Sprache redete; denn es hatte keine Seele.

Der Pessimismus

Gibt es eine babylonische Ethik? Immerhin; neben ganz primitiven Verboten: seines Nächsten Blut zu vergießen, durch Diebstahl Gott zu beleidigen, falsch zu wägen, Rohr und Baum abzuschneiden, einen Kanal zu verstopfen (in Mesopotamien eine besonders böse Sache) steht auch die Warnung, seines Nächsten Weib sich zu nahen, über jemand Übles zu sprechen, unaufrichtig zu sein, einen Gefangenen nicht freizulassen. Auch war der Babylonier fest überzeugt, daß jeder Frevel seine Strafe in sich berge, die, mit ihm geboren, früher oder später unfehlbar eintreffen müsse. Aber wo der babylonische Gedanke sich zu höherem Fluge erhebt, trägt er die bleiche Farbe der Skepsis. Das ist immer eine Folge des Materialismus. Denn dieser, obgleich er scheinbar so stark und froh im Hier und Jetzt verwurzelt ist, zeigt sich, dies bestätigt sich an allen Zeiten und Zonen, immer vom Schatten des Pessimismus begleitet. Darum ist zum Beispiel der Ostasiate stets von einer stillen Trauer umflossen und erscheint uns die spätere Neuzeit so merkwürdig grau, und darum sind alle Tiere melancholisch.

In humoristischer Form äußert sich dieser Pessimismus: die Überzeugung von der tiefen Sinnlosigkeit des menschlichen Daseins in einem kleinen Dialog »Herr und Diener«, der zugleich zeigt, daß schon vor Jahrtausenden die Lustspieltechnik ganz dieselbe war, wie sie Shakespeare und Molière und unsere modernen Schwankautoren handhaben: »Sklave, gehorch mir!« »Ja, mein Herr, ja!« »Hol mir schnell Waschwasser, ich will speisen.« »Iß, mein Herr, iß! Eine tüchtige Mahlzeit öffnet das Herz.« »Nein, Sklave, ich will doch nicht essen.« »Iß nicht, Herr, iß nicht! Hungrig werden und essen, durstig werden und trinken kann ein jeder.« »Sklave, gehorch mir!« »Ja, mein Herr, ja!« »Hol mir sofort den Wagen, ich will in die Wüste zur Jagd fahren.« »Fahr, mein Herr, fahr! Der Jagdhund wird die Knochen des Wilds zerbrechen.« »Nein, Sklave, ich will doch nicht in die Wüste fahren.« »Fahr nicht, Herr, fahr nicht! Der Hund wird sich selber die Knochen zerbrechen.« »Sklave, gehorch mir!« »Ja, mein Herr, ja!« »Ich will eine Schlechtigkeit begehen.« »Begeh sie, begeh sie! Wenn du keine Schlechtigkeit begehst, ist dein Beutel leer. Wie willst du dir anders den Bauch füllen?« »Nein, Sklave, ich will doch keine Schlechtigkeit begehen.« »Begeh sie nicht! Wer eine Schlechtigkeit begeht, wird getötet oder verstümmelt.« »Sklave, gehorch mir!« »Ja, mein Herr, ja!« »Ich will ein Weib lieben.« »Tu's, mein Herr, tu's!« Ein Mann, der ein Weib liebt, vergißt allen Kummer.« »Nein, Sklave, ich will doch kein Weib lieben.« »Tu's nicht, Herr, tu's nicht! Das Weib ist eine Grube, eine Grube, ein Loch, ein Graben. Das Weib ist ein scharfer eiserner Dolch, der den Hals des Mannes zerschneidet.« »Sklave, gehorch mir!« »Ja, mein Herr, ja!« »Ich will meinem Lande Gutes tun.« »Tu's, mein Herr, tu's! Ein Mann, der seinem Lande Gutes tut, ist von Marduk geliebt.« »Nein, Sklave, ich will meinem Lande doch nicht Gutes tun.« »Tu's nicht, Herr, tu's nicht! Steig auf die alten Trümmerhügel und blick umher! Sieh die Schädelstätte der Späteren und Früheren! Welcher von ihnen war ein Bösewicht, welcher ein Hilfreicher?« »Sklave, gehorch mir!« »Ja, mein Herr, ja!« »Jetzt, was ist nun gut? Meinen und deinen Hals zerbrechen und in den Fluß werfen, das ist gut.« »Ja, Herr! Niemand ist so lang, daß er zum Himmel reicht, und so breit, daß er die Erde erfüllt.«

In einem langen, kunstvoll gesetzten Gedicht, worin die Anfangsbuchstaben der einzelnen Verse einen Text ergeben, beklagt sich ein Poet über die Ungerechtigkeit der Weltordnung. Ihm ist trotz seiner Frömmigkeit nur Unheil widerfahren, denn »das Herz Gottes ist so weit weg wie der Nabel des Himmels«. Die Schlechten aber sind mächtig und reich. Den Göttern sind offenbar kostbare Opfergaben lieber als Frömmigkeit. »Man preist das Wort des Großen, der morden gelernt hat, man erniedrigt den Kleinen, der ohne Sünde ist; man überschüttet mit Silber, wessen Name Räuber ist, man bringt um das Letzte, wessen Nahrung dürftig ist. Auch mich, den Schwachen, verfolgt der Vornehme.« Aber auch dieser ist nicht sicher, denn letzten Endes herrscht der Zufall. Darum vermag das Leben nur zu ertragen, wer es mit völliger Gleichgültigkeit hinnimmt. »Wozu alles? Die Menschen lernen ja doch nichts.«

In einer Dichtung, deren Vorlage auf die Tage der Dynastie von Ur, also die Zeit zwischen 2500 und 2400, zurückgeht und die geradezu der babylonische Hiob genannt werden muß, erzählt ein von Gott Geschlagener seine Geschichte. Obgleich er stets gottesfürchtig und königstreu war, wurde er doch von furchtbarer Krankheit heimgesucht. Aber »was dem Menschen gut erscheint, ist für Gott schlecht, was ihm schlimm erscheint, ist für Gott gut. Den Ratschluß Gottes, wer versteht ihn? Seine Wege, wer kennt sie?« Schließlich faßt Marduk seine Hand und errettet ihn, und der Genesende eilt in den Tempel, ihm zu danken. Dieses Weltgefühl eines wahrhaft Frommen, der das Leid als Prüfung nimmt und es nicht wagt, Gottes Willen zu deuten, wirkt ganz fremdartig inmitten des groben und leeren babylonischen Ritualismus. Das hohe Alter der Dichtung, wenn es richtig vermutet ist, würde manches erklären. Gottergebene und auf Verstehen verzichtende Glaubensgesinnung, aber von wesentlich banalerer Art, äußert sich auch sonst in der religiösen Literatur. »Gleich einer Flöte, gleich einer Taube, gleich einem ächzenden Rohr, gleich einer Wildkuh« fleht der Betende zur Gottheit. Dies konnte eine edle Zerknirschung sein, wie sie uns auf den Höhepunkten des Alten Testaments entgegentritt, in der Masse der Fälle aber war es bloß eine angenommene Überdevotion, mit der der Gott gekapert werden soll wie irgendein despotischer Sultan. Nicht selten findet sich die schöne Anrufungsformel »Gott, den ich kenne, nicht kenne« und die Bitte um Vergebung der »Sünde, die ich nicht weiß«. Auch dies könnte einen Gipfel verinnerlichter Religiosität bedeuten, aber in Wirklichkeit ist es nichts als stumpfer und ängstlicher Formalismus: gemeint ist, daß vielleicht gerade der Name jener Gottheit, die zürnt, verborgen oder etwas, das sie gereizt hat, unbewußt begangen sein könnte, wobei unter »Sünde« auch jede äußerliche Übertretung begriffen wird: »Das Verbotene, wovon ich gegessen, kenne ich nicht, das Unreine, worauf ich getreten, kenne ich nicht.«

Die Wissenschaft

Die ganze Kultur Babyloniens ruhte auf religiöser Grundlage. Dies scheint zu ihrem Materialismus in einem Widerspruch zu stehen, der sich aber sofort löst, wenn wir diese Religion etwas näher betrachten: Sie war nämlich ebenfalls Materialismus, wenn auch bisweilen ein geistreicher und durchgeistigter. Jagd und Krieg, Bau und Handel, Gericht und Heilkunst, Geselligkeit und Geschlechtsleben: Alles vollzieht sich unter kultischen Formen. Alles Wissen ist Offenbarung der Gottheit. Alles steht unter dem Zeichen der Magie, die eine Wissenschaft ist. Nicht anders als unsere exakten Disziplinen, ist sie auf der Annahme eines allgemeinen kausal verknüpften Naturzusammenhangs aufgebaut, dessen Einzelvorgänge sich vom Fachmann durch Empirie vorausbestimmen und durch Experiment beeinflussen lassen. Die Magie (und ihre stete Begleiterin, die Astrologie) glaubt nicht minder zuversichtlich an eine weltgültige Gesetzmäßigkeit als unsere Physik und steht ihr in vielen Fällen ebenso ratlos gegenüber: Denn hier wie dort kann dieselbe Ursache zahllose Wirkungen, dieselbe Wirkung zahllose Ursachen haben. Sie ist daher ebenfalls der steten Gefahr verkehrter Systeme, irreführender Grundbegriffe, katastrophaler Fehldiagnosen ausgesetzt. Indes durch geduldige Beobachtung, jahrhundertelange Erfahrungssammlung und stets erneute Versuche läßt sich manches lernen, und das Beste tut die Intuition, ganz wie in der Medizin, mit der die Magie die meiste Ähnlichkeit hat. Theorie und Praxis wandeln sich: was gestern als hohe Kunst und Gelehrsamkeit geehrt war, gilt heute als Dilettantismus und Kurpfuscherei, ganz wie in der Medizin, rohe mechanische Routine diskreditiert den ganzen Betrieb, und die wahre schöpferische Kraft, sowohl im Heilbringer wie im Heilsucher, ist der Glaube, ganz wie in der Medizin.

Das Walten der Götter manifestiert sich am klarsten in den Himmelskörpern, deren Bewegungen von ihnen gelenkt werden. Besonders die Planeten (die Babylonier kannten deren nur fünf) sind die »Dolmetscher«, die »Befehlsübermittler« des göttlichen Willens. Sie bestimmen die Lebensgeschichte jedes Menschen. Noch in später Zeit haben, wie Diodor berichtet (der ein bloßer Abschreiber war, aber einer mit sehr guten Quellen), die »Chaldäer« dem Alexander, dem Antigonos und dem Seleukos ihre Schicksale vorher verkündet; »auch Leuten aus dem Volke prophezeien sie; und wer sich von dem wunderbaren Eintreffen ihrer Prognosen überzeugt hat, muß es für etwas Übermenschliches halten«. Die Sterne sind die »Schrift des Himmels«; man muß sie nur zu lesen verstehen. Entscheidend ist natürlich vor allem die Konstellation bei der Geburt. Allem irdischen Sein und Geschehen entspricht ein himmlisches. Ein jedes Ding, das kleinste wie das größte, ist ein Spiegelbild des Kosmos und zugleich ein Spiegelbild aller übrigen Dinge. Diese »Entsprechungen« lassen sich mathematisch ausdrücken. Alle Zahlen sind heilig, und alle Zahlen haben eine mystische Bedeutung. Übrigens ist es auch chinesischer Glaube, daß alles Irdische im Himmel sein Vorbild habe. Alle Länder und Flüsse, Städte und Tempel der Erde liegen auch am Himmel, und zwar sind die himmlischen früher, die irdischen bloß ihre Kopien. Allerdings erscheinen diese großen Zusammenhänge bisweilen zerrissen oder verdunkelt; dies erklärt sich durch das Wirken widergöttlicher Mächte, die von chaotischer Urzeit her in das Weltgeschehen versprengt sind: eine Lehre, die auch der Gnosis nicht fremd ist.

Ein anderes wichtiges Mittel zur Erkundung der Zukunft war die Leberschau, die mit unserer Chiromantik Ähnlichkeit hatte. Ebenso wie jede Hand andere Linien aufweist, gibt es nicht zwei Lebern, die einander völlig gleichen. Eine Schafsleber ist aber noch viel komplizierter gebaut als eine menschliche Hand. Zudem galt den Babyloniern die Leber als der Sitz der Gefühle: Freude, Zorn, Kummer, Liebe dachte man sich dort lokalisiert. »Deine Leber wird sich aufheitern«, heißt es in der Dichtung von der »Höllenfahrt der Ischtar«; auch wir sprechen ja noch von einem cholerischen oder gelbgalligen und einem melancholischen oder schwarzgalligen Temperament und sagen, jemandem sei etwas über die Leber gelaufen. Die Leber entspricht in allen ihren Teilen sowohl dem Makrokosmos des Himmels als auch dem Mikrokosmos des menschlichen Körpers: daher redete man beim Orakel von Berg, Fluß, Straße, Palast, Palasttor und von Ohr, Bein, Finger, Zahn, Gebärmutter der Leber. Sehr verbreitet war auch die Becherschau, bei der man Öl in Wasser goß und die Figuren prüfte; auch der Schimmel an der Hauswand vermochte manches zu kündigen. Ferner war das Wahrsagen aus dem Vogelflug schon vollständig ausgebildet. Rabe und Adler galten als besonders prophetische Geschöpfe, aber im Grund sind alle Tiere ominös: Pferde und Hunde, Löwen und Gazellen so gut wie Fische und Salamander, Skorpione und Ameisen. Auch Träume enthielten natürlich Vorzeichen, die aber erst von berufenen Traumdeutern ausgelegt werden mußten. Ganz wie in der Psychoanalyse tritt die Deutung hier als Wissenschaft auf. So träumt zum Beispiel Gudea von einem Mann, der von der Erde zum Himmel reicht; neben ihm befinden sich verschiedene Baugeräte und ein Esel. Die Erklärung lautet: der übergroße Mann ist der Gott, dem Gudea einen Tempel errichten soll; die Geräte bedeuten den Bau; der Esel ist Gudea selber. Daß der deutungsuchende Träumer mit dem Esel zu besetzen ist, dürfte auch bei der Psychoanalyse den durchschnittlichen Sachverhalt nicht unzutreffend bezeichnen.

Die Wissenschaft des Haruspizes ist von Mesopotamien über fast die ganze Welt gewandert: nach Osten zu den Chinesen, nach Westen über die Hethiter und Etrusker zu den Griechen und Römern, und noch unsere Großeltern befaßten sich alljährlich am Silvester mit »Bleigießen«. Auch die üble Bedeutung der linken Seite ist babylonisches Erbteil: im genaueren Sinne bedeutete rechts: »was mich angeht«, links: »was den Feind angeht«; deshalb war auf der linken Seite ein günstiges Omen schlecht, ein ungünstiges gut. Obgleich wir gewiß nicht berechtigt sind, alle diese Dinge, die freilich bei uns längst zu Spielerei oder Aberglauben herabgesunken sind, mit überlegenem Lächeln abzutun, so liegt doch ebensowenig ein Anlaß vor, in ihnen Äußerungen einer hohen Veranlagung zu mystischer Schau zu erblicken. Die Sumerer mögen noch im Besitz großartiger Geheimnisse gewesen sein, die sie aus altersgrauen Zeiten (vielleicht noch von Atlantis her) über die Flut gerettet hatten; für die Babylonier war all ihre virtuos gemeisterte Magie und Astrosophie nichts als ein Mittel, das Lebensgeschäft möglichst vorteilhaft abzuwickeln. Wenn sie die Sternenschrift Gottes auf dem großen Zifferblatt des Himmels zu lesen und zu deuten unternahmen (und es ist mehr als wahrscheinlich, daß sie es wirklich vermochten), so taten sie das aus sehr profanen Gründen.

Die Zahlen

Auch die Namen unserer Wochentage gehen auf die babylonische Astrologie zurück: der Sonntag ist der Tag der Sonne, der Montag der Tag des Mondes, der *mardi* der Tag des Mars, der *mercredi* der Tag des Merkur, der *giovedí* und *jeudi* der *dies Jovis,* der *venerdí* der *dies Veneris,* der *saturday* der Tag des Saturn. Der *schabattu* war schon in Sinear ein Bußtag, der »Tag der Beruhigung« der Götter; aber nicht im Sinne der feierlichen Muße und Einkehr wie unser Sonntag, sondern des Unheils: Die Geschäfte ruhten, weil sie ja ohnehin unter dem Zorn der Götter nicht gediehen wären. Daß auch wir noch ein wenig an einen Einfluß der Gestirne auf den Charakter glauben, zeigen Ausdrücke wie jovial, martialisch, *lunatique* (grillig). Die Grundlage des babylonischen Kalenders war der Monat. Da die Zeit des Mondumlaufs ungefähr 29½ Tage beträgt, so umfaßte der Monat abwechselnd 29 und 30 Tage. Zwölf Monate machten ein Jahr. Zum Ausgleich mit dem Sonnenjahr mußte von Zeit zu Zeit ein Schaltmonat eingeschoben werden. Die entscheidenden Stationen im Jahreskreislauf sind die vier »Weltecken«: Frühlingsgleiche, Sommersonnwende, Herbstgleiche, Wintersonnwende; ihnen entsprechen im Tageslauf Morgen, Mittag, Abend und Mitternacht. Der Zyklus wiederholt sich im Weltenjahr, dem Äon, der ebenfalls vier Jahreszeiten hat. Nach Ablauf jedes Äons wird die Welt von Grund auf erneuert. Natürlich ist es in diesem System nicht anders möglich, als daß alles vorherbestimmt ist. Jedes menschliche Leben ist regiert durch Tag und Jahr, Sonne, Mond und Planeten. Gute und schlechte Tage, Aufstieg und Niedergang, Krankheit und Zeugung: alles ist prädestiniert. Ein ähnliches System des Fatalismus hat erst vor wenigen Jahrzehnten mit streng wissenschaftlichen Methoden Wilhelm Fließ aus seiner »Periodizitätslehre« entwickelt, die ebenfalls auf bestimmten Zahlen fußt, und zwar merkwürdigerweise der Fünf und der Sieben, denen auch die Babylonier besondere weltgestaltende und weltordnende Kräfte zuschrieben: denn 5 war die Zahl der Planeten, 7 die der Planeten plus Sonne und Mond, der Regenbogenfarben, der Töne, die nach babylonischer Auffassung durch die Bewegung der sieben Gestirne erzeugt werden, und der Wochentage. Bei Fließ sind die entscheidenden Ziffern die 28, die gleich 4 mal 7, und die 23, die gleich 28 weniger 5 ist und deren Quersumme wiederum 5 ergibt. Natürlich ist die neue Wissenschaft, die Fließ begründet hat, nicht astrologisch fundiert, aber vielleicht haben die Babylonier aus ihren Sternen ähnliche Erkenntnisse gezogen wie er aus seinen biologischen Tabellen. Auch die heilige Zahl der Juden war die Sieben, und noch das Christentum kennt sieben Sakramente, sieben Weihen, sieben Hauptsünden, sieben Bitten des Vaterunsers, sieben Himmel und sieben Höllengeister.

Die Babylonier bedienten sich, wie bereits bemerkt, des Sexagesimalsystems, mit dem auch wir noch vielfach operieren, ohne daß es uns so recht zum Bewußtsein kommt. Im Französischen heißt siebzig *soixante-dix*; ein Schock zählt 60 Stück, ein Mandel den vierten Teil davon; unser Kreis hat 360 Grad zu 60 Minuten zu 60 Sekunden; jeder Mensch, der auf die Uhr blickt, rechnet wie der Babylonier. Dieser teilte den Tag in zwölf Stunden zu dreißig Minuten: Bei ihm dauerte also die Stunde doppelt, die Minute viermal so lang wie bei uns, er hatte es offenbar noch nicht so eilig. Die »kleine« Grundzahl war die Zwölf, und auch diese hat sich bei uns mannigfach erhalten: Wir rechnen mit Dutzend und Gros oder »großem Dutzend« (12 x 12); ein englischer Schilling hat 12 Pence; der alte Reichsthaler zählte 24 Groschen zu 12 Pfennig. Das Sexagesimalsystem ist aus direkter Naturbeobachtung abgeleitet: Rund 360 Tage braucht die Sonne zu ihrem scheinbaren Umlauf um die Erde, rund zwölfmal vollendet in dieser Zeit der Mond seine Bahn, zwölf Tierbilder zählt die Ekliptik, 120 Schritte macht der Mensch in der Minute. In diesem System sind die beiden babylonischen Hauptzahlen, die Fünf und die Sieben, versteckt wirksam. Das Verhältnis der »kleinen« zur »großen« Grundzahl ist 5, da fünfmal 12 gleich 60 ist, und die Zwölf läßt sich in 5 und 7 zerlegen. Auf *soss*, sechzig, folgt als nächsthöhere Einheit *sar*: 60 x 60 = 3600.

Die Lexika

Die Sechzigerrechnung ist komplizierter als unser Zehnereinmaleins, aber dafür auch brauchbarer, denn 12 läßt sich (die

Eins nicht gerechnet) durch doppelt soviel Zahlen teilen wie 10, und die 60 zehnmal, die 100 bloß siebenmal. Die Babylonier müssen ganz vorzügliche Arithmetiker gewesen sein, denn sie konnten mit diesem schwierigen System nicht bloß gewandt addieren und subtrahieren, multiplizieren und dividieren, sondern auch potenzieren und wurzelziehen. Berechnungen von Flächeninhalten und Fassungsräumen, planimetrische Konstruktionsaufgaben, genaue Hausgrundrisse, Stadtpläne, Landkarten machten ihnen keine Schwierigkeiten. In Ur haben sich auch Schultafeln mit Aufgaben gefunden: Auf die Vorderseite hatte der Lehrer in Schönschrift einen Übungssatz geschrieben, der vom Schüler auf der Rückseite, weniger kalligraphisch und orthographisch, wiederholt war; auf einer Tontafel, die ein Vokabular enthielt, stand »Eigentum der Knabenklasse«. Der Unterricht bestand hauptsächlich in solchen Abschreibearten und, auf der Oberstufe, in Übersetzungen aus dem Sumerischen ins Akkadische, wobei der Schüler öfters genötigt war, ein »ich weiß nicht« hinzusetzen. In einem »Gespräch des Lehrer mit dem Schüler« heißt es: »Komm, mein Sohn, setz dich zu meinen Füßen, ich will mit dir sprechen. Bis zu deiner Mannbarkeit wirst du in der Schule bleiben, denn die Tafelschreibekunst verstehst du noch nicht. Was hingegen gibt es, das ich nicht weiß? Und was weißt du? Fragst du mich, so werde ich sprechen; antwortest du mir nicht, so werde ich sagen: warum antwortest du nicht?« Auf den höheren Schulen wurden auch Leberschau und Himmelskunde, Arithmetik und Geometrie vorgetragen, außerdem gab es Spezialschulen für angehende Priester, Richter und Ärzte und Konversatorien, wo Musik und Tanz gelehrt wurden. Die Lexika waren nicht alphabetisch, sondern nach Sachgruppen geordnet, eine für den Unterricht sehr nützliche Form, die auch heute noch von manchen Pädagogen befürwortet und zum Beispiel bei der Methode Toussaint-Langenscheidt verwendet wird und im Mittelalter und zur Reformationszeit noch allgemein verbreitet war. Sie sind meist zweisprachig, für fremde Völker natürlich dreisprachig; auch die Ägypter benützten keilschriftliche Wörterbücher, um das Mesopotamische zu erlernen. Die zoologischen, botanischen und mineralogischen Listen zeigen, daß die Babylonier respektable Kenntnisse auf diesem Gebiete besaßen und sie auch gut zu ordnen wußten; zum Beispiel die Klassifikation der Tiere in Gliederfüßler, Fische, Schlangen, Vögel und Vierfüßler ist sehr verständig, wobei allerdings die Muscheln unter den Fischen, die Schildkröten unter den Gliedertieren untergebracht werden müssen. Eine besonders reiche Bibliothek besaß Assurbanipal in Ninive, von der nicht weniger als dreißigtausend Fragmente ins British Museum gelangt sind. Daß es aber vor ihm (er regierte um die Mitte des siebenten Jahrhunderts) noch keine Büchersammlungen gegeben haben soll, ist ebenso unglaubwürdig wie die Behauptung, daß »unter den Königen, seinen Vätern, niemand die Tafelschreibekunst beherrschte«. Die Anordnung der Bibliothek war musterhaft: jede Tafel enthielt, außer dem Stempel »Eigentum Assurbanipals, Königs von Assyrien«, Stichwort, Nummer, häufig auch Angabe der Zeilenzahl und des Abschreibers und war katalogisiert. Der Inhalt war sehr bunt: astronomische und medizinische, philologische und philosophische Schriften standen neben Dichtungen, Zaubertexten, Traumbüchern, Kochrezepten.

Die Kunst

Die künstlerischen Leistungen der Babylonier stehen nicht auf der Höhe ihrer wissenschaftlichen. Ihre Baukunst ist großartig, aber nicht groß. Zur Zeit Nebukadnezars des Zweiten (605 bis 562) bestand die Befestigung Babylons aus einem Ring von zwei Mauern, die, jede sieben bis acht Meter dick, etwa zwölf Meter voneinander abstanden; davor befand sich noch der Graben. Auf der hinteren Mauer saßen, in Abständen von zirka fünfzig Meter, mehrstöckige Türme. Zwischen den beiden Mauern war Erde aufgeschüttet, so daß ein breiter »Umgang« entstand, auf dem zwei Viergespanne bequem nebeneinander fahren und im Belagerungsfalle ganze Abteilungen manövrieren konnten. Der Gesamtumfang der Mauer betrug rund achtzehn Kilometer. Man hat berechnet, daß das damalige Babylon alle *ummauerten* Städte, von denen wir aus alter und neuer Zeit wissen, an Größe übertraf. Nebukadnezar baute auch eine kolossale Brücke über den Euphrat und schmückte die Prozessionsstraße und das Ischtartor mit den allbekannten prachtvollen Ziegelreliefs, die, aus Formen gedrückt, in tapetenhafter Wiederholung die repräsentativsten Tiere Babylons zur Schau stellten: Löwen mit weißem Fell und bräunlicher Mähne oder bräunlichem Fell und roter Mähne, kaffeegelbe Stiere mit roten Hörnern und Hufen (die heute infolge der Verwitterung grün erscheinen) und »Sirrusche«: so hieß das heilige Tier Marduks, das eine Art Drache, jedenfalls ein Reptil war und vielleicht noch aus der Erinnerung an einst wirklich gesehene Saurier herstammte. Die ganze Abwechslung besteht darin, daß die Löwen den Schweif heben oder senken, rechts oder links ausschreiten, auf hellblauem oder dunkelblauem Grund stehen. Aber die riesigen Kacheln mit ihren leuchtenden, geschmackvoll kontrastierten Farben müssen doch eine sehr eindrucksvolle Fassade gebildet haben.

Der Turm von Babel hat die staunende Bewunderung verdient, die die alten Völker ihm entgegenbrachten. Über einem kolossalen Unterbau, der mehr als neunzig Meter im Geviert maß, erhoben sich, in mäßiger Verjüngung, sechs weitere Geschosse, so daß das ganze Massiv vermutlich fast würfelförmig gewirkt hat. Solche Türme, die *zikkurati* hießen, was soviel bedeutet wie »Himmelshügel« oder »Gottesberg«, befanden sich auch in anderen Städten, zum Beispiel in Ur; der von Babel war aber der größte. Ringsum liefen Terrassen, die reich mit Bäumen bepflanzt waren: »hängende Gärten«, die die Vorstellung von einem Berge, der dem Gott errichtet worden sei, verstärkten. Die sieben Stockwerke hatten die Farben der Gestirne, und zwar: schwarz (Saturn), erdbraun (Jupiter), rot (Mars), gelb oder gold (Sonne), weiß (Venus), blau (Merkur), grün oder silber (Mond). Rund um die Zikkurat dehnte sich ein Wald von Tempeln, Priesterpalästen, Vorratshäusern, Pilgerherbergen, und auf ihrer Spitze befand sich eine Sternwarte. Am Turm von Babel läßt sich die Verschiedenartigkeit des religiösen Empfindens der drei bedeutendsten orientalischen Völker ablesen. Dem Israeliten erschien er als ein Greuel vor Gott, ein Denkmal frevelhafter Überhebung des Erdenwurms; der Ägypter baute ebensohoch und noch höher, aber mit anderer Sinngebung: seine Pyramide ist ein Grabdeckel; die Zikkurat hingegen reckt sich, »die Hand Marduks ergreifend«, dramatisch zum Himmelsgewölbe, als ob sie ihm sein Geheimnis entreißen wollte. Noch heute verkündet an der Stelle von Samarra am Tigris, das unter den Abbasiden ein halbes Jahrhundert lang die Hauptstadt des Kalifenreichs war, ein fünfzig Meter hoher mohammedanischer Gebetsturm, der in fünf schraubenzieherförmigen Windungen zum Firmament steigt, daß im Zweistromland das Weltgefühl noch nach Jahrtausenden dasselbe war.

Das formvollendetste Erzeugnis des mesopotamischen Kunsthandwerks ist der Siegelzylinder aus Halbedelstein, den jeder Babylonier von Reputation um den Hals trug. Er wurde in derselben Art gehandhabt wie unsere Löschrollen; die vertieft eingeschnittenen Figuren, die oft von köstlicher Lebendigkeit und Laune sind, erschienen auf dem weichen Ton in Relief. Hier haben die Babylonier ihre Gedanken und Empfindungen am originellsten und frischesten ausgesprochen: das Zylinderbild ist, wie Ludwig Curtius geistvoll bemerkt, »gleichsam ihr Sonett«. Vorzügliches müssen sie auch in der Luxusweberei geleistet haben. Noch zur römischen Kaiserzeit waren »babylonische Sofaüberwürfe« ein hochbezahlter Artikel; assyrische

Steinfußböden, die Teppichbelag nachahmen, zeigen eine große Ähnlichkeit mit schönen modernen Perserteppichen.

Gilgamesch In der Dichtung fanden die Babylonier, wie die Ägypter und auch viele Heutige, Geschmack an absichtlich dunkeln Wendungen, doppelbodigen Ausdrücken, blumigen Umschreibungen, so daß die Kommentatoren viel zu tun hatten; die dann aber auch oft unverständlich waren. Durch diesen Symbolismus, so roh und kindisch er zumeist war, sind sie schon im Altertum in den Geruch des Tiefsinns gekommen. Ihr bekanntestes und wohl auch bedeutendstes Epos ist der »Gilgamesch«; erhalten sind Fragmente aus der Bibliothek Assurbanipals und von einem altbabylonischen Text aus der Zeit um 2000. Das Grundthema der Dichtung ist die Frage: wie kann der Mensch das ewige Leben erlangen? Gilgamesch, der Herr von Uruk, ist »zwei Drittel Gott und ein Drittel Mensch«, aber wegen dieses einen Drittels muß er sterben. Er versucht nun alles mögliche, um dem Tode zu entgehen. Ein Mittel, Unsterblichkeit zu erlangen, wäre, sieben Nächte lang nicht zu schlafen; aber Gilgamesch bringt es nicht fertig. Dann zeigt ihm sein Stammvater Utnapischti (derselbe, der ihm auch die Geschichte von der Sintflut erzählt) den Weg zu dem Kräutlein »Als Greis sollst du wieder jung werden«, das ewiges Leben verleiht. Gilgamesch holt es vom Meeresgrunde, aber auf dem Heimweg trifft er eine alte Schlange, die es ihm wegfrißt. Sofort schuppt sie sich und ist wieder jung; aber Gilgamesch, der schon davon geträumt hatte, alle seine Mitbürger unsterblich zu machen, muß mit leeren Händen nach Uruk zurückkehren. Nun will er wenigstens wissen, was nach dem Tode geschieht, und beschwört seinen verstorbenen Freund Engidu, der ihm aber, »als Rauch aus der Erde steigend«, wenig tröstliche Auskünfte gibt: Der Leib zerfällt zu Staub, die Seele irrt als Totendämon umher. Das Ganze ist vielleicht ein Astralmythus, der die Wanderung der Sonne durch den Tierkreis symbolisiert. Hübsche Episoden wie der ritterliche Kampf zwischen Gilgamesch und Engidu, die anfangs Feinde waren, und die vergebliche Werbung der stets verliebten Ischtar um Gilgamesch sind eingestreut. Manches ist tief und fein empfunden: zum Beispiel, daß die Tiere des Waldes, mit denen Engidu in brüderlicher Eintracht lebte, ihn fliehen, nachdem er mit einer Dirne sieben Nächte geschlafen hat. Ehrlich begeistern können sich für das Epos wohl nur Professoren der orientalischen Philologie. Verblüffend albern ist der Versuch des Assyrologen Peter Jensen und seiner Anhänger, die Lebensgeschichte Christi und außerdem noch Mosis, Pauli, Johannes des Täufers und Buddhas als Dublette des Gilgameschmythus zu enthüllen. Die Parallelen, die, zwei Bände füllend, von Jensen zu diesem Zweck konstruiert werden, sind großenteils geradezu parodistisch. Man sieht hier wieder einmal an einem krassen und schlagenden Beispiel, daß große Gelehrsamkeit, wenn sie von keinem gesunden Instinkt regiert wird, ins Nichts führt.

Tägliches Leben am Euphrat

Die freigelegten Königsgräber von Ur (man nimmt an, daß sie aus der Zeit zwischen 3500 und 3000 stammen) haben enthüllt, daß es zu jener Zeit eine mondäne und vielleicht sogar schon dekadente Zivilisation gegeben hat. Es fanden sich unter anderm: eine Kollektion sorgfältig gearbeiteter Damenperükken von so groteskem Umfang, wie er nur wieder zur Zeit des absterbenden Rokoko erreicht wurde; ein Paar faustgroße halbmondförmige Goldohrringe; Herzmuscheln mit weißer, roter, schwarzer und grüner Schminke sowie ein Satz kleiner Toilettegeräte: eine Haarspange, ein Zahnstocher, ein Ohrlöffel, alles aus Gold; das Silbermodell eines Bootes mit Rudern, fünf Sitzen und einem Gestell für das Sonnensegel; eine Harfe mit rot-weiß-blauem Mosaik, Inkrustation aus Muscheln und Lapislazuli und einem prachtvollen Stierkopf aus schwerem getriebenem Gold. Aus akkadischer Zeit haben sich sogar Spielsachen erhalten: Klappern, Tonschäfchen und dergleichen, und gerührt betrachten die Besucher des Louvre einen vorzüglich modellierten Igel auf einem Fahrgestell, mit dem sich vor dreieinhalb Jahrtausenden ein kleiner Elamit vergnügte. Mit Verwunderung vernimmt man, daß die Bewohner Sinears auch schon konvex geschliffenen Bergkristall für Brenngläser und Vergrößerungslinsen gegen Kurzsichtigkeit und Weitsichtigkeit benützten. Auch an asphaltierte Straßen und Naphthabeleuchtung werden die wenigsten denken, wenn sie sich das alte Mesopotamien vorstellen.

Die Kosmetik stand bei den Babyloniern kaum auf einer niedrigeren Stufe als bei den Ägyptern. Das Einfetten des Körpers war schon durch das Klima geboten. »Die Babylonier«, berichtet Herodot, »salben sich den ganzen Körper.« Zur Löhnung des Soldaten und Arbeiters gehörte regelmäßig auch eine Ration Salbstoff. Sogar die Türen waren mit wohlriechendem Öl bestrichen. Man benutzte Essenzen aller Art zur Pflege des Barts und der Haare, zum Händewaschen und zur Parfümierung der Räume mit Räuchergefäßen, die selbst im Garten nicht fehlten. Besonders geschätzt waren der Duft der Rose und Lilie, Zeder und Zypresse. Im Gegensatz zu den Ägyptern dachten sich die Babylonier einen schönen Mann muskulös, beleibt und bebärtet; aber daß man dabei auch sehr vornehm aussehen konnte, bezeugen sowohl Hammurapi wie der Gott Schamasch auf der Gesetzesstele. Überhaupt erschien ihnen nur der reife Mann beachtenswert: Während die ägyptischen Porträts bestrebt sind, ewige Jugend vorzutäuschen, waren im Zweistromland Jünglinge niemals Gegenstand der bildenden Kunst, und auch Frauen nur höchst selten, so daß wir uns von der Beschaffenheit des weiblichen Schönheitsideals keinen rechten Begriff machen können. Es wird sich wohl dem Typ der Odaliske genähert haben. Ischtar ist eine sehr sinnliche Person, die alle Männer, mit denen sie sich einläßt, zugrunde richtet: deshalb bekommt sie auch von Gilgamesch, der ihr alle ihre

Opfer vorrechnet, einen Korb; auch die Legende von der früh geknickten Jugendblüte des Tammuz hat einen für die Göttin wenig schmeichelhaften Sinn. Kurtisanen spielten eine große Rolle; sie durften keinen Schleier tragen, während die andern Frauen (doch ist das nicht ganz sicher) verhüllt gingen. Die Beziehung der Geschlechter scheint eine rein sexuelle gewesen zu sein, dabei ohne das geistreiche Raffinement der späteren Bewohner Vorderasiens.

Auf die Kleidung wurde große Sorgfalt verwendet. Die Prunkgewänder des Königs und seiner Magnaten waren mit den herrlichsten Stickereien, ja oft mit ganzen Gobelins geschmückt, die kultische und mythologische Szenen darstellten. Die Kopfbedeckung der Vornehmen war eine hohe Kegelmütze, von der ein langes Band in den Rücken fiel. Bunte Gürtel und Fransen, Borten und Quasten, bisweilen auch silberne Glocken machten die Tracht noch reicher. An den Füßen trug man Sandalen, Schnabelschuhe oder Schnürstiefeletten aus feinem weichem Leder. Auch die Männer trugen kostbare Ohrringe, Armbänder und Fußspangen. Der Bart war streng rechteckig zugeschnitten und in imposante Wellen gebrannt, das lange blauschwarze Haar sorgfältig gekräuselt, der Schnurrbart, soweit er nicht der Mode zum Opfer gefallen war, martialisch gezwirbelt. Schon damals liebten es Gelehrte, rasiert zu gehen, wie es sich auch in andern Bartzeitaltern, zum Beispiel an den Humanisten des sechzehnten Jahrhunderts, beobachten läßt. Die Kossäer trugen Zöpfe. Dies taten auch die Frauen mit Vorliebe; aber durchaus nicht immer. Oft begnügten sie sich mit einem symmetrisch ondulierten Lockenkopf, und im neubabylonischen Reich trugen sie das Haar in die Stirn gekämmt nach Art der Ponyfrisur der siebziger Jahre. Bei Festen und Aufzügen, Empfängen und Gelagen vermählte sich die laute Pracht der grellen Gewänder und Gesichter, goldenen Turmhüte und Tiaren, blinkenden Glanzstoffe und Schauwaffen mit dem schwülen Getöse der Flöten und Lyren, Zimbeln und Pauken und dem dumpfen Dampf der schweren Wohlgerüche zu einem pittoresken Gesamtkunstwerk.

Essen und Trinken

Den Rausch seiner Feste wußte der Babylonier noch durch allerlei Narkotika zu erhöhen. Dem gemeinen Mann genügte das Bier, das er, da darin noch die Gerstenkörner herumschwammen, mit einem Rohr aus dem Tonkrug saugte; Xenophon versichert, der Geschmack dieses Gerstenweins, wie er ihn nennt, sei, wenn man sich einmal an ihn gewöhnt habe, »sehr lieblich«. Schnaps wurde aus allen erdenklichen Früchten bereitet. Wein war ein Luxusgetränk, besonders der »Bergwein«, was soviel bedeutete wie »ausländischer«: von Damaskus, Armenien, Palästina. Wenn der Mensch »Rauschtrank« genossen hat, »schwanken ihm die Beine und er sieht die Dinge mehrfach«; selbst die Götter, die ebenfalls gerne zechen, taumeln und müssen zu Bett gebracht werden. Gegen Betrunkenheit und Kater werden verschiedene Medikamente aus Heilkräutern empfohlen. Es gab allem Anschein nach einen Trinkkomment, und ebenso wahrscheinlich ist es, daß die Babylonier sich auch minder harmloser Rauschgifte bedienten. Wie der Lebensstandard eines Privilegierten beschaffen war, zeigt die tägliche Ration, die einem Priester zugewiesen ist: sechs Sila (zirka zweieinhalb Liter) »gutes Bier« (das vermutlich unserem Doppelbier entsprach), fünf Pfund Brot, ebensoviel an Rindfleisch, Hammelfleisch, Fischen, Geflügel; dazu Gemüse, Mus und Konfekt. Es ist nicht anzunehmen, daß er und seine Familie das alles selber vertilgt haben, sondern es handelte sich offenbar um Naturallöhnung; außerdem bezog er noch Sporteln von den Opfern und Einkünfte aus Ländereien und Hausanteilen, führte also ein recht behagliches Prälatendasein. Sein Tagewerk begann der Babylonier mit »Mus«, einer kräftigen Speise aus Mehl, Dickmilch, Sirup und Öl, dazu genoß er Gerstenbrot, das gewöhnlich in flache Fladen ausgebacken war. Auch für den Rest des

Tages bevorzugte er vegetarische Nahrung: Zwiebeln und Knoblauch, Rüben und Rettiche, Gurken und Kürbisse, Kressesalat und Palmkohl, daneben allerlei Obst, das zwischen den Strömen üppiger und in zahlreicheren Sorten gedieh als in Ägypten. Eine besondere Vorliebe hatte er für Gewürze, von denen er ebenfalls vielerlei Arten zog, und für Süßigkeiten: schon zur Zeit Urukaginas (um 2500) verwendeten die Köche ein Spezialrezept für Apfelkuchen. Daß die Pflanzenkost vorherrschte, hat seinen Grund im Klima; andrerseits bildeten die kohlehydratreichen Südfrüchte und Mehlspeisen keine sehr rationelle Ernährung, erklären aber wiederum die weitverbreitete Fettleibigkeit. An hohen Festtagen und in reichen Haushalten gab es auch Fleisch: gebratene Tauben, Gänse und Enten, Ochsen, Schafe und Ziegen, Hasen, Hirsche und Antilopen; als ein besonderer Leckerbissen, den auch Xenophon rühmt, galt der Wildesel. Unaufgeklärt ist die Frage des Schweins: als unrein wurde es höchstens in gewissen Kreisen angesehen, andrerseits hatte es längst als Krankheitsträger Verdacht erregt. Die Flüsse lieferten Fische, Muscheln und Schildkröten, auch eine saftige Schnecke oder ein fetter Großkäfer wurde nicht verschmäht, und auf einem Bild kann man sehen, wie würdevolle Hofköche eine Portion gekochte Heuschrecken, offenbar etwas besonders Delikates, feierlich zur königlichen Tafel befördern. Im Gegensatz zu den Ägyptern, die es erst sehr spät kennenlernten, besaßen die Babylonier das Huhn, den »Vogel, der täglich gebiert«, schon zu Anfang des zweiten Jahrtausends als Haustier; dafür lernten sie die Biene, die im Nilland seit Urzeiten gezüchtet wurde, erst nach 1000 vor Christus kennen: den Honig ersetzte ihnen der Dattelsirup.

Die Vertreibung der Hyksos

Von etwa der Mitte des zweiten Jahrtausends an vereinigt sich die ägyptische Geschichte mit der vorderasiatischen: Die beiden Welten stehen von nun an miteinander dauernd in »Fühlung«, das Wort sowohl im kulturellen wie im militärischen Sinne genommen. Die Brücke hatte die Herrschaft der Hyksos geschlagen, die ihr Zentrum in Syrien hatte, sich aber auch weit über die Ägäis, vielleicht sogar bis Kreta, erstreckte. Die beiden hervorstechendsten Eigentümlichkeiten dieser Völkergruppe, deren Grundstock höchstwahrscheinlich aus Amoritern bestand (doch nehmen einige Forscher eine indoeuropäische Herrenschicht an), waren der Kampfwagen und die doppelt ummauerte Hochburg. Von diesen Massen und ihren neuen Kriegsmitteln wurde Ägypten, das zudem durch soziale und dynastische Wirren zerrüttet war, einfach überrannt. Die Befreiung ging von König Kamose aus, der, wie es scheint, in Theben ziemlich selbständig regierte. Aber im Norden herrschten von Auaris im Delta bis Schmun (Hermopolis) in Mittelägypten die Asiaten, und im Süden stand ganz Nubien unter eingeborenen Häuptlingen. Das gefiel dem tapferen König ganz und gar nicht. Er berief, so erzählt ein historischer Text, seine Großen und sagte: »Wozu habe ich denn diese meine Macht, wenn ein Fürst in Auaris sitzt und ein anderer in Nubien, jeder mit einem Brocken von diesem Ägypten? Der Feind hält Schmun und niemandem ist wohl: wir sind die Sklaven der Syrer. Ich will mit ihnen kämpfen und ihnen den Bauch aufreißen.« Aber die Räte mahnen zur Vorsicht: der Feind sei zu stark, und gar so unerträglich sei die Lage ja nicht. Diese Reden »mißfielen Seiner Majestät«: »ich will«, sagte er, »der Beschützer Ägyptens sein.« Er zog ins Feld und schlug den Feind durch Überraschung: »Als der Tag graute, war ich über ihm wie ein Falke. Ich überwältigte sein Heer, ich zerstörte seine Mauer. Meine Krieger zogen davon wie Löwen mit ihrer Beute, mit Sklaven, Herden, Fett und Honig.« Sein Nachfolger Amose der Erste, dessen Regierung in die Zeit von 1580 bis 1557 gesetzt wird, vollendete das Werk. Auaris fiel nach mehrjähriger Belagerung, und er verfolgte die fliehenden Hyksos bis nach Asien hinein; es scheint, daß sie einer Allianz zwischen Ägypten und Kreta und einem kombinierten Angriff zu

Wasser und zu Lande erlegen sind. Die verlassenen Tempel baute er prächtig wieder auf. Sein kostbares Kriegsbeil hat Mariette in einem Versteck aufgefunden, wohin es offenbar Grabräuber verschleppt hatten: der Stiel ist aus Zedernholz geschnitzt und mit Goldblech überzogen, das Blatt aus Bronze und mit köstlichen Halbedelsteinen und eingelegten Goldfiguren verziert. Auch zahlreiche Schmuckgegenstände sind aus dieser Zeit erhalten, der schönste ist eine Brusttafel in Gold und Email von der Form eines kleinen Tempels: in der Mitte steht auf einer Barke der König zwischen den Göttern Amon und Re; zwei Falken breiten schützend die Flügel über ihm aus. Ein ergreifender Fund ist die Mumie seines Vaters Sekenjenre: sein Kopf zeigt deutlich, daß er drei Hiebwunden zum Opfer gefallen ist, die er im Felde oder durch Meuchelmörder erlitten hat, und an den vierhalb Jahrtausende alten schwachen Bartstoppeln kann man erkennen, daß er sich noch kurz vor seinem Tode rasieren ließ.

Das Neue Reich

Mit Amose beginnt die achtzehnte Dynastie und das Neue Reich, eine im wahrsten Sinne des Wortes neue Zeit. Seine Nachfolger waren der erste Amenhotep oder, wie man ihn jetzt lieber nennt, Amenophis (dies ist die griechische Form für Amon-hotep, »Amon ist zufrieden«) und der erste Thutmosis. Ihre Regierungszeiten umspannten zusammen die Jahre von 1557 bis 1501 (diese Zahlen sind astronomisch festgelegt, über die meisten übrigen herrscht keine Einstimmigkeit). Amenophis eroberte Unternubien zurück und trug seine Waffen durch ganz Syrien; sein Reich reichte vom zweiten Katarakt bis zum Euphrat, doch war die nördliche Grenze nicht so gesichert wie die südliche. Während er als legitimer Sohn Amoses auf den Thron gelangt war, verdankte Thutmosis die Krone seiner Heirat mit einer Prinzessin, die ebenfalls Amose hieß. Diesem gelang es, bis Napata am vierten Katarakt vorzudringen und die ägyptische Herrschaft dort so zu befestigen, daß sie sich die ganze Zeit des Neuen Reichs hindurch erhalten hat. Um Syrien aber wogte der Kampf stets unentschieden hin und her. Dieses Land gehört vermöge seiner Lage zu den »blutgetränkten Böden« der Erde; es hat im Altertum dieselbe Rolle gespielt wie im Mittelalter die Lombardei, in der Neuzeit Belgien und die untere Donau. Auf Puffergebieten, seien sie durch noch so viele Verträge umhegt, liegt der Fluch, daß sie nie zur Ruhe kommen.

Von 1501 bis 1480 sind die Thronverhältnisse sehr kompliziert. Nachdem Thutmosis der Erste etwa dreißig Jahre lang regiert hatte, starb seine Gattin Amose, von der er nur ein einziges Kind besaß, die Prinzessin Hatschepsut. Die Legitimistenpartei erklärte das Thronrecht des Königs für erloschen und wollte es nur der Hatschepsut zuerkennen, während sie es den beiden Söhnen, die er von anderen Königinnen hatte, dem (späteren) Thutmosis dem Zweiten und Dritten, absprach. In diesen Wirren gelang es dem letzteren, durch die Heirat mit der ebenso schönen wie bedeutenden Hatschepsut das Szepter an sich zu reißen. Obgleich er versuchte, seine Gattin von der Regierung auszuschalten, nötigten ihn die Legitimisten, sie als Mitregentin und sogar als eigentliche Herrscherin anzuerkennen. Nun aber trat als dritter Anwärter Thutmosis der Zweite aus dem Hintergrund, verband sich mit dem entthronten alten Thutmosis und setzte sich die Krone auf. Vater und Sohn tilgten den Namen der Hatschepsut aus allen Inschriften, Votivtafeln und Bildsäulen. Aufstände in Nubien und Palästina waren die Antwort auf diese dynastischen Verwicklungen. Als die Rebellen glücklich niedergeschlagen waren, starb Thutmosis der Erste, der schon sehr alt war, und dies erschütterte die Stellung Thutmosis des Zweiten, der außerdem kränkelte, so sehr, daß er seinen abgesetzten Bruder wieder aus dem Dunkel zog und zu seinem Mitregenten machte. Einige Jahre darauf erlag er seiner Krankheit und Thutmosis der Dritte wurde Alleinherrscher; aber nur scheinbar. Denn die Legitimisten setzten es zum zweitenmal durch, daß seine Gattin Hatschepsut, die ja tatsächlich allein rechtmäßig und zudem eine sehr energische Persönlichkeit war, die Zügel ergriff. Die beiden zählten ihre Regierung von der ersten Thronbesteigung Thutmosis' des Dritten, dem Jahre 1501, als hätte es dazwischen nie eine Wiedereinsetzung Thutmosis' des Ersten und ein Königtum Thutmosis' des Zweiten gegeben, ja Hatschepsut ignorierte sogar Thutmosis den Dritten und nannte sich selber Pharao. Es spricht für die ägyptische Humanität, daß inmitten dieser erbitterten Machtkämpfe kein einziger Prätendent eines unnatürlichen Todes gestorben ist.

Hatschepsut

Hatschepsut ist das erste weibliche Wesen, das der Weltgeschichte angehört. Um in Vorderasien oder im älteren Ägypten hervorzutreten, mußte eine Frau schon eine Göttin sein wie Ischtar oder Isis. Die Gefühle der Ägypter für angestammtes Königtum müssen sehr stark entwickelt gewesen sein, wenn sie es nicht nur zuließen, sondern sogar erzwangen, daß ein Weib den Thron der Pharaonen bestieg, was eigentlich eine staatsrechtliche und religiöse Unmöglichkeit war. Hatschepsut empfand das selber sehr wohl: auf einem großen Tempelrelief, das ihre Geburt schildert, ist das Kind ein Knabe; bei offiziellen Anlässen trug sie stets das Kopftuch, den Schurz und den Umhängebart des männlichen Ornats. Nur eine scheinbare Abänderung war es, wenn sie sich »weiblicher Horus«, »Königin von Ober- und Unterägypten« und »Tochter des Sonnengottes« nannte, denn das alles waren männliche Attribute: es klingt allerdings inkonsequent, aber dergleichen hat dem Ägypter nie Kopfzerbrechen bereitet. Im übrigen aber war sie bei aller ihrer hohen Intelligenz und Willensstärke durchaus kein Mannweib, vielmehr von echt weiblicher Gefallsucht (»sie war«, läßt sie in den Inschriften von sich rühmen, »eine schöne Jungfrau, frischer als alle Kräuter der Welt«, »ihre Gestalt war wie die einer

Gottheit, ihre Augen, kurz alles an ihr war wie bei einer Gottheit«), auch war sie allem Anschein nach amourösen Abenteuern nicht abgeneigt. Ein Hauptereignis ihrer Regierung war die große Expedition nach dem Lande Punt, von dem schon kurz die Rede war. Es war eine Seeunternehmung, im Nilland eine Seltenheit; doch konnten die Schiffe sich im Roten Meer eng an der Westküste halten. Das Äußere der Puntleute ist durch ägyptische Malereien sehr sprechend überliefert: sie waren Menschen mit rotbrauner Haut, langem straffem Haar und spitzem Bart; an den Frauen fällt eine fast pathologische Körperfülle auf: bei der Gattin des Häuptlings sind Arme, Schenkel und Gesäß unförmig dick, die Tochter ist nicht ganz so fleischig, aber auf dem besten Wege dazu. Vielleicht war dies das Schönheitsideal in Punt; vielleicht auch haben die Ägypter, die für Fettleibigkeit wenig Verständnis hatten, ein wenig karikiert. Die damaligen Bewohner der Somaliküste waren offenbar von den heutigen nur wenig verschieden: Hamiten mit leicht negroidem Einschlag. Sie wohnten inmitten herrlicher Laubwälder in »Bienenkörben«, einer Hausform, die sich auch sonst in Afrika vielfach findet, und auf hohen Pfahlrosten, die mit Leitern erstiegen wurden; dies vermutlich zum Schutz gegen die weißen Ameisen, den Schrecken jener Gebiete. Diese Tiere, vielleicht die merkwürdigsten Insekten unseres Planeten, sind nicht nur ungewöhnlich gut bewaffnet, sondern auch vorzüglich organisiert: Unter der Leitung von Offizieren machen ihre Massenheere, die oft nach Millionen zählen, richtige Sturmangriffe, vor denen nur die Flucht rettet, denn nicht bloß von Vögeln und kleineren Säugetieren, sondern auch, wie versichert wird, von Leoparden und Kühen und überhaupt von allem Lebenden bleiben nach einer solchen Generalattacke nur die Knochen übrig; dabei sind sie so kriegerisch, daß ihre scharfen Kiefer, selbst wenn sie vom Körper abgetrennt sind, die Beute nicht loslassen: die Eingeborenen verwenden sie daher als Wundklammern.

Ein reger Tauschhandel mit Punt wurde eröffnet oder vielmehr erneuert, denn er hatte schon in früheren Zeiten bestanden, wenn auch mit Unterbrechungen. Viele kostbare und exotische Dinge wurden nach Theben gebracht: Zimtholz und Myrrhenharz, Gold und Silber, Ebenholz und Elfenbein, Panther und Paviane. Das freudigste Erstaunen erregten eine Anzahl großer Kübel mit Weihrauchbäumen, den Spendern jenes köstlichen, von den Ägyptern so sehr begehrten Parfüms, die die kluge Königin nun im eigenen Lande zu ziehen hoffte; es scheint ihr allerdings nicht gelungen zu sein. Sogar ein neuer Gott wurde aus Punt importiert, der federgekrönte krummbeinige Zwerg Bes: Er schmückte fortan, als Abwender des bösen Blicks, die Amulette ängstlicher Personen und, als Helfer in Liebeskalamitäten oder auch bloß als drollige Nippfigur, die Boudoirs der ägyptischen Damen; auf Bildern erscheint er fast immer *en face*, wodurch allein schon er als Ausländer charakterisiert ist: denn bei einem richtigen ägyptischen Gott wäre dies höchst shocking gewesen. Er lebt noch heute in Südägypten als Gespenst.

Nachdem die Puntfahrt, von der es im üblichen ägyptischen Reklamestil heißt: »niemals, seit Könige leben, sind ihnen ähnliche Dinge gebracht worden«, glücklich zu Ende geführt war, widmete sich Hatschepsut der Ausschmückung Thebens. Ihre glänzendste Schöpfung ist der Terrassentempel von Der el bahri. Er ist direkt aus einer riesigen Felswand herausgehauen und wirkt dadurch wie ein Stück Naturtheater: dieser großartige Einfall stammte von ihrem Kanzler und Oberarchitekten Senmut, der an ihrem Hofe und in ihrem Herzen eine Art Leicesterrolle gespielt zu haben scheint. Die herrlichen Reliefs, mit denen die Wände, Pfeiler und Decken aufs verschwenderischste bestickt waren, sind in ihren Schicksalen ein Stück ägyptischer Geschichte im Extrakt. Als Thutmosis der Zweite Hatschepsut verdrängt hatte, ließ er, wie gesagt, überall ihren

Namen ausmeißeln und ihr Porträt zerstören. Als die Königin neuerlich ans Ruder kam, stellte sie alles wieder her. Nachdem sie, vermutlich 1480, nach einundzwanzigjähriger Regierung gestorben war, wütete ihr Gatte, der nun endlich Alleinherrscher geworden war, auf dieselbe Weise gegen ihr Andenken wie sein Bruder; auch von Senmut suchte er jede Erinnerung zu tilgen. Ein Jahrhundert später ließ Amenophis der Vierte, der beschlossen hatte, den Kult Amons auszurotten, auch Namen und Bild des Gottes ausstemmen, wo es nur möglich war. Unter seinen Nachfolgern wurde dies von der restaurierten Amonpriesterschaft, so gut es ging, wieder rückgängig gemacht. Auch die Ptolemäer versuchten, aber aus einem nur noch antiquarischen Interesse, allerlei Ausbesserungen. In den ersten christlichen Jahrhunderten gründeten Mönche in dem Tempel eine Niederlassung, die die Eingeborenen Der el bahri, »Nordkloster«, nannten, woher er noch heute seinen Namen trägt; die heidnischen Götzenbilder verstümmelten sie. Die Araber brachten dem fremden Gotteshause weder Haß noch Teilnahme entgegen und ließen es völlig verfallen. Und die modernen Ausgrabungsgesellschaften waren bemüht, alle Überbleibsel und alle Entstellungen als gleichwertige Objekte des historischen Interesses mit unparteiischer Sorgfalt zu konservieren. Aber im Grunde beweist dies das Gegenteil von Interesse: wenn alles gleich wichtig ist, ist gar nichts mehr wichtig. Hatschepsut und Amon sind für uns nur noch Namen, ob ausgekratzt oder nicht; Isis ist für uns keine lebendige Teufelin mehr wie für den frommen Zorn der ersten Christen. Die wahre Tragödie der Weltgeschichte besteht nicht darin, daß Throne stürzen, Kunstwerke zerfallen, sondern daß Gefühle verlöschen.

Wir rekapitulieren:

1557–1531	Amenophis I.
1531–1501	Thutmosis I.
1501–1480	Thutmosis III. und Hatschepsut Thutmosis II. und Thutmosis I. Thutmosis II. und Thutmosis III. (Thutmosis III. und) Hatschepsut, die ihre Regierungszeit von 1501 rechnet
1480–1448	Thutmosis III.

Das ägyptische Weltreich

Hatschepsut hat keine Kriege geführt; entweder weil ihr weibliches Empfinden davor zurückschreckte oder weil sie sich nicht getraute, ihren Gatten an der Spitze eines siegreichen Heeres zurückkehren zu lassen. Infolgedessen begannen die syrischen Provinzen der ägyptischen Herrschaft zu entgleiten. Thutmosis der Dritte aber nahm sogleich nach dem Tode Hatschepsuts die energische Außenpolitik wieder auf. Gerade zu jener Zeit hatte sich in Syrien unter der Führung des Fürsten von Kadesch eine mächtige Koalition gebildet, die darauf abzielte, allen Städten vom Euphrat bis zum Sinai die volle Selbständigkeit wiederzugeben. Außerdem bestand damals östlich vom Tigris, im nördlichen Mesopotamien, ein großes Königreich »Mitani«, das den Aufruhr schürte und mit allen Mitteln unterstützte. Bei Megiddo am Karmelgebirge in Nordpalästina kam es im Mai 1479 zur Schlacht, der ersten in der Weltgeschichte, von der wir eine genauere Schilderung besitzen. Der Raum von Megiddo gehört zu jenen strategischen Schlüsselpunkten Vorderasiens, die immer wieder die kämpfenden Heere magnetisch angezogen haben, ähnlich wie in Europa etwa Custoza, Tannenberg, das Marnegebiet: genau an derselben Stelle erlitt 608 vor Christus König Josia von Juda durch Necho den Zweiten von Ägypten eine entscheidende Niederlage; auch in den Kreuzzügen spielte diese Gegend eine große

Rolle, und noch 1799 erfocht Napoleon nicht weit davon einen Sieg über die Türken, der aber die mißglückte Expedition nicht zu retten vermochte. Ehe Thutmosis den Karmel überschritt, hinter dem ihn die Verbündeten in einer sehr günstigen Stellung erwarteten, hielt er einen Kriegsrat ab. Drei Straßen führten über die Höhen: eine nördliche und eine südliche, die beide gut gangbar, aber Umwege waren, und eine direkte in der Mitte, die aber durch einen schmalen Engpaß ging. Der König entschied sich für die mittlere Route, die Offiziere hielten, und vom militärischen Standpunkt aus sicher mit Recht, diese Lösung für sehr gewagt: »Wie kann man diesen Weg gehen«, sagten sie, »der immer enger wird? Wird nicht Pferd hinter Pferd gehen und das Fußvolk ebenso? Wird nicht, während unser Vortrab kämpft, unser Nachtrab warten müssen, ohne kämpfen zu können?« Aber Thutmosis dachte größer: »Werden nicht die elenden Feinde«, erwiderte er, »sich denken: Seine Majestät rückt auf einem anderen Wege vor, weil sie sich fürchtet? Das werden sie sagen. Ich schwöre, so wahr Leben in meiner Nase ist, Meine Majestät wird auf diesem Weg vorrücken. Wer will, mag den anderen Weg wählen; wer will, folge mir.« Dieser Appell an das Ehrgefühl tat seine Wirkung: »Siehe, wir folgen Deiner Majestät, wohin Deine Majestät auch geht«, sagten die Offiziere. Thutmosis setzte sich selbst an die Spitze des Zuges, und der kühne Vormarsch gelang. Die Asiaten hatten nicht einmal Posten aufgestellt und ließen die gesamte ägyptische Armee sich ungehindert am Fuße des Gebirges entwikkeln. Sie hielten ihre Position, die im Rücken durch die Festung Megiddo gedeckt war, offenbar für unüberwindlich; aber die ägyptischen Krieger und Streitwagen warfen sich in so erdrückendem Ansturm auf sie, daß ihre Reihen sich lösten und in wilder Flucht in die Stadt wälzten: viele, die die Tore nicht aufnehmen konnten, mußten an Tüchern über die Mauer gezogen werden. In ihrem Siegesrausch begannen die Soldaten, denen in der allgemeinen Verwirrung die Eroberung Megiddos leicht gelungen wäre, sich dem Plündern hinzugeben: das Gestüt, der gesamte Wagenpark und Proviant, der reiche Goldschatz und das silbergewirkte Zelt des Hauptquartiers mit seinen Prunkwaffen und Haremsdamen fiel in ihre Hände; die Feinde aber »lagen ausgestreckt da wie die Fische in der Ecke eines Netzes«. Aber jetzt mußte Megiddo belagert werden, denn die Einnahme Megiddos war soviel wert wie die von tausend Städten, da alle aufrührerischen Häuptlinge hier versammelt waren. Dies hätte sich noch lange hinziehen können; aber die Verbündeten hatten die Möglichkeit einer solchen Entwicklung der Dinge gar nicht in Rechnung gezogen, und so wurde die Stadt bald durch Hunger zur Kapitulation gezwungen. Das Haupt der Koalition war entkommen; die übrigen Fürsten erneuerten den Vasalleneid, verpflichteten sich zu regelmäßiger Tributzahlung und wurden dann in Gnaden in ihre Heimat entlassen. Zur Sicherung des Libanongebietes wurde eine Festung errichtet, die den Namen führte: »Thutmosis bezwingt die Barbaren«; der König selbst aber kehrte nach Theben zurück, um seinem Vater Amon für den Sieg zu danken und reiche Teile der Beute in seine Tempel zu stiften. Aber noch fünf Feldzüge mußte er führen, bis Syrien dauernd unterworfen war, und erst der sechste führte nach zehnjährigem Ringen zum Fall Kadeschs, der Hochburg des Widerstandes. Und nun trug er seine Siegeszeichen sogar bis tief nach Mitani hinein; die Großreiche von Babel und Chatti, die beiden Vormächte des damaligen Vorderasien, bewarben sich um seine Gunst, Zypern und andere Inseln des östlichen Mittelmeers gehorchten seinem Szepter, Kreta stand mit ihm in respektvoller Allianz. Ägypten war eine Weltmacht geworden.

Es war der größte Umfang, den das Reich jemals erreicht hat; doch selbst damals war es, wenn man sich so ausdrücken darf, eine bloß eindimensionale Ausdehnung, nämlich eine ungeheure Linie von Napata bis zum Taurus, die etwa der Entfernung von Stockholm bis Tripolis entsprach, aber sich nur an wenigen Stellen verdickte. Auch als Weltreich war Ägypten nur ein *Ufer*, wie das Nilland selber. Es scheint, daß alle Großherrschaften in ihrer Bildung von bestimmten organischen Gesetzen regiert werden: ihre Form ist immer eine vergrößerte Wiederholung der Mutterzelle. Es wurde schon vorhin darauf hingewiesen, daß die Phoiniker zwar an die entlegensten Punkte kolonisierend vordrangen, aber nirgends etwas anderes angelegt haben als Küstensiedlungen; ebenso verhielt es sich mit den Holländern. Auch ist es vermutlich kein Zufall, daß die beiden Eckpfeiler des britischen Dominialreiches die Insel Australien und die Halbinsel Vorderindien sind und daß Rußland sich über die halbe Erde ausgebreitet hat, aber immer nur als Kontinentalgröße und Landmasse. »Jeder Engländer«, sagt Novalis, »ist eine Insel«: deshalb konnte dieses Volk auf dem europäischen Festland niemals dauernd Fuß fassen; Rußland ist ein Landmegatherium: deshalb wird es immer dazu verurteilt sein, die Kiemenatmung großer Häfen und Seestationen zu entbehren.

Thutmosis der Dritte gehört zu jenen Herrschern, denen man ohne Bedenken den Namen des Großen zuerkennen kann. Noch nach Jahrhunderten schwor der Ägypter bei seinem Namen und bannte mit seiner Hieroglyphe die bösen Geiser; später aber hat die zerstreute Nachwelt seine Taten auf den viel jüngeren Ramses den Zweiten, ja sogar auf den repräsentativsten Herrscher des Mittleren Reichs, Sesostris den Dritten, übertragen, ähnlich wie der Glanz, der die geheimnisvolle Gestalt Kaiser Friedrichs des Zweiten ein halbes Jahrtausend lang umgab, eines Tages, niemand weiß warum, auf das Haupt Friedrich Barbarossa geflossen ist. In der Verwaltung seines Reichs war Thutmosis von friderizianischer Universalität und Allgegenwart. Er war, wie alle bedeutenden Menschen, ein »Polyhistor des Lebens«. Sein Wesir sagt über ihn: »Der König verstand, was immer geschah, es gab nichts, wofür er nicht einen Weg wußte, nichts, das er nicht zu Ende führte, er war Thoth (die Weisheit) in Person.« Wie Attila und Karl der Große war Thutmosis klein und stämmig von Statur; diejenigen seiner Porträts, bei denen man Ähnlichkeit vermuten darf, zeigen kluge, energische und wohlgebildete, aber etwas derbe Gesichtszüge, doch hat sich, ganz wie bei Karl dem Großen, sehr bald die Legende auch seines Äußeren bemächtigt und aus ihm einen höfisch-milden Priesterkönig gemacht. Vielleicht aber war gerade seine geringe Körpergröße der Grund, daß er, aus einer Art Kompensationsbedürfnis heraus, so gewaltige Kriegstaten vollbrachte und auch im Frieden Bauten aufführte, deren Kolossalität selbst für ägyptische Begriffe erstaunlich ist. Obgleich die vier von ihm errichteten Obelisken, die jetzt in Rom, Konstantinopel, London und New York stehen, nur einen winzigen Bruchteil jener Wälder von Säulengängen, Pylonen, Sphinxen und Riesen ausmachten, bereitete ihr Transport sowohl den Römern wie der modernen Technik die größten Schwierigkeiten.

Der Amarnafund

Auf Thutmosis den Dritten folgten sein Sohn und sein Enkel: Amenophis der Zweite (1448 bis 1420) und Thutmosis der Vierte (1420 bis 1411). Beide hatten gegen immer wieder erneute Konspirationen in Syrien zu kämpfen; deshalb schloß der letztere mit dem König von Mitani eine Art Nichtangriffspakt, den er durch ein Ehebündnis mit dessen Tochter besiegelte. Hierdurch war eine gewisse Rückendeckung geschaffen, aber auch der ägyptischen Expansion im Osten eine Schranke gesetzt. Thutmosis der Vierte starb in jungen Jahren; sein Sohn Amenophis der Dritte (1411 bis 1375) kam schon als zwölfjähriger Knabe zur Regierung und heiratete bald darauf die zehnjährige Teje, die keine Prinzessin, sondern die Tochter eines einfachen Priesters war. Dieses Alter ist nach unseren Begriffen für einen König und eine Königin noch nicht angemessen; aber vielleicht machte es, abgesehen von der orientalischen Frühreife, bei diesem Volke keinen großen Unterschied, ob jemand zehn oder dreißig Jahre alt war. Mit Amenophis dem Dritten begann schon eine gewisse Dekadenz. Nach allem, was wir von ihm wissen, besaß er weder den kriegerischen Ehrgeiz noch die rüstige Organisationskraft seiner Vorfahren, sondern mehr die Passionen eines weichlichen, prachtliebenden Sultans, dem Wasserspiele und Wildstierjagden, Jubiläumsempfänge und Haremsfeste wichtiger waren als das Prestige am Euphrat; auch stand er zeitlebens unter dem Einfluß seiner Gattin, deren geistreiche und pikante Züge uns ein reizendes Eibenholzköpfchen aufbewahrt hat. Die Kunst aber erreichte unter ihm einen Gipfelpunkt: gegen den Löwen aus rotem Granit zum Beispiel, der im Britischen Museum steht, sind sämtliche griechischen und Renaissancelöwen bürgerliche Nippfiguren.

Aus dem Zeitraum von Amenophis dem Dritten bis zum Ende der achtzehnten Dynastie stammt der berühmte Amarnafund. In El Amarna, der Residenz Amenophis' des Vierten, entdeckte man im Jahre 1887 einige hundert Tontafeln, Teile des königlichen Archivs, die mit den hethitischen, die zwanzig Jahre später in Boghasköi ausgegraben wurden aufs vortrefflichste übereinstimmen. Daß auch sie in Keilschrift abgefaßt sind, ist ein Beweis dafür, daß das Babylonische damals als allgemeine Diplomatensprache dieselbe Rolle spielte wie in der Neuzeit das Französische. Den Inhalt bildet die Korrespondenz des Pharao mit den benachbarten Potentaten und den Vasallenfürsten in Syrien. Diese schrieben ein phoinikisch gefärbtes Babylonisch, während die Antworten, die ebenfalls in Kopien aufbewahrt wurden, zahlreiche Ägyptizismen enthielten. Aus dem Briefwechsel geht hervor, daß es damals ein wohlausgebildetes vorderasiatisches Staatensystem gab. Die syrischen Stadtkönige scheinen sich fortwährend untereinander befehdet und dabei gegenseitig beim Pharao angeschwärzt zu haben. Man ließ sie aber gewähren, solange sie Tribut zahlten und sich nicht an eine der anderen Großmächte anlehnten. Diese waren zu jener Zeit Hatti, Mitani, Assur und Babel; dazu kam noch das offenbar wieder völlig souveräne Königreich Zypern, das damals Alasia hieß. Die Briefe sind oft von köstlicher Naivität. Zu Mitani bestanden besonders freundliche Beziehungen. Amenophis der Dritte war nicht nur der Sohn einer mitanischen Prinzessin, sondern nahm auch selber die Schwester Duschrattas, des damaligen Königs von Mitani, zur Frau; infolgedessen schreibt Duschratta an ihn: »An den großen König, den König von Ägypten, meinen Bruder, der mich liebt und den ich liebe. Mir geht es wohl. Möge es auch Dir wohlergehen! Deinem Hause, meiner Schwester und Deinen übrigen Frauen, Deinen Kindern, Deinen Wagen, Deinen Pferden, Deinem Heere, Deinem Lande und allem, was Dir gehört, möge es sehr, sehr wohlergehen! Du hast mit meinem Vater sehr, sehr innige Freundschaft unterhalten. Jetzt, da wir miteinander Freundschaft halten, ist sie zehnmal größer als mit meinem Vater. Und nun sage ich weiter zu meinem Bruder: Möge mein Bruder mir zehnmal soviel zuteil werden lassen wie meinem Vater! So möge mein Bruder mir sehr viel Gold senden, unzählbar viel Gold möge mein Bruder mir senden; mein Bruder möge mir mehr Gold senden als meinem Vater. Denn in dem Lande meines Bruders ist ja das Gold wie Staub.« Der Brief ist natürlich viel länger, denn so knapp pflegte ein orientalischer Herrscher sich nicht auszudrücken.

Der König der Kossäer, die damals Babylonien beherrschten, begehrte eine Tochter des Pharao zur Frau. Dies verstieß aber gegen die thebanische Hofetikette, und er erhielt die kühle Antwort: Wir heiraten wohl fremde Prinzessinnen, aber eine ägyptische Prinzessin geben wir niemals ins Ausland. Darauf erwidert der Kossäer: »Warum sprichst Du so? Du bist doch König und kannst machen, was Du willst. Wenn Du sie gibst, wer kann etwas dagegen sagen? Aber ich schreibe meinem Bruder also: Es gibt ja genug heiratsfähige Töchter in Ägypten. Sende mir irgendein schönes Weib nach Deinem Gutdünken; wer wird dann zu sagen wagen: sie ist keine Prinzessin? ... Was das Gold anlangt, dessentwegen ich Dir geschrieben habe, so sende viel Gold, soviel als da ist, und so schnell wie möglich, noch in diesem Sommer.« Die meisten königlichen Handschreiben sind solche offenen oder versteckten Bettelbriefe, und immer ist es zuwenig. Der Sohn des soeben erwähnten Königs, Burnaburiasch, hat aber einen anderen Kummer. Er befand sich nicht wohl, und der Pharao (es ist Amenophis der Vierte) hatte sich nicht erkundigt: »Daß ich krank bin, sollte mein Bruder nicht gehört haben? Warum hat er niemanden geschickt, um nach mir zu sehen? Der Bote meines Bruders hat nun gesagt: der Weg ist nicht so kurz, daß Dein Bruder es vernehmen und Dir einen Gruß senden könnte; daß Du krank bist, sollte Dein Bruder hören und Dir keinen Boten schicken? Ich sprach darauf: ist es zu meinem Bruder, dem Großkönig, eine große oder eine kleine Strecke? Er sagte: frag doch Deinen Boten! Wie ich nun meinen Boten fragte und er sagte, daß der Weg lang sei, ließ ich von meinem Zorn gegen meinen Bruder ab.« Das ist der Brief eines Schulknaben, nicht bloß wegen der kindischen Empfindlichkeit, sondern auch wegen des völligen Mangels an geographischen Vorstellungen: Burnaburiasch fragt allen Ernstes, ob es von Babel nach Theben weit oder nah sei.

Auch Amenophis der Dritte erkrankte eines Tages, und so bedenklich, daß seine nahen und fernen Freunde in größter Sorge waren. Duschratta sandte ihm zweimal das wundertätige Bild der »Ischtar von Ninive«, das, so hieß es wenigstens allgemein, schon viele Heilkuren vollbracht hatte. Aber am Pharao versagte es: Er starb, noch nicht fünfzig Jahre alt, und ihm folgte, fünfundzwanzigjährig, sein Sohn Amenophis der Vierte, der Ketzerkönig Echnaton.

Echnaton (der nach Breasted und Steindorff von 1375 bis 1358, nach Meyer von 1370 bis 1352, nach beiden aber fast genau gleich lang, nämlich zirka 17 ½ Jahre regierte) ist die erste Persönlichkeit der Weltgeschichte, die greifbar vor uns steht. Alle früheren verschwimmen im Nebel des Mythus oder sind unter dem Prozeß der historischen Verdichtung zu fleischlosen Gattungsbegriffen geworden. Echnaton aber ist unser Bruder, ja fast unser Zeitgenosse: Die Ballade seines Lebens, wie sie durch geheimnisvolle Fernwirkung bis zu uns gelangt ist, ist mit unserem Blute geschrieben. Bei allen seinen Irrtümern und Schwächen war es etwas Ergreifendes, Einmaliges und Denkwürdiges; ein moderner Mensch auf einem uralten Thron. Nur sehr selten im Verlaufe der uns bekannten Geschichte hat sich dieses Schauspiel ereignet: man darf vielleicht an Philipp und seinen Sohn Alexander denken, an Friedrich den Zweiten den Hohenstaufen und Friedrich den Zweiten den Hohenzollern, und mehr als doppelt oder dreimal so lang wird die Liste kaum werden. Fast endlos hingegen würde das Verzeichnis derer ausfallen, die, vom goldenen Stirnreif in einen magischen Kreis gebannt, immer nur Erben geblieben sind und es niemals über sich vermochten, Weiser in die Zukunft zu sein. Das Werk Echnatons ist zergangen, denn es war ja nicht mehr als ein königliches Kartenhaus, eine schimmernde Luftspiegelung am Rande der Wüste; aber sein edler verirrter Geist grüßt uns noch heute. *Echnaton*

Das Ziel, das Echnaton sich gesteckt hatte, war nicht mehr und nicht weniger als: Abschaffung der ägyptischen Religion mit allen ihren Göttergestalten, Personifikationen und Kulten und alleinige Verehrung des Aton, der Sonnenscheibe. Ihr Symbol ist ein goldener Kreis, dessen Strahlen in Hände auslaufen, zum Zeichen, daß sie es ist, die alles Leben spendet. Von der Gottheit selbst aber kann kein Bild hergestellt werden, denn sie ist gestaltlos, unfaßbar, bloße Kraft: »die Glut, die in der Sonne ist«. Leichte Spuren eines gewissen Atonkults *Aton* finden sich schon unter Amenophis dem Dritten. Dieser hatte in fürstlicher Laune innerhalb von vierzehn Tagen zur Überraschung für seine Gattin einen zwei Kilometer langen See aus der Erde zaubern lassen und nannte die Prunkbarke, mit der er ihn bei der Einweihung befuhr, »Schönheit des Aton«; andrerseits hat dieser König dem Amon nicht minder großartige Tempel errichtet als seine Vorfahren. Es ist auch nicht unwahrscheinlich, daß in Heliopolis, der alten Sonnenstadt, deren Priester längst auf Amon von Theben eifersüchtig waren, schon vor Echnaton der Kult der Sonnenscheibe favorisiert wurde. Anfangs errichtete der junge König seiner Gottheit nur ein Spezialheiligtum in einem neuen Stadtteil Thebens, den er »Glanz des Aton« taufte, und ließ die anderen Götter unangefochten. Sich selbst nannte er nicht mehr »Amon ist zufrieden«, sondern »es gefällt dem Aton«: echen-Aton. Die Amonpriesterschaft leistete natürlich erbitterten Widerstand, und so kam es zum Bruch: Der König verließ Theben und erbaute sich an der Stelle des heutigen Tell el Amarna, fast genau in der Mitte zwischen Theben und Memphis, an der Grenze zwischen Mittelägypten und Oberägypten, eine neue Residenz: Achetaton, »Horizont des Aton«. Zwei andere Atonstädte gründete er in Syrien und Nubien, damit jeder der drei »Weltteile« eine neue Metropole habe. Bruchstücke des Edikts über die Gründung von Achetaton, die sich erhalten haben, lassen vermuten, daß es dabei zu bedenklichen Aufständen der Bevölkerung gekommen ist, die mit Waffengewalt unterdrückt werden mußten. Eine neue Stadt zu errichten, war im alten Ägypten keine so sensationelle Unternehmung wie heutzutage, um so mehr, als in Achetaton nicht nur die Häuser, sondern auch die Tempel aus Holz und ungebrannten Lehmziegeln mit Stukkaturverkleidung bestanden, also nicht viel mehr technischen Aufwand erforderten als etwa ein Ausstellungspalast oder eine große Strandanlage.

Die Orthodoxie des Ketzers

Indem Echnaton nach allen Seiten gegen gehässige Resistenz zu kämpfen hatte und zugleich sein eigenes System nach allen Richtungen ausbaute, wurde er immer mehr in eine zelotische Unduldsamkeit hineingedrängt, die schließlich von Monomanie kaum mehr zu unterscheiden war. Aller Dienst anderer Götter sollte verschwinden. Amons Namenszug wurde ausgetilgt, wo man ihn fand: an Wänden und Bildsäulen, in Schulbüchern und Zaubertexten, auf den Felsen in Nubien und den Klippen im Nil, auf den Särgen der Totenkammern und den Amuletten der Lebedamen. Die Säuberung war so gründlich, daß ein unversehrter »Amon« aus der Zeit vor Echnaton zu den größten Seltenheiten gehört. Sogar den Namen seines Vaters ließ der König überall ausmeißeln, weil darin Amon vorkam, und wenn er in Inschriften von seiner Mutter Teje sprach, so mußte das Wort *mwt,* »Mutter«, in Buchstaben ausgeschrieben werden, weil die Hieroglyphe für Mutter, der Geier XXX, zugleich das Zeichen für die Göttin Mut, die Gemahlin Amons, war. Anfangs hatte er sich »Herr der beiden Horizonte« genannt; aber auch dies wurde bald anstößig: zunächst wurde die Hieroglyphe für »Herr«, der Falke XXX, da sie auch den Gott Horos bezeichnete, durch die Buchstaben *hr* ersetzt, und schließlich wurde auch dieses Wort verpönt und an dessen Stelle die Hieroglyphe für »Herrscher«, der Krummstab XXX, gesetzt. Selbst von Osiris, dem ägyptischsten aller Götter, hört man nichts mehr; auch das Leben nach dem Tode steht unter dem Walten Atons: ein einfaches Gebet an ihn genügt für die ewige Seligkeit. An den Beerdigungssitten: der Mumifizierung, den reichen Grabbeigaben, der Verschüttung der Leichenkammer, ist aber nichts geändert worden.

Am schönsten kommt der Glaube Echnatons in dem berühmten Sonnenhymnus zum Ausdruck, den er selbst gedichtet hat: »Herrlich ist Dein Strahlen am Horizonte, lebendige Sonne, Ursprung des Lebens! Wenn Du aufsteigst im Osten, füllst Du die ganze Welt mit Deinem Glanze; wenn Du Dich zur Ruhe neigst im Westen, sinkt die Erde in Dunkel wie der Tote, der in seinem Grabe liegt. Die Menschen schlafen in ihren Kammern, die Häupter verhüllt. Ihre Habe wird gestohlen, jeder Löwe kommt aus seiner Höhle, alle Schlangen stechen. Aber wenn Du aufgehst am Himmelsrand, erwacht alles voll Anbetung und ein jeder tut seine Arbeit. Die Vögel flattern über den Sümpfen und ihre Flügel erheben sich im Gebet zu Dir, die Schiffe fahren den Nil auf und nieder, Dein Licht lockt die Fische. Das Küchlein in der Schale, es lebt von Deinem Atem, bald ist es fertig, zerbricht die Schale und kommt heraus aus dem Ei, um zu piepen, soviel es kann; es läuft herum auf seinen Füßen, wenn es aus dem Ei herauskommt. Du bist im sprießenden Mohn, in dem sanften Wind, der die Segel füllt, Du läßt die Lämmer tanzen. Du schufst die Erde nach Deinem Begehren: die Länder Syrien und Nubien und das Land Ägypten.« Dieser Passus ist besonders beachtenswert, denn hier werden die Fremdländer nicht nur als ebenbürtige Werke der Güte Atons gewertet, sondern sogar aus Courtoisie dem Nilland vorangestellt, und noch an einer zweiten Stelle heißt es: »Der Nil am Himmel (gemeint ist der Regen) ist für die Fremdländer, unser Nil aber quillt aus der Unterwelt hervor für Ägypten.« Das ist eine völlig andere Gesinnung als die den früheren Ägyptern geläufige, die von Nubien immer als dem »elenden Kusch« redeten, auch die Asiaten für minderwertig hielten und sich selbst schlechtweg *romet,* die Menschen, nannten. Daß aber auch Echnaton von Dünkel nicht gänzlich frei war, zeigt der Schluß seines Sonnenliedes: »Kein anderer ist, der Dich kennt, außer Deinem Sohne Echnaton. Die Erde, die Du gründetest, hast Du aufgerichtet für Deinen Sohn, den König, der von der Wahrheit lebt.« Dieses »der von der Wahrheit lebt«, das als Selbstbezeichnung bei offiziellen Anlässen sehr oft wiederkehrt, hat man, im Hinblick auf den Naturalismus der gesamten Amarnabewegung, als ein spezielles Bekenntnis zur Wahrheitsliebe aufgefaßt; der Sinn ist aber offenbar: »der die wahre Lehre besitzt«. So hat also Echnaton sogleich wieder eine neue Orthodoxie aufgerichtet. Dies ist übrigens eine Eigenschaft fast aller »Ketzer«: niemand war so starrgläubig wie die Marcioniten, die Albigenser, die Wiedertäufer, die Puritaner, die Monisten. Man kann aber Echnaton keineswegs unter die Religionsstifter zählen, wie es vielfach geschehen ist. Er war dies ebensowenig wie etwa Empedokles oder der Kaiser Julian. Er war ein feinnerviger Grübler, ein warmherziger Poet, ein geistreiches Original; aber sein Atonglaube hätte auch keinen Bestand gehabt, wenn er Ägypten wirklich erobert und nicht bloß auf den Lippen der Höflinge, sondern im Herzen des Volkes gelebt hätte, denn er war eben gar keine Religion, sondern eine Weltauslegung, eine gefühlvolle Naturphilosophie; wenn man will, der erste Versuch einer Metaphysik. Ja, selbst die Behauptung, Echnaton sei ein früher Verkünder des reinen Monotheismus gewesen, ist wahrscheinlich ein Mißverständnis, denn Aton sieht einer vergeistigten Naturkraft viel ähnlicher als einer Gottheit: Er ist allmächtig und wohltätig, besitzt aber keinerlei sittliche Eigenschaften, und er ist zwar der Eine und Einzige, aber zugleich das ganze All und jedes Geschöpf ein Teil seines Lebens: Man könnte daher viel eher von Pantheismus reden, auf den ja mehr oder weniger jede naturalistische Weltansicht hinausläuft. Etwas Abschließendes läßt sich nicht sagen, dazu sind die Quellen nicht vollständig genug; aber auch wenn sie es wären, würden sie uns nicht viel klüger machen, denn um die Atonlehre wirklich zu verstehen, müßten wir imstande sein, ägyptisch zu denken.

Naturalismus

Im Hofleben äußerte sich der neue Naturalismus in einer Freiheit und Ungezwungenheit der Sitten, über die uns die Bilder beredte Auskunft geben. Man sieht wie die königliche Familie in einem eleganten Pavillon Siesta hält: Nackte Mädchen spielen Laute, Flöte und Harfe; der König liegt müde im Lehnstuhl, seine Linke spielt zerstreut mit einigen Blumen, seine Rechte streckt lässig eine Schale aus, in die die Königin durch ein Seihtuch Wein füllt; drei kleine Prinzessinnen stehen daneben: die eine ist mit Buketts beladen, die andere plaudert mit ihrem Vater, die dritte bietet ihm Süßigkeiten an. Oder: die Herrschaften sind beim Mittagessen, von einem Aufwärter bedient, der König hält eine geröstete Taube zwischen den Fingern, die Königin trinkt aus einem zierlich geformten Becher. Sie ist entgegen der ägyptischen Tradition immer im gleichen Maßstab gehalten wie ihr Gatte, die Kinder aber sind unverhältnismäßig klein dargestellt; oder sie müssen sehr degeneriert gewesen sein. Ein anderes Bild, auf dem die Königin Echnaton an einer prächtigen Blume riechen läßt, zeigt diesen mit Spielbein, flatternden Bändern und lässig auf einen Stab gestützt, der in die Achsel gestemmt ist: drei völlig unägyptische Details, zumal bei einem König. Manchmal kommt auch Mama zu Besuch (Teje war allem Anschein nach in Theben geblieben), sehr mondän gekleidet und im vollen Königsschmuck, aber mit einer großen, kunstvoll frisierten Perücke, wie man sie in Amarna nicht mehr trägt, und nun sitzen alle am reichgedeckten Tisch, Braten und Gemüse, Früchte und Kuchen speisend: die Königin knabbert anmutig an einer kleinen Ente, Teje führt mit der einen Hand ein Fleischstück zum Munde und reicht mit der anderen ihrer Enkelin Baketaton einen saftigen Bissen, zwei andere kleine Prinzessinnen essen artig aus demselben Teller, der Haushofmeister prüft aufgeregt die Schüsseln, die zum Servieren kommen. Dazu konzertieren abwechselnd zwei Musikkapellen, eine ägyptische und eine syrische, und den Rahmen bilden Hofwürdenträger in Staatsgewändern, die, offenbar als Abzeichen ihres hohen Ranges, große Straußenwedel in den Händen halten. Sehr vornehm wirkt es, daß die königliche Familie fast niemals Schmuck trägt.

Auch bei offiziellen Anlässen zeigte sich Echnaton niemals ohne seine Angehörigen: seine Schwestern und Stiefschwestern, seine Töchter und Schwiegersöhne. Am meisten von allen aber liebte er seine schöne Königin, die bekanntlich niemand anders war als die berühmte Nofretete. Sie war die Tochter eines gewissen Eje, der noch in seiner Grabschrift begeistert von ihrer Schönheit spricht: ihren Gazellenbeinen, ihrer süßen Stimme, ihren wundervollen Händen (nach anderer Ansicht war Eje, der später vorübergehend selber König wurde, bloß der Gatte der Amme Nofretetes oder der Amme Echnatons; aber eine »Geborene« war Nofretete keinesfalls). Ihre Büste, die jedermann zumindest aus Abbildungen vertraut ist, läßt ein Geschöpf von edelster Rasse erkennen, das sich, zumal durch den aristokratisch überlangen Hals, zu dessen Charakterisierung sich das Wort »Schwanenhals« kaum vermeiden lassen wird, als fast schon überzüchtet erweist; die Details: die mit Schminkstift gemalten Lippen, die rasierten und nachgezogenen Augenbrauen, der Bubikopf, die »blaue Krone« (die offenbar den Zweck hat, den Schädel möglichst lang erscheinen zu lassen, was damals die große Mode war) zeigen eine tadellos soignierte Weltdame, die ebensogut aus Paris sein könnte; daß das Porträt von stupender Ähnlichkeit gewesen sein muß, spüren wir noch heute nach 3300 Jahren. Übrigens hat am Hofe Echnatons ein Kanaanäer eine ähnliche Rolle gespielt, wie sie im Alten Testament Joseph zugeteilt ist, und wenn beide dieselbe Person sein sollten, so wären die zwei populärsten Ägypterinnen, Nofretete und das Weib des Potiphar, Zeitgenossinnen gewesen.

Nofretete

Im Schrifttum äußerte sich der Naturalismus darin, daß das Neuägyptische zur Literatursprache erhoben wurde, bisher war das offizielle Idiom noch immer das »klassische« Ägyptisch des Mittleren Reiches gewesen. Es war dies eine ähnliche Umwälzung wie die Verdrängung des Lateinischen um die Wende

»Josefinismus«

des Mittelalters. Die moderne Ausdrucksweise bemächtigte sich sogar der Liturgie, die doch überall am zähesten an alten Formen und Formeln festhält. Ein starker Antiklerikalismus scheint überhaupt von Anfang an in Echnaton gelebt zu haben, vermutlich genährt durch pfäffische Geistesenge und Herrschsucht, die am Hof seines schwachen und bigotten Vaters kaum geringer gewesen sein dürfte als unter dem Szepter der spanischen Habsburger. Es ist nicht urkundlich bezeugt, aber kaum zu bezweifeln, daß er das gesamte Kirchengut in ausgedehntem Maße säkularisiert hat. Hierin wie auch in der ungesunden Hast, mit der alles geschah, äußerte sich, wenn dieser Ausdruck erlaubt ist, ein gewisser Josefinismus. Und wie der gute Kaiser Josef war auch Echnaton im Grunde ein größerer Despot als alle seine Vorgänger; denn er wollte die Seelen zwingen, jene bloß die Körper. Auch darin waren die beiden Herrscher einander ähnlich, daß sie von der äußeren Geste des Königtums nicht viel hielten (Kaiser Josef trug mit Vorliebe das Wertherkostüm und die einfache Felduniform) und daß alle ihre idealen Bestrebungen das Reich schließlich beinahe zur Auflösung gebracht haben. Und wie Josef der Zweite infolge seiner Gewaltsamkeiten zu seinen Lebzeiten nichts weniger als allgemein beliebt war (obgleich die Lesebuchlegende das Gegenteil behauptet), so verhielt es sich auch mit Echnaton. Nur dadurch, daß er sich auf eine Leibgarde von ausländischen Söldnern stützte, vermochte er seine Herrschaft aufrechtzuerhalten. In dem Felsengrab eines Polizeiobersten ist dargestellt, wie dieser drei verdächtige Personen: einen kahlköpfigen Ägypter, also allem Anschein nach einen Priester, und zwei spitzbärtige Asiaten, vermutlich seine Bravos, dem Wesir vorführt; beide Beamten sind in höchster Erregung: Es handelt sich offenbar um ein vereiteltes Attentat. Solche Zwischenfälle werden sich öfters ereignet haben.

Dekadenz

Aber Echnaton setzte seine Reform mit unbeirrbarer Energie gegen die ganze Welt durch; denn in seinem schmächtigen

Körper lebte der Geist eines Fanatikers. Schon gewisse physiologische Eigentümlichkeiten weisen darauf hin, daß er zu der begnadeten und gefährlichen Menschenart der »Erleuchteten« gehörte. Er war Epileptiker wie Paulus, Mohammed, Dostojewski; er neigte zu Halluzinationen wie Savonarola, Loyola, Luther, Jeanne d'Arc. Daneben zeigt er die Züge eines rationalistischen Doktrinärs. Sein Sonnenhymnus hat bei aller Kraft und Hingabe etwas nüchtern Akademisches, äußerlich Deskriptives, indem er weniger anschaut als aufzählt: es ist die Naturbegeisterung aller späten Kunstdichtung, die etwas besingt, was sie nicht mehr ist; auch wird die Nützlichkeit des Gestirns über Gebühr betont, manchmal bis zur leichten Komik. Dies alles erinnert an die Barockdichtung und ihren kühlen Deismus: »Erkenntnis Gottes aus der vernünftigen Betrachtung der Natur«. Auch in der Gartenkultur herrscht ein Geist, der an Versailles gemahnt: alle Pflanzungen und Alleen sind streng geradlinig angelegt, die Teiche immer vollkommen rechteckig; man würde nach der ganzen Tendenz der Amarnakunst eher eine Art »englischen Garten« erwarten, in dem alles natürlich, bunt und wild wächst, aber so weit ging die Revolution eben doch nicht. Die vielen Lauben, Seen und Blumenbottiche auf den Gartenbildern und die zahllosen Pflanzenmotive auf Wänden und Möbeln zeigen ein bloßes Kokettieren mit der Natur, ohne ein wirkliches Verhältnis zu ihr. Und ebenso wirkt das ewige Familiespielen auf die Dauer ermüdend, ja fast taktlos, nämlich im ägyptischen Sinne: daß der »gute Gott« so vor aller Welt seine Dessous zeigte, verstieß sowohl gegen die Religion wie gegen die Sitte; solche Intimitäten aus seinem Leben hätte früher nicht einmal ein Hofbeamter abzubilden gewagt. Zudem wird der Naturalismus durch eine schonungslose und fast karikierende Offenherzigkeit in anatomischen Details nicht selten widerästhetisch und, indem er das Häßliche und Abnorme zum Kanon erhebt, auch unwahr, zumindest Manier;

auf manchen Bildern erscheint die königliche Familie als eine Kollektion von Mißgeburten: mit sonderbar entarteten Schädeln, eingesunkenen Brustkörben, welken Armen, abfallenden Schultern, grotesken Hängebäuchen über kümmerlichen Zündhölzchenbeinen. Daß dies grillenhafte Übertreibungen waren, zeigen andere Porträts, die den unverkennbaren Stempel der Ähnlichkeit tragen: Dort erscheint der König als eine Gestalt von knabenhafter und morbider Zartheit mit einem keineswegs schönen, aber adeligen und durchgeistigten Kainzkopf, die Töchter sind sehr zerbrechliche und reduzierte Geschöpfe, aber von einer bizarren, müden Anmut (ihre überlangen Hinterköpfe nach unserer, freilich ganz subjektiven Meinung vielleicht eine Modetorheit, die aus irgendeinem Grunde damals geherrscht hat).

Der Amarnastil

Die Amarnakunst hat vermöge ihrer Mischung aus Empfindsamkeit und Rationalismus etwas Rokokohaftes, in manchen Köpfen der Rundplastik aber etwas Spätgotisches; auch an die englischen Präraffaeliten hat man erinnert: Der Generalnenner aller Vergleiche wird immer eine interessante Dekadenz bleiben. Daß der Amarnastil nur eine kurze Episode war, läßt sich leicht erkennen. Ein Relief Amenophis' des Dritten, das zu seinen Lebzeiten gemacht wurde, zeigt noch einen schönen Kopf in der hergebrachten Auffassung ägyptischer Königsbilder. Unter Echnaton hat man ihn ganz anders gesehen: Von der Krankheit gebrochen, vorzeitig gealtert, mit eingezogenem Leib und kraftlos herabhängenden Armen liegt er in seinem Thronsessel, über ihm die Strahlenscheibe Atons, die ihn noch gar nichts anging und gleichsam rückwirkend auf ihn herabscheint. Unter Echnatons Nachfolger Tutenchamon wird zunächst der Amarnastil festgehalten, zum Beispiel auf dem entzückenden Kunstwerk, das die Rücklehne des königlichen Thronsessels schmückt, einem Mosaik aus Silber, Mattgold, roter Glaspaste, blauer Fayence und bunten Halbedelsteinen: Tutenchamon sitzend, in der lässigen, etwas verkrümmten »Amarnahaltung«, die kleine Königin betupft seinen kostbaren Halskragen mit Parfüm, über beiden die segnenden Strahlenhände. Die spätere Tutenchamonkunst hingegen ist wieder ganz konventionell. Aber da bekanntlich keine neue Erkenntnis sich völlig rückgängig machen läßt, wenn sie einmal in die Welt getreten ist, so sind gewisse Amarnazüge der ägyptischen Kunst dauernd aufgeprägt geblieben, ohne daß sie sich dessen bewußt war. Und etwas wirklich Neues, eine große Revolution des Sehens ist die Kunst in der »Stadt des Horizontes« in der Tat gewesen. Nie vorher war in der ägyptischen Bildnerei der Mensch so frei und lebendig, beseelt und menschlich gestaltet worden. So sieht man zum Beispiel unter Echnaton zum erstenmal (wir berührten es schon), wie ein Mann eine Frau küßt. Bisher war die Zärtlichkeit unter Ehegatten lediglich dadurch ausgedrückt worden, daß sie die flachen Hände übereinanderlegten; jetzt wagt man es, sie mit verschränkten Fingern darzustellen: nach ägyptischen Begriffen eine tollkühne Neuerung. Zum erstenmal reden auch Gemütsbewegungen eine ganz individuelle Sprache, zum Beispiel auf dem »Leichenzug«, einem versenkten Relief aus Kalkstein: hier ist der Ausdruck der Trauer bei jedem der Beteiligten ein anderer, am schönsten bei den drei Freunden, die der Bahre folgen: zwei voll verhaltener sanfter Schwermut, einer wie hypnotisiert der Mumie nachstarrend und, die Finger an den Lippen, über dem Geheimnis des Todes grübelnd. Ja, man hielt sogar, ganz impressionistisch, die Bewegungen der Tiere in Momentaufnahmen fest: den jagenden Hund, das fliehende Wild, den springenden Stier, die flatternden Vögel. Ein junges Kalb hüpft im hellen Sonnenglanz durch ein Feld von rotem Mohn; Wildgänse erheben sich aus den Sümpfen ins Dickicht und verscheuchen buntfarbige Schmetterlinge; durch schwimmende Lotosblumen schlängeln sich glitzernde Fische; Rosse galoppieren dahin und hängen mit allen vier Beinen geradezu in der Luft; auf einem Fächer Tutenchamons schwebt ein Hund völlig über der Erde, in einer Stellung, die Heinrich Schäfer als »Streckgalopp« bezeichnet hat. Ein konservativer Ägypter muß vor einem solchen Bilde buchstäblich seekrank geworden sein; es war kein geringerer Sprung als etwa von David zu Degas. Ohne Zweifel ist hier kretischer Einfluß am Werke.

Das Genie des Zeitalters war der Bildhauer Thutmosis, dessen Arbeitskammer, angefüllt mit Rundplastiken und Reliefs in allen Stufen der Vollendung, von der Deutschen Orientgesellschaft ausgegraben worden ist. Es war dies wahrscheinlich nicht bloß eine Werkstätte, sondern auch eine Art Kunstschule. Was für eine Potenz Thutmosis gewesen sein muß, geht schon daraus hervor, daß die herrliche Büste der Nofretete nicht etwa eines seiner Standardwerke war, sondern ein schlichtes Unterrichtsmodell zum Kopieren für Schüler und Handwerker. Und was für ein ungewöhnlicher Mensch und Mäzen Echnaton gewesen sein muß, zeigt sich daran, daß er einen Thutmosis an die erste Stelle berief: Im allgemeinen pflegen Könige nicht gerade den bedeutendsten und modernsten Künstler zum Hofbildhauer und Akademiedirektor zu ernennen. Solange Echnaton lebte, war Thutmosis offenbar unumschränkter Geschmacksdiktator. Der dekadente Typus wurde sofort Mode, bis zur Verzerrung; der Naturalismus wurde zum Gesetz und damit zum Schema, das mindestens ebenso leer und starr war wie das bisherige. Auf einmal sieht man jetzt überall hektische Gestalten, schlaffe Arme, eingefallene Gesichter. Da ist zum Beispiel der Wesir Ramose in seiner thebanischen Grabkammer auf der einen Seite der Wand, die noch aus der Zeit Amenophis' des Dritten stammt, ein wohlgenährter Ägypter mit breiten Schultern, kurzem Hals und Schädel und gesunder Körperhaltung; auf der anderen Hälfte ist das alles umgekehrt. Daß er inzwischen schmale Schultern, langen Hals und geknickte Beine bekommen hat, wäre noch hinzunehmen; daß er aber auch den Spitzbauch Echnatons und den (krankhaft oder künstlich) deformierten Hinterkopf der Prinzessinnen aufweist, ist der Gipfel des Byzantinismus; feiner sieht er aber ohne Zweifel in der zweiten Fassung aus. In bescheidenerem Ausmaß hat übrigens der Hof überall in der Welt des Exterieur der Zeitgenossen beeinflußt: Als die Prinzessin Isabella von Spanien, die Tochter Philipps des Zweiten, gelobt hatte, ihr Hemd nicht eher zu wechseln, bis ihr Gemahl Ostende erobert hätte, kamen »isabellfarbige« Stoffe auf, die die mutmaßliche Couleur jenes Hemdes nachahmten; ein anderes hemdartiges Gewand, die weite, bauchige *tunique* des Empire, geht darauf zurück, daß Napoleon um jeden Preis Geburtenüberschüsse erzielen wollte und es daher zum guten Ton gehörte, schwanger zu sein; die Bartlosigkeit der Spätantike rührt daher, daß es durch Alexander den Großen Mode wurde, ein Jüngling zu sein, bis es unter den antoninischen Kaisern Mode wurde, ein Philosoph zu sein, und damit der Vollbart des Stoikers zu Ehren kam, der aber durch das Vorbild Konstantins, unter dem es Mode wurde, alles Heidnische zu verleugnen, neuerlich der Rasur weichen mußte.

Der Ausgang der Amarnazeit

Ganz versunken in seine religiösen und künstlerischen Reformen, hatte Echnaton die politische Verwaltung seines Reiches völlig vernachlässigt. Eine schwache Zentralregierung war für die syrischen Vasallen immer das Signal zum Abfall. Es scheint, daß unter dem femininen König die asiatischen Besitzungen ebenso verlorengegangen sind wie anderthalb Jahrhunderte früher unter dem weiblichen Szepter der Hatschepsut. Immer dringender wurden die Warnungen und Hilferufe der königstreuen Suzeräne; aber es geschah nichts oder nichts Zureichendes. Von allen Seiten zogen sich die Wolken zusammen: die Militärpartei grollte wegen der lässigen Außenpolitik, die noch immer im geheimen mächtige Amonpriesterschaft wegen ihrer Enteignung, das Volk wegen der Entthronung seiner geliebten Götter, vor allem des Osiris, den ihm keine noch so fein empfundene Solartheologie zu ersetzen vermochte. Dazu kam noch der wirtschaftliche Niedergang infolge des Ausfalls der syrischen Tributzahlungen und die ungeklärte Frage der Erbfolge. Echnaton besaß nur sechs Töchter, und so mußte er sich entschließen, Sakere, den Gatten seiner ältesten Tochter Meritaton (»von Aton geliebt«), zum Mitregenten zu ernennen. Zugleich gab er, durch die steigende Opposition immer mehr in die Psychose der Verfolgungssucht gedrängt, den verhängnisvollen Befehl, die Namen aller anderen Gottheiten ebenso auszutilgen wie das Zeichen des Amon; selbst der Plural »Götter« sollte nirgends mehr geduldet werden. Bald darauf ist er, im dreiundvierzigsten Lebensjahre, ins Grab gesunken. In der Erinnerung seines Landes lebte er fortan nur noch als der ungenannte »Frevler von Achetaton«.

Trotz der furchtbaren Gegnerschaften, die rings um ihn emporgewachsen waren, spricht alles dafür, daß er eines natürlichen Todes gestorben ist. Alle seine Bilder zeigen einen Unterhöhlten, dem keine lange Lebensdauer bestimmt ist, alle seine Nachkommen dasselbe Leidenszeichen einer gebrochenen Vitalität. Wäre er einer Palastrevolution oder einer nationalen Erhebung zum Opfer gefallen, so hätte sein Schwiegersohn Sakrere kaum unangefochten den Thron bestiegen, ebensowenig dessen Schwager und Nachfolger Tutenchamon. Und so dürfte es, obschon durch nichts bewiesen, am wahrscheinlichsten sein, daß sein großes Herz am gescheiterten Werk zerbrochen ist; seine letzten Porträts zeigen die Male der Verzweiflung. Aber wie dem auch sei: Dieser königliche Träumer ist in ein höheres Pantheon eingegangen als seine Vorgänger. Ihn umfließt, kostbarer als aller Grabprunk aller Pharaonen, das Gold einer geistigen Glorie. Möge sein teures Andenken, so lange verdunkelt, nun nie mehr verlöschen: ein Leuchtfeuer für alle, die eines hohen und reinen Strebens sind, und eine Warnungsfackel für alle, die sich vermessen wollen, den Schritt der Vorsehung zu beschleunigen.

Die Gegenreformation

Welche Schicksale seiner schönen Lebensgefährtin, ohne die er niemals von sich Erwähnung tat, nach seinem Tode widerfahren sind, ist nicht bekannt. Man weiß von einem Brief, in dem sie vom Hethiterkönig einen seiner Söhne zum Gatten erbittet; sie wolle ihn zum König von Ägypten machen. Dies zeigt, daß der klugen Königin die Realpolitik höher stand als die Pietät; und auf einmal scheint ihr Antlitz uns von der unsterblichen Büste nicht mehr so zart und vornehm zu grüßen wie bisher. Aber die Intrige mißlang, der Hethiterprinz wurde unterwegs erschlagen, auch der ewig kränkliche Sakere starb bald, und Tutenchamon, der Gatte der dritten Tochter Echnatons (die zweite war ebenfalls schon tot), wurde auf den Thron gesetzt. Sein ursprünglicher Name war Tutenchaton, »lebendiges Abbild des Aton«, aber unter dem Einfluß der Amonpriesterschaft änderte er ihn und übersiedelte von der Residenz seines Schwiegervaters nach Theben, wo die alten Kulte wiederhergestellt wurden. Achetaton mit seinen leichten Ziegeltempeln, um die sich niemand mehr kümmerte, wurde rasch zur Ruine, aber diese Verwahrlosung hat eine wohltätige Nebenwirkung gehabt: die Lehmdecke bildete das feste Leichentuch, unter dem die Urkunden und Kunstwerke der Amarnazeit so wunderbar erhalten geblieben sind. Auch die Königin wurde von Anchesenaton, »sie lebt von Aton«, in Anchesenamon umgetauft. Wie aus dem vorhin geschilderten Mosaik hervorgeht, huldigte der kleine König (er war nach unseren Begriffen noch ein Kind) anfangs dem Kult der Strahlenscheibe, später versuchte er die Verehrung mit dem Amondienst zu vereinigen; aber Kompromisse haben in der Religionsgeschichte fast niemals Erfolg gehabt, und so sehen wir ihn auf einem Denkstein versichern, er habe die »Sünde« aus den beiden Ländern (Ober- und Unterägypten) vertrieben, sie seien nun wieder wie in der Urzeit: »Als seine Majestät gekrönt wurde, waren die Tempel der Götter und Göttinnen von Elephantine bis zum Delta in Verfall, ihre Heiligtümer waren Spaziergänge. Die Götter hatten unserem Lande den Rücken gewendet. Wenn man Soldaten nach Phönizien schickte, so erreichte man nichts.« Die Gegenreformation hatte gesiegt. Auch Tutenchamon starb sehr jung: die Familie war offenbar nicht mehr lebensfähig. Ihm folgte der bereits erwähnte Eje, der aber wieder schon sehr alt war. Im Hintergrund aller dieser Begebenheiten steht die geheimnisvolle Figur Haremhabs, der schon unter Echnaton als Kanzler seine sehr einflußreiche Rolle gespielt hatte. Er war der klarste Kopf und die stärkste Persönlichkeit in jener anarchischen Zeit, dabei treuer Royalist, denn nur ihm war es zu verdanken, daß der Dynastie der Thron erhalten blieb: eine Figur, die wir uns vielleicht in der Mitte zwischen Hagen und Bismarck zu denken haben.

Das Grab Tutenchamons

Eje hat seinem Schwiegerenkel das prachtvolle Grab ausgerichtet, das von Howard Carter und Lord Carnavon am 26. November 1922 eröffnet wurde. Es lag im »Tal des Todes«, nordwestlich von Der el Bahri. Von den siebenundzwanzig Herrschern, die dort beigesetzt wurden, ist der einzige Tutenchamon von Räubern verschont geblieben. Als nämlich 1150 vor Christus König Ramses der Sechste für sich ein riesiges Felsgrab ausheben ließ, stürzte eine Unmasse Schutt und Geröll herab und türmte über den tiefer liegenden Grabkammern Tutenchamons eine undurchdringliche Schutzdecke, durch die sie den Diebsbanden, die etwa zwei Jahrhunderte später die ganze Wüstennekropole gründlich ausplünderten, entzogen blieben. Ihre Wiederauffindung ist einer der wunderbarsten Zufälle. Die Räume waren dicht gefüllt mit den herrlichsten Prunkstücken. Man fand unter anderm: ein Gewand, das von oben bis unten mit Rauten und Perlen besetzt war, ein anderes mit mehr als dreitausend goldenen Rosetten, drei Paar goldene Sandalen, eine vergoldete Kopfstütze, vier Bronzeleuchter: in einem noch die angebrannte Leinenkerze, eine Schnalle aus Goldplatt mit Jagdszenen, ein Szepter aus schwerem Gold mit Lapislazulieinlage, mehrere kostbare Brustplatten, zwei mit Elfenbein inkrustierte Klappstühle, ein Paar silberne Wurfhölzer, vier verschwenderisch geschmückte Kutschierwagen, ein Mieder aus einigen tausend Stücken Gold, Glaspaste und Fayence; daneben zahlreiche Dinge zum alltäglichen Gebrauch: Wäsche, Handschuhe, Salbbüchsen, ein Weinsieb, ein Sonnendach, eine Kleiderbürste zum Aufhängen der Gewänder und Halskragen, ein halbes Schock eiförmiger Holzbehälter mit gebratenen Enten und anderen Speisen. Eine der schönsten Arbeiten ist ein goldener Fliegenwedel: auf der Vorderseite der König zu Wagen, mit seinem Hunde Strauße jagend, auf der Rückseite die Heimkehr mit der Beute, auf dem Griff die Mitteilung, daß die Jagd in der Ostwüste von Heliopolis stattfand; eines der originellsten Stücke ist eine Alabasterlampe, die, erleuchtet, in prächtigen Farben die Bilder des Königs und der Königin durchschimmern läßt.

Die Leiche des Königs bargen zunächst vier reichverzierte versiegelte Schreine, die ineinandergeschoben waren. In ihrem Innern ruhte ein ungeheuer schwerer Sarkophag aus gelbem Quarzit mit den eingemeißelten Bildnissen von vier Göttinnen, die, jede an einer Ecke, schützend ihre Flügel ausbreiten. Dann kam der erste der drei mumienförmigen Särge: ein Abbild des Königs aus schwer vergoldetem Hartholz. Er umschloß wie eine Zwiebelschale den zweiten Sarg aus Eiche, Goldstuck und bunten Glaseinlagen, ein Meisterwerk des Kunsthandwerks und der Porträtkunst. Der dritte Sarg ist aus purem Gold und stellt den König als Osiris dar. Und nun erst gelangte man zu der sorgfältig gearbeiteten Mumie, aber auch hier noch waren Kopf und Brust mit einer Goldmaske bedeckt, die das Schönste von allem ist. Man hat in dem traurigen und entrückten Antlitz des jungen Königs eine Familienähnlichkeit mit Echnaton und Teje erkennen wollen, und in der Tat dürften die Schwiegersöhne nicht bloß angeheiratet, sondern auch blutsverwandt gewesen sein. Das Kinn der Maske trägt den Königsbart, die Stirn die Uräusschlange. Auch die Finger und Zehen steckten in Futteralen aus poliertem Gold und die Unterarme in dichten Reihen von breiten Armbändern aus Silbergold und Halbedelsteinen. Den Leib bedeckten kostbare Amulette. Der schönste Schmuck des Grabes aber ist ein Sträußchen aus Olivenblättern, Lotosblüten und Kornblumen, das die jugendliche Witwe auf das Kopfende des obersten Sarges gelegt hat. Neun Jahre zählte Tutenchamon, als er den Thron bestieg, und höchstens ebenso viele Jahre hat er regiert, umbrandet von Familienhändeln, Glaubenskämpfen und Hiobsbotschaften aus dem fernen Osten; und länger als drei Jahrtausende stand all der entzückende Goldplunder unversehrt, wie ihn der gute alte Eje und die kleine Anchesenamon um seine arme Mumie gehäuft hatten, deren Seele längst zur Sonne geflogen war. Nichts hatte ihre zärtliche Fürsorge vergessen: sogar ein schön geschnitztes Stühlchen, das er als kleines Kind benutzt hatte, und einen behutsam in Golddraht gewickelten Rohrstock mit der Inschrift: »Diesen Stab schnitt Seine Majestät mit eigener Hand«, legten sie dem verwöhnten Knaben ins Totenhaus, und vor die Grabkammer stellten sie zwei lebensgroße Holzsoldaten: schwarz behelmte Nubier, die mit ihren Silberspeeren Wache halten sollten wie im Märchen. Was für ein rührender und rätselhafter Materialismus!

Haremhab Auch Eje hat nur kurz regiert, und nun mußte Haremhab (oder Haremheb, bei Manetho: Harmais) sich schließlich sagen, daß die Rettung des zerrütteten Reiches nur möglich sei, wenn er selber die volle Macht ergreife. Armee und Klerus huldigten ihm mit Begeisterung, denn er war für beide der richtige Mann. Mit ihm beginnt die ruhmreiche neunzehnte Dynastie und zugleich eine Ära der vollkommensten Restauration. Breasted, mit dem Steindorff übereinstimmt, rechnet die Zeit Sakeres, Tutenchamons und Ejes von 1358 bis 1350, die Haremhabs von 1350 bis 1315, Meyer setzt die Thronbesteigung Sakeres in das Jahr 1352, den Tod Haremhabs in das Jahr 1310; die Gesamtdauer der vier Regierungen ist also bei allen drei Ansätzen fast die gleiche. Es gelang der Energie Haremhabs in der Tat, Ägypten aus der gefährlichen Krise herauszuarbeiten, die Zentralisierung wieder straffer zu gestalten, das Wirtschaftsleben zu heben und die Nordgrenze, wenn auch wohl kaum ohne Gebietsverluste, von neuem zu ziehen. Besondere Verdienste erwarb er sich um die Reorganisation der vollkommen verrotteten Provinzialverwaltung, indem er Revisoren einsetzte und sowohl diesen wie den Bezirksrichtern Steuerfreiheit verlieh, um sie der Gefahr der bisher allgemein geübten Bestechung möglichst wenig auszusetzen. Die nun wieder ans Ruder gelangte Partei der Reaktion übte natürlich gegen Aton dieselbe Intoleranz, mit der Echnaton den Amon verfolgt hatte, und setzte es sogar durch, daß Haremhab seine Regierungsjahre vom Tode Amenophis' des Dritten zählte. »Wehe dem, der Dich antastet!«, heißt es in einem Hymnus auf Amon, »die Sonne dessen, der Dich nicht kennen wollte, ist untergegangen, aber wer Dich kennt, leuchtet.« Echnatons Reform ist die erste und letzte geblieben, zu Neuerungen, auch weniger kühnen, ist es von nun an nicht mehr gekommen. Erst jetzt wird Ägypten »ägyptisch«: das typische Land des Zurückblickens, des Spinnens in der Vergangenheit, als das es in unserer Vorstellung lebt. Gegenreformationen haben fast immer die Wirkung, daß sie die geistige Kraft eines Volkes brechen. So hat zum Beispiel Österreich in der Barocke noch manche großen Kunstwerke geschaffen, Kunstwerke der Architektur sowohl wie bei der Politik, aber eine große Literatur hat es weder damals noch später zu erzeugen vermocht: keinen einzigen Philosophen und von Dichtern keinen einzigen von europäischem Format; neben

Goethe und Schiller vermochte es nur Grillparzer und Raimund zu stellen, neben Kant und Nietzsche niemand. Vielleicht haben aus einem ähnlichen Grund die Ägypter keine weltbedeutende Dichtung und Gedankenprosa entwickelt; denn sie wären nunmehr reif dazu gewesen.

Die Schlacht von Kadesch

Auf Haremhab folgte Ramses der Erste, der nur ein Jahr regierte, auf diesen sein Sohn Sethos der Erste (1314 bis 1292). Er zog gegen die Beduinen, zu denen damals auch die Hebräer gehörten, und machte den anarchischen Zuständen in Palästina ein Ende. Der nächste Pharao war Ramses der Zweite, der Große. Er wurde neunzig Jahre alt, regierte nicht viel weniger als siebzig Jahre, von 1292 bis 1225, und hatte, teils von seinen Gemahlinnen, teils aus seinem Harem, 111 Söhne und 59 Töchter, die er voll Vaterstolz in langen Reihen auf den Wänden seiner Tempel abbilden ließ. Schon während des ersten Jahrzehnts seiner Herrschaft kam es zu der längst fälligen Auseinandersetzung mit den Cheta, die sich damals in der Ära ihres »Neuen Reichs« und unter bedeutenden Fürsten in höchster Blüte befanden. Sie hatten bereits Mitani im Osten und große Teile Kleinasiens im Westen dem Hethiterreich einverleibt und waren der Ansicht, daß dessen Südgrenze in der Gegend des Sinai zu liegen hätte. Dies mußte unter einer energischen ägyptischen Regierung zum Krieg führen. Ramses setzte sich an die Spitze eines stattlichen Heeres und okkupierte zunächst ohne erhebliche Schwierigkeiten die phönizische Küste, um sich eine dauernde Wasserverbindung mit der Heimat zu sichern. Dann zog er bis hinauf zum Orontes, wo es im Jahr 1287 bei Kadesch zur Schlacht kam. Er hatte seine Armee in vier Divisionen geteilt und bezog mit der ersten, die sich weit im Vormarsch befand, ein befestigtes Lager, da er infolge irreführender Nachrichten, die er durch Überläufer empfangen hatte, den Feind noch weit entfernt glaubte. Dieser aber lag, in vorzüglicher Stellung an die Festung gelehnt, im nahen Hinterhalt, aus dem er nun überraschend hervorbrach, die Ägypter in wilde Panik jagend. Obgleich schon beide Flügel überholt waren, gelang es dem König durch persönliche Tapferkeit, sich so lange zu halten, bis unerwarteter Entsatz eintraf; auch begann die undisziplinierte hethitische Infanterie sich dem Plündern zu überlassen. Hierdurch fand er die Zeit und die Kraft, mit gewendeter Front seitlich durchzubrechen und sich mit der Nachhut zu vereinigen. Wir haben hier das erste geschichtliche Beispiel eines im letzten Moment abgewendeten Umfassungsmanövers. Die Entscheidung brachte allem Anschein nach das vom König mit großer Verve geführte Duell der Wagenbrigaden. Die ägyptischen Hofhistoriographen haben die Schlacht von Kadesch später in einen großen Sieg umgedichtet, während sie bloß ein bravouröser Rückzug war; aber einen tiefen Eindruck muß es auf die Asiaten gleichwohl gemacht haben, daß der ägyptische Soldat sich ihnen in ihrer gefürchteten Spezialwaffe als mindestens ebenbürtig erwies. Und wenn das Epos, das die Schlacht erzählt, sich auch nicht streng an die Wahrheit hält, so schildert es doch recht anschaulich: wie der König seine Soldaten anfeuert, in der höchsten Not zu seinem Vater Amon um Hilfe fleht und dieser ihn im fernen Theben erhört, wie er nach dem Sieg beschließt, seinen tapfern Rossen zum Lohn alltäglich mit eigner Hand das Futter zu reichen und fortan ein Friedensfürst zu sein, denn »Sanftmut ist sehr schön, am Friedlichen ist nichts zu tadeln, niemand ehrt den Wütenden«. Ursprünglich kannte man das Lied nur aus der Abschrift eines Schülers namens Pentoere, der noch obendrein auf der Eselbank saß; aber da sein Name unter der Aufgabe stand, hat Georg Ebers, der berühmte Erfinder eines Ägypten für höhere Töchter, ihn für den Dichter gehalten und in einem seiner verzuckerten Libretti verewigt.

Auch die bildende Kunst hat das große Ereignis in lebhaften Darstellungen festgehalten: wir sehen, wie der König zeltet, zu spät erfährt, daß die Überläufer ihn getäuscht haben, und seinen Offizieren wegen des mangelhaften Kundschafterdienstes heftige Vorwürfe macht; wie er, umzingelt, an einer schwachen Stelle durchstößt, wobei ihn ein Flankenangriff seiner zweiten Division unterstützt, und schließlich (hier beginnt die offizielle Version) die feindlichen Scharen in den Orontes und die Festung wirft. Das merkwürdigste aber ist ein Bildstreifen, der, ohne jede menschliche Staffage, die Verwüstungen des Krieges schildert: die leere Landschaft mit zertrümmertem Bauwerk, abgehauenen Bäumen, verbranntem Gesträuch. Das ist eine Technik, wie sie erst wieder der Film zur Anwendung gebracht hat: die stumme Natur als Akteur der Erzählung; in der Malerei und auch im Drama findet sie sich sonst fast nirgends: nur im Schluß der Rütliszene, wo, nachdem alle abgegangen sind, die Sonne blutrot emporsteigt und den Schwur gleichsam segnet, hat das Theatergenie Schillers einmal etwas Derartiges versucht (von den meisten Regisseuren als »nicht bühnenmäßig« gestrichen). Die abendländische Malerei könnte übrigens so etwas gar nicht machen, auch wenn sie wollte, da sie ja nicht zusammenhängend erzählt wie die ägyptische, sondern nur den »fruchtbaren Moment« bringt: ein solcher Ausschnitt gewinnt aber natürlich nur Sinn und Suggestionskraft als Kapitel einer epischen Darstellung.

Noch mindestens ein halbes Menschenalter dauerte der Kriegszustand, bis er, um 1270, mit einem Freundschaftsvertrag der beiden Regierungen endete, der uns einen interessanten Einblick in die schon damals sehr entwickelten diplomatischen Formen gewährt. Darin verpflichteten sie sich, einander nie anzugreifen, vielmehr im Falle eines Angriffs von dritter Seite zu Hilfe zu eilen; hingegen ist von einer gegenseitigen Unterstützung bei offensivem Vorgehen nicht die Rede: es war also nur ein Defensivbündnis. Politische Flüchtlinge sollten ausgeliefert werden, doch unter Zusicherung voller Amnestie.

Ferner wird Syrien in Interessensphären abgegrenzt: der Norden als hethitische, der Süden als ägyptische. Das Abkommen wurde unter den Schutz der Götter gestellt und durch die Vermählung des Pharao mit einer Tochter des Hethiterkönigs besiegelt, die zur »großen königlichen Gemahlin« erhoben wurde, der einzigen unter den Gattinnen, die die vollen königlichen Rechte genoß (auch bei Echnaton hat nur Nofretete diese Stellung innegehabt, und man hat daher auch vermutet, daß seine Schwiegersöhne, die ihm, wie gesagt, ähnlich sahen, Kinder von Nebenfrauen waren). Und so war denn geschehen, was, wie es in einer Inschrift heißt, »unerhört ist seit der Götterzeit und nicht berichtet in der geheimnisvollen Chronik im Bücherhause seit der Zeit des Re, daß Hatti und Ägypten eines Herzens sind«. Daß am Eingang des ägyptischen Protokolls bemerkt wird, der Hethiterkönig habe eine Gesandtschaft geschickt, »um Frieden zu erflehen von Seiner Majestät, dem Stiere unter den Fürsten, der seine Grenzen in allen Landen setzt, wie es ihm gefällt«, ist natürlich bloße Formel. Übrigens herrschte damals auch schon die Sitte, Kriege erst nach einem vorausgegangenen Notenwechsel zu beginnen, in dem die tatsächlichen oder vermeintlichen Rechtsbrüche, die den *casus belli* bedeuten konnten, ausführlich erörtert wurden; einige hethitische Urkunden haben die Form eines auch nach unseren Begriffen vollkommen korrekten Ultimatums.

Ramses der Große

Nachdem Ramses seinem Lande endlich den Frieden gegeben hatte, genoß er ihn mit vollen Zügen und wurde ein großer Bauherr, vielleicht der größte unter den Pharaonen; und das will viel sagen. Er gründete sich eine neue Residenz, die, nach der allgemeinen Meinung der Zeitgenossen, ein wahres Wunder an Schönheit und Kostbarkeit war, und nannte sie, da sie zur Festung ausgebaut war, »das sehr feste Haus des Ramses«. Sie war außerdem Handels- und Kriegshafen. Ihre Lage im äußersten Nordosten, zwischen dem Delta und der Landenge von Suez, hatte natürlich politische Gründe. Aus dem fetten Boden erstand eine Landschaft von paradiesischer Fruchtbarkeit: weithin erstreckten sich die üppigen Kornfelder und Gemüsebeete, Weingärten und Palmenhaine, durchschnitten von zahllosen Kanälen und Teichen voller Fische und Wasservögel; »die Kleinen«, hieß es, »leben dort wie anderswo die Großen«. Bei den Bauten, die in ägyptischem Eiltempo aus der Erde gestampft wurden, wurde die Bevölkerung zu Fronarbeiten herangezogen; der Pharao, der im zweiten Buch Mose die Kinder Israel mit Diensten bedrückt, ist Ramses der Zweite.

In Theben verwendete der König ungeheure Mengen an Material und Arbeitskraft auf die Vollendung des Totentempels für seinen Vater und den Bau des Heiligtums, das für seinen eigenen Totenkult bestimmt war, das Ramesseum. Die größte Bewunderung der Nachwelt haben zu allen Zeiten die Kolossalstatuen erregt, die fast durchwegs aus einem einzigen Block gearbeitet sind; eine von ihnen war 27 Meter hoch und wog fast eine Million Kilogramm. Die Werke, die unter ihm entstanden sind, bekunden aber nicht mehr den sicheren Geschmack früherer Zeiten, vielmehr einen fatalen Willen zu großsprecherischer Massenwirkung und einer unfeinen Selbstverherrlichung, wie sie seine Vorfahren nicht gekannt hatten: Ganze Wälder von Steinriesen wiederholen bis zum Überdruß die Züge des Bauherrn und von allen Säulen grüßt aufdringlich sein Namenszug. Seine gigantischste Schöpfung ist der zweiteilige Felsentempel von Abusimbel, am Westufer des Nils in Unternubien, der sechzig Meter tief in den Felsen hineingehauen ist: ein ebenso grandioses wie sinnloses Gebilde, geboren aus der Sucht nach Sensationellem und *à tout prix* Neuem und der renommistischen Lust an ungeheuern technischen Schwierigkeiten, deren Überwindung Selbstzweck ist. Die Absurdität des ganzen Baugedankens zeigt sich allein schon an der Verwendung von acht Pfeilern, die, da sie ja nichts zu stützen haben, künstlerisch völlig unbegründet sind, und, wie alles andere, nichts darstellen als ein lärmendes Monsterornament. Daß man sie gänzlich überflüssigerweise stehenließ, läßt die dreifache Erklärung zu, die man überhaupt an alle ägyptische Kunst anlegen kann: entweder ist es »Raumscheu« oder Konservativismus oder vielleicht hat Worringer doch recht, wenn er gelegentlich von »Amerikanismus« spricht. Gleich am Eingang sitzen vier zwanzig Meter hohe Königsbildnisse, und an jeden Pfeiler ist wieder ein zehn Meter hoher Ramses postiert. Manchmal, zum Beispiel in Luksor, standen vor den Statuen, deren Wirkung zerstörend, noch obendrein Obelisken; stärker als alle künstlerischen Erwägungen war eben auch da der marktschreierische Hang, alles zweimal und zehnmal zu sagen. Hier spürt man wirklich etwas wie Reklame und Rekord. An sich sind die meisten Werke noch immer prachtvoll gekonnt: so befindet sich zum Beispiel in Abusimbel ein Kalksteinrelief, den Kampf des Königs mit einem Libyer darstellend, das Champollion als das Meisterstück der ägyptischen Kunst bezeichnete und von dem der große französische Ägyptologe Gaston Maspero erklärte, niemals wieder sei das Motiv gleich richtig analysiert und mit gleicher Kraft gestaltet worden.

Die Ägypter haben während ihrer ganzen späteren Geschichte in Ramses dem Zweiten das Idealbild eines großen Königs erblickt: mit ihm verglichen zu werden, war das höchste Lob, und zehn von den elf Herrschern der zwanzigsten Dynastie haben sich seinen Namen beigelegt. Und doch war unter ihm Ägypten bedeutend kleiner als unter der achtzehnten Dynastie, sowohl an Umfang wie an Ansehen. Von Bauten und Bildwerken hat er an Zahl wahrscheinlich die meisten errichtet; aber das Alte Reich hat gewaltigere, das Mittlere Reich tiefere Kunstschöpfungen hervorgebracht. Die Geschichte ist oft launisch in der Verteilung ihrer Prädikate: So hat sie zum Beispiel Mithridates dem Sechsten den Titel des Großen zuerkannt, den sie Napoleon dem Ersten verweigerte, und wenn es in Rußland eine große Katharina gegeben hat, so hätte es in England mit mindestens derselben Berechtigung eine große Elisabeth geben müssen. »In der Tradition, im populären Urteil«, sagt Burckhardt in seinen »Weltgeschichtlichen Betrachtungen«, »richtet sich der Begriff der Größe nicht ausschließlich nach dem gehabten Verdienst um das erhöhte Gedeihen des Ganzen, auch nicht nach genauer Messung der Fähigkeit, ja nicht einmal der historischen Wichtigkeit, sondern das Entscheidende ist am Ende doch die Persönlichkeit, deren Bild sich magisch weiterverbreitet.« Und eine solche Persönlichkeit, in der sich die ganze Großartigkeit des ägyptischen Prachtsinns mit einer staunenswerten Vitalität vermählte, muß Ramses der Zweite eben doch gewesen sein.

Die Gänsehaut

Von seinem Sohn und Nachfolger Merneptah weiß man, daß er um 1220 einen großen Krieg gegen die Libyer führte, die von Westen ins Delta eingebrochen waren; zum Hethiterreich unterhielt er weiterhin gute Beziehungen. Dann gelangte nach einer kurzen Zwischenzeit der Anarchie ein gewisser Sethnacht zur Herrschaft, mit dem die zwanzigste Dynastie beginnt. Sie regierte von 1200 bis 1090; ihr letzter König war Ramses der Zwölfte. Unter dem ersten der zehn Ramessiden, Merneptahs Sohn Ramses dem Dritten, erlebte Ägypten noch eine Blütezeit, für lange die letzte. Er siegte über die Libyer, die von neuem eingefallen waren, und die »Seevölker«, deren furchtbarem Anprall die kretisch-mykenische Welt und das Hethiterreich erlegen waren; die Schlacht, die den Kampf entschied, ist das erste Seetreffen, von dem wir nähere Kunde haben. Es war ein kombinierter Angriff zu Wasser und zu Lande: Bogenschützen, die vorzüglichste Waffe des damaligen ägyptischen Heeres, übrigens meist Söldner, waren am Ufer und auf den Schiffen postiert und dezimierten die feindliche Bemannung, ehe sie richtig in Aktion treten konnte; dann begannen sie zu entern. Ramses der Dritte hat in Medinet Habu am linken Nilufer, gegenüber von Theben, einen imposanten Amontempel errichtet, ein genaues Abbild des Ramesseums, wie er überhaupt den großen Ramses in allem zu kopieren suchte. Als er alt und krank geworden war, versuchte eine seiner Nebenfrauen durch eine Palastrevolution ihren Sohn auf den Thron zu bringen. Zwei der höchsten Hofbeamten, der Oberkämmerer und der Oberkellermeister, waren in die Verschwörung verwickelt. Sie verschafften sich magische Wachsfiguren, um die Leibwache durch Zauber zu überwältigen und dann den König zu ermorden. Gleichzeitig sollte in der Stadt eine Volkserhebung inszeniert werden. Aber der Plan wurde verraten, und die Behörde gelangte in den Besitz einer langen Liste der Beteiligten. Ein Sondergericht wurde eingesetzt und den schuldig Befundenen Selbstmord anbefohlen. Dabei ereignete sich der Zwischenfall, daß zwei Richter und zwei Wachoffiziere mit einigen von den angeklagten Frauen ein Gelage veranstalteten. Sie wurden zum Abschneiden der Ohren verurteilt. Die Weisung des Königs an den Gerichtshof lautete: »Geht und untersucht, was die Leute geredet haben. Ihr werdet sie verhören und werdet sterben lassen, die ihr durch eigene Hand sterben lassen müßt, ohne daß ich davon weiß; und ihr werdet auch die Strafe an den anderen vollziehen lassen, ohne daß ich davon weiß. Alles, was sie getan haben, laßt auf ihre Häupter fallen; ich dagegen bin beschirmt und beschützt in Ewigkeit, denn ich bin unter den gerechten Königen, die bei Amon-Re und Osiris sind.« Was bedeuten diese dunklen Worte? Man hat lange über ihnen gegrübelt, bis der Ägyptologe Struve die Erklärung gefunden hat, und wenn man den wahren Sachverhalt erfährt, wird man sich einer leichten Gänsehaut kaum erwehren können: Der König ist wirklich ermordet worden, er ist bei Osiris, aber es wird die Fiktion aufrechterhalten, daß man weiter in seinem Namen judiziert; er gibt also seine Instruktionen aus dem Grabe! Das ist der gruselige Sinn des Satzes: »Ihr werdet sie verurteilen, ohne daß ich davon weiß.«

Der Kirchenstaat von Theben

Die einundzwanzigste Dynastie (1090 bis 945) kann man die Taniten nennen, denn ihr Begründer war Smendes, der in Tanis, einer Stadt am östlichen Nilarm, Gaufürst war. Er herrschte aber nicht über ganz Ägypten, denn in Theben war unter dem Hohenpriester Hrihor ein selbständiger theokratischer Staat entstanden. Schon unter den Ramessiden war der Amonklerus zu überragender Macht gelangt. Er besaß ein Zehntel des kulturfähigen Bodens, eine eigene Handelsflotte, Tempelfilialen bis tief nach Syrien und Nubien hinein, und dabei waren nicht nur alle seine Güter, sondern auch alle Personen, die in seinen Diensten arbeiteten, bis herab zu den Fischern, Imkern, Weinbauern, von jeder Steuer befreit. Daß früher oder später die Hierarchie zum Kirchenstaat werden mußte, lag in der natürlichen Entwicklung der Dinge. Die Theologie, die die Priesterfürsten von Theben lehrten, war, darüber kann kein Zweifel bestehen, ein reiner und vollkommen vergeistigter Monotheismus. Amon ist der »Einzigeine« und zugleich »der, dessen Name verborgen ist«, »unerkennbar«, »nicht begreiflich«, und obwohl sein Walten sich in der wandernden Sonne offenbart, so ist er doch mit ihr so wenig identisch, daß von ihm gesagt wird, er sei »sich geheimmachend als Sonne«.

Die Taniten wurden durch eine Fremdherrschaft abgelöst. Ein Libyerfürst namens Schoschenk verlegte seine Residenz nach Bubastis, das ebenfalls im östlichen Delta lag, aber bedeutend südlicher als Tanis, und machte sich zum Pharao. Er hat den thebanischen Priesterstaat in seiner Organisation unangetastet gelassen, aber seinen Sohn zum Hohenpriester ernannt, was unter seinen Nachfolgern zur Regel wurde. So war die verlorene Reichseinheit notdürftig wiederhergestellt. Man pflegt die »Spätzeit« und das Ende des Neuen Reichs mit dem Beginn der Äthiopierherrschaft (fünfundzwanzigste Dynastie, 712 vor

Christus) anzusetzen; man kann denselben Einschnitt aber geradesogut bei den Libyern machen, ja eigentlich schon bei den Taniten, denn ein selbständiges Großreich hat schon damals nicht mehr bestanden. Und so gelangen wir dazu, ungefähr an derselben Stelle, 1100 vor Christus, einen Punkt zu machen wie vorhin bei der babylonischen Geschichte. Es ist in der Tat in der ganzen östlichen Mittelmeerwelt eine Wendeepoche: in Mesopotamien der Aufstieg Assurs, in Kleinasien der Untergang Hattis, in der ganzen Ägäis große Umwälzungen. All dies hängt natürlich mit der Völkerwanderung zusammen.

Der »Westen« von Theben

Während der fünf Jahrhunderte des Neuen Reichs war das hunderttorige Theben der Mittelpunkt des Landes. Die heutigen Ruinen geben von der einstigen Pracht selbstverständlich ebensowenig ein Bild wie eine vergilbte Fotografie von einem Rubens. Aber auch die zurückträumende Phantasie vermag sich diese Zauberwelt kaum mehr zu vergegenwärtigen: diese endlosen Widderalleen und Sphinxstraßen, die sich in blauen Teichen spiegelten, diese tausend juwelengeschmückten, leuchtend kolorierten Säle und Säulen, Tore und Türme, diese rosenglänzenden, goldbehelmten Obelisken und bunten flatternden Flaggen auf silbernen Masten, diese weihrauchumdampften Götterprozessionen zu Wasser und zu Lande, gekreuzt von stolzen Karawanen und Kaufseglern, die mit allen Köstlichkeiten Asiens beladen waren, diese summende Fülle reichen und rauschenden Lebens, umwogt von dem duftenden Farbenmeer tropischer Gärten. Ganz ebenso wie in unseren heutigen Weltstädten war auch in Theben der Westen der Schauplatz des regsten Geschäfts und Verkehrs, des raffiniertesten Luxus und Komforts, der erlesensten Kunst und Zivilisation. Aber für den Ägypter beginnt das große Leben ja erst nach dem Tode, und daher war der Westen die Totenstadt. Es gab dort Avenuen, Wohntürme, Häuserfluchten; und ein Heer von Totenpriestern, Grabwächtern und Tempeldienern, Steinmetzen, Malern und Maurern, Sargtischlern, Einbalsamierern und Amuletterzeugern, das wiederum eine Menge von Bäkkern, Bierbrauern, Viehzüchtern ernährte, hatte dort sein Lager aufgeschlagen. Aber die größere Siedlung lag im Felsen oder unter der Erde: Myriaden von Schlafzimmern und Kunstkammern. Man hat berechnet, daß in dieser Gegend im Laufe der ägyptischen Geschichte mindestens zweihundert Millionen Menschen begraben worden sind, und hat den libyschen Abhang mit seinen zahllosen schwarzen Grablöchern recht anschaulich mit einer Honigwabe verglichen.

Daß die Nekropole sich im Westen, am linken Nilufer befand, hatte, ganz ebenso wie die Lage der Pyramiden, seinen Grund darin, daß man dort alltäglich die Sonne, auf der Osiris ins Totenreich wandert, hinter dem Wüstenrand verschwinden sah. Am rechten Ufer liegt heute Luksor. Zwischen dieser Stadt und dem Dorf Karnak dehnte sich das Ostviertel Thebens mit seinen herrlichen Tempeln und Palästen. Das dortige Amonheiligtum war eines der größten Gebäude der Welt. Von der Großartigkeit der Anlagen kann man sich einen Begriff machen, wenn man erfährt, daß die gepflasterte Straße, die von Luksor nach Karnak führte, von etwa tausend steinernen Widdern und Sphinxen flankiert war und daß allein im »Großen Pfeilersaal« des Tempels von Karnak, der im Altertum als Weltwunder galt, 134 Säulen standen: von 3 bis 3½ Meter Durchmesser und einer Höhe von 13 bis 21 Meter. Die Gräber auf der anderen Seite befinden sich, obschon keines von ihnen jünger ist als zweitausend Jahre und die meisten viel älter, in einem überraschend frischen Zustand. Nicht selten sieht man noch Fingerabdrücke und Spuren nackter Füße. Auch die Farben sind oft von völlig unversehrter Reinheit und Leuchtkraft. Dabei finden sich Zusammenstellungen von so zarter und erlesener Harmonie, daß es fast unerklärlich erscheint, wie sie beim düstern Schein schwelender Fackeln und armseliger Öllämpchen gemalt werden konnten. Vielleicht haben die Ägypter eben doch viel vollkommenere Beleuchtungsmethoden gehabt, als wir annehmen, wie wir überhaupt über den Rang ihrer technischen Werkzeuge möglicherweise ganz irrige Ansichten haben. Die hohen Flaggenmasten mit den vergoldeten Spitzen zum Beispiel waren vielleicht Blitzableiter.

Von den drei hervorragendsten Anlagen der Westseite – der el Bahri, dem Ramesseum und Medinet Habu – haben wir schon gehört. Das prachtvollste Gebäude soll aber der Totentempel gewesen sein, den sich Amenophis der Dritte errichtete; als Merneptah billiges Baumaterial für sein eigenes Heiligtum brauchte, hat er ihn völlig demolieren lassen, und nichts steht heute mehr von ihm als die beiden verstümmelten Riesenbildnisse des Königs, die Memnonskolosse. Ein langer »Dromos« (so nannten die Griechen die ägyptischen Statuenstraßen), gebildet von Schakalen, führte vom Flußufer zum Pylon, die Fußböden waren mit Silber, die Tore mit Gold überzogen und »es herrschte Überfluß an Bildsäulen des Königs aus rotem Granit und allen Arten kostbarer Steine«. Es scheint also schon unter Amenophis dem Dritten, dem man mit Grund den Beinamen des »Prächtigen« verliehen hat, bis zu einem gewissen Grade dasselbe prahlende Schwelgen in Materialwirkungen geherrscht zu haben wie unter den Ramessiden. Von dem Tempel der Hatschepsut läßt sich das noch keineswegs behaupten. Er ist zwar ebenfalls eine Riesenanlage, die in drei enormen Terrassenbauten emporsteigt, hat aber in Komposition und Linienführung, besonders in der Säulenbehandlung, geradezu etwas Griechisches.

Die Liebeslyrik

Die Poesie des Neuen Reichs kann sich ebensowenig wie im Mittleren Reich mit den Steindichtungen messen; doch überrascht eine gewisse Modernität. In der Liebeslyrik zum Beispiel ist, ganz wie zur Rousseauzeit, eine bukolische Maskerade an der Tagesordnung: Man liebt es, seine Gefühle ins Ländliche zu verkleiden und an eine fiktive »schöne Schäferin« zu adressieren, die aber am Nil häufiger eine Vogelfängerin war, ein im alten Ägypten sehr verbreiteter, aber nichts weniger als angesehener Beruf; und so konnte man schon damals verwöhnte Damen, »à la jardinière« kostümiert, im blumengeschmückten Papyrusboot flirtend, die Komödie »einfachen Naturlebens« spielen sehen. Aber bisweilen regt auch echte Naturempfindung, freilich noch recht schüchtern, ihre Schwingen, zum Beispiel in dem Liedchen von der Sykomore, die zur Zeugin einer jungen Liebe gemacht wird: »Der Freund sitzt dem Mädchen zur Rechten. Sie macht ihn trunken und tut alles, was er will. Ich aber bin verschwiegen und sage nicht, was ich sehe. Ich werde kein Wort verraten.« Der Baum, »beladen mit Früchten, die röter sind als Jaspis, und voller Blätter wie Malachit und grünes Glas«, freut sich an dem Glück des Paares und beginnt es anzureden, wie die Haselstaude im deutschen Volkslied, die das tanzlustige Mägdlein warnt. Die Menschen der ägyptischen »Neuzeit« wußten auch schon, was Liebeskrankheit ist: »Ich will mich in meinem Zimmer niederlegen. Meine Nachbarn werden hereinkommen, mich zu besuchen. Möge meine Geliebte doch mit ihnen kommen, sie würde die Ärzte beschämen, denn sie kennt meine Krankheit.« Um die Stärke seiner Leidenschaft zu veranschaulichen, fingiert der Geliebte Gefahren: »Meine Schwester ist auf der anderen Seite des Flusses, ein Riesenkrokodil liegt auf der Sandbank, ich stürze kopfüber ins Wasser, die Wellen sind wie Land für meine Füße, ihre Liebe gibt mir Kraft, ein stärkender Zauber.« Er wünscht der Wäscher zu sein, der die Salben aus ihrem Kleide wäscht, der Siegelring, der an ihrem Finger steckt, die Negersklavin, die »die Farbe ihrer Glieder schaut«; oder er sagt ganz einfach: »Küsse ich sie, so bin ich begeistert ohne Bier!« (Das Bier spielte aber trotzdem bei dem Rendezvous eine große Rolle, denn es wird sehr oft erwähnt.) Die Liebesergüsse gehen, anders als bei den Minnesängern, an die sie bisweilen erinnern, durchaus nicht immer von den Männern aus, sondern ebensooft von den Frauen. »Süßtrank ist es, wenn ich deine Stimme höre«, sagt die »Schwester«, »und ich lebe, weil ich sie höre«; sie erzählt vom gemeinsamen Bad: »Ich lasse ihn meine Reize schauen in dem Hemd von Königsleinwand, das bekränzt ist mit Myrten, benetzt mit Öl. Wir steigen zusammen ins Wasser, du tauchst empor mit einem roten Fisch, er schmiegt sich sanft an meine Finger. Komm, sieh doch!«, und sehr schön ist die Klage: »Willst du denn fortgehen, weil du ans Essen denkst? Bist du denn ein Bauchmensch? Willst du denn fortgehen und dich ankleiden? Ich habe doch ein Laken. Willst du denn fortgehen, weil dich dürstet? Nimm meine Brust; was sie hat, fließt für dich.«

Das Märchen

Daß die Ägypter auch Ansätze zum Epos entwickelten, zeigt das Gedicht auf die Schlacht von Kadesch. Die Produktion an erzählender Literatur war sicher sehr reich, ist aber zum größten Teil verschollen. Das »Märchen von den beiden Brüdern« ist in neuägyptischer Sprache geschrieben, also frühestens zur Zeit Echnatons, da sie ja erst unter ihm literaturfähig wurde. Die Frau des älteren Bruders will den jüngeren verführen. Sie sagt zu ihm: »Komm, wir wollen uns vergnügen und schlafen. Ich will dir auch schöne Kleider machen.« Da wurde der aber so wütend wie ein Leopard und sagte: »Du bist doch für mich wie eine Mutter und dein Mann ist für mich wie ein Vater, denn er ist der Ältere und hat mich aufgezogen. Was soll da diese große Abscheulichkeit, die du mir gesagt hast? Die sage mir nicht noch einmal.« Aus Angst und Rache verleumdet ihn die Frau bei ihrem Gatten, indem sie den Sachverhalt umdreht: Er habe gesagt: »Komm, wir wollen uns vergnügen und schlafen« und sie: »Bin ich denn nicht deine Mutter? Und mein Mann ist für dich wie ein Vater.« Da wurde auch dieser so wütend wie ein Leopard und beschloß, seinen Bruder zu töten. Aber die Kuh sagte: »Paß auf, da steht dein älterer Bruder hinter der

Stalltür mit einem Spieß, um dich zu töten. Lauf fort vor ihm.« Und der jüngere Bruder lief fort und der ältere verfolgte ihn; aber Re, »der zwischen dem Frevler und dem Gerechten richtet«, ließ ein großes Wasser zwischen beiden entstehen, das voller Krokodile war. Von da geht die Geschichte noch ziemlich lange weiter, aber sehr verwirrt und nur noch für ägyptischen Geschmack genießbar. Ein anderes Märchen, »Der verwunschene Prinz«, behandelt das allverbreitete Motiv vom Fluch der Feen. Ein König bekommt lange keinen Sohn; endlich gewähren es ihm die Götter. Da kommen die »Hathoren« an die Wiege und sagen: »Der stirbt durch das Krokodil oder durch die Schlange oder durch den Hund.« Da wurde Seine Majestät sehr, sehr traurig und ließ ein steinernes Haus in der Wüste bauen, das der Knabe niemals verließ. Als er aber herangewachsen war, erblickte er vom Dach einen Windhund und fragte: »Was ist denn das, was da hinter dem Mann geht? Ich will auch so etwas haben.« Als Seine Majestät das erfuhr, sagte sie: »Man soll ihm einen kleinen Springer bringen, der wird ihm nichts schaden.« Schließlich aber hält es den Prinzen nicht länger in seinem Schloß und er geht, vom Hunde begleitet, auf Abenteuer. Er gewinnt unerkannt die Hand einer Fürstentochter, die ihn nun vor dem Eintreffen der bösen Prophezeiungen wachsam zu behüten sucht. Eine Schlange, die ihn beißen will, betäubt sie mit Bier. Die Handschrift bricht in der Mitte ab, und die meisten Textrezensenten nehmen an, daß im weiteren Verlauf auch die beiden andern Gefahren überwunden wurden; Erman aber glaubt, daß am Schluß berichtet wurde, wie der gute Hund seinen Herrn unwissentlich ums Leben brachte.

Zwei ägyptische Mysterienspiele

Die Ägypter kannten auch die satirische Fabel, aber nicht als literarisches Genre, sondern als zeichnerisches. Das Lieblingsthema ist die verkehrte Welt: Füchse hüten Gänse, Schakale opfern Schweinen, Ratten erstürmen eine Burg, die von zitternden Katzen verteidigt wird, der Löwe setzt sich mit der Gazelle zum Brettspiel, das Nilpferd sitzt auf einem Baum, während der Wiedehopf eine Leiter braucht, um hinaufzukommen. Daß es von alters her auch so etwas wie ein Drama gab, zeigt der sogenannte »Schabakostein«, ein Block aus schwarzem Granit mit hieroglyphischen Inschriften, den der König Schabako, der Begründer der fünfundzwanzigsten Dynastie, in den Ptahtempel von Memphis gestiftet hatte. Die Entzifferung des Textes wurde erst durch Breasted ermöglicht, der erkannte, daß er »rückläufig« geschrieben sei, was bei religiösen Aufzeichnungen nicht selten vorkommt, dann durch Erman entscheidend gefördert, der ihn »ein Denkmal memphitischer Theologie« betitelte, und von Kurt Sethe in einer meisterhaften Edition abgeschlossen. Die Inschrift beginnt mit den Worten: »Seine Majestät schrieb dieses Buch von neuem ab. Seine Majestät hatte es gefunden als ein Werk der Vorfahren, indem es von Würmern zerfressen war.« Die graphischen Eigentümlichkeiten der nun folgenden Kopie weisen auf eine Vorlage aus der Pyramidenzeit, ihre sprachlichen Erscheinungen auf eine noch ältere Periode. Später ist dieses kostbare Dokument als Mühlstein benutzt worden, so daß die Schrift in der Mitte fast gänzlich zerrieben ist. Nach Sethes Annahme war der Text zur öffentlichen Aufführung bestimmt, indem er teils kurze dramatische Szenen, teils eine verbindende Erzählung enthielt, die von einer an der Darstellung unbeteiligten Person, etwa einem »Vorlesepriester«, gesprochen wurde. Sethe vergleicht diese Zwischenreden mit den »Titeln« des stummen Films; und auch Shakespeare verwendet ja bekanntlich in einigen seiner historischen Dramen noch solche Herolde, die die Handlung weiterführen. Die Gespräche und Rezitationen fanden bei religiösen Festen statt, und Sethe nennt sie daher mit Recht Mysterienspiele, die sich von unseren mittelalterlichen im Wesen kaum unterschieden haben dürften. Die lakonische Kürze der Reden und ihren oft zusammenhanglos oder alltäglich erscheinenden Inhalt erklärt er damit, daß sie geflügelte Worte waren, nach der Art unserer Bibelzitate. In der Tat gewinnt ja auch bei unseren Passionsspielen der Text seine ungeheure Wirkung erst durch die heilige Situation und die Strahlenkrone von religiösen Assoziationen, die jeden Ausspruch umgibt, und in bescheidenerem Maße gilt etwas Ähnliches auch von den wenigen klassischen Dichtungen, die jedes Volk besitzt. Die Götterworte sind in ihrer Form höchst altertümlich, da man sie möglichst unverändert zu erhalten wünschte, so wie man heute noch die Bibelworte im Lutherdeutsch wiedergibt und sie zur Zeit der Reformation mit Vorliebe griechisch, ja hebräisch zitierte. Ein sakraler Stoff ersten Ranges, die Geschichte des Osiris und seiner Familie, bildete aber auch den Inhalt des Schabakotextes.

Sethe hat noch ein zweites Mysterienspiel herausgegeben, den Ramesseumpapyrus. Bei Ausgrabungen in den hinteren Räumen des Ramesseums fand man einen Kasten mit Papyri, die nach der Schrift dem Mittleren Reich angehörten. Sie enthielten, obschon in stark zerstörtem Zustande, ein Festspiel auf die Thronbesteigung Sesostris' des Ersten, auch dieses vornehmliche sakrale Vorgänge schildernd: ein Königsschlachtopfer findet statt, der Opferkuchen wird gebacken, der tote König wird einbalsamiert, er steigt zum Himmel. Zeit und Ort werden ebenso unbekümmert gewechselt wie bei Shakespeare. Die Handschrift ist sogar illustriert.

Ein Gelehrtenstreit vor 3200 Jahren

Über den wissenschaftlichen Unterricht, wie er im Neuen Reich auf der Elementarschule gehandhabt wurde, informiert eine Handschrift (Papyrus Hood und Moskauer Papyrus), die den hochtrabenden Titel führt: »Die Lehre, die klug macht und den Unwissenden unterrichtet, alles zu kennen, was existiert, den Himmel mit seinen Sternen, die Erde und was in ihr ist, was die Berge ausspeien und was aus dem Ozean fließt, alle Sachen, die die Sonne beleuchtet, und alles Zeug, das auf dem Boden wächst«; in Wirklichkeit ist es nichts als ein Wörterverzeichnis und man lernt daraus bloß Orthographie. Zuerst kommen die Bezeichnungen für die Sternbilder und Himmelserscheinungen, Wasserformen und Erdbildungen, dann Ausdrücke für die Götter, das Königshaus, die Priester und Beamten, Truppen und Handwerker, Städte und Völker, die Gebäude und ihre Teile und »alles, was man essen und trinken kann«, welche Liste länger ist als die der Städtenamen (nebenbei bemerkt, wiederum ein Beweis für den ägyptischen Infantilismus: das Vokabular des Kindes ist ebenfalls am reichsten an Synonymen für Eßwaren und hat zum Beispiel im Deutschen für Süßigkeiten allein zwei Dutzend Worte).

Einen köstlichen Einblick in den höheren Wissenschaftsbetrieb gewährt eine lange polemische Abhandlung in Briefform (Papyrus Anastasi 1), die ein Gelehrter aus der Zeit Ramses' des Zweiten namens Hori an einen literarischen Rivalen, Amenemope, den Sohn des Mose, schreibt (Mose ist ein rein ägyptischer Name). Der Brief beginnt mit einer Selbstcharakteristik des Verfassers: »Man freut sich seiner Reden, wenn man sie hört; nichts gibt es, was er nicht wüßte; der Hervorragendste unter seinen Genossen, dessengleichen es nicht gibt; die schwierigsten Stellen versteht er, als ob er sie verfaßt hätte«; dann folgt die Begrüßung des Adressaten, aus der man ersieht, daß das Vorhergehende weniger Arroganz als Konversation war, denn sie enthält fast dieselben Worte: auch Amenemope ist einer, dessengleichen es nicht gibt, und nichts gibt es, was er nicht wüßte. Hieran reiht sich ein lange Liste von guten Wünschen, und dann erst gelangt Hori zu seinem eigentlichen Thema, der Beantwortung der gegnerischen Abhandlung. Zunächst ist alles darin falsch: »Deine Aussprüche vermischen dieses mit jenem, alle Deine Worte sind verkehrt und sie sind nicht richtig geknotet.« Nicht genug damit, sind sie auch nicht von ihm: »Du hast Deinen Brief nicht allein geschrieben. Du gewährst Deinen Gehilfen Geschenke und sie sagen zu Dir: habe Mut, wir werden ihn besiegen« (es ist dies bereits ganz die moderne Technik der Überbeschimpfung: dem Gegner Unsinn anzukreiden und ihm dann nicht einmal von diesem die Autorschaft zu gönnen). Amenemope scheint allerdings mit noch stärkerem Tabak gekommen zu sein: Er hatte Hori in seinem Briefe verflucht und ihm sogar angewünscht, daß er unbegraben bleiben solle, worauf dieser erwidert: »Worin bin ich denn schlecht gegen Dich gewesen, daß Du mich so angreifst? Ich habe doch nur eine Scherzschrift an Dich gerichtet, die allen Leuten zur Erheiterung gedient hat« (ob sie gar so harmlos gewesen sein wird, ist auch wiederum die Frage). Und nun wird dem Amenemope, der den Gelehrten bloß spiele, ausführlich vorgerechnet, was er alles nicht kann: »Sage mir einmal, wieviel Proviant man für die Soldaten braucht, wenn ein See von dem und dem Rauminhalt gegraben werden soll; oder gib an, wieviel Ziegel man für eine Rampe braucht, deren Länge, Breite und ansteigende Höhe bekannt ist; ebensowenig verstehst Du die Last eines Obelisken abzuschätzen; auch beim Aufstellen eines Kolosses kalkulierst Du falsch; Du nennst Dich einen Weitgereisten, aber von Syrien hast Du keine Ahnung!« Aus dem ganzen Kontext geht aber hervor, daß Amenemope dem Hori ganz ähnliche Vorhaltungen gemacht hat. Allem Anschein nach verhielt es sich nun so, daß die beiden nicht etwa einander Aufgaben gestellt, sie beantwortet und dann gegenseitig korrigiert haben, sondern daß sie sich gewisse Fragen ausdachten (es handelt sich meistens um sogenannte »Textgleichungen«) und dann fingierten, daß der andere sie nicht lösen könne. Es ist möglich, daß sie alle beide nicht Bescheid wußten; wahrscheinlicher aber ist es, daß sie beide ganz gut beschlagen waren und sich nur, wie die Gelehrten zu allen Zeiten, gegenseitig als Ignoranten hinstellten. Jedenfalls können die beiden Partner dieses »literarischen Streites«, wie ihn Erman nennt, sich an drolliger Aufgeblasenheit, Geschwätzigkeit und Rechthaberei mit den

»Savants« Molières durchaus messen. Und das Ganze erinnert wiederum an die Art von Kindern, die sich auch gern gegenseitig »prüfen« und gleich mit »falsch« bei der Hand sind, noch ehe der andere den Mund aufgetan hat. Besonders ergötzlich ist der Schluß, wo sich das geographische Vokabular Horis gleichsam selbständig macht und der Adressat mit exotischen Namen erstickt wird: »Bist Du zum Lande Tachsi gekommen, nach Kafr-Mereren, Tement, Deper, Azai, Har-nemi? Kennst Du den Namen von Chelez, das im Lande Upe liegt? Belehre mich über Rehob, erkläre Betscha-el und Kirjat-el!«

Das Heer

Es wurde schon gesagt, daß in Ägypten von alters her die Tätigkeit des Schreibers als der bewunderungswürdigste Beruf galt, und dies hat sich in der überfeinerten Kulturwelt des Neuen Reichs natürlich nicht geändert. Aus Schreibern rekrutierte sich der allmächtige Priesterstand und das höhere Beamtentum, Schreiber füllten den königlichen Palast und begleiteten Handelsexpeditionen und Heereszüge, und damit wurde sogar aus dem Offizier eine Art Schreiber. Aber zugleich bahnte sich eine umgekehrte Entwicklung an: Der Offizier drängt sich in die Schreiberfunktion, leitet Materialtransporte, Kanalanlagen, Tempelbauten und rückt in wichtige zivile Verwaltungsposten ein; besonders die exponierten Landesteile waren naturgemäß ganz militärisch organisiert. Durch die fortwährenden Kämpfe in Nubien und Syrien war das stehende Heer unentbehrlich geworden und zu großer Bedeutung gelangt. Ein Ritterstand hat sich aber nicht ausgebildet, obwohl die Einführung des Streitwagens es hätte begünstigen können. Hingegen hat sich, da die Anschaffung der Rosse und des übrigen Materials mit beträchtlichen Kosten verbunden war, aus der neuen Waffe eine Art Geldadel entwickelt. Die Verwendung des Pferdes war fast ausschließlich auf den Kutschierwagen beschränkt. Reiter gab es in Ägypten überhaupt nicht, und auch beim Train kamen vorwiegend Packesel und vierräderige Ochsenkarren zur

Verwendung. Die strategische Bedeutung der Wagentruppen beruhte vor allem darin, daß sie mit großer Geschwindigkeit umgruppiert und an entscheidenden Punkten überraschend eingesetzt werden konnten; in geschlossener Masse gegen den Feind geworfen, müssen sie ein Angriffsinstrument von überwältigender Macht gewesen sein, vergleichbar einem großen Artilleriefeuer. Der Pharao leitete sehr oft den Kampf persönlich, und dieser Tatsache entsprachen zwei neue große Hofchargen: »Wagenlenker« und »Waffenträger« des Königs. Das Fußvolk bestand aus ägyptischen Bauern und, in den späteren Zeiten des Neuen Reichs in immer größerem Umfang, aus fremden Söldnern: Syrern, Libyern, Nubiern und den geheimnisvollen »Schardana«, in denen man Sardinier vermutet hat. Diese ausländischen Kontingente bildeten die stärkste Stütze des absoluten Königtums, aber auch dessen größte Gefahr: Manethos zweiundzwanzigste Dynastie der »Bubastiden« oder »Libyer« war wahrscheinlich ein Geschlecht von Usurpatoren, die aus der königlichen Garde hervorgegangen waren. Daß man die Einteilung in Vorhut und Nachhut, Zentrum und Flügel schon damals gekannt hat, geht aus den Schlachtenschilderungen hervor, auch gab es so etwas wie Trommelfeuer: das Schießen in Salven; der Begriff der Reserve war aber allem Anschein nach noch nicht entwickelt. Der Flotte, die zu manchen Zeiten ziemlich bedeutend war, oblag lediglich der Küstendienst: der Truppentransport, die Sicherung der Rückzugslinie und die Unterstützung der Landstreitkräfte. Ein Marinevolk sind die Ägypter auch im Neuen Reich nicht geworden: Wir haben gesehen, daß auch die große Schlacht gegen die »Seevölker« nur ein Sieg der Bogenschützen war, indem die Ägypter in kluger Erkenntnis ihrer Stärke und Schwäche den Kampf sozusagen in ein »schwimmendes Landgefecht« verwandelten.

Die Verwaltung

In Syrien lagen allenthalben stark bemannte und befestigte Militärstationen. Außerdem suchte man die Söhne der Fürsten und Großen zu ägyptisieren, indem man sie am königlichen Hofe erziehen ließ. Die Tribute gingen natürlich immer sehr zögernd und unregelmäßig ein. Übrigens haben die Ägypter von jeher eine Neigung gehabt, nicht nur deren Zahl und Wert maßlos aufzubauschen, sondern auch überhaupt die ganze Einfuhr als »Tribut« zu buchen, während es sich in Wirklichkeit um gewöhnlichen Tauschverkehr gehandelt hat: daß Babel und Assur, Hatti und Mitani Abgaben leisteten, ist ganz ausgeschlossen. Die begehrtesten Importartikel waren Sklaven und Rosse, Wein und Öl, Silber und Kupfer, Holz für Bauten und Luxuswaren, »Blaustein« und »Rotstein« (offenbar Lapislazuli und Karneol), auch seltene Tiere wie Bären und Elefanten. Auch die Giraffe haben die Ägypter schon gekannt: sie ist auf einer Darstellung nubischer Tribute abgebildet, aber merkwürdig klein, nicht viel größer als die Schwarzen, die sie führen, man scheint ihr also keine erhebliche Bedeutung beigemessen zu haben; ihre Hieroglyphe ist das Phonogramm für »verkünden«. Den Export beherrschte das Gold der fast unerschöpflichen nubischen Bergwerke; auch erhebliche Getreidemengen wurden ausgeführt, an Fabrikaten vornehmlich Papyrusrollen, Gewebe, Kunstgegenstände. Auch Nubien war durch armierte Stützpunkte gesichert und außerdem durch eine starke Flotte, die beständig auf dem Nil kreuzte; das gesamte Gebiet stand unter einem Vizekönig, der den Titel »Königssohn von Kusch« führte. Bis tief nach Obernubien hinein wurden Kanäle angelegt, Städte erbaut, schöne Tempel errichtet. Die Nubier erscheinen auf den Abbildungen zumeist modisch gekleidet, mit hohen ägyptischen Frisuren, so wie etwa heute afrikanische Neger mit besonderer Vorliebe Zylinder tragen; schwarze Prinzessinnen kutschieren elegante Kabrioletts, die nur darin ihren provinziellen Charakter bekunden, daß sie mit Ochsen bespannt sind. Ägyptische Sitte, Kultur und Religion haben sich, in ihrer Versteinerung zur Konvention, gerade in Nubien am allerzähesten erhalten, so daß die Griechen glaubten, sie sei überhaupt dort entstanden und erst später nach Norden gewandert. Auch mit Kreta, das die Ägypter Keftiu nannten, bestand ein lebhafter Handelsverkehr. Tonvasen, die man in ägyptischen Gräbern aus der Zeit der Thutmosiden gefunden hat, glichen wie Abgüsse solchen aus der mykenischen Periode der griechischen Inseln: Sie dienten zum Öltransport. Umgekehrt hat man auf kretischem Boden ägyptische Skarabäen und Fayencen zutage gefördert.

An der Spitze des Staatswesens stand noch immer der Wesir, der die Funktionen eines Kriegsministers, Kultusministers und Kanzlers vereinigte; außerdem war er der oberste Richter, der täglich in der »Halle des Wesirs«, die vierzig Lederrollen des Gesetzbuches vor sich, umgeben von seinen Beisitzern, Recht sprach; Stenographen (es gab schon damals eine abkürzende Schnellschrift) protokollierten jedes Wort, das gesprochen wurde. Über die einzelnen Bezirke waren Landräte, über die Städte Bürgermeister gesetzt. Bei der feierlichen Inauguration, die er persönlich vornahm, ermahnte der König den Wesir in Worten, die bei diesem Anlaß immer wiederholt wurden, zur unerschütterlichen Gerechtigkeit: »Es ist ein Greuel vor Gott, wenn man Parteilichkeit zeigt. Dies ist eine Lehre, nach der du tun sollst. Den du kennst, sollst du ansehen als einen, der dir unbekannt ist, und der dem König nahe ist, soll dir gelten als einer, der ihm fern ist. Sei nicht ungerechtfertigt erzürnt, sondern nur erzürnt über Dinge, derentwegen man wirklich zornig sein muß.« In der Tat war der Wesir in Ägypten zu allen Zeiten eine sehr populäre Figur: Er galt als Beschützer der Armen, »der keine Bestechung vom Schuldigen annimmt«.

Das zahlreiche städtische Proletariat bezog in guten Zeiten eine ausreichende Löhnung an Kleidern, Salböl und Nahrungsmitteln; wenn diese aber ausblieb, kam es sehr leicht zu Unruhen. Auch die Beamtengehälter wurden in Naturalien gezahlt, abgestuft nach der Rangklasse des Funktionärs und der Größe des Unterpersonals, und ebenso verhielt es sich mit den vielfältigen Steuern von Grundbesitz und Bodenbau, Marktgewinn und Manufaktur. Als Naturalwaren galten auch die Edelmetalle, und ihr Wert war ziemlich verschieden, da man sie, nicht immer mit Wissen des Käufers, zu legieren pflegte. Ein wunderschöner Dolch mit Knauf aus Bergkristall und ziselierter Goldscheide, den man im Grabe Tutenchamons gefunden hat, war aus Eisen, das noch immer im reinsten Glanze wie Stahl schimmerte; dieses Material galt damals offenbar noch als eine ganz besondere Kostbarkeit. Es kam aus Kleinasien: ein mysteriöses Metall, *amutum*, das wahrscheinlich mit dem Eisen identisch ist und fünfmal so teuer war wie Gold, wurde von den Assyrern in Kappadokien eingehandelt; auch die Hethiter haben schon zur Zeit ihres »Alten Reichs« Statuen, Schmuck, Gedenktafeln und Prunkwaffen aus Eisen hergestellt, und unter Ramses dem Zweiten lieferten sie davon bereits eine ganze Schiffsladung nach Ägypten. So bereitet sich auch auf diesem Gebiet gegen Ende des zweiten vorchristlichen Jahrtausends etwas völlig Neues vor.

Die Syromanie

Aus Asien kamen aber noch ganz andere Dinge als einige Eisenklumpen. Es herrschte in der späteren Zeit des Neuen Reiches geradezu eine Art Asianismus, eine Syromanie, vergleichbar der europäischen Gallomanie und Anglomanie. Ähnlich wie zu Beginn der Barockzeit die deutsche Sprache sich mit französischen Brocken füllte und gegen Ende der römischen Republik die Konversation mit griechischen Floskeln gespickt war, drangen damals ins Ägyptische eine Menge semitischer Fremdwörter. Bei Bezeichnungen für neue Gegenstände, die aus dem Osten importiert waren, war dies noch begreiflich, aber bei uralten Begriffen wie Fluß, Meer, Haus, Schreiber war es eine ebenso törichte Affektation wie das »alamodische Wesen« des siebzehnten Jahrhunderts. Eine feine Dame sagte zur Begrüßung im kaiserlichen Rom *»chaire«*, im vormärzlichen

Berlin *»bonjour«* und in Theben *»schalam«*. Daß das Babylonische die Sprache der Höfe war, wurde bereits mehrfach erwähnt. Auch allerlei ausländische Gottheiten gelangten zu Ansehen. Am stärksten war der asiatische Einfluß in der Tracht. Das Arrangement der Perücken, die sich oft tief über beide Schultern legen, wird höchst kompliziert, und zwar gleichermaßen bei Männern wie bei Frauen, so daß die Geschlechter in ihrem Äußeren oft kaum zu unterscheiden sind. An die Stelle des alten Lendenschurzes treten weite gebauschte Gewänder mit Ärmeln (etwas ganz Neues) und fashionablen Glocken, die aufs feinste plissiert sind; unseren »englischen« Stoffen entsprachen die »phönizischen«, die aber, nicht anders als diese, sehr oft einem gut einheimischen Orte vom Range Brünns oder Zwickaus entstammten. Nur die Priester hielten an der alten Kleidung fest. Zu den grellbunten Würfelungen der Phönizier hat sich der ägyptische Geschmack aber niemals verstanden; die Roben blieben, wie bisher, weiß und höchstens am Rande gemustert. Die Syrer waren zunächst in untergeordneten Stellungen nach Ägypten gekommen: als Sklaven, Geiseln, Händler, Kriegsgefangene, brachten es aber bald zu großem Einfluß, ebenso wie später in Rom. Wie stark die Einströmung war, läßt sich daran erkennen, daß es in Memphis (und wohl auch anderwärts) ein ganzes Asiatenviertel gab, mit Gotteshäusern, Lagerplätzen und Kontoren, in der Art des Stahlhofs der hansischen Kaufleute in London. Soldaten aus dem Osten sah man am Nil mindestens so häufig wie im modernen Frankreich Zuaven und Turkos. Ein kleines Kalksteinrelief aus der Zeit Echnatons zeigt einen syrischen Söldner mit Vollbart, bebändertem Haar und buntem, troddelbesetztem Schurz, der nach heimischer Sitte mit einem Heber, den ihm sein Knabe gereicht hat, aus einem großen Kruge Bier trinkt; ihm gegenüber sitzt seine Gattin, ägyptisch frisiert und gekleidet, in der lässigen und windschiefen Amarnahaltung.

Aus Asien scheint auch eine gewisse Obszönität herübergekommen zu sein, die dem Ägypter bisher fremd war; die schwüle Atmosphäre vieler Liebeslieder und die Schlüpfrigkeit mancher erotischer Karikaturen deuten darauf hin. War die Kleidung früher frei, so wird sie jetzt degagiert; und die Nacktheit, bisher etwas harmlos Natürliches, wirkt nun provokant. Daß vornehme Damen nicht nur die Brust, sondern auch den vollen Vorderkörper entblößten, wie es auf Bildern aus der Amarnazeit zu sehen ist, dürfte vorher wohl kaum jemals üblich gewesen sein. Die Stutzer trugen damals den Schurz hinten hoch und lang, vorne aber ganz kurz, so daß Bauch und Nabel unbedeckt blieben, was, auch wenn man den ägyptischen Maßstab anlegt, als eine ebenso perverse wie unästhetische Mode angesprochen werden muß: auch an diesen äußerlichen Details zeigt sich, daß die Reform Echnatons in ihrer hemmungslosen Outriertheit ein Werk der Décadence war. Es darf in diesem Zusammenhang nicht unerwähnt bleiben, daß die Knabenliebe, die im Orient, sogar bei dem edeln Perservolk, gang und gäbe war, den Ägyptern allem Anschein nach fast unbekannt geblieben ist; man hört wenigstens nie davon. Hingegen haben sie von ihren Nachbarn etwas Weibisches angenommen, nicht nur im Exterieur, zum Beispiel in der unschönen Sitte, Ohrringe zu tragen, was vor der achtzehnen Dynastie nicht einmal die Frauen taten, sondern auch in einem bedeutend gesteigerten Hang zu raffiniertem Genußleben. Besonders seit Amenophis dem Dritten, der schon mehr ein Dynast arabischen oder türkischen Stils war, herrscht ein weichlicher und schwärmerischer, sinnlicher und schwelgerischer Geist am Königshofe. Die Tänze werden immer lasziver: die Akrobatinnen und Jongleusen, die sie ausführten, verrenkten den Körper in den gewagtesten Wendungen, wobei das Gesäß eine Hauptrolle spielte (der Tanz war den Ägyptern als gegenseitige Unterhaltung der Geladenen nicht bekannt, sondern nur als

Schaustellung bezahlter Professionisten und als magische Zeremonie der Anverwandten bei Beerdigungen). Sicher haben die gewandten und anmutigen Bewegungen der jungen Mädchen auch einen ästhetischen Genuß geboten, und die ägyptische Choreutik war im ganzen Altertum berühmt und begehrt; ihre Kunst ist aber während der mohammedanischen Zeit untergegangen, und was heutzutage am Nil als »ägyptischer Tanz« geboten wird, ist nur noch abscheulich. Auch die Musik lag vorwiegend in den Händen weiblicher Kräfte, und auch hier machte sich asiatischer Einfluß geltend. Grelle und lärmende Instrumente drängen sich vor, das Zeitmaß ist beschleunigt, der Rhythmus aufreizender und leidenschaftlicher, die Besetzung des Orchesters stärker und komplizierter. Noch zur Diadochenzeit galt die alexandrinische Musik als die wirkungsvollste und großartigste, und Otfried Müller meinte sogar, nach den Angaben der Alten müsse man glauben, daß damals die Instrumentalmusik nicht weniger reich und mannigfaltig gewesen sei als die unsere. Wir können uns davon keine Vorstellung mehr machen, denn auf stumme Bilder angewiesen, kennen wir die Tonkunst des Neuen Reichs nur als Pantomime; aber an Farbigkeit und Ausdruckskraft ist sie damals sicherlich gewachsen.

Der Luxus

Bei den Mahlzeiten wurde regelmäßiger und ausgiebiger getrunken als früher, auch von Frauen. Über dem Kopf einer Dame stehen die Worte: »Gib mir achtzehn Becher Wein. Siehe, ich wünsche zu trinken bis zur Trunkenheit. Mein Inneres ist so trocken wie Stroh« (wobei es interessant ist, daß sie ihr Quantum schon im voraus so genau weiß). Auch das im vorigen Kapitel erwähnte Bild des weiblichen Gastes, der sich übergibt, stammt aus dem Neuen Reich; die Szene findet, als offenbar etwas ganz Alltägliches, bei den übrigen Anwesenden keinerlei Beachtung. Auf der Tafel, die bisher reichlich, aber nicht übermäßig reichhaltig war, erscheinen allerlei Delikatessen: Gazellenrücken, Straußeneier, Geflügellebern, eingemachte Oliven. Auch ins Feld nahmen die Begüterten Klappstühle, tragbare Rohrtische, komplette Toilettegarnituren und ein wohlassortiertes Weinlager mit. Ein besonderes Luxusobjekt bildeten die Wagen. Sie waren schon zur Zeit Amenophis' des Dritten mit vergoldetem gepreßtem Leder überzogen, die Felgen, Speichen und Naben aus verschiedenen Holzarten gearbeitet (wie dies auch noch heutzutage geschieht) und mit stuckunterlegtem Blattgold verkleidet, die Pferde trugen kostbare Schabracken und Halskragen und auf dem Kopf Büsche aus farbigen Straußenfedern: Diese und ein goldener Sonnenfalke am Ende der Deichsel waren das Abzeichen der Hofequipagen. Am Grabe Tutenchamons waren die Wagenkasten mit Blumenfriesen aus Halbedelsteinen und Fayence verziert, die Scheuklappen, die aus Baumrinde hergestellt waren, mit Einlagen aus Gold und vielfarbigem Glas. Es gab Staatskarossen und leichte Kutschierwagen: Diese waren ohne Sitz, da der Lenker beim Fahren zu stehen pflegte, hinten offen, so daß er leicht auf- und abspringen konnte, und mit einem elastischen Lederboden versehen, der eine Art Federung bildete. Bei größeren Nilreisen wurden sie samt den Pferden aufs Schiff verladen, wie heutzutage die Automobile reicher Leute auf den Dampfer. Die Kavalkade, an deren Spitze Echnaton seinen Hohenpriester Merire besucht, dargestellt in dessen Grabe (offenbar als eines der wichtigsten Ereignisse seines Lebens), erinnert an die Auffahrten der Barockzeit. Der König steht, Szepter und Geißel in der Hand, in seinem Prunkwagen, gezogen von feurigen Hengsten mit roten und blauen Federbüschen, goldenen Geschirren und juwelengeschmückten Decken, vor ihm sieht man zwei Läufer mit Stöcken, die ihm durch die neugierige Menge eine Gasse bahnen, neben ihm seine Leibgarde: Ägypter aller Waffengattungen, bärtige Asiaten, buntgeputzte Neger, Libyer mit geflochtenen Locken, hinter ihm die Wagen der

Offiziere, der unvermeidlichen Familie, der Kammerherren mit ihren Wedeln, der Hofdamen; alle bis auf diese, sogar die kleinen Töchter, selbst kutschierend, sämtliche Herrschaften in reines, leuchtendes Weiß gekleidet. Sehr dekorativ war auch der feierliche Aufzug des Königs in der Staatssänfte, einem breiten goldenen Doppelthron auf starken Stangen, die von zahlreichen Würdenträgern getragen wurde; voran schreitet ein Priester, der aus einem Räucherfaß Duftwolken aufsteigen läßt, die übliche Suite ist daneben und dahinter verteilt, Echnaton sitzt diesmal ziemlich gerade, aber Nofretete hat, höchst *shocking*, den Arm um seine Taille gelegt.

Ob auch der sonderbare »Salbkegel« ein Geschenk Asiens und ob er mehr als eine gelegentliche Modenarrheit war, läßt sich nicht entscheiden. Er war in der Mitte des Kopfes befestigt und aus einer Art fester Pomade geformt, die unter der Hitze allmählich zerging und Haupt und Körper mit Wohlgerüchen überrieselte. Ebenso unaufgeklärt ist die Angelegenheit des »Löwen, der Seine Majestät begleitet«. Zweimal ist nämlich abgebildet, wie ein Löwe neben Ramses dem Zweiten einhergeht. Eduard Meyer erklärt die zweite Darstellung für ein bloßes Relief, das am Wagen angebracht war; indes hat auch Ramses der Dritte diesen seltsamen Adjutanten, was Meyer wieder dahin auslegt, daß dieser König, der seinen großen Vorgänger in allem zu kopieren suchte, damit nur renommiert hat. Aber im Grabe Tutenchamons ist auf einem goldenen Schrein in einer reizenden kleinen Jagdszenen geschildert, wie die kindliche Königin, zu Füßen des Königs hockend, ihm einen Pfeil reicht und eine besonders fette Wildente zeigt, und wiederum steht ein junger Löwe daneben. Das kann nicht immer ein bloßes Symbol gewesen sein, und auf einer Jagd wäre es außerdem ein völlig sinnloses. Auch der Kaiser Domitian besaß einen zahmen Löwen, zu dessen Tod ihm der Lyriker Statius in einem Gedicht kondolierte, Caracalla ließ seine Löwen bei sich schlafen und essen, Heliogabal amüsierte sich damit, die seinigen unversehens unter seine Gäste treten zu lassen. Antonius erschien nach der Schlacht bei Pharsalus in Rom mit einem Löwengespann, und noch bei der Erstürmung von Khartum fanden die englischen Truppen vor dem Zelt des Mahdi zwei Löwinnen als Wache. Man wird daher die Sitte der Pharaonen, mit Löwen spazierenzugehen, so wunderlich sie auch der Nachwelt erscheinen mag, doch wohl nicht als ein Ornament des Erzählers, sondern als eine der vielen Extravaganzen einer Kultur ansehen dürfen, die wir uns gar nicht weltstädtisch genug vorstellen können. Denn die Nachbarvölker müssen damals auf Theben und Memphis geblickt haben wie die Menschen der letzten Jahrhunderte auf Rom oder Paris. Die Pylonen, von denen es einmal geradezu heißt, daß sie »den Himmel zu wetzen« scheinen, waren eine Art Wolkenkratzer. Schon zur Zeit Amenophis' des Dritten waren die Pyramiden ein internationales Reiseziel, die Tempel bis hinunter nach Abu Simbel ein gründlich ausgebeutetes Objekt der Fremdenindustrie, die Inschriften der begeisterten Besucher ein wahres Sprachenbabel. Die Verfeinerung der Gartenkunst, stets eine Begleiterscheinung gesteigerter Stadtkultur, erreichte im Neuen Reich einen Gipfelpunkt. Es wurde vorhin an Versailles erinnert, aber in einem Punkte waren die ägyptischen Anlagen wesentlich anders; während die Gärten des Sonnenkönigs im Grunde nur zwei Töne kannten: das stumpfe Grün der Taxushecken und das neutrale Weiß des Marmors, glühte hier die üppigste Palette: glasblaue Kornblumen und klatschroter Mohn, schneeig leuchtende Chrysanthemen neben rosig und azurn schimmernden Lotosblüten, grellbunte Herden von Wiesenpflanzen und noch viele andere Farben in heiterer Symphonie. Dazwischen zogen sich immergrüne heilige Haine, große runde Weinlauben, Alleen von Sykomoren und Palmen in elegantem, wohlklingendem Arrangement. Wie sehr der Ägypter seinen Garten liebte, geht schon daraus hervor, daß er nie vergaß, dessen genauen Grundriß in seinem Grabe aufmalen zu lassen: hiedurch glaubte er die Fähigkeit zu erwerben, sich auch noch nach seinem Ableben dort zu erquicken, und so sieht man denn bisweilen den Ba, die Seele des Toten in Vogelgestalt, auf der heiligen Tamariske sitzen, die vor dem Grabe gepflanzt ist. Was für ein reges Treiben auch im Freien, außerhalb der Stadt herrschte, zeigt ein thebanisches Wandbild aus der Zeit Amenophis' des Zweiten »Beim Barbier«: Einigen Kunden werden die Haare geschnitten, zahlreiche andere sitzen wartend unter Blumen. Der Friseurladen hatte übrigens schon damals einen ähnlichen gesellschaftlichen Charakter wie im Rom der Kaiserzeit, wo er die Neuigkeitenzentrale und eine Art Zeitungsersatz war (auch auf der Basis derselben Wahrheitsliebe); und auch am Euphrat war er die bevorzugte Stätte des Klatsches; eine babylonische Redensart lautete: »Verleumdung am Orte der Salber«, womit man besagen wollte, daß etwas Selbstverständliches passiert sei.

Das Kunsthandwerk

Die Herstellung von mondänen Galanteriewaren hat damals eine Vollendung erreicht wie wahrscheinlich in keiner späteren Zeit. Die Glasindustrie lieferte kleine Wunderwerke an geschmackvoller Komposition, Feinheit der Form, Reinheit und Leuchtkraft der Farben. Die zahllosen Schmuckgefäße in marmorierten, ombrierten, moirierten, gewellten, geäderten, geflammten Mustern erinnern an unsere Tiffanygläser, nur sind sie viel gediegener, subtiler und vornehmer in der Ausführung. Da gab es zum Beispiel herrliche Kelche in Blütenform, eine Vase in Gestalt eines in allen Tinten irisierenden Fisches, Becher, auf denen sich das bunte Leben im Papyrusdickicht abspiegelte, aber auch die mannigfaltigsten Meisterstücke aus anderem Material: bauchige Alabasterflaschen von adeliger Rundung; Bronzespiegel mit Mädchenfiguren oder Feenköpfen am Griff; goldene Anhänger und Broschen; elfenbeinerne Schminkbüchsen und Schminkstäbchen mit den reizendsten

Tier- und Pflanzenmotiven; hölzerne Salbschalen, die Antilopen, und Kämme, die schleichende Panther oder stürzende Steinböcke darstellten; prachtvolle Bilderbogen aus gebrannten Kacheln; Parfümlöffel in Gestalt eines liegenden Kalbes, eines fliehenden Fuchses, eines Lotosbuketts, einer Schwimmerin, die eine hohle Ente hält: Die beiden Flügel bilden den Deckel. Das Problem des Kunsthandwerks, erlesene Schönheit mit vollendeter Zweckmäßigkeit zu vereinigen, ist vom ägyptischen Kleinkünstler vorbildlich gelöst worden, dessen Takt es gelang, zwischen aufdringlicher Ornamentik und ernüchternder Sachlichkeit die Mitte zu treffen.

Die Totenbücher

Auch Amon wird zum Weltstädter und Kosmopoliten. Als Amon-Re vereinigt er in sich alle Kulte, nicht nur die ägyptischen, sondern auch die ausländischen, weshalb ihn denn auch die Griechen ohne Bedenken mit ihrem Helios identifizierten. Die offizielle Auffassung war, daß der jeweilige Thronerbe der leibliche Sohn Amons sei, den dieser in Gestalt des Pharao im Beischlaf mit der Königin gezeugt habe. Neben dieser universellen Gottheit sinken die übrigen zu »kleinen Göttern« herab, die eine nicht sehr viel andere Bedeutung haben als die Heiligen im Katholizismus, nämlich eine große praktische und eine sehr geringe religiöse. Dadurch, daß er es ist, der dem Pharao Nubien und Syrien und (theoretisch) die ganze Erde zu Füßen legt, wird Amon zum Weltgott. Es wurde schon darauf hingewiesen, daß die Amonreligion in ihrer späteren Erscheinungsform ein reiner Monotheismus war, und zwar ein solarer. Im Grunde war dies auch schon der uralte Sonnenkult von Heliopolis. Aber andrerseits haben sich gewisse Götter neben Amon immer behauptet: Ptah, der mächtige Lokalgott von Memphis, Thoth, der Spezialgott der Schreiber, Horus und vor allem Osiris. Insofern war die thebanische Religion also doch kein reiner Monotheismus, sondern ein Kompromiß mit älteren Glaubensformen. Indes haben alle derartigen Erörterungen und Vermutungen etwas Dilettantisches, denn sie reden von Dingen, zu denen uns jeder seelische Zugang versperrt ist. Geblieben sind vom ägyptischen Gotteserlebnis einige Wortbälge, die längst ihren Inhalt eingebüßt haben, und einige Symbole, die längst in Totenstarre übergegangen sind. Wer soviel von uns wüßte wie wir von den Ägyptern, würde wahrscheinlich glauben, daß wir in Petrus als dem Inhaber der Schlüsselgewalt eine Gottheit verehren (wie ja auch Thoth als der Wesir Amons vorgestellt wurde), was doch noch niemals einem Christen in den Sinn gekommen ist. Religiöse Begriffe sind eben nicht so einfach wie naturwissenschaftliche: aus uniformen Zellen und toten Atomen läßt sich eine »widerspruchslose« Weltanschauung aufbauen, aus lebendigen Göttern und beseelten Glaubensgestalten nicht.

Neben den Amonpriestern, deren Kollegium die geistige Macht und politische Bedeutung eines Konzils besessen haben muß, standen die Zauberer. Für den Ägypter waren die Begriffe des Weisen und des Magiers identisch, er huldigte der Devise Bacons, die am Beginn der europäischen Neuzeit steht: *wisdom is power;* wer »weiß«, beherrscht die Natur. Und ganz ebenso wie der abendländische Rationalismus, der von Cartesius seinen Ausgang nimmt, glaubte er an den Universalschlüssel einer »wahren Methode«, mit der man die Realität zu erobern vermag; nur versuchte er es vom anderen Ende her: durch irrationale und supranaturale Praktiken. Vielleicht war sein Aberglaube um nichts besser als der unsrige.

Die Zeit der Pyramiden war längst vorbei. Ungeheure Gänge wurden tief in den Bergfelsen getrieben, oft wahre Hallenfluchten, und dann erst gelangte man zur Leichenkammer. Die Sitte, die Wände mit Bildern und Inschriften zu bedecken, ist beibehalten: Sie erzählen in prägnanten Szenen die Biographie des Verblichenen und seine mutmaßlichen Schicksale nach dem Tode, vor allem die gruselige Fahrt zu Osiris mitten durch nächtige Ungeheuer und blutdürstige Gespenster, die aber zum Glück durch Zaubersprüche gebannt sind. Daneben aber gelangt an Stelle der Pyramidentexte des Alten Reichs und der Sarginschriften des Mittleren Reichs die schon früher gelegentlich geübte Sitte, Totenbücher ins Grab zu legen, zu allgemeiner Verbreitung. Man hat sie recht zutreffend »Baedeker durchs Jenseits« genannt: Sie enthielten Texte und Abbildungen, die dem Verstorbenen bei seiner Reise durch die Unterwelt zum Schutz und zur Orientierung dienen sollten. Man sieht Osiris unter seinem Thronhimmel Gericht halten, ein Kollegium von vierzehn Gottheiten steht ihm zur Seite, der schakalköpfige Anubis führt ihm den Toten vor, Thoth protokolliert; fällt das Ergebnis ungünstig aus, so wird die Seele von dem »Totenfresser« verschlungen, einem abscheulichen Geschöpf, vorn Krokodil, in der Mitte Löwe, hinten Nilpferd, das neben der Waage schon auf seinen Braten lauert; erweist sie sich als rein, so darf sie zu Osiris eingehen. In ihrer saubern und wirkungsvollen Komposition und ihrer frischen und reichen Kolorierung stellen diese Totenrollen hervorragende Leistungen der Buchkunst dar; die Texte aber sind voll von Schreibfehlern und Sprüngen: eine besonders krasse Fahrlässigkeit, da von der Korrektheit des Wortlauts alles abhing. Sie sind jedoch insofern von besonderem Interesse, als sie eine sehr merkliche Vertiefung der ethischen Anschauungen bekunden. Während bisher an der sozialen Ungleichheit auch der Tod nichts änderte, der Magnat in Glanz und Behagen weiterherrschte und der Arme vergessen im Massengrab darbte, wird nun ohne Ansehen der Person die Seele auf ihren inneren Wert geprüft. Osiris hatte die Krone des Totenreichs durch sein sündenreines Leben errungen und nur der Unbefleckte durfte sein Genosse sein. Daher wurde es jetzt auch üblich, tote Personen mit dem Beiwort »der Gerechtfertigte« zu kennzeichnen, etwa wie wir »der Verewigte« sagen. Auf der unerbittlichen und unbestechlichen Waage wird von

Anubis das Herz des Toten gewogen; auf der anderen Schale liegt eine Feder, das Symbol der Wahrheit. Um nun diese furchtbare Prüfung zu bestehen, blieb den Ägyptern nichts übrig, als ganz naiv zu schwindeln. Sie ließen den Toten in den Texten alles erdenkliche Böse aufzählen und dazu versichern: Ich habe es nicht getan. An ihr Herz aber richteten sie die flehentliche Bitte, es möge nicht gegen sie aufstehen und sie nicht verraten. Es finden sich auch Ansätze zu einer Gnadenlehre, so in dem vor kurzem entdeckten »Weisheitsbuch des Amenemope«, wo eingeschärft wird, man brauche sich nicht als sündlos zu bekennen, denn niemand sei ohne Sünde, Gott werde sich schon der armen Seele erbarmen. Auf jeden Fall zeigt die Liste der Vergehen, welchen hohen und strengen Standpunkt die Moral schon damals zumindest in der Theorie einnahm: neben der Ableugnung des Mordes, des Diebstahls, des Betrugs stehen Beteuerungen wie: »Ich habe nicht hungern lassen. Ich habe nicht weinen gemacht. Ich habe nicht gelogen. Ich habe nicht gelauscht. Ich habe nicht die Ehe gebrochen. Ich habe niemanden bei seinem Vorgesetzten schlechtgemacht. Ich war nicht taub gegen Worte der Wahrheit.« Eine fremdartige, aber tiefe Auffassung bekundet die Formel: »Ich habe mein Herz nicht aufgezehrt«; was besagen sollte, man habe sich nicht unfruchtbarer Reue hingegeben.

Rührend und belustigend ist der Brief eines Witwers »an den vortrefflichen Geist« seiner Frau, den er im Verdacht hat, daß er ihm Krankheit angezaubert hat: »Was habe ich Dir Böses getan, daß ich mich in diesem bösen Zustande befinde, in dem ich jetzt bin? Wenn ich den Pharao auf einer Reise nach Oberägypten begleitete, waren meine Gedanken immer bei Dir. Ich betrauerte Dich sehr mit meinen Angestellten vor meinem Wohnhause und ließ nichts Gutes für Dich ungetan. Wahrlich, Du unterscheidest nicht Gutes von Bösem! Aber man soll zwischen Dir und mir entscheiden!« (Das sollen offenbar die Götter des Totenreichs tun). Und zum Schluß verspricht er als höchstes Besänftigungsmittel: »Wahrlich, die Schwestern im Hause, ich trete zu keiner einzigen von ihnen ein!« (gemeint sind die Nebenfrauen, die wahrscheinlich schon zu Lebzeiten der Gattin Anlaß zu Eifersuchtsszenen gaben). Tiefere Empfindung spricht aus der schönen Totenklage einer Witwe: »Daß Du so fern von mir bist, was soll das? Der Du so gern mit mir scherztest, Du schweigst und redest nicht. Wehe, wehe, ach dieser Verlust! Der gute Hirte ist ins Reich der Ewigkeit eingegangen. Der Du so viele Leute hattest, Du bist nun im Lande, das das Alleinsein liebt. Der so gern mit den Füßen zum Gehen ausschritt, ist nun eingeschlossen, eingewickelt und umengt. Der soviel feines Linnen hatte und es so gern trug, schläft nun im abgelegten Kleide von gestern. Ich bin doch Deine Schwester, Du Großer, verlasse mich nicht...« Es ist bezeichnend, wie hier die Vorstellungen sich vermischen: abwechselnd ist der Verblichene der ferne Bruder im Totenreich und die eingesargte Mumie.

Der ägyptische Rabbinismus

In der Spätzeit übersteigerten die Ägypter ihre Religiosität ins Maßlose und Absurde. Zumal der Tierkult nahm erst jetzt jene abenteuerlichen Ausmaße an, in denen man jahrtausendelang das Typische der ägyptischen Frömmigkeit erblickt hat. Gerade ihr dämmerndes Seelenleben war es, wodurch die Tiere den Ägyptern im geheimnisvollen Schimmer der Heiligkeit erschienen; wozu Friedrich Theodor Vischer in seiner *Ästhetik* sehr geistvoll bemerkt hat: »Das Tier scheint soeben etwas sagen zu wollen und nicht zu können; ebenso diese Religion.« Wenn der Apisstier im Ptahtempel von Memphis starb, wurde er einbalsamiert, in feinstes Linnen gewickelt, mit kostbaren Amuletten und Schmucksachen behängt und in einem Sarg aus Zedernholz oder rotem Granit beigesetzt; die Frommen trugen Trauerkleider und genossen siebzig Tage lang nichts als Wasser und Kräuter. Herodot sah am Mörissee ein heiliges Krokodil, das an den Ohren und Vorderfüßen mit Gold und Edelsteinen geschmückt war. Aber auch Kühe und Böcke, Falken und Ibisse, Aale und Schlangen, Ratten und Mäuse waren geheiligt, und wenn eine Feuersbrunst ausbrach, war es die erste Sorge, die Katzen zu retten. Überall auf ägyptischem Boden finden sich beerdigte Tierleichen aller Art, oft aufs kunstvollste mumifiziert und in Särgen verwahrt, die ihre Körperform wiederholen. Von den Krokodilen begrub man sogar die Eier. Diodor erzählt, daß der Pöbel einen römischen Soldaten umbrachte, weil er aus Versehen eine Katze getötet hatte, und Strabo behauptete, daß in Ägypten überhaupt nur Tiere göttlich verehrt würden.

Auch die Kunst wird erst in der Spätzeit so hyperreligiös, klerikal und »hieratisch«, wie sich die vulgäre Auffassung alle ägyptische Kunst vorstellt. In dieser ihrer letzten Entwicklungsperiode, der einzigen, die uns durch Schilderungen fremder Augenzeugen bekannt ist, war die ägyptische Kultur bewußt und betont altmodisch, eine Art »zweite Besetzung« und unheimliche Doppelgängerin ihrer eigenen grauen Vorzeit, was den Beobachtern entgangen ist. Die offizielle Sprache war ein künstlich wiederbelebtes archaisches Ägyptisch, etwa von der Art, wie wenn die heutigen Athener ihre Regierungsverordnungen in xenophontischem und ihre Theaterstücke in menandrischem Griechisch verfassen wollten (was sie übrigens bis zu einem gewissen Grad tatsächlich tun); die Ämter und Titulaturen der Pyramidenzeit wurden erneuert; die Grabmalereien bemühten sich, in Form und Inhalt genaue Wiederholungen der Texte und Bilder des Alten Reichs zu geben, so daß bisweilen nicht gleich zu erkennen ist, ob ein Wandschmuck dem Anfang oder dem Ende der ägyptischen Geschichte angehört; auf den Statuen erscheinen die Zeitgenossen nackt und mit Schurz wie in den Tagen des Cheops: Es war eine Art Empirestil, nur viel energischer und konsequenter durch alle Lebensverhältnisse geführt als der napoleonische. Und da man natürlich vor allem auch im Glauben auf das Uralte zurückgriff und es mit höchster Zähigkeit behauptete, so entwickelte sich eine Religiosität der strengen Speisevorschriften und extremen Reinheitsgesetze, des peinlichen Ritualismus und exklusiven Dünkels gegen alles Fremde, die man nicht anders als rabbinisch benennen kann. Merkwürdigerweise hat um dieselbe Zeit wie in Ägypten auch in Mesopotamien eine solche »romantische« Strömung geherrscht: im sogenannten Neubabylonischen Reich, das sich um anderthalb Jahrtausende in die Tage Hammurapis zurückzuträumen versuchte.

Das Gespenst

Aber Gott hat jeder Kreatur eine einmalige Seele und Gestalt verliehen: Im Bereich des Lebendigen gibt es keine Dubletten. Daher haben alle Renaissancen, Restaurationen und »Wiedererweckungen« etwas Atheistisches und zugleich etwas Galvanisches: der Attizismus der römischen Kaiserzeit, der nachexilische Mosaismus, die Rinascita der italienischen Humanisten, der Klassizismus Winckelmanns. Eine Sonne, unter der es nichts Neues gäbe, wäre keine, und eine Welt, in der alles schon dagewesen ist, wie der alberne Akiba behauptete, könnte nur eine Schöpfung des Teufels sein, der ja wirklich auffallend wenig Phantasie besitzt. Indem die Ägypter im Alter sich selbst plagiierten und als die Wachsfiguren ihrer eigenen Vergangenheit umherwandelten, erstarrte ihre Kultur zur grandiosen Kulisse, als die sie noch heute vor uns steht: unglaubwürdig und doch voll theatralischem Reiz. Damals entstand die Legende vom einförmigen, gefrorenen Ägypten, das durch die Jahrtausende seiner Geschichte gleichsam eingeschneit war, wenn diese Bemerkung bei einem subtropischen Lande gestattet ist. Gestehen wir es uns ein: Ägypten ist ein Gespenst. Wie jedes Gespenst ist es sehr unheimlich, aber daneben doch auch ein bißchen komisch; und abgestorben, aber doch nicht völlig kraftlos: man denke an die Rache Tutenchamons! Das Ägyptertum der Saïtenzeit, das als Schauspiel immer noch erhaben genug war, um der hellenischen Welt scheue Bewunderung zu entlocken, war der letzte Abendschatten, den Vater Re warf, als er bereits untergegangen war. Wie jener dritte Ramses redete die Nilkultur bereits aus dem Grabe. Was die Griechen zu Gesicht bekamen, war nichts als die goldene Totenmaske Ägyptens.

DRITTES KAPITEL

Gott und Erde

Mensch, was du liebst, dazu wirst du verwandelt werden,
Gott wirst du, liebst du Gott, und Erde, liebst du Erden.

Angelus Silesius

Samum

Alle Semiten stammen aus Arabien und waren ursprünglich Nomaden: In dieser rohen und wahrscheinlich sogar falschen Formel ist gleichwohl alles Wesentliche beschlossen, was sich über diesen Menschheitsstamm aussagen läßt. Denn aus ihr folgt alles andere.

Die arabische Halbinsel, vielleicht das merkwürdigste geographische Gebilde unseres Planeten, ruht in einer Ausdehnung von drei Millionen Quadratkilometern, mehr als halb so groß wie Europa ohne Rußland, mehr als sechsmal so groß wie das Deutsche Reich, als ein riesiger Querriegel zwischen dem Roten und (wie die Araber den Persischen Golf nannten) dem Grünen Meer. Diese Lage ist von einzigartiger und entscheidender Bedeutung, und man kann sagen: wer Arabien besäße, wäre Herr der Welt, zumindest jener Welt, die den Schauplatz des Altertums gebildet hat. Aber das ist bisher noch keinem Sterblichen gelungen: Arabien *kann* man nicht besitzen. Auch der große Sargon, von dem im vorigen Kapitel die Rede war, hat sicher nur einige Küstenstriche und Karawanenstraßen vorübergehend beherrscht. Ein noch Größerer, der Makedone Alexander, der sich, wie alle Genies, immer die schwierigsten Aufgaben stellte und mit seinem großartigen Scharfblick erkannt hatte, daß dies das Meisterstück sei, das die Weltgeschichte dem »König von Asien« zur Lösung biete, rüstete im Sommer 323 zu einem Zuge nach Arabien. Eine große, eigens für diesen Zweck erbaute Flotte stand zum Auslaufen bereit; Nearch, der bereits das Wunder der Indienfahrt vollbracht hatte, war zum Führer der Expedition bestimmt, an der der König persönlich teilzunehmen gedachte. Aber die Abfahrt mußte verschoben werden, da Alexander plötzlich erkrankte. Im Juni, am 20. Daïsios, hatte er noch eine lange Unterredung mit seinem Admiral; neun Tage später war er tot.

Arab heißt auf deutsch Wüste, Steppe, und etwas anderes ist Arabien auch in der Tat nicht: sein Boden ist zu 65 Hundertteilen Steppe, zu 30 Wüste, nur das restliche Zwanzigstel ist Humusland. Im wesentlichen ist die Halbinsel ein Hochplateau mit steil abfallenden Randgebirgen, also die beste natürliche Festung, die sich denken läßt. Sie besitzt keine einzige dauernd pulsierende größere Wasserader, nur episodische Flüsse, die sogenannten »Wadis«: Trockentäler, die sich zeitweise mit Regen füllen. Daher ist die Quelle, die, kaum aus dem Felsen gesprungen, sogleich zum Brunnen gefaßt wird, der Ziehbrunnen, der das Grundwasser emporsaugt, und die Zisterne, die das Regenwasser sammelt, für den Araber ein heißbegehrtes und eifersüchtig behütetes Kleinod. Daneben löscht er seinen Durst mit der Milch nicht bloß des Schafs und der Ziege, sondern auch des Kamels und des Pferdes. Das Rind ist in erster Linie Zugtier; Fleisch wird überhaupt nur wenig verzehrt. Die Hauptnahrung bilden Brotfrüchte, Hülsenfrüchte und die köstlichen Datteln, die sowohl Speise wie Trank bieten: der Araber nennt die Dattelpalme dankbar die »Schwester des Menschen«. Aber auch Eidechsen, Heuschrecken und Termiten finden sich auf seinem Küchenzettel.

Im Juni, Juli und August weht der gefürchtete »Giftwind«, der Samum, gleich schrecklich durch seine Hitze, seinen Mangel an Feuchtigkeit und seinen Sandgehalt. Man kann in ihm ein Symbol der arabischen und überhaupt der semitischen Seele erblicken, deren Wesen *trockene Glut* ist: Mächtig daherbrausend fegte sie über die erschrockene Welt, eine unwiderstehliche Kraft, die aber nur zu dörren und zu lähmen vermochte; und eines Tages war sie davongestürmt, als wäre sie nie gewesen.

Die nomadische Gesinnung

Im Vordergrund des altarabischen Glaubens stehen die Dschinnen, Wüstendämonen, die teils gut, teils böse sind. Gegen sie schützt das Amulett, Wort- und Gebärdenzauber, Deutung der Vorzeichen. Schon in grauer Vorzeit war die heilige und magische Zahl die Sieben. An der Spitze der Geisterschar stehen der *ilu* und die *ilât*, auch *rabb* und *rabbât* genannt, was beides »Herr« und »Herrin« bedeutet, angebetet im Steinkegel, der *mascheba*, und im Holzpfahl, der *aschera.* Überall, wo Leben aus der toten Einöde sprießt: im sprudelnden Quell, im grünenden Baum, im blühenden Strauch wohnt ebenfalls eine Gottheit.

Man darf sich nicht die gesamte Urbevölkerung der Halbinsel als ein Heer von ewigen Wanderern vorstellen: es gab zu allen Zeiten seßhafte Stämme, die in Oasen lebten, und Halbnomaden, die an Wasserplätzen in Zeltdörfern kampierten. Der große Gegensatz zum Bauern und zum Städter liegt in der *Gesinnung*. Die sitzen in gedeckten Hütten, festen Häusern, ummauerten Burgen, Waren tauschend, Mühlen treibend, Gärten hegend, Tiere züchtend, und der Sinn ihres Daseins vollendet sich in Handel und Frieden, Kenntnissen und Künsten. Der Nomade, nichts über sich als die Sterne des Himmels, nichts unter sich als den Rücken seines Pferdes, blickt mit einem Gemisch aus Gier, Scheu und Verachtung auf diese seltsam geduldigen und anspruchsvollen, zahmen und gefährlichen Lebewesen. Für ihn ist das Leben ein stets erneutes waffenklirrendes Glücksspiel, dort ist alles gliedernde und wägende Organisation. Es ist der große Antagonismus zwischen Weltzügigkeit und Erdverbundenheit, Einzelgänger und Kulturträger, Blut und Geist, Freiheit und Herrschaft.

Mit Ismael, dem unehelichen Sohn Abrahams von der Hagar, von dem im ersten Buch Mose erzählt wird, ist der Nomade gemeint: Der Engel des Herrn prophezeit von ihm: »Er wird ein wilder Mensch sein; seine Hand wider jedermann und jedermanns Hand wider ihn; und wird gegen alle seine Brüder wohnen.« Er wird dem Wildesel verglichen, von dem es im Buch Hiob heißt: »Die Wüste ist ihm zur Behausung gesetzt und die Salzsteppe zur Wohnstätte. Er lacht des Getümmels der Stadt, das Geschrei des Treibers hört er nicht.« Dabei darf man wiederum nicht immer an Dürftigkeit denken: Es hat sehr reiche Beduinen gegeben. Aber niemals hing das Herz des Nomaden an unbeweglichem Besitz; sein ganzer Bedarf ist fahrbar: nicht bloß die rohe oder versponnene Wolle für seine Kleidung und die gefüllten Kisten, Kasten und Schläuche für seine Nahrung, sondern auch sein Haus, das aus Ziegen- oder Kamelgarn gewebt ist, sein Bett, das in einem Fell, sein Tisch, der in einem Stück Leder, sein Empfangssalon, der aus ein paar Truhen, Matten und Teppichen besteht; dazu kommt noch getrockneter Mist zur Beheizung, die Bratpfanne, die Handmühle, das Sattelzeug und, als vielleicht wichtigstes Einrichtungsstück, die »ewig brennende« Lampe, eine flache offene Tonschale mit Schnauze für den ölgetränkten Docht, und er hat alles beisammen, was er braucht und wünscht. Diese Bedürfnisse können verfeinert werden: Er kann edle Pferde, kostbare Gewebe, erlesene Weine, ja sogar als höchsten Luxus ein Kohlenbecken mit sich führen, aber sie können nicht vermehrt werden; und sie machen den Boden zu einem gleichgültigen Ding.

Seine Freizügigkeit und Frugalität läßt aber den Nomaden überhaupt nicht allzusehr an Gütern hängen, um so mehr, als es gesicherten Besitz unter diesen Lebensbedingungen gar nicht gibt. Denn es ist, im großen genommen, ein Räuberdasein, und der Räuber kann jederzeit von einem stärkeren, gewandteren oder kühneren selber beraubt werden. Die ganze Existenz ist ein Abenteuer, geschaukelt zwischen Überfluß und Elend, die Mitte ist die Ausnahme. Der letzte Nachfahr des Beduinen ist der Börsenspekulant. Erwerb durch regelrechte Arbeit und technische Geschicklichkeit, »bürgerlichen« Gewinn kennt der Nomade nicht: die einzige zivile Tätigkeit, die er ausübt, ist die Besorgung eines Schutzgeleits für reisende Karawanen, das er dann allerdings meist sehr gewissenhaft einhält. Betreibt er einmal Zwischenhandel, so will er daran mit einem Schlage reich werden. Auch die Brunnen und Weideplätze gehören ihm nicht, er muß sie stets erneut erkämpfen. Als Staatsform kennt er nur die Familie, die, zur Sippe erweitert, nicht notwendig lauter Verwandte umfassen muß: auch Fremde können durch den Bluteid in die Brüderschaft Zutritt erlangen. An der Spitze steht der Scheich. Er verdankt seine Stellung weder seinem Vermögen noch seiner Geburt, sondern seinem persönlichen Ansehen. Gerät dieses ins Wanken, so erlischt auch seine Befehlsgewalt. Er ist also im wesentlichen eine moralische Autorität. Er ist auch oberster Richter, aber seine Schiedssprüche sind wiederum nur moralisch bindend. Irgendwelche Standesunterschiede gibt es nicht; es herrscht die vollkommenste Demokratie, oder vielmehr: Jedes Stammesglied fühlt sich als eigenherrlicher Aristokrat.

Blutrache und Gastrecht

Unter den Stämmen wogt dauernder Kampf, aber vier Monate im Jahre waltet der »heilige Friede«, der, von allen beschworen und gehütet, mehr Sekurität bietet als die kompliziertesten Staatsverträge der Kulturvölker. Während dieser Zeit hat man selbst vom Todfeind nichts zu befürchten. Sonst aber herrscht die schreckliche Blutrache. Ihre Seele ist nicht bloß das »Aug' um Auge, Zahn um Zahn«, sondern auch das noch viel grausamere: »es straft sich an Kindern und Kindeskindern«; beides lebt bekanntlich noch im Alten Testament. Im

Prinzip ist ein Mord erst gesühnt, wenn die ganze Sippe des Schuldigen ausgerottet ist; doch ging man in der Praxis wohl selten so weit, ja es kam sogar öfters vor, daß eine Geldbuße als Entschädigung angenommen wurde. Aber das blutige Gespenst jenes fürchterlichen Vergeltungswahns bedrohte dennoch jegliche Existenz von der Wiege bis zum Grabe. Ein gewisses Gegengewicht bildete das ebenso ausschweifend geübte Gastrecht: Dies sind die beiden Pole, zwischen denen die wilde Seele des Wüstensohnes hin und her geschleudert wurde. Einen Wanderer, ob hoch oder gering, fremd oder stammverwandt, von der Schwelle zu weisen, ja nicht aufs festlichste zu empfangen, galt als der gröbste Verstoß gegen die gute Sitte; und wäre es der Brudermörder gewesen, er mochte im Zelt des Gastgebers ruhig schlafen. Schon daß er das Zeltseil berührt, macht ihn unverletzlich. Eine anziehende Schilderung einer solchen Bewirtungsszene findet sich im ersten Buch Mose. Kaum ist Abraham der drei unbekannten Männer ansichtig geworden, so eilt er ihnen entgegen, verneigt sich zur Erde und bittet sie um die Ehre ihres Besuches. Dann bietet er ihnen Wasser zur Fußwaschung und bestellt bei Sara Kuchen aus drei Maß Semmelmehl, holt ein zartes Kalb aus dem Stall und läßt es zubereiten, trägt Käse und Milch auf und bedient die Gäste persönlich. Übrigens liegt der Blutrache und dem Gastrecht, so gegensätzlich sie erscheinen, ein gemeinsamer Gedanke zugrunde: in die Sippe tritt ein, wer in feierlicher Zeremonie sein Blut mit dem eines Sippenmitgliedes vermischt oder auch nur unter Treuschwüren dessen Mahl teilt: von da an muß einer für den anderen rächend und schützend einstehen; und so wird auch der Gast, wenn er sich zum Tisch setzt, für die Zeit seiner Unterkunft gewissermaßen Blutsbruder und sakrosankt.

Die semitische Phantasie

Der Semit *denkt in Stämmen*: Im Gegensatz zum Indogermanen weiß er nichts von dem einmaligen und ewigen Wert der einzelnen Menschenseele; deshalb blieb ihm die christliche

Ethik ebenso verschlossen wie der christliche Jenseitsglaube. Die israelitische Religionsgeschichte ist die Geschichte der israelitischen Stämme und ihrer Beziehungen zu Jahwe, stets wendet sich dieser an *Israel*: auch wenn er etwa mit den Erzvätern spricht, sind sie für ihn doch nur Vertreter der Gesamtheit; seine Liebe und Strenge, seine Drohungen und Verheißungen gelten immer nur dem ganzen Volke, niemals steht die Einzelseele in lebendigem Zwiegespräch mit Gott wie überall im Neuen Testament. Auch das mosaische Sündenbekenntnis ist eine Bitte um Vergebung, vollzogen durch die *Gemeinde*, Reue über die Schuld Allisraels, an der jeder mitträgt: von individueller Verantwortung und Buße ist auch hier keine Rede.

Daß die alten Semiten sich nicht in das Leben der Einzelseele zu versetzen vermochten, weder einer fremden noch ihrer eigenen, hatte seine Wurzel in einem merkwürdigen Mangel, an dem sie allesamt litten: der auffallenden Dürftigkeit und Unfruchtbarkeit ihrer Phantasie. Wir pflegen zwar gemeinhin die Begriffe »Orient« und »phantasiereich« zu assoziieren. Aber hierbei verwechseln wir Exotik mit Romantik. Was uns an den morgenländischen Geschichten und Gestalten besticht und bestrickt, ist das Fremdartige und das Quantitative: die hinaufgesteigerte Quantität ist aber gerade immer das Kainszeichen der Phantasiearmut. Jene »zweite Welt«, die die Heimat aller Dichter ist, war dem Semiten unbekannt; auf Wolken ist er niemals gewandelt. Vortrefflich sagt hierüber Hugo Winckler: »Was der Semit dichtet, ist eine Vergrößerung und Verstärkung der realen Welt: alle Herrlichkeiten der Umgebung ins Gigantische vergrößert und verzerrt, das ist alles, was er zu träumen vermag... Es ist das Kind... dem das doppelte Maß Zucker begehrenswerter erscheint als das richtige.« Man könnte aber, wie bereits am Anfang des vorigen Kapitels hervorgehoben wurde, mit vielleicht noch größerer Berechtigung sagen: es ist der Geist des Tieres, mit aller seiner Dämonie. Wenn die Tiere uns ihre

Träume mitteilen könnten, so würde sich wahrscheinlich herausstellen, daß sie »semitisch« träumen: die kriegerischen von Schlachten, Siegen und Myriaden niedergemetzelter Feinde oder erlegten Wildes, die technisch begabten von riesigen Palästen, Dämmen und Kanälen, und alle von Rudelhandlungen und unwahrscheinlichen Massen und Maßen.

Das semitische Weltbild ist *magisch* und *realistisch*, was sich ganz gut miteinander verträgt, denn auch die Magie ist eine Art Realismus, der sich der Wirklichkeit bemächtigen will, nur mit anderen Methoden als den uns geläufigen; die indogermanische Weltanschauung hingegen ist *idealistisch* und *naturalistisch*, was ebenfalls sehr wohl zusammen zu bestehen vermag; sie betrachtet nämlich die *Natur als Idee*. Wer mit der kantischen Philosophie ein wenig vertraut ist, wird wissen, was das bedeutet. Aber es läßt sich auch in einfachen Bildern ausdrücken. Man vergleiche die runde Kuppel einer Moschee mit dem Himmelspfeil eines Doms, das architektonische Prinzip des Stalaktiten mit dem des Spitzbogens, die Magie und Naturferne der Arabeske mit der transzendenten und dennoch naturbürtigen Ornamentik des gotischen Stils. Welch ein völlig verschiedenartiges Gefühl für Gott und die Welt spricht sich in diesen Gegenstücken aus! Oder man denke an zwei so einprägsame Volksfiguren wie Faust und Salomo: beide große Zauberer, aber dieser aus Machthunger, jener aus Wissensdurst; beide große Weise, aber der eine dem Schlüssel dieser, der andere dem Siegel jener Welt zugewandt, und der eine ein Krösus und König, der andere ein simpler Doktor und landloser Wanderer. Schon daß Faust schließlich vom Teufel geholt wird, stempelt ihn zum großen Idealisten. Und doch ist zugleich diese Lösung eine höchst natürliche.

Und hier beantwortet sich auch die Frage, warum die Juden das Christentum, obwohl es aus ihrem Schoß hervorgegangen war, nicht annahmen und warum Mohammed zwar eine Zeitlang schwankte, ob er sein Volk nicht dem Mosaismus zuführen solle, indem er sich, allerdings erfolglos, den Juden als Messias anbot, aber niemals daran dachte, es taufen zu lassen. Carlyle sagt: »Sogar die rohen Skandinavier begriffen, daß diese so solid aussehende Welt im Grund und in Wirklichkeit *nichts* ist, nichts als eine sichtbare und faßbare Offenbarung der Kraft und Gegenwart Gottes – *Sein* Schatten, geworfen auf den leeren Busen der Unendlichkeit; nicht mehr.« Und gerade dies: Die Unwirklichkeit der Realität, ist die große Tatsache, die die Semiten niemals begriffen haben. Und doch hätte ihre Geschichte es sie lehren können. Die Weltherrschaften Sargons, Hammurapis, Nebukadnezars und all der andern, sie sind zu Staub zerbröckelt mitsamt ihren Völkern, die nur noch in Büchern leben; das Riesenreich der Araber, einstmals der Schrecken der Menschheit, seine prachtvollen Glieder dehnend von Bagdad bis Granada, ist heute nur noch ein blasses Gerücht, und längst wieder sind seine Beherrscher, was sie vorher waren: armselige Kameltreiber und Söhne der Wildnis. Das Reich aber, das das kleine Israel begründete, ist nicht zergangen, denn es war ein *geistiges* Reich, seine Bilder, Namen, Begriffe sind noch heute lebendig im Herzen eines jeden Bewohners des Abendlandes: ein sehr merkwürdiger Vorgang, der eine nähere Betrachtung verdient.

Das Heilige Land

Das Gebiet, das die Israeliten bewohnten, umfaßte ungefähr das südliche Drittel Syriens. Wann der Name Palästina aufkam, weiß man nicht: nachweisen läßt er sich erst bei Herodot; er leitet sich von den Philistern her. Das Land war mehr gelobt als gesegnet und keineswegs so begehrenswert, wie man nach den überschwenglichen Anpreisungen des Alten Testaments glauben sollte, vielmehr, wie Karl Ritter es in seiner *Erdkunde* schildert, »schwer zugänglich zwischen Wüsten und Meer, gesichert zwischen Klippen, Schluchten und Bergen, ohne Reiz, ohne Reichtümer, ohne Anziehungskraft für das Ausland, ohne befahrbare Stromgebiete oder andere Naturbegünstigungen.« Und dennoch hat es für das Ausland immer eine große Anziehungskraft besessen, aber eine rein politische: durch seine Lage, denn es ist ein Reich der Mitte, gleichsam der Waagebalken zwischen der mesopotamischen und persischen Welt auf der einen und der ägyptischen und ägäischen Welt auf der anderen Seite.

Die einzige große Wasserader Palästinas ist der Jordan. Er strömt, wegen seines starken Gefälles nirgends schiffbar, von Norden nach Süden durch die breite Spalte des Jordangrabens, das Ghor, am Fuße des Hermon, des südlichen Ausläufers des Libanon, entspringend und drei Seen bildend: den kleinen Meromsee, der nur zwei Meter über dem Mittelmeer liegt, den etwa zweihundert Meter tiefer gelegenen fischreichen See Genezareth, der im Neuen Testament auch »Galiläisches Meer« und im Talmud »Tiberiassee« genannt wird, und das »Tote Meer«, das sich bereits vierhundert Meter unter dem Meeresspiegel befindet: Diese tiefe Lage des gesamten Jordansystems macht Bewässerungsmethoden wie die ägyptischen oder babylonischen unmöglich. Das dritte Becken, etwa zweieinhalbmal so groß wie der Bodensee, konnte in der Tat beinahe ein Meer genannt werden, und »tot« hieß es, weil weder Pflanzen noch Tiere darin zu leben vermögen. Dies hat seinen Grund in dem außergewöhnlich hohen Prozentsatz an Kochsalz, den das Wasser enthält, weshalb bereits in der Genesis auch der Name »Salzmeer« gebraucht wird. Aus den verdunstenden Lachen gewann man schon in frühester Zeit die hochgeschätzte Speisewürze, die auch beim Opfern eine große Rolle spielte. »Eines Mannes Salz genießen« bedeutete: in seinen Diensten stehen; »mit jemand Salz essen« hieß: dessen Blutsbrüderschaft gewonnen zu haben, und dieser »Salzbund« galt als unverbrüchlich und heilig. Durch seine Dichte war das Wasser des Toten Meeres schwerer als der menschliche Körper, so daß der Badende darin nicht unterging. Auch sah man auf dem Spiegel des Sees häufig große Brocken von Erdpech schwimmen, und daher hieß er bei den Griechen »Asphaltsee«. Durch all dies erhielt er etwas Unheimliches und Gespenstisches: man behauptete sogar, daß Vögel, die über seien Fläche flögen, durch den Pesthauch des Gewässers getötet würden.

Der Jordan, an beiden Ufern von steilen, schwer passierbaren Bergen umsäumt, trennt Palästina in zwei natürliche Hälften, die in ihren Lebensbedingungen ziemlich verschieden sind. Das Ostjordanland, hebräisch: Gilead, ist ein Beduinenstrich, auf dem Kamele und Kleintiere, wenig Bodengewächse gedeihen: das Westjordanland, das biblische Kanaan, besitzt fruchtbare Talebenen und mußte, obschon im ganzen ebenfalls ziemlich kümmerlich, den Bergstämmen des Ostens als das Gelobte Land erscheinen, worin Milch und Honig fließen: dort wuchsen Rebe und Olive, Feige und Gerste. Weide und Acker, Hirte und Bauer standen sich hier schroff gegenüber. Deshalb kam es auch niemals zu einer dauernden politischen Einheit. Aber auch im Westland haben Norden, Mitte und Süden – Galiläa, Samaria und Judäa – sich nie völlig verschmolzen: Der Samariter war für den Judäer immer der argwöhnisch, ja verächtlich gemiedene Ausländer, und was konnte aus Galiläa Gutes kommen? In der Tat kam von da die dem Judentum völlig fremdartige und gegensätzliche Lehre Christi.

Die kanaanäische Stadt Jebus, das spätere Jerusalem, lag auf mehreren Hügeln. Zur Zeit des Jüdischen Kriegs gab es nach der Topographie, die Josephus entwirft, die Unterstadt, die Oberstadt, so genannt, weil sie auf einem bedeutend höheren Hügel erbaut war, den Tempelhügel, den Hügel der Neustadt Bezetha und die »Vorstadt«. Die Burg Zion, die David eroberte, befand sich auf dem Hügel der Unterstadt, der zwar niedriger, aber mit seinen schroffen Abhängen schwerer zugänglich war; unter Salomo wurde der Name auf den Tempelberg übertragen und in der hellenistischen Zeit auf den höchsten Berg. Die Burg war in älteren Zeiten das einzige größere Gebäude der Stadt, eine Festung in der Festung; sonst gab es nur engbrüstige, ängstlich an die Felswand gekauerte Häuser und winkelige, holprige Gassen, wobei nicht selten die flachen Dächer der tiefer gelegenen Bauten den höheren als Gehsteig dienten. Östlich von der Stadt floß, ins Tote Meer mündend, der Bach Kidron; sein Bett, das er nur zur Regenzeit füllte, hieß das Tal Josaphat: Es war der Friedhof für Leute aus dem niederen Volk und galt als verrufener Ort, zugleich aber auch als heilige Stätte des künftigen Weltgerichts. Noch östlicher liegt der Ölberg.

Das Naturbild Palästinas

Das Klima Palästinas ist sehr kontrastreich: Auf brutheiße Tage folgen frostkalte Nächte, auf wilde Regengüsse Zeiten der wolkenlosen Dürre, auf eisige Nordstürme glühende Südwinde. Im Oktober und November fallen die sogenannten Frühregen, die das Erdreich für den Pflug aufweichen, von Dezember bis März die Winterregen, die die Quellen speisen und die Zisternen füllen, im April und Mai die Spätregen, die dem Getreide die letzte Feuchtigkeit geben. Die übrige Zeit ist fast regenlos; doch bietet der nächtliche schwere Tau, der von den feuchten Seewinden herbeigetragen wird, einen gewissen Ersatz: Er fällt so reichlich, daß das Schlafen im Freien unmöglich ist und die Zelttücher des Morgens tropfnaß sind. So besorgt auch hier, obschon auf ganz andere Weise als im Nilland, die Natur einen Teil der Geschäfte des Landmanns. Aber bisweilen bleiben die Spätregen aus, dann verschmachtet die Frucht und Krankheit reift unter der trockenen Hitze. Deshalb ist Regen und Tau der höchste Segen, den der Israelit von Jahwe erfleht, Dürre das Zeichen seines Zornes. Zumal zwischen den hohen Bergwänden der Jordanebene, die infolge ihrer tiefen Lage dem Einfluß der Seewinde völlig entzogen ist, kann sich die Luftsäule bisweilen zu tropischen Temperaturen erhitzen. Aber auch Schnee fällt hie und da, der sich allerdings in den Niederungen nur sehr kurze Zeit hält, während er die Spalten des Hermon und seiner Nachbarberge das ganze Jahr lang bedeckt: Darum heißt der Libanon auch gelegentlich »Schneeberg«. Manchmal vernichtet auch Hagel die Ernte; die ärgste Plage ist aber der »Brennwind«, der Schirokko, der, von Osten über das Land fegend, Quellen und Bäche austrocknet, die Früchte schrumpfen und verdorren läßt: Er wirkt nicht weniger verheerend als ein Wiesenbrand. Wenn er sich erhebt, färbt der feine Sand, den er mit sich führt, den Himmel fahlgelb, die Sonne wird zur rauchenden Feuerkugel, Menschen und Tiere sind wie gelähmt. Palästina ist aber auch ein Herd tektonischer Erdbeben: Nicht selten wanken die Berge, von Jahwes Finger bewegt.

Das Naturbild hat etwas großartig Monotones: triste, steile Bergwände, völlig kahl oder in fahlem Mattgrün schimmernd, baumleere Gipfel, in weißer Dunstschicht gespenstisch zitternde Gewässer, die Erde drei Viertel des Jahres braun und verbrannt. Palästina war niemals ein ausgeprägtes Waldland; aber immerhin gab es in alter Zeit noch größere zusammenhängende Forste, in denen Hirsche hausten, und längs der Gewässer Galeriewälder. Ziemlich verbreitet war die Kiefer, der nüchternste und dürftigste unter den Nadelbäumen. Eiche und Terebinthe standen immer nur vereinzelt: Sie sehen einander so ähnlich, daß sie oft miteinander verwechselt werden; ihre Früchte sind aber sehr verschieden: die Terebinthe trägt Steinobst, das Öl liefert. Andere Charakterbäume sind die Platane, die Pappel, die Weide, die Zypresse: lauter mehr oder weniger melancholische Gewächse. Der Walnußbaum war in erster Linie seines Schattens wegen geschätzt und ein beliebter Schmuck des Hauseingangs. Unsere Lieblinge: die Linde und Buche, Fichte und Tanne, waren dem Bewohner des Jordanlandes unbekannt; die Königin seiner Wälder war die Zeder, die aber schon zu Salomos Zeiten nur am Libanon wuchs, mit ihrem hohen, schlanken Stamm und ihrem immergrünen breiten Nadelschirm ein prächtiger und eigenartiger Baum. Ihr Höchstalter beträgt nicht weniger als dreitausend Jahre, das sie aber in Palästina wohl niemals erreichte, denn ihre Bestände wurden zu allen Zeiten stark geplündert. Zu welcher Gattung der »Baum der Erkenntnis« gehörte, ist eine umstritten Frage: Der lateinischen Tradition gilt er als Apfelbaum, der griechischen als Feigenbaum (daher die Erzählung vom Feigenblatt) und der rabbinischen als Weinstock.

Im Frühling bedeckte ein farbenreicher, aber rasch verwelkender Blumenkranz allenthalben die Gärten und Wiesen: Tulpen, Anemonen, Narzissen, weiße und feuerbunte Lilien, blauer und goldgelber Safran. Dann glich das Heilige Land einem summenden Bienenstock. Der palästinensische Honig war wegen seines köstlichen Aromas berühmt; er wurde aber nicht durch Zucht, sondern aus den Waben der wilden Bienen gewonnen. Die Vergänglichkeit der heimischen Flora findet einen ergreifenden Ausdruck in dem Gleichnis des Psalmworts: »Die Feinde Jahwes sind wie die Pracht der Auen, sie schwinden dahin wie Rauch.« Bis zum Einbruch der Trockenheit mußte das Getreide unter Dach gebracht sein; es wuchs ziemlich reichlich, so daß es nicht nur den Bedürfnissen der Bevölkerung genügte, sondern auch einen bescheidenen Export gestattete, der durch phönizische Schiffe vermittelt wurde. Daneben gediehen die Hirse, die Linse, die Bohne und Erbse. Weinberge und Ölgärten füllten die Hügel und Täler, das leuchtende Himmelblau der blühenden Flachsfelder schmückte schon im Januar weite Flächen. Die syrische Feige wurde sogar von den Ägyptern begehrt. Zwischen sattgrünem Laube leuchtete purpurn der Granatapfel, den schon Mose preist und dem das Hohelied die Wangen der Freundin vergleicht. Aber auch die Mandel, die Pistazie, die Maulbeere, der Johannisbrotbaum waren den alten Hebräern nicht fremd. Der Hauptstandort der Dattelpalme war die Oase von Jericho.

Eine Belebung der einförmigen Landschaft bildeten die zahlreichen künstlichen Teiche, die, oft von beträchtlicher Ausdehnung, durch Quellen, Regengüsse und Wasserleitungen gespeist wurden. Sie stammten zum Teil schon aus vorisraelitischer Zeit; hingegen hat es niemals Bergwerke gegeben, denn Palästina besitzt keine Mineralschätze. Von wilden Tieren finden sich im Heiligen Lande noch heute der Eber, der Fuchs, die Hyäne, der Schakal, der auf hebräisch »Heuler« heißt, und der Wolf, der bedeutend kleiner ist als der europäische; früher aber hausten in den schwülen Dschungeln am Jordan auch Löwe und Panther, und die Gebirge durchstreifte der nicht minder gefürchtete »Leisetreter«, der Bär; auch wilde Esel und Stiere trieben sich in den steppenartigen Gegenden umher. Mehrere hebräische Ortsnamen sind mit »Löwe« zusammengesetzt; Jesaja nennt Jerusalem Ariel, den »Löwen Gottes«. Auch der Strauß ist heute im Jordanland ausgestorben. Andrerseits gab es dort in der ganzen biblischen Zeit weder Gänse noch Enten und vor dem Ende des Exils auch keine Hühner, dagegen das Rebhuhn, genannt »der Schreier«, massenhaft Tauben, deren Züge »wie ein Gewölk heranflogen zu ihren Gittern«, und Sperlinge, die ebenfalls zu den eßbaren Vögeln gezählt wurden. Ein anderer uns ungewohnter Leckerbissen waren die Heuschrecken. Sie wurden in Säcken getrocknet, in Salzwasser aufgekocht und über Zucker und Gewürz geröstet, auch zu Mehl vermahlen und zu Kuchen verbacken. Von diesem bescheidenen Genuß abgesehen, waren sie aber der Schrecken des Landes. Wenn ihr Millionenheer, mit seiner Masse die Sonne verdunkelnd, daherraste und, wie ein Hagelschauer niederprasselnd, Feld und Wiese im Nu splitternackt fraß, so erbebte das Volk. Gleich dem Getümmel fliegender Rosse erschien dem Propheten Joel ihr Gespensterzug, gleich dem Gerassel der Kriegswagen ihr Geschnarr. Eine ähnliche wahllose Gefräßigkeit in Rudeln, nur in nützlicher Form, entwickelten die Hunde, die, überall wild umherlaufend und allen Abfall und Unrat gierig verzehrend, eine Art Sanitätspolizei bildeten. Darum galt der Hund als unrein und bezeichnete ein Schimpfwort, und wenn auch wir noch ganz widersinnig den Namen des edelsten und klügsten, menschenfreundlichsten und menschenähnlichsten Tiers in diesem Sinne gebrauchen, so kann hier nur der Einfluß des Alten Testaments im Spiele sein.

Die orientalischen Großmächte

Indem wir uns der politischen Situation Palästinas zuwenden, müssen wir uns die Zustände der beiden orientalischen Großmächte in Erinnerung rufen, zwischen denen Syrien als ewiger Zankapfel lag. In Ägypten herrschten als zweiundzwanzigste, dreiundzwanzigste und vierundzwanzigste Dynastie von 945 bis 712 die Libyer; ihr erster König war Schoschenk der Erste. Unter der einundzwanzigsten Dynastie der sogenannten Taniten (1090 bis 945) war die Oberherrschaft über Palästina nur noch dem Namen nach ausgeübt worden, unter dem kräftigen Regiment Schoschenks wurde sie wieder eine wirkliche Tributärhoheit. Salomo war mit einer Tochter Schoschenks verheiratet, der für ihn die nordwestlich von Jerusalem gelegene Festung Gezer, die alte Krönungsstadt der Kanaanäer, eroberte. Nach einer anderen Annahme war der Ägypter, der Salomo Gezer zum Geschenk machte, nicht Schoschenk, sondern der letzte König der einundzwanzigsten Dynastie; doch war dessen Herrschaft nach innen und außen so schwach, daß diese Version die geringere Wahrscheinlichkeit hat. Jedenfalls geht aus der Sache zweierlei hervor: daß die damaligen ägyptischen Könige keine richtigen Pharaonen mehr waren, sonst hätte keiner von ihnen einem kleinen syrischen Gaufürsten und überhaupt einem ausländischen Potentaten eine Prinzessin zur Frau gegeben, und daß die Machtfülle der salomonischen Regierung legendär ist, denn sie war staatsrechtlich eine bloße Suzeränität, die, obschon vielleicht sehr glänzend, stets auf die Gunst und Hilfe der Nilherrscher angewiesen war. Im übrigen darf man sich die Libyer nicht als Barbaren vorstellen; sie waren völlig ägyptisiert. Allerdings scheint unter ihnen der längst entschwundene Feudalismus wiedergekehrt zu sein, wie dies häufig bei der Herrschaft militanter Fremdvölker der Fall ist; man denke an die Germanen in Italien. Im Delta gab es lauter kleine Fürstentümer. Dies mußte mit der Zeit zum Zerfall der Zentralgewalt und zu außenpolitischer Ohnmacht führen. Und in der Tat sehen wir, wie gegen Ende der Libyerzeit der Assyrerkönig Tiglatpileser der Dritte, der um 750 auf den Thron gelangt war, im Jahre 732, von Ägypten ungehindert, das mächtige Aramäerreich von Damaskus vernichtet und dann ganz Syrien bis hart an die ägyptische Grenze erobert.

Die Libyer wurden von den Äthiopiern abgelöst, die als fünfundzwanzigste Dynastie von 712 bis 663 regierten. Diese kamen aus dem tiefsten Süden, wo sie in Napata, unweit vom vierten Katarakt, eine Theokratie des Amon, nach dem Muster der thebanischen, errichtet hatten. Der Priesterkönig Schabako, derselbe, der den Schabakostein errichten ließ, errang die Herrschaft über ganz Ägypten; die Macht der Teilfürsten blieb aber bestehen. In Syrien beobachtete Schabako eine ähnliche Politik, wie sie Rußland ein Jahrhundert lang auf der Balkanhalbinsel gegen die Pforte geübt hat, indem er die syrischen Völker und ihre Tributfürsten gegen den Oberherrn in Assur aufwiegelte und ihnen seine Hilfe in Aussicht stellte. Einen Einblick in diese Verhältnisse gewährt die Rede des assyrischen Gesandten an König Hiskia von Juda, wie sie uns im zweiten Buch der Könige überliefert ist: »Siehe, du verlässest dich auf diesen zerstoßenen Rohrstab, auf Ägypten? welcher, so sich jemand darauf lehnet, wird er ihm in die Hand gehen und sie durchbohren. Also ist Pharao, der König in Ägypten, allen, die sich auf ihn verlassen.« Die Prophezeiung behielt recht. Im Jahre 701 siegte Sanherib von Assyrien bei Altaku (oder Elteke) über die Ägypter und Hiskia und belagerte Jerusalem, mußte aber, da in seinem Heer die Pest und in der Heimat ein Aufstand ausbrach, wieder abziehen. 689 eroberte er Babel, wo er ein solches Blutbad anrichtete, daß die Leichen die Straßen versperrten; alle Häuser wurden zerstört, Tempel und Turm von Babel, die gigantischsten Bauwerke der mesopotamischen Welt, in den Kanal gestürzt, über die Stadt Wasserfluten geleitet, damit jede Spur ihrer Existenz verschwinde. Aber schon zehn Jahre später stand sie wieder. Sanheribs Ende war unglücklich. Er ließ sich von seiner Lieblingsfrau dazu bestimmen, seinen Sohn von ihr, Asarhaddon, obgleich er der jüngste war, zum Kronprinzen ausrufen zu lassen; die erbosten älteren Brüder überfielen den Vater, während er im Tempel von Ninive sein Gebet verrichtete, und machten ihn nieder. Er war, wenigstens nach modernen Begriffen, ein »moderner« König: ein großer Naturfreund, der einen Park mit Obstbäumen, Spezereikräutern, seltenen Blumen und fremdländischen Tieren anlegte und – etwas Unerhörtes – mit Leidenschaft hohe Berge bestieg, und ein weitblickender Förderer des Wirtschaftslebens, indem er – als erster – geprägtes Geld einführte und nicht bloß die Myrrhe importierte, sondern auch die wundersamen »Bäume, welche Wolle tragen«. Die Darstellungen auf den Steinplatten, mit denen er seinen Thronsaal in Ninive schmückte, sind freier und natürlicher als die bisherigen, und die Torstiere, die den Palast bewachen, haben nur vier Beine. Bisher hatten sie nämlich fünf: Kam man von vorn, sah man die beiden Vorderbeine, kam man aber von der Seite, so war das eine gedeckt, und der Künstler hielt sich daher für verpflichtet, ein drittes hinzuzufügen. Wie hingegen die assyrischen Gesetze beschaffen waren, zeigt eine Tontafel mit Keilinschrifttext, auf der sich unter anderm folgende Bestimmung findet: »Gesetzt, ein Sklave oder eine Magd haben aus der Hand der Gattin des Herrn etwas für sich angenommen, so soll man dem Sklaven oder der Magd Nase und Ohren abschneiden... der Mann darf seiner Gattin die Ohren abschneiden.« Allerdings geht aus einem Zusatz hervor, daß er dies nicht unbedingt tun muß, sondern auch unterlassen kann, und immerhin genießt die Gattin eine gewisse Protektion, indem sie auf alle Fälle die Nase behält. Aber man versteht in diesem Zusammenhang die Unbedenklichkeit, mit der die Assyrer ganze Städte ausmordeten. Assurnasirpal dem Zweiten, der in der ersten Hälfte des neunten Jahrhunderts lebte, genügte dies noch nicht: Er ließ die Besiegten pfählen, lebend einmauern, schinden, ihre Schädel zu Pyramiden türmen und ihre abgezogene Haut auf den Mauern ausbreiten. Mit Recht hat der hervorragende Orientalist Alfred von Gutschmid die Assyrer »ein unsäglich scheußliches Volk« genannt, und die spätere Forschung hat vergebens versucht, dieses Urteil abzuschwächen. Damit verträgt es sich sehr wohl, daß es ihnen auch nicht an löblichen Eigenschaften: Mut, Fleiß, Verstand, Geschicklichkeit, Familiensinn fehlte. Das Dämonisch-Tierische ihrer Natur zeigte sich gerade darin, daß in ihrer Seele noch Bosheit und Klugheit, wohltätiges Wirken und viehische Grausamkeit widerspruchslos nebeneinander walteten. Welches Menschenwesen vermag es an Kampfkraft mit dem Tiger, an Geschicklichkeit mit der Biene, an Familiensinn mit dem Pelikan aufzunehmen? Selbst eine gewisse Frömmigkeit besitzen die Tiere: Sie zeigt sich zum Beispiel in der Liebe des Hundes zum Herrn. Aber sie besitzen kein *Gewissen*; das auch Babel und Assur fehlte. Dieses entwickelt seine ersten zarten Keime in den Herzen der Jünger Zoroasters und Buddhas, der jüdischen Propheten und griechischen Philosophen, und erhebt, für alle Zeiten siegreich, sein Haupt im Christentum. Das Böse ist seither keineswegs aus der Welt verschwunden, aber, was vielleicht ebensoviel wert ist, unwiderruflich zur *Paradoxie* geworden.

Die Saïten

Asarhaddon, der seinem Vater das Leben gekostet hatte, wurde dennoch König und erwies sich als die richtige Wahl. Er versöhnte sich mit den Babyloniern und baute ihre Hauptstadt wieder auf. Dann wandte er sich gegen Ägypten, schlug den anfänglich siegreichen Pharao Taharka und eroberte im Jahr 671 Memphis. Taharka floh nach Süden, von den Assyrern verfolgt, die Theben gründlich ausplünderten, aber nicht dauernd in der Hand zu behalten vermochten. Es hat sich jedoch von diesem Schlage nie wieder erholt. Damals ist aus der farbenflammenden Millionenstadt die erhabene graue Märchenruine geworden, die das Reisevolk aller Zeiten und Zonen seither mit Staunen betrachtet. Die Äthiopier zogen sich nach Napata zurück und haben nie mehr in die ägyptische Geschichte eingegriffen; schon für die Mitwelt verschwamm ihr halbbarbarischer Staat, in dem die Nilkultur zu immer bizarreren Formen erstarrte, zum legendären Nebenreich. Ihre spätere Hauptstadt war Meroë, wonach die besondere Hieroglyphenschrift, die sich allmählich bei ihnen herausbildete, die meroïtische genannt wird.

Ganz Unterägypten wurde assyrische Provinz: Neben jeden Gaufürsten wurde ein königlicher Resident gesetzt. Aber schon nach wenigen Jahren, 663, kam die Befreiung. Psammetich der Erste aus Saïs, einer Hauptstadt des westlichen Deltas am Arm von Rosette, vertrieb mit Hilfe des Königs Gyges von Lydien, der ihm ionische und karische Söldner sandte, die Asiaten und begründete die sechsundzwanzigste Dynastie der Saïten, die, obgleich ebenfalls Fremde, da sie von libyschen Söldnern abstammten, dem ägyptischen Volk bis zum Jahre 525, wo sie den Persern erlagen, eine letzte Zeit nationaler Blüte schenkten. Psammetich regierte vierundfünfzig Jahre, und es gelang ihm, sowohl die alte zentralisierte Verwaltung wie die Bewässerungsanlagen, die in argen Verfall geraten waren, wiederherzustellen. Er war eine Art »Bürgerkönig«, der mehr auf Handel und Industrie bedacht war als auf riskante militärische Unternehmungen, und ein Freund der Griechen, denen er in Memphis ein eigenes Viertel einrichtete und hohe Stellungen im Heer einräumte, was sie ihm durch freundliche Legenden dankten. Erst seit jener Zeit datiert die intimere Bekanntschaft der Hellenen mit der ägyptischen Kultur, und sie äußerte sich deutlich in gewissen Ägyptizismen, die sowohl an ihrer frühen, der sogenannten »archaischen« Kunst wie in ihrer theologischen Spekulation hervortraten. Unter dem vorletzten und bedeutendsten Saïten, Amasis, wurde sogar eine Hafenstadt gegründet, die völlig griechisch war: Naukratis, die »Schiffsmächtige«. Als der Perserkönig Kambyses Ägypten in Besitz nahm, erklärte er sich nach alter Landessitte für den rechtmäßigen Pharao und ließ, um diese Fiktion zu unterstützen, die Fabel ausstreuten, er sei ein Enkel des Apries, der Amasis vorangegangen war. Hieraus erhellt, daß Amasis in Ägypten nicht für legitim galt. Dies wird auch durch eine Anekdote bei Herodot bestätigt: Der König hatte ein goldenes Becken, worin er und seine Gäste sich die Füße wuschen, das zerschlug er und machte daraus ein Götterbild, dem die Ägypter alsbald große Verehrung erwiesen; darauf rief er sie alle zusammen und sagte: Wie mit dem Fußbecken verhält es sich auch mit mir: zuvor ein gemeiner Mann, bin ich doch jetzt euer König, dem ihr Verehrung schuldig seid. Obschon also ein Parvenü oder Usurpator, war er doch sehr populär. Er war ein »liberaler« Pharao, der die Distanz zwischen Herrscher und Volk nicht betonte, gern einen Becher über den Durst trank und gute Witze machte, die eifrig kolportiert wurden. Die krampfhafte Wiederbelebung des Altertums, von der am Ende des vorigen Kapitels die Rede war, erreichte unter ihm ihren Höhepunkt. Beides: die unägyptische »Modernität« der Saïten wie ihr hyperägyptisches Antikisieren, war eine künstliche Konstruktion, wie sie müden und altersschwachen Völkern eigentümlich ist.

Die Chaldäer

Das Jahr 612 brachte in Vorderasien eine große Umwälzung. Dort waren zwei neue Völker erstarkt: die Chaldäer, die unter Nabopolassar das »neubabylonische« Reich gründeten, und die Meder, die unter ihrem König Kyaxares im Süden des Kaspischen Meeres hausten. Sie zogen vereint gegen Ninive und zerstörten es. Vorderasien wurde zwischen ihnen geteilt: Kyaxares erhielt alles Land nördlich des Gebiets der beiden Ströme von Elam bis Kleinasien, Nabopolassar Mesopotamien und Syrien. Ninive erstand nicht wieder: als Xenophon zwei Jahrhunderte später den Boden der Stadt betrat, deren Glanz und Reichtum einst sprichwörtlich war, ahnte er nicht, wo er stand. Nun machte aber der Pharao Necho, der Sohn Psammetichs des Ersten, seine Ansprüche auf das assyrische Erbe geltend: Er fiel im Jahr 608 in Palästina ein und siegte über König Josia von Juda, der, ohne die chaldäische Verstärkung abzuwarten, sich ihm entgegenstellte, in der Schlacht bei Megiddo. Josia fiel; Necho eroberte ganz Syrien. Drei Jahre später aber wurde er bei Karkemisch am oberen Euphrat von Nebukadnezar, dem Sohn Nabopolassars, geschlagen, der ihn durch Syrien verfolgte, aber wegen des plötzlichen Todes seines Vaters umkehren mußte. Nebukadnezar, der hervorragendste unter den Chaldäerfürsten, hat während seiner dreiundvierzigjährigen Regierung (605 bis 562) Babel großartig umgebaut und befestigt: nicht nur durch ungeheure asphaltierte Erdwälle, sondern auch durch die berühmte »medische Mauer«, ein Wasserstauwerk zwischen Euphrat und Tigris, das, eine Art »holländisches« Verteidigungssystem, im Kriegsfall das ganze Oberland in einen Sumpf zu verwandeln vermochte und in der Tat später von den Persern erst nach sieben Jahren genommen werden konnte; auch die »Gärten der Semiramis«, die als das zweite der sieben Weltwunder galten, waren sein Werk: sie waren aber nicht wirklich »hängend«, sondern hießen nur so, weil sie, auf übereinandergetürmten Terrassen angelegt, in der Luft zu schweben schienen. Aber auch Necho war kein unbedeutender Herrscher. Er baute Kriegsflotten im Mittelmeer und im Roten Meer und ließ durch Phoiniker Afrika umsegeln: Sie brauchten dazu drei Jahre und bedienten sich, vom Golf von Suez ausgehend und über Gibraltar zurückkehrend, der umgekehrten Route, die zwei

Jahrtausende später die Portugiesen einschlugen. Es äußerte sich hier wiederum ein neues, gänzlich unägyptisches Weltgefühl: die Liebe zu den Abenteuern der See und eine edle Neugierde und Schaulust, die fast griechisch anmutet. Herodot sagt hierüber: »Und sie erzählen, was ich nicht glauben kann, vielleicht aber glaubt es wer andrer, daß sie bei der Fahrt um Libyen die Sonne zur Rechten gehabt hätten.« Was ihm an dem Bericht dubios erschien, ist für uns gerade der Beweis seiner Wahrheit. Aber die große Entdeckung war noch nicht fällig. Die Bedeutung einer wissenschaftlichen Erfahrung wird nicht bloß durch ihren Gehalt und Umfang, sondern auch durch den historischen Moment bestimmt, in dem sie auftritt. War dieser nicht der »fruchtbare Moment«, so verläuft sie im Sande und muß zu passenderer Zeit wiederholt werden. »Zu früh« ist bisweilen ein ebensolches Wort des Unsegens wie »zu spät«.

Zwanzig Jahre nach der Schlacht bei Karkemisch, 585, drohte eine neue große Krise: Lydien, die Vormacht Kleinasiens, und Medien standen sich am Halys zur Entscheidungsschlacht gegenüber. Durch eine Sonnenfinsternis erschreckt, die Thales, der »Vater der griechischen Philosophie«, vorhergesagt haben soll, nahmen sie die Vermittlung Nebukadnezars an: der Halys wurde als Grenze festgesetzt. Aber schon hatte sich eine neue Wolke erhoben, die gefährlichste von allen. Sie kam aus dem fernen Südosten. Dort, im Hochland von Iran, hatte der große Kyros die Perser zu einem starken Kriegsvolk geeint, dem in rascher Folge alle vorderasiatischen Großreiche erlagen: 550 das medische, 546 das lydische, 539 das babylonische.

Die Erzväter

In diesem großen Rahmen spielte die Geschichte Palästinas. Das Land war schon in der Steinzeit besiedelt; die Bewohner lebten in Höhlen und von wildwachsendem Getreide: Urweizen und Urgerste, das sie im Mörser zerstießen und geröstet genossen. Felslöcher, die sich noch heute allenthalben finden, dienten zur Aufnahme flüssiger Nahrungsspenden, die den

Göttern und den Toten geweiht waren, besonders des Bluts, das, wie auch vielfach anderwärts, als Sitz des Lebens galt: »das Blut«, heißt es im fünften Buch Mose, »ist die Seele, darum sollst du die Seele nicht essen«. Diese Form des Opfers war noch zur Richterzeit gebräuchlich: Der Engel Gottes sagt zu Gideon: »Nimm das Fleisch und das Ungesäuerte und lege es hin auf den Fels, der hie ist, und geuß die Brühe aus.« Außerdem gab es schon in frühester Zeit steinerne Heiligtümer von wahrhaft kyklopischen Ausmaßen, die sich die Israeliten nicht anders zu erklären wußten, als daß sie sich ihre Vorfahren als Riesen dachten. Aus der Bronzezeit, die um die Mitte des dritten Jahrtausends einsetzte, haben sich Schachtgräber mit Dolchen und Lanzen, Flaschen und Lampen, Schmucksachen und Tonfiguren von Sklaven und Haustieren erhalten. In den Fundamenten der Häuser fanden sich auch Krüge mit den Resten neugeborener Kinder und Leichen von Männern und Frauen in Hockerstellung. Man hat dabei an die grausige Sitte des »Bauopfers« gedacht; doch war die Gepflogenheit, die Angehörigen im Erdgeschoß zu begraben, im Orient vielfach verbreitet: nicht nur, wie wir bereits hörten, im babylonischen Ur, sondern auch bei den Arabern in ihrer heidnischen Zeit; »zu den Vätern versammelt werden« bedeutete ursprünglich ganz wörtlich: ins häusliche Familiengrab gebracht werden. In der sogenannten »mittleren« Bronzezeit, die die ersten vier Jahrhunderte des zweiten vorchristlichen Jahrtausends umfaßt, kam die Töpferscheibe in Gebrauch, und es machten sich, nach dem Zeugnis der Funde, in der Keramik und Metalltechnik babylonische, hethitische, ägyptische, ja sogar (über Zypern) mykenische Einflüsse geltend.

Von alters her war Palästina von Semiten bewohnt, und zwar vom Stamm der Kanaanäer, dem die Phoiniker ebenso zuzurechnen sind wie die Bewohner des Westjordanlandes, die Kanaanäer im engeren Sinne, und die erst später eingewanderten

Hebräer, deren Hauptzweige die Ammoniter, die Moabiter, die Edomiter und die Israeliten waren. Der Name *Chabiri* oder *Habiru*, der schon in den Amarnabriefen vorkommt, bedeutet soviel wie »Wanderer« und beweist, daß die Hebräer damals noch Nomaden waren. Der Gegensatz zwischen Hebräern und Kanaanäern spiegelt sich noch auf den ersten Blättern des Alten Testaments. Abel ist Hirte, Kain ist Ackerbauer. Abel brachte Opfer von den Erstlingen seiner Herde, und der Herr sah sie gnädiglich an; Kain brachte Opfer von den Früchten des Feldes, und der Herr sah sie nicht gnädiglich an. Gottgefällig ist damals noch nicht der Seßhafte, sondern der Beduine.

Manche glauben, die Vätersage von Abraham, Isaak und Jakob sei eine spätere Erfindung, die bloß den Anspruch der Israeliten auf das Land Kanaan gewissermaßen völkerrechtlich durch die Tatsache begründen wolle, daß sie schon vormals dort ansässig waren; aber die Gestalten sind zu lebendig, als daß sie bloße Träger einer juristischen Fiktion sein könnten. Man wird bei der Wanderung Abrahams aus der fernen chaldäischen Heimat in das Gelobte Land an die Worte Carlyles erinnert: »Man vergleiche die Herrschaft der Angelsachsen in Amerika mit jenem unscheinbaren Geschehnis, aus dem sie hervorging, der Abfahrt des Schiffes ›Mayflower‹! Hätten wir einen so offenen Sinn, wie die Griechen ihn hatten, wir hätten hierin ein Epos entdeckt; ein Epos aus der Hand der Natur selber, wie sie es in mächtigen Ereignissen über ganze Erdteile schreibt.« Auch jener Auszug Abrahams war die Keimzelle einer neuen Welt. Und es ist sehr wahrscheinlich, daß er auch ähnliche Gründe hatte: daß man den Erzvater ebensowenig nach seiner Fasson selig werden lassen wollte wie die Pilgerväter. Dies war die Geburtsstunde des Jahwismus, wie jenes die Geburtsstunde des Amerikanismus: beides Mächte von vielleicht zweideutigem, aber welthistorischem Charakter.

Jakob, der Vater der zwölf Stämme, trägt seinen Namen »er

überlistet« mit Recht. Aber auch alle übrigen sind ihm ähnlich. Sowohl Isaak wie Abraham geben ihre Frau für ihre Schwester aus, und dieser überläßt sie noch obendrein dem Pharao, von dem er reiche Geschenke annimmt; Jakob mißbraucht die Dummheit und Gefräßigkeit seines Zwillingsbruders, um ihm das Erstgeburtsrecht abzuluchsen, und erschleicht den Vatersegen, der damals noch sakramentale Bedeutung hatte; Laban hängt ihm statt der Rahel die häßliche, schweranbringliche Lea an und zwingt ihn dadurch, noch weitere sieben Jahre um die jüngere Tochter zu dienen, und er wieder beschwindelt Laban bei der Viehteilung. Abraham unternimmt es sogar, mit Gott herumzuhandeln. Als Sodom vernichtet werden soll, sagt er: »Willst du den Gerechten mit dem Gottlosen umbringen? Es möchten vielleicht fünfzig Gerechte in der Stadt sein.« Der Herr verspricht, in diesem Falle die Stadt zu verschonen. Darauf sagt Abraham: »Es möchten vielleicht fünf weniger denn fünfzig Gerechte drinnen sein; wolltest du denn die ganze Stadt verderben um der fünfe willen?« Der Herr gewährt auch bei fünfundvierzig Gerechten Verzeihung. Darauf sagt Abraham: »Man möchte vielleicht vierzig drinnen finden. Man möchte vielleicht dreißig drinnen finden. Man möchte vielleicht zwanzig drinnen finden. Man möchte vielleicht zehn drinnen finden.« Alle diese Züge sind, als naiver Ausdruck derber Pfiffigkeit, verzeihlich und sogar ergötzlich; abscheulich werden sie erst durch die Übermalung der späteren Bearbeitung, die aus den Erzvätern Heilige machen will.

Mose Zu Anfang des dreizehnten Jahrhunderts, vielleicht aber auch schon bedeutend früher, stieß ein Trupp Hebräer, sicher nicht mehr als ein paar tausend, nach dem Lande Gosen vor, einem Weidebezirk am rechten Ufer des pelusischen Nilarms: ob dies freiwillig geschah oder infolge irgendeiner Völkerverschiebung, läßt sich nicht mehr sagen. In diesem Grenzdistrikt bildeten sie eine von den Ägyptern geduldete Puffersiedlung;

sie waren immer noch Nomaden, die von Schafen und Ziegen lebten. Später wurden sie vom Pharao zu Fronarbeiten mißbraucht. Da erstand ihnen in Mose ein Führer zur Freiheit. Die Gestalt für unhistorisch zu halten, liegt nicht der geringste Grund vor. Dies erhellt schon aus dem Namen: Er ist, wie bereits erwähnt, rein ägyptisch, bedeutet »Sohn« und war am Nil besonders in Zusammensetzungen wie Thutmose, Ramose (Sohn des Thoth, des Re, des Ka) sehr gebräuchlich; hätten die Hebräer ihren Nationalheros einfach erfunden, so hätten sie ihn sicher nicht ägyptisch benannt. Nach der Auffassung der späteren Bearbeitung ist Mose in erster Linie Gesetzgeber und Religionsstifter; nach der Urauffassung, die noch hindurchschimmert, ist er aber vor allem eine politische Größe, der Erretter seines Volks, das er zum Auszug begeistert und tapfer durch alle Gefahren der Verfolgung, der See und der Einöde ins Gelobte Land geleitet. Auch der Zug durch das Schilfmeer braucht nicht unbedingt als Legende angesehen zu werden; das Buch Exodus gibt selber die Erklärung: Der Herr erregte die ganze Nacht hindurch einen starken Ostwind, der die seichte Stelle trockenlegte. Prachtvoll in ihrer großartigen Naivität ist die Schilderung des göttlichen Waltens: Bei Tag als Wolkensäule, nachts als Feuersäule zieht Jahwe vor seinem Volke einher, und als Pharao den Fliehenden nachsetzt, tritt die Wolke hinter sie und trennt sie von den Ägyptern, beugt sich auf das feindliche Heer herab, läßt die Räder von den Wagen abspringen und begräbt die Verwirrten unter den Meereswogen; aus der Gewitterwolke von der Spitze des Sinai donnert der Herr mit eigener Stimme die zehn Gebote auf Mose herab, dann schreibt er sie mit eigener Hand auf zwei steinerne Tafeln. Dort, in der feuerspeienden Spalte, ist sein Wohnsitz, ganz anders geartet als der liebliche Gipfel, auf dem die Olympier thronen: darum heißt er Jahwe: »er weht«, nämlich im Sinaivulkan; doch ist diese Deutung umstritten.

Die Schrecken der heulenden Wüste, des Umherirrens in bitterer Not, der wechselvollen Kämpfe mit den wilden Amalekitern haben die losen hebräischen Stämme zum Volk Israel zusammengeschweißt. Aber ohne die beherzte und weise Leitung Moses wäre dies nie gelungen. Als ihn der Herr beruft, sträubt er sich lange und bittet: Herr, schicke einen andern, Herr, schicke meinen Bruder Aaron; schon dies zeigt, daß er ein großer Mann war, denn, wie Kürnberger einmal so schön sagt, »nicht wer zu der Größe sich drängt, sondern wer vor der Größe schaudert, ist ein Weltheld«. Aber auch eine elementare Kraft, alles um sich herum niederreißend und mitreißend, muß in ihm gelebt haben. Michelangelo hat diese gigantische Wucht in ihrer ganzen Unwiderstehlichkeit in dem größten plastischen Werk gestaltet, das er und vielleicht die Neuzeit überhaupt geschaffen hat: Die Haltung des Propheten zeigt, daß er im nächsten Augenblick aufspringen wird, und es wird ein Panthersprung sein; eine heilige und drohende Leidenschaft loht in seinem Antlitz, denn sein Auge hat soeben den Götzendienst Israels erblickt; ein gewitterträchtiger, erhabener Zorn atmet in seiner Brust, schrecklich und göttlich fast wie das Wehen Jahwes selber. Nicht zufällig, sondern aus tiefer innerer Verwandtschaft wählte Michelangelo diese Gestalt: Auch er war ein großer Führer ins Neue, ein Gesetzgeber und Götzenzertrümmerer, ein großer Unverstandener und ein großer Heide. Denn ein Heide war der echte Mose, der noch nicht klerikal übertünchte, zweifellos.

Alles an der Lebensgeschichte Moses ist dramatisch: seine Kindheit, sein Reifen, sein ewiges Ringen mit Feinden und Freunden. Einer der packendsten Momente ist die Offenbarung: Während er oben auf dem Sinai mit dem Herrn Zwiesprache hält, bereitet sich das Volk bereits zum Abfall, und indes Gottes Finger die Tafeln beschreibt, gießen sie unten das goldene Kalb; und ein erschütternder Ausklang ist sein Tod:

Nach all den endlosen Mühen und Kämpfen, Wirren und Rückschlägen ist sein einziger Lohn, daß er das Ziel seines Lebenswerkes, das Gelobte Land, von ferne erblicken darf. Aber möglicherweise verhält es sich gar nicht so. Vielleicht waren die vierzig Jahre Wanderung, die Israel stählten und einten, das wahre Ziel der Vorsehung, vielleicht war die *Wüste das Gelobte Land*! Und so wäre Mose gestorben, ohne den Sinn all seines Siegens und Leidens erkannt zu haben. Aber auch dies würde seiner Größe keinen Abbruch tun. Alles wahrhaft Große hat seine dunklen Wurzeln im Schoße des Unbewußten; alle Helden und Heiligen gingen nachtwandelnd ihren Weg. Nur der Sohn Gottes vermochte wissend für die Menschheit zu leben und zu sterben.

Die Richter

Renan beschließt in seiner »Geschichte des Volkes Israel« das Kapitel über die ägyptische Zeit mit den Worten: »Israel ist eine Nation geworden. Aber leider! seit dem Anfang der Welt hat man noch keine liebenswürdige Nation gesehen.« Die rauhen Berghirten, die nun Palästina betraten, hatten auf dieses Prädikat vielleicht noch weniger Anspruch als irgendein anderes Volk. Die Einwohnerschaft, die sie vorfanden, war nicht die Urbewölkerung; früher hatten Amoriter das Land besessen. Diese »Kanaaniter«, wie die Israeliten sie nannten, waren wahrscheinlich nichts anderes als eine frühere Einwanderungswelle hebräischer Stämme, werden aber im Alten Testament als Fremdvolk empfunden. Ganz so glatt, wie es nach den Schilderungen des Buches Josua aussieht, hat sich der Eroberungskampf nicht vollzogen. Er währte ein volles Vierteljahrtausend, ungefähr von 1250 bis 1000 vor Christus. Anfangs gelang es den Eindringenden bloß, sich auf den Höhen festzusetzen, während die festen Städte mit ihren Phalangen und Kriegswagen ihnen Trotz boten; diese wurden erst sehr allmählich israelitisch, teils freiwillig, teils durch Belagerung. Dazwischen gab es auch immer längere Zeiten völlig friedlichen Verkehrs oder nur da und dort aufflackernder Kleinkriege. Man muß sich die Israeliten die längste Zeit *zwischen* den Kanaanitern ansässig denken, ohne daß sie auch nur größere Teile des Jordanlandes unbedingt beherrscht hätten. Die politische Organisation stand ebenfalls noch in den Anfängen. Die Obergewalt lag bei einzelnen Männern, die durch militärische Erfolge oder durch eine gewisse moralische Überlegenheit hervorragten; doch war ihre Stellung nicht irgendwie verfassungsmäßig gesichert. Ihre Hauptbefugnisse waren die Führung im Kriege und die Rechtsprechung; darum heißt diese Periode die Zeit der *schophetim*, der Richter. Das Alte Testament kennt zwölf solche Richter; die Zahl ist natürlich nicht historisch, sondern mit Rücksicht auf die Zwölfzahl der Stämme und die Heiligkeit der Zwölf gewählt. Die Bibelkunde unterscheidet zwischen »großen« und »kleinen« Richtern; doch bezieht sich dies nicht auf ihre Bedeutung, sondern auf die größere oder geringere Ausführlichkeit, mit der sie im »Buch Richter« behandelt sind. Der hervorragendste dieser Schophetim scheint Gideon gewesen zu sein, der die Midianiter vertrieb, um den Sinai hausende Wüstenstämme, die, dem Beispiel der Israeliten folgend, um 1100 ins Land gefallen waren. Er war eine Art Heerkönig, der seine Würde auf seinen leider ungeratenen Sohn Abimelech vererbte. Über diesen werden in der Bibel schreckliche Dinge berichtet, und die nicht minder grausige Geschichte von Jephthas Tochter zeigt, daß zur Richterzeit in Israel noch Menschenopfer gebräuchlich waren.

Saul An die Küste gelangten die Israeliten niemals; denn dort saßen im Norden die Phoiniker, im Süden die Philister. Diese waren im Zuge der großen Völkerwanderung aus dem Westen gekommen und hatten die Hafenstädte Gaza, Askalon und Asdod gegründet, stießen aber alsbald auch ins Binnenland vor, wobei sie den Israeliten mehrere schwere Niederlagen beibrachten und sogar die Bundeslade erbeuteten. Während der zweiten Hälfte des elften Jahrhunderts übten sie durch Vögte und Statthalter eine Oberherrschaft über große Teile Palästinas. Sie selbst hatten kein gemeinsames Oberhaupt, sondern lebten wie die Phoiniker in Stadtstaaten, die wechselnde Konföderationen bildeten. Sie waren weder nach ihrer Herkunft noch in ihrem Aussehen semitisch; da sie aber immer nur eine dünne Oberschicht bildeten, so wurden sie sehr bald in Sprache und Religion völlig semitisiert. In Israel galten sie als der Erbfeind; und hieraus ist, auf beträchtlichen Umwegen, die heutige Bedeutung des Wortes entstanden. Im siebzehnten Jahrhundert nannten die Studenten, die vermöge ihrer vorwiegend theologischen Bildung gern biblische Ausdrücke gebrauchten, ihre Widersacher Philister; damit meinten sie zunächst die Polizisten, dann aber überhaupt alle Nichtakademiker: So wurde »Philister« zum Synonym für Bürger, Spießbürger. Später wurde die Bezeichnung aufs Geistige übertragen; in diesem Sinne gebraucht sie der junge Goethe. Der Ausdruck »Bildungsphilister« stammt von dem Historiker Heinrich Leo, ist aber erst durch Nietzsche in den allgemeinen Sprachschatz übergegangen.

Die Philisterkriege haben das israelitische Königtum begründet. Die Befreiung ging vom Stamme Benjamin aus. Das Signal gab Jonathan, Sauls Sohn, der einen Vogt erschlug. Der philistäische Heerbann wurde von Saul geschlagen, und alle Stämme huldigten dem Sieger als König. Auch Juda, das hier zum erstenmal hervortritt, schloß sich an. Der Kampf dauerte weiter und erfüllte die ganze Regierungszeit Sauls, die rund von 1025 bis 1000 währte; doch vermochte er sich im großen und ganzen zu behaupten. Zwei Männer vor allem haben in sein Schicksal entscheidend eingegriffen: der Seher Samuel und der Judäer David. Nach der Schilderung der beiden biblischen Bücher, die von ihm handeln, war Samuel ein Gegner des Königtums, das er verwarf, weil der einzige rechtmäßige König Israels Jahwe sei; aber das ist eine nachträglich hineingearbeitete Interpretation. Der geschichtliche Samuel war gerade im Gegenteil ein *Königsmacher*. Er erkannte in der Zusammenfassung der zersplitterten Volkseinheiten das einzige Mittel zur Errettung vom Philisterjoch und in Saul, der alle anderen nicht nur an Gestalt, sondern auch an Feuer und Schlagkraft überragte, das geborene Oberhaupt. Eine Art Papst, der Könige einfach einsetzen und absetzen konnte (nach der Tradition hat er sich bekanntlich später von Saul abgewendet und David zum Herrscher gesalbt), ist er aber darum doch nicht gewesen; auch dies ist späte Interpolation aus den Tagen der jüdischen Theokratie. Er war, vermöge seiner Menschenkenntnis und politischen Voraussicht, eine geistige, aber keine geistliche Größe. Andrerseits aber ist auch der König in Israel niemals, wie bei den Ägyptern, den Babyloniern und vielen anderen Völkern ein Priester oder gar eine Art Gott gewesen.

David David, ein schöner Jüngling, gleich begnadet für die Künste des Friedens und des Krieges, war anfangs der Liebling Sauls, dem er in der Schlacht gute Dienste tat und durch Harfenspiel die Sorgen verscheuchte. Er wurde der nahe Freund Jonathans und der Gatte Mikals, der Tochter Sauls. Auch das Volk vergötterte ihn. Hierdurch erregte er die Eifersucht des Königs, der sich in einem Jähzornsanfall dazu hinreißen ließ, gegen ihn den Speer zu schleudern. David flüchtete nach Juda und trieb sich dort als Wegelagerer umher; und schließlich trat er, von Saul bedrängt, sogar zu den Philistern über, die ihm aber mißtrauisch begegneten. Bald darauf kam es zur Entscheidungsschlacht, in der die Israeliten geschlagen wurden und Jonathan mit zwei Brüdern fiel. Saul gab sich, an allem verzweifelnd, den Tod; David ging nach Hebron und ließ sich zum König von Juda ausrufen.

Saul ist eine tiefe und tragische Gestalt, in seinem Schwanken zwischen finsterer Tatkraft und grüblerischer Schwermut Ibsens Jarl Skule vergleichbar, während David, der helle, kindhafte Liebling des Schicksals, an Hakon erinnert. Und auch der dritte Protagonist des Dramas, Bischof Nikolas, findet sein Gegenstück in Samuel, der zwischen den Kronprätendenten seine geheimnisvollen Fäden spinnt und sogar, ganz wie Nikolaus dem Jarl, dem Saul vor der Schlacht als Geist erscheint. Und wie Hakon triumphiert David über den Nebenbuhler, der vielleicht die machtvollere Persönlichkeit ist, weil dieser aus dunklen Gründen »Gottes Stiefkind auf Erden« ist, er aber den »Königsgedanken« besitzt.

Seine erste, höchst folgenreiche Tat war, daß er Jerusalem eroberte, das sich bis dahin in den Händen der Kanaaniter befunden hatte, und zur politischen und religiösen Metropole machte, indem er es zu seiner Residenz erhob, ausbaute und stärker befestigte und die Bundeslade dorthin bringen ließ, die die Philister geraubt hatten, aber nicht behalten wollten, denn sie hatte ihnen nur Unsegen gebracht: sie setzten sie auf einen Wagen und ließen die Kühe damit ziehen, wohin sie wollten; ein ergreifendes Bild: der obdachlose Gott! Die Wahl der Hauptstadt war für den Schwerpunkt eines »großisraelitischen« Imperiums, wie es David vorschwebte, sehr glücklich getroffen. Und in der Tat gelang es David, dieses Reich zu schaffen. Er drängte in schweren Kämpfen die Philister endgültig aus dem Lande, befreite die Südgrenzen von der Plage der Amalekiter, die von da an nie wieder erwähnt werden, und unterwarf die hebräischen Bruderstämme Edom, Ammon und Moab. Seine Kriegführung war der Zeit gemäß schonungslos und grausam; doch schenkt ihm die Überlieferung auch Züge einer gewissen lyrischen Weichheit, die das Gepräge historischer Echtheit tragen. Eine unerbittliche Gewaltnatur hingegen war sein Feldhauptmann Joab, ein wahrhaft treuer Diener seines Herrn und die Seele aller militärischen Unternehmungen. Von der Art seiner Operationen kann man sich allerdings kein Bild machen, da die biblische Erzählung nur Einzelkämpfe schildert wie die Ilias. Trotz allen Erfolgen ist es aber David doch nicht völlig gelungen, Norden und Süden zu einer Schicksalseinheit zusammenzuschweißen. Israel und Juda haben sich immer bloß in Personalunion empfunden wie Sumer und Akkad, Norwegen und Schweden, Belgien und Holland, Österreich und Ungarn, nur die Judäer erblickten in David ihren nationalen König und in Jerusalem ihre heilige Stadt: Es waren eben doch zwei verschiedene Volkskörper, die nur der spätere Sprachgebrauch fälschlich identifiziert hat. So paradox es klingen mag: Die Israeliten waren keine Juden.

Man darf sich durch die Phraseologie des Alten Testaments auch nicht dazu verführen lassen, sich das Davidreich als eine wirkliche Großmacht vorzustellen. Dazu war es schon allein dadurch unfähig, daß es keinerlei Küstenentwicklung besaß. An den früheren Verhältnissen gemessen, war es etwas Bedeutendes geworden: ein wohlorganisiertes Staatswesen mit gut arrondierten Grenzen. Aber doch nur ein kleines: etwa vom Range eines der Balkanstaaten der Vorkriegszeit und, wie diese, nur durch die Eifersucht der wirklichen Großmächte imstande, selbständig zu bestehen und sich zu expandieren; wie der Zar und der Kaiser von Österreich auf Bulgarien und Serbien, dürften der Pharao und der asiatische Großkönig auf Israel und Juda geblickt haben. Gleichwohl kann man sagen: Saul und David haben durch ihr straffes Königtum Palästina in die Weltgeschichte eingeführt.

Die letzten Regierungsjahre Davids waren von inneren Wirren erfüllt. Daß er sich trotz seiner machtvollen Popularität vor Rebellionen niemals ganz sicher gefühlt hat, zeigt seine stehende Leibwache »Krethi und Plethi«, die aus fremden Söldnern: Kretern und Philistern, bestand. Sein Sohn Absalom ließ sich in Hebron zum König ausrufen und fand großen Anhang; David mußte sich nach dem Ostjordanland zurückziehen. Als Absalom seinem Vater über den Jordan nachsetzte, wurde er von dem grimmen Joab besiegt und gegen den Befehl Davids getötet, der, obschon nun wieder auf dem Throne befestigt, den verlorenen Liebling in lauten Klagen beweinte. Die Intrigen um die Erbfolge gingen weiter. Nach Absaloms Tod war Adonia der älteste Sohn und legitime Kronprinz; trotzdem ließ sich der greise König dazu bestimmen, Salomo, den Sohn seiner Lieblingsfrau Bathseba, zum Mitregenten anzunehmen und zu seinem Nachfolger zu ernennen. Bathseba berief sich dabei auf ein Versprechen, das der König ihr einst gegeben hatte; auch der ränkische Prophet Nathan hatte dabei seine Hand im Spiele, während Joab das Thronrecht Adonias verfocht, der seinerseits wahrscheinlich dem Gedanken nicht fernstand, in die Fußstapfen Absaloms zu treten. Die Endzeit Davids scheint demnach trübe und unerquicklich gewesen zu sein.

In seiner Vollkraft muß er aber eine bezaubernde Erscheinung gewesen sein: voll persönlicher Anmut, naiver Liebenswürdigkeit und sogar nicht ohne eine gewisse künstlerische Ader; die Psalmen hat er freilich nicht gedichtet, da sie von einer Gottesanschauung getragen sind, die seiner Zeit noch völlig fremd war. Eine gewisse Schwäche seines Wesens, entsprungen aus einem dunklen Schuldgefühl, macht ihn nur noch sympathischer. Die vielen Lumpereien und Roheiten, die er im Lauf seines Lebens begangen hat, wirken durchaus menschlich und verständlich, wenn man sich als ihren Träger den halbbarbarischen Häuptling eines antiken Raubstaats vorstellt. Ganz wie die Erzväter wird er verächtlich erst durch die spätere Tradition. Der Strahlenmantel der Gottesfurcht und Gesetzestreue, den ihm das um sieben Jahrhunderte jüngere »Buch der Chronik« umgehängt hat, kleidet ihn sehr schlecht: Er verwandelt den heißblütigen Abenteurer und Genußmenschen, der triebhaft seinen Leidenschaften folgt, in einen diabolischen Heuchler und öligen Schurken: Karl Moor in Franz Moor. Erst der Heiligenschein macht ihn zum Scheinheiligen.

Salomo Salomo, der um 955 den Thron bestieg, verleugnete von Anfang an nicht, daß er den Listen eines Weibes und eines Priesters das Szepter verdankte. Eine der häßlichsten Szenen im ersten Buch der Könige bildet der Tod Davids: Als dieser vor Absolom floh, hatte Simei, ein Mann aus dem Hause Sauls, ihn mit Steinen beworfen und als Bluthund verflucht, der König aber hatte ihm nach dem Sieg über die Aufständischen verziehen und Gnade geschworen; und nun lauten die letzten Worte Davids an Salomo: »Siehe, du hast bei dir Simei, der mir schändlich fluchte. Da schwur ich ihm bei dem Herrn: Ich will dich nicht töten mit dem Schwert. Du aber wirst wohl wissen, was du mit ihm zu tun hast, auf daß du seine grauen Haare mit Blut hinunter in die Grube bringest.« Dieser Abschied vom Leben mit einer Tat der Perfidie und der Undankbarkeit (denn auch die Ermordung Joabs befiehlt er) paßt gar nicht auf David, wenigstens den historischen, und ist auch tatsächlich erst später eingeschoben worden, um die tückischen Bluttaten an Adonia und seinen Anhängern zu rechtfertigen, mit denen Salomo seine Regierung eröffnete.

Der Tradition gilt Salomo bekanntlich als Urbild der Weisheit. Er war auch wahrscheinlich sehr intelligent und für geistige Dinge interessiert; die Teile der Bibel, die seinen Namen tragen: Sprüche, Prediger und Hohelied, hat er aber ebensowenig verfaßt wie David die Psalmen. Vom späteren Judentum wurde er vor allem als Erbauer des Tempels gefeiert, der aber weniger eine Schöpfung seiner Frömmigkeit als seiner Prunksucht war; auch war dieser, als ein Teil der Akropolis, ebensosehr Zwingburg wie Gotteshaus. Außer den zahlreichen Repräsentationsbauten, bei denen er das Volk zu Frondiensten preßte, errichtete Salomo auch große Wasseranlagen, Magazine für Waffen und Korn und Marställe, in denen er edle Rosse und Kriegswagen hielt. Er war überhaupt ein großer Liebhaber des Pferdesports, für den er auch Hof und Stadt zu gewinnen suchte; trotzdem ist das charakteristische Reittier des Palästinensers immer der Esel geblieben, dessen er sich nicht zu schämen brauchte: Er war ein fast pferdegroßes, elegantes und anmutiges Tier von schöner rötlichgrauer oder bisweilen auch weißer Farbe, die besonders geschätzt war. Er genoß noch in der arabischen Zeit in ganz Vorderasien ein solches Ansehen, daß ein Kalif von Bagdad den Ehrentitel »Esel von Mesopotamien« erhielt.

Salomo versuchte Palästina in den Weltverkehr einzugliedern, indem er Wirtschaftsbeziehungen zum König von Tyros unterhielt und gemeinsam mit diesem nach dem sagenumwobenen Lande Ophir, das die meisten Forscher an die Südküste Arabiens verlegen, eine Flotte sandte, die Gold, Silber, Elfenbein, Pfauen und Affen heimbrachte. Unter ihm kam es auch bereits zur Entwicklung einer gewissen Plutokratie: Die Reichen bauten sich Häuser aus Quadersteinen, aßen täglich Festbraten, tranken Wein wie Wasser und versalbten das beste Öl. Man hat Salomo mit dem Roi Soleil verglichen; er ähnelte aber nicht so sehr diesem als den Duodezfürsten, die Ludwig den Vierzehnten nachahmten: voll Ehrgeiz, es in Bauwut und Prachtliebe, Schöngeisterei und Gottesgnadentum, Handel und Harem seinem Schwiegervater gleichzutun, war er nichts als der geblähte Affe Pharaos. Die Kunstwerke, die in seinem Auftrag geschaffen wurden, standen aber nicht unter ägyptischem, sondern unter phönizischem Einfluß, waren also, da schon die Sidonier völlig unoriginell waren, Kopien zweiten Grades und scheinen sich durch beträchtliche Geschmacklosigkeit ausgezeichnet zu haben. Das berühmte »eherne Meer« war ein riesiges bronzenes Waschbecken, das über siebzigtausend Liter faßte, von zwölf Rindern getragen; die »Keruben«, die im Allerheiligsten standen, waren zwei fünf Meter hohe Holzengel mit ausgebreiteten Flügeln und Vogelköpfen. Solche eherne Meere standen auch, als Abbilder des Himmels, in Babylonien; dorthin weisen auch die Stiere und deren Zwölfzahl. Man sieht, daß das Abbilden von Tieren zur Zeit Salomos noch nicht verboten war; auch sein Thron ruhte auf Löwenfüßen.

Die hohen Steuern, die Fronden und die Verwaltungsmethoden einer aufsässigen Bürokratie erregten Mißstimmung im Volke. Noch unter Salomos Regierung hatte Jerobeam, ein junger Mann aus angesehenem Geschlecht, eine Empörung angezettelt, die aber unterdrückt wurde. Als der König im Jahr 935 starb, folgte ihm sein Sohn Rehabeam; aber die Ältesten konstituierten einen Landtag in Sichem und erklärten, ihn nur zum König zu salben, wenn er verspreche, das Joch leichter zu machen. Dieser aber, von seinen Altersgenossen übel beraten, sprach das berühmte Wort: »Mein Vater hat euch mit Geißeln gezüchtigt, ich werde euch mit Skorpionen züchtigen.« Daraufhin kam es zum Zerfall des Reichs: Jerobeam wurde König von Israel und verlegte seinen Sitz nach Sichem, Rehabeam vermochte sich nur in Jerusalem und Juda zu behaupten. Die alten Gegensätze zwischen Nord und Süd brachen mit Leidenschaft hervor, lange tobte ein Bürgerkrieg, doch nur mit dem Ergebnis, daß das Land geteilt blieb und nie wieder geeinigt wurde. Die ganze später so überschwenglich gepriesene Herrlichkeit hatte neunzig Jahre gedauert, von denen die Hälfte der Vorbereitung und dem Verfall gehört; geschaffen wurde das Reich durch die Energie Sauls, vernichtet durch den Größenwahn Salomos, eine wirkliche Sonnenzeit war nur die Regierung Davids, der, wenn man ihm einen historischen Beinamen geben wollte, der Glückliche genannt werden müßte.

Leben im alten Israel

In den drei Jahrhunderten von der Einwanderung bis Salomo war das Leben in Israel von großer Einfachheit. Man darf sich unter den Israeliten, wie gesagt, keine Juden vorstellen. Sie waren ein Volk von Feldbauern und Weinbauern; die Handwerke, die sich auf grobe Weberei und Töpferei, Zimmern und Schmieden beschränkten, arbeiteten nur für den Hausbedarf;

Handel gab es fast gar keinen, nicht einmal als Binnenhandel: die wenigen Artikel, die nicht durch Hausindustrie erzeugt werden konnten, wie Spiegel, Amulette, Schmucksachen, wurden, ebenso wie das unentbehrliche Salz des Toten Meeres, von kanaanitischen und phoinikischen Reisenden vertrieben, die als »Krämer« mißachtet waren. »Kanaaniter« und »Kaufmann« wurden noch in der Königszeit als Synonyme gebraucht. Das Verarbeiten des Korns mit der Handmühle, der Traube und Olive mit der Handpresse besorgte sich jede Familie selber; erst in späterer Zeit kamen Mühlen auf, die von Eseln getrieben wurden. Die Backöfen sind durch alle Zeiten primitiv geblieben: Die Teigfladen wurden auf Kieselsteine gelegt; darüber wurde eine schüsselförmige Tonform gestülpt, die durch angezündeten Mist in wenigen Minuten die nötige Hitze erlangte; durch eine kreisrunde Öffnung wurde das fertige Brot herausgeholt.

Eine willkommene Zukost zum Brot boten Zwiebel und Knoblauch, Gurke und Melone, zu gewissen Jahreszeiten fast die einzige Nahrung des niederen Volkes. Feinere Gewürze waren Kümmel und Koriander, Minze und Dill. Den gewöhnlichen Braten lieferten Lamm und Ziege; Kalb und Ochse galten schon für etwas Besonderes. Das Schaf, dem die bescheidene Pflanzennahrung Palästinas am ehesten zusagte, war immer das wichtigste Haustier des Heiligen Landes und die ständige Staffage seiner Landschaft; das schöne glänzendschwarze Haar der Ziegen gemahnt den Dichter des Hohenliedes an die Locken der Geliebten. Wie alle Orientalen aßen die Israeliten gern fett und süß: Honig und Öl fanden in der Küche eine für unseren Geschmack allzu reichliche Verwendung, und bei keinem Festmahl fehlte es an allerlei Backwerk. Die Rosinenkuchen (richtiger Traubenkuchen), Feigenkuchen, Dattelkuchen, die im Alten Testament erwähnt werden, hatten aber mit unseren Obstkuchen keine Ähnlichkeit, sondern waren getrocknete Früchte, zu

Kuchenform gepreßt, in der sie lange Zeit aufbewahrt werden konnten. Das Hauptgetränk war Milch, besonders die saure, die den Durst vorzüglich löscht; Wasser war rarer und daher geradezu ein Handelsartikel: Noch heute ist im Orient der Wasserverkäufer eine stehende Straßenfigur. Von der Traube trank man den rohen Saft, den halbgegorenen Most und den meist roten Wein, der auch in den unteren Schichten kein ungewöhnlicher Genuß war; während der Arbeit bevorzugte man mit Wasser vermischten Essig, ein sehr erfrischendes Getränk. Wo jedoch von »Mischwein« die Rede ist, ist er nicht, wie bei den Griechen, gewässert, sondern im Gegenteil durch Würzezusatz verstärkt. Die Häuser bestanden aus Lehm und umfaßten in der Regel nur einen einzigen Raum; als Fenster diente die vergitterte Luke, aus der auch der Rauch abzog, als Bett der Fußboden, als Schrank der Wandnagel, als Wärmespender das Kohlenbecken: nur die Reichsten besaßen Öfen. Das einzige Luxusmöbel war eine Art Sofa. Angesichts dieser primitiven Wohnverhältnisse darf man aber nicht vergessen, daß sich fast das ganze Leben im Freien abspielte: entweder auf Feld und Straße oder auf dem flachen Dach, zu dem von außen eine Stiege führte. Auf dem Dach wird gebetet, gepredigt, gearbeitet, in heißen Nächten geschlafen und, da Dach an Dach stieß, spazierengegangen; ist in der Stadt etwas passiert, so strömt alles auf die Dächer. Die aufgeregt summende und gestikulierende Menge in ihren knallbunten Leibröcken und Überwürfen muß auf dem Untergrund der grellweißen Häuser und dem Hintergrund des blitzblauen Himmels ein pittoreskes Bild geboten haben.

Das israelitische Recht

Ein Staatsrecht in unserem Sinne kannten die alten Israeliten nicht. Eine Anklage konnte immer nur der Beschädigte erheben; unterließ er sie aus irgendeinem Grunde, so wurde der Täter nicht verfolgt. Ist der Beschädigte damit einverstanden, so kann an die Stelle der Leibesstrafe, für die sonst das Talionsrecht »Aug' um Auge« maßgebend ist, eine Geldbuße treten.

Also ist eigentlich der Kläger der Richter, Freiheitsstrafen fehlen. Die gewöhnliche Todesstrafe ist die Steinigung; sie wird nicht bloß für Mord, sondern auch für Ehebruch, Götzendienst, Sodomie, Blutschande verhängt. Als Inzest galt aber nur der Geschlechtsverkehr zwischen Eltern und Kindern, nicht zwischen Bruder und Schwester. Im übrigen herrschte die Sitte der Kaufehe: Der Bewerber muß ein Angeld erlegen, um die Verlobung rechtskräftig zu machen. Andrerseits hat er jederzeit das Recht, die Ehe zu lösen, indem er die Gattin einfach zu ihren Eltern zurückschickt. Er darf auch andere Frauen neben ihr haben, während sie sich nicht gegen seinen Willen scheiden lassen darf und zu unbedingter Treue verpflichtet ist. Alle Frauen, die der Mann zur Ehe kauft, sind gleichberechtigt. Daß sie sich untereinander nicht immer gut vertrugen, zeigt der Sprachgebrauch, der die zweite Frau »die Feindin« nennt. Blieb eine Ehe unfruchtbar, so führte oft die Gattin selber dem Manne ihre Sklavin zu; die Kinder, die er von dieser hatte, galten dann als vollkommen legitim, aber auch sonst waren die Nachkommen von Kebsweibern ebenso erbberechtigt wie die anderen: entscheidend ist nur die Vaterschaft. Überhaupt sind die Kinder der einzige Zweck der Ehe: wenn die Frau stirbt, ohne geboren zu haben, muß der Schwiegervater den Kaufpreis zurückgeben. Wie die Eheschließung ein bloßes Geschäft, so ist die Hochzeit ein rein weltlicher Akt, den keine religiöse Zeremonie umgibt. Doch haben sicher zu allen Zeiten edlere Naturen vom Bunde der Geschlechter anders gedacht. Das Hohelied findet ewige Worte zum Preise des Eros: »Stark wie der Tod ist die Liebe und fest wie die Hölle, eine Flamme des Herrn, kein Strom kann sie ertränken«, und schon die Genesis hat das schöne Symbol, daß Gott das Weib aus der Rippe des Mannes geschaffen habe.

Wie die Sklavin, die fast immer die Konkubine des Herrn war, ihm rechtmäßige Kinder gebären konnte, so durfte auch der Sklave die Haustochter freien und Erbe werden. Überhaupt wurden auch die Unfreien zur Familie gerechnet; das Schicksal, ein willenloser Besitz des Herrn zu sein, teilten sie mit dessen Gattin und Kindern. Vor unwürdiger Behandlung waren sie schon dadurch geschützt, daß sie in die Glaubensbrüderschaft aufgenommen waren. Fassen wir alles zusammen, so haben wir das Bild einer schlichten und gesunden, vorwiegend patriarchalischen Kultur, in der sich Gestalten von großer Frische und Ursprünglichkeit bewegten. Mose und Josua, Simson und Saul, David und Joab sind Menschen aus einem Guß, die, im Guten und Schlechten, dem Dämon folgen, den sie in ihrer Brust tragen; erst mit Salomo beginnt eine Zeit des Stadtgeistes: der höheren Ambitionen, vielfältigeren Weltbeziehungen, aber gebrocheneren Charaktere.

Die israelitische Naturreligion

Aber niemand würde sich heute mehr mit diesem unscheinbaren Binnenvölkchen befassen, wenn es nicht von Anfang an eine so starke und eigenartige Glaubensform entwickelt hätte. Zweifellos aber war der ursprüngliche Jahwismus eine *Naturreligion*. Alle Feste knüpfen sich an regelmäßig wiederkehrende Ereignisse des Bauernlebens: das Fest des Erntebeginns, an dem die ungesäuerten Brote, die Mazzoth, gebacken wurden; das sieben Wochen später gefeierte Fest des Ernteschlusses; das Fest der Weinlese, bei dem man in Lauben wohnte; das später mit dem Mazzenfest zusammengelegte Passahfest, wo man die jungen Lämmer schlachtete. Weitere Einschnitte bildeten das Neumondfest und das Marktfest des siebenten Wochentags, an dem die Ackerarbeit ruhte. Der Sabbat ist ursprünglich etwas ganz anderes als der spätere: ein Tag der Erholung für Knecht und Magd, Feld und Vieh, ein Anlaß zu Tauschverkehr und ländlichem Vergnügen. Beim Frühlingsfest des Passah, dem christlichen Ostern, wurde Jahwe die Erstgeburt der Tiere dargebracht, um ihnen weiteres Gedeihen zu sichern, vielleicht aber auch einfach nur aus überströmender

Dankbarkeit für den Segen des Herrn; die Opferung der Mazzen ist eine Erinnerung an die alte Backweise der Nomadenzeit oder, nach dem Buch Exodus, an die Flucht aus Ägypten, von wo die Israeliten in der Eile nur den rohen Teig mitnehmen konnten: doch ist dies eine später eingetragene Erklärung. Aus dem Fest des Ernteschlusses, dem »Wochenfest«, ist das christliche Pfingsten geworden: Der Name kommt von dem griechischen *pentekoste*: der »fünfzigste« (Tag), weil es sieben Wochen nach Ostern fiel. Das Laubhüttenfest auf den Hängen der Öl- und Weinberge war sehr lustig und lärmend und geht ebenfalls auf die Beduinenzeit zurück, wo das Volk noch in Zelten wohnte. Überhaupt fehlte den Opferfeiern im alten Israel jeder kirchliche Ernst: man »freute sich vor Jahwe«, aß und trank, tanzte und sang, und auch Jahwe ist fröhlich über die dargebrachten Gaben, von denen man sich vorstellte, daß er sie ganz reell genieße: deshalb heißt das Opfer »die Speise Jahwes«.

Auch sonst herrschte in den religiösen Anschauungen ein sehr kompakter Realismus. Dies zeigt sich unter anderm sehr deutlich in der Art, wie man sich zu der Glaubensfrage verhielt, die das Herzstück aller echten Religionen bildet, dem Fortleben nach dem Tode. Genaugenommen hatten die Israeliten darüber überhaupt keine Vorstellungen: Es war ihnen gar nicht zum Problem geworden. Die Hinterbliebenen legen Trauerkleider an, scheren sich das Haar, verwunden sich, erheben laute Klagen um den Toten, zu dem sie aber gleichwohl nicht die geringste Beziehung mehr haben: Er ist in der Unterwelt, der *scheol,* bei den anderen Verstorbenen, die die *rephaim*, die »Kraftlosen«, heißen und gar keine greifbare Existenz mehr besitzen. Das Leben ist der Hauch Gottes, der durch die Kreaturen weht; beim Tode schwindet dieser Hauch, und sie sind dahin: Gott selber kümmert sich dann nicht mehr um sie. Daß sie gelegentlich als Gespenster wiederkehren können, wird nicht gerade grundsätzlich geleugnet, kommt aber in der Praxis sehr selten vor. Die höchsten Güter, um die unablässig gebetet wird, sind langes Leben, reicher Kindersegen und ewige Dauer des Geschlechts: Nur der Lebende hat recht, und die Unsterblichkeit liegt in der Fortpflanzung. Diese Anschauungen haben sich auch in späterer Zeit nicht wesentlich geändert. Auch im Buch Hiob heißt es: »Der Mensch stirbt und ist fort; er verscheidet und wo ist er? Wie ein Strom versiegt und vertrocknet, so ist der Mensch, wenn er sich legt, und wird nicht aufstehen und nicht aufwachen.« Trotzdem hat es etwa von der Zeit Daniels an einen Auferstehungsglauben gegeben, aber wiederum einen sehr realistischen. Die Märtyrer sollen aus ihren Gräbern zurückkehren, um das gewaltsam und verfrüht abgebrochene Leben fortzusetzen, ebenso die Bösewichter, um ihre Strafe zu erleiden. Denn Lohn und Strafe im Jenseits gibt es nicht, weil der Tote eben tot ist. Um die Zeit Christi herrschte die Vorstellung, alle verstorbenen Israeliten würden beim Anbruch des messianischen Reichs auferstehen, um mit den noch lebenden Volksgenossen daran teilzunehmen. Aber bis dahin liegen sie bewußtlos in ihren Gräbern, auch werden sie nicht etwa zu einem höheren, jenseitigen Leben erweckt, sondern zu einer einfachen Fortsetzung dieses irdischen Lebens. Es handelt sich also auch hier bloß um einen leicht spirituell gefärbten Materialismus. Und auch an diesen glaubten nur die Pharisäer, während die Sadduzäer jegliche Auferstehung des Fleisches leugneten. Die älteren Rabbinen nahmen eine Mittelstellung ein und lehrten die Auferstehung der Gerechten.

Jahwe

Im übrigen läßt sich eine gewisse urwüchsige Religiosität den alten Israeliten gewiß nicht absprechen. Sie äußerte sich vor allem darin, daß alles: das Größte und Kleinste, Heiligste und Profanste, als von Gott gesetzt empfunden wurde. Wie bei allen primitiven Völkern waren auch in Israel Brauch und Sitte die Grundlage der Moral; aber dieses durch Alter geweihte Herkommen galt eben als eine Stiftung der Gottheit. Deshalb gibt es nur *göttliche* Gesetze und nur Sünden, aber keine Verbrechen, denn jedes Unrecht, vom Vatermord bis zur geringsten rituellen Verfehlung, ist eine Auflehnung gegen Jahwe, von dem allein alle Gebote und Verbote herrühren. Hierin berührt sich der Mosaismus mit dem Christentum, das zwischen der schwärzesten Missetat und der kleinsten Alltagsschwäche nur einen Gradunterschied kennt, aber keinen Wesensunterschied und alle seine Gebote in dem einen zusammenfaßt, in Gott zu leben. Trotzdem kann man nicht in demselben Sinne von einer mosaischen wie von einer christlichen Religion reden, denn der Mosaismus war und ist eine Nationalreligion, die, einem einzelnen Volke gegeben, sich nur in diesem und mit diesem entwickelt hat und daher noch vervollkommnungsfähig war, während das Christentum von allem Anfang an eine Menschheitsreligion war und von ihrem Stifter sogleich in der höchsten Vollkommenheit geoffenbart wurde. Daher nimmt auch Mose im Mosaismus keinerlei Zentralstellung ein, er ist ein Prophet neben anderen und überhaupt keine metaphysische, sondern eine rein historische Größe. Mose ist kein Heilsmittler, wie Jahwe kein Heilspender im christlichen Sinne. Was dieser schenkt, sind irdische Güter: Sieg über die Feinde, Ernteglück, Familiensegen. Auch ist er, als ein echter Regen- und Gewittergott, ebenso wohltätig wie schrecklich, auch launenhaft, jähzornig, nachträgerisch, ja bisweilen geradezu boshaft, indem er schadenfroh zur Sünde verleitet: Gott und Satan in einer Person.

Jahwe ist auch keineswegs der Vater im Himmel. Als seine Wohnung denkt man sich entweder den Sinai oder bestimmte Heiligtümer oder das Land Kanaan, das ebendarum das Heilige Land heißt; dort weilt er auf verschiedenen Bergen: dem Karmel, dem Tabor, dem Ölberg, dem Garizim. Immer aber, auch wenn er auf den Wolken daherkommt, ist sein Sitz die Erde. Der Himmel ist sowenig sein Reich, daß der Prophet Amos die Sünder vor ihm dorthin fließen läßt. Er redet am liebsten im Krachen des Donners, im Beben der Erde, im Heulen des Sturms; der Wüstenwind ist sein Atem, der Blitz heißt »Jahwes Pfeil«, der Regenbogen »Jahwes Bogen«. Er entführt Elias auf feurigem Wagen und offenbart sich Mose im feurigen Busch, noch Ezechiel erscheint er als feuerumflossene Gestalt in der Wetterwolke. Und sein Walten ist auch ebenso imposant und furchteinflößend, elementar und unberechenbar wie eine Feuersbrunst: Sein Zorn verzehrt Schuldige und Unschuldige. Gerade dies, daß sein Wesen sich menschlichem Verstehen entzieht, verleiht ihm seine katastrophale Gewalt und Größe.

Es stimmt zu diesen grimmigen Zügen, daß Jahwe in erster Linie ein Kriegsgott ist. Hermann Gunkel drückt dies einmal sehr prägnant aus, indem er sagt, die Griechen hätten von den Israeliten, wenn sie sie auf der damaligen Stufe beobachtet hätten, wahrscheinlich erklärt, daß sie den Ares verehren. Jahwe führt den Beinamen *sebaoth*, (Herr) »der Heerscharen«; der Kampfruf lautet: »für Jahwe!« Die Krieger befanden sich, als die »Jahwe geweihten«, in einer Art Zustand der Heiligkeit; vor der Schlacht fasteten sie, enthielten sich der Weiber, brachten Opfer und salbten die Waffen. Vom Kriegsdienst befreit war: wer ein Haus im Bau hatte, wer einen jungen Weinberg besaß, wer vor der Hochzeit stand, wer sich zaghaft fühlte. Dies hatte gar nichts mit Humanität zu tun, sondern durch Hausbau, Pflanzung, Verlöbnis war man zu bestimmten Landesgottheiten in Beziehung getreten, deren Rechte nicht verkürzt werden durften. Dies galt sogar vom Furchtsamen: Auch ihn glaubte man im Banne eines bestimmten Dämons, dessen Rache man nicht herausfordern durfte.

Ba'al Überall im Lande errichtete man Jahwe Altäre aus Erde oder rohen Blöcken: Das Behauen des Steins hätte als Entweihung gegolten. Die Felsstücke wurden entweder zu einem Haufen getürmt oder in der Runde aufgestellt: einen solchen magischen Kreis nannte man *gilgal*. Als Ort wählte man gern Höhen,

Haine oder zumindest die Nähe eines mächtigen immergrünen Baumes. Die heiligen Steine salbte man mit Öl, wie dies schon Jakob in der Genesis tut. Im übrigen lag es nahe, daß der Kultus Jahwes mit dem der kanaanitischen Götter verschmolz, denn nach antiker Anschauung ist der Gott der Besitzer des Landes: wer dieses betritt, begibt sich in seinen Dienst. Auch hatten die Urisraeliten, als reine Beduinen, für Tätigkeiten des seßhaften Lebens wie Hausbau, Weinbau, Feldbau keine eigenen Gottheiten und mußten sich schon aus diesem Grunde, wie wir soeben sahen, an die fremden halten. Dazu kam noch die unvermeidliche Infektion durch die stete Berührung mit den Eingeborenen. Und in der Tat war die Fremdgötterei in Israel nicht nur eine dauernde Gefahr, sondern auch zu vielen Zeiten die wirklich bestehende Religionsform. Im Grunde war ja auch Ba'al Jahwe gar nicht so unähnlich, wie es nach den Bannflüchen der Bibel den Anschein hat. Auch er war ein heißblütiger Naturgott, fruchtbar und furchtbar, gütig und grausam, auch er wurde auf Höhen, den *bamot*, verehrt. Von den Orgien freilich, mit denen er gefeiert wurde, und den Prostituierten, die ihm geweiht waren, findet sich im Mosaismus keine Spur; aber gerade diese bösen Dinge haben eine große Anziehungskraft ausgeübt. *Ba'al* ist, wie bereits im vorigen Kapitel dargelegt wurde, eigentlich ein Gattungsbegriff; da aber jedes Land *seinen* Ba'al hatte und nur diesen, konnte er viel leichter zum einzigen Gott werden als etwa Zeus in Hellas oder Amon in Ägypten. So sehen wir Jahwe und Ba'al einander wie zwei Prätendenten gegenüberstehen, die beide die Alleinherrschaft beanspruchen.

Der leere Thron Gottes

Sowohl die Orgiastik wie die heilige Prostitution der Hierodulen stammte natürlich aus dem vorderasiatischen Kulturkreis. Von dort hatten die Kanaaniter auch den Gestirndienst, die Astrolatrie, übernommen; und auch dieser bildete für die Israeliten eine dauernde Versuchung: noch der Prophet Jeremia weiß von Häusern zu erzählen, »da sie auf den Dächern räuchern allem Heer des Himmels«. Die weibliche Landesherrin, die *ba'ala*, hatte einen Eigennamen: sie hieß Aschtart und übte auch ähnliche Funktionen aus wie die babylonische Ischtar; und die *teraphim* der Israeliten, kleine Hausgötter aus Ton oder Metall, waren zumeist Abbilder dieser Gottheit. Solche Astarten dienten auch als Amulette. Andrerseits haben Ausgrabungen in den Schichten, die der frühisraelitischen Zeit zuzuweisen sind, auch ägyptischen Einfluß nachgewiesen: man fand Gußformen für Besfiguren, Skarabäen, ein Tonbild der Isis, auf eine Stange zu stecken, und noch allerlei dergleichen; aber keinerlei Bildnisse Jahwes. Denn die Israeliten (und dieser Fall steht als staunenswertes Unikum innerhalb der ganzen antiken Welt und Geschichte) haben höchstwahrscheinlich von ihrem Gott überhaupt nie ein Idol besessen. Daß die *ephod* hölzerne, mit Gold und Silber überzogene Götterbilder, Jahwe darstellten, ist mehr als fraglich. In der Königszeit war das Sinnbild Jahwes der Stier. Die berühmte »Lade Jahwes« aber war ein leerer Thron! Die ausgespannten Flügel zweier Cherubim bildeten den Sitz und waren zugleich der Deckel des Kastens, der ebenfalls leer war (daß er die Gesetztafeln enthielt, ist spätere Version). Die Tiefe und Reinheit dieses Symbols würde allein schon genügen, um die Religion Israels über alle anderen Glaubensformen des Altertums hinauszuheben.

Hingegen dachten die Israeliten über die Stellung Jahwes zu Welt und Menschheit noch völlig heidnisch, nämlich partikularistisch: Er war für sie, nicht anders als etwa Assur für Assur, ein einfacher Volksgott. Jahwe ist der Gott Israels und Israel das Volk Jahwes. Daß er die ganze Welt beherrschte oder gar geschaffen habe, ist erst eine viel spätere Vorstellung. Er besitzt keineswegs Allmacht, höchstens Übermacht, die er im Kampfe mit den übrigen Göttern an seinem Volke bewährt. Noch weniger ist er allgütig: Grausamkeit und Hinterlist gegen Feinde billigt, ja befiehlt er. Schon daß er einen Eigennamen trägt, setzt die Existenz anderer Götter voraus; alle Universalgottheiten sind anonym: auch Ahuramazda bedeutet einfach »Herr der Weisheit«. Diese anstößige Tatsache ist der Grund, warum man später den Namen Jahwes nicht aussprechen durfte: wo er stand, mußte *adonai*, »Herr«, gelesen werden. Der Jahwismus ist also als Monolatrie zu bezeichnen. Daß die Israeliten sogar einmal reine Polytheisten waren, zeigt eine andere Gottesbezeichnung: *elohim*, »die göttlichen Mächte«; sie wurde später zum pluralis maiestaticus und ist schließlich auch grammatisch als Singular behandelt worden. Mythologische Vorstellungen haben in Israel aber von allem Anfang an gefehlt, und auch dies hat im Altertum keine Parallele. Andrerseits ist es aber ganz natürlich, denn sie setzen gewisse Familienverhältnisse unter den Göttern voraus, und Jahwe hat weder Weib noch Kind. Die hebräische Sprache hat für »Göttin« nicht einmal ein Wort, und wenn sie von der phoinikischen Astarte redete, so blieb ihr nichts übrig, als sie »den Gott der Sidonier« zu nennen.

Der Urmonotheismus

Nach der orthodox-christlichen Auffassung ist alles Heidentum ein Abfall von der reinen Gotteserkenntnis, die, auf einer Uroffenbarung beruhend, am Anfang der Menschheit steht. Über diese Lehre ist die moderne Wissenschaft achselzuckend hinweggegangen: Sie hält es für selbstverständlich, daß der Monotheismus nur das Ergebnis eines langwierigen Entwicklungsprozesses gewesen sein kann. Es ist dies eine Eintragung des Darwinismus in die Religionsgeschichte, gleich diesem logisch sehr einleuchtend und empirisch sehr schwer beweisbar. Die Erfahrung gibt nämlich auf diese Frage sehr verwirrende Antworten. Die gewissenhaftesten und umfangreichsten Untersuchungen der letzten Zeit hat hierüber der katholische Theologe Professor Wilhelm Schmidt gemacht, Mitglied der »Gesellschaft des göttlichen Worts«, eines Ordens für äußere Mission, der auf dem Gebiet der Völkerkunde eine ungemein verdienstvolle Tätigkeit entwickelt. Schmidt wählte für seine Forschungen mit Vorbedacht Gegenden wie den Südosten Australiens, der gerade die ältesten Stämme beherbergt und keinerlei Spuren früherer Besiedlung aufweist, also ein sogenanntes »Isolationsgebiet« darstellt. Die Bewohner befinden sich in der Tat auch heute noch auf der Urstufe der Kultur, der »Sammelstufe«, wo der Mann sich der Jagd, das Weib dem Pflanzensuchen widmet und noch keinerlei Ackerbau und Tierzucht betrieben wird; und sie alle besaßen den Glauben an einen »großen Schöpfergott« und »Allvater«, auch wußten sie von einer Sintflut, die zur Strafe für böse Sitten gekommen sei. Diese Vorstellung von einem höchsten Wesen fand sich bei allen Völkern der Urkultur: den Pygmäenstämmen Afrikas und Asiens, den Buschmännern, auf Feuerland, in der Arktis und anderwärts. Seine Namen sind »Vater«, »Schöpfer«, »der Alte«, »der Uralte«, »der gute Alte«, »der im Himmel«, und immer ist er ein sittlicher Gesetzgeber und absolut gut, weshalb ihm häufig ein Träger und Verursacher des Bösen gegenübergestellt wird, ja bisweilen, zum Beispiel bei den arktischen Korjaken, ist die Schöpfung einem untergeordneten Wesen zugewiesen, also geradezu einem Demiurgen! Von dem vielen Beten der Weißen sagen die Südostaustralier, es sei bei dem großen Wohlwollen des höchsten Wesens nicht notwendig, auch sehe man an deren Leben, daß es nichts nütze.

Diese Feststellungen würden eine Art neuen Rousseauismus begründen: der Urmensch im Besitz der echten Religion und wahren Philosophie, die Kultur ein Abstieg. Und warum sollte es sich eigentlich anders verhalten? Der Urmensch steht der Welt *allein* gegenüber und vermag so, unabgelenkt durch »Kirche«, »Wissenschaft«, »Gesellschaft«, jene klaren und großen Gedanken vielleicht leichter zu fassen als der »Fortgeschrittene«. Und ist denn der Monotheismus nicht wirklich das Einfachste und Gesündeste, das Nächstliegende? Alle Kinder und alle reinen

Seelen glauben noch heute auf die natürlichste Weise von der Welt an den lieben Gott. Und so sind vielleicht auch die Israeliten im Unschuldsglauben ihrer grauesten Vorzeit wirklich schon einmal Monotheisten gewesen und die Erzählungen der Genesis als eine dunkle Erinnerung an diese selige Kindheit aufbewahrt geblieben.

Der Untergang Samarias

Aber wie dem auch sei: Zur Zeit ihrer Könige hielten sie es mit Ba'al. Während sich Juda einer relativen Ruhe erfreute, war das Nordreich der Schauplatz blutiger Thronkämpfe, bis es ein halbes Jahrhundert nach der Reichsteilung, 887, Omri gelang, eine Dynastie mit der Residenz in Samaria zu begründen, das von da an die Hauptstadt blieb. Dort wurden unter Omris Sohn Ahab, der von 876 bis 855 regierte, dem Ba'al von Tyros Tempel errichtet; daß dabei die Anhänger Jahwes grausam verfolgt wurden, ist spätere Legende. Vielmehr wollte man sich die Gunst beider Götter sichern, wie dies hundert Jahre früher auch Salomo getan hatte. Aus der Zeit Ahabs stammt die Inschrift des berühmten Mesasteins, die 1869 entdeckt wurde. Mesa, König von Moab, erzählt darin von den Kriegen, die er gegen Israel unter Führung seines Stammgottes Kamos unternahm: »Omri war König in Israel und bedrückte Moab lange Zeit, denn Kamos zürnte seinem Lande. Ihm folgte sein Sohn und sagte: auch ich werde Moab bedrücken.« Aber auf Befehl des Kamos erobert Mesa drei Städte, tötet die Einwohner »zur Augenweide für Kamos« und entführt die »dem Jahwe geweihten« Altarstücke. Wie man sieht, ist Kamos der Jahwe von Moab: Er grollt seinem Volke, versöhnt sich mit ihm, führt es in den Kampf, verleiht ihm Sieg und labt sich am Blute der Feinde.

Auch die Omriden hatten nicht allzu lange Bestand. Um 845 wurde ihr gesamtes Geschlecht von dem Kriegsobersten Jehu ausgerottet. Dieser, ein blutrünstiger Kondottiere vom Schlage Joabs, war ein Werkzeug des Propheten Elisa oder dieser das seinige. Elisa war der Ba'alsdienst, dem Joram, Ahabs Sohn, besonders eifrig ergeben war, ein Greuel, und als dieser zur Erholung in Jesreel, einer Niederung im Norden Palästinas, weilte, ließ er Jehu zum König salben. Darauf sammelte Jehu seine Anhänger, überfiel den ahnungslosen Joram in Jesreel und ermordete ihn mitsamt seiner Familie und seinem Hof. Auch die gesamte Ba'alspriesterschaft wurde niedergemetzelt. Es war ein Offiziersputsch etwa von der Art des serbischen im Jahr 1903. Sehr dramatisch ist im zweiten Buch der Könige geschildert, wie der Wächter die Reiter und Wagen heranjagen sieht, wie Joram ihnen einen Boten entgegenschickt und noch einen und keiner wiederkehrt, wie er sich dann selber aufmacht und ihn Jehu von hinten durchs Herz schießt, wie die hochfahrende Königinmutter Isebel von zwei Kämmerern aus dem Fenster gestürzt wird und alle Königssöhne hingeschlachtet werden. Die Dynastie Jehus, die letzte samaritanische, hielt sich, obgleich eine reine Militärherrschaft, die im Volke niemals Wurzeln schlug, ein volles Jahrhundert lang; man weiß aber sehr wenig über sie.

Die Könige befanden sich in einer sehr prekären Lage zwischen Ägypten, Assyrien und der geheimen Koalition der stets auf Abfall lauernden syrischen Vasallenfürsten, und ihre Außenpolitik war daher zu unaufhörlichem Schwanken verurteilt. Vor der Zerreibung hätte nur die entschiedene Anlehnung an die faktisch überlegene unter den drei Mächten, die mesopotamische, retten können, wozu die Propheten stets rieten. Nachdem Tiglatpileser, wie wir bereits hörten, das Reich von Damaskus vernichtet hatte, fiel im Jahr 721 Samaria in die Hände seines Nachfolgers Salmanassar. Die Assyrer griffen zu ihrer alten Methode des »Ausreißens« und verpflanzten einen großen Teil der Einwohner an die Ufer des Euphrat. Dort haben sie sich unter den Heiden spurlos aufgelöst. Der zurückgebliebene Rest verschmolz mit den Aramäern des Nordens, den Ammonitern und anderen verwandten und doch fremden Völkerschaften. Die Israeliten verschwinden aus der Geschichte.

Der Untergang Jerusalems

Das Südreich Juda aber blieb wie durch ein Wunder bestehen. Dort hatte im Jahr 735 Ahas den Thron bestiegen. Von Damaskus und Israel durch einen gemeinsamen Angriff bedroht, begab er sich freiwillig in die Schutzherrschaft Assyriens, das damals unter einem seiner kraftvollsten Könige, Sargon dem Zweiten, in hoher Blüte stand. Als aber Ahas nach zwanzigjähriger Regierung starb, gewann unter Hiskia die »Volkspartei« die Oberhand, die danach lechzte, das assyrische Joch mit Hilfe Ägyptens abzuschütteln. Der Prophet Jesaja, der zwar dagegen gewesen war, daß Juda sich in ein so nahes Verhältnis zu Assyrien begebe, da es dadurch, wie er richtig voraussah, nur Kriegsschauplatz werden würde, riet aufs nachdrücklichste, nichts gegen den übermächtigen Oberherrn zu unternehmen. Die Ereignisse gaben ihm recht: Das Heer der Ägypter und Judäer, das sich Sanherib, dem Nachfolger Sargons, entgegenstellte, wurde geschlagen und Jerusalem belagert, aber ohne Erfolg, was Jesaja ebenfalls vorausgesagt hatte. Wie man aus alledem ersieht, spielte Jesaja nicht bloß eine religiöse, sondern auch eine sehr bedeutende politische Rolle. Trotzdem ist es irreführend, wenn man die Propheten als »Realpolitiker« bezeichnet, wie dies zuweilen geschieht: Für sie waren Gott und Geschichte dieselbe Größe und die Schicksale der Völker nichts als die sichtbar gewordenen Gedanken des Schöpfers.

Juda blieb selbstverständlich nach wie vor assyrischer Vasallenstaat. Aber auch im Innern wurden die Verhältnisse immer schlimmer. Auf Hiskia, dessen »Zickzackkurs« die Hauptschuld an der unglücklichen Entwicklung der Dinge getragen hatte, folgte um 690 sein Sohn Manasse, unter dessen etwa fünfzigjähriger Regierung das Heidentum triumphierte und, wie es im zweiten Buch der Könige heißt, Jerusalem voll war des unschuldigen Blutes von einer Ecke bis zur andern. Sogar die Menschenopfer hielten wieder ihren Einzug: Überall rauchten die Altäre des Moloch, und Manasse selber ließ seinen erstgeborenen Sohn durchs Feuer gehen. Die Weiber beteten zu Astarte. Alle Rechtgläubigen wurden grausam verfolgt; die Prophetie verstummt für lange Zeit fast gänzlich, denn »das Schwert fraß sie wie ein reißender Löwe«.

Auch unter Manasses Sohn Amon blieb die Reaktion siegreich. Aber unter seinem Enkel Josia trat ein Umschwung ein. Dieser berief im Jahr 621 das Volk in den Tempel und verpflichtete es feierlich auf das Gesetz. Alle Kultstätten des Landes wurden zerstört; nur in Jerusalem durfte Jahwe geopfert werden. Dreizehn Jahre später fiel Josia gegen Necho von Ägypten; ihm folgte sein Sohn Jojakim, der wieder in die Bahnen Manasses einlenkte. Als Nebukadnezar bald darauf den Pharao aus Syrien vertrieb, tauschte Juda nur das ägyptische Joch gegen das chaldäische, das der Prophet Jeremia als gottgewollt zu tragen gebot. Aber im Volke gärte es: Freiheitsdrang und Glaubenshaß vereinigten sich zum Aufstand. 597 erschien Nebukadnezar vor Jerusalem; die Stadt mußte sich ergeben, zehntausend Männer, die Blüte des Volks, wurden nach Babel verschleppt, darunter der Prophet Ezechiel, während Jeremia zurückblieb; beide warnten vor neuerlichem Abfall. Zedekia, ein anderer Sohn Josias, den Nebukadnezar zum Vasallenkönig eingesetzt hatte, schlug wieder mehr in die Richtung seines Vaters, der sich von den Propheten leiten ließ, und hätte gern auf Jeremia gehört; aber die Bewegung war stärker als er, und es kam zu einer neuerlichen Erhebung im Bunde mit dem Pharoa, dem auch Tyros und Sidon, Edom, Moab und Ammon beitraten. Abermals zogen die Chaldäer heran; doch die Ägypter brachten Entsatz, und Nebukadnezar mußte die Belagerung aufheben. In dem großen Jubelgeschrei, das sich nun erhob, zeigte es sich, daß die Stadt bereits aufs tiefste verkommen und zum Untergang reif war. Im Drange der Not hatte man allen Knechten die Freiheit versprochen; nun, nachdem sie die Mauern tapfer verteidigt hatten, brach man das Wort und preßte sie aufs neue zum Sklavendienst. Die Strafe, von Jeremia flammend verkündigt, folgte auf dem Fuße; der Feind kam wieder und Jerusalem fiel: im Hochsommer 587. Tempel und Stadt wurden eingeäschert, die meisten Einwohner deportiert; nur das niederste Volk blieb zurück.

Das Exil

Die Lage der Verbannten war nicht so schlimm, als es nach den allbekannten Klagen, die in der Bibel unter dem Namen der Jeremiaden zusammengefaßt sind, den Anschein hat. Sie durften ihren beweglichen Besitz mitnehmen und bildeten eigene Gemeinden mit Ältesten an der Spitze. Jeremia schrieb an sie: »Bauet Häuser, darin ihr wohnen möget, pflanzet Gärten, daraus ihr die Früchte essen möget; nehmet Weiber und zeuget Söhne und Töchter; sucht der Stadt Bestes und betet für sie zum Herrn, denn wenn's ihr wohlgehet, so geht's auch euch wohl.« Erst im Exil sind die Juden das Händlervolk geworden, als das sie seither bekannt sind, und dies hatte seine Ursache nicht bloß in ihrer Entwurzelung, sondern auch im Ort und in der Zeit: Babel war die große »Krämerstadt« und das sechste Jahrhundert eine Epoche des allenthalben emporkommenden Merkantilismus. Dazu kam noch, daß der Mosaismus erst jetzt eine Religion des peinlich beobachteten Gesetzes wurde, dessen einschneidende Forderungen der Ackerbauer, der in seinem Tun und Lassen an die Natur gebunden ist, nicht in ihrem vollen Umfang erfüllen kann. Die Gesetzesreligion hätte sich überhaupt in der Heimat nie in diesem Maße entwickeln und befestigen können. Dort hätte sie immer mit der überlegenen Konkurrenz der alten, durch Tradition und Geschichte geheiligten Kulte und Kultstätten zu kämpfen gehabt, und wir haben gesehen, wie sogleich nach Josias Reform der Rückschlag eintrat. In der Fremde aber gab es keine Haine und Höhen, Quellen und Altäre, an die die Erinnerung anknüpfen konnte, ja nicht einmal Opfer durften gebracht werden, denn Jahwe nimmt nur die Gaben Kanaans entgegen. Das einzige, was die Juden ins Exil mitnehmen konnten, war das Gesetz. Den Tempel konnten sie auf heidnischem Boden nicht auferbauen: An seine Stelle tritt der Begriff der Gemeinde. Auch die Feste konnten nicht begangen werden, da sie an das Heilige Land gebunden sind: Sie ersetzt, als einziger religiöser Feiertag, der Sabbat und seine Heiligung in jener extremen Form, die als typisch jüdisch gilt, es aber erst jetzt wird.

Zugleich vollzieht sich in der Prophetie eine merkwürdige Veränderung. Bisher ein einziger schwarzer Bannstrahl und flammender Bote der Verdammnis, wird sie nun messianisch und optimistisch. Nachdem die Vergangenheit gerichtet ist, darf die Zukunft erlöst werden. Jahwe *muß* sich an den Heiden rächen und sein Volk wieder erheben: Das schuldet er seiner eigenen Ehre. Und dieser Gedanke steigert sich zu der monumentalen Paradoxie, daß Jahwe sich gerade dadurch, daß er sein Volk vernichtet, als dessen Gott, und dadurch daß er die Unglücksverheißung erfüllt, als Weltmacht erweist. Auch wenn er Israel schlägt, bleibt es der alleinige Gegenstand seiner Sorge; auch wenn die Feinde siegen, sind sie nur die Werkzeuge seines Strafgerichts.

Daß »Volk« kein einfaches Bodenprodukt ist, sondern eine geistige Schöpfung, zeigt Juda im Exil, das erst dort ein wirkliches Volk geworden ist, und zwar nur durch die Einheit des Glaubens. Von nun an haben alle Juden eine gemeinsame Heimat: Jerusalem, aber nicht das geographische, sondern das religiöse: den Tempel. Von der Erde losgerissen, fanden sie ihr Vaterland in ihrem Gott, der aber ebendarum auch immer etwas Erdiges behalten hat.

Esra Das Jahr 539 brachte dem neubabylonischen Reich den Untergang durch die Perser, die nunmehr die unumschränkten Herren ganz Vorderasiens waren. Als Kyros oder Koresch, wie die Juden ihn nannten, ohne Schwertstreich in Babel einzog, dessen Tore sich ihm durch Verrat geöffnet hatten, vom Volke mit Palmzweigen begrüßt, war seine erste Tat, daß er allen unterdrückten Völkern die geraubten Götterbilder zurückgab und alle nationalen Kulte wiederherstellen ließ. Bald darauf, genau ein halbes Jahrhundert nach der Zerstörung Jerusalems, gestattete er den Judäern die Rückkehr nach Palästina. Daß er diesen auch sonst wohlgewogen war und sogar den Wiederaufbau des Tempels aus Staatsmitteln förderte, hatte zum Teil politische und strategische Gründe: eine Auseinandersetzung mit Ägypten, der einzigen noch vorhandenen Großmacht, war unausweichlich, und da mußte es für ihn von großem Wert sein, sich in der Grenzprovinz eine persophile Bevölkerung zu sichern. Aber auch dem besiegten Gott Marduk von Babel hat Kyros eifrig geopfert. Ein so freier und offener Sinn für die Formen fremden Glaubens und Denkens fehlte den Juden ebenso wie ihren Feinden, den Ägyptern, Assyrern und Babyloniern, und dies ist auch der Grund, warum Christentum und Buddhismus, deren Wesen Ehrfurcht vor jeder gottgeschaffenen Kreatur ist, in ihrer reinen Form nur bei indogermanischen Völkern Verbreitung gefunden haben und warum die einzige semitische Weltreligion, die mohammedanische, eine Geburt des Fanatismus ist.

Von den Heimgekehrten fanden viele, daß das Exil eine schönere Heimat gewesen sei. Die zurückgebliebene niedere Fellachenbevölkerung hatte sich wieder dem alten Höhenkult zugewendet und empfing die strenggläubigen Stammesbrüder mit Widerwillen. Feindliche Nachbarn beunruhigten plündernd die Grenzen; dazu kamen Mißwachs und Steuerdruck. Auch der Neubau des Tempels ging nur langsam vorwärts. Endlich, zwischen 520 und 510, wurde er vollendet: durch den Landpfleger Serubabel, einen Davididen, der deshalb von einzelnen Propheten als Messias gefeiert wurde. Aber das Volk fuhr fort, sein Blut und seinen Glauben mit dem fremden zu vermischen. Erst im Jahr 458 gelang es Esra, einem Gelehrten aus priesterlichem Geschlecht, der in Babylonien zurückgeblieben war, vom Großkönig Artaxerxes dem Ersten weitgehende Vollmachten zu erwirken, mit denen er, von zahlreichen Juden begleitet, nach Jerusalem reiste, um die nötigen Reformen durchzuführen. Unter seinem Einfluß beschlossen die versammelten Männer von Juda, alle Gattinnen und Kinder aus Mischehen zu verstoßen. Ob es gelang, diese Maßregel in ihrer vollen Schärfe zur Durchführung zu bringen, ist allerdings mehr als fraglich. Esra scheint überhaupt nicht viel ausgerichtet zu haben; auch der Bau der Stadtmauer, den er zum Schutz gegen die revoltierenden Samariter in Angriff genommen hatte, wurde auf deren Betreiben von Artaxerxes untersagt. Aber dreizehn Jahre nach Esra erschien Nehemia, bisher Mundschenk am Hofe zu Susa, mit noch weit umfassenderen Befugnissen und fast diktatorischer Gewalt ausgestattet, und unter ihm wurde sowohl der Mauerbau wie die Reform vollendet. Im zweiten Jahr Nehemias, 444, verlas Esra öffentlich das Gesetz. Er las vom frühen Morgen bis zum Mittag, von lautem Weinen unterbrochen, denn alle sahen, daß sie es bisher nicht gehalten, ja nicht einmal gekannt hatten, und als er geendigt hatte, verpflichtete sich das Volk unter schweren Eiden und Selbstverfluchungen, es von nun an getreulich zu befolgen, ganz wie es 177 Jahre früher unter Josia getan hatte. Es darf aber nicht verschwiegen werden, daß Nehemia auch kräftig für die Besitzlosen eintrat, indem er erwirkte, daß die verpfändeten Äcker zurückgegeben und die Schuldsklaven freigelassen wurden.

Die Theokratie

Durch Esra und Nehemia ist der jüdische Staat eine Theokratie geworden (das Wort stammt von Josephus), ein Gemeinwesen, dessen gesamte Rechtssatzungen von Gott stammen und von Gott aufrechterhalten werden; wer sie übertritt, ist kein Staatsverbrecher, sondern ein Gottesleugner. Es gibt keinen Unterschied zwischen weltlichen und religiösen Pflichten, denn *alles* ist religiöse Pflicht. Dies muß aber notwendig zur

Folge haben, daß die Religion verweltlicht: sie wird Dialektik und Ritual. Renan sagt in seiner pointierten Ausdrucksweise: Nehemia war der erste Jesuit. Man könnte vielleicht mit derselben Berechtigung sagen: Er war in seiner Mischung aus Dünkel und Demut, Herrschsucht und Gottesfurcht der erste Puritaner. Auch sein Glaube, daß der Mensch mit Gott in einer Art Verrechnung stehe, war puritanisch. Nicht umsonst haben die Männer um Cromwell sich so stark zum Alten Testament hingezogen gefühlt; ihr zelotischer Haß gegen alle Andersgläubigen, ihr Auserwählungswahn, ihre Bigotterie, ihre extreme Sabbatheiligung: das alles war mosaisch. Und obgleich sowohl die englische wie die jüdische Reformation Geburten des besten Glaubens und ehrlichsten Willens waren, stand dennoch an ihrer Wiege die Tartüfferie.

Das Gesetz Esras, der sogenannte »Priesterkodex«, stellt an die Spitze des Gemeinwesens den Hohenpriester, den zahlreiche Priestergeschlechter umgeben. Sie gehören alle zum heiligen Stamm Levi, sind aber scharf gegliedert in die eigentlichen Priester, die ihre Abstammung von Aaron herleiten, und in die Leviten, die nur niedrige Dienste im Tempel verrichten dürfen. Auch diese, ehemalige Landpriester, besaßen einmal volle priesterliche Rechte, die ihnen aber, als der Kultus im Tempel von Jerusalem zentralisiert wurde, verlorengingen. Der Hohepriester hat etwa die Stellung des Papstes im Kirchenstaat: Er ist zugleich weltliches und geistiges Oberhaupt; er wird gesalbt und trägt Purpur und Tiara wie ein König. Außer den Fragen der Hierarchie behandelt der Priesterkodex auch alle kultischen Vorschriften; Dinge des bürgerlichen Rechts und der Moral erörtert er nicht, indem er sie voraussetzt.

Bezeichnend für den Bußcharakter, den die Religion nunmehr annimmt, ist ein neues Fest, das alle anderen in den Hintergrund drängt, der Versöhnungstag. Er gilt der Entsühnung von der Schuld des Jahres, die im Sündenbock symbolisiert ist.

Er steht, sehr im Gegensatz zu der Festpraxis der alten Israeliten, unter strengem Fastengebot. Nur an diesem Tage darf der Hohepriester in das Allerheiligste eindringen und dort das Räucheropfer darbringen. Aus der nachexilischen Zeit stammt auch erst die Verfemung der Samariter als Ketzer, Bastarde und Unreine: von ihnen ein Stück Brot zu nehmen, galt soviel wie Schweinefleisch essen. Sie waren eine Art Schismatiker, die sich zum Hohenpriestertum von Jerusalem etwa verhielten wie die Anhänger der englischen Hochkirche zum Papismus: Ihre Religion war die altisraelitische mit Tempel und Kult auf dem Garizim, dem heiligen Berg von Sichem, in ihren äußeren Formen der orthodoxen sehr ähnlich, aber durchsetzt mit heidnischen Elementen, an denen es übrigens dieser auch nicht fehlte: vor allem die blutigen Opfer waren noch völlig heidnisch.

Der Talmud

Eine Theologie, wie sie sämtliche christlichen Religionen besitzen, hat es im Judentum niemals gegeben, sondern immer bloße Kasuistik und Liturgik. Ja selbst von einer mosaischen Ethik kann man nur sprechen, wenn man darunter nicht ein philosophisches System versteht: die Morallehre erschöpft sich in einer Sammlung von Vorschriften für das praktische Verhalten, von denen einzelne allerdings ein sehr hohes Niveau bekunden. »Ethik und Theorie«, sagt Emil Schürer, »lösen sich auf in Jurisprudenz«; und, kann man hinzufügen, schließlich sogar in Winkelprozesse. Das Ritual, auf das die Juden so entscheidenden Wert legten, war übrigens nicht ihre Spezialität; seine Hauptstücke: Speisegebote, Reinheitsgesetze, Beschneidung, Sabbatheiligung waren im ganzen vorderen Orient verbreitet, spezifisch jüdisch war daran nur die extreme, selbstgerechte und spitzfindige Praxis. Das weltberühmte Denkmal dieser Geistesform ist der Talmud, der in zwei Hauptredaktionen vorliegt, dem palästinensischen und dem babylonischen Talmud. Seine Anfänge gehen bis ins fünfte vorchristliche Jahrhundert zurück. Schon damals empfand man das Bedürfnis, die Bibel für das Leben der Gegenwart auszulegen; dieser Aufgabe widmeten sich die Schriftgelehrten, die *soferim.* Hieraus entstand im Laufe einer fast tausendjährigen Entwicklung der Talmud (»das Lernen«); er zerfällt in die Mischna (»Lehre«), die die genaueren aus der Thora abgeleiteten Bestimmungen über Feste, Opfer, Abgaben, Reinheit, Ehe und dergleichen enthält, und die Gemara (»Vervollständigung«), eine erläuternde Diskussion über sämtliche Sätze der Mischna. Zu diesem Kommentar gibt es aber noch einmal einen Kommentar: den Midrasch (»Forschung«), der nicht mehr zum eigentlichen Talmud gehört, sich aber inhaltlich mit ihm sehr stark berührt. Er gliedert sich, ebenso wie der Talmud, in einen halachischen und einen haggadischen Teil: die Halacha (»was gang und gäbe ist«) glossiert das Gewohnheitsrecht, die Haggada (»Sage«) ist eine Ausspinnung des überlieferten Erzählungsstoffs zum Zweck erbaulicher Belehrung, die sich mit Vorliebe der allegorisierenden Methode bedient. Wie man schon aus dieser verzwickten Einteilung ersieht, ist der Talmud weit davon entfernt, eine reine Quelle religiöser Erkenntnis zu sein. Ein immer verfilzteres Geflecht von Lehrzänkereien und verdunkelnden Erklärungen, Wortklaubereien und krankhaften Verdrehungen, aber auch hohen Gedanken und edlen Maximen hat hier durch die Jahrhunderte gewuchert. Die Materie wurde ursprünglich mündlich fortgepflanzt; der Schüler mußte die Worte des Lehrers auswendig lernen: Er sollte sein »wie ein mit Kalk belegter Brunnen, der keinen Tropfen verliert«.

Ein wichtiger Diskussionsgegenstand waren zum Beispiel die verschiedenen Formen des Dankgebets beim Genuß von Baumfrüchten, Erdfrüchten, unreif abgefallenen Früchten, Essig, Milch, Heuschrecken und hundert anderen Dingen. Ist das Gebet nicht genau nach der Vorschrift gesprochen, so ist es ungültig, ja eine Beleidigung Gottes. Auch dies ist heidnisch gedacht: sowohl die Ägypter wie die Babylonier, ja noch die Griechen und Römer haben dieser Wortidolatrie gehuldigt. Ein Hauptproblem war die Sabbatruhe. An diesem Tage sind neununddreißig Arbeiten verboten, darunter zwei Fäden trennen (einer ist noch erlaubt), einen Knoten machen, einen Knoten auflösen, zwei Stiche nähen, zwei Buchstaben schreiben. In Fruchtsaft, Wegstaub, Streusand und alles andere, das die Schrift nicht behält, darf man Buchstaben machen, denn das ist kein richtiges Schreiben. Wie steht es mit dem Lichtauslöschen? Es soll gestattet sein, wenn es geschieht: aus Furcht vor Heiden, Räubern, bösen Geistern, um Kranker willen, um einzuschlafen, nicht aber, um Öl und Docht zu sparen. Am Sabbat darf natürlich auch nicht gekocht werden. Die Speisen müssen daher am Tage vorher bereitet werden, man darf sie aber nicht in Stoffen aufbewahren, die die Temperatur erhöhen könnten, denn das wäre eine Art Kochen. Am Sabbat soll man nichts von einem Ort an den andern tragen; aber die Mischna erlaubt, Eßwaren auf die Türschwelle zu setzen und von da wegzunehmen, da die Schwelle ebenso zum Hause wie zur Straße gehört, ferner darf man mit dem Mund, mit den Füßen, im Ellbogen, im Haar etwas wegtragen. Am Sabbat darf man nur zweitausend Ellen gehen; »um aber am Sabbat weiter als zweitausend Ellen gehen zu dürfen, legt man tags vorher am Ende des Sabbatwegs Speise für zwei Mahlzeiten nieder, schlägt dadurch gleichsam seine Wohnung auf und darf nun am Sabbat von hier aus weitere zweitausend Ellen gehen.« Es finden sich im Talmud noch viele solche Versuche, durch Kniffe und Finten das überstrenge Gesetz zu umgehen. Andrerseits haben manche Lehrer die Heiligung des Sabbats so auf die Spitze getrieben, daß sie es für unerlaubt hielten, an diesem Tage die Stadt zu verteidigen, ärztliche Hilfe zu leisten, aus Feuersbrunst zu retten. Ebenso ist das Verbot, sich von Gott ein Bild zu machen, maßlos überspannt worden. Man dehnte es auch auf die Menschen und Tiere aus, und hierdurch hat der spätere Mosaismus jenen freudlosen, formlosen und misanthropischen Charakter bekommen, den die Antike wie ein finsteres Rätsel bestaunte. Für diese war ein bildloser Kult nicht Vergeistigung, sondern Atheismus. Aber gerade in diesem Punkt waren die Juden am unerbittlichsten. Unter den Römern durften die Landesmünzen kein Kaiserbild tragen, die Legionen die Stadt nicht betreten, weil sie Adler an ihren Feldzeichen trugen, und der Pöbel zerstörte den Palast des Herodes, weil er mit Tierbildern geschmückt war. Daß man Gott auch preisen könne, indem man seine Schöpfung im Bildnis und Gleichnis zu wiederholen versucht, ist den Rabbinern nie in den Sinn gekommen; sie lebten eingesponnen und abgeriegelt nur in der Welt des Worts. Aber das Wort hat ein Janusantlitz: Es ist Geist und Buchstabe, und je absoluter es regiert, desto mehr schwebt es in der Gefahr, den Geist aufzugeben und zur Totenstarre des Buchstabens zu gerinnen. Dies ist die Krise, die alle bildlosen Religionen bedroht; denn oft ist es gerade das Bild, das vom Buchstaben erlöst.

Es muß nochmals betont werden, daß der Talmud auch sehr schöne Dinge enthält: Leitworte der Weisheit, Gerechtigkeit und Güte, obschon von einer seltsamen Erdgebundenheit; und die abscheulichen Dinge, die darin stehen (manche Äußerungen über Andersgläubige sind so häßlich, daß wir sie gar nicht wiedergeben wollen), sind bloße Lehrmeinungen, die für keinen Juden verbindlich sind, denn der Talmud hat nicht das kanonische Ansehen wie der Koran: Ein solches besitzt nur die Thora, die Sammlung der heiligen Schriften. Diese haben die Juden geschaffen, und hierauf beruht ihre Bedeutung für die Weltgeschichte.

Das Volk des Buches

Der Kanon des Alten Testaments wurde erst um 100 nach Christus endgültig festgestellt und abgeschlossen. Maßstab der Kanonizität war die Inspiration der Verfasser; als Zeitalter des Erlöschens der göttlichen Inspiration galten die Tage Esras und Nehemias. Ihre heiligen Schriften zerlegten die Juden in drei

Gruppen. An der Spitze stand das »Gesetz«, die Thora im engeren Sinne, die die fünf Bücher Mosis umfaßt. Dann folgten die »Propheten«, zu denen außer den eigentlichen Propheten auch die geschichtlichen Bücher Josua, Richter, Samuel und Könige gehörten. Den Beschluß machten die »Schriften«: jene Bücher, von denen man überzeugt war, daß sie noch in der prophetischen Zeit verfaßt, also inspiriert seien. In Wirklichkeit stammten sie fast alle aus der Zeit nach Esra; die Fiktion war aber dadurch ermöglicht, daß sie anonym oder unter dem schützenden Mantel eines alten Namens erschienen waren. Diese dritte Gruppe ist die bunteste: in ihr hat neben Religiösem und Historischem auch Novellistisches, praktische Lebensweisheit und weltliche Lyrik Platz gefunden. Wie streng aber trotzdem das Merkmal der »Prophetie« zur Richtschnur genommen wurde, zeigt das klassische Werk des Jesus Sirach, dem, weil es sich zu einem späteren Datum bekannte, die Aufnahme verweigert wurde. Dieser definitive Kanon ist aber bloß der letzte, nicht der erste: Schon viel früher gab es Zusammenstellungen heiliger Schriften von größerem oder geringerem Umfang: er ist die abschließende Sammlung der Sammlungen. So sind die Juden das »Volk des Buches« geworden; alles: Ihre Religion und Philosophie, Geschichte und Rechtslehre steht in einem einzigen Buch.

Masoretentext und Septuaginta

Die ältesten uns bekannten Handschriften stammen aus dem zehnten christlichen Jahrhundert; sie dürften sich aber infolge genauester Überlieferung mit dem Text des Kanons decken, der neun Jahrhunderte früher fixiert wurde: die Abschreiber haben alle so gewissenhaft kopiert, daß sie sogar kleincre, größere, höherstehendc und umgekehrte Buchstaben wiederholten. Der Kanon ging natürlich auf noch ältere Handschriften zurück. Bei diesen dürfte eine fast unvermeidliche Fehlerquelle der Umstand gebildet haben, daß in den letzten vorchristlichen Jahrhunderten die aramäische »Quadratschrift« an die Stelle der althebräischen Schrift getreten war, die noch keine Worttrennung kannte und einen Buchstaben nie zweimal schrieb, auch wenn er das eine Wort endete und das nächste begann; bei anderen Leseschwierigkeiten lassen sich Hörfehler im Diktat, Verwechslungen, Überspringen, Wortverdoppelungen mutmaßen.

Der Kanon war lediglich Konsonantentext. Die sogenannten Masoreten (von *masora*, »Überlieferung«) hatten es sich im siebenten und achten Jahrhundert nach Christus zur Aufgabe gemacht, die Vokalisation durchzuführen; sie besorgten dies durch Punkte, Striche und Bogen, die sie oberhalb und unterhalb der Konsonanten als Vokalzeichen anbrachten. Die älteste griechische Übersetzung des Alten Testaments, die Septuaginta, fußt aber auf einer älteren und vielfach besseren Vorlage als der masoretische Text. Ihren Namen verdankt sie einer Legende: Ptolemäus Philadelphus, der in der ersten Hälfte des dritten vorchristlichen Jahrhunderts regierte, ließ, so hieß es, zu Alexandria durch sechs Männer aus jedem Stamm die Bücher Mosis ins Griechische übertragen, und diese zweiundsiebzig vollendeten das Werk in zweiundsiebzig Tagen; jeder übersetzte in einer eigenen Zelle, und als man die Arbeiten verglich, waren sie bis auf den Buchstaben gleichlautend. Später wurden die übrigen Bücher hinzugefügt. Zur Zeit Jesu stand die alexandrinische Bibel bei den Juden allgemein in Gebrauch; als aber das junge Christentum sich ihrer zu bedienen begann, wandten sie sich von ihr ab und verhöhnten sie als eine Ausgeburt der ägyptischen Finsternis: Für die späteren Rabbinen ist die Septuaginta nicht weniger fluchwürdig als das Goldene Kalb. Die katholischen Theologen wiederum erklärten, daß der masoretische Text teils durch »Bosheit« gefälscht, teils durch die Sorglosigkeit der Abschreiber verderbt sei, und verwiesen auf die Unsicherheit in der Aussprache der Vokale; auch Luther, Zwingli und Calvin hielten die Vokalisation als spätere Zutat für nicht bindend. Demgegenüber verfocht die protestantische Orthodoxie im Interesse ihrer Dogmatik, die auf dem strikten Schriftbeweise fußt, die Unversehrtheit des Textes, die Inspiration auch der Vokale und sogar die Ursprünglichkeit der Quadratschrift. Der einflußreichste Vertreter der Verbalinspiration war Johann Gerhard, Professor in Jena, dessen Schule im siebzehnten Jahrhundert über ganz Deutschland verbreitet war.

Die hebräische Sprache

Das Hebräische wird, zusammen mit dem Phönizischen, dem Moabitischen und dem Kanaanäischen, der mittelsemitischen Sprachgruppe zugerechnet und hat sich aus dem Althebräischen, der Sprache des Alten Testaments, zum Neuhebräischen entwickelt, das sich dem Mönchslatein des Mittelalters vergleichen läßt. Als noch die Reiche Israel und Juda bestanden, war das Volk auch sprachlich in die beiden Dialekte des Nordhebräischen und Südhebräischen gespalten. Nach dem Exil drangen zahlreiche Aramäismen ein, und während des zweiten vorchristlichen Jahrhunderts wurde das Aramäische, das bereits zur Perserzeit in ganz Vorderasien die offizielle Verkehrssprache war, in Palästina das allgemeine Landesidiom, während das Hebräische nur noch der Kirche und der Gelehrsamkeit diente. Um 150 vor Christus entstand der einzige größere Abschnitt des Alten Testaments, der aramäisch geschrieben ist, das Mittelstück des Buchs Daniel. Die Christen haben die Schriften des Alten Bundes zunächst nur griechisch kennengelernt; erst die Reformation griff auf den Urtext zurück: die hebräische Philologie begründete Reuchlin mit seinem zu Anfang des sechzehnten Jahrhunderts erschienenen Werk »De rudimentis hebraicis«, gegen Ende des Jahrhunderts lag bereits das ganze Alte Testament hebräisch gedruckt vor.

Das Hebräische ist eine Konsonantensprache. Die Bedeutung eines Wortes haftet niemals am Vokal, wie zum Beispiel im Deutschen *(laben, leben, loben)* oder im Englischen *(better, bitter, butter)*, sondern stets an den zumeist in der Dreizahl vorhandenen Wurzelkonsonanten: zum Beispiel heißt *kadosch* heilig, *kadesch* der Geheiligte, *kodesch* Heiligtum, *kadasch* er war heilig. Zusammengesetzte Wörter finden sich nur in Eigennamen. Ebenso fehlen eigentliche Tempora: Es gibt nur Perfekt oder vollendete und Imperfekt oder unvollendete Handlung; dieses dient auch zur Bezeichnung des Futurums. Ersatz bieten die reich ausgebildeten Modi: Reflexiv, Intensiv, Kausativ, Konativ. Auch ein Medium kennt das Hebräische. Beim Genus wird Maskulin und Feminin unterschieden; von den Neutris gilt als männlich, was groß, stark, herrschend, tätig ist, als weiblich, was klein, schwach, dienend, empfangend ist. Zumeist wird das weibliche Geschlecht durch besondere Endungen ausgedrückt. An Numeris kennt das Hebräische Singular und Plural und daneben einen Dual, der aber nur für Bezeichnungen von gepaart Vorkommendem, wie: Hände, Füße, Waage, Zange, gebraucht wird. Der Artikel ist für alle Genera und Numeri derselbe. Für die Syntax ist es besonders charakteristisch, daß das Verb zumeist dem Substantiv vorangeht (diese Konstruktionsweise, jedermann als die typisch jüdische bekannt, verwendet zum Beispiel Shakespeare beim Shylock); auch bildet das Hebräische am liebsten Hauptsätze und koordiniert oft, wo wir einen Nebensatz erwarten, mit »und«. Eine prachtvolle Charakteristik der hebräischen Sprache gibt Renan in seiner »Histoire du peuple Israël«: »Ein Köcher voll stählerner Pfeile, ein zusammengedrehtes hartes Ankertau, eine eherne Posaune, deren wenige gellende Töne die Luft zerreißen: das ist die hebräische Sprache. Diese Sprache ist unfähig, einen philosophischen Gedanken, ein wissenschaftliches Ergebnis, einen Zweifel oder das Gefühl des Unendlichen auszusprechen. Sie kann nur wenig sagen, aber was sie sagt, ist wie der Schlag des Hammers auf den Amboß.« Philosophie im hellenischen Sinne oder gar Wissenschaft wird man im Alten Testament in der Tat vergeblich suchen, aber großartige Zweifel finden sich im Buch

Hiob, und ein Hauch von Unendlichkeit weht durch die Schriften der Propheten; gleichwohl hat Renan recht, denn all dies ist nicht voll in Worte eingefangen, sondern zieht nur wie eine Ahnung vorüber.

Durch die noch heute klassische Bibelübersetzung Luthers wird der Eindruck erweckt, als sei das ganze Alte Testament in Prosa geschrieben. Es finden sich aber in allen seinen Schichten, selbst in den historischen Büchern, poetische Stücke, die zweifellos metrisch abgefaßt waren. Da aber kein Mensch weiß, wie das Althebräische gesprochen wurde, so gibt es über die Form jenes Metrums nur schwankende und strittige Theorien. Auf eine Art Versbau deutet schon die Lieblingsfigur der hebräischen Rhetorik, der »Parallelismus der Glieder«, die in fast alle späteren Literaturen Eingang gefunden hat. Es wurde schon erwähnt, daß sie von den Ägyptern stammt. Man unterscheidet einen synonymen, einen antithetischen und einen synthetischen Parallelismus. Der synonyme ist der spezifisch ägyptische: er besteht darin, daß das zweite Glied den Gedanken des ersten mit anderen Worten wiederholt, wofür bereits ägyptische Beispiele gegeben wurden. Die antithetische Form bringt im zweiten Teil das Gegenstück zum ersten: »Nur die Lumpen sind bescheiden, Brave freuen sich der Tat«; bei der synthetischen verhält sich der Hintersatz zum vorderen ergänzend oder begründend: »Denn aus Gemeinem ist der Mensch gemacht und die Gewohnheit nennt er seine Amme.« Obgleich sich in der Bibel alle drei Spielarten finden, so ist doch die erste, als die typisch orientalische, auch im Hebräischen die weitaus geläufigste: »Was ist der Mensch, daß Du seiner gedenkest, und des Menschen Kind, daß Du seiner Dich annimmst?« Sie steigert sich bisweilen bis zum Refrain: »Danket dem Herrn, der große Könige schlug, denn seine Güte währet ewiglich; und er würgte mächtige Könige, denn seine Güte währet ewiglich« oder zur eindringlichen Verstärkung, die man als »Stufenrhythmus« bezeichnet hat: »Sei uns gnädig, Herr, denn wir sind sehr voll Verachtung; sehr voll ist unsere Seele von der Stolzen Spott und der Hoffärtigen Verachtung.« Sehr schön sagt Herder in seiner Schrift *Vom Geist der Ebräischen Poesie* über den Parallelismus: »Sobald sich das Herz ergießt, strömt Welle auf Welle, das ist Parallelismus. Es hat nie ausgeredet, hat immer etwas Neues zu sagen. Sobald die erste Welle sanft verfließt oder sich prächtig bricht am Felsen, kommt die zweite Welle wieder ... Die beiden Glieder bestärken, erheben, bekräftigen einander in ihrer Lehre oder Freude ... Es ist, als ob der Vater zu seinem Sohn spräche und die Mutter es wiederholte. Die Rede wird dadurch so wahr, herzlich und vertraulich.«

Die Pentateuchkritik

Zur Zeit Herders herrschte noch allgemein, unter Christen wie Juden, die Überzeugung, daß die fünf Bücher Mose von diesem selbst verfaßt seien; nach jüdischer Auffassung sind sogar die letzten Verse des fünften Buches, in denen sein Tod erzählt wird, noch von ihm eigenhändig niedergeschrieben worden, auf Grund göttlicher Offenbarung; wie denn überhaupt der ganze Pentateuch oder »Fünfteilige«, wie die Griechen diesen Abschnitt der Bibel nannten, nicht als Werk menschlichen Wissens galt. Schon daraus, daß er Thora, Gesetz heißt, geht deutlich hervor, worauf es bei ihm zuallererst ankommt; das Gesetz aber kann nur direkt von Gott eingegeben sein: gegen die Thora gehalten, ist alles andere nur Kabbala, »Überlieferung«. Doch erhebt das Werk selbst nirgends den Anspruch, aus der Hand Moses geflossen zu sein; es spricht von ihm immer in der dritten Person, und wo es ihn etwas niederschreiben läßt, hebt es dies ausdrücklich hervor. Auch erweckt es an vielen Stellen den Eindruck, daß es überhaupt nicht von einem einzelnen Verfasser herrührt. Die auffallendsten Eigentümlichkeiten, die in diese Richtung weisen, sind: zahlreiche Wiederholungen, und zwar sowohl Doppelversionen wie vollkommene Dubletten; zweierlei Namen für dieselbe Person; gegensätzliche Beurteilungen von Menschen, Lehren, Institutionen; Milieuwidrigkeiten; Anachronismen; Antichronismen, das heißt: Zeitangaben, die sich miteinander nicht in Einklang bringen lassen; verschiedenerlei Glaubensvorstellungen. Der Gott Moses ist abwechselnd ein böser Zauberer und der Inbegriff höchster Sittlichkeit, ein ganz menschlich gedachtes Wesen und reiner Geist, ein Bergdämon und der Herr der Welt. Kurz, es herrscht in dem Ganzen, wie Goethe es ausdrückte, eine »höchst traurige, unbegreifliche Redaktion«. Ebenso regenbogenfarbig wie der Inhalt sind Stil und künstlerische Auffassung: neben Gemälden von gigantischem Pinselstrich und brennender Leuchtkraft stehen ohnmächtige Aufzählungen und fleischlose Exzerpte, neben fast homerisch dahinschäumender Epik armselige Klatschereien, neben blumenhaften Zartheiten brüllende Barbarismen. Schon Luthers Feingefühl muß all dies gespürt haben, als er seine Bedenken in dem Trostwort der *Tischgespräche* zusammenfaßte: »Was täte es, wenn auch Mose den Pentateuch nicht geschrieben hätte?«

Der erste, der das Problem mit voller Klarheit erfaßte, war Thomas Hobbes, als er in seinem philosophischen Hauptwerk, dem berühmten *Leviathan*, erklärte, die Abfassungszeit der biblischen Bücher müsse lediglich aus ihrem Inhalt erschlossen werden. Neunzehn Jahre später, 1670, ließ ein anderer Philosoph, Baruch Spinoza, seinen *Tractatus theologico-politicus* erscheinen, das einzige Werk, das er selbst herausgegeben hat, und auch dieses anonym und unter der Maske eines falschen Druckorts. Er sagte darin: »Wer die Bibel, wie sie ist, für einen den Menschen vom Himmel herabgesandten Brief Gottes ansieht, wird ohne Zweifel mich laut der Sünde wider den Heiligen Geist anklagen, weil ich behauptet habe, das Wort Gottes sei fehlerhaft, verstümmelt, verfälscht und sich selbst widersprechend, es sei uns nur in Bruchstücken bekannt und die Urschrift des Bundes, den Gott mit den Menschen geschlossen, sei verlorengegangen. Aber sie werden gewiß aufhören zu schreien, wenn sie die Sache selbst erwägen wollen ... Wer mir in diesen Schriften eine Ordnung zeigen kann, die ein Historiker chronologisch befolgen kann, dem will ich sogleich die Hand reichen. Denn ich bekenne, daß ich sie nie habe finden können, so lange ich auch gesucht habe.« Daraus folgt: die Bücher müssen kritisch und historisch untersucht werden, nach Entstehungszeit, Autorschaft und Publikum. Wie Spinoza vorausgesehen hatte, erhob sich eine Flut von Verdammungsschriften gegen das Buch, besonders von seiten der lutherischen Orthodoxie, die erklärte, es sei dem Pfuhl der Hölle entstiegen; und um Verboten zu entgehen, mußte es unter den sonderbarsten Decktiteln im Buchhandel umlaufen: *Neue Idee der gesamten Medizin*, *Chirurgische Werke*, *Historische Werke*, *Abhandlung über die abergläubischen Zeremonien der Juden*, dazu natürlich auch immer unter einem erfundenen Autornamen.

Im Jahr 1685 erschien ein Werk, das mit der neuen Methode bereits vollen Ernst machte: die *Histoire critique du Vieux Testament* des sehr gelehrten Oratorianers Richard Simon, der deshalb aus der Kongregation ausgestoßen wurde; aber auch die Protestanten protestierten. Erst etwa hundert Jahre später veranlaßte Johann Salomo Semler, einer der namhaftesten Theologen der deutschen Aufklärung, eine deutsche Übersetzung; auch er selbst verfügte in seinen Schriften bereits über einen ziemlich entwickelten textkritischen Apparat. Die entscheidende Entdeckung auf dem Gebiete der Pentateuchforschung war bereits einige Jahrzehnte früher gemacht worden: 1753 veröffentliche Jean Astruc, königlicher Leibarzt und Professor der Medizin in Paris, eine anonyme Untersuchung, in der er feststellte, daß in der Genesis ein regelmäßiger Wechsel zwischen den Gottesnamen Jehova (wie man damals noch Jahwe las) und Elohim zu beobachten sei, und daraus schloß, daß Mose, den er nach wie vor für den Verfasser hielt, sich verschiedener älterer Berichte bedient habe, aus denen er den seinigen zusammenstellte. Er sonderte danach scharf eine Elohimurkunde und eine Jehovarurkunde und fand sogar Spuren eines dritten Parallelberichts. Auf diese Weise gelang es ihm, für die anstößigsten Wiederholungen und Unstimmigkeiten eine plausible Erklärung zu finden; doch trug er selber längere Zeit Bedenken, seine Resultate bekanntzumachen, weil er Mißbrauch durch die *»esprits forts«* befürchtete. 1807 gelangte Martin Lebrecht de Wette zu der wichtigen Erkenntnis, daß sowohl den Samuelisbüchern wie den Königsbüchern jede Kenntnis des mosaischen Gesetzes fehlte. Alle diese Enthüllungen faßte Wilhelm Vatke zu dem Satze zusammen, daß alles Kultische und Gesetzliche nicht zu den ältesten, sondern zu den jüngsten Teilen des Alten Testaments gehöre, daß es, wenn man die Chronologie sprechen lasse, nicht heißen dürfe »Gesetz und Propheten«, sondern umgekehrt. Das hochbedeutsame Werk, worin er dies darlegte, fand aber fast gar keine Beachtung, während das in demselben Jahr 1835 erschienene *Leben Jesu* von David Friedrich Strauß, das ähnliche Methoden auf das Neue Testament anwandte, das größte Aufsehen erregte. Vatkes Ansicht hatte schon früher auch Eduard Reuß in seinen Straßburger Vorlesungen vertreten, in denen er nachwies, daß die Prophetie noch nichts vom Gesetz wußte, daß dieses jünger sei als jene und die Psalmen jünger als beide. Hierauf gründete ein Menschenalter später sein Schüler Karl Heinrich Graf den Leitgedanken seines Hauptwerks *Die geschichtlichen Bücher des Alten Testaments*, der als »Grafsche Hypothese« großen Einfluß gewann. Den Schlußstein setzten Julius Wellhausens epochemachende Arbeiten, die in den siebziger Jahren zu erscheinen begannen; sie sind nicht nur durch souveräne Sachbeherrschung und Dialektik, sondern auch durch glänzende Darstellung ausgezeichnet. Das allgemeine Ergebnis der Bibelforschung eines halben Dutzends von Generationen läßt sich dahin zusammenfassen, daß keines der alttestamentlichen Bücher in der Gestalt, die es heute besitzt, hinter das Exil zurückgeht. Was aus der früheren Zeit übriggeblieben ist, sind gigantische Trümmer, die als gespenstische Zeugen einer versunkenen Welt und Glaubensform zu uns herüberragen. Im übrigen wird sich eine Einstimmigkeit in den Antworten, die die Wissenschaft gibt, niemals erzielen lassen, es ist schon viel, wenn sie die Fragen eindeutig zu präzisieren vermag. Sie möge immer weiterschreiten, denn sie ist in ihrer Kritik keineswegs bloß zersetzend, sondern, da sie das Verständnis vertieft, auch produktiv; aber bei allem dankbaren Respekt vor ihrem Fleiß und Scharfsinn wird sich der Laie für alle Zeiten die wundervollen Worte zu eigen machen müssen, die Goethe wenige Tage vor seinem Tode zu Eckermann sprach: »Echt oder unecht sind bei Dingen der Bibel gar wunderliche Fragen. Was ist echt als das ganze Vortreffliche, das mit der reinsten Natur und Vernunft zu Harmonie steht und noch heute unserer höchsten Entwicklung dient! Und was ist unecht als das Absurde, Hohle und Dumme, was keine Frucht bringt, wenigstens keine gute!«

Die Geschichte des Alten Testaments

Die Bücher des Alten Bundes erheben den Anspruch, Geschichtswerk und Religionsurkunde zu sein; sie sind aber beides weder durchwegs noch im strengen Verstande. Sie enthalten Legenden und Märchen, Epen und Novellen, Chronik und Biographie, Kirchen- und Zivilrecht, Theosophie und Liturgik, Lieder und Aphorismen, öde und noch dazu falsche Statistik und Vermächtnisse großer Poeten. Sie bilden aber auch kein geschlossenes Kunstwerk und lassen sich daher nicht mit anderen großen Nationaldichtungen, etwa der Ilias, auf eine Stufe stellen, denn selbst wenn diese nicht von Homer verfaßt sein sollte, so ist sie doch zweifellos von *Dichtern komponiert*, das Alte Testament hingegen von *Redaktoren kompiliert*. Indes darf man diesen Tadel (wenn er überhaupt einer ist) nicht überspannen. Wenn man darauf hinweist, daß die einzelnen Teile in Stil, Tendenz, geistiger Höhenlage, zeitgeschichtlichem Hintergrund nicht einheitlich sind, so könnte es sich in einzelnen Fällen, zum Beispiel bei den Propheten, um verschiedene Reifephasen desselben Autors handeln; vor allem aber darf man nicht vergessen, daß der Begriff »Stil« im Altertum einerseits entwickelter, andrerseits weniger entwickelt war als heutzutage. Entwickelter: denn es gab unverrückbar festgelegte Genres und einen streng vorgezeichneten Wortvorrat und Formenschatz, und eben darum unentwickelter: denn Individualität war nicht Ziel des schriftstellerischen Ehrgeizes. Ferner verstieß es noch keineswegs gegen den literarischen guten Ton, sich mit fremden Federn zu schmücken oder umgekehrt sich in einen fremden Autor zu verstellen, und es hat oft der subtilsten und mühseligsten Untersuchungen bedurft, um in dieses Gewebe von naiven Entlehnungen, brutalen Fälschungen und virtuosen Stilkopien einigen Einblick zu gewinnen.

Das erste und älteste im Alten Testament sind Kriegs-, Sieges-, Spott- und Klagelieder, das letzte und jüngste die Stücke, die in der griechischen Zeit entstanden: Sprüche, Prediger, Hoheslied, die beiden Bücher der Chronika und die sogenannten »Apokryphen«, jene Schriften, die von den Katholiken als »deuterokanonisch« (später in den Kanon aufgenommen) ebenfalls zu den heiligen gerechnet werden, nach Luther »der Heiligen Schrift nicht gleichzuachten, doch gut und nützlich zu lesen sind« und von den Reformierten verworfen werden. Da sie nur in der griechischen Übersetzung standen, so wurden sie von den Juden ebenfalls nicht anerkannt. Daß andrerseits der Kohelet, eine ganz von weltstädtischer Skepsis erfüllte Serie von Lebensmaximen, und das Hohelied, ein Kranz bäuerlicher Hochzeitslieder, Aufnahme gefunden haben, ist sonderbar; es hatte seinen Grund darin, daß sie beide unter der Autorität Salomos auftraten und das Hohelied außerdem allegorisch gedeutet wurde: der Liebende als Jehova, die Geliebte als Israel.

Erst Herder erkannte den wahren Charakter der Dichtung als einer Sammlung erotischer Gesänge, »die nicht mehr miteinander zusammenhängen als eine Reihe schöner Perlen, auf einer Schnur gefasset«; sie seien nicht alle von Salomo gedichtet, aber »im größten Verstande salomonisch, ein Abdruck von dem Geschmack, von der Liebe, von der Üppigkeit und Zier, wie sie zu Salomos Zeiten und sonst nimmer im hebräischen Volke herrschten«, als »göttlich autorisierter Beleg seines Charakters und Lebens«. Erschaut man es mit solch tiefem Dichterauge, so gehört das Hohelied in der Tat in die Heilige Schrift. Aber auch der »Prediger« entbehrt trotz seiner fast hamletischen Bitterkeit, die an jeglichem Sinn verzweifelt, die Welt als verkehrt und selbst die Weisheit als Tollheit durchschaut, und seinem alexandrinischen Epikureismus, der einen guten Tag für das Beste am Leben hält, dennoch nicht einer, obschon tief versteckten, Frömmigkeit, die vor der Unerforschlichkeit Gottes und der Rätselhaftigkeit seiner Schöpfung ehrfürchtig haltmacht. Es ist ein ungemein feiner Zug, daß die Verkündigung der Eitelkeit alles Irdischen gerade aus dem Munde Salomos fließt, dessen Gestalt von der doppelten Strahlenkrone höchster geistiger und materieller Macht umglänzt ist.

Als das Kernstück des Kanons hat aber immer der Pentateuch gegolten, weshalb die Juden den Namen Thora, der eigentlich nur diesem zukommt, auf die ganze Sammlung ausdehnten. Man spricht aber richtiger von einem *Hexateuch*, denn das Buch Josua, das die Einnahme, Verteilung und Besiedlung Westpalästinas erzählt, bildet mit den Mosebüchern eine untrennbare Einheit: Die ganze heilige Geschichte findet in der Eroberung des Gelobten Landes erst ihren Sinn und Abschluß. Und tatsächlich entspringen alle sechs Bücher denselben Quellen. Man unterscheidet vier Hauptgeschichten: den Jahwisten (kurz mit J bezeichnet), den Elohisten (E), den Deuteronomisten (D) und die sogenannte Priesterschrift (P). Beim Jahwisten und Elohisten spielt die Gottesbezeichnung sozusagen die Rolle eines Leitfossils. Das Deuteronomium, bekanntlich das fünfte Buch Mose, ist das Gesetz, das König Josia im Jahre 621 verlesen ließ, aber nicht als neues, sondern als wiederentdecktes: Er gab sich den Anschein, als habe er es beim Umbau des Tempels aufgefunden. Der Priesterkodex, der im wesentlichen das dritte Buch Mose, Leviticus, mit den angrenzenden Partien des zweiten und vierten umfaßt, ist die Gesetzgebung Esras vom Jahr 444: Auch diese gab sich, obgleich aus dem babylonischen Exil importiert, als uralt. Um aber die neuen Teile mit den alten einigermaßen zur Deckung zu bringen, wurden diese beide Male, zuerst im Sinne von D, dann von P, einer systematischen Bearbeitung unterzogen: da das Gesetz von jeher bestand, aber trotzdem, was nicht gut abzuleugnen war, nicht gehalten wurde, konnte Israel nicht in Unkenntnis, sondern nur in Ungehorsam gehandelt haben und seine Geschichte nichts als ein einziger großer, immer wieder erneuter Abfall gewesen sein. Mit einem Wort: die Gesetzgebung von D und P hat rückwirkende Kraft. Aus dieser Entstehungsgeschichte des Hexateuchs erklärt es sich, daß alle wichtigen Gesetze darin dreimal vorkommen: auf der Stufe von E als Dekalog, von D als »zweite mosaische«, von P als levitische Gesetzgebung.

Der Jahwist

Die Erzählungen des Jahwisten werden ziemlich allgemein in die Mitte des neunten Jahrhunderts datiert, sekundäre Stücke (J_2, J_3, J_4) um ein oder zwei Generationen später. Sie tragen einen streng archaischen Charakter von herbem Reiz und gedrungener Kraft: Sie sind erfüllt von der düsteren Monumentalität urtümlicher Zustände. Gott ist noch ganz anthropomorph gedacht: wenn er Kummer empfindet, dreht sich ihm das Herz um, wenn er ungeduldig ist, geht sein Atem kurz, wenn er zürnt, entbrennt seine Nase, er debattiert mit seinen Geschöpfen, lustwandelt in der Abendkühle, ja schläft sogar. Renan nennt die Methode des Jahwisten »doppeltsehend«: bei zwei Versionen entscheidet er sich für beide; so ist zum Beispiel der Paradiesesbaum für ihn sowohl der Baum des Lebens wie der Erkenntnis. Von ihm stammen die schönen Mythen von der Schöpfung, dem Sündenfall, der Sintflut, dem Turmbau zu Babel. In ihnen ist Jahwe noch der Gott *aller* Menschen, und sie sind sämtlich babylonischen Ursprungs. Doch finden sich einige bemerkenswerte Abweichungen. Die Schöpfungsgeschichte ist von wundervoller Klarheit und Einfachheit und hat sich von dem wüsten Schlinggewächs der babylonischen Mythologie vollständig befreit; die Sintflutsage ist von einer ethischen Idee getragen, die dem Original fehlt, läßt aber dafür die Farbe des Erlebens vermissen, was ganz natürlich ist, denn sie kann unmöglich auf persönliche Erinnerungen zurückgehen; die Erzählung vom Turmbau enthält eine Spitze gegen das Unternehmen, die nicht gut babylonisch sein kann, und zugleich einen tieferen Sinn: sie ist der erste Fluch auf die erwachende Technik und der erste Versuch, die Vielsprachigkeit der Menschheit zu erklären. Auf den Mythus vom Sündenfall geht es zurück, wenn im Hebräischen der Beischlaf mit den Worten umschrieben wird: »und er erkannte sie«. Im Paradies gab es noch keine Sexualität; erst als Adam und Eva nach dem Genuß der verbotenen Frucht »erkannten«, daß sie nackt waren, erwachte in ihnen der Geschlechtstrieb. Auch erkannten sie, was Sünde sei, denn vorher waren sie, freilich in einem ganz anderen Sinne als dem nietzschischen, jenseits von Gut und Böse. Diese urtiefen Legenden hat der Erzähler in kindlicher Einfalt nachgestammelt; was an großartigen Spekulationen in ihnen schlummerte, verstand er nicht, und schon die Kanaanäer, von denen sie ihm zugetragen waren, hatten sie nicht verstanden.

Der Elohist

Der Elohist besitzt keinen so gewaltigen Pinsel wie der Jahwist, aber einen feineren: Er liebt die Kleinmalerei und die Reflexion. Er entfaltet einen reichen Apparat von sinnigen Wundern, aber andrerseits läßt er Gott nicht mehr unter den

Menschen wandeln, sondern mit ihnen nur bisweilen aus Wolken, durch Boten oder im Traume sprechen. Seine Wirksamkeit fiel in die Mitte des achten Jahrhunderts; doch nimmt man an, daß es zwei Elohisten gab: E_1, der im Nordreich lebte, und E_2, der später eine Ausgabe für Juda herstellte und zugleich den geläuterten Anschauungen Rechnung trug, wie sie durch die Propheten inzwischen emporgetragen worden waren. J und E sind schließlich, wahrscheinlich um 650, keinesfalls vor 700, von mehreren Redaktoren kunstvoll ineinandergearbeitet worden, und so entstand das sogenannte jehovistische Geschichtswerk JE. Die Behandlung ist nicht einheitlich: Parallelberichte sind einmal nebeneinandergestellt, ein andermal verschmolzen, Altertümliches ist bald konserviert, bald modernisiert. Der Hexateuch hatte in dieser Bearbeitung etwa den halben Umfang des kanonischen.

Der Deuteronomist

Der Deuteronomist nähert sich bereits dem Stil der späteren jüdischen Frömmigkeit. Sein Ton ist eifernd, salbungsvoll und klerikal: der Gegensatz zwischen Priester und Laie, Staat und Kirche kündigt sich an; und er lehrt eine Buchreligion des »Es steht geschrieben«: wer es befolgt, hat Gott Genüge getan, und nur wer es befolgt. Er verbietet zum erstenmal mit voller Deutlichkeit die Bilder, die Höhenopfer, die Mischehen, dagegen gestattet er die Ausbeutung Andersgläubiger: »Von dem Fremden magst du Wucher nehmen, aber nicht von deinem Bruder.« Andrerseits heißt es: »Du sollst das Recht des Fremdlings und des Waisen nicht beugen, denn du sollst gedenken, daß du Knecht in Ägypten gewesen bist«, und besonders bemerkenswert ist das Zartgefühl des Gebots: »Wenn du auf deinem Acker geerntet und eine Garbe vergessen hast, so sollst du nicht umkehren; wenn du deine Ölbäume geschüttelt hast, so sollst du nicht nachschütteln; wenn du deinen Weinberg gelesen hast, so sollst du nicht nachlesen; es soll des Fremdlings, des Waisen und der Witwe sein.« Dasselbe befiehlt die Priesterschrift:

»Wenn du dein Land einerntest, sollst du nicht alles bis an die Enden umher abschneiden, noch die abgefallenen Beeren auflesen, sondern dem Armen und Fremdling sollst du es lassen«, ja sie lehrt geradezu: »Du sollst deinen Nächsten lieben wie dich selbst.« Doch darf man diese Vorschriften nicht mißverstehen. Unter »Fremdlingen« sind immer nur Schutzfremde gemeint, die im Lande lebten, zur Gemeinschaft gezählt wurden und sogar als Hospitanten am Gottesdienst teilnehmen durften; und wie das Gebot der Nächstenliebe zu deuten ist, zeigt der Satz, der ihm vorhergeht: »Du sollst nicht rachgierig sein noch Zorn halten gegen die Kinder *deines Volks*«: es meint wirklich den Nächsten, den Blutsverwandten und Stammesgenossen; eine andere Nächstenliebe haben das Judentum und die ganze Antike nicht gekannt. Deshalb sagt Nietzsches Zarathustra mit Recht: »Rate ich euch zur Nächstenliebe? Lieber noch rate ich zur Nächsten-Flucht und zur Fernsten-Liebe! ... Die Ferneren sind es, welche eure Liebe zum Nächsten bezahlen.« Nur hat sich diese Polemik in der Adresse geirrt: sie war an das Alte Testament zu richten und nicht an das Neue. Denn gerade diese Fernstenliebe *meint* ja das Evangelium! Es befiehlt, Vater, Mutter, Weib, Kind, Brüder, Schwestern, dazu das eigene Leben zu hassen, und setzt Menschenliebe gegen Nachbarliebe, Liebe zum himmlischen Vater gegen Liebe zum irdischen, Liebe zu allen Brüdern gegen Liebe zu den leiblichen, Liebe zu jeglichem Gottessamen gegen Liebe zum eigenen Samen. Die mosaische Nächstenliebe hingegen ist bestenfalls Philanthropie.

Der Priesterkodex

Der Priesterkodex schließt und krönt die Entwicklung zur starren Gesetzesreligion. Er ist das Werk einer ganzen Schule, und daß er inmitten der heidnischen Gegenwelt Babyloniens entstand, ist kein Zufall. Daß Esra geradezu der Verfasser war, glaubt man heute nicht mehr; aber an der Redaktion war er jedenfalls hervorragend beteiligt. Das Material, das verarbeitet wurde, spiegelt die Entwicklung mehrerer Jahrhunderte, und es ist keineswegs gelungen, das eingelebte Ritual und Glaubensbild früherer Stufen völlig auszumerzen. Die Darstellung ist dürr und nüchtern, logisch und sachlich, liebt einhämmernde Wiederholungen, stehende Floskeln, hieratische Gesten, genealogische, geographische, chronologische Daten, die eine Art »wissenschaftliche« Zuverlässigkeit vortäuschen sollen, und benützt, in scharfem Gegensatz zu der naiven Erzählerfreude des Jahwisten und Elohisten, das Historische nur als dünnen Rahmen für das Gesetzliche, das Ausgangspunkt, Mittelpunkt und Zielpunkt ist. Die Zentralisation des Kultus in Jerusalem, die das Deuteronomium fordert, setzt der Priesterkodex bereits als so selbstverständlich voraus, daß er den salomonischen Tempel als tragbare Stiftshütte in die Zeit der Wüstenwanderung zurückdatiert; daß der Gottesdienst von jeher bildlos und in den Händen der legitimen Priester vom Stamme Levi war, steht für P ebenfalls außer Streit. Auch der extreme Ritualismus, der erst nachexilisch ist, wird natürlich von P für eine Stiftung Moses ausgegeben, wobei sich die weltgeschichtliche Ironie ereignet hat, daß das Judentum gerade durch all dies, wodurch es sich vom Heidentum aufs peinlichste abzusondern suchte: die Unterscheidungen von materieller Reinheit und Unreinheit, die blutigen Opfer zur Weihe und Sühne, die Libationen und Lustrationen, die Speiseverbote, die nicht hygienische, sondern magische Bedeutung haben, eine halbheidnische Religion geblieben ist. Aber wenn die Erzählung zur Zeit der Richter gelangt, gibt es auf einmal keine Hohenpriester, Priester und Leviten, keinen zentralisierten Kultus und orthodoxen Ritus mehr; auch später noch nicht. Da kann also nur Abfall im Spiele gewesen sein. Um dies glaubhaft zu gestalten, stellt der Priesterkodex die Geschichte Israels buchstäblich auf den Kopf: er macht den Schlußstein zum Grundstein, den Endzustand zum Urzustand, aus mosaisch levitisch, indem er seine eigene Glaubensform in die altisraelitische einträgt, und aus levitisch mosaisch, indem er sein Statut aus den Händen Moses hervorgehen läßt.

Die historischen Bücher

Die deuteronomistische Bearbeitung erstreckte sich nicht bloß auf den Hexateuch, sondern auf alle biblischen Bücher, soweit sie bereits vorlagen. Der leitende Grundgedanke war: Israel ist zum heiligen Volke auserwählt, widerstrebt aber seiner Sendung durch Sünde, Götzendienst und Ungesetzlichkeit; die Zerstörung Jerusalems und Verstoßung ins Exil ist das verdiente göttliche Strafgericht. Auf die deuteronomistische Umschmelzung folgte noch eine zweite und dritte im Sinne der Priesterschrift; so besteht zum Beispiel das Richterbuch aus zusammengewobenen Sagenfäden, die von exilischer und dann noch einmal von nachexilischer Hand neu geknüpft wurden. Bei den Mosebüchern läßt sich der Vorgang also etwa durch die Formel ausdrücken: $(JE^{D}+D)^{P}+P$. Diese sind etwas Ähnliches wie die Evangelienharmonie, die Tatian um 170 nach Christus für seine syrischen Landsleute herstellte: ein »Diatessaron« aus vier Quellenschriften. Die Enggeistigkeit und Wortvergötterung der Bearbeiter brachte es nicht über sich, die heilige Überlieferung in ihrer Freiheit und Fülle zu erhalten und, wie das Neue Testament, vier frohe Botschaften und Heilandsleben, vier Gesetzesbotschaften und Leben Mosis nebeneinander stehenzulassen. Dafür ist jahrhundertelang geschnitten, geklebt und retuschiert worden. Besonders P hat in seinen Einlegungen und Auslegungen eine große Dreistigkeit entwickelt, ohne daß man, im *antiken* Sinne, geradezu von Fälschung sprechen könnte, sondern eher von einer Art »Darstellung aus dem Gesichtspunkt der neuesten Forschung«, eben des P.

Im Exil entstand auch das große Geschichtswerk mit deuteronomistischer Tendenz, das im Kanon die zwei Samuelisbücher und die zwei Königsbücher füllt. Die letzteren erzählen die Königsgeschichte vom Ende Davids bis zum Untergang des jüdischen Staats, die ersteren die Entstehung des Königtums und die Geschichte der beiden ersten Könige, als ihr Verfasser gilt Samuel. Neben Material aus königlichen Annalen und Tempelchroniken ist reicher Stoff aus volkstümlicher Überlieferung verarbeitet: Sagen, Anekdoten, Prophetenleben. An Dubletten, widersprechenden Auffassungen und Berichten fehlt es auch diesen Teilen der Bibel nicht; so heißt es zum Beispiel abwechselnd: Jahwe sei der alleinige König von Israel und: das irdische Königtum sei eine Stiftung Jahwes durch Samuel, und einmal, Saul habe durch Selbstmord, ein andermal, er habe durch einen Amalekiter den Tod gefunden. Die jüngsten historischen Teile des Alten Testaments sind die beiden Bücher der Chronika und die Bücher Esra und Nehemia, die um 300 vor Christus entstanden. Die ersteren decken sich im großen und ganzen mit dem Stoff der Bücher Samuelis und der Könige: Sie reichen von den Anfängen Davids bis zum Ende des Exils, und die griechische Bibel bezeichnet er sehr zutreffend als Paraleipomena, da sie, was in jenen Büchern übergangen wurde, ergänzen und nachtragen. Sie sind eine Art Midrasch: erweiternde und erläuternde Schriftbehandlung, und zugleich eine antiisraelitische Umwertung der biblischen Geschichte: »der Herr ist nicht mit Israel«. Daher ist David, der erste König aus dem Hause Juda, am eingehendsten und liebevollsten geschildert, als Ideal eines Fürsten, wie der Klerikalismus jener Spätzeit sich ihn dachte: Er ist weniger Reichsgründer als Tempelstifter, weniger Kriegsheld als Vorsänger. Es herrscht ganz der Standpunkt der Priesterschaft: hatte sich in den Königsbüchern die Weltgeschichte in Kirchengeschichte verfärbt, so wandelt sich hier die Kirchengeschichte in Kultusgeschichte. Der Gang der Ereignisse wird bestimmt durch einen starren Mechanismus der Vergeltung, der in peinlicher Buchführung materielle Leistungen mit materiellen Gütern belohnt. Grobe Wunder, Riesenzahlen und endlose Stammbäume vollendeten das Bild einer völlig veräußerlichten Religiosität. Die Bücher Esra und Nehemia erzählen als Fortsetzung die Wiederherstellung der Gemeinde und des Kultus unter Serubabel, Esra und Nehemia. Von den beiden Reformatoren wird bald in der dritten Person geredet, bald sprechen sie in Ichform: Es scheinen also zum Teil persönliche Memoiren vorzuliegen oder doch benutzt worden zu sein. Stil und Auffassung erinnern auffallend an die Bücher der Chronika, und in der Tat ist der Verfasser oder Redaktor der Chronist.

Wir gelangen somit zu folgender Übersicht:

Die historischen Bücher des AT:	
Alte Lieder (Debora) und Sagen (Gideon)	nach 1000
Jahwist (J)	um 850
Elohist (E1 und E2)	nach 750
das jehovistische Geschichtswerk (JE)	um 650
Bundesbuch des Königs Josia: D	621
Deuteronomistische Bearbeitung von Mos, Jos, Ri, Sam, Kön	um 550
Gesetzbuch des zweiten Tempels: P (Leviticus mit Exodus ab Kap. 25 und Numeri bis Kap. 10)	444
Bearbeitung von Mos im Sinne von P	nach 450
Chronika; Esra und Nehemia	um 300

Echt und unecht

Wie man sieht, ist die Entstehungsgeschichte des Alten Testaments ein sehr kompliziertes Problem, ja es liegt sogar noch viel komplizierter, als es nach dem fragmentarischen Abriß, der hier gegeben wurde, den Anschein hat, denn dieser stellt, um die Wahrheit zu gestehen, den Entwicklungsvorgang wesentlich verkürzter und vereinfachter dar, als er war und von der theologischen Wissenschaft gesehen wird.

Indes ist die Bibel ja keineswegs bloß für Theologen geschrieben worden, und so kann denn zum Schluß unserer Untersuchung die Bemerkung nicht unterdrückt werden, daß alle diese Dinge den Laien, der mit reinem und glaubensbereitem Sinn an die Heilige Schrift herantritt, mehr verwirren als fördern. Er nehme, den edlen Leitworten Goethes folgend, das Schlichte und Erhabene, Gütige und Gottnahe, worin bereits eine Ahnung des Heilands leise die Schwingen rührt, für echt und das Häßliche und Verdrehte, Erdenschwere und Widerchristliche für unecht, auch wenn es sich vielleicht nach den Ergebnissen der Textkritik gerade umgekehrt verhalten sollte. Denn deren Maßstäbe schwanken; *diese* Richtschnur aber ist unwandelbar. Man glaube ruhig, daß der Pentateuch von Mose geschrieben ist, denn in einem höheren Sinne ist es wahr. Mose: Das ist der Geist Israels, der Extrakt und Repräsentant jener einmaligen Art, die Welt zu sehen und in ihr zu handeln, die eben israelitisch ist. Es ist nicht gut vorstellbar, daß solch ein exemplarischer Mensch eine bloße Traumspiegelung gewesen sein soll; aber selbst wenn er niemals gelebt hätte, so bliebe noch immer das *Gedicht* als eine große und wahre Tatsache, in der die Lebensgeschichte eines ganzen Volkes aufbewahrt ist. Der Doktor Faust ist bekanntlich eine historische Figur. Unzählige Hände haben an seinem Bilde gemodelt, und doch ist er durch alle Wandlungen im Grunde derselbe geblieben. Schon in der ersten mündlichen Überlieferung, einer »Sammelsage«, die noch zu seinen Lebzeiten aufkam, steht er fix und fertig da als der Schwarzkünstler und Teufelsbündler, Reiter auf dem Faß und Flieger auf dem Zaubermantel, Meister magischen Wissens und Beschwörer der Geister Griechenlands, kurz: als die Seele der deutschen Renaissance, und Goethe hat nur die letzte Summe gezogen. Ähnlich verhält es sich mit Mose, aber auch mit den übrigen Helden der alttestamentlichen Bücher. Selbst so finstere und fremdartige Zeloten wie Esra und Nehemia treten uns plastisch nahe, und sie zu betrachten, ist nicht ohne Wert, denn sie wollten ja das Beste ihres Volkes, ihre Mittel waren unrein, aber ihre Absichten rein. Und die Gestalten Abrahams, Isaaks und Jakobs, Sauls, Davids und Salomos und vieler anderer haben trotz dreifacher und vierfacher Übermalung ihre lebendige Porträtähnlichkeit nicht verloren, denn die Bearbeiter des Alten Testaments sind irgendwo immer aufrichtig, sie sehen den Menschen in seiner ganzen geistigen und fleischlichen Schwäche, seinem ewigen Irren und Straucheln und ergreifenden Wandel durch Schatten und Versuchung, und dieser ehrliche Wille, nichts zu beschönigen und zu vertuschen, gießt über alles den Abglanz einer göttlichen Wahrheit. Was bedeuten da Dubletten, Widersprüche und Anachronismen! Auch das Leben liebt es, sich zu wiederholen und sich zu widersprechen, und ist voll von Anachronismen.

Die ersten Historiker

Herder fand eine sehr glückliche Formel, als er das Alte Testament eine Sammlung von Nationalmärchen nannte: Man müsse, sagte er, die »sowohl kindliche als durch und durch dichterische Auffassungsweise seiner morgenländischen Verfasser« nachempfinden. Andrerseits aber sind die Israeliten doch auch wieder etwas ganz anderes gewesen als die übrigen Märchenerzähler des Orients: nämlich die ersten Historiker, die die Weltgeschichte kennt. Carlyle sagt einmal: »Der Historiker spricht: Johann ohne Land ist hier vorbeigegangen – das ist bemerkenswert! Der Physiker dagegen: Johann ohne Land ist hier vorbeigegangen – das ist mir sehr gleichgültig, da er nicht wieder vorbeikommt!« Und Heinrich Rickert präzisiert denselben Gegensatz in voller Schärfe mit den Worten: »Die Wirklichkeit wird Natur, wenn wir sie betrachten mit Rücksicht auf das Allgemeine, sie wird Geschichte, wenn wir sie betrachten mit Rücksicht auf das Besondere.« In diesem Sinne ist jede Weltbetrachtung, mit Ausnahme der geschichtlichen, Naturwissenschaft. Der Historiker ist eine eigene Fakultät, denn, im Gegensatz zum Juristen und Mediziner und auch zum Theologen und Philosophen (soweit diese nicht selbst Historiker sind), interessiert er sich für das Einmalige und Besondere und nur sehr nebenher oder vielmehr gar nicht für die Regel und die Wiederholung. Bei den Ägyptern und Babyloniern war aber, wie wir an allen Beispielen sahen, der Sinn für das Singuläre der historischen Tatsachen noch so wenig ausgebildet, daß sie bei deren Wiedergabe ohne Bedenken immer dieselben Klischees verwendeten oder auch ganz einfach in eine alte Erzählung einen neuen Namen einsetzten, ja auch in ihrer Dichtung herrscht der Typus, und die Gestalten ihrer Märchen und Sagen könnten ihre Erlebnisse ohne Schwierigkeiten untereinander austauschen. Es gibt bei ihnen sozusagen noch keine Eigennamen. Die Ägypter hatten Schreiber, die Israeliten bereits Schriftsteller. Der Prophet Amos ist der erste Mensch der Weltgeschichte, von dem wir wissen, daß er ein »Buch« verfaßt hat, indem er individuelle Gedanken in persönlichem Stil niederschrieb und mit seinem Namen signierte. Andrerseits aber darf man bei den biblischen Schriftstellern doch auch wieder nicht die vollentfaltete Subjektivität der modernen Autoren suchen, vielmehr waren sie alle noch von einem starken Konventionalismus beherrscht, weshalb Gunkel, gewiß nicht ohne Berechtigung, erklärt hat, die israelitische Literaturgeschichte sei eine bloße Geschichte der literarischen Gattungen. Und ebensowenig war die biblische Geschichte Historie im heutigen Sinne. »Eine Wissenschaft um ihrer selbst willen«, sagt Hugo Winckler, »ist für den Orientalen etwas Unbegreifliches, eine der vielen fränkischen Narrheiten, über die sein Kindergemüt innerlich lacht.« Im Orient ist alle Wissenschaft angewandte Wissenschaft: Astronomie ist Astrologie, Chemie Alchimie, Physik Magie, Philosophie »praktische Philosophie«, das heißt: Ethik oder Lebensweisheit, und so auch alle Geschichte angewandte Geschichte, pragmatische Geschichte, die einen bestimmten Zweck verfolgt und etwas beweisen will. In dieser Richtung ist das Alte Testament das kühnste und gewaltigste Geschichtswerk, das jemals geschrieben wurde; denn nie wieder ist es gewagt worden, alles Geschehen auf einen einzigen Blickpunkt zu orientieren, von dem aus Himmel und Erde, Genesis und Jüngstes Gericht, Liebe und Tod, Essen und Schlafen, das Größte und Kleinste, Weltbewegendste und Privateste seinen bösen oder guten und überhaupt erst seinen Sinn erhält. Dieser geometrische Ort aller Dinge, das große Zifferblatt der Weltenuhr, die Achse, um die sich das Rad der Geburten dreht, ist *Zion*. Es ist das, was Nietzsche die »jüdische Umwertung« nennt. Aber hatten jene alten »Pragmatiker« mit ihrem naiven Glauben, daß alles im Hinblick auf sie geschehe, denn gar so unrecht? Gottes Finger hält die tanzenden Sonnenstäubchen ebenso in der Waage wie die jagenden Milchstraßen, und beider Lebenslauf und gegenseitige Anziehung stehen unter seinem Gesetz: wer vermag zu sagen, was der »größere« Gegenstand seiner Fürsorge ist? Ihm ist *alles* Mittelpunkt: *omnia ubique*. Dies ist ja eben das Wesen der Religion: sich stets in der Hand und dem Herzen Gottes zu fühlen und in aller Demut von der seligen Gewißheit getragen zu sein, daß kein Strom und kein Ozean ihm mehr bedeuten als die geringste Kreatur. Zu dieser tiefen Erkenntnis war Israel zuerst und allein vorgedrungen, und *so* betrachtet durfte es sich in der Tat als das »auserwählte Volk« empfinden.

Alter und Neuer Bund

Hegel sagt in seiner *Philosophie der Geschichte*: »So sehr eine Religion irrt, hat sie doch die Wahrheit, wenn auch auf verkümmerte Weise. In jeder Religion ist göttliche Gegenwart, ein göttliches Verhältnis.« Macht man sich diese schönen Worte zu eigen, so muß man sagen: schon die Urreligion der Israeliten war echte Religion, ihre spätere aber der Ausdruck einer besonders nahen Gegenwart Gottes und eines besonders starken Verhältnisses zu ihm. Vor allem ist hier zum erstenmal die Natur völlig entgöttert: Werkstück und Werkzeug eines erhabenen Geistes und dessen bloßer Schatten und Spiegel. So weit sind selbst die Griechen nicht gelangt, denn alle ihre Götter waren in die Natur gebannt: Poseidon lebt und webt im Gewässer, ja er *ist* das Gewässer; aber der Gott Israels schwebt *über* den Wassern.

Die Urchristen erklärten denn auch das Alte Testament für ein christliches Buch; Paulus sagte: Für *uns* ist es geschrieben, die Christen sind Abrahams Same, das wahre Israel, und die Kinder Israel verstehen es nicht, »denn ihre Sinne sind verstocket«. Umgekehrt lehrte im neunzehnten Jahrhundert die protestantisch-orthodoxe Schule der extremen Hengstenbergschen Richtung, schon zur Zeit des Alten Bundes habe man das christliche Heil als zukünftiges Gut genossen: eine Überspannung des Schriftprinzips, die in einem gewissen Sinne geradezu widerchristlich genannt werden muß. Das katholische Dogma hat die weise Mitte getroffen, als es festsetzte, der Alte Bund sei nur dazu berufen gewesen, die Heilsoffenbarung, die erst Christus vermittelte, zu verheißen und vorzubereiten. Erst der Neue Bund war der vollkommene und endgültige. Es ist ein verhängnisvolles Mißverständnis, wenn Christen bisweilen vom Alten Bund wie von etwas noch immer Bestehendem reden; denn durch die Erscheinung Christi ist er erloschen.

Wenn man, wie sich dies bei dem Versuch einer objektiven Beurteilung geziemt, die höchsten und die tiefsten Stellen ausmißt, so wird man feststellen dürfen, daß die Schriften des Alten Bundes auf ihren Gipfeln in der Tat einige Male in die Nähe des Neuen Testaments gelangen, aber nur einige Male und nur in die Nähe, und daß sie in ihren viel zahlreicheren Niederungen nur noch vom »kulturhistorischen« Standpunkt überhaupt zu den Religionsurkunden gerechnet werden können. Wenn gläubige Juden und ungläubige Christen es fertiggebracht haben, die Religion Mosis neben, ja über die der Evangelien zu stellen, so ist dies ganz offenbar der Ausdruck gewisser moralischer und geistiger »Ausfallserscheinungen«. So sagt zum Beispiel Moses Mendelssohn: »Die Religion meiner Väter weiß nichts von Geheimnissen, die wir glauben und nicht begreifen müßten... Hier ist kein Kampf zwischen Religionen und Vernunft, kein Aufruhr unserer natürlichen Erkenntnis«; dies hält er allen Ernstes für einen Vorzug! In der besten jüdischen Darstellung des Lebens Jesu, Joseph Klausners *Jesus von Nazareth*, einem Werk, das, auf jahrelangen gewissenhaften Studien fußend, sichtlich vom Willen zur Unparteilichkeit geleitet ist, findet sich der Satz: »Die Jesu zugeschriebenen Worte: ›Mein Reich ist nicht von dieser Welt‹ sind durchaus charakteristisch für das Christentum, doch im Munde Jesu, des Juden, einfach unmöglich.« Diese Worte widerstreiten in der Tat aufs äußerste dem jüdischen Weltgefühl: Darin hat der Verfasser vollkommen recht. Daß er als »Gelehrter« die Gestalt Jesu von Nazareth als eine rein menschliche Erscheinung auffaßt, ist ebenfalls noch durchaus verständlich. Hingegen ist es bereits grotestk, daß er in ihr einen Juden erblickt. Daß von ihm aber gerade jene Worte, die vor allem anderen Jesus als Heiland bezeugen, für unhistorisch erklärt werden, beweist, daß ihm infolge eines geradezu pathologischen Defekts das Evangelium ein versiegeltes Buch geblieben ist. Von Nietzsche läßt sich das keineswegs behaupten; er hat an vielen Stellen das tiefste und zarteste Verständnis für die Gestalt Christi bekundet. Gleichwohl stellte er das Alte Testament turmhoch über das Neue: »In ihm finde ich große Menschen, eine heroische Landschaft und etwas vom Allerseltensten auf Erden, die unvergleichliche Naivität des *starken Herzens*; mehr noch, ich finde ein Volk«; »im jüdischen ›Alten Testament‹ gibt es Menschen, Dinge und Reden in einem so großen Stile, daß das griechische und indische Schriftentum ihm nichts zur Seite zu stellen haben. Man steht mit Schrecken und Ehrfurcht vor diesen ungeheuren Überbleibseln dessen, was der Mensch einmal war – der Geschmack am Alten Testament ist ein Prüfstein in Hinsicht auf ›groß‹ und ›klein‹.« Nietzsche mußte immer etwas auszuspielen haben: die Renaissance gegen die Reformation, das siebzehnte Jahrhundert gegen das achtzehnte, die Wiederkunft des Gleichen gegen den Evolutionismus, die Vorsokratiker gegen Plato, Bizet gegen Wagner. Selbst seine Herrenmoral ist nur am Kontrast zur Herdenmoral zu jener suggestiven Pracht emporgewachsen. Und so hat er auch als »Antichrist« die eigentümliche Größe und Schönheit des Alten Testaments wiederentdeckt und aufs neue in funkelndes Licht gesetzt. Und in der Tat: wandelt man auf den höchsten Kämmen jener geheimnisvollen Welt, so fühlt man Erschütterungen, wie sie von keinem zweiten Buche ausgehen; denn hier waltet ein Seelenklima einziger Art: simple und riesige Erhabenheit kahler Felsöde, wilde und weite Einsamkeit gelber Wüste, Hitze und Helle eines tropischen Himmels, der keine Lichter und Schatten kennt, nur *ein* großes verzehrendes Licht.

Die Prophetie

Wir sprechen natürlich von den Propheten. Sie sind eine Erscheinung, die nur Israel gekannt hat. Nicht als ob es vorher und nachher nicht auch anderwärts welche gegeben hätte; aber sie waren nur dem Namen nach dasselbe. Bei den Kanaanitern waren die Propheten eine Art Derwische, die sich »tanzend und heulend« in religiöse Ekstase versetzten und gegen Bezahlung Wunderkuren vollbrachten, Orakel spendeten und Dämonen austrieben. Auch bei den Israeliten war der *nabi* ursprünglich eine Art Kreuzung aus Scharlatan und Halbnarr, obgleich die reine Bedeutung des Wortes nichts anderes besagen will als: Überbringer, Melder, nämlich von göttlichen Mitteilungen. Die Nebiim zogen in Scharen umher, steigerten sich durch orgiastische Musik in eine Art Rausch, rissen sich die Kleider vom Leibe und zerfleischten sich; ihr Treiben ähnelte einigermaßen dem der Flagellanten und Veitstänzer des ausgehenden Mittelalters. Der Prophet Amos verbittet es sich ausdrücklich, ein Nabi genannt zu werden, und ebenso wendet sich der Prophet Micha, in dem Amos gleichsam wiederaufersteht, gegen die landläufigen Propheten, »die da wahrsagen um Geld«; seine Meinung über sie läßt an Deutlichkeit nichts zu wünschen übrig: »Sie predigen, es solle wohlgehen, wo man ihnen zu fressen gibt; wo man ihnen aber nichts ins Maul gibt, da predigen sie, es müsse ein Krieg kommen.« Auch das geflügelte Wort: »Wie kommt Saul unter die Propheten?« wirft ein merkwürdiges Licht auf die ursprüngliche Einschätzung dieses Standes. Die Stelle im ersten Buch Samuelis, auf die es zurückgeht, hat nämlich nicht etwa den Sinn einer Verbeugung: wie darf ein Weltkind sich unter die Gottesmänner mischen?, vielmehr schimmert eine verächtliche Beurteilung durch: was hat ein Kriegsmann sich mit solchem Unfug abzugeben? Hier blikken zwei Urgegensätze der Menschheit einander ins Antlitz: »Schwert« und »Geist«. Auch als ein Prophet, von Elisa gesandt, Jehu heimlich zum König salbt, fragen die Hauptleute: was hat der Verrückte von dir gewollt? Es ist etwa die Art, wie im achtzehnten und auch noch im neunzehnten Jahrhundert Offizierskreise »Literatur« ansahen.

Heute denkt man bei einem Propheten in erster Linie an einen Menschen, der weissagt. Aber mit *prophetes*, obgleich es wörtlich »Vorhersager« bedeutet, wird auf griechisch niemals ein »Seher« bezeichnet, der die Zukunft enthüllt: solche Personen, den Kalchas, den Teiresias und alle die anderen, nannte man in Hellas *mantis*. Die Hauptaufgabe der israelitischen Propheten war auch keineswegs das Prophezeien. Soweit sie sich mit Weissagungen überhaupt befaßten, sind diese in den Einzelheiten fast niemals eingetroffen; und trotzdem haben sie im Wesen und in der Tiefe stets das Richtige vorausverkündigt. Denn ihre heilige Mission war, den Dingen ins *Herz* zu blikken, deren *innere* Wahrheit und *verborgenen* Sinn zu erkennen, nicht: Geschichte zu machen und Schicksal zu spielen. So haben sowohl Amos wie Hosea erwartet, daß die Dynastie Jehus durch die Assyrer gestürzt werden würde, während sie als Opfer eines wilden Bürgerkriegs fiel und die Katastrophe Samarias erst zwei Jahrzehnte danach eintrat; aber die eherne Tatsache, daß dieses blutige Geschlecht und ganz Israel zum Untergang reif war, haben sie klar erschaut. Sowohl Jesaja wie Micha haben den Fall Jerusalems bereits um 700 prophezeit und sich dabei um mehr als ein Jahrhundert geirrt. Jeremia hat unaufhörlich mit dem Feind aus Norden gedroht, der Juda vernichten werde, aber er meinte damit die Skythen, und er bemaß die Verbannung in die Fremde mit siebzig Jahren. Aber was bedeuten falsche Namen und Ziffern vor der ewigen Wahrheit, daß der Wille Gottes die Tage lenkt in Weisheit und Gerechtigkeit? Siebzig Jahre oder fünfzig Jahre, Skythen oder Chaldäer: die große innere Wirklichkeit des Strafgerichts, um die es ging, hat Jeremia erkannt.

Die Gaukler Gottes

Nietzsche gibt im *Antichrist* einmal eine eigenartige Definition, die wie ein überraschendes Blitzlicht wirkt: »Prophet: das heißt Kritiker und Satiriker des Augenblicks.« In der Tat: die Satire, in einem sehr sublimen Sinne genommen, war eine der stärksten Komponenten des Wirkens der Propheten, und ihr innerstes Thema war stets der *große Augenblick*. Wenn Jesaja in der schimpflichen Tracht eines Kriegsgefangenen auftritt, um vor dem Abfall von Assur zu warnen, und Jeremia mit einem Joch auf dem Nacken, um darzutun: also sei es Gottes Wille, daß alle Völker ihren Nacken unter Nebukadnezar beugen, so sind das parodistische Szenen von einer gruseligen Bizarrerie, wie sie nur die Propheten wagen durften. Bloß hier: im rein Religiösen hat es der Volksgeist vermocht, sich zu genialen Kunstschöpfungen emporzuschwingen. Die Propheten waren die einzigen Individualitäten der israelitischen und jüdischen Geschichte: große Poeten, große Geschichtsphilosophen, große Gaukler Gottes. Damit hängt es wohl auch zusammen, daß sie zwar »sozial« denkend, aber keineswegs demokratisch waren. Sie haben die Masse beschützt, belehrt, begütigt, aber im vollen Bewußtsein eines ihnen eingeborenen Übermenschentums tief unter sich erblickt.

In ihrem Hauptberuf waren sie gewaltige Straßenredner. Ihre Kanzel war der Marktplatz, eine alte Opferstätte oder Wiese und Feld, ihre äußere Erscheinung eine Mitte aus griechischem Wanderlehrer und mittelalterlichem Bußprediger. Bücher in unserem Sinne haben sie keine geschrieben, sondern bloß Flugblätter oder höchstens Sammlungen von Flugblättern. Ihr Werkzeug war das lebendige Wort, das kommt und geht, wie Gott es bewegt, bald kindlich schlicht, volkstümlich und fast gewöhnlich, bald unausdeutbar tief, abgründig und rätselbeladen, bald kühn mit den letzten Fragen ringend, bald in flüchtiger Anspielung die nächsten Eintagssorgen streifend. Als reguläre Schriftsteller kann man sie schon deshalb nicht ansehen, weil ihren Reden jede logische oder künstlerische Architektur fehlt, vielmehr die Gedankenglieder aneinanderschließen wie Kristalle und auch das einzelne Wort nicht der Verdeutlichung dient, sondern der Suggestion. Es herrscht bei ihnen nicht die saubere Porträtplastik, die bereits Homer so souverän meistert, sondern eine gejagte Bilderflucht wirrer Gleichnisse, die einander kreuzen und aufheben. Dabei kommt ihnen die himmelstürmende Problematik ihrer Gedanken gar nicht zum Bewußtsein; sie finden sie selbstverständlich und den Widerstand der Zeitgenossen unverständlich. Die Grundidee ihrer Verkündigung, die der Fassungskraft der Menschheit um Jahrhunderte vorauseilte, läßt sich in dem Satz zusammenfassen: die Weltgeschichte ist von Gott konzipiert, und zwar als Theodizee. Diese Wahrheit, dem Christen fast angeboren, war für den antiken Menschen von einer an Wahnsinn grenzenden Neuheit und Paradoxie.

Daß die Propheten sich niemals auf das Gesetz berufen, hat man früher ebenfalls mit ihrer hohen Denkweise erklärt, von der aus sie es bereits tief unter sich erblickt hätten; heute weiß man, daß sie es einfach noch nicht kannten. Auch im messianischen Gedankenkreis sind sie noch lange nicht dermaßen befangen wie das spätere Judentum. Ebenso ist der häßliche Begriff eines Vertrags mit Gott den älteren Propheten noch fremd, wenigstens gebrauchen sie ihn nie. In dem christlichen Teil der Bibel ist von einem Bund überhaupt keine Rede; das griechische Wort *diatheke* bedeutet nicht zweiseitigen Vertrag, sondern: einseitige Verfügung, Gnadengabe, »Letzten Willen« Gottes und wird daher ganz zutreffend mit Testament übersetzt.

Elia Die Schuleinteilung in große und kleine Propheten ist ganz äußerlich, denn sie geht nur auf den Umfang der hinterlassenen Schriften; ebenso irreführend ist die Abtrennung der »schriftstellernden« Propheten von den früheren, denn sie macht den zufälligen Nebenumstand, daß sie etwas aufgeschrieben haben, zum Wesensunterschied und Hauptmerkmal. Die Geschichte der Prophetie beginnt mit Elia, der ersten Prophetengestalt, deren Wirken die Überlieferung in deutlichen und einprägsamen Zügen aufbewahrt hat. Es fiel in die Zeit des Königs Ahab von Israel, also in das zweite Viertel des neunten Jahrhunderts. Dieser huldigte seiner tyrischen Gemahlin Isebel zuliebe neben Jahwe dem Ba'al: eine Art Doppelversicherung, wie sie dem antiken Religionsempfinden durchaus geläufig war. Der Prophet aber, der bereits erkannt hat, daß wahrer Glaube etwas Unbedingtes ist, ergießt über dieses »Lahmen auf beiden Beinen« seinen glühenden Hohn und Haß: Elia hat Jahwe erblickt als den einen Gott Israels; freilich noch nicht als den All-Einen. Aber auch als ethische Macht bewährte er sich in der Sache des Naboth. Dieser, eine Art »Müller von Sanssouci«, wollte dem König einen Weinberg, der an den Park des Palastes grenzte, nicht verkaufen, darauf brachte die hoffärtige und hinterlistige Isebel ihn ums Leben; als aber Ahab von dem Grundstück Besitz ergreifen will, steht dort Elia im härenen Mantel und verkündigt ihm und seinem Geschlecht in Donnerworten den Untergang.

Elia ist eine ganz finstere Gestalt, unerbittlich bis zur Unmenschlichkeit, von marmorner Härte und Reinheit und einer titanischen Kraft, in der noch etwas Urtümliches waltet. Die dunkelfarbigen Legenden, die ihn umkleiden, haben die Phantasie der Nachwelt jahrtausendelang bewegt und sein Bild nicht zu verdecken vermocht, das vielmehr aus ihnen stärker und wahrhaftiger redet als anderswo aus noch so beglaubigten Daten und Taten. Sein Heldenleben war ein einziger wilder Wettersturz und funkelnder Flammenregen, brennend für Glaube und Recht, und im Feuerwagen ist er durch Wetter zum Himmel gefahren. Sein großes Schauen und Wollen wurde von allen bestaunt, von niemand verstanden.

Amos

Sein Schüler Elisa, von dem bereits die Rede war, arbeitete mit den viel populäreren Mitteln des Hetzpfaffen, Verschwörers und Intriganten. Er wurde der Testamentsvollstrecker Elias, indem er durch den ruchlosen Jehu Ahabs Sohn und Nachfolger Joram, die böse Isebel und die ganze übrige Königssippe umbringen ließ. Der nächste Prophet, von dem Ausführlicheres berichtet wird, lebte unter Jerobeam dem Zweiten, der von 783 bis 743 regierte. Es ist der große Amos. Unter Jerobeam hatte es eine Zeitlang den Anschein, als sei eine neue davidische Glanzzeit für das Reich Israel heraufgezogen. Seine Grenzen reichten, stark und gesichert, fast so weit wie damals, der Erbfeind von Damaskus war entscheidend geschlagen, die Residenz Samaria strahlte von Elfenbein und Damast, Wagen und Waffen, reiche Opferfeste zollten Jahwe rauschenden Dank. Es war um 760 vor Christus, als zu Bethel, dem vornehmsten Heiligtum des Landes, der Stätte der Jakobsleiter, wieder eine solche Feier jubelnd zum Himmel stieg. Da mischt sich plötzlich in den Trubel ein Fremder, der Schafhirt Amos aus dem fernen judäischen Flecken Tekoa, und erhebt gellend die Totenklage! Jeder kennt ihren schmerzlichen Tonfall, der nur in jenen trüben Augenblicken angestimmt wird, wo der Mensch an der Bahre seiner Nächsten steht. Aber nicht über diesen oder jenen, über ganz Israel breitet der gespenstische Gast seinen Trauergesang: »Gefallen ist, nicht mehr steht auf die Jungfrau Israel!« Denn nahe ist ihr Untergang. Das war Gotteslästerung! Es hieß entweder an der Macht oder an dem guten Willen Jahwes zweifeln, ja, es hieß Jahwes eigenen Untergang verkündigen, denn mit dem Volk muß auch der Volksgott sterben. Und alsbald herrscht denn auch der Oberpriester Amos an: »Seher, mache, daß du schleunigst fortkommst in das Land Juda, und iß dort Brot und spiel dort den Propheten. Aber in Bethel sollst du nicht länger prophezeien, denn das ist ein königliches Heiligtum und ein Reichstempel.« Die satte Legitimität erhebt sich, gestützt auf die Breite der »öffentlichen Meinung«, gegen das Ketzertum eines einsamen Erleuchteten und bleibt für den Augenblick siegreich, aber das Licht vermag sie nicht auszulöschen: Amos weicht der Gewalt der Kirchenpolizei und kehrt in das Provinzdunkel seines Heimatstädtchens zurück, aber dort zeichnet er seine Prophezeiungen auf, der Menschheit zum ewigen Gedächtnis.

Das völlig Neue in der Predigt des Amos ist die Umkehrung der Anschauungen vom »Tag Jahwes«. Aus einem Tag des Lichts wird ein Tag des Grimms und der Finsternis: *dies irae, dies illa*. Israel wird vernichtet werden, *trotz* Jahwe, durch Jahwe *selber!* Jahwe triumphiert durch Assur über Israel. Amos spricht den verhängnisvollen Namen des Volkes, das der Herr mit dem Strafvollzug beauftragt hat, nicht aus, aber er meint es. Das Strafgericht aber erfolgt, weil das Maß der Sünden voll ist: Rechtsbeugung und Ämtermißbrauch, Beraubung und Bedrückung, Völlerei und Unzucht haben eine unerträgliche Höhe erreicht. Der Herr ist aber kein feiler Richter, der Bestechungen annimmt, denn nichts anderes sind die Opfer; in zornigen Versen verwirft er sie durch den Mund des Propheten:

Ich hasse, verschmäh' eure Feste
Und kann eure Feiern nicht riechen!
Eure Speiseopfer liebe ich nicht,
Eure Kalbsopfer seh' ich nicht an!
Schafft fort das Geplärr eurer Lieder,
Das Spiel eurer Pauken und Harfen!
Wie Wasser quelle das Recht,
Gerechtigkeit sei wie ein Bach.

Gott kennt nur *eine* Beleidigung: die Sünde, und nur soweit Israel Gerechtigkeit übt, ist es *sein* Volk. Damit ist die Gleichung »Jahwe der Gott Israels, Israel das Volk Jahwes« auseinandergebrochen, und Amos läßt Jahwe das große Wort sprechen, in dem ein neues, weltumspannendes Gottesgefühl seine ersten Atemzüge tut: »Seid ihr Kinder Israel mir nicht wie die Mohren?« Und doch besteht ein besonderes Verhältnis zwischen dem Herrn und diesem Volk: ihm allein hat er durch Wort und Tat seinen Willen offenbart; aber eben weil es allein unter allen Völkern diesen Willen kennt, ist es verhalten, ihn zu befolgen. Uns allein kennt der Herr, brüsten sich die Frommen; euch allein kennt er, erwidert Amos, darum wird er euch auch heimsuchen in all eurer Missetat.

Hosea

Welch grandiose Umwertung des Weltgefühls des ganzen bisherigen Altertums: der eigene Gott an der Spitze der Feinde, um die Sünde seiner Bekenner zu sühnen, voll Ekel abgewendet von dem Opfer des Tierbluts und nur begierig nach dem Opfer des Herzens! Und doch fehlt Amos zur vollen Religiosität ein letztes: der Glaube an die Gnade. Diesen besessen und entwickelt zu haben, war die Größe Hoseas, des nicht viel jüngeren Zeitgenossen des Amos. Er wirkte etwa ein Menschenalter lang, von 750 bis 720, und wurde Zeuge der inneren Zersetzung des Nordreichs und der schließlichen Katastrophe, die in seinen Schriften wetterleuchtet. Die Prophetie kleidet sich bei ihm auf eine rührende und einzigartige Weise in das Gewand einer persönlichen Konfession. Seine Gattin ist ihm untreu geworden, aber er liebt sie dennoch weiter; und sein privates Schicksal wird ihm zum schmerzlichen und tröstenden Sinnbild des Weltlaufs. So wie ihm sein Weib untreu ist, hurt Israel ab von seinem Gotte; wie er ihr den Scheidebrief schickt, löst Gott seinen Bund mit Israel; aber so wenig wie er kann Gott von dem Gegenstand seiner Liebe lassen. Auch die Strafe fließt aus Jahwes Liebeswillen; und beides, Hoseas Ehe und der Bund mit Israel, wird nach getaner Buße einmal neu geknüpft werden: »Ich habe Wohlgefallen an der Barmherzigkeit«, läßt der Prophet den Herrn sprechen; ein Wort, das der Heiland gegen die Pharisäer wiederholt hat.

Jesaja Mit dem Untergang Samariens geht die Prophetie auf Juda über. Vermutlich noch in die letzten Jahre Hoseas fällt der Beginn der Wirksamkeit Jesajas. Er ist der Verfasser der ersten neununddreißig Kapitel des biblischen Buches, das seinen Namen trägt. Von der Rolle, die er als politischer Ratgeber gespielt hat, wurde schon kurz gehandelt. Er besaß wie alle weltentrückten Geister einen scharfen Blick für große Weltzusammenhänge; die »Realisten«, die nur das Nächste sahen, haben sich aber von ihm nicht belehren lassen. Der Kerngedanke seiner Prophetie ist derselbe wie der seiner Vorgänger: Zion wird durch Gericht erlöst werden. Die Amtleute sind Schurken und Diebsgesellen, sie lieben das Geschenk und jagen nach Bestechung, der Waise schaffen sie nicht Recht und einer Witwe Sache kommt nicht vor sie; darum wird der Herr seine Hand gegen die Stadt kehren und sich letzen an seinen Widersachern. Immer noch ist Jahwe ein Gott der Rache, aber schon kehrt sich sein Vergeltungsdurst gegen den inneren Feind. Das Land ist voll von Silber und Gold, und ist der Schätze kein Ende, und voll von Rossen, und ist der Wagen kein Ende; die Reichen reihen Haus an Haus und lassen Feld an Feld stoßen, bis für die andern kein Plätzchen mehr bleibt, und die Töchter Zions fahren stolz daher mit gereckten Hälsen und geschminkten Gesichtern und schwänzeln in köstlichen Schuhen. Gegen das Opfertreiben stürmt Jesajas Rede in noch brausenderen Rhythmen als ein halbes Jahrhundert früher Amos:

Was soll mir die Menge der Opfer, spricht Jahwe,
Satt bin ich der Widder, des Festes der Kälber,
Am Blute der Böcke erfreu' ich mich nicht!
Opfer zu bringen – ein Greuel ist es mir.
Neumond und Sabbat, Versammlung berufen,
Ich halt' es nicht aus – Festfeiern sind Frevel.
Sie sind mir zur Last, ich bin's müd, sie zu tragen.
Wenn ihr noch soviel betet, ich höre es nicht.
Schafft erst eure Bosheit mir fort aus den Augen,
Laßt ab von dem Bösen, lernt Gutes verrichten!

Für die Zukunft aber erhofft Jesaja einen gerechten König, der David gleicht. Er wird ein Friedensfürst sein, der alle versöhnt und jedem das Seine gibt. Unter ihm wird der Wolf beim Lamm und die Kuh bei der Bärin lagern, der Löwe Stroh fressen und der Säugling mit der Natter spielen, die Steppe zum Fruchtgarten und der Mond zur Sonne werden. Dieser Idealherrscher, den Jesaja Messias nennt, ist nichts weniger als ein religiöser Erlöser, sondern ein Sozialreformer und *bon juge*: für orientalische Verhältnisse schon ein sehr frommer Wunsch. Wiederum aber ist Jahwe Kosmopolit; denn auch Ägypten und Assur werden ihm huldigen, und nicht bloß diese, sondern alle Heidenvölker.

Zephanja und Habakuk

Das nächste Jahrhundert brachte die langen blutigen Reaktionszeiten unter Manasse, die Prophetie verhüllt ihr Haupt, und erst in Zephanja, um 630, und Habakuk, gegen 600, findet sie ihre Sprache wieder. Zephanjas großes Thema ist der strafende »Tag Jahwes«, aber nicht mehr bloß für sein Volk verkündet er ihn, sondern für alle, und so wurde er zum Sturmvogel der Weltwende, die sich in der Tat bald darauf vollzog. Nahe ist der Tag des Herrn, der große, und seine Füße eilen gar sehr. Ein Tag des Zornes ist er, ein Tag der Drangsal und Bedrängnis, ein Tag der Trümmer und Zertrümmerung, der Wolken und Umwölkung, des Drommetenschalls und Kriegsgeschreis wider alle festen Städte und hohen Zinnen. Da wird der Menschen Blut verschüttet werden wie Staub und ihr Mark wie Dreck. Kein Silber und Gold kann sie retten am Tage des Grimms des Herrn, wenn vor der Glut seines Eifers die ganze Erde zergeht, denn ein Sterben und Verderben wird er anrichten unter allen Bewohnern der Welt.

Habakuk sieht den Untergang der stolzen Hure Ninive bereits ganz nahe und hat ihn wahrscheinlich noch erlebt. In brennenden Farben malt er die Schrecken Assurs, des Räubers, der seinen Rachen aufreißt wie die Hölle und, unersättlich wie der Tod, alle Völker in sich hineinschluckt, herausfischt mit seiner Angel, heraufholt mit seinem Schleppnetz, zusammenrafft mit seinem Garn. Darüber freut er sich und ist guter Dinge und opfert seiner Angel und räuchert seinem Schleppnetz, den Spendern des fetten Fraßes. Aber da »seine Macht sein Gott ist«, muß Macht durch Macht zugrunde gehen.

Jeremia Neben Habakuk erhebt sich die tragische Riesengestalt Jeremias. Seine Spuren lassen sich geschichtlich von etwa 625 bis zur Zerstörung Jerusalems, 587, verfolgen. Seine Berufung hat er selbst geschildert:

Also erging an mich das Wort Jahwes:
Schon im Mutterleib wardst du erwählt,
Ungeboren schon ausersehen!
Zum Propheten der Völker bist du bestellt!
Da sprach ich: ach Jahwe, Herr Jahwe,

Ich kann ja nicht reden, ich bin noch zu jung.
Doch Jahwe: sag nicht: noch zu jung!
Geh, wohin ich dich sende, sprich, was ich dir befehle!
Sieh, ich leg' dir mein Wort in den Mund,
Auszureißen und einzureißen,
Zu bau'n und zu pflanzen. –

Und Jeremia redet; redet zum Gelächter Tag für Tag, denn alle spotten seiner. Und sooft er redet, muß er schreien! Und denkt er: Ich will nicht mehr an Ihn denken, nicht mehr reden in Seinem Namen, so ist's in seinem Herzen wie brennendes Feuer.

Jeremia hatte weder Weib noch Kind; sein ganzes Leben weihte er seinem Gotte und seinem Volke. Zwischen beiden steht er als der große Mittler. Er war der erste religiöse Genius, der zu Gott ein ganz persönliches Verhältnis gewonnen hatte, der erste Mensch, aus dessen Mund ein echtes Gebet geflossen ist, und in diesem Sinne geradezu eine Art Religionsstifter. Aber diese neue Gottesschau hat in Israel keine Wurzeln geschlagen, sie ist das alleinige Heilsgut des einsamen, verkannten Sehers geblieben und mit ihm ins Grab gesunken. Die weiseste Rede, die Zion bisher vernommen, wurde verhöhnt, der väterlichste Freund, den das Volk je besessen, wurde mißhandelt, beschimpft, gefangengehalten, am Leben bedroht. Aber nicht darüber trauert sein erhabener Klagegesang, sondern über das finstere Geschick, das seinem geliebten Lande verhängt ist, unabwendbar heranrückend, und das er dennoch unter Tränen herbeiwünschen muß, denn es ist gerecht, und mehr als gerecht: eine sittliche Notwendigkeit. Trotzdem war das Lamentieren durchaus nicht die Spezialität dieses großen, ja vielleicht größten Propheten. Die Klagelieder Jeremiä sind nicht von ihm, sondern die Reste eines Sammelwerks, das im Lauf von zwei Jahrhunderten entstanden ist. Er selber aber wird nichts weniger als ein Mann der Jeremiaden, sondern ein Donnergewitter und eine Weltenuhr, die in ehernen Schlägen verkündete, daß alles Unglück über Israel nichts sei als die höchste Bestätigung Gottes, des Volkes, des Prophetentums, des Sinnes der Welt.

An der Einführung des Deuteronomismus unter Josia hat Jeremia mitgewirkt, aber nichts hat er erbitterter bekämpft als den Wahn, der Besitz des Gesetzes und des Tempels genüge für den Glauben. Das Volk rennt ins Gotteshaus und ruft: Hier ist der Tempel Jahwes, der Tempel Jahwes, der Tempel Jahwes! Dabei lebt es weiter in Sünden und aus Jerusalem sprudelt die Bosheit wie Wasser aus der Zisterne. Aber ich habe auch Augen, spricht Jahwe. Selbst der Storch am Himmel kennt seine Zeiten, Taube und Schwalbe wissen ihre Heimkehr: Das Volk aber weiß nichts vom Recht Jahwes. Wie kann es sagen: ich bin weise, ich habe die Heilige Schrift vor mir? Zur Lüge hat sie gemacht der Lügengriffel der Schriftgelehrten.

So stand Jeremia vier Jahrzehnte lang »als feste Stadt und eiserne Säule und eherne Mauer gegen das ganze Land«, sah Josia, den König des frommen Betrugs, gegen den Ägypter fallen und den Ägypter gegen den Chaldäer und die heilige Stadt erobert und ihres Volkes beraubt und noch einmal erobert und noch einmal entvölkert und den Tempel zu Asche verbrannt. Und er harrte aus unter geborstenen Steinen und gebrochenen Seelen, bis seine Leute fliehend ihn als eine Art Talisman nach Ägypten mitschleppten, wo sie ihn, wie eine glaubwürdige Überlieferung meldet, bei einer seiner flammenden Strafreden steinigten. Aber selbst wenn dies Legende sein sollte: einen edleren Märtyrer hat Israel nicht geboren bis zu den Tagen der frohen Botschaft.

Eine ganz andere Erscheinung ist Ezechiel, der bereits bei der ersten Einnahme Jerusalems, 597, mit seinen Landsleuten nach Babel gebracht wurde. Er ist der richtige Prophet des Exils, wenn man ihn überhaupt noch einen Propheten nennen kann.

Seine Schriften, verkrampft, barock, künstlich, dabei kleinlich und peinlich aufs Gesetz eingeschworen, sind ein merkwürdiges Gemisch aus rationalistischem Epigonentum und visionärer Epilepsie. Die Religion ist Literatur geworden, und Ezechiels Prophetie verhält sich in dieser Rücksicht zur echten etwa wie die Epik Voltaires zur Ilias. Bezeichnend dafür ist die berühmte Stelle im dritten Kapitel, wo der Herr Ezechiel ein Buch zu essen gibt. Die Berufung des Propheten erfolgt dadurch, daß er Schriftliches verschlingt. Von dieser Stunde an ist in ihm der Geist erweckt; aber der Geist ist ein Buch.

Deuterojesaja

Im Exil entstanden auch Teile des Buches Jesaja, das eines der schwierigsten Probleme der Bibelforschung darstellt. Karl Marti nennt es geradezu »eine kleine Bibliothek prophetischer Schriften«. Die Kapitel 40 bis 55 werden ziemlich allgemein einem »zweiten« oder Deuterojesaja zugewiesen und nach ihrer Abfassungszeit als teils exilisch, teils nachexilisch angesehen. Im Gegensatz zum ersten Jesaja wird hier überall die Zerstörung des Tempels, die Wegführung des Volkes, die babylonische Gefangenschaft nicht vorausgesagt, sondern vorausgesetzt; Kyros wird als der erhoffte Befreier vom Chaldäerjoch häufig in deutlicher Anspielung und einige Male sogar mit Namen erwähnt. Im theologischen Sprachgebrauch wird Deuterojesaja gern als der »Große Unbekannte« bezeichnet. Diesen Namen verdient er vollauf: Seine Hinterlassenschaft gehört zum Größten, was im Alten Testament überliefert ist. In ihm wandelt sich die Prophetie aus der Unheilsverkündigung, die sie bisher war, in eine Heilslehre. Jahwe tilgt die Schuld der Vergangenheit und vergibt; Kyros ist sein Messias: wer anders als Jahwe sollte ihn gesandt haben? Dann Er ist der Beweger der Weltgeschichte und noch mehr: hier zum erstenmal auch Schöpfer Himmels und der Erde. Trotzdem aber – und dies ist ein völlig neuer Gedanke von erschütternder Paradoxie – ist und bleibt er der Gott Israels: Dies Volk hat er zertreten und ebendadurch erwählt, denn je elender der Wurm, desto näher Gott, für ihn lenkt er den Weltlauf. Das Exil ist ein Tod, der zum Leben, eine Sintflut, die zur Wiedergeburt führt. Diese Wahrheit aber auch den Heiden zu verkündigen, ist die heilige Mission Israels: Auch sie sollen wissen, daß Gott durch Leiden erhöht und erlöst. Alles Fleisch ist Gras und wie die Blume auf dem Felde; das Gras verdorrt, die Blume verwelkt, aber das Wort Gottes währet ewiglich.

Im großen Unbekannten ist das Judentum völlig überwunden: Jahwe, der Gott aller Völker, die einzige Wirklichkeit sein Wort, Israel triumphierend durch Leiden und der Messias ein Perser! Es ist ergreifend zu sehen, wie die babylonische Gefangenschaft fast gleichzeitig die höchste und die niedrigste Schöpfung des israelitischen Glaubensgeistes geboren hat: die Weltreligion und die Gesetzesreligion. Israel hatte zu wählen, und es hat falsch gewählt. Es hat Jeremia gesteinigt und Jesaja vergessen: Dem Judentum ist der große Unbekannte eine unbekannte Größe. Es hat sich für den Geist Esras und Ezechiels entschieden, der die Seele im Babel des Buchstabens gefangenhält, für die leere Form und äußere Geste der Frömmigkeit, für den Jahwe der Wüste, der rächt und richtet und die Feinde verachtet, für den Messias aus Davids Stamm, der irdische Macht und Herrlichkeit verleiht. Die Religion Jesajas war der Glaube an das ewige Wort, die Religion Judas blieb der Glaube an das ewige Gras. Jesaja lehrte, Gott zu lieben; aber Juda liebte das Leben. Darum ward ihm vergönnt, ewig zu leben; aber nur auf dieser Erde.

Vermöge seiner ungeheuren und fast ungeheuerlichen Sprachgewalt, die mit Blitzeshelle durch die erhabensten Wolkenhöhen und die schaurigsten Abgründe jagte, ist Deuterojesaja auch der größte Dichter, den der alte Orient hervorgebracht hat. Und dieser größte Dichter ist anonym: wie Homer, wie Shakespeare, wie der Schöpfer der schönsten Blüte der deutschen Mystik, der »Frankfurter«, der das *Büchlein vom vollkomme-*

nen Leben schrieb. Aber ist dies so sonderbar? Ist nicht zumeist das Größte in der Welt anonym? Der Geist Gottes waltet am liebsten hinter Schleiern.

Die letzten Kapitel (56 bis 66) werden einer dritten Persönlichkeit zugeschrieben, dem Tritojesaja, der zur Zeit Esras oder vielleicht auch schon um 500 tätig war. Auch er bewegt sich in einem Kreis edler Gedanken, und schöne Worte entstammen seiner Feder. So, wenn er lehrt, das rechte Fasten sei, dem Hungrigen das Brot zu brechen, und Gott brauche man kein Haus zu bauen, denn der Himmel sei sein Stuhl und die Erde seine Fußbank. Höchst unjesajanisch aber ist die Prophezeiung, daß Israel den Reichtum der Völker verzehren und in ihre Herrlichkeit einrücken werde, sie aber zur Knechtsarbeit bestimmt seien. Auch sonst ist der Standpunkt des dritten Jesaja nicht selten befremdend jüdisch, und den Frommen, die den Sabbat gewissenhaft halten, tut er viel zuviel Ehre an.

Der »Knecht Jahwes«

Eine Frage von höchstem Schwergewicht müssen wir noch kurz erörtern: die Bedeutung der geheimnisvollen Stellen im dreiundfünfzigsten Kapitel des Jesajabuches über den »Knecht Jahwes«. Von diesem heißt es: er wird erhöhet werden und sehr erhaben sein, obgleich viele an ihm Ärgernis nehmen werden, weil seine Gestalt häßlicher ist als die anderer Leute; er hatte keine Gestalt noch Schöne, er war der Allerverachtetste und Unwertste, voller Schmerzen und Krankheit; er trug unsere Krankheit und lud auf sich unsere Schmerzen, denn um unserer Missetat willen ist er verwundet und um unserer Sünden willen zerschlagen: Die Strafe liegt auf ihm, auf daß wir Frieden hätten, und durch seine Wunden sind wir geheilt; durch seine Erkenntnis wird er, der Gerechte, viele gerecht machen, denn er trägt ihre Sünden; darum, daß er sein Leben in den Tod gegeben hat, soll er große Menge zur Beute und die Starken zum Raube haben. Diese Worte sind viele Jahrhunderte lang auf den Heiland bezogen worden und noch heute die heißest umstrittenen des Alten Testaments. Einige Züge sind aber mit dieser Auslegung unvereinbar: daß der Knecht Jahwes häßlich, daß er krank ist und vor allem, daß er die Starken zum Raube nimmt. Einige Exegeten haben die Prophezeiung durch die Annahme zu retten versucht, daß Christus auch in seiner körperlichen Erscheinung ein Symbol der Niedrigkeit gewesen sei. Unchristlich ist der Gedanke, daß der Heiland auch das Stigma der Mißgestalt und die Leiden der Krankheit auf sich nahm, durchaus nicht, und doch vermögen wir ihn nicht nachzudenken. Denn Gott kann sich der Menschheit nur in Reinheit und Schönheit offenbaren. Andere erblicken im Knecht Jahwes den dichterisch in eine einzige Person zusammengeschauten Prophetenstand, gleichsam dessen platonische Idee, die aber dem orientalischen Denken, da es reine Abstrakta nicht zu fassen vermag, doch wiederum zur konkreten Gestalt geronnen sei. Hiergegen spricht aber, daß gerade der Hauptzug, das stellvertretende Leiden, keineswegs für die Prophetie typisch ist. Renan vermutet, es sei die personifizierte Gesamtheit der *ebionim* gemeint, der Armen und Frommen, die er in seiner modernisierenden Art »Pietisten« nennt, oder auch Jeremia. Auf diesen paßt wirklich fast alles, und jedenfalls ist die Möglichkeit nicht auszuschließen, daß es sich um eine große Märtyrergestalt handelt, die freilich ebenso im Dunkel bleibt wie Deuterojesaja selber. Nach Wellhausen ist der Knecht Jahwes das Volk Israel, als Träger der Wahrheit und ihr Vermittler an die Heiden: Knecht bedeutet hier soviel wie Prophet. »Wie Jesus«, sagt er in seinen *Prolegomena zur Geschichte Israels*, »die Mensch gewordene, so ist der Knecht Jahwes die Volk gewordene Offenbarung Gottes. Die Ähnlichkeit ihres Wesens und ihrer Bedeutung bringt Ähnlichkeit ihres Wirkens und Leidens mit sich, so daß in der Tat die messianische Deutung nahe genug liegt.« Was die Propheten in Israel taten, soll Israel unter den Völkern tun.

Indes einerlei, wer gemeint ist: welch großer Gedanke, daß

ein Einzelner, eine Gruppe oder ein ganzes Volk durch Leiden und Erkenntnis alle anderen erlöst! Aber Israel hat diese hohe Aufgabe nicht ergriffen: es ist nicht der Messias der Menschheit geworden, denn es wollte sein eigener Messias sein.

Das Buch Jona

Von den übrigen prophetischen Büchern wollen wir nur das kleine Buch Jona kurz berühren, weil es unter ihnen eine eigenartige Stellung einnimmt, nicht nur wegen seiner betont heidenfreundlichen Tendenz, sondern auch weil es das einzige humoristische Stück des Alten Testaments ist. Es zerfällt in zwei Teile. Im ersten Teil wird erzählt, was Jona zur See erlebt. Der Herr schickt ihn nach der »großen Stadt Ninive«, damit er wider ihre Bosheit predige, aber Jona will nicht und flieht aufs Meer, wo er offenbar glaubt, vor Gott sicher zu sein. Darin hat er sich aber getäuscht, denn während er seelenruhig schläft, schickt der Herr ein großes Ungewitter. Die Schiffsleute fürchten sich sehr und fragen Jona: warum hast du denn solches getan?; »denn sie wußten, daß er vor dem Herrn floh, denn er hatte es ihnen gesagt«. Jona sagt: nehmt mich und werft mich ins Meer, dann wird es schon stille werden. Die Heiden benehmen sich sehr anständig: sie bieten noch einmal alles auf, um ans Land zu kommen, und als ihnen schließlich nichts andres übrigbleibt, als Jonas Rat zu befolgen, entschuldigen sie sich vielmals bei ihm und seinem Gott und bitten diesen, ihnen die notgedrungene Tat nicht anzurechnen. »Und der Herr verschaffte einen großen Fisch, Jona zu verschlingen«; aber auf Jonas Gebet spuckte ihn der Fisch nach drei Tagen wieder aus. Im zweiten Teil des Buches befindet sich der Prophet in Ninive. Er hält eine furchtbare Strafpredigt und verkündet: In vierzig Tagen wird Ninive untergehen. Da legt der König den Purpur ab und fastet in Sack und Asche, und die ganze Stadt, Mensch und Vieh, tut ebenso: auch die Ochsen und Schafe meiden Wasser und Weide, gehüllt in Säcke. Und Gott, gerührt über so viel Reue, beschließt, die Stadt nicht zu verderben. Das verdrießt aber den Jona, denn jetzt steht er als Lügenprophet da, und er klagt: »Das habe ich ja gleich gewußt, daß du die Barmherzigkeit bist, deshalb floh ich ja vor dir, da möchte ich lieber gleich tot sein!« Und er geht vor die Stadt und setzt sich vor eine Hütte, um das Eintreffen der Prophezeiung von Gott zu ertrotzen. Der Herr verschaffte aber einen Kürbis, der wuchs über Jona und gab ihm Schatten, und Jona freute sich sehr über den Kürbis. Aber Gott verschaffte einen Wurm, der stach den Kürbis, daß er verdorrte. Jona möchte schon wieder gleich tot sein, der Herr aber spricht: »Dich jammert des Kürbisses und mich sollte nicht jammern Ninives, solcher großen Stadt, in der hundertzwanzigtausend Kinder sind, dazu auch viele Tiere?« Damit schließt die Geschichte, deren Hauptreiz die märchenhafte Form der »Gedankenflucht« und der kindliche Ton sind. Die tiefere Absicht des Dichters aber geht dahin, in einer Parabel zu zeigen, daß Gott auch die Heiden, die Unmündigen, die Tiere liebt und sein Wesen die Gnade ist, und zugleich will er in einer Satire, die aber immer liebenswürdig bleibt, das konventionelle Prophetentum treffen.

Hiob Die Krone des Alten Testaments wird aber wohl für alle Zeiten das Buch Hiob bleiben. Es handelt von dem höchsten Problem, zu dem die antike Religiosität überhaupt gelangen konnte: dem Leiden des Gerechten. Für den Juden war dies eine furchtbare Fragestellung. Da er sich nur einen Gott denken konnte, der gerecht war nach menschlichem Ebenbild, und da der Tod, der »König der Schrecken«, wie ihn das Buch Hiob nennt, für ihn das Ende aller Dinge war, so mußte der Ausgleich zwischen Tun und Leiden in dieser Welt gefunden werden, und dieser Ausgleich mußte ein gerechter sein. War er es nicht, so stand nicht bloß der Einzelne, den unverdiente Strafe traf, sondern Gott selber auf dem Spiele! Deshalb sehen wir zu unserem Befremden im ganzen Alten Testament gerade die Frömmsten mit Gott hadern: Schon der Stifter der mosaischen

Religion liegt in unablässigem Streit mit seinem Schöpfer. Dazu kommt noch, daß der Mensch des Altertums das Kausalitätsverhältnis zwischen Schuld und Unglück gerade umgekehrt empfand wie der christliche: In ihm erzeugte nicht das Schuldgefühl einen Zustand von Unglückseligkeit, sondern die Unglückseligkeit ein Schuldgefühl. Deshalb suchen sowohl der Grieche und Römer wie der Babylonier und Israelit bei jedem Mißgeschick nach einer verborgenen Beleidigung der Gottheit. Alle diese dunklen Fragen erheben im Buch Hiob in vielstimmig anschwellendem Chor ihre bangen Stimmen.

Hiob ist eine uralte Gestalt der Volkssage. Er soll zur Zeit der Patriarchen als Beduinenscheich an der Grenze der syrischen Wüste gelebt haben, und sein Ausharren und unerschütterliches Gottvertrauen im Unglück hat sprichwörtliche Bedeutung erlangt. Wann aber der *Dichter* des Buchs Hiob gelebt hat, darüber gehen die Ansichten sehr auseinander. Die altjüdische Tradition nennt Mose als Urheber, viele katholische Theologen glaubten Jeremia als Verfasser ansetzen zu dürfen, Luther hat auf die Zeit Salomos geraten, und diese ist die orthodox evangelische Auffassung geblieben. Doch hat schon Herder auf die auffallende Tatsache hingewiesen, daß sich in der älteren hebräischen Literatur keinerlei Nachahmungsspuren des Hiobsbuches finden, die doch bei einem so unvergleichlichen Werk kaum zu vermeiden gewesen wären. Die lutherische Ansicht ist aber trotzdem insofern im Recht, als sich der Gedankenkreis der Dichtung sehr stark mit jenen Teilen der Bibel berührt, die Salomo zugeschrieben werden, nur eben irrtümlich. Man nimmt daher jetzt ziemlich allgemein für das Buch Hiob dieselbe Entstehungszeit an wie für die pseudosalomonischen Schriften: also die nachexilische, genauer die persische Periode. Damit ist aber keineswegs gesagt, daß dem Dichter nicht ein älteres Volksbuch vorgelegen hat, das er in ähnlicher Weise benützte wie Goethe das vom Doktor Faust.

Das Gedicht beginnt auch ganz ähnlich wie das goethische. Der Herr spricht zum Satan: »Hast du acht gehabt auf meinen Knecht Hiob? Denn er hat seinesgleichen nicht im Lande, ist voll Gottesfurcht und meidet das Böse.« Der Satan antwortet: »Meinst du, daß Hiob umsonst Gott fürchtet? Du hast das Werk seiner Hände gesegnet. Aber recke deine Hand aus und taste an alles, was er hat: was gilt's, er wird dir ins Angesicht absagen?« Der Herr nimmt die Wette an und gibt Satan freie Hand, der hier noch nicht der Widersacher Gottes, vielmehr als »Ankläger« (dies bedeutet das hebräische Wort *satan*) ihm dienstbar ist, aber als Belaurer und Anzeiger dem Menschen überwollend und sich am Bösen freuend, auch von vornherein nicht an Gutes glaubend, also eine Art Staatsanwalt. Nun treffen Hiob alle erdenklichen Schicksalsschläge: Tod seiner blühenden Kinder, Verlust seiner Habe, furchtbare Krankheit. Aber Hiob verharrt in gottergebener Demut. Es kommen Hiobs Freunde. Sieben Tage und Nächte sitzen sie um ihn herum, endlich öffnet Hiob den Mund zu einem großartigen Monolog, in dem er den Tag seiner Geburt verwünscht und die Toten glücklich preist. Und nun verschlingen sich wie in einer Symphonie seine Klagen und die Gegenreden der anderen zu einem reichen Gewebe der Motive. Zunächst suchen die Freunde den Dulder über sein Unglück schonend hinwegzutäuschen: es stehe ja nicht so schlimm mit ihm, alles werde sich zum Besten wenden. Dann lenken sie ihn vorsichtig, allmählich immer deutlicher darauf hin, daß es kein unverschuldetes Mißgeschick gebe, denn Gott könne kein Unrecht tun, daß er eben doch Sünde begangen haben müsse, denn alle Menschen seien ja Sünder. *Dagegen* aber bäumt sich Hiob auf: er will nicht bereuen, wie die Freunde ihm raten, denn er *hat* nichts zu bereuen, er will sich nicht zu Gott bekehren, denn er hat ihn nie verlassen, er will die Züchtigung nicht ruhig hinnehmen, denn er hat sie nicht verdient! Und so wandelt sich seine Verteidigung unversehens in die wildeste Anklage gegen Gott: wie kann er die Kreaturen wegen ihrer Kreatürlichkeit strafen, die er ihnen selber angeschaffen hat, wie kann er mit ihnen ein so grausames Spiel treiben, bloß weil er die Macht hat, Fromme und Gottlose unterschiedslos zu vernichten? Da erklären die Freunde in rechtgläubigem Schauder, nun sei es offen am Tage, daß er ein arger Frevler sei, er habe es durch seine eigenen Reden bewiesen. Aber das steigert nur den Grimm Hiobs ins Übermenschliche, und seine fromme Blasphemik wagt das Äußerste: er fordert Gott als Justizmörder vor Gericht! Gott gegen Gott! Er ist über seine eigenen Worte entsetzt, aber er muß sie hinausschreien: »Hier meine Unterschrift! Der Allmächtige antworte mir!«

Der Vorschatten

Und der Herr erscheint im Wettersturm und stellt sich der Anklage! Er verweist in gewaltigen Worten auf die Wunder seiner Schöpfung, und vor Gottes Majestät verstummt Hiobs Trotz. Die Dichtung schließt damit, daß Hiob gerechtfertigt und von seinen Leiden befreit wird. Gott gibt ihm indirekt recht, indem er den selbstgerechten Fremden unrecht gibt. Sie haben über Gott »nicht richtig geredet«; sie sollen ein Brandopfer darbringen und Hiob soll für sie beten. Dies ist die Lösung, wenn man es so nennen kann. Denn im Grunde bleiben alle Fragen offen, und sie waren auch im Rahmen des Alten Testaments nicht zu beantworten, das noch keine übersinnlichen Güter kannte. Das spätere Judentum hat sich für die enge Auffassung der Freunde Hiobs entschieden. Der Christ, dem das Bewußtsein der Unschuld Lohn genug ist, sieht hier überhaupt keinen Widerspruch, auch nicht im Wesen Gottes. Gott irgendwelche anthropomorphe Eigenschaften beizulegen, ist bereits irreligiös, und daher läßt sich von ihm auch nicht aussagen, er sei »gerecht«, denn dies ist ein subalterner menschlicher Begriff. Sein Regiment ist Gnade und Rätsel. Weil es Gnade ist, vermögen Böse unbestraft zu bleiben; weil es Rätsel ist, vermögen Gute unbelohnt zu bleiben. Die ewige Heilstatsache ist:

daß er die Welt regiert. Wer an diese Tatsache glaubt, lebt allemal und überall in einer guten Welt, einerlei, wie es ihm äußerlich ergeht; wer an sie nicht glaubt, ist unter allen Umständen unselig. Wäre Hiob Christ gewesen, so hätte er nicht gefragt, warum es den Bösen so oft wohlergeht (denn dies ist nur in der Ordnung: sie bezahlen ja für ihr materielles Glück damit, daß sie ohne Gott leben müssen), sondern den *Guten*: warum sie zu der Gewißheit, Gott zu gefallen, auch noch den äußeren Lohn haben? Diese Erkenntnis besaß der Dichter noch nicht und konnte er auch gar nicht besitzen; und dennoch ist es, als läge über seiner Stirn ein Vorschatten des Heiligen Geistes, der in Christus Mensch geworden ist.

VIERTES KAPITEL

Die verzauberte Insel

Rien n'est intéressant comme un mur
derrière lequel il se passe quelque chose.
Victor Hugo

»Kompliziert«

Während der Frühzeit des Altertums gehört Griechenland und sogar Italien zu Vorderasien; denn die Urbevölkerung dieser beiden Halbinseln war, wie man heute fast allgemein annimmt, kleinasiatischen Ursprungs. Auch als später nordische Einwanderer sich dort ausbreiteten, stand deren Kultur noch lange unter dem Einfluß der Voreinwohner. Erst mit dem letzten vorchristlichen Jahrtausend beginnt die Geschichte des Abendlands.

Nur ungern begeben wir uns auf dieses Gebiet der Prähistorie, denn hier liegt alles im Nebel und Dunst der vagen Vermutungen und oft sehr kühnen und gekünstelten Nothypothesen. Wir müssen uns mit dürftigen Andeutungen und Ausschnitten bescheiden, aber selbst diese Bescheidenheit wäre noch immer eine Anmaßung, wenn sie im Gewande der Verantwortlichkeit aufträte. Und dabei ist das wenige, was gesagt werden kann, noch so schrecklich kompliziert! Indes ist dies im Grunde gar nicht so verwunderlich. Denn je weniger wir über eine Sache wissen, desto komplizierter ist sie, und je mehr wir über sie wissen, desto einfacher ist sie. Das ist die einfache Wahrheit über alle Kompliziertheiten. An dem Grade primitiver Klarheit, mit der sie sich auszudrücken verstehen, unterscheiden wir in der Wissenschaft den Kenner vom Ignoranten und den Meister vom Kenner und in der Kunst das Talent vom

Dilettanten und das Genie vom Talent: Es sind reine Rangstufen in der Beherrschung des Gegenstandes. Ein Abc-Schüler wird bereits schwerverständlich werden, wenn er das Wesen der vier Rechnungsarten erklären soll; der große Leonhard Euler hingegen diktierte seinem Diener, einem ehemaligen Schneidergesellen, der notdürftig kopfrechnen konnte, eine »Anleitung zur Algebra«, wodurch dieser zum perfekten Algebraiker wurde; und vielen Hausdienern und Schneidergesellen ist seither an der Hand dieses sonnenklaren Buches dasselbe gelungen. Die poetischen und musikalischen Versuche der Stümper sind fast immer von rätselvoller Chaotik, während die Wort- und Tondichtungen, die wir als klassisch zu bezeichnen pflegen, nichts enthalten, das zu entwirren wäre. Es hat noch nie einen vollsinnigen Menschen gegeben, der *Emilia Galotti* oder *Wilhelm Tell*, *Über allen Gipfeln* und das *Forellenquintett*, die *Fromme Helene* und den *Eingebildeten Kranken*, den *Freischütz* und den *Figaro* nicht verstanden hätte. Dies läßt sich sogar vom *Faust* behaupten: wo dieser dunkel ist, befindet sich Goethe eben selber nicht auf seiner eigenen Höhe. Und die Griechen, die als das klassische Volk par excellence gelten, haben überhaupt nur »populäre« Schöpfungen hervorgebracht, auf allen Gebieten: in ihrer Baukunst und Theaterkunst, Bildnerei und Biographik. Goldene Mittagshelle liegt über jedem Wort der Evangelien und der »griechischen Bibel«, der Ilias: ein tiefes Wissen um Gott und Welt ist es, wodurch alles so durchsichtig wird; hingegen im Koran und im Talmud sind weite Strecken voll wüstem Unkraut, denn kein ebenso sicheres religiöses Bewußtsein ist hier am Werke. Und was die Philosophie anlangt, so sagt Vauvenargues: »Ein Gedanke, der zu schwach ist, einen einfachen Ausdruck zu ertragen, zeigt damit, daß er nichts taugt«, und er nennt die Klarheit den Schmuck der Tiefe, die Dunkelheit das Reich des Irrtums. Nun ist aber der größte aller Philosophen, Kant, ohne Zweifel sehr verwickelt, von den kleineren ganz zu schweigen. Das lag aber einfach daran, daß er sich ein Thema gewählt hatte, über das wir sehr wenig wissen, nämlich die Theorie unserer Erkenntnis. Folglich mußte er, trotz höchstem Willen und Talent zur Klarheit, notgedrungen kompliziert sein. Aus demselben Grunde sind auch Unendlichkeitskalkül und Wahrscheinlichkeitsrechnung, mathematische Physik und organische Chemie, Astronomie und Atomtheorie so schwierig, denn was wissen wir von der Unendlichkeit, dem Chemismus des Lebens, dem Bau des Atoms, den Gesetzen der Sternenwelt und all den übrigen Geheimnissen der Natur? Nur deshalb sind auch tote Sprachen »schwerer« als lebende: diese kennen wir, und jene nur sehr unvollkommen. Im Altertum, wo das Griechische noch lebte, konnte es von jedem phrygischen Sklaven ebensoleicht erlernt werden wie heute das Französische von jedem Hotelportier; aber das Hebräische ist den alexandrinischen Gelehrten bereits ebenso sauer geworden wie den heutigen. Nicht anders verhält es sich auf den sogenannten technischen Gebieten. Jedes Handwerk ist einfach, wenn man es versteht. Ein gelernter Uhrmacher oder Stellmacher, Klavierbauer oder Brückenbauer hält sein Metier nicht für besonders verzwickt: für uns sind das hoffnungslos labyrinthische Angelegenheiten. Aber in gewissen Fertigkeiten sind alle Menschen Virtuosen. Gibt es zum Beispiel etwas Schwierigeres als das menschliche Sehen? Alle Körper werfen auf die Netzhaut ein bloßes flächenhaftes Bild, bei dem außerdem oben und unten, rechts und links vertauscht sind; gleich große Objekte erscheinen uns verschieden groß, wenn ihre Entfernung vom Auge nicht dieselbe ist; von jedem Objekt empfangen wir infolge des Doppeltsehens zu gleicher Zeit zwei ungleiche Bilder; dieselbe Farbe erscheint uns in heller Nachbarschaft dunkler, in dunkler Nachbarschaft heller, als sie ist. Alle diese Fehler stören uns aber so wenig, daß sie uns sogar in hervorragender Weise dazu dienen, uns in der Außenwelt zurechtzufinden. Das Sehen ist riesig einfach, weil wir eben im Sehen erstklassige Fachleute sind. Ebenso verhält es sich mit der praktischen Ethik. Obgleich jede einzelne Handlung den Kreuzungspunkt einer Unmenge von Geboten und Verboten, Aufgaben und Möglichkeiten bildet, wissen wir doch infolge einer geheimnisvollen Gabe der Innenschau, die, ganz wie die Schau nach außen, aus allen Irrtumsquellen Orientierungsmittel zu machen versteht, in jedem Falle sehr genau, was wir als moralische Wesen zu tun hätten. Wir tun es bloß nicht.

Die Vorindogermanen

Nach dieser kleinen Abschweifung kehren wir zu den »Kleinasiaten« zurück. Es wurde bereits im zweiten Kapitel erwähnt, daß dies eine bloße Verlegenheitsbezeichnung ist. In Wahrheit weiß man von ihnen bloß, daß sie keine Semiten waren, aber auch keine Indogermanen; und auch dieses letztere weiß man eigentlich nicht. Wir wollen sie daher als »Vorindogermanen« bezeichnen, in dem Sinne etwa, wie man von Präraffaeliten oder Vorsokratikern spricht. Sie sind bereits vom indogermanischen Geiste angeweht: es lebt in ihnen ein Sinn für Freiheit und persönliche Selbstbehauptung, für Naturschönheit und künstlerische Lebensform, kurz: für seelische Individualität, wie er sich weit und breit in der semitischen Welt nicht findet. Ihre Hauptvertreter sind im eigentlichen Kleinasien die *Karer*, *Lydier*, *Lykier*: für uns nicht viel mehr als bloße Namen; im Osten die *Hethiter*, von denen bereits ausführlicher die Rede war; im Westen die *Pelasger* auf der Balkanhalbinsel, die *Kreter*, *Sarden* und *Sikuler* (Sizilier) auf den nach ihnen benannten großen Eilanden, die *Ligurer* und *Etrusker* auf der italienischen, die *Iberer* auf der spanischen Halbinsel. Von manchen dieser Völker zeugen umfangreiche, aber bisher noch nicht entzifferte Texte, von anderen nur Namen von Orten, Bergen, Flüssen, Gebrauchsgegenständen. Unter den »Seevölkern«, die im dreizehnten Jahrhundert das Nilland bedrängten, nennen die ägyptischen Inschriften die *Tursa*, *Schardana* und *Schekelesch*: Die

Etrusker, Sarden und Sikuler, daneben die *Danauna*, die Danaer Homers, die aber bereits echte Griechen waren. Von den Seevölkern sollen auch die Iberer abstammen; sie heißen so nach dem Iberusflusse, dem Ebro, und vermischten sich um 400 vor Christus mit den eingewanderten Kelten zu den Keltiberern: ihre letzten Reste sind die Basken. Ihre nächsten Verwandten waren die Ligurer in Oberitalien. Fast alle Inseln: nicht nur Kreta, Sardinien und Sizilien, sondern auch Zypern, Malta, Korsika, die Balearen gehörten zu demselben Kulturkreis.

Die Etrusker

In Mittelitalien saßen die Etrusker. Noch bis vor wenigen Jahrzehnten waren diese geradezu das prähistorische Modevolk: wo es nur irgend anging, wurden anonyme Völkerschaften, Techniken, Grabformen, Siedlungen von den Etruskern abgeleitet, so daß man fast mit Variierung jener alten grammatischen Schulregel sagen konnte: was man nicht definieren kann, das sieht man für etruskisch an. Heute haben ihnen die Hethiter den Rang abgelaufen. Über die Herkunft der Etrusker herrschen gegenwärtig drei Ansichten: die verbreitetste hält sie für ursprünglich in Kleinasien ansässig, die zweite nimmt an, daß sie zwar keine Indogermanen, aber Einwanderer aus dem Norden waren, und die dritte erblickt in ihnen das italienische Urvolk. Für die kleinasiatische Abstammung spricht ihre Sitte, die Städte nicht unmittelbar am Meer anzulegen, die während der Frühzeit im ganzen Bereich der Ägäis verbreitet war; außerdem hat man in Lydien eine Stadt Tyrsa entdeckt und glaubt nun, daß der griechische Etruskername *Tyrsenoi* sich von da herleitet: daß ein ganzes Volk sich nach seiner Hauptstadt nannte, kam ja im Altertum oft genug vor. Zwingend sind diese Schlüsse nicht; mehr Überzeugungskraft haben die weitgehenden Übereinstimmungen in den Beisetzungsriten und im Kunstgewerbe, die zwischen Kleinasiaten und Etruskern bestehen. Das Kerngebiet der Etrusker war die Toscana, die noch immer nach ihnen heißt; ebenso gemahnt das »Tyrrhenische Meer« zwischen Sardinien und der Apenninenhalbinsel an ihre einstige Verbreitung. Sie wohnten aber auch in Teilen der Poebene und, als Räter, in Tirol. Noch heute trifft man in diesen Gegenden die fleischigen, untersetzten und kurzhalsigen Gestalten der etruskischen Tonsarkophage, und das toskanische Landvolk verehrt einige etruskische Gottheiten, die sich sonst nirgends finden. Die Etrusker bildeten Städtebünde unter Adelsherrschaften und lebten vorwiegend von Seehandel und Piraterie. Ihre Geschicklichkeit im Kanalbau, in der Bronzegießerei und in der Keramik war sehr bedeutend. Die Römer hatten von ihnen mehr, als man in früheren Jahrhunderten wußte oder zugeben wollte; die römischen Straßen und Kloaken, die Formen der Tempel und Wohnhäuser, viele Ämter und Abzeichen, die Triumphzüge und Zirkusspiele, die Vogelschau und Eingeweideschau: All diese Dinge gehen auf die Etrusker zurück. Das Königsgeschlecht der Tarquinier, das im sechsten Jahrhundert Rom beherrschte, stammte aus Etrurien, und sogar der Name Rom ist wahrscheinlich etruskisch. Auch die Laren, die römischen Hausgeister, die noch in den Heiligen des Katholizismus fortleben, und die Fasces der römischen Liktoren waren von den nördlichen Nachbarn übernommen: Der Faschismus ist also eigentlich eine etruskische Angelegenheit, und die Etruskologie ist denn auch im heutigen Italien eine sehr populäre und staatlich geförderte Wissenschaft. Ein ethnischer Zusammenhang zwischen Italienern und Etruskern besteht aber im allgemeinen nicht mehr. Die zahlreichen etruskischen Inschriften werden von uns gelesen (da die Buchstaben den griechischen ähnlich sind), aber nicht verstanden; man weiß nur, daß die Sprache dem Lydischen verwandt ist, das man aber auch nicht versteht. Die Wissenschaft befindet sich dem Etruskischen gegenüber in dem pathologischen Zustand, den die Mediziner als sensorische Aphasie oder Worttaubheit bezeichnen: Der Kranke hört sämtliche Worte, vermag aber mit ihnen keine Begriffe zu verbinden. Gewisse Beziehungen der Kunst und Lebensform zur kretischen lassen sich nicht verkennen: Gemeinsame Züge sind eine ausgeprägte Diesseitigkeit und Sinnlichkeit, Frauenverehrung und Erdvermähltheit und eine leidenschaftliche Liebe zu Luxus und Naturgenuß, Seeleben und Pflanzenleben.

Die Urgriechen

Die Urbevölkerung Griechenlands bezeichneten die Hellenen später als Pelasger, welcher Name uns aber gar nichts sagt und auch unzutreffend sein dürfte. Heute spricht man mit Vorliebe von Karern, womit aber auch bloß ausgedrückt werden soll, daß sie kleinasiatischer Herkunft waren. Als ein zähes Überlebsel künden von diesen Autochthonen zahlreiche griechische Namen mit zweifellos ungriechischen Endungen auf *-attos* oder *-assos*, *-ettos* oder *-essos*, *-issos* und *-inthos*. So heißen zum Beispiel die beiden berühmtesten griechischen Berge Parnassos und Hymettos und zwei der ältesten griechischen Städte Korinthos und Tiryns (Tirynthos); aber auch viele Flüsse, Tiere und Pflanzen, zum Beispiel *hyakinthos* und *narkissos*, erinnern bis zum heutigen Tage an jene versunkene Kultur. Eine deutliche Sprache reden auch die Bezeichnungen für einzelne sehr alltägliche Gebrauchsgegenstände wie *plinthos*, der Lehmziegel, *smerinthos*, die Angelschnur, *asaminthos*, die Badewanne. Ferner sind die meisten Ausdrücke für nautische Begriffe fremden Ursprungs, angefangen von *thalatta*, dem Wort für das Meer selbst, und ebenso mehrere Namen für wichtige Dichtungsarten und Musikinstrumente, wie Jambus, Dithyrambus und Elegie, *salpinx*, die Trompete, *syrinx*, die Schalmei, *phorminx* und *kitharis*, die Laute, die alle aus Kreta stammen. Die wenigsten Menschen dürften wissen, daß sie, wenn sie von einer Zither oder Gitarre reden, kretisch sprechen.

Die Griechen, die um 2000 vor Christus in die südliche Balkanhalbinsel eindrangen, haben die Kulturblüte der dort ansässigen »Karer« also offenbar nicht vernichtet, sondern gerieten ebenso unter den geistigen Einfluß der Besiegten, wie viele Jahrhunderte später die Römer unter den ihrigen. Sie lernten gerne von ihnen, wie man dichtet und singt, angelt und segelt, liebliche Blumen züchtet und in schönen Tonwannen badet. Die Einwanderung erfolgte wahrscheinlich in mehreren Stößen; die Hauptsiedlungsgebiete waren Böotien, Attika und der Peloponnes. Diejenigen griechischen Volksteile, die mit den ersten Invasionswellen gekommen waren und von den jüngeren nicht betroffen wurden, zum Beispiel die Athener und die Arkader, hielten sich für Autochthonen und rühmten sich, seit Entstehung des Menschengeschlechts auf ihrer Scholle gesessen zu haben: alle ihre Götter und Heroen galten ihnen als Griechen, die von jeher in Griechenland gelebt hätten. An die späteren Verschiebungen der Stämme: den Zug der Ioner nach Kleinasien, der Dorer nach dem Peloponnes und Kreta, die Besetzung der Kykladen erinnerten sie sich noch ganz gut. Es ist aber nicht bloß zweifellos, daß die Griechen in ihrem Lande »Zugereiste« waren, sondern sogar zweifelhaft, ob diese ersten Besiedler überhaupt schon als Hellenen in dem Sinne angesprochen werden dürfen, der dem Wort in historischer Zeit zukommt. Jedenfalls haben die drei späteren griechischen Hauptstämme der Ioner, Dorer und Aioler damals noch nicht existiert; man redet daher wohl richtiger von »Vorfahren« dieser Stammgruppen. Statt Aioler sagt man neuerdings lieber Achaier: dies ist bekanntlich einer der Gesamtnamen der Griechen bei Homer. Zunächst war die Geschichte der Urhellenen vermutlich von jahrhundertelangen Kämpfen erfüllt, die diese mit den »Karern«, untereinander und mit neuen Einwanderern zu bestehen hatten. Die Burgen auf steilen Bergkuppen geben davon ein beredtes Zeugnis. Es ist begreiflich, daß unter so wenig gesicherten Zuständen die Kultur jener Zeit, nach ihrem Hauptfundort, dem Siedlungshügel Hagia Marina in Phokis, »Marinakultur« genannt, noch auf einer niedrigen Stufe stand.

Die Perioden

Nach solchen zentralen Fundorten pflegt man nun überhaupt jene ganze prähistorische Kultur zu klassifizieren, die sich zeitlich etwa über die Spanne von 3000 bis 1250 und räumlich über die gesamte Ägäis erstreckte, mit Ausläufern weit nach Süden und Westen hinein. Was zunächst die vertikale, die chronologische Gliederung anlangt, so spricht man für die Zeit von 3000 bis 2000 bei Kreta von einer *frühminoischen* Periode, der auf dem griechischen Festland die *frühhelladische* oder *vormykenische* Kultur (die Kultur vor der griechischen Einwanderung) entspricht, an der asiatischen Küste die Schicht der *zwei ältesten Städte*, die einander auf dem Boden Trojas folgten, und auf dem Archipel die *Kykladenkultur*, so genannt nach der Inselgruppe, die im Süden Attikas und Euböas ungefähr kreisförmig um die Insel Delos gelagert ist. Mit dem dritten Jahrtausend begann auf allen diesen Gebieten die Bronzezeit; vorher herrschte überall eine neolithische, jungsteinzeitliche Kultur. Von 2000 bis 1600 datiert man auf Kreta die *mittelminoische* Periode, die ihre höchste Blüte um 1900 im Kamaresstil erreichte (Hauptfundort: die Grotte Kamares am Ida), auf dem Festland die *mittelhelladische* oder *frühmykenische* Periode, in Kleinasien die Siedlungen *Troja III bis V*. Nach 1600 fällt das *spätminoische* und das *späthelladische* Zeitalter, die Blüte der mykenischen Welt. Die kretische Kultur ging um 1400 unter, die mykenische zwischen 1250 und 1200, etwa um dieselbe Zeit scheint auch *Troja VI*, das homerische, zerstört worden zu sein. Im letzten Viertel des zweiten Jahrtausends setzt im ganzen Umkreis der ägäischen Kultur, wie sie wohl am zutreffendsten genannt wird, die Eisenzeit ein.

Die Vasenprovinzen

Was die horizontale, die geographische Verteilung betrifft, so hat man, da die Funde zum großen Teil in Resten von verzierten Tongefäßen bestehen, geradezu Vasenprovinzen abgegrenzt. Diese vielverhöhnte »Wissenschaft der Topfscherben« ist zur Zeit die einzige Methode, an deren Hand man sich einigermaßen orientieren kann. So spricht man zum Beispiel für Nordgriechenland von Sesklоware und Diminikeramik (beide Orte liegen in Thessalien); die häufigsten Formen sind halbkugelige Schalen, bauchige Näpfe mit abgesetztem Hals und Henkelkrüge, die Lieblingsmuster Zickzackstreifen, Spiralen, Ketten von Dreiecken, gittergefüllte Rhomben, die Farben: rot auf weißgelbem, schwarz auf graugelbem oder rotem Grund, alle mit glänzender Politur. Für Mittelgriechenland sind Schnabelkannen mit Mattmalerei besonders charakteristisch. Im allgemeinen unterscheidet man vier große Provinzen: eine nördliche, eine um den Isthmus konzentrierte in Böotien, Attika und der Argolis, die kretische und die der Inseln. Die Sache ist aber nicht so einfach, wie sie aussieht, denn an sich sagt eine Fundklasse, selbst wenn sie massenhaft auftritt, noch nichts über den Ort der Herstellung, weil es schon in sehr früher Zeit große Fabriken gab, die überallhin exportierten; und auch wenn ein bestimmter Formenschatz so oft wiederkehrt, daß er als einheimisches Erzeugnis angesehen werden darf, so kann er noch immer von fremden Künstlern produziert oder dem Ausland nachgeahmt sein: So stand zum Beispiel die gesamte Ägäis während der spätminoischen Periode der kretischen Kunst aufs stärkste unter deren Einfluß. Man muß sich das Verbreitungsgebiet des kretischen Kunsthandels aber noch viel größer vorstellen. Nach Norden erstreckte es sich weit über Makedonien hinaus, nach Westen über ganz Sizilien und Unteritalien. Selbstverständlich waren auch auf Zypern und in Syrien die Prachtgefäße aus Kreta und Mykenai ein begehrter Artikel. Was Ägypten anlangt, so hat man dort schon während der ganzen zweiten Hälfte des dritten Jahrtausends Siegelstempel in Knopfform gekannt: Der Knopf ist aber unägyptisch, hingegen in Südeuropa und Kleinasien bereits in der Steinzeit nachweisbar und auf Kreta als Siegel geradezu charakteristisch. Umgekehrt hat man in den Ruinen der Akropolis von Mykenai ein Äffchen aus blauem Glas gefunden, das auf der rechten Schulter die Kartusche Amenophis' des Zweiten trägt, einen Skarabäus mit dem Namen der Königin Teje und noch mehreres dieser Art. Silber und Zinn fand aus dem »überseeischen« Spanien, Elfenbein aus dem weltfernen Nubien seinen Weg in die Ägäis; Bernstein von der Ostsee findet sich, zu Schmuck verarbeitet, schon in frühminoischen Gräbern.

Die mykenische Kultur

Über einen besonders reichen Besitz an Bernstein verfügten die Träger der »mykenischen« Kultur. Dies ist neben anderen Merkmalen ein Zeugnis ihrer nordischen Herkunft. Sie waren zweifellos Indogermanen und auch schon Griechen, wenn man, wie gesagt, dem Wort einen etwas weiteren Sinn gibt als den später in Hellas gebräuchlichen. Aus Homer sowohl wie aus dem Kult, den die alten Kuppelgräber bis in die klassische Zeit hinein genossen, geht unzweideutig hervor, daß die »Mykener« immer als Griechen galten. Ihre Kultur war im wesentlichen die ins Indogermanische übersetzte kretische. Die Titelhelden der beiden großen Epen, der Odyssee und der Achilleis, sind blond; das stehende Beiwort des Menelaos ist ebenfalls »*xanthos*«. Ebenso häufig werden die Recken bei Homer als hochragend geschildert. Die späteren Griechen aber waren vorwiegend mittelgroß und dunkelhaarig. Ob hierfür Einfluß des Klimas und Bodens (der sich ganz gut auf die Statur erstrecken könnte) oder Vermischung als Ursache anzusehen ist, läßt sich nicht mehr entscheiden. Ein ausgesprochen indogermanischer Zug war die eigentümliche Verbindung von Klarheit und Phantasie, die schon in den damaligen Griechen als Anlage vorhanden war und sich in deren Nachkommen auf allen Gebieten des menschlichen Schaffens zu unerreichter Genialität entwickeln sollte. Doch haben diese auch einige unarische Eigenschaften besessen, unter denen der Mangel an Wahrheitsliebe die hervorstechendste ist. Man braucht auch hier nicht unbedingt an Vermischung zu denken; eine dauernde Einwirkung des geistigen Milieus hätte bereits genügt. Jedenfalls standen die Urbewohner Kretas, die »Eteokreter« oder echten Kreter, bis in die spätesten Zeiten auch bei den Griechen in dem Ruf besonderer Lügenhaftigkeit, wofür unter anderem der amüsante Fangschluß zeugt, der im Altertum unter dem Titel »*pseudomenos*« allbekannt war; ein Kreter sagt: »alle Kreter lügen«; da er aber selber ein Kreter ist, so ist sein Ausspruch unwahr: es sind also nicht alle Kreter Lügner; spricht er aber die Wahrheit, so sind ebenfalls nicht alle Kreter Lügner.

Die mykenische Kultur ist wesentlich jünger als die kretische, hat sie aber um etwa zwei Jahrhunderte überdauert und sich während dieser letzten Periode bedeutend selbständiger entwickelt als vorher. Die *Akaiwascha* der ägyptischen Texte sind die Achaier Homers. Eine weitere überraschende Bestätigung hat sich in den hethitischen Keilschrifttafeln von Boghasköi gefunden. Dort ist wiederum von den *Achaiwaja* die Rede, und es wird sogar ein König Atarisias erwähnt, der Feldzüge gegen Karien und Zypern unternimmt. Dies ist offenbar Atreus, der Vater des Agamemnon und Menelaos, und seine Expedition ist der Trojanische Krieg. Auch die Zeit: zweite Hälfte des dreizehnten Jahrhunderts, stimmt mit der griechischen Tradition vollkommen überein. Damit sind die Griechen vor Troja aus einem epischen Volk ein historisches geworden oder vielleicht richtiger: ein halbhistorisches; denn wir wissen von ihnen, ähnlich wie von den Sumerern oder den Israeliten der Mosezeit, bloß mit Bestimmtheit, *daß* sie waren, aber nur sehr unbestimmt, *was* sie waren.

Sicher haben unter den Einwanderern lange und erbitterte Rivalitätskämpfe gewütet. Um 1400 bestanden zwei mächtige, alles überragende Zwingburgen auf der griechischen Halbinsel: Orchomenos in Böotien und Mykenai in der Argolis. Man glaubt daraus schließen zu dürfen, daß sich um diese Zeit zwei große Herrschaftsgebiete herausgebildet hatten: das eine ganz

Mittelgriechenland und vielleicht auch noch Thessalien, das andere den Peloponnes umfassend. Von den kleineren Burgen nimmt man an, daß sie Vasallensitze waren, die dritte große Burg, das weithin gebietende Tiryns (ebenfalls in der Argolis) hält man für eine zweite Residenz des mykenischen Großkönigs. Auch bei Homer ist Agamemnon noch der »König der Könige«; er hat aber gegenüber den anderen Führern nicht allzuviel zu reden, sondern trägt seinen hohen Rang mehr als Titel, worin man vielleicht eine Machtverschiebung zugunsten der Magnaten erblicken darf, die in spätmykenischer Zeit eingetreten ist, oder, noch wahrscheinlicher, eine Eintragung »demokratischer« Anschauungen, wie sie zu der viel späteren Zeit herrschten, in der die homerischen Gedichte entstanden sind. Jedenfalls beweist die vollkommen identische Anlage der großen Kuppelgräber von Orchomenos und Mykenai (der sogenannten »Schatzhäuser« des Minyas und des Atreus), daß die beiden Kulturzentren ungefähr gleichzeitig ihre Blüteperiode erreichten.

»Mittelalterlich«

Neben den Fehden, die die Herren untereinander führten, werden wohl auch Aufstände der Urbevölkerung, die sich vermutlich in die unwegsamen Gebirge zurückgezogen hatte, neue Invasionsstöße von Norden her und räuberische Überfälle von der Seeseite zu den alltäglichen Ereignissen gehört haben. Im übrigen wird man wohl nicht fehlgehen, wenn man sich die allgemeinen Zustände als »mittelalterliche« vorstellt: Burgen und Dörfer, aber noch keine richtigen Städte, Landbau und Viehzucht bei nur gelegentlicher und anfängerhafter Benützung der Schiffahrt, Adelige und Bauern mit einem glänzenden Königtum an der Spitze, die Höhepunkte des Lebens Jagd und Krieg, Gelage und Gesang, der sicher auch schon von berufenen Meistern gepflegt wurde, und bei alledem eine Seelenhaltung, in der krasse Gegensätze noch unausgeglichen nebeneinander wohnten: Gemüt und Roheit, Zartheit und Tatkraft, Prachtsinn und Primitivität, Kunstverstand und Analphabetismus. Dann das einzige Schriftliche, was sich im mykenischen Kulturkreis vorgefunden hat, sind einige ägyptische Hieroglyphen auf Importstücken. Ihre Schrift haben die Hellenen nicht mitgebracht, sondern erst viel später aus dem semitischen Alphabet entwickelt, wie schon der Name sagt: denn Alpha (*Aleph*) und Beta (*Bet*) sind phoinikische Buchstabenbezeichnungen. Dieser Bildungsdefekt mag aber die mykenischen Sänger ebensowenig gehindert haben, farbige und tiefgefühlte Poesien zu schaffen, wie die Dichter des Mittelalters.

Altgriechischer Glaube

Das Klima war wesentlich drückender und kontrastreicher als in der historischen Zeit: die Winter sehr rauh, die Sommer tropisch heiß. Das Land war noch weithin von dichten Wäldern bedeckt, und darin hausten Wölfe und Wildschweine, Büffel und Bären. Sogar der Löwe streifte noch durch die Berge, und die altgriechische Heroensage hat die Erinnerung an ihn mit Ehrfurcht bewahrt. Das Pferd haben die »Mykener« sicher schon bei ihrer Einwanderung besessen; aber ein Reitervolk waren sie sowenig wie ein seefahrendes. Wie im alten Israel und Rom hatte der Hausvater noch die volle Gewalt über Familie und Gesinde und erwarb die Gattin durch Brautkauf. Er ist auch sein eigener Priester und opfert in seinem Hofe alltäglich den Göttern des Stammes. Bei feierlichen Anlässen tut dies der Stammesherzog oder der Großkönig. Diese Götter sind zumeist tierköpfig. Wenn Homer die Hera kuhäugig, die Athene eulenäugig nennt, so hat er nicht mehr gewußt, daß dies einmal ganz wörtlich zu nehmen war. Auch der Minotauros, von dem die Griechen noch in später Zeit zu erzählen wußten, war vermutlich ursprünglich nichts anderes als ein kretischer Gottkönig Minos mit Stierkopf, dem vielleicht Menschenopfer dargebracht wurden. Ganz ähnlich wie im christlichen Mittelalter bevölkerte die Volksphantasie Wald und Wiese, Fluß und Sumpf, Nacht und Nebel mit überirdischen Wesen. Da gab es Nymphen in Bäumen, Felsen, Quellen, Berggeister und Irrlichter, Einhörner, feurige Rosse und andere wilde und sanfte Tiere, die Götter beherbergten. Die höchste und umfassendste Gottheit aber ist Ge, die Erde, die Allmutter der Menschen, als Demeter die Beschützerin des Landbaus, dem sie den ewigen Segen der Ernte beschert, und des weiblichen Geschlechtslebens, dem sie ebenfalls die Kraft der Fruchtbarkeit verleiht. Ihr Gatte war der pferdegestaltige Poseidon, ursprünglich ebenfalls eine Erdgottheit, wie er denn auch im späteren hellenischen Glauben noch immer als Erreger der Erdbeben gilt. Neben ihm tritt Zeus noch zurück. Später war es bekanntlich umgekehrt: Zeus wird der Vater der Menschen und König der Götter und Poseidon ein Spezialgott, der sich mit dem Meer begnügen muß: »die ganze Rolle Poseidons in der Odyssee«, sagt Carl Schuchhardt sehr schön, »ist die eines abziehenden Gewitters.« Solche »Rudimente« früherer Glaubensvorstellungen finden sich bei Homer noch mehrfach. Das klassische Beispiel ist die Leichenfeier, die Achilleus für Patroklos ausrichtet. Überreiche Mengen von Wein, Öl und Honig, Blut, Fett und Fleisch werden geopfert, Pferde, Hunde und sogar Menschen werden geschlachtet, prachtvolle Kampfspiele beschließen das Fest. Dies alles zeugt von einem inbrünstigen Glauben an ein kraftvolles und dauerndes Fortleben nach dem Tode, wie ihn Homer nicht mehr besaß. Es mutet fast ägyptisch an. Für niemand anders als für den Toten geschieht dies alles: Ihn sollen die Opfertiere, die völlig verbrannt werden, im Jenseits speisen, ihm die zwölf hingemordeten vornehmen Troerjünglinge, die edlen Rosse und Hunde dienen, ihn die Wettkämpfe ehren und ergötzen. Der Seelenglaube der Griechen um Agamemnon war ein anderer und stärkerer als der homerische: Für diesen war ein Leben ohne See und Sonne eine unvorstellbare Leere, für jenen hatten die Kräfte der Erde und des Dunkels noch die volle Macht eines zweiten, ja höheren Lebens. Die rationalistische und eigentlich schon atheistische

Frage, was denn ein Schatten ohne Leib und Licht in der Unterwelt beginnen solle, existierte für ihn noch nicht.

Gigantenbauten und Heroengräber

Charakteristisch für den mykenischen Hausbau war das Megaron, ein viereckiger, gedeckter und durch einen Herd heizbarer Hauptraum, der sich im Süden sonst nicht findet und ja auch in seiner ganzen Anlage deutlich nach dem kälteren Norden weist. Bei den kretischen Palästen ist der Bauzweck Lüftung und Kühlung. Derselbe Gegensatz zeigt sich in der Kleidung: Die Kreter haben immer nur einen Lendenschurz getragen, die Griechen auch im milderen Klima den Chiton beibehalten. Bei den Häusern der Vornehmen betrat man zunächst ein säulengeschmücktes Propylon, das in einen Vorhof führte: auch dieser war von Säulen umgrenzt und enthielt den Altar; und dann erst gelangte man ins Megaron, dessen Fußboden schön bemalt war und den prächtigen Thronsitz des Feudalherrn trug. Auch die Wände, der Plafond und sogar der runde Herd in der Mitte waren mit Stuck verkleidet und mit Gemälden bedeckt. Der Rauch zog durch eine Deckenöffnung ab; Fenster fehlten. Mit Grund spricht Homer vom »schattigen Megaron«: auch hier wieder ein bezeichnender Kontrast zu Kreta: dort flutete das Licht von überall her durch Zimmer, Treppen und Dächer. Ein Badezimmer fehlte nie; in Tiryns bestand dessen Fußboden aus einem einzigen riesigen Steinblock und die tönerne Wanne war mit Ornamenten koloriert. Die Gräber waren in der Regel so angelegt, daß ein langer schmaler Gang, der Dromos, über einen engen verschließbaren Vorraum, das Stomion, zu der geräumigen Grabkammer führte. Der Hauptraum aber war die daneben gelegene kuppelförmige Opferhalle. Auch hieraus ersieht man, daß der Totenkult in mykenischer Zeit eine weit größere Rolle gespielt haben muß als später. Einzelne Leichenreste lassen sogar auf Einbalsamierung schließen. Wenn die Griechen von »Heroengräbern« redeten, so meinten sie diese uralten Kultstätten.

Besonders die riesigen Mauern und Kuppelbauten von Mykenai waren den Griechen immer vor Augen geblieben, und um sie hatten Volkssage und Kunstepos einen reichen Kranz von Erzählungen geschlungen. Hier setzte denn auch Schliemann, nachdem er Troja entdeckt hatte, zuerst den Spaten an. Aber was er fand, übertraf alle Erwartungen. Homers Hirngespinste erwiesen sich als dürftig und »bürgerlich« gegenüber der Realität: Eine Pracht trat ans Tageslicht, wie sie sich eine spätere Zeit nicht einmal mehr vorzustellen vermochte. Jahrtausendelang hatte man Homers Schilderungen von dem versunkenen Glanz der Vorzeit für Geflunker gehalten; und nun stellte sich heraus, daß er viel zuwenig geflunkert hatte! So verhält es sich übrigens, nebenbei bemerkt, fast immer: Die Wirklichkeit ist gewöhnlich viel größer und schöner als die Phantasie auch des gewaltigsten Dichters.

Vier Stunden abseits vom Meer war Mykenai erbaut worden, sicher nicht ohne Absicht. Eine stattliche Fahrstraße stellte die Verbindung her. Den Haupteingang zur Burg bildete das berühmte Löwentor: schwere, erzbeschlagene Türflügel, darüber die wundervollen Körper zweier Löwinnen, die, die Tatzen auf einem altarartigen Untersatz, eine Säule flankieren. Die Köpfe, die sicher das Eindrucksvollste des Bildwerks waren, sind heute abgefallen und außerdem fehlt zur Gesamtwirkung die erschreckende Buntheit, denn alle Teile waren ursprünglich grell bemalt, die Augen aus blitzenden Steinen gebildet. Die Komposition wirkt heraldisch, aber vielleicht ist dies bloß Primitivität; jedenfalls hatte sie eine symbolische Bedeutung. Man hat bei dem Löwenmotiv orientalischen Einfluß vermutet; aber man braucht nicht soweit zu gehen: Der Löwe war damals noch ein griechisches Tier.

Zum Herrenhaus, das auf der höchsten Bergkuppe lag, führte eine Freitreppe. Die Vorhalle schmückte ein Fries aus weißem Alabaster und blauer Glaspaste mit Rosetten und Palmetten: ein typisch kretisches Muster. Im Megaron war der Fußboden mit Delphinen und Tintenfischen bemalt: Auch diese Seemotive waren aus Kreta gekommen. Die lebensgroßen Bilder an den Wänden aber zeigten ein eigenes, von dem kretischen verschiedenes Pathos: hochgewachsene Frauen und Männer zügelten Doppelgespanne und jagten Hirsche und Eber, Krieger zäumten Rosse und stürmten gegen Feinde, der König thronte in Vollbart, Diadem und Ärmelrock, neben ihm die Gattin und die Großen des Reiches. Das Großartigste aber waren die Schachtgräber, die es begreifen lassen, daß Homer Mykenai »das goldreiche« nennt und die griechische Tradition die Beerdigungsstätten der Könige als »Schatzhäuser« bezeichnete. Ganz wie die Ägypter widmeten die Mykener den Totenwohnungen eine weit größere Fürsorge als den Häusern der Lebenden; bestanden diese aus Holz und Stuck, so waren jene enorme Kuppelräume, in die Berge hineingehauen: Meisterwerke des Rundbaus aus herrlich geglätteten Steinquadern, in die, ein Bild des Himmels, funkelnde Metallrosetten eingesetzt waren; die Präzision, Geschlossenheit und Großzügigkeit der Anlage stellt sie neben die gewaltigsten Schöpfungen, die die Geschichte der Architektur kennt, und schon im Altertum wurden sie mit den Pyramiden verglichen. Unter den Dolchen, die in den Gräbern gefunden wurden, befinden sich einige Wunderwerke: In winzigen Darstellungen aus abschattiertem Gold, Silber und Weißgold (eine Technik der Metallmischung, die den Griechen später völlig abhanden gekommen ist) sieht man da Krieger auf der Löwenjagd, Löwen, die Antilopen verfolgen, Pantherkatzen, die im Papyrusdickicht wilden Enten auflauern: ein Sujet von zweifellos ägyptischer Herkunft, während aus der Ornamentik vieler anderer Stücke in Meerpflanzen, Polypen, Muscheln, Seeungeheuern die Inselkunst Kretas redet. Die Menschen hingegen: dürre, spitznasige Krieger mit Schilden und Helmbüschen sind noch recht ungeschickt dargestellt. Angesichts dieser Entwicklung der Kleinkunst erscheint die allbekannte homerische Schildbeschreibung nicht mehr als eine Marotte des Dichters, ersonnen zur Plage der Abiturienten, sondern als eine vage Erinnerung an Dinge, die einmal leibhaftig existiert haben.

Und alles aus Gold: die Waffen, die Becher, die Schmucksachen und Fetische, die zahllosen gestanzten Blättchen, mit denen die Gewänder beklebt waren, die porträtähnlichen Gesichtsmasken, die den Toten aufs Antlitz gelegt wurden (wiederum ein ägyptisches Detail). Hier ist allerdings zu bedenken, daß das Gold möglicherweise damals noch nicht denselben Wert hatte wie heute. Die größte Kostbarkeit war das Eisen, dessen Preis sicher den des Goldes um ein vielfaches überstieg.

Die Burg von Tiryns bot ein ganz ähnliches Bild: riesige Mauern mit Türmen, überwachbare Eingänge mit doppelten und dreifachen Torverschlüssen. Auch sie lag landeinwärts auf einer Felskuppe. Ihre gewaltigen, roh und doch wie für die Ewigkeit gebauten Wälle von einer ursprünglichen Höhe von fünfzehn Meter imponierten den späteren Griechen so sehr, daß sie sie nicht für Menschenwerk, sondern für Kyklopenbauten hielten. In Böotien hat man besonders bei Orchomenos und auf der Kadmeia von Theben die Reste prächtiger Herrensitze gefunden. Die Deiche und Abzugsstollen des Kopaïssees, großartige Werke der Ingenieurkunst, konnten die Griechen, die niemals etwas Ähnliches zustande gebracht haben, sich ebenfalls nur von Übermenschen: Giganten oder Heroen errichtet denken. Die Monumentalität ist der hervorstechendste Grundzug der mykenischen Kunst und Kultur und ihr Hauptunterschied von der kretischen, der sowohl der Sinn wie die Begabung dafür vollkommen fehlte.

Die Ritterheere

Derartige Riesenbauten setzen ein absolutes Königtum voraus, das, ähnlich wie das ägyptische oder babylonische, über die Arbeitskräfte des Volkes nach Gutdünken verfügen konnte.

Noch bei Homer erscheint Agamemnon als Herrscher über viele Inseln und ganz Argos. Dieser Name bezeichnet im Sprachgebrauch des Epos noch die Gesamtheit der peloponnesischen Halbinsel, bei der ebenfalls schon das Wort auf ein umfassendes Machtbereich der Atriden schließen läßt, denn diese leiteten ihr Geschlecht auf Pelops als Stammvater zurück und *Peloponnesos* heißt nichts anderes als Insel des Pelops. Es ist aber möglich, daß in der mykenischen Spätzeit diese Macht wieder zerbröckelte und Hellas sich in Kleinstaaten auflöste, wie sie ja auch zweifellos aus lokalen Volkskönigtümern und Stammesherrschaften hervorgegangen ist, indem die siegreichen Führer der Heereszüge immer größere Aufgebote und Gefolgschaften unter ihrem Szepter vereinigten.

Den wichtigsten Truppenteil bildeten die Schwerbewaffneten, deren Kontingent der grundbesitzende Adel stellte, denn die Ausrüstung war kostspielig. Ihr Hauptstück war der fast mannshohe Turmschild, aus mehreren Lagen von Rindsleder zusammengefügt und tief gewölbt, so daß auch die Seiten gedeckt waren; Buckeln und Ränder waren aus Metall. Diese gewaltige Schutzwehr machte eine Panzerung des Körpers überflüssig: Nur an den Schienbeinen trug man Ledergamaschen gegen das Anschlagen des schweren Schildes; als Helm diente eine lederne Sturmhaube, mit Eberzähnen, einem Busch oder Hörnern verziert. Als Fernwaffe wurde ein langer Wurfspeer, für den Nahkampf ein großes zweischneidiges Bronzeschwert verwendet. Ein Privileg der Vornehmen war natürlich auch der zweiräderige, von zwei bis drei Rossen gezogene Streitwagen, der ungefähr gleichzeitig in Ägypten, Kreta und der mykenischen Welt Eingang gefunden hat. Es scheint, daß er im wesentlichen nur als Beförderungsmittel gedient hat: Schon der unförmige Schild, der, an einem Riemen auf dem Rücken getragen, jede rasche Bewegung verhinderte, machte eine solche Unterstützung wünschenswert. Beim Kampfe saßen die Krieger ab, stellten den Schild vor sich hin und der Wagenlenker hielt dicht in der Nähe, um zu Flucht oder Verfolgung bereit zu sein. Vielleicht aber ist unsere Vorstellung hier zu sehr von Homer beeinflußt: daß die mykenische Blützezeit eine ausgebildete Wagenstrategie nach asiatischem Muster gekannt hat, ist sehr wohl denkbar, andererseits kann sie in dem gebirgigen Lande niemals die Rolle gespielt haben wie im Orient. Für die Entwicklung einer Kriegskunst höherer Art bot die schwerfällige Kampfweise dieser Ritterheere jedenfalls keine Möglichkeiten, und man begreift, warum Homer fast nur von Einzelkämpfen berichtet. Es gab zwar auch leichtgerüstetes Fußvolk, das sich aus dem Gefolge der Edeln rekrutierte, aber dieses bildete keine entscheidende Waffe, sondern nur eine Art Reserve, die nachstoßen und den Sieg vollenden konnte. Wandte sich die Kerntruppe einmal zur Flucht, so war sie jedem Verfolger ungeschirmt preisgegeben. Ihre ganze Schutzausrüstung bestand in einem metallbeschlagenen ledernen Leibgurt; denn die homerische »Panoplie« mit Erzhelm, Backenklappen, Brustpanzer, Beinschienen und dem kleinen handlichen Rundschild ist sicher erst nachmykenisch.

Homers Quellenstudien

Es war Wolfgang Reichel, ein frühverstorbener Forscher, der im Jahre 1894 als erster zu der grundlegenden Erkenntnis gelangte, daß man unterscheiden müsse zwischen der Zeit, in der die homerischen Gedichte verfaßt wurden, und der Zeit, in der sie spielen: diese ist um mehr als ein halbes Jahrtausend älter als jene. Ilias und Odyssee sind also, wenn man es ein wenig zu modern ausdrücken wollte, nichts anderes als historische Romane. Aber ein historischer Roman, auch wenn er vom Einfühlungsvermögen des begnadetsten Dichters beseelt wird, ist niemals ein vollkommen lebenswahres Porträt der Zeit, die er schildert. Denn er ist ebensosehr ein Porträt seiner eigenen Zeit; und gerade je bedeutender er ist, desto stärker ist diese zweite Komponente. Er trägt einen Januskopf: Das eine Antlitz blickt ins Herz der Gegenwart und seine Geheimnisse, das andere mit Seherauge hinter den Schleier der Vergangenheit. Und für die Nachgeborenen, für die auch die Zeit des Dichters schon Vergangenheit ist, wird ein solcher Roman nun gar zu einer doppelten Historie! Kein Wunder, daß die Homererklärung schon im späteren Altertum ein Steckenpferd der Gelehrten war.

Daß Homer so etwas wie »Quellenstudien« betrieben habe, wäre wohl wiederum eine zu moderne Vorstellung; aber Materialien und Vorarbeiten hat er sicher benützt. Es ist sehr wahrscheinlich, daß schon die Mykener Poesien besaßen, die, vielleicht bereits in Nachahmung kretischer Epen, Kriegszüge und Heldenschicksale besangen, und diese dann, vielfach umgearbeitet, bis zum Sänger der Ilias gelangten. Diese Welt, aus der nur noch ein dumpfes Waffenklirren und ein matter Abglanz urtümlichen, aber großartigen Wirkens und Leidens durch den Nebel der Jahrhunderte zu ihm herübergrüßte, nimmt der Dichter vollkommen ernst: Er archaisiert völlig bewußt; und selbstverständlich falsch. Und selbstverständlich doch auch wieder wahrer, als es jeder Archäologe vermöchte: denn er ist ein Dichter. So konnte es kommen, daß man lange Zeit glaubte, Homer sei ein Zeitgenosse der Urhellenen gewesen, und auch heute noch gibt es einzelne ernste Gelehrte, die alle Anachronismen für spätere Einschiebsel ansehen. Diese Ansicht ist freilich unhaltbar: es heißt die Dinge verwickeln, statt sie zu erklären, wenn man annimmt, daß jüngere Bearbeiter in die Ilias die Leichenverbrennung, die dem mykenischen Kulturkreis völlig unbekannt war, und in die Odyssee den Handelsverkehr mit den Sidoniern, die es vor dem Ende des zweiten Jahrtausends noch gar nicht gab, aus purem Übermut eingeschmuggelt hätten, und außerdem handelt es sich um viel Tieferes: um ein völlig andersgeartetes Weltbild. Als Homer dichtete, grasten in den Ruinen der Herrensitze von Troja, Tiryns und Mykenai die Kühe.

»Widersprüche im Homer« gibt es nicht: Sie sind Erfindungen antiker und moderner Schulpedanten. Gerade durch die wundervolle Harmonie, zu der Altes und Neues in dem Kosmos seiner Dichterseele verschmilzt, erhält das Gemälde seine tiefste Beglaubigung. Auch die beiden feindlichen Parteien der Griechen und Troer werden in dem vergoldenden Lichte einer heroischen Weltanschauung zu einer höheren Einheit zusammengefaßt. Der Dichter schenkt ihren Protagonisten die gleiche ideale Weisheit und Ritterlichkeit, Lebensmacht und Todesverachtung, und sie sprechen dieselbe Sprache, obgleich sie nach Art und Sitte vielleicht nicht weniger verschieden waren als Kreuzritter und Araber. Sie sind alle von demselben Schicksal gezeichnet: dem Schicksal des Helden, und in diesem erhabenen Sinne *eines* Bluts. Von dem schönen Vorrecht der Dichter, die Menschheit als eine große Familie und ihre Kämpfe als Bruderkriege zu sehen, hat eben schon der Vater der Dichtkunst Gebrauch gemacht, und keiner der späteren, ob Shakespeare oder Karl May, hat darauf verzichtet. Othello und Winnetou stehen den Weißen an Edelsinn und Tapferkeit ebensowenig nach wie Hektor den Griechen. Und haben die Dichter nicht recht? Sie haben immer recht: die Welt ist überall voll Helden.

Dabei verfährt Homer in der Erzeugung der historischen Illusion mit großem Raffinement (und *dieses* Wort ist für ihn gewiß nicht zu modern). Wir fühlen uns, obgleich längst das Eisen herrscht, völlig in die Bronzezeit versetzt: und nicht bloß durch das Material der Geräte und Waffen. Auch der schwere Bogen, seit Jahrhunderten nicht mehr standesgemäß, greift als edle Heroenwaffe mehrmals entscheidend in die Handlung ein. Daß, wie bereits bemerkt, neben der stilechten alten Ausrüstung auch die spätere vorkommt, ist eine jener poetischen Freiheiten, wie sie sich in allen historischen Dichtungen finden. Auch im »Sommernachtstraum« ist Theseus »Herzog« von Athen. So etwas hat es gegeben; aber erst in der Frankenzeit. Im

»Timon« wird zu Tisch gebeten, in den Römerdramen wird getrommelt und mit Glocken geläutet. Besonders das Geographische darf man einem Dichter niemals nachrechnen. Wenn im »Wintermärchen« Böhmen am Meer liegt, so kann man auch nicht erwarten, die Phäakeninsel auf einer korrekten Landkarte zu finden. Das hat schon der antike Begründer der wissenschaftlichen Erdkunde, Eratosthenes, gewußt, als er sagte, die Gegenden der Irrfahrten des Odysseus könne man ungefähr ebenso sicher ausfindig machen wie den Sattler, der dem Aiolos den Schlauch für die Winde genäht habe.

Von der Topographie der Troas hingegen hat Homer eine so genaue und klare Vorstellung, daß man fast annehmen möchte, er sei dort gewesen. Er hat also sogar schon, ganz wie die modernen Romanciers, »Studienreisen« gemacht! Allerdings ist einem Dichter vieles möglich, das ein Gelehrter nicht begreift, und wenn Schiller niemals in der Schweiz war (obgleich sogar Baedeker sich mehrfach auf den *Tell* bezieht), so muß man vielleicht auch bei Homer nicht gleich einen Lokalaugenschein postulieren. Andrerseits gab es im achtzehnten Jahrhundert bereits massenhaft Handbücher, Atlanten und Reisebeschreibungen, wie wir sie für die Zeit Homers nicht voraussetzen dürfen. Aus der Tatsache, daß in der Ilias die ganze Troas von den Feinden der Hellenen bewohnt ist und sich von griechischer Kolonisation keine Spur findet, auch die Dorische Wanderung niemals erwähnt wird, hat man geschlossen, daß Homer eben doch vor dieser gedichtet haben müsse. Aber das ist wiederum nur ein Kunstgriff: Er ignoriert diese Dinge geflissentlich.

Schliemann

Durch Schliemann ist Homer bekanntlich glänzend gerechtfertigt worden: Bis dahin gehörte es in wissenschaftlichen Kreisen zum guten Ton, den Namen Troja zu vermeiden. Aber man müßte eigentlich sagen: Homer hat Schliemann gerechtfertigt, denn was würden dessen Grabungen für uns bedeuten ohne den Gesang vom Zorn des Achill? Schliemanns Troja des Spatens läßt sich widerlegen wie jede Realität des Augenscheins; und es ist auch bereits widerlegt worden. Tatsachen sind etwas sehr Trübes, Zweideutiges und Vergängliches; ihren göttlichen Sinn, der ewig ist, vermag nur der Dichter zu entschleiern. Selbst die Pyramiden: was sind sie anderes als stumme Riesenleichen, großartige Monstrositäten? Troja ist nur ein Schutthügel, aber ein redender: durch die Zunge Homers entflammt seine Geisterstätte noch heute das Herz jedes Schulknaben.

Einer dieser begeisterten jungen Homerleser war auch Heinrich Schliemann. Er faßte bereits im Jahr 1830, acht Jahre alt, den Plan, einmal Troja auszugraben. Ein bedeutendes Vermögen, das er sich in Rußland als Großhändler erworben hatte, gewährte ihm die Mittel zur Ausführung seines Projektes. Im übrigen war er weder ein Künstler noch ein Gelehrter, sondern bloß ein enthusiastischer Dilettant, ein prachtvolles Original. Gewinnsüchtige Absichten lagen ihm selbstverständlich vollkommen fern; aber daß er doch ein wenig Kaufmann geblieben war, zeigte die gigantische Reklame, mit der er seine Entdeckungen in die Welt posaunte. Er begann seine Grabungen 1871 in Troja, 1874 in Mykenai, 1880 in Orchomenos, 1884 in Tiryns. Dabei leitete ihn in der Wahl der Stellen ein unerhörtes Glück oder vielleicht richtiger: der geheimnisvolle Instinkt eines Rutengängers; denn er grub überall falsch und fand überall mehr, als er erhofft hatte. In Hissarlik suchte er das neue Ilion der spätgriechischen Zeit und fand das alte Troja. Es erschien ihm selbstverständlich, daß das homerische Troja sich nur in der größten Tiefe befunden haben könne. Er machte daher erst bei der zweituntersten Kulturschicht halt, die er für die »gebrannte Stadt«, das von den Griechen zerstörte Troja, erklärte. Zutage traten: die Burgmauer mit dem »Skäischen Tore«, der »Palast des Priamos«, der »Goldschatz des Priamos« und eine Menge Gefäßscherben. Aber die Sache stimmte nicht: die hier aufgedeckte Kultur war ganz unverkennbar eine weit primitivere, bescheidenere und altertümlichere als die mykenische, die Homer schildert. Erst der Architekt Wilhelm Dörpfeld entdeckte 1893 in der zweitobersten der sieben Schichten das wirkliche homerische Troja: Es war von dem Schliemannschen durch nicht weniger als drei Ansiedlungsperioden getrennt, während dieses in die graueste Vorzeit rückte. Das Verhängnisvollste an Schliemanns Irrtum war, daß er, da ihn nur das vermeintliche Troja der Ilias interessierte, das echte, weit höher gelegene erheblich beschädigte.

Neunmal Troja

Troja lag, die Einfahrt in die Dardanellen beherrschend, auf einem Hügel im Nordwestzipfel Kleinasiens. Seine Lage wurde sein Schicksal: Immer wieder lockte es feindliche Mächte zur Zerstörung, immer wieder wurde es von neuem besiedelt. Schliemann konstatierte sieben Bewohnungsschichten, neuerdings zählt man sogar neun: Die erste gehört der Steinzeit des vierten Jahrtausends an, die jüngste der Römerzeit. Der älteste Name, Dardaner, den die Griechen der Bevölkerung beilegten, hat sich in einer am Hellespont, nahe bei Ilion gelegenen Stadt Dardanos erhalten. Unmittelbar am Eingang zur Meerenge mündet der bedeutendste Fluß des Gebiets, der Skamander, der in seinem Unterlauf eine breite, fruchtbare Ebene durchströmt. Der türkische Name Asarlik bedeutet Trümmerstätte. Nicht bloß die Türken, sondern auch die Byzantiner haben sich um den Schauplatz der Ilias niemals gekümmert, aber noch Konstantin der Große schwankte bei der Wahl seiner Residenz zwischen Konstantinopel und Ilion, und zur römischen Kaiserzeit gehörte es zum guten Ton, Troja zu besuchen, wo von Fremdenführern die Lyra des Paris, der Ort, wo er sein Urteil fällte, das Brettspiel Hektors und ähnliches gezeigt wurde. In der neueren Zeit hingegen mißtraute man Homer so sehr, daß man Argamemnon für eine altgriechische Gottheit erklärte.

Die erste Schicht (von unten nach oben gesehen) kennt man

sehr wenig. Nur ein kleines Stück ist aufgedeckt; aber jedenfalls kann Troja I noch keine sehr ansehnliche Burg gewesen sein. Der Charakter ist, wie gesagt, noch durchaus steinzeitlich; aber das Kupfer war wahrscheinlich schon bekannt, obschon als Gebrauchsmetall noch zu kostbar. Gefunden wurden Hämmer, Äxte und Keulenköpfe aus Nephrit und Obsidian, Nadeln aus Knochen, Krüge, Näpfe, Becher aus Ton mit einfachen Ornamenten, meist weiß auf schwarz. Troja II hat während der ganzen zweiten Hälfte des dritten Jahrhunderts geblüht. Es besaß eine fünf Meter dicke, aus Holz und Lehm erbaute Burgmauer, die mehrere Paläste umschloß, und kupferne Beile und Dolche, goldene und silberne Gefäße, kostbare, aber noch ziemlich rohe Schmucksachen. Es ist nicht unmittelbar auf Troja I gefolgt; die Stätte war längere Zeit, vielleicht Jahrhunderte hindurch, verlassen. Die Keramik, in Troja I handgemacht, ist nunmehr schon vielfach mit der Scheibe hergestellt. Besonders charakteristisch sind die sogenannten Gesichtsurnen: Gefäße, die Nase und Mund, Ohren und Augenbrauen, Brüste und Nabel nachahmen. Das Gebrauchsmetall ist die Bronze; an einzelnen Prunkstücken findet sich auch Lapislazuli, Bergkristall, Karneol. Es war die erste große Glanzzeit der Stadt. Eine ungeheure Katastrophe muß ihr den Untergang gebracht haben: Sie wurde mit dem gesamten Komplex an Mauerwerk und Wohnbauten ein Raub der Flammen, nicht einmal die Schätze aus den Häusern konnten gerettet werden, und wiederum blieb das Areal eine weite Zeitstrecke hindurch unbesiedelt oder dürftig besiedelt. Troja III, IV und V waren offene Dörfer mit ärmlichen Häusern. Erst Troja VI ist die Stadt des Priamos, die von den Söhnen des Atreus erobert wurde. Ihre Kultur entspricht genau der mykenischen. Mächtige Fürsten herrschten auf der Hochburg, die gleich den festländischen aus riesigen, sorgfältig geglätteten Quadern erbaut war und an Umfang und Höhe die der zweiten Stadt weit übertraf; in den

Häusern, die den nordischen Megarontypus aufweisen, wohnten Pracht und Reichtum. Die Funde zeigen zugleich an, daß der Handelsverkehr sich weit in die griechische, ägyptische und babylonische Welt erstreckt haben muß. Man wird sich diese Seemetropole nicht viel geringer an Bedeutung vorstellen dürfen als Brügge oder Venedig im ausgehenden Mittelalter; die Ilias gibt davon, wie gesagt, eine etwas zu kindliche Vorstellung. Ihre Hochblüte fiel in die zweite Hälfte des zweiten Jahrtausends. Ihre Zerstörung war keine so vollkommene wie bei der zweiten Stadt; gleichwohl hat sie sich von diesem Schlage nie wieder erholt: Troja VII und VIII sind wieder kümmerliche Fischernester, an denen bloß der große Name haftet. Alexander beschloß, das heilige Ilion wiedererstehen zu lassen, aber erst einer seiner Diadochen, Lysimachos, führte den Plan aus und ließ eine kleine Stadt mit Mauern und einem schönen Athenetempel errichten, zu der die Spätantike bewundernd wallfahrtete, zumal die Römer, die bekanntlich behaupteten, von Äneas abzustammen. Daß die Neugründung sich nicht an der Stelle der alten Stadt befinde, behaupteten schon im Altertum einzelne Gelehrte, ohne auf das große Publikum Eindruck zu machen. Das Bild, wie es die jetzigen Forschungen bieten, zeigt eine so lange und wechselvolle Geschichte, wie sie keine einzige Stadt Europas gehabt hat; auch Rom nicht. Die Blätter des Buches, das von ihr erzählt, sind freilich zerrissen.

Das »olympische Ilion«

Der früheren Geschichtswissenschaft galt es für ganz selbstverständlich, daß der Inhalt einer Sage oder gar einer Dichtung nicht wahr sein könne. Schon Thukydides lehnte Homer als Gewährsmann ab, und die Sophisten erklärten die gesamte Heldensage für ein Phantasiespiel der Poeten, das diese ersonnen hätten, um ihre Lebensweisheit in eine gefällige Form zu kleiden. Noch weiter gingen die Stoiker, indem sie in den mythischen Gestalten bloße Allegorien erblickten, Verkörperungen von ethischen Potenzen oder Naturmächten. Und noch das neunzehnte Jahrhundert war so skeptisch, daß man selbst nach Schliemanns Ausgrabungen die Behauptung hören konnte, das homerische Troja werde ebensowenig gefunden werden wie der Nibelungenschatz im Rhein. Aber lernt man nicht noch immer die englische Geschichte am besten aus Shakespeares Königsdramen und erlangt man aus Schillers *Wallenstein* und *Maria Stuart* nicht auch heutzutage das klarste und wahrste Bild des inneren Sinns der Geschehnisse, wenn auch viele Äußerlichkeiten sich von jedem Gymnasiasten widerlegen lassen? Und so sollte man, solange nicht strikte Gegenbeweise auftauchen (und es ist sehr unwahrscheinlich, daß dies jemals der Fall sein wird), auch die Ilias für eine Art Lehrbuch der griechischen Geschichte halten. Ja, warum sollte nicht sogar in der so anekdotisch anmutenden Erzählung vom Kriegsanlaß ein realer Kern stecken? Eine starke politische Spannung zwischen Mykenai und Troja bestand schon längst: die mächtige Seeburg verlegte den Griechen den wichtigen Zugang zum Schwarzen Meer und den Kornländern Südrußlands. Alles drängte auf eine Auseinandersetzung: jede zufällige Erschütterung konnte zur Explosion führen. Gerade die größten historischen Bewegungen sind oft aus relativ geringfügigen Ursachen entstanden. Der Thesenanschlag zu Wittenberg, der Fenstersturz zu Prag, die Erstürmung der Bastille, die Emser Depesche und selbst die Ermordung des österreichischen Thronfolgers standen zu dem, was sie auslösten, in keinem Verhältnis. Und so liegt es auch durchaus im Bereich der Möglichkeit, daß zehn Jahre um Troja gekämpft wurde, weil ein trojanischer Prinz eine griechische Königin entführte. Ob es freilich gerade zehn Jahre waren, ist wieder eine andere Frage. Und ob es mehr als ein Raubzug war, steht ebenfalls dahin. Jedenfalls ist es den Griechen damals noch nicht gelungen, sich in Kleinasien festzusetzen; wahrscheinlich lag dies auch gar nicht in ihrer Absicht: Es genügte ihnen, die lästige Meerengensperre gebrochen zu haben. Einzelwahrheiten darf man, wie gesagt, von Homer nicht verlangen. Sie waren ihm vielleicht sogar bekannt; aber er hat sich durch sie nicht verwirren lassen. Er hat Historie in dem höchsten, ja einzigen Sinne, nämlich in der Form von »Dichtung und Wahrheit« gegeben, ganz wie Goethe in seiner Selbstbiographie, die über alle literaturhistorischen »Feststellungen« hinweg immer die reinste und richtigste Darstellung seines Lebens bleiben wird. Die Schichtbefunde werden alle dreißig Jahre etwas anderes erzählen; Achill und Hektor waren vor ihnen da und werden nach ihnen da sein. Alexander schöpfte bekanntlich die Begeisterung zu seinem Märchenzug aus der Andacht vor den Trümmern Ilions; er opferte jedoch dem Schatten seines großen Ahnherrn an einer »falschen Stelle«! Aber die Stelle war schon richtig: Sie befand sich in seinem Herzen. Denn was er suchte und fand, war ja nicht das irdische Ilion, das, auch als es noch herrlich stand, nur ein kümmerlicher Erdenrest war, sondern das »olympische«, das er ebenso in seiner Seele trug wie die Christen das himmlische Jerusalem.

Das Reich des Minos

Die Kultur Kretas hingegen, die zweifellos noch viel interessanter war als die trojanische und mykenische, hat keinen Homer gefunden. Sie ist eine der größten Überraschungen, die der historischen Forschung jemals beschert worden sind. Ihre Kenntnis ist nicht älter als unser Jahrhundert. Nachdem schon Schliemann daran gedacht hatte, auf Kreta zu graben, aber wegen der unverschämten Geldforderungen, die an ihn gestellt wurden, davon abgekommen war, brachte Arthur Evans, der Sohn eines reichen englischen Fabrikanten, den Plan zur Ausführung und legte zunächst in den Jahren 1900 bis 1905 bei Knossos den »Palast des Minos« frei. Was zutage trat, übertraf noch weit die mykenischen Funde: aus dem Nebel der Jahrtausende stieg ein kokettes Lustschloß von höchst verwickelter und raffinierter Bauart, in der Tat ein Labyrinth, von dem also die Griechen ebenfalls nicht bloß so ins Blaue gefabelt hatten.

Und auch der sagengewaltige Minos hat zweifellos gelebt; nur hieß so vermutlich nicht eine einzelne Persönlichkeit, sondern jeder Herrscher, vielleicht auch handelte es sich, wie gesagt, um eine in Tiergestalt verehrte Gottheit, am wahrscheinlichsten um beides: den mit der Gottheit identifizierten König, wie ja auch Pharao nicht, wie man früher glaubte, einen Eigennamen, sondern einen Gattungstitel bezeichnet.

Kreta ist mit seiner Ausdehnung von mehr als achttausend Quadratkilometern die fünftgrößte Insel des Mittelmeers und wird in dessen östlicher Hälfte nur von Zypern an Umfang übertroffen. Das Land ist zu einem großen Teil von wilden, vegetationsarmen Gebirgen erfüllt, die bis zu Höhen von 2500 Metern emporsteigen. Während im Süden die Felsen steil ins Meer fallen und keine Häfen gestatten, bietet der Norden mit seinen sanft ansteigenden Hügeln, fruchtbaren Niederungen und reichgegliederten Küsten Raum für Siedlung und Seeverkehr. Dort befinden sich die Ruinen von Knossos. Die größte Ebene der Insel, Messara (Mittelland) genannt, liegt südlich, und hier, bei Phaistos, haben Grabungen einen zweiten Palast bloßgelegt. Das Klima Kretas ist subtropisch, sehr milde, die Hälfte des Jahres fast regenlos, und begünstigt jegliche Art von Pflanzenwuchs. Die Insel zählte im späteren Altertum etwa 200000 Einwohner und kam bei der Reichsteilung an Ostrom, zu Anfang des dreizehnten Jahrhunderts an die Venezianer, in der zweiten Hälfte des siebzehnten Jahrhunderts an die Türken, 1913 an Griechenland. Es ist eine Lücke im System des britischen Imperialismus, daß dieses im Süden unangreifbare, im Norden sehr leicht zu befestigende Eiland, das wie ein Riegel zwischen der Ägäis und Ägypten liegt, nicht englisch ist; aber die englandfreundliche Haltung der Türkei im neunzehnten, Griechenlands im zwanzigsten Jahrhundert bot zu einer solchen Annexion keine Handhabe.

Die Urkreter, wie sie uns sowohl auf ihren eigenen wie auf

den ägyptischen Gemälden entgegentreten, waren weder von indogermanischem noch von semitischem Typus; einerseits schwarzhaarig, dunkelfarbig, von kaum mittelgroßem Wuchs, andrerseits gradnasig, schlichthaarig und von ungewöhnlich feingliedrigem Körperbau. Solche schlanken Jünglinge mit zarten Gelenken, kleinem Kopf und auffallend schmaler Taille sieht man noch heute auf Kreta. Auch die Schriftdenkmäler, zu deren Deutung bisher jeder Schlüssel fehlt, weisen auf eine Sprache, die mit keiner indogermanischen oder semitischen irgendwie verwandt ist. In der Bilderschrift finden sich zahlreiche Pflanzen- und Tiermotive: Seepferd und Spinne, Thunfisch und Tintenfisch, Lilie und Iris. Sie stand wahrscheinlich unter ägyptischem Einfluß; doch entwickelte sich aus ihr im Lauf des zweiten Jahrtausends eine eigene Kursive. Knossos hatte besondere Hofkalligraphen; und dort hat man ein Archiv von mehr als fünfzehnhundert Tontafeln gefunden, was wieder mehr nach Babylonien weist. Aus den häufig vorkommenden Zahlzeichen kann man schließen, daß es sich um Inventare und Rechnungen handelt. Die Kreter besaßen nämlich offenbar ein ausgebildetes Dezimalsystem, da sich dreierlei Zeichen nebeneinander vorfinden, die sich nicht öfter als neunmal wiederholen, also vermutlich 1, 10, 100 bedeuten; in diesem Punkte also haben sie sich nicht an Babylonien orientiert. Häufig sind auch Waagschalen abgebildet, was sicher ebenfalls eine rechnerische Bedeutung hat. Es ist ein katastrophales Loch, daß es keinen kretischen Stein von Rosette gibt. Die Ägypter haben zweifellos kretisch verstanden, aber Paralleltexte oder gar Wörterbücher zu verfassen ist ihnen leider nie eingefallen. Das Kretische war eben ein bloßes Inselidiom, das sich zu den Weltsprachen: dem Ägyptischen und Babylonischen, etwa verhielt wie das Japanische zum Englischen und Französischen.

Kretische Wirklichkeitskunst

Auf Kreta gehen die neolithischen Funde in sehr frühe Zeiten hinauf, wahrscheinlich bis ins fünfte Jahrtausend: primitive Tonsachen von grauer, mitunter auch roter Färbung, Steinwaffen und Knochengeräte. In der Zeit, die Evans als »Early Minoan« bezeichnet hat, dem dritten Jahrtausend, versteht man es bereits, die Gefäße mit glänzendem Firnis zu überziehen und in geometrischem Stil zu ornamentieren oder in farbenprächtigen Kontrastwirkungen zu schecken, zu ädern, zu flammen. Zu Anfang des Middle Minoan bezeichnet um 1900 der Kameresstil einen sehr bedeutenden Fortschritt in der Verzierung: die bisher rein linearen Motive verlebendigen sich zum Pflanzenornament, ohne aber jemals bis zum Realismus zu gehen. Eine hohe Musikalität ist die hervorstechendste Eigentümlichkeit dieses Stils. Gegen Ende der mittleren Epoche, um 1700, hat ein großer Brand den Palast von Knossos zerstört. Da nur das Fundament aus Steinquadern, der übrige Bau aus Lehm und Holz bestand, kann es sich sehr wohl um eine Feuersbrunst gehandelt haben, die um so leichter ihr Werk zu verrichten vermochte, als auf der Anhöhe, die das Gebäude trug, nicht viel Wasser zum Löschen vorhanden gewesen sein kann. Auch an ein Erdbeben könnte man denken. Die Möglichkeit eines feindlichen Überfalls ist aber nicht auszuschließen, nur können es damals noch nicht Griechen gewesen sein, da sich kretische Beutestücke aus dieser Zeit auf dem Festland nirgends vorgefunden haben. Vielleicht waren es die Hyksos, denen gerade damals auch Ägypten zum Opfer fiel. Aber während sie dort lange Zeit saßen, können sie auf Kreta keinesfalls Fuß gefaßt haben, denn von einer Fremdherrschaft fehlt jede Spur. Vielmehr hat die Brandkatastrophe, die nicht lange darauf auch den Palast von Phaistos verschlang, nur eine neue und noch viel glänzendere Kunstblüte eingeleitet. Mit einem Schlage (so erscheint es wenigstens unserem verkürzenden Rückblick) befinden wir uns auf der Höhe eines starken und eigenartigen Vollnaturalismus. Polyp und Delphin, Koralle und Alge, Papyrus und Riedgras, Muscheln und Schmetterlinge dekorieren in fast bizarrer Lebendigkeit Wände und Gefäße. Kleine farbige

Fayencereliefs charakterisieren mit verblüffender Anschaulichkeit die heimische Tierwelt in Ruhe und Bewegung: die grasende Wildziege in ihrer grazilen Ruhelosigkeit, die säugende Kuh in ihrem stumpfen Phlegma. Auf den Raum eines Siegels sind Landschaftsstimmungen gezaubert: kahle trauernde Bäume im Wintersturm, oder kleine Novellen wie der groteske Kampf eines Schiffers mit einem Seeungeheuer. Die Hallen waren mit herrlichen Fresken bedeckt: Hier sah man Hirsche, Stiere, Löwen, gestreckten Laufs in der Luft hängend, dahinsausen, eine Katze inmitten bunter Blumen einen Fasan beschleichen, einen riesigen Vogel Greif zwischen Stauden sitzen, einen Pavian in einem Strauch lauern. Aber auch die Menschenwelt fehlt nicht: Ein Knabe in Dunkelblau sammelt Krokusblüten in einem Korb, Herren und Damen in Balkonlogen ergötzen sich an Stierkämpfen, schaulustiges Volk drängt sich unter Ölbäumen. Jedes Naturding ist in seinem einmaligen Eigenleben erfaßt: der träge Seestern, die schleimige Qualle, der wandernde Nautilus, der Busch, der im Winde schwingt, die Blume, die in der Sonne träumt, sogar der fliegende Fisch! Und alles hat Atmosphäre. Dergleichen hat die griechische Kunst niemals auch nur versucht.

Hingegen haben die Kreter wiederum niemals daran gedacht, eine bedeutende Skulptur hervorzubringen. Ihre Kunst war eben durchaus malerisch und musikalisch. Große Statuen haben sie überhaupt nicht gemacht, und ihre Kleinplastik ist im Nippeshaften steckengeblieben. Interessant aber ist es, daß sie sich hier an die kühnsten Experimente gewagt haben, die bereits außerhalb der Aufgabe der Rundbildnerei, und zwar abermals im Gebiete des Malerischen, liegen. Die Elfenbeinfigur eines Jünglings zum Beispiel soll offenbar darstellen, wie dieser mit Anspannung aller Muskeln im »Hechtsprung« über einen Stier hinwegsetzt: ein Momentbild, wie es nur die fotografische Kamera festzuhalten vermag. Man wird an die Barockplastik erinnert, die ebenfalls im starren Stein Dinge zu gestalten suchte, die man bisher kaum dem Pinsel zugemutet hatte: Blitze, Flammen, Wogen, flatternde Bärte und Gewänder. Eines ist jedenfalls offenkundig: den kretischen Künstler interessiert nur der Augenblick. Wenn man will, ist dies die höchste Wirklichkeitskunst; denn jede Art von Querschnitt, Gruppierung, Aussparung, Zusammenfassung entfernt von der Wirklichkeit. Aber ist es auch die höchste *Kunst*?

Kretischer Symbolismus

So sonderbar es klingen mag: Kreta befand sich bereits vor dreieinhalb Jahrtausenden auf dem Wege zum Impressionismus. Ein so empfängliches Auge für Landschaft, Rhythmus, Farbe, Ambiente hat Europa erst wieder gegen Ende der Neuzeit entwickelt. Andrerseits aber hat die kretische Malerei niemals versucht, die Schicksale des Lichts und Schattens mit dem Pinsel wiederzugeben: sie behalf sich mit flachen kolorierten Stuckreliefs, bei denen die Beleuchtung diese Nuancen von selbst erzeugte; und auch die Begriffe der Perspektive waren ihr noch ebenso unbekannt wie allen Völkern jener Zeit: Nirgends findet sich ein Ansatz zu Tiefenstaffelung und Raumdarstellung. Es fehlt, wie Arnold von Salis in seinem ausgezeichneten Werk *Die Kunst der Griechen* mit Recht bemerkt, die Grundbedingung des Impressionismus, die optische Totalität: »Die Szene ist nicht bedingt durch die Gestalt des Lokals, sondern umgekehrt, das Bild wird nachträglich, zum Zweck der Raumfüllung, mit landschaftlichen Fetzen garniert.« Bisweilen wirken die knossischen Gemälde wie jene raumverhöhnenden Fieberträume, die der Futurismus uns beschert hat. Waren die Kreter also am Ende gar Expressionisten?

Jedenfalls hat sich im Late Minoan, seit etwa 1500, abermals ein neuer Stil entwickelt (Evans nennt ihn den »Palaststil«, weil zu jener Zeit die kretischen Paläste ihren höchsten Glanz entfalteten), den man geradezu als hypermodern bezeichnen muß. Die Ambition, eine illusionistische Wirkung zu erzielen, wird fallengelassen; der Naturalismus gefriert zum Schematismus. Es ist eine Rückkehr zum Linearstil der Stufe vor der Kamareszeit, aber auf einer höheren Schraubenwindung der Entwicklung: was dort Primitivität war, ist hier bewußtes Raffinement. An die Stelle der »Programmalerei« tritt eine »absolute Malerei«, die ihr Thema in bloßen Spannungen und Entspannungen von Linienrhythmen erblickt, die nur das symbolische Diagramm und stenographische Sigel der Erscheinungswelt gibt und die »Farbe an sich« malt, als eine Idee der Schöpfung, losgelöst vom Dienst der Form. Daß daneben aber immer noch ein lebenswarmer und wirklichkeitsfroher Realismus bestand, zeigt ein Salbgefäß aus Speckstein, mit Goldblech überzogen, das in Hagia Triada gefunden wurde, einem einstigen Lustschlößchen der Fürsten von Phaistos. Ein Trupp Erntearbeiter marschiert nach Hause, die Heugabeln geschultert, an der Spitze vergnügt schmunzelnd der Aufseher, in der Mitte eine Gruppe von Sängern, aus vollem Halse zum Takt des Sistrums plärrend, das ein dickbäuchiger Alter schwingt. Dahinter immer dichteres Gedränge: Einer ist gestürzt und hat im Fall das Bein seines Vordermanns erwischt, der sich halb entrüstet, halb belustigt umdreht. Im ganzen siebenundzwanzig Figuren: nicht zwei haben dieselbe Körperhaltung oder denselben Gesichtsausdruck, und doch wirkt der ganze Zug als einheitlicher, von einem gemeinsamen Rhythmus getragener Organismus von abwechslungsreich gegliedertem Tempo. Einzelne Visagen erinnern direkt an Wilhelm Busch.

Der Kretazismus

Diese Kunst, von deren Existenz man noch vor wenigen Jahrzehnten keine Ahnung hatte, hat also nicht nur eine reiche Blüte, sondern auch einen sehr langen und wechselvollen Entwicklungsgang gehabt: Er entspricht etwa der Geschichte der deutschen Kunst von der Urzeit und der frühmittelalterlichen Tierornamentik bis zum Symbolismus des Fin de siècle und den Richtungen der Nachkriegszeit. Ein interessantes Kapitel wäre die Aufhellung der Beziehungen zwischen Ägypten und Kreta; man ist aber da nur auf Vermutungen angewiesen. Die Amarnakunst, die für die Nilkultur etwas ganz Neues bedeutet, trägt viele Züge, die so völlig unägyptisch und andrerseits so typisch kretisch sind, daß in diesem einen Punkt die Frage wohl als gelöst betrachtet werden darf. Schon allein das Motiv des »Streckgalopps«, das ganz plötzlich auftaucht und dann wieder auf Jahrtausende verschwindet, redet eine genügend deutliche Sprache. Und ist es vorstellbar, daß die Ägypter auf einmal aus Eigenem Marinemaler geworden sind? Es ist sehr wahrscheinlich, daß gegen Ende der spätminoischen Zeit der »Kretazismus« in der ganzen Mittelmeerwelt die große Mode war, ähnlich wie in Europa eine Zeitlang der Japonismus.

Die Traumstadt

Im Gegensatz zu den Mykenern haben die Kreter ihre Städte niemals befestigt: Nirgends gab es Mauern, Türme, Fluchtburgen, selbst die kleinen Inseln vor der Nordküste lagen ungeschützt. Dies setzt eine überragende Seemacht voraus; auch England hat im Innern des Landes keine Festungen. Die Straßen waren gut gepflastert, aber sehr schmal: nur ein bis zwei Meter breit. Unter dem Pflaster befanden sich Abflußleitungen für Regenwasser. Das beliebteste Baumaterial war der Lehmziegel, der in dem warmen und sonnigen Lande sehr rasch an der Luft trocknete, und der prachtvolle kreideweiß leuchtende Gipsstein, der in Fülle vorhanden war. Dicht drängten sich die mehrstöckigen Häuser aneinander, ihr Antlitz nach innen kehrend, im Gegensatz zu den festländischen Bauten, die den Eintretenden mit Vorhallen und Kolonnaden empfingen. Eine Fassade fehlt vollkommen, die schmale Tür ist nicht selten in eine Seitengasse verlegt. Auf Hügeln lagen die riesigen Paläste. Um einen rechteckigen Zentralhof gruppierten sich in verwirrender Masse Zimmer und Korridore, Lichtschachte und Treppenhäuser, Pfeilersäle und Magazine; ein großartiges System tönerner Rohre sorgte für frisches Quellwasser; die Badezimmer waren aufs komfortabelste ausgestattet. Und was noch vor kaum einem halben Jahrhundert das Monopol Englands und einen Gegenstand seines Nationalstolzes bildete: auch das W. C. fehlte nicht! In den unteren Etagen befanden sich Werkstätten, Küchen mit sinnreichen Apparaten zum Sieden, Seihen, Pressen, Filtern und Vorratskammern mit mannshohen Tonnen, die Öl und andere Lebensmittel enthielten. Die Wohnräume waren meist klein, gewährten aber, da die Wände durchbrochen waren, herrliche Durchblicke und Fernsichten und waren allenthalben mit Landschaftsbildern bedeckt, die die Farbenpracht der Wiesenflora und Meeresfauna bis ins Haus trugen. Je tiefer unser Auge ins Altertum dringt, desto fadenscheiniger wird die Neuzeit. Wie der Pharus den Eiffelturm und die Cheopspyramide den Gotthardtunnel, so beschämt Knossos Versailles. Auch auf Kreta atmete alles genießerische Daseinsfreude, wählerische Lebenskunst, den raffinierten Boudoirgeist einer späten und schon überzüchteten Kultur. Alles ist verspielt, improvisiert, fast gedankenlos: Sogar die Architektur ist ganz impressionistisch auf den Moment gestellt, Raum wächst an Raum lediglich durch »Apposition« wie bei einem Kristall. Es fehlt, wiederum im bezeichnenden Gegensatz zum Festland, jeder Wille zur Monumentalität, ja auch nur zur Übersichtlichkeit. Es ist eine Traumwelt: schwebend und schaumgeboren, ohne festen Fuß in der Realität, wie aus der glitzernden Laune eines übermütigen Geisterwesens gesprungen; und wie durch Zauberschlag ist sie auch wieder in die Erde gefahren. So ähnlich mag sich im Kopfe Shakespeares jene Märchenstadt gemalt haben, in der Theseus und Hippolyta ihre sagenhafte Hochzeit feierten.

Das England der Ägäis

Und vielleicht hatten die Kreter auch schon ihren Shakespeare! Ein Theater mit ansteigenden Sitzreihen und kreisrunder Orchestra in der Mitte haben sie jedenfalls besessen, aber was dort aufgeführt wurde, wissen wir natürlich nicht: vielleicht nur Schaustellungen und Tierkämpfe wie im kaiserlichen

Rom. Manche Forscher glauben auch, daß das Epos eine kretische Erfindung sei. Aber die gesunde, schlichte Kraft Homers können jene Poeten nicht besessen haben und noch weniger dessen lichtvoll gliedernde Komposition: auch die *Dichtungen* der Kreter werden nur farbenschillernde Blasen gewesen sein, Luftspiegelungen einer Phantasie, die mit allem bloß spielt. Und daß sie von rauschender Kriegsmusik erfüllt waren, ist ebenfalls sehr fraglich. In der bildenden Kunst Kretas fehlen Darstellungen von Kämpfen, ja sogar von Jagden vollkommen, wiederum im Gegensatz zu Mykenai. Man wird auch hier an England erinnert, das, trotz Imperialismus und Dreadnoughts, immer ganz unmilitaristisch gewesen ist. Daß Kreta überhaupt in jener ägäischen Welt ein kleines Großbritannien war, indem es einen Teil der Inseln und vielleicht auch die griechische Gegenküste durch Stützpunkte beherrschte, ist ein Schluß, den die historische Logik nahelegt. Als Wirtschaftsmacht stand es zweifellos an der Spitze: es scheint den ganzen Seehandel für sich monopolisiert zu haben. Die wichtigsten Exportartikel waren Öl und Erzeugnisse des Kunstgewerbes, Wagen und Waffen. Die natürlichen drei Hauptrouten gingen über Kyrene nach Ägypten, über Zypern nach Syrien und über die Kykladen nach Kleinasien. Eine solche weitausgreifende Verkehrspolitik setzt straffe Zentralisation in der Landesverwaltung voraus. Daß trotz den zahlreichen Herrscherpalästen Teilfürstentümer nicht bestanden, geht aus dem Mangel an Befestigungen hervor. Knossos, die nördliche, und Phaistos, die südliche Residenz, zeigen bis ins kleinste dasselbe Anlageschema. Sie haben offenbar einem stattlichen Hofstaat zum Wohnraum gedient. Aber in überraschendem Kontrast zum übrigen Orient tritt der König auf den Gemälden niemals hervor, geschweige denn daß er, wie in Ägypten, in Überlebensgröße auf den Wänden thronte. Alles mutet hier fast republikanisch an. Vielleicht lag die Macht ganz in den Händen eines Adelsregiments und der Herrscher spielte nur eine Mikadorolle; vielleicht auch (denn wir haben es hier mit einer sehr erlesenen Kultur zu tun) hat ein besonderes Taktgefühl ihn gehindert, sich in den Mittelpunkt zu drängen.

Das Paradies der Damen

In der Geselligkeit muß die feinste Etikette geherrscht haben; aber es fehlt ebenso die finstere Unterwürfigkeit Asiens wie das steife und fast lächerliche Zeremoniell Ägyptens, sondern alles ist durchpulst von Heiterkeit, Freiheit, degagierter, sprudelnder Laune. Zwei kleine Bilder zeigen die *Hofgesellschaft des Königs Minos*, einmal im Palast, einmal im Park: zahlreiche Damen und Herren bieten stehend, sitzend plaudernd und gestikulierend in kapriziösem Durcheinander das Bild einer gelösten und doch beherrschten Festversammlung. Boxmatchs, Scheinturniere, Schautänze scheinen an der Tagesordnung gewesen zu sein; auch Stierkämpfe. Bei diesen dürfte es ganz spanisch zugegangen sein, nur waren die Ausübenden nicht Professionals, sondern Personen der höchsten Kreise, ja sogar Damen. Das Sportgirl ist also, wenigstens soweit die uns bisher bekannte Geschichte reicht, ebenso alt wie der Sportsmann.

Denn dies ist das Allermerkwürdigste an dieser Kultur: Sie ist ausgesprochen »gynäkokratisch«. Soviel wir sehen können, war alles auf die Frau orientiert. Auf allen Darstellungen nimmt sie den bevorzugten Platz ein. Selbst in der Religion spielt sie die Hauptrolle. Die großen Naturmächte sind alle weiblich gedacht: gebärend und schöpferisch; die männlichen Gottheiten treten ganz zurück. Die Seele des Toten, auf einem von Greifen gezogenen Wagen zum Himmel entschwebend, wird von einer Göttin geleitet. Frauen vollziehen den Kult: Es gibt nur Priesterinnen, die Männer sind bloß ihre Gehilfen und tragen beim Gottesdienst weibliche Kleidung. Und auch die Kunst hat etwas ausgeprägt Femimines: in ihrer Aromatik und Musikalität, delikaten Weichheit und verträumten Grazie, geschmackvollen Farbenfreudigkeit und ideenleeren »Kunstgewerblichkeit« und ihrer Scheu vor jeder Strenge der Logik und Architektur und allen Themen des »virilen« Lebens. War Kreta am Ende eine Art Amazonenstaat oder doch wenigstens ein Gebiet des Mutterrechts? Es ist jedenfalls auffallend, daß man dort noch zur Zeit Plutarchs nicht πατρίς, sondern μητρίς: Mutterland sagte. Oder war der Kreter bloß ein so vollendeter »homme à femmes«, daß er alles nach dem Wunschleben der Frau zu gestalten trachtete, und das Ganze nur ein Spiel exquisiter Galanterie?

Das weibliche Kostüm, ebenso raffiniert wie lasziv, wirft alle landläufigen Vorstellungen von antiker Tracht über den Haufen. Die Damen trugen aufs sorgfältigste angepaßte Metallmieder, die die Brüste völlig entblößt ließen, plissierte Krinolinen mit reichen Stickereien und Bemalungen und einer senkrechten Rockmittelfalte, die das Becken betonte, und als Kopfbedekkung aparte Zipfelmützen oder enorme goldgeschmückte Hauben. Es gab Modestücke, wie sie erst wieder in der Neuzeit aufgetaucht sind: hohe Stöckelschuhe, kokette Zuavenjäckchen, Stuartkragen, Paillettenkleider aus Hunderten von Goldscheiben, welche Schmetterlinge, Tintenfische, Palmblätter nachbildeten, extravaganten Hals- und Ohrschmuck im Sezessionsstil und winzigen Hütchen auf Turmcoiffüren, wie sie das *second empire* eine Zeitlang liebte. Sogar die Statuetten der Göttinnen hatten abnehmbare Fayencekleider, um sich stets in den letzten Neuheiten präsentieren zu können. Im Middle Minoan waren Bubiköpfe die Haartracht, zu anderen Zeiten kunstvolle Frisuren. Die Kleidung der Männer war immer sehr einfach: Sie bestand im wesentlichen aus einem Lendenschurz und hohen, enganliegenden Stiefeln. Auch sie hielten sehr auf Taille und schnürten sich wie die Kavaliere des achtzehnten Jahrhunderts und noch im vorigen Jahrhundert die preußischen Offiziere. Einen Bart haben die Kreter niemals getragen.

Nicht bloß in zahlreichen Äußerlichkeiten, sondern auch in ihrem ganzen inneren Wesen hat die kretische Kultur etwas Rokokohaftes: locker und geistreich, tänzerisch und rein dekorativ vermag sie nur in Miniaturen und Anekdoten zu denken. Aber gerade die Vergleichung mit anderen Zeitaltern sollte uns vorsichtig stimmen. Das ausgesprochen Femimine und sogar Dekadente der kretischen Kunst gestattet noch keinen Rückschluß auf die Menschen, die sie schufen. Das Rokoko war doch andrerseits auch das Zeitalter Friedrichs des Großen und der Weltkolonisation. Und, um an ein anderes Beispiel zu denken, die sogenannte Décadence des Fin de siècle hatte zum Hintergrund einen Militarismus und Imperialismus von bisher noch nicht gesehenen Ausmaßen. Daß die Frau dominiert, sagt noch nichts Eindeutiges aus, sondern ist ein gemeinsamer Grundzug aller Kulturen, die ihren Gipfel erreicht oder vielmehr schon ein wenig überschritten haben: es war nicht bloß für das Rokoko physiognomisch, sondern auch für die Alexandrinerzeit und die römische Kaiserzeit, das Hochmittelalter und die Renaissance. Wenn einmal die kretische Schrift entziffert ist, wird man vielleicht noch ein zweites Mal über die Märcheninsel gänzlich umlernen müssen.

Die Ägäische Wanderung

Um 1400 ist die Blüte Kretas vernichtet worden, und zwar höchstwahrscheinlich durch die Festlandsgriechen, die inzwischen genügend erstarkt waren, um aus der Defensive zum Angriff übergehen zu können. Aber bereits zwei Jahrhunderte später fielen auch sie einer Katastrophe zum Opfer, die man am besten als »Ägäische Wanderung« bezeichnet. Neue indogermanische Völkermassen ergossen sich über die östliche Mittelmeerwelt. Den ersten Anstoß gab die Bewegung der Illyrier, die aus der ungarischen Tiefebene in den bisher von Thrakern bewohnten Westen des Balkangebiets einfielen, das später nach ihnen benannte Illyrien. Dadurch wurden die Thraker nach Kleinasien gedrängt, wo sie das hethitische Reich zerstörten.

Ferner wurden die Epiroten in das Land verschoben, das in historischer Zeit nach ihnen hieß. Dort hatten bisher die Thessaler gesessen, die wiederum gezwungen wurden, sich »Thessaliens« zu bemächtigen. Die Dorer, im zweiten Jahrtausend noch in Nordgriechenland ansässig, wurden nach Süden gedrückt und eroberten den Peloponnes und Kreta. Die alte und wohl auch schon überalterte kretisch-mykenische Kulturwelt wurde überrannt und verschwand aus der Geschichte. Nur in dem unzugänglichen Hochland von Arkadien bewahrte die Bevölkerung ihre Unabhängigkeit. Viele der unterlegenen »Achaier« emigrierten nach Kleinasien, wo sie, von nun an »Aioler« genannt, zahlreiche Ackerbaukolonien gründeten. Aus Mittelgriechenland strömten vorwiegend Ioner nach der Gegenküste, im Gegensatz zu den Aiolern mehr auf See und Handel gerichtet. Diese riesige Völkerwanderung war, in mehreren Stößen und Etappen durch lange Zeiträume wirksam, eines der folgenschwersten Ereignisse der Weltgeschichte: durch sie ist die Ägäis aus einer »kleinasiatischen« eine griechische Welt geworden. Gerade die volkreichsten Städte wie Orchomenos, Tiryns und Mykenai wurden völlig niedergebrannt und ausgeplündert und sind nicht wieder besiedelt worden; Theben blieb als Wohnstätte erhalten, und an Attika scheint der Sturm überhaupt vorübergebraust zu sein. Von etwa dem letzten Viertel des zweiten Jahrtausends an gibt es auf griechischem Boden keine Paläste, keine Kunstwerke, keine Kostbarkeiten mehr, sondern nur Hütten mit primitivem Hausrat aus armseligem Material und an der Stelle machtvoller Imperien und Emporien zahllose kleine Kantone, die sich gegeneinander abschließen. Die sogenannte »submykenische« Ware (etwa 1200 bis 1000) und die »geometrische« Keramik (seit 1000) zeigen, daß man ganz von vorne angefangen hat.

Nacht und Morgen

Goethe sagt in seiner *Farbenlehre* in einem Abschnitt, den er »Lücke« betitelt: »Es gibt bedeutende Zeiten, von denen wir wenig wissen, Zustände, deren Wichtigkeit uns nur durch ihre Folgen deutlich wird. Diejenige Zeit, welche der Same unter der Erde verbringt, gehört vorzüglich mit zum Pflanzenleben... Die Existenz irgendeines Wesens erscheint uns ja nur, insofern wir uns desselben bewußt werden. Daher sind wir ungerecht gegen die stillen dunkeln Zeiten, in denen der Mensch, unbekannt mit sich selbst, aus innerem starken Antrieb tätig war, trefflich vor sich hin wirkte und kein anderes Dokument seines Daseins zurückließ als ebendie Wirkung, welche höher zu schätzen wäre als alle Nachrichten.« Eine solche »Lücke« war auch die Zeit der Griechen zwischen Agamemnon und Homer. Und obschon ihre Kraft noch »unter der Erde« keimte, so haben sie in aller Anonymität sicher doch auch »trefflich vor sich hin gewirkt«.

Fast ein halbes Jahrtausend, vom zwölften bis zum siebenten Jahrhundert, währte die doppelte Nacht der Barbarei und des Geschichtsdunkels. Und dann steigt golden aus schwimmenden Morgennebeln der kurze Sommertag der hellenischen Seele.

Kulturgeschichte Griechenlands

Leben und Legende
der vorchristlichen Seele

ERSTES KAPITEL

Ionischer Frühling

Das größeste Geheimnis ist der Mensch sich selbst. Die Auflösung dieser unendlichen Aufgabe ist die Tat der Weltgeschichte.

Novalis

Seele und Umwelt

Daß der Mensch ein einfaches Bodenprodukt sei wie seine Brüder, die Pflanzen und Tiere, ist eine zu naheliegende Meinung, als daß sie nicht schon sehr früh aufgestellt worden wäre. In der Tat sehen wir sie bereits von Aristoteles vertreten, der sich seinerseits wieder auf den Chefarzt von Hellas stützt, Hippokrates den Großen, wie er ihn mit Recht nennt. Beide erklären ganz unmißverständlich, die Menschen seien im großen und ganzen genausoviel wert wie ihr Land und ihr Klima, mit dem sie in Körper und Seele übereinstimmen. Aber die nächstliegenden Gedanken sind nicht immer die tragfähigsten: das zeigt sich wiederum bereits bei Aristoteles, der aus seiner Theorie die Behauptung ableitet, daß die Bewohner der kalten Gegenden Europas tapfer, jedoch an geistiger Einsicht und an Kunstsinn arm und zu Herrschaft und echter Staatenbildung wenig befähigt seien. Dieser Schluß, für die damalige Weltlage vollkommen richtig, ist, von uns aus gesehen, haarsträubend falsch; denn niemand wird heute mehr die Ansicht wagen, daß es im Norden unseres Erdteils, auf einem Boden, wo Kant und Newton, Rembrandt und Shakespeare gewachsen sind, an geistiger Einsicht oder an Kunstsinn gefehlt habe und daß England, Rußland und Preußen keine Eignung zu Herrschaft und Staatenbildung erwiesen hätten. Es zeigt sich hier wieder einmal, daß alle Geschichtsphilosophien ebensowohl wahr wie falsch sind: falsch vor dem Weltgeist, dessen Antlitz wandelbar oder vielmehr unerkennbar ist, und wahr als Ausdruck ihrer Zeit.

Die aristotelische Ansicht scheint das ganze Altertum beherrscht zu haben: auch ein so scharfer Geschichtsdenker wie Polybios erklärt, was die Sitten der Völker so gut wie ihre Gestalt und Farbe bilde, sei das Klima. Das Mittelalter dachte zu tief, um dieser allzu diesseitigen Weisheit zu huldigen. Aber im neunzehnten Jahrhundert ist sie wieder zu fast orthodoxem Ansehen gelangt, zumal durch Buckles *Geschichte der Zivilisation in England*, die geradezu ausschließlich davon handelt, indem sie an einer Fülle von Belegen, die aus allen erreichbaren Zeiten und Zonen zusammengetragen sind, zu erweisen sucht, daß der Mensch nichts sei als ein Geschöpf der Nahrung, des Erdreichs, der Witterung und des »allgemeinen Charakters der Naturerscheinungen«. Dies ist nicht mehr allzu weit entfernt von dem Bierwitz Ludwig Feuerbachs (den dieser aber ganz ernsthaft meinte): »Der Mensch ist, was er ißt«: der Homo wird zum Homunkulus degradiert, dessen Gaben und Schicksale in der Retorte der Natur mechanisch gebraut werden, und dem Geschichtsforscher bleibt nichts zu tun als hinter das Rezept zu kommen, nach dem jeweils verfahren wurde, um damit die Historie zum Range einer »echten Wissenschaft« zu erheben. Wir wollen aber nicht gar zu streng mit dem armen Buckle ins Gericht gehen, der bereits in jungen Jahren starb, und zwar am übermäßigen Materialsammeln: zweifellos eine der sonderbarsten Todesarten, von denen die Geschichte der menschlichen Verirrungen zu erzählen weiß. Er hatte nicht bloß, als ein echtes Kind des neunzehnten Jahrhunderts, seine Arbeitskraft, sondern auch, als ein echter Engländer, seine These überspannt. Aber in jedem redlichen und emsigen Bemühen steckt ein Kern von Wahrheit, der unsere Beachtung und sogar unsere Hochachtung verdient.

Was sowohl die Individuen wie die Völker bildet, ist ihr Talent und ihr Charakter. Woher diese beiden Kräfte stammen, weiß niemand; diese beiden aber einmal gegeben, ist die Umgebung, das »Milieu«, keineswegs gleichgültig. Auch das reichste Talent bedarf einer Atmosphäre, aus der es schöpfen, auch der stärkste Charakter eines Magnetfeldes, auf das er wirken kann. Unterernährung ist das Schicksal des Geistes, dem es an Eindrücken gebricht, Muskelatrophie das Los der Tatkraft, der das Material zum Handeln fehlt. Freilich könnte man sagen, daß der echte Geist alles in seine Nahrung zu verwandeln vermag und die rechte Tatkraft alles in ihr Material; aber wir wollen nicht in den Fehler Buckles verfallen und unsere Theorie auf die Spitze treiben. Etwas muß die Natur, das »Draußen«, schon auch dazutun: die Welt besteht nicht bloß aus Wille und Phantasie. Es verhält sich hier wie mit dem Reisen. Die Globetrotter sind sehr häufig gerade die stumpfsten und gewöhnlichsten Menschen; und bleiben es auch. Aber wenn der richtige Reisende die richtige Reise macht! Dann entsteht das Schöpfungswunder des *Kontakts.* Solche magische Berührung von Seele und Umwelt ist gewiß nicht die Regel, weder beim einzelnen noch bei Völkern; das liegt schon im Wesen des Wunders. Und trotzdem, was vielleicht das wunderbarste an der ganzen Sache ist, besteht die Weltgeschichte aus lauter solchen Mirakeln.

Die griechische Szene

Aber verlassen wir das unwirtliche Nebelgebiet der Spekulation, die nach dem »Gewordensein« der Dinge fragt, und halten wir uns an die solide und konkrete Erfahrungstatsache des *Gewordenen*, die völlig eindeutig im hellen Sonnenlicht liegt. Wir bemerken, daß alle menschliche Geschichte, soweit wir auch den Blick in Zeit und Raum senden mögen, sich immer auf einer bestimmten Bühne abgespielt hat, in einer eigentümlichen *Szenerie*, die freilich noch lange nicht das Drama selbst ist: diese materialistische Ansicht wäre ebenso unhaltbar wie der Standpunkt mancher Theaterentrepreneure, daß die Hauptsache die

Ausstattung sei. Die Umwelt ist nur ein Requisit: aber jeder Regisseur weiß davon zu erzählen, wie bedeutsam und unentbehrlich, ja schicksalhaft oft die Rolle eines Requisits sein kann. Und ebenso weiß jeder echte Dramatiker, daß das Bühnenbild mehr ist als »Dekoration«, wie es sehr unzutreffend genannt wird, daß es tönend, färbend, dämpfend unterstreichend das Seelengeschehen wirksam begleitet und als stumme Person unablässig mitspielt. Goethe schreibt: »Nun ich alle diese Küsten und Vorgebirge, Golfe und Buchten, Inseln und Erdzungen, Felsen und Sandstreifen, buschige Hügel, sanfte Weiden, fruchtbare Felder, geschmückte Gärten, gepflegte Bäume, hängende Reben, Wolkenberge und immer heitere Ebenen, Klippen und Bänke und das alles umgebende Meer mit so vielen Abwechslungen und Mannigfaltigkeiten im Geiste gegenwärtig habe, nun ist mir erst die Odyssee ein lebendiges Wort.« Und dies schrieb er gar nicht aus Griechenland, sondern aus Neapel, wo allerdings schon früh Griechen eine zweite Heimat fanden: So stark empfand er bereits dort die Macht des Lokals. Die »griechische Szene«, jahrhundertelang maßlos überschätzt, ist gleichwohl von der griechischen Kultur nicht wegzudenken.

Die Berge

Der Naturcharakter der griechischen Halbinsel läßt sich mit zwei Worten bezeichnen: der Mittelmeerforscher Theobald Fischer nennt sie ein maritimes Gebirgsland. Die reiche Gliederung ihres Reliefs sowohl wie ihrer Küste setzt sie zu Europa in ein ähnliches Verhältnis wie dieses zu den übrigen Erdteilen: Sie verdient in dieser Hinsicht das Europa Europas genannt zu werden; und nicht bloß in dieser Hinsicht. Steilaufschießende Bergketten, die nur schmalen Tälern Raum gewähren, erfüllen fast ihr ganzes Gebiet; Thessalien besitzt die einzige ausgedehnte Ebene in ganz Hellas. Der sprichwörtliche Unabhängigkeitssinn und Partikularismus der Griechen hat hier seine Wurzel und ebenso die farbige Mannigfaltigkeit der hellenischen Stammeseigentümlichkeiten, die immer wieder das Staunen der Mitwelt und Nachwelt erregt hat: fast jeder größere Taleinschnitt hatte die naturgegebene Möglichkeit, eine eigene Welt zu bilden. Deshalb ist die ausschließliche griechische Staatsform, der Stadtstaat, die *Polis*, ein höchst eigenartiges politisches Gebilde, wie es sich in dieser extremen Zuspitzung in der gesamten Weltgeschichte nur noch bei den Phoinikern findet; und aus ähnlichen Gründen. Eine Zusammenfassung zu machtvolleren Herrschaftsgebieten ist nur in Lakonien und Attika gelungen und nur durch brutalste Gewalt unter steten Rückschlägen aufrechterhalten worden. Der Grieche ertrug keinen anderen Herrn über sich als seine Kommune und empfand jeden Versuch einer großstaatlichen Organisation bereits als Tyrannis. Die Kehrseite davon aber war, daß die Polis über ihre eng zusammengedrängten und streng abgeschlossenen Bewohner selber eine Tyrannei ausübte, wie sie ebenfalls in der Weltgeschichte fast einzig dasteht, und daß das Land sich in wahnwitzigen Bruderkriegen aufzehrte: die Geschichte des alten Hellas ist ein einziger großer Verwandtenmord, und nicht umsonst ist seine Sagenwelt angefüllt mit Familiengreueln. Die Überlieferung hat nur die Erinnerung an die großen Kämpfe aufbewahrt; aber ganz offenbar war der Krieg aller gegen alle, von Dorf zu Dorf, von Tal zu Tal, von Landschaft gegen Landschaft in Griechenland der Normalzustand. Deshalb ist auch die griechische Geschichte so kurz, denn auf die Dauer erträgt auch das lebenszäheste und waffentüchtigste Volk keine solche Selbstzerfleischung.

Andrerseits war Griechenland vermöge seiner Lage und Bodenbeschaffenheit mit den Mitteln, die der antiken Kriegstechnik zur Verfügung standen, nur äußerst schwierig, ja wohl überhaupt nur durch ein Einverständnis mit inneren Feinden zu erobern. Auf drei Seiten vom Meer umgeben und an allen seinen Küsten leicht zu verteidigen, konnte es nur von Norden her ernstlich gefährdet werden. Einer von dort eindringenden

Landarmee hatte aber die Natur eine ganze Reihe von Brustwehren entgegengestellt, und auch wenn eine von ihnen durch Übermacht, Fahrlässigkeit oder Verrat entfiel, erhob sich sofort dahinter eine neue. Auch dies ist einer der Gründe, warum es nie zu einer griechischen Einheit gekommen ist: sie war keine unbedingte nationale Notwendigkeit.

Die Inseln Lichte Gliederung und leichte Überschaubarkeit ist der Grundzug allen Dichtens und Trachtens der Griechen: ihrer Dramen und Denkgebäude, Tempel und Bilder, Religionsschöpfungen und Gesellschaftsbildungen. Jede griechische Landschaft läßt sich von den Gipfeln ihrer Berge mit *einem* Blick umfassen und in *einer* Tagreise zu Fuß oder auf dem Saumtier durchwandern. Und weiter als eine Tagreise ist auch keine griechische Polis von der See entfernt. Die Hellenen waren Meerwesen. Von frühester Zeit an waren sie in die schäumende Flut verliebt, die, in zahllosen schöngeformten Buchten tief ins Land schneidend, von Morgen bis Abend ihre Zauberfarben spielen ließ: glanzblau im Mittagslicht, purpurn und violett bei Sonnenuntergang, grau bei Unwetter, schwarz im Winter. Aber nicht weil der Grieche überall Meer, sondern weil er überall Eilande und Gegenküsten erblickte, hat er so bald im Wasser sein ureigenes Element erblickt, das für ihn nicht eine Welt des Geheimnisses und Schreckens war wie für den Ägypter, sondern ein schmeichlerischer gastlicher Gefährte, der zu leichten Abenteuern lockte. Das griechische Wort für Meer, *pontos,* ist verwandt mit dem lateinischen *pons,* die Brücke, und dem griechischen *patos*, der Pfad. Eine reiche Inselflur erfüllt allenthalben das Ägäische Meer: Reste des versunkenen Festlands »Ägäis«, die sowohl geologisch wie geographisch zu Griechenland gehören. Die Entfernung zwischen Insel und Insel beträgt nirgends mehr als vierzig Kilometer, meist noch viel weniger; da sie sämtlich gebirgig sind, zeichnen sie ihre ragenden Silhouetten weithin in die klare Luft, und so hat der Bewohner dieser Mittelmeergegend nie das Gefühl niederdrükkender Einsamkeit und drohender Unendlichkeit, das das Meer andern Völkern so unheimlich macht. Man hat die zahlreichen Landmarken, die sich zwischen der Balkanhalbinsel und Kleinasien hinziehen, mit Postenketten, Meilensteinen, Brückenpfeilern, Kieseln in Bächen verglichen. Gleich gegenüber dem Zentrum von Griechenland liegt die größte Insel des eigentlichen Hellas, lang hingestreckt mit saftigen Weiden und großen Viehbeständen und darum Euboia, die »Rinderreiche«, genannt; an sie schließen sich die Kykladen, so geheißen, weil sie im Kreise um das winzige Delos gelagert sind, einen religiösen Mittelpunkt des alten Griechenlands: Die bedeutendsten Inseln dieser Gruppe waren Paros mit seinem weltberühmten Marmor und Naxos, der Sitz des Dionysoskults. Den Übergang zu Kleinasien bildeten die Sporaden, die »Verstreuten«, mit der Hauptinsel Kos, der Heimat der zartesten Frauengewänder und der geschicktesten Ärzte. Die namhaftesten Inseln an der kleinasiatischen Küste waren das handelsmächtige Rhodos und das seegewaltige Samos, Chios, das die feurigsten Weine, und Lesbos, das die glühendsten Liebeslieder in die Welt sandte. An den Enden lagen im Norden, im »Thrakischen Meer«, das vulkanische Lemnos, Imbros, die Insel des Hermes, Samothrake mit seinen uralten Mysterien und das goldreiche Thasos, südlich des Peloponnes Kythera, wo einst Aphrodite aus dem Schaum der Meerflut ans Licht gestiegen war, und der mächtige Querriegel Kreta, das, mit antiken Maßen gemessen, einen selbständigen Kontinent darstellte; und dazwischen drängte sich eine bunte Vielzahl größerer, kleinerer und kleinster Eilande.

Die Schiffahrt

Auch durch die vielen geschützten Golfe mit ihren vorzüglichen Häfen wurde die Schiffahrt erleichtert; nicht minder durch die Regelmäßigkeit der Meeresströmungen, die Seltenheit der Nebel und die Stetigkeit der Winde. Doch galt dies alles nur für die Sommerzeit. Im Herbst getraute sich der Grieche nur sehr ungern in See zu stechen, und im Winter wagte er es überhaupt nicht. Sehr gefürchtet war Zephyros, der Westwind, dessen gefährliches Walten Homer höchst anschaulich beschreibt: Pfeifend ballt er die Wolke und bewegt sie gegen die Küste, schwarz wie Pech rast sie in wildem Wirbel daher, und sein Wüten vermag auch gegen den Willen der Götter ein Schiff zu zerschmettern. Noch ärger treibt es Boreas, der rappengestaltige Nordwind: Eisiges Schneegestöber trägt er in seinem Sack und hochauf peitschen seine heulenden Stöße die weißen Kämme des Meeres. Auch bei Nacht segelte man nur in äußersten Notfällen. Überhaupt betrieb der Grieche in der Regel bloß Küstenschiffahrt, indem er höchstens die Buchten abschnitt, sonst aber die Luftlinie vermied. Bei der Fahrt längs des klippenreichen Gestades sicherte man sich durch Seezeichen und fleißiges Auswerfen des Lots. Die Vorsicht des antiken Seemanns, die auf uns den Eindruck der Ängstlichkeit macht, war aber nur zu berechtigt, denn es fehlte an jeglichem Mittel zu einer exakten Orientierung. Es gab nicht nur keinen Kompaß, sondern auch keine bis in die Details zuverlässige Kartographie. Die einzigen Anhaltspunkte boten der gestirnte Himmel und der Schattenstab, *gnomon*, der es ermöglichte, die Länge des Schattens für die einzelnen Orte und Tage unter Zuhilfenahme einer Tabelle zu bestimmen, aber doch nur recht ungenau. Man muß unter diesen Umständen im Gegenteil die maritimen Leistungen der Alten bewundern, denn sie haben allem Anschein nach in den meisten Fällen ihre Fahrtziele erreicht, wenn auch natürlich nicht »fahrplanmäßig«, und sich sogar bisweilen auf die hohe See begeben.

Der Norden und die Mitte

Am bizarrsten ist die Gliederung im hohen Norden, wo das Land von Osten her eine lange dünne Zunge ins Meer streckt, den thrakischen Chersones, das im Weltkrieg so oft genannte Gallipoli, während die Halbinsel Chalkidike im Westen sogar drei Spinnenfinger besitzt. Diese Gebiete wurden aber im Altertum nicht mehr zur hellenischen Welt gerechnet, obgleich sie von einem reichen Kranz griechischer Kolonien umsäumt waren. Nordgriechenland beginnt erst mit Thessalien, dessen Grenze nach Westen von der mächtigen Pindoskette gebildet wird. Jenseits davon lag Epeiros, das ebenfalls nicht für griechisch galt, wiewohl sich auf seinem rauhen Boden eines der ältesten Heiligtümer des Landes befand, das Zeusorakel von Dodona, und vor seiner sturmumbrandeten Küste die Insel Kerkyra lag, das heutige Korfu, eine der wichtigsten griechischen Pflanzstätten. Sowohl der nördlichste wie der höchste Punkt Griechenlands war der thessalische Olympos, dessen wolkenumhülltes Haupt dreitausend Meter über das Meer emporragt. Der Hauptfluß Thessaliens ist der Peneios mit dem Tempetal, das, wegen der erhabenen Schönheit seiner Lorbeerwälder und Tannenforste, rotleuchtenden Felsen und schneebedeckten Kuppen im ganzen Altertum gefeiert, zugleich als Eingangspforte Griechenlands von höchster strategischer Bedeutung war. Es wurde schon vorhin erwähnt, daß sich nur in Thessalien größere Flächen finden; aber auch seine kräftige Bewässerung verleiht ihm eine Sonderstellung unter den übrigen griechischen Gebieten. Nur auf dieser reichgetränkten Erde gab es weite Getreidefelder, deren grüne Wogen der erstaunte Fremdling dem Meer verglich, und in den breiten Ebenen blühte, wie nirgends sonst in Hellas, die Rossezucht und der Junkerdünkel.

In Mittelgriechenland schlossen sich an den Norden zunächst die Akarnanen und Aitoler, Phoker und Lokrer, lauter wenig geachtete Stämme, von denen die beiden ersteren sogar zu den Barbaren gezählt wurden; doch beherbergte Phokis nichts Geringeres als die Orakelstätte von Delphoi. An dieses reihte sich Boiotien, in gewisser Hinsicht das Kernland von Hellas, und das ungefähr gleichschenklige Dreieck der attischen Landschaft; gegenüber von Attika befanden sich Salamis und, südlicher, Aigina, zwei kleine, aber eine Zeitlang durch Handel und Marine mächtige Inseln. In Boiotien lag das Helikongebirge, der Sitz der Musen; der dritthalbtausend Meter hohe Parnaß in Phokis verdankt seine Zelebrität erst der Barockzeit.

Der Peloponnes

Der Peloponnes ist schon im Altertum recht zutreffend mit einem Platanenblatt verglichen worden; den Stiel dieses Blattes bildete die dorische Landschaft Megaris, vermöge ihrer Lage zu hoher Blüte bestimmt, aber von den Athenern ebenso eifersüchtig niedergehalten wie Salamis und Aigina. Am schmalsten wird die Landbrücke gerade an der Stelle, wo sie an den Peloponnes anlegt, und hier, am Isthmos, lag zwischen zwei Meerbusen, dem Korinthischen und dem Saronischen, die Welthandelsstadt Korinth mit ihrem prachtvollen Hafen, ihrer sechshundert Meter über der Stadt gelegenen Bergfeste Akrokorinth und der gewaltigen Mauer, die, quer über den Isthmos laufend, den Peloponnes vollständig abriegelte. Ein Durchstich der Landenge wurde bereits um 600 vor Christus von Periander, dem Tyrannen von Korinth, geplant, dann dreihundert Jahre später von Demetrios Poliorketes, König von Makedonien, auch von Julius Cäsar und dem Kaiser Caligula, der durch einen Stabsoffizier umfangreiche Vermessungen vornehmen ließ; aber wirklich in Angriff genommen wurde er nur von Nero, der die Erdarbeiten unter großem Pomp eröffnete, jedoch nach kurzer Zeit infolge eines gallischen Aufstands und abschreckender Vorzeichen wieder abbrechen ließ. Das Werk wäre zweifellos gelungen, denn die römischen Ingenieure hatten die beste Linie gewählt, die genauso wieder gelegt wurde, als die Grabungen im Jahre 1881 von neuem aufgenommen wurden. 1893 konnte der Kanal, 6¾ Kilometer lang, 8 Meter tief, dem Verkehr übergeben werden. Aber er war eine Enttäuschung: Er wird fast nur vom Lokalverkehr in Anspruch genommen und deckt kaum die Betriebskosten. Die Bedeutung Korinths im Altertum beruhte eben gerade darauf, daß es an einer Landenge lag, wodurch es zwei Meere beherrschte und außerdem das Sperrfort der Halbinsel bildete; für den Binnentransport diente von alters her in ausreichendem Maße eine Rollbahn, der *diolkos,* auf der Schiffsladungen und kleinere Fahrzeuge von einem Golf zum anderen geschleift wurden.

Der Peloponnes, selbst die Halbinsel einer Halbinsel, entsendet abermals vier Halbinseln; die argolische, die beiden lakonischen, und die messenische. Argolis leidet in einem Großteil seines Gebiets an Regenmangel; weit fruchtbarer ist schon Lakonien, das vom Eurotas, dem »Schilfreichen«, durchströmt wird; Messenien aber, dem die Südwestwinde reichlich Niederschläge zuführen, besitzt die üppigste Vegetation von ganz Hellas. Das mächtige Massiv des Taygetosgebirges, das Messenien von Lakonien trennt, aber auf die Dauer doch keinen Schutz gegen die landhungrigen Spartiaten zu bieten vermochte, mündet an der Spitze der westlichen lakonischen Halbinsel in das Kap Tainaron, den südlichsten Punkt des griechischen Festlands. Nördlich von Messenien erstreckt sich der Kanton Elis, bewässert von Alpheios, dem größten Fluß des Peloponnes, und an ihm liegt Olympia, der hochberühmte Festspielort der Griechen. Die merkwürdigste peloponnesische Landschaft aber ist Arkadien, das, in der Form eines fast regelmäßigen Vierecks in der Mitte der Halbinsel gelegen und allenthalben von hohen Bergen umwallt und zerklüftet, durch all die Jahrhunderte des hellenischen Tumults ein idyllisches Sonderdasein geführt hat. Es ist oft mit der Schweiz verglichen worden; die Analogie stimmt auch insofern, als die Arkadier sich als vielbegehrte und gutbesoldete Reisläufer an jedermann vermieteten, ganz wie die Schweizer, von denen es im ausgehenden Mittelalter hieß »point d'argent, point de Suisse; kein Kreuzer, kein Schweizer«. Das Leben in den weltfernen Gebirgswinkeln, die sich auch noch untereinander abschlossen, war rauh, dürftig und kulturarm; nur die Musikliebe teilten die Arkader mit allen übrigen Griechen. Zu einem Paradies ist Arkadien erst von der Großstadtsentimentalität der Alexandrinerzeit gemacht worden, und diese Vergoldung hat sich trotz ihrer Unechtheit durch die »Hirtenpoesie« aller modernen Völker bis in unsere Tage konserviert.

Man muß den Peloponnes trotz seines Landstengels als eine Insel ansehen, und die Griechen nannten ihn ja auch die Insel des Pelops. Daher müßte man eigentlich im Deutschen »*die* Peloponnes« sagen, denn *nesos* ist weiblichen Geschlechts; und nicht wenige Altertumsforscher tun dies auch. Aber dann müßte man auch »*die* Chersones« sagen (welches Wort, »Halbinsel« bezeichnend, im Griechischen in vielen Verbindungen vorkommt); und auch dies geschieht bisweilen. Doch wirken solche Überkorrektheiten sehr leicht affektiert. Man muß sich hier vom Sprachgebrauch leiten lassen, der oft sehr eigensinnig und fast niemals logisch ist. Wir sagen zum Beispiel, in richtigem Anschluß an das französische Geschlecht: der Flakon, der Balkon; aber kein Mensch sagt: *der* Billett, *der* Parkett. Wir sagen, da das griechische »metron« Neutrum ist: das Thermometer, das Barometer, das Manometer (obgleich der Gebrauch des männlichen Artikels durchaus nicht falsch ist); hingegen klingt »das Meter« schon etwas befremdend, »*das* Kilometer« zumindest schrullenhaft und »*das* Gasometer« geradezu ungebildet. »*Die* Portikus« hinwiederum, in der Kunstwissenschaft ziemlich gebräuchlich, hört sich *zu* gebildet an: wie als ob man sich hochmütig von der Plebs abgrenzen wollte, die nicht weiß, daß Portikus im Lateinischen Femininum ist. Vollends aber »*der* Kontur« zu bilden, weil es im Französischen »le contour« heißt, ist der Ausfluß eines menschenfeindlichen Gelehrtendünkels oder eines wichtigtuerischen Snobismus: es ist ungefähr ebenso fein, nämlich im höheren Sinne unfein, wie wenn man eine Aprikose mit Messer und Gabel verzehrt, obwohl beides zweifellos das Korrektere ist.

Während die Natur fast aller übrigen griechischen Gebiete ausgesprochen maritim ist, trägt der Peloponnes mit seinen festungsartigen Gebirgszügen, isolierten Hochebenen und geschlossenen Talkesseln Kontinentalcharakter. Die Griechen nannten ihn denn auch die Akropolis von Hellas. Die Spartaner waren bekanntlich unverbesserliche Landratten und andrerseits in ihrem Konservatismus und ihrer *splendid isolation* typische Insulaner. Übrigens war der Peloponnes, der heute eine künstliche Insel ist, ursprünglich eine natürliche, denn das Baumaterial des Isthmos stammt erst aus dem späten Tertiär. Kant sagt einmal vom englischen Volk, es habe einen Charakter, »den es sich selbst angeschafft hat«: dies läßt sich ganz wörtlich auch auf die Lakedaimonier anwenden. Sparta ist der klassische Fall eines über die Natur hinaus und sogar gegen die Natur erzwungenen Zuchtprodukts. Solche künstlichen Gebilde bergen stets die Gefahr einer frühen Versteinerung. Eine Insel, die sich mit Konsequenz zu ihrem Inselcharakter des Solipsismus und der »Selbstgenügsamkeit« bekennt (zu der der imperialistische Expansionswille nur die naturgegebene Kehrseite bildet), muß früher oder später den Rückwirkungen der physischen und geistigen Inzucht erliegen; dies hat sich an Venedig gezeigt, und auch an Japan wird es sich zeigen, während England, in bewußter oder instinktiver Erkenntnis der Gefahr, bereits an der Umstellung arbeitet.

Die Kleinräumigkeit

Was dem modernen Auge an der griechischen Welt zuallererst auffällt, ist ihre Kleinräumigkeit. Die Entfernung von der makedonischen Grenze bis zum Vorgebirge Tainaron beträgt 420, die Breite der Halbinsel zwischen 100 und 240 Kilometer, die Landschaft Attika war noch nicht so groß wie Luxemburg; die gesamte Einwohnerschaft zählte im fünften Jahrhundert, zu der Zeit der höchsten Blüte, drei bis vier Millionen, mit sämtlichen Kolonien etwa das Doppelte. Auf Kypros allein gab es zehn Königreiche, und wir haben im vorigen Bande gesehen, welche Großmacht Kreta repräsentierte; auch die sizilischen Tyrannen galten als ehrfurchtgebietende Potentaten, obgleich sie immer nur einen Teil der Insel beherrschten. Nach den »periplus«, den Kursbüchern des fünften und vierten Jahrhunderts, dauerte die damalige »Weltreise«, die Fahrt von einem Ende der bekannten Erdoberfläche bis zum andern, nämlich von Syrien bis Südspanien, achtzig Tage, genauso lange wie die wirkliche Erdumkreisung Mister Phileas Foggs in Jules Vernes Roman aus dem Jahr 1872. Der Weg war allerdings weiter als der heutige, denn die antiken Schiffe bewegten sich, wie gesagt, immer möglichst der Küste entlang: Man fuhr also über den Südrand Kleinasiens, die ägäischen Inseln, den Peloponnes und das Westufer Griechenlands nach Kerkyra, setzte von da nach Unteritalien über und begab sich durch die Straße von Messina an die Westküste Italiens, der man in ihrer ganzen Ausdehnung folgte, um schließlich, indem man sich ebenso dicht an Gallien und Hispanien hielt, bei den Säulen des Herakles, der Meerenge von Gibraltar, zu landen. Was jenseits dieser lag, zum Beispiel die kanarische Gruppe, hieß bereits »die Inseln der Seligen«, und man erklärte, über die Säulen hinauszufahren, hätten die Götter verboten.

Da wir uns aber gewöhnt haben, die Geschichte der Griechen mit den Augen ihrer eigenen Historiker zu sehen, die zwar keineswegs übertrieben chauvinistisch waren, aber doch nur aus ihrer Winkelwelt zu urteilen vermochten, so haben sich auch für uns die Dimensionen des Bildes verschoben. Von Persien aus gesehen, waren die Kriege um die griechische Freiheit nicht mehr als ein mißglückter Okkupationsfeldzug gegen eines der vielen Länder der vorderasiatischen Interessensphäre und die andauernden Kämpfe um die griechische Hegemonie. Raufereien unter Zwergstaaten am Rande eines Weltreichs.

Vielleicht ist die Kleinheit des hellenischen Kosmos auch einer der Gründe für dessen Kurzlebigkeit. Denn es besteht wahrscheinlich bei den Völkern ebenso eine Relation zwischen Größe und Lebensdauer wie bei den Tierspezies; und natürlich ebenso mit Ausnahmen. Kleinere Säugetiere sind meist schon mit zehn Jahren Greise, während die Riesen unter den Säugern, Elefant und Walfisch, zweihundert Jahre und noch länger leben; andrerseits können aber auch Karpfen und Hecht, Rabe und Papagei bisweilen hundert Jahre alt werden. Im übrigen ist die Lebensdauer nicht bloß eine Funktion der Körpergröße, sondern auch der Intensität des Stoffverbrauchs; daher kommt es wohl, daß die überhaupt höchsten Altersziffern an Schildkröten und Krokodilen konstatiert werden. Bei den Megatherien der Saurierzeit fand sich offenbar Trägheit der Selbstverbrennung mit Überlebensgröße zusammen; diese müssen daher ein wahrhaft »vorsintflutliches« Alter erreicht haben. Beim hellenischen Volksorganismus verhielt es sich gerade umgekehrt; zu seiner Kleinheit kam noch ein enormer Verbrauch durch »innere Reibung«, sowohl auf politischem wie auf geistigem Gebiet. Die griechische Kultur ist schon allein durch ihr Entwicklungstempo ein Unikum in der Weltgeschichte. Friedrich Ratzel drückt den ganzen Sachverhalt mit unübertrefflicher Knappheit in den Worten aus: »Die Geschichte enger Räume ist eine vorauseilende.« Und der vortreffliche Zeitgenosse Schillers, der Historiker Johannes von Müller, sagte: »Die meisten großen Sachen sind durch kleine Völker vollbracht worden.«

Die Temperaturen

Griechenland liegt in der gemäßigten Zone, aber in deren wärmster Region, und befindet sich unter gleicher Breite wie Kalabrien und Sizilien und die Südhälfte Spaniens; Klima und Pflanzen sind zum größten Teil mitteleuropäisch. Doch zeigen die griechischen Witterungsverhältnisse einige charakteristische Besonderheiten. Dazu gehört vor allem die lange, ununterbrochene Sommerhitze, die vom Beginn des Juni bis tief in den September hinein die Luft in zitternde Glut taucht. Indes weht oft gerade zur Mittagszeit eine mildernde Seebrise, so daß die windstillen Morgenstunden als die drückendsten empfunden werden. Eine zweite Eigentümlichkeit des griechischen Klimas sind die schroffen Übergänge zwischen kühler und heißer Jahreszeit. Jäh steigt im Mai die Temperatur an und ebenso sprunghaft setzt der Herbst ein. Doch entspricht die Mittelwärme des Oktober noch immer unserem Juli und mitten im Winter gibt es Tage wie bei uns im September. Andrerseits nähert sich die Temperatur in jedem Winter dem Frostpunkt, und an einzelnen Tagen sinkt sie auch unter Null, bis zu sieben Grad. Kleine Eisbildungen auf stehenden Lachen sind nichts Ungewöhnliches, und auch der Schneefall ist in keinem Teil Griechenlands unbekannt: Das berühmte homerische Gleichnis von den Reden der Menschen, die wie Schneeflocken stöbern, war aus dem Leben geschöpft. Auch sonst schildert Homer öfters mit kundiger Anschaulichkeit, wie die weißen »Geschosse des Zeus« Land und Meer bedrängen. Hingegen war das reizvolle Bild der eingeschneiten Landschaft für den Griechen eine große Rarität, denn der Schnee schmilzt fast so rasch, als er fällt. Hymettos, Parnaß und die anderen hohen Berge tragen einen großen Teil des Jahres eine Schneehaube, aber ewigen Schnee gibt es nirgends, auch nicht auf dem Olymp. Wesentlich strenger als im eigentlichen Hellas sind die Winter bereits am Nordrand des Ägäischen Meeres. Als die Athener Potidaia (an der Wurzel des westlichsten der drei Finger der Chalkidike) belagerten, froren sie fürchterlich und nur Sokrates, der in allem ein Original war, ertrug die Kälte mit heroischer Gleichgültigkeit, indem er in seinem gewöhnlichen Gewande barfuß übers Eis wandelte. Als sie aber später gar den Winter in Thrakien kennenlernten, wo der Wein in den Krügen gefror und Ohren und Füße zur Fühllosigkeit erstarrten, begannen sie die Fuchspelzkappen und langen Hosen der Eingeborenen nicht mehr so lächerlich zu finden.

Im allgemeinen aber scheint der antike Mensch gegen Temperaturschwankungen viel weniger empfindlich gewesen zu sein als der moderne. Es fehlte an jeglichen Schutzeinrichtungen gegen »Zugluft«, »Erkältung«, »Katarrh« und dergleichen. Die Heizung war höchst primitiv, die Häuser hatten Steinböden, schlecht schließende Türen, offene Fenster, durch die der Wind blies. Nestor gibt sich schweißbedeckt den Seewinden preis; man bedenke: ein Mann in seinem Alter und noch dazu *praesente medico*, denn der Feldarzt Machaon steht ruhig daneben. Speziell in Hellas mußte auch der soeben erwähnte scharfe Kontrast der Jahreszeiten zur Abhärtung beitragen. Dies hat schon Hippokrates erkannt (oder ein anderer, denn in der Sammlung, die seinen Namen trägt, hatten eine Menge medizinischer Autoren und Schulhäupter Unterkunft gefunden, sogar gegnerische, was übrigens bereits dem späteren Altertum bekannt war); in einer dieser Broschüren *Über Luft, Wasser und Örtlichkeit* wird auseinandergesetzt, daß das Klima einer der wichtigsten Faktoren für die Stählung der Konstitution sei: »Körper und Geist können unmöglich elastisch werden, wo nicht starke Wechsel stattfinden.«

Sonne, Wasser und Luft

Die hellenische Sonne ist sprichwörtlich. In der Tat haben meteorologische Beobachtungen, die sich über ein Vierteljahrhundert erstreckten, festgestellt, daß in Athen der Himmel durchschnittlich die Hälfte des Jahres vollkommen klar, an fünfundzwanzig Tagen stärker bewölkt und nur an drei Tagen gänzlich verhüllt war; der Rest waren sogenannte »meist heitere Tage«, an denen die Sonne höchstens für eine halbe Stunde unsichtbar war. Auch sternenlose Nächte zählte man nur drei im Jahr. Der Athener hat also nur an einem Dreizehntel, Norddeutschland dagegen mindestens vier Fünfteln des Jahres trübes Wetter. Allerdings galt selbst in dem hellen Hellas Athen schon im Altertum als besonderer Liebling der Sonne. Selbst Ägypten hat keinen reineren Himmel. Von hier aus wird es begreiflich, daß der Grieche für halbe, gedeckte, gebrochene Beleuchtungen und die Romantik der Dämmerung gar kein Verständnis hatte: selbst seine Gespenster ließ er meist nicht in der Mitte der Nacht, sondern auf der Höhe des Tages erscheinen, und die schreckliche Empusa, ein flackerndes Traumgebilde, das wie eine Fata Morgana aus der flimmernden Mittagsglut taucht, hat für unsere Begriffe gar nichts Unheimliches.

Diese Fülle des Lichts haben aber die Griechen durchaus nicht als reinen Segen empfunden, sondern die sengenden »Pfeile Apolls« waren verhaßt und gefürchtet. Aber auch der Regen war ihnen nicht recht, zumal da er in ihrem Lande meist nur als kurzer Sprühregen auftritt, der nicht mehr Wirkung hat als ein Spritzwagen, oder aber als wilder Sturzregen, der verheerend auf die Felder niederbraust, die Berge kahlwäscht, Felsschluchten mit polternden Wildbächen füllt und bisweilen sogar Kunststraßen zerstört, Wälder entwurzelt und ganze Verkehrstäler unter Wasser setzt. Wenn sie trotzdem Zeus anflehten, sich mit der Erde zu vermählen, so dachten sei dabei eben ganz buchstäblich nur an die Befruchtung; die »Poesie des Regentags« ist eine ganz unantike Vorstellung. Bei nassem Wetter wäre es niemand eingefallen, sich nicht sofort ins Haus zu flüchten oder gar, das Naturschauspiel betrachtend, mit dem Schirm spazierenzugehen, der denn auch im Griechischen *skias*, Schattenspender, heißt, wie auch im Lateinischen *umbraculum* und noch heute im Italienischen *ombrello*, während der Franzose bereits *parapluie* sagt.

Während der Sommermonate fällt fast gar kein Regen. Ein zweites Hemmnis der Vegetation ist die außerordentliche Trockenheit der Luft. Besonders um Athen hat sie einen so geringen Feuchtigkeitsgehalt wie in Europa sonst nur noch auf der kastilischen Hochebene und im Innern Siziliens. Die dürren Sommer waren von alters her die Klage der Griechen. Dazu kommt, daß das Land nur wenige Gewässer besitzt, die den Namen des Flusses verdienen, und auch diese haben einen so kurzen Lauf und starken Fall, daß sie nur auf geringe Strecken schiffbar sind. Weitaus die meisten Adern sind bloß Bäche, die leicht durchwatet werden können und vielfach zur Sommerszeit vollständig austrocknen. Der Ilissos bei Athen, nach Wolkenbrüchen ein reißender Gießbach, ist für gewöhnlich ein dünnes Wässerchen, das bei Einbruch der Hitze gänzlich versiegt. Schon Homer unterscheidet »immer rinnende« und »winters strömende« Flüsse, und die geographische Wissenschaft bezeichnet die letzteren mit einem eigenen Fachausdruck: dem italienischen Wort Fiumara. Die künstliche Bewässerung hat daher im hellenischen Kulturgebiet immer eine große Rolle gespielt: Sie findet sich ebenfalls bereits bei Homer, und Plato vermag sich seinen Idealstaat nicht anders vorzustellen als durchzogen von einem Netz wohlgepflegter Irrigationskanäle. Unter diesen Umständen ist es begreiflich, daß die Griechen den Quellnymphen eine so hohe Verehrung entgegenbrachten und auch den Tau vergötterten, der oft monatelang die einzige natürliche Erquickung der Pflanzenwelt bildet: Athena wurde in Doppelgestalt angebetet: als gestrenge Aglauros, die Lichtglänzende, unter deren Strahlen die Erde schmachtet, und als Pandrosos, die labende Tauspenderin.

Das Sommerbild der hellenischen Landschaft ist daher ziemlich trostlos. Die Haut der Erde wird rissig und schrumpft, die Felder verbrennen zu Stoppeln, die Pflanzenwelt versinkt in tiefen Schlaf. Staubhosen wirbeln empor, die wenigen immergrünen Gewächse, die überdauern, sind wie eingemehlt, die Flußbetten erstarren zu glitzernden Schutthalden. Grelle Wüstenfarben breiten sich über Berg und Tal, zur Mittagszeit verdichtet sich die zitternde Luft zu Hitzenebeln, sogar Luftspiegelungen schimmern auf: Empusa wird Wirklichkeit. Alles ist still und tot, nur die Zikaden instrumentieren mit ihrer schrillen, eintönigen Musik passend die gleißende Öde. Aber des Nachts leuchten am glasklaren Himmel die Sterne wie goldenes Feuerwerk.

Das Volk des Vordergrunds

Da die griechische Luft so wenig Dampf enthält, bildet sie nicht wie bei uns für das Auge ein trübendes Medium, das die Konturen verflüssigt, die Töne ineinanderwäscht und über das ganze Bild einen dämpfenden Flor zieht, sondern alles erscheint in festen Umrissen, klaren Kontrasten und starken Tinten, die sich in Griechenland noch zu einer besonders eindrucksvollen Palette vereinigen. Bei den hellenischen Tempeln und Bildwerken kolorierte der Himmel, das Meer, der Schnee der Berggipfel, das kahle Gehänge, das die prachtvollen Eigenfarben der Gesteine sehen ließ, unwillkürlich mit, und es ist fast unbegreiflich, daß man jahrhundertelang glauben konnte, die Griechen hätten inmitten dieser lärmenden Polychromie den Stein weiß gelassen. Diese Schärfe des Sehbilds hat aber auch einen Nachteil: infolge der Durchsichtigkeit der Luft erscheinen alle Gegenstände unnatürlich nahe gerückt und das Auge vermag ihre Entfernungen und gegenseitigen Abstände nur schwer zu taxieren. Daher kommt es wahrscheinlich, daß der Sinn für Perspektive bei den Griechen sowenig entwickelt war, während umgekehrt der Impressionismus in den feuchten Gebieten Europas geboren wurde: in England und Holland, Nordfrankreich und Venedig. In den Schöpfungen der Hellenen, ihren Dramen und Gedichten, Bauten und Gemälden, Staatsformen und Glaubenslehren ist alles *Vordergrund.* Sie waren die unübertrefflichen Meister der reinen und starken Linie: in jedem Satz ihrer Reden und Schriften, jedem Profil ihrer Tempel und Statuen, jedem Gedanken ihrer Philosophie und Mythologie. Es kam nicht selten vor, daß sie einen Redner auszischten, weil sein Gewand keine guten Falten warf, und auch ihr fast pathologisches Interesse für alle Arten von Gymnastik und deren Schaustellung läßt sich nur begreifen, wenn man darin eine übermächtige Leidenschaft für schöne Form erblickt. Doch darf man die Bedeutung der Naturbedingungen, wie bereits hervorgehoben wurde, auch nicht überschätzen: wir haben im vorigen Bande gesehen, daß die Kreter schon in grauester Vorzeit den Schritt zum Impressionismus taten, und die Neugriechen hinwiederum sind, mit demselben Naturbild vor Augen, durch keinerlei klassisches Formtalent ausgezeichnet.

Das milde Klima hatte nun die weitere Folge, daß sich fast das ganze Leben des Hellenen außerhalb des Hauses abspielte, das er hauptsächlich nur zum Schlafen aufsuchte. Auf behagliche oder gar elegante Wohnzimmer legte er keinen Wert: Der Hauptraum war ein ungedeckter Hof, von einem Säulenumgang eingefaßt, der gegen die Sonne schützte. Die Fassaden, die, vollkommen schmucklos und nur durch das Portal, selten durch kleine Fenster unterbrochen, kalt und tot in die Straße blickten, verliehen dem Stadtbild ein orientalisches Gepräge. Wohlhabendere hatten ein paar Fremdenzimmer und einen kahlen Salon, die Prostas, wo sie Besuche empfingen. Alles andere spielte sich unter freiem Himmel ab: in den Stoen, städtischen Säulenhallen, wo man promenierte; in den Leschen, öffentlichen Gebäuden, die geradezu unseren Kaffeehäusern entsprachen, denn man kam dort ausschließlich zum Schwatzen zusammen; im Bazar, dem Deigma, wo man nicht bloß einkaufte, sondern auch Bekannte traf und Stadtneuigkeiten erfuhr; auf der Agora, wo Gericht und Markt gehalten wurde; an den Orten der Volksversammlungen (in Athen auf der Pnyx, die mit ihrem Felsenpodium, dem Bema, auf einem Hügel lag); in den Bädern und Turnschulen, den Rennbahnen und Theatern, die vor Tausenden von Zuschauern ihre Freiluftspiele veranstalteten. Daß alle Handwerke und Gewerbe im Freien betrieben wurden, verstand sich von selbst. Sogar die Philosophie war keine Sache der Stube, denn alle großen Schulhäupter lehrten in offenen Anlagen und ihre Schulen hießen nach diesen: die platonische nach der Akademie, dem Hain des Akademos vor den Toren Athens, die aristotelische nach dem Wandelgange, dem Peripatos, die stoische nach ihrer Säulenhalle, die epikureische nach dem Garten ihres Stifters, die kynische nach dem Gymnasion Kynosarges; und Figuren wie Sokrates, die Sophisten oder Diogenes sind überhaupt nur auf der Straße zu denken. Noch im heutigen Griechenland hält der Arzt seine Sprechstunde mit Vorliebe vor der Apotheke, der Rechtsanwalt und sogar der Beamte auf der Caféterrasse, Angehörige aller Berufe trifft man in jedem unbeschäftigten Augenblick auf dem Korso, das Volk schläft von Mai bis September im Freien: im Hof, im Garten, auf dem Dache. Dasselbe taten die Myriaden von Besuchern, die zu den Festspielen nach Olympia strömten; es gab dort nur eine einzige Herberge, das Leonidaion (was etwa mit »Hotel Leonidas« zu übersetzen wäre) und auch dieses bestand erst seit dem vierten Jahrhundert und war kein Gasthof in unserem Sinne, sondern von einem Herrn Leonidas, einem reichen Peloponnesier, für Ehrengäste gestiftet.

Blumen Die Kräuter, Stauden und Gräser beginnen im Herbst, wenn die ersten Regen fallen, zu sprießen, überdauern den Winter, strotzen im Frühling im üppigsten Flor, verdorren und zerfallen in der Trockenperiode. Die Holzpflanzen sind immergrüne Hartlaubgewächse, deren Blätter gegen die Verdunstung durch eine feste, lederartige, metallisch glänzende Oberhaut geschützt sind; auch durch Ausscheidung ätherischer Öle, die zum Beispiel den Lorbeer so aromatisch macht. Bei den Koniferen tut die geringe Oberflächenentwicklung der Nadeln diesen Dienst. Die Blumen sind weitständig, da sie mit dem spärlichen Wasser haushalten müssen. In höheren Regionen, wo mehr Feuchtigkeit herrscht, oder an Quellen, Sümpfen, perennierenden Flüssen findet sich auch eine Vegetation, die sich mehr dem mitteleuropäischen Typus nähert. Die genügsame Welt der Büsche, Sträucher und Zwergbäume muß dem Südländer die Wiesen und Matten des Nordens ersetzen.

Die Lieblingsblumen der Griechen waren Rose und Lilie, Veilchen, Krokus und Hyazinthe; zu Kränzen verwendeten sie am liebsten Myrte und Lorbeer, Ölbaum, Fichte und Eppich, eine Sellerieart mit stark duftenden Blättern. Die Rose, *rhodon*, und die Lilie, *leirion*, kommen in Gleichnissen schon bei Homer vor: Er nennt die Morgenröte rosenfingrig und die Haut des Aias lilienzart; und Aphrodite salbt den Leichnam des Hektor mit rosenduftendem Öl. Aber schon ein antiker Forscher hat die Frage aufgeworfen, woher es komme, daß Homer das Rosenöl kenne, die Rose aber nicht. Aber alltägliche Vergleiche sind oft von den exotischsten Dingen hergeholt: Wir sprechen ja auch von Krokodilstränen und Basiliskenblick, ohne daß diese unfreundlichen Geschöpfe zu unserer Landesfauna gehören. Aber um 600, zur Zeit Sapphos, war die Rose, die die Dichterin sehr liebte und (vielleicht als erste) im Bild der Mädchenblüte erblickte, schon allgemeiner Festschmuck: Die Tänzerin und die Flötenspielerin, schöne Knaben und verliebte Paare, der Trinker und sein Becher sind mit Rosen bekränzt. Die Lilie war zumeist die weiße. Unter der Viole, *ion*, versteht Homer immer nur das schwarze Veilchen; später lernte man auch die hellen Sorten kennen: den Goldlack (auch bei uns früher im Volksmund »Gelbveigelein« genannt) und die Levkoje, deren Namen nichts anderes bedeutet als *leukon ion*, das weiße Veilchen. Athen heißt bei Pindar und Aristophanes veilchenbekränzt: möglicherweise gab es also damals schon ausgedehnte Kulturen; und auf dem Markt bekam man dort den ganzen Winter hindurch frische Violen, was vielleicht sogar auf Treibhauszucht hinweist. Der Krokus war wegen seines Dufts beliebt, der uns heute nicht mehr soviel sagt, und seine Narbe lieferte den Safran, der als Küchenwürze, Medikament und

Schönheitsmittel Verwendung fand; vor allem aber verlieh er Schuhen, Schleiern und Gewändern (und wahrscheinlich auch dem Frauenhaar) den Glanz einer hochgelben Farbe, die von den Alten fast ebenso geschätzt wurde wie der Purpur; wir benützen ihn nur noch zum Färben von Konditorwaren. Trotz ihrer Blumenliebe scheinen aber die Griechen vor der Alexandrinerzeit eigentliche Ziergärten oder gar Parks nicht gekannt zu haben. Homer weiß nur von Nutzpflanzungen, selbst von Feldblumen spricht er nur selten.

Bäume Alle Mittelmeerländer sind, von Norden gesehen, sehr waldarm. Dies ist aber nicht die Schuld der Natur, sondern der Menschen. Die Axt hatte auch in Jahrhunderten den ursprünglich sehr reichen Beständen nicht viel anhaben können; aber man hatte sich schon früh daran gewöhnt, künstliche Waldbrände zu entfachen. Wiederum ist es Homer, der uns davon erzählt; er schildert, wie die wildlodernde Flamme durch das Gehölz rast, einem Meersturm vergleichbar: Entwurzelt fallen die Büsche, weithin erblickt man den Feuerschein und gewaltiges Tosen hallt durch die Bergschluchten. Diese uralte Unsitte erhielt sich bis in die neuesten Zeiten. Wenn in der Sommerglut der Wald dürr wie Zunder dasteht, kann ein einziger Funke, vom Winde weitergewirbelt, ganze Forste niederfressen. Bisweilen geschieht es aus Fahrlässigkeit, zumeist aber mit Absicht. Denn der Hirte gewinnt so mit leichter Mühe Weideland, das zugleich durch die Asche gedüngt wird. Was stehenblieb, fiel dem großen Bedarf des Hausbaus und Schiffsbaus, der Kohlenbrennerei und Teerschwelerei zum Opfer. Zum Nachwuchs konnte es schwer kommen, denn die wilden Regengüsse schwemmten die dünne Bodenkrume mit sich fort. Eine andere Kalamität des Südens bildeten die Ziegenherden, die unersättlich alle jungen Sprosse abnagten, und dazu kam noch als weitere dauernde Schädigung der Aderlaß des Anbohrens, da das Harz zum Auspichen der tönernen Weinfässer, als Weinzusatz, zur Fixierung der Wohlgerüche in Salbölen und zu medizinischen Zwecken, besonders gegen Lungenleiden, allgemeine Verwendung fand. Die Griechen haben alle diese Mißstände durchaus nicht ignoriert, aber nie etwas Ernstliches dagegen getan, so daß sie bereits im fünften vorchristlichen Jahrhundert auf die Holzeinfuhr aus Makedonien und Thrakien angewiesen waren; schon damals kroch allenthalben »nichtsnutziges Buschwerk« und die Berge standen nackt, »Glieder eines einst blühenden Leibes, von Krankheit abgezehrt«, wie Plato sie nannte. Sogar das Karstgebirge war einmal ein reichbewaldetes Gebiet.

Steinkohle, Preßkohle und Torf waren den antiken Mittelmeervölkern unbekannt. Dagegen fand die Holzkohle ausgedehnte Verwendung. Das Brennen geschah, genau wie heute, in Meilern. Zur Entzündung der Flamme war der hölzerne Feuerbohrer seit Urzeiten in Gebrauch, später aber verwendete man auch Stahl, Stein und Zunder, ja sogar Brennspiegel aus Bronze und Brenngläser aus Bergkristall; die Erzählung jedoch, daß Archimedes die römische Flotte durch Spiegel in Brand gesteckt habe, ist eine späte Legende, die auf technisch unmöglichen Voraussetzungen beruht. Zur Beleuchtung diente ursprünglich der Kienspan, aus dem sich die Fackel entwikkelte, indem man mehrere zusammengebundene Späne mit Pech, Asphalt oder Harz umkleidete. Fackelhalter aus rotbraunem Ton mit Tropfschale kamen bei den Ausgrabungen Schliemanns zutage. Auf Lampen der verschiedensten Formen und ihre Gestelle verwandte die Antike große Kunstfertigkeit; gespeist wurden sie mit Öl oder Talg, zum Schutz gegen Wind und Regen setzte man sie in einen Weidenkorb. Straßenbeleuchtung gab es im ganzen Altertum nicht, hingegen an fast allen Küsten Feuerwachen und später auch Leuchttürme.

Der verbreitetste Baum des griechischen Nadelwaldes ist die Kiefer, da sie sich mit trockenem Sandboden begnügt, auf dem sonst keine andere Nutzpflanze mehr gedeiht. Ihr Holz wurde, obgleich es leichter fault als das der Eiche, mit besonderer Vorliebe zum Schiffsbau verwendet. Ihre nächste Verwandte ist die Pinie, deren Zapfen eßbare Kerne, die »Piniennüsse«, enthalten, ein im Altertum sehr geschätztes Naschwerk. Die Edeltanne kommt nur in höheren Regionen vor, dort aber nicht selten in ansehnlicher Menge, und ihr düsteres Grün bildet einen bezeichnenden Farbenfleck im Rahmen des Landschaftsbildes. Von sonstigen Nadelgewächsen waren die häufigsten die Zypresse, deren dunkle Flamme über den Gräbern trauerte, und der immergrüne Wacholder, dessen Beeren als Arznei, Gewürz und Räuchermittel Verwendung fanden, eine ebenfalls sehr anspruchslose Pflanze, die nicht bloß in zahlreichen Straucharten weite Gehänge bedeckte, sondern auch als Baum zu respektabler Höhe heranwuchs. Unter den Laubbäumen spielte die Eiche, sowohl in ihren sommergrünen wie in ihren immergrünen Varietäten, bei weitem die wichtigste Rolle, was schon daraus hervorgeht, daß ihr Name »drys« auch einfach für »Baum« gebraucht wurde. Am schönsten entwickelt war die Knoppereiche mit ihrer prachtvollen Laubkuppel, ihrem mächtigen Stamm, in dem die Bienen hausten, und ihren vielen Früchten, die geröstet ein beliebtes Nahrungsmittel bildeten; heute schätzt man an den Knoppern nur noch den Gerbstoff. Gerbstoffhaltig sind auch die Terebinthaceen, die aber nur in ihrer asiatischen Heimat eßbare Früchte und balsamisches Harz liefern: Mastixbaum und Terpentinbaum tragen in Europa ihren Namen mit Unrecht. Zu derselben Familie gehört auch die Pistazie, deren Nüsse wegen ihres delikaten Aromas dem Zuckerbäcker für Glasuren und Füllungen sehr willkommen sind; sie scheint aber erst unter den Diadochen nach Griechenland gekommen zu sein. Wahrscheinlich auch erst in dieser Zeit wurde die Edelkastanie eingebürgert: Ihre Früchte wurden nicht bloß gebraten und gekocht, sondern auch zu Mehl verarbeitet. Die Roßkastanie hingegen wurde erst gegen Ende des sechzehnten Jahrhunderts aus Konstantinopel eingeführt; sie hat in dem überreichen Prunk ihrer leuchtenden Kerzen in der Tat etwas Türkisches. Ihre Bezeichnung führt sie wahrscheinlich daher, daß ihre Samen ungenießbar sind. Auch der Name des Meerrettichs stammt von »Mähre«, aus der Zeit, da man ihn noch nicht aß: Beides will soviel bedeuten wie »Pferdefutter«.

Ziemlich stark vertreten ist auf hellenischem Gebiet der Erdbeerbaum, ein anmutiges Gewächs mit lorbeerähnlichem, sich immer wieder erneuerndem Blattwerk und zarten hellen Blüten, oft bloß strauchartig: Er heißt so, weil seine Früchte, die aber geschmacklos sind, in Größe, Farbe und Oberfläche den Walderdbeeren gleichen; sie wurden im Altertum anstandslos verzehrt, später als angeblich ungesund gemieden, von den Vögeln aber zu allen Zeiten als Leckerbissen begehrt. Das Holz des Erdbeerbaums bildete in vielen Gegenden das wichtigste Brennmaterial, während man aus der harten Esche am liebsten Speerschäfte, aus dem glatten Buchsbaum Tafeln und Kästchen, Flöten und Schnitzbilder verfertigte. Die hohe breitwipflige Platane, die Genossin der Quellen und Bäche, war hauptsächlich wegen ihres Schattens geschätzt.

Früchte

Aber was der griechischen Landschaft ihre Physiognomie verleiht, ist nicht die Baumwelt, sondern das kurzbeinige Geschlecht der Sträucher und Büsche, das die Lehnen der Mittelgebirge und ihre Vorhügel, die Felsen der Küsten, die Ränder der Schluchten und alle Wasserrinnen das ganze Jahr hindurch mit leuchtendem Blattgrün bekränzt und im Frühling mit zahllosen Sträußen milchweißer und rosenroter, goldgelber und feuerfarbener Blüten bestreut. Dem Apoll war der Lorbeer heilig, dem Dionysos der Efeu, der Aphrodite die Myrte. Sie schmückte schon im grauesten Altertum die Braut, fand aber auch prosaischere Verwendung als Digestiv und als Zutat der leckeren Myrtenwurst. Auch der Lorbeer wurde als Würze der Saucen und Ruhmestaten schon ebenso überschätzt wie heutzutage. Unter den obsttragenden Gewächsen waren für die Griechen nur Feigenbaum, Weinstock und Ölbaum von größerer volkswirtschaftlicher Bedeutung. Birnen und Äpfel gediehen schlecht. Der Apfel des Paris ist ein Granatapfel; aber auch diese Frucht war mehr zur Augenweide vorhanden, denn sie gelangt nur in östlicheren Gegenden zu ihrem vielgepriesenen Wohlgeschmack. Pflaume und Kirsche wurden nicht veredelt; auch der Nußbaum wuchs meist wild. Die goldenen Äpfel der Hesperiden waren Quitten. Diese sind in ganz frischem Zustand nicht gerade ungenießbar; aber manche griechischen Köche verstanden es bereits, aus ihnen durch Zusatz von Wein und Honig köstliche Konfitüren zu bereiten. Die Dattelpalme, die sehr viel Hitze verträgt, aber auch sehr viel Feuchtigkeit verlangt (der Araber sagt: sie taucht ihr Haupt in Feuer und ihre Füße in Wasser), bringt in Griechenland keine Früchte mehr hervor und wurde dort nur als bestaunte Kuriosität gepflanzt: an einigen Heiligtümern, unter anderem auf der Insel Delos zu Ehren Apolls; Palmzweige dienten als Siegeszeichen. Odysseus, der auch als gestrandeter Bettler ein vollendeter Kavalier bleibt, begrüßt Nausikaa mit dem ausgesuchten Kompliment, sie flöße ihm die gleiche Bewunderung ein wie der »Sproß des Phoinix« auf Delos, »denn nicht trägt ein solches Gewächs sonst irgend die Erde«.

Dem Feigenbaum hingegen sagte das trockene Klima Griechenlands gerade besonders zu. Die Griechen liebten seine Früchte leidenschaftlich und erzählten sich, Xerxes habe sich täglich attische Feigen vorsetzen lassen, um daran erinnert zu werden, daß das Land, das sie hervorbringe, noch nicht sein sei. Er hätte sie aber in noch weit vorzüglicherer Qualität aus Smyrna bekommen können, das ihm bereits gehörte. Es gab zwei Hauptsorten, die schwarzen und die weißen, die aber eigentlich dunkelrot und grünlich waren. Die süßeren weißen eigneten sich mehr zum Trocknen, die schwarzen wurden meist frisch verzehrt. Die wilden Arten wucherten malerisch aus den Spalten alter Mauern und verwitterter Felsen.

Von den Weinen gab es zahllose Sorten. Sie waren, mit Ausnahme der gewöhnlichen Landweine, sehr schwer und feurig und meist süß; als die edelsten galten die Inselmarken. Schon den Kindern gab man Wein; Phoinix, der den kleinen Achilleus aufzieht, schneidet ihm das Fleisch vor und reicht ihm den Becher an den Mund, aber der Heros, der schon damals recht ungebärdig war, spuckt das Getränk wieder aus. Um die Weine haltbarer zu machen, versetzte man sie mit allerlei Zutaten, die für unsere Geschmacksbegriffe etwas befremdend sind: Zypressennadeln, zerriebene Myrtenbeeren, Galläpfel; vor allem harzte man sie sehr stark, und dies tut der Grieche noch heute. Doch erklären eingelebte Reisende, daß man später nicht versteht, wieso man den griechischen Wein ungenießbar finden konnte. Die Alten kannten auch schon den Essig; man erzeugte ihn, indem man einfach Wein an der Luft sauer werden ließ. Er hieß *oxos* (die Russen gebrauchen noch heute das Lehnwort *uksus*), und wie bekannt er war, zeigen die vielen Ableitungen und Zusammensetzungen im Griechischen: »Essigflasche«, »Essighändler«, »Mischung aus Öl und Essig«, »Trank aus Honig und Essig«, »nach Essig schmecken« und andere; einen Menschen mit einem sauren Gesicht nannte man *oxynes*. Man verwendete den Essig auch schon zum Einlegen, desgleichen das Öl. Andere bereits im Altertum übliche Konservierungsmethoden waren das Räuchern, das Einsalzen und der Luftabschluß. Die Korinthe, eine kernlose Rebenart, heute einer der wichtigsten griechischen Exportartikel, ist unantik. Sie führt ihren Namen daher, daß sie zuerst von den Venetianern bei Korinth gezüchtet wurde, und kann unter der ewigen griechischen Sonne gleich an Ort und Stelle getrocknet werden.

Der Ölbaum, eine bedürfnislose Pflanze, die auch auf steinigem Boden ein hohes Alter erreicht, bildet in Griechenland *Öl* ganze Wälder, deren silbergraues, wie bestäubtes Blattwerk etwas monoton wirkt. Seine harten Stämme empfahlen sich früh der Bearbeitung; schon die Keule des Kyklopen in der Odyssee ist aus Olivenholz. In der Ilias werden nicht bloß die Götter und Menschen, sondern auch die edlen Pferde mit Öl gesalbt; die Rosse Hektors bekommen sogar Wein, was manche Philologen sehr mit Unrecht als epische Übertreibung angesehen haben, da man doch noch heute Rennpferden Sekt zu trinken gibt. Wiederum waren es die Athener, die sich des besten Produktes rühmten; der Ölbaum war der Landesgöttin Athene heilig, und an den Großen Panathenäen, die ihr zu Ehren veranstaltet wurden, bestanden die Preise in Krügen mit Öl. Die Früchte wurden zunächst in den Ölmühlen zerquetscht, dann entkernt und mehrmals ausgepreßt. Man hat jahrhundertelang geglaubt, das starke Salben des Körpers sei eine Marotte der Griechen gewesen; heute aber, wo es mit der erneuten Wertschätzung von Luft, Sonne und Sport wieder in Mode gekommen ist, beginnt man seine hygienische Bedeutung langsam einzusehen. Sie bedienten sich dazu übrigens nicht bloß des Öls, sondern auch tierischer Fettstoffe, vor allem des Wollfetts, und auch dieses ist in neuerer Zeit wieder zu Ehren gekommen, allerdings mehr im medizinischen Betrieb, seit im Jahr 1885 Liebreich aus dem Schafwollfett das heute allbekannte Lanolin darstellte, das, da es sehr leicht in die Haut eindringt, die Aufnahme beigesetzter Heilmittel befördert.

Das Öl spielte auch eine wichtige Rolle als Reinigungsmittel, denn der chemische Vorgang der Verseifung war erst dem späten Altertum bekannt. Ein beliebter Vorwurf der antiken Plastik ist der *apoxyomenos* (der berühmteste stammt von Lysipp): ein junger Mann, der das eingeriebene Öl, das den Staub und Schmutz aufsaugt, mit einem Schabeisen abkratzt: nach unseren Begriffen kein sehr geeigneter Vorwurf für eine künstlerische Behandlung, aber die Alten fanden daran offenbar nichts Unästhetisches. Nach Tische reinigte man sich die Hände (was sehr nötig war, da man sie ja als Eßbesteck gebrauchte) mit Brot oder parfümiertem Ton; Wäsche wurde in fließendem Wasser gespült, was bekanntlich die Prinzessin Nausikaa noch persönlich besorgt. Außerdem verwendete man auch noch Kleie und Sand, Asche und Soda; besonders aber der Bimsstein, *kiseris*, war ein Universalmittel: Er diente zum Putzen der Zähne, zur Säuberung des Teints, zur Entfernung der Haare und Runzeln, aber auch zur Glättung des Leders, zum Spitzen der Schreibrohre, zum Radieren auf Pergament.

Bekanntlich kochen noch heute die Südländer vorwiegend mit Öl. Die Griechen scheinen vor der Butter geradezu Abscheu gehabt zu haben und haben sie jedenfalls immer ignoriert; trotzdem stammen die Wörter, mit denen sie in den modernen Kultursprachen bezeichnet wird, fast alle vom griechischen *butyron*, das aber wahrscheinlich ein skythisches Lehnwort ist. Denn die Barbaren im Norden waren fleißige Butteresser; die Thraker führten geradezu diesen Namen: Butyrophagoi. Die Skythen genossen auch sehr viel Pferdebutter, was wiederum uns Widerwillen einflößt. Andere Milchprodukte aber waren in Hellas sehr beliebt. Ziegenkäse war eines der Hauptnahrungsmittel der ärmeren Bevölkerung, aber auch die Wohlhabenden verschmähten ihn nicht, besonders der sizilische galt als Delikatesse. Man veränderte seinen Geschmack durch Würzen und Räuchern; mit der Raspel, die in keiner athenischen Küche fehlen durfte, rieb man ihn in Mus und Gemüse. Schafkäse wurde ebenfalls sehr viel gegessen, am wenigsten Rinderkäse. Auch die Schlagsahne war bereits bekannt: sie hieß *aphrogala*, »Schaummilch«.

Um sich gegen die landesüblichen Temperaturstürze zu schützen, zog der Festlandsgrieche die Wolle der Leinwand vor; auch sein Sinn für Einfachheit sprach hier mit, denn Leinwandkleidung galt für die weitaus prächtigere. Infolgedessen war der Flachsbau nie sehr bedeutend; Hesiod, der doch landwirtschaftlicher Fachmann war, erwähnt ihn überhaupt noch nicht. Das Produkt selbst war ihnen natürlich längst bekannt: Die Edeln bei Homer schlafen auf feinen Bett-Tüchern und unter kostbaren Zeltdecken; auch Leinwandpanzer tragen sie bisweilen. Hingegen war sowohl das Hemd wie das Polster dem eigentlichen Altertum fremd. Die Benutzung der Gänsefedern zu Kissen ist eine nordische Sitte, die zu den Südländern erst durch die Germanen kam und ihnen noch heute weniger zusagt. Infolge der relativ geringen Rolle, die der Flachs im Haushalt des Altertums spielte, sind zwei der bedeutsamsten Erfindungen erst Kinder der neueren Zeit: das Lumpenpapier und die Ölmalerei.

Der duftreiche rosenblütige Oleander, der als Schmuck der Wasserläufe heute für Griechenland so charakteristisch ist, erscheint erst in der römischen Kaiserzeit. Außerdem fehlten, um nur die wichtigsten Gewächse zu nennen, Orange und Zitrone, Pfirsich und Aprikose, Opuntie und Agave, Tomate und Kartoffel, Reis und Mais. Die verbreitetsten Gemüse waren Linse und Bohne, Rübe und Kohl, Rettich und Lattich, Kürbis und Gurke; diese, eine große, heute nicht mehr gebaute Art, wurde frisch verzehrt, geschmort, gesotten, mit Quitten eingekocht (ein Rezept, das uns verlorengegangen ist), als Salzgurke und Essiggurke zum Braten gereicht. Andere Speisewürzen waren Zwiebel und Knoblauch (eine unerschöpfliche Fundgrube für die Ordinärheiten der Komödie), Kümmel und Senf und das geheimnisvolle Silphion, eine wohlriechende Pflanze, deren junge Stengel und Sprossen als Leckerbissen galten und deren Wurzel einen Saft lieferte, der buchstäblich mit Silber aufgewogen wurde. Sie ist heute verschollen, konnte aber auch bisher mit keinem antiken Gewächs identifiziert werden. Sie wuchs nur in der Kyrenaike, deren Reichtum sie bildete.

Minerale Der Bergbau wurde in Griechenland schon sehr früh fachmännisch betrieben: alte Weihetäfelchen zeigen bereits, wie nackte Bergarbeiter beim Licht einer Deckenlampe Stufen ins Gestein brechen und in großen Öfen Metalle läutern. Gleichwohl war die Technik, an modernen Arbeitsweisen gemessen, das ganze Altertum hindurch sehr unvollkommen und nur durch die Billigkeit der Sklavenarbeit gewinnbringend. Gold gab es im eigentlichen Griechenland sehr wenig, reichlicher in Thrakien und Kleinasien. Das bedeutendste Silberbergwerk war das berühmte laurische im südlichen Attika, das zwar Staatseigentum, aber an Private in Erbpacht gegeben war, die außer einer einmaligen Kaufsumme jährlich ein Vierundzwanzigstel des Ertrags entrichten mußten; doch stand es nur während des fünften Jahrhunderts in voller Blüte, zur Zeit Xenophons hatte seine Ergiebigkeit schon merklich abgenommen. Größere Kupfergruben gab es nur bei Chalkis auf Euboia (das wahrscheinlich von diesem Metall, *chalkos*, seinen Namen hat). Eisenerzlager dagegen an vielen Orten, besonders in Lakonien, dessen Helme und Schwerter, Bohrer und Meißel, Äxte und Sicheln auch außerhalb des Peloponnes begehrt waren. Doch hat das Eisen im Altertum niemals annähernd die Rolle gespielt wie in der neueren Zeit; Gußeisen war überhaupt unbekannt. Das Blei hingegen fand bereits eine überraschend mannigfache Verwendung: zu Gewölbeklammern und Wasserleitungsrohren, Kriegsschleudern und Schiffsloten, Büchsen und Urnen, Schreibgerät und Eßgeschirr, ja sogar schon zu falschen Würfeln und Spielsoldaten: Bleivergiftungen scheinen daher nichts Seltenes gewesen zu sein. Das Messing läßt sich erst für die Zeit des absinkenden Altertums mit Sicherheit agnoszieren; bei den früheren Bezeichnungen weiß man nie, ob es sich nicht um eine Verwechslung mit Bronze handelt; auch heute noch werden diese beiden Legierungen sehr oft durcheinandergeworfen.

An Marmor denkt jedermann sofort, wenn man von Griechenland redet. In der Tat ist die ganze Ostseite der Halbinsel sehr reich an diesem Gestein, das sich durch seine Schönheit, Bildsamkeit und Dauerhaftigkeit von Anfang an der künstlerischen Bearbeitung empfahl. Es ist in gewissem Sinne ebenfalls ein Geschöpf der griechischen Sonne, indem diese ihm jenen warmen Ton verlieh, durch den die Bildwerke förmlich zu leben schienen. Die beiden berühmtesten Sorten waren der goldschimmernde pentelische aus den Lagern am Brilessos und der schneeweiße parische, der fast die ganze Insel aufbaut: noch heute werden auf Paros alle Häuser und sogar die Mauern aus Marmor errichtet. Auf Naxos gab es außerdem Schmirgelbrüche, die das vorzüglichste Material zum Schärfen des Eisens und Schneiden der Steine lieferten, weshalb dort zum erstenmal jene Balken und Ziegel aus Marmor erzeugt worden sein sollen, die einen so herrlichen Schmuck aller griechischen Tempel bilden. Das Glas hingegen hat in der griechischen Baukunst nicht die geringste Verwendung gefunden und war in der klassischen Zeit kaum vom Hörensagen bekannt; keinerlei farbiges Getäfel brach das Licht und wehrte dem Wind. Dies ist sehr merkwürdig, da doch bei den nächsten Nachbarn der Griechen, den Ägyptern und Phöniziern, Glasuren der verschiedensten Arten etwas ganz Gewöhnliches waren und auch die Perser bereits aus Gläsern tranken. Man sieht hieran, daß »Kulturberührungen« nicht eine so ausschlaggebende Bedeutung haben, wie gemeinhin angenommen wird. Erfindungen nützen gar nichts, wenn nicht das Interesse dazukommt. Das Glas sagte den Griechen offenbar nichts.

Frugalität Unter ihren ziemlich kargen Naturbedingungen sind die Hellenen ein vorwiegend frugales Volk geblieben. Die Boioter waren schon als Prasser verschrien, weil sie, was sie sich im Besitz ihres guten Ackerbodens und des Kopaissees leisten konnten, viel Weizengebäck und Aale aßen, während in Athen auch der Mittelstand sich für gewöhnlich mit Gerstenmehl und den Kleinfischen der phalerischen Bucht begnügen mußte. In Sparta wurde Weizenbrot als Delikatesse zum Nachtisch gereicht. Dort war der Wein überhaupt verpönt; die übrigen Griechen tranken ihn stark gemischt: die typische Frage beim Einkauf lautete: »Wird er auch drei Teile Wasser vertragen?« Diese Proportion wurde allerdings des öftern als »Froschwein« verspottet; bei den Symposien, wo, ganz wie bei uns ein »Präsidium«, der Symposiarch, gewählt wurde, bestimmte dieser das Mischungsverhältnis, das über ein Drittel Wein in der Regel nicht hinausging. Infolgedessen dürfte es, obgleich die Marken, wie gesagt, sehr stark waren und man gern bis in die späte Nacht zechte, wohl nicht häufig zu schwerer Trunkenheit gekommen sein. Auch der Imbiß, den man dazu einnahm, bestand aus lauter recht bescheidenen Genüssen: Feigen und Datteln, Oliven und Wassermelonen, Käse und Salzkuchen, Kichererbsen und Rauchfischen. Bier tranken die Griechen überhaupt nicht, obgleich es schon ihre beiden ältesten Geschichtsschreiber, Hekataios und Herodot, als Lieblingsgetränk der Ägypter kennen: »Hier werdet ihr keine Methtrinker finden«, sagt bei Aischylos voll Stolz der König von Argos zu den Danaiden, die aus Ägypten gekommen sind.

Jagd

Die Ionier in Kleinasien lebten üppiger. Hipponax aus Èphesos, später in Klazomenai, ebenso bedeutend als Iambendichter wie als Schnorrer, schwärmte von den Tafeln der Reichen mit feisten Enten und zarten Hasen, süßen Sesamkuchen und fetten Honigschnitten, Ragout und Seefisch. Aber schon die Bezeichnung des Schlachtviehs aus »Opfertiere«, *hiereia*, zeigt, daß man ihr Fleisch für gewöhnlich nur zu den heiligen Zeiten genoß. Die Jagd war in Hellas während der historischen Zeit, im Gegensatz zur mykenischen, nie von großer volkswirtschaftlicher Bedeutung, obgleich es in vielen Gegenden Hirsche, Rehe und Hasen gab: diese zum Beispiel auf der Insel Karpathos in solcher Menge, daß man für *embarras de richesse* die Redensart gebrauchte: »Der Karpathier und der Hase.«

Auch andere sprachliche Bildungen zeigen, daß dieses Tier im Volksleben eine Rolle spielte: eine Form des Hirtenstabs hieß *lagobolon*, Hasentreffer, eine Lieblingsspeise der Athener *mimarkys*, Hasenpfeffer: Lunge, Leber, Niere in Gewürzbrühe, gekocht, und »in lauter Hasenbraten leben« ist in der Komödie der Ausdruck für höchstes Schlemmerdasein. Der Hase galt auch als Symbolik der Liebe, offenbar wegen seiner »kaninchenartigen« Fruchtbarkeit; aber Kaninchen kannten die Griechen noch nicht. Ebensowenig das Rebhuhn, wohl aber das Steinhuhn, das nächst dem Hasen das gewöhnlichste Jagdwild war; auch muß an der athenischen Küste das Wasserhuhn, *phaleris,* sehr verbreitet gewesen sein, da nach ihm der Hafen Phaleron seinen Namen führte.

Den Eber zu erlegen, war schon eine romantischere Angelegenheit. Man erwartete ihn, wenn er mit gesträubten Borsten und wutfunkelnden Augen anrannte, mit dem *probolion*, der Saufeder, um ihm an der Kehle den Todesstoß zu versetzen; wenn dies aber mißlang, mußte man sich blitzschnell platt auf den Bauch werfen, sonst war man verloren. Der Bär soll noch heute in Epirus vorkommen; im Altertum war er ein Bewohner aller griechischen Gebirge. Arkadien heißt soviel wie Bärenland, und im ersten Messenischen Kriege trugen die Männer, die von dort ins Tal stiegen, alle noch Bärenfelle. Die Heroen des Mythus aber schmückt das Löwenfell. Moderne Zweifelsucht will darin nur eine poetische Arabeske erblicken und auch Homer keine persönliche Kenntnis des Tiers zubilligen. Aber wenn man seine genaue Beschreibung der ergrimmten Bestie liest: »sie duckt sich mit weit geöffnetem Rachen, Geifer tritt um ihre Zähne, mit dem Schweif peitscht sie sich beide Hüften, dann springt sie aufleuchtenden Blicks«, und sie mit den Schilderungen moderner Löwenjäger vergleicht, so vermag man diese Skepsis nicht zu teilen. Ebenso sachkundig beschreibt er das Treiben der Wölfe: Sie haben einen Hirsch verzehrt, darauf traben sie mit blutgerötetem Maul einem nahen Bach zu, mit den dünnen Zungen das klare Naß zu lappen; das Blut färbt das Wasser. Sie leben übrigens noch heute in Griechenland, wenn auch nicht so dicht wie zur Zeit Solons, der auf ihre Tötung eine Prämie setzte. Auch Wildziegen gibt es noch derzeit auf den Inseln.

Pferd, Hund und Katze

Von Haustieren hatten die Griechen das Pferd bereits mitgebracht; aber ihr Land bot im allgemeinen keine günstigen Bedingungen für die Entwicklung der Rossezucht. Von hoher Qualität waren nur die thessalischen Rassen. Die spartanische Reiterei war ganz minderwertig. Auch die Athener besaßen nur in der Ebene von Marathon ein halbwegs geeignetes Terrain. Trotzdem waren die Hellenen von den ältesten Zeiten an große Pferdeliebhaber. Zahlreiche griechische Namen sind mit »hippos« gebildet. Xenophon, der eine eigene Schrift über Hippologie verfaßte, nennt das Pferd den Freund des Menschen, den berechtigten Träger der Götter. Ein Lieblingsthema der bildenden Kunst, das sie in unerschöpflichem Motivenreichtum abwandelte, waren die Pferdemenschen, die Kentauren. Man darf für gewisse Zeiten geradezu von einem Pferdespleen sprechen. Im Repertoire der attischen Komödie befand sich auch die Satire auf den *bourgeois gentilhomme*, der den Sportkavalier spielt. Alkibiades, dessen Snobismus ebenso groß war wie seine Genialität, besaß einen berühmten Rennstall, aus dem er zu Olympia sieben Viergespanne auf einmal laufen ließ; übrigens auch einen riesigen exotischen Hund, der das Tagesgespräch von Athen war. Die höhere Reitkunst kannte bereits Volten und Voltigen, Levade und Pesade, Kurbette und spanischen Tritt. Man ritt ohne Sattel, Steigbügel und Hufeisen und bediente sich zum Lenken nur der Zügel und Schenkel, denn der Gebrauch von Sporen und Peitsche wurde von den damaligen Pferdekennern ebenso widerraten wie von den heutigen. Selbst die Decke fand meist nur beim Militär Verwendung. In den Sitz gelangte man, indem man mit Hilfe der Lanze aufsprang, auch waren die Pferde zum Niederbeugen der Vorderfüße abgerichtet. Die Rennreiter saßen nackt zu Roß; Unfälle waren zumal bei den Wagenrennen an der Tagesordnung; die Pferde stürzten, die Wagen zerschellten, die Lenker wurden geschleift. Der Volksglaube machte dafür einen eigenen Dämon verantwortlich: Taraxippos, den Rosseverwirrer, zu dem vor dem Start gebetet wurde.

Auch der Hund war ein Sporttier: der Jäger hieß *kynegos*, Hundeführer. Ein Jagdgehilfe war schon der berühmteste aller Hunde: der alte Argos, dem Homer ein ergreifendes Denkmal errichtet hat: er allein erkennt, vergessen und ungepflegt auf dem Misthaufen liegend, den heimgekehrten Odysseus, der ihn einst als ganz junges Tier zurückließ, aber schon zu schwach, sich zu erheben, vermag er nur noch die Ohren zu bewegen und mit dem Schwanz zu wedeln; sein Herr vergießt eine heimliche Träne, »aber den Argos umfing des dunkeln Todes Verhängnis, gleich nachdem er Odysseus gesehn im zwanzigsten Jahre«. Sehr merkwürdig aber ist es, daß es schon in Troja Spitze gab, die den unserigen genau glichen. Eine andere schon im Altertum bekannte Rasse waren die Doggen: die schönsten und kräftigsten, »Molosser« genannt, kamen aus Epeiros und nahmen als Leibwächter der Großen einen hohen Rang ein; auch der Kerberos, der den Herrn der Unterwelt und seine Schätze bewacht, ist ein riesiger schwarzer Molosserhund, der sich allerdings von den übrigen Exemplaren seiner Gattung dadurch unterscheidet, daß er drei Köpfe besitzt. Noch heute verteidigen große zottige Hunde, verwilderte Abkömmlinge der Molosser, die griechischen Herden, ohne sie jedoch, wie unsere Schäferhunde, auch zusammenzuhalten. Im übrigen spielte der Hund im griechischen Leben eine ebenso große Rolle wie heutzutage. Er war Genosse der Mahlzeit, Spielkamerad der Kinder, Mitglied reisender Artistentruppen, begleitete seinen

Herrn bis in die Schlacht und wurde nicht bloß von den Damen verwöhnt; schon der alte Hesiod meint, man sollte ihm häufig schmeicheln, und der berühmte Historiker Arrian, der aber auch über alles mögliche andere schrieb, rät, ihn auf den Kopf zu küssen und ins Bett zu nehmen. In reizender Naivität bringt das Verhältnis des Menschen zum Hund ein griechisches Grabgedicht zum Ausdruck: »Wanderer, der du vorbeiziehst, schaust du das Denkmal, lache nicht, bitte, darob, daß einem Hund es gehört. Tränen flossen um mich, und eigenhändig gesammelt hat meine Asche der Herr, hat auch die Verse gemacht.«

Hingegen gab es keine Katzen, obgleich die Ägypter sie doch schon längst hielten und sogar göttlich verehrten. Vielleicht aber hatte gerade dies zur Folge, daß sie keine aus dem Lande ließen. In Pompeji haben sich verschüttete Pferde, Hunde, Ziegen und andere Haustiere gefunden, aber keine Spur von einer Katze; ebensowenig findet sie sich auf den dortigen Wandmalereien dargestellt, und auch in den äsopischen Tierfabeln tritt sie niemals auf. Dafür aber fehlte auch die Ratte, die erst ein Geschenk der Völkerwanderung ist. Aber die Mäuseplage war groß; besonders für die Lederer war sie ein Gegenstand unaufhörlicher Klagen, und die Parasiten wurden in der Vulgärsprache »Mäuse« genannt: eine verlorengegangene Komödie führte diesen Titel, und in einem Bruchstück des Antiphanes sagt ein Schmarotzer: »Bei Tisch ein ungebetener Gast gleich' ich der Maus, die man vergebens aus der Brunnenröhre scheucht.« Einen gewissen Katzenersatz bot das Wiesel. Dieses niedliche, lebhafte Tierchen, das, wie Kenner versichern, im jugendlichen Alter vollkommen zähmbar ist, war der possierliche Gast vieler antiker Häuser; auf den Fang ging es erst des Nachts, den Tag verbrachte es im Zimmer auf einem weichen Polster oder gar auf dem Schoß seiner Besitzerin. Es jagt fast alle kleinen Tiere: Säuger, Vögel, Schlangen, Frösche, sogar Fische. An den Menschen gewöhnt, benimmt es sich wie eine Katze, spielt mit ihm, trinkt aus der Hand und kommt ins Bett. Da es sich aber auch gern bisweilen ein Stück Speck oder Braten, ein Ei oder sogar ein Hühnchen holt, so war es bei den Küchensklaven nicht sehr beliebt. Auch hat es die üble Angewohnheit, sich, wenn es gereizt wird oder sich verfolgt glaubt, in penetranter Weise seiner Gase zu entledigen, und man kann sich vorstellen, wie gierig sich die Komödie auf dieses geschmackvolle Motiv stürzte. In Fabeln, Redensarten und Kinderspielen bildeten »Wiesel und Maus« ein untrennbares Begriffspaar. Daß man sich außerdem nicht bloß den Igel, sondern auch die Ringelnatter hielt, die den Beinamen *myothera*, die Mäusejägerin, führte, ist verwunderlich, denn sie galt für giftig, wie übrigens auch die Kröte, die man mehr fürchtete als die Sandviper.

Rind, Schwein und Schaf

Die Kuh, griechisch *bûs*, findet sich, unter einer ebenfalls lautnachahmenden Bezeichnung, als *gô*, bereits im Sanskrit. Die Landschaft Molossis in Epeiros war durch ihre Rinder nicht minder berühmt als durch ihre Hunde. Es war ein schwerer, feister Schlag mit enormen Hörnern, die zu Trinkgefäßen verarbeitet wurden; sie lieferten täglich eine Amphore Milch, mehr als unsere besten »Holländer«, denn sie waren allem Anschein nach von einer Größe, die es heute nicht mehr gibt. Stattliches Hornvieh kam auch von den fetten Triften Thessaliens und Boiotiens und aus Arkadien, das auch hierin eine Art Schweiz war; Attika hingegen war in seinem Bedarf an Rindfleisch auf Einfuhr angewiesen, denn die inländischen Ochsen taugten nur zur Feldarbeit, weshalb sie im dortigen Sprachgebrauch *hypozygia*, Jochtiere, genannt wurden. Das attische Hauptbratentier war das Schwein. Eine beliebte Festspeise der Athener war Spanferkel mit Erbsenbrei; auf den Protzeneinfall der Römer, riesige Mastsäue in einem Stück auftragen zu lassen, sind sie aber nie gekommen. Von Würsten gab es vielerlei Arten: Bratwürste, Knackwürste, Hackwürste, Rauchwürste, Leberwürste, schon damals nicht selten von anderen Tieren als der Käufer erwartete. Hauptwolltier war das Schaf, das auch in Attika gut gedieh. Man verarbeitete das Gespinst zu Mänteln und Decken, Teppichen und Tapeten. Lakonien erzeugte den besten Filz. Spinnen und Weben galt so sehr als die weibliche Hauptbeschäftigung, daß ein Garnknäuel an der Haustür die Geburt eines Mädchens anzeigte. Das Gewicht der Rohwolle suchte man gern durch Nässen zu erhöhen; nicht umsonst ist Hermes der Gott der Hirten, der Händler und der Diebe. Aus Schafleder machte man Schilde und Panzer, Schuhe und Sandalen, Mützen und Gamaschen. Es war begehrter als das Rindsleder. Aber sogar Hundeleder fand für Schläuche, Riemen, Sturmkappen und Dudelsäcke Verwendung. Handschuhe als Bestandteil der eleganten Toilette hat das Altertum nicht gekannt; sie standen nur bei hoher Kälte und in einzelnen Gewerben, zum Beispiel in der Gärtnerei als Dornenschutz, in Gebrauch und wurden überhaupt sehr wenig getragen.

Geflügel

Es wurde schon im ersten Band erwähnt, daß das Huhn, in Babylonien von alters her einheimisch, sowohl zu den Ägyptern wie zu den Hebräern verhältnismäßig spät gelangte: zu jenen nicht vor der Saïtenzeit, zu diesen erst im Exil. Auch Homer kennt zwar den Eigennamen Alektor, der »Hahn« bedeutet, das Tier aber noch nicht. Aber zur Zeit der Perserkriege wird es bei den Dichtern schon vielfach erwähnt, und sein Krähen und Stolzieren, sein Kamm und Sporn, die Zärtlichkeit und Tapferkeit der Hühnermutter dient ihnen zu mancherlei Vergleichen. Im perikleischen Zeitalter besaß es bereits seine heutige Popularität. Auch im ärmsten athenischen Hause fand sich die Henne, die man *alektoris*, oder bezeichnenderweise einfach *ornis*, den Vogel, nannte. Auch Hahnenkämpfe waren sehr beliebt, wie man aus den zahlreichen Vasenbildern ersieht, die die Dressur, den Verlauf des Duells, den Triumph des Siegers, die Trauer des Geschlagenen sachkundig vorführen. Kein Geringerer als Themistokles soll diesen Sport in Athen eingeführt haben, wo er aber bald in den Wachtelkämpfen eine Konkurrenz fand, deren Veranstalter sie mit solcher Leidenschaft betrieben, daß sie als Ortygomanen, Wachtelnarren, verspottet wurden. Warum der Hahn dem Asklepios heilig war, ist nicht recht klar; es gab aber Sokrates Anlaß zu einem der schönsten Worte, die das Altertum gesprochen hat: Im Begriff, den Schierlingsbecher zu trinken, befahl er, dem Asklepios einen Hahn zu opfern, zum Dank für Genesung von langer Krankheit.

In Fels und Wald wimmelte es von wilden Tauben, schwarzen, aschgrauen, blonden und erdfarbigen, während die Haustaube, die aber nicht früher als das Huhn nach Griechenland kam, meist weiß war: Sie wurde als Vogel der Aphrodite auch in Tempeln gehalten. Die Gans, griechisch *chen,* was ebenso ihr Zischen nachahmen soll wie das deutsche Wort, kommt schon in der Odyssee am Hofe der Penelope vor, wo sie wegen ihrer Schönheit bewundert wird. Ihre Feder wurde aber noch nicht zum Schreiben verwendet. Viktor Hehn sagt in seinem entzückenden Buche *Kulturpflanzen und Haustiere*, das wegen seiner eleganten und geschmackvollen Darstellung in wissenschaftlichen Kreisen als dilettantisch gilt, aber trotz seines bereits biblischen Alters noch heute nicht überholt ist, daß sich für das Schreiben drei große Perioden ergeben: die des gespaltenen Rohrs des Thukydides und Tacitus, die des Gänsekiels, den Dante und Goethe in der Hand führten, und die der Stahlfeder, »mit der Leitartikel und Feuilletons hingeworfen werden, um noch naß in der Werkstatt gesetzt und mit Dampfkraft gedruckt zu werden«. Danach kann man sich denken, was er erst zur Schreibmaschine gesagt hätte, wenn er sie noch erlebt hätte.

Die Hausente taucht erst in der Kaiserzeit auf. Ihre wilde Varietät war immer häufig, besonders in der Gegend des Kopaissees, wo Wildenten massenhaft mit Netzen gefangen wurden. Seltener schoß man mit Pfeilen nach ihnen; das ägyptische

Wurfholz war unbekannt. In der zweiten Hälfte des fünften Jahrhunderts debütierte in Athen, aufs höchste bestaunt, der lächerliche Pfau. Er ist geschmacklos im doppelten Sinn, und deshalb blieb es dem kaiserlichen Rom vorbehalten, ihn zum allgemeinen Gartenschmuck und erlesenen Leckerbissen zu erheben, weil, wie Hehn sagt, »die Römer alles in den Mund stecken mußten«; einzelne Snobs aber haben auch schon in Griechenland, wo er die längste Zeit eine große Rarität blieb, für ihn Summen bezahlt, die, so behauptet wenigstens ein Komödienfragment, zum Ankauf von Kunstwerken hingereicht hätten. In die Frauengemächer fand eine Zeitlang der Reiher als Modetier Eingang. Auch die Fledermaus rechnete man, soweit man sie nicht für einen Dämon hielt, zum Geschlechte der Vögel. Es herrschte überhaupt in der Zoologie des öftern eine beträchtliche Begriffsverwirrung. So erklärte man die Giraffe, die Kamelpanther hieß, weil ihre Gestalt an ein Kamel, ihr Fell an einen Panther erinnerte, für einen Bastard aus diesen beiden Tieren, und den Delphin, der in der griechischen Sage und Poesie unter allen Meertieren die hervorragendste Stellung einnimmt, zählte man unter die Fische: er galt sogar als deren König. Auch über die Zugehörigkeit der Schildkröte war man sich nicht recht im klaren. In der Küche wurde sie von den alten Griechen ebensowenig verwendet wie von den heutigen, die für die delikate Suppe nichts übrig haben; dagegen wurde ihr Rückenschild wichtig für die Herstellung der Lyra. Aus Schildpatt wurden auch allerlei Gebrauchsgegenstände hergestellt, aber die Geschmacklosigkeit, es zur Verzierung der Möbel und Verkleidung der Wände zu benutzen, blieb wiederum den Römern vorbehalten. Auch für die Auster hatten die Griechen noch nicht die römische Leidenschaft, obgleich sie schon von Homer lobend erwähnt wird und zu allen Zeiten gern als Volksnahrung verzehrt wurde.

Fische

Eine solche bildeten auch im weitesten Ausmaß die Fische,

die in Massen sowohl frisch verzehrt wie als Pökelware versandt wurden. An ihrer Spitze steht der Thunfisch: Er hatte für die Ägäis dieselbe Bedeutung, wie sie heutzutage der Hering für den Norden besitzt. Er ist aber im Gegensatz zu diesem ein Großfisch, der nicht selten riesenhafte Dimensionen erreicht. Bei Byzanz erschien er bisweilen in so dicht gedrängter Menge, daß man ihn mit der Hand fangen konnte, und die Redensart »Fische nach dem Hellespont« hatte dieselbe Bedeutung wie »Eulen nach Athen« und »Wolle nach Damaskus«. Man erbeutete ihn mit Angel, Netz und Dreizack, der darum auch das Zepter Poseidons ist. Interessant ist es, daß man sie auch durch Glocken anzulocken suchte. Bekanntlich eilen auch die Fische in unseren Teichen auf Klingelzeichen zur Fütterung herbei. Man führt dies auf die Einwirkung der Lufterschütterung zurück, und ebenso pflegt man die Tatsache zu erklären, daß sie bei Schüssen und schrillen Pfiffen zusammenzucken. Aber die Männchen mancher Varietäten geben während der Laichzeit zischende und knurrende, pfeifende und trommelnde Laute von sich, die zweifellos für die Weibchen bestimmt sind. Auch gibt es musizierende Fische, und ein tauber Musiker ist doch wohl nicht gut vorstellbar. Der größte aller Tondichter war es zwar; aber nicht von Geburt. Das ganze Altertum hindurch erhielt sich die Meinung, daß die Fische sehr musikliebend seien, mit großer Hartnäckigkeit. Ihr Labyrinth enthält allerdings kein Gehörorgan. Es ließe sich aber denken, daß ihre Hautsinnesorgane oder ihre sehr empfindlichen Barteln durch akustische Wellen gereizt werden, und dies wäre nichts als ein anders lokalisiertes Hören.

Großen Wert legte man im Altertum auf Fischsaucen. Über die gepriesenste und kostbarste, das Garon, sind wir aber nicht viel klarer informiert als über das Silphion. Es war eine mindestens ebenso große Delikatesse wie der Kaviar, von dem aber die Alten allem Anschein nach nichts wußten, obgleich der Stör bekannt war (der Hausen, von dem der beste Kaviar stammt, nicht); andernfalls hätten sich die Römer auf ihn gestürzt, denn er besitzt alle Eigenschaften, die sie von einer Speise verlangten: er ist teuer, exotisch, appetitreizend und ein Aphrodisiacum. Auch im Garon war Stör enthalten, außerdem Thun und Makrele und wohl noch vieles andere, was Fabrikationsgeheimnis war; vom Rezept weiß man nur so viel, daß die Extraktmasse unter Zusatz von Wein und Gewürzen einer monatelangen Gärung unterworfen wurde. In Pompeji gab es eine große Exportfirma für Garum: A. Umbricius Scaurus & Comp.

Purpur

Ein noch viel kostspieligerer Luxus war der Purpur. Die griechischen Hauptfundorte der Purpurschnecke waren die Küsten Kytheras, Lakoniens und des korinthischen Golfs. An dessen Nordseite, in Phokis, war sie so zahlreich, daß die halbe Einwohnerschaft von ihr lebte. Der lakonische Purpur stand nur hinter dem weltberühmten tyrischen zurück. Der Saft ist ursprünglich weißlich und färbt sich erst unter der Einwirkung der Sonne in der Reihenfolge: zitronengelb, grüngelb, grün, violett, dunkelviolett; je nachdem man den Prozeß früher oder später unterbrach, konnte man die verschiedensten Nuancen erzielen. Gewisse Sorten hatten mehr einen Stich ins Rote; durch Verdünnung erhielt man Karmin und Lila, durch doppelte Färbung fast Schwarz: daher spricht Homer von »purpurner Nacht«. Die Herstellung war sehr kompliziert und kostspielig, denn jede Muschel gab nur ein paar Tropfen Farbstoff; eine einzige Fabrik verbrauchte jährlich Millionen. Die moderne Chemie ist imstande, nicht nur »synthetischen Purpur« um etwa ein Tausendstel des antiken Preises zu erzeugen, sondern auch andere, noch viel prachtvollere Farben. Trotzdem muß der antike Purpur in seinen verschiedenen Tinten: als Veilchen-, Hyazinth-, Gold-, Amethyst-, Rosen- und Blutpurpur, die vielleicht auch durcheinander schillerten und, wie man behauptete, im Alter immer schöner wurden, ein geheimnisvolles Etwas gehabt haben, das jeder Chemie spottet. Wir müssen dies aus der jahrhundertelangen Purpurleidenschaft der Griechen schließen, in denen Farbensinn und Farbenfreude zu einem Grade entwickelt waren wie bei keinem zweiten Volk der Welt.

Das griechische Naturgefühl

Aber haben sie auch, inmitten ihrer so herrlichen Natur, einen ebenso starken Natursinn entwickelt? Man wird, wenn man moderne Maße anlegt, diese Frage verneinen müssen. Eine unmittelbare Gefühlsbeziehung hatten sie bloß zu gewissen Ausschnitten der Natur. Sie liebten nur die Dinge der Nähe: die weinroten, weißbehelmten Wellen der Küste, die stahlblauen Flüsse und glasgrünen Seen, die moosbesäumten Bäche, in deren Silber die bunten Steine schimmerten, die uralten Bäume mit ihrem dichten hellen Laubdach, die üppigen Büsche mit ihrem Frühlingsmantel aus Gold und Scharlach. Aber schon die Berge waren für sie höchstens noch Bildrahmen, jede weite Fläche bedrückte sie, die Hochwelt empfanden sie bloß als schrecklich und den Horizont sahen sie überhaupt nicht. Die aufgehende und versinkende Sonne ist für sie ein Naturphänomen, das sie einfach registrieren. Auch für die Poesie der Nacht hatten sie gar kein Organ: der Mond, der in der modernen Lyrik fast die Hauptperson ist, spielt in der griechischen fast nur die Rolle eines unzulänglichen Beleuchters. Der schweigende Wald, die raunende Quelle, die hallende Schlucht, die träumende Trift war ihnen unheimlich. Hier waltete eine Gottheit. Wenn man will, ist auch dies ein Naturgefühl, aber ein völlig anderes als das heutige. Der antike Mensch beseelt die Natur ganz objektiv mit Personifikationen, der moderne höchst subjektiv mit Stimmungen: für diesen ist sie ein ewiger Spiegel, der ihm seine innersten Regungen, geheimnisvoll vertieft, zurückstrahlt, für jenen ein fremdes Auge, das ihm kühl, stumm und fast feindselig entgegenblickt. Offenbar ist die Natur ebenso ein Produkt unserer Apperzeption, wie wir dies in der Einleitung zum ersten Bande von der Geschichte nachzuweisen versuchten. Die griechische Natur war klassisch, weil der griechische Mensch sie klassisch empfand. Wir erwähnten bereits, daß er kein Auge für Halbtöne besaß. Dies hatte aber seinen Grund zum Teil darin, daß die hellenische Landschaft an Übergangsstimmungen tatsächlich arm ist: Selten liegt sie im Duft des lasierenden Nebels, des langsam absterbenden Tages (denn die Dämmerung ist sehr kurz, und fast plötzlich wird es Nacht) und des verglimmenden Herbstes mit seinen sordinierten Mischfarben. Man kann daher ebensogut sagen: Der griechische Mensch empfand klassisch, weil seine Natur ihn dazu anleitete. Solche Sätze lassen sich immer umkehren. Denn man weiß eben nicht, was das frühere ist, die Natur oder der Mensch, und vielleicht ist schon diese bloße Fragestellung töricht. Die Verrechnung zwischen Objekt und Subjekt ist unergründlich.

Nietzsche sagt einmal: »Es war Abend, Tannengeruch strömte heraus, man sah hindurch auf graues Gebirge, oben schimmerte der Schnee. Blauer beruhigter Himmel darüber aufgezogen. So etwas sehen wir *nie*, wie es an sich ist, sondern legen immer eine zarte Seelenmembran darüber – diese sehen wir dann.« Und gerade diese Seelenmembran sahen die Griechen niemals. Denn sie wußten weder, was Membran noch was Seele sei. Über keiner ihrer Schöpfungen liegt ein Schleier. Und wäre es nicht beinahe lächerlich, von irgendeinem Hellenen, auch dem edelsten und tiefsten, zu sagen, er habe »Gemüt« besessen? In der Verschiedenartigkeit des Naturempfindens liegt auch, beiläufig bemerkt, der Grund, warum historische Filme niemals echt wirken. Es stimmt nämlich höchstens das Kostüm, aber keinesfalls die Landschaft. Sie könnten nur überzeugen, wenn es gelänge, sie so auf die Leinwand zu bringen, wie die damaligen Menschen sie sahen. Urban Gad erzählt in seinem Buch *Der Film*, er habe einmal *Don Quichote* gedreht und bei der Vorführung zu seinem Entsetzen bemerken müssen, daß in den spanischen Naturaufnahmen sich Telegraphendrähte befanden. Solche Telegraphendrähte gibt es aber in jeder Don-Quichote-Landschaft, auch wenn sie nicht sichtbar sind.

Das griechische Genie

Auch von den übrigen Nationaleigenschaften der Griechen läßt sich fast nur Doppelsinniges aussagen. Denn die hellenische Kultur ist, obgleich wir in der Schule schrecklich viel über sie lernen müssen, auf uns in einem Zustand gelangt, der kein anderes als ein sehr unscharfes Bild gestattet. Wir besitzen von ihr, wie schon George Grote bemerkte, nur, was von dem Wrack eines gestrandeten Fahrzeugs ans Ufer getrieben ist. Die Malerei und die Musik sind gänzlich verschollen, die Skulptur und die Dichtung nur in zweideutigen Trümmern erhalten. Desgleichen ist nicht bloß von der Baukunst, sondern auch von der Philosophie nichts geblieben als ein imposantes Ruinenfeld. Sowohl von Demokrit wie von Heraklit, dem »lachenden« und dem »weinenden« Philosophen, wie man sie albern genannt hat, haben wir nur dürftige Bruchstücke; und doch war Heraklit der tiefste, Demokrit der umfassendste Geist, den Griechenland hervorgebracht hat. Es verhält sich hier etwa so, wie wenn wir von Nietzsche nur eine Handvoll Aphorismen und von Hegel nur ein paar Vorlesungsstenogramme besäßen. Vor allem aber ist das meiste *Mittelmäßige* verschwunden, und dies ist immer der größte Verlust für die Kulturgeschichte; denn gerade in diesen Produkten pflegt sich die Stimme des Alltags beredter und lebendiger zu äußern als in den Ewigkeitswerken. Wer zum Beispiel die deutsche Luft um 1800 kennenlernen will, wird aus Kotzebue und Iffland mehr erfahren als aus Goethe, und aus den damaligen Schmachtfetzen und Gassenhauern mehr als aus Beethoven.

Die Widersprüche im griechischen Volkscharakter haben aber noch einen anderen, tieferen Grund. Man hat mehr als einmal die hellenische Nation als das Genie unter den Völkern bezeichnet. Nun exzelliert aber das Genie vor allem durch zweierlei: seine Polarität und seine Universalität. Es besteht aus lauter Gegensätzen, und in dem Spiel der Berührung und Entladung dieser Gegensätze entfaltet sich seine Produktivität. Und es ist universell, ein Spiegel und Extrakt der ganzen Menschheit, so daß man mit geringer Übertreibung sagen könnte: genial ist ein Mensch, der sämtliche Eigenschaften besitzt. In der Tat hat man bei Schöpfern wie Shakespeare und Michelangelo, Dante und Dostojewski den Eindruck, daß alles Gute und Böse der Welt in ihnen versammelt war. Und ein ähnlich verwirrendes und aufregendes Schauspiel bieten die Griechen als Gesamtvolk.

Das griechische Ethos

Um mit dem Wichtigsten, dem Ethos, zu beginnen, so waren sie ebenso moralisch wie unmoralisch. Was Freiheit und Verantwortlichkeit, Patriotismus und Pietät sind, hat die Welt eigentlich erst durch die Griechen erfahren. Der Orient kannte diese sittlichen Mächte in ihrer reinsten Ausprägung noch nicht. Trotzdem wird man modernes Rechtsgefühl bei ihnen vergeblich suchen. Es fehlt, ein paar Dichter und Philosophen beiseite gelassen, an der Empfindung für die prinzipielle Verwerflichkeit des Verbrechens. Dieses ist nach einer allgemeinen Auffassung, die noch bis in die Spätzeiten durchschimmert, eine Privatangelegenheit zwischen Schädiger und Geschädigtem. Selbst der Mord kann ungesühnt bleiben: wenn das Opfer vor seinem Tode dem Mörder verzeiht, so besteht für die Anverwandten zur Anklage (die *sie* erheben, nicht der Staat) keine Verpflichtung mehr. Es handelt sich lediglich darum, daß die Seele ihre Rache bekommt; verzichtet sie freiwillig darauf, so haben weder öffentliche Moral noch Religion mehr etwas dazu zu sagen.

Auch die Grundlage aller höheren Sittlichkeit, die Wahrheitsliebe, war bei den Griechen sehr schwach entwickelt, ja sie waren, um es ohne alle Umschreibung zu sagen, geradezu das klassische Volk der Lüge und Perfidie, und zwar, was die Sache eher verschlimmert als entschuldigt, ohne auch nur ein Bewußtsein davon zu haben, daß dies ein Übel sei. Odysseus, der mehr als irgendeine andere Figur der Weltliteratur auf das Prädikat eines Nationalhelden Anspruch machen darf, leistet in allen Arten von Falschmünzereien, vom harmlosen Geflunker bis zur gigantischen Tücke, das Äußerste. Aber das stärkste Stück ist doch, daß Athena ihm hiefür nicht nur höchste Bewunderung zollt, sondern auch noch hinzufügt, im Lügen überträfen ihn nur die Götter! In der Tat war denn auch bereits bei den Römern die *Graeca fides* sprichwörtlich, und noch heute bedeutet im Französischen *Grec* soviel wie »Bauernfänger«! Der Meineid scheint geradezu eine griechische Verkehrsform gewesen zu sein. Allerdings glaubten viele, daß er den Untergang des Schwörenden, ja seines ganzen Geschlechts nach sich ziehe, und aus diesem Grunde mahnt Hesiod von ihm ab: daß man ihn um seiner selbst willen meiden solle, kommt ihm nicht in den Sinn. Er war denn auch im ganzen Altertum straflos, denn ihn zu rächen, war Sache der Götter, die dies aber auch nicht aus ethischen Gründen taten, sondern weil der Meineidige den Fluch, bei dem er geschworen, selber auf sich herabgewünscht hatte; er verfällt den Höllengeistern, denen er sich angelobt hat: ein juristischer, kein moralischer Vorgang. Allerdings verwiesen Dichter und Philosophen immer wieder inbrünstig auf Dike, die Göttin der Gerechtigkeit, die mächtigwaltende Beisitzerin des Zeus, aber auch dies läßt vermuten, daß ihr im Leben nicht sehr stark gehuldigt wurde. Man muß aber andererseits rühmen, daß die Griechen eine Aufrichtigkeit besaßen, die unserer Gesellschaft zum größten Teil abhanden gekommen ist: Es fehlte ihnen jene Tartüfferie und Prüderie, von der seit der Herrschaft der Bourgeoisie alle Lebensverhältnisse getränkt sind, und jene falsche Diskretion, die heutzutage aus »Geschäftsrücksichten« allenthalben geübt wird; vielmehr redeten sie sowohl über ihre eigenen Privatangelegenheiten wie über die ihrer Mitmenschen mit einer großartigen Offenheit. Auch waren zumindest ihre *Körper* von der höchsten Unverlogenheit und bewegten sich mit einer tierhaften Grazie und Freiheit, auf die wir wie auf ein verlorenes Paradies zurückblicken. Und schließlich wird man einem Volke, aus dessen Schoß eine solche Kunst geboren wurde, einen tiefen inneren Wahrheitssinn nicht gut absprechen können.

Daß ihre Moral auf uns etwas defekt wirkt, hat seinen Grund zum Teil auch darin, daß das moderne Ehrgefühl, das für uns eines der stärksten sittlichen Regulative bildet, ihnen vollkommen unbekannt war. Prügel waren Sache einer Geldablöse, und den Begriff »Ehrenbeleidigung« gab es überhaupt nicht. Eine einzige antike Komödienveranstaltung hätte heutzutage einen Rattenschwanz von Schadenersatzklagen, Aufführungsverboten, Rekriminationen der Hinterbliebenen und dergleichen im Gefolge. Was sich die Redner auch in den harmlosesten Zivilprozessen an infamsten Verleumdungen der Gegenpartei leisteten, ist bekannt. Und es hat der Würde und dem Ruhme des Sokrates nichts geschadet, daß ihm manche auf seine bisweilen etwas schikanösen Beweisgänge mit Backpfeifen antworteten. Über die Unbekümmertheit, die sich das ganze Altertum gegenüber diesen Dingen bewahrte, hat Schopenhauer in seinen »Parerga« sehr ergötzlich gehandelt. In sonderbarem Kontrast hierzu aber steht es, daß die Griechen zu allen Zeiten von einer geradezu krankhaften Ehrsucht förmlich aufgefressen wurden. Sie hatten nichts im Kopf als Siege und Preise und konnten sich sämtliche Lebensbetätigungen gar nicht anders vorstellen als in der Form des Agons, des Wettkampfs, an dessen Ziel irgendeine Ehrung steht.

Die Sophrosyne

Diese hysterische Gier nach Gunst und Geltung hat eine große Leidenschaftlichkeit zur Voraussetzung, und man braucht zur Bestätigung nur auf ihren zweiten Nationalhelden, Achill, zu blicken, der ein wahrer Berserker ist. »Die Gefahr eines

Rückfalls ins Asiatische«, sagt Nietzsche, »schwebte immer über den Griechen.« Kein Volk hat einen so wilden Mythos, in dem ununterbrochen das Entsetzlichste geschieht, ja keines hätte einen solchen auch nur ertragen. Und doch leuchtet durch die ganze griechische Geschichte das Ideal der Besonnenheit, der Sophrosyne, und mit so starkem und mildem Glanz, daß Winckelmann und mit ihm der gesamte deutsche Klassizismus sogar glaubte, in ihr den Schlüssel zur griechischen Seele gefunden zu haben. Selbst der Name des Volkes soll hierauf zurückgehen, denn nach einer antiken Überlieferung heißt ἕλλην verständig. Aus Hesiods *Werken und Tagen* kennen wir den tiefsinnigen Pandoramythus: Aus dem Faß strömten alle Übel, die seither die Menschen bedrängen, aber Pandora schlug den Deckel zu früh zu, und das ärgste von allen, die ἔλπίς, blieb zurück. *Elpis* bedeutet, ebenso wie das lateinische *spes*, die »Erwartung«, und zwar von etwas Günstigem oder Ungünstigem, also sowohl Hoffnung wie Befürchtung. Daß diese beiden Empfindungen als das größte Unglück gelten, ist die höchste Apotheose der Verständigkeit, die sich denken läßt. Und diese steht am Anfang und am Ende der griechischen Geistesgeschichte: Denn auch die Stoa, in der die antike Philosophie ausklingt, lehrt, Begierde und Furcht (ἐπιϑυμία καὶ φόβος) seien die Hauptkrankheiten der Seele.

Aber wie verträgt sich diese Abgeklärtheit mit der sinnlosen Grausamkeit des griechischen Volkes, die ganz ersichtlich mit der zunehmenden Kulturblüte immer teuflischere Formen angenommen und erbarmungslos alles verzehrt hat, Barbaren und Bruderstämme, Nachbarstädte und Mitbürger, Standesgenossen und Blutsverwandte? Und wie verträgt sich mit dieser Roheit, die selbst den Orient erschauern machte, jene Anmut in Wort und Gebärde und zarte Empfindlichkeit für Nuancen des Kunstwillens und Lebenstakts, die das Staunen der ganzen Nachwelt erregt hat?

Vermöge dieses feinen Instinkts für das Richtige haben die Griechen auf zahlreichen Gebieten für Jahrtausende die Norm geschaffen, und man müßte sie daher für das geistig gesündeste Volk der Welt halten. Aber dasselbe Volk wurde von periodischen Geistesstörungen heimgesucht: Tanzepidemien, Massenhalluzinationen, Orgiasmen und Orgasmen, die, als »dionysische Raserei« jedem Hellenen vertraut, für uns ein einziges großes Rätsel bedeuten. In der Ökonomie des griechischen Seelenlebens bildeten diese Wahnsinnszustände eine so selbstverständliche Nachthälfte, daß auf dem Tempel Apolls in Delphoi vorn der Kult dieses Gottes, hinten die ekstatische Verehrung des Dionysos verewigt war. Hier ist die Brücke zum griechischen Pessimismus, der genialen Entdeckung Jakob Burckhardts, die durch Nietzsche Gemeingut aller Gebildeten geworden ist. In der Tat ist eine leise Schwermut die Lasur aller Kunst, die Pointe alles Mythos der Hellenen, und man begreift kaum, daß dies so lange verborgen geblieben ist. Und es konnte sich auch gar nicht anders verhalten, denn alle vorchristliche Menschheit ist notwendig düster: Erst die Frohe Botschaft vermochte den Alpdruck hinwegzunehmen, der über aller Kreatur liegt. Aber es handelt sich bei den Griechen um eine Art *mittägigen Pessimismus*, eine Weltangst im vollen Sonnenlicht, die von der nordischen himmelweit verschieden ist und neben ihr primitiv, harmlos und fast heimlich wirkt, gleich den Schreckbildern einer Jahrmarktsbude; und so begreift man auch wieder, daß die Heiterkeit der Griechen sprichwörtlich geworden ist. Und auf Festfreude und Genuß des Augenblicks verstanden sie sich ja auch in der Tat meisterhaft.

Denn sie waren »naiv« und sie waren, wie das unvergängliche Denkmal ihrer Kunst zeigt, das natürlichste Volk der Welt. Aber auch das ist wieder nur halb wahr. Denn wie kann man das Klassische das Naive nennen, da es doch die höchste Stufe artistischer Bewußtheit repräsentiert? Und ihre Kunst war eigentlich gar nicht natürlich, sondern von einem extremen Stilwillen getragen, der alles souverän durchdrang: Vasen und Fresken, Tempel und Tragödien, Poesie und Prosa bis zu den giftigsten Brandreden und tollsten Theaterburlesken hinab, die alle *gebaut* sind. »Monumentalität« gilt ja als eine typisch griechische Eigenschaft. Außerdem wird man bei einem Volk, in dessen Seelenleben die Homosexualität derart im Vordergrund stand, nicht gut von »höchster Natürlichkeit« sprechen können.

Der griechische Individualismus

Sie haben die Natur überhaupt nur sehr obenhin erforscht und von ihr gar keinen rechten Begriff gehabt. Man hat sie daher des öftern geradezu als »unwissenschaftlich« bezeichnet. In der Tat hatten sie vor jeder Art von Experiment eine merkwürdige Scheu, und daher sind ganze große Gebiete des exakten Wissens, wie zum Beispiel die Chemie, von ihnen fast völlig ignoriert worden. Meinungen hatten für sie stets einen größeren Reiz als Erfahrungen. In ihren technischen Leistungen standen sie nicht nur hinter den modernen Völkern, sondern auch hinter den Ägyptern, den Babyloniern und sogar ihren eigenen Vorfahren, den Mykenern, weit zurück. Ein neuerer Historiker hat sie daher kurzweg »das erfindungsärmste der Kulturvölker« genannt. Auch ihre historischen, geographischen und astronomischen Vorstellungen waren kindlich, und die besseren Ansichten später Gelehrter sind nie ins Volk gedrungen. Aber es gibt auch eine Gegenrechnung. Sie sind die Begründer des Rationalismus und die Erfinder des theoretischen Menschen, der ich der θεωρία widmet, der reinen Betrachtung um ihrer selbst willen: niemals vorher hatte es so etwas gegeben! »Sie haben«, sagt Rohde, »der ganzen Menschheit vorgedacht; die tiefsten und kühnsten, die frömmsten und die frechsten Gedanken über Götter, Welt und Menschenwesen haben ihren Ursprung in Griechenland.« Ebenso wie, nach einem weltberühmten Ausspruch Herodots, Hesiod und Homer ihrem Volk seine Theologie geschaffen haben, »indem sie den Göttern die Namen gaben, die Würden und Fächer bestimmten und die Gestalt zeichneten«, sind die Griechen auch die Lehrer der Wissenschaften geworden: ihrer Terminologie und Hierarchie, ihrer Formen und Ressorts. Dasselbe haben sie auf dem Gebiet der Poesie vollbracht: Sie zuerst haben die einzelnen Genres entdeckt, abgegrenzt, in ein rationales System gebracht; Tragödie und Komödie, Ode und Elegie, Aphorismus und Epigramm, pragmatische Historie und philosophischer Dialog, Lebenserinnerung und Biographie, Rede und Essay sind Kunstformen, die durch sie bis heute die gesamte Weltliteratur beherrschen; selbst Gattungen, die bereits der Orient besaß, wie zum Beispiel das Epos, der Brief, das Liebesgedicht, haben erst bei ihnen ihre reine Ausprägung erfahren. Auch ihre Architektur ist nicht bloß eine künstlerische, sondern ebensosehr eine wissenschaftliche Leistung.

In alldem äußert sich die große schöpferische Grundkraft der hellenischen Kultur: ihr Individualismus. »Ein griechischer Koch«, sagt Nietzsche, »ist mehr Koch als ein anderer«; und zweifellos besaßen sie von allen Völkern der Erde die weitaus meisten Individuen. Und doch gab es eine noch stärkere Macht im griechischen Leben: den Staat, die Polis, die mit erbitterter Zähigkeit danach rang, alle diese Individuen unter ihr Joch zu beugen, zu nivellieren, auszuschalten, zu vernichten. Der berüchtigte Ostrakismos, das Scherbengericht, war *keine* politische Institution, sondern ganz allgemein und völlig unverblümt gegen die reichere, freiere, stärkere, farbigere Individualität gerichtet, ohne deren beglückenden Anblick die Griechen doch wiederum nicht existieren konnten: es bestand zwischen ihnen und ihren großen Männern ein dauernder Zustand des Liebeshasses. Wie sie ihren Göttern zutrauten, daß alles Hervorragende ihre Eifersucht errege, so hielten sie es selbst; man hat den unabweisbaren Eindruck, daß jede außergewöhnliche Fähigkeit bereits genügte, um deren Träger zum »Staatsfeind« zu stempeln. Das waren also doch recht sonderbare Individualisten! Ein anderes einstimmig gepriesenes Phänomen ist der griechische Idealismus. Schon ihre soeben erwähnte Gabe des uninteressierten Schauens weist in diese Richtung. Auch hatten sie einen heftigen Widerwillen gegen alle Erwerbstätigkeit, und das Schimpfwort »Banause«, womit sie dieser Verachtung kräftigsten Ausdruck verliehen, hat sich bis in unsere Tage gerettet. Aber daneben waren sie doch auch wieder ganz eingefleischte Materialisten. Sie glaubten im Grunde nur an das Konkrete, Tastbare, Reale, an die *Nähe*, und Geld und Besitz ging ihnen über alles. Ihre »Antibanausie« bestand im wesentlichen darin, daß sie nicht gern arbeiteten: Aber den arbeitslosen Reichtum verabscheuten sie ganz und gar nicht. Selbst ihre leuchtendsten Helden: Agamemnon, Odysseus, Achilleus, sind schrecklich habgierig und haben fortwährend fette Beutestücke, Lösegelder, Gastgeschenke im Kopf, und alle Nachbarn, Perser und Ägypter, Phoiniker und Römer, waren sich darüber einig, daß jeder Grieche zu kaufen sei. Das einzige Gegenbeispiel ist Aristeides, den seine Uneigennützigkeit zur griechischen Sehenswürdigkeit und jahrhundertelangen Zelebrität machte.

Der Schein des Scheins

Aber wir müssen schon wieder etwas zurücknehmen. Die Griechen waren *keine* Materialisten, denn sie betrachteten das ganze Leben als Spiel. Dies verdient eine kurze Betrachtung, denn es ist der Hauptgrund, warum wir in ihnen das Genie unter den Völkern erblicken müssen. Wir erkannten im vorigen Bande als einen Grundzug des Ägypters seine Verspieltheit; aber der Ägypter spielte als Kind, der Grieche als Künstler. Der Unterschied des Künstlers von den übrigen Menschen besteht darin, daß er die Dinge nicht auf ihre Nützlichkeit hin ansieht, sondern auf ihr Wesen. Er fragt nicht: was sind sie für *mich*, sondern: was sind sie für *sich*? Daher kann und muß er stets Neues entdecken. Denn was wir Nützlichkeit nennen, ist, was die *Art* will, das ewig Gleiche; das Geheimnis jeder gottgeschaffenen Kreatur aber ist ihre Einmaligkeit. Der »praktische« Mensch ist dazu verurteilt, sein Leben lang nur jene Ausschnitte der Wirklichkeit zu erblicken, die ihm förderlich sind; der Künstler hingegen betrachtet die Welt, als ob sie völlig unnütz wäre: daher vermag er ihre Totalität zu erfassen. Diesen Tatbestand hat der jugendliche Schiller in die unsterblichen Worte zusammengefaßt: »Der Mensch ist nur da ganz Mensch, wo er spielt.« Von hier aus empfängt auch die Sage vom Urteil des Paris einen tieferen Sinn. Gleich ihm hatten die Hellenen sich zu entscheiden zwischen den Gaben der Hera, der Athene und der Aphrodite. Sie hätten, wenn sie nur gewollt hätten, geeint die Herrschaft über die Welt erringen können: weder Karthago noch Persien, die beiden einzigen ernsthaften Gegner, hätten dies zu verhindern vermocht. Sie hätten aber auch, wenn sie ihre Kräfte auf diesen einen Punkt gesammelt hätten, bei ihrer großartigen Fähigkeit der Anschauung die tiefsten Blicke hinter die Welt tun und die höchste Weisheit erlangen können. Aber sie taten wie Paris, der die Schönheit wählte und sogar nur deren Trugbild, denn die echte Helena war ja in Ägypten. Und doch hatten sie wahrscheinlich recht, wenn sie diesen Schein des Scheins allem andern vorzogen. Dies meinte Nietzsche, als er sagte: Sie waren oberflächlich aus Tiefe.

Das Genie sieht die Welt als Schauspiel; aber es *ist* auch ein Schauspiel. Die Hellenen sind das reichste und vorbildlichste, ergreifendste und farbigste Schauspiel der Welt, und diese ist ihr ewiges und wechselndes, kritisches und dankbares Publikum. Gerade ihr Reichtum an Kontrasten und Widersprüchen verleiht den Griechen ihren Dauerglanz: Sie sind paradox wie das Leben selbst, rund und komplett wie unsterbliche Theaterfiguren, an denen nichts Einseitiges oder Überladenes, Mattes oder Grobes, Verschwommenes oder Verzeichnetes den Blick stört.

Die griechischen Buchstaben

Die erste und vielleicht die größte künstlerische Leistung, die die Griechen vollbracht haben, ist ihre Sprache. Es ist sehr bezeichnend, daß »Barbar« ursprünglich »Laller« bedeutet: das Wort ahmt tonmalend das mißtönige Gekreisch der Fremdvölker nach, zu denen Makedonen und Römer zunächst ganz ebenso gehörten wie Afrikaner und Asiaten. Allmählich wurde das Barbarentum zu einem bloßen Kulturbegriff: wer griechisch redete und dachte, war kein Barbar mehr. Dies taten aber bekanntlich fast alle herrschenden Völker der späteren Antike: besonders die Römer wurden geradezu ein zweisprachiges Volk. Das Griechische war im Altertum eine noch viel größere Macht als das Französische im achtzehnten Jahrhundert, da es nicht, wie dieses, andere Sprachen und Literaturen als schwächere, aber ebenso entwicklungsfähige Konkurrenten neben sich hatte.

Was zunächst das Griechische über alle anderen Sprachen (das Italienische vielleicht ausgenommen) weit erhebt, ist seine Musikalität, eine Folge seines Reichtums an wohlklingenden Vokalen und Diphthongen und seines Mangels an harten Verbindungen und gehäuften Konsonanten. Ihre Schrift haben die Griechen nicht selbst erfunden, sondern aus den nordsemitischen Konsonantenzeichen entwickelt, indem sie nur die vier letzten Buchstaben des Alphabets: Phi, Chi, Psi, Omega, neu hinzufügten; aber ihre große Tat bestand darin, daß sie einem Teil der Zeichen die Bedeutung von Vokalen gaben. Hierdurch wurde ihre Schreibe erst im wahren Sinne des Wortes *artikuliert* und der Barbarei des Orients entrungen, dessen Griffel nur zu stammeln vermag. Doch geschah dies kaum vor Beginn des siebenten vorchristlichen Jahrhunderts; nicht nur die mykenische Heldenzeit, von der Homer sang, sondern auch die um so vieles jüngere Adelsgesellschaft, für die er sang, war noch analphabetisch. Von da an verbreitete sich die Schrift aber ziemlich rasch. Es gab wohl zunächst noch *mnemones*, Merker, für Rechnungen, Quittungen und Verträge, aber um 600 finden sich bereits allenthalben Inschriften: auf Vasenbildern, Grabmälern, Weihgeschenken, sogar auf Bildsäulen im nubischen Abu Simbel, und von der Hand griechischer Söldner, die doch wohl kaum zur Elite der Bildung zählten. Aber die griechische Schrift, die auf den heutigen Schulen angewendet wird, ist ein spätes Produkt: Bis in die Alexandrinerzeit bediente man sich ausschließlich der großen Buchstaben, der »Majuskeln«.

Das Griechische hat bekanntlich für E und O je zwei Zeichen: Epsilon und Eta, Omikron und Omega. Eta und Omega bezeichneten die Länge, aber dies war nicht ihre Hauptbedeutung, denn dann hätte man auch für langes Alpha, Jota, Ypsilon eigene Buchstaben schaffen müssen; vielmehr gaben sie in erster Linie den *offenen* Laut an. Die scharfe Unterscheidung der offenen und geschlossenen Vokale bildet auch bei den noch heute lebenden Sprachen für den Anfänger eine der Hauptschwierigkeiten. Das Deutsche, Französische und Italienische haben das geschlossene e lang und kurz, zum Beispiel in *Tee, thé, tela* und *Theater, théâtre, teatro*, das offene lang in: *Ähre, air, era*; hingegen findet sich das kurze offene e nur im Französischen und Italienischen *(vertu, verticale)*, im Deutschen nicht oder doch nur in annähernd ähnlicher Form, nämlich halblang und nicht so offen in Worten wie *Werder, werben, Erbe.* Das lange geschlossene und das kurze offene o haben alle drei Sprachen: *Rose, rose, rosa; Torte, tortue, torta;* das kurze geschlossene o fehlt in allen dreien. Das lange offene o findet sich in den beiden romanischen Sprachen sehr häufig, zum Beispiel in *tort* und *toro, encore* und *ora*; dem Deutschen ist es ein fremder Laut. *Rosa,* die Rose, wird im Italienischen mit offenem o gesprochen, ebenso im Spanischen, wo außerdem noch das s scharf ist. Auch das Englische besitzt ein offenes langes o *(horse)*, doch gleitet dessen Aussprache, wie dies der britischen Zunge entspricht, ein wenig nach a hinüber. Ähnlich verhält es sich mit dem langen offenen ö, das im Deutschen unbekannt, aber im Englischen (*girl*, wiederum etwas nach a hin), Französischen *(cœur)* und Schwedischen (*för*, für, *förr*, früher) sehr gewöhnlich ist. Und solche lange offene Laute waren auch Eta und Omega. Eine der umstrittensten Fragen bildet die Aussprache des Zeta. Keinesfalls wurde es wie unser Z-Laut als ts gesprochen, sondern entweder wie der italienische, als ds *(zelo)* oder, wie der französische, als weiches s *(zéro).* Wahrscheinlich ist beides richtig, indem etwa bis zur Alexandrinerzeit das erstere, später das letztere üblich war. Ursprünglich war Zeta sogar vermutlich das Zeichen für den Doppelkonsonanten sd, was dadurch nahegelegt wird, daß Formen wie *Athenaze, thyraze* offenbar aus *Athenasde, thyrasde* entstanden sind und daß in fremden Namen sd mit Zeta transkribiert wird (zum Beispiel *Auramazda* als *Oromazes*). In der hellenistischen Zeit wurde bei allen semitischen Namen der Buchstabe Sain, der ein einfaches s ist, mit z wiedergegeben, woher es kommt, daß auch wir noch Zion, Gaza, Zacharias, Genezareth schreiben.

Die griechischen Formen

Zur richtigen Beurteilung des Griechischen muß man sich aber vor Augen halten, daß es, auch als es längst schriftlich fixiert war, immer noch in erster Linie eine *gesprochene* Sprache war. Vor dem fünften Jahrhundert gab es in Griechenland überhaupt kein Lesepublikum. Ein Literaturwerk wurde ausschließlich für Hörer niedergeschrieben und daher mit einer Bedachtnahme auf Rhythmus und Klangwirkung ausgearbeitet, von der wir uns keinen Begriff mehr machen können. Aber auch später änderte sich hieran nichts, denn man war gewohnt, *laut* zu lesen. Diese Tatsache findet sich bei den antiken Schriftstellern, als allzu selbstverständlich, nie erwähnt, nur einmal als Kuriosität das Gegenteil: Augustinus erzählt in seinen *Konfessionen*, er habe seinen Lehrer Ambrosius oft beobachtet, wie er seine Augen über die Zeilen gleiten ließ, »Stimme und Zunge aber ruhten«, und er kann sich diese Anomalie nur damit erklären, daß Ambrosius entweder Fragen von Eintretenden über den Sinn einer dunklen Stelle vermeiden oder sein Organ schonen wollte. Reiche Leute hielten sich zum Vorlesen hochbezahlte Spezialsklaven. Auch schrieb man stets laut. Hätte sich diese Sitte erhalten, so wären große Teile der modernen Literatur, zumal der wissenschaftlichen, wohl niemals zu Buch gebracht worden.

Aber es hatten nicht nur Tempo und Tonfall eine Bedeutung wie heute höchstens noch in der Lyrik, sondern man mußte auch auf einprägsame Schlagkraft und sofortige Verständlichkeit des Ausdrucks in einem Maße achten, wie es jetzt nur noch vom Bühnenautor gefordert wird. Deshalb gibt es im Griechischen nur »populäre« Literatur, die Leben und Fluß des Gesprochenen mit der Präzision und Gedrungenheit des Geschriebenen, anmutige Anschaulichkeit mit begrifflicher Schärfe und Erhabenheit mit Deutlichkeit verbindet. Ernst Curtius sagt in seiner *Griechischen Geschichte*: »Die ganze Sprache gleicht dem Leibe eines kunstmäßig durchgeübten Ringers, an dem jeder Muskel zu vollem Dienste ausgebildet ist.« So sind zum Beispiel die Partikeln, die sich in solcher Feinheit und Fülle in keiner zweiten Sprache finden, in der Tat die Gelenke des Sprachkörpers, die ihm eine bewunderungswürdige Biegsamkeit und Schnellkraft verleihen. Indem sie es auf mühelose Weise ermöglichen, allenthalben Dämpfer und Drücker, Lichter und Lasuren aufzusetzen, dienen sie auf unvergleichliche Weise der Dramatisierung der Sprache, so daß es ein »Papiergriechisch« kaum gibt; der ausgezeichnete Schulmann Paul Cauer nennt sie sehr treffend »zum Laut gewordene Gestikulation«.

Mit dem Deutschen teilt das Griechische den Vorzug, daß es über alle drei bestimmten Artikel verfügt, während zum Beispiel der ganz unpersönliche Römer überhaupt keinen und der ungeschlechtliche Engländer nur einen einzigen besitzt. Hingegen fehlt der unbestimmte, was vielleicht in der Abneigung des Griechen gegen alles Nichtumgrenzte seinen Grund hat. Von den alten indogermanischen Kasusformen ist der Ablativ und der Instrumentalis verlorengegangen, der Lokativ nicht ganz (Ἰσθμοῖ, Μαραθῶνι, Σαλαμῖνα), die anderen sind reich entwickelt. Man vergleiche damit die romanischen Sprachen, die überhaupt nur *einen* Kasus haben, indem der Akkusativ gleich dem Nominativ ist und Genitiv und Dativ mit Präpositionen umschrieben werden, die vom lateinischen *de* und *ad* abgeleitet sind, Mit welcher einzigartigen Subtilität, und dabei stets klar und knapp, das Griechische durch die Genera, Tempora und Modi seiner Verba die Nuancen der Möglichkeit und Notwendigkeit, Verstärkung und Einschränkung, Wünschbarkeit und Reziprozität in ihren jeweiligen Zeitlagen und Dauergraden auszudrücken weiß, ist allbekannt. Ein großes Fördernis bietet auch die Freiheit in der Wortstellung (ermöglicht durch die scharf und eindeutig geprägten Endungen) und in der Bildung verkürzter Satzformen (infinitivischer, partizipaler, des absoluten Genitivs und Akkusativs). Am erstaunlichsten aber ist die Kraft der griechischen *Wortbildung*, die in ihren tausendfachen Ableitungen und Zusammensetzungen einen unerschöpflichen Schatz an Sprachgut zur Verfügung stellt: sie gestattet es, einen Stammbegriff in alle seine Verzweigungen zu verfolgen und mit einem einzigen Wort Zusammenhänge wiederzugeben, für die andere Sprachen eines ganzen Satzes bedürfen. Diesen Grad von Beweglichkeit, der dem Lateinischen und seinen Tochtersprachen völlig fehlt, besitzt sonst nur noch das Deutsche, doch sind die deutschen Formen weder so wohltönend noch so handlich und plastisch wie die griechischen. Von βουλεύω, ratschlagen, zum Beispiel bildet der Grieche: βουλή Rat, βούλευμα Ratschluß, βουλευτήριον Ratsversammlung, βουλευτήριος Ratgeber, βουλευτής Ratsmitglied, βουλφόρος dem Ratsmitgliede zukommend, βουλήεις wohlberaten, βουλφόρος ratpflegend, βούλαρχος Urheber des Rats und noch viele andere Kompositionen, die sich nach Bedarf ins Beliebige vermehren lassen. Thetis, die Mutter Achills, nennt sich δυσαριστοτόκεια: die zu ihrem Unheil den Edelsten geboren; keine andere Sprache vermag Ähnliches, nur im Deutschen gäbe es dafür etwa das Wort: »Unglücks-Heldenmutter«, aber es klingt nicht gut. Es ist nur zu begreiflich, daß die Wissenschaften sich seit jeher griechischer Ausdrücke bedient haben, und mit besonderer Vorliebe gerade die sogenannten »realistischen«: Physik und Chemie, Zoologie und Botanik, Technik und Medizin, bei denen doch wohl kaum jene »Hellomanie« im Spiele ist, die man den Humanisten zum Vorwurf zu machen pflegt. Ferner ist es in einer Sprache, die mit solcher Leichtigkeit Begriffe zu kombinieren, zu schattieren und zu verschieben vermag, fast unmöglich, *nicht* zu philosophieren, und auch hierin wird das Griechische nur vom Deutschen erreicht. Man kann sagen, daß die Ideen Platos bereits in der griechischen Sprache vorgebildet waren, wie die Gedanken Meister Eckharts in der deutschen.

Die griechische Aussprache

Der überflüssige, aber prachtvolle Dual verschwindet bereits in der hellenistischen Zeit, und das ausgehende Altertum nähert sich in der Volkssprache schon dem Neugriechischen, das auch keinen Dativ mehr und an Modi nur noch den Indikativ und Imperativ besitzt. Der Neugrieche spricht Eta und Ypsilon, ei und oi wie i, ai wie e, Zeta wie s, Phi (das im Altgriechischen wie p + h lautete) wie f, Chi (altgriechisch: k + h) wie ch, und zwar vor e und i als Gaumenlaut (»ich«), sonst als Kehllaut (»ach«), Rho als Zungenspitzenlaut, der sich auch in vielen anderen modernen Sprachen, am schärfsten im Spanischen, erhalten hat, Delta wie das weiche, Theta wie das harte englische th, das bekanntlich ein Lispellaut ist, und Beta wie w. Auch Ypsilon wird in Diphthongen (αυ, ευ) zu w: deshalb sagen wir »Evangelium«. Dieser Buchstabe war offenbar ursprünglich ein u, und die Diphthonge wurden wie a + u, e + u gesprochen.

Übergänge zwischen u und w finden sich auch in anderen Sprachen: Im Lateinischen sind U und V gleichwertig; das ägyptische w wird im Koptischen häufig zu u, besonders in Diphthongen; das englische w wird fast wie u gesprochen.

Hieraus hat sich die große Streitfrage entwickelt, ob nicht die antiken Griechen, zumindest seit ihrer klassischen Zeit, ganz ähnlich geredet hätten wie die heutigen. Sie geht bis in das Zeitalter der Reformation zurück. Die Kenntnis des Griechischen gelangte ins Abendland durch byzantinische Gelehrte, die natürlich ihre, das heißt die moderne Aussprache mitbrachten. Dagegen erhob sich die Leuchte des Jahrhunderts, der berühmte Erasmus von Rotterdam, in einer Abhandlung »De recta Latini Graecique sermonis pronunciatione«, der er nach der Sitte der damaligen Zeit die Form eines Dialogs gab: Bär und Löwe streiten sich über die richtige Aussprache der Alten. Sein einfacher und einleuchtender Grundgedanke war, daß die Griechen, wenn sie ι, η, υ, ει, οι, υι, gleichmäßig wie i sprachen, doch keinen Grund gehabt hätten, besondere Zeichen einzuführen. Aber Erasmus, der, ein starker Geist in einem schwachen Fleisch, auch in den weit wichtigeren Kämpfen um Glauben und Freiheit Theorie und Praxis opportunistisch zu trennen wußte, behielt selber die traditionelle Aussprache bei. Energischer setzten sich einige englische Gelehrte für die neue Ansicht ein; gegen sie aber wandte sich der Bischof Gardiner, indem er als Kanzler der Universität Cambridge ein Edikt erließ, worin er den Professoren die Ausstoßung aus dem Senat, Studierenden die Relegation und Knaben häusliche Züchtigung androhte, wenn sie es wagen sollten, αι von ε und ει oder οι von ι in der Aussprache zu unterscheiden, auch er hier im kleinen ganz ebenso wie im großen handelnd, denn er war einer der wildesten Ketzerfresser, die die Kirchengeschichte kennt. Wenn jemand ein Hasenfuß oder ein Fanatiker ist, so ist er es eben auch in der Aussprache.

Die Anhänger der neugriechischen Aussprache nannten sich Itazisten oder (nach dem Begründer der griechischen Studien in Deutschland) Reuchlinianer, im Gegensatz zu den Etazisten oder Erasmianern, die aber Sieger blieben, denn nahezu alle bedeutenden Altphilologen schlugen sich zu ihrer Partei. Heute sind nur noch die Neugriechen selber Itazisten, aus Gründen, die mehr mit Kulturpolitik als mit Wissenschaft zu tun haben, indem so die Kontinuität zwischen Gegenwart und glorreicher Vergangenheit sich sinnfälliger aufdrängt. Für den Etazismus spricht neben einer Reihe spezieller Argumente allein schon der gesunde Menschenverstand. Da es im Wesen einer jeden Sprache liegt, daß sie sich ununterbrochen wandelt, so ist es ausgeschlossen, daß die Griechen heute noch genau so reden wie vor zweitausend Jahren. Ferner schreibt jedes Volk zunächst genau so, wie es spricht; und wenn es anders spricht, als es schreibt, so geht daraus hervor, daß es auch einmal anders gesprochen hat. Wenn der Franzose *corps* schreibt, so kommt dies eben daher, daß seine Vorfahren *corpus* sagten, und er schreibt *moi*, weil er noch am Ende des Mittelalters »moj« sprach. Schon die einzige Tatsache, daß in einer Komödie des Kratinos der Tierlaut »βῆ βῆ« vorkommt, der genau unserem »bäh bäh« entspricht, beweist den Etazismus. Hingegen hat ein Reuchlinianer den witzigen, aber völlig kraftlosen Einwand vorgebracht, die Schöpse seien doch wohl keine kompetenten Sprachrichter. Sie sind es aber sogar im höchsten Maße, denn wenn sie, was man doch wohl annehmen muß, sich schon damals so ausdrückten wie heute, so bezeugt die Wiedergabe bei Kratinos unwiderleglich, daß sie und alle anderen Athener Erasmianer waren. Nach den Itazisten hätten sie »wi wi« sagen müssen.

Man darf aber deshalb nicht glauben, daß das Erasmische ein auch nur annähernd porträtähnliches Bild der griechischen Aussprache bietet. Sehr treffend sagt hierüber Friedrich Blaß:

»Ich bin ganz fest überzeugt, wenn ein alter Athener auferstände und hörte einen von uns Griechisch reden, auf Grund bester wissenschaftlicher Forschung und mit schönstem und geübtestem Organe, so würde er die Aussprache abscheulich barbarisch finden. Hörte er aber einen Neugriechen, so würde er wohl nicht so tadeln, aber nur, weil er nicht merkte, daß dies seine Sprache sein soll.« Alle modernen Völker sprechen das Griechische anders, nämlich ihrer eigenen Sprache angeglichen (nur kommt ihnen dies meist nicht zum Bewußtsein), und alle sprechen es falsch. Daher hat es, beiläufig bemerkt, nicht so viel auf sich, ob wir die griechischen Eigennamen »richtig« oder latinisiert und sogar französisiert wiedergeben. Vor einem halben Jahrhundert konnte man noch in allen Gymnasiastenaufsätzen von Kretensern, Atheniensern, Karthageniensern lesen; heute haben sich bereits überall die abgeschnittenen Formen durchgesetzt, die bedeutend bequemer, aber noch unkorrekter sind, denn jene waren wenigstens lateinisch, diese sind ganz willkürlich. Andrerseits nimmt man heute keinen Anstand mehr, für Delphi, Mycenä und Äschylus Delphoi, Mykenai und Aischylos und sogar für Piräus das schöne aber schwierige Peiraieus (Ton auf der letzten Silbe) zu gebrauchen. Auch die Phoiniker, Makedonen und Boioter sind bereits vollkommen literaturfähig geworden: Diese und viele ähnliche Bezeichnungen vereinigen den Vorzug des Echtgriechischen mit dem der Kürze. Hingegen sagt kein Mensch Sapfō (mit dem Ton auf der letzten Silbe) oder gar Psapfō, wie sie wirklich hieß. Sehr angenehm sind die französischen Formen Epikur, Epiktet, Demokrit, Hesiod; doch haben sie sich nicht bei allen Namen eingebürgert: Oedip zum Beispiel will schon nicht recht über die Feder. Beim »Dunkeln von Ephesos« hat man die Wahl zwischen Heraklit und Herakleitos, während die lateinische Form Heraclitus ganz ungebräuchlich ist, bei Peisistratos ist wieder Pisistratus sogar das gewöhnlichere, dagegen Pisistrat völlig unmöglich. Neuerdings wird auch versucht, »troisch« und »Troer« als alleinberechtigt durchzusetzen, und tatsächlich ist ja die Form »Troja« vollkommen falsch, weil das Jota im Griechischen nie Konsonant war; aber hier sträubt sich etwas: die »Trojaner« haben sich durch Dramen und Romane, Zeitung und Konversation, Kirche und Schule so in unserem Vorstellungsleben festgesetzt, daß man die Empfindung hat, ein »troischer« Krieg habe überhaupt nicht stattgefunden. Es entscheidet eben stets die Usance und daneben Geschmack und Sprachgefühl des einzelnen.

Die griechischen Dialekte

Eine eigentümliche Erscheinung ist es, daß es niemals ein »Hochgriechisch« gegeben hat, sondern nebeneinander vier große Literaturdialekte: das Ionische, Dorische, Aiolische und Attische. Ionisch schrieben Homer und Hesiod, die Elegiker und Iambographen, Hekataios und Herodot, Hippokrates und die Hippokratiker, dorisch Epicharm, die Pythagoreer und alle Chorlyriker, an ihrer Spitze Pindar. Das Aiolische hat in Sappho und Alkaios seine Hauptrepräsentanten, das Attische in Aristophanes, Plato, den Rednern, den Tragikern. Bei diesen war der Dialog attisch, die Chordichtung dorisch oder stark dorisierend: Es war dies ungefähr so, wie wenn wir in der Oper die Solisten hochdeutsch, die Choristen plattdeutsch singen ließen, und dabei wäre bei uns der Kontrast nicht einmal so fühlbar, weil man die Ensembletexte ja ohnehin nicht versteht. Der Dialekt hatte nichts mit der Herkunft des Autors zu tun, sondern hier walteten nur ästhetische und traditionelle Rücksichten. Ein Epos zum Beispiel in einer anderen als der ionischen Mundart zu schreiben, wäre ganz unmöglich gewesen.

Homer als Rundbildner

Aber eben durch das Epos haben die Griechen doch auch wiederum eine Art Gemeinsprache besessen. Denn Homer war eine hellenische Vulgata. »Diesem Dichter«, sagt Plato, »verdankt Griechenland seine Bildung.« Man hat die Ilias einen Ritterspiegel genannt, aber sie ist ebensosehr ein Volksspiegel, ein Weltspiegel; und die Odyssee ist eines jener seltenen Weltmärchen, in denen alles Menschliche versammelt ist. Als Sinnbild alles Griechischen gilt mit Recht Homer. In Homer erreicht das plastische Genie der Griechen gleich am Anfang ihrer Geschichte seinen höchsten Gipfel. Homer ist Plastiker und nichts als das; in seiner marmornen Pracht und Kälte, seinen wenigen, aber sehr glänzenden Grundfarben, seiner Komposition, die zumeist nur Einzelfiguren kennt und sie, wo sie Gruppen bilden, linear und symmetrisch anordnet: in Giebeln, Streifen und Stockwerken und sogar in seinen Gleichnissen, die als stehende Embleme und regelmäßige Verzierungen das Relief rahmen und begleiten. Landschaft, Witterung, Jahreszeit: Alles was zur »Atmosphäre« gehört, fehlt; denn diese Dinge liegen außerhalb der Darstellungsmöglichkeiten der Skulptur. Alles ist von scharf umrissener strenger Eindeutigkeit, alles ist Gestalt; während die christliche Poesie (und alle moderne Poesie ist christlich) den Menschen als gestaltlose Unendlichkeit erblickt. Die Irrfahrten des Odysseus sind Bilder, die faustischen Sinnbilder; in der Ilias ist auch das Wunderbarste wirklich, in der *Wildente* auch das Alltäglichste Legende. Homers Helden sind von einer natürlichen Überlebensgröße. Ihre unwahrscheinliche Körperkraft und Schnellfüßigkeit macht sie nicht zu Fabelwesen, und ihr monströser Appetit nach Ruhm und Rache, Blut und Braten verleiht ihnen nichts Pathologisches.

An die Rundbildnerei gemahnt uns auch der Hexameter mit seiner majestätischen Strömung und seiner klaren Gliederung sowie die Formelhaftigkeit der Wendungen und Beiwörter, die weder Versteinerungen eines gedankenlosen Traditionalismus noch Eselsbrücken für das Gedächtnis der Hörer und Sänger sind, wie man wohl angenommen hat, sondern Äußerungen eines ganz bestimmten Kunstwillens. Wenn der Betende auch am hellen Tage die Hände zum »gestirnten Himmel« erhebt und Nausikaa die »glänzenden Gewänder« zur Wäsche führt, so haben dies die Griechen sicher auch schon bemerkt, ohne daß es sie besonders befremdet hätte. In einer Welt, die so durchblutet ist von Wirklichkeit, sind Gewänder eben immer glänzend und die ewigen Sterne immer da.

Im siebenten Jahrhundert bereits genoß Homer die größte Verbreitung, die ein volles Jahrtausend anhielt; seit dem sechsten Jahrhundert wurden von Staats wegen alle vier Jahre an den Panathenäen seine sämtlichen Werke durch Rhapsoden zum Vortrag gebracht; seit dem fünften Jahrhundert war er Schulbuch, aus dem die Kinder Religion und Geschichte lernten, und als Zitatenschatz (auch schon als parodistischer) in aller Munde; auch wurde er, ganz in der Art unseres »Bibelstechens«, als Orakel benützt, und noch in der griechischen Spätzeit erzeugte die Wertschätzung, die man jedem seiner Worte entgegenbrachte, die Wissenschaft der Philologie. An Ilias und Odyssee schlossen sich die »kyklischen Dichter«, so genannt, weil sie den ganzen Sagenkreis behandelten, der die beiden homerischen Epen umrahmte: die Veranlassung des Krieges, die Kämpfe Achills mit der Amazone Penthesileia, die Eroberung Ilions, die Schicksale der heimkehrenden Atriden und noch vieles andere. Wir wissen von den Kyklikern nur durch die fragmentarische Chrestomathie des Proklos, den Prosaauszug eines nachchristlichen griechischen Grammatikers, zu dessen Zeit sie noch erhalten und auch viel gelesen waren, aber, wie Proklos selbst sagt, weniger wegen ihres poetischen Werts als wegen ihres reichen mythologischen Stoffs. In der Tat haben Bildhauer und Vasenmaler, Lyriker und Tragiker aus ihnen fleißig geschöpft, während ihre künstlerischen Qualitäten von den antiken Kritikern fast einstimmig ziemlich niedrig eingeschätzt wurden. Ebenfalls nur in dürftigen Bruchstücken erhalten ist das komische Epos »Margites«, das sehr alt gewesen sein muß, da schon Archilochos, der um 650 lebte, daraus einen

Vers entlehnte, und nicht unbedeutend gewesen sein kann, da bis in die Spätzeit Homer als sein Verfasser galt. Sein Held ist ein Tölpel aus reicher Familie, der alles verkehrt macht und selbst in der Brautnacht nicht weiß, was er mit seiner jungen Frau anfangen soll: »viele Dinge verstand er, doch schlecht verstand er sie alle.« Aus einer viel späteren Zeit, wahrscheinlich aus der ersten Hälfte des fünften Jahrhunderts, stammte die Batrachomyomachie, der »Froschmäusekrieg«, eine Travestie auf die Ilias, deren dreihundert Verse vollständig, obschon in sehr verderbter Gestalt, überliefert sind. Die Schilderung, wie die Frösche mit Helmen aus Schneckenhäusern und Speeren aus spitzen Binsen, vom feindlichen Herold Topfschlüpfer herausgefordert, gegen die nußbehelmten, bohnengepanzerten Mäuse und ihren König Nagebrot unterliegen, während auf Anraten der Athene, die den Mäusen zürnt, weil sie ihr den Peplos zernagt haben, aber auch den Fröschen, weil sie sie im Schlaf stören, der Götterrat neutral bleibt und erst zuletzt die rettenden Krebse aufbietet, ist vor allem ergötzlich durch die gelungene Persiflage des homerischen Pathos und der epischen Diktion.

Homer ohne Homer

An der Existenz Homers ist während des ganzen Altertums niemals gezweifelt worden. Als Geburtsort des Dichters wird in der besten Quelle, dem pseudoherodoteischen »Leben Homers«, Smyrna genannt; aber auch in der Schrift über Homer, die Plutarch zugeschrieben wird, und in dem Gedicht über den Sängerkrieg Homers und Hesiods steht Smyrna an erster Stelle. Bekanntlich sollen sich sieben Städte um Homer gestritten haben; in Wirklichkeit waren es noch mehr. Aber der Anspruch Smyrnas ist offenbar berechtigt. Um 500 nennen die Rhapsoden sich Homeriden und rezitieren alle Epen des Kyklos als homerisch. Aber von etwa der zweiten Hälfte des Jahrhunderts an beginnt sich die Kritik zu regen und alles bis auf Ilias und Odyssee in Zweifel zu ziehen. Eine gewisse Stildiskrepanz, die zwischen diesen beiden Dichtungen zweifellos besteht, erklärte man damit, daß die eine der Jugend, die andere dem Alter des Meisters entstamme. Man verglich die Ilias mit dem blendenden Glanze des Mittagsgestirns, die Odyssee mit dem milden Scheine der Abendsonne. Aber es gab auch schon eine Minorität von Gelehrten, die das Spätwerk einem anderen Dichter zuschreiben wollten und deshalb die Chorizonten, die Trennenden, genannt wurden; die Autorität des Aristarch von Samothrake, eines der bedeutendsten alexandrinischen Grammatiker, brachte sie jedoch zum Schweigen, so daß man im späteren Altertum darauf nur noch im Scherz zurückkam. Gerade diese Ansicht ist aber in der neueren Zeit die herrschende geworden und wird auch jetzt noch von zahlreichen Philologen vertreten. Nicht wenige gehen aber noch weiter, indem sie überhaupt die Einheit der homerischen Dichtungen leugnen. Der erste, der dies tat, war der Abbé François Hédelin d'Aubignac in seiner nachgelassenen *Dissertation sur l'Iliade*, die 1715, in demselben Jahr wie Popes berühmte Homerübersetzung erschien. Seine These wurde achtzig Jahre später von dem sehr angesehenen Sprachforscher Friedrich August Wolf, dem Begründer der griechischen Literaturgeschichte, wieder aufgenommen, dessen Hauptargument in der Behauptung bestand, das ganze Altertum bezeuge, daß Peisistratos die homerischen Gedichte zum erstenmal sammeln und aufschreiben ließ. Es ist dies aber weder allgemein bezeugt, noch kann es von Peisistratos zum erstenmal geschehen sein. Vielmehr hat dieser, wenn die Nachricht überhaupt wahr ist, die Gesänge, die durch den Einzelvortrag zerstreut worden waren, bloß wieder in Ordnung bringen und schriftlich fixieren lassen. Der künstlerische Instinkt Schillers bezeichnet denn auch diese Hypothese sofort als »einfach barbarisch«, und auch Goethe lehnte sie, nach anfänglicher Zustimmung, als »subjektiven Kram« ab. Übrigens war Wolf seiner Sache selbst nicht ganz sicher, indem er zugab, daß die Ilias dennoch zum größten Teil von einem einzigen Dichter geschaffen sein könne und daß er sie ganz gut als Einheit zu lesen vermöge, wenn er von seinen wissenschaftlichen Bedenken abstrahiere. Trotzdem erregte die Wolfsche Theorie sogleich das größte Aufsehen und hat in allerlei Varianten mit der größten Zähigkeit fortgewuchert. Die wichtigsten sind die folgenden. Die »Erweiterungshypothese« nimmt an, ein alter Grundkern von mäßigem Umfang sei durch stetige Einschaltungen zu seiner jetzigen Gestalt angeschwollen. Pflanzliche und tierische Organismen wachsen bekanntlich durch »Intussuszeption«, indem die neuen Teilchen sich zwischen die schon vorhandenen lagern; bei dem Organismus einer Dichtung aber ist eine solche Vorstellung absurd. Die »Liedertheorie«, begründet von Karl Lachmann (über die im dritten Bande der »Kulturgeschichte der Neuzeit« einiges Nähere bemerkt ist), betrachtet die epische Produktion der Griechen im wesentlichen unter dem Gesichtspunkt der Schneiderwerkstatt, indem sie sie durch Zurechtschneiden älterer Werkstücke zustande kommen läßt, die der Kenner auch wieder herauszutrennen vermöge. Die »Homeridentheorie« vermutet, daß es auf Chios ein Sängergeschlecht gab, das sich nach einem sagenhaften Stammvater benannte: diesem wurden dann die Epen zugeschrieben, die in Wahrheit der Zunftfertigkeit der Erbdichter verdankt werden. Eine derartige genossenschaftliche Produktion mit steigender technischer Vervollkommnung ist bei Leimsiedern und Leinwebern durchaus das Gegebene, auch wohl bei den verschiedenen Branchen des Kunsthandwerks noch einigermaßen denkbar, nicht aber bei Kunstwerken allerhöchsten Ranges. Alle diese Konstruktionen stammen von Personen, die mit umfassendster wissenschaftlicher Sachkenntnis die vollkommenste Ahnungslosigkeit in Sachen der Poesie verbinden.

Homers Komposition

Wer Ilias und Odyssee unbefangen, also *nicht* philologisch liest, wird sofort bemerken, daß sie komponiert sind. Der Gedanke, sowohl das Jahrzehnt der Belagerung wie das der Irrfahrt derart dramatisch zu komprimieren und um einen Mittelpunkt zu gruppieren: das eine Mal um den Zorn des Achill, das andere Mal um die Erzählung des Odyß, kann nur von einem großen Künstler, ja Artisten stammen. Man muß sogar sagen, daß es sehr wenige erzählende Dichtungen gibt, die eine so straffe und einheitliche Gliederung besitzen: in den großen modernen Romanen ist sie nirgends erreicht (und wahrscheinlich auch gar nicht gewollt, denn die christliche Kunstform ist, wie gesagt, eine andere als die hellenische); jedenfalls ließe sich bei Goethe und Gottfried Keller die »Liedertheorie« (oder vielmehr in diesem Fall die »Novellentheorie«) leichter durchführen als bei Homer. Selbstverständlich ist aber damit nicht gesagt, daß die gesamte Versmasse der beiden Epen von ihm herrührt. Ganz im Gegenteil: nicht nur die vielen stehenden Formeln, die sicher schon vor ihm Tradition waren, sondern auch zahlreiche Motive, Episoden, Schmuckstücke, Porträts, ja ganze große Gemäldepartien wird er einfach übernommen haben. Er verfuhr auch darin wie ein großer Bildhauer, der nicht alles selber macht, sondern viele Figuren, Gruppen, Embleme für sein Kolossalwerk von anderen ausführen läßt. Und überhaupt liegt es im Wesen gerade der fruchtbarsten Dichter, daß sie ganz unbedenklich fremdes Gut verwerten: Darin waren sich Shakespeare und Calderon, Molière und Nestroy ganz ähnlich. Skrupelhaftigkeit im Ausbeuten überlieferter Stoffe und Formen ist später Literaturintellektualismus, handwerksfremder Halbdilettantismus, Anämie des Talents: das vollblütige Genie ist, im sicheren Bewußtsein, daß alles sein Eigentum ist, von hemmungsloser Gefräßigkeit. Hieraus erklärt es sich sehr einfach, warum bei Homer vieles »nicht stimmt«. Für ihn war das Ganze eine prachtvolle Theaterdekoration, die er virtuos arrangierte, aber nicht immer mit eigenen Versatzstücken; kein Wunder, daß sie bisweilen aus dem Stil fallen oder die Perspektive stören.

Gleichwohl merkt man die Hand des Regisseurs nirgends. Und selbst dies hat man als Argument gegen die Existenz Homers zu benützen versucht, statt es als höchste Manifestation seines Dichtertums zu werten. Er verschwindet völlig hinter seinem Werk und lebt dabei doch in jedem kleinsten Teil, wie die Seele im Körper, wie Gott in der Welt: allgegenwärtig, aber unsichtbar. Es verhält sich mit Shakespeare nicht anders: von seinem Wesen gilt, was er vom Geist im *Hamlet* sagen läßt: »S'ist hier«, »S'ist dort«, »S'ist fort«. Die beiden größten Dichter der Welt sind im doppelten Sinne anonym. Menschen, die sozusagen nur das Eßbare im All als existent zu erkennen vermögen, schließen daraus, daß Gott und die Seele, das Werk Shakespeares und Homers Atomkomplexe sind.

Die Odyssee ist viel verwickelter und raffinierter gebaut als die Ilias: diese ist eine farbige Chronik, jene geradezu ein Intrigenroman. Daß der Dichter einen Teil der Abenteuer, aber nur einen Teil, von Odysseus selber erzählen läßt, ist ein so gewandter und reizvoller Kunstgriff, daß er seither von zahllosen Erzählern kopiert worden ist, weswegen wir die Genialität der ersten Erfindung nicht mehr spüren. Auf die Vorgänge der Ilias bezieht sich die Odyssee fast nie; es ist, als ob gar nicht vor Troja gekämpft worden wäre, und doch ist Odysseus einer der Hauptthelden des Krieges. Auch sind die Menschen der Odyssee in mancher Hinsicht anders: gesitteter, aber auch sentimentaler. Es weht um sie eine höfische Luft, während es den Heroen der Ilias an höherem Feingefühl oft mangelt. Auch diese weinen häufig und heftig, aber mehr wie leidenschaftliche Kinder; in dem jüngeren Schwesterepos hingegen wird in Tränen geschwelgt, fast schon wie in den Weltschmerzdichtungen der Neuzeit. Aber aus alledem den Schluß zu ziehen, daß die Odyssee unmöglich von Homer sein könne, ist wiederum ein ganz kunstfremder Gedankengang. Daß die gesamte Handlung der Ilias nicht vorkommt, ist offenbar künstlerische Absicht: Der Dichter wollte sich nicht wiederholen. Und daß er verschlungener komponiert, humanere und empfindsamere Gestalten schafft, erklärt sich ganz zwanglos aus dem vorgerückten Alter des Meisters: Er ist reifer und milder, aber auch etwas wehleidiger geworden. Man braucht auch hier wieder nur moderne Dichtungen zum Vergleich heranzuziehen: den gesellschaftlichen Takt des *Tasso* wird man im *Götz* ebenso vergeblich suchen wie die großartigen Roheiten der *Räuber* im *Wallenstein*. Man hat sogar lange Zeit die Ilias für ein Fragment gehalten, weil sie »plötzlich abbricht«. In der Tat werden die beiden wichtigsten Ereignisse: der Tod Achills und die Zerstörung Trojas, nicht mehr gezeigt. Man brauchte aber nicht mehr zu wissen, als gerade dies, um zu erkennen, daß die Hand eines der größten Dichter der Erde den Sang vom Zorn des Peliden gestaltet hat. Wie der greise Priamos und der junge Achilleus einander bewundernd betrachten, beide von der Strahlenkrone unvergänglichen Heroentums umflossen, und dieser Tränen vergießt – denn er gedenkt seines alten Vaters, der auch des Sohnes beraubt ist, schon jetzt, da der Todgeweihte noch lebt – und dann die Leiche Hektors freigibt: das ist die höchste Verklärung adeligen Menschentums und frommer Heldengröße, deren die Antike fähig war, und man müßte, wenn dies nicht eine allzu ungriechische Vorstellung wäre, erwarten, daß sich nun der Himmel öffne. Kein anderer Dichter hätte hier geendigt. In der Ursage warf Achill den Leichnam des Feindes zerstückelt vor die Hunde. Von wem anders könnte dieser Schlußakkord sein als von Homer?

Homer als Fachmann

Napoleon hielt die Ilias für das Lagerjournal eines Kriegsteilnehmers: eine groteske Annahme, die aber doch in solchem Munde beweist, daß Homer eine militärische Kapazität gewesen sein muß. Auch die Verwundungen sind mit der Sachkunde eines Feldarztes beschrieben, während Virgil von diesen Dingen gar nichts versteht. Aber es gibt wohl kaum etwas, worin

Homer nicht Fachmann ist. Welche tiefe Ahnung geheimster physiologischer Vorgänge liegt zum Beispiel darin, daß er die Gemütsbewegungen im Zwerchfell lokalisierte! Das Herz ist ein Pumpwerk, eine Maschinenzentrale, das Hirn ein Telegraphen- und Telephonamt, eine Verwaltungszentrale. Unser Seelenorgan ist das Sonnengeflecht. Auch das Harakiri beruht ja auf der Überzeugung, daß der Unterleib *(hara)* der Sitz der edlen Empfindungen ist; es ist kein einfacher Selbstmord, sondern eine feierlich vor Zeugen vollzogene Handlung, mit der der Schuldige sagen will: meine Seele schämt sich, der Unschuldige: ich zeige euch meine Seele. Hier hat auch das rätselhafte »hysterische Lachen« und das Lachen aus Verzweiflung seine Wurzel: nicht bloß Heiteres ist »zwerchfellerschütternd«. Auch davon weiß schon Homer, wenn er von den Freiern sagt: »Und so lachten sie denn mit fremdverzerrten Gesichtern, schlangen das Fleisch noch blutig und roh und fühlten ins Auge Tränen steigen und ahnenden Jammer im Herzen sich heben«: welche Fülle psychologischer und pathologischer Beobachtung ist in diesem einen Satze!

Homers Welt

Das Verhältnis zwischen Homer und der Welt, die er schildert, wurde bereits im vorigen Bande erörtert. Wenn er über gewisse Dinge schweigt, so kann dies dreierlei Gründe haben. Entweder er kennt sie wirklich nicht, wie dies beim Huhn der Fall sein dürfte, denn es ist doch höchst unwahrscheinlich, daß er das »nahrhafte Ei« und den »Künder des Tages« völlig übergangen und die Streitlust, Prahlsucht und Hoftyrannei des Gockels nicht wenigstens in einigen Bildern verwendet hätte: Die homerischen Helden schreien ja geradezu nach dem Vergleich mit Hähnen. Oder er archaisiert absichtlich. Oder es ist einfach Zufall wie zum Beispiel, wenn er Wachs, Honig und Bienen erwähnt, die Bienenzucht aber ignoriert; Homer ist ja keine »Realenzyklopädie der klassischen Altertumswissenschaft«.

Der Kultus des Nackten und die Päderastie sind der Welt Homers noch fremd: Odysseus schämt sich vor Nausikaa, weil er unbekleidet ist, und zwischen Achill und Patroklos besteht eine bloße Freundschaftsbeziehung, die aber schon bei Aischylos sich zum Liebesverhältnis wandelt und dann bei Lukian, von dem man freilich nichts Besseres erwarten darf, mit der Bemerkung abgetan wird: »Die Triebkraft auch dieses Bundes war die Wollust.« Dagegen spielt die Frau noch eine viel edlere und bedeutsamere Rolle. Nicht bloß der Krieg, sondern auch der Zorn des Achill entbrennt um ein Weib. Die Frauenseele führt ein Eigenleben, das ihr die spätere Dichtung versagte; alle Gestalten sind liebevoll individualisiert. Helena und Penelope sind beide vollendete Damen und doch die größten weiblichen Gegensätze, die sich denken lassen, Kalypso und Andromache zwei ganz verschiedene Typen der liebenden Gefährtin, Nausikaa ist, in höchster Anmut, das erste »junge Mädchen«, und Hera, in diskretester Komik, die erste »unverstandene Frau« der Weltliteratur. Die ungemein zarte Beziehung zwischen Athene und Odysseus ist die der Fee zu ihrem Schützling, in den sie ein wenig verliebt ist: ein fast romantisches Motiv, das an Raimunds »Verschwender« erinnert.

Daß Könige pflügen, Fürsten schlachten, häuten und braten, Prinzen die Pferde anschirren und die Schafe hüten, ist vielleicht nicht sosehr ein gewollter Archaismus als der ewige Märchenstil, wie ihn zum Beispiel Andersen so entzückend handhabt: »Eines Tages gab es ein schreckliches Gewitter, es blitzte und donnerte, der Regen strömte hernieder, es war einfach entsetzlich! Da klopfte es ans Schloßtor und der König ging hin, um zu öffnen.« Im übrigen ist das Zeitkolorit eine Mischung aus echter historischer Erinnerung und typischer Vorstellung von »alter Zeit«. Es gibt keine »Hellenen«, keine Schrift, keine Reiter, keine Kriegsschiffe, nur große offene Transportkähne mit Mast und Segel, nicht einmal einen Anker.

Man sitzt beim Mahle auf Stühlen, ohne sich zu bekränzen, und verzehrt nur Gebratenes, niemals Gekochtes, auch keine Vögel und Fische, womit wohl vor allem die Noblesse des Milieus gezeichnet werden soll, denn daß dies die einzige Nahrung der Sterblichen sei, fingiert auch das Epos nicht. Manchmal entschließt sich der Dichter zu einem Kompromiß, zum Beispiel beim Traum des Achilleus. Er weiß, daß die »Achaier« an die Wiederkehr der Toten glaubten; da er aber selbst nicht mehr daran glaubt, läßt er Achill die Erscheinung des Patroklos träumen.

Das Königtum des Epos ist eine Fiktion der homerischen Adelszeit, die sich eine richtige Monarchie nicht mehr vorzustellen vermochte. Es ist nur ein schwacher Abglanz der wirklichen mykenischen Herrschermacht. Die Könige sind διογενεῖς, zeusentsprossen, also von Gottes Gnaden, und ihr Skeptron verleiht ihnen Allgewalt, und Agamemnon ist βασιλεύτερος, mehr König als die andern, und sogar βασιλεύτατος, der Superlativ eines Königs; aber das sind alles nur schmückende Floskeln: alle Fürsten sind gleichberechtigt, Agamemnon ist weder Richter noch Oberfeldherr und in allen wichtigen Entscheidungen vom Adelsrat und der Gemeindeversammlung abhängig, zu der alle Freien gehören. Neben diesen gibt es noch Theten: Lohnarbeiter fremder Herkunft und Sklaven, die sich einer patriarchalischen Behandlung erfreuen und, wie schon ihre Bezeichnung als οἰκέται, »Hausgenossen«, zeigt, zur Familie gerechnet werden. Die Wirtschaftsbedürfnisse werden noch zum großen Teil im Einzelhaushalt befriedigt: Dort wird gemahlen und gekeltert, gesponnen und geschneidert, geschustert und getischlert. Odysseus baut sich sein Floß selbst. Für gewisse Handwerke: Töpferei, Wagenbau, Bearbeitung des Leders und der Metalle, gibt es herumziehende Spezialisten, welche δημιοεργοί, »Volksarbeiter«, heißen, weil sie sich für die ganze Gemeinde betätigten: zu ihnen werden auch die Ärzte, die Sänger und die »Herolde« gerechnet, die man als eine Art Oberstewards bezeichnen kann. Pflüger und Schnitter, Hirt und Weinbauer fehlen natürlich nicht. Aber im ganzen hat sich Homer die mykenische Zeit viel primitiver vorgestellt, als sie in Wirklichkeit war.

Hesiod

Die Rechtsprechung liegt in den Händen der Geronten, älterer Adelspersonen, und beschränkt sich im wesentlichen auf schiedsgerichtliche Entscheidungen in Privatsachen. In allem übrigen ist man auf Selbsthilfe und den Schutz der Sippe angewiesen. Die Reflexion über Recht und Unrecht spielt aber in dieser aristokratischen Welt überhaupt noch keine entscheidende Rolle. Diese Helden sind sehr ritterlich, sehr tapfer und bisweilen auch sehr edelmütig, aber noch vollkommen jenseits von Gut und Böse. Auch der Dichter selber hält sich ethischen Erwägungen im ganzen fern; er wollte ein großes Gemälde menschlicher Leidenschaften entrollen, nicht mehr. Aber die Welt ist nicht bloß zum Schauen da. Deshalb bildet Hesiod die notwendige Ergänzung zu Homer und ist von den Griechen auch immer mit ihm zusammen genannt worden, obgleich er sich mit ihm als künstlerische Potenz gar nicht vergleichen läßt. Ein schwerlebiger Grübler, von der dumpfen Luft Boiotiens genährt, ist er das klassische Pendant zu dem amoralischen Sänger der ionischen Weltlust. Zeus ist das Recht und alle Tugend liegt in der Gerechtigkeit: Dies ist der neue Gedanke, den er mit Inbrunst verkündet. Und das Leben des Menschen ist Arbeit, denn vor die Tüchtigkeit haben die Götter den Schweiß gesetzt: Dies lehrt er in seinem Gedicht *Werke und Tage*, zu dem ihm sein Bruder Perses den unfreiwilligen Anlaß gab, als er ein Faulenzerleben führte und ihn um das väterliche Erbe zu bringen suchte. So ist der Gauner und Taugenichts Perses unsterblich geworden, Hesiodos aber hat sich darin als echter Dichter erwiesen, daß seine Privatangelegenheit sich in seinem Hirn und Herzen sogleich zur Sache der Menschheit erweiterte und daß erlittene Unbill ihm zur Quelle der Weisheit wurde.

Er lebte um 700 oder 650, also wahrscheinlich nicht sehr viel später als Homer, an den er sich in Versmaß, Satzbau und Tonfall bis zur Kopie anschließt: es war dies offenbar damals die einzige Form, in der man sich literarisch zu äußern vermochte; das Angemessene für Hesiods schlichten Realismus wäre der Iambus oder sogar schon die Prosa gewesen. Alexander der Große soll gesagt haben, Homer habe für Könige, Hesiod für Bauern gedichtet, und in der Tat sind in den zwei Dichtern beide Pole menschlichen Strebens: Ruhm und Frucht, höchst eindrucksvoll verkörpert. Der homerische Mensch wandelt schon hienieden in olympischem Glanz, der hesiodische dient zeitlebens den stillen und dunklen, aber nicht minder unvergänglichen Mächten der Erde. Hier haben gleich am Anfang der griechischen Geschichte ewige Gegensätze ihre reine und starke Ausprägung gefunden: Pathos und Ethos, Heldentod und Pflichtenleben, Ritterstolz und Bürgerehre, Waffenglück und Arbeitssegen; Kunstdichtung und Volkspoesie, gestaltende Objektivität und lehrende Subjektivität, *delectare* und *prodesse.*

Der Olymp

Aus Homer und Hesiod schöpften die Hellenen ihre theologischen Vorstellungen auf ganz ähnliche Weise wie wir aus dem Alten und dem Neuen Testament. Ihre heiligen Schriften waren profane Gedichte, und dies ist sehr bezeichnend für den Charakter ihres Glaubens, im guten wie im schlechten Sinne. Die griechische Religion ist nicht minder ein Kunstwerk der Plastik als die griechische Sprache und das griechische Epos, und wie eine Genietat ist sie *plötzlich* da. Die finsteren Sagen von Kronos und den Titanen sind vielleicht die letzten dumpfen Klänge, die von der kretischen Religion in die Zeit Hesiods herüberwehten, und der Kampf des Zeus und seiner Mitgötter gegen diese ganz anders geartete Dämonenwelt symbolisiert den Sieg des olympischen Glaubens. In dem bekannten Zwölfgötterstaat ist Hestia, die im ionischen Epos noch nicht vorkommt, bloß zur Abrundung hinzugefügt: sie bedeutet einfach »Herd« und hat es zu keiner rechten Personifikation gebracht. Dagegen fehlt der so wichtige Dionysos. Der »blitzefrohe« Zeus ist πατὴρ ἀνδρῶν τε θεῶν τε, Vater der Menschen und Götter, als Horkios Hüter des Eids, als Xenios Schützer der Gastfreunde, in beiden Funktionen nicht immer zuverlässig. Als Himmelsgott hat er die Herrschaft über die ganze Natur, die er aber andrerseits wieder mit seinen beiden Brüdern Poseidon, dem Herrn der Gewässer, und Hades, dem Fürsten der Unterwelt, dem »verhaßtesten der Götter«, teilen muß. Apollon ist der Patron der Musik und der Mantik, der Heilkunst und Schützenkunst, aber seine Pfeile senden auch Seuchen. Er ist die Gottheit der Sonne, aber als »Silberbogiger« auch des Mondes wie seine Zwillingsschwester Artemis, die als »pfeilfrohe« Jägerin und als Beschützerin des Wildes ebenfalls eine Doppelrolle spielt. Die Bedeutung der anderen drei Göttinnen Hera, Aphrodite, Athene und des Hephaistos, Ares und Hermes ist allgemein bekannt. Besonders die beiden letzteren sind ausgesprochen unmoralisch! Ares ein Rowdy, Hermes ein Dieb. Hinter diesen Hauptgöttern rauscht eine leuchtende Schleppe von niederen Gottheiten: Seirenen und Nereiden, deren Gesang und Geplauder das Meer tönen macht, Dryaden und Oreiaden, die in Wäldern und Bergen hausen, Satyrn und Silenen, die als Halbböcke und Halbpferde umhertollen, Moiren und Erinnyen, die die ernste Seite des Lebens verkörpern, Wiesen- und Quellnymphen, Chariten und Musen.

Was an den griechischen Göttern zuvörderst auffällt, ist die vornehme Schönheit und geschmackvolle Einfachheit, man möchte fast sagen: Eleganz ihrer Erscheinung. Auch in Nahrung, Wohnung, Hofstaat herrscht bei ihnen eine edle Frugalität. Ihre Paläste sind schlicht, die ganze Dienerschaft des Olymp besteht aus den drei Personen Hebe, Iris, Ganymed, und Nektar und Ambrosia sind offenbar sehr bescheidene Genüsse, übrigens, ebenso wie Ichor, das Blut der Götter, merkwürdig materialistische Begriffe: Die Himmlischen bedürfen der Speise, des Tranks und des Lebenssafts nicht minder als die Irdischen, nur eben in »unsterblicher« Form. Überhaupt besitzen sie die wenigsten von jenen Eigenschaften, die man von einer Gottheit erwarten würde. Sie sind nicht allgütig, sondern voll Tücke, Rachsucht und Parteilichkeit, nicht allgegenwärtig, können aber allerdings blitzschnell überall erscheinen, nicht allmächtig, schon wegen ihrer gegenseitigen Konkurrenz und weil über ihnen die Moira steht, nicht allwissend (nur Apoll in seiner Erscheinungsform als Helios ist es bisweilen), vielmehr täuschbar und manchmal geradezu beschränkt. Athene rühmt sich, die Götter an Klugheit ebenso zu übertreffen wie Odysseus die Menschen: Sie weiß, daß es unter den Unsterblichen auch einige ziemlich Dumme gibt. Auch Zeus wird mehr als einmal überlistet. Die Heimkehr des Odysseus wird im Götterrat hinter dem Rücken des ahnungslosen Poseidon beschlossen (was übrigens auch die Ohnmacht des Götterkönigs beweist, sonst hätte er diese Völkerbundsitzung nicht nötig). Zwar heißt es bei Homer des öftern: »Zeus wird's wissen und die andern unsterblichen Götter«; aber das ist bloß Redensart. Andrerseits wieder wissen sie um das Zukünftige: eine Gabe, die allerdings nicht bloß Zeus und den Hauptgöttern, sondern auch Halbgöttern, Heroen, sogar Pferden verliehen ist. Aber wenn sie es wissen, warum greifen sie dann so leidenschaftlich in den Kampf ein? Übrigens ist ihnen nur ein gelegentliches Intervenieren verstattet, denn sie sind nicht Weltregenten und noch weniger Weltschöpfer, vielmehr selber geschaffen, weswegen auch ihre Geburtstage gefeiert werden. Es ist aber bemerkenswert, daß der griechische Mythos wohl eine Götterentstehung, aber keine Götterdämmerung kennt.

Die Unterirdischen

Eine eigene Welt bilden die »chthonischen« Götter der Erdtiefe, die bei Homer fast gar keine, bei Hesiod schon eine wesentlich größere und im Volksglauben eine sehr gewichtige

Rolle spielen. Demeter, die eigentlich Gemeter, »Mutter Erde« heißt, ist die Patronin des Ackerbaus und ihre Tochter Persephone die Herrin des Todes, meist Kore, die »Jungfrau«, genannt, da man ihren schrecklichen Namen nicht auszusprechen wagte. Auch Dionysos ist ein chthonischer Gott. Am Wochenbett und an der Totenbahre steht Hekate, sonst haust sie zwischen Grabsteinen. Dem Menschen begegnet sie an Kreuzwegen, im Mondschein, in der Mittagsglut, immer zu seinem Schaden. Die Schreckgestalten der Gorgo und Mormo, die Lamia und die schon genannte Empusa, sind ihre Doppelgängerinnen. Oft ist sie von einer richtigen »wilden Jagd« begleitet: feurigen Höllenhunden und der Gespensterschar der unerlösten Seelen, die ohne ehrliches Begräbnis, durch Gewalt oder »vor der Zeit« abgeschieden sind: Einer ihrer vielen Namen, Baubo, äfft tonmalend das Jammergeheul ihrer Meute nach. Sie ist die Stammutter aller Hexen der Welt.

Zu Beginn der historischen Zeit taucht die Leichenverbrennung auf: Sie ist nach Griechenland erst durch die neuen Völkerstämme der ägäischen Wanderung gekommen, die als Halbnomaden auf diese Bestattungsform angewiesen waren. Daneben hat sich der Grabkult der mykenischen Zeit im Mutterland immer erhalten, in geringerem Maße im traditionslosen Kleinasien. In Attika herrschte die schöne Sitte, auf den Erdhügel Getreide zu säen, damit neues Leben den Toten erfreue. Ulmen und Zypressen waren schon damals die ständigen Wächter der Gräber.

Die Heroen

Über das Wesen der Seele und ihr Fortleben nach dem Tode dachten die Griechen sehr widerspruchsvoll, und ihre Ansichten in ein System bringen zu wollen, wäre schon deshalb ein müßiges Beginnen, weil sie in diesen Fragen gar keine Klarheit haben *wollten.* Im Mittelpunkt steht die eigenartige Vorstellung der Psyche. Diese ist das zweite Ich, das in Schlaf, Ohnmacht und Ekstase den Körper verläßt und ein selbständiges

Leben führt. Dasselbe tut sie im Todesfalle, nur diesmal auf die Dauer. Aber sie ist ein machtloser Schatten, der irgendwo, fern vom Erdentreiben, dahindämmert. Einzelnen Auserwählten freilich haben die Götter Unsterblichkeit verliehen, indem sie sie nach Elysion, dem Inselreich der Seligen, entrückten, wo sie *in voller Leiblichkeit* weiterleben. Es sind die Heroen. Jedoch in der Gegenwart ereignen sich derlei Dinge nicht mehr. Daß die Gottheit einen ihrer Lieblinge in ein Gewässer oder Gestein verwandelt und ihm dadurch, nach griechischer Vorstellung, Ewigkeit verleiht, kommt aber immer noch vor.

Den Heroen werden Denkmäler errichtet und Leichenspiele gefeiert. Der »Zeus unter den Heroen« ist Herakles. Er ist die populärste Figur des griechischen Mythos, überall standen seine Heiligtümer, viele Städte verehrten ihn als ihren Schutzgott, und seine Ahnenschaft war der höchste Adelstitel, dessen sich auch Barbaren wie die Könige von Makedonien rühmten. Er ist die Verkörperung der höchsten Vitalität: als Stärkster und Unermüdlichster, Schnellfüßigster und Bogenkundigster unter allen Sterblichen, aber auch als wüster Renommist, Säufer und Rekordfresser. Im Gegensatz zu den anderen Verblichenen greifen die Heroen vielfach in das Dasein der Nachlebenden ein. Bei Marathon sahen viele, wie Theseus in voller Rüstung den Kämpfern voranstürmte. Die Lokrer ließen in ihren Reihen immer einen Platz frei, der für den unsichtbar mitkämpfenden Aias bestimmt war. Bei Leuktra erschien Aristomenes, der Heros der Messenier und Erbfeind der Spartaner, und erfocht den Thebanern den Sieg. An solche Epiphanien glaubte man bis in die späteste Zeit. Es hieß, Alarich habe, als er Athen belagerte, Achill erblickt, der leuchtend gepanzert vor den Mauern stand, und erschreckt Frieden geschlossen.

Das Jenseits

Den Toten wird eine Münze als Fährgeld für Charon in den Mund gelegt, auch allerlei Hausrat in den Sarg gegeben: den Kindern Spielzeug, den Frauen Fächer, Spiegel, Schmuckstücke, den Männern Waffen. Über den Erdhügel wird Wein, Öl und Honig als Opferspende gegossen. Dann folgt das Leichenmahl, bei dem der Verstorbene als Gastgeber anwesend gedacht ist. Das Grabmal schmückte man mit Bändern und Girlanden, auch durch Musik suchte man bisweilen die Seele des Abgeschiedenen zu erfreuen. Denn sie flattert als Totenvogel um ihre Leichenstätte, und manchmal glaubt man sogar ihr Zwitschern zu vernehmen. Das erinnert an den ägyptischen Ba. Als irgendein geflügeltes Wesen stellte man sie sich offenbar vor, denn *psyche* heißt auch Schmetterling. Aber sie ist doch im Hades? Das sind eben die Widersprüche, und wer sie gegeneinander ausgleichen will, erhält ein getrübteres Bild, als wer sie stehen läßt. »Je präziser wir verfahren wollen«, sagt Burckhardt (in einem anderen Zusammenhange, aber das weise Wort gilt auch hier), »desto sicherer gehen wir in die Irre.« Daß aber die Griechen, wenn auch unter schwankenden Formen, von einem ganz persönlichen Fortleben nach dem Tode überzeugt waren, steht außer Zweifel: Frevler erwarteten Vergeltung, Liebende Wiedervereinigung im Jenseits, alle Welt glaubte an Revenants und Totenbeschwörungen, in Sparta, wo man mit der Unerschrockenheit Ostentation trieb, galt es als höchste Bravourleistung, im Dunkeln zwischen Gräbern umherzugehen, und noch bei Lukian findet sich die reizende Erzählung, wie eine putzsüchtige Dame ihrem Gatten, der ihren ganzen Tresor für sie verbrannt hat, als Geist erscheint und eine goldene Sandale reklamiert, die unter den Kasten gefallen ist. Die Philosophen freilich dachten darüber anders, aber auch nur zum Teil: Demokrit zum Beispiel, den man geradezu den Vater der griechischen »Aufklärung« nennen kann, stellte die Existenz von Gespenstern nicht in Abrede.

Die Mysterien

Und daneben gab es noch eine große und mächtige Sekte, die »Dionysiker«, die inbrünstig an die Wiederkehr der Seele glaubten, aber in der Form der Seelenwanderungslehre. Im

Mantel der Nacht, beim Flackerschein düsterer Fackeln tanzten sie zum Getöse kreischender Becken, donnernder Pauken und jauchzender Flöten den rasenden Rundreigen durch die wilden Wälder und öden Berghalden, Fuchspelze um die Schultern, Hörner auf dem Haupte, Schlangen und Dolche schwingend. Rauschtränke erhöhten die Ekstase, bis schließlich die Psyche aus dem Leibe trat und sich mit dem Gott vereinigte, dem thrakischen Fremdling Dionysos. Das Merkwürdigste ist, daß sich diese epidemischen Psychosen mit großer Regelmäßigkeit alle zwei Jahre wiederholten: an den trieterischen Dionysien, mitten im Winter.

Verwandt mit der dionysischen Religion war die orphische. Sie leitete sich von Orpheus her, der ebenfalls ein Thraker war. Sie unterschied sich von der olympischen Religion vor allem dadurch, daß sie eine feste Lehre entwickelt hatte, während diese im wesentlichen immer nur Kult und Mythologie geblieben ist. Man kann fast von einer Dogmatik reden. Nach dieser ist die Seele zur Buße für eine früher begangene Schuld in den Kerker des Körpers gebannt, das Leben auf Erden ist der Tod der Seele: *soma sema*, »der Leib ein Grab«. Vom Gläubigen wird nicht Abkehr von diesen oder jenen irdischen Verfehlungen gefordert, sondern Absage an das irdische Dasein selbst: nur so kann er dem tödlichen Kreislauf der Geburten entfliehen. Die Taten des abgelaufenen Lebens werden in der nächsten Reinkarnation vergolten. Ist die Seele völlig rein und aller Flecken ledig geworden, so wird sie eines Tages frei werden und nie mehr den Tod erleiden, in ewiger Seligkeit wie der Gott lebend, von dem sie stammt. Der Weg zur Läuterung geht durch Askese, sittlichen Wandel, Empfang der Mysterienweihen. Fleischgenuß ist Brudermord. Dies alles mutet fast indisch an.

Der Geheimkult von Eleusis, der bereits im siebenten Jahrhundert zum athenischen Staatskult erhoben wurde, verhieß den Eingeweihten ein besonderes Los nach dem Tode: sie würden verschont bleiben vom »dumpfigen Dunkel des Hades«. Ihr Dasein malt Aristophanes in den *Fröschen* näher aus: ihnen spendet auch dort unten die Sonne heiteres Licht, in Myrtenhainen tanzen sie und singen beim Flötenschall Lieder zum Preise der unsterblichen Götter. Und um dies zu erlangen, war nichts nötig als die Teilnahme an den Eleusinien, die jedermann offenstanden, auch Sklaven und Fremden, Frauen und Kindern. Worin jene Festbräuche bestanden, die niemand »verraten, verletzen, erforschen« durfte, läßt sich nur sehr unsicher vermuten: soviel ist aber gewiß, daß sie keinerlei innere Umkehr, keine besondere Lebensordnung oder Lebensanschauung, ja nicht einmal bürgerliche Unbescholtenheit von ihren Adepten verlangten. Auf modernes Empfinden wirkt daher die ganze Institution, die sich bis ins späte Altertum extremer Heiligkeit erfreute, geradezu blasphemisch. Das Stärkste aber ist, daß der Gottesdienst sogar finanzielle Vorteile im Gefolge haben sollte, indem er »Plutos, den lieben Hausgenossen«, ins Haus zog.

Die Vorzeichen

Eine weit ernstere Einrichtung waren die Orakel. Cicero sagt, man müsse sie für wahrhaftig halten, wenn man nicht die ganze Weltgeschichte auf den Kopf stellen wolle. Selbst die Kirchenväter erkannten sie an, schrieben sie aber dem Teufel zu. Das Orakel prophezeit weniger als es Rat gibt und anordnet: es verkündet nicht sosehr, was geschehen wird, als was getan werden soll. Auch theoretische Belehrung bietet es nur selten. Man befragt es in Kultangelegenheiten, bei Städtegründungen, in Kriegen, bei Hungersnot, Seuchen, Erdbeben und anderen öffentlichen Unglücksfällen; aber auch die Alltagssorgen des Privatmanns werden ihm vorgetragen: Ehe, Adoption, Geschäfte, Landbau, Liebeskummer, Reisen. Auch viele törichte Fragen kamen natürlich vor: ob das erwartete Kind nicht von einem andern sei, wo man nach Schätzen graben solle, wer die Matratzen gestohlen habe, wo Homer geboren sei. Delphoi war Kolonialamt, indem es für die Ortswahl und Anlage der neuen Niederlassungen Anweisungen gab, meist ganz vorzügliche, auch eine Art Völkergerichtshof, ebenso parteiisch und ohnmächtig wie alle späteren, und in religiösen Fragen vom Range eines Konzils: doch erteilte es niemals Bescheide im Dogmensachen. Dies alles war Sache eines Priesterkollegiums, die Pythia aber hat auch prophezeit: von den Ausdünstungen der dampfenden Erdspalte berauscht, verkündete sie »mit rasendem Munde«, was der Gott aus ihr sprach. Sonst weissagte man doch aus den Träumen, zumal der Tempelschläfer, aus der Tierleber, dem Vogelflug, dem Blitz, dem Schwitzen der Götterbilder, dem Wiehern der Pferde, dem Niesen, das meist ein schlechtes Omen war, dem Werfen der Lossteinchen; aber erst in der Spätzeit, von »Chaldäern« belehrt, aus den Sternen. Von der Rolle, die derlei Vorbedeutungen in der Ökonomie des griechischen Lebens gespielt haben, können wir uns heute kaum mehr einen Begriff machen. Das ganze Leben war von Zeichen und Winken förmlich umstellt und jeder Schritt hatte einen zweiten Sinn. Es gibt doch zu denken, daß ein so kluges und auch so realistisches Volk sein ganzes Leben lang im »trüben Schlamm des Aberglaubens« gewatet hat und auch seine erleuchtetsten Köpfe nichts dagegen vorzubringen hatten. Im vorigen Jahrhundert nahm man an, Träume kämen aus dem Bauch; jetzt neigt man mehr dazu, sie aus dem Uterus und seinem Pendant herzuleiten. Es wird aber wohl jeder denkende Mensch schon einmal bemerkt haben, daß die Gestalten unserer Träume ein merkwürdiges Wissen um die Zukunft besitzen, das magisch durch sie hindurchschimmert: Sie sind sozusagen »historisch transparent«. Auch sagen sie niemals etwas Falsches, das heißt: etwas, das nicht in ihre Psychologie paßt, was ebenfalls sehr sonderbar ist, da doch nicht jeder Mensch ein großer Dichter ist und selbst bei diesen gelegentlich Verzeichnungen vorkommen. Die Träume sind also allem Anschein nach nicht von uns. Ferner besitzen nicht wenige Personen die als »Psychoskopie« bezeichnete Gabe, sowohl Menschen wie Gegenständen ihre Biographie abzulesen. Man muß dabei von der Annahme ausgehen, daß alle Dinge ihre Geschichte permanent in sich tragen, sowohl ihre abgelaufene wie die erst auf sie zurollende, da alles eine einzige ewige Gegenwart ist, indem die Vergangenheit stehenbleibt und die Zukunft schon da ist, nur nicht für uns, und daß unsere Unfähigkeit, dies zu erblicken, nur von unserer Vergeßlichkeit kommt: in *beiden* Fällen, auch bei der Zukunft! Diese Vergeßlichkeit hat Grade: bei der Schnecke, die bereits vom Gestern nichts mehr weiß und den Begriff »morgen« überhaupt nicht kennt, ist sie größer, beim »Seher« geringer. Die Griechen haben über diese Dinge nie geredet, vielleicht aus Scheu, wahrscheinlicher, weil sie sie für zu selbstverständlich hielten. Daß es unter ihnen auch sehr viel krassen und kindischen Aberglauben gab, spricht ebensowenig gegen ihre Theurgie wie die Tatsache, daß sie sehr viel rohe Tonpuppen besaßen, gegen ihre bildende Kunst.

Einen richtigen Klerus gab es in Griechenland nicht. Der Priester bedient das Heiligtum, opfert für die Gläubigen, verwaltet die Tempeleinkünfte und legt den Willen der Gottheit aus. Er ist ein gewöhnlicher Staatsbeamter oder auch nur Privatmann, der über gewisse technische Kenntnisse verfügt oder zu verfügen vorgibt, von keiner besonderen Heiligkeit umgeben, höchstens durch einen bevorzugten Platz im Theater und in der Volksversammlung geehrt, auch keiner »unsichtbaren Kirche« oder sonstigen höheren Gemeinschaft angehörig und weder Prediger noch Jugendlehrer. An großen Heiligtümern gebietet er über ein zahlreiches Personal von Opferdienern und Tempelsklaven, Wächtern und Schatzmeistern, aber sonst bestand keinerlei Hierarchie als die des persönlichen Ansehens. Man wird die Stellung des griechischen Priesters vielleicht am ehesten mit der unserer Professoren und Doktoren vergleichen können, die man in allerlei wissenschaftlichen Fragen konsultiert und nach dem Grade ihres Renommees und der Bedeutung der Anstalt schätzt, der sie angehören, im übrigen aber weder für unentbehrlich noch für sakrosankt hält. Zum Verkehr mit der Gottheit bedurfte es keines Vermittlers: der König opferte für die Gemeinde, der Hausvater für die Familie. Das Wichtigste blieb überhaupt zu allen Zeiten der Hauskult. Die Staatsfeste trugen durchwegs religiösen Charakter; an Zahl kamen die Feiertage, an denen alle Geschäfte ruhten, etwa den unserigen gleich; etwas, das unserem regelmäßigen Sonntag entsprochen hätte, gab es aber nicht.

Die griechische Religion

Jakob Burckhardt nennt die griechische Religion sehr schlagend »eine Temperamentsform des griechischen Volkes«. Sie war die prachtvollste Mythologie, die ein Volk je besessen hat, und später bei einigen Philosophen Metaphysik und Ethik, aber eine Religion im höheren Sinne kann man sie schon deshalb nicht nennen, weil sie den Schicksalsbegriff nie losgeworden ist. Auch dieser ist, wie alle Glaubensvorstellungen der Griechen, etwas recht Widerspruchsvolles: er bedeutet bald eherne Notwendigkeit, bald launischen Zufall, bald klare Vergeltung, bald geheimnisvollen Erbfluch, immer aber ist er höchst fatalistisch. *Ananke* ist das fühllose Verhängnis, *heimarmene* die unentrinnbare Bestimmung, *aisa* (= ἡ ἴση, episch ἐίση) das für alle gleiche Geschick; *tyche* das unberechenbare Glück (oder Unglück), *potmos* das fallende Los, *ate* die gottgesandte Verblendung; auch *agos*, die Blutschuld, und *alastor*, der Rachegeist, sind, wie jedermann aus der Tragödie weiß, blindwaltende Mächte. Der landläufigste Begriff aber ist die *moira*, der »Anteil«, der dem Menschen bei seiner Geburt unwiderruflich zugesponnen wurde. Gegen die Moira vermögen die Götter nichts, wenigstens für gewöhnlich: denn manchmal sieht es auch so aus, als ob sie ihr Werkzeug sei. Manchmal auch versuchen sie sie wenigstens zu beeinflussen oder mit ihr sozusagen auf Teilung zu arbeiten. Und es kommt sogar der Fall vor, daß einzelne besonders begnadete oder besonders ruchlose Menschen gegen Götter *und* Moira ihren Weg gehen: dies ist das *hypermoron*: was »über das Geschick hinaus«, gegen die Fügung geschieht, eine ebenso furchtbare wie bewunderte Sache, die Schuld und Verdienst zugleich ist.

Nach alledem ist es verständlich, daß die Griechen überhaupt kein Wort für »Religion« besitzen. *Eusebes* (von *sebein*, verehren), das wir mit »fromm« übersetzen, bedeutet: den heiligen Gebräuchen getreu, und *eusebeia*, »Frömmigkeit«, ist nach der Definition der Stoa δικαιοσύνη πρὸς θεούς, Gerechtigkeit gegen die Götter (die ihnen an Ehren zuwendet, was ihnen gebührt). Fromm sein heißt für den Griechen, die Himmlischen kultisch verehren, und weiter nichts. Da diese nicht den Weltlauf lenken, liegt auch kein Anlaß vor, sie sich als besonders moralisch zu denken. »Das Sittliche«, sagt Wilamowitz, »haben die Götter nicht gelehrt, man kann sagen, sie haben es von den Menschen lernen müssen.« Ihr Zorn braucht durchaus nicht immer Verschuldung zur Ursache zu haben; der Mensch empfindet ihn auch gar nicht als Strafe, sondern bloß als Unheil. Am meisten erbittert werden sie, wenn der Irdische sich vermißt, es ihnen gleichzutun, und ihre weitaus stärkste Triebfeder ist der Neid: man kann daraus schließen, wie neidisch die Griechen selber waren. Das Grundverhältnis zu ihnen ist daher das Mißtrauen, und wenn man ihren Geboten gehorcht, so tut man es nicht aus Ergebenheit, sondern aus Klugheit, um sie nicht zu reizen. Frevel ist: wenn man sie beleidigt; anderes Unrecht erregt nicht ihren Unwillen. Prozesse wegen »Beleidigung der Götter« waren ziemlich häufig; aber man fragt sich, was denn eigentlich an diesen Göttern zu beleidigen war. Mitleid, und oft ein sehr unangebrachtes, haben sie nur mit ihren Lieblingen; sonst sind sie ganz erbarmungslos. Auch untereinander lieben sie sich nicht. In der Ilias entspricht der Zustand im Himmel genau dem der menschlichen Gesellschaft: Zeus ist Agamemnon, die Götter sind bloße Titularvasallen, ihm ebenbürtig und stets zur Renitenz bereit. Der Olymp ist eine Akropolis, und seine Bewohner sind Ritter und Rosse, beide gleich göttlich, gleich unvergänglich, von Nektar und Ambrosia genährt.

Die Natur und überhaupt die »Wirklichkeit« ist amoralisch. Von echter Religion kann man daher erst reden, wenn eine andere und höhere Welt der natürlichen entgegengesetzt wird. Dies tut aber die homerische Religion nie: ihre Götterwelt ist eine gesteigerte Wiederholung der irdischen: verklärte Animalität, schlackenlose Physik. Die Olympier unterscheiden sich von den Erdenbewohnern lediglich dadurch, daß sie unsterblich sind, also in ihnen die menschliche Unvollkommenheit verewigt ist und daß kein Alter, keine Schwäche, kein Kummer, keine Krankheit sie berührt, was aber auch nicht konsequent durchgeführt ist: auch ihr Dasein verläuft nicht ungetrübt (schon allein ihr ewiger Neid vergällt es ihnen); sie haben einen Arzt, Paieon, der Hades und Ares von ihren Verletzungen heilt, auch Aphrodite wird verwundet; Hermes ist vom weiten Weg ermüdet, Zeus schläft sogar einmal ein. Den Höhepunkt dieses in seiner Naivität und Bildhaftigkeit bezaubernden Realismus bildet der Moment, wo Ares in der Wolke, die ihm Kleid, Bett, Fahrzeug und Inkognito ist, vom Kampf ausruht, nachdem er den Speer an sie gelehnt hat. Die Orphik mit ihren Ansätzen zu einer wirklichen Theologie war niemals Nationalreligion, man kann sie nicht einmal (wie wir vorhin taten) eine Sekte nennen, da es ja nicht den Gegenbegriff der orthodoxen Kirche gab. Die Religion war nur Kultus, nur dieser Pflicht, nur dessen Verletzung Gottlosigkeit, »Asebie«. Es war ähnlich wie in der Renaissance, wo man denken, reden und schreiben durfte, was man wollte, wenn man sich nur der Kirche, ihrer Macht und ihren heiligen Bräuchen unterwarf: In Hellas spielte diese Rolle die Polis.

Schließlich ist diese ganze Konzeption von finsterm, fühllosem Schicksal, wahllos würfelnder Tyche, eiteln und jähzornigen Göttern gerade wegen ihrer Irrationalität dazu da, *damit irgend jemand schuld habe,* wenn der Mensch sich nicht zu seinen Handlungen bekennen will, den Geburten seiner Leidenschaft und seiner Torheit. Die Gottheit ist nicht das Lamm, das die Erbschuld der Menschheit trägt, sondern der Bock, dem die Sünde aufgeladen wird. Nur unter einem solchen Regiment wurde die Last des Frevels überhaupt ertragbar, unter einem sittlichen Gott wäre der Grieche der *durchschnittlichen* Moralität zusammengebrochen. Von Ausnahmsnaturen, die uns an allen Wegmarken begegnen werden, ist hier nicht die Rede. Die Gottheit des Sokrates zum Beispiel war dem Volk so unfaßbar, daß es ihn, und zwar in voller Ehrlichkeit, für einen Gotteslästerer hielt.

Bei Homer ist bekanntlich alles göttlich: nicht bloß die Sonne und die Morgenröte, der Tag und die Nacht, sondern auch der Ölbaum und der Weinstock, der Arzt und der Herold, der Bettler und der Sauhirt, selbst der verächtliche Paris und die abscheuliche Schar der Freier, und es fehlte nur noch, daß Thersites göttlich genannt wird. Kein Wunder, da das Göttliche ja nichts anderes ist als das Menschliche. Die Griechen waren Lehrer der Humanität, aber in einem ganz anderen Sinne, als der Neuhumanismus es meinte, nämlich der Nurmenschlichkeit, indem sie alles in rein anthropomorphen Formen und Dimensionen sahen. Der Satz »der Mensch ist das Maß der Dinge«, den die Sophisten als ihr Programm aufstellten, leuchtete von allem Anfang an als Leitstern über der Erdenbahn der Griechen. Darum haben sie nie den Sinn des Daseins erfahren; aber darum sind sie auch das größte Künstlervolk geworden.

Die griechischen Epochen

Die Griechen glaubten also im Grunde an gar nichts, nämlich an nichts als an gewisse allzu menschliche Vorurteile; auch als diese im Laufe der Zeit sich läuterten, brachten sie es nur zu einem matten Deismus oder nackten Atheismus. Und dennoch hat sich, ohne daß sie es ahnten, in ihrem historischen Schicksal der Finger Gottes aufs deutlichste offenbart. Oder vielleicht wirklich das Walten ihrer eigenen Götter, die, Symbole der griechischen Seele, tückisch zur Hybris lenkten. Zugleich aber ist, da jedes Volk der Dichter seiner eigenen Historie ist, wie jedes Individuum der Dichter seiner Biographie (darin besteht die menschliche Willensfreiheit), auch die griechische *Geschichte* in Anstieg und Gipfel, Krise und Verfall ein vollendetes plastisches Kunstwerk, gemeißelt von der Hand der bildnerisch begabtesten Nation der Welt. Die einzelnen »Perioden«, sonst meist im berechtigten Verdacht subjektiver Willkür oder lebensferner Konstruktion, springen hier in die Augen als ein leuchtendes Paradigma des Erblühens, Reifens und Welkens der Menschenpflanze. Man könnte dabei an den Bau eines Giebelfelds oder einer Tragödie denken oder auch an die klare, scharfe und doch ungezwungene Gliederung der griechischen Säule, wobei die Spätzeit des Weltgriechentums, in dem ihr die Rolle des reichen Kapitells zufiele, zu ihrem lange verkümmerten Recht käme.

Wir haben am Schlusse des vorigen Bandes die mykenische Zeit mit dem Mittelalter verglichen (wobei an die *Frühzeit* etwa der Franken unter Chlodwig oder des Ostgotenreichs unter Theoderich zu denken wäre) und die gleichzeitige spätminoische mit dem Rokoko. Das ist ein Widerspruch, der aber in der Geschichte nicht selten Wirklichkeit wird: In ähnlicher Weise befindet sich zum Beispiel das russische Volk, trotz Funktürmen und Traktoren, noch heute ungefähr in seinem Spätmittelalter: der Bolschewismus ist ein religiöser Radikalismus von der eingleisigen Ideologie der Begharden und der fanatischen Nivellierungswut der Hussiten, nur wissen die Russen das nicht; dicht daneben liegt die Spätkultur der Westler. Unsere Gliederung in Altertum, Mittelalter und Neuzeit ist übrigens lange nicht so alt, als man glauben sollte. Sie stammt von dem Hallenser Professor Christoph Cellarius, der seine 1685 erschienene *historia antiqua* mit Kaiser Konstantins Alleinherrschaft und der Erhebung des Christentums zur Staatsreligion schloß, die des *medii aevi* bis zur Eroberung Konstantinopels rechnete und von da an die *historia nova* oder *moderna.* Seine Einteilung fand aber zunächst keinen Anklang und wurde erst durch den Göttinger Professor Johann Christoph Gatterer, der zwischen 1761 und 1791 mehrere Weltgeschichten erscheinen ließ, Allgemeingut: er setzte aber die Zäsur zwischen Mittelalter und Altertum anderthalb Jahrhunderte später als Cellarius, indem er dieses mit dem Untergang des Römischen Reichs und der Abdankung des Kaisers Romulus Augustulus im Jahre 476 enden ließ. Das Datum ist übrigens falsch, da der letzte römische Kaiser Julius Nepos war, der bis 480 regierte; aber hier hat wohl bei der Erinnerung an den Gründer Roms und den ersten römischen Kaiser Namensmagie mitgewirkt. Noch jünger ist die Anwendung dieses Schemas auf die Geschichte einzelner Völker oder Völkergruppen. Bei den Griechen ist zuerst von Heinrich Leo in seinem 1835 erschienenen *Lehrbuch der Universalgeschichte* ein Altertum, ein Mittelalter, beginnend mit den Perserkriegen, und eine »spätere Zeit« unterschieden worden, die mit der makedonischen Herrschaft einsetzt. Die Neuerung wurde von vielen Historikern akzeptiert und wirkte insofern wohltätig, als sie darauf hinlenkte, daß auch die Antike eine »Moderne« und überhaupt ein Wechselspiel von Epochen besaß und nicht, wie man bisher als selbstverständlich angenommen hatte, ununterbrochen klassisch war. Indes war die Zeit von Xerxes bis Philipp wohl kaum ein »Mittelalter«. In Lamprechts Periodisierung der deutschen Geschichte deckt sich das symbolische Zeitalter ungefähr mit dem Altertum, das konventionalistische mit dem Mittelalter, das individualistische mit der Neueren Zeit und das subjektivistische mit der Neuesten Zeit. Sie läßt sich bis zu einem gewissen Grade auch auf die griechische Geschichte anwenden: die homerische Ära mit ihrer ritterlichen Gesellschaft und ihrer epischen Weltanschauung würde dann etwa unter die Kategorie des mittelalterlichen Konventionalismus fallen, Kolonisation und Tyrannis, Intellektualismus und Städtewesen des sechsten, fünften und vierten Jahrhunderts würden ungefähr dem »individualistischen« Zeitraum entsprechen, wobei man, wenn man will, sogar die orphische Bewegung mit der Reformation und die Sophistik mit der Aufklärung in Parallele stellen könnte, und die Alexandrinerzeit würde dann in Romantik und Naturalismus, Polyhistorie und Spezialistentum, Imperialismus und Sozialismus »subjektivistische« Züge aufweisen. Aber man sieht doch auch zugleich, daß dies alles nur »Besetzungen« sind: schon so elementare Bausteine wie »Stadt« und »Polis« decken sich nicht. Die Perioden des Symbolismus und Typismus allerdings (die bei den Griechen in die prähistorische Zeit zu setzen wären) dürften wohl bei allen Völkern identisch sein, vor allem darin, daß man über sie nichts Rechtes weiß.

Breysig rechnet das griechische Altertum von 1500 bis 1000, das frühe Mittelalter von 1000 bis 750, das späte von 750 bis 500, von da an die Neuzeit. Das sind Zahlenfixierungen, die nur durch ihre Symmetrie ansprechen und wohl nur wegen ihrer Übereinstimmung mit den ähnlich abgemessenen der römischen und der germanisch-romanischen Geschichte gewählt sind. Die Alexandrinerzeit wird »der hellenische Epilog der griechischen Geschichte« genannt: eine bloße Verlegenheitsbezeichnung, die aus einem ganz anderen Assoziationsgebiet genommen ist. Die richtige Analogie für diese Epoche hat erst Spengler gefunden: Es handelt sich um ein Zeitalter, das über das unserige hinausgreift, indem wir uns erst in den Anfängen einer ähnlichen Entwicklung befinden. Für Spengler sind Jugend, Reife, Verfall nicht poetische Floskeln, sondern biologische Formzustände, morphologische Tatsachen, mit denen er geradezu experimentiert, geeignet, Vergangenheit zu enträtseln, Zukunft zu entschleiern. »Gleichzeitig« sind für ihn Vorsokratiker und Cartesianer, Pythagoreer und Puritaner, Stoiker und Sozialisten, Sokrates und Rousseau, Plato und Hegel, Phidias und Mozart, Polykrates und Wallenstein, Pergamon und Bayreuth. Das Entscheidende und Unterscheidende ist, daß es sich hier nicht um »malerische« Pendants oder anekdotische Spielereien handelt, sondern um ein schöpferisches Erfassen von Gestalten und Bildungen, in denen die tiefste und innerlichste Symbolik eines jeden Zeitalters sich ihren Ausdruck erzwungen hat.

Trotzdem haben wir es bei allen derartigen Gegenüberstellungen, auch den erleuchtendsten und einleuchtendsten, immer nur mit einem Gleichnis zu tun, ja sogar mit einem bloßen Tropus, der nicht beim Wort genommen werden darf, denn jede Metapher ist, richtig verstanden, eine bloße »Figur« zur Erläuterung und Veranschaulichung, die sich niemals decken kann und gar nicht decken *soll.* Ein Bild erhält ja gerade dadurch seine Brauchbarkeit, daß es *nicht* die Sache ist.

Indem wir uns für das Weitere das Recht vorbehalten, alles mit allem zu vergleichen, wo wir es als porträtdienlich erhoffen, wollen wir vorläufig nur feststellen, daß die griechische Geschichte vier deutliche Segmente aufweist, die durch die Epochenjahre 480 (Salamis und Himera), 404 (Ende des Peloponnesischen Krieges) und 323 (Tod Alexanders des Großen) markiert werden. Während Perserkrieg und Alexanderzug ziemlich allgemein als Einschnitte anerkannt sind, faßt man die Ära zwischen diesen häufig als eine Einheit. Aber der Hellene des vierten Jahrhunderts ist ein ganz anderer als der des fünften; der Peloponnesische Krieg hat einen ähnlichen Umbruch bewirkt wie der Dreißigjährige. Wir stehen bei der Abgliederung dieser Entwicklungsstufe, die man etwa die »spätklassische« nennen könnte, unter der erlauchten Patronanz Winckelmanns, der in seiner Periodisierung dem »älteren« und dem »hohen« Stil den »schönen« gegenüberstellt, den Stil des Praxiteles und Lysipp: »mit dieser Zeit fängt das letzte Alter der großen Leute in Griechenland an.«

Nachhellenische Geschichte Griechenlands

Schon im späteren Altertum war Hellas nur noch eine interessante Ruine. Zur Zeit des Polybios war die Unfruchtbarkeit der griechischen Ehen, eine Folge der Verarmung und der physischen Erschöpfung, bereits sprichwörtlich. Ovid nennt Athen eine leere Stadt, von der nur noch der Name übrig sei, sein Zeitgenosse Strabo Theben ein Dorf; hundert Jahre später klagt Plutarch, am meisten von allen Bevölkerungen des Römischen Reichs sei die griechische zurückgegangen. Überall sah man verlassene Häuser, die Marktplätze waren Viehweiden, aus den Kornfeldern ragten die Häupter der Marmorstatuen. Die Haupteinnahmequellen der Städte waren der Handel mit Ernennungen zum Ehrenbürger oder Priester und die Errichtung öffentlicher Statuen. Mommsen vergleicht dies treffend mit dem Ordens- und Adelsgeschäft der Duodezfürsten. Stehende Figuren in Rom waren die Graeculi: griechische Literaten und Rhetoren, die als feile Schmarotzer verachtet waren; aber man brauchte sie doch. Das meiste an Bauten und Denkmälern stand noch; auch die Bücherschätze und die berühmten Lehrer zogen viele Fremde ins Land, und die Kurorte waren Wallfahrtsziele, denn Religion und Medizin waren in der antiken Vorstellung nicht getrennt.

Die römische Eroberung betrachteten viele als Glück; man fand: »wären wir nicht so bald verloren gewesen, so wären wir nicht mehr zu retten gewesen«, und in der Tat herrschte von da an dauernder Friede, denn die Entscheidungsschlachten im römischen Bürgerkrieg, die alle auf griechischem Boden geschlagen wurden, zogen die Bevölkerung nicht in Mitleidenschaft. Später, unter der Byzantinerherrschaft, war Griechenland eine unbedeutende Provinz, die von Völkerstürmen heimgesucht wurde. Goten kamen, gingen und kamen wieder. Ihnen folgten Vandalen, Hunnen, Awaren und seit der Mitte des achten Jahrhunderts so viele Slawen, daß Fallmerayer im vorigen Jahrhundert die vielbeachtete Theorie aufstellen konnte, die heutigen Griechen hätten mit den alten Hellenen gar nichts zu schaffen. Das ist entschieden übertrieben: Es gibt im modernen Griechenland zwar eine Menge slawische Ortsnamen, aber noch viel mehr echt hellenische, und noch heute leben zahlreiche Vorstellungen der antiken Mythologie im Volk; die Lamia zum Beispiel ist noch ebenso gefürchtet wie zur Zeit Hesiods. Die schlechten Eigenschaften, die man den Neugriechen vorwirft, besaßen ihre Vorfahren schon ganz ähnlich und in mindestens so reichem Maße. Aber was Ernst Curtius vom Peloponnes sagt: »Eine Übersicht über die Schicksale des Landes lehrt uns, daß der Peloponnes nur unter den hellenischen Stämmen eine Geschichte durchlebt hat, welche es verdient, daß wir mit treuster Forschung ihre Spuren im Lande aufsuchen«, gilt von ganz Griechenland, auch von Athen, dem ein byzantinisches Epigramm nachsagte: »Nichts ist mehr da als die Gräber der Toten und Schatten der Weisen.« Die Geschichte verrinnt zum Teil sogar unterirdisch wie die griechischen Flüsse, die streckenweise in »Katavothren« versinken. Was von griechischer Kultur noch übrig war, lebte in Byzanz weiter. Auch politisch verschob sich der Schwerpunkt nach dem einst barbarischen Norden. Ein neuer griechischer Großstaat könnte heute sein Zentrum nicht mehr in Athen, sondern nur in Konstantinopel haben.

Von der Mitte des zwölften Jahrhunderts an erschienen fränkische Eroberer. Herzöge und Barone pflanzten ihre Kreuze auf die Akropolen, christliche Tempelritter füllten die heidnischen Tempel, Bilder der Jungfrau Maria die Heiligtümer der Jungfrau Athena. Im vierzehnten Jahrhundert kamen Albanesen, in der Mitte des fünfzehnten Jahrhunderts die Türken. Der Parthenon wurde Moschee. Griechen dienten als »Stratioten« in europäischen Heeren, als »Hellenisten« an europäischen Höfen, als Minister und Janitscharen in Stambul. Um die Wende des siebzehnten Jahrhunderts wurde Morea, wie man den Peloponnes jetzt zu nennen pflegte, für etwa ein Vierteljahrhundert der Blüte venezianisch. Der griechische Befreiungskampf, der das dritte Jahrzehnt des neunzehnten Jahrhunderts erfüllte, wurde von ganz Europa mit großer Spannung und fast allgemeiner Sympathie verfolgt. Da sich in dieser Angelegenheit das Programm der russischen Balkanpolitik mit dem des englischen Liberalismus deckte, war der Krieg für die Türkei von Anfang an aussichtslos. Das neue Königreich gewann 1864 die Ionischen Inseln, 1878 Thessalien, in den Balkankriegen Kreta, Epirus, Südmazedonien und einen Teil der kleinasiatischen Inseln, im Weltkrieg Südwestthrazien, ursprünglich auch Ostthrazien und das Wilajet Smyrna, die aber wieder an die Türkei verlorengingen. Im heutigen Griechenland herrscht »Diglossie«, eine der merkwürdigsten Gepflogenheiten, die sich sonst bei keinem Volk der Welt findet: Im Alltagsverkehr bedient man sich der »Volkssprache«, die dem lebenden Neugriechisch entspricht, in der Literatur und Société, in Kirche und Amt aber versucht man, in der sogenannten »Reinsprache« das Altgriechische der attischen Redner des vierten vorchristlichen Jahrhunderts nachzuahmen, das die Kinder in der Schule natürlich wie eine Fremdsprache lernen müssen. Doch sind gerade die bedeutenderen modernen Lyriker so vernünftig, in der Volkssprache zu dichten.

Die griechischen Stämme

Jedenfalls ist die griechische Geschichte die längste europäische, die wir kennen; sie erstreckt sich in ununterbrochener Kontinuität durch vier Jahrtausende. Den Beginn der »historischen« Zeit pflegt man aber erst um 750 vor Christus anzusetzen. Wie bereits im vorigen Bande dargelegt, wurden durch die ägäische Wanderung, die wahrscheinlich die beiden letzten Jahrhunderte des zweiten vorchristlichen Jahrtausends erfüllte, große Verschiebungen bewirkt. Die Dorer wurden aus Mittelhellas verdrängt und besetzten, nach Süden rückend, die megarische Landbrücke und die vier peloponnesischen Halbinseln, außerdem Kreta und den Südteil der Westufer Kleinasiens mit der großen Insel Rhodos. Die Ionier, die in Attika und auf Euboia saßen, verbreiteten sich über die Kykladen und den mittleren Teil der kleinasiatischen Gestade mit seinen vorgelagerten Inseln. Schwierig und unklar ist der Begriff der Aioler. Zu ihnen gehörten nicht nur die Thessaler und Boioter und die ursprünglich im Peloponnes ansässigen »Achaier«, die durch die dorische Invasion zum Teil zur Auswanderung nach Lesbos und dem Nordrand der Gegenküste gezwungen wurden, sondern auch die Bewohner von Akarnanien und Aitolien, Lokris und Phokis, Elis und Achaia, für die man neuerdings den Sammelnamen »Nordwestgriechen« gebraucht. Auch die Arkader waren Nachkommen der Achaier. Am einfachsten ist es wohl, alle Stämme, die weder dorisch noch ionisch waren, als aiolisch anzusehen. Allerdings bezeichnet man die Nordwestgriechen auch wieder als »Norddorier«, womit glücklich erreicht ist, daß sich überhaupt niemand mehr zurechtfindet.

Die griechische Kolonisation

Die griechische Kolonisationstätigkeit erreichte ihre höchste Intensität in der Zeit zwischen 750 und 550. Ihre Hauptknotenpunkte, gleichsam Ganglien, die nach allen Richtungen ihre Nervenfasern aussandten, waren dorischerseits Korinth, Megara und Aigina, ionischerseits Chalkis und Eretria auf Euboia und Milet und Phokaia in Kleinasien, welche beiden letzteren durch ihre Doppellage am Meer und im Mündungsgebiet großer Flüsse (Milet unweit vom Maiander, Phokaia beim Hermos) eine beherrschende Stellung einnahmen. Die neuen Siedlungen waren in erster Linie Ackerstädte und daher vor allem mit Rücksicht auf gutes Fruchtland gewählt; doch sah man daneben natürlich auch auf günstige Hafenbedingungen. So breiteten sich nun (»wie ein Fächer«, sagt Burckhardt) binnen zwei Jahrhunderten griechische Pflanzstädte über das ganze Mittelmeergebiet hin, und noch darüber hinaus als ein dichter Saum rings um das Schwarze Meer. Man darf aber dabei nicht an ein modernes Kolonialreich etwa nach englischem Muster denken, denn die Tochterstädte waren politisch vollkommen selbständig und mit der Mutterpolis nur durch ein allerdings oft sehr starkes Pietätsverhältnis verbunden.

Im Norden wurde die makedonische und die thrakische Küste hauptsächlich von Eretria und Chalkis aus besiedelt, so daß die Halbinsel Chalkidike daher ihren Namen führte. Auf der westlichsten ihrer drei Landzungen gründete Korinth Poteidaia, das, als verkleinertes Abbild seiner Mutterstadt, ebenfalls zwischen zwei Meerbusen liegt. Durch Milet, das dort allein neunzig Kolonien ins Leben rief, wurde der Pontos, bisher *axeinos*, der ungastliche genannt, zum *euxeinos*, dem gastfreundlichen, während die Megarer durch die einander gegenüberliegenden Schwesterstädte Kalchedon und Byzantion die Bosporusstraße beherrschten. Die Dardanellen und die Donaumündungen, die Kaukasusküste und die Halbinsel Krim: das alles stand unter griechischem Einfluß. Bis nach Kiew gingen die ionischen Tauschwaren, während aus den unerschöpflich reichen Gebieten Südrußlands Wolle und Holz, Vieh und Getreide nach Griechenland strömte. Im Süden gelangten die Hellenen bis an die nordafrikanische Küste: Hier stifteten Dorer in der Kyrenaike einige blühende Städte. Die berühmte Arkesilasschale aus der Mitte des sechsten Jahrhunderts schildert, wie der kyrenaische König Arkesilas der Zweite das Wägen und Verladen von Silphion beaufsichtigt. Kallimachos, der gefeiertste Dichter, und Eratosthenes, der einflußreichste Gelehrte des dritten vorchristlichen Jahrhunderts, stammten aus Kyrene. Eine Ausbreitung über das libysche Gebiet hinaus hinderte im Westen Karthago, im Osten Ägypten, doch hatten in der Nilstadt Naukratis hellenische Kaufleute eine ähnliche Stellung wie die Hanseaten in London.

An der südfranzösischen Küste gründeten die Phokaier Massalia, das jetzige Marseille, von wo aus über Rhone und Loire Handelsexpeditionen bis an den Atlantischen Ozean gingen. Auch die Namen Antibes und Nizza erinnern noch heute an die antiken Niederlassungen Antipolis und Nikaia. Die wichtigsten Kolonien aber erstanden, seit spätestens dem Anfang des siebenten Jahrhunderts, in Süditalien und auf Sizilien, wo noch auf weiten Strecken ein jungfräulicher Boden der Befruchtung harrte. Die Hauptbesiedler waren Achaier. Die großartigen Verhältnisse, die sich dort entwickelten, fanden in der Bezeichnung »Großhellas« ihren Ausdruck, die für diese Gebiete gebräuchlich wurde. Neapel und Tarent, Agrigent und Syrakus sind Namen von weltgeschichtlichem Klange. Der Reichtum der Metapontier, die bezeichnenderweise die Kornähre in ihrem Wappen führten, war ebenso sprichwörtlich wie die dialektische Finesse der Eleaten und die raffinierte Lebenskunst der Sybariten. Sizilien war die Heimat der wissenschaftlichen Kochkunst. Aus Kroton kamen die besten Ärzte. Von den Akragantinern sagte man: sie bauen, als ob sie ewig leben, und speisen, als ob sie morgen sterben wollten. In ihrer Stadt sah man Tempel von ganz ungriechisch riesenhaften Ausmaßen, die kostbarsten Grabdenkmäler, auch für Rennpferde, mehrstöckige Weinkeller, einen fünfviertel Kilometer langen künstlichen Fischsee, Kavalkaden von dreihundert Schimmelgespannen und goldenes Badegerät.

Die gesamte Kultur Italiens ist griechisch. Das Alphabet, das Kunsthandwerk, die ganze Literatur, sogar die spätere Religion: dies alles entwickelte sich in Rom nach griechischen Vorbildern. Ebenso alle Zweige der Technik: daher die vielen Fremdwörter des Lateinischen für ganz alltägliche Dinge. Infolgedessen kamen die Römer nie zu einem geistigen Eigenleben und trugen immer ein fremdes Kostüm, obschon das köstlichste und kostbarste, das zu haben war. Es gibt keine römische Seele. Und so vollzog sich das erschütternde historische Schauspiel, daß Rom die ganze Welt besaß, sich selbst aber niemals. Nur der Norden blieb vom Fluch und Segen des hellenischen Füllhorns fast unberührt: im Altertum mißachtet, wurde er in neuerer Zeit die Quelle der Kraft in Staat, in Kultur: die Nachkommen der barbarischen Veneter und Ligurer schufen die Macht Venedigs und Genuas, der beiden Königinnen des Meers, in Florenz erwachte die Renaissance, in Piemont der Risorgimento, der zur Einheit führte, und auch der Faschismus kam vom Norden.

Um die Mitte des sechsten Jahrhunderts erlahmt die Kolonisationsbewegung. Neue Großmächte drängen empor: im Osten die Perser, die auch bald darauf ihre Hand auf Ägypten legen, im Westen die Etrusker und die Phoiniker. Dagegen beginnt um diese Zeit der Aufstieg Athens. Attika zählte im sechsten Jahrhundert etwa hunderttausend Einwohner, im fünften eine Viertelmillion; davon waren etwa die Hälfte, vielleicht sogar zwei Drittel Sklaven oder ortsansässige Fremde. Vorher war das bedeutendste Emporium der ägäischen Welt Aigina gewesen, eine kleine unfruchtbare Felseninsel, aber vermöge ihrer vorzüglichen Lage und einer starken Flotte im Besitz ausgedehnter Handelsbeziehungen, einer regen Industrie, die bereits Ansätze zum Sklavengroßbetrieb zeitigte, und ansehnlicher Kapitalkräfte: Es gab dort schon mehrere notorische »Millionäre«. Im Laufe des sechsten Jahrhunderts eroberte sich die attische Tonware den Weltmarkt.

Kroisos Für die kleinasiatischen Griechen bildete anfangs das lydische Königreich die stärkste Bedrohung, das durch Gyges in der ersten Hälfte des siebenten Jahrhunderts zu ansehnlicher Macht gelangt war. Unter seinem Enkel Alyattes umfaßte das

Reich bereits den ganzen Westen Kleinasiens mit Ausnahme der hellenischen Küstenstädte, die aber von Kroisos, dem Sohne des Alyattes, eine nach der anderen unter die lydische Oberhoheit gebracht wurden; nur Milet behauptete sich. Es war aber durchaus keine Barbarenherrschaft: Kroisos war ein verschwenderischer Verehrer der griechischen Götter, denen er herrliche Tempel und Weihegaben stiftete, und der griechischen Kultur, die er mit allen Mitteln förderte. Gleichwohl dachte er daran, sich auch die Inseln und das europäische Griechenland zu unterwerfen und soll schon mit dem Bau einer Flotte begonnen haben, als er im Jahre 546 dem Angriff des Kyros unterlag. Den Sieger der Perser sollen die Kamele entschieden haben (die übrigens noch 1389, in der Schlacht auf dem Amselfeld, eine bedeutsame Rolle spielten). Sardes wurde erstürmt, Kroisos gefangen, aber von Kyros ehrenvoll behandelt und als Ratgeber an den Hof gezogen. Die bekannte Legende von Kroisos und Solon ist historisch nicht gerade unmöglich, denn dieser lebte noch, als jener den Thron bestieg: sie will zeigen, wie Hybris vor dem Fall kommt, vielleicht auch, wie Familienfluch fortwirkt, denn Gyges war durch Meuchelmord zur Krone gelangt. Nach einer zweiten Version soll nicht der Ausruf »Solon!«, sondern der Regen Apolls, der den Brand löschte, Kroisos vor dem Scheiterhaufen gerettet haben, was wohl eine Art Schadenersatz für den berühmten ziemlich hinterlistigen Spruch des Delphischen Orakels anzusehen wäre. Jedenfalls ist die Erzählung ein schönes Sinnbild für den Eintagsglanz der Gipfel.

Untergang der Monarchie

Die griechische Monarchie ist schon zu Beginn der Kolonialzeit der Adelsherrschaft gewichen. Sie war wohl schon vorher nur mehr eine Art Heerkönigtum ohne rechte Legitimität. Die Steuer hatte Geschenkform: Hesiod nennt den König den »Geschenkeverschlinger«; aber die Hauptquelle des Kronbesitzes war wohl immer der Anteil an der Beute der Raubzüge:

Odysseus fragt den Schatten des Agamemnon, ob er im Kampf vor der Stadt gefallen sei oder »als er Rinder geraubt und stattliches Wollvieh«: beides war also gleich standesgemäß und das eine wohl nur eine Abart des andern. Alkinoos ist zwar Erbkönig der Phaiaken, aber ihm zur Seite stehen zwölf andere »Könige« mit gleichen Rechten, auf Lebenszeit gewählt: man möchte fast sagen »Dogen«. Die »Freier« wiederum sind eine Aristokratenclique, die es auf den Sturz des Königstums abgesehen hat. Dieser scheint sich fast überall auf friedliche Weise vollzogen zu haben, indem man neue Ämter schuf: den Archon als höchste Zivilbehörde, den Polemarchen oder Oberfeldherrn, die Thesmotheten oder Rechtsfinder, die die königliche Macht immer mehr einschränkten, bis sie ein leerer Titel geworden war: der *basileus* hatte schließlich nur noch die Gemeindeopfer zu vollziehen, denn dazu war nach alter religiöser Anschauung nur ein König berechtigt. Seit etwa 750 gibt es monarchische Regierungsformen nur an den Rändern der hellenischen Welt: in Epirus, Makedonien und Zypern.

Drakon

Der Vorrang der adeligen »Ritter« beruhte auf ihrer militärischen Bedeutung. Sie führten ihren Namen eigentlich zu Unrecht, denn sie kämpften meist zu Fuß. Aber nur sie besaßen die Mittel, sich eine schwere Ausrüstung anzuschaffen. Mit der Zeit verminderte sich aber deren Kostspieligkeit, und bald konnte sich auch der mäßig begüterte Bürger Waffen und Harnisch leisten. Zudem wurde die geschlossene Hoplitenphalanx, die sich naturgemäß aus der Masse rekrutierte, immer mehr die entscheidende taktische Formation. Im Mittelstand, zumal im bäuerlichen, herrschte aber große und berechtigte Unzufriedenheit. Das Adelsregiment führte eine parteiische Rechtsprechung: allenthalben klagte man über »krumme« Urteile. Da das Erbe zu gleichen Teilen an die Söhne fiel, entstanden Zwergwirtschaften, die bei Mißwachs zusammenbrachen. Darlehen waren aber nur gegen hohe Zinsen zu haben. Überall auf den

Feldern erhoben sich die Hypothekensteine, säumige Zahler gerieten in Schuldknechtschaft. Gegen Ende des siebenten Jahrhunderts war es soweit, daß sich der Grundbesitz in den Händen einiger weniger Großherren befand. Der Revolution, die vor der Türe stand, suchte man zunächst durch eine Reform der Rechtspflege entgegenzuwirken. In Athen ließ Drakon das Kriminalrecht aufzeichnen. Seine »mit Blut geschriebenen« Gesetze sollten die Wut und Willkür der noch allgemein üblichen Blutrache eindämmen. Er unterschied zwischen strafloser Tötung (bei Notwehr, Ehebruch, Angriffen auf das Eigentum), Verwundung mit tödlicher Absicht, die mit Verbannung, und Mord, der mit dem Tode bestraft wurde, ebenso wie jede Art Diebstahl; der Anstifter wurde dem Täter gleichgestellt. Im ganzen war die neue Gesetzgebung nur »drakonisch« vom Standpunkt der späteren griechischen Auffassung, die ihr dieses Renommee geschaffen hat; von den bisherigen Zuständen aus gesehen, war sie eine Milderung und eine Wohltat. Die Kodifizierung des Rechts ist überall in Griechenland an sagenumwobene Persönlichkeiten geknüpft, und die Wissenschaft hat sich beeilt, sie alle miteinander für mythisch zu erklären. So soll Drakon, weil sein Name »Drache« bedeutet, nichts anderes sein als der Schlangengott, Lykurgos, der »Lichtbringer«, und Zaleukos, der »Hellstrahlende«, der Sonnengott. Nun sind aber doch fast alle menschlichen Namen symbolisch, und man kann daher jeden ihrer Träger, wenn keine unwiderleglichen Gegenargumente vorliegen, für einen vermenschlichten Gott erklären. Mit dieser Methode läßt sich überhaupt alles beweisen. So hat zum Beispiel der amerikanische Forscher Benjamin Smith erklärt, Nozoräer (Nazarener) bedeute nach dem Sinn des hebräischen Wortstamms »Hüter« und weise daher nicht auf eine Stadt Nazareth, die niemals existiert habe, sondern sei einfach der Name einer Sekte und Christus infolgedessen nichts anderes als ein jüdischer Kultgott. Wie zwingend dieses

Verfahren ist, kann man an einem modernen Beispiel ersehen. Es gibt bekanntlich auch eine Sekte, die sich »Herrnhuter« nennt. Gelehrte Leerköpfe vom Schlage Smiths werden vermutlich in zweitausend Jahren mit überlegenem Lächeln erklären, dies bedeute »Hüter des Herrn«, denn Herrnhut wird sich zu jener Zeit wohl ebensowenig auf der Landkarte befinden wie Nazareth auf einer heutigen.

Solon Im Jahre 594 wählten die Athener Solon zum »Versöhner« und Rechtsordner mit unbeschränkter Staatsgewalt, einen Angehörigen des uralten Königsgeschlechts der Medontiden, den aber weite Handelsreisen mit dem Geist der neuen Zeit vertraut gemacht hatten. Er hatte schon vorher seine Landsleute durch eine feurige Elegie zur Eroberung von Salamis begeistert, das, wie sein scharfer realpolitischer Blick erkannte, das Haupthindernis für die Expansion der attischen Seegeltung bildete. In anderen Dichtungen malte er warnend das Unheil, das aus den sozialen Mißständen unausbleiblich erwachsen müsse. Es ist überraschend, daß die Athener gerade einen Poeten dazu ausersahen, ihr Staatswesen zu erneuern; aber vielleicht waren Solons Gedichte bloß die damals übliche Form der politischen Denkschrift. Das erste, was er anordnete, war eine allgemeine Seisachtheia oder Lastenabschüttelung; alle Schuldenforderungen wurden kassiert, alle Schuldknechte befreit, die ins Ausland verhandelten, da das Gesetz rückwirkende Kraft hatte, auf Staatskosten zurückgekauft. Auch für die Zukunft erließ er ein Verbot, auf den Leib zu borgen und über ein gewisses Höchstmaß hinaus Grundbesitz zu erwerben, hingegen widersetzte er sich der radikalen Forderung, den gesamten attischen Boden neu aufzuteilen. Ferner knüpft sich an seinen Namen die Einführung des freien Testaments, der Geschworenengerichte und eines Klassenwahlsystems, das auf dem Einkommen an Grundrente aufgebaut war. Sein Werk hielt, wie er selbst sich rühmte, die rechte Mitte, von keinem ganz bejaht oder ganz verneint und ebendarum für die Dauer gegründet; man kann aber auch sagen: ebendarum keinen auf die Dauer befriedigend. Als er es vollendet hatte, legte er seine außerordentlichen Vollmachten freiwillig nieder und verließ die Stätte seines Wirkens, womit er bewiesen hat, daß er von den Alten mit Recht unter die sieben Weisen gezählt wurde. Auch seine poetischen Fragmente verraten eine kluge und klare Weltkenntnis, die aber nicht höher gelangt als bis zu einer rein praktischen Moral, indem sie das Böse nur wegen seiner unausbleiblichen üblen Folgen verwirft. Die nüchtern-sachliche Geistesart Solons zeigt sich unter anderm auch darin, daß er die Erfindung des Thespis als ἀνωφελὴς ψευδολογία, »unnütze Flunkerei«, ablehnte. Seine männlich-edlen, reif geformten Verse wurden noch jahrhundertelang von den Schulknaben memoriert und von Rednern und Staatsmännern feierlich zitiert.

Das griechische Geld

Neben und mit den gesellschaftlichen Umwälzungen vollzogen sich solche der Wirtschaft und des Verkehrs. In den ionischen Küstenstädten Kleinasiens wurde um den Anfang des siebenten Jahrhunderts das Geld eingeführt. Bis dahin hatte man im Kleinverkehr als Zahlungsmittel dünne Kupferstangen verwendet, die wegen ihrer Gestalt »Spieße«, *oboloi*, hießen; sechs solcher Spieße nannte man eine »Handvoll«, *drachme* (von *drattomai*, greifen): Diese Namen sind dann auf die spätere griechische Scheidemünze übergegangen. Nun aber begann man Geldstücke zu prägen, deren Gewicht und Feingehalt durch staatlichen Stempel garantiert war und die, bei einem Volk, das nichts ohne Kunst tat, alsbald die mannigfaltigsten und reizvollsten Formen annahmen. Als Metall verwendete man Elektron, eine Legierung aus Gold und Silber, deren Zusammensetzung aber sehr starken lokalen Schwankungen unterworfen war. Es war Kroisos, der diesem Wirrwarr dadurch ein Ende machte, daß er Münzen aus reinem Gold und reinem Silber schlagen ließ. Bis ins sechste Jahrhundert hinein beschränkte sich der Geldverkehr auf Kleinasien und die Haupthandelsplätze Mittelgriechenlands. Dann aber verbreitete er sich überallhin, bis zu den Italern und Sikelioten. Der höchste griechische Geldwert war das Talent. Ein Talent zählte sechzig Minen, eine Mine hundert Drachmen, eine Drachme sechs Obolen. Daneben gab es Stücke zu zwei, drei und vier Obolen, zwei und vier Drachmen: Diobolen, Triobolen und Tetrobolen, Statere und Tetradrachmen. Die übliche Umrechnung der Drachme in 80 bis 90 Pfennig, der Mine in ebensoviel Mark, des Talents in 4800 bis 5400 Mark ist völlig irreführend, da sie den modernen Metallwert zugrunde legt, der nicht den geringsten Anhaltspunkt bietet. Für die Kaufkraft (die natürlich auch innerhalb der griechischen Geschichte wechselte) gewinnt man eine gewisse Richtschnur, wenn man erfährt, daß zur Zeit Solons ein Ochse mittlerer Qualität fünf Drachmen, ein Medimnos (52½ Liter) Getreide eine Drachme kostete und daß unter Perikles eine Dritteldrachme, gegen Ende des vierten Jahrhunderts eine Drachme das tägliche Existenzminimum für eine Familie bildete. Um dieselbe Zeit wurde der Metretes Wein (ungefähr 40 Liter, es handelte sich wohl nur um gewöhnlichen Landwein) mit sechs bis acht Drachmen bezahlt und betrug das Kostgeld für einen Sklaven zwei Obolen, womit er sich einfach, aber reichlich verpflegen konnte. Wer drei Talente im Vermögen besaß (die Zinsen betrugen allerdings durchschnittlich zwölf Prozent), galt bereits als reicher Mann. Es ist daher wohl kaum übertrieben, wenn man die obigen Ansätze mindestens verzehnfacht und beim Diobolus an einen Taler, bei der Drachme an ein Zehnmarkstück, beim Stater an ein Zwanzigmarkstück, bei der Mine an einen Tausendmarkschein und beim Talent an ein Aktienpaket denkt. Dies letztere wird zum Beispiel auch dadurch nahegelegt, daß von einzelnen Sophisten und bildenden Künstlern berichtet wird, sie hätten für ihren

Unterricht (der sich aber über mehrere, ja viele Jahre erstreckte) nie weniger als ein Talent verlangt, welcher offenbar unverschämte Preis als Beleg für ihre enorme Berühmtheit gilt. Epikur bezahlte für den großen schönen Garten in bester Lage, den er im Jahr 306 kaufte, um dort Schule zu halten, 80 Minen; um ungefähr dieselbe Zeit kostete ein bescheidenes Fachwerkhaus 300 bis 700, eine Luxusvilla 5000 bis 10000 Drachmen. Der Grubenmagnat Kallias, der in ganz Griechenland für ebenso sprichwörtlich reich galt wie heutzutage etwa Vanderbilt, besaß 200 Talente: das wäre bei einem Ansatz von rund 5000 Mark erst eine einzige Million, also noch durchaus kein Riesenvermögen, auch wenn man in Anschlag bringt, daß es im Altertum noch keinen Vanderbilt gab. In dem Friedensschluß, der den ersten Punischen Krieg beendete, vergüteten die Karthager den Römern die Kosten dreiundzwanzigjährigen Kampfes mit 3200 Talenten, was, wenn man dies etwa 16 Millionen Mark gleichsetzt, einen geradezu lächerlichen Betrag ergeben würde. Multipliziert man dies alles aber mit zehn bis zwölf, so gelangt man schon eher zu möglichen Ansätzen (natürlich nur ganz approximativen): dann hätte in der »guten alten Zeit« ein Ochse etwa 50 Mark gekostet, später, als das Leben schon teurer war, eine Tagesverpflegung etwa einen Taler, ein Liter Wein anderthalb bis zwei Mark, ein Einfamilienhäuschen durchschnittlich 5000 Mark, ein Herrschaftshaus mindestens 50000 Mark, und Reichtum hätte bei einem Jahreseinkommen von rund 20000 Mark begonnen und seine Höchstgrenze bei einer Monatsrente von 120000 Mark erreicht.

Sparta

Selbstverständlich nahm auch das Marinewesen einen großen Aufschwung. Überall erhoben sich mächtige Reeden und Molen, Werften und Docks. Man baute breite bauchige Schiffe für den Frachtenverkehr, für den Seekrieg eine schlanke bewegliche Type, die sogenannten »langen«, deren Bug in einen ehernen Rammsporn, das Embolon, auslief, wahrscheinlich eine phönizische Erfindung. Die klassische Form des griechischen Kriegsschiffs ist die Triëre, der »Dreiruderer«, so genannt, weil die Ruderer in drei Reihen übereinander saßen. Sie bildeten den Hauptteil der Besatzung, denn die antike Seeschlacht bestand im wesentlichen in geschicktem Manövrieren: Es kam darauf an, dem feindlichen Schiff entweder durch rasches Vorbeifahren die Ruder zu zerbrechen oder durch den Stachel ein Leck beizubringen: ein gut geführter Rammstoß schnitt es glatt auf. Glückte er nicht, so kam es zum Handgemenge von Verdeck zu Verdeck zwischen den Matrosen unter Mithilfe der nicht sehr zahlreichen Seesoldaten.

Da man bereits gelernt hatte, das Eisen nicht nur zu gewinnen, sondern auch zu härten, so verdrängte es in der Bewaffnung allmählich die Bronze. Dies machte eine verstärkte Schutzrüstung erforderlich: den bronzebeschlagenen Lederschild, den Harnisch, die ehernen Beinschienen und den bebuschten Erzhelm mit Backenklappen; es gab aber auch Visierhelme, die sogenannten »korinthischen«, die den größten Teil des Gesichts bedeckten. Dies ist die bereits im vorigen Bande erwähnte »Panoplie«. An die Stelle des Streitwagens trat das Streitroß, das aber, nicht anders als dieser, hauptsächlich zur Beförderung diente. Eine reguläre Kavallerie besaßen nur die Thessaler. Sonst waren überall die Hopliten die entscheidende Waffengattung. Daneben gab es aber auch die leichte Truppe der sogenannten »Nackten« (ψιλοί, γυμνοί), die als Troßknechte und Waffenträger den Train und als Bogner, Spannschützen und Steinschleuderer eine Art Tirailleurformation bildeten. Homer vergleicht die Sturmkolonnen der Myrmidonen, eine Phalanx, die offenbar »modern« und nicht mykenisch ist, mit den festgefügten Steinen einer Mauer. Er dachte dabei wahrscheinlich an die Spartaner, die schon damals die stärkste Landmacht waren. Sonst aber nahmen diese innerhalb des übrigen Hellas eine vollkommene Sonderstellung ein. Sie waren durch die beiden

Messenischen Kriege emporgekommen, deren erster in der zweiten Hälfte des achten Jahrhunderts durch die Einnahme der Bergfeste Ithome siegreich beendigt wurde. Die Messenier wurden Heloten: an die Scholle gebundene Hörige, die ihren Boden selbständig bearbeiten durften, aber dem Besitzer des Landloses eine feste Abgabe entrichten und als Waffenknechte in den Krieg folgen mußten. Sie waren Eigentum des Staats, der allein das Recht hatte, sie zu verkaufen oder freizulassen. Als sie um die Mitte des siebenten Jahrhunderts, verbündet mit den Argeiern und Arkadern, das Joch abzuschütteln versuchten, gelang es den Spartanern erst nach langwierigen und blutigen Wechselfällen, abermals die Oberhand zu gewinnen. Durch die dauernde Messeniergefahr war ihre ganze Staatsordnung bestimmt. Einige tausend Eroberer herrschten über eine vielfache Mehrheit von geknechteten und ausgebeuteten Eingeborenen; dies konnte nur durch engsten Zusammenschluß, stete Kriegsbereitschaft und völlige Absperrung gegen das Ausland aufrechterhalten werden. Der Überwachung der Heloten diente unter anderm die berüchtigte Krypteia, eine Art Gendarmeriestreifdienst, bei dem Verdächtige ohne weiteres Rechtsverfahren umgebracht wurden. Unter den Spartiaten bestand (wenigstens theoretisch) völlige Gleichheit des Besitzes: sie nannten sich geradezu die »Gleichen« (ὅμοιοι). Da sowohl die Agiaden wie die Eurypontiden uralte Rechte auf den Thron besaßen, entschied man sich für beide: dieses rivalisierende Doppelkönigtum, eine ganz einzigartige Institution, die höchstens am römischen Konsulat eine gewisse Analogie hat, sollte verhindern, daß es zu einer Autokratie käme. Außerdem aber wurden fünf jährlich gewählte Ephoren oder Aufseher bestellt, die die eigentliche Macht im Staate repräsentierten: sie standen vor den Königen nicht auf, und auf ihren Wink mußte jedermann »eilig herbeigelaufen kommen«. Xenophon, Plato und Aristoteles haben die Ephoren in ihrer Regierungsgewalt mit der Tyrannis verglichen. Sie hatten in ihren Hauptressorts – auswärtiges Amt, Sicherheitsdienst, Fremdenpolizei, Jugenderziehung, Finanzwesen – volle Verfügungsfreiheit, waren aber ihren Nachfolgern rechenschaftspflichtig. Nach dem Obmann des Kollegiums wurde das Jahr benannt. Neben ihnen waren die Könige nicht mehr als argwöhnisch kontrollierte Staatspräsidenten mit dem Recht auf Ehrenplätze, doppelte Portionen und Landestrauer. Bezeichnend ist es, daß diese jeden Monat den Eid auf die Verfassung ablegen mußten.

Plutarch nannte das lakedaimonische Gemeinwesen λογικὸν καὶ πολιτικὸν σμῆνος, einen mit Vernunft und Staatssinn begabten Bienenstock, und Aristoteles sagte: »Spartas Verfassung wäre vollkommen, wenn der Staat ein Kriegslager wäre.« Sobald die Kinder sieben Jahre alt geworden waren, wurden sie der Mutter weggenommen, in »Herden« eingeteilt, der staatlichen Erziehung übergeben, die eine fast ausschließliche und sehr strenge Vorbereitung zum Kriegsdienst war. Auch die erwachsenen Männer lebten in Zeltgenossenschaften mit gemeinsamen Mahlzeiten, den Syssitien, zu denen jeder einen bestimmten Teil beizutragen hatte: war er dazu nicht mehr imstande, so wurde er aus der Schar der Vollbürger ausgeschlossen. Selbst die Mädchen genossen eine ganz ähnliche körperliche Ausbildung wie die Knaben, und die lakedaimonischen Frauen galten daher als die schönsten und gesündesten in ganz Hellas. Auch hatten sie, da die Sorge für Haus und Hof fast gänzlich in ihren Händen lag, eine freiere und würdigere Stellung als anderwärts. Es ist aber andrerseits begreiflich, daß unter diesen Verhältnissen das Eheleben jeglicher Innigkeit entbehrte: Frauentausch war nichts Seltenes, ärmere Brüder hatten oft zusammen eine Frau, der Gatte konnte (und mußte sogar im Falle dauernder Kinderlosigkeit) einen Ersatzmann stellen.

Xenophon sagt, in der Kriegführung bestehe zwischen den

Spartanern und den übrigen Griechen das Verhältnis des Künstlers zum Laien. Ihre Gymnastik war vielmehr Turnen und Exerzieren als Sport, weshalb sie auch in Olympia nur selten siegten, ihre Musik und Dichtung in der Hauptsache Chorlyrik für Märsche, Schlachtlieder und patriotische Tänze. Selbst die Päderastie stellten sie in den Dienst des Militarismus. Plato sagt: »Wenn es möglich wäre, daß ein ganzer Staat oder ein Heerlager aus Liebhabern und ihren Lieblingen bestände, so wäre ein besseres Gemeinwesen schlechterdings undenkbar, denn sie würden aus Rücksicht aufeinander sich von allem Schlechten fernhalten und beständig in edlem Wettstreit liegen, und wenn es zu einer Schlacht käme, würden sie auch in der Minderzahl jeden Gegner besiegen. Denn ein Liebhaber möchte wohl lieber vor der ganzen Welt als vor seinem Geliebten bei der Flucht getroffen werden. So niedrig ist niemand, daß ihn nicht Eros zur Tapferkeit begeisterte.« In der Tat opferten die Spartaner vor der Schlacht dem Eros.

Der Lakonismus

Handel und Verkehr lagen in den Händen der Perioiken, der »Umwohner«, das heißt: der Grenzer, die keinen Anteil an der Regierung hatten. Es gab nur wertloses Eisengeld, das in der Fremde keinen Kurs hatte. Reisen ins Ausland waren verboten. Felddiebstahl galt nur als schimpflich, wenn man sich dabei erwischen ließ. Vieles andere, das, noch heute jedem Schulkind bekannt, von Lakedaimon berichtet wurde, hat seine Quelle in der Chargierlust spätgriechischer Genremaler, zum Teil auch in dem Hang der Spartaner zur Ostentation. Ihr »Tribon« zum Beispiel, ein forciert einfacher abgeriebener Mantel, der später auch den Philosophen dazu diente, mit ihrer Schäbigkeit Staat zu machen, war ein reines Kostümstück. Sie färbten ihre Röcke geradesogern mit Purpur wie die anderen Griechen, erklärten aber mit Heldenpose, sie täten dies nur, damit man das Blut darauf nicht sehe; trotzdem verbot Lykurgos diesen unziemlichen Luxus, worauf sie von nun an Scharlachgewänder trugen. Von der vielberufenen »schwarzen Suppe« soll ein Sybarit gesagt haben, seit er sie gekostet habe, begreife er, warum die Spartiaten so gerne in den Tod gehen; aber das ist bloß ein hübsches Bonmot: in Wirklichkeit handelte es sich um ein sehr kräftiges und schmackhaftes Gericht, um eine Art Metzelsuppe aus Blutwurst, Schweinefleisch, Essig und Gewürzen, das von Ausländern, die sich das Rezept zu verschaffen wußten, sogar als Delikatesse geschätzt und später tatsächlich exportiert wurde wie die Marseiller Bouillabaisse. Bei Opferschmäusen gab es köstliche Kuchen, feurige Weine, vorzüglichen Weißkäse und fette Kälber; das gewöhnliche Menü der Syssitien war freilich viel einfacher und Trunkenheit wurde bestraft, aber Wildbret kam sicher oft auf den Tisch. Die Spartaner gefielen sich bekanntlich auch beim Reden in einer plakatierten Kargheit, die zum Teil eine einfache Folge ihrer Phantasielosigkeit, bisweilen aber auch recht schlagend war. Einem Feinde, der ihnen drohte: »Wenn ich Eure Stadt einnehme, werde ich sie dem Erdboden gleichmachen«, antworteten sie: »Wenn.« Zu den samischen Gesandten, die lange Reden machten, sagten sie: »Das Ende haben wir nicht verstanden, weil wir den Anfang bereits vergessen haben.« Andere von diesen lakonischen Aussprüchen, die im Altertum in großer Zahl umliefen, steigerten die Kürze zum Witz, der aber nicht selten so übertrocken ist, daß er strohern wirkt. Völlig unleidlich aber wurden die Spartaner, wo sie sich in ihrem patentierten Tugendpathos ergingen; und sie sind denn auch die einzigen Hellenen, die es fertiggebracht haben, geschmacklos zu sein.

Zu dem traditionellen Schulbild will es gar nicht stimmen, daß ihre Geldgier, φιλοχρηματία, im ganzen Altertum sprichwörtlich war. Es ist ein Peloponnesier, den Alkaios den berühmten Ausspruch tun läßt: χρήματα χρήματ᾽ ἀνήρ, »Geld, nur Geld macht den Mann«. Auch Euripides geißelt ihre schnöde Gewinnsucht, die sogar vom Delphischen Orakel warnend gerügt wurde. Der Besitz von Gold und Silber war zwar verboten, aber dies ließ sich leicht umgehen: durch Verschiebung ins Ausland, durch Scheinzessionen an Perioiken, durch Erwerb von Grundstücken und Viehherden. Auch durfte man beliebig viele Sklaven besitzen, den Hauptvermögensstock des antiken Menschen. Der Beitrag zu den Syssitien war gleichmäßig, also ungerecht verteilt, denn er berücksichtigte nicht die stärkere Belastung kinderreicher Hausstände, die dann außerdem durch die Erbteilung in immer kleinere Wirtschaften zerfielen. So konnte es nicht ausbleiben, daß sich auf der einen Seite, durch Verarmung und Verlust des Vollbürgerrechts, ein Lumpenproletariat oder vielmehr eine Lumpenaristokratie, auf der andern Seite eine Plutokratie herausbildete. Schon im sechsten Jahrhundert gab es notorisch steinreiche Spartaner.

Waren sie hierin schlechter als ihr Klischee, so waren sie in manchem auch wiederum besser. So ist es zum Beispiel bloß eine gehässige Version des athenischen Erbfeinds, daß sie immer danach getrachtet hätten, ganz Griechenland zu unterjochen. Sie haben vielmehr stets eine rein peloponnesische Politik getrieben und waren jeder Expansion über den Isthmos hinaus abgeneigt, schon aus Angst vor einer Infektion mit »revolutionären« Ideen durch Berührung mit dem Ausland. Die einzige Kolonie, die Sparta gegründet hat, ist Tarent, das aber, als Kapitale der großgriechischen Industrie, Wissenschaft und Lebenskunst, gar nichts Spartanisches an sich hatte. In Hellas wünschten sie nur die moralische Vormacht zu sein. Seit der Unterwerfung Messeniens betrachteten sie sich als saturiert, ähnlich wie das friderizianische Preußen nach der Erwerbung Schlesiens und das bismarckische Deutschland nach dem Nikolsburger und dem Frankfurter Frieden. Es ist überhaupt merkwürdig, daß die sogenannten »militaristischen« Staatswesen fast niemals aggressiv sind.

Auch daß die Lakedaimonier innerhalb der Griechenwelt die

amusischen waren, läßt sich nicht so ohne weiteres behaupten. Sie waren eben *auch* Hellenen. So ist es zum Beispiel schon bezeichnend, daß sie durch die Elegien des Tyrtaios den zweiten Messenischen Krieg gewannen: dieser Dichter, dessen flammende Lieder noch jahrhundertelang in ganz Hellas gesungen wurden, war tatsächlich ihr General. Sie waren überhaupt sehr musikalisch, und auch der griechische Tempel ist ihre Schöpfung. Wie das ebenfalls vielgeschmähte Preußen eine eigenartige und im Engen starke Kultur hervorgebracht hat, die sich etwa durch die Namen Kant und Kleist umreißen läßt, so hat auch das Dorische einmal in Baukunst und Musik ähnliche Gipfel erreicht.

Kreta

Die zweite große Siedlung des dorischen Stammes war Kreta. Homer nennt die völkerwimmelnde Insel, ihre Schönheit und Fruchtbarkeit preisend, ἑκατόμπ ολις, hundertstädtig. Die Eroberer hatten nicht, wie in Lakonien, den Boden parzelliert, sondern zum größten Teil zu Gemeindeland gemacht. Die Syssitien wurden vom Staat bestritten, und nicht nur diese, sondern auch die Mahlzeiten der Frauen, Kinder und Sklaven in den Hausständen. Aber auch dieser Kollektivismus, der viel weiter ging als der spartanische, hatte keinen Bestand. Es kam zu Aufteilungen und Sondernutzungen, viele Kreter wanderten auch aus und waren in der ganzen Mittelmeerwelt als Söldner durch ihre Kriegstaten berühmt und berüchtigt, außerdem, wie Polybios meldet, wegen ihrer schamlosen Gewinnsucht.

Die ionische Stadt

Der kulturelle Schwerpunkt lag aber während der ganzen Kolonialzeit noch im Osten, bei den Ioniern. Das Leben und Treiben einer solchen kleinasiatischen Griechenstadt war in mancher Hinsicht bunter und prächtiger als das der späteren »klassischen« Zeit. Da sah man durch die staubigen Straßen, die mit ihren Gehöften, Fruchtgärten, offenen Handwerkerbuden und leichten Lehmhäusern noch recht ländlich anmuteten, alle Welt nach der Agora drängen, dem »Sammelplatz«, wo alles

Gute und Böse geschah, oder nach dem Hafen, wo es stets zu gaffen gab: die Männer mit geflochtenem stilisiertem Bart, die Oberlippe rasiert, die Zöpfe mit goldenen Zikaden festgesteckt, in grün und rot gestickte, starr ausgesteifte Gewänder gehüllt, mit Armbändern, Halsketten und Orden geschmückt (denn diese Bedeutung hatten die verschiedenartigen Kränze); die Stutzer mit salbenduftenden Korkzieherlocken, langen, schwer nachschleifenden Schleppen, mannshohen blumenumwundenen Spazierstöcken und Ohrringen; die Frauen mit Fußspangen und vergoldeten Schnabelschuhen, mächtigem Chignon und Diadem oder bebänderter Kegelhaube, Ärmeljäckchen und zierlich gerafftem Rock, Schleier und Sonnenschirm (denn das Schönheitsideal war die schneeweiße Haut), am Gürtel den eiförmigen gestielten Federfächer und den metallenen Handspiegel mit der elfenbeinernen Aphrodite am Griff, das Antlitz mit Bleiweiß und Mennig gemalt; dazwischen bronzebraune Ägypter und kupferrote Phoiniker, Phrygier in Hosen und Zipfelmützen, Handwerker in Pelzkappe und ärmellosem grobem Wollgewand, Epheben in Reih und Glied, den Sturmhut am Riemen, Knaben mit Buchrollen im Henkelkorb, vom Pädagogen zur Schule geleitet, Kinder, mit Tonpferden und Lederschiffchen, Reifen und Kreiseln umhertollend, reiche Protzen in prunkvollen Sänften, von Schmarotzern umsummt, gazellenschlanke Herrenreiter in flatternder weißer Chlamys und modischen hohen Stiefeln auf blonden, kunstvoll frisierten Pferden aus Kyrene, weihrauchumdampfte Opferprozessionen mit riesigen Dreifüßen, Lorbeerbäumen, Götterbildern und bekränzten goldgehörnten Stieren, flötenumrauschte Leichenzüge schwarzgekleideter Trauergäste auf Kriegswagen, den hochaufgebahrten rotverhüllten Toten mit Grabspenden und Gedächtnisamphoren zur Beerdigung oder Einäscherung geleitend. Nimmt man dazu noch die an allen Ecken lungernden Schwärme der Gaukler und Wahrsager, Bettler und Wasserträger, Krämer und Kuppler, so wird man sich das Bild in noch ziemlich stark orientalischen Farben vorstellen müssen.

Die Tyrannis

Ionisch im Geschmack ist auch noch die barocke und preziöse, üppige und überschmückte Lebensform der Tyrannenzeit, die, mit dem sechsten Jahrhundert einsetzend, in dessen zweiter Hälfte ihre reichste Blüte entfaltet. Die Tyrannen waren fast durchwegs Männer von edler Abstammung, die aber, mit ihren Standesgenossen zerfallen, die Führung der unzufriedenen Massen übernahmen und sich durch Staatsstreich an die Spitze der Stadt setzten. Tyrannos ist ein (wahrscheinlich lydisches) Fremdwort, das einfach den Landesherren bezeichnet und niemals offizieller Titel war; es hatte anfangs durchaus nicht die gehässige Bedeutung, die es bei den späteren Griechen und durch sie noch heute hat: noch die Tragiker gebrauchen es zumeist in ganz objektivem Sinn, doch schimmert bereits bisweilen eine abfällige Wertung durch. Plato sagt, daß man Basileia und Tyrannis nach den Merkmalen des Freiwilligen und Gewaltsamen oder Gesetzlichen und Ungesetzlichen zu unterscheiden habe. Dies ist insofern zutreffend, als die Herrschaft der Tyrannen ja tatsächlich illegitim gewonnen und, von rechts und links bedroht, zu einer Art Militärdiktatur gezwungen war. Übrigens bedeutete auch bei den Römern »jemand königlich (*regie*) behandeln« soviel wie: ihn despotisch und grausam behandeln: der *rex* hat also bei ihnen einen ähnlichen Bedeutungswandel durchgemacht wie der griechische *tyrannos*.

Die Tyrannen waren naturgemäß lauter starke und eigenwillige Persönlichkeiten, aber zumeist auch vorzügliche Regenten. Vor allem sind sie es, die die Gleichheit von arm und reich, vornehm und gering zum erstenmal praktisch durchgesetzt haben. Auch waren sie aufs eifrigste und erfolgreichste um die Hebung der Kultur und Zivilisation bemüht: Handel und Industrie, Kunst und Wissenschaft blühten unter ihnen. Untereinander standen sie in einer gewissen Solidarität, die sie durch Heiratsverbindungen zu befestigen suchten. Im übrigen war ihre äußere Politik imperialistisch, ihre innere klerikal, wenn man diese beiden Bezeichnungen auf griechische Verhältnisse anwenden darf. Hierin erinnerten sie an moderne Usurpatoren wie Cromwell, der sich ganz auf die bigotten Puritaner stützte, Napoleon den Ersten, der sich vom Papst krönen ließ, und Napoleon den Dritten, der den Kirchenstaat beschützte; auch haben alle drei ihr Hauptaugenmerk auf expansive »Ablenkungskriege« gerichtet. Weitere Ähnlichkeiten bestehen darin, daß der materielle Wohlstand unter den Tyrannen einen großen Aufschwung nahm und daß ihr System sie nicht zu überleben vermochte. Auch sie waren nicht imstande, ihrer Herrschaft, die eben ganz auf den persönlichen Fähigkeiten eines einzelnen ruhte, Dauer zu verleihen: sie brach meist schon in der nächsten Generation zusammen. Wenn man den Mut hat, statt Delphoi Vatikan, statt Isthmos Suez und statt Parthenon Weltausstellung zu sagen, so wird man nicht nur diese, sondern noch so manche anderen Analogien finden. Völlig deckend ist aber die Parallele mit den Renaissancefürsten.

Der erste große Tyrann, von dem wir wissen, war Thrasybulos von Milet, der um 600 zur Regierung gelangte. Er war es, der die Unabhängigkeit der Stadt gegen die Lyder behauptete, die sonst fast überall im Westen Kleinasiens siegreich vordrangen, und mit ihnen ein vorteilhaftes Bündnis schloß. Unter ihm reichten die Handelsbeziehungen der Milesier von Südrußland bis zum Nildelta und vom Euphrat bis Etrurien. Er soll, als Periander ihn durch einen Boten befragen ließ, wie man am sichersten regiere, diesen vor ein Kornfeld geführt haben und den Ähren, die über die Masse emporragten, schweigend die Köpfe abgeschlagen haben. Das ist wahrscheinlich nur eine Anekdote, aber eine charakteristische.

Im übrigen blieb die Tyrannis im wesentlichen auf die ionischen Küsten, einen Teil der Inseln und die geistig regsamsten

Städte Mittelgriechenlands beschränkt. In Großgriechenland erreichte sie erst um 500 eine größere Ausdehnung, hielt sich aber dann dort, unter steten Rückschlägen, länger als anderwärts. Am Isthmos gelangte Sikyon unter Kleisthenes zu einer Machtfülle, die es nie wieder erreichte, und Korinth unter Periander zu einem Glanz, dessen Strahlen noch die Erinnerung später Jahrhunderte vergoldeten. Er schuf eine Art »ägäisches Konzert«, indem er mit Thrasybulos, Alyattes von Lydien und Amasis von Ägypten Allianzen schloß, und machte sich durch seine großzügige Politik zum Arbiter von ganz Hellas, Korinth zur Handelsmetropole des Mittelmeers. Die Korinthischen Vasen und Dithyramben zogen in die ganze Welt.

Polykrates Am dauerndsten aber hat die Phantasie der Griechen die Gestalt des Polykrates beschäftigt, der etwa ein halbes Jahrhundert nach Perianders Tod, 537, die Herrschaft über Samos errang. Er verfügte über die seetüchtigsten Schiffe und die seekundigsten Matrosen, mit denen er eine Art Piratenterror über die ganze Ägäis ausübte und riesige Schätze an Beute und Geleitsgeldern zusammenraffte. Die Kykladen und Sporaden und viele Küstenstädte waren ihm tributär, mit Athen und Ägypten war er verbündet. Sein Heratempel, von dem vor kurzem Bruchstücke ans Licht gekommen sind, scheint das Kunstreichste und Großartigste gewesen zu sein, was das damalige Hellas hervorzubringen vermochte. Eine Druckwasserleitung, von Gebirgsquellen gespeist, versorgte die Brunnen und Bäder, Küchen und Kanäle der ganzen Hauptstadt und brachte im Sommer durch berieselte Marmortreppen Kühlung. In dem riesigen Bibliotheksgebäude türmten sich griechische, babylonische und ägyptische Buchrollen, die Palastgärten waren mit prachtvollen exotischen Gewächsen gefüllt. Um den Tyrannen scharten sich die schönsten Knaben, die berühmtesten Erzgießer und Architekten, Astrologen und Sänger. Er trank die erlesensten Weine, trug die edelsten Purpurgewänder und schritt über die kostbarsten Teppiche, und der Ring des Polykrates, ein Meisterwerk der Steinschneidekunst, ist nicht erst durch Schiller berühmt geworden. Aber um 530, als der Dynast auf der Höhe seiner Macht stand, wanderte der große Pythagoras aus: die giftige Luft der Unfreiheit und Beargwöhnung konnte ein Philosoph nicht ertragen. Acht Jahre später lockte der Satrap von Sardes den Herrscher unter der Vorspiegelung neuen, noch weit größeren Reichtums aufs Festland, wo er ihn inmitten der versprochenen Schätze und angesichts der herrlichen samischen Inselburg, deren Ruinen noch die Bewunderung Caligulas erregten, kreuzigen ließ. Am Gold, das ihn großgemacht hatte, ist er zugrunde gegangen.

Peisistratos

Abseits stand auch hier natürlich Sparta. Es stiftete den Peloponnesischen Bund, eine Art Militärkonvention, der alle Staaten der Halbinsel bis auf Argos angehörten, und unterstützte im übrigen, wo es konnte, die Aristokratenpartei. Auch Athen hoffte König Kleomenes durch die Restauration des Adels unter spartanischen Einfluß zu bringen. Dort hatte um 560 Peisistratos, ein Mann aus sehr vornehmem Geschlecht, der seinen Stammbaum bis auf Nestor zurückführte, die Alleinherrschaft an sich gerissen. Er besetzte das hochwichtige Sigeion am Hellespont und sicherte damit die Kornzufuhr aus den Pontosgebieten, schuf eine Kriegsflotte, förderte den Ackerbau und Straßenbau, schmückte die Stadt mit großartigen Tempeln und anderen Gebäuden und legte durch die Stiftung der Großen Dionysien, bei denen Chöre und Wechselreden zur Aufführung gelangten, den Grund zur attischen Tragödie. Erst unter ihm erlangte der Kult der Stadtgöttin Athena seine überragende Bedeutung, und daß er daneben auch die lange vernachlässigten Götter der Erdtiefe, zumal die Demeter von Eleusis, wieder zu Ehren brachte, beweist seinen tiefen Instinkt für die Bedürfnisse der Volksseele. Geschützt durch eine feste Burg und eine starke Leibwache, regierte er nach dem Prinzip des aufgeklärten Absolutismus, indem er, wie Aristoteles berichtet, der Ansicht war, die Bürger sollten ihren Geschäften nachgehen und ihm die Sorge für den Staat überlassen. Übrigens hat Aristoteles auch versucht, ein Bild des typischen Tyrannen zu geben, wobei er höchstwahrscheinlich an Peisistratos gedacht hat. Er zählt darin die Mittel auf, durch die ein solcher sich in der Alleinherrschaft zu erhalten vermöge: Schwächung der Starken, Zurückdrängung der Charaktervollen, Überwachung sämtlicher Lebensäußerungen, sogar der wissenschaftlichen Diskussionen, Aufrechterhaltung einer dauernd gedrückten Stimmung, Behorchung durch Spione, gegenseitige Verhetzung, Kriege. Andrerseits wird auch Sorge für das Staatsvermögen, für den Kultus, für das Äußere der Stadt, würdiges Auftreten, Ehrung des Verdienstes zu den Zügen des erfolgreichen Tyrannen gerechnet (dies alles tue er aber mehr zum Schein) und schließlich auch zugegeben, daß er nicht geradezu ein Schurke sein dürfe. Die Schilderung ist zweifellos übelwollend.

Als Peisistratos 527 starb, konnten seine Söhne Hipparch und Hippias ihm unbeanstandet in der Regierung folgen, die sie, wie es scheint, gemeinsam ausübten. Aber dreizehn Jahre später wurde Hipparch von Harmodios und Aristogeiton ermordet, die beide selber umkamen: jener wurde sofort niedergestoßen, dieser fiel durch Henkershand. Ein gleichzeitiges Attentat auf Hippias mißlang, der infolge dieser Vorfälle nun ein wirklicher Tyrann wurde. Nun aber mischte sich Kleomenes ein, indem er mit dem peloponnesischen Bundesheer den Isthmos überschritt und Hippias in der Akropolis belagerte, der gegen freien Abzug die Herrschaft niederlegte und nach Sigeion ging. Dies war im Jahr 510. An die Spitze des Staats trat Kleisthenes aus dem uralten Adelsgeschlecht der Alkmeoniden. Die spartanische Politik erwies sich aber als ein großer Rechenfehler, denn Kleisthenes machte sich gegen seine Standesgenossen zum Sachwalter des Demos. Er gab Athen eine Verfassung, die im wesentlichen die solonische war, gegründet auf Volkssouveränität und Klassenwahlrecht. Abermals intervenierte Kleomenes, aber nur mit vorübergehendem Erfolg, und als auch sein eigener Mitkönig ihm entgegentrat, löste das Heer sich auf. Die Demokratie war gerettet.

Die Polis

Indes war selbst die spätere extreme Demokratie (denn die Kleisthenische war noch eine sehr bürgerliche) von der Oligarchie, der Tyrannis und allen anderen griechischen Regierungsformen nur dem Grade nach, nicht im Prinzip verschieden, denn allemal handelte es sich um eine Polis, jene Grundform, in der allein der Grieche sich ein Staatswesen vorzustellen vermochte. Eine solche Polis entsteht immer durch Synoikismos, Zusammensiedelung bisheriger Dorfgemeinden. Eine Mauer und eine Burg gehören nicht notwendig zum Begriff der Stadt. Sparta war ein Komplex von Dörfern, die ein offenes Feldlager bildeten, und doch im höchsten Sinne Polis. Hingegen besitzt jede Stadt ein Prytaneion oder Gemeindehaus, ein Buleuterion oder Rathaus, einen Marktplatz und in späterer Zeit auch ein Theater und ein Gymnasion. Es liegt im Wesen des Stadtstaats, daß er in bestimmte Raumgrenzen gebannt ist. Er muß einen gewissen Minimalumfang besitzen, darf aber andererseits eine gewisse Größe nicht überschreiten. Eine Polis von zehn Bürgern, sagt Aristoteles, ist ebenso undenkbar wie eine von hunderttausend. Ist sie zu klein, so vermag sie sich nicht zu behaupten; ist sie zu groß, so hört sie auf, eine Polis zu sein. Sie muß wohlüberschaubar (εὐσύνοπ τος) sein und alle Bürger sollen sich untereinander kennen.

Die Grundeigenschaften, die von einer Polis verlangt werden, sind Eleutherie (Unabhängigkeit), Autonomie (Selbstverwaltung) und Autarkie (Selbstversorgung); diese aber als bloße Idealforderung, denn schon früh waren die größeren Städte auf Einfuhr angewiesen. In dieser ihrer Abgeschlossenheit und

Selbstherrlichkeit nun ist die Polis für den Bürger ein und alles. Πολιτεύεσθαι bedeutet »an den Staatsgeschäften teilnehmen, die bürgerlichen Rechte ausüben«, aber auch einfach »leben«, denn ein Leben außerhalb der Polis war undenkbar. Man kann ohne Übertreibung sagen, daß die Griechen das erste Volk der Weltgeschichte waren, das ein wirkliches Staatsleben entwickelt hat, und das Wort »Politik«, das in alle modernen Kultursprachen übergegangen ist, leitet sich ja auch von Polis her. Aber von Polis kommt auch Polizei. Die Bürger sind die Zellen, die Polis ist der Organismus, daher, obgleich aus ihnen bestehend, mehr als sie. In ihr allein erfüllt sich der Sinn jedes Daseins, vollendet sich jeglicher menschliche Wert. Sie ist die Trägerin aller Kultur, aller Ethik, sogar aller Religion. Und über das alles hinaus war sie auch noch eine künstlerische Schöpfung; Nomos bedeutet sowohl Gesetz wie Melodie; das ist etwas, das wir heute kaum mehr nachzuempfinden vermögen. Der griechische Patriotismus war so stark, daß er sogar den Boden überwand: die Polis ist transportabel; wo die Gemeinschaft der Bürger sich niederläßt, ersteht sie neu, denn sie ist eine überzeitliche und überörtliche *Idee.* Daher die Leichtigkeit, mit der der Grieche auswanderte. Sein Begriff der »Heimat« war ganz unromantisch.

Auch den modernen Begriff des »Landes« als eines gleichwertigen Gegensatzes zur Stadt kannte er nicht; das Land ist politisch so gut wie nicht existent, die Dörfer oder Komen haben nur in untergeordneten lokalen Fragen ein Selbstbestimmungsrecht, der Bürger heißt Städter, *polites.* Politik gibt es eben nur in der Stadt. Und der Feind, *echthros*, bedeutet ursprünglich nur den »Auswärtigen« (das Wort hängt mit »ek« zusammen), denn einer, der nicht zur Stadt gehört, ist eben schon dadurch ein Feind. Andrerseits bezeichnet das Wort *xeinos* sowohl den Fremden wie den Gastfreund. Ihn schützt Zeus Xenios, Gewalttat an ihm ist Frevel gegen die Götter, selbst der Bettler gilt als »von Zeus gesandt«. Dies hat den Hellenen das historische Prädikat ganz besonderer Gastfreundlichkeit verschafft. Es verhielt sich aber so, daß sie diese Eigenschaft einfach haben *mußten,* weil sonst das Leben schlechterdings unerträglich gewesen wäre. Denn es gab nicht nur kein Völkerrecht und keinen internationalen Fremdenschutz, sondern auch keine Restaurants und Hotels.

Die Kalokagathie

Selbstverständlich war jeder Bürger wehrpflichtig, aber der Militarismus der Polis war ein ganz andrer als der heutige. Die Griechenheere waren durchwegs Landwehren; stehende Armeen gab es nicht, nur eine Art Vorbereitungsdienst; in Athen rückten die Epheben auf zwei Jahre ein, in Sparta, kann man sagen, auf Lebenszeit. Aber von einem Berufssoldatentum im modernen Sinn läßt sich selbst dort nicht sprechen. Dinge wie Generalstab, Offizierskorps, Kriegsschule, Genietruppe waren völlig unbekannt; auch die größten Feldherren, ein Miltiades, Themistokles, Alkibiades waren Zivilisten. Daß bei den Spartanern die oberste Heeresleitung in den Händen der beiden Könige lag, die meist verschiedener Meinung waren, ist höchst verwunderlich. Noch unglaublicher aber ist es, daß die Athener im Kriege zehn Strategen wählten, die täglich im Kommando miteinander abwechselten. König Philipp bemerkte hiezu, er beneide die Athener, denn er habe in seinem Leben nur den einen Parmenio gefunden. Nach hellenischer Auffassung mußte ein guter Bürger aber eben alles können: darin bestand seine Kalokagathie. Dieses Wort ist unübersetzbar, weil es ein ganzes Weltbild, eine Lebensform umfaßt. Es bezeichnet ein somatisches, ökonomisches, sportliches und ethisches Ideal, das seine Herkunft aus der Reiter- und Rittersphäre eines Geburtsadels nicht verleugnet: Schönheit, wirtschaftliche Unabhängigkeit, körperliche Tüchtigkeit und Sittlichkeit, zunächst im ganz wörtlichen Sinn der guten Sitte. Am ehesten könnte man noch an den Gentleman denken, wobei aber das ästhetische Moment viel zu kurz käme. Die *»arete«*, die ungefähr dasselbe bezeichnet wie die Kalokagathie, stellt Werner Jäger mit der mittelalterlichen »tugende« in Parallele, die in der Tat in ihrer Vereinigung des Höfischen und Heldischen auf etwas Ähnliches hinweist. Zwischen »arete« und »tugende« aber liegt das Christentum. Der Grieche lebte noch in der Einheit des Ästhetischen und Ethischen: für ihn waren »Schön« und »Gut« dasselbe, die beiden untrennbaren Hälften, die gemeinsame Vorder- und Rückseite des menschlichen Daseins, eine Anschauung, die für den nachantiken Menschen unmöglich, ja geradezu unvorstellbar geworden ist. Auf diese Wertschätzung der Leiblichkeit ist es auch zurückzuführen, daß die Aussetzung von Neugeburten, die körperliche Gebrechen aufwiesen, in ganz Griechenland üblich, in Sparta sogar staatlich angeordnet war. Hätten auch wir noch dieses System, so wären ihm Kant und Voltaire, die verwachsen waren, Byron und Weber, die hinkten, und noch viele andere, die man sich aus der europäischen Kultur nur schwer hinwegdenken kann, zum Opfer gefallen. Übrigens scheinen selbst die Griechen eine Ahnung davon gehabt zu haben, daß Schöpfertum und Körperdefekt oft einen geheimnisvollen Bund miteinander eingehen, als sie sich Hephaistos, den Künstler unter den Olympischen, lahm dachten. Doch wollten sie ihn wahrscheinlich dadurch auch andrerseits als häßlichen Arbeitsbanausen stigmatisieren.

Der Sport Das ganze Interesse in Friedenszeiten war dem Sport gewidmet, daneben höchstens noch der Beschäftigung mit etwas Musik und Mantik und dem Memorieren von Hymnen und Gesetzen. Den ersten Rang nahmen die Festspiele zu Olympia ein, die bekanntlich sogar zur Zeitrechnung dienten; die vierjährige Spanne zwischen zwei Spielen wurde nach dem Sieger im Wettlauf benannt. Etwas Höheres gab es nicht: Wer diesen Preis errang, hatte, wie Pindar singt, »die Säulen des Herakles erreicht«. Andere gemeingriechische Spiele waren die pythischen zu Delphoi, die ebenfalls alle vier Jahre, die isthmischen und die nemeischen, die alle zwei Jahre stattfanden. Hier traf sich *toute Grèce*, wie die Pariser oder Londoner Gesellschaft bei den Premieren und Vernissagen; auch wer als Rhetor oder Sänger panhellenische Publizität erlangen wollte, mußte dort erscheinen. Aber es bestand ein markanter Unterschied: es fehlten die Damen.

Das normale Pentathlon, der Fünfkampf, bestand aus Wettlauf, Springen, Ringen, Diskoswurf und Speerwurf. Dazu trat meist noch das Pankration, die Kombination von Ring- und Faustkampf, und das Wettrennen zu Pferd und Wagen, auch mit Maultieren. »Geehrt wie ein Athlet« lautete eine griechische Redensart: siegte einer, so erhielt er von seiner Vaterstadt, die sich durch ihn erhoben fühlte, den Ehrensitz bei Festen, die Speisung im Prytaneion, Preislieder der besten Dichter und Monumente in Erz und Marmor, mit denen übrigens auch siegreiche Rosse und Wagen bedacht wurden. Andrerseits war die eingedrückte Nase und das zerquetschte Ohr das typische Abzeichen des Pankratiasten und im Alter traf ihn dasselbe trübe Los wie unsere gefeierten Artisten; zu dem Schicksal aber, das einen unterlegenen Kämpfer erwartete, bietet die heutige Behandlung eines niedergebrochenen Sportstars nur eine schwache Parallele.

Allerdings hat es immer einige Ausnahmsmenschen gegeben, die vor der Überschätzung des agonalen Treibens warnten. Schon der Philosoph Xenophanes sagte: »Die Stadt überhäuft den Sieger im Wettkampf mit Ehren und Geschenken, und doch ist er ihrer nicht so würdig wie ich! Denn höher als alle Kraft der Männer und Rosse steht Weisheit. Es ist ein falscher Brauch, der uns zu solchem Fehlurteil verführt. Was nützt denn einer Stadt ein Wettsieg ihrer Söhne?« Ebenso ins Leere dürften die weltbekannten Aussprüche der sieben Weisen verhallt sein: nichts im Übermaß; erkenne dich selbst; sei Herr deines Zorns; die Mitte ist das Beste; bedenke das Ende! Sie wirken auf uns als Gemeinplätze; aber derlei scheinbare Selbstverständlichkeiten den Hellenen immer wieder einzuhämmern, war offenbar *nötig.*

Die Päderastie

Sowohl die Kalokagathie als der Agon steht mit der griechischen Homoerotik in Zusammenhang. Gymnazein, Leibesübungen betreiben, heißt wörtlich nichts andres als »nackt sein«. Παιδεραστής, der Knabenliebhaber, ist, in unsere Vorstellungsweise übersetzt, etwa der »Damenfreund«, Παιδομανής, der »nach Knaben Tolle«, würde dem Weibernarren entsprechen, Παιδοπίπης, der »nach Knaben Gaffende« dem Schürzenjäger. Und ebenso wie bei uns das Mädchen, galt in Griechenland der Knabe erst nach der Geschlechtsreife als erlaubtes Liebesobjekt, Sexualverkehr mit Individuen jüngeren Alters als Schändung. Einen merkwürdigen Bedeutungswandel hat das Wort *hetaireia* durchgemacht. Es bedeutet ursprünglich ganz einfach Kameradschaft, dann einen Adelsklub, meist politischen Charakters, und schließlich die Prostitution, und zwar in vorwiegendem Sinne die männliche. Ἑταιρεῖν heißt ganz allgemein »sich für Geld preisgeben«, und erst ἡ ἑταίρα ist die Kurtisane, unter welcher Bedeutung allein noch das Wort im modernen Gebrauch fortlebt. Es kann gar keinem Zweifel unterliegen, daß man in der *älteren* griechischen Zeit unter dem »schönen Geschlecht« das männliche verstand. Welche offizielle Bedeutung der Päderastie in Sparta zukam, haben wir bereits gehört; es galt dort geradezu für schimpflich, wenn ein Jüngling in einem gewissen Alter noch keinen Liebhaber gefunden hatte: er spielte etwa die Rolle des jungen Mädchens, das noch nicht »unter die Haube« gekommen war. Auf Kreta soll die Knabenliebe, so behauptet wenigstens Aristoteles, bereits Minos eingeführt haben (als ob man so etwas einführen könnte), und zwar aus Sozialpolitik, um der Übervölkerung zu steuern! In Wirklichkeit aber war, wie im letzten Kapitel des vorigen Bandes geschildert wurde, die minoische Kultur das gerade Gegenteil einer päderastischen. Soviel ist aber an der Sache offenbar richtig, daß die erotische Orientierung auf den Mann eine dorische Errungenschaft gewesen ist. In Ionien dürfte mehr orientalischer Einfluß im Spiel gewesen sein.

Man mag in der griechischen Geschichte blicken, wohin man will: Überall findet man Päderasten. Alle Zelebritäten waren es: Lykurg und Solon, Themistokles und Epaminondas, Aischylos und Sophokles, Plato und Aristoteles, Philipp und Alexander, selbst der untadelige Aristides. Nur Sokrates war auch darin das große griechische Unikum: Er liebte bloß »platonisch«. Auch die Götter machten keine Ausnahme: Zeus liebt den Ganymed, Apoll den Hyakinthos, Poseidon den Pelops, Hephäst den Peleus. Und überall: auf Säulen und Amphoren, Schilden und Diskosscheiben, Schemeln und Truhen, Schalen und Schläuchen fand man die Namen der Lieblinge eingegraben, und Phidias schrieb sogar auf einen Finger seines Zeus von Olympia »schöner Pantarkes«, während er (so behauptete wenigstens die *chronique scandaleuse*) einen anderen Freund, den Bildhauer Agorakritos, dadurch berühmt machte, daß er ihm einige Werke zur Signierung überließ. Am aufschlußreichsten ist überhaupt in solchen Dingen immer die Kunst. Und da zeigt es sich, daß die Frauengestalten der Vorperserzeit in Bau und Umriß wie Epheben gebildet sind und die weiblichen Geschlechtsmerkmale nur in ganz äußerlichem Ansatz zeigen und daß bis tief ins fünfte Jahrhundert hinein weibliche Nacktplastiken überhaupt noch sehr selten sind. Die griechische Lyrik bewegt sich zwar nicht ausschließlich, aber doch mit deutlicher Vorliebe in der homoerotischen Sphäre, und nur dort mit echter Leidenschaft; als der Knabentollste galt Ibykos, im Altertum hochberühmt, den meisten Heutigen wohl nur durch seine Kraniche bekannt. Daß die Liebe zwischen Mann und Jüngling sehr oft das Gefäß für die edelsten Empfindungen bildete, geht schon aus den vorhin mitgeteilten Worten Platos hervor: für diesen ist bekanntlich sogar die Philosophie eine Sache des gleichgeschlechtlichen Eros. Diese platonische Erotik war ebensowenig unsinnlich wie die Liebe Tristans oder Romeos, aber ebenso wie diese zur höchsten Idealität verklärt, ja sie steigerte sich nicht selten bis zur Sentimentalität, die wir sonst im griechischen Wesen vergeblich suchen. Eine rein geistige Erotik hat aber erst die christliche Kultur entfaltet: die platonische Liebe war nicht platonisch.

Die Antibanausie

Mit dem ewigen Sportbetriebe hängt noch ein zweiter Wesenszug der Hellenen zusammen: die Antibanausie. Der griechische Begriff des Banausen ist nicht ganz leicht zu umschreiben. Sein Gegensatz ist weder der Kopfarbeiter (denn unsere Gelehrten mit ihren Laboratorien und Archiven hätten für Banausen gegolten) noch der sogenannte »freie Beruf« (denn auch die meisten Künstler galten dafür), sondern als banausisch ist alles verrufen, was Zweck hat, was für Geld geschieht, was man machen *muß*, was deformiert, was übermäßig anstrengt. Selbstverständlich gilt also zunächst jeder Lohnarbeiter, ob Bauer oder Handwerker, als Banause. Treitschke sagt in seiner »Politik« in einem anderen Zusammenhange, nämlich über die aristokratischen Südstaaten der nordamerikanischen Union: »Wo der größere Teil unfrei ist, da wird die Arbeit überhaupt entwürdigend; auch der freie Arbeiter erscheint dann als ein Mensch, der auf Achtung keinen Anspruch hat.« Aber andrerseits sagt Perikles in seiner Leichenrede: »Nicht, arm zu sein, gilt bei uns als schimpflich, sondern sich nicht durch eigene Arbeit emporzuarbeiten«, und wir haben gehört, wie hoch bereits Hesiod die ehrliche Arbeit der Hände wertete. Auch Herakles, der griechische Nationalheros, führte ein Leben voll Mühe und Anstrengung. Daß die Griechen ein Volk des süßen Müßigganges waren, ist eine operettenhafte Vorstellung. Wie in jeder entwickelteren Gesellschaft, von der die Geschichte weiß, bildete auch bei ihnen ein handeltreibender Mittelstand und ein körperlich arbeitender vierter Stand das Gros der Bevölkerung. Auch Sklaven konnten davon nicht dispensieren. Die »Nichtstuer«: Die Philosophen und Athleten, Marktschreier und Straßenoriginale waren eine kleine Minorität, von der aber am meisten *geredet* wurde, und dadurch entstand die optische Täuschung, so habe der Normalgrieche gelebt. In der Adelszeit hat eine Herrenkaste wirklich ein Dasein geführt, das in Jagd und Krieg, Agon und Gelage aufging; in der späteren Zeit war die Verachtung der Banausie bloßes Dekorumsgeschwätz und historische Reminiszenz ohne Gegenwartsinhalt, wie der Gentleman im neunzehnten Jahrhundert, wo jeder Kommis und Kleinbürger sich so nannte. Aber die Theorie hielt sich, wenn auch mit einigen Inkonsequenzen. Daß Geldgeber und Unternehmer nicht für Banausen galten, ist wohl damit zu erklären, daß sie tatsächlich kaum arbeiteten. Über die Sophisten sagt Lange in seiner *Geschichte des Materialismus*, selbst ihre Anhänger seien zu ihnen nicht viel anders gestanden als heutzutage die Gönner eines berühmten Opernsängers: »Die meisten hätten sich inmitten ihrer Bewunderung geschämt, das gleiche zu werden.« Die Lyriker waren vom Stigma der Banausie nicht betroffen, obgleich sie ihre Siegeslieder für Geld machten, und zwar auf Bestellung irgendeines reichen Rennstallbesitzers, den sie dann mit Begeisterung andichteten (was wieder *wir* höchst banausisch finden würden); aber die Arrivierten unter ihnen verdienten so viel, daß, wie etwa heutzutage bei den Bankgrößen, das Odium in Respekt umschlug. Dauernd geringgeschätzt blieben aber die Bildhauer, weil man sich ihre Arbeit als besonders anstrengend vorstellte. Wenn βάναυσος eigentlich wörtlich einen bezeichnet, der an der Esse sitzt, so war der Erzgießer und Steinmetz eben der typische Banause. Noch Plutarch sagt, daß man am Kunstwerk Vergnügen finden könne, ohne deshalb den Künstler für nachahmungswürdig zu halten: »Wir lieben Wohlgerüche und Purpur, halten aber Salbenköche und Färber für Banausen«; er fand also zwischen dem Erzeuger eines Gewandstoffs oder Parfums und dem Schöpfer eines Tempels oder Bildwerks keinerlei Wesensunterschied. Ja er meint sogar, kein edler Jüngling würde sich wünschen, ein Phidias oder Polyklet, Anakreon oder Archilochos zu sein. Man muß aber bedenken, daß noch vor anderthalb oder zwei Jahrhunderten wohl ebenfalls niemand aus der »Gesellschaft« einen »Literator« für ebenbürtig gehalten hätte und ein Lessing und Rousseau mit einer ganz ähnlichen Mischung aus Wohlgefallen und Mépris betrachtet wurden. Die Maler scheinen zumeist nicht diesem Verdikt unterworfen gewesen zu sein, entweder wiederum wegen der hohen Honorare oder weil man ihre Tätigkeit für keine Arbeit hielt.

Die Vasenmalerei

Und doch würde sich heute niemand mehr an jene Nation von Rekordläufern und Monsterschützen, Jockeys und Preisboxern erinnern, wenn sie nicht in dem Werk der Banausen einen Abdruck gefunden hätten, das, als ein unzerreißbares Bilderbuch, all die anderen Spielereien überdauert hat. Und wie die griechische Kunst das griechische Volk überlebte, so war sie auch schon gleichsam vor dessen Geburt da. Lange ehe die Hellenen für uns historisch sind, besitzen sie bereits eine eigenartige Keramik. Diese war zweifellos ihre ursprüngliche Kunst, und sie erzählten, ein Töpfer namens Butades sei es gewesen, der sowohl die Malerei wie die Plastik erfunden habe. In der Tat läßt sich der Erzguß ohne eine vorausgegangene keramische Technik nicht gut denken, und daß die Vasenmalerei die Mutter des Wandgemäldes war, kann man noch heute in Pompeji erkennen. Die Gefäßformen waren überaus mannigfaltig: Es findet sich alles Erdenkliche, von der zweiarmigen Amphora für Vorräte und der dreihenkeligen Hydria zum Wasserschöpfen und dem Krater zum Mischen und Psykter zum Kühlen bis zu dem Rhyton oder Trinkhorn, der Lekythos oder Ölflasche, dem Alabastron oder Salbenbüchschen und den zahlreichen Arten von Bechern und Kannen, Schüsseln und Schalen, Tassen und Tellern, Trichtern und Gießnäpfen. Von der Vasenmalerei der griechischen Frühzeit kann man nicht sagen, daß sie »noch stililsiert« sei, aber ebensowenig, sie sei »schon stilisiert«; sondern dieser strenge lichte Aufbau, diese mathematische Klarheit und Sicherheit der Formulierung war eben von allem Anfang an bis in die spätesten Zeiten eine griechische Spezialität. Sehr zutreffend bezeichnet Heinrich Brunn die Gefäßmalerei als eine Bilderschrift, indem der Gedanke die Hauptsache und die Form nur ein Mittel zu dessen Ausdruck sei. Hier pulst bereits das ganze griechische Leben in leuchtender Fülle, während die Skulptur noch halbtot daliegt, ein Erdenkloß, den der Hauch des Schöpfers nur eben erst berührt hat. Alles ist abgeschildert: Landbau und Seefahrt, Handwerk und Handel, Kriegsdienst und Gottesdienst, Schule und Sport, Straße und Bad, Boudoir und Kinderstube, Hochzeit und Symposion, Liebe und Tod und dazu die ganze bunte und bizarre Gestaltenwelt der Göttersage und Heroenlegende.

Die ältesten Gefäße des sogenannten geometrischen Stils aus dem zehnten bis achten oder siebenten Jahrhundert, deren Verzierungsmotive den uralten Techniken des Flechtens, Webens und Punzens entnommen sind, atmen bereits eine erstaunliche Musikalität. Die berühmtesten sind die Dipylonvasen, so genannt, weil sie auf dem Friedhof vor dem athenischen Doppeltor, dem Dipylon, gefunden wurden. Athen war schon durch den Besitz einer Töpfererde, wie sie sich in solcher Feinheit kaum an einem zweiten Ort findet, auf die keramische Industrie hingewiesen. Der Hauptschmuck der Gefäße bestand in Kombinationen von Kreisen und Kreuzen, Blitzen und Mäandern, die mit souveräner Kraft und Eleganz den Raum gliedern und füllen. Die Menschen, Pferde und Schiffe stehen auf dem Niveau von Kinderzeichnungen; doch ist auch hier die dekorative Anordnung von der höchsten Virtuosität und die primitive tapetenhafte Formulierung vielleicht Absicht, da eben Textilmuster nachgeahmt werden sollen. Die Männer zeigen die kretische Taillenschnürung. Die beliebtesten Themen sind Chöre, Leichenzüge, Wagenkämpfe, Seeschlachten.

Ungefähr mit dem sechsten Jahrhundert setzt die schwarzfigurige Gefäßmalerei ein. Besonders in Attika gelang es, dem tiefschwarzen Firnis einen herrlichen Metallglanz zu verleihen. Eines der prächtigsten Exemplare dieser Stilgattung ist die weltberühmte Françoisvase (1845 von François entdeckt, im Museum zu Florenz); sie schildert in sechs Streifen: die kalydonische Eberjagd, die Leichenspiele für Patroklos, den Zug der Götter zur Hochzeit der Thetis, Achill und Troïlos, allerlei Tierkämpfe und (am Fuße des Gefäßes) eine komische Schlacht zwischen Pygmäen und Kranichen; die Zeichnung ist von bewunderungswürdiger Feinheit. Die Arkesilasschale, auf der der Silphionhandel zur Darstellung gelangt, wurde bereits erwähnt. Auch hier ist alles von sauberster Naturtreue: der gravitätische König in Spitzhut und Schnabelschuhen, die emsigen Vermesser und Verlader, das Tauwerk und die Waage, die ornamental angebrachten Tiere: Panther und Reiher, Affe und Eidechse. Die rennenden, schreienden und gestikulierenden, sich ungeheuer wichtig gebärdenden Kyrenaiker mit ihren spitzen Vogelgesichtern lassen fast an eine Karikatur denken, vielleicht soll auch nur das Exotische der Afrikaner gezeigt werden, in beiden Fällen eine Probe scharfer Menschenbeobachtung. Bei allen diesen zum Teil meisterhaften Miniaturen ist aber der Einfluß der ägyptischen Kunst ganz unverkennbar. Es findet sich alles, was wir an dieser im vorigen Band kennengelernt haben: das »Röntgenbild«, die beschreibende Aufzählung aller Gegenstände, das »falsche Enface«, der erklärende Text, der zugleich Ornament ist, die Ignorierung der Perspektive, der Verzicht auf Modellierung durch Schatten und Lichter, der Traditionalismus, der sich gern festgeprägter Phrasen bedient. Auch die Sitte, die Frauen (übrigens auch die Schimmel) weiß zu halten, ist ägyptische Farbensymbolik, die ganz gedankenlos übernommen wurde, denn bei den Ägyptern ähnelten Männer und Frauen einander in Tracht, Figur und Antlitz oft bis zur Ununterscheidbarkeit, bei den Griechen aber nicht.

Die rotfigurige Malerei, die gegen Ende des sechsten Jahrhunderts auftaucht, kehrte das bisherige Verhältnis um, indem sie auf schwarzgefirnißtem Grund die Figuren im natürlichen Rot des Tons aussparte, wodurch sie die Möglichkeit gewann, die Innenzeichnung noch viel feiner auszuführen. Wir beschränken uns wiederum auf nur zwei Beispiele. Auf der »Schale des Sosias« verbindet Achill den verwundeten Patroklos: unübertrefflich ist sowohl die ganz in die heikle Arbeit versunkene peinliche Aufmerksamkeit des Achill wie die physische Qual des Patroklos wiedergegeben: er wendet den Kopf ab, streckt ein Bein weg, ja lächelt sogar vor Schmerz, eine besonders feine Beobachtung. Auf der »Cäretaner Hydria« ist voll Humor geschildert, wie Herakles sich der Ägypter erwehrt, die ihn zum Opfer führen wollen: es gelingt ihm, nicht weniger als sechs auf einmal umzubringen, indem er zwei niedertritt, einen mit der Linken am Fuß zu Boden schmettert, einen mit der Rechten erdrosselt und zwei mit den Ellenbogen erwürgt: eine köstliche gemalte Münchhausiade. Die ungemein feingliedrigen, fast fragilen Gestalten, die die Vasen dieses Stils bevölkern, hatten offenbar für solche Krafthubereien nur noch Ironie übrig.

Auch die Kunst der Gobelinweberei scheint eine bedeutende Höhe erreicht zu haben. Zwei Teppichwirker, Akesas und Helikon, waren sogar so angesehen, daß man, wenn man etwas besonders loben wollte, die Floskel gebrauchte: »Wie von Akesas und Helikon.« Das sechste Jahrhundert kannte auch schon *pinakes,* Tontafeln, Ausführung in vorwiegend dumpfen Farben gehalten: braun, schwarz, weinrot, die Zeichnung sauber und sicher, aber hart und gebunden. In die Profile war das Auge *en face* gesetzt. Von dem Peloponnesier Kimon von Kleonai wird berichtet, daß er als erster verkürzte Bilder gezeichnet habe.

Die Skulptur

Für die Skulpturen verwendete man anfangs nur weiches Material: Holz und porösen Kalkstein. Im Laufe des siebenten Jahrhunderts ging man zum Marmor über; der Bronzeguß wurde erst gegen Ende des sechsten Jahrhunderts von den Samiern erfunden. Als der erste griechische Bildhauer gilt bekanntlich der Athener Daidalos; die späteren begnügten sich lange Zeit mit dem bloßen Ruhme, seiner Schule anzugehören, und nannten sich Daidaliden, wie die epischen Sänger Homeriden. Während die Figuren bisher einen Block gebildet hatten, löste Daidalos die Arme vom Körper und ließ die Füße ausschreiten. Diese für ihre Zeit sensationelle Neuerung erklärt die Geschichten, die über die Naturwahrheit seiner Bildwerke erzählt wurden: so soll zum Beispiel Herakles nach seinem eigenen Porträt mit Steinen geworfen haben. Daidalos soll auch eine bewegliche Aphrodite angefertigt haben, was man später damit erklärte, daß er in das Innere des Holzbildes Quecksilber gegossen habe: eine ausgesprochene Panoptikumangelegenheit.

Aus dem sechsten Jahrhundert stammen die Apollines, wie man sie früher nannte, weil man sie für Apollostatuen hielt; heute bezeichnet man sie lieber als Kuroi, Jünglinge, denn es waren einfache Grabdenkmäler Verstorbener. Der bekannte Apoll aus Tenea bei Korinth ist noch fast ganz dem Gesetz der Frontalität unterworfen: bis auf das leicht vorgeschobene linke Bein sind beide Hälften vollkommen symmetrisch. Auch die prinzipielle Jugendlichkeit der Figuren, ihre gepreßt feierliche Haltung, die fast perückenartige Frisur, die geballte Handstellung, der lächelnde Gesichtsausdruck ist ägyptisch, sogar die Wahl des vorgesetzten Fußes: warum die Ägypter dazu den linken ausersahen, haben die Griechen sicher nicht gewußt. Etwas völlig Neues jedoch ist die gänzliche Nacktheit der Statuen. Besonders gut sind die Füße, die Beine, die Kniescheiben modelliert, weniger der Rumpf.

Nachdem die Perser zweimal (480 und 479) die Akropolis von Athen zerstört hatten, wurden bei deren Neuaufbau die Trümmer zur Einebnung des Burgplateaus verwendet. Aus diesem »Perserschutt« sind gegen Ende des vorigen Jahrhunderts sehr merkwürdige Proben frühattischer Kunst zutage gefördert worden. Der alte Athenatempel, wegen seiner Länge von hundert Fuß das Hekatompedon genannt, war noch ganz aus gelblichgrauem Kalkgestein, dem *poros*, erbaut, mit Stuck überzogen und mit sehr kräftigen Farben koloriert. Die Figuren wirken wie holzgeschnitzt, die Bemalung ist ganz willkürlich: meist blau und rot, noch heute die beliebtesten Spielzeugfarben, der Gesichtsausdruck formelhaft: der greuliche Typhon zum Beispiel, ein Ungeheuer mit Schlangenleib und drei Menschenköpfen, schmunzelt dem Zeus, der ihn mit dem Donnerkeil erlegen will, ganz freundlich entgegen. Einen großen Fortschritt zeigen bereits die mindestens um ein halbes Jahrhundert jüngeren Parthenoi oder Korai, die in der Nähe des Hekatompedons ausgegraben wurden: vierzehn Marmorfiguren, die wahrscheinlich Dienerinnen, man muß schon sagen: Hofdamen der Stadtgöttin vorstellen sollen. Sie sind aufs feinste ziseliert und bemalt, bisweilen auch die weißen Marmorflächen in wirksamem Kontrast ausgespart, die Anordnung der Frisuren und die Faltengebung der Gewänder ist kunstvoll und reich gegliedert, doch besteht zwischen diesen und den Körpern noch kein rechtes Verhältnis. Kleider und Schuhwerk, Coiffure und Bijouterie sind mit höchster Kennerschaft und offenbar nach der letzten Mode gestaltet. Die preziöse und schon etwas dekadente Eleganz Ioniens spricht aus der kühlen Noblesse dieser pikanten und mokanten, kapriziösen und koketten Steingruppen: griechisches Rokoko. Die jungen Künstler aus Deutschland, die sich in den achtziger Jahren an den Ausgrabungen beteiligten, nannten die zweifellos etwas manierierten jungen Damen »Tanten« und eine besonders unentwegt lächelnde mit roten Haaren und grünen Augen »die fröhliche Emma«.

Das erste Monument

Kurz nach 510 schuf Antenor die Bronzestatuen des Harmodios und des Aristogeiton, die dreißig Jahre später von Xerxes nach Susa verschleppt und erst von Alexander dem Großen wieder zurückgeschickt wurden. Die Athener ließen aber sogleich durch Kritios und Nesiotes zwei neue Bildnisse herstellen. Deren Kopie wurde in der Villa Kaiser Hadrians in Tivoli aufgefunden; sie ist in Marmor ausgeführt, der Kopf des Aristogeiton antik, aber nicht zugehörig. Wie populär das Bildwerk war, bekundet eine athenische Preisvase, die die Stadtgöttin zeigt und auf deren Schild die Kopie der Doppelstatue. Was die Griechen über das historische Ereignis erzählten, dessen Erinnerung sie verewigen sollte, muß mit Vorsicht aufgenommen werden, denn es gab für »Tyrannenmord« ein Klischee der Überlieferung. Danach soll Hipparch sich lange vergeblich um die Gunst des Harmodios beworben haben und dann aus Rache dessen Schwester von der Teilnahme am Panathenäenzuge ausgeschlossen haben; hierüber war dieser so erbittert, daß er gemeinsam mit seinem Liebhaber Aristogeiton den Tyrannen beim Morgengrauen niederstieß. Sollte diese Version wahr sein, so hätte es sich um eine bloße Privatrache gehandelt und das Paar gar nicht verdient, so gefeiert zu werden; es ist aber sehr wahrscheinlich, daß sie einem Klub von malkontenten Adeligen angehörten, wo das Attentat ausgebrütet wurde, und alles übrige dürfte gehässiger Stadtklatsch sein. Plinius nennt die beiden Gruppenbildnisse (von denen wir annehmen dürfen, daß sie einander sehr ähnlich waren) die ersten öffentlichen Ehrenstatuen, die ein Volk errichtet hat; und in der Tat stammen von ihnen alle »Monumente« ab. Dargestellt ist die bloße *Idee* des Vorgangs: der heroische Wille zur Tat, nicht die Tat selbst. Beide Figuren sind nackt (auch dies ein idealisierendes Motiv), Harmodios hebt das Schwert, Aristogeiton deckt ihn mit dem Mantel, den er um den Arm geschlungen hat, und zückt das seinige, für den Fall, daß der erste Stoß versagen sollte. Harmodios ist der Typus des Lieblings: sorgfältig frisiert, von weichen, etwas üppigen Körperformen, Aristogeiton der sehnige, in männlicher Vollkraft stehende Liebhaber, das Ganze voll stürmischer und doch edler Bewegung, ein prächtiges Denkmal der Freiheit und der Päderastie, der beiden fixen Ideen des Griechentums.

Der Tempel

Einen ebenso rapiden Entwicklungsgang wie die Plastik nahm die Architektur. Vor 600 dürfte es noch keine größeren Steinbauten gegeben haben. Der Tempel, der der kretisch-mykenischen Kultur noch unbekannt war, hat sich aus der Hauskapelle entwickelt, die sich an den Palast anschloß. Allmählich schritt man dazu, der Gottheit ein eigenes Haus zu bauen, das sich von den menschlichen zunächst kaum unterschieden haben dürfte: ein viereckiges Megaron mit einem Säulenvorhof, aus Holz oder Fachwerk errichtet. Der älteste griechische Tempel, den man kennt, das Heraion zu Olympia, war noch ein solcher Bau aus Holzrahmen und Lehmziegeln. Doch versuchte man schon früh, den Anblick durch Kalkbewurf und bemalte Tonplatten zu verschönern. Aber auch der Steinbau vermag seine Herkunft von der Holzarchitektur nicht zu verleugnen: die Säulen und Deckenbalken ahmen Baumstämme nach, die Kapitelle Schnitzerei.

Der Opferaltar befand sich stets im Freien *vor* dem Tempel; dieser selbst war nichts als die Wohnung für das Götterbild. Danach ordnete sich seine ganze Anlage, die von der der christlichen Kirchen erheblich abwich. Da er nicht dazu bestimmt war, die betende Menge zu fassen, brauchte er nicht besonders groß zu sein. Den Kern des Gebäudes bildete immer der Naos, der dem Hauptraum des griechischen Hauses entspricht. Dazu trat noch, bei der klassischen Form des Tempels, ein kompletter Säulenumgang, der Peripteros, oder auch nur ein säulengetragener Vorbau an einer oder an beiden Schmalseiten, der Prostylos oder Amphiprostylos. Kompliziertere Anlagen kommen kaum vor.

Der dorische Stil reift während des sechsten Jahrhunderts. Basislose, durch Kannelüren schattierte Säulen, an ihrem oberen Ende durch bunte Ringe gegliedert und von einem feinprofilierten Wulst, dem *Echinos*, und einer viereckigen Platte, dem *Abakos*, gekrönt, tragen den Hauptbalken, das *Epistylion*; darüber erhebt sich der Fries, in dem die pfeilerartigen *Triglyphen* oder Dreischlitze mit den reliefgeschmückten *Metopen* oder Zwischenräumen abwechseln; den Beschluß macht der Giebel mit dem weitausladenden *Geison* oder Kranzgesims, dem *Tympanon* oder Giebelfeld, in dem die großen plastischen Kompositionen untergebracht sind, und der reichornamentierten *Sima* oder Traufrinne: sogar diese ist ein Kunstwerk. »Tropfenleisten« unterhalb der Triglyphen, »Tropfenplatten« an der Unterseite des Geisons und Akroterien oder Firstziegel an der Spitze und Basis der Giebeldreiecke vollendeten das Bild, das überaus farbenprächtig war. Es waren nicht nur die Triglyphen, Tropfenleisten und Tropfenplatten purpurviolett, die Streifen zwischen Epistylion und Fries, Fries und Geison ziegelrot lackiert und die Tropfen vergoldet, sondern auch die zahlreichen Mäander und Palmetten sehr bunt gehalten und alle Skulpturen leuchtend koloriert. Die Bemalung ist, da sie gliedert, ein struktives Element, so gut wie die Form und Anordnung der Bauteile, und von der griechischen Architektur gar nicht zu trennen; und schon aus diesem Grunde hätte ein Hellene sich von unseren langweiligen weißen Repräsentationsgebäuden, die »klassisch« sein wollen, mit Schauder abgewendet. Daß die Farbe kein bloß »pittoreskes« Element ist, sieht man an jeder Landkarte und ähnlichen wissenschaftlichen Hilfsmitteln (zum Beispiel der vorzüglichen »Regenbogenbibel«, die die Textschichten des Alten Testaments in den Tönen des Spektrums wiedergibt). Leider verfügen oft die besten Kartenzeichner über keinen ausgebildeten Farbensinn, der sie die Kolorierung so wählen ließe, daß das Auge weder beleidigt noch, was schlimmer ist, verwirrt wird, indem sie nicht beachten, daß stimmungsverwandte Farben, wie zum Beispiel Orange und Zinnober oder Violett und Ultramarin, für das Auge keine genügenden Kontraste bilden.

Die Säule

Der griechische Baugedanke steht überhaupt in völligem Gegensatz zum bürgerlichen Klassizismus, der, ins Große gerechnet und ungeachtet gewisser nur oberflächlicher Gegenströmungen, seit der Reformation Europa beherrscht. Hier gibt es kein Vertuschen und Verkleiden, kein Transponieren und Anderssseinwollen: Alles ist von dem Ehrgeiz beseelt, sich in idealer Nacktheit zu offenbaren, der Aufriß: sein Skelett, Sehnenwerk und Muskelspiel zu zeigen, die Einzelglieder: sich klar und kräftig zu ihrer Funktion zu bekennen. Wie ganz anders empfand zum Beispiel die Architektur der Gründerzeit, die sich geradezu schämt, irgendeinen Gebäudekörper oder Bauteil sagen zu lassen, was er ist, weil sie das offenbar für unfein, ja man möchte fast sagen, für *shocking* hielt; und denselben Mangel an künstlerischem Verantwortungsgefühl bekundet die Barocke, die, bei aller Großartigkeit, mit geknickten Säulen und gespaltenen Mauerbogen, aufgeklebten Fassaden und gemalten Deckengewölben, falschen Podesten und gleichsam statierenden Trägern, die nichts zu tragen haben, ein bloßes Theater aufführt.

Auch bei den Ägyptern, den Erfindern der Säule, hat diese noch keine Decke zu stützen. Sie *soll* es gar nicht: das transzendente Weltgefühl des Nilländers empfand nicht so realistisch. In der griechischen Säule hingegen ist der Gedanke des Tragens bis in seine letzten Feinheiten zu Ende gedacht. Der Schaft entspricht in Höhe, Durchmesser und Verteilung der Kannelüren, die den Eindruck der stemmenden Kraft verstärken, genau der Aufgabe, die ihm zugemutet wird; demselben Zweck dient die *Entasis*, die Anschwellung in der Mitte, und die Einschnürung am Hals. Während das ägyptische Kapitell in seinen zahllosen Variationen Formenspiel oder religiöses Symbol ist, ist das griechische ein höchstes Produkt der physikalischen Logik: sowohl das dorische in seiner mathematisch schlichten, aber eben dadurch zwingenden Reduktion auf Wulst und Platte wie das ionische mit seinem Volutenband, das wie eine elastische Federung leicht und doch sicher trägt, aber dafür das Gegengewicht der reichgegliederten Basis verlangt. Die ionische Säule mit ihren Hohlkehlen und Eierstäben, Palmetten und Zwickelblumen und all den anderen Zierden und Raffinements wirkt neben der dorischen, deren strenger Lakonismus nur das Notwendigste sagt, dies aber mit unvergleichlicher Wucht und Präzision, wie die erlesen toilettierten Parthenoi neben den nackten Apollines: feminin und mondän, redselig und schmuckfreudig, grazil und geistreich und ein bißchen frivol.

Die Musik

Ionien ist auch die Heimat der griechischen Lyrik. Die Hellenen haben mit ihrem feinen Sinn für Unterscheidungen die Terminologie der lyrischen Gattungen schon sehr früh ausgebildet. Der festliche Götteranruf hieß *Hymnos*; galt er dem Dionysos: *Dithyrambos*; war er dem Apoll geweiht: *Paian. Threnoi* waren Klage- und Lobgesänge auf Verstorbene, *Epinikien* Preislieder auf Sieger in den gymnischen Wettkämpfen: wie bereits erwähnt, bestellte Gelegenheitsdichtung, um so bedenklicher, als sie meist gar nicht den Vollbringer der Leistung, sondern den reichen Besitzer der Wagen und Pferde feierte. Mehr heiteren Charakters war das *Epithalamion*, das Ständchen, das am Abend der Hochzeit den Neuvermählten dargebracht wurde, und das *Skolion*, das Liedchen beim Gelage. Die Liebespoesie war, wie gesagt, großenteils der gleichgeschlechtlichen Erotik gewidmet; in der hellenistischen Periode beschäftigte sie sich mehr mit der Frau, wurde aber zugleich vielfach Pornographie. Die Lyriker waren Tondichter im eigentlichen Sinne des Wortes, denn der Dichter und der Komponist (und meist auch der Vortragende) waren dieselbe Person: Ein Poet war unter allen Umständen ein Musiker und der Grieche bezeichnete sogar reine Instrumentalwerke als Poeme. Und dazu trat als drittes immer der Tanz: *choros* heißt Tanzplatz, dann: die Tänzerschar, schließlich die Sänger, der Chor war also ursprünglich Tanzmusik und ist es bis zu einem gewissen Grade in Hellas immer geblieben. Seit etwa 600 wird die Musik die führende Kunst. Um diese Zeit wird die Saitenzahl der Kithara erhöht, die Flöte eingeführt, die Notenschrift erfunden. Es kann kaum einem Zweifel unterliegen, daß für Dichter wie Anakreon oder Pindar der Text keine größere Rolle gespielt hat als für Richard Wagner: wir können daher über ihre Kunst ungefähr ebenso urteilen, wie wenn wir von diesem nur das Buch des *Tristan* oder der *Meistersinger* besäßen.

Das Nationalinstrument der Griechen war das Saitenspiel mit seinen drei Hauptformen: Lyra, Kithara und Harfe. Dazu kamen die drei Blasinstrumente: *Syrinx, Aulos* und *Salpinx.* Das erste entsprach unserer Schalmei, das zweite ungefähr der Klarinette, das dritte, die Trompete, wurde nur zu Signalzwecken verwendet. Es gab Kitharodie und Aulodie: Gesang zur Harfe oder Flöte, aber auch Kitharistik und Aulistik, Saitenspiel und Blasmusik ohne Gesang. Der Gesangsvortrag war entweder Monodie des Solisten oder Chorodie von Männern oder Knaben und Jungfrauen, die einstimmig oder in einfachen Oktaven sangen; auch die Instrumente spielten unisono und folgten der Gesangsmelodie, indem sie höchstens ein paar leichte Verzierungsfiguren, ein Vorspiel und ein Zwischenspiel hinzufügten. Dinge wie zweite Stimme, Akkord, Kontrapunkt, polyphones Orchester waren unbekannt. Oder vielleicht waren sie bekannt; aber die Griechen wollten sie nicht, wie sie ja auch die Valeurmalerei abgelehnt hätten und sich die längste Zeit gegen die Perspektive sträubten. Sie hatten einen anderen Harmoniebegriff als wir: er bedeutete für sie mehr, was wir »Proportion« nennen würden: Einklang der Teile mit dem Ganzen und mit sich selbst, mit ihrem Eigenmaß; aber er war von ungeheurer Macht, denn er beherrschte das ganze Weltbild vom Größten bis ins Kleinste. »Harmonie« in diesem Sinne war ein kosmischer und mathematischer, ein architektonischer und physiologischer, ein politischer und ethischer Begriff. Im übrigen kann man sich die Rolle der Musik im griechischen Leben gar nicht groß genug vorstellen. Die Empfänglichkeit und Empfindlichkeit der Griechen für die Macht der Töne muß, nach unseren Begriffen, geradezu pathologisch gewesen sein. Ihre Baukunst war geronnene Musik, ihre Rhetorik war gesprochene Musik. Die Berichte über buchstäbliche Heilungen durch musikalische Behandlung sind zu zahlreich und zu ernsthaft, als daß es sich um bloße poetische Legenden handeln könnte. Daß die Lieder des Tyrtaios den zweiten Messenischen Krieg gewannen, haben wir bereits gehört, und auch sonst wird berichtet, daß das Pfeiferkorps bisweilen zu Land und zur See die Schlacht entschieden habe. Umgekehrt galten »schlechte« Melodien, die lähmend, überreizend oder entsittlichend wirkten, geradezu als Landesverrat. Schon die drei Stilarten, die man unterschied: die zum heroischen Handeln befeuert, die das seelische Gleichgewicht erzeugt und die in Ekstase versetzt, bis zu dem Grad, daß die Seele den Leib verläßt und sich mit der Gottheit vereinigt, zeigen, was man den Tönen zutraute. Sogar zur Pferdepaarung spielten die Griechen Musik: die sogenannte Roßsprungmelodie (νόμος ἱππόδορος) sie glaubten, daß so schönere Füllen entstünden.

Die bedeutendste Erscheinung der griechischen Musikgeschichte scheint Archilochos aus Paros gewesen zu sein: er galt als der Erfinder lebhafterer Zeitmaße und der einzigen Form der antiken Heterophonie: der Umspielung der Melodie mit verzierenden Figuren, ferner der Parakataloge, einer Art melodramatischen Vortrags. Er war der mittellose Sohn eines Adeligen und einer Sklavin und muß um die Mitte des siebenten Jahrhunderts gelebt haben, da er eine astronomisch fixierbare Sonnenfinsternis vom April 648 geschildert hat. Erhalten sind von ihm nicht mehr als einige Gedichtfetzen von zusammen etwa hundertfünfzig Versen. Er ist auch der Erfinder des Iambus, des μέτρον λεκτικώτατον, wie ihn Aristoteles nennt, des »Metrums, in dem sich am besten reden läßt«. In der Tat gibt es kaum ein zweites Versmaß, das für natürlichen und doch dichterischen Ausdruck so geeignet wäre wie der federnde Iambus und sein phlegmatischeres Gegenstück, der Trochäus, den die Alten ebenfalls zur »Iambographie« rechneten. Iambos heißt eigentlich Pfeil, und ursprünglich diente er auch wirklich nur der Polemik. An Archilochos rühmten alle Zeitalter, die ihn noch kannten, die niedermähende Gewalt der Rede, den Blitz des Einfalls, das Blut der Bilder und man stellte ihn neben Homer. Er scheute auch nicht davor zurück, seine Pfeile in das Gift des Zynismus und den Schmutz der Obszönität zu tauchen, und sein Spott soll so furchtbar gewesen sein, daß er die Opfer in den Tod trieb. Die attische Komödie scheint sehr viel an Archilochos gelernt zu haben; Horaz und Catull bekannten sich offen als seine Nachahmer. *Archilochos*

Auch von Alkman aus Sardes, der, ungewiß wann, aber jedenfalls vor 600 lebte, besitzen wir nur spärliche Fragmente. Eines davon erinnert an *Über allen Gipfeln:* »Nun schlummern der Berge Häupter und die Schluchten, die Gipfel und Klüfte, das Laub und Getier, das Wild in den Wäldern, der Bienen Schwärme, die Ungeheuer in der purpurnen Tiefe des *Alkman*

Meers, und auch sie schlummert, der Vögel leichtbeschwingte Schar.« Für die tanzenden Jungfrauen Spartas sang er seine Parthenien im lakonischen Dialekt. Erquickende Natürlichkeit, die nichts von Pathos und Pose weiß, und ein liebenswürdiger Humor, dem auch die Selbstironie nicht fremd ist, müssen zu den Haupteigenschaften dieses Dichters gehört haben. Er wünscht sich, als er seine Kräfte schwinden fühlt, ein Eisvogelmännchen zu sein, das die jungen Weibchen auf ihren Flügeln tragen, er schwärmt von einem Dreifußkessel voll von Erbsenbrei, »wie ihn der Vielfraß Alkman liebt«, er sagt über die Jahreszeiten: »Drei setzte der Gott, Sommer und Winter und Herbst und als vierte noch den Frühling, da blüht es, aber genug zu essen gibt es nicht« und preist »Bäschen Hagesichora« mit den Worten: »Ihr Haar blüht wie lauteres Gold und ihr silbernes Antlitz – aber was rede ich noch? da steht sie ja, unsere Hagesichora!« Er galt als der Vater der Chorlyrik und als sein bedeutendster Nachfolger Stesichoros, der um 600 im sizilischen Himera die Gestalt des verliebten Hirten Daphnis schuf. Sie hat bis in die Barockpoesie weitergelebt; aber Stesichoros selbst war schon im späteren Altertum vergessen.

Die Elegie

Um etwa dieselbe Zeit dichtete Mimnermos aus Kolophon in Kleinasien. In wehmütigen Liebesliedern besang er die schöne Lydierin Nanno, die den alternden Dichter mit ihrer Flöte begleitete; in unablässigen Variationen kreisen sie um den einen Gedanken, daß mit der Jugend auch die Freude vorbei sei: »Was sind Leben und Glück, wenn die goldene Liebe dahinfloh!« Nur kurze Zeit währt die Blüte, dann erwartet uns früher Tod oder welkes Greisenalter voll Gebrechen und vergeblicher Sehnsucht: »von den Knaben verschmäht, von den Mädchen geflohen: soviel Schweres verhängt über das Alter der Gott«. Damit ist Mimnermos der Schöpfer der Elegie geworden. Ihre Form ist das Distichon, das aus einem daktylischen Hexameter und einem daktylischen Pentameter besteht: »Im Hexameter steigt des Springquells flüssige Säule, im Pentameter drauf fällt sie melodisch herab.« Die Elegie hatte aber im Altertum durchaus nicht immer »elegischen« Inhalt: sie war auch Schlachtlied und Kneipgesang, Spottvers und Götteranrufung, politische und philosophische Paränese und überhaupt das Gefäß für alle möglichen Arten von Gedanken und Stimmungen, Erwägungen und Empfindungen. Sogar die »Hermen«: Meilensteine, von einer menschlichen Büste gekrönt, trugen auf der Vorderseite in Hexametern die Angabe der Ortschaften, zu denen die Straße führte, auf der Rückseite eine Lebensweisheit in Elegieform.

Alkaios und Sappho

In Ionien um 600 entstand auch das Melos. Man versteht darunter das kunstvoll gebaute Lied in Strophenform, die die Elegie und die Iambographie noch nicht kennt; Hand in Hand damit ging sicher auch eine reichere Instrumentierung und kompliziertere Melodik. Alkaios schuf die Ode, die aus vierzeiligen alkäischen Strophen besteht. Als er ein Gedicht an Sappho richtete, verwendete er das sapphische Versmaß, diese antwortete im alkäischen: eine Courtoisie, die an die Sitte der Potentaten erinnert, bei Besuchen die Landesuniformen zu tauschen. Alkaios stammte aus Mytilene auf Lesbos, aus einem alten Geschlecht. In den inneren Kämpfen, die auch dieser Insel nicht erspart blieben, stellte er sich mit Leidenschaft auf die Seite des Adels. Pittakos, den Solon von Lesbos, apostrophierte er als »plattfüßigen Dickwanst« und »großmäuligen Schleicher«, aber dieser war einer der sieben Weisen und verzieh ihm, und später findet man beide gemeinsam auf Münzen abgebildet. Als Charakter war Alkaios offenbar der Typus des temperamentvollen Junkers: Sport und Trunk, Parteikampf und Klubleben waren seine Hauptthemen, besonders die Freuden des Weins umglänzt sein Lied mit reichem Farbenspiel.

In einer seiner Oden bewarb Alkaios sich um die Liebe der Sappho: »Dunkellockige reine süßlächelnde Sappho, ich möchte Dir gern etwas sagen, doch hält die Scheu mich zurück.« Sie erwiderte: »Wenn Du die Tugend liebtest und edeln Sinn und nichts Arges lauerte im verhaltenen Wort, so senkte nicht Scham Dir das Auge«: einer der zartesten Körbe, die wohl jemals erteilt wurden. Sapphos Herz gehörte ihren Geschlechtsgenossinnen. Aber ihre Liebespoesie ist von einer Gefühlstiefe, die wir bei den Sängern der Knabenliebe vergeblich suchen. Die erste Dichterin der Weltliteratur ist zugleich ihre größte. An Kunst der Metrik übertrafen ihre Verse noch die alkäischen und an Schmelz und Stimmungszauber sind sie erst von der Lyrik der späten Neuzeit erreicht worden. Ihre hemmungslose Leidenschaftlichkeit und ihr rückhaltloser Freimut hinwiederum verleihen ihrer Kunst einen männlichen Zug. Dem Sturmwind, der in die Eichen fällt, einer bittersüßen unbezwinglichen Schlange vergleicht sie die Macht des Eros. Das spätere Altertum erfand die Legende, Sappho habe sich aus unglücklicher Liebe zu dem schönen Jüngling Phaon vom leukadischen Felsen gestürzt; daraus hat dann Grillparzer eine Wiener Vorstadttragödie gemacht: die Neigung einer Operndiva zu einem jungen Menschen, der aber das »süße Mädel« Melitta vorzieht. Im übrigen läßt sich bei der Frau Sinnliches und Seelisches noch weniger trennen als beim Mann. Ovid behauptete, es gebe nichts Sinnlicheres als Sapphos Poesie, und empfahl sie den römischen jungen Damen aufs angelegentlichste; er war noch in der glücklichen Lage, die Werke der Dichterin fast vollständig lesen zu können, trotzdem ist er für die Subtilitäten der sapphischen Erotik wohl kaum ein kompetenter Beurteiler. Die Alten verglichen Sappho gern mit Sokrates, und ähnlich, nur ins Weibliche transponiert, wie dessen Verhältnis zu seinen Jüngern werden wir uns wohl auch die Beziehung Sapphos zu ihren Schülerinnen zu denken haben: Eros, entzündet am Anblick körperlicher Schönheit, aber verklärt zur höchsten Geistigkeit, wie es nur ein Dichter, und zur tiefsten Empfindung, wie es nur eine Frau vermag. Nähere Erörterungen über die Frage sind ebenso läppisch und plebejisch wie die zahllosen Untersuchungen über Goethes Friederike und die anderen Dichterflammen. Das einzige, was an diesen Dingen für die Nachwelt interessant ist, ist die Gefühlswelt des Dichters, die im Falle Goethes und Sapphos beidemal der Frau zugekehrt war; alles andere ist Privatangelegenheit, wobei zu bemerken wäre, daß die sogenannten Ehrenrettungen (worunter die Professoren den Nachweis platonischer Beziehungen zu verstehen pflegen) eine ebenso plumpe und platte Indiskretion sind wie die Skandalgeschichten. Es wäre ein noch unausgeschöpftes Thema für fleißige Literaturhistoriker, einmal genau festzustellen, wie berühmt man sein muß, um Zudringlichkeiten ausgesetzt zu sein, die bei jedem gewöhnlichen Sterblichen von den Gesetzen des Staats nicht minder verpönt sind als von den Gesetzen des guten Geschmacks.

Anakreon

Während es kaum einem Zweifel unterliegen kann, daß wir in Sappho, wenn mehr von ihr erhalten wäre, ebenso die »zehnte Muse« erblicken würden wie die Alten, wären wir wahrscheinlich von dem Gesamtwerk Anakreons aus Teos in Ionien ziemlich enttäuscht, der nicht mehr gewesen sein dürfte als ein feinnerviger Viveur und Artist. Er lebte am Hof des Polykrates, der sich den berühmten Dichter als Prunkstück hielt, und besang goldlockige Mädchen und dunkeläugige Knaben, die Freuden der Geselligkeit und die Gaben der Stunde in reizenden, aber etwas oberflächlichen Versen und üppigen, allzu weichlichen Melodien, die deshalb aus dem Jugendunterricht verbannt waren. Er hat den Griechen eine Art ideales Kommersbuch geschaffen.

Theognis

Noch schuf Hipponax aus Ephesos den originellen Choliambus oder Hinkiambus, der aus fünf Iamben und einem Trochäus besteht, ein geradezu diabolisches Versmaß (von Wilhelm Schlegel folgendermaßen wiedergegeben: »Der Choliambus scheint ein Vers für Kunstrichter – die immerfort voll Naseweisheit mitsprechen – und eins nur wissen sollten: daß sie nichts wissen.«); aber dann beginnt das Mutterland die musische Führung zu übernehmen. Um 500 dichtete der adelige Dorer Theognis, der aus seiner Vaterstadt Megara durch die Revolution vertrieben wurde und nun auf die »Elenden«, die jetzt die »Edeln« sind, die Donnerkeile seines Zorns schleuderte. Endlich erzwangen die Aristokraten die Rückkehr, aber das Unglück hatte ihn geläutert und milder gestimmt und seine letzte resignierte Weisheit lautete: »Auch nicht einem gelingt sein Vorsatz, wie er begehrte, denn wie es ihnen gefällt, fügen die Götter den Schluß.« Wir besitzen von ihm eine lange Gnomologie, eine Blütenlese von Sprüchen, die aus seinen Elegien herausgelöst sind, aber darum kein rechtes Bild seiner Eigenart bieten, auch mit Versen anderer Dichter vermischt sind. Theognis ist Altaristokrat vom Kopf bis zur Sohle, seine Moral Standesmoral, seine Spruchsammlung ein Adelsbrevier. Als echter Dorer hat er nur Sinn für Knabenliebe: seine Lehren sind an seinen Liebling Kyrnos gerichtet. Er ist der erste, der die finstere Weisheit verkündet hat: niemals geboren zu sein, wäre das Beste; sei aber einer einmal geboren, so möge er so schnell wie möglich die Tore der Unterwelt entriegeln, um dort zu liegen, die Erde über sich getürmt.

Simonides Daß eine neue Zeit angebrochen war, zeigt der Zeitgenosse des Theognis, Simonides aus Keos, der nördlichsten, südöstlich von Attika gelegenen Kykladeninsel. Seinen gedankenreichen, bilderkräftigen Epinikien und geistvollen, scharfgeschliffenen Epigrammen sagte man nach, daß sie für jedermann zu haben seien, der genug zahlen könne, auch wenn er unwürdig sei, besungen zu werden; auf die Frage, warum er in seinen Liedern nur Menschen, nicht Götter preise, soll er geantwortet haben, von den Göttern sei kein Geld zu bekommen, und ein andermal befragt, was besser sei, Weisheit oder Reichtum, soll er gesagt haben: »Ich weiß nicht. Ich sehe nur, daß die Weisen zu den Türen der Reichen gehen.« Er muß aber bei allem Zynismus eine fesselnde und bedeutende Persönlichkeit gewesen sein. Lessing hat ihn mit Voltaire verglichen.

Äsop

Aber wir haben noch ein Geschenk des Ostens vergessen, das bei aller Unscheinbarkeit für die Menschheit vielleicht wichtiger war als alle Lieder der ionischen und äolischen Leier. Es sind die Fabeln des Aisopos. Dieser war ein phrygischer Sklave, der zur Zeit der sieben Weisen lebte, häßlich und bucklig, ja anfangs sogar stumm, worin, ähnlich wie bei Hephaistos, wahrscheinlich eine Symbolik zu erblicken ist. Sein Leben war von zahlreichen Anekdoten und Legenden umrankt, in denen er, eine Art griechischer Eulenspiegel, aber edler und tiefer als dieser, sich durch Mutterwitz und Menschenkenntnis aus jeder Situation zu helfen weiß und mit seinem schlichten und warmen Lebensverstand die Großen dieser Erde beschämt. Von ihm stammt die Figur des Königs der Tiere und seines verschmitzten Ministers, des Schakals, der in der europäischen Fassung zum Fuchs geworden ist. Seine Geschichten zeichneten sich durch jene Einfachheit und Knappheit aus, die die Welt erobert, zum Beispiel: »Ein Wolf sagte zu den Hirten, die in ihrem Zelt ein Lamm verzehrten: Was für einen Skandal würdet ihr machen, wenn *ich* das täte!« Die Athener setzten ihm ein Standbild und machten ihn zum Schulautor. Seine Fabeln übertrug Kallimachos in Hinkiamben, Phädrus, ein Freigelassener des Kaisers Augustus, in elegante lateinische Iamben. Ihre Nachahmung erstreckt sich durch die ganze Nachwelt: über Luther und Reineke Vos, Lafontaine und Lamotte bis zu Gellert, Lessing und Goethe.

Die dorische Komödie

Am entgegengesetzten Ende der griechischen Welt, in Syrakus, schuf Epicharm gegen Ende des sechsten Jahrhunderts die dorische Komödie. Sie ist von ihrer jüngeren attischen Schwester verdunkelt worden, so daß nur spärliche Splitter von ihr auf die Folgezeit gelangt sind. Epicharm war kein gewöhnlicher Possenreißer und Grimassenschneider wie seine Vorgänger, sondern ein halber Philosoph und ein feiner Wortkünstler, der auch schon ein Stück zu bauen verstand. Die Figur des Parasiten, die in der griechischen Komödie später eine so große Rolle spielte, scheint er als erster auf die Bühne gebracht zu haben. Plato schätzte ihn ungemein hoch, und nicht minder Sophron, der Meister des Mimos, eines neuen Genres, das, ebenfalls in Syrakus entstanden, in Solovorträgen und Ensemblespielen, aber ohne Bühne, parodistische Bilder des Alltagslebens darbot, und zwar in Prosa, für die damalige Zeit eine außerordentliche Kühnheit: wir würden sie Kabarettszenen nennen, und einige Dialoge Platons kann man, wenn man den allerhöchsten Maßstab anlegt, in der Tat ebenfalls dieser Gattung zurechnen. Epicharms Hauptstärke scheinen die Gnomen gewesen zu sein, die er seinen Figuren in den Mund legte, und manche erinnern an Nestroy, bei dem es sich ähnlich verhielt (er schrieb übrigens ebenfalls im Dialekt, was sich aber in der Übersetzung nicht wiedergeben läßt): »Kein Wunder, daß wir einander gefallen und uns so schön gewachsen finden: auch ein Ochs hält einen Ochsen für das Schönste, ein Esel einen Esel und eine Sau eine Sau«; »was sind denn eigentlich die Menschen von Natur? aufgeblasene Bälge«; »sei nüchtern und mißtraue: das sind die Arme des Geistes«; »zeig dich den Menschen in großer Schleppe, dann werden sie dich für gescheit halten«; »sterben möchte ich nicht, aber tot sein – meinetwegen«. Gegen Heraklit richtet sich seine Bemerkung, daß man seine Schulden nicht zu bezahlen brauche, weil man ja nicht mehr derselbe sei, der sie gemacht hat, allerdings auch keine Einladung annehmen dürfe, weil man morgen nicht mehr der sei, der sie erhalten hat. Er scheint auch sonst zu den zeitgenössischen Denkern in Beziehung gestanden zu haben, was kein Wunder ist, denn die griechische Philosophie hat im sechsten Jahrhundert eine hohe, ja vielleicht ihre höchste Blüte erreicht.

Hegel hat seine Konzeption der Geschichte der Philosophie, zumal der griechischen, auf dem Grundsatz aufgebaut, »daß die Aufeinanderfolge der Systeme der Philosophie in der Geschichte dieselbe ist als die Aufeinanderfolge in der logischen Richtung der Begriffsbestimmung in der Idee«: was in der Entwicklung des Denkens notwendige *Momente* von ewiger Geltung sind, das sind in der Geschichte der Philosophie notwendige *Systeme* von zeitlicher Geltung. »Jede Philosophie«, sagt er in seinen Vorlesungen, »ist notwendig gewesen und noch ist keine untergegangen«: ein tiefer und wahrer, echt philosophischer und echt historischer Gedanke; aber in der Durchführung wurde er zum Scharnier und Schema, das sowohl der Philosophie wie der Geschichte Gewalt antat. Danach hätten die ionischen Naturphilosophen zuerst die Frage nach dem Weltstoff erhoben, die Pythagoreer die Frage nach der Weltform, und aus diesen beiden ergab sich die dritte nach der Vereinigung von Stoff und Form, die Frage nach dem Weltprozeß. Hierauf waren wiederum zwei Antworten möglich, die von den Herakliteern und den Eleaten gegeben wurden: diese erklärten: nichts ist Prozeß, alles Werden ist Schein, jene: alles ist Prozeß, das Werden ist das Weltprinzip. Es wird also sozusagen jeder Philosophenschule ein bestimmter Paragraph des Lehrbuchs zugewiesen, den sie zu bearbeiten hat. Der Kursus setzt sich dann noch in der späteren griechischen, der christlichen und der neueren Philosophie fort, bis er in Hegel seinen Abschluß findet, über den hinaus es nichts mehr gibt: der Schuldiener läutet, der Unterricht ist zu Ende. In Wirklichkeit hat sich das Erwachen des griechischen Denkens nicht so korrekt, sondern viel naiver und poetischer vollzogen.

Thales

Als Vater der Philosophie galt den Griechen Thales von Milet, der Führer der sieben Weisen, dessen »Blüte«, die sie bekanntlich beim Menschen in das vierzigste Lebensjahr setzten, in das Jahr 585 fiel. In den Anekdoten, die von ihm erzählt wurden, tritt uns diese erste abendländische Denkergestalt sogleich mit den Zügen eines vorbildlichen philosophischen Charakters entgegen. Er soll einmal, als er die Sterne beobachtete, in einen Brunnen gefallen und dabei von einer thrakischen Magd verhöhnt worden sein, weil er zu wissen begehre, was im Himmel vorgehe, und dabei nicht bemerke, was sich vor seiner Nase befinde, wozu Plato bemerkt hat: dieser Spott paßt auf jeden, der der Philosophie lebt, und Hegel: die andern können nicht in die Grube fallen, weil sie ein für allemal darin liegen; und jedenfalls ist es bis zum heutigen Tage wahr geblieben, daß alle, die zu den Sternen blicken, auf Erden zu Fall kommen müssen. Ebenso bezeichnend ist die Geschichte, daß er einmal auf Grund seiner meteorologischen Beobachtungen eine ungewöhnlich reiche Olivenernte vorausgesehen und alle verfügbaren Ölpressen aufgekauft habe, aus deren Aftervermietung er dann großen Gewinn zog: er soll dies aber nur getan haben, um zu beweisen, daß ein Forscher, wenn er wolle, seine Wissenschaft sehr leicht nutzbringend machen könne; und in der Tat: warum sollte ein Philosoph unter allen Umständen ein Esel sein? Er könnte die irdischen Geschäfte geradeso gut und besser besorgen als die andern; er will bloß nicht. Ferner soll Thales auf eine sehr einfache Methode die Höhe der Pyramiden bestimmt haben: er maß ihren Schatten zu der Tageszeit, wo der Schatten des Menschen ebensolang ist wie seine Höhe; das Ei des Kolumbus: die Domäne aller Philosophen, die diesen Namen in Wahrheit verdienen.

Er schrieb dem Magneteisenstein und dem Bernstein, den die Griechen *elektron* nannten, eine Seele zu, worin man vielleicht eine Vorahnung des Magnetismus und der Elektrizität erblicken darf, und erklärte, daß alles voll von Göttern, πάντα πληρη θεῶν, sei, was offenbar ein bildlicher Ausdruck für die Annahme eines generellen Vitalismus ist. Nach Aristoteles soll er als das, woraus alles Seiende entsteht und besteht, das Wasser bezeichnet haben. Das war sicher kein bloßes Aperçu, wie viele glauben, sondern die Frucht langen Untersuchens und Nachdenkens. Schon Aristoteles vermutet, Thales sei zu seinem Prinzip durch die Beobachtung gelangt, daß das Leben der Tiere im Blut, der Pflanzen im Saft sei, und in der Tat ist der Ausdruck des Todes bei diesen das Verdorren, bei jenen das Verbluten, und beide vermögen nur in einem ständigen Bad von Wasserdunst zu existieren. Die Tierfamilien leben zum weitaus größten Teil lebenslänglich im Wasser, von den luftbewohnenden einige noch im Jugendstadium (als Larven, Quappen und dergleichen) und die übrigen wenigstens vor der Geburt (im Fruchtwasser des Mutterleibs, im Nahrungsdotter des Eis) und nach der Geburt in der Nähe des Wassers. Auch ist das Wasser der Masse nach der Hauptbestandteil des Pflanzen- und Tierkörpers. In der zweiten Hälfte des achtzehnten Jahrhunderts hatte der Neptunismus, der alle Veränderungen der Erdrinde aus der Einwirkung des Wassers erklärte, geradezu kanonische Geltung. Auch in der bereits mehrfach erwähnten Glazialkosmogonie Hörbigers ist Eis der wichtigste Weltbaustoff. Die Philosophie des Thales ist also gar nicht so kindlich, wie die zünftige Geschichtsschreibung lange Zeit glaubte.

Anaximander

Ebenso verhält es sich mit Anaximander, der, ebenfalls aus Milet stammend, ein halbes Menschenalter später blühte als Thales. Er schrieb ein Prosawerk περὶ φύσεως, »die Natur«, das untergegangen ist, worin er als die ἀρχή, das Prinzip der Welt, das ἄπειρον, das Unbegrenzte, bezeichnete: dieses umfasse und beherrsche alles und sei, als das Unvergängliche und Unzerstörbare, wesensgleich mit dem Göttlichen. Mit diesem geheimnisvollen *apeiron* meint Anaximander offenbar keinen der empirischen Stoffe, denn alle diese sind endlich, sondern das unerfahrbare, nur im Begriff erfaßbare Substrat der Welt. Anaximander ist der erste Metaphysiker des Abendlandes. Was aber noch merkwürdiger ist: er war bereits eine Art Newtonianer und Darwinist. Er lehrte, daß die Erde frei im Raum schwebe, durch die gleichen Abstände von den Enden der Welt im Gleichgewicht gehalten, und daß die Landtiere anfangs, als die Erde noch flüssig war, im Wasser gelebt hätten und auch der Mensch zuerst ein fischartiges Geschöpf gewesen sei. Auch der Darwinismus erklärt, daß die Lufttiere von den Wassertieren abstammen, und begründet dies mit den ursprünglichen Lebensbedingungen der Erde, die überhaupt nur Wasserdasein gestatteten, dem einfacheren Bau der Wasserorganismen und der noch heute (zum Beispiel beim Fisch und der Libelle) stattfindenden Metamorphose vom Wasseratmer zum Luftatmer; und einer der modernsten Darwinisten, Edgar Dacqué, geht von der Annahme aus, daß der Mensch alle großen Tierstämme in ihrer geschichtlichen Entwicklung begleitet habe und der Adamit daher möglicherweise ein amphibisches Wesen oder ein Fischmensch gewesen sei.

Von Anaximander ist uns nur ein einziges Fragment wörtlich erhalten, das aber einen ganzen philosophischen Band aufwiegt. Es lautet: »Woraus die Dinge entstanden sind, darein müssen sie auch wieder untergehen, wie es sich gehört, indem sie Strafe und Buße zahlen für das Unrecht nach der Ordnung der Zeit.« Dies ist einer der tiefsten Gedanken, die jemals gedacht wurden: die Individualität eine Schuld, ein Abfall vom ewigen Urgrund, und die Sühne dafür die Rückkehr in den Schoß der Weltseele. Er findet sich als herrschende Glaubensidee im ungefähr gleichzeitigen Buddhismus: wer sich eins weiß mit dem *atman*, dem Prinzip aller Dinge, und seine Einzelseele als Illusion durchschaut, dessen Werke verflammen wie der Binsenhalm im Feuer, und künftige Werke haften nicht an ihm wie das Wasser nicht am Blatt der Lotosblüte. Nun hat man allerdings neuestens eine etwas veränderte Lesung des Ausspruchs festgestellt: es soll nämlich nach »διδόναι γὰρ αὐτὰ δίκην καὶ τίσιν τῆς ἀδικίας, Strafe und Buße für das Unrecht zahlen« noch ein »ἀλλήλοις, einander« stehen. Nur ungern trennen wir uns von der alten Fassung, obgleich die neue wahrscheinlich richtig ist. Sie verschiebt den Sinn um ein beträchtliches: Er würde nunmehr besagen, daß die Dinge einander verschuldet seien durch ewig fortgesetzte Ordnung und auf jedes Unrecht Buße und Untergang stehe nach dem unerbittlichen Gang und Richterspruch der Zeit. Auch dies ist noch ein erhabener und schöner Gedanke. War der erste fast zu tief für einen Griechen, so ist dieser echt griechisch. Die Welt ist ein Tempel: Kraft gegen Last, Säule gegen Balken genau ausgewogen; kann man es auch nicht sogleich im Einzelnsten erkennen, dem zurücktretenden Beschauer offenbart es sich. Es ist die Lieblingsidee Emersons von der *compensation*: »Wohltun ist die Endabsicht der Natur. Aber die Wohltaten, die wir empfangen haben, müssen wieder weitergegeben werden, Zoll um Zoll, Tat für Tat, Cent für Cent... Die Welt ist wie eine Rechentafel oder eine mathematische Gleichung, die, wie man sie auch wendet, sich selbst im Gleichgewicht hält... Bei allen unseren Handlungen und Unternehmungen ist eine schweigende unparteiische Instanz unsichtbar zugegen.«

Ein dritter Milesier, Anaximenes, der um etwa 20 Jahre jünger war als Anaximander, glaubte den Urstoff näher als die Luft bestimmen zu dürfen, wahrscheinlich, weil die Luft »überall« und zugleich die Bedingung alles Lebens ist; die einzige Stelle aus seinen Werken, die erhalten ist, lautet: »So wie unsere Psyche, welche Luft ist, uns zusammenhält, so durchpulst Pneuma und Luft den ganzen Kosmos.« Über die Genesis der Weltkörper hatte er eine Theorie, die der Kant-Laplaceschen ähnelte: Er läßt sie ebenfalls durch Verdichtung und zunehmende Abkühlung entstehen und bewohnbar werden. Daß das Weltall nicht von Luft, sondern von Äther erfüllt ist, wußte er freilich noch nicht; dafür wissen wir wieder nicht, was der Äther ist. Fassen wir alles zusammen, so werden wir sagen müssen: Die

Milesier waren ganz einfach, an modernen Begriffen gemessen, Naturforscher, obschon denkende. Auch heute bezeichnet man ja Gelehrte wie Laplace und Lamarck, Darwin und Dacqué nicht schlechthin als Philosophen. Die übliche Benennung »ionische Naturphilosophen« ist daher irreführend; die Griechen nannten sie »Physiologen«, was wörtlich soviel bedeutet wie Naturforscher. Allerdings lebten sie noch in der glücklichen Einheit der Frühzeit, wo Spekulation und Experiment, Metaphysik und Beobachtung noch nicht auf verschiedene Spezialisten verteilt waren.

Pythagoras Noch schwieriger ist Pythagoras einzureihen. Plato sagt von ihm: »weil er einen bestimmten Weg der Lebensführung wies, darum wurde er so ausnehmend verehrt«, und damit dürfte der Kern seines Wesens getroffen sein: er war Führer und Vorbild für die Sucher nach einer höheren Daseinsform. Wir hörten schon, daß er auf der Höhe seines Lebens seine Heimat Samos verließ und nach Unteritalien übersiedelte. Dort stiftete er in Kroton eine Genossenschaft halb religiösen, halb politischen Charakters, in der bestimmte, für die höheren Grade ziemlich strenge Ordensregeln galten: Ehelosigkeit, tägliche Selbstprüfung, mehrjähriges Schweigen, leinene Kleidung, Enthaltung nicht nur von blutigen Opfern, Fleisch, Eiern, sondern auch von Bohnen: warum dies letztere, war Geheimnis. Man erzählte sich von ihm, er sei ein Sohn Apolls, habe Reisen bis tief nach Babylonien, Persien und Ägypten und sogar eine Hadesfahrt unternommen und die Harmonie der Sphäre zu hören vermocht (was als Anekdote gilt, aber gar nicht so ungereimt ist, da alles Gleichmaß der Bewegung eben Musik ist und nur eines empfänglichen Ohres bedarf). Die Tiergeschichten, die von ihm berichtet wurden, erinnern an den heiligen Franziskus: Er kaufte einen Fischzug frei, ein Adler senkte sich zu ihm herab und ließ sich von ihm liebkosen, eine Bärin wurde von ihm beschwichtigt, gespeist und dazu gebracht, nie mehr Lebendes anzugreifen. Er starb im Anfang des fünften Jahrhunderts hochbetagt in Metapont, wohin er wahrscheinlich vor der demokratischen Bewegung flüchten mußte, denn sein Bund war streng aristokratisch. Er hat nichts geschrieben, aber seine Worte wurden von seinen Jüngern sorgfältig im Gedächtnis bewahrt, und es war die höchste Bestätigung für eine Behauptung, wenn man hinzusetzen konnte: »αὐτὸς ἔφα, *er* hat's gesagt«. In den Aussprüchen, die ihm zugeschrieben wurden, äußert sich echte Frömmigkeit, Weltverachtung, hoher Wahrheitssinn, Jenseitigkeit: lauter ungriechische Eigenschaften, wie er denn überhaupt innerhalb des Hellenentums die Rolle eines Propheten und Gegenspielers einnahm.

Was seine wissenschaftliche Tätigkeit anlangt, so sagte Heraklit von ihm, er habe am meisten von allen Menschen sich mit Forschung befaßt; er fügte allerdings hinzu, er habe sich daraus eine Vielwisserei und Afterkunst zurechtgemacht, denn Heraklit ließ außer sich niemand gelten. Die Hauptunterrichtsgegenstände der Pythagoreer waren Gymnastik, Heilkunde und Mathematik, zu der sie die Arithmetik, Geometrie, Astronomie und Musik rechneten: diese Einteilung ist das ganze Altertum hindurch kanonisch geblieben. Ihre große Geistestat bestand eben darin, daß sie Astronomie und Musik als eine Art angewandte Mathematik erkannten. Sie entdeckten, daß die Tonabstände Quart, Quint und Oktave durch die einfachen Zahlenverhältnisse 3:4, 2:3, 1:2 ausdrückbar sind, und von da gelangten sie zu der tiefen, schon in der späteren Antike nicht mehr verstandenen Erkenntnis, daß *alles* Musik, Harmonie und Zahl sei. Nach dem Prinzip des Geraden und Ungeraden stellten sie eine Art Tafel der Weltkategorien auf, wobei die 1 als die gerad-ungerade Urzahl galt, die die beiden Reihen aus sich erzeugt. Das Ungerade ist das Begrenzte, das Gerade ist das Unbegrenzte (weil es ins Unendliche teilbar ist), wobei nach echt griechischer Auffassung das Begrenzte als das Vollkommenere gilt, und diesem Dualismus entsprechen nun sämtliche Gegensätze im Weltall: Eines und Vieles, Rechts und Links, Männliches und Weibliches, Licht und Dunkel, Gutes und Böses und alle übrigen. Ferner ist der Punkt das Prinzip der Einheit, die Linie (da sie von zwei Punkten bestimmt wird) das der Zweiheit, die Fläche die Dreiheit, der Körper die Vierheit: aus 1, 2, 3, 4 besteht die ganze Körperwelt. Aber auch die ganze Zahlenwelt, denn $1 + 2 + 3 + 4$ sind 10, alle folgenden Zahlen nur Wiederholungen der ersten Zahlenreihe. Die ungeraden Zahlen erweisen sich auch darin als die vollkommeneren, daß sie alle aus Differenzen von Quadraten zusammengesetzt sind: $3 = 2^2 - 1^2$, $5 = 3^2 - 2^2$, $7 = 4^2 - 3^2$, $9 = 5^2 - 4^2$, und daß die Summen der aufeinanderfolgenden Ungeraden immer wieder Quadrate ergeben: $1 + 3 = 2^2$, $1 + 3 + 5 = 3^2$, $1 + 3 + 5 + 7 = 4^2$, $1 + 3 + 5 + 7 + 9 = 5^2$ bis 10^2. Nach diesen wenigen Proben wird man sich vielleicht schon ungefähr vorstellen können, worauf der Pythagoreismus hinauswill. Im Grunde war sein Kardinalprinzip kein anderes als das Galileische: »Das Buch des Universums ist in mathematischen Lettern geschrieben« und überhaupt das der ganzen modernen Naturwissenschaft, die zum Beispiel die völlige Verschiedenheit so vieler aus denselben Bestandteilen zusammengesetzter Stoffe auf die Ungleichheit der Atomzahlen zurückführt und die Vielfältigkeit der Farben auf bloße Unterschiede der Schwingungszahlen. Nur daß der Pythagoreismus noch viel weiter ging, indem er die Mathematik einen Bund mit der Mystik schließen ließ. Auch dies erscheint nur auf den ersten Blick paradox; denn bloß die niedere Mathematik ist rational, die höhere eine Art Zauber und ein Pfad zum Absoluten. Deshalb hat einer der größten deutschen Mystiker, Novalis, gesagt: »Echte Mathematik ist das eigentliche Werkzeug des Magiers; das höchste Leben ist Mathematik; das Leben der Götter ist Mathematik; reine Mathematik ist Religion.« Und in der Tat war der Pythagoreismus eine Religion, die sich sehr nahe mit der Orphik berührte: auch er lehrte die Seelenwanderung; daher wohl auch die bedeutende Rolle, die die Frauen spielten, wiederum ein ungriechischer Zug. Einer seiner sonderbarsten Glaubenssätze aber war die Lehre von der παλιγγενεσία, der ewigen Wiederkunft, die aber einer mathematischen Weltanschauung nicht allzu ferne lag. Nach dem Bericht des Simplicius soll nämlich der Aristoteliker Eudemos einmal zu seinen Schülern gesagt haben: »Wenn man den Pythagoreern glauben darf, daß alle Dinge buchstäblich wiederkehren, dann werdet auch ihr einmal wieder vor mir sitzen und ich werde euch vortragen und dabei dieses Stäbchen in der Hand halten und mit allem andern wird es sich ebenso verhalten.« Diesen Gedanken hat bekanntlich Nietzsche in seiner letzten philosophischen Phase wieder aufgenommen. »Der Satz vom Bestehen der Energie«, sagt er im Nachlaß, »fordert die ewige Wiederkunft«; es folgt aus ihm, daß die Welt »eine berechenbare Zahl von Kombinationen, im großen Würfelspiel des Daseins, durchzumachen hat. In einer unendlichen Zeit würde jede mögliche Kombination irgendwann einmal erreicht sein; mehr noch: sie würde unendliche Male erreicht sein!« Die Welt »sich selber segnend als das, was ewig wiederkommen muß«, eine »dionysische Welt des Ewigsichselberschaffens, Ewigsichselberzerstörens« ist »ohne Ziel, wenn nicht im Glück des Kreises ein Ziel liegt«. Wie aber reimt sich dies mit Nietzsches eigener völlig neuer Werttafel und dem Übermenschen, der doch zweifellos die Höherentwicklung zu etwas Nochniedagewesenem darstellen soll? Derlei Einwände hätten aber auf Nietzsche vermutlich wenig Eindruck gemacht, denn er wollte ja kein naturphilosophisches Dogma aufstellen, sondern ein moralisches Postulat: »Wenn du dir den Gedanken der Gedanken einverleibst, wo wird er dich verwandeln. Die Frage bei allem, was du tun willst: ›ist es so, daß ich es unzählige Male tun will‹ ist das größte Schwergewicht.« Nur Philosophien, die vom höchsten, verantwortungsvollsten Ethos getragen sind (und zu ihnen gehörte offenbar auch die pythagoreische) vermögen überhaupt diesen Gedanken zu ertragen.

Die Eleaten

Um dieselbe Zeit wie Pythagoras lebte Xenophanes, der zu den »Eleaten« gerechnet wird, aber gar keiner war, nicht bloß seiner Herkunft nach, denn er stammte aus Kolophon in Kleinasien, sondern auch, was wichtiger ist, in seiner Philosophie, die, noch gar nicht erkenntniskritisch, an den naiven Realismus der Milesier anschließt, den Eleatismus nur negativ vorbereitet: durch Polemik gegen das herrschende Weltbild des Polytheismus, und überhaupt kein eigentliches System, sondern mehr philosophische Dichtung ist. Xenophanes war seinem Beruf nach ein fahrender Sänger, aber, trotz Armut und geringem Ansehen oder vielleicht gerade deshalb, seiner hohen Denkerwürde mit fast übertriebenem Stolze bewußt. Seine Meinungen über das Weltall hat er in einem hexametrischen Lehrgedicht niedergelegt, das zum größten Teil untergegangen ist. »Alles«, sagt er, »haben Homer und Hesiod den Göttern angehängt, was bei den Menschen Schimpf und Schande ist: stehlen und huren und einander betrügen.« Und er gelangt bereits zu dem Satz Feuerbachs »homo homini deus«: seine Götter denke sich der Äthiopier schwarz und plattnasig, der Thraker blond und blauäugig, und der Ochse vermutlich als Ochsen, das Pferd als Pferd; aber was bei Feuerbach ein lederner Treppenwitz ist, war bei Xenophanes, dem bittern ionischen Grübler, eine Geistestat von höchster Neuheit und Kühnheit. Für ihn gibt es nur *einen* Gott, »weder an Gestalt den Sterblichen ähnlich noch an Denken«, »ganz Auge, ganz Ohr, ganz Verstand«, und diese Gottheit ist identisch mit dem Weltganzen, ἓν καὶ πᾶν, eins und alles. Xenophanes ist der erste hellenische Pantheist. Zugleich aber ist er, wie alle großen Dichter, Agnostiker: volle Gewißheit über Gott und Natur habe noch keiner erlangt und werde auch keiner erlangen, denn Schein ist über alles gebreitet.

Dieser Gedanke, daß unsere Welt eine Scheinwelt sei, bei Xenophanes nur ein poetischer Aperçu, ist von Parmenides, »dem Großen«, wie ihn Plato nennt, zum Grundstein eines tiefsinnigen Lehrgebäudes gemacht worden. Er blühte um 500 in Elea, einer phokaischen Kolonie an der Westküste Unteritaliens, von der heute nicht einmal mehr Ruinen vorhanden sind. Von seinem Lehrgedicht sind etwa anderthalbhundert Verse erhalten. Es zerfiel in zwei Teile: der erste handelte von der Wahrheit, ἀλήθεια, der zweite von der Meinung, δόξα, man könnte auch sagen: von der wahren und der Sinnenwelt, und das Ganze etwa nach Schopenhauer betiteln: Die Welt als Sein und Vorstellung. In der Einleitung schildert er eine Vision: wie ihn ein Wagen, von Sonnenjungfrauen gelenkt, aus dem Reiche der Nacht zum Lichte emporführt, und diese phantastische Einkleidung ist nicht unberechtigt, denn er muß in der Tat den Blitz, der ihm mit einem Schlage die Phänomenalität der Welt erhellte, wie eine göttliche Erleuchtung und Berufung zu übermenschlichem Wissen empfunden haben. Im übrigen sagt er: »Es ist mir einerlei, von wo ich ausgehe, da ich ja doch immer wieder auf dasselbe zurückkomme.« Dieser Grundgedanke, der immer wiederkehrt, ist die Einheit, Unvergänglichkeit und Unwandelbarkeit des Seienden. Es ist einzig, ohne Anfang und Ende, ein Kontinuum (συνεχές), alles mit einem Male: »Man kann nicht sagen: es war oder es wird sein, sondern es ist jetzt.« Aber die uns umgebende Natur bestätigt diese Aussage nicht: sie zeigt uns im Gegenteil nichts als Vielheit, Entstehen, Vergehen, Wechsel. Also ist die Natur im Unrecht, und was wir Werden nennen, eine Täuschung, für den, der ihn zuerst zog, ein Schluß von einer abgrundtiefen Verwegenheit! Aber Parmenides versucht ihn auch dialektisch zu begründen: das Seiende kann nicht entstanden sein, weder aus dem Seienden, weil es dieses ja schon selber ist, noch aus dem Nichtseienden, weil dieses überhaupt nichts ist, es kann auch nicht vergehen, weil es dann zu seinem Gegenteil, einem Nichtseienden, werden müßte, ja es kann auch nicht unendlich sein, weil es dann niemals vollendet, also unvollkommen wäre. Das ist ebenso typisch griechisch empfunden wie die Minderwertigkeit des Geraden im Pythagoreismus, und noch griechischer ist ein Gedanke, der uns ziemlich paradox anmutet: das Sein ist eine Kugel! Nach allen Seiten gleich ausgedehnt, völlig ebenmäßig gebaut, rund und in sich geschlossen: nur dies verbürgt ihm die Ewigkeit. Dieses absolute Sein läßt sich im reinen Denken erfassen, denn, sagt Parmenides, »das Denken und der Gegenstand des Denkens sind identisch«. Hier kündet sich bereits die Ideenlehre Platons an, ja die ganze neuere Philosophie von Cartesius bis Hegel.

Die Dialektik

Ebenfalls um die Wende des sechsten Jahrhunderts lehrte im fernen Indien Gautama, der Buddha, der 477 ins Nirwana einging, daß die Vielheit nur für den Nichtwissenden bestehe; wer sie als Täuschung durchschaute, sei erlöst. Diesen zweiten Teil der parmenideischen Philosophie, die Lehre von der Unwirklichkeit der Sinnenwelt hat mit viel Geist und Scharfsinn Zenon ausgebaut, der gleichfalls aus Elea stammte, ein Schüler und, nach Plato, der Geliebte des Parmenides: also sogar die Metaphysik war bei den Griechen eine Sache der Homoerotik. Aristoteles nennt ihn den Erfinder der Dialektik. Berühmt waren seine »Aporien«, Spitzfindigkeiten, aus denen man sich nicht heraushelfen kann. So behauptete er zum Beispiel, jeder Körper sei sowohl unendlich klein wie unendlich groß: unendlich klein, denn er bestehe, da er unbegrenzt teilbar sei, aus einer Summe von zahllosen Teilen, die zusammen wieder nur ein unendlich Kleines ergeben können; unendlich groß, denn bei jener unbegrenzten Teilung erhalte ich unendlich viele Teile, aus denen ich den Körper zusammensetzen und, da mir, so viele wie ich auch verbraucht habe, immer noch zahllose übrigbleiben, ins Unendliche anwachsen lassen kann. Dieser Gedankengang beruht auf einem Mißbrauch des Unendlichkeitsbegriffs, der, absichtlich oder unbewußt, unklar gefaßt ist: In wie viele Teile ich auch den Körper zerlege, immer wird deren Summe $1/X \cdot X$ (oder, wenn es unendlich viele sind, $1/\infty \cdot \infty$) sein und 1 ergeben, das heißt: den Körper selber. Drei andere Aporien waren der »Pfeil«, der »Medimnos« und der »Phalakros«. Der fliegende Pfeil ruht, denn er befindet sich in jedem kleinsten Zeitteilchen, dem »Jetzt«, nur an einem einzigen Orte, also im ruhenden Zustande; da aber die ganze Zeit, die er fliegt, aus solchen Einzelmomenten zusammengesetzt ist, so bewegt er sich überhaupt nicht vorwärts. Hier liegt der Trugschluß darin, daß das »Differential« gleich 0 gesetzt wird: zu dem »Jetzt«, der unendlich kleinen Zeit dt (Differential von t), gehört nämlich der unendlich kleine Weg ds, und nach der Formel $v = s/t$ ist daher die Pfeilgeschwindigkeit im kleinsten Zeitteil ds/dt, aber nicht $0/0$. Der »Medimnos« oder Kornhaufen weist auf den Widerspruch hin, daß ein Scheffel Getreide beim Umfallen ein Geräusch hervorbringe, das einzelne Korn aber nicht, somit sei entweder das Gesamtgeräusch oder die Geräuschlosigkeit der Einzelkörner eine Sinnestäuschung. Dieses Paradoxon findet seine Erklärung durch das Gesetz vom Schwellenwert der Empfindung, das erst Fechner entdeckt hat. Jeder Reiz wird erst bewußt, wenn er eine gewisse Stärke besitzt, durch die er die Empfindungsschwelle zu überschreiten vermag; Gehörsempfindungen entstehen durch jedes einzelne Korn, aber erst ihre Summation erlangt den Schwellenwert: wieviel Körner dazu nötig sind, läßt sich nur durch das Experiment feststellen. Aber noch verzwickter ist die Frage des *»phalakros«*: wieviel verlorene Haare machen einen Kahlkopf? Offenbar ist es ein einziges Haar, das den Übergang macht. Hier stoßen wir, wenn wir das Problem verallgemeinern, in der Tat auf einen schwer lösbaren Knoten: die Willkürlichkeit unserer Begriffsbildungen, was aber weniger einen Einwand gegen unsere Sinneseindrücke bedeutet als gerade gegen unsere Ideenwelt, die Parmenides als die einzig wahre erblickte (der *»phalakros«* findet sich in dieser Form erst bei Eubulides von Milet, einem Sokratiker, sein Prinzip aber bereits bei Zenon).

Die Aporien sind die Vorläufer der kantischen »Antinomien der reinen Vernunft«: so nannte Kant Lehrsätze, deren Bejahung ebenso richtig und beweisbar ist wie deren Verneinung. Zum Beispiel: die Welt ist eine zeitlich unbegrenzte Größe. Aber hätte sie keinen Anfang in der Zeit, so müßte im gegenwärtigen Zeitpunkt bereits eine Ewigkeit abgelaufen sein, eine abgelaufene Ewigkeit aber ist ein Unding. Also ist die Welt eine zeitlich begrenzte Größe. Aber hätte sie einen Anfang in der Zeit, so hätte diesem eine Zeit vorhergehen müssen, in der keine Welt, also nichts war, eine leere Zeit, also wiederum ein Unding. Die Lösung liegt darin, daß das Weltganze keine gegebene Größe, kein Gegenstand unserer Erkenntnis, kein Objekt unserer Vernunfttätigkeit ist. Es ist für uns ein Ding an sich, das heißt: es liegt jenseits der Grenzen unseres Vorstellungsvermögens. Wir können daher weder sagen, daß es zeitlich begrenzt, noch daß es zeitlich unbegrenzt ist, denn die Zeit ist eine subjektiv menschliche Anschauungsform, die auf das Ding an sich keine Anwendung findet.

Heraklit

Genau um dieselbe Zeit wie Parmenides blühte Heraklit aus Ephesos, der genau das Gegenteil wie Parmenides lehrte. Er stammte aus dem Königsgeschlecht der Kodriden und bekleidete noch selber die Würde eines Opferkönigs, die er aber an seinen Bruder abtrat, um sich ganz der Philosophie widmen zu können. Auf seine Vaterstadt war er nicht gut zu sprechen: »Die Ephesier«, sagte er, »täten am besten, sich Mann für Mann aufzuhängen«, und ein andermal wünschte er ihnen: »Möge es euch nie an Reichtum fehlen, damit eure Verlotterung an den Tag kommen kann.« Er war überhaupt ein Verächter der Masse: von Volkssängern lasse sie sich leiten, sie wisse nicht, daß die Mehrheit schlecht und nur die Minderheit gut sei, »die meisten liegen da, vollgefressen wie das liebe Vieh«. Aber auch die über die Menge emporragten, konnten es ihm nicht recht machen: »Vielwisserei bildet den Geist nicht, sonst hätte sie den Hesiod belehren müssen und den Pythagoras, den Xenophanes und den Hekataios« (den »Vater der Geographie«, von dem wir gleich hören werden); Homer und Archilochos hätten verdient, ausgepeitscht zu werden. Für seine eigene Philosophie aber, die er mit dem tiefen Wort charakterisierte: »Ich habe mich selbst gesucht«, rechnete er auf kein Verständnis: »Die Hunde bellen jeden an, den sie nicht kennen, und der Pöbel greift alles an, was ihm neu ist«, »für den Logos, obgleich er immer da ist, haben die Menschen keinen Sinn, weder bevor sie von ihm gehört haben noch nachdem sie von ihm gehört haben«, »wie Taube sind sie, anwesend sind sie abwesend«. Dem ganzen Altertum galt Heraklit als der Dunkle, ὁ σκοτεινός, und Sokrates sagte von ihm: »Was ich verstanden habe, zeugt von hohem Geist, und, wie ich glaube, auch was ich nicht verstanden habe; aber dazu bedarf es eines delischen Tauchers« (von Delos kamen die tüchtigsten). Zweifellos war die gedankenschwere, überkomprimierte Aphoristik Heraklits eine bewußt gewählte Stilform und ihre Änigmatik beabsichtigt; von ihr gilt, was er vom Delphischen Orakel sagte: »Es spricht nicht und verbirgt nicht, sondern deutet an.« Erhalten sind von ihm nur solche kurze Rätselworte, aber es ist mehr als wahrscheinlich, daß sein ganzes Werk aus diesen Bausteinen zusammengesetzt war, die sich dann zu einem unsichtbaren System fügten, ähnlich wie bei Nietzsches *Morgenröte* und den übrigen Schriften seiner mittleren Periode. Es sind Sentenzen von schärfstem Schliff, reinstem Glanz und wuchtigster Fassung, messerhart und tausendstrahlig wie Diamanten: »Die Zeit ist ein spielendes Kind, das Brettsteine hin und her schiebt«, »Der Seele Wesen kannst du nicht ausfinden, auch wenn du jeglichen Weg abschrittest, so tief ist ihr Wesen«, »Dem Menschen ist sein Ethos sein Dämon«, »Der Mischtrank zersetzt sich, wenn er nicht geschüttelt wird«.

Der berühmte Ausspruch Heraklits: »In dieselben Flüsse steigen wir hinab und nicht hinab, wir sind es und sind es nicht, denn in denselben Strom vermag man nicht zweimal zu steigen« will besagen, daß alles Irdische einem ewigen Wandel unterworfen, daß das ganze Dasein ein solcher Fluß ist. Noch weiter ging der Herakliteer Kratylos, indem er erklärte, in denselben Fluß zu steigen vermöge man nicht einmal *ein*mal, und später redete er überhaupt nicht mehr, sondern beschränkte sich darauf, mit dem Finger den Kreislauf des ewigen Fließens anzudeuten, womit er wahrscheinlich meinte, daß das Werden so flüchtig und unfaßbar sei, daß die Fixierung durch das Wort es bereits fälsche.

Heraklit klagt die Dinge des entgegengesetzten Betrugs an wie Parmenides: daß sie uns ein beharrendes Sein vorspiegeln. Der Schein des Beharrens entsteht, wenn zwei gegensätzliche Kräfte sich das Gleichgewicht halten. Ein jegliches Ereignis ist das Ergebnis einer Selbstentzweiung und Wiederversöhnung, der Krieg der Vater der Dinge, ἔρις der Streit, der Pulsschlag der Welt. Bekanntlich beruht auf dem Grundgedanken, daß das Treibende in der Weltentwicklung der Widerspruch und dessen Auflösung sei, auch die Philosophie Hegels. Ganz wie bei Hegel trägt schon bei Heraklit jeder Zustand seinen Übergang in den entgegengesetzten, somit diesen selbst in sich: »Die Menge«, sagt er höhnisch, »sucht Belehrung bei Hesiod, er, meint sie, wisse am meisten, der nicht einmal Tag und Nacht kennt, denn er weiß nicht, daß beide eins sind.« Die Nacht gebiert den Tag, der Tag die Nacht, also ist die Nacht latenter Tag, der Tag potentielle Nacht. Aus Totem wird Lebendiges, aus Lebendigem Totes, aus Wachen Schlaf, aus Schlaf Wachen, und ebenso verhält es sich mit Sommer und Winter, Hunger und Sättigung, Anstrengung und Erholung, Gesundheit und

Krankheit, Jugend und Alter. Aus dem Gegensatzpaar des Männlichen und Weiblichen entsteht das Leben, aus den ebenfalls antipodischen Vokalen und Konsonanten die Sprache, aus den hohen und tiefen Tönen die Harmonie. Diese Harmonie durchwaltet alles, und gegen die, welche einwenden, daß sie nicht wahrnehmbar sei, setzt Heraklit das Orakelwort: »ἁρμονίη ἀφανὴς τῆς φανερῆς κρείττων, die unsichtbare Harmonie ist gewaltiger als die geoffenbarte«. In dieselbe Richtung zielt auch sein tiefsinniges Gleichnis, das Plato im »Symposion« überliefert hat: »Die Einheit entzweit sich und söhnt sich wieder mit sich aus, wie die Harmonie des Bogens und der Leier«, an dem viel herumgedeutet worden ist: man hat dabei an die zweiarmige Form des Bogens und der Leier gedacht, an den Kampf der Hand mit Sehne und Saite und dergleichen; es ist aber wahrscheinlich ganz einfach das Phänomen der *Spannung* gemeint, eine von Heraklit genial erahnte Weltrealität, welche durch die modernen Entdeckungen auf dem Gebiete der Elektrizität, des Magnetismus und der Chemie aufgehört hat, ein Bild zu sein.

Aus alldem folgt aber, daß vor der Gottheit alles gleich schön, gut und gerecht ist, »nur die Menschen halten das eine für unrecht, das andre für recht«. Diese Welt, die von jeher war und immerdar sein wird, ist »ein ewiglebendes Feuer, das nach Maßen sich entzündet und nach Maßen wieder verlischt«. Dieses Feuer ist kein Urstoff wie das Wasser des Thales oder die Luft des Anaximenes, sondern die alles durchwaltende und durchwärmende Weltseele, die alles erleuchtende Weltvernunft. Wenn Heraklit sagte, daß alles Feuer ist, so meinte er damit, daß alles belebt ist. Die exakte, nicht etwa bloß symbolische Analogie zwischen dem Leben und einer Flamme hat die moderne Naturwissenschaft enthüllt. Die kohlenstoffhaltige Nahrung gelangt im Organismus zur Verbrennung, indem sie mit dem eingeatmeten Sauerstoff oxydiert wird, und das Endprodukt ist Kohlensäure. Ferner herrscht in einer Flamme ein ununterbrochener sehr rascher Stoffwechsel, und auch dies empfahl sie zum Weltprinzip des Heraklitismus. Und mit seiner Lehre vom ewigen Kreislauf hat dieser ebenfalls eine der Grundideen der heutigen Naturwissenschaft antizipiert.

Mathematik

Blicken wir noch einmal zurück, so sehen wir, daß von den Vorsokratikern fast alle philosophischen Gedanken des Abendlandes schon vorgedacht worden sind, nachdem es bis dahin fast gar keine Philosophie gegeben hatte: eine erstaunliche Tatsache. Alle Monisten stammen von Thales ab, alle Bekenner des *deus sive natura* von Xenophanes, alle Phänomenalisten von Parmenides, alle Lehrer der *coincidentia oppositorum* von Heraklit; in embryonaler Form findet sich das Gesetz von der Erhaltung der Energie und die Gravitationstheorie schon bei Anaximander, die Relativitätstheorie bei Zenon. Überhaupt hat diese Zeit auch auf dem Gebiet der exakten Wissenschaften den Grund gelegt. Thales stellte eine Reihe wichtiger geometrischer Elementarsätze auf, unter anderm: daß der Durchmesser den Kreis halbiert, daß im gleichschenkligen Dreieck die Basiswinkel gleich sind, daß zwei Dreiecke kongruent sind, wenn eine Seite und zwei korrespondierende Winkel gleich sind; auf Grund astronomischer Beobachtungen berechnete er die Sonnenfinsternis vom 28. Mai 585. Anaximenes wußte schon, daß der Mond sein Licht von der Sonne empfängt, und erkannte in der Verdeckung des Vollmonds durch den Erdschatten die Ursache der Mondfinsternisse. Die Erde, bei Anaximander ein freischwebender Zylinder, ist bei Pythagoras bereits eine Kugel, auch nicht mehr im Mittelpunkt des Weltalls, vielmehr befindet sich dort das Zentralfeuer, um das sich Sonne, Mond, Erde, eine von ihm angenommene Gegenerde und der Fixsternhimmel drehen; daß wir diese Bewegung nicht wahrnehmen, hat seinen Grund darin, daß wir auf der nach außen gekehrten Seite der Kugel leben (eine Drehung der Erde um ihre Achse nahm er also noch nicht an), wohl aber ist sie von der Sonne aus sichtbar, die das Licht des Zentralfeuers reflektiert. Den berühmten »Pythagoras«, den Satz von der Flächengleichheit des Hypotenusenquadrats und der beiden Kathetenquadrate bewies er auf *anschaulichem* Wege, durch einfache Konstruktion, ebenso die Quadratur der Summe zweier Größen: $(a + b)^2 = a^2 + 2\,ab + b^2$. In der Tat braucht man sich nur die entsprechenden Zeichnungen zu vergegenwärtigen, um sogleich der Richtigkeit der beiden Sätze innezuwerden.

Noch viele andere Aufgaben, auch Gleichungen zweiten Grades, lösten die Pythagoreer durch Operationen mit Linien und Flächen; diese »geometrische Algebra« ist eine echt griechische Wissenschaft und das vollkommenste Widerspiel der »analytischen Geometrie«, die wiederum ein echtes Kind der Barocke ist. Die größte mathematische Leistung der Pythagoreer aber ist die Entdeckung des »Irrationalen«, wie wir es auf ziemlich schiefe Weise mit den Römern nennen, während jene es viel zutreffender als τὸ ἄρρητον, das Unbeschreibliche, Unaussprechliche bezeichneten. Irrational ist eine Zahl oder Proportion, deren Wert man nur annähernd, nicht ohne einen, wenn auch noch so kleinen Fehler, nämlich nur durch einen *unendlichen Dezimalbruch* ausdrücken kann. Ihr Typus ist $\sqrt{2}$. Auch dies läßt sich wiederum anschaulich darstellen. Die Wurzel aus 2 ist das Verhältnis der Diagonale des Quadrats zu dessen Seiten: Sie existiert, läßt sich aber in Zahlen »nicht aussprechen«.

Diagonale und Seite des Quadrats sind inkommensurabel, Größen, die sich nicht mit einem gemeinsamen Maß messen lassen, im Gegensatz zum Beispiel zu Umfang und Seite des Quadrats, die sich wie 4:1 verhalten. Diese Entdeckung wurde aber von den Pythagoreern geheimgehalten, und einer, der sie ausplauderte, soll zur Strafe ertrunken sein; mit Recht, denn sie wirft das Fundament der pythagoreischen Weltanschauung um: daß die Zahl Maß und Ordnerin aller Dinge sei.

Historia Ein jüngerer Zeitgenosse des Pythagoras war Alkmaion, der, ebenfalls in Kroton ansässig, auf Grund von Tiersektionen und Beobachtungen an Erschütterungen lädierter Partien des Gehirns in diesem Körperteil das Zentralorgan der Geistestätigkeit erkannte und außerdem die Sinnesnerven entdeckte, die er Kanäle nannte. Die »Krotoniaten« genossen auch als Chirurgen einen hohen Ruf und waren als Zahnärzte mit Brücken, Stiftzähnen und Goldplomben wohlvertraut. Noch ein andrer Zweig der Wissenschaft erlebte damals seine erste Blüte, die ἱστορία, unter der man nicht bloß Geschichte, sondern auch Geographie und daneben noch Ethnographie und Mythologie verstand. Die ersten griechischen Historiker waren die Logographen oder Geschichtenschreiber, die die ganze blühende Sagenwelt ihres Volkes in spannender, an Homer geschulter Erzählung nachzuformen versuchten, und zwar, was einen großen Fortschritt bedeutete, in Prosa. Dionys von Halikarnaß, der zur Zeit des Kaisers Augustus abschrieb, beurteilt sie von der Höhe seines Zettelkastens ziemlich abfällig: Er sagt, von ihnen seien sowohl hellenische wie barbarische Historien aufgezeichnet worden, aber nicht miteinander verflochten, sondern nach Städten und Völkern getrennt, und dazu von alters her geglaubte Mythen, die heutigen Lesern kindisch vorkommen müssen. Dasselbe fand aber auch schon Hekataios, der selber noch zu den Logographen gerechnet wird: sein Werk »Γενεηλογίαι« begann mit den stolzen Worten: »Also spricht Hekataios von Milet: dies schreibe ich, wie es mir wahr scheint. Denn die Reden der Griechen sind meines Erachtens lang und lächerlich.« Über ihn wiederum bemerkt Strabon, bei ihm und den andern alten Schriftstellern stehe vieles, das nicht geschehen ist, da sie unter Lügen aufgewachsen seien, infolge ihres Festhaltens an den Mythen. Er nennt ihn, Homer und Anaximander die ersten griechischen Geographen: Von der Universalität dieses letzteren gewinnt man eine Vorstellung, wenn man hört, daß auch die erste Landkarte von ihm stammt sowie eine Himmelskarte zur Orientierung der Schiffer bei Nacht. Hekataios ergänzte und berichtigte mit offenem Blick, reichem Wissen und wacher Kritik das Erdbild seiner Zeit, wobei ihn seine häufigen weiten Reisen unterstützten. Sein Hauptwerk Γῆς περίοδος, das in den letzten Jahren des sechsten Jahrhunderts entstand, zerfiel in zwei Bücher: Εὐρώπη und 'Ασίη. Er behandelte darin nicht bloß Berge und Flüsse, Pflanzen und Tiere, Klima und Siedlungsverhältnisse, sondern auch Trachten und Waffen, Sitten und Bräuche, Opfer und Götter, also etwa das, was bis ins neunzehnte Jahrhundert hinein das Thema der »Kulturgeschichte« bildete. Die Welt, die er umspannt, ist im wesentlichen die des Mittelmeers: Zur Asië rechnete er auch Libyen und das Nildelta; im Westen reichte sein Horizont bis Spanien und an die Südküste Galliens.

Die Apenninenhalbinsel

Italien war den damaligen Hellenen nicht bloß in seiner Südhälfte, die sie ja selbst besiedelt hatten, sondern auch im Norden ein wohlbekanntes Land. Im Gegensatz zur griechischen besitzt die Apenninenhalbinsel starke Ströme, breite Ebenen, kräuterreiche Gehänge, und außerdem war sie ursprünglich allenthalben von dichten Forsten bedeckt: Selbst die Abruzzen und Sizilien, heute völlig verkarstet, waren im Altertum Waldgebiet. Besonders reich war Italien an Buchen-, Eichen- und Nadelhölzern; heute beherrschen Felder und Gartenkulturen das Landschaftsbild fast vollständig.

Gerade umgekehrt wie bei der Balkanhalbinsel ist der Ostrand nur wenig gegliedert, während die Westküste mit mannigfaltigen Buchten, Häfen und vorgelagerten Inseln ausgestattet ist; doch ist auch hier das Profil lange nicht so fein ziseliert wie auf der ägäischen Seite Griechenlands. Ein weiterer Kontrast besteht darin, daß den italienischen Boden ursprünglich zahlreiche in Abkunft, Alter und Sprache sehr verschiedene Nationen innehatten, die alle von Rom zu *einem* Volke geeint wurden, während Griechenland von einer ziemlich homogenen Bevölkerung bewohnt war, die aber nie geeint wurde. Als »Italer«, Ιταλο›, wurden bis zum Ende des fünften vorchristlichen Jahrhunderts nur die Bewohner des kleinen Gebiets von Bruttium bezeichnet, das die Spitze des italienischen Stiefels und die Brücke zwischen der Apenninenhalbinsel und Sizilien bildet.

Die ältesten feststellbaren Siedlungen stammen aus der Bronzezeit: Es sind die sogenannten Terremare, Pfahldörfer auf festem Boden. Die Eisenzeit ist durch die Villanovakultur vertreten, die ihren Namen nach einem Gräberfeld bei Bologna führt. Daß die Erzeugnisse der minoischen Kultur schon früh ihren Weg nach Italien fanden, wurde bereits im vorigen Bande erwähnt. Was Sizilien anlangt, so bildete es in nicht allzulang zurückliegender Zeit mit Italien noch eine zusammenhängende Landmasse. Seine einheimischen Stämme, die Sikeler im Osten und die Sikaner im Westen, wurden von den Griechen unterworfen und völlig hellenisiert. Die Umbrer, die Sabeller (auch Sabiner und Samniter genannt) und die Iapyger, die den ganzen Rumpf der Halbinsel erfüllten, waren wahrscheinlich miteinander verwandt und werden daher unter dem Namen der Italiker zusammengefaßt. In Oberitalien saßen an der Ostküste die Veneter, an der Westküste die Ligurer. Von den ersteren gibt es uninterpretierbare Inschriften, von den letzteren gar keine; Cato der Ältere sagte von ihnen: »Sie sind analphabetische Lügner und haben für die Wahrheit kein Gedächtnis.«

Die Etrusker

Weitaus das mächtigste Volk der italienischen Frühgeschichte waren aber die Etrusker, von denen schon im letzten Kapitel des ersten Bandes die Rede war. Ihr Kerngebiet war das Land zwischen Tiber und Arno, doch erstreckte sich ihr Lebensraum zeitweise bis hoch nach Norden und tief nach Süden. Der Name »Etrusker« stammt von den Latinern, sie selbst nannten sich Rasenna. Sowohl ihre Sprache wie ihr körperlicher Habitus repräsentierte einen völlig fremdartigen Typus.

Sie galten als sehr reich, handelstüchtig und seekundig (sie sollen den Enterhaken erfunden haben, und ihre Piratenschiffe waren der Schrecken der Meere, so daß »Etrusker« geradezu als Synonym für »Seeräuber« gebraucht wurde), aber auch als weichlich, sittenlos und verfressen. Nach dem Bericht des Theopomp von Chios, eines Schülers des Isokrates, soll sogar geschlechtlicher Kommunismus geherrscht haben, wahllose Paarung und keine Scheu vor öffentlicher Begattung. Diese Schilderung, die Robert von Pöhlmann mit Recht als das Märchenbild einer »sexuellen Schlaraffia« bezeichnet hat, ist zweifellos übertrieben und wahr an ihr wohl nur so viel, daß den Etruskern eine sehr freie Auffassung der erotischen Beziehungen, eine ungewöhnlich starke Sinnlichkeit und allgemeine Vielweiberei eigentümlich war. Die kultische Verehrung des Phallos, die erwiesen ist, hatte, da man in ihm den Dämon der Zeugung und Befruchter des Erdschoßes erblickte, religiösen Charakter, scheint aber von Orgien umgeben gewesen zu sein. Die etruskischen Gottheiten waren mit ihren Borstenhaaren, Fledermausohren, Schnabelnasen und Hauerzähnen ziemlich scheußlich anzusehen. Im Süden wurden die Leichen verbrannt, im Norden aber gab es ganze Totenstädte mit Steinsärgen und reichen Beigaben an Goldschmuck, Prunkwaffen, kunstvollen Vasen. Besonders interessant sind die Grabgemälde. Sie schildern mit Vorliebe luxuriöse Leichenschmäuse, die offenbar bei der Totenfeier die Hauptsache waren, mit Tänzern, Musikanten, Kranzflechtern, männlichen und weiblichen Gästen, die um die Wette zechen; daneben auch Szenen des Fischfangs, der Vogeljagd, der Seefahrt mit springenden Delphinen, schwimmenden Schwänen, flatterndem Geflügel, die in den Motiven ägyptisch, im Landschaftsgefühl kretisch anmuten und mit starker Ausdruckskraft das derbe üppige Wesen ihrer Schöpfer widerspiegeln. Die etruskische Kunst ist, obschon von sicherem Können getragen, doch im Innersten barbarisch, und ihre finstere Brutalität hat manchmal geradezu etwas Höllisches. Besonders die zum Teil höchst gelungenen Skulpturen in Tuff und Ton (Marmor wurde in Etrurien erst von den Römern gebrochen) sind erschreckende Zeugnisse eines rein sinnlichen, völlig ideenleeren Materialismus. Es ist, als ob Anfang und Ende sich gespenstisch berührten: der Typ des gemütsrohen Etruskers erscheint wie der Double des seelenlosen Römers der Spätzeit. Es ist überliefert, daß die Etrusker der schönen und tiefen Geheimlehre anhingen, über der Welt mitsamt ihren Gottheiten herrsche der Ratschluß der »verhüllten Götter«. Diese verhüllten Götter haben auch über der Geschichte Roms gewaltet, aber die Römer haben sie nie bemerkt: dumpf vorwärtsgetrieben von dem Eroberungswahn, den ihnen die »unteren Götter« ins Herz gesenkt hatten, ahnten sie nicht, daß der *ager Romanus,* obschon inzwischen zum *orbis terrarum* angeschwollen, zu nichts anderem bestimmt war als zum Acker, in den das Wort Gottes gesät ward.

Rom Ranke nennt die römische Tradition »eine Mischung alter Erinnerung und politischer Anschauung«. Die Römer, für Poesie zu nüchtern und in ihrem wissenschaftlichen Auffassungsvermögen noch auf der Stufe der Prähistorie, übten hier dieselbe Methode wie bei ihrer Götterbildung: Sie verdichteten politische Handlungen, Institutionen, Begriffe zu Personen. Ihre überlieferte Frühgeschichte ist in Figuren gepreßte Territorial-, Rechts- und Verfassungsentwicklung. Nach der bekannten Gründungslegende waren Romulus und Remus die Söhne des Mars und einer Königstochter aus Alba Longa, der mythischen Hauptstadt des latinischen Bundes. Danach könnte zunächst Rom ebensogut Rem heißen. Aber Remus tritt ganz in den Hintergrund und wird schließlich von Romulus erschlagen. Am Beginn der römischen Geschichte steht bedeutungsvoll ein Brudermord. Ferner gibt die Sage ziemlich unumwunden zu, daß Rom als eine Art Verbrecherkolonie begonnen hat. Da es nun an Frauen fehlte und niemand aus der Nachbarschaft diesen Rowdies gutwillig welche geben wollte, kam es zum Raub der Sabinerinnen, der für die Sitten der Römer ebenso bezeichnend ist wie für das Renommee, das sie genossen. Als allgemeine Leistung der Königszeit gilt: die Gründung der Gemeinde und Gliederung der Bürgerschaft, die Ummauerung der Stadt und Errichtung der ersten öffentlichen Gebäude, die Unterwerfung der umliegenden Ortschaften und schließlich ganz Latiums. Das Königtum war nicht »legitim« nach modernen Begriffen. Es konnte von einem Geschlecht zum andern übergehen und im Prinzip überhaupt jedem Vollbürger übertragen werden; war aber einmal ein König gewählt, so herrschte er unumschränkt. Er war höchster Richter, Priester, Kriegsherr und besaß über den Staat eine ebenso absolute Gewalt wie der *pater familias* über sein Haus; der *senatus*, der »Rat der Älteren«, war neben ihm staatsrechtlich machtlos, doch galt seine Ignorierung in wichtigen Fragen als Mißbrauch. Die Patrizier (»Vaterskinder«, da nur sie von einem Vater abstammten, der Rechte zu vererben vermochte) hatten den alleinigen Zutritt zu sämtlichen Gemeindeämtern und Priesterwürden; ihnen gegenüber standen, durch Eheverbot geschieden, die rechtlosen, aber freien Plebejer, die Nachkommen der unterworfenen Bevölkerungen. Der staatsmännische, ja im Keime schon weltpolitische Geist der Römer zeigt sich darin, daß sie, anders als die Spartiaten, mit denen sie sonst eine gewisse Ähnlichkeit hatten, die Besiegten nicht zu Heloten machten, sondern in die Gemeinde aufnahmen. Doch hat sich hieraus die Plebejerfrage entwickelt, die sich bekanntlich durch die ganze römische Geschichte zieht. Dann gab es noch als dritten Stand die Klienten, den Anhang der großen Grundbesitzer, freie, meist zugewanderte Bauern, Pächter und Kleinhandwerker, die ihrem Patron dafür, daß er ihnen seinen Rechtsschutz lieh, politische Gefolgschaft leisteten und gegen eine bestimmte Abgabe den Boden bebauten. Sie haben zur Zeit der römischen Großmacht im Straßenbild und im Gesellschaftsleben eine charakteristische Rolle gespielt, doch war da ihr Verhältnis zum Patron bereits ein ganz anderes. Man kann den späteren Klienten nicht anders als mit »Schnorrer« übersetzen. Sie hatten die Aufgabe, ihre Schutzherren als eine ständige Suite zu umgeben, um deren Reichtum und Ansehen zu unterstreichen oder aber auch eine Kreditfähigkeit vorzutäuschen, die diese nicht besaßen, so wie sich heutzutage einer aus ähnlichen Gründen einen Diener und Chauffeur hält, dem er dann das Gehalt schuldig bleibt. Sie erhielten als Entschädigung für ihren anstrengenden Dienst oft nicht mehr als einen schäbigen Taglohn, den man sonst einem Sklaven als Trinkgeld gab, ein paar abgelegte Kleider und zur Mahlzeit sauern Wein, altes Brot, wässerige Muscheln und Lampenöl. Andrerseits waren sie, ihren Brotgeber umschwärmend »wie die Fliegen den Koch«, zumeist sicherlich indiskret, gierig, unmanierlich und in ihrer Dienstbeflissenheit und Speichelleckerei taktlos.

Die Könige

Von Romulus berichtet die Überlieferung, daß er am linken Ufer des Tiber, etwa fünf Stunden vom Meer entfernt, auf dem Palatin das älteste Rom, die *Roma quadrata,* mit der Burg, dem Capitolium, und dem vornehmsten Heiligtum der Stadt, dem Tempel des Jupiter Capitolinus, gegründet und den Senat der hundert *patres,* den *populus* oder die Gemeinde und die Stände geschaffen habe. Den zweiten König, Numa Pompilius, der das Sakralwesen geordnet und, zum Schutz der Kleinbauern, die Ackergrenzen fixiert haben soll, nennt Pöhlmann den »mythischen Vorläufer der Gracchen«. Sein Nachfolger Tullus Hostilius eroberte Alba longa und gliederte die Albaner der römischen Bürgerschaft ein. Ancus Marcius fügte die Latiner hinzu und gründete am Ausfluß des Tiber Ostia, die Hafenstadt Roms. Tarquinius Priscus (was soviel bedeutet wie Tarquinius der Erste oder Tarquinius senior) erbaute den Zirkus und den

Abzugskanal, die *cloaca*. Servius Tullius gliederte die Bürgerschaft nach Klassen auf Grund eines Vermögenszensus und erweiterte die Wehrpflicht von den Patriziern auf alle Begüterten, eine zweischneidige Maßregel, die früher oder später zur Folge haben mußte, daß diese zu den Pflichten auch Rechte forderten. Als der letzte König gilt Tarquinius Superbus, der »Übermütige«. Er fiel unter dem doppelten Ansturm der Republikaner und der Nationalisten, die dem Geschlecht der Tarquinier, das, wie schon aus dem Namen hervorgeht, etruskischer Herkunft war, Opposition machten. Die Legende erzählt, daß, nachdem Tarquinius sich schon mancherlei Übergriffe erlaubt hatte, einer seiner Söhne Lucretia, die Gattin des Collatinus, entehrt habe, worauf Brutus einen Aufstand anzettelte, dem das Heer sich anschloß. Wiederholte mit Hilfe der Etrusker unternommene Restaurationsversuche scheiterten. An die Stelle der Könige traten zwei jährlich gewählte Konsuln mit königlicher Gewalt, die nur dadurch beschränkt war, daß der eine die Anordnungen des andern aufheben konnte. In Zeiten dringender Kriegsgefahr wurde einem Diktator, der aber nicht länger als sechs Monate im Amt bleiben durfte, der alleinige Oberbefehl übertragen. Die Tarquinier sollen genau in demselben Jahr vertrieben worden sein wie die Pisistratiden. Das braucht keine nachträgliche Geschichtskonstruktion zu sein, denn es gibt etwas wie einen geheimnisvollen Zeitgeist, der durch die gesamte zivilisierte Welt zieht. Jedenfalls war von da an der Königsname in Rom ebenso verhaßt und beinahe zum Schimpfwort geworden wie in Griechenland der Tyrannentitel.

Charakter der Urrömer

Die Römer der Königszeit sind bereits das Volk von Kriegern, als das die Weltgeschichte sie kennt; sie nennen sich *Quirites*, Lanzenmänner, und haben für die stimmberechtigte Bürgerschaft und das bewaffnete Aufgebot ein und dasselbe Wort, *centuria*. Hingegen waren sie damals noch das Gegenteil eines Seevolks: sie besaßen ursprünglich überhaupt keine Meergötter und fast alle ihre nautischen Bezeichnungen stammen aus dem Griechischen. Von den Fachausdrücken des Reit- und Wagensports hinwiederum sind die meisten keltisch. Die Gallier, mit denen Rom spätestens seit Anfang des sechsten Jahrhunderts in Berührung kam, haben in der italischen Rassenmischung eine ähnliche Rolle gespielt wie die Iren in der angelsächsischen: an Charaktereigenschaften den Römern keineswegs ebenbürtig, waren sie ihnen an Geist zweifellos überlegen: Virgil und Catull, Livius und Plinius und zahlreiche andere Träger der lateinischen Kultur hatten keltisches Blut in den Adern.

Die »Urrömer« waren weiter nichts als wehrhafte Bauern. Auch der Handel hatte eine sehr untergeordnete Bedeutung: er diente fast nur dem Binnenverkehr, und auch dieser beschränkte sich im wesentlichen auf die Messen anläßlich der großen Feste, bei denen die Landbevölkerung ihre bescheidenen Bedürfnisse befriedigte. Noch zur Zeit des Peloponnesischen Krieges weiß der griechische Komödiendichter Hermippos als italische Exportartikel nur Graupen und Ochsenrippen zu nennen. Als Begründer der Zünfte galt Numa: als die wichtigsten werden Schmiede und Zimmerleute, Walker und Färber, Töpfer und Schuster, aber auch schon Flötenbläser angegeben. Gebaut wurde von alters her die Rübe und die Bohne, auch Hirse, Gerste und Spelt, Weizen erst seit der Mitte des fünften Jahrhunderts, die Edelkultur der Rebe, Feige und Olive fand nur sehr allmählich Eingang. Hingegen widmete man sich schon sehr früh der Salzgewinnung auf den Niederungen am Meere. Den Hauptreichtum des Landes bildete das Vieh, *pecus,* das auch der Wertmesser war, wovon noch der Name des Geldes, *pecunia,* deutliche Kunde gibt. Ein anderes Dokument der Sprachgeschichte: der Zusammenhang zwischen *dives* und *divus* ist höchst betrüblich: Kein zweites Volk hat die Roheit, oder vielleicht soll man bloß sagen: die Gedankenlosigkeit gehabt, den Begriff des Reichtums an den des Göttlichen anzuknüpfen.

Mit der Wahrheit und Ehrlichkeit scheinen es die Römer genauer genommen zu haben als die Griechen. Die abstrakten Gottheiten, denen sie die meisten Altäre errichteten, waren Fides, nicht »Treue«, sondern bloß Vertragstreue, und Pietas, die, der Fides nahe verwandt, gewissenhaftes Einhalten der Verpflichtungen gegen jedermann, auch gegen Tieferstehende, bedeutet und sich mit dem engeren und innigeren Inhalt unserer »Pietät« ebenfalls nicht deckt. Ein starkes, obschon kaltes Rechtsgefühl wohnte dem Römer von Urzeiten her inne. Verschlagenheit, ja schon Schlauheit in Handel und Politik war ihm verhaßt: Sie erschien ihm als eine Tugend der Sklaven und Dirnen. Alles, was mit Wissenschaft und Kunst zusammenhing, mißachtete er als eine Art Unfug. Es gibt im Lateinischen nur das Wort *scriba*, Schreiber; *poeta* ist ein Lehnwort. Sämtliche geistigen Beschäftigungen, die nicht unmittelbar der Praxis dienten, galten als *artes leviores* und *studia minora*. Die einzige dichterische Eigenschöpfung des italischen Bodens ist die Atellane, die, von den Oskern stammend, vor 500 nach Rom kam, eine ordinäre Volksposse aus Zoten, Tölpeleien, Sauf- und Prügelszenen mit stehenden Typen: *pappus*, dem vertrottelten Alten, *maccus*, dem Freßsack, *buccus*, dem Dummkopf, und ähnlichem. Wie es einem Volk von Juristen geziemt, ist das erste literarische Denkmal der Römer das Zwölftafelgesetz, von dessen Originaltext nur einzelne Zitate in ebenso unbeholfenen und ungehobelten wie gedrängtem und begriffsscharfem Latein erhalten sind, zum Beispiel: *»Si nox furtum faxsit, si im occisit, iure caesus esto.«* (Wenn [einer] nachts einen Diebstahl begeht [und] wenn [der Besitzer] ihn tötet, soll er zu Recht getötet sein.) Bezeichnend ist, daß die Kinder am liebsten »Richter« spielen.

Der hofartige Hauptraum des italischen Hauses, das Atrium, entspricht genau dem griechischen Megaron. Er war ebenfalls ziemlich düster, nur durch eine Oberlichtöffnung erhellt, die, weil sie auch dem Regen Einlaß gewährte, *impluvium* hieß; dieser wurde von einer Zisterne, dem *compluvium*, aufgefangen; an der Rückwand befand sich der Herd. Rundherum lagen die Wirtschaftsräume: Heuboden und Getreideboden, Obstkeller und Futterkammer, Dreschtenne und Mehlspeicher, Backstube und Waschhaus, das zugleich als Bad diente, Viehställe und Bienenstände. Der *pater familias* leitete die Arbeiten persönlich und legte auch selbst mit Hand an. Die *patria potestas* umspannte das Recht über Leben und Tod von Weib, Kind und Gesinde: auch der erwachsene Sohn konnte nur durch den Vater Rechtsgeschäfte abschließen. Das römische Wort *pater* hat überhaupt einen viel härteren Klang als das entsprechende in anderen Sprachen: Es betont weniger die Väterlichkeit als die Befehlsgewalt: die *patres* des Senats sind die Herren der Gemeinde, die Patrone die Herren ihrer Klienten, die *patricii* der Herrenstand. Der Hausfrau wurde große Achtung entgegengebracht, doch fehlte auch diesem Gefühl die Innigkeit: Der Gatte schätzte in ihr bloß die Kindererzeugerin: im Lateinischen heißt »ehelichen«: *in matrimonium ducere*, der Mutterschaft zuführen. Welche geringe Bedeutung die Römer den Töchtern des Hauses beimaßen, erhellt daraus, daß sie für Bruder und Schwester nicht Geschwister, sondern *fratres*, »Gebrüder«, sagten und daß sie die weiblichen Nachkommen nicht selten einfach numerierten. Überhaupt zeigt sich in den Eigennamen die ganze römische Nüchternheit und Phantasiearmut. Auch bei Männern sind Bezeichnungen wie Quintus, Sextus, Decimus sehr beliebt, ebenso sind die Hälfte der Monatsnamen bloße Nummern: September, Oktober, November, Dezember, Quinctilis, der erst Cäsar zu Ehren in Juli, und Sextilis, der erst nach Augustus in August umgetauft wurde. Dagegen gebrauchten die Griechen in ihren verschiedenen Städten nebeneinander ein halbes Tausend Monatsnamen, und ihre Personennamen waren Legion: Noch in der Spätzeit erfanden sie immer wieder neue.

Leben der Urrömer

Die Römer der Altzeit erhoben sich im Sommer bei Tagesanbruch, im Winter schon viel zeitiger vom Lager, verrichteten ein kurzes Gebet an den Matutinus, den Gott der Frühe, und widmeten sich dann bis zum Abend der Arbeit, die Frauen im Hause, die Männer auf dem Felde. Den Unterricht in Auguralwesen, Rechtsformen, Landwirtschaftskunde erteilte der *pater familias* seinen Söhnen meist selber; die Töchter wurden in nicht viel mehr unterwiesen als im Gebrauch der Spindel. Die Mahlzeiten waren der Morgenimbiß, *prandium,* das Mittagbrot, *cena,* und das Nachtmahl, *vesperna.* Nur bei der *cena* gab es gemeinsame Tafel, nur beim *convivium,* dem Gastmahl, das Fleisch der Haustiere und dazu wohl auch bisweilen Fisch oder Wild, Backwerk oder Früchte. Bei diesem muß es höchst ledern zugegangen sein, und an die geistreiche Erotik und gepflegte Konversation, Laune und Verspieltheit der griechischen Symposien darf man dabei gar nicht denken. Die gewöhnliche Nahrung der Quiriten bestand aus Mehlfladen und einer Art Sterz, Kohl und Sauerkraut, Salat und Zwiebeln. Eine große Vorliebe hatten sie für Hülsenfrüchte, was auch in einer Anzahl von Eigennamen zum Ausdruck kommt: Fabius heißt »Bohnenmann«, Lentulus kommt von *lens*, die Linse, Cicero von *cicer,* die Erbse. Ihre Leibspeise war das Schwein: zwei der vornehmsten Geschlechter, die Porcier und Suilier, trugen von ihm ihren Namen, und bei der Bezeichnung für Schweinefleisch, *caro suilla,* wird der Lateiner geradezu zärtlich. Das Huhn kam jedenfalls erst durch die Griechen nach Italien. In der republikanischen Zeit genossen die Hühnerorakel großes Ansehen: fraßen die Tiere gierig, so galt dies als günstiges Omen, das Gegenteil als Warnung. P. Claudius Pulcher, Feldherr im ersten Punischen Kriege, ließ die heiligen Hühner, die das Futter verschmähten, ins Wasser werfen, indem er sagte: wenn sie nicht fressen wollen, so mögen sie saufen. Die Hühner behielten aber recht, denn er verlor seine Flotte.

Der Rosinenwein oder Mostsirup, der auf den Tisch kam, muß abscheulich geschmeckt haben; Frauen war der Genuß geistiger Getränke überhaupt verboten. Würfeln um Geld war nur an den Saturnalien gestattet, Tanz und Gesang nur im Kult, der sich im übrigen ebenfalls durch große Kargheit und Trokkenheit auszeichnete. Noch Cicero sagte: »Keinem Nüchternen wird es einfallen zu tanzen, wenn er nicht gerade verrückt ist.« All diese Schlichtheit in den Lebensformen kam nicht bloß von der »Kernigkeit« und »Gediegenheit« der Römer, sondern auch daher, daß ihnen einfach nichts einfiel.

Die Tunika, ein ungefärbtes Wollhemd, bei den Männern armfrei und kniefrei, bei den Frauen mit Ärmeln und bis zum Knöchel reichend, entspricht dem griechischen Chiton, die bauschige Toga, ein weißgefärbtes Stück Tuch, nur bei der Amtstracht der Magistrate und der Opfertracht der Priester verziert, dem Himation; dazu kam bei Kälte das Pallium, eine Art Plaid, und bei Regen die binsengeflochtene Kapuze. Die Frauen trugen das lange Haar im Knoten, durch ein Netz zusammengehalten, oder in Zöpfen, die Männer bloß die Lippen rasiert, auch die Haare noch nicht »römisch« kurz: dies und die Bartlosigkeit wurde erst seit dem dritten Jahrhundert Sitte. Andrerseits gingen die Etrusker von alters her vielfach bartlos und dies ist möglicherweise in Latium nicht unnachgeahmt geblieben; oft aber auch trugen sie die »mykenischen« Keilbärte, wie sie von Abbildungen aus diesem Kulturkreis bekannt sind. Die Goldmasken der mykenischen Gräber haben aber bloß Schnurrbärte, eine Mode, die den späteren Griechen völlig unbekannt war; aber sie kam zu den Kelten, vielleicht also auch nach Rom. Wir wissen also wirklich nicht, wie Mucius Scaevola und Coriolan ausgesehen haben.

Das Lateinische

Das Lateinische ist der Dialekt der Stadt Rom, der schon früh zur Gemeinsprache der Landschaft Latium geworden ist. Über seine Aussprache sind wir ebenso unsicher unterrichtet wie über die des Griechischen. Zweifellos wurde t vor i als t ausgesprochen, während unsere Gepflogenheit, es als z zu sprechen, aus dem Italienischen stammt, und auch c vor e und i war nicht z, sondern k, was sowohl aus der griechischen Schreibung lateinischer Eigennamen hervorgeht (Κικέρων, nicht Ζιζέρων) wie aus der Tatsache, daß umgekehrt griechisches k im Lateinischen stets, auch vor hellen Vokalen, mit c wiedergegeben wird, und drittens aus der Form, in der lateinische Lehnwörter im Deutschen gebildet wurden (Kiste aus *cista*, Keller aus *cellarium*): andernfalls nämlich müßte aus Cäsar im Griechischen *Zaisar* geworden sein, nicht *Kaisar*, und dementsprechend das deutsche Wort für die höchste weltliche Würde »Zaiser« lauten. Aber die »Zizeroaussprache« ist doch so eingelebt, daß sie sich wohl kaum mehr verdrängen lassen wird, und man dürfte sich nur schwer dazu entschließen, von nun an »sokial«, »Nattion« und »keterum kenseo« zu sagen. Übrigens sprechen die Italiener, die den alten Römern doch viel näher stehen, mindestens ebenso falsch aus, indem sie »Tschitschero« sagen. Daß jetzt auf den Gymnasien die »Kikeroaussprache« verlangt wird, ist eine pure Oberlehrerschikane, denn im Leben kann sie der Schüler ja doch nicht brauchen.

Das Lateinische war ursprünglich viel reicher, sowohl an Diphthongen wie an Endungen und Formen: So besaß es zum Beispiel noch als siebenten Fall den Lokativ sowie den Dual, von dem nur noch, gleich Hünensteinen aus grauer Vorzeit, die beiden Wörter *duo* und *ambo* Kunde geben. Den griechischen Optativ vertritt der Konjunktiv, den Aorist das Perfekt, das Medium ist auf die wenigen sogenannten Neutropassiva zusammengeschrumpft. Für derlei Luxusformen hatte der sachliche, haushälterische Römer offenbar wenig übrig. Charakteristisch ist überhaupt die Armut an näheren Bestimmungen: das Fehlen des Artikels beim Substantiv, des Personalpronomens beim Verbum, der Mangel an schattierenden Partikeln.

Die Römer haben auch hier eine politische, juristische und militärische Leistung vollbracht: im Lateinischen herrscht, im Gegensatz zur Anarchie der griechischen Dialektspaltung, Einheit, in seinen Perioden soldatische Subordination, scharfe Abgrenzung der Kompetenzen, die Rationalität eines Gesetzbuchs: in seinem streng formierten Gleichklang hallt der Schritt des Legionärs. Es hat die Nüchternheit und Kargheit, aber auch die Wucht und Klarheit eines Rohbaus. *Subtilitate vincimur*, sagte Quintilian, *valeamus pondere*!; selbst diese kurze Mahnung läßt sich vollkommen kongenial nicht ins Deutsche übertragen. Bis zum heutigen Tage können alle Völker der Erde, wenn sie etwas mit der letzten Konzision, Präzision und Prägnanz sagen wollen (auch diese drei Wörter sind unübersetzbar), es nur lateinisch sagen. Für alles andere als Dünnschliff, Schärfe und Schwergewicht eignet sich das Lateinische gar nicht: Es ist eine Sprache für Devisen und Donnerworte, Invektiven und Paragraphen, Kommandos und Grabschriften.

Die römische Religion

Was die römische Religion angeht, so hatte sie ursprünglich mit der griechischen gar nichts gemeinsam; erst durch die Hellenisierung ist eine Angleichung zwischen beiden erfolgt. Man unterschied auch stets zwischen den *di indigetes*, den einheimischen Göttern, und den *di novensides*, den von außen eingeführten. Hegel bemerkt sehr fein, uns sei bei den Reden von Jupiter, Juno, Minerva zumute, als ob wir dergleichen auf dem Theater hörten. Ob die römische Religion die tiefere war, läßt sich schwer entscheiden: jedenfalls war sie die ernstere. Wenn man Frömmigkeit mit Ritualismus gleichsetzt, so waren die Römer sogar die frömmsten Menschen der Welt. Cicero leitet *religio* von *religare* her; aber hiebei ist nicht etwa eine Bindung an die Gottheit im Sinne der viel innerlicher gefaßten »schlechthinigen Abhängigkeit« Schleiermachers gemeint, sondern lediglich Bindung an die heiligen Gebräuche und deren peinlich genaue Ausübung. Man kann *religio* auch als Götterfurcht bezeichnen, aber ebenfalls nur in einem für unsere Begriffe sehr äußerlichen Sinne. Das Adjektiv *religiosus* ließe sich vielleicht mit »nicht geheuer« übersetzen: *loca religiosa, dies religiosi* sind tabuierte Orte und Tage, zum Beispiel: wo der Blitz eingeschlagen, wann eine Niederlage stattgefunden hat; solche Orte betritt man nicht oder nur unter Zeremonien, an solchen Tagen vermeidet man jede Art von Unternehmungen oder geht am besten gar nicht aus.

Der Römer kennt keine Kosmogonie, wie sie in den Veden, der Genesis, der Edda und anderwärts, auch bei den Griechen, so reich und eigenartig entwickelt ist, sondern Himmel und Erde sind einfach da: zum Scheinen und Regnen, Grünen und Fruchten; wie sie entstanden sind, wird nicht gefragt. Es gab auch ursprünglich keine Göttersagen und keine Götterbilder und daher auch keine Gotteshäuser: *templum* bedeutet in der archaischen Sprache bloß einen heiligen Ort. Als Altar diente ein Rasenhügel, als Sinnbild für Mars ein Speer, für Vesta die Herdflamme, für Jupiter ein Kieselstein: erst die Tarquinier stifteten sein tönernes Kultbild auf dem Kapitol. Die Götter sind *numina*; Träger von Willensäußerungen, abstrakte Energien, keine eigentlichen Personen. Aber gerade infolge ihrer formelhaften Unmenschlichkeit webt um sie ein Schleier und Schauer der Größe, der auch den herrlichsten Gebilden der griechischen Phantasie fehlt, und der Gläubige konnte daher in ihnen je nach seiner religiösen Veranlagung das Erhabenste und Leerste, Mysteriöseste und Platteste erblicken, was dem Hellenen nicht freistand, der zu einer Vertiefung seines Weltgefühls nur um den Preis der Götterleugnung zu gelangen vermochte. Man leitet *numen* von *nuere* ab: der zustimmenden Bewegung des Hauptes. Den Römern nickten ihre Götter nur von fern.

Die Hauptgottheiten waren Jupiter, Mars und Quirinus, die beiden letzteren wahrscheinlich ursprünglich identisch. Mars war der Gott des Krieges, aber auch des Feldbaus; nach ihm hieß der erste Monat des Jahres, das im Frühling begann, *mensis Martius.* Jupiter ist Fulgurator, Tonans, Pluvius, Serenator: Blitzer und Donnerer, Regner und Aufheiterer. Der *arbor Jovis* ist die Eiche, die auch den meisten anderen indogermanischen Völkern: den Slawen und Kelten, Germanen und Hellenen als heiliger Baum galt; in Dodona, dem ältesten griechischen Heiligtum, stand die Eiche des Zeus, und das Rauschen ihrer Krone und der Flug der heiligen Tauben, die auf ihr nisteten, kündeten die Zukunft. Außerdem aber gab es noch für alle erdenklichen Tätigkeiten und Vorgänge eigene *numina*: zum Beispiel Vervactor für die erste, Redarator für die zweite, Imporcitor für die dritte Durchpflügung des Ackers, Convector für die Einfahrt, Conditor für die Aufspeicherung, Promitor für die Herausgabe des Getreides; Ossipago ist die Gottheit, die den Kindern die Knochen festmacht, Statilinus, die sie stehen, Fabulinus, die sie reden lehrt. Auch die schlimmen Dinge: Pest, Hunger, Fieber, Getreidebrand haben ihre Spezialgötter und auf dieselbe Weise sind die wichtigsten moralischen und politischen Begriffe personifiziert: Spes und Fides, Pietas und Aequitas, Concordia und Clementia, Salus und Victoria. Sehr wichtig für den Bauern ist Terminus, der Gott der Grenzsteine, dem alljährlich ein eigenes Fest gefeiert wird, die *Terminalia.* Dem Saturnus, dem Gott der Aussaat, waren die Saturnalien geweiht, die eine gewisse Ähnlichkeit mit unseren Weihnachten hatten; sie fielen in die zweite Dezemberhälfte, alle Geschäfte ruhten, man beschenkte sich gegenseitig, wünschte einander »bona Saturnalia«, brannte Kerzen und hielt ein Festmahl; auch herrschte die schöne Sitte, daß die Herren ihre Sklaven bedienten.

Der römische Kult

Im Hause regierten Janus und Vesta, die Verkörperungen der Tür und des Herdes, die Penaten, Manen und Laren und die Genien, deren allgemeinste Erscheinungsform die Schlange war. Einen Genius oder Schutzgeist hat im Grunde alles: nicht bloß jedes Individuum, sondern auch jede Örtlichkeit, jede Körperschaft und das römische Volk in seiner Gesamtheit. Der Begriff des *genius loci* bedeutet eine geistigere Naturbeseelung als die griechische, die doch immer mehr oder weniger auf eine Allegorie hinauslief. Die Hausopfer waren meist vegetabilisch: Milch, Bohnen, Kuchen, auch Kränze, Räucherwerk, Lichter, die Staatsopfer Tierspenden: Schwein, Schaf, Rind, zusammengefaßt in den Suovetaurilien (aus *sus, ovis, taurus*). Hiebei wurden zum Schlachten Messer aus Stein oder Bronze verwendet, auch die Gefäße waren von betont altertümlicher Einfachheit, und das Feuer wurde durch Reiben von Holzstäben entzündet. Hüter des göttlichen Rechts war das Kollegium der Pontifices, das die alleinige Kenntnis des richtigen Verkehrs mit den Göttern besaß. Wie die Opfer nichts sind als eine Handwerkstechnik zur praktischen Beherrschung der Gegenwart und Zukunft, so ist auch das Gelübde, *votum*, ein pures Geschäft, ein Vertrag auf Sicht, mit Liquidation bei Lieferung, wie denn auch die *evocatio*, das Heraufrufen des feindlichen Gottes aus der belagerten Stadt, eine rein juristische Prozedur darstellt, die auf uns fast komisch wirkt.

Die Lehre von den Prodigien stammte aus Etrurien. Ein Vorzeichen konnte vor einem Beschluß zustimmen oder warnen, nach einem Beschluß den Ausgang weissagen, aber auch ohne bestimmten Anlaß einfach »mahnen«. Als Orakel diente die (sehr komplizierte) Beobachtung der Blitze nach Form, Länge, Richtung, Himmelsstand, Zeitfolge, der Flug der Adler, Geier, Raben, Nachteulen und in bestimmten Fällen auch aller anderen Vögel und daneben jede ungewöhnliche Naturerscheinung: Sonnen- und Mondfinsternisse, Regenbogen, Sternschnuppen, Mißgeburten, plötzliche Bienenschwärme und dergleichen. Nur die Etrusker verstanden dies alles angemessen zu deuten und wurden daher bis in die Kaiserzeit als Auguren bevorzugt. Daß die Römer noch auf der Höhe ihrer Entwicklung, im Besitz der gesamten antiken Bildung und einer bis heute unerreichten Rechtspraxis und Staatsorganisation, an diese Dinge glaubten, steht außer Zweifel. Cato mit seinem berühmten Hohnwort über die *haruspices* kann hier ebensowenig als ausschlaggebendes Gegenzeugnis verwendet werden wie etwa Voltaires Sottisen über die Pfaffen.

Das Gebot der *castitas* hatte keinerlei moralische Bedeutung: Es bezog sich lediglich auf die rituelle Reinheit des Priesters, des Opfernden, des Opfers, auf Waschungen, Besprengungen, Räucherungen. Die kleinste Abweichung von der Gebetsformel, das Auslassen eines Worts, eine falsche Bewegung der Hand, Stocken der Flöte, Ausschlagen der Pferde, Fallenlassen der Zügel machte das Opfer ungültig, das nicht selten dreißigmal wiederholt werden mußte. Ein besonderer Störenfried war die Spitzmaus, deren indiskretes Zwitschern zahllose Auspizien unterbrach. Der Kirchenvater Tertullian verglich das »Gesetz des Numa« wegen seiner vielen und strengen Observanzen geradezu mit dem des Mose. Varro betonte mit Stolz, daß die Römer ihre Götter ursprünglich *sine simulacro* verehrt hätten, ihr Gottesdienst sei ein reinerer gewesen; die den Bilderdienst einführten, hätten dem Volk die Gottesfurcht genommen und dafür eine Irrlehre geschenkt. Aber in dieser Auffassung Varros (er starb 27 vor Christus) spiegelt sich bereits der Geist der großen Zeitwende; die Urrömer waren noch nicht einmal zum *Bild* gelangt.

Der Mazdaismus

Auch Varro verwies auf die Juden; er hätte auch die Perser nennen können. Denn sie hatten ebenfalls keine Götterbilder. Sie gingen aber nicht bis zum äußersten Extrem, indem sie doch ein Emblem Ahuramazdas duldeten: den geflügelten Ring, der die Sonne symbolisiert, und darin die Gestalt des Gottes in Krone und Königsgewand, mit Bart und langen Locken, die Rechte belehrend erhoben. Andrerseits waren sie darin auch konsequenter als der Mosaismus, daß sie auch keine Gotteshäuser erbauten: »Sie tun dies«, sagt Herodot, »meiner Ansicht nach deshalb, weil sie nicht, wie die Hellenen, glauben, daß ihre Götter von Menschenart sind.« Sie begnügten sich damit, auf Berggipfeln Sonne und Mond, Erde und Feuer, Wasser und Wind anzurufen: »Sie haben«, sagt Clemens von Alexandria, »weder mit den Griechen in Holz und Steinen noch mit den Ägyptern in Ibissen und Ichneumonen, sondern mit den Philosophen im Feuer und Wasser Erscheinungen von Göttern gesehen.«

Die Religion der Iranier war niedergelegt in ihrer heiligen Literatur, die dem Veda der Inder entspricht und Awesta genannt wird, was ebenfalls soviel bedeutet wie Wissen. Der Awesta ist in der alten Kirchensprache Irans abgefaßt, dem Altbaktrischen, das sich zum Altpersischen etwa verhält wie das Gotische zum Althochdeutschen und schon zur Zeit des Kyros eine tote Sprache war, vergleichbar etwa dem Latein des Mittelalters oder dem Hebräischen zur Zeit Jesu Christi. Was auf unsere Zeit gerettet worden ist, sind nur Bruchteile wesentlich liturgischen Inhalts. Um 1760 hatte Anquetil Duperron bei den »Feueranbetern«, die in der Gegend von Bombay lebten, eine reiche Sammlung von Abschriften entdeckt, die 1771 französisch erschien; die Tatsache, daß die Perser eine eigene Religion besaßen, war völlig in Vergessenheit geraten und man war von der Edition so überrascht, daß man an ihrer Echtheit zweifelte. Man bezeichnet diese Religion entweder, nach Ahura Mazda, als Mazdaismus oder, nach ihrem Stifter, als Zoroastrismus. Zoroastres, wie ihn die Griechen nannten (die awestische Form seines Namens ist Zarathuschtra), wurde nach der Überlieferung um 660 vor Christus geboren. Vorzeichen und Wunder umgeben seine Geburt, Schwarzkünstler versuchen das Kind zu töten. Mit zwanzig Jahren zieht er sich in die Einsamkeit zurück, mit dreißig empfängt er die Offenbarung und beginnt seine Missionstätigkeit, aber zunächst mit geringem Erfolg. Er wird sogar von den feindlichen Priestern eingekerkert, heilt aber das Lieblingspferd des Königs und gewinnt dadurch dessen Gunst. Es gelingt ihm, den Herrscher und seine Gemahlin zu dem neuen Glauben zu bekehren, der sich nun rasch verbreitet. Doch fehlt es auch nicht an Gegnern und Kämpfen, und in einem dieser »Kreuzzüge« scheint Zoroaster gefallen zu sein. Er soll bei seinem Tode siebenundsechzig Jahre alt gewesen sein.

Der eigentümlichste Grundzug der zarathustrischen Lehre ist ihr strenger Dualismus. Oromasdes (Ormazd, Ormuzd, die griechische Form für Ahuramazda) und Ahriman mit ihren feindlichen Reichen der Wahrheit und der Lüge, des Guten und des Bösen, des unendlichen Lichts und der grenzenlosen Finsternis sind einander schroff gegenübergestellt. Aber andrerseits handelt es sich doch um einen Monotheismus, denn am Ende des Kampfes wird das Böse unterliegen, das Gute triumphieren. Ahura Mazda (auf deutsch: »der Herr, der die Weisheit ist«) ist Schöpfer, Erhalter und Richter der Welt, Lehrer und Beschützer des Guten, sein Thron der Himmel, sein Körper reines Feuer, was in der persischen Vorstellung soviel bedeutet wie Geist (der Mazdaismus kennt bereits den Begriff des heiligen Geistes, *spenta mainyu*). Unter ihm steht eine Hierarchie von himmlischen Herrschern: zuoberst die sechs »wohltätigen Heiligen«, eine Art Erzengel; ihre Namen sind: »guter Gedanke«, »beste Rechtlichkeit«, »erwünschtes Reich«, »freigebige Hingebung«, »Heil« und »Unsterblichkeit«. Zusammen mit Ormuzd bilden sie die heilige Sieben; dann folgen in zahllosen Abstufungen die Fravaschis oder Schutzengel.

Ormuzd ist allwissend und allgegenwärtig, aber nicht allmächtig, denn gegen ihn wirkt Ahriman, wie die neupersische Form seines Namens lautet; im Awesta heißt er *angra mainyu*: böser Geist. Sein Wesen ist: Widerstand, Schaden, Not, Hohn, alles Übel. Als Ormuzd das Leben schuf, schuf Ahriman den Tod. Sein Element ist der Schlaf, die Nacht, der Rauch, der das Feuer trübt, der Winter und die Wüste, die Krankheit und die Unreinheit und die Lüge, die darin besteht, daß er das Böse für das Gute hält. Er versuchte auch Zarathustra, wie Satan den Heiland, und ebenso vergeblich. Seine Diener sind die sechs Erzdämonen und die Legionen der Daevas, die nichts anderes sind als die Naturgötter der alten Volksreligion, von dem neuen Glauben diabolisiert, wie dies auch den heidnischen Gottheiten vom Christentum widerfuhr. Jedes Laster, jedes Übel ist das Werk eines Dämons.

Die zarathustrische Ethik

Warum Nietzsche gerade die Figur des Zarathustra zu seinem Mundstück gewählt hat, hat er selbst erklärt: »Zarathustra hat erst im Kampf des Guten und des Bösen das Rad im Getriebe der Dinge gesehen. Zarathustra *schuf* diesen verhängnisvollen Irrtum, die Moral. Folglich muß er auch der erste sein, der ihn *erkennt.* Nicht nur, daß er hier länger und mehr Erfolg hat als sonst ein Denker – das Wichtigere ist, Zarathustra ist wahrhaftiger als sonst ein Denker. Wahrheit reden und *gut mit Pfeilen schießen:* das ist die persische Tugend. Die Selbstüberwindung der Moral aus Wahrhaftigkeit, die Selbstüberwindung des Moralisten in seinen Gegensatz – in *mich* –: das bedeutet in meinem Munde der Name Zarathustra.« Indes hat Nietzsche, wie jedermann weiß, an die Stelle des alten Dualismus einen neuen gesetzt, den von »gut« und »schlecht«, der mit der zarathustrischen Religion, die ausgesprochen aristokratisch war, gar nicht so unvereinbar ist. Jeder religiöse Genius, und zu diesen zählte Nietzsche, ist notwendig Dualist und Moralist. Die Haupttugenden des Übermenschen: Tapferkeit der Seele, Reinheit und Freigebigkeit des Herzens, Lichtdienst, Stärke des Tuns unter Ewigkeitsverantwortung sind sublimierte awestische.

Daß der Mazdaismus an Totengericht, Himmel und Hölle

glaubt, versteht sich nach seiner ganzen Anlage von selbst, und er ist auch bereits zu dem folgerichtigen Gedanken vorgeschritten, daß es, falls gute und böse Taten einander aufwiegen, ein Fegefeuer geben müsse. Als Geschöpf Ormuzds gehört der Mensch von Natur dem Reich des Guten an. Aber er hat in jedem Augenblick seines Lebens das Recht der freien Entscheidung. Von dieser Wahl hängt nicht nur sein eigenes Schicksal, sondern das der Welt ab. Denn jede gute Tat erhöht die Macht Ormuzds, jede böse Tat vermehrt das Reich Ahrimans und verzögert so den Endsieg des Lichts. Die Engel führen darüber genaue Rechnung. Die Grundlage der zarathustrischen Moral bildet die heilige Trias: »gute Gedanken, gute Worte, gute Werke«. Im einzelnen wird besonders Reinheit gefordert, sowohl der Seele wie des Körpers, Aufrichtigkeit und Barmherzigkeit, Pflege des Ackerbaus und des Rinds (die Kuh gilt als Lieblingsschöpfung Ahuramazdas). Als reinstes und alles reinigendes, zugleich lichtspendendes Element wird das Feuer verehrt: Seiner heiligen Flamme auf den Altären darf sich der Priester nur mit Handschuhen und Mundbinde nahen, um es nicht zu verunreinigen, zum Schüren und Anfachen dienen geweihte Zangen und Straußenfächer. Da auch die Leiche unrein ist, so kann sie weder durch Feuer noch in der Erde bestattet werden, und dies führte zu der einzigartigen Sitte, die Toten den Hunden und Vögeln zum Fraß vorzuwerfen. Doch waren daneben auch andere Begräbnisformen üblich, die ebensowenig gegen die Reinheitsgebote verstießen: Die Verstorbenen wurden mit Wachs überzogen und sitzend beigesetzt oder in isolierende Särge gelegt.

Heilige Tiere waren der Hund und der Hahn, dieser vor allem als Morgenbote und Verkünder des Lichts; er hieß in Griechenland lange Zeit der »persische Vogel«. Dem Hunde, lautete das Gebot, soll man das Beste vorsetzen, wie einem Ehrengaste. Ein vieräugiger Hund (der zwei Stirnflecken hatte) vermochte sogar durch seinen Blick die Teufel zu vertreiben. Für die Hochschätzung des Pferds und des Kamels zeugen die männlichen Eigennamen, die mit *uschtra*, Kamel, und *aspa*, Pferd, zusammengesetzt sind: so hieß zum Beispiel der Vater des ersten Dareios Vischtaspa (griechisch Hystaspes). Von den Pferden gab es zwei Hauptrassen: die sehr schnelle araboide des Südwestens und die schwere, sehr ausdauernde des Nordostens. Eine spezifisch persische Verwendung fanden die ersteren bei der Post, die letzteren bei den Sichelwagen, die, an der Deichsel und den Rädern mit großen Messern bewehrt und von vier vollständig gepanzerten Rossen gezogen, anfangs großen Schrecken verbreiteten. Geschöpfe des Ahriman hingegen waren die Mäuse des Hauses und Feldes, die Schlangen und Frösche, Raubtiere und Insekten; ihre Vertilgung war religiöse Pflicht.

Als die oberste Pflicht aber galt das Vermeiden der Lüge, und in diesem Zusammenhang war auch das Schuldenmachen untersagt, weil es sehr leicht dazu nötigen kann, die Unwahrheit zu reden. Von den Parsi in Bombay, den einzigen echten Nachkommen der einstigen Zarathustrajünger, gilt noch heute in der ganzen Geschäftswelt der Handschlag für eine sicherere Garantie als jeder Vertrag; auch ist ihre Freigebigkeit sprichwörtlich. Eine andere Eigenschaft der Perser, die nicht minder das Staunen der Hellenen erregte als ihre Wahrheitsliebe, war ihre Ritterlichkeit gegen Feinde und ihre Milde gegen Besiegte: das Verbrennen der Tempel, sagten sie, hätten sie von den Griechen gelernt; sie griffen dazu übrigens nur gelegentlich, um ein Exempel zu statuieren oder den Gegner einzuschüchtern. Auch die Knabenliebe war im Awesta verpönt, freilich ohne sonderliche Wirkung, der Weingenuß aber erst im Koran: Er bildete neben Jagd, Würfelspiel und Wettrennen das Hauptvergnügen der Perser, sie beraten sich, berichtet Herodot, beim Trunk, überprüfen es aber dann in der Nüchternheit: eine gar nicht so unweise Methode. Alles zusammengefaßt ist der Zoroastrismus, im Gegensatz zu sämtlichen Glaubensformen des Altertums mit Ausnahme des Hinduismus, eine *universalistische* und eine *Vaterreligion* und, im Gegensatz zu diesem, eine Religion der *Tat*. Inder und Iranier bildeten ursprünglich ein gemeinsames Volk, die Arier im engeren Sinne, und es ist, als hätte die Natur zeigen wollen, wie aus derselben Wurzel zwei polar entgegengesetzte Weltbilder und Lebensformen zu entstehen vermögen. Perser, Meder und Parther waren bloß Zweige des iranischen Stammes, nicht verschiedener als Franken, Schwaben und Bayern.

Iran

Iran ist ein ausgeprägtes Hochland. Seine niedrigsten Talkessel liegen 1500 Meter über dem Meere, die Gipfel seiner Gebirge erreichen und überschreiten nicht selten die Höhe von 5000 Metern. Seine Mitte wird von einer großen, völlig unpassierbaren Salzwüste gebildet. Wald gibt es auch sonst fast nirgends. Spärliche Gruppen von Pappeln und Platanen, Zypressen und Zwergpalmen sind der einzige Baumschmuck des Landes. In den Fruchtlandoasen gedeiht eine reiche Vegetation: Mohn und Jasmin, Veilchen und Narzissen, mannigfache Obststräucher und vor allem Rosenhecken, deren Heimat vielleicht in Persien zu suchen ist: *rhodon* ist ein griechisches Fremdwort, das aus dem Iranischen stammt. Noch heute haben die Bewohner Teherans eine wahre Leidenschaft für die Rose, mit deren Blüten ihre Gärten und Höfe, Bäder und Speisesäle überfüllt sind. Die Fauna ist der mesopotamischen sehr ähnlich; Spezialitäten sind die Steppenschildkröte, der Wüstenwaran: eine riesige bunte Eidechse, nächst dem Krokodil der größte Saurier, und eine äußerst giftige Wanzenart.

Das Achämenidenreich

Die Gesamtbevölkerung des Achämenidenreichs, das sich vom Indus bis zum Ägäischen Meer erstreckte, dürfte etwa fünfzig Millionen gezählt haben, wovon höchstens der hundertste Teil Perser waren. Persepolis, die Kapitale des Kernlands Persis, war zu peripher gelegen, um den Mittelpunkt der Reichsadministration bilden zu können; deshalb entwickelten sich daneben Ekbatana, die Hauptstadt Mediens, und Susa, die Metropole Elams, zu großer Bedeutung: dieses war im Winter, jenes im Sommer die Residenz der persischen Könige. Medien galt von jeher neben der Persis als die wichtigste Provinz des Reiches, so daß die abendländischen Autoren die Perser geradezu Meder nannten und die Perserkriege bei den Griechen τὰ Μηδικά hießen. Aber auch Babel bewahrte seinen alten Rang durch seine Lage im Zentrum des vorderasiatischen Handels, seinen Reichtum an Menschen und Bauten und die Kenntnisse seiner Ingenieure und Schriftgelehrten, Astronomen und Magier.

Hoch erhaben, aber nicht vergöttlicht, steht der König über seinen Untertanen, die alle seine Knechte sind. Wer ihm naht, wirft sich in den Staub, wer mit ihm redet, hält die Hände in den Ärmeln, der Wedelträger hinter seinem Thron trägt eine Mundbinde; wenn er durch den Palast schreitet, werden Teppiche gebreitet, die niemand sonst betreten darf; wenn er ausfährt, sind die Straßen abgesperrt; auch seine »Tischgenossen«, hohe Würdenträger, dürfen nur an einer Tafel im Vorgemach speisen. Andererseits erwartete man von ihm, daß er in allen zarathustrischen Tugenden dem Volke voranleuchte. Nur die Söhne von den Hauptfrauen galten als legitim. Von den Achämeniden waren die meisten mit ihren Schwestern oder Halbschwestern verheiratet, Artaxerxes der Zweite sogar mit seiner Tochter Atossa: sowohl dies wie die Ehe mit der Mutter war von der Mazdareligion gestattet. Das ganze Reich war in zwanzig Satrapien eingeteilt, an deren Spitze je ein Statthalter *(kschatrapa)* stand; alljährlich erschienen »Augen und Ohren des Königs«, um die Zustände zu kontrollieren. In der Verwaltung der eroberten Länder verfuhren die Perser ebenso klug wie menschlich: Angehörige der unterworfenen Völkerschaften konnten zu den höchsten Stellungen gelangen, sowohl bei Hof wie in ihrer Heimat, die in ihren Sitten und Kulten und ihrer sozialen und politischen Organisation meist völlig unangetastet blieb: Man beließ den Nomaden und Halbbarbaren ihre Scheichs und Häuptlinge, den Phoinikern ihre »Richter«, den Ägyptern ihre Gaufürsten, den Kilikiern ihren »Syennesis«, den Juden ihre Theokratie, den Griechen ihre Polis. In der Rechtsprechung, die ebenfalls sehr human gehandhabt worden zu sein scheint, überrascht der Grundsatz, daß die Strafe mit Rücksicht auf frühere Verdienste herabgesetzt oder auch ganz erlassen werden kann, während Europa sich bis heute erst zu dem blassen Begriff der mildernden Unbescholtenheit durchgerungen hat und die Vorstellung einer ausgleichenden Gerechtigkeit in der Beurteilung eines Gesamtlebens überhaupt nicht zu fassen vermag, was aber einem Anhänger der Mazdareligion, in deren System die gute Tat einen so selbständigen und entscheidenden Wert besitzt, sehr leichtfallen mußte.

Obgleich die Perser in der Münzprägung Vorbildliches leisteten, waren sie doch nicht imstande, in ihrem Reiche, das Völkerschaften von so vielerlei Kulturstufen umfaßte, die Geldwirtschaft durchzuführen. Die Tribute der Provinzen waren zum großen Teil Naturalien: Pferde und Maulesel, Kleider und Teppiche, Mehl und Pökelfleisch, Hausrat und sonstiger Lebensbedarf, aber auch die Geldabgaben wurden in den Schatzhäusern der Hauptstädte in Ware verwandelt, indem sie zu Barren, Spangen, Gefäßen verschmolzen wurden, um im Bedarfsfalle wieder der Münzprägung zu dienen. Ein wichtiger Posten in der Staatshaushaltung war die Sorge für den Lebensunterhalt der jungen Adeligen, die als Beamtennachwuchs am Hofe erzogen und in Reiten und Bogenschießen, Rechtsprechung und Glaubenslehre unterwiesen wurden (doch konnte auch jeder andere Knabe, wenn er Begabung zeigte, »an die Tore des Königs« gelangen). Dazu kam die Erhaltung eines stehenden Heers: der zehntausend »Unsterblichen«, deren Zahl stets ergänzt wurde, und der »Tausend«, der Leibgarde des Königs, die, mit einem Chiliarchen an der Spitze, im Palast lagerte: ihr Abzeichen war ein goldener Apfel am Lanzenschaft. Die vorzüglichste Truppengattung der Perser waren die Bogenschützen, deren Pfeilregen fast jeder Gegner erlag und die, zusammen mit der ebenfalls sehr leistungsfähigen Reiterei, Formationen von höchster Manövrierfähigkeit bildeten, da sie statt der Helme, Panzer und Beinschienen Hosen, leichte Leibröcke und die Tiara trugen, eine niedrige Mütze, während die »hohe Tiara« oder Kidaris nur das Haupt des Königs schmücken durfte. Die Bemannung der Flotte bestand fast ganz aus Ausländern: Griechen, Kilikiern, vor allem Phoinikern. Eine Spezialität waren die Kamelreiter und die Elefanten. Die Sichelwagen hatten schon zur Zeit Xenophons ihren Schrecken verloren: Man hatte gelernt, ihnen auszuweichen oder die Pferde scheu zu machen.

Die persische Post

Auch in der Anlage von Straßen waren die Perser Meister: eine, die sogenannte Königsstraße, führte von Ephesos nach Sardes und von da über Lydien, Phrygien, Kappadokien, Armenien bis nach Susa. Vor allem aber sind sie die Erfinder der Post. An den Hauptstraßen lagen in Abständen von vier bis fünf Parasangen (eine Parasange maß gegen sechs Kilometer) königliche Stationen, an denen Tag und Nacht entweder die Pferde oder die Kuriere gewechselt werden konnten, so daß die Botschaften »fast rascher als die Kraniche über das Land hinflogen«. Sowohl die Ptolemäer wie die Römer haben diese Einrichtung übernommen, die zunächst nur dem Nachrichtenverkehr der Regierung und der Beförderung von Beamten diente, und daraus hat sich erst in der Neuzeit die Privatpost entwickelt. Ferner hat Dareios den Suezkanal, den der Pharao Necho begonnen hatte, zu Ende geführt; er stand noch zur Zeit Herodots, »vier Tagereisen lang, zwei Trieren breit«, in Gebrauch, dann versandete er, und erst Ptolemaios der Zweite stellte ihn wieder her.

Die persische Kunst

Im Gegensatz zu Babylonien besaß Persien ein dauerhaftes einheimisches Baumaterial in dem vorzüglichen marmorartigen Kalkstein, der in den Gebirgen gebrochen wurde. Der freie Geist der Lichtreligion zeigt sich auch in der Anlage der Paläste, die, aus riesigen Säulenhallen zusammengesetzt, nach außen durch keinerlei feste Wände, nur durch Vorhänge abgeschlossen sind. Teppiche und Girlanden, bunte Malereien und reiche Täfelungen verliehen den Räumen ein heiteres Aussehen. Von den tiefen Baugedanken der Griechen findet sich natürlich bei den Persern nichts: Die Proportionen der überschlanken und viel zu hohen Säulen sind ganz zufällig, die Kapitelle: kniende Pferde, Löwen und Stiere nichts als ein ausschweifendes Ornament. Die Skulptur Irans ist sowohl im Rhythmus und Aufbau wie in ihrem ganzen Phrasenschatz ein bloßer Ableger der babylonischen, doch weht auch durch sie der belebende Feueratem Ahuramazdas. Rings um die Paläste erstreckten sich weite Gärten mit Jagdtieren und Badebassins, die im Altpersischen *paradeza* (oder so ähnlich) hießen, was soviel bedeutet wie »vorzügliche Gegend«; daraus machten die Griechen »paradeisos«, und dieser Ausdruck ist dann in die Septuaginta gelangt. Die wenigsten Menschen dürften sich bewußt sein, daß sie, wenn sie eine Landschaft »paradiesisch« nennen, persisch reden, und daß der Aufenthalt der ersten Menschen seinen Namen von einem sehr künstlich und kunstvoll angelegten Park führt.

Der Fall Milets

Die Tendenz des persischen Imperialismus wies gebieterisch nach Westen. Nachdem der gesamte lydische Besitz in die Hände der Achämeniden übergegangen und sogar Ägypten erobert war, war ein Angriff auf die Balkanhalbinsel nur eine Frage der Zeit. Die Lage der ionischen Griechen war keineswegs drückender als unter Kroisos: Die Perser beschränkten sich darauf, Tyrannen einzusetzen, von denen sie annahmen, daß sie ihnen aus Dank ergeben sein würden, und beließen den Städten im übrigen ihre völlige Freiheit, sogar das für die Hellenen wichtigste Recht, sich untereinander befehden zu dürfen. Aber gerade jene Tyrannen schürten zum Aufstand, der im Jahr 499 ausbrach, gegen den dringenden Rat des völkerkundigen Hekataios von Milet, der vergeblich anhand seiner Weltkarte die Aussichtslosigkeit des Unternehmens darlegte. Auch Athen sandte Schiffe zur Unterstützung, während Sparta besonnen genug war, sich fernzuhalten. Der Überfall auf Sardes, die Residenz des Satrapen, gelang: die Stadt ging in Flammen auf. Aber auf dem Abmarsch wurde das griechische Aufgebot bei Ephesos von den Persern vollständig geschlagen. Nachdem sie auch der Flotte der Aufständischen in der Bucht von Milet bei der Insel Lade eine entscheidende Niederlage beigebracht hatten, schlossen sie die Stadt zu Wasser und zu Lande ein und erstürmten sie, 494. Da sie die Seele des Aufruhrs gewesen war, wurde sie niedergebrannt und ihre Bevölkerung deportiert, wie dies etwa ein Jahrhundert früher Jerusalem von den Chaldäern widerfahren war. Milet hat im Altertum noch eine zweite Blüte erlebt, heute aber ist es ein armseliges Mückendorf und der Hafen, in dem drei Weltteile ihre Schätze tauschten, zum tristen Weideland versandet, aus dem die einstige Insel Lade wie ein Totenhügel emporragt.

Miltiades

Die übrigen Städte wurden nunmehr offiziell dem Satrapen in Sardes unterstellt und erhielten demokratische Regierungen, da die Tyrannis sich nicht bewährt hatte. Daß der Großkönig die Einmischung Athens nicht ungeahndet lassen würde, war vorauszusehen. Er hatte wahrscheinlich zunächst nichts Schlimmeres vor als die Eingliederung in das Achämenidenreich und die Wiedereinsetzung des Hippias. Es gab manche, die dazu rieten, dieses Unvermeidliche hinzunehmen. Aber die Mehrheit war zum Verteidigungskampf entschlossen. Doch auch unter diesen gab es zwei Parteien: die eine, mit Miltiades an der Spitze, setzte ihre ganze Hoffnung auf den attischen Hopliten, die andere schwor auf das neue Flottenprogramm des Themistokles, der, wie Thukydides sagt, »der erste war, der es wagte, den Athenern zu sagen, daß sie sich an das Meer halten müßten«. Der Gegensatz war kein bloßer der strategischen Theorie, sondern auch der Innenpolitik: die Hoplitengruppe rekrutierte sich aus dem begüterten Mittelstand, die Schiffsbemannung aus den untersten Ständen, die in einem Seestaat zur führenden Rolle gelangen mußten. Zunächst siegte der im doppelten Sinne konservative Standpunkt des Miltiades.

Als Dareios von den griechischen Städten und Inseln Wasser und Erde als Zeichen der Unterwerfung einfordern ließ, wurde ihm überall willfahrt; nur Athen und Sparta weigerten sich und stürzten sogar, um den Bruch unwiderruflich zu machen, die Boten in den Brunnen. Anfang 492 setzte sich die Reichsarmee nach Thrakien in Bewegung, von der Flotte gedeckt, die aber am Athos strandete und zum großen Teil unterging. Damit war die Expedition gescheitert. Bei der zweiten, die im Jahr 490 folgte, beobachtete man daher eine andere Methode, indem man die Schiffe nur zum Transport benützte und das Heer auf dem direktesten Wege von Samos nach Attika übersetzte. Die Athener waren im wesentlichen auf sich selbst angewiesen, nur die Plataier eilten ihnen zu Hilfe, die Spartaner kamen zu spät. Der machtvollen Persönlichkeit des Miltiades gelang es, seine Volksgenossen dazu zu bringen, daß sie den Feind nicht vor oder gar in der Stadt erwarteten, sondern ihm entgegenmarschierten. Die Waffen waren ziemlich ungleich. Die Stärke der Athener war die Phalanx, eine Linearformation von normal acht Mann Tiefe, bisweilen aber auch der doppelten und dreifachen: wenn sie zusammenhielt, durch die Schwere ihrer Ausrüstung, zumal die anderthalb mannshohe Stoßlanze, von fast unwiderstehlicher Aufprallwucht; ihre einzigen Schwächen waren ihre Schwerbeweglichkeit und die Empfindlichkeit ihrer Flanken. Die größte Bedrohung bildete daher die Möglichkeit einer feindlichen Umfassung und einer Zermürbung durch die leichten Truppen der Bogner und Reiter, die wiederum gerade die Stärke der Perser waren. Diesen Gefahren begegnete das taktische Genie des Miltiades dadurch, daß er es wagte, das Zentrum so dünn wie möglich zu machen und dadurch die Linie auszudehnen, und daß er seine Schlachtreihen plötzlich im Laufschritt vorgehen ließ, wodurch sie die feindlichen Pfeile unterliefen und die Reiterei überrannten. Die Perser wurden teils in die Sümpfe gedrängt, teils flohen sie zu den Schiffen, wo sich der Kampf fortsetzte. Dies war die Schlacht bei Marathon, siegreich auch durch ihr glücklich gewähltes Terrain am Ausgang eines Tales, wo die Berge die beiden Flügel deckten und die Reiterei nicht genügend Raum hatte, sich zu entwickeln.

Themistokles

Echt athenisch benahmen sich die Athener gegen Miltiades. Als dieser ein Jahr darauf einen Angriff auf Paros unternahm, der völlig mißglückte, verurteilten sie ihn wegen »Betrugs« zu einer ungeheuren Geldstrafe (der Antrag hatte sogar auf Tod gelautet); er starb aber wenige Wochen später an einer im Kampf empfangenen Wunde. Dadurch wurde die Bahn frei für Themistokles und seine Marinepläne. Er fand aber einen neuen Gegner in dem ebenso gerechten wie beschränkten Aristeides, der zwar in dem ehrenvollen Ruf stand, die Gerichte überflüssig zu machen, da sich ein jeder seinem Schiedsspruch unterwerfe, aber, als konservativer Altathener, für die großen Probleme der Weltpolitik, um die es sich drehte, keinerlei Blick besaß. Es kam zum Ostrakismos, und das athenische Volk entschied sich für die Zukunft, indem es Aristeides verbannte. Indem Themistokles die Bürgerschaft dazu bestimmte, auf die Verteilung des Ertrags der laurischen Silberminen zu verzichten, und eine Art Vermögenssteuer einführte, die Trierarchie, wonach die Reichsten Schiffe auszurüsten hatten, schuf er in wenigen Jahren eine große Flotte aus Fahrzeugen des modernsten Typs, den Dreiruderern, die den bisherigen an Manövrierfähigkeit und Besatzungszahl überlegen waren.

Xerxes Auch die Perser sollen zehn Jahre gerüstet haben. Das ist zweifellos eine griechische Übertreibung; vielmehr waren sie durch andere und für sie wichtigere Dinge abgelenkt: Aufstände in Ägypten und Babylonien und Thronwirren beim Tode des Dareios. Immerhin war der neue Großkönig Kschajarscha, bekannter unter dem Namen Xerxes, zu der Einsicht gelangt, daß Griechenland mit einem kleinen Expeditionskorps nicht zu unterwerfen sei. Die Zahlen, die Herodot nennt, sind freilich wiederum maßlos aufgebauscht. Die mehr als vier Millionen, die er angibt, hätten eine Marschlinie von über dreitausend Kilometer beansprucht, länger als die Königsstraße. Wie diese endlosen Kolonnen nach Griechenland geworfen werden konnten, ist unvorstellbar. Dazu kommt noch ein weiteres Moment. Clausewitz, der wohl in diesen Fragen als die größte Autorität angesprochen werden darf, betont nachdrücklich, daß »die Überlegenheit der Zahl der wichtigste Faktor in dem Resultat eines Gefechts« sei, nur müsse sie groß genug sein, um den übrigen mitwirkenden Umständen das Gleichgewicht zu halten: »Dies ist der erste Grundsatz der Strategie. So allgemein, wie er hier ausgesprochen ist, würde er ebensogut für Griechen und Perser oder für Engländer und Mahratten als für Franzosen und Deutsche passen.« Hätten also die Perser eine derart erdrückende Übermacht oder auch nur eine entfernt ähnliche besessen, so hätten sie unbedingt siegen müssen, um so mehr als sie keine Mahratten waren, sondern ebenbürtige Gegner.

Xerxes beschloß, auf den alten Plan vom Jahre 492 zurückzugreifen, indem er Brücken über den Hellespont schlagen, die gefährliche Athoshalbinsel durchstechen und in Thrakien Verpflegungsmagazine anlegen ließ. Gleichzeitig schloß er mit den Karthagern ein Offensivbündnis gegen Gelon von Syrakus, der die bedeutendste Militärmacht des Westens repräsentierte, und bestimmte das Jahr 480 zum gemeinsamen Angriff. Es war also, vom mediterranen Gesichtspunkt, eine Art Weltkrieg, eine große Auseinandersetzung zwischen Hellas und dem Orient.

Leonidas

Die nördlichste Verteidigungslinie, der Tempepaß, wurde, da sie auf die Dauer doch nicht zu halten war, geräumt, wodurch den Persern ganz Thessalien als Operationsbasis zufiel. Der griechische Feldzugsplan ging dahin, daß Leonidas mit seinen etwa siebentausend Peloponnesiern, darunter dreihundert Spartanern, den Feind an der nächsten Linie, dem Thermopylenpaß, so lange aufhalten solle, bis die athenische Flotte, die gegenüber, an der Nordostspitze von Euboia beim Kap Artemision, postiert war, den Sieg erfochten hätte. Aber die Perser hielten, obgleich sie kurz vorher beim Vorgebirge Sepias durch Havarie einen großen Teil ihrer Schiffe verloren hatten, in dreitägiger Seeschlacht stand und die Stellung des Leonidas wurde von ihnen nach zweimaligem mißlungenem Frontalangriff umgangen, wozu es keines Ephialtes bedurfte: »Die Griechen«, sagt Graf York von Wartenburg, der Verfasser einer vorzüglichen Weltgeschichte in Umrissen, »waren wohl etwas wie die heutigen Franzosen, bei denen auch jede Niederlage ihren Verräter haben muß.« Nachgeborene Geschichtsforscher haben immer wieder behauptet, Leonidas habe seine Dreihundert überflüssig geopfert, wozu Heinrich Leo ebenso geistreich wie treffend bemerkt hat: »Die Kritiker sagen, Leonidas hätte sich zurückziehen sollen; soviel ist gewiß, die Kritiker hätten sich zurückgezogen.« Es gibt auch moralische Siege, und außerdem war der Untergang der Spartaner auch eine Tat von höchstem strategischem Wert, er war, wie Hans Delbrück klar resümiert, »nicht bloß Opfertod und nicht bloß Rückzugsgefecht, sondern beides zugleich«. Und auch das Seetreffen von Artemision war keine nutzlose Aktion: aus ihm zog Themistokles die Lehre, daß er sich keiner Hochseeschlacht aussetzen dürfe, sondern enge Räume wählen müsse: ohne Artemision kein Salamis.

Salamis Diese vielleicht denkwürdigste Seeschlacht der Weltgeschichte fand zwei Monate später statt, am 28. September 480. Durch die Einnahme der Thermopylen war ganz Mittelgriechenland in die Hände der Perser gefallen. Aber weder die Athener noch die Spartaner dachten an Unterwerfung: Diese zogen sich hinter die Isthmoslinie zurück, jene verließen mit Weib und Kind die Stadt. Der Feind verwüstete Attika und verbrannte die Akropolis. Für Themistokles kam nun alles darauf an, Xerxes in dem Sund von Salamis, wo die persische Flotte sich nicht entfalten konnte, zur Annahme einer Schlacht zu bringen. Er sandte ihm daher einen Brief, worin er ihm schrieb, die Verbündeten seien demoralisiert und uneins, wenn er jetzt angreife, könne er den Krieg mit einem Schlage beendigen. Für einen Kenner griechischer Verhältnisse hatte diese Nachricht nichts Unwahrscheinliches, und so entschloß sich der Großkönig, loszuschlagen. Obgleich die Mannschaften, da sie unter seinen Augen fochten, die größte Tapferkeit entwickelten, kam es, wie Themistokles vorausgesehen hatte: die vielen Schiffe waren einander so hinderlich, daß sie nicht einmal einen geordneten Rückzug bewerkstelligen konnten. Die Schlacht begann am frühen Morgen und dauerte bis zum Abend; als zwei Stunden nach Sonnenuntergang der Mond aufging, beleuchtete er nur persische Leichen, Wracks und Flüchtlinge. Um dieselbe Zeit, nach der griechischen Tradition sogar an demselben Tage, siegte Gelon am Flusse Himera über die Karthager. Ein Jahr später, im September 479, fiel bei Plataiai auch die Entscheidung im Landkrieg der Griechen und Perser. Die Terrainverhältnisse waren ähnlich wie bei Marathon: die Flanken der Hopliten gegen Reiterangriffe durch Bergabhänge gedeckt. Aber auch der persische Feldherr hatte Vorsicht gelernt, und so standen sich die beiden Heere tagelang unbeweglich gegenüber. Schließlich kamen die Griechen, die bereits unter dem Geplänkel der Reiter und Bogner erheblich zu leiden begannen, auf den rettenden Einfall, ihre Flotte nach Asien zu entsenden, eine für die Perser höchst gefährliche Aktion, und daraufhin blieb Mardonios nichts übrig, als den Angriff zu wagen. Er fiel mit der Kerntruppe seines Heers; die Reiterei vermochte wenigstens den Rückzug zu decken. Das befestigte Lager der Perser mit dem Harem, dem Marstall, der Hofküche und großen Massen gemünzten Goldes wurde erstürmt. Die Lanze hatte über den Bogen gesiegt.

Die Ereignisse der Weltgeschichte

Auch die asiatische Expedition war erfolgreich. Am Vorgebirge Mykale, gegenüber von Samos, erlitten die Perser, angeblich wiederum an demselben Tage, zur See und zu Lande eine vollkommene Niederlage; ganz Ionien erhob sich. Damit war der Krieg, wenn auch noch nicht beendigt, so doch im Prinzip entschieden. Dies war nur dem Genie des Themistokles zu verdanken, der von allem Anfang an erkannt hatte, daß eine wirksame Verteidigung nur zur See möglich sei. Denn zu Lande hätten sich die Griechen auf die Dauer niemals halten können. Aber auch daß sie auf dem Wasser siegreich blieben, berührt fast wie ein Wunder. »Hätte«, sagt der ausgezeichnete Militärschriftsteller A. Köster, »der Sturm, der die persische Flotte bei Kap Sepias überraschte, zwölf Stunden später eingesetzt, so hätte die Weltgeschichte vermutlich einen anderen Verlauf genommen.« Dies ist völlig richtig, denn die intakte persische Flotte hätte die griechische bei Artemision zermalmt, den Peloponnes blockiert, und Hellas wäre eine Satrapie geworden. Aber darin offenbart sich eben der tiefere Sinn der Weltgeschichte, daß ihr Triebrad verdeckt ist, daß ihr Zeiger aus unerforschlichen Gründen sich plötzlich verlangsamt, beschleunigt oder auch stehenbleibt, ja zurückläuft. Warum unterlagen die

Hunnen auf den Katalaunischen Feldern, warum stockte der Vormarsch der Türken vor Wien, warum wurde die Armada ohne Schlacht besiegt und verließen die Mongolen Schlesien trotz ihres Sieges? Ohne diese geheimnisvollen Peripetien wäre Europa hunnisch, türkisch, spanisch, mongolisch geworden. Was wir für historische Ursachen halten, sind Folgen: von Ursachen, die jenseits der Historie liegen. Der wahre Gang des Weltgeschehens besteht nicht in Ereignissen.

ZWEITES KAPITEL

Der Welttag Athens

Wir blicken durch den Schleier der Kunst auf die Zeiten zurück, und die Kunst hat es zum Glück immer noch verstanden, die Wahrheit zu verbergen.

Oscar Wilde

Die Maske

Wir nähern uns jetzt der sogenannten »klassischen Periode«, dem Zeitalter des Perikles und Plato, einer völlig unwirklichen Welt aus Gips und Verbalformen. Woher kommt diese merkwürdige Tatsache, daß eines der lebensvollsten Antlitze des Weltgeists in der Erinnerung der Menschheit nichts zurückgelassen hat als den Abdruck einer starren, augenlosen Totenmaske? Man könnte darauf antworten, daß dies eben leider das Schicksal alles Lebens sei. Aber die Geschichte widerlegt diese traurige Weisheit. Es gibt eine ganze Reihe von Zeitaltern, die uns ein sehr dramatisches, blutvolles Bild vermacht haben, vielleicht sogar ein farbigeres, als es der Wirklichkeit entspricht. Oder ist es die Schuld der sogenannten »Höheren Schulen« und ihrer geheimnisvollen Alchimistengabe, jedes Element in Blei zu verwandeln? In der Tat genießt ja die Blütezeit der griechischen Kultur seit vielen Jahrhunderten den zweideutigen Vorzug, das Lieblingskind aller Magister zu sein. Aber auch daran kann es nicht liegen, denn wir begegnen denselben bleichen Griechen in der bunten Regenbogenwelt unseres Theaters: auch über die Bretter wandeln sie als körperlose Gespenster, und niemandem fällt es im Ernst ein, Goethes Iphigenie oder Grillparzers Sappho für wirkliche Lebewesen zu halten.

Der wirkliche Mensch

Oder vielleicht verwechseln wir nicht bloß *unsere* blasse Vision von den Hellenen, sondern schon das Bild, das *sie selbst* von sich hatten, mit ihrem Leben: das, was sie schufen, mit dem, was sie waren, die Wirklichkeit mit der Abstraktion des Meißels und des Worts, das Modell mit dem stilisierten Porträt? Denn dies ist ja zweifellos eine allgemeine psychologische Tatsache: Jede Kunst stilisiert, auch die naturalistischste und wirklichkeitsbeflissenste, und jede tatsächliche Handlung, im Augenblick des Geschehens, ist naturalistisch, auch die idealste und wirklichkeitsentrückteste. Das subalternste künstlerische Produkt verändert die Realität: Auch ein Lichtbild ist niemals »ähnlich« im exakten Sinne, wie zwei Dreiecke einander ähnlich sind, denn es ist durch einen Menschen hindurchgegangen. Und die sublimste Heldentat der Weltgeschichte war, als sie tatsächlich geschah, ein »prosaischer« Vorgang, der sich aus lauter stillosen alltäglichen Einzelmomenten zusammensetzte.

Der wirkliche Mensch ist der Mensch des Tages und des täglichen Lebens, der Mensch der kleinen Wünsche und der großen Lasten, der unscheinbar handelnde Mensch der Werkstatt und der Straße, des Zimmers und des Feldes, der Mensch, der einem Wagen ausweicht, seinen Bekannten grüßt und nach dem Wetter sieht, der soeben an einer Blume riecht, einen Fisch zerlegt oder sich Wasser über den Kopf gießt, dessen Vokabular sich in einem Fundus festgeprägter Phrasen erschöpft, die auf ihre täglich wiederkehrenden Stichworte warten, und dessen mit der Regelmäßigkeit des Pulsschlags sich hebende und senkende Berufsarbeit, obgleich sie nur auf zehn oder zwanzig Menschen eine merkliche Wirkung übt, dennoch nicht nur für ihn selbst Atemluft und Blutnahrung ist, sondern auch für die gesamte Kultur seiner Zeit, die aus nichts anderem besteht als aus der Summation aller dieser winzigen Lebensregungen.

Diesen einzig wirklichen Menschen, dessen Dasein sich sozusagen aus lauter geistigen Molekularbewegungen zusammensetzt, vermag aber die Kunst niemals zu schildern: darauf beruht ja gerade ihre Größe und ihre Existenzberechtigung, daß sie es nicht kann. Am handgreiflichsten zeigt sich dies auf dem Theater. Laube sagte einmal, der Schauspieler müsse einen gewissen breiten Stempel besitzen, der, wenn er fehle, durch keinerlei sonstiges Talent aufgewogen werden könne. Dieser »breite Stempel« ist die Verdichtung zum Bilde, die die Kunst immer, das Leben niemals besitzt. Es gibt zwar viele Menschen, die einem Schauspieler das höchste Lob zu erteilen glauben, wenn sie sagen, er sei »ganz wie im Leben« gewesen; aber das ist ein vollkommen laienhaftes Urteil. Wäre er wirklich so wie im Leben, so wäre er weder gut noch schlecht, sondern *unsichtbar.* Will er eine jener alltäglichen Handlungen, von denen soeben die Rede war, auf die Bühne bringen, so muß er sie *darstellen.* Er muß sozusagen das Monogramm eines Menschen schaffen, der nach dem Wetter sieht, an einer Blume riecht, einen Fisch zerlegt. Er ist dann am natürlichsten, wenn er die Idee der Natürlichkeit am suggestivsten gestaltet. Auch wenn er einfach sich selbst zu spielen hätte, müßte er sich noch immer transponieren: nämlich in die Vision, die die Welt von ihm hat; da diese ihm selber aber völlig unbekannt ist (wie ja auch niemand seine Stimme und sein Antlitz kennt), so ist das »eigene Ich« die einzige Rolle, die noch niemals einem Schauspieler gelungen ist.

Das Wunschbild

Und ebensowenig vermag eine Kulturepoche in ihrer Kunst sich selbst abzubilden. Vielmehr verhält sie sich auch *darin* wie der Schauspieler, daß ihr am besten ihr Komplement gelingt, die seelische Ergänzung, das Wunschbild, die platonische »andere Hälfte«, die sie im Leben ebenso inbrünstig wie vergeblich sucht. Aus dieser Sehnsucht erwächst die Kraft der Gestaltung. Das krasseste Beispiel dürfte wohl die sogenannte »Gründerzeit« sein, die Ära nach dem Deutsch-Französischen Kriege. Ihre Kunst ist erfüllt von Böcklins grotesken Märchenphantasien, Rodins kyklopischen Fieberträumen, Wagners Beschwörungen versunkener Riesen und Recken, Ibsens dunklem Gespensterreigen, Zarathustras Höhenvisionen. Auf den Denkmälern ist alles starrer, würdevoller Faltenwurf, im Antlitz wie im Kleide. Die Kaserne ist ein Kastell, die Börse ein Tempel, das Bankhaus ein Dogenpalast. Die Innenräume starren von goldenem und samtenem Prunk, Spiegeln und Kronleuchtern, der Salon ist ein Audienzsaal, das Eßzimmer eine Ritterburg. Und die Wirklichkeit hinter all dem war ein plumpes, hastiges Gewimmel feister, schwarz ausgeschlagener Kleinbürger in dumpfigen Büros und Bierhäusern, auf lächerlichen, mannshohen Fahrrädern und haushohen Dachomnibussen, im trüben Dunst des Gaslichts, Tabakrauchs und Eisenbahndampfs.

Wir erblicken jeden Geschichtsabschnitt, der unserer eigenen Erinnerung entrückt ist, durch das Medium seiner Kunst, zum Beispiel den Menschen der Reformationszeit als eine Art Holzschnitt, weil seine Kunstübung diesen Charakter trug. Deshalb verfügt die Historie nur über stilisierte Gemälde. Aber es bleibt dabei noch immer die Tatsache unerklärt, warum gerade unser Bild von den *Hellenen* in so außergewöhnlichem Maße abstrakt ist. Denn bei Licht betrachtet, war ihre Kunst gar nicht so idealistisch, wie das Schulaxiom predigt. Man denke daran, daß eine der berühmtesten Darstellungen der erlauchten Pallas einen Sonnenschirm trägt, daß Pindar in seinen erhabenen Siegesliedern auf das Honorar anspielt, daß in der Komödie mit Begeisterung gezotet, nach Läusen gesucht und gerülpst wird, von noch schlimmeren Geräuschen nicht zu reden, daß der platonische Sokrates fast alle seine Beispiele und Gleichnisse von der Gasse holt, daß manche Aphroditen von einem sinnlichen Schmelz sind, dessen Hautwärme fast körperlich wirkt, und daß die Ungeschminktheit, mit der Thukydides seine politischen und Euripides seine psychologischen Analysen vorträgt, bis heute nicht übertroffen ist. Und das waren lauter Leistungen, die die Griechen selbst als »klassisch« anerkannten. Das Bild verliert noch mehr von seiner konventionellen Patina, wenn wir die Kunstäußerungen zweiten Grades betrachten: die Mimiamben des Herondas, die dem heutigen Publikum eines Matrosentingeltangels zu stark wären, die lebenssprühenden Charakterbilder Theophrasts, die bis zur Karikatur realistischen Terrakotten, die Fülle der Reden und Schriften, in denen das polemische Talent und Temperament der Griechen bis zum äußersten exzediert, und schließlich noch, was ja ebenfalls einen Ausdruck des artistischen Empfindens darstellt, das Kostüm, das das einfachste und natürlichste von der Welt war.

Das Indianerdorf

Warum also stilisieren *wir* so weit über das Maß hinaus? Hier kommt vermutlich ein Phänomen in Betracht, das von der landläufigen Betrachtung ebenfalls zumeist übersehen wird: die Ferne und Fremdheit der Griechen. Wir verwechseln Berührung mit Vertrautheit, Kenntnis mit Erkenntnis. Wir haben uns jahrhundertelang mit den Griechen intim beschäftigt, ohne doch jemals mit ihnen intim geworden zu sein. Sie verhalten sich hierin ähnlich wie gewisse historische Persönlichkeiten, deren Schicksal es war, unter Schleiern zu leben, zum Beispiel Wallenstein, der bereits zu seinen Lebzeiten eine Legende war und es in immer steigendem Maße wurde, so daß Schiller trotz ausgedehnten Spezialforschungen nichts übrigblieb, als ihn glatt zu erfinden. Nun aber ist es eine psychologische Tatsache, daß alles, was wir nicht verstehen, was uns fremd ist, was wir *nicht* sind, uns stilisiert erscheint, und um so mehr, je weniger wir es in uns tragen. Darum ist jedes Naturereignis: Überschwemmung und Erdbeben, Gewitter und Seesturm, ja schon Schneegestöber und Waldesrauschen für uns ein stilvolles Phänomen; und aus demselben Grunde jede Menagerie, jedes Treibhaus, jedes Indianerdorf. Die Hellenen aber sind für uns, obgleich ein so großer Teil unserer heutigen Kultur von ihnen abstammt, ausgesprochene Exoten, noch mehr: Fabelwesen, ungefähr von derselben Realität, die der Chinese für das Kind besitzt, das zwar sehr oft von ihm hört, auch seine Phantasie angelegentlich mit ihm beschäftigt, aber doch keinen Augenblick im Ernst glaubt, daß es Chinesen in Wirklichkeit gibt. Andersen, der sich so bezaubernd in die Seele des Kindes zu versetzen vermag, beginnt seine Erzählung *Die Nachtigall* mit den Worten: »In China, mußt du wissen, ist der Kaiser ein Chinese, und alle seine Hofleute sind auch Chinesen.« In der Tat muß schon diese selbstverständliche Tatsache, daß es in China einen Kaiser und Hofleute gibt und daß diese alle Chinesen sind, einem Kinde höchst sonderbar vorkommen, denn in China gibt es eben gar nichts! Und ebenso ergeht es uns mit den alten Griechen. Daß sie Federmesser und Hausschlüssel, Theatermarken und Notizbücher, Nachttöpfe und Zimmerwanzen hatten, erscheint uns wie ein Witz von einer Abiturientenkneipe. Die Kluft ist unüberbrückbar.

Daß wir trotzdem seit zwei Jahrtausenden nicht nur versuchen, uns ihnen begreifend zu nahen, sondern sogar hartnäckig bemüht sind, sie nachzuahmen, ist eine jener eingefleischten Narrheiten, die das menschliche Dasein erträglich machen.

Der Attische Seebund

Die Zeit von der großen Niederlage der Perser bis zum Ausbruch des Peloponnesischen Kriegs gilt bekanntlich als typische griechische Glanzperiode und ist daher als Prüfungsstoff und Aufsatzthema sehr gefürchtet, weil sie den abschreckenden Namen »Pentekontaetie« führt: mit diesem Wort, das er neu gebildet hatte, bezeichnete Thukydides, analog unserem »Jahrfünft« und »Jahrzehnt«, diesen Geschichtsabschnitt, der fast genau fünfzig Jahre umfaßte; wir haben dafür keinen eigenen Ausdruck und können es höchstens mit »Halbjahrhundert« übersetzen. Es läßt sich fragen, was geschehen wäre, wenn die Perser gesiegt hätten oder wenn es umgekehrt zu einem vollen Sieg des Hellenentums, nämlich zur griechischen Einheit, gekommen wäre, wie nach 1866 und 1870 zur deutschen Einheit.

Wäre die erstere Eventualität eingetreten, so hätte sich die hellenische Kultur unter der Oberhoheit des Großkönigs vermutlich auf der Balkanhalbinsel ebenso ruhig weiterentwickelt wie in Kleinasien, denn eine der edelsten Eigenschaften der Perser war ihre Toleranz gegen fremde Lebensformen, und außerdem waren sie bereits auf dem besten Wege zur Hellenomanie, indem sie sich der Hypnose der griechischen Kunst und Wissenschaft ebensowenig entziehen konnten wie irgendein anderes Volk. Im zweiten Falle wäre es zu einer endgültigen Auseinandersetzung mit den Persern gekommen, wie sie erst von Philipp geplant und von Alexander vollzogen wurde, und zum Entscheidungskampf mit Karthago, wie er von Alexander geplant und von den Römern vollzogen wurde, und im weiteren vermutlich zur griechischen Weltherrschaft. Mit einem Wort: Das einemal hätten die Griechen dieselbe historische Rolle gespielt wie unter den Römern, das anderemal wie die Römer selber. Aber beide Male wäre nicht das ans Licht getreten, was als griechische Kultur gelebt und nachgelebt hat, nämlich jene unvergleichliche Freiheit, die alle ihre Bildungen durchdrang: denn sowohl die Knechtschaft wie die Herrschaft läßt die höchste Blüte des Geistes nicht zur Entfaltung gelangen. Sklave und Tyrann atmen dieselbe Stickluft, und als Zentrum eines Weltimperiums wäre Hellas ebenso verkümmert wie als persische Satrapie.

Die nächste politische Folge der Siege war der rapide Aufstieg Athens. Es gründete 478 den Attischen Seebund, der auch der Delische genannt wurde, weil auf der Insel Delos die Bundestagungen stattfanden und die Bundeskasse untergebracht war. Der Bund, der den größten Teil der Ägäis, an die dreihundert Städte, umfaßte, war als Militärkonvention (Symmachie) gegen die Perser gedacht, und alle Mitglieder sollten autonom und gleichberechtigt sein; Bündner, die keine Schiffe und Mannschaften stellen wollten, konnten diese Verpflichtung durch eine Geldablöse ersetzen. Aber sehr bald stellte sich heraus, daß der ideale Zweck der Befreiung vom Perserjoch für Athen nur der Vorwand war, um selber allen Ioniern das Joch einer gewalttätigen und eigennützigen Vorherrschaft aufzuerlegen. Aus der Geldablöse wurde sehr bald ein Tribut, über den Athen nach Gutdünken verfügte, und der sinnfällige Ausdruck hiefür war, daß ein Vierteljahrhundert nach der Gründung der Bundesschatz auf die Akropolis verlegt wurde; die Bundesstädte wurden, mit wenigen Ausnahmen, ganz offiziell als »Untertanen« bezeichnet und viele von ihnen erhielten attische Garnisonen und Regierungskommissäre, die sich in die innere Verwaltung mischten. Am lästigsten aber war die Bestimmung, wonach die Bündner verpflichtet waren, ihre Prozesse vor den athenischen Geschworenengerichten auszutragen. Dies war nicht nur, wie Droysen treffend bemerkt hat, »eine ins Demokratische übersetzte Kabinettsjustiz«, sondern auch eine Inthronisierung des Pöbels, zu dessen Fütterung die Gerichtskosten und Bestechungsgelder dienten, während ein großer Teil der Bundessteuern auf die Ausschmückung der einen Stadt Athen verwendet wurde. Wie wenig die Athener noch an das ursprüngliche Kriegsziel dachten, geht daraus hervor, daß sie die Mauern der aufrührerischen Städte schleifen ließen, die sie bereits mehr fürchteten als die Perser. Kurz: Plato hatte völlig recht, wenn er sagte, die Symmachie sei »sozusagen eine Tyrannis«. Zum Glück für Athen war es aber nur eine im Duodezformat. Das »Attische Reich« hat, wenn wir an moderne Analogien denken, nach seinem Umfang diesen Namen nicht verdient; und noch weniger nach seiner Organisation, denn Athen war und blieb eine Polis, und eine Polis kann nur unebenbürtige Vorstädte haben, die sie unterdrückt und ausbeutet.

Themistokles und Kimon

Gegen den Sieger von Salamis zeigten sich die Athener ebenso erkenntlich wie gegen den Sieger von Marathon. Er war ein entschiedener Vertreter der athenischen Großmachtspolitik und die Auseinandersetzung mit Sparta schien ihm daher wichtiger als der Kampf gegen die Perser. Nach ungefähr zehnjähriger Wirksamkeit erlag er dem gemeinsamen Ansturm der Lakonizonten, die mit Sparta kokettierten, der Aristokratie, die ihn um seine führende Stellung beneidete, und der freien Demokratie, die in ihm einen Tyrannen erblickte, weil sie selbst den Staat zu tyrannisieren wünschte. Er wurde des »Medismos«, der Perserfreundlichkeit, bezichtigt und geächtet und fand eine Zuflucht beim Großkönig Artaxerxes, der einen neuerlichen Beweis dafür lieferte, daß die Perser an Edelmut und Respekt vor dem Genie hoch über den Griechen standen, indem er ihn nicht nur freundlich aufnahm, sondern auch aufs reichste ausstattete und zum Fürsten von Magnesia machte. Es haben sich noch *Ostraka* mit dem Namen des Themistokles gefunden, und wenn man über eine solche Tonscherbe ein wenig nachdenkt, so kann man aus ihr eine ganze Geschichtsphilosophie schöpfen.

Das größte Friedenswerk, das Themistokles geschaffen hatte, war der Peiraieus mit seinen riesigen Arsenalen, Schiffshäusern und Schiffsbauplätzen, der größte Kriegshafen der Griechen und der bedeutendste Handelshafen der gesamten Mittelmeerwelt, dessen starke Befestigungen, die sogenannten »langen Mauern«, indem sie sich anderthalb Stunden landeinwärts erstrecken, Athen in ein Seefort verwandelten. Der Ort selbst war von Hippodamos von Milet, dem hervorragendsten Architekten seiner Zeit, vollkommen symmetrisch erbaut worden: mit gradlinigen, sich rechtwinklig schneidenden Straßen; nach demselben Plan hatte dieser bereits vorher seine Vaterstadt neu errichtet und später befolgte er ihn noch bei Thurioi in Unteritalien und Rhodos, zwei Städten, die zu großer Blüte bestimmt waren. Diese Bauweise blieb Mode, man sprach geradezu von »hippodamischen« Städten und auch bei der größten aller künstlichen Städte, Alexandria, kam sie zur Anwendung.

Nach Themistokles gelangte Kimon, der Sohn des Miltiades, zu beherrschendem Einfluß. Er war für ein Arrangement mit Sparta, ohne das Hellas »auf einem Fuße lahm« sei, und für energische Fortsetzung des Krieges gegen die Perser, und es gelang ihm in der Tat, ihnen, Mitte der sechziger Jahre, an der Mündung des Eurymedon, eines Küstenflusses des südlichen Kleinasien, eine entscheidende Niederlage beizubringen. Die sehr große feindliche Flotte war nicht nur in der Übermacht, sondern verfügte auch über ein vorzügliches phoinikisches Matrosenmaterial. Aber es kam wie bei Salamis: Die Schiffe waren in der engen Bucht nicht manövrierfähig, die Besatzung floh ans Land und wurde gemeinsam mit der persischen Armee von den nachdrängenden Griechen vollständig geschlagen. Wiederum hatte die Lanze über den Bogen gesiegt.

Diese Erfolge erregten die Eifersucht der Spartaner, die in ihren eigenen Angelegenheiten von Mißgeschick verfolgt waren. Ein Helotenaufstand, hervorgerufen durch ein großes Erdbeben und unterstützt von König Pausanias, dem Sieger von Plataiai, der sich durch eine Revolution vom Ephorat unabhängig zu machen hoffte, gab ihnen viel zu schaffen, und auch ein Hilfskorps, das Athen vertragsmäßig gestellt hatte, vermochte nicht viel auszurichten, weshalb es von ihnen wieder nach Hause geschickt wurde. Dies wurde in Athen als Affront empfunden und führte sowohl zum Bruch mit Sparta wie zum Sturz des Kimon, der ostrakisiert wurde. Man entschloß sich zu einer neuen Politik: dem Zweifrontenkrieg gegen Persien und Sparta, dem man aber, lediglich gestützt auf die schmale attische Landbasis und die unzuverlässigen Bundesgenossen, auf die Dauer nicht gewachsen war. Der einzige bedeutende Erfolg der wechselvollen Kämpfe war die Eroberung Aiginas, wodurch eine gefährliche Konkurrentin beseitigt, aber auch die wundervolle äginetische Kunst in der Blüte geknickt wurde. So kam es denn um die Mitte des Jahrhunderts zum Frieden mit beiden Gegnern, 448 mit Persien, unter stillschweigender Anerkennung des derzeitigen Besitzstandes, 446 mit Sparta, wobei die Kontrahenten sich verpflichteten, Streitigkeiten vor ein Schiedsgericht zu bringen und einander keine Bundesgenossen abspenstig zu machen. Damit war der Dualismus offiziell anerkannt; aber die geistige Hegemonie konnte Athen niemand bestreiten: Es galt als die »Bildungsstätte«, die »Hohe Schule der Weisheit« für ganz Griechenland, oder, wie man noch kürzer zu sagen pflegte, als »Hellas von Hellas«.

Der griechische Westen

Der griechische Westen hingegen war eine Art Amerika: eine Kolonistenwelt auf einem unerschöpflich fruchtbaren Boden, mit einer Kunst und Kultur aus zweiter Hand, einer ungriechischen Passion für »Tempo« und Augenblickswirkung, Protzerei und Elefantiasis (Apollotempel von Selinus und Zeustempel von Agrigent, in dessen Säulenrinnen ein Mensch Platz hatte) und einer gewissen Prädestination für Humor (sizilische Komödie) und Okkultismus (Pythagoreer), als Land des Mammonismus und der unbegrenzten Möglichkeiten das hoffnungsreiche Ziel aller »Europamüden«: nur muß man bei dieser Parallele sich die »Neue Welt« der Antike natürlich in sehr verjüngtem Maßstabe vorstellen und nicht vergessen, daß die Großgriechen eben doch *auch* Griechen waren und ihren Geist und Geschmack auch in die Fremde mitnahmen. Gegenüber, im Golf von Tunis, lag Karthago, die »Neustadt«, schon damals eine sehr bedeutende Macht, die Metropole eines großen afrikanischen Reichs, die reichste phönizische Handelszentrale, die ihre Mutterstadt Tyros längst überflügelt hatte, und Gebieterin über große Teile Spaniens, Sardiniens und Siziliens und damit der natürliche Erbfeind jeder italischen Bevölkerung, ob es Etrusker, Griechen oder Römer waren; im übrigen war seine Kultur weder barbarisch noch eigenwüchsig, sondern stand ungefähr in demselben Maße unter hellenischem Einfluß wie später die römische.

Soziale Entwicklung

Im Laufe des fünften Jahrhunderts nimmt die griechische Nation eine Entwicklung, deren Fülle und Schnelligkeit in der Geschichte vielleicht nicht ihresgleichen hat. All dieses höchst Fruchtbare, das sie in diesem Zeitraum ans Licht gefördert hat, wurde durch plötzliche und gewaltsame Erschütterungen herausgeschleudert wie der Pflanzensamen aus der Schote. Durch Einwanderung aus allen hellenischen Gauen, aber auch aus Barbarenländern wie Lydien, Phoinikien und Ägypten wuchs die Bevölkerung der großen Städte rapid: In der zweiten Hälfte des fünften Jahrhunderts zählte sie in Athen bereits über hunderttausend Seelen, das Fünffache der Peisistratidenzeit, in Syrakus nicht viel weniger, in Korinth an die neunzigtausend, in Milet etwa sechzigtausend, in Theben dreißigtausend, was für damalige Begriffe noch immer eine Großstadtziffer darstellte. Dies bedeutete natürlich eine ebenso reißende Zunahme des Proletariats und des kleinen Mittelstandes: Überall wimmelte es von Handwerkern und Handlangern, Krämern und Hausierern, Matrosen und Fuhrleuten. Die rege Bautätigkeit, zumal die öffentliche, setzte eine Menge Professionisten in Nahrung: Maler und Färber, Bildhauer und Steinmetzen, Erzgießer und Goldarbeiter, Lederer und Elfenbeindreher, Weber und Seiler, Sticker und Graveure. Die Arbeitsteilung ging schon sehr weit: Es gab Spezialisten für Lanzen, für Sicheln, für Federbüsche, für korinthische Helme mit festen Wangenstücken und für attische Helme mit aufklappbaren Backenteilen, für männliche und für weibliche Fußbekleidung; dabei verschnitt der eine das Leder, der andere nähte es zusammen, und ebenso gab es bei den Röcken eigene Zuschneider. Andrerseits ging durch die Übervölkerung und die Überseekonkurrenz die Landwirtschaft zurück. Die Kultur der Gemüse und Gartengewächse, des Ölbaums und Weinstocks wurde zwar erheblich verfeinert und diente zahlreichen kleinen Besitzern zum Lebensunterhalt, aber die großen Schwankungen der Marktpreise und vor allem die Zerstörungen der Kriege führten sehr oft zu deren Ruin. Es herrschte, wie bereits erwähnt, bei den Griechen die barbarische Sitte, das Feindesland aus purer Bosheit vollkommen zu verwüsten, die Wälder niederzubrennen, die Felder unfruchtbar zu machen, die Nutzbäume umzuhauen. Da gerade die wertvollsten von diesen sehr langsam gediehen (der Ölbaum erreicht seine volle Tragfähigkeit erst nach sechzehn bis achtzehn Jahren), so waren die Wirkungen katastrophal. Den Profit davon hatte die Großspekulation, die die entwerteten Grundstücke um Schleuderpreise an sich brachte und dann langsam wieder ameliorierte. Überhaupt entwickelten sich allmählich größere Sklavenbetriebe der Fabrikanten, Geschäftsleute, Grundbesitzer: die antike Form des Kapitalismus. Die Produkte der Müllerei und Bäckerei, der Schreinerei und Töpferei, der Metallindustrie und des Textilgewerbes wurden zum Teil bereits auf diesem Wege erzeugt; auch findet sich schon die Scheidung zwischen Unternehmer und technischem Leiter. Die niedrigen Sklavenpreise drückten auf die Löhne der freien Arbeiter. Es kam infolgedessen auch schon zu Streiks; nur konnte diese Waffe des Wirtschaftskampfs nicht annähernd jene Schärfe erzielen wie heutzutage, da ein großer Teil der Arbeitskräfte, eben der Sklavenstand, nicht organisationsfähig war.

Die Unterschiede zwischen arm und reich waren kaum geringer als in der vorsolonischen Zeit, aber man nahm sie nicht mehr als etwas Selbstverständliches hin. Auf der einen Seite standen die »Gutsituierten«, die »Geldmenschen«, die »Fetten«, auf der anderen die »Bedürftigen«, zu denen man alle rechnete, die nicht vom Ertrag ihres Besitzes leben konnten: diese hießen die »Vielen«, die »Menge«, der »Demos«. Demokratie ist also ganz einfach Herrschaft der Armen, und so definiert sie auch Aristoteles, während er unter Oligarchie ein Regierungssystem versteht, das die Wohlhabenden begünstigt. Die bloße Tatsache des Reichtums genügte unter Umständen, um den Besitzer als »Volksfeind« zu stigmatisieren und unter Anklage zu setzen, und die Volksgerichte übten vielfach Klassenjustiz, um so mehr als die Vermögenskonfiskationen dem Demos zugute kamen. Diese Gegensätze waren nicht bloß innerpolitische. In Athen und anderen Demokratien hielten es die Vermögenden mit Sparta, ohne darin einen Landesverrat zu erblicken. Euripides läßt nur die Mittelklasse als wahren Bürgerstand gelten: Die Reichen seien unnütz und unersättlich, die Armen zügellos und neidisch und die Pfeile ihrer Scheelsucht »getaucht ins Zungengift verlockender Verleiter«.

Da die antike Welt den Begriff des Kredits, zumindest in jener Form, die das gesamte moderne Wirtschaftsleben beherrscht, nicht kannte, so war das Kapital in der Anlage hauptsächlich auf Grundbesitz angewiesen. Einen gewissen Ersatz für die fehlenden Aktien und Wertpapiere bildeten die Sklaven, die ja in ihrer Art ebenfalls ein bewegliches, rententragendes Vermögen darstellten, mit ungefähr denselben Chancen des Gewinns und Verlustes. Hingegen gab es bereits Banken, die aber keine Institute für papierne Guthaben und Darlehen waren, sondern Depotanstalten: man hinterlegte dort seine Barschätze, wobei die Tempel wegen der erhöhten, aber doch nicht völlig zuverlässigen Sekurität, die ihre Heiligkeit gewährte, bevorzugt waren. Nächst den Sklaven waren die wichtigsten Einfuhrartikel Holz und Getreide, Rinder und Schafe, Kupfer und Zinn; exportiert wurden hauptsächlich Industrieartikel: außer den weltberühmten Waffen und Tongefäßen feine Webereien, Kurzwaren und Galanteriewaren; die Ausfuhr an Honig und Feigen, Wein und Öl scheint nie sehr bedeutend gewesen zu sein. Im Piräus mit seinen großen Marktplätzen und Verkaufshallen lagen Warenproben aus aller Welt zur Schau: da gab es kostbare Salben und Silphionstengel, ägyptischen Papyrus und Weihrauch, nubisches Ebenholz und Elfenbein, syrische Datteln und Rosinen, paphlagonische Mandeln und Kastanien, phönizische

Teppiche und Kopfkissen, seltene Fische, hauchdünne Gewebe, exotische Gewürze und noch viele andere Dinge, die von weither kamen. Immerhin aber scheint der Transport mit großem Risiko verbunden gewesen zu sein, denn die Zinsen für Seedarlehen betrugen durchschnittlich ein Drittel des Kapitals, und in der Tat drohte jeder Ladung die dreifache Gefahr des Schiffbruchs, des Seeraubs und der Plünderung durch die eigene Mannschaft.

Lebensstandard

Trotz der steigenden Intensivierung des Wirtschaftslebens war der Standard im fünften Jahrhundert durch eine fast noch größere Frugalität ausgezeichnet als in der früheren Zeit. Einem heutigen Beobachter wäre nur das ziemlich zahlreiche Dienstpersonal aufgefallen, über das auch der Mittelstand verfügte: Doch gilt dies im Altertum nicht als Luxus. Hingegen wären ihm die weißen Häuser mit ihrem auf das Notwendigste beschränkten Mobiliar recht dürftig vorgekommen: In der Altstadt bestanden sie noch fast durchwegs aus Fachwerk. Nur auf dem Lande besaßen einzelne Reiche wesentlich schönere und bequemer eingerichtete Villen. Zwei Stockwerke waren bereits etwas Außergewöhnliches. Als Alkibiades seine Zimmer mit Wandmalereien dekorieren ließ, die perspektivisch waren, erreichte er damit das gewünschte doppelte Aufsehen, das dieser ungewohnte und dazu noch hypermoderne Schmuck erregte. Viele Stadtbewohner hielten sich noch ihr Vieh im Hause, abends wurde der Unrat unter dem gefürchteten Ruf »aus dem Wege!« auf die Gasse geschüttet, bei schlechtem Wetter konnte man nicht ohne hohe lederne Überstiefel ausgehen, denn es gab kein Pflaster, immerhin aber in Athen später »Astynomoi«, städtische Beamte, die für die notdürftigste Sauberkeit der Straßen verantwortlich waren, während die »Hodopoioi« durch Gemeindesklaven die öffentlichen Fahrwege und die »Brunnenbesorger« die Wasseranlagen instand zu halten hatten und die Müllabfuhr von Privatunternehmern besorgt wurde. Die sanitären Verhältnisse waren nicht viel besser als im Mittelalter, und ähnlich wie damals bildete hiezu die Pracht der städtischen Anlagen: der Tempel und Rathäuser, Theater und Gymnasien, Bazare und Wandelhallen einen charakteristischen Gegensatz. Nur die später so reich ausgestatteten Thermen waren noch unbekannt: In den öffentlichen Bädern gab es bloß kaltes Wasser, und das private Badezimmer, in der kretischen und mykenischen Zeit eine Selbstverständlichkeit, war eine große Rarität. Eine richtige Mahlzeit wurde nur einmal am Tage eingenommen, und zwar kurz vor dem Schlafengehen. Was man sich unter dem höchsten Prasserleben vorstellte, erfahren wir aus der Komödie: In den »Rittern« wird dem »Herrn Demos« versprochen, er werde von nun an jederzeit frischgebackene Semmeln, warme Knödel und Schöpsenbraten haben, im Zukunftsstaat der »Ekklesiazusen« stehen Fische und Hasen, Kuchen und Kastanien stets frisch fertig auf dem Herd, und in einer anderen Schilderung des Schlaraffenlandes, in den »Persern« des Pherekrates, ergießen sich Ströme von Brühe und Speckbrei durch die Gassen, die Dachtraufen speien Trauben und Honigplätzchen, Linsenmus und Bretzeln und die Bäume tragen Würste und Kabeljaus. Das sind lauter recht bürgerliche Genüsse. In der Tracht vollzog sich eine große Vereinfachung: Es war ein ähnlicher Vorgang wie in der Zeit nach der französischen Revolution, wo ebenfalls das schlichte Gewand des Bürgers zu Ehren kam; aber während er bei den Griechen eine außerordentliche Verschönerung bedeutete, bezeichnete er bei uns die vollkommenste Verhäßlichung, den Sieg des plumpen und missgebauten Röhrensystems der Zylinder, Bratenröcke und langen Hosen. Goethe hat das schöne Wort gesprochen, die antike Kleidung sei das tausendfache Echo der menschlichen Gestalt. Sie bestand aus dem Chiton (von dem sich das moderne Wort »Kattun« herleitet), einem kurzen ärmellosen Hemd, das meist mit einer bunten Bordüre geschmückt, im übrigen aber weiß war und durch einen Gürtel und Sicherheitsnadeln zusammengehalten wurde, und dem Himation, einem viereckigen Stück Tuch, das nur drapiert wurde und bei festlichen Anlässen ebenfalls weiß war; auch sonst galt dies für das feinste, aber auch lebhafte Farben wie Safrangelb, Scharlachrot, Veilchenblau waren sehr beliebt. Dazu kam noch die Chlamys, ein Wetter- und Kriegs-, Reit- und Reisemantel, der wiederum nur aus einem oblongen Stück Tuch bestand, eine Art Plaid. Oft ging man nur im Chiton oder auch nur im Himation: dies tat zum Beispiel Sokrates. Merkwürdigerweise kam man aber niemals auf den Gedanken, den Chiton auch als Nachthemd zu benutzen: man schlief nackt. Auch Knöpfe und Taschen waren völlig unbekannt: Zur Aufbewahrung kleiner Gebrauchsgegenstände diente eine Gewandfalte. Der Kopf war normalerweise unbedeckt: Nur Bauern und Hirten, Boten und Trossknechte, Reisende und Theaterbesucher trugen Filzhüte oder Kapuzen; bei den Peltasten, die im Gegensatz zu den schwergerüsteten Hopliten mit einem leichten Koller aus Leder oder gesteppter Leinwand, einem kleinen Schild und mehreren kurzen Wurfspießen armiert waren, gehörte der Hut zur Uniform. Alkibiades, der Maler Apollodor und der Millionär Killias setzten sich eine hohe Tiara auf, was als Anmaßung und Üppigkeit getadelt wurde. Die Frauenkleidung war der männlichen sehr ähnlich. Der Peplos entsprach ungefähr dem Himation, und Arbeiterinnen, Sportlerinnen und Tänzerinnen begnügten sich ebenfalls mit dem Hemd, das auch als die typische Tracht der Amazonen sowie der Jägerin Artemis und der Götterbotin Iris galt. Auch die Spartanerinnen gingen gern im kurzen Turnrock, und den Peplos schürzten sie an einer Seite hoch, weswegen sie in Athen als »Schenkelzeigerinnen« verhöhnt wurden. Die Frisuren waren von der reizvollsten Mannigfaltigkeit; die Männer aber trugen das Haar ziemlich kurz (worin sich ebenso wie im Kostüm die Vorherrschaft des kleinen Mannes äußerte), wenn auch nicht so nüchtern abgeschoren wie die späteren Römer. Wiederum ist es Alkibiades, der durch eine imposante Löwenmähne Aufsehen zu erregen versuchte, und andere Dandys werden ihn darin nachgeahmt haben. Zu dem ebenfalls halblangen Vollbart trat jetzt der Schnurrbart; nur die betont altertümlichen Lakedaimonier nahmen ihn ab. Seit dem vierten Jahrhundert galt die ausrasierte »Mittelplatte«, eine Art Tonsur, für besonders elegant und wahrscheinlich auch als Zeichen oligarchischer Gesinnung.

Lebensform

Der psychologische Grundzug des Zeitalters ist, wenn man ihn mit einem einzigen Worte bezeichnen wollte, das, was der Grieche »Pleonexie« nennt, das »Mehrhabenwollen«, die Begehrlichkeit und Überheblichkeit, Herrschsucht und Selbstsucht, die sich unter anderm in einer fast hysterischen Neuerungssucht äußert. Repräsentativ hiefür, wie für alles andere, ist natürlich Athen. »Denn Fortschreiten und Neuern und Verachten des Altherkömmlichen herrscht hier als wahre und einzige Weisheit«, heißt es bei Aristophanes. Am deutlichsten ist Thukydides. Er läßt die Korinther zu den Lakedaimoniern sagen, die Athener seien dazu geboren, weder selbst ruhig zu sein noch andere in Ruhe zu lassen, und sein Kleon sagt den Athenern ins Gesicht: »Ihr seid Sklaven des Außerordentlichen und Verächter des Gewöhnlichen und sucht sozusagen immer etwas anderes als das, worin ihr lebt.« An einer anderen Stelle heißt es, sie seien immer rastlos tätig, immer außer Landes, um ihren Besitz zu mehren, sie kämen nur selten zum ruhigen Genuß des Erarbeiteten, weil sie immer wieder auf neuen Erwerb sännen, denn das Geldverdienen sei ihnen nicht Mittel, sondern Selbstzweck. Das klingt ganz amerikanisch und wirft ein sonderbares Licht auf die »Antibanausie«. Von der Nähe besehen, waren sie eben wie fast alle Stadtbevölkerungen ein überbetriebsamer Ameisenschwarm von Schleppern, Saugern und Spekulanten. Und dennoch sprach Jean Paul, im Einverständnis mit zahllosen Altertumsfreunden, vom Studium der Antike als dem »Durchgang durch den stillen Tempel der großen alten Zeiten und Menschen zum Jahrmarkt des späteren Lebens«. Das war eben der Grundirrtum des Klassizismus. Er hat dem griechischen Leben ebenso die Farbe abgewaschen wie den griechischen Bildwerken und nichts als ein fahles und falsches Schulzimmermodell in der Hand behalten. Aber der Mensch besteht aus Widersprüchen, und so muß andrerseits festgestellt werden, daß Anstand und Anmut des damaligen Lebens von einer Feinheit gewesen sein müssen, wie sie vielleicht niemals wieder erreicht worden ist. Als das Ideal gilt ein Mensch, der auf die Bezeichnung *»asteios«* Anspruch machen darf: dieses Prädikat, das ganz wörtlich mit »urban« zu übersetzen ist, wird in ähnlicher Weise zum Modewort und Ehrentitel wie etwa im achtzehnten Jahrhundert »human«. Jene Routine des Zartgefühls und Virtuosität des gesellschaftlichen Betragens war aber weder mit der höfischen Form des Barocks und Rokokos verwandt, denn sie wußte nichts von Etikette, noch mit der bürgerlichen des neunzehnten Jahrhunderts, denn sie entbehrte jeglicher Sentimentalität: selbst die Grabdenkmäler zeigen keine Spur von Wehmut, die Toten leben auf dem Stein weiter im Kreise ihrer Hinterbliebenen, mit denen sie gefaßte Liebenswürdigkeiten tauschen.

Perikles

Um 450 gelangte Perikles ans Ruder des athenischen Staatswesens, das er zwei Jahrzehnte innehatte. Obgleich Vollblutaristokrat, väterlicherseits Heraklide, mütterlicherseits Alkmaionide und Großneffe des Kleisthenes, huldigte er dennoch wie dieser einer gemäßigt demokratischen Richtung und in manchem knüpfte er auch an die Traditionen des Peisistratos an, mit dem er im Gesicht eine auffallende Ähnlichkeit gehabt haben soll. Thukydides hat dieses Regierungssystem ein für allemal definiert, als er sagte, es sei dem Namen nach eine Volksherrschaft, tatsächlich aber die Herrschaft des ersten Mannes gewesen. Die Form, unter der Perikles sie ausübte, war das Amt des Strategen, das in sich ungefähr die Funktionen eines Feldmarschalls und Admirals, Polizeidirektors und Ministers des Äußern vereinigte; dazu kam noch die Oberleitung der Finanzen und des Bauwesens. Wenn er auf der allbekannten Büste sich mit einem Helm abbilden ließ, so tat er dies nicht, wie böse Menschen behaupteten, um seinen Zwiebelkopf zu verdecken, sondern um den Titel seiner Macht deutlich zum Ausdruck zu bringen. Der späteren griechischen Auffassung galt er als der Schöpfer der Demokratie, und in der Tat gehen einige der wichtigsten populären Maßnahmen auf ihn zurück: die Einführung des Solds für die Teilnahme an Gericht, Kriegsdienst und Ratsversammlung und des Schaugelds für den Besuch der Theatervorstellungen und anderer Festveranstaltungen, das Demades den »Leim der Demokratie« nannte, die regelmäßigen Ausspeisungen und die umfangreichen öffentlichen Bauten, die, wie Plutarch sagt, »die Stadt zugleich verschönerten und ernährten«. Gleichwohl wurde er zu seinen Lebzeiten gerade von der Volkspartei sehr lebhaft angefeindet. Man suchte ihn allerdings, da man sich an ihn nicht heranwagte, mehr in den ihm nahestehenden Personen zu treffen. Daß man ihn wegen seines innigen Verhältnisses zu seiner schönen und geistreichen Lebensgefährtin, der Hetäre Aspasia aus Milet, als Pantoffelhelden verspottete, indem man seine Beziehung mit der des Zeus zu Hera und des Herakles zu Omphale verglich, war noch harmlos; aber man denunzierte Aspasia auch, obschon erfolglos, als Gottesleugnerin und Kupplerin. Eine Anklage wegen Religionsfrevels wurde auch gegen den Philosophen Anaxagoras erhoben, den Freund und Lehrer des Perikles, weil er erklärt hatte, die Sonne sei ein glühender Stein; er entzog sich dem Todesurteil durch die Flucht nach Lampsakos, einer ionischen Kolonie am asiatischen Ufer des Hellespont, wo er mit größten Ehren aufgenommen wurde, und tröstete sich über sein Exil mit einigen Bonmots: als man zu ihm sagte: »Du hast die Athener verloren«, antwortete er: »nicht ich habe sie, sondern sie haben mich verloren«; als man ihn beklagte, weil er fern von der Heimat sterben müsse, erwiderte er: »Der Weg zum Hades ist überall der gleiche«; und als man ihn fragte: »Liegt dir denn dein Vaterland gar nicht am Herzen?«, sagte er: »Mein Vaterland liegt mir sogar sehr am Herzen« und wies zum Himmel. Die größte Infamie aber war der Prozeß gegen Phidias, den künstlerischen Leiter des gesamten perikleischen Bauwesens, der vollkommen grundlos bezichtigt wurde, kostbare Materialien unterschlagen zu haben: Man weiß nicht, ob er während der Untersuchungshaft im Gefängnis oder hochgefeiert in Elis starb, wohin er entwichen sein soll; eine dritte Version behauptet sogar, er sei von den Athenern vergiftet worden.

Am größten scheint Perikles als Rhetor gewesen zu sein. Er soll vor jeder Rede zu Zeus gebetet haben, er möge ihn nichts Überflüssiges sagen lassen. Wenn er öffentlich sprach, so stand er völlig reglos da, eng in seinen Mantel gehüllt, und ohne Leidenschaft zu zeigen, ja auch nur die Stimme zu modulieren. Wenn ihm trotzdem nachgerühmt wurde, daß er gewittern könne wie Zeus, so handelte es sich offenbar um die kalten Blitze und Donner eines Gottes, der, selbst unbewegt, alles erschüttert, mit einem Wort um die *phidiasische Olympik*. Plutarch sagt von ihm, daß er in seine Reden »Physiologie wie eine Farbe goß«, womit er vermutlich meint, daß er gern naturwissenschaftliche Gleichnisse und Bilder gebrauchte. Auch an den übrigen Rednern des Zeitalters priesen die Alten die ἀφέλεια, die »Schlichtheit« prunkloser, kraftvoller Diktion, und die ἰσχυότης, die »Magerkeit«, was aber nicht Dürftigkeit, sondern die sehnige Fettlosigkeit des durchgebildeten Ringerkörpers bezeichnen sollte. Auch die Sophisten rühmten sich der Kunst, ihre Meinung auf den kürzesten Ausdruck zusammenzudrängen, und Antiphon und Lysias, die bereits der jüngeren Generation angehörten, exzellierten ebenfalls durch Einfachheit und Klarheit der Rede. Die soeben erwähnte Marmorherme des Perikles im British Museum, die gute Kopie eines Werks des fünften Jahrhunderts, ist kein Porträt in unserem Sinne (sie zeigt zum Beispiel die ungesattelte »griechische Nase«, die es im Leben nicht gibt), sondern ein Idealbild, das aber doch so weit individualisiert war, daß die Athener darin ihren Regenten wiedererkennen konnten. Der sorgfältig gepflegte Bart und die konziliante Kopfhaltung lassen auf einen eleganten Gentleman schließen, der weiche, anmutige Mund kündet Beredsamkeit, das tiefliegende, von edelgeschwungenen Brauen überwölbte Auge weist auf Gedankenreichtum und Besonnenheit. Der liebenswürdig-unnahbare Aristokrat muß in der verlorenen Originalbronze, die die ganze Figur wiedergab, noch sprechender zum Ausdruck gekommen sein.

Der Peloponnesische Krieg

In seiner Außenpolitik stand Perikles allem Anschein nach auf dem weisen Standpunkt, daß Athen nur im Besitz der faktischen Hegemonie über Hellas Persien entscheidend schlagen könne und daher zuerst mit Sparta abzurechnen habe oder, um es ins Preußische zu übersetzen, daß vor dem französischen Krieg der österreichische kommen müsse. Aber Perikles besaß nicht wie Bismarck einen festen Rückhalt an der Monarchie und daher auch nicht die Macht, die Demokratie gegen ihren Willen zum Siege zu führen. Auch daß er schon gleich am Anfang des Krieges starb, war ein großes Unglück für Athen. Die Kräfte waren sehr verschiedenartig, hielten sich aber ungefähr die Waage. Sparta verfügte über die weitaus besseren Allianzen: Auf seiner Seite standen nicht nur alle Mitglieder des Peloponnesischen Bundes, sondern auch die schon durch ihre Lage sehr wichtigen Landschaften Megaris, Phokis und Lokris und die beiden mächtigen Handelskonkurrenten Athens, Korinth und Theben, mit ihren Dependenzen; zu Athen hielten nur die Plataier, die Thessaler und natürlich die Messenier; Spartas alter Feind Argos blieb zunächst ebenso neutral wie Persien. Andrerseits verfügte Athen über sehr bedeutende Geldmittel, während die Peloponnesier überhaupt keinen Kriegsschatz besaßen. Zu Lande waren die Lakedaimonier absolut überlegen, weswegen sich die Athener auf keine größeren Feldschlachten einließen: Es kam nur zu Duellen der Hoplitenphalangen mit Flankendeckung durch Reiter und Peltasten. Die außerordentlich starken Befestigungen Athens zu überwinden, war ganz unmöglich, da die Poliorketik im engern Sinne, die Belagerung durch Maschinen, noch gar nicht entwickelt war; die Stadt hätte daher nur durch Aushungerung oder Überrumpelung genommen werden können, worauf aber nicht zu hoffen war, da die Mauern sehr scharf bewacht wurden und der Proviant von der Seeseite zugeführt wurde, die von der attischen Flotte gedeckt war; dieser aber waren die Gegner nicht im entferntesten gewachsen. Dies alles hätte bei einer vorsichtigen und beherrschten Kriegführung, wie sie Perikles plante, früher oder später zur Aufreibung des Feindes führen müssen, der, finanziell erschöpft, durch die Luftstöße seiner Landmacht entmutigt, durch die Küstenangriffe der feindlichen Schiffe zermürbt und von den nervös gewordenen Bundesgenossen verlassen, schließlich auf der Basis des bisherigen Besitzstandes den Frieden angeboten hätte. Dies hätte aber keinen geringeren Erfolg bedeutet als der Siebenjährige Krieg für Friedrich den Großen, der ja auch scheinbar als Remispartie endete, in Wahrheit aber als moralischer Sieg Preußens dessen Suprematie begründete. Daß Perikles, weil seine Stellung erschüttert war, geflissentlich auf den Krieg hinarbeitete, um dadurch die Kräfte seiner heimischen Widersacher zu binden, wie dies der Jakobinismus durch die Revolutionskriege, Napoleon der Dritte durch den siebziger Krieg, die russische Großfürstenpartei durch den Weltkrieg versucht hat, ist unwahrscheinlich. In allen diesen (und den meisten ähnlichen) Fällen haben die Urheber des Krieges ihren Zweck nicht erreicht, sondern im Gegenteil ihren Sturz beschleunigt. »Ablenkungskriege« sind nicht nur eine Frivolität, sondern auch eine Torheit, und beides ist einem Mann wie Perikles nicht zuzutrauen. Es ist nachgewiesen, daß er ein Schiedsgericht angeboten hat, auf das die Spartaner nicht eingingen. Aber er mochte die Auseinandersetzung für unvermeidlich halten und sich daher, ähnlich wie Bismarck, nicht geradezu gegen sie sperren, vielmehr auf einen möglichst günstigen Zeitpunkt bedacht sein. Die Staatskasse war gefüllt, Stadt und Flotte unnahbar, die Bevölkerung kriegsbegeistert und opferfreudig. Andrerseits war die Situation aber auch für die Spartaner vorteilhaft, da sie angesichts der Härten des Attischen Seebundes unter dem Motto »Befreiung der Hellenen« fechten konnten (was natürlich in Wahrheit Hegemonie Spartas bedeutete). Gleichwohl trat auch Sparta schon wegen seines traditionellen Konservativismus nur zögernd in den Krieg; das treibende Element war Korinth. Die ziemlich undurchsichtigen Verwicklungen, durch die es schließlich zum Losschlagen kam, sind für die Beurteilung irrelevant: wenn ein Krieg in der Luft liegt, ist alles »Veranlassung«.

Alkibiades Der erste Abschnitt des Kampfes, der von 431 bis 421 währte und nach dem damaligen König von Sparta der archidamische Krieg genannt wird, stand unter dem Zeichen der perikleischen Ermattungsstrategie. Die attische Landbevölkerung flüchtete sich in die Stadt, während die Spartaner alljährlich (im Winter ruhten die militärischen Operationen) in die feindlichen Gebiete einfielen. Aber weder ihre Brände und Verwüstungen noch die Leiden der Pest, die sich infolge der engen Wohnverhältnisse und des schlechten Trinkwassers entwickelte und ein Viertel der Einwohnerschaft Athens, darunter Perikles, zum Opfer forderte, vermochten eine Entscheidung herbeizuführen. Der einzige nennenswerte Erfolg der Spartaner war die Eroberung Plataiais. Es kam daher zu Friedensangeboten; aber die Athener, aufgehetzt von Kleon, dem Führer der radikalen Demokratie, einem typischen politischen Dilettanten, waren verblendet genug, sie abzulehnen. Dann aber brachte die Niederlage in der Schlacht bei Delion, dem einzigen großen Landtreffen des Krieges, und der Verlust des wichtigen Schlüsselpunktes Amphipolis für sie die Wendung. Da auch Kleon inzwischen gefallen war, gelangte der besonnene Nikias zu dem nach ihm benannten sehr glimpflichen Frieden, der aber nicht einmal als ein Waffenstillstand angesehen werden kann, weshalb Thukydides betont hat: wenn jemand die Friedenszeit nicht als Krieg rechnen wolle, so beurteile er die Verhältnisse nicht richtig. Denn schon hatte man sich in das gefährliche sizilische Abenteuer eingelassen. Der ebenso großartige wie phantastische Plan stammte aus dem Kopfe des Alkibiades: Die unter sich uneinige, im Wohlleben erschlaffte und militärisch rückständige Griechenwelt Siziliens und Unteritaliens sollte unterworfen, mit ihrer Hilfe Karthago bezwungen und sodann die Herrschaft über das Mittelmeer errichtet werden, womit ein Königtum des Alkibiades, einerlei in welcher Form, Hand in Hand gegangen wäre. Zunächst war das Volk von diesen ungeheuren Aussichten auf Machterweiterung berauscht; kurz vor dem Abgang der Expedition aber fand man eines Morgens alle Hermen in Athen ohne Kopf; wahrscheinlich eine Tat der angeheiterten *jeunesse dorée* oder vielleicht auch einer Gesellschaft hellenischer »Satanisten«; aber man nahm die Sache furchtbar ernst und verdächtigte den Alkibiades, der allerdings zu so etwas schon fähig war und ohnehin »nach der Tyrannis strebte«, und außerdem bezichtigte man ihn, er habe die Mysterien von Eleusis ausgeplaudert, obgleich da allem Anschein nach nicht viel zu verraten war. Schließlich einigte man sich dahin, den Prozeß bis zur Rückkehr des Alkibiades zu vertagen. Die Flotte ging ab; dann aber wurde doch plötzlich die Anklage erhoben und Alkibiades *in contumaciam* zum Tode verurteilt. Er aber sagte: »Wir werden beweisen, daß wir noch am Leben sind« und ging nach Sparta. Er klärte die dortige Regierung darüber auf, daß ein athenischer Sieg im Westen die Blockade des Peloponnes und den Untergang der lakedaimonischen Großmachtstellung bedeute, und bewirkte dadurch die Wiederaufnahme des Kriegs, und nicht genug damit, brachte er auch ein Bündnis mit Tissaphernes, dem Satrapen in Sardes, zustande, der Sparta Hilfsgelder zahlte, gegen Überlassung der Griechenstädte, die vor den Freiheitskriegen Persien untertan waren (eine moderne Analogie bietet der Vertrag Österreichs mit Napoleon dem Dritten vom 12. Juni 1866, der diesem für den Fall der Wiedergewinnung Preußisch-Schlesiens als »Kompensation« das linke Rheinufer zusagte). Inzwischen aber war nach anfänglichen, verheißungsvollen Erfolgen die sizilische Expedition vollkommen gescheitert: die Flotte der Athener erlitt im Hafen von Syrakus eine Niederlage, und ihr abziehendes Landheer wurde teils vernichtet, teils gefangen. Da das Unternehmen ausgesprochen imperialistischen Charakter trug, hätte es einer Polis niemals gelingen können, wohl aber dem Genie eines Alkibiades, der, der historischen Entwicklung um ein Jahrhundert vorauseilend, bereits das dynastische Weltmachtprinzip der Diadochen verkörperte. Und nun folgte der Dekeleische Krieg, 413 bis 404, der so heißt, weil die Spartaner sich diesmal nicht mit den bisherigen Plünderungszügen nach Attika begnügten, sondern sich dort in dem Fort Dekelea dauernd festsetzten: eine viel empfindlichere Maßregel, die das gesamte attische Wirtschaftsleben ins Stocken brachte und, ebenso wie die vortreffliche Wahl des Ortes, wiederum von Alkibiades herrührte. Doch wurde diesem allmählich auch der spartanische Boden zu heiß, da er dem König Agis nicht nur in seiner politischen Stellung, sondern auch in seiner Ehe erfolgreich Konkurrenz machte, und er begab sich nunmehr zu Tissaphernes, dem er nahelegte, daß es das Beste für Persien sei, durch eine wohlausgewogene Schaukelpolitik keine der beiden griechischen Vormächte hochkommen zu lassen: ein ingeniöser Schachzug, durch den er sich die Rückkehr nach Athen zu sichern suchte. Er wurde in der Tat im Jahre 411 zurückberufen und siegte bald darauf bei Kyzikos. Sparta war bereit, unter Anerkennung des *status quo* Frieden zu schließen; aber Alkibiades, der nur im Krieg seine hochgespannten Ziele erreichen konnte, hintertrieb die Einigung, unterstützt von dem Leierfabrikanten Kleophon, einem zweiten Kleon. Er stand damals knapp vor der Thronbesteigung. Aber gerade zu jener Zeit war auch den Spartanern in Lysander ein Mann erstanden, der dem Alkibiades in der Wahl der Mittel, wenn nicht an Geist, so doch zumindest an Gewalttätigkeit und Skrupellosigkeit ebenbürtig war. Er siegte 407 bei Notion, nicht durch die Schuld des Alkibiades, dessen Sturz damit gleichwohl besiegelt war. Im darauffolgenden Jahr kam es zur Seeschlacht bei den Arginusen, der größten, die je zwischen Griechen geschlagen wurde. Die Athener blieben Sieger; trotzdem wurden die Admirale unter der Anklage, die Rettung der Schiffbrüchigen vernachlässigt zu haben, hingerichtet. Wiederum bot Sparta unter denselben Bedingungen wie nach Kyzikos die Hand zum Frieden und wiederum setzte Kleophon die Ablehnung durch. Die vollständige Vernichtung der attischen Flotte bei Aigospotamoi, einem Küstenflüßchen des thrakischen Chersones, führte zur Kapitulation Athens, das nun nicht mehr über die maritimen Kräfte verfügte, um seine Aushungerung verhindern zu können. Die Erbfeinde Korinth und Theben verlangten, daß Athen zur Schafweide gemacht werde; aber es gereicht den Spartanern zur Ehre, daß sie davon nichts wissen wollten. Der lakonische Depeschenwechsel zwischen Lysander und der spartanischen Regierung lautete: »Athen ist genommen«; »die Einnahme genügt«. Man huldigte, wie Xenophon berichtet, der edlen Auffassung, »daß man nicht eine Griechenstadt vernichten dürfe, die einst Hellas aus größter Not errettete«; dazu kam sicher auch der Respekt vor dem Kulturzentrum. Aber schon daß die bloße Möglichkeit diskutiert wurde, gewährt einen erschreckenden Blick in den Abgrund der hellenischen Seele. Die »langen Mauern« allerdings wurden geschleift und alle auswärtigen Besitzungen mußten herausgegeben werden. Als Lysander im April 404 in den Piräus einzog, bejubelten ihn nicht nur die befreiten Bündner, sondern auch viele Athener; denn die Demokratie war in den letzten Jahren eine wahre Schreckensherrschaft gewesen. Die Entscheidung in dem großen Kriege aber hatte das Ausland gebracht. Athen war zu Lande nicht beizukommen; und nur die persischen Subsidien hatten es den Spartanern ermöglicht, eine der attischen ebenbürtige Flotte zu schaffen. Und Persien war es auch, das die größten Vorteile aus dem Kriege zog. Der Effekt war ein ähnlicher wie bei den beiden großen deutschen Bruderkriegen, dem Dreißigjährigen, aus dem Frankreich, und dem Siebenjährigen, aus dem England als der wahre Sieger hervorging. Geführt aber wurde der Dekeleische Krieg auf allen drei Seiten von Alkibiades, der im Jahre des Friedensschlusses von Phernabazos, dem Satrapen von Phrygien, auf Anstiften der Spartaner hinterlistig ermordet wurde. Dieser Mensch, eine der interessantesten und geheimnisvollsten Persönlichkeiten der Weltgeschichte, machte offenbar mit der ganzen Welt, was er wollte, denn niemand vermochte sich seiner Hypnose zu entziehen. Beide Geschlechter waren in ihn rettungslos verliebt, denn er war nicht nur von erlesener Schönheit und Anmut, sondern überhaupt ein Alleskönner: der beste Reiter und Turner, Trinker und Redner, Musiker und Dialektiker, Feldherr und Diplomat, er war einfach unwiderstehlich. Und vor allem war er der vollendetste Schauspieler: wenn es darauf ankam, mehr Lakonier als alle Spartaner zusammengenommen und orientalischer als alle persischen

Magnaten, in seiner Haupteigenschaft aber der stärkste Extrakt des Geistes von Athen. Denn er besaß die Gabe, sein ganzes Dasein in eine Kette von glänzenden Skandalen zu verwandeln, man kann aber auch sagen: die Gabe, aus seinem Leben ein Gedicht zu machen. Seine Biographie ist ein Epos, freilich nicht eines im alten pathetischen und heroischen Stil, sondern der blitzschnell von Peripetie zu Peripetie eilende, in allen Chamäleonsfarben schillernde Roman des »verfluchten Kerls«. Im vierten Jahrhundert bemächtigte sich die Rhetorik seiner Gestalt, und es wurde in zahlreichen Abhandlungen heiß darüber gestritten, ob er ein Genie oder ein Verbrecher gewesen sei und ob seine Vaterstadt ihn zu ihrem Heile oder zu ihrem Verderben von sich gestoßen habe. Vom moralischen Standpunkt aufgeworfen, ist die ganze Frage töricht: Alkibiades ist als ethische Potenz überhaupt nicht zu werten, er war ein Abenteurer, aber die hellenische Form der öffentlichen Macht war eben überhaupt der Abenteurer; politisch gestellt, ist sie im Rückblick dahin zu entscheiden, daß Alkibiades, wenn man ihm freie Hand gelassen hätte, die alexandrinische Entwicklung vorweggenommen und damit die römische kupiert hätte: Es wäre also wahrscheinlich zu einer hellenischen Mittelmeerherrschaft gekommen und die lateinische in der Wurzel erstickt worden. Ob dies für die griechische Kultur gut gewesen wäre, ist aber wiederum eine andere Frage. Der Allerweltsalexandrinismus wäre ein Jahrhundert früher gekommen, und schon dieser kam ja zu früh.

Die athenische Demokratie

Denn soviel Schlechtes sich auch über die griechische Demokratie sagen läßt: Sie war doch das bizarre Gefäß, in dem allein die Blüte des griechischen Geistes sich zu ihrer einzigartigen Pracht und Fülle zu entwickeln vermochte. Wie die Juden ihr Gesetz auf Moses, so führten die Athener diese Staatsform auf ihren Nationalheros Theseus zurück. Sie beruhte auf den drei Prinzipien der Isonomie, der Gleichheit aller vor dem Gesetz, der Isotimie, des allgemeinen Rechts auf Ehrenstellen, und der Isegorie, der vollen Redefreiheit, das heißt: jeder Bürger unterlag denselben Bestimmungen, durfte jedes Amt bekleiden und konnte jederzeit öffentlich das Wort ergreifen. Besonders dies letztere, das Xenophon als den Zustand bezeichnete, wo alle Betrunkenen zugleich schreien, galt als das wichtigste Unterpfand der bürgerlichen Freiheit und geradezu identisch mit Demokratie. Die Hauptorte hiefür waren die Volksversammlung und das Volksgericht, zu denen jedermann Zutritt hatte. Die Ratssitzung der ganzen Gemeinde, in der, da alle Stimmen gleich galten, die einfache zahlenmäßige Mehrheit entscheidet, hieß als die Gesamtheit der Ekkletoi, der Herausgerufenen, Ekklesia: in Erinnerung an die Zeit, wo die Teilnehmer von einem Herold eingeladen wurden. Zur Kontrolle dienten Marken; die Abstimmung erfolgte durch Aufheben der Hände oder durch Kieselsteine, Muscheln, Bohnen. Bei Gewitter, Erdbeben, Sonnenfinsternis, aber auch schon bei Regen wurde die Versammlung sofort vertagt, denn dies alles gilt als »Zeichen des Zeus«. Da alle wichtigen Staatsangelegenheiten hier entschieden wurden, so beschränkte sich die Tätigkeit der Behörde im wesentlichen auf die Vorberatung und Ausführung der Volksbeschlüsse. Für die Gerichtssitzungen wurden sechstausend Geschworene ausgelost, die allerdings nur hie und da vollzählig erschienen sein dürften. Da das Urteil vom höchsten Souverän, nämlich vom ganzen Volk, gefällt wurde, war es inappellabel und sofort vollstreckbar. Man kann sich vorstellen, wie unparteiisch es ausfiel. Denn nicht nur handelte es sich um eine glatte Klassenjustiz, sondern auch um eine verantwortungslose, leidenschaftliche erregte Menge, die sich von demagogischen Hetzereien, Advokatenkniffen und Augenblicksstimmungen willenlos treiben ließ. Wenn Plato sagt, daß jede Polis, in der die Gerichte nicht auf die rechte Art bestellt seien, zur »Apolis« werde, so war die athenische Demokratie ein solcher Unstaat.

Die Volksversammlung war auch oberste Baubehörde, indem sie die Architekten bestimmte und deren Modelle prüfte, und man fragt sich mit Staunen, was für ein eminent begabtes Volk das gewesen sein muß, das imstande war, Entwürfe zu begutachten und zu korrigieren, aus denen dieses Athen hervorging! Öfter als dreimal im Monat scheinen Ekklesien nicht stattgefunden zu haben; man bedurfte daher für die laufenden Geschäfte gewisser Ämter, zu denen, wie gesagt, jeder Bürger für befähigt erachtet wurde. Damit sich aber nicht mit der Zeit eine selbstherrliche Bürokratenklasse bilden könne, waren die Ämter auf ein Jahr oder noch kürzere Zeit befristet, durften nur einmal oder höchstens zweimal von derselben Person bekleidet werden und wurden durchs Los besetzt, bis auf jene, für die eine gewisse technische Vorbildung ganz unerläßlich war. Jeder Beamte war nach Ablauf seiner Dienstzeit zur Rechnungsablegung verpflichtet: was, ursprünglich als Schutz gegen Unterschleife gedacht, sich allmählich zu einem Werkzeug der Pöbelschikane und parteipolitischen Verfolgung ausbildete. Immerhin müssen alle diese Institutionen ein lebhaftes Interesse, ja sogar ein gewisses Talent für Staatsverwaltung bei der gesamten Bürgerschaft ebensowohl vorausgesetzt als bewirkt haben. Der wesentliche Unterschied von allen modernen, auch den demokratischen Verfassungen ist das Fehlen des Repräsentativsystems, auf dem alle unsere Parlamente und Geschworenenbänke, Wahlämter und Berufsämter aufgebaut sind. Hier ist das Volk immer *ganz* da, der Wespenschwarm des Aristophanes in seiner ungezügelten Gier, launischen Reizbarkeit und blindwütigen Stechlust, das »große Tier« Platos in seiner unberechenbaren Gefährlichkeit einer Naturerscheinung.

Der athenische Staatshaushalt

Die wichtigsten Einnahmen des athenischen Staatshaushalts stammten aus den Erträgnissen der Silberbergwerke von Laurion und anderer städtischer Domänen, aus den Gefällen für Einfuhr und Ausfuhr, die ein Fünfzigstel des Wertes betrugen, den Marktgeldern und Sklavengebühren und ähnlichen Auflagen. Dabei huldigte man dem sehr bedenklichen System, die indirekten Steuern an den Meistbietenden zu verpachten, das auch im Bourbonischen Frankreich praktiziert wurde und eine der Hauptursachen der Französischen Revolution war. In der ganzen Antike war der »Zöllner« aufs äußerste verhaßt und verachtet. Bei dem uns noch heute aus der Bibel geläufigen Begriffspaar der »Zöllner und Sünder« hat man nicht an die heutigen Grenzbeamten zu denken, sondern eben an den blutsaugerischen Zollpächter, der ein reiner Privatmann ist und aus seinem Unternehmen mit allen Mitteln das investierte Kapital und einen möglichst hohen Profit herauszupressen sucht. Weitere Staatseinkünfte bildeten die bereits erwähnten Tribute und Gerichtssporteln der Bündner und die Geldbußen und Vermögenskonfiskationen bei »Hochverrat«, ebenfalls eine Quelle der Demoralisation, die zu Denunziationen geradezu aufforderte. Die Hauptposten des Ausgabenetats bildeten die Diäten und Besoldungen, die sich auf sehr zahlreiche Personen erstreckten, die Löhnungen für fremde Mietstruppen, auswärtige Garnisonen und die Seepolizei, die Summen für Erbauung und Instandhaltung der Straßen und Wasserleitungen, Werften und Arsenale, Tempel und Versammlungshäuser und aller übrigen öffentlichen Anlagen und die sehr erheblichen Aufwendungen für Festgesandtschaften, Weihgeschenke, Gemeindeopfer und andere Kultuszwecke. Auch um die Erhaltung der Erwerbsunfähigen und der Witwen und Waisen Gefallener bekümmerte sich der Staat. Für all dies langte es aber nicht immer, und in diesem Falle schritt man bisweilen zur Ausschreibung einer außerordentlichen Vermögenssteuer, der εἰσφορά, die den vermögendsten Bürgern auferlegt wurde. Doch galten direkte Abgaben immer als eine undemokratische Maßnahme, die nur eines Tyrannen würdig sei. Man griff daher lieber zur Form der Leiturgien, der »Leistungen fürs Volk«, die eine regelmäßige

Belastung der Begüterten bildeten. Eine der wichtigsten war die Trierarchie, die Verpflichtung, ein Kriegsschiff zu stellen. Dies war natürlich keine so bedeutende Ausgabe, wie sie es heute wäre: Die Trieren waren leichtgebaute Holzschiffe, bei schwerem Wetter und grober See nicht widerstandsfähig und überhaupt keine Hochseefahrzeuge, auch ziemlich klein und daher genötigt, zur Nachtruhe und zum Abkochen an Land zu gehen; Stürme oder Seeschlachten vernichteten oft ganze Flotten, die aber in wenigen Monaten durch neue ersetzt wurden. Außerdem lieferte der Staat meist die Werkzeuge und den Rumpf des Schiffes, während der Trierarch es segelfertig zu machen, zu bemannen und zu erhalten hatte, wofür er die Ehre genoß, es befehligen zu dürfen, oft aber nur dem Namen nach; der eigentliche Kommandant war besonders in späterer Zeit ein Fachmarineur: der »Steuermann« oder Kybernetes. Auch bei der Choregie, der Ausrüstung, Bezahlung und Einübung des Chors für die Tragödie und Komödie fiel dem Choregen gewöhnlich nur der Ruhm zu, die Arbeit einem Techniker, in erster Linie dem Dichter, der weit weniger gefeiert wurde. Der Gymnasiarch hatte allerlei sportliche Veranstaltungen zu finanzieren, vor allem den prachtvollen Fackelwettlauf, eine athenische Erfindung. Wer eine Leiturgie auferlegt bekam und fand, daß sie richtiger einem andern zukäme, konnte eine öffentliche Überprüfung des Falles fordern und wurde, wenn ihm der Beweis gelang, befreit. Der andere konnte sich dadurch wehren, daß er sich erbötig machte, sein Vermögen mit dem des Klägers zu tauschen: für beide Teile eine sehr kitzlige Situation, die auf jeden Fall auf eine Leiturgie hinauslief. Dies nannte man »Umtausch« oder Antidosis. Etwas anderes war wieder die Epidosis, die freiwillige Spende »zur Rettung des Staates«, zu der ein Bürger durch Volksbeschluß eingeladen wurde, wobei in Aussicht gestellte Ehrungen, im Weigerungsfalle Schikanen nachhalfen. Die Verpflichtung zur Leiturgie begann schon bei einem Vermögen von drei Talenten, und wenn man bedenkt, daß die Kosten einer Choregie auf 1200 bis 3000 Drachmen (ein fünftel bis ein halbes Talent) veranschlagt wurden, so begreift man, daß es im Griechischen für diesen ruinösen Vorgang zwei eigene Verba gab: καταλειτουργεῖν und καταχορηγεῖν, sich durch Leiturgie und Choregie zugrunde richten.

Eines der lebenswichtigsten Probleme der athenischen Staatsverwaltung war die Versorgung der Bevölkerung mit Brotfrucht: Man kann geradezu von einer Getreidepolitik sprechen. Alle auswärtigen Unternehmungen standen unter diesem Gesichtspunkt: Zuerst versuchte das attische Reich Zypern und Ägypten zu erobern, dann Sizilien, schließlich Thrakien und die Gebiete um den Pontos; der Hellespont hatte ungefähr dieselbe Bedeutung wie der Suezkanal. Korn ausführen war grundsätzlich verboten. »Agoranomoi« überwachten die Reinheit und Unverdorbenheit der Produkte, »Metronomoi« das Gewicht, »Sitophylakes« die Preise, die aber trotzdem von Jahr zu Jahr erheblich schwankten, ja oft an demselben Tage um ein Fünftel bis ein Drittel, zum Teil infolge von Spekulationsgerüchten, die die Importeure oder die Aufkäufer aussprengten: die Meerengen seien gesperrt, die Feindseligkeiten seien wieder aufgenommen, ein großer Transport sei im Anzug oder untergegangen. Nicht selten fanden sich wohlhabende Marktbeamte genötigt, Kursdifferenzen aus ihrer eigenen Tasche auszugleichen.

Alle Rechte und Vorteile, von denen wir hörten, waren aber nur für die Vollbürger da, die Sprößlinge aus einer rechtmäßigen Ehe zwischen einem Bürger und einer Bürgerin des eigenen Staates. Abstammung von einer Metoikin oder Sklavin, aber auch von einer freien Ausländerin schloß also vom Bürgerrecht aus; auch Adoption war in diesem Falle nicht zulässig. Doch konnte bei besonderen Verdiensten um den Staat das Bürgerrecht durch Volksbeschluß verliehen werden. Die Nichtbürger konnten keinen Grundbesitz erwerben, keine vollgültige Ehe schließen, Prozesse nur durch einen Patron führen und nur an einem Teil der Staatskulte teilnehmen. Ihre wichtigste Gruppe bildeten die Metoiken, die »Mitwohner« oder Hintersassen, die sich als Fabrikanten und Großhändler, Reeder und Bankiers nicht selten ansehnliche Vermögen erwarben und als Krämer und Handwerker, Seeleute und Hafenarbeiter im Kleingewerbe eine große Rolle spielten. Sie zahlten ein Schutzgeld, das in Athen zwölf Drachmen betrug, und unterschieden sich, abgesehen von den juristischen Beschränkungen, in nichts von der übrigen Bevölkerung. Das Bürgerrecht konnte aber auch aberkannt werden, und zwar entweder durch Verbannung oder durch bloße Atimieerklärung, die den Aufenthalt in der Heimat nicht untersagte. Die hauptsächlichsten Delikte, auf welche Atimie stand, waren: Unterschlagung öffentlicher Gelder, Bestechung, Feigheit, dreimalige falsche Zeugenaussage. Daß diese Strafe oft einfach nur gegen Mißliebige oder Unbequeme zur Anwendung kam, ersieht man daraus, daß sie auch »bei Müßiggang« verhängt werden konnte, und völlig klar wird ihr politischer Charakter, wenn man erfährt, daß sie bereits bei dem Versuch drohte, Volksbeschlüsse aufzuheben oder abzuändern.

Die Frauen

Diese extremste aller Demokratien war also im Grunde eine Oligarchie der gerade herrschenden Partei und wußte weder etwas von »Menschenrechten« noch von einer Gleichberechtigung der Frauen. Diese durften weder wählen noch Ämter bekleiden, weder politische Versammlungen noch Festaufführungen besuchen und sich sogar am Sport nur in Sparta beteiligen. Sie standen ihr Leben lang unter Vormundschaft: des Vaters, des Bruders, des Gatten, des erwachsenen Sohnes; hingegen blieben sie im Besitz ihrer Mitgift, von der der Ehemann nur den Nießbrauch hatte. Bei geselligen Veranstaltungen erschienen niemals die Hausfrauen, sondern bloß Tänzerinnen und

Flötenspielerinnen, Philosophinnen und Hetären, die beide ungefähr für dasselbe galten, denn die Hetären waren meist geistreich und gebildet, und die Philosophinnen pflegten, zumindest in ihrem äußeren Auftreten, sehr frei zu leben. Perikles sagt bei Thukydides: »Am größten ist der Ruhm der Frau, von der bei den Männern in Lob und Tadel am wenigsten die Rede ist.« Die ehrbare Bürgerin zumal der höheren Schichten führte ein Haremsleben. Sie betrat die Straße nur in Begleitung eines älteren Sklaven, des Gynaikonomos, ja sie ging nicht einmal auf den Markt; ärmere Frauen freilich waren dort häufig zu sehen, sowohl als Käuferinnen wie als Hökerinnen, aber auch sie arbeiteten niemals in Fabriken. Die Frau wurde in der Öffentlichkeit höchstens einmal als Priesterin bei einem Opfer, das weibliche Bedienung erheischte, oder als Figurantin in einem Festzug bemerkt, und im übrigen bestand ihre Lebensaufgabe darin, zuerst Geld und dann Kinder in die Ehe zu bringen.

Die Sykophanten

Im ganzen wird man sagen dürfen, daß die »Aufklärung der Vernunft, die den Athenern die Süßigkeit einer völligen Freiheit schmecken ließ«, von der Winckelmann redet, seit dem Tode des Perikles nicht viel mehr war als eine glänzende Anarchie, zu der dieser selber durch seine Verfassung den Grund gelegt hatte, nämlich eine tumultuarische Pöbelherrschaft und, da der tausendköpfige Souverän zu kaufen war, gleichzeitig eine schamlose Plutokratie. Die Rechtsprechung lag in den Händen eines Geschworenenproletariats, das nur erschien, um sich durch Nichtstun einen Taglohn zu verdienen, die Ämter waren auch dem moralisch und geistig Tiefstehenden zugänglich, den in diesem Fall, da sie recht anstrengend waren, wohl weniger die geringe Bezahlung lockte als die Okkasion der Bestechung. Da einer dem andern das Übelste zutraute und alle darin so ziemlich recht hatten, so herrschte jener öffentliche Zustand, den Burckhardt in den köstlichen Satz zusammenfaßte: die permanente Stimmung der Athener sei gewesen, als würde ihnen etwas gestohlen. Sie war der Boden, auf dem die Giftflora des Sykophantentums gedieh. Das Wort bedeutet ursprünglich »Feigenanzeiger«, das heißt: einen, der Leute, welche verbotenerweise Feigen exportierten, ausspürt und angibt (diese Etymologie wird neuerdings bestritten), dann aber überhaupt einen gewerbsmäßigen Schnüffler und Denunzianten. Es lag nun aber auf der Hand, daß die Drohung, eine Sache aufzudecken und vors Volk zu bringen, auch für den gänzlich Unschuldigen nicht ungefährlich war, denn erstens war es an sich peinlich, in die Öffentlichkeit gezerrt zu werden, zweitens handelte es sich oft um sehr dehnbare Delikte wie Gottlosigkeit, widerrechtlicher Besitz von Staatsgut, Säumigkeit in der Bezahlung von Abgaben, Verschwendung des väterlichen Vermögens und dergleichen, und drittens scheute man auch vor völlig aus der Luft gegriffenen Anschuldigungen nicht zurück, so daß »Sykophantie« mit der Zeit die Bedeutung von »falscher Anklage« annahm, die durch Zeugen zu erhärten aber bei dem moralischen und ökonomischen Zustand der Masse nicht allzu schwer fiel: Folglich mußte man den Sykophanten auf alle Fälle den Mund stopfen. Im ganzen entsprechen sie in ihrer Mischung aus Erpressung, Ressentiment und falschem Pathos und ihrer Existenz durch Schweigegelder und bezahlte Parteimeinung unseren Revolverjournalisten, nur daß sie im öffentlichen Leben eine viel gewichtigere Rolle spielten. Man kann sie auch mit Winkeladvokaten vergleichen, nicht nur wegen ihrer Rabulistik und Impertinenz, sondern auch weil sich manche reiche Leute einen ständigen Gegensykophanten hielten.

Platos Gegenstaat

Die vernichtendste Kritik der athenischen Demokratie ist Platos Idealstaat, der ihr vollkommenes Gegenstück darstellt. Plato fordert die Heranzüchtung eines stabilen Beamtenkörpers nach dem Prinzip der Arbeitsteilung, die ihre natürliche Grundlage in der besonderen Veranlagung der Menschen, ihrem Spezialwissen und der ungleichen Stärke ihres sittlichen

Charakters habe. Männer, die öffentliche Funktionen ausüben, sollen überhaupt kein Privatvermögen besitzen; aber auch bei den übrigen Bürgern hat die Regierung darüber zu wachen, »daß sich in den Staat weder Armut noch Reichtum einschleiche«. Die Frauen werden den Männern in Erziehung und Lebensweise vollkommen gleichgestellt und haben Zutritt zu sämtlichen Berufen; Weiber und Kinder sollen Gemeingut sein (offenbar weil durch Ehe und Erben Besitztrieb und Eigennutz entsteht). Der Staat soll fern vom Meer liegen, das die Bürger mit Handelsgeist und Gewinnsucht erfüllt und den Volkscharakter arglistig und unzuverlässig macht. Aus den Künsten ist alles zu verbannen, was den Sinnen schmeichelt, bloßem Prunk dient oder ein schlechtes Beispiel gibt (daher Homer wegen seiner unwürdigen Vorstellungen von den Göttern und das Drama, weil darin böse Menschen vorkommen). Mit Recht hat Aristoteles bemerkt, die von Plato geforderte »Symphonie« aller Bürger sei eine Monotonie. Die Wirklichkeit war nun freilich nichts weniger als eintönig. Der Politiker hieß »Rhetor«, die Gerichtsverhandlung »Agon«. Es war eine permanente Theatervorstellung, und noch dazu fanden diese Kunststücke vor dem athenischen Volk statt, das das beste Publikum der Welt war, und zwar für *alles*.

Die Sklaven

Die Sklaverei war den damaligen Philosophen noch nicht zum Problem geworden. Sie hat auch in neueren Zeiten viel länger bestanden, als man sich gemeinhin klarmacht. Dies zeigt schon der Name, der sich davon herleitet, daß das ganze Mittelalter hindurch Gefangene aus den Slawenkriegen Sklaven waren. In Preußen hatte bis zum Jahre 1857 ein amerikanischer Staatsbürger Anspruch auf staatliche Anerkennung seines mitgebrachten Sklavenbesitzes. Die Emanzipation der Farbigen erfolgte in den englischen Kolonien 1833, in den französischen 1848, in Nordamerika 1865, in Brasilien sogar erst 1888. Noch heute ist der Kulihandel in Ostasien und der Kanakenhandel in der Südsee eine (allerdings zeitlich begrenzte) Form der Sklaverei. Bei den griechischen Sklaven war zumeist schon die Herkunft ein deklassierendes Moment, denn sie stammten zum großen Teil aus Barbarenländern: Lydien und Phrygien, Syrien und Libyen, Thrakien und dem Pontus; als besonders nichtsnutzig galten die Paphlagonier. Im Prinzip aber bestand für jeden Hellenen die Möglichkeit, durch Krieg, Seeraub oder Verschuldung Sklave zu werden, wie es ja auch selbst einem Plato und Diogenes vorübergehend widerfahren ist. In Athen bestand sogar eine gesetzliche Bestimmung, wonach der Vater seine entehrte Tochter in die Sklaverei verkaufen durfte, aber wahrscheinlich doch wohl mehr auf dem Papier. In der Theorie galten die Sklaven als Sache, was sich schon in der Benennung ausdrückte: sie hießen »σῶμα ἀνδρεῖον, γυναικεῖον, männlicher, weiblicher Körper«, und »ἀνδράποδα, Menschenfüße«, womit sie in eine Linie mit dem Großvieh gestellt wurden, das man als »καρταίποδα, Starkfüße«, bezeichnete. Ein Tötungsrecht hatte jedoch der Besitzer nicht: selbst wenn er einen Sklaven versehentlich umbrachte, galt dies als Blutschuld, die rituell gesühnt werden mußte; tat er es aber vorbedacht, so wurde es dem Mord gleichgestellt. Einen gewissen Schutz gegen Mißhandlungen bot das Asylrecht der Tempel; auch konnte der Sklave gegen einen grausamen Herrn beantragen, daß dieser verhalten werde, ihn zu verkaufen. Obgleich er nicht Rechtssubjekt war und daher selbständig weder Prozesse führen noch Verträge schließen durfte, hatte er doch die Möglichkeit, sich als Geschäftsvertreter seines Herrn eigenes Vermögen zu erwerben. Auch zu den meisten öffentlichen Veranstaltungen hatte er Zutritt; nur bei dem Heiligtum des Sports wurde eine Ausnahme gemacht. Äußerlich unterschied er sich von den Freien nur durch das kurzgeschorene Haar. Plato rät, ihn im eigenen Interesse gut zu behandeln, aber sich nicht mit ihm intim zu machen und die Nationalitäten zu mischen, damit sie auch ihrerseits nicht zu vertraut miteinander würden. Auf dem Lande war das Verhältnis sicher patriarchalisch wie in der Frühzeit; in der Stadt hing es von der Verwendung ab, die sehr unterschiedlich war. Es gab unter den Sklaven Gutsverwalter und Werkführer in verantwortungsvollen Posten, würdevolle Haushofmeister und diskrete Kammerkätzchen, strenge Pädagogen und arrogante Bibliothekare, kundige Bildhauer, Zureiter, Zeichendeuter, Chefköche, Haarkünstler und sonstige Meister aller erdenklichen Fertigkeiten. Eine besondere Klasse bildeten auch die Demosioi, die Gemeindesklaven, die zum Teil in nicht unwichtigen Vertrauensstellungen tätig waren: als Schreiber bei Gericht, Rechnungsführer bei der Finanzverwaltung, Aufbewahrer der öffentlichen Urkunden und Polizisten, die nach ihrer Heimat Skythai, nach ihrer Bewaffnung Toxotai, Bogenschützen, genannt wurden. Sklaven, die sich durch Gewerbe und Geschäfte, die sie im Namen ihres Besitzers selbständig betrieben, Ersparnisse gemacht hatten, konnten sich loskaufen; nicht selten aber erfolgte die Freilassung auch durch einen Gnadenakt des Herrn: sie wurden dadurch zu Metoiken.

Der Preis betrug durchschnittlich zweihundert Drachmen, war also nicht sehr hoch; und im übrigen abhängig vom Angebot (das zumal nach Kriegen merklich stieg), vom Geschlecht (Frauen wurden etwas höher bezahlt), von der Herkunft (Griechen waren bedeutend teurer) und natürlich von den Fähigkeiten: manche Spezialitäten (zum Beispiel, wenn einer besonders feine Parfüms herzustellen wußte oder den ganzen Homer auswendig konnte) wurden mit Gold aufgewogen. Athen, Korinth, Syrakus und Aigina (bis zu seiner Unterwerfung) waren als Industriezentren auch Sklavenzentren; doch waren die Betriebe für unsere Begriffe recht bescheiden: in der Waffenfabrik, die Demosthenes erbte, waren 33 Schwertfeger eingestellt, und mehr als hundert Personen scheinen überhaupt nicht beschäftigt worden zu sein. Immerhin genügte schon dies, um die Arbeiterfrage aufzurollen. Alle Diäten, die Perikles einführte, waren im Grunde Arbeitslosenunterstützungen.

Der Tag eines Atheners

Obgleich, wie bereits im vorigen Kapitel hervorgehoben wurde, die romantische Vorstellung vom Hellenen, der nur der Schönheit und dem Augenblicksgenuß lebte, unzutreffend ist, so muß doch andrerseits zugegeben werden, daß seit Perikles tatsächlich ein müßiggängerischer Großstadtmob gezüchtet wurde und daß man im Altertum überhaupt viel weniger arbeitete als heutzutage. Es handelte sich, wie noch heute vielfach im Süden, mehr um Gelegenheitsarbeit, und an vielen Tagen tat man überhaupt nichts. Ein solcher Athener erhob sich zumeist, auch wenn er verkatert war, ziemlich früh vom Lager. Angezogen war er schnell, auch sein Frühstück, ein paar Bissen Brot in Wein getaucht, erforderte nicht viel Zeit. Dann steckte er ein paar Scheidemünzen zu sich, und zwar wörtlich zu sich, nämlich in den Mund (denn seine Backentasche war seine Geldbörse) und begab sich in die Öffentlichkeit: auf die Ratsversammlung, zur Gerichtsverhandlung, ins Gymnasion, auf den Exerzierplatz, zu einem Vortrag, und nirgends beschränkte er sich auf die Rolle des stummen Publikums, denn er war gewohnt, in alles hineinzureden. Dann inspizierte er sein Geschäft, wenn er eines besaß, was wohl auch mehr oder weniger auf Geschwätz herausgekommen sein dürfte, und schließlich schlenderte er zum Hafen, wo es natürlich am meisten zu sehen gab. Der Grieche hatte für dieses Herumlungern einen eigenen Fachausdruck: er nannte es »agorazein« und verstand darunter nicht etwa bloß, wie die wörtliche Übersetzung lauten würde, »auf dem Markt verkehren«, sondern eine aromatische Mischung aus Klatsch und Messebesuch, Kannegießerei und Sportgerede, Buffonerie und Philosophie. Bei schlechtem Wetter wurde dieses Treiben, das man auch geradezu als »weinloses Symposion« bezeichnete, in die Läden und Buden verlegt: zum

Salbenhändler, zum Barbier, zum Schuster, in die Bildhauerwerkstatt, im Winter mit Vorliebe in die Schmiede, wo es warm war. Die Frage des Essens spielte dabei eine untergeordnete Rolle: die fliegenden Wursthändler, ein paar vom Verkäufer schnell abgebratene Fische, eine Handvoll Feigen genügten dem Gaumenbedürfnis. Wenn aber Isokrates behauptet, früher, nämlich in der guten alten Zeit des Perikles, habe nicht einmal ein besserer Sklave Schenken besucht, so ist das Schönfärberei; auch wurde dort Würfel gespielt und mit Grisetten, den »Flötenspielerinnen«, pokuliert. Aber im allgemeinen gehörte erst der Abend den Zechfreuden. Nach einem einfachen Mahl, der rituellen Handwaschung und dem Trankopfer begann ein kommentmäßiges Kneipen, das dem der Couleurstudenten nicht unähnlich war. Daß aber das Trinken durchaus nicht die Hauptsache war, weiß jedermann aus Platos *Symposion*, obgleich dieses natürlich eine dichterische Konzentration ist und ein ungefähr ebenso ähnliches Bild der Wirklichkeit bietet wie *Wallensteins Lager*. Daß man sich mit Rätseln, Zoten, Zitaten und dergleichen Ödigkeiten unterhielt, ist erst spätere Verfallserscheinung. An das Symposion schloß sich öfters der Komos: ein nächtlicher Umzug mit Wein und Gesang, Erotik und allerlei Unfug; einem solchen dürften die Köpfe der Hermen vor der sizilischen Expedition zum Opfer gefallen sein. Auch die Sitte des Komos wurde von den Studenten übernommen, doch verrohte sie in der Neuzeit so sehr, daß nicht nur wüste Prügelei, sondern auch geräuschvolles Wasserabschlagen (und zwar mit Vorliebe vor der Tür der Angebeteten) zu ihrem Zeremoniell gehörte. Auch fehlten im Altertum die Zusammenstöße mit den Nachtwächtern, denn die Straßenpolizei stellte bei Sonnenuntergang ihre Tätigkeit ein.

Die Kunst des »strengen Stils«

Zu dem Leben des Atheners muß man nun auch noch das ganze künstlerische Stadtbild hinzunehmen. Statuen von Göttern und Heroen, Kriegshelden und Staatsmännern, Dichtern und Philosophen, Rhetoren und Athleten, sogar von berühmten Hetären und Rennpferden standen überall: in den Tempeln und deren Nebengebäuden, in den Gärten und Stoen, Leschen und Kaufhallen, in den Theatern, Gymnasien und Stadien, in den heiligen Grotten und Hainen. Man darf sich aber andrerseits auch wieder nicht ein Museum mit lauter klassischen Meisterschöpfungen vorstellen: besonders die Weihgeschenke können nicht ausnahmslos große Kunstwerke gewesen sein, sowenig wie die Votivgaben unserer Kirchen. Auch muß mit der Zeit eine schreckliche Überladung eingetreten sein, und der Gesamteindruck der Akropolis zum Beispiel in ihrer lärmenden Konkurrenz von Gold, Glanzstuck und vielfarbiger greller Bemalung muß dem eines riesigen Spielzeugladens nicht unähnlich gewesen sein. An den Figuren waren die Haare und Lippen, Brauen und Augensterne jedenfalls aufgemalt, die Farben des Fleisches und der Gewänder durch Imprägnierung des Marmors zumindest angedeutet, Helme und Schilde, Kränze und Stirnbänder, Waffen und Schmucksachen aus funkelndem Metall gebildet. Vielleicht aber ging die Buntheit noch viel weiter: zumal Skulpturen, welche Bauteile bildeten, waren höchstwahrscheinlich geradezu koloriert. Auch die Bronzefiguren wirkten durch die verschiedenen Töne des Erzes und der Patina wie eine Palette.

Die frühklassische Periode des sogenannten »strengen Stils« fällt in die Zeit von etwa 480 bis 460. Ihr Hauptzug ist eine herbe knospenhafte Jugendlichkeit, die sich in einer gewissen Härte der Umrisse und Steife der Bewegungen äußert: einer Sparsamkeit, die an Nüchternheit, und einer Linienklarheit, die an Eckigkeit grenzt; der seelische Ausdruck wagt sich noch nicht recht an die Oberfläche, die Gestalten befinden sich gleichsam noch im Puppenzustand. Den Gipfel dieser Entwicklungsstufe bezeichnen wohl die »Aigineten«, deren Auffindung im Jahr 1811 ungeheures Aufsehen erregte. Der Tempel, dessen Giebel sie einst schmückten, gewährte, hoch über dem saronischen Meerbusen gelegen, einen herrlichen Ausblick bis nach Salamis hin. Als Verherrlichung der Schlacht bei Salamis waren die Kampfszenen auch gedacht, obgleich sie, was dem keuschen Kunstempfinden des Zeitalters entsprach, dem trojanischen Sagenkreis entnommen sind; daß die Krieger nackt sind, bedeutet eine poetische Stilisierung, die selbst noch weit hinter die homerische Welt zurückgeht. Die Künstler sind bereits so vollendete Anatomen, daß sie sich von ihren Kenntnissen vielleicht sogar etwas zu sehr beeinflussen lassen. Sehr bemerkenswert ist es, daß an den Figuren auch die Rückseite aufs sorgfältigste ausgearbeitet ist. Diese Kunst kennt keinen Schwindel, keine Fassadenwirkung, keine Theaterrücksicht aufs Publikum. Der Westgiebel wirkt noch ganz archaisch, der Ostgiebel, als ob er um eine ganze Kunstepoche jünger wäre, obgleich der Unterschied in der Entstehungszeit viel geringer ist. Die Hellenen verglichen ihre Giebelkompositionen einem Adler mit ausgebreiteten Flügeln; und es herrscht in der Tat hier bereits ein sehr edler Rhythmus, aber doch auch eine gefrorene Symmetrie, die formelhaft wirkt, obgleich die Dreiecke äußerst geschickt gefüllt sind. Sehr treffend hat Heinrich Brunn von »Rekrutenhaltung« gesprochen. In diesen Zusammenhang gehört auch das berühmte »Aiginetenlächeln«. Man hat geglaubt, es wolle zeigen, wie der Held noch im Todeskampf über der Situation stehe, was einigermaßen indianisch anmuten würde. Aber auf einer Stufe, deren Zeichenvorrat noch beschränkt ist, kann das Hochziehen der Mundwinkel ebensogut Schmerz bedeuten: auch auf den Grablegungsszenen der Frührenaissance findet er sich bisweilen als Ausdruck höchster Klage. Am nächsten dürfte wohl die Erklärung liegen, daß das Lächeln einfach von den Ägyptern übernommen wurde, bei denen es, wie bereits im vorigen Bande dargelegt wurde, nichts weniger als Primitivität bedeutete.

Am Zeustempel zu Olympia, der in der zweiten Hälfte der siebziger Jahre ausgegraben wurde, sind die Metopen durch ihren schönen männlichen Verismus besonders bemerkenswert. Man kann diese Bauteile mit den Epigrammen vergleichen: Obgleich sie auf allen Tempeln sehr ähnliche Themen behandeln, verstehen sie es doch, sich fast niemals zu wiederholen; das Kentaurenmotiv zum Beispiel entfaltet sich in einer unerschöpflichen Fülle von geistreichen Variationen. Die Erzstatue eines Wagenlenkers aus Delphi in ihrem sorgfältig gefalteten, fast wie plissiert wirkenden Chiton ist vor allem dadurch interessant, daß sich die Augen erhalten haben (Augapfel: weiß, Iris: braun, Pupille: schwarz, Wimpern aus feinen Bronzeplättchen), wodurch der Kopf eine außerordentliche Lebendigkeit erhält. Von großer Unmittelbarkeit und Frische ist auch der Dornauszieher, vielleicht die populärste Skulptur der Antike, die unzählige Male kopiert worden ist. Der Gedanke, einen Wettlaufsieger in dieser genrehaften Situation zu verewigen, ist sehr originell. Die spätgriechische Zeit hielt sich nur noch an diese und machte aus dem eleganten Epheben einen Gassenbuben. Daß man jetzt auch schon die nackte weibliche Figur packend zu gestalten wußte, zeigt das Marmorbildnis der Niobide, die, vom unbarmherzigen Pfeil Apolls getroffen, mitten im Lauf zusammenbricht. Es ist einer der schönsten Frauenkörper, die jemals aus einem Meißel hervorgegangen sind. Die Haltung ist vielleicht etwas zu gefaßt, aber unvergleichlich edel; die Modellierung des herabgesunkenen Gewands ist von höchster Feinheit, aber, wie beim Wagenlenker, noch konventionell. Einer der größten Fortschritte in der Darstellung des menschlichen Körpers fällt ebenfalls schon in die erste Hälfte des fünften Jahrhunderts: die Entdeckung des Gegensatzes von »Standbein« und »Spielbein«. Die beiden Beine sind nicht mehr gleichmäßig belastet, sondern das eine erscheint gelockert, wie es in der Wirklichkeit tatsächlich immer der Fall ist: eine Befreiungstat, wie sie in der Antike nur griechischem Geiste gelingen konnte.

Der Parthenon, das vollkommenste Musterstück eines dorischen Tempels, wurde ein Jahr nach der Beendigung des Perserkriegs, 447, begonnen und ein Jahr vor dem Ausbruch des Peloponnesischen Kriegs, 432, vollendet. Es ist mit größter Wahrscheinlichkeit anzunehmen, daß die Erfindung, Zeichnung und Anordnung der plastischen Teile von Phidias stammten; die Ausführung ist nicht überall von gleicher Güte. Im Innern stand die Statue der Jungfrau Athena, die spurlos verschwunden ist; der Westgiebel schilderte den Streit der Göttin mit Poseidon um den Besitz Attikas, der Ostgiebel ihre Geburt aus dem Haupte des Zeus; ein Fries, der um den ganzen Tempel lief, zeigte die Prozession der Athener zu Athena am Panathenäenfeste, das alle vier Jahre stattfand und in der feierlichen Darbringung eines neuen Kleides und anderer Geschenke gipfelte. Die Metopen enthielten Kampfszenen: unter Göttern, Giganten, Lapithen, Kentauren. Einen großen Teil dieser Skulpturen, soweit sie noch einigermaßen erhalten waren, brachte Lord Elgin zu Anfang des vorigen Jahrhunderts nach London, wo sie noch heute einen der größten Ruhmestitel des Britischen Museums bilden. Nicht bloß die Kunstkenner, sondern auch die Viehzüchter waren von den Ochsen und Schafen des Opferzuges begeistert, ein englischer Reitlehrer unterwies seine Schüler an der Kavalkade der Athener im idealen Sitz, und Goethe erblickte in dem Pferdekopf des Ostgiebels das »Urpferd«.

Das griechische Theater

Obgleich außer dem Parthenon noch das Erechtheion, die Propyläen und andere großartige Bauten in Angriff genommen wurden, hat man doch damals noch nicht daran gedacht, ein steinernes Theater zu errichten, sondern begnügte sich mit improvisierten Holzgerüsten. Die Hauptaufführungen waren im Frühling an den »großen Dionysien«: drei Spieltage zu je vier Stücken, und zur Zeit der höchsten Machtentfaltung Athens mögen sich dabei wohl an die dreißigtausend Menschen eingefunden haben. Daß die Tribünen einstürzten, wird wohl mehr als einmal vorgekommen sein; aber auch auf den Steinstufen der späteren Zuschauerräume saß man sehr unbequem, und dazu von früh bis abend und ohne die Möglichkeit, die Plätze zu verlassen, um sich zu erholen oder eine Erfrischung einzunehmen; auch muß es um diese Jahreszeit schon recht heiß gewesen sein. Der Grieche ertrug dies mit dem heitern Gleichmut des Südländers, und Frauen und Kinder, die darin vielleicht empfindlicher gewesen wären, waren ohnehin nicht zugelassen. Hingegen war die Akustik, wovon man sich noch jetzt überzeugen kann, auf allen Plätzen ausgezeichnet. Man könnte noch heute auf diesen antiken Bühnen spielen: in Timgad, dem »algerischen Pompeji«, veranstalten von Zeit zu Zeit erste Pariser Truppen Theatervorstellungen, zu denen das Publikum in Schlafwagenzügen befördert wird. Das Bühnenbild aber kann schon wegen der Tagesbeleuchtung keine Illusionswirkung angestrebt haben. Man begnügte sich mit Andeutungen: einige Säulen mit Gebälk stellten einen Palast vor, einige Bäume einen Gebirgswald, einige Zelte ein ganzes Heerlager. Erst mit der vollen Ausbildung der Landschaftsmalerei und der perspektivischen Malerei hat sich unser modernes Ausstattungswesen entwickelt. Agatharchos, der um die Mitte des fünften Jahrhunderts zum erstenmal so etwas wie Perspektivik versuchte, hieß denn auch der »Skenograph«. Aber das waren sicher nur sehr bescheidene Ansätze. Mehr als ein gemalter Hintergrund und die »Periakten«, eine Art drehbare Kulissen, standen nicht zur Verfügung. Die Handlung spielte zunächst immer im Freien; sollte das Innere des Hauses gezeigt werden, so wurde dieses auf einem Wagen, dem Ekkyklema, durch den Hintergrund, der sich teilte, hereingerollt. Das ist im Grunde noch das Prinzip der »Röntgenbilder«, das wir im vorigen Bande bei den Ägyptern kennengelernt haben: die Fassade wird einfach durchsichtig. Auch die Flugmaschine für den *deus ex machina*, die Versenkung für die Geister der Abgeschiedenen (die Stiege des Charon) und die Apparate zum Blitzen und Donnern muß man sich sehr primitiv vorstellen: Alle diese Einrichtungen standen kaum auf einem höheren Niveau als an unseren Schmierenbühnen. Geradezu komisch hätte auf uns auch die äußere Erscheinung der Darsteller gewirkt: der Kothurn mit seinen dicken Einlagen, die jeden natürlichen Schritt unmöglich machten, die starre Maske mit dem »Onkos«, einer Art riesigem Chignon, die unförmige Polsterung des ganzen Körpers, sogar der Finger, der groteske Prunk der wallenden Ärmel und Schleppen. Die Bewegungen waren offenbar auch in leidenschaftlichen Momenten stets getragen und hieratisch, wie mit der Zeitlupe aufgenommen, etwa von der Art, wie sie Richard Wagner des öftern vorschreibt. Daß die Maske schallverstärkend wirken sollte, ist unwahrscheinlich, da man ja, wie gesagt, überall sehr gut hörte; ebensowenig ist anzunehmen, daß man sie einführte, weil der Mime mehrere Personen und auch Frauen darzustellen hatte: Da wissen sich Schauspieler schon auf andere Weise zu helfen. Diese Gestalten *sollen* gar keine Menschen sein, sondern »Bilder«: Sinnbilder, Gleichnisse, Masken, Schatten. Darum sind sie überlebensgroß, ausdruckslos, puppenhaft, in altertümliche, barbarische Gewänder gewickelt. Das tragische Geschehen ist ein Mysterium, darum darf es nicht die Formen der Realität haben. Daher wird auch alle wirkliche Handlung, alle starke Aktion: Mord, Wahnsinn, Zweikampf hinter die Szene verlegt. Das war nicht etwa zarte Rücksicht: den Nerven des hellenischen Publikums konnte man alles zumuten, und in der Tat werden ja die blutigen Leichen mit Vorliebe gezeigt und die Greueltaten in der Erzählung kraß und breit ausgemalt. Aber die Sache selbst vorzuführen, wäre eine unerlaubte Gegenständlichkeit gewesen. Ebenso gibt es auch keine Charakterentwicklung: sich seelisch zu wandeln, ist Sache der Irdischen und der Lebenden; Götter und Tote haben keine Biographie. Das Ganze ist ein gespieltes Relief.

Das Kostüm der Komödie ist denn auch ein wesentlich anderes: flache Schuhe, Trikots, bürgerliche Garderobe, nur Wanst und Gesäß lächerlich dick. Der ebenfalls unförmig große Phallus aus rotem Leder war wahrscheinlich keine Obszönität, sondern ein Symbol des Dionysos und der Vegetation; er gehört auch zur Ausrüstung der weiblichen Figuren. Die Tanzchöre: Wolken, Wespen, Vögel, Frösche und dergleichen bizarre Phantasiegestalten, hatten annähernd die Funktion unserer Revuegirls. Die Maske war zwar beibehalten, doch hatte sie öfters Porträtähnlichkeit mit stadtbekannten Personen: Kleon, Sokrates, Euripides. Das Szenische war ebenfalls bedeutend realistischer: richtige Häuser mit Stockwerken, plastische Versatzstücke, komische Attrappen und dergleichen; die Handlung spielte mit Vorliebe zwischen zwei Nachbargebäuden, zwei Etagen, Erde und Olymp.

Ursprünglich war der Dichter zugleich Chormeister und Schauspieler, und die drei Tragödien, die er zu liefern hatte, bildeten eine wirkliche Trilogie; später ging man von diesen Forderungen ab. Außerdem mußte er noch zum heitern Abschluß ein Satyrspiel schreiben, worin der Heros von seiner menschlichen Seite gezeigt wurde und der tragische Affekt sich in Selbstironie auflöste; es war eine Art Abreagieren. Was die perspektivische Kunst eines Shakespeare und Ibsen in die Tiefenwirkung eines einzigen Bildes zusammenfaßt, war hier auf zwei verschiedene Genres verteilt. Erst im Weltaspekt des Christentums, dem alles Vergängliche nur ein Gleichnis ist, konnte der tragische Humor erstehen.

Was gespielt wurde, bestimmte der Bürgermeister, der unter den Dichtungen, die für den tragischen Agon eingereicht wurden, eine Auswahl traf. Hier erheben sich nun einige schwer zu beantwortende Fragen. War der Archon eine Art Zensor, der lediglich nach religiösen und politischen Gesichtspunkten zu urteilen hatte? Aber die erhaltenen Komödien zeigen, daß in Athen nahezu alles erlaubt war. Fällte er aber eine künstlerische Entscheidung, wie konnte er dazu befähigt sein, da er doch, wie die meisten athenischen Beamten, ein ausgeloster Laie war? Und warum übertrug man dies nicht, wie bei den Preisrichtern, die einen der drei konkurrierenden Dichter zu krönen hatten, wenigstens einer vereidigten Kommission? Denn die Frage der Annahme und Ablehnung war doch mindestens ebenso wichtig. Aber gab es überhaupt ein großes Überangebot? Gab es Dilettanten? Gab es verkannte Genies? Man weiß nur von Theaterskandalen, bei denen der Stoff oder seine Auffassung Mißfallen erregte; von durchgefallenem Schund ist nie die Rede. Auch die Dichter, deren Stücke später als »zweiten Ranges« galten und daher verlorengegangen sind: Ion, Agathon, Kritias und andere müssen ausgesprochene Künstler gewesen sein. Man vermißt die Figur des reichen oder einflußreichen Stümpers (der Choreg zum Beispiel, der alles bezahlte, hätte doch sicher seine eigenen Stücke oder die seiner Günstlinge durchdrücken können) und des ewig Unaufgeführten (man kannte wohl das Drama als Buch, aber der Begriff des »Buchdramas« war allem Anschein nach unbekannt); hätte es diese Erscheinungen gegeben, so hätte die Komödie sie sich gewiß nicht entgehen lassen, auch Theophrast hätte sie in seinen Charakterbildern zumindest gestreift. Vielleicht waren eben die technischen Voraussetzungen, die ein Dramatiker mitbringen mußte, so groß, daß nur eine kleine Gruppe von Menschen sie erfüllen konnte. Er mußte ja nicht bloß alle Subtilitäten der Versbildung vollkommen beherrschen, sondern auch sowohl die Musik wie die Tänze neu und selbständig erfinden. Dies können auch heute nur wenige, und vielleicht verhielt es sich wie mit unseren wissenschaftlichen Preisausschreiben, bei denen ebenfalls immer nur ein paar Bewerber auftreten. Übrigens hört man auch auf dem Gebiet der Malerei und Skulptur nie etwas von zweifelhaften Amateuren. Es gab selbstverständlich massenhaft Dutzendware und viele ganz handwerksmäßig hergestellte Arbeiten; aber im großen und ganzen scheint die Geschmackswidrigkeit, daß einer etwas macht, das er nicht kann, erst auf dem Boden der römischen Parvenükultur sich in ihrer vollen Breite entfaltet zu haben.

Der Chor

Einen gewissen epischen Charakter hat die antike Tragödie nie abgestreift: auch das gehört zu ihrer Unwirklichkeit. Sie spielte sich ursprünglich in der Form ab, daß der Dichter im Zwiegespräch mit dem Chor etwas vortrug. Bekanntlich hat dann Aischylos den zweiten und Sophokles den dritten Schauspieler eingeführt, wodurch die Zahl der Rollen leicht auf ein halbes Dutzend gesteigert werden konnte; bei Euripides sind es meistens acht, aber in den »Phoinissen« sogar elf. Trotzdem blieb es beim reinen Dialog; Dreigespräche kommen fast nie vor. Das war sicher ein Stilprinzip. Man würde überhaupt vielleicht richtiger von Duetten sprechen; denn auch die Deklamation war eine Art Gesang. Der Held des Stückes ist aber eigentlich der Chor, daher auch dieses so oft nach ihm benannt ist; zumindest ist er der geistige Kristallisationspunkt und das, worauf es am meisten ankommt: man sprach von einer neuen Tragödie als dem »neuen Chor«. In ihm ist der Sinn des Dramas, der Sinn des Lebens, beschlossen. Das ist etwas Demokratisches; und in der Tat verkörpert er die *vox populi*, die an der Hybris der »Geborenen«, die das Personal des alten Mythos bilden, reichlich Kritik übt. Als Mundstück der öffentlichen Meinung ist er weiser, aber auch banaler als die Träger der Handlung. Als Echo, das das Geschehen reflektiert, vertritt er gegenüber dem flächenhaften epischen Vorgang die dritte Dimension, erweitert ihn zum geistigen Raum, verleiht dem linearen Dialog Tiefe. Euripides, der an diese seelische Symbolik des Chors nicht mehr glaubt, nimmt ihn *infolgedessen* ernst, bezieht ihn in die Handlung, macht ihn zum Confident und ermahnt ihn zur Diskretion. Bei Agathon wird er zum musikalischen Intermezzo. Schließlich wird er überhaupt in die Pausen verlegt, und von diesem Augenblick an hört man nichts mehr von tragischen Dichtern. Es hat sicher noch welche gegeben, aber die Kunstform hatte sich überlebt. Mit dem Chor mußte auch die Tragödie verfallen, denn beide sind identisch.

Die Katharsis

Die berühmte aristotelische Definition wird, nachdem sie eine Reihe ganz selbstverständlicher Forderungen aufgestellt hat, erst am Schluß interessant, welcher besagt, daß die Tragödie durch Mitleid und Furcht eine Reinigung von diesen und ähnlichen Affekten vollbringe. Goethe hat dies auf die Affekte der handelnden Personen bezogen; aber Aristoteles denkt zweifellos ans Publikum. Auch daß ihm dabei geradezu eine moralische Läuterung vorschwebt, wie Lessing annahm, ist unwahrscheinlich, weil er eine solche als παιδεία, erziehliche Wirkung, noch besonders anführt. Eine etwas bizarre Ansicht, die aber großen Anklang gefunden hat, vertrat Jakob Bernays: Aristoteles habe an eine Art medizinische Reinigung gedacht, durch die die aufgestauten Affekte auf ähnliche Weise entfernt würden wie die schädlichen Säfte aus dem Körper. Die tragische Katharsis wäre danach eine Art seelisches Purgativ für die Menschheit, die sich an Mitleid und Furcht überißt. Bedeutend näherliegend wäre aber wohl die Auslegung, daß wir durch die Tragödie die menschlichen Affekte im befreienden Bilde erblicken, wodurch unsere eigenen sich ebenfalls zu Sinnbildern sublimieren, die Mitleid und Furcht bloß *bedeuten*. Die tragische Sympathie ist, obschon sie uns ebenso stark zu erschüttern vermag wie die reale, dennoch ein ins *Philosophische* gehobener Affekt, der unser Seelenleben reinigt. Wollte man einwenden, daß Mitleid und Furcht sich gar nicht in dieser Intensität entwickeln konnten, da ja der Gang und Ausgang der Handlung jedermann aus dem Mythos genau bekannt war, so ist darauf zu erwidern, daß das eigentlich Dramatische niemals in der stofflichen Spannung liegt, sonst könnte auch auf uns ein klassisches Schauspiel, das uns aus der Schule, oder eine erfolgreiche Novität, die uns aus zahlreichen mündlichen und gedruckten Berichten vertraut ist, nicht mehr in voller Stärke wirken; im Gegenteil aber wird ein Stück oft erst interessant, wenn man seinen Inhalt genau kennt oder wenn man es sich mehrmals ansieht. In Athen allerdings erlebte eine neue Tragödie gewöhnlich nur eine einzige Aufführung, die ja die ganze Stadt bei dieser zugegen war (Reprisen wurden erst in der Verfallszeit üblich); aber die Anspielungen der Komödie auch auf weit zurückliegende Werke, und die Zitate bei allen möglichen Anlässen setzten eine Bekanntschaft durch dauernde Lektüre voraus; auch die Komödien selber müssen immer wieder gelesen worden sein, da sie sich fortwährend aufeinander bezogen.

Antikes und christliches Drama

In der griechischen Tragödie gibt es keine Tageszeit, keine Jahreszeit, keine Witterung, keine Landschaft, überhaupt kein Hier: *dies ist die berühmte Einheit des Orts.* Und die Einheit der Zeit besteht darin, daß das seelische Leben keine Entwicklung, keine Akte und Zwischenakte hat. Man könnte sagen: dies alles hat seine Ursache in der Theaterform. Aber das ist ja eben das psychologische Problem, daß der Grieche eine solche Bühne ertrug. Er brauchte keinen Beleuchtungswechsel, denn im griechischen Drama herrscht die ewiggleiche Sonne Homers. Er brauchte keinen Vorhang, denn der Mythus ist das »es war einmal«, das heißt: er geschah in der grauen Unwirklichkeit einer unvordenklichen Urzeit, also niemals; und er geschieht zugleich jetzt, in diesem Augenblick, in einer gespenstischen Nähe, die keine trennende Rampe duldet. Und welche Einschnitte hätte die Kurtine markieren sollen? Was gezeigt wird, ist eine *Katastrophe unter Masken,* die von Anfang an dasteht; es gibt kein Vorher und Nachher; man erfährt sie, wie man ein Relief kennenlernt, das man langsam entlanggeht. Und nun vergleiche man damit das christliche Drama. Shakespeares Dichtungen fangen alle in der Mitte an: was liegt alles vor *Macbeth*, *Hamlet*, *Lear* an *Seelengeschichte* (nicht an rückwärts gewendeter Prophetie wie im *Ödipus*)! Und bei Ibsen sind die Personen der Vorfabel, die man gar nicht zu sehen bekommt, geradezu die Helden und seine Dramen hören überhaupt nicht auf! Mit der letzten Szene der *Gespenster* beginnt erst die eigentliche Tragödie der Frau Alving, der Schluß der *Wildente* ist der Auftakt zu einer zweiten Hjalmarkomödie, und Helmers Frage »Das Wunderbare?«, die der Vorhang abschneidet, eröffnet ein neues Stück. Die antiken Theaterfiguren haben aber überhaupt kein Vorleben (die scheinbare Ausnahme des *Ödipus* ist eben, wie gesagt, ein bloßes Rebus, das sich auflöst, eine planimetrische Konstruktionsaufgabe, deren Stücke wir in der Hand halten); ebensowenig haben sie eine Peripetie, sie können sich nicht wandeln und »läutern«: schon aus diesem Grund ist Goethes Erklärung der Katharsis irrig. Man könnte den gesamten Inhalt einer jeden griechischen Tragödie in einer plastischen Gruppe zur Darstellung bringen. Der Familienfluch der Atriden ist eine nicht weiter diskutierbare *Tatsache*, der Familienfluch der Alvings ein unergründliches Problem, und dementsprechend kulminieren sowohl *Orestie* wie *Gespenster* in der geistigen Umnachtung des Helden, aber das eine Mal handelt es sich um einen mythologischen *Augenblick*, das andere Mal um das letzte Glied eines Stücks europäischer Sozialgeschichte. Und ähnlich verhält es sich mit der Mordtat Orests und Hamlets: jene findet *sofort*, diese eigentlich überhaupt nicht statt (sie erscheint am Schluß wie angeklebt und das ganze Drama ist die Geschichte ihrer Verhinderung); denn ihr Schauplatz ist Hamlets Gehirn.

Aischylos

Bloß erzählend und lyrisch, im Sinne etwa unserer Oratorien, waren scheint's noch die fast vollständig verlorengegangenen Dramen des Phrynichos, eines älteren Zeitgenossen des

Aischylos, die auch noch Stoffe der Gegenwart behandelten, was später vollkommen verpönt war. 492, also ganz kurz nach dem Ereignis, brachte er den *Fall Milets* auf die Bühne; es scheint, daß Themistokles, der damals Archon war, das Stück zu Propagandazwecken aufführen ließ. Aber die Athener ertrugen diese stillose Aktualität nicht: sie weinten zwar sehr, verurteilten aber den Dichter zu einer Geldstrafe. Etwa ein halbes Menschenalter später hatte Themistokles die Choregie inne und ließ, abermals durch Phrynichos, in den *Phoinissen* seinen Sieg bei Salamis verherrlichen. Wir wissen nur noch von einem dritten historischen Stück, den »Persern« des Aischylos, die genau dasselbe Thema behandelten. Hier ist die künstlerisch so heikle Aufgabe mit großem Takt bewältigt: ohne eine Spur von Chauvinismus, ja ohne einen einzigen griechischen Sieger beim Namen zu nennen, schildert der Dichter, der selber mitgekämpft hatte, die Katastrophe Persiens, die als rein persönliche Schuld des Xerxes dargestellt wird, seiner Hybris, auf die die Ate folgen muß: »Dem Übermut entblüht die Ähre: Schuld, und davon schneidest du die Ernte: Tränen.« Diese Auffassung ist dann von Herodot übernommen worden und durch ihn in die Weltgeschichte eingegangen; wir haben hier den Fall, daß ein Dichter einen Historiker belehrt hat.

Aischylos beteiligt sich zum erstenmal um 500, etwa fünfundzwanzigjährig, am tragischen Agon, ohne gekrönt zu werden; erst mit vierzig Jahren errang er seinen ersten Sieg. Ungefähr ein Jahrzehnt später folgte er einem Ruf des Tyrannen Hieron nach Syrakus. Nach seinem letzten Sieg begab er sich noch ein zweites Mal nach Sizilien, wo er 456 starb. Er schrieb rund neunzig Dramen, muß also durchschnittlich jedes zweite Jahr mit vier von ihnen zur Aufführung gekommen sein. Sieben sind erhalten, darunter eine komplette Trilogie, die *Orestie*, während die *Schutzsuchenden* das Anfangsstück, die *Sieben gegen Theben* das Schlußstück und die *Perser* das Mittelstück eines Zyklus bildeten; die Autorschaft des *Gefesselten Prometheus* wird neuerdings von einigen bestritten. Dann müßte er aber von einem noch größeren Dichter stammen. Denn hier zum erstenmal dämmert der Antike das dunkle Gefühl, daß der Olymp nicht das letzte Wort des Weltgeists sei. Prometheus muß leiden, »weil er die Menschheit allzusehr geliebt«. Er ist eine Art Heiland, aber *gegen* Gott; und auch er wird gekreuzigt, aber von Gott. Den Schluß, daß Zeus nicht der wahre Vater der Menschen sein könne, hat Aischylos natürlich nicht gezogen.

Aischylos hat selber seine Dramen Brocken von der großen Tafel Homers genannt. In der Tat ist ja Homer im antiken Sinne ein Dramatiker: ein Gestalter bewegter Gruppen und heroischer Leidenschaften. Und der aischyleische Dialog ist bei aller inneren Glut ebenso maßvoll und beherrscht wie der homerische, die Handlung ebenso einfach und gradlinig. Hingegen ist die Sprache ganz anders: keine Kette klar geprägter Medaillons, sondern von einer gejagten Bilderflucht, die shakespearisch anmutet. Ganz modern und fast ungriechisch berührt auch die magische Stimmung, die bisweilen über der Szene lagert: der Mordgeruch der Eingangsszene der »Orestie« erinnert an *Macbeth*. Und fast unfaßbar ist es, daß Aischylos bereits um die dramatische Wirkung des Schweigens wußte: Klytaimnestra bringt stumm ihr verruchtes Opfer dar, Kassandra sitzt stumm auf dem Wagen Agamemnons, und bei der Ermordung Agamemnons ist die Bühne überhaupt leer. Hier muß man, um Vergleichspunkte zu finden, schon bis zu Ibsen und Maeterlinck gehen.

Im Mittelpunkt des aischyleischen Weltbilds steht Dike, die jungfräuliche Tochter des Zeus, die Göttin des Rechts, deren geheimnisvollem Walten niemand entgeht. Sie leuchtet in der rauchschwarzen Hütte des Armen und wendet sich von dem goldgleißenden Palaste des Reichen, wenn seine Hände unrein sind. Die einen trifft sie am hellen Mittag des Lebens, die andern erst im trüben Dämmer des Alters und manche erst nach dem Tode. Damit ist bisweilen das orphische Totengericht gemeint, häufiger das Fortleben der Schuld in den Nachkommen. Darin denkt Aischylos ganz alttestamentarisch, wie ihm denn auch Zeus zuvörderst eine zürnende und strafende Macht ist, ein schrecklicher Gott, ὕψιστος φόβος; diese Finsternis des Olymps ist ebenfalls ganz unhomerisch. Sehr undurchsichtig ist nun die Verrechnung zwischen Erbfluch und eigener Verantwortung. Agamemnon, der seine Tochter opfert, Klytaimnestra, die ihren Gatten, Orest, der seine Mutter mordet, stehen alle drei unter dem Zwang des Atridenfluchs und sind doch zugleich die freien Täter ihrer Taten: Agamemnon als Erfüller seiner Königspflicht, Klytaimnestra als rächende Mutter, Orest als rächender Sohn. Und um es noch komplizierter zu machen, handelt Orest auch wieder *nicht* frei, denn er ist das willenlose Werkzeug Apolls. *Faktisch* steht einfach Mord gegen Mord, Täter gegen Täter. Vielleicht war es die tiefste Meinung des Dichters, daß der Täter *immer* unrecht hat. Aber er läßt diese Dinge absichtlich im Zwielicht, denn ein klarer Motivenbericht hätte nicht nur die dramatische Atmosphäre zerstört, sondern auch seinem religiösen Empfinden widersprochen. Wollte man es dennoch auf eine Formel bringen, so könnte man sagen: Im Erben alten Familienfrevels erwächst immer wieder der Gedanke der bösen Tat und der Entschluß zu ihr: dies eben ist sein Fluch; und zugleich macht es ihn verantwortlich. Wir sind mit unseren »wissenschaftlichen« Begriffen von »physiologischer Erbmasse«, »psychischen Leitungsbahnen« und dergleichen bisher auch nicht weitergekommen als zu dieser Paradoxie.

Verwandt mit Aischylos ist dessen Zeitgenosse Pindar. Gemeinsam ist beiden die wuchtige Konzentration und orakelhafte Stimmungsgewalt der Sprache, die weltferne Höhenluft der Gedankenwelt, die altertümliche Großartigkeit der Linien- *Pindar* führung. All dies ist bei Pindar so stark ins Relief getrieben, daß es bisweilen überspitzt und absichtlich wirkt. Er war Thebaner und feierte die Sportsiege ganz Griechenlands in seinen Epinikien, deren Texte zu einem großen Teile erhalten sind, während seine religiösen Lieder, wahrscheinlich wegen ihres schwierigen Inhalts, allmählich in Vergessenheit gerieten. Seine Schöpfungen waren in ihrer Art ebenso ein »Gesamtkunstwerk« wie die Tragödie, und man kann über sie gar nicht urteilen, da gerade der Reichtum im Ersinnen stets neuer Melodien und Tanzschritte Pindars größten Ruhm bildete. Es hieß, daß ihm bereits als Knaben während des Schlafs Bienen Honigwaben in den Mund gebaut hätten, und er selbst verglich sich dem Adler, die übrige Sängerwelt mit krächzenden Raben. Die Legende läßt sein Leben mit einer pessimistischen Pointe schließen: er fragte den Gott in Delphi, was wohl für den Menschen das Beste sei, und dieser antwortete, indem er ihn in den Armen seines Geliebten sanft entschlafen ließ. In seiner Weltanschauung ist Pindar der typische Vertreter der Vorperserzeit: böotischer Lokalpatriot, Verächter der Demokratie, Verfechter des päderastischen Ritterideals, altreligiös; die Götter sind ihm sittliche Vorbilder der Güte und Treue, Gerechtigkeit und Heiligkeit. Seine Diktion wirkt durch den steifen Pomp und die Überfülle der Bilder, die an Gedankenflucht grenzt, die eigensinnige Vorliebe für Ungewöhnliches und die pausenlose Verwendung des Pedals ermüdend; Horaz verglich sie mit dem Schäumen des regengeschwellten, vom Gebirg herabpolternden Waldstroms. Er galt bereits ein Jahrhundert nach seinem Tode als veraltet; aber Alexander hat bei der Zerstörung Thebens außer den Tempeln nur das Pindarhaus verschonen lassen. Den Alexandrinern imponierte seine (wie jede andere) Manier, den Römern das Herbe, männlich Strenge seiner Kunst: sie nannten ihn *princeps lyricorum.* Voltaire hingegen spricht von »galimatias pindarique«. Herder und Humboldt haben ihn erschließend, Hölderlin und Platen nachdichtend wiederzuerwecken versucht.

Polygnot

Der Maler, der Aischylos entspricht, ist Polygnot. Sein Hauptwerk war die »bunte Halle« zu Athen, die, um 450 entstanden, die Höhepunkte der hellenischen Geschichte schilderte: den Kampf des Theseus mit den Amazonen, die Eroberung Trojas und die Schlacht bei Marathon; doch schuf er noch viele andere Fresken. Dinge wie Modellierung, Helldunkel, Perspektive kannte er noch nicht, und seine Palette umfaßte nur vier Farben: Weiß, Rot, Ockergelb und Blauschwarz; seine Gestalten waren wie die aischyleischen gigantische kolorierte Zeichnungen. Er huldigte auch noch bis zu einem gewissen Grade dem Prinzip der »unechten Durchsichten«: man erblickte durch die Flüsse den Boden, durch die Gewänder den Körper. Gruppen, die sich hintereinander befinden, setzte er in Streifen übereinander, die Goethe »Stockwerke« nennt; doch gelang es ihm bereits, durch kupiertes Terrain und Überschneidungen eine Ahnung von Tiefenwirkung zu geben. Ebenso wie auf der tragischen Bühne war das Milieu bloß markiert: durch einen Baum oder Fels, ein Grasbüschel oder Röhrichtbündel, ein Stück Stadtmauer, das Ilion, ein Schiff, das die ganze griechische Flotte darstellte. Diese Versatzstücke waren reine Embleme, die bloße Mitteilung, daß hier eine Umwelt, eine Räumlichkeit vorliegt, fast vom Range einer Inschrift, eine gemalte Hieroglyphe. Umgekehrt hat die Barockmalerei das Tiefenerlebnis so stark empfunden, daß sie Gegenstände des nahen Vordergrunds im Gegensatz zu denen der Fernsicht sogar übermäßig vergrößerte, um den Blick zum perspektivischen Sehen und zur Empfindung der Landschaft geradezu zu zwingen.

Alles, was wir über Polygnot vermuten können, sind dürftige und unsichere Schlüsse aus den Schilderungen der Kunstschriftsteller und aus seiner Wirkung auf andere Künste. Die

Parthenonskulpturen atmen seine Technik und seinen Geist. Am stärksten aber war sein Einfluß auf die Vasenmalerei, die ihm fast ihr ganzes Repertoire an Figurenmustern und Gewandmotiven, Mienen und Gesten, Stellungen und Beziehungen und alle neuen Feinheiten der Komposition und der seelischen Schattierung verdankte. Man hat gesagt: die Vasen seien nur bleiche Mondstrahlen neben der einstigen Sonne der griechischen Malerei. Aber wenn diese Sonne auch für uns untergegangen ist, so ist diese Luna doch die Tochter ihres Lichts. Es ist dasselbe Licht und läßt noch im Abglanz die Größe und Pracht des Tagesgestirns ahnen. An Umfang und Reichtum der Konzeption müssen Polygnots Gemälde wahre Wunder gewesen sein. In ihrem Bau ähnelten sie einer aischyleischen Trilogie: ansteigend, gipfelnd, abklingend; die Schlacht von Marathon zum Beispiel zeigte den Beginn des Kampfes, die Entscheidung, die Flucht zu den Schiffen. Auch Polygnot war ein Meister der Stimmung, die er mit ebenso einfachen Mitteln erzielte wie Aischylos: durch ein Senken des Hauptes, ein Heben der Hand. Von seiner Polyxena hieß es, sie trage den ganzen Trojanischen Krieg in den Augen. Das Vasenbild *Orpheus und die Thraker*, das um die Mitte des fünften Jahrhunderts entstand, gibt von diesen Dingen einen gewissen Begriff. Orpheus, ganz entrückt, bezwingt durch die Macht seiner Leier vier Barbaren. Der eine blickt in tiefem Sinnen auf den Sänger, als grüble er über das Geheimnis der Musik, der zweite hat sich in leidenschaftlicher Anteilnahme vorgeneigt, der dritte lehnt sich völlig hingeschmolzen an den vierten, der in höchster Ergriffenheit die Augen schließt: vier Stufen der Reaktion und vier typische Formen der Gefühlsäußerung. Man begreift, daß Aristoteles in seiner *Poetik* sagen konnte: »Polygnot ist ein guter Ethograph, die Malerei des Zeuxis aber hat kein Ethos.« Das griechische Wort *ethos* läßt sich annähernd mit »Charakter, Temperament, Seelengehalt« übersetzen, doch spielt auch schon unsere heutige moralische Bedeutung hinein. In der Kunst, dies alles wiederzugeben, scheint also Polygnot nicht wieder erreicht worden zu sein.

Hier ist der Augenblick, sich wieder einmal zum Bewußtsein zu bringen, wie verwittert, zerstückt und ruinenhaft unser Bild von der hellenischen Kultur ist. Kein Pinselstrich ist von der großen griechischen Malerei erhalten, obgleich sie offenbar die führende bildende Kunst war: bei den Autoren ist viel mehr von ihr die Rede als von der Plastik oder gar der Architektur, und überhaupt ist dies das normale Verhältnis: auch an den großen Wendepunkten der modernen Kunstgeschichte dominiert die Malerei. Wir führen zwar Namen wie Zeuxis oder Apelles gern und oft im Munde, aber sie sind für uns ebenso erlauchte wie leere Begriffe, von nicht mehr Realität als Garrick und Talma: bloße Gerüchte, Zitate, Anekdoten. Und nun muß man noch hinzunehmen, daß die Zentralkunst, die alles durchdrang und beseelte: Malerei und Plastik, Poesie und Leben, die Musik war. Erst an dem, was *nicht* da ist, kann man die Höhe und Fülle der griechischen Kultur ermessen. Man stelle sich vor, daß kein Ton von Mozart, Beethoven, Weber erhalten wäre: die ganze Tiefendimension des Rokoko, des Empire, des Biedermeier würde fehlen, sie würden uns wie auf eine Fläche projiziert erscheinen.

Herodot

Die drei Gemälde Polygnots in der *Stoa poikile* hatten zum Thema die Auseinandersetzung zwischen Hellenen und Barbaren, und die »Perser« des Aischylos bildeten die Mitte einer ähnlichen Trilogie: Das erste Drama behandelte den Argonautenzug, das dritte wahrscheinlich die Schlacht bei Himera. Denselben großen Gegensatz hatte sich der »Vater der Geschichte«, Herodot, zur Lebensaufgabe gewählt. Einen Teil seines Werkes las er 445 den Athenern vor, und diese waren so begeistert, daß sie ihn mit der enormen Summe von zehn Talenten belohnten. Sein Stil ist denn auch ausgesprochen episch: er denkt an Hörer. Seine großen Reisen: nach Ägypten und Kyrene, Babylonien und dem Skythenland machte er als ein ebenso naiver und eindrucksfreudiger wie kritischer und verarbeitender Beobachter. Als echter Hellene sucht er überall nach Analogien, aber dies verleitet ihn niemals, fremde Eigenart zu verkennen. Hierdurch ist er der Begründer der vergleichenden Historie geworden. Geschichte, Geographie und Ethnographie sind bei ihm noch nicht zu ihrem Schaden auf getrennte Fächer verteilt. Exotisches wertet er nicht, sondern erzählt es: Er steht vor diesen Dingen wie das entzückte Kind vor der Menagerie oder wie der kühle Gelehrte vor seinem zoologischen Exemplar: Das geht bei ihm beides ineinander. Das Ganze ist eine leuchtende Perlenschnur von Novellen, Anekdoten, Kuriositäten, Momentbildern und Charaktermasken: es ist wiederum die Relieftechnik Homers, der Tragödie, Polygnots. Widersprüche werden nicht vermieden, aber offenbar nicht aus Nachlässigkeit, sondern aus epischer Objektivität. Episch ist auch die Unbekümmertheit, mit der Herodot psychologisch auffüllt, mutmaßliche Motive und Seelenregungen aus eigener Phantasie ergänzt, in der vollen Überzeugung, das Recht dazu zu haben, und die Schlichtheit des Vortrags, die keineswegs Primitivität, sondern Stil ist, eine Art archaisierendes »Äginetenlächeln«. Er äußert einmal: »Ich fühle mich verpflichtet, Sage wiederzusagen (ἐγω δὲ ὀφείλω λέγειν τὰ λεγόμενα)«, und darin erschöpfte sich eigentlich seine ganze Tätigkeit; aber wie hat er es gesagt: mit welcher Natürlichkeit und Menschlichkeit, Anmut und Leichtigkeit, Farbigkeit und Musikalität! Und dabei mit einer allerdings höchst unaufdringlichen geistigen Überlegenheit; denn alle seine gutgläubige Erzählerfreude begleitet ein feiner Unterton von »on dit«, und ganz unmerklich und vielleicht sogar zum Teil unbewußt wird ihm sein großes Epos vom Kampf Asiens und Europas zur tragischen Ironie auf alles Weltgeschehen. An das Walten der Götter aber glaubt er noch mit der ganzen Kraft seines kindlichen Dichtergemüts. Sein religiöses Weltbild unterscheidet sich in nichts von dem der Poesie: Wie bei Homer und den Tragikern greifen die Götter in die Menschenschicksale ein und vollzieht sich die Handlung parallel im Olymp und auf Erden. Homerisch ist sein Glaube an den Neid der Götter, aischyleisch seine Idee von der alles auswägenden Dike: Er vereinigt beides, indem er die gerechte Ausgleichung für allzu großes Glück eben darin erblickt, daß der Blitz des Zeus am liebsten in die höchsten Gipfel fährt und dann auch Schuldlose trifft. Was für unheilbare Pessimisten müssen die Griechen gewesen sein, wenn auch für einen Geist von so goldener Helle und Heiterkeit dies die letzte Weisheit war! Freilich vermöchte man bisweilen der Nemesis zu entfliehen, wenn man sorgfältig auf die dunklen Zeichen, Orakel und Träume achtete, die der Himmel sendet, aber man tut es eben nicht. Diese spielen bei Herodot die Rolle *streng historischer* Mächte und Motive: ein echt antiker Zug, der *bloß uns* befremdet.

Sophokles

Komplizierter liegt das theologische Problem bei Sophokles, der mit Herodot befreundet war: In der »Antigone«, die 441 aufgeführt wurde, findet sich eine Anspielung auf Herodot, die zugleich zeigt, wie bekannt er damals schon gewesen sein muß. Dieser Dichter scheint den Neid der Olympischen niemals verspürt zu haben, vielmehr ihr erklärter Liebling gewesen zu sein. Als Jüngling von bewunderter Anmut und Schönheit (er stand dem Polygnot Modell) und gefeierter Meisterschaft im Zitherspiel und Ballspiel, errang er schon mit achtundzwanzig Jahren seinen ersten Sieg, dem noch dreiundzwanzig andere folgten, mehr als je ein anderer Tragöde errungen. Er gelangte zu hohen Staatsämtern und erreichte, allgemein verehrt wegen seines liebenswürdigen und launigen, bescheidenen und vornehmen Charakters, ein Alter von über neunzig Jahren. Noch als Greis soll er die Liebe berühmter Hetären genossen haben, und noch als Toter blieb er ein Auserwählter, indem die Athener ihn in den Stand des Heros erhoben, dem alljährlich Opfer dargebracht wurden. Er war ein Menschenalter jünger als Aischylos und blühte, als dieser starb. Von seinen Stücken sind ebenfalls sieben erhalten: Aias, Antigone, die Trachinierinnen, Elektra, Philoktet, König Ödipus und Ödipus auf Kolonos; 1912 wurde etwa die Hälfte eines Satyrspiels »Die Spürhunde« gefunden, das mit starker Clownerie schildert, wie Apoll durch Satyrn den Rindern nachschnüffeln läßt, die ihm Hermes gestohlen hat.

Die tragische Ironie Herodots erscheint bei Sophokles in ihrer höchsten Zuspitzung und Verfeinerung. Sie besteht darin, daß der Mensch frei zu handeln glaubt und dennoch der Spielball dunkler Mächte ist, daß er sich frei von Schuld glaubt und dennoch unter der Last einer finstern Erbschuld durchs Dasein wandelt. Die klassische Verkörperung dieser Paradoxie, in exemplarischer Vollendung durch die Jahrhunderte leuchtend, ist Ödipus: der Untersuchungsrichter, der seinem eigenen Verbrechen nachspürt; ein Vorwurf, der (und dies ist gerade das zutiefst Erschütternde) nur einer anderen Belichtung bedurft hätte, um in die Komödie umzuschlagen. Auch die Szenenführung hat bei Sophokles oft etwas Kriminalistisches. Er liebt die Verzögerungen und Überraschungen, künstlichen Verschleierungen und plötzlichen Enthüllungen, auch die Irreführungen durch Nebengeleise, falsche Entspannungen und »Lichtstrahlen vor der Katastrophe«. Alle diese Raffinements kennt Aischylos noch nicht. Trotzdem ist auch diese Technik von der modernen im Innersten verschieden. Aischylos und Shakespeare, Sophokles und Schiller, Euripides und Ibsen verhalten sich zueinander wie Pythagoras zu Descartes, wie die synthetische zur analytischen Geometrie, wie die Anschauung zum Kalkül, wie Statik zu Dynamik. Die antike Dichtung ist ein Marmorwald von gemeißelten Standbildern, die christliche ein Zauberwald aus flackernden Spukbildern, ein Sommernachtstraum.

An Schiller erinnert Sophokles hauptsächlich durch die Vereinigung philosophischer Tiefe mit edler Popularität, durch den Schein der Mühelosigkeit einer höchstgespannten dramaturgischen Virtuosität, durch den klaren Silberglanz der Sprache und die Sicherheit in der Prägung weltliterarischer Figuren und zitatreifer *Mots*. Das berühmteste von ihnen: »nicht mitzuhassen, mitzulieben bin ich da« war allerdings im Altertum noch nicht geflügelt, denn es enthält keinerlei Weltanschauungsbekenntnis, sondern die einfache Erklärung der Antigone, daß sie als Schwester den Polyneikes zu lieben habe, auch wenn alle anderen ihn hassen. So christlich, wie man später glaubte, hat Sophokles nicht empfunden und konnte er noch nicht empfinden. Aber auch ohne derlei anachronistische Unterschiebungen bleibt sein Verhältnis zur Gottheit noch rein und keusch genug. Zum Menschen reden die Himmlischen mit Vorliebe durch Boten, Orakel und geheimnisvolle Stimmen: Sie selbst sind unnahbar und unerforschlich. Sie sind inkommensurable Größen, mit menschlichen Maßstäben nicht zu ergründen; den Sterblichen, der mit ihnen rechten will, verweist der Dichter gleich dem Schöpfer des Buchs Hiob auf die Herrlichkeit ihrer Werke. Es bleibt uns nichts, als ihre Macht, die sich auch in scheinbar ungerechter Fügung gewaltig offenbart, zu preisen und in demütiger Unterwerfung hinzunehmen. Es herrscht ein Plan; aber wir verstehen ihn nicht. Es läßt sich nicht bezweifeln, daß bisweilen auch der Schuldlose leidet; aber ebensowenig läßt sich bezweifeln, daß die Gottheit immer das Rechte tut. Woher weiß man denn, was recht und unrecht ist? Ganz dieselbe Frage stellten die Sophisten, und die gelangten durch sie zum ethischen Relativismus: gut ist, was jeder einzelne für gut hält. Der gläubige Sophokles zieht den umgekehrten Schluß: der Mensch ist *nicht* das Maß der Dinge; findet sich in der Weltordnung eine Irrationalität oder Unmoral, so spricht dies nicht gegen die Weltordnung, sondern gegen die menschliche Logik und Sittlichkeit.

Phidias Wie bei Sophokles die Handlung aus dem Charakter erwächst, so entwickelt sich bei Myron, dem Bildhauer, die Bewegung der Figuren aus deren Grundform. Auch gibt es bei Sophokles einen ebenso streng durchgeführten Kanon der Proportionen wie bei Polyklet. Die stärkste Verwandtschaft aber verbindet ihn mit Phidias, dessen berühmteste Werke der Zeus in Olympia und die drei Athenen waren. Die bronzene Athena Promachos (die »Vorkämpferin«) stand auf der Akropolis; sie war etwa sieben Meter hoch, ihr goldener Helmbusch vom Meere aus sichtbar. Nicht weit von ihr befand sich die Athena Lemnia, ebenfalls aus Bronze, so genannt, weil nach Lemnos ausgewanderte Athener sie gestiftet hatten; die Berechnungen schwanken zwischen neun und einundzwanzig Meter (die Bavaria ist neunzehn Meter hoch). Den Helm trug sie nicht auf dem Haupte, sondern in der vorgestreckten rechten Hand. Der Kopf (wenn der von Furtwängler aufgefundene mit Recht als Kopie gelten darf) muß Zartheit mit Energie und Lieblichkeit mit Klugheit in hinreißender Weise vereinigt haben; er ist, womit wahrscheinlich das Männliche der gelehrten und kriegerischen Göttin angedeutet werden soll, nach Art eines Bubikopfs frisiert: bei antiken Statuen eine große Seltenheit. Die Athena Parthenos, ein Goldelfenbeinwerk, ungefähr zwölf Meter hoch, stand im Parthenon. Es muß, da das Elfenbein sicher gefärbt und das Gold verschiedenfach getönt war, die Augen aus funkelnden Edelsteinen bestanden und auch sonst mit Juwelen nicht gespart war, sehr bunt und prächtig gewirkt haben. Das abnehmbare Gewand, in das über tausend Kilogramm reinen Goldes verarbeitet waren, diente als Kriegsschatz. Die Athener waren eben selbst als Bankiers Künstler, wie sie denn auch ihren Staatsverträgen mit Vorliebe die Form kunstvoller Marmorreliefs gaben. Der Zeus im Tempel von Olympia, in Material und Ausmaßen das Gegenstück zur Parthenos, galt als eines der Sieben Weltwunder. Er saß »bunt von Gold und Edelsteinen, Ebenholz und Elfenbein«, wie Pausanias ihn schildert, auf dem Haupt einen Kranz von Olivenzweigen, in der Rechten eine Nike, in der Linken ein Zepter, aufrecht auf seinem Thron; aber bei aller Gewaltigkeit, die befürchten ließ, er möchte, wenn er sich erhöbe, die Decke des Tempels zertrümmern, war er nicht der Blitzer und Donnerer, sondern in seiner gedankenreichen Milde Gottvater ähnlicher als Jehova. Der Thron trug reichsten Schmuck aus vielfältigem Bildwerk, in den Mantel waren zahllose Figürchen und Blumen eingelegt, selbst der Fußschemel zeigte eine Amazonenschlacht. Phidias war nämlich auch ein Meister der Kleinkunst: Martial erwähnt ziselierte Fische, eine Zikade, eine Biene und eine Fliege als Werke seiner Hand, die ebenso berühmt waren wie seine Giganten. Von dem Zeus, der noch dem ganzen Altertum im Original bekannt war, uns aber nur durch Abbildungen auf Münzen zugänglich ist, hieß es, er sei ein Zaubermittel, das alle Sorge und alles Leid vergessen mache, und wer ihn nicht erblickt habe, sei umsonst auf die Welt gekommen; der homerische Zeus habe in ihm Körper angenommen, ja der Gott selber sei in ihm gegenwärtig. Dio Chrysostomus sagte: »Das ist das Große am Zeus des Phidias, daß, wer ihn gesehen hat, nie mehr ein anderes Bild in sich aufkommen lassen wird.« In der Tat erschien hier der Gott ein für allemal geformt: in so persönlicher und zugleich typischer Gestalt, daß es seitdem ein allgemeingültiges Zeusbild gab, wie es einen Napoleonkopf und einen Goethekopf gibt.

Ein Epigramm besagte: wer die knidische Aphrodite des Praxiteles sehe, werde das Urteil des Paris bestätigen, betrachte er aber dann die Athene des Phidias, so müsse er den Paris einen Rinderhirten schelten. Die phidiasische Schönheit war eine geistige. Gerade die Vollkommenheit seiner Göttergestalten beweist, daß er bereits über ihnen stand. Winckelmann nennt sie »reine Geister und himmlische Seelen« und meint, sie hätten »nur gleichsam Blut«. Dies war freilich zu weit gegangen und, nochmals gesagt, der typische Irrtum des Klassizismus, hauptsächlich verschuldet durch den Umstand, daß dieser die griechischen Kunstwerke in einem Zustand kennenlernte, wo die Zeit die Farbe bereits abgewaschen hatte; bleich und anämisch starrten sie der Nachwelt aus leeren Augenhöhlen entgegen, die so ein ganz gefälschtes Bild empfangen mußte. Aber eine gewisse olympische Ruhe ist gleichwohl (nur auf dieser kurzen Gipfelstation des griechischen Kunstschaffens) sowohl über die Gestalten des Phidias wie die des Sophokles gebreitet: beidemal ein geheimnisvoller Goldgrund, der zugleich wärmt und entrückt, eine Süße der Melodik, die aber immer herb bleibt, eine spiegelnde Glätte, aber wie die des besonnten Meeres über Tiefen. Beide Künstler nähern sich bereits mit feinem Empfinden der Frauenseele, aber sie erscheint bei ihnen noch wie unter einem Schleier, fern und verschwiegen, wie bei Leonardo, während man an den satinierten problemlosen Raffael, der mit Vorliebe zum Vergleich herangezogen wird, gerade *nicht* denken darf, denn hier liegt das Gemeinsame lediglich in der Kristallreinheit der Form und der Maestria der Technik, also ganz an der Oberfläche.

Diese Kunst hat alle Züge der Vornehmheit: das ungezwungene Beherrschte, das selbstverständlich Gebietende, die heitere Würde, die Distanz ohne Hochmut, das selbstgenügsame Insichruhen, die Rassigkeit in jeder Faser und Bewegung, den unfehlbaren Geschmack, der aus dem Blut kommt; und doch ist sie nicht aristokratisch. Das ist etwas Einzigartiges. Erscheinungen wie im perikleischen Athen hat es sonst in Demokratien nie gegeben. Wann war eine Kunst je so gewählt und zugleich so volkstümlich? Wann war eine Tracht so bürgerlich und zugleich so nobel? Wo gab es je die Gestalt des *Bourgeois gentilhomme*, nicht als Karikatur, wie das Zeitalter Ludwigs des Vierzehnten sie mit Recht sah, sondern als gelungene Synthese, wie sie am leuchtendsten in Perikles selber, aber auch in allen seinen führenden Zeitgenossen verkörpert war? Die Parthenonskulpturen sind ein Idealbild, aber nicht einer dünnen Oberschicht, sondern einer ganzen Stadt. Diese Reiter und Jungfrauen sind nicht aus dem Palast, sondern von der Straße geholt. Die Griechen müssen doch ein sehr merkwürdiges Volk gewesen sein.

Myron

Myron war ein wenig älter als Phidias. Er arbeitete nur in Erz. Seine Gruppe *Athena und Marsyas* ist in römischen Nachbildungen erhalten. Die noch ganz jugendliche Göttin hat soeben die Flöte erfunden, bemerkt aber im Spiegel des Baches, daß das Spiel ihr Antlitz entstellt, und wirft sie, bei aller Kindlichkeit schon ein echtes Frauenzimmer, entrüstet fort. Der Silen Marsyas ist indiskret genug, herbeizueilen, um sie an sich zu nehmen, aber eine gebieterische Gebärde des Göttermädchens schreckt ihn zurück. Dieser Augenblick ist festgehalten, als eine ebenso packende wie geistreiche Bewegungsstudie. Athene ist von entzückender Anmut, aber, wie bei Phidias, doch noch von verhülltem Leben, was aber zu ihrer ganzen knospenhaften Erscheinung vorzüglich paßt. Ebenso steht die »Ausdruckslosigkeit« im Kopf des Myronischen Diskoswerfers, die schon in der hellenistischen Zeit getadelt wurde, im Dienst der Charakteristik: die ungeheure Anspannung und Konzentration knapp vor dem Wurf verleiht dem Antlitz notwendig eine gewisse Leere. Hier ist zum erstenmal die Bewegung gestaltet, und sogleich mit der höchsten Virtuosität. Die ganze Gestalt mit jedem Muskel holt aus, der Künstler läßt, wie Arnold von Salis sehr schön sagt, »die momentane Bewegung aufflackern wie die Lohe im Wind«. Es ist die Bewegung an sich, gleichsam die Philosophie der Bewegung, und so überlegen ist das Problem gelöst, daß es fast wie eine Konstruktionsaufgabe anmutet. Das Größte, das Myron schuf, muß aber, nach den Beschreibungen zu schließen, der »Ladas« gewesen sein, ein Schnelläufer, der im Augenblick des Sieges tot zusammenbrach: Die verkörperte Atemlosigkeit, ein Thema, das nur einem Myron gelingen, ja auch nur einfallen konnte. Auch von der »Kuh« wissen wir nur aus Berichten. Die Griechen waren ganz verrückt mit ihr: Nicht weniger als sechsunddreißig Epigramme befaßten sich mit ihrer Schilderung; ein Stier, hieß es, wollte sie bespringen, ein Kalb an ihr saugen, ein Hirt sie antreiben, ein Bauer sie vor den Pflug spannen, ein Dieb sie stehlen, eine Bremse sie stechen, ein Löwe sie zerreißen und Myron selber wollte sie einmal melken. Würden diese Anekdoten nur den Zweck haben, Myron als extremen Naturalisten zu preisen, so wäre dies ein recht zweideutiges Lob; wenn wir aber hören, daß er auch Fabelgeschöpfe wie Seedrachen mit der höchsten Vollendung zu bilden wußte, so verstehen wir vielleicht eher, was gemeint ist: Er besaß die Gabe, die Idee jedes Wesens zu gestalten, so daß ein jeder darin wiederfinden konnte, was seine Phantasie gerade bewegte.

Polyklet

Polyklet war um mindestens ein halbes Menschenalter jünger als Myron. Sein Doryphoros oder Speerträger, sein Diadumenos, der sich die Siegerbinde umlegt, und seine verwundete Amazone, in matten Nachbildungen auf uns gekommen, zeigen das fruchtbare Motiv des Spielbeins mit einer Energie, die an Eigensinn grenzt, aufs höchste methodisch ausgebildet und haben überhaupt etwas im idealsten Sinne Lehrhaftes. Die griechischen Künstler der nächsten hundert Jahre sind denn auch in der allgemeinen Auffassung des menschlichen Körpers alle seine Schüler gewesen. Polyklet, der aus Sikyon stammte und in Argos lebte, verleugnet den Dorer nicht: Seine Leiber erinnern in der Strenge ihrer Proportionen, der Klarheit ihres Aufrisses und der schlichten, wuchtigen Männlichkeit ihres Pathos an einen dorischen Tempel. Was er geschaffen hat, sind dem Stoffe nach Genrefiguren; aber kein Mensch wird auf die Idee kommen, sie so zu nennen. Man kann an ihnen direkt Anatomie studieren: Am Doryphoros ist jeder Muskel auf seine klassische Formel gebracht, der Brustkorb ist ein Brückenbogen, das Standbein ist ganz Stand, das Spielbein ganz Entspannung. Es sind Modelle: von der Ewigkeit, aber auch Wirklichkeitsferne weltgültiger Paradigmata. Man machte denn auch schon im Altertum den Statuen Polyklets den Vorwurf, sie seien »fast alle nach demselben Muster«. Eine von ihnen, wahrscheinlich der Doryphoros, war der berühmte *Kanon*. Polyklet verfaßte auch eine Schrift des gleichen Namens, worin er das Verhältnis des Fingers zum Finger, der Finger zur Handfläche, der Handfläche zur Handwurzel, der Handwurzel zum Ellbogen, des Ellbogens zum Arm und überhaupt aller Gliedmaßen zueinander ziffernmäßig feststellte: eine Art Metrik des menschlichen Körpers. Das ist pythagoreisch: alle Form als Zahl; man kann aber auch sagen: eleatisch, denn als wahres Sein gilt hier nicht die wechselnde Fülle der Augenblickserscheinungen, sondern das unwandelbar Gleiche, das ihnen zugrunde liegt und sich nur im reinen Denken, in der Abstraktion erfassen läßt. Wie Parmenides hält Polyklet alle Bewegung für Schein: Nie werden diese schreitenden Figuren einen Schritt nach vorne tun.

Empedokles und Anaxagoras

Die zeitgenössische Philosophie war aber bereits ganz andere Wege gegangen. Zwar Empedokles, der um 430 starb (also etwa zu der Zeit, als Polyklet blühte), mutet noch halb archaisch an, steht aber in seiner Umwelt wie ein Kuriosum. Er führte in Agrigent, dem jetzigen Girgenti, dessen Hafen noch heute Porto Empedocle heißt, ein legendenumsponnenes Dasein als Staatsmann, Arzt und Wundertäter (in einem Fragment sagt er selbst zu seinen Mitbürgern: »nicht mehr als Erdensohn, sondern als unsterblicher Gott wandle ich unter euch«)

und endete, hieß es, durch Entrückung zu den Himmlischen, nach anderen durch einen Sprung in den Ätna. Seine pittoreske Biographie hat noch lange die Nachwelt beschäftigt. Hölderlin schrieb ein unvollendetes Trauerspiel *Der Tod des Empedokles:* Empedokles, der die Natur im tiefsten erkannt hat, erhebt sich dadurch über sie und erklärt sich zum Gott, aber dies ist eben Überhebung: er erträgt es nicht, »allein zu sein« und sühnt die Schuld durch freiwilligen Tod. Nietzsche entwarf im Winter 1870/71 ein Drama *Empedokles:* »Empedokles, der durch alle Stufen: Religion, Kunst, Wissenschaft getrieben wird und die letzte auflösend gegen sich selbst richtet.« Es kann keinem Zweifel unterliegen, daß auch Zarathustra vom Dichter ein empedokleisches Ende zugedacht war: der »schenkende Tod«. Und im Grunde war auch Nietzsches eigene geistige Umnachtung eine Art »Flucht in den Ätna«, im Sinne des Zarathustraworts: »Ich liebe den, welcher die Zukünftigen rechtfertigt und die Vergangenen erlöst: denn er will am Gegenwärtigen zugrunde gehen.«

In seiner Philosophie folgte Empedokles noch ganz der halb mythologischen, halb allegorischen Erklärungsart der ionischen Physiologen. Mit Parmenides ist er der Meinung, daß nichts wahrhaft Seiendes entstehen oder vergehen könne, und die Wandelbarkeit der Dinge führt er auf Mischung und Entmischung gewisser unveränderlicher Bestandteile zurück, »aber die Menschen nennen dies ein Werden«. Es gibt deren nur vier: Erde, Wasser, Luft und Feuer. Hiedurch ist Empedokles der Begründer der Lehre von den vier Elementen geworden. Im Anschluß an ihn erklärte Aristoteles, es könne nur vier Zustände geben: den kalten und feuchten: Wasser, den kalten und trockenen: Erde, den warmen und feuchten: Luft, den warmen und trockenen: Feuer; dies sind die sogenannten peripatetischen Elemente, die im Mittelalter eine große Rolle spielten. Die arabischen Naturphilosophen konstatierten vier Grundeigenschaften: metallisches Wesen, Verbrennlichkeit, mineralisches Wesen, Löslichkeit, und als deren Repräsentanten: Quecksilber, Schwefel, Erde, Salz. Diese sind aber nicht mit den empirischen Stoffen identisch, sondern geistige Wesenheiten: Es gibt ein »philosophisches« Salz und Quecksilber, eine philosophische Erde und, was wohl am wenigsten bestreitbar ist, einen philosophischen Schwefel. Es gehen sogar auch die vier Temperamente auf Empedokles zurück: Das cholerische leitete man vom Feuer her, das sanguinische von der Luft, das melancholische von der Erde, das phlegmatische vom Wasser (zutreffender wäre es vielleicht gewesen, das Phlegma mit der Erde und die Melancholie mit dem Wasser in Verbindung zu bringen). Was die Mischung und Entmischung bewirkt, ist nach Empedokles φιλία, die Liebe, und νεῖκος, der Streit: Philia verbindet, Neikos scheidet das Ungleichartige. Diese Vorstellung vom »Lieben und Hassen der Elemente« ist ebenfalls bis zum heutigen Tage nicht verschwunden: sie findet ihren wissenschaftlichen Ausdruck in dem Begriff der »chemischen Wahlverwandtschaft« und bildet eines der Grundprinzipien Häckels, der alle Verdichtung und Verdünnung, Vereinigung und Trennung, Anziehung und Abstoßung auf Lust und Unlust, Sympathie und Antipathie der Atome zurückführt, weshalb Wundt mit Recht betont hat, daß der Monismus ganz und gar dem »poetischen Stadium der Metaphysik« angehöre. Übrigens hat Empedokles, noch deutlicher als Anaximander, auch schon den Darwinismus antizipiert: nach seiner Lehre brachte die Natur zuerst nur einzelne Gliedmaßen hervor, die für sich allein umherirrten und nicht lebensfähig waren, dann vereinigten sie sich zu monströsen Gebilden: Doppelgesichtern, Zwittern, Ochsenmenschen, die ebenfalls keinen Bestand hatten, und erst zuletzt kam es zu den heutigen Formen; mit anderen Worten: die Natur experimentiert, wobei das Zweckmäßige sich erhält, das Unzweckmäßige untergeht. Anaximanders Vorahnung des Gesetzes von der Erhaltung der Materie hingegen hat *Anaxagoras* bestimmter formuliert: »Man muß wissen«, sagt er, »daß alles Vorhandene nicht weniger und nicht mehr werden kann. Denn es ist nicht denkbar, daß es mehr gibt als das Vorhandene, sondern alles Vorhandene muß sich selbst gleich sein.« In Klazomenai bei Smyrna geboren, übersiedelte er um 460 nach Athen und begründete den philosophischen Primat dieser Stadt, der sich über ein Jahrtausend erhielt. Von seinen letzten Lebensschicksalen haben wir schon gehört; das Werk, das ihm die Anklage wegen Asebie eintrug, war das erste griechische Buch, das mit »Diagrammen«, erläuternden Zeichnungen ausgestattet war, und soll sich durch ebenso anmutige wie präzise Darstellung ausgezeichnet haben. Die Sinneswahrnehmung erklärt er durch das Phänomen des Kontrasts: das Gleiche sei »unempfindlich für das Gleiche«, daher müsse das Auge dunkel sein, um das Licht aufnehmen zu können, der Körper kalt, um wärmeempfänglich zu sein. Den Pflanzen sprach er nicht nur ein Sinnenleben zu, sondern auch Orientierungsvermögen und die Fähigkeit zu Lust und Schmerz, die Fruchtbildung verglich er mit der Zeugung, die Blätter mit Federn. Die intellektuelle Überlegenheit des Menschen setzte er in den Besitz der Hand. Um die Genialität dieser und ähnlicher Beobachtungen zu würdigen, muß man bedenken, daß Anaxagoras der erste war, der sie gemacht hat. Auch er leugnete das Werden: »das Entstehen und Vergehen nehmen die Hellenen nicht mit Recht an«, und erklärte alle Veränderung durch Mischung und Entmischung, aber nicht der vier Elemente, die selber Gemische seien, sondern einer größeren Anzahl von Urstoffen, der »Spermata« oder, wie sie Aristoteles genannt hat, der ὁμοιομερῆ, der »aus gleichartigen Teilen bestehenden« Grundstoffe. Dies sind ganz einfach die Elemente der modernen Chemie, deren Zahl bekanntlich zweiundneunzig beträgt, wovon bisher neunzig festgestellt sind. Ferner hat Anaxagoras betont, daß nur ein

Teil der Homöomerien den menschlichen Körper zusammensetze: er nennt sie »Blutteilchen«, »Markteilchen«, »Knochenteilchen« und so ähnlich. Auch dies hat die moderne Forschung bestätigt: Nur zwölf von den Elementen bilden die unerläßlichen Bausteine aller lebendigen Substanz, die übrigen finden sich in den Zellen entweder gar nicht oder nur sporadisch. Die Vorstellungen des Anaxagoras waren also ganz exakt wissenschaftliche. Wenn daher Deussen in seiner »Geschichte der Philosophie«, dem Lehrbuch eines ausgezeichneten Didaktikers und ebenso großen Philisters, den Einwand macht: »Nach Anaxagoras müßte die Nahrung, die wir zu uns nehmen, zum Beispiel beim Säugling die Milch, alles, was seinen Körper aufbaut, nicht nur das Blut, sondern auch Knochen, Fleisch, Mark, Haare, Nägel und so weiter schon tatsächlich in sich enthalten«, so ist darauf zu erwidern, daß die Kindermilch tatsächlich alle Bestandteile, aus denen die Körpersubstanzen gebildet sind, in sich enthält und auch die Nahrung des Erwachsenen, so mannigfaltig sie erscheint, nur aus Fett, Eiweiß, Stärke, Salzen und Wasser besteht, also auch nur eine gewissermaßen auf Fleisch und Vegetabilien verteilte Milch ist.

Die Sophisten

Auch in seiner Lehre vom *Nus* bleibt Anaxagoras durchaus Naturalist. Der Nus ist die alles durchwaltende Weltvernunft, die aus dem *Chaos*, worin die Spermata noch in wüstem Durcheinander lagen, den *Kosmos* schuf und alles weise und zweckmäßig ordnete. Man hat nun, indem man Nus einfach mit »Geist« gleichsetzte, Anaxagoras als den ersten großen Dualisten gefeiert, was aber allem Anschein nach auf einem Mißverständnis beruht. Denn nicht nur hat Anaxagoras alles durch rein mechanische Ursachen erklärt, sondern der Nus ist überhaupt ein materielles Prinzip. Anaxagoras sagt ausdrücklich, der Nus sei der leichteste und reinste von allen Urstoffen, und Archelaos, der einzige bekannte Schüler des Philosophen, erklärte geradezu, der Nus sei die Luft. Vermutlich meinte Anaxagoras mit seiner Weltvernunft nichts anderes als ein allem Geschehen immanentes Prinzip der Zweckmäßigkeit, das er sich auf echt griechische Weise als einen unendlich feinen Körper dachte. Er war also wahrscheinlich ein durchaus konsequenter Monist, und dies hätte auch nicht nur zu seiner eigenen Geistesart, sondern auch zu der ganzen Signatur seines Zeitalters gepaßt, das dem zustrebte, was wir heute eine »wissenschaftliche Weltanschauung« nennen würden. Wir sprechen von der Sophistik. Sie bezeichnet die Krisis der hellenischen Seele. Die ganze bisherige Entwicklung der griechischen Philosophie war ein unbewußter Weg zu diesem gefahrvollen Gipfel. Die gesamte Vorsokratik war bereits Dialektik, indem ein System das andere aufhob. Auch mündete sie allemal in eine Pointe, die entweder tatsächlich nihilistisch war oder doch so aufgefaßt werden konnte. Bei Heraklit ist alles ein Fluß und flüchtiger Augenblick und daher von vornherein jede objektive Erkenntnis ausgeschlossen: »Die Menschen«, sagt er in einem seiner prachtvollen Dunkelworte, »haben barbarische Seelen«, das heißt: Sie verstehen die Sprache der Natur nicht. Parmenides freilich behauptete im Gegenteil, das Wahre sei das unwandelbare Sein, aber die Welt, wie sie unseren Sinnen erscheint, die einzige, die wir kennen, erklärte er ebenfalls für Trug und Schein, und mehr haben auch die Sophisten nicht behauptet: eine Schrift des Gorgias führte den Titel: »Über die Natur oder das Nichtseiende.« Auch Anaxagoras und Empedokles waren dezidierte Agnostiker: Dieser behauptete, die volle Wahrheit sei weder mit den Augen und Ohren noch mit dem Verstand zu erfassen, und von jenem berichtet Aristoteles den völlig sophistischen Ausspruch, die Wirklichkeit sei für jeden so, wie er sie aufnehme.

Das Wort »Sophist« erhält ein interessantes Stück Sprachgeschichte. Σοφιστής bedeutet ursprünglich ganz einfach den

Weisen. »Sophisten« sind bei Herodot Solon, Pythagoras, die Orphiker, bei Arrian die indischen Brahmanen, die er »Gymnosophisten«, nackte Weise, nennt. Die sieben Weisen heißen οἱ ἑπτὰ σοφισταί. Bei Aischylos wird Prometheus als Sophist, das heißt: als »Geistesmächtiger« bezeichnet. *Sophizein* heißt weise machen, und indem sie dies ihren Schülern in Aussicht stellten, betrachteten die Sophisten sich als »Weisemacher«: dies ist also schon eine abgeleitete, sekundäre Bedeutung des Worts. Plato hingegen sagte, der Sophist sei ein Jäger, der reiche Jünglinge zu fangen sucht, ein Krämer, der mit Kenntnissen handelt, und die Sophistik eine Kunst der Täuschung, eine schmeichlerische Afterkunst, die sich zur Tätigkeit des echten Denkers verhalte wie die Kosmetik zur Gymnastik; auch Aristoteles nannte sie eine Wissenschaft des Unwesentlichen, eine Scheinweisheit. Dies ist die dritte Bedeutung, die sich bis zum heutigen Tage erhalten hat, und Sokrates und seine Schüler bezeichneten sich nun zum Unterschied als Philosophen: Liebhaber, Sucher der Weisheit. Aber auch die übrigen nannten sich jetzt so, um dem kompromittierten Namen zu entgehen, und es ereignete sich die doppelte Ironie, daß Plato von Isokrates und anderen Gegnern, die selber Schüler des Gorgias waren, Sophist geschimpft wurde. Für die Rhetoren blieb es aber immer ein Ehrentitel, und noch eine Schule der Kaiserzeit nannte sich stolz die zweite Sophistik.

Protagoras

Die führenden Sophisten hatten ihren Hauptwirkungskreis in Athen, waren aber fast alle Ausländer. Protagoras stammte aus Abdera. Wegen seiner Schrift »Von den Göttern« wurde er auf Asebie verklagt und aus Athen verbannt; sie begann mit den Worten: »Von den Göttern kann man nichts wissen, weder daß sie sind noch daß sie nicht sind, denn vielerlei verhindert uns, es zu wissen: sowohl die Dunkelheit der Sache wie die Kürze des menschlichen Lebens.« Eine andere Schrift: »Die niederwerfenden Reden« (der Titel erinnert an: »Wie man mit dem

Hammer philosophiert«) begann mit dem berühmten Satz: »Der Mensch ist das Maß aller Dinge: der seienden, daß sie sind, der nichtseienden, daß sie nicht sind.« Einen Kommentar dazu bietet der Ausspruch Goethes: »Wir mögen an der Natur beobachten, messen, rechnen, wägen, wie wir wollen; es ist doch nur unser Maß und Gewicht, wie der Mensch das Maß der Dinge ist«, oder, wie er ein andermal sagt: »Der Mensch begreift nie, wie anthropomorphisch er ist.« In dieser Allgemeinheit ausgesprochen, ist der Satz doch wohl unanfechtbar; aber Protagoras wollte offenbar noch viel weiter gehen: er meinte, daß nur der *Einzeleindruck* maßgebend sei. Wenn ihm daraufhin bei Plato entgegengehalten wird, daß ja dann auch der Affe und das Schwein das Maß aller Dinge sei, so ist das gar kein Einwand, denn *gerade dies* meinte Protagoras. Der Affe friert zum Beispiel leichter als der Mensch, folglich hat er ein anderes Maß für Kälte, aber auch die einzelnen Menschen haben dafür ein verschiedenes Maß und ein verschiedenes an verschiedenen Tagen. Nach Protagoras entsteht alle Wahrnehmung aus dem Zusammentreffen zweier voneinander unabhängiger Bewegungen, die im Empfindbaren und im Empfindenden vor sich gehen, ist also der reine Zufall. Infolgedessen gibt es natürlich keine objektive Erkenntnis. Im Zusammenhang damit zog Protagoras auch die Sätze der Geometrie in Zweifel, da sie mit vollkommen geraden Linien, vollkommen runden Kreisen und ähnlichen Dingen operieren, die in der Natur nicht vorkommen. Er erkannte diese Vorstellungen also bereits ganz deutlich als *Fiktionen.* Auch dies ist eine Position, die sich nur schwer angreifen läßt. Die einzige Möglichkeit, die Wahrheit der Mathematik zu retten, ist der platonische Standpunkt: der ideale Kreis ist der wahrhaft wirkliche, der empirische nur dessen unvollkommenes, halbreales Abbild. Wenn ferner Protagoras erklärte, von zwei antithetischen Sätzen sei nicht der eine wahr, sondern jeder von beiden, so antizipierte er damit nur die

Hegelsche Dialektik. Auch sein berüchtigter Anspruch, »die schwächere Sache zur stärkeren zu machen«, sollte nicht der logischen Falschmünzerei dienen, sondern der psychologischen Aufgabe, die Dinge einmal von der anderen Seite zu zeigen. Durch alle diese zunächst destruktiven Problemstellungen ist er häufig zu sehr positiven Resultaten gelangt. So wurde er zum Beispiel durch seine Untersuchungen über die Wahrheit der Sprache der Schöpfer der wissenschaftlichen Grammatik: von ihm zuerst sind Genera, Tempora und Modi unterschieden worden.

Gorgias

Gorgias aus Leontinoi in Sizilien wurde durch seinen Unterricht nicht nur einer der berühmtesten, sondern auch der reichsten Männer in Griechenland. Er erschien in der Öffentlichkeit in Purpur und Golddiadem und setzte sich selber in Delphi eine goldene Statue. Die drei Hauptaxiome seiner Philosophie lauteten: Es gibt nichts; gäbe es etwas, so wäre es doch unvorstellbar; gäbe es etwas und wäre es vorstellbar, so wäre es jedenfalls nicht mitteilbar. Von diesen drei Sätzen ist der dritte der interessanteste. Gorgias behauptete nämlich, die Vehikel der Mitteilung, die Worte seien bloße Zeichen (σημεῖα) für Vorstellungen, Zeichen und Bezeichnetes seien aber immer verschieden. Zu genau demselben Resultat gelangte auch die Scholastik in ihrer letzten Phase, dem Nominalismus, welcher erklärte, die Worte seien bloße *signa*, die die Dinge nur anzeigen wie der Rauch das Feuer, der Seufzer den Schmerz, ohne ihnen darum im geringsten ähnlich zu sein; ferner leugneten sie, ganz ebenso wie die Sophisten, die Erkennbarkeit Gottes, die Notwendigkeit im Weltgeschehen, die Allgemeingültigkeit ethischer Normen. Die Sophistik scheint ein philosophisches Stadium zu sein, das auf einer gewissen Entwicklungsstufe mit Notwendigkeit eintritt: Es findet sich auch in der indischen und arabischen Philosophie.

Gorgias, an dessen Reden die Zeitgenossen die Pracht, Würde

und Anmut rühmten, ist der Begründer der attischen Kunstprosa, von der er forderte, sie müsse der Poesie nahestehen: Er verstand darunter, sie solle mit Redefiguren geschmückt sein, aber keine allzu kühnen Metaphern, keine Vokabeln der reinen Dichtersprache und keine ungewöhnlichen Vorstellungen enthalten, und rhythmisch, aber nicht metrisch sein. Unter ῥυθμός, Rhythmus, begriff der Grieche wohlgefällige Anordnung des sinnlich Wahrnehmbaren, Ebenmaß, schönes Verhältnis der Teile, Wohlklang im eigentlichen wie im übertragenen Sinne; Eurhythmie ist in der Sprache angenehme Abfolge der Längen und Kürzen, in der bildenden Kunst anmutiges Zusammenstimmen der Teile. Metrum hingegen ist eine strenge Gesetzmäßigkeit in Abfolge und Aufbau, die sich in der Sprache als Vers, in der bildenden Kunst als Symmetrie äußert, beidemal durch feste Zahlenverhältnisse ausdrückbar. Besonders die Satzschlüsse verlangte Gorgias rhythmisch, ja er verwendete sogar gelegentlich den Reim. Das ist sehr merkwürdig. Die Hellenen kannten den Reim, wollten ihn aber nicht. Es verhielt sich damit ähnlich wie mit Hose und Glas, Butter und Bier. Von einer gewissen Seite gesehen, haben alle diese Dinge in der Tat etwas Vulgäres.

Prodikos und Kritias

Zwei andere hervorragende Sophisten waren Hippias aus Elis, ein Polyhistor, der nicht nur alle Wissenschaften beherrschte, sondern auch einige neue wie die Archäologie und die Mnemonik hinzuerfand, und Prodikos aus Kos. Für den Ruf, den dieser genoß, genügt es zu wissen, daß eine griechische Redensart lautete: Προδίκου σοφώτερος, weiser als Prodikos. Er verfaßte Schriften über ethische Fragen von allerseits anerkanntem hohem Niveau und über den Unterschied sinnverwandter Wörter, womit er der Begründer der Synonymik wurde. Sein Wort über den Tod: er gehe weder die Lebenden noch die Toten etwas an, jene, weil sie noch leben, diese, weil sie nicht mehr existieren, ist im Altertum oft nachgesprochen worden. Ferner entwickelte er eine rationalistische Theorie der Religion: die Menschen hätten ursprünglich das für göttlich gehalten, was ihnen im Leben nützlich war; so sei aus dem Brot Demeter, aus dem Wein Dionysos, aus dem Wasser Poseidon, aus dem Feuer Hephaistos geworden. Eine ähnliche Philosophie bringt Sisyphos in dem gleichnamigen Satyrdrama des Kritias vor: um geheime Vergehen zu verhüten, erfand ein kluger Mann die alles sehenden und hörenden Götter, die er in den Himmel versetzte, da von dort die Schrecken des Donners und Blitzes kommen. Von Kritias stammt auch der erschütternde Ausspruch: »Es gibt im Menschenleben nichts Sicheres als den Tod und die Torheit.« Er war ein reich und vielseitig begabter Mensch: als Dramatiker dem euripideischen, als Denker dem protagoreischen und als Politiker dem lysandrischen Typus am nächsten verwandt; wenn sein Neffe Plato ihn als edlen Sokratesjünger schildert, so hat er offenbar idealisiert. Daß er sich als einer der wüstesten Reaktionäre einen sehr üblen Namen gemacht hat, war eine Tatsache, an die die Platoniker sich nicht gern erinnern ließen. Sophistik und Reaktion vertrugen sich nämlich merkwürdigerweise sehr gut: auch der hyperkonservative Xenophon war bei all seinem verknöcherten Ritualismus und plakatierten Lakonismus in seiner erfolganbetenden Nützlichkeitsmoral Sophist.

Nachleben der Sophistik

Bei der Beurteilung der Sophisten dürfen wir nicht vergessen, daß von ihnen fast nichts erhalten ist und von ihrem erbittertsten Gegner Plato fast alles. Daß sie bloße Quacksalber und Marktschreier gewesen seien, die des Geldes wegen zweifelhafte Künste beibrachten, ist gehässige Karikatur. Die hohen Honorare wurden ihnen zumeist aufgedrängt, und die Rhetorik, die sie lehrten, war eine Fertigkeit, die sich eben noch mehr als jede andere mißbrauchen ließ. In einem sophistischen Traktat aus dem fünften Jahrhundert, den »doppelten Reden«, wird davon gehandelt, wie man eine Sache »nach beiden Seiten vertreten«, sowohl angreifen wie verteidigen kann: dies ist ein pures Übungsbuch zur Anleitung in der Polemik. Die Debattierübungen in unseren höheren Schulen, die feierlichen akademischen Disputationen, die Plädoyers des Rechtsanwalts und Staatsanwalts, die Opposition in Parlament und Presse: Alle diese Dinge gehen auf die Sophistik zurück, ebenso die berühmten »Antilogien«, die Rededuelle über diplomatische und innerpolitische Fragen im Thukydides. Auch die »Akribologie«, den präzisen Ausdruck, den er so bewundernswert meistert, hat Thukydides von den Sophisten gelernt. Ihre Untersuchungen über Mehrdeutigkeit und Bedeutungswandel, engere und weitere, eigentliche und uneigentliche Bedeutung der Wörter, standen sowohl im Dienste der Sprachkritik wie der Eristik. Daß der souveräne Besitz aller dieser Mittel und Kenntnisse nicht selten zur Scharlatanerie und Clownerie, Rabulistik und Klopffechterei verführte, ist selbstverständlich: dies ist die regelmäßige Folge großer Fortschritte in der philosophischen Dialektik; auch Scholastik und Hegelianismus entarteten auf diese Weise. So lehrte zum Beispiel Euthydem: da man alles von allem aussagen könne, so sei alles gleich wahr und man könne daher nicht irren. Diese Behauptung beruht auf einem Mißbrauch des Begriffs der Kopula: wenn ich sage: »schwarz ist die Nacht«, so will ich mit dem »ist« eine Tatsache feststellen; wenn ich aber sage: »schwarz ist weiß«, so hat das »ist« lediglich die Funktion einer grammatischen Verbindung. In dergleichen Hanswurstiaden gefielen sich nicht wenige Sophisten, aber sie kamen, wie man schon an den viel älteren Eleaten sehen kann, damit dem griechischen Geschmack entgegen. Auch gewissen primitiven Techniken der Psychoanalyse scheinen sie nicht ferngestanden zu sein; wenigstens die Trostbude des Antiphon in Korinth, der sich erbötig machte, Betrübten ihr Unglück auszureden, kann man sich nicht gut anders erklären. Andrerseits waren sie von einem fanatischen

Erziehungswillen und Glauben an die Erziehbarkeit des Menschen beseelt: Sie erklärten, die Tugend, *arete*, worunter sie in erster Linie die Tüchtigkeit als Staatsbürger verstanden, sei lehrbar, was höchst sokratisch war. Als pädagogische Hauptpunkte betrachteten sie: richtige Erkenntnis der *physis:* der natürlichen Beanlagung, *mathesis*, das Lernen, und *askesis,* die Übung, durch die das Erlernte zur selbstverständlichen Reflextätigkeit wird. Am objektivsten dürfte wohl Grote ihre Stellung charakterisiert haben, wenn er sagt: »Die Sophisten waren die regelrechten Lehrer der griechischen Moral und hierin weder über noch unter dem gangbaren Maßstab ihrer Zeit.« Am tiefsten läßt sich ihr Wesen vielleicht durch ein Wort Hegels erfassen: »Die Philosophie muß überhaupt damit anfangen, eine *Verwirrung* hervorzubringen, um zum Nachdenken zu führen; man muß an allem zweifeln, alle Voraussetzungen aufgeben.« Diese bedeutende Mission hat die Sophistik erfüllt. Sie bezeichnet einen Höhepunkt in der Geschichte des Zweifels, der aber naturgemäß nur ein Durchgangspunkt sein konnte.

Fortgewirkt hat die Sophistik theoretisch in den Systemen des Skeptizismus, Epikureismus und Stoizismus, die alle drei eine relativistische Pointe haben, praktisch in Erscheinungen wie den sizilischen Tyrannen und den hellenistischen Diadochenfürsten. Auch die antiken Rhetoren sind nicht bloß in ihrer Technik, sondern auch in ihrer ganzen Lebensform Erben der Sophistik: eine Art geistige Condottieri. Aber auch die wirklichen Condottieri der Renaissance sind es: der *principe* Machiavells, ein Idealtyp, der aber aus dem Leben abstrahiert ist, ist der Souverän seiner Kraft und seines Glücks, der geschmeidige und brutale Liebhaber der Macht, der extreme Individualist, der nichts kennt als sich und seinen Herrschtrieb, völlig prinzipienlos oder vielmehr diesem einen Prinzip alles unterordnend. Die paradoxe Spielart einer christlichen Sophistik verkörperten am Ausgang des Mittelalters die »Brüder vom freien Geiste«: sie lehrten unter anderem, sittlich sei, was die Brüder und Schwestern sittlich nennen, der »Geist« kenne keine Regel, also auch keine Sünde, und das freie menschliche Ich sei der wahre Christus. Besonders aber die Humanisten waren in ihrer ganzen Weltanschauung, sogar in ihrem äußeren Gehaben, die Doppelgänger der Sophisten: in ihrem wandernden Virtuosentum, ihrem ins Groteske gesteigerten Selbstgefühl, ihrer Industrialisierung der Wissenschaft und ihrer giftigen Rivalität. In der neuesten Zeit hat Stirner einige Positionen der Sophistik mit einer Konsequenz verfochten, die in Bizarrerie umschlägt. Er sagt selber einmal treffend: »Die sophistische Bildung hat bewirkt, daß einem der Verstand vor nichts mehr *stillsteht.*« Er schreibt Sätze, die wörtlich in einem sophistischen Traktat stehen könnten: »Nach seines Landes Sitte und Gewohnheit handeln – heißt da sittlich sein«; »ein Nero ist nur in den Augen der ›Guten‹ ein ›böser‹ Mensch; in den meinigen ist er nichts als ein *Besessener*, wie die Guten auch.« Und er gelangt nicht nur zu dem Resultat: »der sittliche Glaube ist so fanatisch wie der religiöse«, sondern zu einem noch weit grundstürzenderen: »Rein logische sind theologische Fragen.« Er meint damit, daß die ganze menschliche Logik eine verkappte Theologie sei und die bloße Forderung widerspruchslosen Denkens bereits auf Theismus hinauslaufe. Weiter kann man den Nihilismus nicht treiben; aber es ist durchaus vorstellbar, daß sich in den Schriften des Gorgias, der die menschliche Sprache für eine willkürliche Konvention und die Grammatik für ein Vorurteil ansah, ähnliche Gedankengänge befanden. Die letzte und höchste Geburt der Sophistik aber ist Nietzsches Übermensch, der sich selbst das Gesetz gibt. *Jenseits von Gut und Böse* ist eine sophistische Wortfügung; aber auch schon die ganze Moralkritik der mittleren Periode Nietzsches trägt sophistischen Charakter. Zweifellos waren auch die Sophisten Götzenzertrümmerer, zweifellos war auch diese Götzendämmerung eine Morgendämmerung neuer Werte und zweifellos befanden sich unter ihnen ebenso viele Snobs und Hohlköpfe wie unter den Nietzscheanern.

Der Prozeß des Sokrates

Es war schon mehr als ein halbes Jahrhundert seit dem Tode des Sokrates verflossen, als Aischines in einer Rede sagte: »Ihr Athener habt den Sophisten Sokrates hinrichten lassen.« Er war vor allem darin der geradezu repräsentative Typus der sophistischen Daseinsform, daß er das Reden, sowohl das Unterreden wie das Überreden, an die Stelle des Schreibens setzte. Der platonische Sokrates ist eine dichterische Verklärung, etwa in der Art wie Shakespeares Timon, und doch zeigt der viel wirklichkeitstreuere xenophontische, neben ihn gehalten, daß der Naturalist immer der schwächere Porträtist ist, weil er nur die Epidermis zu zeigen vermag. Bei Aristophanes wird Sokrates als Wolkengucker geschildert, was er bestimmt nicht war, und als Zerschwatzer, was er in gewissem Sinne war, und außerdem aber auch als Atheist: eine glatte Infamie, denn es ist ausgeschlossen, daß Aristophanes so ungebildet oder so borniert war, um dies wirklich zu glauben. Es war dies aber eine der Hauptursachen, die ein Vierteljahrhundert später zum Prozeß führten. Die beiden anderen Gründe waren, daß Sokrates einige sehr kompromittierte Schüler hatte wie Kritias und Alkibiades und daß man ihn eben für einen Sophisten hielt. Die Sophisten waren Ausländer, Neuerer, Verdiener, Bildungsaristokraten und Lehrer der *jeunesse dorée*: lauter Eigenschaften, die sie dem Demos suspekt machten. Es wäre aber wohl kaum zur Todesstrafe gekommen, wenn Sokrates es nicht geradezu darauf angelegt hätte. Er trat den fünfhundert Geschworenen, die über ihn richten sollten, mit einer sarkastischen Überlegenheit entgegen, die sie reizen mußte: selbst seine größten Bewunderer gaben zu, er habe eine »allzu stolze Sprache« geführt. Aber auch nachher lehnte er die Flucht ab, die ihm seine

Freunde ermöglichen wollten und die auch wahrscheinlich von der Regierung selber gern gesehen worden wäre. Er hat sich also gewissermaßen zu seinem eigenen Justizmörder gemacht, um dadurch die athenische Demokratie für ewige Zeiten *ad absurdum* zu führen. Dieser Tod gehörte zu seiner Lebensform: als Gipfel der sokratischen Ironie.

Die Philosophie des Sokrates

Sokrates war der athenischste Athener und wie Nestroy, der wienerischste Wiener, gerade aus dieser tiefsten Verbundenheit heraus der unbarmherzigste Kritiker seiner Vaterstadt. Man sollte sich nicht scheuen, diese beiden unvergleichlichen Originale miteinander zu vergleichen: beide waren unsterbliche Volksphilosophen, beide waren Meister des schöpferischen Witzes und der messerscharfen Dialektik, beide waren geniale Entlarver alles Allzumenschlichen und unter der Maske des Hanswursts Erzieher zur Wahrheit. Wenn Alkibiades im »Symposion« von Sokrates sagte: »Oft wünsche ich mir, er möge nicht unter den Lebenden weilen, und doch weiß ich, daß ich, wenn es wirklich einträte, darunter noch viel mehr leiden würde, so daß ich nicht weiß, wie ich mich zu diesem Menschen stellen soll«, so war diese Ambivalenz der Empfindungen nicht seine Spezialität, sondern die Haltung, die die ganze Stadt zu diesem Buffo von Savonarola einnahm. Er faszinierte seine Landsleute, aber ging ihnen auch ebensosehr auf die Nerven. Als seine Lebensaufgabe bezeichnete er selbst die »Menschenprüfung«, das heißt: er ging überall herum und bewies den Leuten, daß sie alle miteinander nichts verstünden, und zwar ein jeder gerade in seinem Fach. Dadurch machte er sich natürlich nicht sehr beliebt, um so mehr als er das Mittel der »Ironie« anwandte: er stellte sich nämlich, als ob *er* das Unwissende sei und Belehrung suche, und umgarnte seine Opfer so lange mit verfänglichen Fragen (*eironeia* kommt von *eromai*, fragen), bis sie völlig blamiert dastanden. Verwandt hiemit war das etwas ernstere Verfahren, das er seine »Maieutik« oder Hebammenkunst nannte: der Versuch, durch geschickt angesetzte Fragen die Schüler zur Selbsterkenntnis und Welterkenntnis hinzulenken. Ein höchst philosophischer und geradezu künstlerischer Zug war es aber, daß er das Zwielicht seiner Ironie auch immer auf sich selbst fallen ließ: andernfalls wäre sein ewiges Definieren und Desavouieren unerträglich gewesen. In dieser genialen Fähigkeit, sich selbst nicht ernst zu nehmen, erinnert er an Shaw, der auch eine ganz ähnliche indirekte Methode der moralischen Erziehung befolgt und von grobgebauten Gehirnen ebenso leicht mit einem Zyniker und Zersetzer, Winkelzieher und Werteleugner verwechselt werden kann. Die gemeinsame Schwäche der beiden Denker ist ihr ethischer Rationalismus, nur daß darin Sokrates noch viel weiter ging als Shaw: er hat ihn auf die äußerste Spitze getrieben, und auch hierin war er Sophist. Eine Sache »verstehen« bedeutet bei ihm nicht: sie instinktiv können, sondern einen klaren Begriff von ihr haben. Tugendhaft sein heißt bei ihm: nach klar erkannten Begriffen handeln; alle Tugend ist lehrbar und lernbar, denn sie ist ein Wissen: nicht nur die Besonnenheit und die Gerechtigkeit, sondern sogar die Güte und die Tapferkeit. Es braucht wohl kaum betont zu werden, daß es sich gerade umgekehrt verhält: nur wer gut handelt, ohne darauf durch logische Erwägungen hingelenkt zu werden, ist wahrhaft gut, und nur wer der Gefahr entgegengeht, ohne sich viel Gedanken über sie zu machen, ist wahrhaft tapfer. Aber auch das bloße Wissen um das richtige Maß, das wir selber zu beobachten und an andern anzulegen haben, macht noch nicht besonnen und gerecht. Hiedurch ist die sokratische Morallehre trotz ihrer großen Wirkung auf die Nachwelt zu dauernder Sterilität verurteilt geblieben. Der platonische Sokrates sagt dies in schöner Erkenntnis seiner Grenzen einmal selber: »Der Gott hat mir aufgetragen, Geburtshilfe zu leisten, aber zu gebären hat er mir versagt.«

Nachdem die bisherigen Philosophen über den Bau und Sinn

der äußeren Natur gegrübelt hatten, fand Sokrates eines Tages, daß das Forschen nach dem Weltprinzip aussichtslos und auch gar nicht so wichtig sei und daß die wahre Aufgabe der Philosophie in Selbsterleuchtung und Willensläuterung: Erkenntnis des Ich und des Guten bestehe. Dies war eine Wendung zum Religiösen, und hier müssen wir nun Dostojewskij zum Vergleich heranziehen, dessen Totenmaske eine auffallende Ähnlichkeit mit Sokrates zeigt. Es ist der Kopf des zum Heiligen geläuterten Verbrechers. Ein gewisser Zopyros soll einmal dem Sokrates gesagt haben, seine Physiognomie deute auf niedrige Gesinnung und gemeine Leidenschaften. Als alle über diese offenkundige Fehldiagnose lachten, nahm Sokrates den Mann in Schutz, indem er erklärte, er besitze tatsächlich diese Anlagen, habe sie aber durch Selbstzucht überwunden. Wie Sokrates zur Sophistik, so steht Dostojewskij zum ›Bolschewismus‹: er bekriegt ihn aufs leidenschaftlichste, als den Erbfeind und Satan, und kämpft dabei doch nur gegen *sich*, gegen das Stück ›Bolschewismus‹, das in ihm selber steckt. Übrigens wäre auch Dostojewskij beinahe hingerichtet worden, und zwar als ›Bolschewik‹. Auch seine ans Pathologische grenzende Sucht, die Dinge zu bereden, erinnert an Sokrates. Am meisten verwandt aber sind die beiden durch ein mystisches Element, das sich in Somnambulismen, Verzückungen und Bewußtseinsspaltungen äußerte. Das berühmte »Daimonion« war eine sehr geheimnisvolle Sache von zweifellos halluzinatorischem Charakter. Auf jeden Fall steht fest, daß Sokrates lange nicht so gemütlich war, wie die Aufklärung des achtzehnten und der Liberalismus des neunzehnten Jahrhunderts ihn sahen.

In ihm erklimmt der hellenische Spieltrieb seinen schwindelerregendsten Gipfel. Er spielt sein ganzes Leben lang die Komödie Philosophie und inszeniert an dessen Schluß ganz bewußt und souverän die Tragödie Sokrates. Seine Biographie bis in seine letzten Augenblicke ist eine Kette von virtuos gestellten Auftritten und brillant geschliffenen Pointen. Diese vorbildliche Auflösung des gesamten Daseins: seines Sinnes, seiner Form, seiner Höhepunkte und Hintergründe in lauteres Spiel mußte welthistorisch werden. Das griechische Theater war eine Kunstform, in der der Dichter nicht sein Letztes zu geben vermochte. Euripides hat mit dieser Form blutig gerungen, aber sie war stärker als er. Die Erfüllung des griechischen Dramas ist Sokrates. Darum ist er eine ewige Figur: der hellenische Faust. Genausoviel Philosoph wie dieser und genausoviel Religiosus. Aber auch nicht mehr. Sokrates war ein Dichter des Lebens und ein Gottsucher, aber kein Systemgründer und kein Religionsstifter. Wer ihn dazu machen will, erhöht ihn nicht, sondern degradiert ihn, indem er ihn verkennt.

Demokrits Atomistik

Es ist sonderbar zu denken, daß um dieselbe Zeit wie Sokrates Demokrit lebte, der einen völlig entgegengesetzten philosophischen Typus verkörperte. Er war Abderit wie Protagoras, kam aber nur ein einziges Mal nach Athen, wo ihn niemand kannte. Er hat aber offenbar auch gar nichts getan, um sich den Athenern bekannt zu machen, denn das ganz auf Fassade gestellte Treiben der Sophisten und selbst die unruhige Dialektik eines Sokrates scheint ihn abgestoßen zu haben. Erkennbar ist aus den Fragmenten nur sein glänzender Stil, seine Physik und seine Ethik; er schrieb aber auch über Mathematik und Astronomie, Erdkunde und Mineralogie, Zoologie und Botanik, Musik und Malerei, Poesie und Sprachtheorie und sogar über so spezielle Fachgebiete wie Landwirtschaft und Kriegswissenschaft, Meteorologie und Medizin. Er ist der Schöpfer des Weltbilds der exakten Naturwissenschaft. Aus leerem Raum, Materie und Gravitation baut er den gesamten Kosmos auf. Zweckursachen leugnet er (was Bacon gerühmt, Aristoteles beklagt hat): es herrscht nichts als die Ananke, die mechanische Kausalität. Die Materie aber besteht aus den Atomen, den »Unzerschneidbaren«, letzten Einheiten, die unteilbar, qualitätslos und empfindungslos sind und sich nur durch Größe und Form, Anordnung und Lage unterscheiden. Alle irdischen Verschiedenheiten beruhen auf der ungleichen Verteilung, alle Veränderungen auf dem Druck und Stoß dieser Atome, deren Zahl unendlich und deren Bewegung ewig ist. Wenn wir den Grund dieser Bewegung wissen wollen, so ist dies ebenso töricht, wie wenn wir fragen, warum der Löwe Fleisch frißt. Sie ist ein Gegebenes, das immer da war und immer sein wird. Hiemit sind alle Erscheinungen auf Mechanik der Atome, alle qualitativen Unterschiede auf quantitative reduziert.

Nachdem Epikur die demokritische Naturlehre im wesentlichen wiederholt hatte, wurde sie von Pierre Gassendi, der sich angelegentlich mit Epikur beschäftigt hatte, um die Mitte des siebzehnten Jahrhunderts erneuert. Gassendi, Propst zu Digne, machte seinem Beruf nur das eine Zugeständnis, daß er die Atome von Gott erschaffen sein ließ; von da an aber geht auch bei ihm alles ganz mechanisch zu. Er war einer der scharfsinnigsten und geistreichsten Widersacher der cartesianischen Philosophie, darin aber mit Descartes einig, daß ein Körper nur dort wirken könne, wo er sei, und daß auch alle scheinbare Fernwirkung: die Bewegung der Himmelskörper, der Fall auf der Erde, der Magnetismus, auf sich fortpflanzenden Stoß kleinster Teile zurückgeführt werden müsse; konsequenterweise behauptete er daher, daß es kein Vakuum geben könne. Um die Mitte des achtzehnten Jahrhunderts erklärte der Jesuit Boscovich die Atome für räumlich bestimmte, aber ausdehnungslose Punkte: diese umwälzende Auffassung wurde aber zunächst gar nicht beachtet, und erst Faraday, dessen Hauptwirken in das zweite Drittel des neunzehnten Jahrhunderts fiel, brachte eine ähnliche Theorie zur Anerkennung, indem er in den Atomen Kraftzentren erblickte. Inzwischen hatte aber bereits Dalton einen bedeutenden Fortschritt erzielt, als es ihm 1807 gelang, die *Atomgewichte* der Elemente zu bestimmen, nämlich das Verhältnis, das zwischen der Atommasse eines jeden Elements und der gleichen des leichtesten Elements, des Wasserstoffs, besteht. Setzt man diese gleich 1, so ergibt sich zum Beispiel für ein Atom Sauerstoff die Gewichtszahl 16, für ein Platinatom die Zahl 207. Es lassen sich also nur die *Relationen* feststellen, was aber bereits eine sehr wertvolle Handhabe bildet. Hieran schloß sich die Entdeckung der *Wertigkeit* der Atome, ihrer Eigenschaft, sich mit den Atomen anderer Elemente immer in festen Mengenverhältnissen zu verbinden. Nimmt man wiederum Wasserstoff als Einheit, so erhält man zum Beispiel einwertige Elemente, deren Atome sich immer nur mit *einem* Atom Wasserstoff verbinden (Typus: Chlor im Chlorwasserstoff, HCl), zweiwertige (Typus: Wasser, H_2O), dreiwertige (Ammoniak, NH_3), vierwertige (Grubengas, CH_4). Berzelius stellte fest, daß auch bei völlig gleicher chemischer Zusammensetzung eine ungleiche Anzahl der Atome, ja sogar eine abweichende Lagerung derselben Anzahl von Atomen genügt, um ganz verschiedene Körper entstehen zu lassen: lauter experimentelle Bestätigungen der demokritischen Grundanschauung. Hingegen glaubt man heute nicht mehr, daß die Atome unteilbar sind, sondern supponiert als letzte Bausteine die Elektronen, elektrische Einheiten, die vieltausendmal kleiner sind als die kleinsten Atome. Nach der Bohrschen Theorie ist das Atom ein Sonnensystem, worin in (relativ) ungeheuren Entfernungen Elektronen um einen (im Verhältnis zum Atomvolumen) winzigen Kern kreisen, der aber selbst wiederum zusammengesetzt ist und dessen Untersuchung Gegenstand einer besonderen Wissenschaft ist: der von Rutherford begründeten Kernphysik. Die Masse des Atoms ist aber lediglich ein Resultat seiner elektrischen Kernladung, die etwas schlechthin Immaterielles ist; sie ist bloß scheinbare Masse, der Knotenpunkt eines Kraftfelds. Den Gedanken, daß das Atom ein kleiner Kosmos sei, hätte Demokrit wahrscheinlich akzeptiert; daß es aber kein materieller Körper, sondern ein bloßes Energiezentrum sei, hätte ihm wahnsinnig geklungen.

Demokrits Theorie der Sinneswahrnehmung

Demokrits Theorie der Sinneswahrnehmung paßt aufs beste zu seiner Atomtheorie: nach seiner Ansicht lösen sich Atomkomplexe von den Gegenständen und schlüpfen in unsere Sinnesorgane. Dies erinnert sehr auffällig an Newtons Emissionstheorie, wonach das Licht aus Stoffteilchen besteht, den Korpuskeln, die von den leuchtenden Körpern mit einer Geschwindigkeit von 300000 Kilometer in der Sekunde hinausgeschleudert werden; die kleinsten erzeugen das Violett, dann folgt Blau, Grün, Gelb, Rot. Newton hatte dies nur als Hypothese aufgestellt, es wurde aber von seinen Schülern zum Dogma erhoben und blieb während des ganzen achtzehnten Jahrhunderts die herrschende Anschauung, die erst um dessen Wende von der Wellentheorie abgelöst wurde. Noch merkwürdiger aber ist der Satz des Demokrit: »Nur in unserer Meinung gibt es das Süße und das Bittere, das Warme und das Kalte und die Farbe, denn in Wahrheit gibt es nur die Atome und den leeren Raum.« Er meint damit, daß zwar die spezifische Zusammensetzung der Atomkomplexe die Ursache für die Verschiedenheit unserer Empfindungen bilde, daß aber die Empfindung selbst sich nur im Subjekt befinde und die Gegenstände an sich weder bitter noch süß, warm oder kalt seien, sondern, da sie ja lediglich aus Atomen bestehen, ebenso qualitätslos sind wie diese. Demokrit ist der Begründer des *skeptischen Sensualismus.* Seine Gedankengänge wurden erst zwei Jahrtausende später weiter ausgebaut, und zwar von Galilei, der 1623 in einer Streitschrift *Il Saggiatore* (Die Goldprobe) nachwies, daß alle Qualitäten subjektiv und auf quantitative Unterschiede zurückführbar sind: Geschmäcke, Gerüche, Farben, sagt er, sind nichts als bloße Namen, *non sieno altro che puri nomi.* 1644 ließ Descartes seine »principia philosophiae« erscheinen, worin er ausführte: der Glaube, daß die Wahrnehmung der Dinge so darstelle, wie sie sind, ist ein Vorurteil unserer Sinne; Farbe, Ton, Geruch gehören nicht zur Materie, deren Wesen bloß in der Ausdehnung besteht; der Stein, in Staub verwandelt, hört nicht auf, Stein zu sein, wohl aber, hart zu sein; auch die Farbe gehört nicht zu seinem Wesen, denn es gibt durchsichtige Steine, ja nicht einmal die Schwere, denn es gibt Körper, die nicht schwer sind, wie das Feuer; es bleibt also nur die Ausdehnung. Der große Reformator der Chemie, Robert Boyle, dessen gesammelte Werke 1660 lateinisch herauskamen, gebrauchte als erster die Bezeichnung »primäre und sekundäre Qualitäten«, die sich dann durch Locke in der Philosophie eingebürgert hat. Dieser unterschied in seiner berühmten »Untersuchung über den menschlichen Verstand«, die 1690 veröffentlicht wurde, an den Vorstellungen, die wir von den Objekten haben, die primären Qualitäten, die wirkliche Kopien der körperlichen Beschaffenheiten sind und von den Dingen nicht weggedacht werden können: Größe und Dichtigkeit, Bewegung und Ruhe, Zahl und Figur, und die sekundären Qualitäten, die nur Wirkungsweisen, nicht Abbilder der Dinge sind: hart und weich, heiß und kalt, farbig und tönend, riechend und schmeckend; »gelb«, »warm«, »süß«, »würzig« sind bloße Bewegungszustände in den unserer Wahrnehmung nicht zugänglichen kleinsten Teilchen der Körper, die sich in uns in Empfindungszustände verwandeln. Zwanzig Jahre später erschien Berkeleys Hauptwerk, dessen Grundgedanke sich in dem Satz zusammenfassen läßt: auch die primären Qualitäten sind sekundär: »Undurchdringlichkeit« ist nichts als das Gefühl des Widerstandes; Größe, Entfernung, Bewegung sind nicht einmal Empfindungen, sondern bloße Verhältnisse, die unser Denken den Sinnesempfindungen hinzufügt; ein Körper ist nichts als eine Verbindung von Vorstellungen, *a collection of ideas*. Den Schlußstein bildet Kants *Kritik der reinen Vernunft*, die auch die Urformen unseres Vorstellungsvermögens, die Zeit und den Raum, als subjektiv erwiesen hat.

Demokrits Ethik

Auch die Seele besteht nach Demokrit aus Atomen: den feinsten und beweglichsten, die er Feueratome nennt; was wir als Gefühle und Begierden bezeichnen, sind die Bewegungen dieser Feueratome. Auf der Grundlage dieser streng materialistischen Psychologie hat er aber eine ausgesprochen idealistische Ethik entwickelt. Die sinnlichen Genüsse, sagt er, bedeuten für das wahrhaft ethische Verhalten dasselbe, was die Sinneseindrücke für die wahre Erkenntnis; Glück und Unglück hängen nicht von äußeren Dingen ab, sondern von dem Dämon in unserer Brust; die Götter geben den Menschen nichts als Gutes, nur ihre eigene Torheit wendet es zum Schlechten. Die wahre Glückseligkeit setzt er in die Genügsamkeit, in die Reinheit der Tat und der Gesinnung, in die Bildung des Geistes, die »im Glück ein Schmuck, im Unglück eine Zufluchtsstätte« ist, und vor allem in jenen Zustand der heiteren Gemütsruhe, den er mit einem schönen Wort die *galene*, die Meeresstille der Seele, nennt. Ferner lehrt er, Unrechttun mache unglücklicher als Unrechtleiden und man dürfe das Böse nicht bloß nicht tun, sondern auch nicht tun wollen; man solle sich vor sich selber mehr schämen als vor den anderen und das Unrecht meiden, einerlei ob keiner oder jeder davon weiß, was schon fast kantisch gedacht ist. Fassen wir alles zusammen, so erkennen wir, daß Demokrit zwar theoretischer, aber nicht praktischer Materialist und daß sein System materialistisch, aber keineswegs realistisch war. Diese Begriffe werden nämlich häufig durcheinandergeworfen, weil sie sich in der neueren Philosophie zumeist decken. So versteht man bekanntlich unter einem Epikureer nicht nur einen Anhänger des demokritischen Atomismus, sondern auch einen Anbeter der Sinnenlust. Auf Epikur selbst trifft diese Definition jedenfalls nicht zu. Noch größere Mißverständnisse herrschen über den zweiten Punkt. Man kann Materialist sein, das heißt: nichts für existent anerkennen als die Materie, aber braucht deshalb noch lange nicht an die Realität der

Erscheinungswelt zu glauben. Diese gedankenlose Plattheit ist bloß die Spezialität einer bestimmten Richtung des Materialismus, der modernen, die wir aber, da sie die bekannteste ist, gemeinhin für die einzige ansehen. Das stärkste Gegenbeispiel ist Demokrit. Seine beiden einzigen Realitäten: die Atome und der leere Raum, sind überhaupt gar nicht wahrnehmbar. Er sagt denn auch ausdrücklich: »τὸ δὲν οὐ μᾶλλον ἐστὶ ἢ τὸ μηδέν, das Ichts (die Atomwelt) ist um nichts existenter als das Nichts (der leere Raum)«, und ein andermal: »In Wirklichkeit wissen wir nichts, denn die Wahrheit liegt in der Tiefe.« Er war also nicht nur, wie wir bereits sahen, Phänomenalist, sondern überhaupt Agnostiker und außerdem, was bei einem Materialisten am meisten überrascht, *Antiempirist.* Er betont, echte Erkenntnis, γνησίη γνώμη, könne niemals durch die irreführenden, von der Wahrheit ablenkenden Sinneseindrücke, sondern nur durch das Denken gegeben werden. Es ist von großer Wichtigkeit, sich einmal klarzumachen, daß die Weltkonzeption, auf der noch heute die exakte Wissenschaft fußt, nicht auf experimentellem, sondern auf *rein spekulativem* Wege gefunden worden ist. Die Atome sind *Ideen* und die demokritische Physik ist nicht minder Metaphysik als die platonische und die aristotelische.

Demokrit wird von Plato nie, von Aristoteles nur tadelnd erwähnt. Es hieß sogar, Plato habe alle demokritischen Schriften aufkaufen und verbrennen wollen. Diese Legende ist insofern Wahrheit geworden, als der Platonismus den Demokritismus tatsächlich verschluckt hat wie eine satanische Häresie, denn die Philosophie ist um nichts duldsamer als die Kirche. Es ist dies vielleicht von allen Verlusten antiker Werke der bedauerlichste, denn es kann kaum einem Zweifel unterliegen, daß Demokrit ein dem Plato ebenbürtiger Geist war; Cicero behauptet sogar, daß er auch als Stilist auf derselben Höhe stand. Die Nachwelt muß sich damit begnügen, nur in schwimmenden Umrissen das fast unglaubliche Phänomen zu konstatieren, daß in jener gesegneten Epoche die beiden einzigen konsequenten und in sich geschlossenen philosophischen Systeme, der Idealismus und der Materialismus, fast gleichzeitig von zwei Genies so ehern zu Ende gedacht und so leuchtend gestaltet wurden, daß sie, für immer vorbildlich, noch heute unverrückbar am Firmament des menschlichen Denkens stehen, das eine als nahe vertraute Sonne, das andere als ferner flimmernder Stern, von dem nichts kündet als sein ewiges Licht.

Hippokrates

Wir müssen uns unter Anaxagoras und Demokrit bereits wirkliche Gelehrte vorstellen, wie denn überhaupt das perikleische Zeitalter ein wissenschaftliches war. Man beschäftigte sich schon mit ziemlich schwierigen Problemen. So begriff zum Beispiel Antiphon, ein Sophist und Zeitgenosse des Sokrates, den Kreis als ein Polygon mit unendlich vielen Ecken: er bewies dies auf griechische Weise anschaulich, indem er in einen Kreis ein Quadrat einschrieb, über dessen Seiten gleichschenklige Dreiecke errichtete, über deren Seiten wiederum welche und so fort. Bei Aristophanes kommt auch das Suchen nach der Quadratur des Zirkels vor, wo es natürlich verhöhnt wird. Auf welcher hohen moralischen Stufe die Heilkunst stand, zeigt der »Eid der Ärzte«, in dem die Adepten sich verpflichteten, keine Gifte zu verabreichen, auch nicht denen, die sie darum bäten, keine Abortivmittel anzuwenden, Unterricht nur wiederum an vereidigte Schüler zu erteilen und Arme unentgeltlich zu behandeln. Andrerseits erhielten sie nicht selten außerordentlich hohe Honorare, und ihr Beruf war der einzige, dem man dies nicht übelnahm. Es gab auch Gemeindeärzte, staatliche Prüfung und Beaufsichtigung aber nicht, da dies offenbar Sache der Innung war. Man besaß auch schon Heilstätten, zum Beispiel das berühmte Sanatorium bei Epidauros an der Ostküste der Argolis, das, inmitten herrlicher Nadelwälder und köstlicher Quellen nahe der Seebrise, aber windgeschützt gelegen, mit einem Kurhotel, einem Theater, einer Rennbahn und einem Heiltempel ausgestattet war, dem Asklepieion, wo zahlreiche Inschriften von Krankengeschichten, Wunderkuren und dem Dank der Genesenen an die Gottheit erzählten. Der große Hippokrates aus Kos, der Stifter der koischen Schule, war ungefähr gleichaltrig mit Demokrit. Nach seiner Lehre war der wichtigste Faktor die Heilkraft der Natur, die der Arzt nur zu unterstützen habe, die Krankheit ein Bruch in der Harmonie, die sich selbst wiederherzustellen strebt, Gesundheit Gleichgewicht der Gegensätze: ein echt griechischer Gedanke, wonach der menschliche Leib eine Art Tempel und die Medizin eine wirkliche *Heilkunst*, ein Problem der Ästhetik ist. Die Feinheit seiner Diagnosen war, nach dem Erhaltenen zu schließen, staunenswert; seine Abhandlung über Kopfwunden gilt heute noch als eine Meisterleistung. Er unterschied auch schon ganz scharf zwischen der Krankheit und ihren Symptomen und zwischen Heilung und bloßer Stillung des Schmerzes. Großen Wert legte er auf Diät, Gymnastik, Luft-, Sonnen- und Wasserkuren; Narkotika kannte er bereits, verwendete sie aber sparsam. Mit Vorliebe verordnete er abführende, brechreizende und harntreibende Mittel und Aderlaß: lauter Dinge, auf die man jetzt langsam wieder zurückkommt. Sein Name war so groß, daß man fast alle medizinischen Werke ihm zuschrieb.

Das antike Buch

Es wurde schon erwähnt, daß diese sogenannten »hippokratischen Schriften« eifrig gelesen wurden, und überhaupt begann das Buch im öffentlichen Leben bereits eine Rolle zu spielen. Erst aus ägyptischen Funden, also erst seit dem vorigen Jahrhundert, kennt man das antike Buch durch Anschauung. Die Hauptquelle ist die Kartonage aus gebrauchten Papyrusblättern, womit die Mumien verkleidet waren. Man hat auf diesem Wege auch eine ganze Anzahl neuer Texte kennengelernt: Bruchstücke aus Tyrtaios, Archilochos und Pindar, Sophokles, Euripides und Epicharm, eine Schrift des Aristoteles »Vom Staat der Athener«, Arbeiten des Favorinus, des Erfinders der

»Buntschriftstellerei«, vor allem Szenen aus Menander und Herondas. Der älteste griechische Papyrus, den man bisher kennengelernt hat, ist eine Grabbeigabe aus dem vierten vorchristlichen Jahrhundert: der Schluß des dithyrambischen Gedichts »Die Perser«, das Timotheos um 400 für eine Festaufführung seiner Vaterstadt Milet schrieb. Im ganzen Altertum war die Form des Buches die Rolle, die sich heute nur noch in der »Rolle« des Schauspielers, in der Thorarolle des mosaischen Gottesdienstes und in der Urkundenrolle, zum Beispiel beim Doktordiplom, erhalten hat. Die Thorarolle bewahrt auch darin einen besonders altertümlichen Charakter, daß sie aus Leder besteht. Dies war auch in Hellas und Persien das älteste Material, und das Pergament, das im dritten vorchristlichen Jahrhundert dem Papyrus Konkurrenz zu machen versuchte, war ebenfalls eine besonders fein bearbeitete Tierhaut. Aber erst das Leinenpapier, eine chinesische Erfindung, die um 800 nach Christus nach Arabien und von da nach Westen gelangte, hat den Papyrus völlig zu verdrängen vermocht, der nunmehr selbst in Ägypten nicht mehr gebaut wurde. Nur in einzelnen europäischen Namen ist ihm eine gewisse pietätvolle Erinnerung bewahrt geblieben, indem der Deutsche, Franzose und Engländer sein neues Material nach ihm taufte (im Italienischen heißt nur der Papyrus *papiro*, das Papier *carta*) und der Russe die Zigarette *papirossa* nannte. Für Schulübungen, flüchtige Aufzeichnungen und kurze Mitteilungen verwendete man Täfelchen aus Holz oder Elfenbein, die mit dunklem Wachs überzogen waren; geschrieben wurde in diesem Fall mit einem Metallgriffel, der am andern Ende spatenförmig war, um das Wachs wieder glätten zu können: deshalb bedeutete »den Griffel wenden« soviel wie »tilgen« oder »von vorn anfangen«. Heftete man zwei oder mehr Täfelchen zusammen, wobei ein erhöhter Rand die Schrift vor dem Abscheuern schützte, so entstand das Diptychon oder »Doppeltgefaltete«, von dem nicht nur unsere Notizhefte und Registratoren, sondern überhaupt alle modernen Buchformen abstammen. Zum Schreiben auf Papyrus diente der Rohrstab, *kalamos,* zurechtgeschnitten nach Art der Gänsekiele (weshalb das Federmesser ein unentbehrliches Requisit war) und die Tinte, genannt τὸ μέλαν, das Schwarze; doch verwendete man auch rote Tinte, besonders für die Überschriften: daher unser Wort »Rubrum«. Diese setzte man an den Schluß der einzelnen Abschnitte, ebenso den Buchtitel an das Ende des Werks. Aber auch wenn er am Anfang gestanden hätte, würde er bei der Form der antiken Bücher zur Orientierung nichts genützt haben. Die Rollen wurden daher auf Regalen nebeneinandergelegt oder in einen Behälter aus Stein, Ton oder Holz gesteckt, den man *kiste* oder *teuchos* nannte (der Pentateuch ist das Werk »in fünf Töpfen«, wir würden sagen: Bänden), und als Erkennungszeichen ließ man einen Streifen aus dem Titel heraushängen: Es ist dies der noch heute in Amtsarchiven gebräuchliche »Aktenschwanz«. Die Größe der antiken Bücher war sehr verschieden: Sie schwankte zwischen 5 und 40 Zentimeter, also zwischen Liliputformat und Foliantenformat, das Durchschnittliche aber war wie bei uns 20 bis 30 Zentimeter. Auch das Verhältnis der Kolumnenhöhe zur Seitenhöhe war dem der gedruckten Bücher ähnlich: 2 zu 3 oder 3 zu 4; die vollkommene Ebenmäßigkeit eines Satzspiegels konnte natürlich mit der Schrift niemals erreicht werden. Dem Umfang waren engere Grenzen gesteckt als heutzutage: eine Rolle war ungefähr das, was wir ein Kapitel nennen würden; auch wir teilen ja noch voluminösere Werke in »Bücher«. Bei der Lektüre wickelte man das Gelesene um einen Stab, auch das noch nicht Gelesene blieb zusammengerollt, so daß man, genau so wie jetzt, immer nur eine Seite »aufgeschlagen« hatte. War die Lektüre beendet, so war das ganze Buch zur linken Hand aufgewickelt, aber verkehrt, so daß ein ordnungsliebender Mensch es wieder zurückrollen mußte.

Auch das »Nachschlagen« und »Zurückblättern« war eine umständlichere Sache, als sie es derzeit ist, und durch das notgedrungene häufige Rollen wurde ein Buch auch viel rascher zerlesen. Hingegen bedurfte man keines Lesezeichens, sondern konnte das Buch, beiderseitig »angerollt«, einfach wieder ins Regal legen. Der Korrektor war für das antike Buch eine ebenso wichtige Persönlichkeit wie für das moderne; nur vollzog sich seine Tätigkeit nicht in ruhmloser Verborgenheit, sondern im vollen Licht des Tages, und eine Abschrift galt für um so wertvoller, je mehr Ausbesserungen sie enthielt, die ebenso viele Schönheitsfehler waren. Man hat jedoch bisher kein umfangreicheres Werk gefunden, das nicht Fehler enthielte, welcher Mißstand aber auch durch Gutenberg nicht behoben worden ist. Die Verbreitung geschah zum Teil auf privatem Wege: sich ein Buch ausleihen bedeutete zumeist soviel wie sich eine Abschrift davon nehmen, zum Teil aber auch schon gewerbsmäßig: Der Buchladen wird bereits in der Komödie des fünften Jahrhunderts erwähnt. Einen Schutz des Urheberrechts aber gab es noch nicht und dementsprechend auch kein Schriftstellerhonorar: Wo von einem solchen die Rede ist, handelt es sich um Ehrenspenden einer Stadt oder eines Mäzens. Der Preis richtete sich nach der Schönheit der Abschrift, der Sorgfalt der Korrektur und der Eleganz der Ausstattung. Wohlfeile Ausgaben verwendeten Blätter, die bereits auf einer Seite beschrieben waren: so vereinigt zum Beispiel eine Rolle Pindars Päane und altes Aktenmaterial. Die Werke des Anaxagoras waren auf dem athenischen Markte um eine Drachme zu haben, was sehr billig ist. Allerdings scheint Anaxagoras einer der meistgelesenen und einflußreichsten Schriftsteller des perikleischen Zeitalters gewesen zu sein.

Thukydides

Sein Stil und sein Weltbild wurden wahrscheinlich bestimmend für Thukydides, der in Athen als Feldherr und Staatsmann wirkte, aber 424 wegen der Kapitulation von Amphipolis freiwillig in die Verbannung ging und erst nach zwanzig Jahren wieder zurückkehrte. Zwanzig Jahre umfaßt auch seine Geschichte des Peloponnesischen Krieges, die bis zum Jahr 411 reicht. Er hatte gleich beim Beginn des Kampfes, seine Bedeutung erkennend, den Plan gefaßt, ihn mitlebend zu erzählen. Seine Darstellung gründet sich prinzipiell und durchgängig auf Augenschein: persönliche Beteiligung, Berichte von Tatzeugen, Besichtigung der Kriegsschauplätze. Auch Materialien aus dem athenischen Staatsarchiv hat er reichlich benützt, aber in seinen Stil umgegossen. Seine Objektivität ist vorbildlich und bis zum heutigen Tage unerreicht. Man kann aus seinem Werk absolut nicht erkennen, daß er auf athenischer Seite kämpfte, und obgleich seine berühmte Leichenrede des Perikles als Hohelied der Demokratie gilt, so hat er doch andrerseits die Schäden seiner heimischen Staatsform so schonungslos aufgedeckt, daß der hochkonservative Hobbes ihn ins Englische übersetzte, in der ausgesprochenen Absicht, seine Landsleute von der Demokratie abzuschrecken. Aber die innere Politik interessiert Thukydides im allgemeinen überhaupt nur, insoweit sie einen Hebel der Kriegsgeschichte und der diplomatischen Geschichte bildet. Erschöpfend dargestellt sind eigentlich nur die militärischen Ereignisse, selbst die Zusammenhänge der Außenpolitik nicht lückenlos. Die Annalistik, an deren Leitschnur die Geschehnisse linear aufgereiht werden, ist historischer Reliefstil. Wir begegnen also auch hier derselben Zweidimensionalität wie in der Tragödie, und die Rolle der dritten Dimension, die dem Aspekt psychologische Tiefe verleiht, spielen dort die Chöre, hier die eingebauten Reden. Im Grunde war also Thukydides bloß der größte aller Chronisten, die jemals Feder geführt haben, und es ist vielleicht nicht ganz richtig, wenn er immer wieder als Begründer der pragmatischen Geschichtsschreibung gefeiert wird. Thukydides war Pragmatiker nur in der antiken Bedeutung, die dieses von Polybios geprägte

Wort besitzt: daß er nämlich *Tatsachen* schilderte, aber er war es nicht in dem modernen Sinne, daß er die geheimen Verknüpfungen und Fernwirkungen, Fäden und Hintergründe des Weltgeschehens aufzudecken versuchte. Noch bei Polybios, über dessen Geschichtsauffassung das ganze Altertum nicht hinausgekommen ist, liegt die Lenkung aller Dinge in den Händen der Tyche, der Fortuna, deren Walten die Alten als »Schicksal«, wir aber, und von unserem Standpunkt mit Recht, als »Zufall« bezeichnen. Pragmatische Geschichte ist etwas völlig Unantikes, so gut wie unser Drama, unser Gemälde, unsere Physik, unsere Politik, die alle ein »Konzert« sind: auf der Gefühlswelt des Ambiente und des Kontrapunkts aufgebaut. Deshalb gibt es auch keine griechische Chemie. Und ebensowenig einen griechischen Roman: was man so nennt, ist nichts als ein Kaleidoskop beziehungsloser Abenteuer, ein Mosaik aus toten Buntsteinen, eine lärmende, willkürliche Zauberposse. Thukydides ist der glänzende Plastiker der fertigen Charaktere und der stehenden Situationen: Etwas anderes war für den griechischen Blick gar nicht *erfahrbar*. Geschichte als Symphonie, Geschichte als Prozeß war für ihn nicht einmal Problem, geschweige denn Darstellungsobjekt. Seine Geschichte ist aber auch nicht pragmatisch in jenem zweiten Sinne, den man dem Wort in der neueren Zeit häufig gegeben hat: daß sie ein Tugendspiegel und ein Lasterspiegel sein will. Denn er moralisiert nie. Er blickt auf das Schauspiel als ein Mann: ohne Wehmut, freilich auch ohne Erhebung, ja fast wie ein Gott: in olympischer Unberührtheit und reiner θεωρία. Sein Werk ist die erhabene Unpersönlichkeit der Parthenonskulpturen, seine Sätze sind Marmor. Er sagt alles in der denkbar konzentriertesten Form und er sagt überhaupt nie alles, geschweige denn zuviel. Dem ganzen Altertum galt er als der Meister der σεμνότης, der Gehaltfülle und Gedankenschwere, der *maiestas* und *gravitas,* was ihn freilich auch nicht selten zur

Dunkelheit und Künstlichkeit verleitete, über die schon seine Landsleute klagten. In seiner naturwissenschaftlichen Kälte, die, das eigene Ich auslöschend, die Dinge schildert wie der Entomolog einen Ameisenhaufen oder Bienenkorb, ähnelt er Flaubert, in seiner illusionslosen Realpolitik, die in aller Kreatur nur ein mehr oder minder gelungenes Stück Machtwillen erblickt, erinnert er an Machiavell, und mit Shakespeare ist er durch jene geheimnisvolle Gabe verwandt, auch das Verruchteste noch mit den brennendsten Farben des Lebens zu malen: Er ist geradezu ein Spezialist des Bösen. Und überhaupt ist seine Technik eine dramatische. Sie stellt Gegenwärtiges dar, indem sie entweder Handlungen geschehen oder handelnde Personen selber sprechen läßt. Dies sind die berühmten Reden. Sie sind in Wirklichkeit Monologe, ans Publikum gerichtet, nicht an ihre fingierten historischen Hörer, und haben, wie gesagt, die Funktion des Chors. Sie sind ein Kunstgriff, um ohne Einmischung des Autors, die die dramatische Illusion zerreißen würde, die Philosophie der Ereignisse sprechen zu lassen. Alle antiken Historiker haben sich dieses befremdlichen Porträtierungsmittels bedient, das den »Charaktergemälden« der neueren Geschichtsschreiber entspricht. Aber der Grieche war eben nicht Maler, sondern Plastiker: Die Reden sind Idealstatuen, alle in dieselbe stilisierte Gußform gebracht, aus der das Ethos und Pathos des Künstlers spricht, daher ihre große Familienähnlichkeit. Im übrigen erklärt Thukydides ganz einfach, wie Sophokles, Handlungen aus Charakteren. Aber der warme Glaube, der diesen noch beseelte, ist zergangen. Die Götterwelt wird nicht geleugnet und ist sogar Gegenstand der Ehrfurcht und der Sehnsucht, aber es blickt doch überall die Überzeugung durch, daß sie den Historiker nichts angeht. Es ist ungefähr das respektvolle desinteressierte Verhältnis Rankes zum Christentum. Das Schicksal ist der Mensch. Das ist euripideisch.

Euripides In Euripides erscheinen sämtliche Tendenzen des Zeitalters aufs eindrucksvollste zusammengefaßt. Er war ein halbes Menschenalter jünger als Sophokles und starb etwa ein Jahr vor diesem, der ihre Rivalität so vornehm empfand, daß er bei der Todesnachricht Trauerkleider anlegte. Sein Bühnendebut fiel ins Todesjahr des Aischylos, worin eine gewisse Symbolik liegt. Er errang nur viermal oder fünfmal den Preis, muß aber schon bei seinen Lebzeiten der populärste der drei Tragiker gewesen sein. Als bei der sizilischen Katastrophe zahlreiche Athener in Gefangenschaft gerieten, sollen einige von ihnen dadurch die Freiheit erlangt haben, daß sie euripideische Dramen auswendig wußten. Erhalten sind achtzehn ganze Stücke und zahlreiche Bruchstücke, also weit mehr als von irgendeinem andern Dichter, fast ein Viertel der Gesamtproduktion. Am größten muß Euripides als Komponist gewesen sein. Er unternahm es, die Melodie mit dem Gedanken enger zu vermählen, die alten Rhythmen aufzulösen, die Tonarten kühner zu wechseln und durch stärkere Modulation und Untermalung neuartige Effekte zu erzielen. Die Angriffe der Komödie richteten sich hauptsächlich gegen seine moderne Musik mit ihren Schnörkeln und Trillern, Rouladen und Kadenzen. Seine Arien, Duette und Chöre gelangten auch als selbständige Solonummern zum Vortrag, was bei Aischylos und Sophokles nicht der Fall war. Auch Programmusik müssen die damaligen Tondichter schon gekannt haben: Sie malten Donner, Tierstimmen, Brausen des Flusses und »Ameisengewimmel«, das Kopfweh verursachte. Man warf ihnen vor, daß ihre Kunst hohl und effekthascherisch, spitzfindig und überladen, kakophon und falsch pathetisch sei: lauter Dinge, die jeder neuen Musik nachgesagt werden. Es wurde vorhin bei den drei Tragikern an Shakespeare, Schiller und Ibsen erinnert; zutreffender ist es aber vielleicht, wenn man Oratorium und Oper zum Vergleich heranzieht und bei Aischylos an Bach, bei Sophokles an Gluck und bei Euripides an Wagner denkt. Es findet sich bei Euripides und Wagner dieselbe »Freigeisterei der Leidenschaft«, dieselbe Psychologisierung der Götterwelt, dieselbe Durchdringung mit Philosophie und dieselbe Vielfarbigkeit einer ganz neuen Palette. Auch die euripideische Tonkunst galt als Kunstverfall und Geschmacksverderbnis und man vermißte an ihr das Ethos, während man sie später gerade wegen ihres hohen ethischen Gehalts rühmte. Ferner läßt sich bei Euripides auch schon eine größere Rücksicht auf das Bühnenbild erkennen: der Schluß der *Troerinnen* mit dem Brande Ilions zum Beispiel ist ganz szenisch; man darf dabei aber gleichwohl nur an so etwas wie die Zauberwirkungen eines vormärzlichen Vorstadttheaters denken. Er appelliert überhaupt viel mehr an Zauber, Wunder und Gespenster als der gläubige Sophokles, aber aus Romantik und Theatralik; es verhält sich damit ähnlich wie mit dem Okkultismus des Rationalisten Ibsen.

Mit Euripides wird das griechische Theater »interessant«. Vor allem ist er der Entdecker der Frauenseele und des erotischen Dramas (die erste antike Liebestragödie war die verlorene *Phaidra* des Sophokles, aber die muß man sich wohl ganz anders denken). Aischylos sagt in den *Fröschen* voll Stolz zu Euripides: »Niemand kann sagen, daß ich je die Gestalt eines liebenden Weibes schuf.« Kein Wunder, denn er lebte ja noch in der päderastischen Gefühlswelt der guten alten Zeit. Aber ganz unberechtigt ist, wenn man sich auf den hellenischen Standpunkt stellt, der aristophanische Vorwurf nicht: Es war bei aller Vertiefung der Problematik und Verfeinerung der Mittel ein gewisses Herabsteigen von »der Menschheit großen Gegenständen«. Im Perseus der *Andromeda* hat Euripides auch die Figur des galanten Retters und Ritters in die Weltliteratur eingeführt. Aber Liebesleidenschaft bei Männern wagte auch er noch nicht zu schildern: Vielmehr sind sie alle merkwürdig kühl und die umworbene Partei, bis herab zu Hippolytos, bei dem die Frigidität des Sportsmenschen als sehr fein beobachtetes Motiv hinzutritt. Auch sonst sind seine Helden gern passiv, ja oft überhaupt keine Helden mehr, sondern zum Typus erhöhte Alltagsmenschen wie bei Ibsen. So hat zum Beispiel Jason in seiner feigen Fassadenmoralität und egoistischen Verständnislosigkeit eine gewisse Ähnlichkeit mit Helmer im *Puppenheim*, der Menelaus im *Orest* ist, als dunkler Ehrenmann voll falscher Hintergedanken, der aber die Onkeldehors wahrt, eine Art Konsul Bernick, die Phaidra eine Studie über Hysterie, die an Ellida Wangel erinnert, und die Figur der Medea, die der Dichter mit so sicherem Griff geprägt hat, daß kein Späterer mehr etwas Wesentliches an ihr zu ändern vermochte, hat in ihrer finstern und verwirrenden Abgründigkeit, die doch immer menschlich begreiflich bleibt, etwas von der Hedda Gabler. Aber ganz wie bei Ibsen haben auch die trivialsten euripideischen Gestalten einen Ewigkeitszug: sie sind Dutzendwesen und doch nicht gewöhnlich, gleich den Schöpfungen der Natur: den Blumen, Bäumen, Muscheln, Käfern, die, obgleich Fabrikware, doch alle von Poesie umwittert sind. Wieso das gelingt, ist eben das Geheimnis der großen Dichter.

Eine Spezialität des Euripides sind auch seine Ehrenrettungen: Klytaimnestra als brave Hausfrau, Helena als treue Gattin. Das ist ein sophistisches Element: die schwächere Sache zur stärkeren machen. Befremdlicherweise erscheint aber Helena dann im *Orest* wiederum als durchtriebene herzlose Kokette. Euripides hat auch zwei Phaidren geschaffen, von ganz verschiedenem Charakter, die er gleichsam zur Auswahl vorlegte. Auch Sophokles hat es nicht anders gehalten: Odyß ist im »Aias« ein Gentleman, im *Philoktet* ein Lump, Kreon in *König Ödipus* ein Biedermann, in der *Antigone* ein Tyrann und diese selber ist als Titelheldin eine ganz andere Figur als in *Ödipus auf Kolonos*. Der Charakter braucht nicht festzustehen, denn er lebt ja nur ein Augenblicksdasein. Die Phaidren müssen sich so wenig gleichen wie die verschiedenen Aphroditen, die ein bildender Künstler schafft. Man vergleiche damit die Hilde Wangel in der *Frau vom Meere* und im *Baumeister Solneß:* sie ist nicht nur genau dieselbe Figur, sondern auch genau um soviel Jahre seelisch älter geworden, als zwischen der Abfassung der beiden Dichtungen verflossen sind. Aber da die Gestalten der griechischen Tragödie innerhalb des Dramas keine Entwicklung haben, so können sie auch keine außerhalb des Dramas haben.

Was den *deus ex machina* anlangt, der Euripides immer wieder angekreidet wurde (er kommt übrigens auch bei Sophokles im *Philoktet* vor und bei Homer ist er geradezu ein ständiges Requisit), so ist er nicht etwa eine Folge technischer Leichtfertigkeit oder Unbeholfenheit, sondern im Gegenteil der Ausdruck höchster Souveränität, indem der Dichter den Theaterapparat so überlegen meistert, daß er ihn verachtet. Hierin erinnert Euripides an Shaw, dessen Stücke sich ebenfalls über dramaturgische Forderungen oft lächelnd hinwegsetzen und daher anfangs mit plumpen Melodramen verwechselt wurden. Aber hierin liegt auch eine gewisse Frivolität, und ebenso verhält es sich mit der Behandlung des Mythos. Er war von der Tragödie unabtrennbar, aber da Euripides ihn bereits mit den Augen der Aufklärung sieht, so verbürgerlicht er ihn. Man stelle sich vor, daß Ibsen nur biblische Geschichten und Heiligenlegenden als Sujets zur Verfügung gehabt hätte. Die Religiosität zersetzt sich in Philosophie. Die euripideische Mythologie verhält sich zur Sophistik ähnlich wie die wagnerische zum Darwinismus: diese Götter haben alle Protagoras gelesen. Bei Euripides gibt es nur noch Menschen. Daher sein tiefer Pessimismus. Daher aber auch seine Wärme und Nähe. In seinen Gestalten sind die aufwühlendsten Probleme seines Herzens und seines Zeitalters Fleisch und Blut geworden, und darum offenbar nannte Aristoteles diesen vergrübelten Epigonen, dem die Götter weder die eherne Wucht eines Aischylos noch den silbernen Glanz eines Sophokles verliehen hatten, τραγικώτατος, den tragischsten von allen.

Die Komödie

Gleichzeitig enthält die euripideische Tragödie aber auch komödienhafte Züge. Sie wagen sich aber nur schüchtern hervor, denn das ganz unimpressionistische Auge des Hellenen empfand Farbenmischungen als stillos. Etwas wie den tragischen Humor eines Calderon und Shakespeare oder das tragikomische Doppellicht eines Ibsen und Shaw wird man im antiken Drama vergeblich suchen. Die moralische Satire hatte ihre ausschließliche Domäne in der Komödie. Man mißversteht diese Kunstform, wenn man sie mit der heutigen vergleicht, mit der sie nur den Namen gemeinsam hat, und dabei etwa an Sittenstücke, Lustspiele oder auch nur Schwänke denkt. Die sogenannte »ältere Komödie« des fünften Jahrhunderts entsprach ganz einfach unseren Witzblättern. Sie ist gespielte, gesungene und getanzte Invektive, Invektive als Selbstzweck, ohne die geringste Ambition, eine dramatische Fabel zu entwickeln, einen menschenähnlichen Charakter zu gestalten, eine poetische Idee darzustellen. Und sie ist eine Invektive von einer so hemmungslosen Niederträchtigkeit, Brutalität und Verlogenheit, daß sie in keiner Literatur ein Gegenstück hat. Die Griechen haben eben auf allen Gebieten nur Spitzenleistungen geschaffen. Daß die Opfer sich dies gefallen ließen, läßt sich nur aus der pathologischen hellenischen Ruhmsucht erklären. Denn vor der ganzen Welt derart exzessiv besudelt zu werden, war eben doch auch wiederum eine Auszeichnung. Daß eine normale Theaterwirkung gar nicht beabsichtigt war, geht schon allein daraus hervor, daß die Komödie geflissentlich an der Zerreißung der Illusion arbeitete: durch Hereinziehen des Publikums, des Autors, früherer Stücke, Apostrophierung stadtbekannter Personen des Auditoriums und ähnliche Sprengungen des Bühnenrahmens: so sagt zum Beispiel in den *Wolken* die ungerechte Rede zur gerechten: »In unserer Zeit ist es keine Schande mehr, ein Schweinehund zu sein! Blick doch um dich! Was siehst du hier? Marathonkämpfer oder Schweinehunde?« – »Fast lauter Schweinehunde«, muß die gerechte Rede zugeben, »ich bin besiegt!«; im *Frieden* ruft Trygaios, als er auf einem Mistkäfer zum Himmel emporschwebt: »Ach, lieber Maschinenmeister, gibt doch nur gut acht, daß nichts passiert!«, und als Dionysos auf seiner Hadesfahrt in Bedrängnis gerät, bittet er seinen eigenen Priester, der in der ersten Reihe auf einem Ehrenplatz saß, ihm beizustehen (zugleich ein Beweis, was man sich gegen die Götter erlauben durfte). Die ständige Einrichtung der Parabase, eines Lieds, worin der Chor mit abgenommener Maske dem Publikum die Absichten des Dichters auseinandersetzte und gegen alles Erdenkliche polemisierte, diente ausschließlich der Auflösung ins Private. Wie Nestroy den Theaterapparat Raimunds, so verhöhnt Aristophanes den euripideischen, Trygaios auf dem Mistkäfer parodiert den Ritt Bellerophons auf dem Pegasus, und wenn die *Wolken* damit enden, daß alles in Flammen aufgeht, so soll das den Schluß der *Troerinnen* lächerlich machen. Dazu kam der Kordax, ein cancanartiger Tanz, der zweifellos sehr obszön war; bei ihm bewegten sich nicht bloß die Beine, sondern auch Arme und Rumpf, Kopf und Gesäß in besonderen Rhythmen, deren Erfindung zu den Aufgaben der komischen Dichter gehörte.

Als der Schöpfer der politischen Komödie gilt Kratinos, der seit der Mitte des Jahrhunderts dichtete. Man nannte ihn den Aischylos der Komödie und rühmte, daß er wie in einem dionysischen Rausche dichte, was wohl zum Teil ganz wörtlich zu nehmen ist, denn seine Weinseligkeit bildete die stehende Zielscheibe der Angriffe seiner Rivalen. In seiner letzten Dichtung *Frau Flasche*, die 423 über die *Wolken* siegte, hat er in gemütlicher Selbstironie seinen Durst verteidigt, indem er nachwies, daß seine Gattin, die Komödie, und seine Freundin Methe, die Trunkenheit, sich vertragen müßten, denn »ein Wassertrinker schafft was Rechtes nie«. Sonst weiß man von seiner Satire nicht viel mehr, als daß sie sich angelegentlich mit dem Zwiebelkopf des Perikles beschäftigte, der bei ihm eine ähnliche Rolle gespielt zu haben scheint wie der Birnenkopf Louis Philippes bei Daumier und die drei Haare Bismarcks im *Kladderadatsch*. Sein jüngerer Kollege Eupolis dichtete seit etwa 425 und fiel schon 411 in einer Seeschlacht. Seine Polemik war so giftig, daß die Legende aufkam, Alkibiades habe ihn aus Rache ins Meer gestürzt. Seine *Schmeichler* richteten sich gegen den reichen Kallias und seine Parasiten, seine *Hermaphroditen* gegen die Verweichlichung der *jeunesse dorée*, seine *Poleis* gegen die Aussaugung der Bundesstädte. Ursprünglich dichtete er mit Aristophanes gemeinsam, aber später, wie das schon mit Kollaboratoren zu gehen pflegt, verfeindeten sich die beiden und bezichtigten sich gegenseitig des Plagiats. Kratinos erklärte, Aristophanes hinke doch immer nur hinter Eupolis her. Das scheint keine bloße Bosheit gewesen zu sein, vielmehr läßt nicht nur die Wut, in die Aristophanes über diese Bemerkung geriet (er rächte sich in den *Rittern*, indem er Kratinos als versoffenen alten Trottel hinstellte), sondern auch das einstimmige Urteil der Alten darauf schließen, daß Eupolis mindestens ebenso bedeutend war wie Aristophanes. Was nun diesen anlangt, so beruht seine Schätzung (und wohl auch Überschätzung) bei der Nachwelt eben darauf, daß er der einzige Komiker ist, von dem sich Beträchtliches erhalten hat (von über vierzig Stücken elf, also, wie bei Euripides, etwa ein Viertel). Kratinos scheint das stärkere Original, Eupolis der feinere Artist gewesen zu sein. Die Stellung der aristophanischen Kritik zu ihrem Zeitalter war eine ganz andere, als wir sie heutzutage von einem Komödienschreiber erwarten würden. Während bei uns die Satire immer »fortschrittlich« und revolutionär ist, war sie im alten Athen reaktionär und konservativ. Alles Vergangene war gut und alles Neue war schlecht. Die Art, wie Aristophanes die gute alte Zeit herausstreicht und die Gegenwart heruntermacht, ist aber so offenkundig unehrlich und krampfhaft, daß sie uns nicht zu überzeugen vermag. Sie hat auch sicher sein Publikum nicht überzeugt, sondern dieses betrachtete seine polemischen Exzesse als einen ergötzlichen Fastnachtsspuk und als eine Art »komische Katharsis«, bei der es seine eigene Gemeinheit und Bösartigkeit abreagieren konnte. Ohne klassizistische Vorurteile betrachtet, ist Aristophanes ganz einfach der großartigste Revolverjournalist, von dem die Weltliteratur zu künden weiß. Wie so viele Satiriker, war er nichts weniger als ein »freier Geist«, sondern ein Philister mit umgekehrtem Vorzeichen, ein kleinherziger Denunziant und unter der Maske des Moraltrompeters eine ganz amoralische Größe. Freilich wendet man immer wieder (und mit Recht) ein, daß die rein poetischen Partien oft von großer Schönheit sind. Es ist übrigens eine gar nicht so seltene Erscheinung, daß starke satirische Potenzen auch lyrische Talente sind, obgleich man doch eigentlich meinen sollte, daß diese beiden Fähigkeiten sich ausschließen. Moderne Beispiele sind Heinrich Heine und Karl Kraus.

Die Maler

Die großen Maler und Bildhauer sind von der Komödie verschont worden, aber sicherlich nicht aus Respekt, sondern weil man sie im Gegenteil als Persönlichkeit überhaupt nicht ästimierte. Von Agatharchos, dem »Skenographen«, haben wir schon gehört. Er war Bühnen- und Zimmermaler, und sein Illusionismus galt vielen als eine würdelose Kunst für Ungebildete. Apollodor, der »Schattenmaler«, wurde ebenfalls bereits erwähnt: Auch diese Bezeichnung war abfällig gemeint, und seine Erfindung »des abnehmenden Lichtes und der abgetönten Farbe« galt in konservativen Kreisen für gemeine Taschenspielerei; Plato verglich sie mit der Sophistik. Noch zwei andere große Neuerungen gehen auf Apollodor zurück: Er ersetzte die Wassermalerei durch die Temperatechnik, indem er die Farben mit Eiweiß, Gummi oder Leim oder auch dem Milchsaft der Feigen anrührte und dadurch viel glänzendere koloristische Wirkungen erzielte, und er emanzipierte sich von der Architektur, indem er statt der Wandgemälde Bilder auf stucküberzogenen Holztafeln herstellte; daneben findet sich im Altertum auch die geschliffene Marmortafel, besonders bei Grabmälern, Leinwand aber fast niemals. Daß Apollodor sich seiner großen Bedeutung bewußt war, zeigt sein Ausspruch: »Durch meine Tür treten die anderen Maler herein.« Etwas jünger war Zeuxis. Er malte nur einzelne Szenen von mäßigem Umfange. Die mythologischen Situationen soll er vermenschlicht und zum Teil ins Genrehafte transponiert haben: wahrscheinlich deshalb sprach ihm Aristoteles das Ethos ab. Lukian sagte von ihm, er strebe immer danach, Neues zu erfinden. Das sind euripideische Züge. Auch war er der erste große Maler der Frau: Von einem seiner weiblichen Porträts, einer nackten Helena, für deren Besichtigung er Entree verlangte, hieß es, in ihr seien alle Reize vereinigt, die die Frauen sonst einzeln besäßen; und wenn Nietzsche gesagt hat, Euripides habe den Zuschauer auf die Bühne gebracht, so läßt sich aus antiken Berichten entnehmen, daß Zeuxis den Betrachter auf die Staffelei gebracht hat. Seine beiden großen Rivalen waren Parrhasios und Timanthes. Von dem ersteren wissen wir, daß er den geheuchelten Wahnsinn des Odyß und den attischen Demos gemalt hat: zwei außerordentlich schwierige Vorwürfe, denn das eine Mal mußte der Widerstreit raffinierter Klugheit und glaubhafter Blödheit in demselben Gesicht dargestellt werden und das andere Mal eine Person, die es überhaupt nicht gibt. Denn wir dürfen uns nicht vorstellen, daß ein Parrhasios sich mit einer öden klassizistischen Allegorie begnügt hat, sondern er wird wirklich die Seele des athenischen Volkes gemalt haben, in ihrer unvergleichlichen Mischung aus Geist und Verruchtheit, Gift und Honig. Über den zweiten Timanthes hat Plinius gesagt: »Seine Werke sind dadurch ausgezeichnet, daß man in ihnen stets mehr erkennt, als eigentlich gemalt ist«: ein höheres Lob gibt es nicht. Und in seiner *Opferung Iphigeniens* war der Höhepunkt das verhüllte Haupt Agamemnons: Eine künstlerischere Auffassung ist nicht denkbar.

Viele antike Anekdoten meldeten teils von dem ungeheuren Selbstgefühl dieser Künstler, teils von der unglaublichen Wirkung ihrer Werke. Zeuxis soll seine Bilder verschenkt haben, da sie ja doch unbezahlbar seien, und in Olympia in einem Gewand erschienen sein, worein sein Name in goldenen Buchstaben eingewebt war; sein Ende soll dadurch verursacht worden sein, daß er sich über sein eigenes Bild einer alten Frau totlachte. Von Parrhasios hieß es, er sei ebenfalls ganz in Gold gegangen, vom Kranz bis zu den Schuhschnallen, und habe sein Selbstporträt »Gott Hermes« genannt. Die bekannte Erzählung, daß Zeuxis durch seinen *Knaben mit der Traube* die Vögel, Parrhasios aber durch einen gemalten Vorhang den Zeuxis selber getäuscht habe, hat noch eine hübsche Fortsetzung, indem Zeuxis nach einiger Überlegung sogar zugesteht, daß nur die Trauben gut gemalt gewesen seien, sonst hätte der Knabe die Vögel schrecken müssen. Wenn wir uns erinnern, welche Wunderdinge schon von der Naturwahrheit der ältesten Werke berichtet wurden, so wird man wohl annehmen müssen, daß auch diese Geschichten nur den relativen Fortschritt in der Wirklichkeitsannäherung illustrieren sollten. An eine tatsächliche Wiedergabe der Lichtwelt ist wohl überhaupt noch nicht zu denken, sondern nur an eine leuchtendere und reichere Palette und ein Aufhöhen und Runden im Sinne einer plastischen, nicht einer eigentlich malerischen Wirkung, also etwa des bemalten Reliefs. Man konnte sicher die Figuren noch gerade so herausschneiden wie bei Polygnot. Diese Maler werden genausoviel und genausowenig Verismus besessen haben wie Euripides.

Die Nachkriegszeit

Hiemit beschließen wir unsere aphoristische Betrachtung des fünften Jahrhunderts und begeben uns ins vierte Jahrhundert. Es ist eine ausgesprochene Nachkriegszeit, obgleich es an Kriegen keineswegs gefehlt hat, und eine Zeit der Nachblüte, obgleich der griechische Genius in manchen Zweigen erst jetzt zu seiner vollen Blüte gelangt ist. Xenophon nennt die Jahrzehnte, die dem großen Ringen folgten, die Periode der *akrisia*, der Richterlosigkeit, des Chaos. Sparta hatte die Hegemonie errungen, vermochte sie aber, da es eben auch nur eine Polis war, ebensowenig auszuüben wie Athen, sondern nur zu mißbrauchen. In viele Städte wurden spartanische Garnisonen gelegt, mit »Harmosten« an der Spitze, Vögten, die sich ein ähnliches Renommee schufen wie Geßler. Auch wurden überall Oligarchien der Besitzenden errichtet, die nun in ihrem eigenen Interesse die spartanische Oberhoheit stützten. Die Exekutive lag in den Händen der berüchtigten Dekarchien, zehngliedriger Regierungskommissionen, die mit vollendeter Willkür über Leben und Eigentum der Bürger geboten. Es war eine Art weiße Jakobinerherrschaft, die selbst in den besseren aristokratischen Kreisen Mißbilligung erfuhr. Der Mann des Tages war Lysander. Die Maxime: »wenn das Löwenfell versagt, muß man den Fuchspelz umhängen« und »Knaben betrügt man mit Würfeln, Männer mit Eiden«, ob er sie wirklich ausgesprochen oder bloß gedacht hat, charakterisieren ihn jedenfalls zutreffend. Der latente Atheismus und Immoralismus der hellenischen Rasse gelangt bei ihm mit einer Ferozität zum Durchbruch, die etwas Imposantes hat. Er war auch der erste Grieche, der sich als Gott verehren ließ: in Ephesos und auf Samos und wohl auch anderwärts wurden ihm Opfer dargebracht. Das hatte sich nicht einmal Alkibiades unterstanden, aber es war nur logisch: wenn die Götter Menschen sind, sind die Menschen Götter, oder, wie es in einer hippokratischen Schrift heißt: »Alles ist göttlich und alles ist menschlich.«

Am ärgsten waren die Zustände in Athen. Dort führte Kritias an der Spitze der »Dreißig« ein Schreckensregiment, dem mehr Athener zum Opfer gefallen sein sollen als im ganzen Peloponnesischen Krieg. Als Theramenes, der Vertreter der gemäßigten Aristokratie (übrigens ebenfalls ein hartgesottener Bösewicht) sich ihm widersetzte, wurde er ohne Urteil hingerichtet; auch die Ermordung des Alkibiades scheint Kritias angestiftet zu haben. Nun aber zog Thrasybulos an der Spitze der Emigration gegen Athen; Kritias fiel im Straßenkampf, die Herrschaft der Dreißig brach zusammen, Athen wurde, schon ein Jahr nach dem Friedensschluß, wieder Demokratie. Der spartanische König Pausanias hat in vornehmer, vom realpolitischen Standpunkt fast unverständlicher Toleranz der attischen Republik bei der Neuordnung ihrer inneren Verhältnisse völlig freie Hand gelassen und dadurch ihre Wiedererstarkung ermöglicht. Es scheint auch Rivalität gegen den allmächtigen Lysander im Spiel gewesen zu sein, dessen Stellung in der Tat von da an erschüttert war. Er wurde zwar nicht geradezu gestürzt; aber seine selbstsüchtigen und gewalttätigen Intrigen schlugen nicht mehr an. Er fiel 395 gegen die Boioter.

Die beiden Dionyse

Tyrannen vom Typus des Lysander und Alkibiades, sogar von noch ausgeprägterem Charakter, gab es damals auch schon in Sizilien. Dort hatte sich gegen Ende des fünften Jahrhunderts im Kampf gegen den karthagischen Erbfeind, der bereits mehr als zwei Drittel der Insel in Besitz hatte, Dionysios zum König von Syrakus emporgeschwungen. Er nannte sich aber niemals so, sondern bloß στρατηγὸς αὐτοκράτωρ, Feldherr mit unbeschränkter Vollmacht, und behielt die republikanischen Formen zum Schein bei. Seine Herrschaft stützte er auf die ärmeren Schichten, die er mit Grundbesitz ausstattete, die Verbannten, die er zurückberief, die Fremden, denen er das

Bürgerrecht verlieh, und die Sklaven, die er befreite, vor allem aber auf eine zahlreiche Garde von größtenteils ausländischen: kampanischen, keltischen, iberischen Söldnern, deren Offiziere aber meist Hellenen waren. Wie die meisten Militärmonarchien bediente sich seine Regierung auch eines sehr strengen und argwöhnischen Polizeisystems und ebenso raffinierter wie drükkender Finanzmethoden. Mit diesen dunklen Mitteln hat er aber Großes geleistet. Unter ihm wurde Syrakus die größte Stadt nicht nur der griechischen Welt, sondern des ganzen Altertums: von dem anderthalbfachen Umfang des kaiserlichen Rom und einer Ausdehnung des Mauerrings, die 2,75 Kilometer betrug. Um die Verteidigung auf eine bis dahin unerhörte Höhe zu bringen, errichtete er nicht nur kolossale Befestigungen, sondern er wurde auch der Schöpfer der antiken Artillerie und eines neuen Typs der Schlachtschiffe, der Tetreren und Penteren. Beides hängt zusammen: für Türme und Geschütze brauchte man stärkere und größere Schiffe, die weniger rasch, weniger beweglich und lenkbar, aber dafür tragkräftiger und widerstandsfähiger waren. So entstand das Großschiff und Panzerschiff, wie in der zweiten Hälfte des neunzehnten Jahrhunderts aus ähnlichen Gründen die Panzerfregatte und der Monitor. Auch zu Lande verwendete man mehrstöckige Türme, die sich auf Rädern bewegten: die oberen Stockwerke schleuderten Pfeile, Bleigeschosse und Steinkugeln, das unterste trug den κριός oder Widder, einen starken Balken mit eisernem Kopf. Die bewegende Kraft bildeten elastische Tiersehnen, die, zwischen zwei Balken eingezogen und an den beiden Enden in entgegengesetzter Richtung gedreht, eine sehr bedeutende Spannung zu entwickeln vermochten. Diese sogenannten Torsionsgeschütze wurden um 400 in Syrakus erfunden. Sie unterschieden sich im Prinzip nicht von unseren Pulverkanonen; man war auch schon imstande, Steilfeuer zu erzeugen. Die Pfeilschleuderer und Steinwerfer, Leitern und Fallbrücken,

Mauerbrecher und Fahrtürme, die Alexander der Große und zum Teil schon sein Vater bei Belagerungen verwendete, waren bloße Nachahmungen der sizilischen Apparate; und vorher besaßen die Griechen der Ägäis überhaupt noch keinen Geschützpark.

Nach siebenjähriger Rüstung und sechsjährigem Kampf gelang es Dionys, die Karthager zwar nicht vollständig, aber doch so weit zu verdrängen, daß fünf Sechstel der Insel ihm untertan waren. In einem zweiten Krieg gegen Karthago erlitt er zwar bei Kronion eine entscheidende Niederlage, aber im großen und ganzen vermochte er sich doch zu behaupten und außerdem auch in Unteritalien Fuß zu fassen. Seine letzten Regierungsjahre waren eine segensreiche Friedenszeit, nur umwölkt durch die Menschenfurcht und Einsamkeit des Autokraten, die im »Schwert des Damokles« ein unsterbliches Symbol und in Schillers *Bürgschaft*, noch stärker in seinem *Philipp* eine ergreifende Gestaltung gefunden hat. Plato hat, als er den Tyrannen besuchte, in gewisser Hinsicht eine Art Posarolle gespielt; die Sache wäre auch beinahe ebenso tödlich ausgegangen. Als Dionysios im Alter von dreiundsechzig Jahren starb, war Sizilien die anerkannt stärkste Macht der hellenischen Welt und Syrakus die Hauptstadt des Mittelmeers. Als Ursache seines Todes galten die übermäßigen Trinkgelage, die er aus Freude über einen Sieg im dramatischen Agon Athens veranstaltet hatte: Er verfiel in ein hitziges Fieber, bei dem die Ärzte ein wenig nachgeholfen haben sollen. Er war nämlich tatsächlich ein Dichter, was man von seiner sonst rein aufs Praktische gerichteten Natur gar nicht erwarten würde, und soll in seinen Tragödien den Euripides nachgeahmt haben. Viele überlieferte Züge zeugen davon, daß er ein geistreicher und ganz ungewöhnlicher Kopf und sogar im Grunde eine liebenswürdige Natur gewesen sein muß. Daneben war er selbstverständlich, wie alle Usurpatoren, ein skrupelloser Gewaltmensch, aber nur ein so eiserner Wille konnte das welthistorische Werk vollbringen, Sizilien von der karthagischen Umklammerung zu befreien. Vielleicht wären ohne ihn die Römer schon zu spät gekommen. Die Griechen in ihrem traditionellen Tyrannenhaß haben sein Andenken viel zu sehr ins Schwarze gemalt; der ältere Scipio bekannte, von allen Männern der Geschichte, die er kenne, sei ihm Dionys als der kühnste und besonnenste erschienen. Er war, um es mit einem Wort zu sagen, auf politischem Gebiet der erste Hellenist: die Selbstherrscher der Alexandrinerzeit sind in den entscheidenden Zügen der Staatsverwaltung seine Nachfahren und Doubletten.

Auf ihn folgte sein gleichnamiger Sohn, ganz wie ein Kronprinz, völlig unangefochten in der Regierung. Er war aber lange nicht so bedeutend und tatkräftig wie sein Vater, vielmehr ein zügelloser Dekadent, der zwischen Orgien und Menschenbeglückungsideen, Cäsarenwahn und Philosophie hin und her flackerte. Bemerkenswert ist seine Regierung lediglich durch die zweimalige Reise Platons, der, gemeinsam mit dem jungen Herrscher und dessen Oheim Dion, einem tragikomischen Ideologen, den »Idealstaat« zu verwirklichen suchte, selbstverständlich vergeblich, indem er damit, wie Eduard Schwartz treffend bemerkt, den Beweis lieferte, »daß die Politik für den Professor zu schwer, der Professor aber für die Politik zu gut ist«. Schließlich wurde der zweite Dionys von Timoleon gestützt und lebte noch lange in Korinth, als Schulmeister eine weniger gefährliche und weniger welthistorische Tyrannis übend.

Die Anabasis

Auch im Osten hatten sich kurz nach dem Peloponnesischen Kriege bedeutsame Ereignisse vollzogen. Dort war im Jahr des Friedensschlusses Dareios der Zweite gestorben, dessen Beinamen »Nothos«, der Bastard, zeigt, daß die Legitimität der persischen Erbfolge bereits erschüttert war. Ihm folgte sein Sohn Artaxerxes der Zweite, ein Schwächling zwischen zwei Weibern, seiner Gattin Stateira und seiner Mutter Parysatis. Diese sann insgeheim darauf, ihren Lieblingssohn Kyros auf den Thron zu bringen, der, eine glänzende Erscheinung und in vielem seinem großen Namensvetter nicht unähnlich, als Satrap von Kleinasien, das er musterhaft verwaltete, aus ganz Griechenland Söldner warb, um seinen Bruder durch einen großen Angriff zu überrumpeln, was ihm auch vollständig gelang. Ohne Widerstand zu finden, zog er bis vor die Tore Babylons, und erst bei dem Dorf Kunaxa kam es 401 zur Schlacht. Schon begann der linke Flügel des eilig aufgebrachten numerisch überlegenen Perserheeres zu weichen, als Kyros, der sich in ritterlicher Unklugheit zu weit vorgewagt hatte, durch einen feindlichen Speer den Tod fand: zu seinem Obersten Klearch, einem nüchternen Militär, der ihn gewarnt hatte, soll er gesagt haben: »Willst du, daß ich an dem Tage, wo ich um die Krone kämpfe, mich ihrer unwert mache?« Der berühmte Rückzug der zehntausend Griechen, die auch nach dem Verlust ihres Führers das Feld behauptet hatten, aber nun nicht mehr wußten, wofür sie fechten sollten, vollzog sich von Oktober 401 bis März 400: unter der Führung Xenophons gelangten sie bei Trapezunt ans Schwarze Meer. Seine Schilderung darf als zuverlässig gelten, denn er besitzt bei aller Enge des Horizonts und Banalität des Blicks eine thukydideische Eigenschaft: Er macht sich und andern nichts vor. Das wichtigste an der ganzen Sache war, daß die Griechen zum erstenmal einen klaren Einblick in die Zerrüttung der Verhältnisse am königlichen Hofe und die Rückständigkeit des persischen Heerwesens gewannen und diese Kunde nach Hause trugen. Der Alexanderzug war eine zweite und glücklichere Anabasis. Wäre aber Kyros nicht gefallen, so läßt sich wohl kaum daran zweifeln, daß er, mit Hilfe der ungeheuern Machtmittel seines Reichs, der griechischen Waffentüchtigkeit und Intelligenz und seiner eigenen Energie und Organisationsgabe, die Herrschaft über das Mittelmeer errichtet hätte. Wiederum hat, wie im Xerxes-Krieg, zur Rettung der abendländischen Kultur eine unsichtbare Geisterhand in die Geschichte gegriffen.

Da den kleinasiatischen Griechenstädten, die sich Kyros angeschlossen hatten, von Artaxerxes eine Strafexpedition drohte, wandten sie sich an Sparta um Hilfe, das sie gewährte, aber nicht aus panhellenischen, sondern aus ganz egoistischen Gründen. Im Mutterland hatte sich aber inzwischen eine politische Umgruppierung vollzogen. Theben, bisher der erbittertste Gegner Athens, begann nun in der spartanischen Hegemonie die größte Gefahr zu erblicken und verbündete sich mit dem alten Erbfeind. Auch Korinth und Argos traten der Koalition bei. So kam es zum Krieg zwischen dem Peloponnesischen Bund auf der einen, Persien und Mittelgriechenland auf der anderen Seite. Man weiß nun nicht, wer perfider gehandelt hat: die Spartaner gegen die Perser, denen sie den Sieg im Peloponnesischen Kriege verdankten, die Athener gegen Sparta, das sie vor der Vernichtungswut ihrer jetzigen Alliierten, der Thebaner und Korinther, gerettet hatte, oder alle Hellenen gegen sich selber, indem sie durch den Bruderkrieg Persien zum lachenden Dritten machten. In der Tat endete der neunjährige Kampf 386 mit dem sogenannten »Königsfrieden«, in dem der Großkönig als Schiedsrichter und Garant auftrat und die kleinasiatischen Kolonien definitiv Persien zugesprochen, alle übrigen Griechenstädte aber für autonom erklärt, das heißt: zu dauernder Ohnmacht verurteilt wurden. Mit Recht hat man diese Situation mit der deutschen zur Zeit Napoleons des Ersten verglichen.

Epaminondas

Natürlich war auch der Königsfriede kein wirklicher Friede, sondern die Rivalitätskämpfe gingen weiter. In diesem Auf und Ab der wechselnden Föderationen und Konventionen, Siege und Niederlagen bildet die Schlacht bei Leuktra, 371, einen Markstein, in der die Thebaner den Nimbus der spartanischen Unüberwindlichkeit für immer zerstörten. Dies war die Genietat des Epaminondas, des Erfinders der »schiefen Schlachtordnung«. Bisher nämlich lag die Sache so, daß der rechte Flügel der Hoplitenphalanx immer der aggressive und stärkere war, weil die Speere unwillkürlich nach rechts zogen. Infolgedessen lag der Sieg immer an ihm: gelang es ihm, den gegenüberstehenden linken Flügel der feindlichen Armee zu werfen, so rollte sich deren Front von selbst auf und die Schlacht war entschieden. Epaminondas kam nun auf den ebenso einfachen wie großartigen Gedanken, den *linken* Flügel zum stärkeren zu machen, indem er ihn nach Art eines Keils vertiefte. Hierdurch war er aber gezwungen, den rechten zu verkürzen und der Gefahr der Überflügelung auszusetzen. Darum deckte er dessen Flanke durch Kavallerie: nun konnte der linke Flügel mit voller Stoßkraft vorbrechen, »wie eine Triere, die ihre Gegnerin rammt« (nach einem treffenden Vergleich Xenophons). Die Bezeichnung »schiefe Schlachtordnung« ist etwas irreführend, denn schief war auch die bisherige, indem der rechte Flügel sich immer vorschob; die des Epaminondas war allerdings infolge der ungleichen Tiefe der Staffelung noch schiefer, aber das Entscheidende war, daß die Schwerpunkte vertauscht waren: Man nannte sie daher mit Vorliebe auch die »umgekehrte Schlachtordnung«. Man sollte nun meinen, daß der Erfolg dieser geistvollen Idee auf das Moment der Überraschung gegründet sei und daher nur einmal gelingen könne; aber neun Jahre später wiederholte sich dasselbe bei Mantineia. Lag dies an dem denkträgen Konservativismus der Spartaner? Oder an ihrer Unfähigkeit, den kavalleristischen Anforderungen zu genügen, die diese neue Taktik stellte, während die Boiotier von jeher ein Reitervolk waren? Oder war, was am wahrscheinlichsten ist, Epaminondas nicht der Sklave seines Systems, sondern befähigt, wirksam zu variieren, so daß das Moment der Überraschung immer auf seiner Seite war? Denn das Wesentliche an seiner Aufstellung war ja gar nicht das »Umgekehrte«, sondern eben doch das in einem neuen und höheren Sinne »Schiefe«, nämlich die Konzentrierung des Vernichtungsstoßes auf *einen* Punkt, während bisher Angriff auf der ganzen Front die selbstverständliche Regel war. Es war, mit einem Wort, die epochemachende Wendung von der Parallelschlacht zur Flügelschlacht: der Offensivflügel stößt mit vernichtender Übermacht vor, der Defensivflügel hält sich zunächst geflissentlich zurück, um erst später nachzustoßen und durch Umfassung den Sieg zu vollenden. Es ist klar, daß die bisherige Kriegführung keine Flügelschlacht im eigentlichen Sinne des Wortes ermöglichte: denn wenn auch der linke Flügel regelmäßig in der Defensive blieb, so tat er dies nicht aus freier Wahl, sondern zwangsläufig und mechanisch, gleichsam einem Gesetze der Gravitation gehorchend; und es ist ebenso klar, daß bei der »schiefen Schlachtordnung« durchaus nicht immer der linke Flügel der offensive zu sein braucht, sondern der Angriffsstoß kann an jeder beliebigen Stelle erfolgen: er muß nur überraschend und überwältigend sein; diesen archimedischen Punkt zu finden, ist eben Sache des Feldherrngenies, das in einer Mischung aus hellem Blitzdenken und nachtwandlerischer Intuition besteht. Der »refüsierende« Flügel, der sich der Fühlung zunächst entzieht, spielt dabei die Rolle der *Reserve*, als deren Entdecker Epaminondas tatsächlich angesehen werden muß. Reserve, Flügeloperation, Umkehrung, Umfassung: Das sind lauter *Ideen*, und nun wundern wir uns nicht mehr, wenn wir hören, daß dieser Zeitgenosse Platos sich ursprünglich gar nicht für Politik und Strategie interessierte, sondern für Kunst und Philosophie. Auch die Feldherrnkunst ist eine Welt des Gedankens. Alle Taten des Geistes sind Philosophie.

Nach der Katastrophe von Leuktra rückte Epaminondas in Lakonien ein, das, ähnlich wie England, seit Menschengedenken keinen Feind im Lande gesehen hatte. Aber als Verteidiger waren die Spartaner noch immer unüberwindlich, und obgleich die Stadt nicht ummauert war, vermochte Epaminondas sie nicht zu nehmen. Er zog nun nach Messenien und befreite die Heloten, die fortan, mit einer befestigten Hauptstadt am Fuße des Berges Ithome, einen selbständigen Staat bildeten. Das war der furchtbarste Schlag, der Sparta treffen konnte: Seine Hegemonie brach damit vollständig zusammen. Nun faßte Epaminondas weitausschauende Pläne, um die thebanische Vorherrschaft über Hellas aufzurichten. Die einzige bedeutende Rivalin war Athen, das sich inzwischen wieder erholt und einen neuen Seebund gegründet hatte. Da die Boiotier einem maritimen Kampf nicht gewachsen waren, knüpfte Epaminondas Verbindungen mit Persien. Aber schon 362 fand er den Tod in der Schlacht von Mantineia, und damit sank Theben in die frühere zweite Rolle zurück. Das Ganze war die Episode eines knappen Jahrzehnts gewesen, die mit einem genialen Protagonisten stand und fiel. Als Politiker war Epaminondas nicht besser und nicht schlechter als seine athenischen und spartanischen Vorgänger: Er fühlte so wenig panhellenisch wie sie, wenn auch die spätere Romantik ihn als »Befreier« verklärt hat, sondern kannte nichts Höheres als die Diktatur seiner Polis. Die Denkform und Lebensform des Hellenen war der Agon, das Niederringen und »Voranleuchten«; Gleichheit und Einheit sind ungriechische Begriffe: Der Augenblick, in dem sie Weltgeltung erlangen, bezeichnet das Ende der griechischen Geschichte. Dieser Ausgang war nicht mehr fern. Die beiden einzigen Mächte von ernsthafter Bedeutung, Sizilien und Sparta, lagen ohnmächtig am Boden. So bereitet sich im Osten und im Westen die Auflösung vor.

Das römische Mittelalter

Hingegen war während des fünften und vierten Jahrhunderts langsam, aber stetig der römische Staat erstarkt. Dort hatten nach dem Sturz des Königtums und der Einsetzung der beiden Konsuln die sozialen Kämpfe zwischen Patriziern und Plebejern zur Errichtung des Tribunats geführt. Der Tribun, dessen Person heilig und unverletzlich ist, ist sozusagen der

Generalpatron der Plebs, die seine Klientel bildet. Er ist mit seinem Vetorecht, durch das er jede Handlung eines römischen Beamten ungültig zu machen vermag, und seiner Befugnis, jederzeit Versammlungen einzuberufen, die Revolution in Permanenz, aber zugleich auch die legalisierte Revolution, die kupierte Revolution. Um die Mitte des fünften Jahrhunderts wurde ein Kollegium von zehn Männern, die Dezemvirn, beauftragt, das Stadtrecht festzustellen und auf zwölf Bronzetafeln aufzuzeichnen. Kurz darauf gelang es den Plebejern, die Ehegemeinschaft mit den Patriziern durchzusetzen, die im Zwölftafelgesetz noch verpönt war. Aber es dauerte noch hundert Jahre, bis regelmäßig eine der beiden Konsulstellen mit einem der ihrigen besetzt wurde. Im übrigen liegen alle Ereignisse noch immer im gespenstischen Nebel der Sage. Aber die Figuren, von denen die dunkle Kunde raunt, haben doch alle etwas Einprägsames und Suggestives: Mucius Scaevola mit der Hand im Feuer, Cloelia zu Pferd über den Tiber, Horatius Cocles, der allein die Brücke verteidigt, Cincinnatus, der als Diktator vom Pflug geholt wird, Lucretia, die sich geschändet den Tod gibt; das sind lauter Gestalten wie alte Heiligenbilder, roh und dürftig geschnitzt und doch von Magie umwittert. Bisweilen schimmert die Wahrheit durch: so war Coriolan, aus dem die spätere Legende unbegreiflicherweise einen Nationalhelden gemacht hat, offenbar ein Lump von griechischem Schnitt, indem er zuerst sein Vaterland an die Volsker und dann wiederum diese verriet. Von naiver Offenherzigkeit ist auch die berühmte Fabel des Patriziers Menenius Agrippa, durch die er die Plebejer zum Einlenken bewogen haben soll: Er vergleicht seine Klasse mit dem Magen, der allerdings unentbehrlich ist, aber doch bloß frißt und verdaut; er kam nicht auf den Gedanken, sie dem Herzen, dem Hirn oder doch wenigstens der Lunge gleichzustellen. Im ganzen aber muß man sagen, daß die Innenpolitik der Römer viel billiger und staatsklüger vor sich ging als die griechische: rechtlose Perioiken, geknechtete Heloten, ausgesaugte Bundesstädte hat es bei ihnen ebensowenig gegeben wie eine Oligarchie des Terrors oder eine größenwahnsinnige Demokratie; dadurch waren sie in der Lage, die Volkskraft politisch und militärisch viel mehr auszunützen als die hellenischen Poleis, die keine andere Staatsform zu konzipieren vermochten als die Tyrannis: eines einzelnen, einer Partei oder einer Stadt.

Die Kelten

Das bedeutendste außenpolitische Ereignis des römischen Mittelalters war der Einfall der Gallier vom Jahr 390 (oder 384). Dieser große Volksstamm, der von den Griechen Κελτοί oder Γαλάται genannt wurde, begann sich um 400 von Deutschland und Frankreich aus in der sogenannten keltischen Völkerwanderung in Bewegung zu setzen und Spanien, England und Oberitalien zu überfluten; seine heutigen Nachkommen sind die Iren, deren Sprache noch jetzt im Englischen als das Gälische bezeichnet wird. Die Kelten waren ein ausgesprochenes Hirtenvolk und hielten es eines freien Mannes für unwürdig, den Boden selbst zu bestellen; in den reichen Eichenwäldern der Poebene trieben sie mit Vorliebe Schweinezucht. Ihre fremdartige Erscheinung wirkte auf die Mittelmeervölker unheimlich und lähmend. Auf der Oberlippe, die der Römer stets rasierte, hatten sie einen mächtigen Schnauzbart sitzen, das zottige Rothaar ließen sie ungeschoren um die Schultern wehen, den Hals schmückten sie mit einem dicken Goldring, ihre Pferde mit den Schädeln getöteter Feinde, den Oberkörper trugen sie nackt, das Haupt ungeschützt. Und dazu kam ihre ebenso ungewohnte wie ungestüme Kampfweise, die auf jede Methodik, sogar auf Pfeile und Wurfwaffen verzichtete und lediglich durch den barbarischen Elan des Angriffs wirkte. Gerade diese Primitivität war ihre Stärke und machte sie im Zusammenstoß mit regulären Truppen zu ebenso unwiderstehlichen Gegnern wie die französischen Revolutionsarmeen, die anfangs auch keine andere Taktik hatten als die der Masse, des Geschreis und des Überrennens und die geistreichen Manöver der wohldisziplinierten Feindesformationen einfach niederstampften. Der militärische Geist war bei den Kelten noch stärker entwickelt als bei den Römern, Krieg für sie der fast ausschließliche Sinn des Lebens; daneben hatten sie, nach Catos Charakteristik, nur noch eine Leidenschaft für das *argute loqui*, was Mommsen vorzüglich mit Esprit übersetzt. Der Esprit ist eine ganz unenglische Eigenschaft; wo er sich in der angelsächsischen Literatur findet, steckt fast immer ein Ire dahinter; vielleicht geht sogar der französische Esprit auf keltischen Einschlag zurück. Ganz romanisch war an den Galliern auch ihre unrömische Lust am Renommieren (sie sollen sogar die im Krieg empfangenen Wunden künstlich erweitert haben, um damit mehr prahlen zu können) und die im Altertum sonst unbekannte Sitte der Duelle. Daß sie auch viel Phantasie besaßen, zeigt ihre reichentwickelte Saga, in der mythologische und historische Helden, magische Stiere und Schweine, Hirsche und Schlangen zu bunten Geschehnissen verflochten sind. Ihre Religion kannte fast nur Gottheiten des Naturlebens: der Bäume und Haine, Gewässer und Gestirne. Die Eiche, die besonders heilig gehalten ward, wurde in ganzen Wäldern vergöttlicht, ihr Stamm mit dem Blute der Opfer gefärbt, Tieropfer wurden zur Sühne, Abwehr und Danksagung dargebracht, Menschenopfer galten als die wirksamsten, besonders vor der Schlacht; sogar religiöser Kannibalismus scheint bisweilen vorgekommen zu sein. Zur Sommersonnenwende wurden Freudenfeuer entzündet, durch deren Flammen die Feiernden sprangen. Eine sehr mächtige Priesterschaft, die sogar das Staatswesen leitete, bildeten die Druiden. *Dru* heißt »sehr«, *uid* heißt »sehen«: sie waren also Menschen, die besonders gut sehen konnten: Seher. Sie übten auch die Funktionen eines Wettermachers und Medizinmanns, und ihren Zaubersprüchen traute man zu, daß sie verwandeln, unsichtbar machen, Tote erwecken könnten. Ihre sehr umfangreichen Geheimlehren waren nicht schriftlich niedergelegt, sondern wurden gedächtnismäßig fortgepflanzt. Neben ihnen gab es noch eine eigene Klasse von Wahrsagern. Der *uâtis* (der im Lateinischen ganz ebenso heißt) prophezeite aus den Wolken, den Eingeweiden, den Vogelstimmen, dem Flug und Lauf der Tiere, dem Rauch der Flamme. Der tote Krieger wurde, mit dem Blick in die Feindgegend, in voller Rüstung auf dem Holzstoß verbrannt; mit ihm alles, was er geliebt hatte, auch Lebewesen. Die Kelten glaubten an ein materielles Fortleben nach dem Tode, entweder in einem neuen Körper oder in demselben von den Göttern verklärten; sie liehen einander sogar Geld auf Rückgabe im Jenseits.

Die Römer machten den Fehler, den Galliern entgegenzugehen, statt sich in der Stadt zu verschanzen, an deren Belagerung diese gescheitert wären. Am Flüßchen Allia kam es zur Schlacht, die mit einer katastrophalen römischen Niederlage endigte; der 18. Juli galt noch in später Zeit als *dies ater*. Man hatte aber auch verabsäumt, die Befestigungen in Verteidigungszustand zu setzen, so daß der Feind, von dem zersprengten römischen Heerkörper ungehindert, alles niederbrennen und ausplündern konnte; die Weiber und Kinder vermochte man noch in die Nachbarstädte in Sicherheit zu bringen. Aber die Besatzung auf dem Kapitol hielt sich, und in Veji begannen sich die geschlagenen Truppen wieder zu sammeln. So verstanden sich die Sieger, die ja niemals ernstlich daran gedacht hatten, sich in Rom dauernd festzusetzen, gegen ein Lösegeld von tausend Pfund Gold zum Abzug. Es war eine furchtbare Episode gewesen, aber doch nur eine Episode. Eine der wichtigsten Folgen der dauernden Bedrohung durch die gallische Invasion war der Zusammenschluß zwischen Römern, Samniten und Kampanern, so daß der latinische Bund nunmehr den größten Teil Mittelitaliens umfaßte.

Die Makedonen

Zu einer weit bedeutsameren geschichtlichen Rolle war ein anderer nordischer Barbarenstamm bestimmt, von dem es aber eigentlich nicht feststeht, ob er zu den Barbaren zu rechnen sei. Es sind dies die Makedonen. Der Name kommt von μακεδνός, was in der epischen Sprache soviel wie μακρός, groß, hoch, bedeutet. Wenn die Hellenen sie hartnäckig als Barbaren bezeichneten, so meinten sie den Kulturzustand, wie bei den Aitolern, die vollkommen reine Hellenen waren, während die Makedonen allerdings thrakisches Blut aufgenommen hatten. Von ihrer Sprache sind nur ganz dürftige Reste übriggeblieben, denn sie bedienten sich schriftlich nur des Griechischen, auch auf Denkmälern und in Urkunden, und die diplomatischen Noten, die aus der Kanzlei Philipps hervorgingen, wurden sogar wegen ihres feinen Stils besonders gerühmt. Wahrscheinlich war das Makedonische überhaupt nur ein griechischer Dialekt, der aber doch den Hellenen sehr sauer wurde, etwa wie dem Süddeutschen das Platt; die Aspiraten lauteten wie die entsprechenden Medien: Theta wie Delta, Phi wie Beta. Nicht bloß Alexander und Philipp, sondern alle berühmten Makedonen führten griechische Namen, und auch fast alle unberühmten: die gelegentlich erwähnten Offiziere, Soldaten, Boten, Kundschafter, Gattinnen. Die ganze Frage ist vermutlich einfach dahin zu beantworten, daß die Makedonen Urhellenen waren, die in ihren nordischen Sitzen zurückgeblieben waren. Sie waren in jeder Hinsicht zurückgeblieben, indem sie die in ihrer Intensität und Schnelligkeit in der Geschichte einzig dastehende Entwicklung der übrigen Griechen nicht mitgemacht, sondern in vielem die alte Art bewahrt hatten: Nur bei ihnen bestand noch ein machtvolles und kriegerisches Königtum von mykenischem Schnitt, eine Garde von gleichgestellten Genossen, wie sie noch Achill umgibt, und eine Heeresversammlung als politisches Organ, wie wir sie gleichfalls bei Homer antreffen. Die dünne Bevölkerung, meist freie Bauern, kannte noch fast keine

Städte; erst König Archelaos, der 413 zur Regierung kam, erbaute Straßen und Festungen, modernisierte das Heerwesen, veranstaltete gymnische Wettspiele und berief griechische Künstler an seinen Hof, darunter keinen geringeren als Zeuxis, der den königlichen Palast mit Fresken schmückte, und Euripides, der in der königlichen Residenz starb; sogar an Sokrates ließ er eine Einladung ergehen, der darüber einige gute Witze gemacht haben dürfte. Archelaos wurde in demselben Jahr wie Sokrates ermordet und vierzig Jahre später gelangte nach mannigfachen Thronwirren Philippos zur Regierung.

Philippos

Über ihn sagt Droysen sehr treffend: »Sein Charakter war, keinen Charakter zu haben, sondern Zwecke.« Er verkörperte den ganz ungriechischen Typus des tausendäugigen Tatsachenmenschen, der alles umfaßt und durchschaut, ergreift und sich dienstbar macht: Die griechische Phantasie bewegte sich in Ideen, die seinige immer in Realitäten. Dabei hatte er trotz aller Überlebensgröße des Wollens und Könnens etwas von einer Genrefigur, schon in seiner äußeren Erscheinung: Er war einäugig, was er durch einen Lorbeerkranz zu decken versuchte, von stämmiger, aber untersetzter Statur, und im Umgang von einer dämonischen Pöbelhaftigkeit, wie bekanntlich auch Napoleon, daneben sehr witzig und geistreich und durchaus nicht ohne Sinn für Kunst und Kultur: er hat nicht nur Aristoteles zum Erzieher seines Sohnes bestimmt, sondern auch Apelles nach seiner Residenz Pella berufen. Seine Stellung in der Kriegsgeschichte erinnert an Gustav Adolf: er verdankte seine Erfolge ebenfalls den drei Tatsachen, daß er ein wirkliches Nationalheer besaß, daß er dieses Heer, und zwar mit seltenem Feldherrngenie, *monarchisch* leitete und daß er die Reiterei zu einer Hauptwaffe machte. Die makedonische und thessalische Kavallerie war jeder anderen an Zahl und Qualität überlegen und außerdem eben nicht, wie bisher, eine bloße Hilfstruppe, sondern zum erstenmal ein entscheidender taktischer Körper.

Durch diese völlig neue Methodik der kombinierten Waffen sicherte sich Philipp, indem er die Offensive der beweglichen Reiterei, die Defensive der schweren Infanterie übertrug, die gleichzeitige Initiative auf *beiden* Flügeln: Dies ist der Fortschritt gegenüber Epaminondas. Ferner ermöglichte ihm seine Kavallerie die völlige Ausnützung des Sieges durch nachhaltigste Verfolgung und hierdurch wurde er der Schöpfer der Vernichtungsstrategie. Ganz unerhört war auch, daß er sich weder von der Jahreszeit noch von der Nacht in seinen Operationen behindern ließ, daß er die Maschine als Kriegsmittel einführte und daß er in allen Arten des Manövrierens: in Scheinrückzügen, verschleierten Bewegungen, unerwarteten Vorstößen, plötzlichen Schwenkungen eine Meisterschaft entwickelte, der die Griechen fassungslos gegenüberstanden.

Den Landadel verwandelte Philipp in einen Hofadel, indem er ihn in seine nächste Umgebung zog: als Leibwache der *hetairoi* oder *philoi*, Gefährten und Freunde des Königs, und als Pagenkorps, das ihn bei Tisch bediente, zu Bett brachte und Nachtwache hielt, was einigermaßen an Ludwig den Vierzehnten erinnert. Auch Hellas war für die Monarchie reif. Ihre Heraufkunft wetterleuchtete bereits in der Literatur, zum Beispiel in Xenophons monarchistischem Tendenzroman von der Jugend des Kyros, der einen großen Leserkreis fand, obgleich er, wie Beloch bemerkt, »abschreckend langweilig« ist: eine Kritik, deren Vorurteilslosigkeit aus der Feder einer Fachgröße doppelt erfrischend wirkt; noch unverblümter nennt Wilamowitz Xenophon einen »Major a. D.«, und in der Tat ist er lesenswert nur in seiner Eigenschaft als Landwirt, Bereiter und Troupier, während seine Politik und Philosophie sich auf dem Niveau eines gebildeten Stammtischs bewegt. Er hat nur die Anfänge Philipps erlebt, aber Isokrates erblickte in diesem einen neuen Agamemnon, den Führer der geeinten Hellenen gegen den Erbfeind; als höchstes Ziel betrachtet er (und offenbar auch Philipp) die Eroberung Kleinasiens bis zum Halys. Das ist noch ägäisch gedacht. Daß Philipp, der Schöpfer der Alexanderarmee und einer der größten Strategen aller Zeiten, die Perser besiegt hätte, ist wohl kaum zu bezweifeln. Es läßt sich aber fragen, ob er dann nicht gegen seinen Willen in den alexandrinischen Imperialismus hineingewachsen wäre, der seinem Denken zunächst allem Anschein nach fernlag. Parmenion und Antipater standen während des ganzen Alexanderzuges auf dem Standpunkt, daß man am Euphrat haltmachen und abendländische Politik betreiben solle. Sie waren die zwei vorzüglichsten Feldherren Philipps, Antipater auch von hoher staatsmännischer Begabung, beide aber ihrem König an Penetranz des Scharfblicks und Elastizität des Schnelldenkens doch nicht ebenbürtig. Die Frage läßt sich also nicht eindeutig entscheiden.

Auch den Aischines hat Philipp nicht einfach durch Gold gewonnen, sondern *schon vorher* durch den Zauber seiner Persönlichkeit und die Macht seines Geistes aus dem Widersacher einen Anhänger gemacht. Die Priesterschaft von Delphoi, die nicht immer sehr patriotisch, aber fast immer sehr weise und vorausblickend dachte, stand ebenfalls auf seiner Seite, was aber Demosthenes mit dem Bonmot abtat: »Die Pythia philippisiert.« Dieser hätte lieber einen panhellenischen Zusammenschluß mit Persien gesehen, dessen Spitze gegen Philipp gerichtet gewesen wäre, wie die süddeutschen Partikularisten die Anlehnung an Frankreich einer preußischen Hegemonie vorgezogen hätten, womit sie aber, ganz wie die athenischen, *ihre* Hegemonie meinten. Der Hauptunterschied zwischen Demosthenes und den meisten früheren Leitern der athenischen Politik bestand darin, daß diese in erster Linie Strategen gewesen waren, Demosthenes aber ein militärischer Ignorant war; er war aber auch ein *politischer* Dilettant. Mit Schlagworten wie »Barbar« und »Abenteurer« glaubte er ein Phänomen wie Philipp abtun zu können, ohne den geringsten Instinkt für historische Mächte, Zeitgeist und Wandel der Zeiten. Die Fähigkeit, die den Politiker macht: Tatsachen zu sehen, und früher als die anderen, und sich ihnen anzupassen, um sie zu beherrschen, fehlte diesem Doktrinär, für den die ganze Welt ein Problem der Rhetorik war, in erschreckendem Maße.

Chaironeia

Ebenso energisch wie behutsam vorgehend gewann Philipp zunächst als Operationsbasis Thessalien mit seinem kostbaren Pferdereservoir und die schon durch ihre Lage entscheidend wichtigen Küstenstädte Thrakiens mit ihren Wäldern und Bergwerken. Im Herbst 338 erlag dann das vereinigte Heer der Athener und Thebaner der überlegenen Disziplin und Taktik der Makedonen: die Entscheidung brachte die Reiterattacke Alexanders gegen die »Heilige Schar« der Thebaner, die bis dahin für unbesiegbar gegolten hatte. Man kann sagen: bei Chaironeia siegte Epaminondas über Epaminondas. Dies ist eine regelmäßige Erscheinung in der Geschichte der Kriegskunst: Ein Großer findet etwas ebenso Einfaches wie Neues, das durch diese Vereinigung siegreich ist; dann erstarrt es zur Routine und unterliegt einem, der es mit Geist und Freiheit zu meistern vermag. So hat die friderizianische Taktik in den Napoleonischen Kriegen, die napoleonische bei Königgrätz ihr Fiasko erlebt. Denn es gibt keine »Königsregeln«, nur Könige, die Regeln geben.

Gegen seine Gewohnheit unterließ es Philipp, wie die Preußen nach Königgrätz, den geschlagenen Feind, den er zum Freunde gewinnen wollte, nach der Schlacht zu verfolgen, und, wie damals Bismarck, stellte er Bedingungen, die zu der Schwere der Niederlage in gar keinem Verhältnis standen: Athen bekam seine Gefangenen ohne Lösegeld zurück, behielt seine volle Freiheit und mußte sich lediglich bereit erklären, dem geplanten panhellenischen Bund beizutreten; die Athener waren von dieser Mäßigung so überrascht und entzückt, daß sie, ganz undemosthenisch, Philipp und Alexander das Ehrenbürgerrecht dekretierten. Der »Korinthische Bund«, den Philipp dann 337 ins Leben rief, umfaßte sämtliche hellenischen Staaten mit Ausnahme Spartas, die im Innern autonom blieben, sich aber verpflichteten, untereinander Frieden zu halten und Streitigkeiten vor dem Synhedrion, dem Bundestag zu Korinth, zum Austrag zu bringen sowie bei Bundesaktionen Heeresfolge zu leisten; Oberhaupt des Bundes, Einberufer des Synhedrions und Oberfeldherr der Hellenen war Philipp unter dem Titel eines Lenkers oder Hegemon, gleichzeitig wurde ihm als »selbstherrlichem Strategen« die unbeschränkte Vollmacht zur Führung des Krieges gegen Persien erteilt: außenpolitisch und militärisch hatten also die griechischen Republiken ihr Selbstbestimmungsrecht eingebüßt. Aber während der umfassendsten Vorbereitungen wurde Philipp im Hochsommer 336 auf der Höhe seines Lebens und in der Mitte seines Wirkens von einem seiner vornehmen Leibwächter aus Privatrache ermordet: eine Tat, nur jener vergleichbar, die zwanzig Jahre früher, im Geburtsjahr Alexanders, am Tempel von Ephesos verübt wurde; doch hat sie ihren Urheber nicht so berühmt gemacht wie Herostrat: Ravaillac, den Mörder Heinrichs des Vierten, und Booth, den Mörder Lincolns, kennt alle Welt, von Cassius und Brutus nicht zu reden; aber fast niemand weiß den Namen des Pausanias aus Orestis, des Sohns des Kerastos.

Das Geheimnis Alexanders

An dem Attentat war Olympias, die Gattin Philipps und Mutter Alexanders, höchstwahrscheinlich nicht unbeteiligt. Sie hatte dem König, der eine zweite legitime Gattin genommen hatte, ebenfalls Rache geschworen, und ihre ganze spätere Lebensgeschichte, die angefüllt ist mit finsteren Taten großartiger Leidenschaftlichkeit, legt den Verdacht nahe, daß sie auch hier schon die Hand im Spiele hatte. Sie war eine Tochter des Molosserkönigs, also Vollbarbarin, geheimnisvollen, wilden Kulten ergeben, und selbst der milde Plutarch nennt sie »hitzig und zornmütig«. Durch sie ist ein ganz inkommensurables Element in den Charakter ihres Sohnes gekommen, das, vereinigt mit dem Erbe des Vaters, eine Gestalt erzeugte, wie sie sonst nur die Sage kennt. Mit Alexander tritt ein ungriechischer Geist in die abendländische Geschichte, oder man kann auch sagen: eine neue Phase des griechischen Geistes: die griechische Romantik. Romantisch ist seine Faszination durch den Orient, die von einer ganz andern Leidenschaft gespeist ist als die harmlose Neugierde eines Herodot, sein Drang ins Grenzenlose und Uferlose, der zugestandenermaßen bis ans Ende der Welt gelangen will, sein Kosmopolitismus, sein Glaube an die Allmacht des Genies, sein Leben in Reminiszenzen: Achill, Herakles, Dionysos, seine Freundschaft für den Feind, seine Galanterie gegen Frauen. Alexander ist ein Ritter und sein Grundpathos die Sehnsucht. Selbst in sekundären Äußerlichkeiten bekundet sich das völlig Neue des Typs, wie zum Beispiel in der Bartlosigkeit, die unbürgerlich imperialistisch ist: man kann sich Cäsar und Augustus, Napoleon und Mussolini nicht anders als rasiert denken.

Alexander hat Energieleistungen vollbracht, die mit allen Mitteln der modernen Technik nicht wiederholt worden sind und noch mehr Bewunderung verdienen als seine Siege in den Schlachten: Man denke an den erobernden Vormarsch durch Turkestan, Afghanistan und Belutschistan und dann ins Fünfstromland über starrende Wüsten, reißende Ströme und eingeschneite Hochgebirge; und trotzdem oder vielleicht gerade deshalb hatte er immer etwas von einem Traumwandler. Er handelte wie unter einer fremden Macht, willenlos, aber sicher vorwärtsgetrieben. Deshalb gab er seine Person auch immer preis in Schlachten, unerhörten Strapazen, Zechgelagen, auf eine tollkühne Weise, die wir, wollten wir sein Wirken auf einer rein empirischen Ebene erblicken, unvernünftig nennen müßten. Es findet sich im sogenannten Alexander-Roman, der fälschlich dem Kallisthenes, dem Hofhistoriographen Alexanders, zugeschrieben wird und im Mittelalter sehr verbreitet war, eine sehr merkwürdige Stelle: die Brahmanen fragen Alexander: »Warum führst du denn so viele Kriege? Mußt du denn nicht wieder alles anderen hinterlassen?«, und Alexander antwortet: »Ich wünschte wohl mit den Kriegen aufzuhören, aber der Gebieter meines Geistes läßt es nicht zu. Wären wir alle eines Sinnes, so wäre die Welt leblos.« Das ist heraklitisch gedacht, aber auch sokratisch: Auch Alexander war das Werkzeug eines *daimonions*, das ihm freilich andere Dinge befahl als dem athenischen Weisen.

Aristoteles gibt dem Königtum vor der Aristokratie in zwei Fällen den Vorzug: wenn ein Volk so tief steht, daß es zur Selbstregierung unfähig ist, und wenn ein einzelner über die andern so sehr emporragt, daß diese in ihm den geborenen König verehren müssen: Solche Männer können nicht Teile, sondern nur Herrscher des Staats sein, sie wandeln wie Götter unter den Menschen. Höchstwahrscheinlich hat Aristoteles dabei an seinen Schüler gedacht. Die extremste und konsequenteste Demokratie der Welt endete in der extremsten und konsequentesten Form der Monarchie: dem Gottkönigtum. Dieses pflegt entweder ganz naive oder ganz atheistische Religionsvorstellungen zur Voraussetzung zu haben; aber die Griechen waren in diesen Dingen eigentlich niemals ganz naiv gewesen und wurden niemals ganz aufgeklärt. Ihre Phantasie, die nichts ernst nahm, war eben darum auch imstande, alles zu akzeptieren, und soviel wert wie die Olympier war ein Alexander ja bestimmt. In Ägypten wurde er übrigens auf ganz legalem Wege zum Gott, denn nach der dortigen staatsrechtlichen Fiktion war, wie wir uns aus dem vorigen Bande erinnern, der Pharao von Ammon gezeugt; diesen aber identifizierten die Griechen seit jeher mit Zeus. Über die Gedanken, die sich Alexander selber dabei gemacht haben mag, gibt vielleicht ein

Wort Napoleons einen Wink, der nach der Krönung zu Decrès sagte: »Ich gebe zu, daß meine Karriere nicht übel ist und daß ich meinen Weg gemacht habe. Aber welcher Unterschied gegen das Altertum! Als Alexander Asien erobert hatte, gab er sich als Sohn Jupiters aus und das ganze Altertum, mit Ausnahme der Olympias, des Aristoteles und einiger athenischer Pedanten, schenkte ihm Glauben. Wollte ich mich heute für den Sohn des Allmächtigen erklären: ein jedes Fischweib würde mich auszischen. Die Völker sind eben gegenwärtig zu aufgeklärt und es ist nichts mehr zu machen.« In der Selbstvergötterung Alexanders vermischen sich wirklicher Glaube (oder Aberglaube), Macht des orientalischen Bodens, Dämonie aus dunklen Barbarenwurzeln, Einsamkeit der Größe, Gefühl der tatsächlichen Allmacht und nüchterne Realpolitik (einen andern juristischen Titel für die Herrschaft über Hellas und Asien gab es nicht); und das Resultat ist etwas Unbegreifliches. Oder, wie es Helmut Berve zusammenfaßt: »Sein Gesicht war das des unerklärbaren Genius.«

Die Seele Alexanders

Wir wissen daher über seine Persönlichkeit, obgleich sie im vollbeleuchteten Zenit der antiken Geschichte stand, eigentlich wenig und Widersprechendes. Was sein Liebesleben anlangt, so wird einstimmig berichtet, daß er für seine Gattin Roxane, eine vornehme Perserin, die die schönste Frau Asiens gewesen sein soll, eine heftige Leidenschaft hatte. Er heiratete dann noch mehrere persische Prinzessinnen, darunter die Königstochter Stateira, offenbar aus politischen Gründen, um sich auch äußerlich als Erben der Achaimeniden zu bezeichnen; diese Ehe blieb kinderlos. Im übrigen wird gemeldet, daß er für weibliche Reize auffallend unempfindlich gewesen sei, was Plutarch aus frommer Keuschheit, Berve aus seiner Hingabe an das gleiche Geschlecht herleitet. Hierfür könnte nur seine schwärmerische Neigung zu Hephaistion sprechen, die aber sehr wohl rein platonisch gewesen sein kann: in allem, was über dieses

Verhältnis erzählt wird, findet sich nichts, das sich nicht mit reiner Freundschaft erklären ließe. Daß alle Knaben in Alexanders Umgebung vom Hofklatsch als seine Lustknaben angesehen wurden, ist eine Selbstverständlichkeit ohne jede Beweiskraft. Hingegen berichtet Plutarch, daß er päderastische Angebote mehrfach mit Entrüstung zurückgewiesen habe, wozu Berve bemerkt, daß dies für die Erotik des Königs weniger bezeichnend sei als die Tatsache, daß man hoffte, dadurch seine Gunst zu erwerben. Aber welchem antiken Menschen wurden denn keine solchen Anträge gemacht? Nimmt man noch hinzu, daß Alexander sein Leben lang von einer unersättlichen Leidenschaft für Jagd und Gymnastik erfüllt war, der er sogar während der Feldzüge huldigte, und daß seine ganze Laufbahn unter übermenschlichen Strapazen verlief, die nur durch ebenso gigantische Trinkexzesse unterbrochen waren, so wird man sich der Annahme zuneigen müssen, daß er sich zwischen Aphrodite und Artemis ähnlich entschieden hat wie der sporttrunkene Hippolytos.

Seine Bildung muß ungewöhnlich groß gewesen sein. Aristoteles hatte ihn mit der ganzen Breite des damaligen Wissens bekannt gemacht, auch gemeinsam mit andern Lehrern in Musik und Rhetorik unterwiesen. Des Königs ewiges Ideal, dem er heiß nachstrebte, war Achill; da dieser aber, gegen einen Alexander gehalten, doch nicht mehr war als ein tapferer Rowdy, so kann er in ihm nur den Helden der Ilias verehrt haben, die er denn auch, in einer von Aristoteles eigens besorgten Ausgabe, in einem kostbaren Kästchen immer bei sich trug. Auch mit den Tragikern war er genau vertraut und zitierte sie gern bei allerhand Anlässen. Sein lebhaftes Interesse für bildende Kunst grenzte bereits an Snobismus, indem er den Malern und Plastikern in ihre Arbeiten hineinredete, wofür er einmal von Lysipp eine geistreiche Abfuhr erhielt. Bei seinen Feldzügen ließ er stets wissenschaftliche Forschungen anstellen. Ähnlichen Zwecken diente auch die von ihm geschaffene Hofkanzlei, die in den »königlichen Ephemeriden«, amtlichen Tagebüchern, sämtliche politischen, militärischen und administrativen Vorgänge genau registrierte und in dem Journal der »Bematisten« alle Erfahrungen über Wege und Zeiten, Fauna und Flora, Terrain und Besiedlung aufzeichnete. Es wurde bereits erwähnt, daß er auch für die technischen Fortschritte der Sizilier große Anteilnahme zeigte: die Helepolen, »Stadteroberer«, die er vor Tyros verwendete, waren die größten Belagerungstürme, die jemals errichtet worden sind; sie hatten zwanzig Stockwerke und eine Höhe von über 53 Meter. Es lebte überhaupt in ihm ein Zug zum Kolossalen, der sich aber nicht, wie philiströse Geschichtsschreiber behauptet haben, aus Größenwahn herleitete (denn was wäre schon bei einem Alexander größenwahnsinnig zu nennen?), sondern ganz einfach der antizipierte Geist des Hellenismus war. Er hatte, wie Diodor berichtet, die Absicht, seinem Vater ein »pyramidengleiches« Grabmal zu weihen. Deinokrates, der Erbauer Alexandrias, errichtete für Hephaistion einen Prunkscheiterhaufen, der zehntausend Talente gekostet haben soll (was wahrscheinlich übertrieben ist) und unter anderm mit tausend vergoldeten Kolossalstatuen geschmückt war, derselbe Deinokrates plante, den ganzen Athosberg in eine Statue Alexanders umzuwandeln, mit einer Stadt für zehntausend Einwohner in der rechten Hand und den gesammelten Gewässern des Berges in der linken, und Alexandria selbst ist ja eine einzigartige Riesenschöpfung.

Alexander und das Schicksal

Um sich den Rücken zu decken, mußte Alexander zunächst einen schwierigen und aufreibenden Feldzug gegen die aufständischen Thraker unternehmen, in dem er bewies, daß er seinem Vater in der Kunst des besonnenen und energischen Manövrierens und der geschickten und umsichtigen Geländeausnutzung vollkommen ebenbürtig war. Bei der asiatischen Expedition hatte er mit einer beträchtlichen numerischen Überlegenheit der Perser zu rechnen, woran niemand anders schuld war als die Griechen, zu deren Pazifizierung er die Hälfte seiner makedonischen Truppen zurücklassen mußte. Seine Reiterei belief sich auf etwa fünftausend, sein Fußvolk auf dreißigtausend, nach den höchsten Angaben auf reichlich vierzigtausend Mann. Nach Alexanders Sieg am Granikos beabsichtigte Memnon aus Rhodos, der offenbar der fähigste Kopf im persischen Generalstab war, die kleinasiatischen Gebiete zu verwüsten, um Alexander durch Proviantmangel in den Seekrieg zu drängen, der für ihn wegen des nicht bloß zahlenmäßigen Übergewichts der phoinikischen und kyprischen Marine des Großkönigs wenig aussichtsreich war; gleichzeitig verhandelte Memnon, vom persischen Gold unterstützt, mit den Hellenen wegen einer allgemeinen Insurrektion. Aber die Satrapen widersetzten sich diesem Plan, teils um ihre Ländereien zu schonen, teils aus Animosität gegen den griechischen Kollegen, und bald darauf wurde Memnon von einer Krankheit dahingerafft. Alexander setzte seinen Vormarsch unbehindert fort, aber vor der Schlacht bei Issos befand er sich in einer ungeheuer gefährlichen Situation: hätte sie mit seiner Niederlage, ja auch nur als Remispartie geendet, so wäre er (da er die Flotte aufgelöst hatte, um sie nicht überlegenen Angriffen preiszugeben) von seinen rückwärtigen Verbindungen völlig abgeschnitten gewesen. *Nach* Issos hat er dann seine Basis sehr gründlich gesichert, indem er Phönizien und Ägypten eroberte, dabei aber den Feind zwei volle Jahre sich selbst überließ, was wiederum sehr riskant war. Es war beide Male ein Vabanquespiel und beidemal das richtige Spiel, nämlich das *glückliche*. Auch bei Gaugamela stand die Sache auf der Schneide: Die Makedonen wurden zunächst auf beiden Flügeln umfaßt. Alexander siegte aber trotzdem mit seinem rechten Flügel, während der linke unter Parmenion ins Hintertreffen geriet; in die hierdurch entstandene Lücke drangen die Perser, die aber den Vorteil nicht zu nutzen wußten, und inzwischen hatte Alexander auch das Zentrum zersprengt, wo sich der König mit seinen Elitetruppen: dem Gardekorps und dem Kontingent der griechischen Söldner befand. Den furchtbaren Sichelwagen schickte Alexander Bogenreiter entgegen, die die Lenker herunterschossen; seitdem hört man nie mehr etwas von dieser Waffe. Ganz romantisch schrecklich muß auch in der Schlacht am Hydaspes der Kampf gegen ein anderes völlig ungewohntes Kriegsmittel gewesen sein, die Elefanten des Inderkönigs Poros, die die Feinde zertrampelten, mit dem Rüssel in die Luft warfen, mit den Hauern zerrissen.

Wir können nun in groben Umrissen verfolgen, wie Alexander allmählich über seinen Vater hinauswuchs. Weder Aristoteles, der bei aller Weite der Bildung doch immer Hellene blieb, noch Parmenion, der bloß »großmakedonisch« zu denken vermochte, waren imstande, seinen weltumspannenden Konzeptionen zu folgen. Nach der Schlacht bei Issos erschienen Abgesandte des Großkönigs vor Tyros, die die Abtretung der Länder westlich des Euphrat anboten. Parmenion soll zur Annahme geraten haben, und Alexanders Antwort, auch er täte es, wenn er Parmenion wäre, faßt den ganzen Gegensatz zusammen. Nach Gaugamela wirft er die ganze Ideologie vom »panhellenischen Rachekrieg« beiseite und läßt sich zum König von Asien ausrufen, zugleich aber opfert er Marduk, dem Verleiher der Weltherrschaft, und bekundet damit, daß ihm das Perserreich nicht genügt. In der Tat dringt er, nachdem er dieses siegreich durchzogen, in das Pendschab vor, und als er vom Gangesland erfährt, will er auch dieses durchqueren, um zum Okeanos zu gelangen, das heißt nach antiken Begriffen: Er will die Erde erobern. Hier aber leisteten ihm seine erschöpften Truppen Widerstand und er mußte umkehren: Er wäre aber sicher bei längerem Leben auf die Sache zurückgekommen. Bei seinem Tode war er gerade im Begriff, Arabien zu umschiffen. Ferner beabsichtigte er, den gesamten Westen zu unterwerfen, und plante zunächst, in der richtigen Erkenntnis, daß der Angelpunkt einer solchen Expedition Karthago sei, einen Feldzug längs der Nordküste Afrikas, den eine tausendschiffige Riesenflotte unterstützen sollte. Wie in einer Fata Morgana ist kurz vor seinem Hinscheiden das erstrebte Wegziel vorweggenommen: Alle Völker des Westens, Libyer, Karthager, Kelten, Iberer, schickten huldigende Gesandtschaften, auch die Römer. Sein Reich wäre aber viel größer gewesen als das ihrige, denn über den Euphrat sind sie nie dauernd hinausgelangt und gar Seeunternehmungen wie die indische lagen ihnen vollkommen fern. Und was hätte eigentlich Alexander daran hindern sollen, Amerika zu entdecken? Gerade um die Zeit, als er starb, gelangte Pytheas aus Massilia von Gades aus längs den Küsten Spaniens und Frankreichs nach Britannien, den Shetlandinseln und Thule, das wahrscheinlich Island ist. Das Reich Alexanders wäre vielleicht eine nova Atlantis geworden: von Westindien bis Ostindien! Denn es war einer der einzigartigen und völlig unantiken Züge an ihm, daß er bereits in Meeren dachte. Betrachten wir es aber von einer andern Seite, so war sein früher Tod vielleicht wiederum eine jener geheimnisvollen Stillstellungen der Weltgeschichte, deren Sinn wir nur ahnen können. Die Konzeption Alexanders war: Babel der Nabel der Erde, der Persische Golf mit einem zweiten und noch gewaltigeren Alexandria das Weltemporium. Das Alexanderreich wäre das Ende Europas gewesen.

Pauperismus und Plutokratie

Man muß zwar immer wieder hören, eines der Hauptverdienste Alexanders sei es gewesen, daß er die alte Welt hellenisiert habe; aber die griechischen Formen, die er verbreitet hat, sind niemals etwas anderes gewesen als ein äußerlicher Kitt und Firnis, etwa wie die französischen im siebzehnten und achtzehnten Jahrhundert. Man könnte viel eher sagen, daß er das griechische Wesen alexandrisiert und dadurch als Weltgriechentum am Leben erhalten hat. Denn das nationale Hellenentum war im vierten Jahrhundert bereits in voller Zersetzung begriffen. Im Heerwesen nahm ein zügelloses Söldnerwesen überhand. Die Besitzenden gehen lieber ihren Geschäften nach; das Proletariat aber ist für jede Werbemacht zu haben. Ist diese Soldateska unbeschäftigt, so geht sie auf eigene Faust der Beute nach und bildet ganze Korps von Banditen und Piraten oder stellt sich irgendeinem revolutionären Abenteurer zur Verfügung, ob er sich Oligarch oder Demokrat nennt. Neu ist auch die Erscheinung des Berufsoffiziers. Aber die griechische Taktik hat mit den sizilischen und makedonischen Errungenschaften nicht Schritt halten können. Sie arbeitet zwar schon bis zu einem gewissen Grade mit kombinierten Waffen, indem sie neben den Hopliten die Gymneten und Peltasten verwendet; diese, die »Schildmänner«, waren die leichte Truppe für Aufklärung, Hinterhalt und Verfolgung, jene, die »Nackten«, Unbewaffneten, rekrutierten sich aus Bogenschützen, Speerschützen und Steinschleuderern, die deckten, vorschwärmten und verschleierten. Aber all dies steckte noch in tastenden Anfängen: Die entscheidende Formation blieb immer die Phalanx; und zudem bestand gegen die Schußwaffen seit altersher ein Vorurteil: sie galten als unfair. Im *Herakles* des Euripides sagt Lykos: »Mannesmut hat keiner noch bewiesen als Bogenschütze, seine Waffen sind die feigen Pfeile, seine Kunst die Flucht«; aber Amphitryon erwidert ihm: »Der Lanzenkämpfer ist der Waffe Sklave, wenn ihm die Spitze bricht, so ist er wehrlos. Das ist im Krieg die höchste Kunst: vom Zufall unabhängig schaden.« Sehr rückständig war das griechische Heerwesen auch darin, daß es sich von seinem unförmigen Troß nicht zu emanzipieren vermochte: an jeder größeren Expedition beteiligten sich nicht nur die im Altertum so zahlreichen Diener und endlose Proviantkolonnen, sondern auch Opferpriester und Seher, Weiber und Kinder, Hetären und Lustknaben, Händler, die den Soldaten die Beute abfeilschten, und Marketender, die ihnen wieder das Geld abnahmen.

Wie fast immer in Zeiten des Pauperismus entwickelte sich als dessen Komplement eine üppige Plutokratie, die aber ihres Lebens nicht froh wurde. »Es ist jetzt in Athen so arg geworden«, schreibt Isokrates, »daß die Vermögenden in größerer Bedrängnis leben als die Bedürftigen.« Die perikleische Demokratie wird zu ihrer eigenen Karikatur, je konsequenter sie ihren unsinnigen Grundgedanken: die Herrschaft aller zu verwirklichen sucht. Andrerseits haben die Reichen jeden Gemeinsinn verloren: Sie erblicken, wie Lysias sagt, nicht im Staat, sondern im Besitz ihr Vaterland. Protzentum und geistloser Luxus machten sich breit. Jede Stadt muß ihre prunkvollen Festspielhäuser haben, während sie die notwendigen Nutzanlagen verfallen läßt. Bei den Aufführungen legt man den Hauptwert auf die pompöse Ausstattung: Von der Inszenierung einer euripideischen Tragödie hieß es, sie habe mehr gekostet als der Bau der Propyläen. Eine Hauptfigur in der Komödie und im Leben ist der Koch; eine besonders angesehene Rolle spielt er als Traiteur, der eine Delikatessenstube führt und in feine Häuser gastieren geht: er fühlt sich als Künstler, redet in homerischen Gleichnissen, gibt sich astrologische Allüren und behauptet, nach der pythagoreischen Harmonielehre zu kochen; bisweilen verfaßt er auch gelehrte Kochbücher, sogar in Hexametern. Sein Gegenstück ist der Parasit, der sich im Raffinement des Schnorrens geradezu zum Artisten entwickelt. Die Spartaner verachteten zwar mit Emphase den Genuß von Zuckerwerk, das nur für Heloten gut sei, aber von den Gänselebern wußten selbst sie auch schon, daß sie am besten schmekken, wenn das Tier mit Feigen gemästet wird. Sehr geschätzt war auch der Siebenschläfer nach dem Winterschlaf, wo er sehr fett ist. Als der leckerste Vogel galt die Drossel: Eine Portion kostete eine Drachme, und die Händler bliesen sie auf, um sie dicker erscheinen zu lassen. Die Liebhaberei für Fische war allgemein und bei manchen Feinschmeckern Manie, die deshalb von den Komikern als ἰχθυολύμαι, »Fischdreck«, bezeichnet wurden; das ἰχθυοτροφεῖον, der Fischteich von Agrigent, war eine Sehenswürdigkeit und die Fischweiber genossen schon denselben Ruf wie heutzutage. Die Schnecken, von denen man glaubte, daß es sie regne (weil sie nach dem Regen hervorkommen), aß man in Essig und Honig als Aphrodisiakum und zur Einrenkung des Magens, Krabben nur im niederen Volk, Flußkrebse gar nicht (wahrscheinlich weil sie Aasfresser sind), Hummer und Langusten hingegen waren sehr begehrt; ein Rhetor der philippischen Zeit namens Kallimedon führte wegen seiner Passion für diesen Leckerbissen den Spitznamen *karabos*, Languste. Auch der Tintenfisch war, leicht geröstet, eine verbreitete Speise; er hieß spottweise »Pechkacker«, aber sein Saft wurde als Tinte und Malerfarbe erst im Spätaltertum verwendet; sein zähes, schwerverdauliches Fleisch, das Nordländern meist wenig zusagt, wird bekanntlich noch heute, in Öl paniert, von den Italienern mit Leidenschaft gegessen.

Hetairokratie

Was den moralischen Zustand anlangt, so dürfte das Wort des Isokrates zu Recht bestanden haben: »Die Menschen tun alles aus Genußsucht oder Gewinnsucht oder Ehrsucht.« Man hört wenigstens von nichts anderm. An der Frechheit zum Beispiel, mit der Demosthenes von seinen Vormündern, den besten Freunden seines Vaters, um sein Vermögen bestohlen wurde, ist die Sache selbst nicht so bemerkenswert (denn Lumpen hat es immer und überall gegeben), als die offenbare Selbstverständlichkeit des Vorgangs, der sich ebenso als alltägliche Usance enthüllt wie etwa die Beamtenbestechung in Gogols *Revisor*. Übrigens war auch diese allgemein verbreitet; nahezu alle öffentlichen Personen waren in Korruptionsaffären verwickelt, auch Demosthenes selber. In besonderer Blüte stand auch die Erbschleicherei oder vielmehr Erbprellerei mit gefälschten Testamenten, erlogenen Schuldverpflichtungen, unterschobenen Kindern, vorgeblichen Adoptionen, bis zu glattem Raub, Freiheitsentziehung, Erpressung und Mord. Auf erotischem Gebiet kann man geradezu von einem Zeitalter der Hetairokratie sprechen. Nicht nur das ganze Gesellschaftsleben dreht sich um die Buhlerinnen, sondern auch die Kunst, die Politik, sogar die Religion. Der Busen der Laïs war in ganz Hellas berühmt; daß sie nicht bloß schön, sondern auch geistreich war, beweist ihre Doppelbeziehung zu Aristipp und Diogenes, den beiden originellsten Philosophen ihrer Zeit: dem reiche Aristipp nahm sie Geld ab, aber dem armen Diogenes gab sie sich umsonst hin. Die jüngere Aspasia, die Geliebte des Kyros, spielte bei diesem dieselbe Rolle wie ihre Namensbase bei Perikles; sie wurde nach der Schlacht bei Kunaxa gefangen, bestrickte aber sogleich auch den Großkönig. Phryne war das Modell des Apelles und Praxiteles; sie verlangte für eine Nacht hundert Drachmen (Laïs angeblich zehntausend), stiftete ihre goldene Bildsäule nach Delphoi und soll sich erbötig gemacht haben, die Mauern Thebens wieder aufzubauen, wenn man ihren Namen darauf setze. Sie zeigte sich nie unbekleidet und besuchte keine öffentlichen Bäder, stieg aber alljährlich am Poseidonsfeste nackt in die Flut. Die bekannte Geschichte, daß man ihr deshalb einen Prozeß wegen Religionsfrevels anhängte und ihr Verteidiger Hypereides ihren Freispruch bewirkte, indem er ihre Brust entblößte, hat bei den damaligen Gerichtssitten nichts Unwahrscheinliches, paßt auch gut zu dem Lebemann Hypereides und wurde jedenfalls im ganzen Altertum geglaubt. Thaïs soll den Brand des Königspalastes von Persepolis verschuldet haben, indem sie Alexander bei einem Zechgelage dazu anstiftete, die erste Fackel zu werfen. Die Sache zeigt, welchen Einfluß sie auf ihn hatte, war aber im übrigen eine bloße Alkoholangelegenheit: Alexander, der sich als Nachfolger des Großkönigs gab und fühlte, dessen Hofzeremoniell einführte und dessen Mörder hinrichten ließ, durfte nicht dessen Residenz niederbrennen und soll auch, ernüchtert, alsbald die Löschung anbefohlen haben. Thaïs wurde später sogar, als Gattin Ptolemaios des Ersten, eine Königin, und Menander machte sie zur Heldin eines seiner Lustspiele. Übrigens bewegte sich die spätere Komödie fast ausschließlich in den Kreisen der Demimonde.

Priëne Ein Bild des griechischen Lebens in der zweiten Hälfte des vierten Jahrhunderts bietet Priëne an der Mündung des Maiandros, das zwischen 1885 und 1898 von den Berliner Museen ausgegraben wurde. Die Stadt hatte ungefähr viertausend Einwohner, die zumeist der Landwirtschaft oblagen, doch kündet von ihrem Export ein Abführmittel, das den amtlichen Stempel von Priëne trägt. Auf steil abfallender Felskuppe lag die Akropolis. Ein Bannwald schützte die Unterstadt vor Steinschlag, die, durch einen Treppenweg mit der Fluchtburg verbunden und eine Meile vom Hafen entfernt, eine prachtvolle Aussicht aufs Meer bot. Plätze und Torbauten, Straßenzüge und Hallenfluchten waren dem sehr schwierigen Terrain virtuos abgewonnen und mit dem ganzen Naturrelief zu einem Organismus verschmolzen. Die kerzengeraden, rechtwinklig einander schneidenden Verkehrsadern waren »hippodamisch« angelegt; vorzügliches und reichliches Quellwasser war durch ein System von Tonröhren in die Häuser geleitet, die Wand an Wand stießen. Vom westlichen der drei Tore führte die Hauptstraße sanft ansteigend zum Lebensmittelmarkt, wo die Fleischer und Fischhändler auf Marmortischen ihre Ware zerteilten, und zum Großen Markt, der, mit dem Altar in der Mitte, auf allen vier Seiten von Wandelhallen in dorischer Architektur umgeben war; hinter diesen lagen die Kaufmagazine. Ganze Regimenter von Monumenten aus kräftig bemaltem Marmor und verschiedenartig getönter, auch vergoldeter Bronze bildeten mit ihren Postamenten die Rückenlehnen der Ruhebänke, die Wände der Innenräume füllten gemalte Bildnisse und Dekrete, die die Verleihung von Ehrenkränzen zuerkannten. Man hat den Eindruck, daß nahezu *jeder* Bürger von Priëne geehrt wurde: Die Ruhmsucht des Hellenenvolks wurde am Abend seines Lebenslaufs zur Karikatur. Im Norden gab es auch ein Nobelviertel, mit Häusern aus Steinquadern (die übrigen bestanden meist aus Luftziegeln), einem kleinen Theater (die Wasseruhr und das Proskenion in Purpurrot und Hellblau haben sich noch erhalten) und ohne Geschäftslokale. Im Gymnasion fand man die Wände mit einer Masse von Schülernamen beschrieben, und einer hatte sich die Liste der spartanischen Archonten, die er offenbar auswendig wissen sollte, auf die Mauer notiert; im Waschraum strömte kaltes Wasser aus Löwenköpfen in Marmorwannen; die Thermen stammen aber erst aus dem zweiten vorchristlichen Jahrhundert. Die Rennbahn war 191 Meter lang; das Ekklesiasterion faßte 640 Sitzplätze, also ungefähr alle stimmfähigen Bürger, wenn man annimmt, daß die Einwohnerschaft zur Hälfte aus Sklaven und Fremdbürtigen und der Rest zu zwei Dritteln aus Frauen und Kindern bestand; der Athenatempel, von Alexander gestiftet und von Pythios, dem Erbauer des Mausoleums errichtet, war fast zu prächtig für eine so kleine Stadt und galt im ganzen späteren Altertum als das Muster eines asiatisch-ionischen Tempels. Die Wohnhäuser empfingen ihr Licht nicht durch Fenster, sondern aus dem Innenhof, der mit Marmor gepflastert war. In den Zimmern bildete den Bodenbelag ein grünlichgelber Lehmbestrich; die Wände waren mit Stuck, Malerei und kleinen, abnehmbaren Bildwerken geschmückt. Es fanden sich unter anderm: Stiere, Kentauren, Aphroditen, eine sehr edle Maske des Dionysos, in der Bartmodellierung an den Zeus von Otricoli erinnernd, die Büste einer eleganten jungen Dame mit rotbraunem Haar und verschleiertem Blick, die zum Schönsten gehört, was sich von antiker Tonplastik erhalten hat, ein sehr flotter

Eros: Gesicht und Hals rosa, Chiton innen hellblau, außen dunkelbraun mit goldenem Saum, Ärmel orangegelb, Flügel teils bunt, teils vergoldet, und eine köstliche Karikatur des Dornausziehers, die, da sie gar nicht übertreibt, eigentlich bloß ein Meisterwerk äußerster Realistik ist.

Die Rhetorik

Auch die Karikatur der sogenannten mittleren Komödie, von der nur Bruchstücke übriggeblieben sind, nähert sich viel mehr als bisher dem Leben: sie huldigt nicht mehr der ausgelassenen Phantastik der älteren Richtung, wobei sie allerdings viel von ihrer schäumenden Dämonie und blutreichen Originalität verliert. Indem sie sich zugleich entpolitisiert und auch auf die persönliche Invektive verzichtet, wird sie immer mehr zu der zahmen Bürgerunterhaltung, die sie seither geblieben ist. Ihre Lieblingsthemen sind Parodien auf bekannte Tragödien, allegorische Märchen, vor allem aber typisierende Genrebilder, wie schon die Titel zeigen: der Arzt, der Parasit, der Soldat, der Barbier, die Dichterin, die Flötenbläserin, die Pythagoreerin. Stark ausgeschrotet wurde auch das Doppelgängermotiv: *Die Zwillinge*, *Die Ähnlichen*, *Amphytrion*. Was die Entwicklung der Tragödie anlangt, so sagt Aristoteles in seiner Poetik: die alten Tragiker ließen ihre eigene Reflexion hinter dem Ethos (das heißt: der Individualität) der handelnden Personen zurücktreten, die jetzigen setzen an Stelle des Ethos rhetorisches und dialektisches Räsonnement. Andrerseits aber war die Rhetorik das, was den griechischen Ruhm und Einfluß am weitesten durch Zeit und Raum getragen hat: Die griechische Dialektik und Stilkunst war Gegenstand der Bewunderung bei Völkern, die sonst nichts von griechischer Kultur wußten, und noch bei den Christen, die sonst alles Heidnische verachteten. Das vierte Jahrhundert war die Blütezeit der Redekunst und alles hellenische Wesen von ihr durchtränkt. Selbst der Kanzleistil hatte den Ehrgeiz rhetorischer Wirkung. Den Panegyrikos, die Lobrede auf gefallene Helden, hat Ephoros aus Kyme in Kleinasien zu einem Hauptstück der Geschichtsschreibung gemacht, ein Zeitgenosse Philipps und Alexanders und Schüler des Isokrates, Verfasser der ersten griechischen Universalgeschichte, die er von den Wanderungen bis zur Gegenwart erzählte, und einer der am meisten ausgeschriebenen Historiker des Altertums. Die großen Redner waren eine Vereinigung von Advokat, Parlamentarier und Pasquillant, dies alles in der höchsten Vollendung. Der Rhetor sprach stets frei (ein Vortragender, der abliest, wäre den Griechen ebenso unmöglich erschienen wie eine Architektur, die den nackten Stein verwendet, oder eine Dichtung, die auf Musik verzichtet); ferner verlangte man von ihm nicht bloß Deklamation, sondern auch *hypokrisis*, Aktion: Darstellung in Körperhaltung und Gewandbehandlung, Stimme und Gesten. Es gab drei Hauptgattungen: die Staatsrede, die Gerichtsrede und die Lob- und Prunkrede, von denen Aristoteles sagt, daß die erste sich mit der Zukunft, die zweite mit der Vergangenheit und die dritte mit der Gegenwart befasse. Die Engländer, die die besten politischen, und die Franzosen, die die besten forensischen Redner besitzen, haben sich alle an antiken Vorbildern geschult; das dritte Genre findet seine moderne Fortsetzung in den »Elogen« der französischen Akademiker, den Gedenkreden, den Toasten und vor allem in der Predigt. Im athenischen Gerichtsverfahren mußte der Kläger oder Angeklagte seine Sache selbst vertreten, woraus ersichtlich ist, welche rhetorische Durchschnittsbegabung man ihm zutraute; es gab aber auch Logographen, Redenschreiber, die ihm eine wirksame Rechtfertigung verfaßten und einstudierten, was die Gabe voraussetzte, sich in Charakter, Gesichtskreis und Ausdrucksform des Auftraggebers einzuleben, eine der Komödiendichtung verwandte Kunst. Die Logographie war hoch bezahlt; wenn es aber schon am Beruf des modernen Rechtsanwalts bedenklich ist, daß er jeden Standpunkt bereitwillig einnimmt, indem er dasselbe in dem einen Prozeß vertritt, im andern bekämpft, so gingen seine antiken Kollegen noch weiter, indem sie bisweilen für beide Parteien die Verteidigung schrieben. Viele dieser Gerichtsreden wurden wirklich gehalten, manche aber auch nur als fiktive Musterstücke veröffentlicht, nach Art unserer Liebesbriefsteller und Komplimentierbücher. Das Schema: das Delikt abzuleugnen oder, falls dies nicht möglich ist, als gerechte Tat zu preisen, oder, wenn auch dies nicht angeht, als Versehen oder Bagatelle hinzustellen, hat sich bis zum heutigen Tag erhalten, und die Hauptstücke des Panegyrikos: *prooemium, narratio, argumentatio, refutatio, simile, exemplum* leben noch in der Chriё fort, die schon solange den Schrecken aller Gymnasiasten bildet. In den *technai*, den Lehrbüchern der Rhetorik, wurde geradezu zur Hantierung mit einem stets paraten Schatz von Stilblüten angeleitet, wovon ein letztes Überbleibsel der in Deutschland erst Ende des vorigen Jahrhunderts abgeschaffte lateinische Aufsatz war, als Rezept, zu reden und sogar gut zu reden, ohne zu denken. Ein anderer Ableger der antiken Rhetorik ist der Leitartikel, bei dem die Phrase früher da ist als der Gegenstand, der sich dieser anzupassen hat. Klassiker der Prunkrede war Isokrates, der gefeierte Artist der raffiniert gebauten, aber nicht gorgianisch überschmückten Prosa. Er erreichte ein Alter von fast hundert Jahren und tötete sich 338 aus Lebenssattheit durch Verweigerung der Nahrung. Als Politiker war er immer panhellenisch und perserfeindlich gesinnt, erwartete aber die rettende Einigung nur anfangs von Athen, später von Dionysios, zuletzt von Philipp. Daß er seinen Selbstmord kurz nach der Schlacht von Chaironeia verübte, die die Erfüllung seiner Wünsche brachte, zeigt, daß ihm am Schluß eben schon alles gleichgültig war. Philipp verglich sehr treffend die Reden des Isokrates mit Athleten, die nur ein Schaustück seien, die des Demosthenes mit Soldaten. Es waren aber eigentlich überhaupt keine Reden, sondern (da er infolge seiner schwachen Stimme und angeborenen Schüchternheit nicht öffentlich auftrat) Literaturprodukte, politische Broschüren: Isokrates ist der erste große Publizist. Am angesehensten war er aber als systematischer Lehrer der Beredsamkeit, dem die höchsten Kreise zuströmten: Seine Schule war das erste große Konservatorium. Er war bei seinen Zeitgenossen viel berühmter als Demosthenes und Aischines und sogar als Plato, der ihn selber den Philosophen unter den Rhetoren nannte. Was nun jene beiden großen Meister der Staatsrede anlangt (in der Gerichtsrede hat Lysias durch Virtuosität der Einfühlung das Höchste geleistet), so hat die Schwarzweißoptik des Klassizismus den einen als Charakter zu niedrig, den andern zu hoch eingeschätzt, indem sie den Aischines nach den Verleumdungen des Demosthenes und diesen nach der romantischen Tradition der athenischen Partikularisten beurteilte. In Wirklichkeit standen beide ungefähr auf der gleichen moralischen Stufe, indem beide das Beste wollten und keiner von beiden ganz integer war, denn das war damals niemand in Athen. Das heißt, bis auf einen: Phokion, der, von aristidesartiger Hochanständigkeit und timonischer Menschenverachtung, sich bewußt und nicht ohne Pose zur bizarren Genrefigur stilisierte. Er soll sich nie einen Diener gehalten, nie ein Geschenk angenommen, nie ein öffentliches Bad besucht haben (lauter Dinge, die für einen Griechen unvorstellbar waren) und war immer prinzipiell »dagegen«: als man einmal seinen Worten applaudierte, fragte er: »Habe ich denn etwas Falsches gesagt?«, und als das Orakel verkündete, alle Athener würden einer Meinung sein, bis auf einen, sagte er: »Man bemühe sich nicht: ich bin gemeint.« Gerade in solchen »seriösen« Gestalten zeigt sich die organische Verspieltheit des hellenischen Wesens in ihrer stärksten Ausprägung: In dieser Künstlerwelt wird selbst der kalte Asket zum farbigen Komödienhelden und die Tugend zum Aperçu.

Aristipp

Selbstverständlich sind auch die Philosophen lauter solche Originale. Aristipp, dessen Schule, weil er aus dem reichen und leichtlebigen Kyrene stammte, die kyrenaische genannt wurde, war ein Schüler des Sokrates, lebte aber ganz und gar nicht sokratisch, indem er sich seinen Unterricht gut bezahlen ließ und auch das Mäzenatentum der beiden Dionyse reichlich in Anspruch nahm: als der Ältere ihn fragte, warum die Philosophen zu den Königen kämen, aber diese nicht zu jenen, antwortete er: »Weil die Philosophen wissen, was ihnen nottut, die Könige aber nicht.« Seine Grundlehre bestand in folgendem: Die Wahrnehmung belehrt uns über unsere Zustände (πάθη), aber nicht über die Dinge, die die Ursachen dieser Zustände sind (τὰ πεποιηκότα τὰ πάθη), daher gibt es nur von den ersteren ein Wissen und auch die praktische Philosophie hat sich nur mit ihnen zu befassen; es gibt aber nur dreierlei Arten von πάθη: lustvolle (ἡδέα), schmerzliche (ἀλγεινά) und die Indifferenzzustände der Lust- und Schmerzlosigkeit (τὰ μεταξύ); erstrebenswert ist von diesen dreien nur die Lust, die *hedone*. Indem er behauptet, unsere Meinung über die Dinge habe nicht einmal für das einzelne Subjekt Gültigkeit, schlägt dieser auf die Spitze getriebene Sensualismus in sein Gegenteil um, nämlich in die völlige Leugnung der Realität. Ebenso verhält es sich mit Aristipps Hedonismus. Nach ihm ist das einzige wahrhafte Gut die Lust, alles andere beruht auf Vorurteil. Wirkliche Lust kann aber nur die gegenwärtige (παρούσα), die körperliche (σωματική) und die einzelne Lust sein, denn die vergangene ist nicht mehr da, die zukünftige ungewiß, die geistige eingebildet und, was wir »Glück« nennen, nur die Summe der einzelnen Lustmomente. Diese echte Lust aber, das einzige, was dem Leben Wert verleiht, ist ein seltener Zustand und nur schwer zu erreichen: durch πόνος, Anstrengung, die offenbar zur zweiten Klasse der schmerzlichen Zustände gehört, und deshalb empfiehlt sich Einsicht (φρόνησις) und weiser Gleichmut (εὐθυμία), der sich in die Verhältnisse zu schicken weiß, was sich wiederum dem dritten Zustand der Indifferenz nähert. Auf diese Weise wird der Hedonismus in seiner praktischen Durchführung zu seiner Kehrseite.

Die Kyniker

Auch die Kyniker galten als Sokratiker: Antisthenes war der Schüler des Sokrates, Diogenes der Schüler des Antisthenes, der, wie Aristipp alles auf die Lust, ebenso einseitig alles auf die Bedürfnislosigkeit, das μηδένος δεῖσθαι, stellte. Sogleich machte er aus seiner Philosophie eine Theatercharge: er ging stets im Tribon, dem abgeschabten Mantel, mit dem, wie bereits erwähnt, die Spartaner posierten, und wo möglich noch in einem zerrissenen, so daß Sokrates sagte: »aus diesen Löchern guckt deine Eitelkeit heraus«, dazu trug er den Ranzen, in dem er seine geringen Habseligkeiten mit sich führte, und, als Symbol der Heimatlosigkeit, den Stab: wohl niemand, der heute einen Bettelmönch in seiner Kutte oder einen Wanderburschen mit seinen Attributen erblickt, denkt daran, daß dies Einführungen des Antisthenes sind. Außerdem sind die Kyniker die Erfinder der Diatribe, die man etwa als »Volkspredigt« und, wenn sie als Literaturprodukt auftritt, als »Plauderei« bezeichnen kann: sie erörtert, in klar und kunstlos aneinandergereihten Hauptsätzen, ihr Thema an Hand rhetorischer Fragen und fingierter Einwürfe, populärer Beispiele und Gleichnisse, schlagender Witze und Wortspiele und einprägsamer Sittensprüche und Bonmots, dabei immer sozialkritisch und polemisch und im Stile des σπουδαιογέλοιον, der Mischung aus Scherz und Ernst: die Reden des Krates aus Theben zum Beispiel, eines Schülers des Diogenes, der, weil er mit seinen Moralpauken in die Häuser drang, der »Türenstürmer« hieß, waren richtige Kapuzinaden. Was nun Diogenes anlangt, so hatte auch dieser einen possenhaften Zug, der sich jedoch in seinem Nachruhm über Gebühr vorgedrängt hat, denn er war daneben auch ein wirklicher Weiser. Man nannte ihn Σωκράτης μαινόμενος, einen übergeschnappten Sokrates, was aber ungerecht war, denn er hatte in seiner lachenden Menschendurchleuchtung und Verachtung aller Konventionen viel echt Sokratisches und, vom Philisterstandpunkt aus betrachtet, war auch schon Sokrates übergeschnappt. Als man ihn fragte, was das Schönste auf der Welt sei, antwortete er: »die freimütige Rede«, und als er, durch Seeräuber in die Sklaverei geraten, zum Verkauf ausgestellt wurde, erklärte er auf die Frage, zu welcher Arbeit er zu brauchen sei, er verstehe sich darauf, Menschen zu beherrschen: beides hätte auch Sokrates sagen können; und wenn er am hellichten Tage mit der Laterne nach Menschen suchte, so oblag Sokrates im Grunde der gleichen Tätigkeit, nur nicht in so drastischer Form. Wenn er in Korinth in einer Tonne lebte und aus einem Holzbecher trank, den er aber fortwarf, als er einen Knaben mit der hohlen Hand schöpfen sah, so hat er in diesen und ähnlichen Requisitenscherzen vor sich selber Theater gespielt, ähnlich wie Tolstoj mit dem Bauerntum seiner letzten Lebensjahre. Später, in Athen, hat er diese Nuancen aufgegeben. Er stand über dem kynischen Zeremoniell: über die Kleidung der athenischen Stutzer sagte er: »Das ist ein Schwindel« und über Tribon: »Das ist ein anderer Schwindel.« Von seiner Beziehung zu der elegantesten Kokotte des Jahrhunderts haben wir schon gehört, er war aber auch sonst kein Puritaner. Als er einmal, in einem Restaurant ausführlich frühstückend, den vorbeigehenden Demosthenes hereinrief, der aber aus Gründen der Wohlanständigkeit ablehnte, sagte er: »Du brauchst dich nicht zu schämen, dein Herr kommt alle Tage herein«, womit er den Demos meinte. Im übrigen lebte er vom geistreichen Pump. Bisweilen bettelte er Statuen an und sagte, er übe sich im Nichtsbekommen; aber viel stolzer und aufrichtiger als der moderne Bohémien, der nur ein entarteter Bürger ist, nahm er nicht Scheindarlehen auf, sondern »forderte zurück«. Alles in allem war seine Lebensform einfach die urhellenische Antibanausie nur lustig outriert und zeitgemäß proletarisiert. Sein Spitzname *kyon*, der auf die ganze Schule übergegangen ist, soll offenbar an die Schamlosigkeit und Bissigkeit, das Schnorren und Straßenleben des Hundes erinnern; er selbst nannte sich mit einem von ihm geschaffenen Wort *kosmopolites*, Weltbürger. Gegen die weltberühmte Geschichte von seiner Begegnung mit Alexander hat man eingewendet, daß er sich damals nicht mehr in Korinth aufhielt, aber das könnte eine ganz gewöhnliche Verwechslung sein oder auch eine absichtliche Zusammenziehung, um Alexander mit dem Faß zusammenzubringen, und er wird den Philosophen eben in Athen besucht haben; hingegen war er damals noch keineswegs der Große und die Pointe der Situation ist offenbar vorverlegt: daß übrigens Diogenes eine Vorahnung des Kommenden hatte, zeigt sein Ausspruch, man möge ihn im Grabe auf den Bauch legen, da ja doch bald alles umgestürzt werden würde. Auf jeden Fall liegt in der Gegenüberstellung des Helden, der sich die ganze Welt unterwirft, und des Weisen, der die ganze Welt unter sich erblickt, eine tiefe Symbolik, und sie äußert sich auch in der Legende, daß die beiden Weltüberwinder an demselben Tag gestorben seien.

Die Ideen

In aristokratischem Gegensatz zum Kynismus stand der Sokratiker Aristokles aus Athen, der den Stammbaum seines Vaters auf König Kodros, seiner Mutter auf Solon zurückführte. Er wurde wegen seiner breiten Stirn *Platon* gerufen, und in der Tat hat es niemals eine breitere gegeben. Er lebte achtzig Jahre, von denen genau die Hälfte (427 bis 387) eine Lehr- und Wanderzeit waren: Sie führten ihn nach Kyrene, wo er Mathematik studierte, nach Ägypten, wo er in die Geheimlehren, und nach Unteritalien, wo er in den Pythagoreismus eingeweiht wurde, schließlich nach Sizilien zu Dionys, wovon schon die Rede war. Dann eröffnete er seine Schule im Gymnasion des Akademos, wo er teils in Vortragskursen, teils dialogisch (wir würden sagen: im Seminarbetrieb) Unterricht erteilte und seine Schüler auch in Syssitien (Kommersen) gesellschaftlich vereinigte. In seinen Werken ist Plato Mystiker und Rationalist, gestaltender Dichter und auflösender Satiriker in einer Person. Der platonische Sokrates ist als Porträt ungefähr ebenso authentisch wie Tasso und Tell, Shaws Cäsar und Ibsens Julian, das heißt: in einem höheren Sinne eben doch wahr, während der xenophontische bestenfalls eine Fotografie ist, das heißt: ein Zufallsbild, und dazu noch von einem Amateur. In Plato erhebt sich das plastische Genie des Hellenenvolks noch einmal auf einem ganz neuen Gebiete zu höchster Leuchtkraft und Originalität. Durch die dramatische Form, die er gewählt hat, erhält die Philosophie, sonst stets eine Sache der ausgesprochenen oder unausgesprochenen Ichform, die Objektivität einer Reliefkomposition. Ganz anders muß es sich mit den verlorengegangenen Dialogen des Aristoteles verhalten haben, von denen berichtet wird, daß ihren Personen die individuelle Charakteristik fehlte und daß Aristoteles die Leitung des Gesprächs sich selbst zuteilte. Daran sieht man, daß er die platonische Form gar nicht verstanden hat, deren Genialität gerade darin besteht, daß Gedanken sich zu lebendigen Figuren verdichten und daß, der sie denkt, gar nicht vorkommt: Plato verschwindet hinter seinem Werk wie Homer und Phidias.

Auch die platonischen »Ideen«, sind die Konzeption eines bildenden Künstlers: ganz wie in der Plastik offenbart sich hier die wahre Realität der Erscheinungswelt in unvergänglichen Urbildern, die alle Einzelbilder zusammengefaßt enthalten. *Idea* kommt von ἰδεῖν, sehen, und will daher von vornherein nicht etwas Abstraktes, sondern etwas Anschauliches bezeichnen. Die Ideen sind *paradeigmata*: Musterbilder, Modelle, und die Erscheinungen ihre *homoiomata*: Nachbilder, Porträts oder *mimemata*: Nachahmungen, Kopien, natürlich um so vollkommener, je mehr sie sich dem Urbild nähern. Was er mit den Ideen meint, hat Plato am packendsten und deutlichsten in dem berühmten Gleichnis von der Höhle ausgesprochen: die

Menschen sind wie Gefangene in einer unterirdischen Grotte, die dort angekettet sitzen, ohne den Kopf wenden zu können; in ihrem Rücken ist ein Licht, und zwischen diesem Licht und ihrem Rücken ziehen allerlei Gegenstände vorüber: Die Gefangenen vermögen weder das Licht noch die Gegenstände noch sich selbst zu sehen, sondern nur die Schattenbilder auf der Höhlenwand, die vor ihren Augen liegt. Da also die ganze Natur eine Nachspiegelung der Ideen ist, so hat Plato die Kunst als eine bloße μίμησις μιμήσεως, ein Nachbild des Nachbilds geringgeschätzt. Man hat dies öfters als einen Mangel an Kunstsinn angesehen, es ist aber im Gegenteil das Bekenntnis zu einer Weltanschauung höchsten Künstlertums, die bereits die tägliche Erfahrung zu einem künstlerischen Akt macht. Aber allerdings nur die von der Philosophie geleitete. Denn es stehen sich bei Pluto scharf getrennt zwei Welten gegenüber: eine Welt dessen, was wird und nie ist, und dessen, was ist und nie wird; die Körper und die unkörperlichen Gestalten (ἀσώματα εἴδη); die αἴσθησις, die sinnliche Wahrnehmung, die nur ein vernunftloses Meinen ist, und die νόησις, die Vernunfterkenntnis, die nicht logische Abstraktion ist, sondern künstlerische Synopsis, intuitive Zusammenschau, Wesensschau. Denn die Ideen sind ja nicht in den Einzeldingen enthalten wie die Begriffe, sondern umgekehrt die Dinge in ihnen. Das wahre Wissen, das Erfassen der Idee ist eine Sache der Einbildungskraft, von der Kant gesagt hat, sie dürfe zwar nicht schwärmen, solle aber unter der strengen Aufsicht der Vernunft dichten, und das Verlangen danach, der philosophische Enthusiasmus, ist eine Art Wahnsinn (μανία), gleich dem der Pythia. Als Antisthenes einmal zu Plato sagte: »Das Pferd sehe ich, die Pferdheit aber nicht«, erwiderte dieser: »Du hast eben nur das Auge, mit dem man das Pferd sieht, das Auge, mit dem man die Pferdheit sieht, hast du aber noch nicht.« Auch das Schöne ist für Plato ein Erinnern an das einst vor der Geburt geschaute Urbild, an ein verlorenes Paradies, selige Ahnung, Sehnsucht, ἔρως, eine unglückliche Liebe. Den obersten Gipfel der Ideenwelt aber bildet die ἰδέα τοῦ ἀγαθοῦ, die Idee des Guten: Sie ist das Licht in der Höhle, und gleich der Sonne ist sie Ursache sowohl für die Sichtbarkeit wie für das Gedeihen der irdischen Dinge. Die Materie aber ist das Unerkennbare und das Nichtseiende und der Leib ein Grab und Kerker der Seele, die ihre unvernünftigen Bestandteile nur der Verbindung mit ihm verdankt. Daher gibt es in Dingen der Physik nur ein Meinen, bestenfalls εἰκότες μῦθοι, wahrscheinliche Reden. Da aber alles wahre Wissen nur eine Rückerinnerung an die Ideen bedeutet, die uns aus einem früheren und höheren Leben eingepflanzt sind, so muß man an die Präexistenz und Unvergänglichkeit der Seele glauben. Sehr merkwürdig ist ein anderer Unsterblichkeitsbeweis. Plato sagt nämlich einmal, jedes Wesen habe sein spezifisches Übel, an dem es zugrunde gehe: das Getreide am Mehltau, das Holz an der Fäulnis, das Eisen am Rost, bei der menschlichen Seele sei dies die Ungerechtigkeit; da sie aber durch diese nicht geschädigt wird, sondern nur noch an Lebenskraft gewinnt, so ist sie offensichtlich unzerstörbar. Das klingt wie eine gigantische Ironie auf den Weltlauf und die Wurzelverderbtheit des Irdischen. In der Tat hält Plato die Natur für das Reich des Übels und Flucht aus ihr in den Zustand der Heiligkeit für die Aufgabe der Philosophen, und im übrigen dürfte sein letztes Wort über alle Fragen der Praxis und Realität in dem Ausspruch enthalten gewesen sein: »τὰ τῶν ἀνθρώπων πράγματα μεγάλης οὐκ ἄξια σπ ουδῆς, die Angelegenheiten der Menschen sind großer Beachtung nicht wert.«

Der erste Professor

Aristoteles, dessen Leben in genau dieselbe Zeit fiel wie das des Demosthenes (384 bis 322) kann nur in einem besonderen und eingeschränkten Sinne der Fortsetzer Platos und ebensogut dessen philosophischer Gegenpol genannt werden. Als er nach Athen kam, um Plato zu hören, war dieser bereits sechzig

Jahre alt. Es sind mehrere Aussprüche des Lehrers über den Schüler erhalten, die, ob anekdotisch oder nicht, jedenfalls ein bezeichnendes Licht auf deren Verhältnis werfen. So soll Plato zum Beispiel den Aristoteles die »Intelligenz der Schule« und dessen Wohnung das »Haus des Lesers« genannt haben (was beides wohl nichts weniger als reines Lob bedeuten sollte), und einmal soll er sogar gesagt haben, dieser sei ein Füllen, das die Milch der Mutter trinke und dann gegen sie ausschlage. Daß andrerseits Aristoteles sich während seiner Jugendjahre immer als Jünger Platos empfunden hat, geht schon daraus hervor, daß er nicht nur zu dessen Lebzeiten keine eigene Schule gründete, sondern auch bei dessen Tode Athen sofort verließ, das offenbar für ihn die Anziehungskraft verloren hatte. Erst nach zwölf Jahren, genau um die Zeit, als Alexander seinen Siegeszug begann, kehrte er zurück, um nun weitere zwölf Jahre lang ebenfalls eine Art Welteroberung zu unternehmen, indem er alle Gebiete des damaligen Wissens seinem unglaublich geräumigen Kopf einverleibte und sie auf eine Weise verwaltete und bebaute, die für viele Jahrhunderte vorbildlich geblieben ist. Als beim Tode Alexanders in Athen die antimakedonische Partei ans Ruder kam, entzog er sich einer drohenden Anklage wegen Asebie durch die Flucht, starb aber schon im nächsten Jahre. Was von ihm übriggeblieben ist, sind im wesentlichen Kollegheffe, die keinen Schluß auf seine schriftstellerische Potenz gestatten. Wenn Eduard Schwartz in dem vorhin zitierten Ausspruch (wohl halb scherzhaft) Plato einen Professor genannt hat, so war Aristoteles wirklich einer; sogar in seiner äußeren Erscheinung: er wird als dünnschenklig und spitzbäuchig, glatzköpfig und kurzsichtig geschildert, auch ein Sprachfehler wird erwähnt, den seine Schüler nachahmten (wie auch von manchen Platonikern die gekrümmte Haltung Platos und von Schmeichlern des jüngeren Dionys dessen Kurzsichtigkeit imitiert wurde). Überhaupt scheint selbst dieser Säkulargeist viel von einer Genrefigur gehabt zu haben: man behauptete, er habe viel auf stutzerhafte Kleidung und leckeres Essen gegeben, sich in warmem Öl gebadet und dieses dann wieder weiterverkauft und dergleichen mehr, wovon ein Teil sicher auf die Rechnung der übertreibenden Medisance zu setzen ist, die ja in Hellas besonders stark ausgebildet war; aber ganz ohne Unterlage pflegen solche Klatschgeschichten bekanntlich nicht zu entstehen.

Die Metaphysik des Aristoteles ist eine typische Kompromißphilosophie, ein platonischer Empirismus. Einerseits nämlich läßt er die Ideen als Wesenheiten zweiten Ranges (δεύτεραι οὐσίαι) gelten, andrerseits aber spricht er ihnen die selbständige Existenz ab: die Idee sei nichts anderes als eine überflüssige Verdoppelung durch Hinzufügung des Wortes »an sich« (αὐτό), die Pferdheit bloß das aus allen Pferden abstrahierte »Pferd an sich« (αὐτόϊππος). Volle Wirklichkeit kommt nach Aristoteles nur den Einzeldingen zu; das Allgemeine kann nicht für sich existieren, weil es nichts Substantielles ist, das Wesen kann sich nicht außerhalb der Dinge befinden, deren Wesen es ist, die Ideen können nicht die Ursachen der Erscheinungen sein, da ihnen die bewegende Kraft fehlt. Das sind lauter Argumente der logischen und physikalischen Tiefebene, und den wahren Sinn der platonischen Ideen hat Aristoteles entweder nicht verstanden oder nicht verstehen wollen. Es ist der Sturz des Platonismus in die fruchtbaren Niederungen der Erfahrungswissenschaft. Auch in seiner Auffassung der Materie nimmt Aristoteles eine Mittelstellung ein. Sie ist für ihn nicht mehr, wie bei Plato, das μὴ ὄν, das schlechthin Nichtseiende, sondern das δυνάμει ὄν, das der Möglichkeit nach Seiende, das potentielle Sein; zum ἐνεργείᾳ ὄν, dem in Wirklichkeit Seienden, dem aktuellen Sein, wird sie erst durch die Form, das *eidos*, das in gewisser Hinsicht die Rolle der Idee spielt. Alle Realitäten sind einerseits *eidos*, das sie geformt auftreten, andrerseits *hyle*, Materie, im Hinblick auf ein sie Formendes; so ist zum Beispiel der Balken die Form des Baums und die Materie des Hauses. Alles Werden ist ein solcher Übergang aus der Potentialität in die Aktualität. Das bloß Potentielle ist die Urmaterie, das schlechthin Wirkliche ist die reine Form oder Gott; zwischen diesen beiden Grenzbegriffen liegt die gesamte Erscheinungswelt. Aller Stoff ist auf Form angelegt und die ganze Natur ist Überwindung des Stoffes durch die Form auf immer höheren Stufen: die Tiere sind mißlungene Versuche der Natur, den Menschen hervorzubringen, und zugleich geglücktere Pflanzen, die blutführenden Tiere sind vollkommener, wir würden heute sagen: mehr »in Form« als die blutlosen, die zahmen mehr als die wilden, die Pflanzen mehr als die Gesteine; aber selbst im Reich des Anorganischen schlummert eine Spur von Leben. Die Pflanzen besitzen eine ernährende Seele, die Tiere eine ernährende und empfindende, die Menschen eine ernährende, empfindende und vernünftige. Die Form ist zugleich der Zweck, auf den hin sich der Stoff organisiert: sie ist bloß physisch das Spätere, metaphysisch das Frühere: so ist, auf das Beispiel des Balkens angewendet, das Haus die Idee des Balkens, die schon vor dem Hause dagewesen sein muß, und ebenso verhält es sich mit dem Balken, der die Idee des Holzes, und mit dem Holz, das die Idee des Samens ist. Wie man sieht, ist hier ein sehr geistreiches und brauchbares naturphilosophisches Schema geschaffen, das aber den Glanz und die Erhabenheit des platonischen Systems völlig vermissen läßt.

Der aristotelische Rationalismus

Eine der bedeutendsten Leistungen des Aristoteles ist seine Logik. Er hat unter anderem die Tafel der zehn Kategorien aufgestellt, jener allgemeinsten Begriffe, unter die alle Gegenstände unseres Denkens fallen müssen; sie heißen: Wesen, Quantität, Qualität, Beziehung, Ort, Zeit, Lage, Zustand, Tun, Leiden. Ferner hat er die drei obersten Denkgesetze der Identität, des Widerspruchs und des ausgeschlossenen Dritten statuiert; sie lauten: alles Wahre muß mit sich selbst übereinstimmen; ein und demselben kann unmöglich ein und dieselbe Bestimmung zukommen und nicht zukommen; zwischen den Behauptungen einer Kontradiktion kann nichts in der Mitte liegen, sondern was die eine bejaht, muß die andere verneinen. Auch hat er eine vollständige Theorie der Urteile und Schlüsse, der Beweise und Definitionen und der wissenschaftlichen Einteilungen und Methoden gegeben. Seine Stärke und Einseitigkeit lag eben überhaupt auf dem rationalen Gebiete. Die menschliche Glückseligkeit definierte er als ψυχής ἐνέργεια κατὰ λόγον, vernunftmäßige Aktivität der Seele; alle anderen Lebensgüter seien, wie er mit einem schönen Bilde sagt, im Verhältnis dazu, was die Theaterausstattung, χορηγία, für die Tragödie. Auch sein Stil ist durch eine große Meisterschaft in der Prägung und Handhabung scharf umschriebener Begriffe, aber auch durch eine ebenso große Kargheit, Trockenheit und Unsinnlichkeit gekennzeichnet und nicht selten gelehrtenhaft geschachtelt und schleppend, wobei man allerdings bedenken muß, daß wir von ihm bloß Repetitorien für Schüler besitzen, die wahrscheinlich gar nicht für die Öffentlichkeit bestimmt waren, während so kompetente Beurteiler wie Cicero und Quintilian an seinen früheren Schriften, die ausnahmslos verlorengegangen sind, die Fülle und Anmut der Sprache rühmten; es wird sich hier vielleicht ähnlich verhalten haben wie mit Kant, der die Gabe lebendiger und flüssiger Darstellung in reichem Maße besaß, aber in seinen systematischen Hauptwerken mit Absicht zurückschob. Die geniale Phantasiekraft Platos, die alles, was sie berührt, zum Blühen bringt und alle Höhen und Abgründe der menschlichen Geisteslandschaft durchmißt, kann aber Aristoteles in keiner seiner Schöpfungen besessen haben, wie er denn wohl überhaupt keine Künstlernatur war, obgleich seine ästhetischen Urteile das reifste und feinste Einfühlungsvermögen bezeugen. Er war ein großartiger Sammler, Kritiker und Organisator und in erster Linie Naturforscher, das Wort im weitesten Sinne genommen. Bei der Beurteilung dessen, was er geleistet und nicht geleistet hat, darf man nicht außer acht lassen, daß ihm nahezu alle Hilfsmittel fehlten, über die die moderne Wissenschaft verfügt. Das Altertum besaß nicht nur keine Thermometer und Barometer, Lupen und Fernrohre, Probiergläser und Präzisionswaagen, sondern nicht einmal eine richtige Uhr. Man zählte sechs Vormittagsstunden (von Sonnenaufgang bis Mittag), sechs Nachmittagsstunden (von Mittag bis Sonnenuntergang) und zwölf Nachtstunden; die Stunde war also an jedem Tag verschieden lang und die Differenz zwischen der kürzesten und der längsten betrug mehr als das Doppelte. Den Gegensatz dazu bilden unsere stets gleichen Äquinoktialstunden, die aber wieder höchst unnatürlich sind. Bei Zeitangaben begnügte man sich mit ganz allgemeinen Begriffen: Morgen, Nachmittag, Abend, Marktstunde, Marktende. Sonnenuhren gab es von alters her, Sanduhren waren unbekannt. Bei Gerichtsverhandlungen bediente man sich der *klepsydra*, der Wasseruhr, mit der dem Sprecher die Redezeit zugemessen wurde; neben ihr stand der Wasserwart, ὁ ἐφ'ὕδωϱ; bei Verlesung von Urkunden und Vernehmungen von Zeugen wurde die Uhr gestoppt: der Redner rief dann dem Sklaven zu: »ἐπίλαβε τό ὕδωϱ, halte das Wasser an!« Er hatte also, wenn ihm zum Beispiel eine Stunde zugebilligt war, im Juni fast anderthalb Stunden zur Verfügung, im Dezember noch keine drei Viertelstunden. Um hier einen Ausgleich zu schaffen, hätte man genaue Tabellen für das ganze Jahr besitzen müssen, die es offenbar nicht gab. Auch Verabredungen konnten unter diesen Umständen nur ganz approximativ getroffen werden und »militärische Pünktlichkeit« in Schulen, Ämtern und Arbeitsbetrieben war ganz unmöglich. Der Begriff der Minute oder gar der Sekunde und ihrer Bruchteile war überhaupt unbekannt und ein exaktes Experimentieren mit Reaktionszeiten und Ähnlichem daher ausgeschlossen. Man muß sich mit dem Gedanken vertraut machen, daß die Antike ein ganz anderes Zeitgefühl besaß als wir oder vielmehr, an uns gemessen, überhaupt kein Zeitgefühl. Eine Welt ohne Zifferblatt, durch die niemals eine Glocke hallt und niemals ein Pendel tickt, in der niemand eine Uhr in der Tasche hat und keiner weiß, wieviel es geschlagen hat, hat für uns etwas gespenstisch Leeres.

Die Bilanz des Aristotelismus

Geradezu klassische Schöpfungen des Aristoteles waren allem Anschein nach die vergleichende Anatomie und Physiologie der Tiere und die vergleichende Betrachtung der Staatsformen, der Dichter und Literaturgattungen. Geblieben ist von alldem nur das klappernde Knochengerüst und sehr oft nicht einmal dieses. Man hat Aristoteles vielfach Unwissenschaftlichkeit vorgeworfen, indem man ihn ungerechtermaßen für die Schnitzer und Mißverständnisse seiner Schüler verantwortlich machte oder ebenso unbilligerweise von ihm eine Vertrautheit mit Dingen erwartete, die dem ganzen Altertum unbekannt waren. Wenn er zum Beispiel Wärme und Kälte noch ganz mythologisch als gegensätzliche Prinzipien faßte, so ist das eine Anschauung, die bis tief in die Neuzeit hinein herrschte. Ferner glaubte er an die spontane Entstehung des Lebens, die sogenannte Urzeugung, indem er behauptete, die Blumenfliegen kämen aus dem Blütentau, die holzbohrenden Insekten aus dem Holz, die Eingeweidewürmer aus dem Darminhalt. Aber noch im siebzehnten Jahrhundert erklärten die angesehensten Naturforscher, es könnten Frösche aus dem Schlamm, Aale aus dem Flußwasser und junge Mäuse aus dem Mehl sich entwickeln, und auch weiterhin, bis zum Auftreten Pasteurs um 1860, vertrat die gesamte Wissenschaft, wenn auch nicht in so krasser Form, die Theorie von der Urzeugung. Andere falsche Dinge, die Aristoteles gelehrt hat, sind entweder nur im Ausdruck falsch oder enthalten versteckt ingeniöse Wahrheiten. So sagt er zum Beispiel, nur die Tiere besäßen Tastsinn, was durch die Rankenkrümmung, das »Ausweichen« der Wurzel, die fleischfressenden Pflanzen und viele andere Tatsachen widerlegt ist; dennoch birgt es die tiefe Erkenntnis, daß der Tastsinn in der Tat der animalische Ursinn ist, aus dem die höheren Sinne hervorgegangen sind. Wenn er erklärt, die Wurzel sei das »Oben« der Pflanze, so klingt das zunächst wie eine leere scholastische Allegorie; aber auch die moderne Botanik bezeichnet die Wurzelspitze als das Hirn der Pflanze, und zumindest an den Kopf und den Mund hat Aristoteles bei diesem Aperçu offenbar schon gedacht. Seine Definition der Pflanzentiere deckt sich sprachlich nicht ganz mit der heutigen; daß er aber überhaupt das Vorhandensein dieser Spezies erkannte, zeugt von feinster Beobachtung. Und wenn er behauptete, daß alle Haifische lebendige Junge gebären, so ist das wiederum nur eine stilistische Entgleisung, die Entdeckung selbst aber erstaunlich; denn der Menschenhai tut es wirklich.

Es ist bei alldem daher nicht zu verwundern, daß über Aristoteles von der Nachwelt die widersprechendsten Urteile gefällt wurden. Im Hochmittelalter galt er als *»praecursor Christi in rebus naturalibus«* und ein Widerspruch gegen seine Lehren für ebenso ketzerisch wie eine Abweichung von den kirchlichen Dogmen. Die erwachende Philosophie der Neuzeit wendete sich jedoch von ihm ab. Bacon setzte gegen das aristotelische Organon das seinige, gegen die aristotelische Logik die Erfahrung, gegen die aristotelische Erfahrung die methodische und resümierte seine Ansicht in den Worten: »Das größte Beispiel der sophistischen Philosophie ist Aristoteles; er hat die Naturwissenschaft durch Dialektik verdorben.« Ebenso erklärte Giordano Bruno, Aristoteles sei an Leerheiten und Eitelkeiten der Einbildung fruchtbar gewesen, aber nicht an natürlichen Gedanken. Auch die Humanisten waren dem Platonismus viel mehr zugeneigt als Aristoteles, und Luther nannte ihn sogar einen Esel. Kant hingegen konstatierte, die Logik habe seit Aristoteles keinen Schritt vorwärts und keinen zurück tun können, und Hegel erklärte: »Er ist eines der reichsten und tiefsten wissenschaftlichen Genies gewesen, die erschienen sind, ein Mann, dem keine Zeit ein gleiches an die Seite zu stellen hat«, während Schopenhauer über die aristotelische Metaphysik bemerkte, sie sei größtenteils ein Hin- und Herreden über die Philosophien seiner Vorgänger: »Daher denkt sein Leser so oft: jetzt wird's kommen; aber es kommt nichts.« Das System des heiligen Thomas von Aquin, die noch heute gültige Philosophie des Katholizismus, ist im wesentlichen Aristotelismus.

Theophrasts »Charaktere«

Der bedeutendste Schüler des Aristoteles und dessen Nachfolger in der Leitung der peripatetischen Schule war Tyrtamos aus Lesbos, dem sein Lehrer den Namen Theophrastos, der Göttlichberedte, verlieh: zu seinen Lebzeiten eine Weltberühmtheit, von Schülern umdrängt und von Königen umworben, Metaphysiker und Ethiker, Physiolog und Physiker, Zoolog und Botaniker, Historiker und Geograph, Schöpfer der Mineralogie, der Pflanzengeographie und der Tierpsychologie. Von seinen zahlreichen Schriften sind aber nur die wenigsten erhalten, darunter eine Galerie von dreißig kleinen Porträts: die *Ethischen Charaktere*, die, obgleich sie in einer sehr liederlichen, lückenhaften und gedankenlosen Abschrift überliefert wurden, eine der einflußreichsten Broschüren der Weltliteratur geworden sind: ihre Wirkung läßt sich durch die ganze griechische und lateinische Komödie und über Horaz und Erasmus bis zu Labruyère verfolgen, der sie nicht nur übersetzte, sondern auch in den zeitkritischen Sittengemälden seiner *Caractères* nachahmte, einem der meistgelesenen Bücher des siebzehnten Jahrhunderts, das mit den Worten beginnt: »Ich gebe dem Publikum zurück, was es mir geliehen hat.« Theophrast machte den Versuch, eine Art Typologie der athenischen Gesellschaft zu geben. Die Bilder der einzelnen Figuren setzt er aus lauter kleinen Mosaiksteinchen zusammen. Der Speichellecker zum Beispiel sagt zu seinem Gönner: »Bemerkst du, wie alle Leute auf dich schauen? Das tun sie sonst bei keinem in der ganzen Stadt« und zupft ihm dabei einen Faden vom Rock; macht dieser einen blöden Witz, so verfällt er in so unbändiges Lachen, daß er sich das Kleid in den Mund stopfen muß, und läßt sich dieser Schuhe anprobieren, so findet er den Fuß viel besser gebaut als den Schuh; den Kindern bringt er Äpfel und Birnen und sagt: »Wie diese reizenden Geschöpfe ihrem Vater ähnlich sehen!« Der Raunzer sagt, wenn er auf der Straße einen Geldbeutel findet: »Einen Schatz habe ich freilich noch nie gefunden«; wenn er einen Sklaven wohlfeil erstanden hat: »Es sollte mich wundern, wenn ich etwas Gesundes so billig gekauft hätte«; wenn man ihm die Geburt eines Sohnes meldet: »Setzt auch gleich hinzu: die Hälfte meines Vermögens ist futsch!«; und hat er einen Prozeß gewonnen, so macht er seinem Anwalt den Vorwurf, er habe viele Rechtsgründe übergangen. Der Aufschneider sagt von dem Haus, in dem er zur Miete wohnt: »Es ist ein teures Erbe meines Vaters, aber ich muß es leider verkaufen, denn es ist für meine Gäste zu klein«; der Schmutzian sagt im Bade zu seinem Diener: »Du hast ja ranziges Öl gekauft« und salbt sich mit fremdem, macht einen Abzug vom Schulgeld, wenn seine Kinder krankheitshalber nicht kommen können, und ein Verzeichnis der halben Rettiche, die von der Mahlzeit übriggeblieben sind, und unternimmt eine Reise, wenn einer seiner Freunde sich verheiratet, um kein Hochzeitsgeschenk geben zu müssen. Dabei arbeitet Theophrast nicht mit einem groben Schema, sondern nuanciert sehr fein. Er unterscheidet zum Beispiel zwischen dem »Quatschkopf«, der lauter überflüssiges Zeug sinnlos durcheinanderredet, dem »Schnatterer«, der jeden unterbricht und niederschwätzt, alles besser weiß und sogar von seinen Kindern aufgefordert wird: »Papa, erzähl uns was, damit wir Schlaf kriegen!«, und dem »Neuigkeitskrämer«, der jedes Gerücht aufbläst und mit großer Wichtigkeit weiterträgt, »übrigens nur dir im Vertrauen gesagt«; ebenso differenziert er als Typen lästiger Personen: den »Ausgeschämten«, der überall: beim Opfer, beim Fleischer, im Theater, im Bade sich ungehörige Vorteile zu ergattern sucht, den »Widerwärtigen«, der bei Tisch erzählt, in seinem Stuhl habe sich Galle gefunden, schwärzer als die Kraftbrühe, die man eben esse, den »Flegel«, der neben vielen anderen Ungezogenheiten auch die Angewohnheit hat, im Bade zu singen, und den »Ungelegenen«, der immer Unpassendes tut und spricht; bei einer Hochzeit auf die Weiber schimpft, einem, der alle Hände voll zu tun hat, einen langen Besuch abstattet, einen, der gerade einen weiten Weg gemacht hat, zu einem Spaziergang auffordert und stets bereit ist, Dienste anzubieten, die niemand geleistet haben will. Der »Süßholzraspler« ist wieder mehr mit dem Speichellecker verwandt; andere Figuren sind der Zerstreute, der Tugendprotz, der Mißtrauische, der Abergläubische, der Hasenfuß, das Lästermaul. Eine sehr merkwürdige und fast rätselhafte Gestalt ist der εἴρων, was Wilhelm Binder etwas altfränkisch mit »arger Schalk« übersetzt, indem er jedoch hinzubemerkt, daß sich das Wort einigermaßen zutreffend nur mit dem französischen »chicaneur« wiedergeben lasse. Ein *eiron* ist ein Mensch, der sich unwissend stellt, der etwas anderes sagt, als er denkt, dem es Vergnügen macht, seine Umgebung zu mystifizieren. Er redet seine Feinde freundlich an, verzeiht denen, die Schlimmes von ihm sprechen, und ist jemand erbost über ihn, so bleibt er ganz sanftmütig. »Was er auch treibt; nie wird er sich offen darüber aussprechen«; »hat er etwas gehört, so will er's nicht gehört haben«; sehr geläufig sind ihm Ausdrücke wie: »das kann nicht möglich sein, da bin ich ganz baff, zu mir hat er ganz anders geredet, das will mir gar nicht in den Kopf, wem soll ich jetzt glauben?« Das ist schon ein ziemlich komplizierter Charakter: einer, der sich aus einer Art artistischer Liebhaberei verstellt und sich schlechter macht als er ist; man wird an Hamanns Mahnung erinnert, »das Gute tief herein-, das Böse herauszutreiben« und an Kierkegaards Wort: »man frage mich nach allem, nur nicht nach Gründen« oder auch manche Figuren Ibsens. Theophrast scheint auch sonst eine Vorliebe für lebhafte Charakterschilderungen gehabt zu haben; in dem Bruchstück einer Schrift gegen die Ehe gibt er fast dramatisch den Redestrom der Frau wieder: »Frau Soundso hat ein viel schöneres Straßenkleid; gestern mußte ich in der Damengesellschaft ganz unten sitzen; du gucktest ja heute die Nachbarin so sonderbar an; was hattest du denn mit dem Dienstmädchen zu sprechen; hast du mir etwas vom Markt mitgebracht?« Man muß sich nun vorstellen, daß Theophrast derlei Auftritte, die sicher auch in anderen Werken vorkamen, und die »Charaktere«, die sicher viel reicher ausgeführt waren als in dem überlieferten knappen Szenarium, seinen Schülern geradezu vorgespielt hat. Mit solchen Dingen beschäftigte sich damals ein Rektor und Ordinarius der Philosophie an der ersten Universität Griechenlands.

Theophrasts Psychologie

Was Theophrast gibt, ist eine platonische Psychologie. Er operiert mit der Idee der Frechheit, der Albernheit, der Bosheit wie Plato mit der Idee der Pferdheit und allen übrigen Urbildern der Dinge. Er isoliert die Merkmale der Eitelkeit, der Zudringlichkeit, der Selbstsucht, der Scheelsucht, die sich in der Wirklichkeit nie unvermischt finden, auf ähnliche Weise, wie etwa die Physik die Eigenschaften des Magnetismus, der Schwere, der Elastizität aus der Realität herausschält, um sie gesondert zu betrachten und als Phänomen zu studieren. Das ist also nicht so sehr ein künstlerisches als ein wissenschaftliches Verfahren. Und dennoch haben es zahllose Künstler befolgt: nicht bloß alle antiken Komiker (Menander war mit Theophrast befreundet), sondern auch die meisten modernen: von der *commedia dell'arte* über Holberg und Sheridan, Gellert und Iffland bis herab zu den Eintagskoryphäen der Vaudevilledichtung und Schwankliteratur. Man sollte meinen: beim echten Künstler müsse das Ganze früher dasein als die Teile, die Vision der Gestalt früher als die Einzelzüge; aber in der Kunst gibt es eben keine Regeln. Denn Molière und Nestroy, Hogarth und Daumier haben mit dieser Technik der gefüllten Schablone, des Mosaiks, aus dem sich abstrakte Typen zusammenfügen, unsterbliche Figuren geschaffen. Der *malade imaginaire* besteht aus nichts als Krankheit und Einbildung, der Knieriem aus nichts als Alkohol und Astrologie, Hogarth zeichnet wandelnde Tugenden und Laster, und Daumier schematische Hieroglyphen über das Thema »Julikönigtum«. Auch ein Haubenstock vermag zu blühen, wenn ein Magier ihn berührt, und ein Tapetenmuster kann unter der Hand eines Genies ein Drama werden. Bis zu welchen Zaubergipfeln die theophrastische Optik sich zu erheben vermag, zeigt Andersen, bis zu welcher Abgeschmacktheit und Blutleere sie herabsinken kann, die Dichtung der Expressionisten.

Eudoxos Der bedeutendste Mathematiker der platonischen Akademie war Eudoxos aus Knidos in Kleinasien, geboren um 410, umgetauft in Endoxos, der Ruhmreiche; Eratosthenes nannte ihn den Göttergleichen. Schon Plato hatte die Mathematik aufs höchste gepriesen und für den Jugendunterricht gefordert, aber er tat dies keineswegs aus praktischen Gründen, sondern ganz im Gegenteil, weil sie die Seele über das zufällige Konkrete erhebe, vom Sinnlichen zum Unsinnlichen hinüberleite und zum Denken in reinen Formen zwinge. Eudoxos begründete die Lehre von der Ähnlichkeit, vervollkommnete die Untersuchungen Platos über den goldenen Schnitt, zeigte, daß die Pyramide der dritte Teil eines Prismas von gleicher Basis und Höhe ist und daß das gleiche von Kegel und Zylinder gilt, und schrieb das erste Lehrbuch der Stereometrie; von seinen Werken sind aber nur geringe Fragmente erhalten. Er war auch hervorragend als Astronom, erfand eine neue Sonnenuhr, die er *arachne*, die Spinne, nannte, und errichtete auf einer seiner großen Reisen bei Heliopolis eine Sternwarte. Die Bewegungen der Himmelskörper erklärte er auf eine für die griechische Anschauung sehr befriedigende Weise durch ein System konzentrischer Hohlkugeln, an denen er sich die Fixsterne befestigt dachte. Die Erde beließ er noch in der Mitte des Universums, doch lehrte er ihre Achsendrehung. Bezeichnend ist sein Ausspruch: »Ich möchte auf die Sonne gelangen, um die Größe und Gestalt des Gestirns kennenzulernen, und sei es um den Preis, wie Phaethon zu verbrennen!«

Apelles

Parallel mit dem erwachenden Geist der Wissenschaftlichkeit ging im ausgehenden Mittelalter die Ausbildung der Ölmalerei, und eine ähnliche Erscheinung findet sich auch im Zeitalter des Aristotelismus. Es ist die Enkaustik, die »Einbrennmalerei«, bei der Wachsfarben mit einem glühenden Stäbchen dem Malgrund eingebrannt wurden, ein verlorengegangenes Verfahren, das die Wärme, Leuchtkraft und Dauerhaftigkeit des Ölbilds erzielte, ohne den Nachteil des Nachdunkelns. Eine Vorstellung von dieser Art von Gemälden gibt die Aldobrandinische Hochzeit, die 1606 aufgefundene Kopie nach einem Vorbilde des vierten Jahrhunderts, entstanden in der augusteischen Zeit, bis 1818 in der Villa Aldobrandini. In Freskofarben auf Stuck sind die Vorbereitungen zu einer Hochzeit dargestellt; in der Mitte die schamhaft zögernde Braut und Aphrodite, die ihr liebevoll zuredet; danebengelagert ein Jüngling mit feurigen Blicken: Hymenaios, der Hochzeitsgott; rechts musizierende und opfernde Mädchen, links die Brautmutter, mit Dienerinnen das Bad bereitend. Die goldbraunen, dunkelgrünen, bläulichweißen und lichtvioletten Töne sind sehr delikat gegeneinander abgestimmt. Als legitimer König im Reiche des Pinsels galt unbestritten Apelles, geboren um 370, der Maler Philipps und Alexanders: besonders an seinem Alexander als Zeus mit dem Blitz in der Rechten wurde die übermächtige Gewalt der Erscheinung und die erschreckende

Naturwahrheit der Hand gerühmt, und seinem Reiterbildnis des Königs sollen die Pferde zugewiehert haben. Seine Aphrodite Anadyomene für den Asklepiostempel der Insel Kos, die, das nasse Haar mit den Händen auspressend, aus der leuchtenden Meerflut emportauchte, wurde in unzähligen Versen gepriesen. Ein interessantes und malerisches Experiment war es, daß man ihren Unterkörper durchs Wasser schimmern sah, während der Alexander mit dem Blitz das Problem des Widerscheins behandelte. Derlei Aufgaben lagen offenbar in der Zeit: Pausias, ein Mitschüler des Apelles, malte einen feueranblasenden Knaben, und bei Antiphilos, dem Nebenbuhler des Meisters, konnte man das Gesicht seiner trinkenden Methe durch das Glas des Bechers erblicken.

Praxiteles Auch die Skulptur bekam einen Stich ins Malerische, der ihr bis dahin fremd war. Praxiteles bediente sich zum Kolorieren seiner Plastiken des Nikias, der ihm an Berühmtheit nicht nachstand. Die Gewänder waren offenbar nicht mehr mit Deckfarben lackiert, sondern aufs feinste getönt, zur Erzielung der Fleischfarbe verwendete man eine zarte Beize aus Öl und flüssigem Wachs, Augen und Haare waren durch mineralische und metallische Präparate aufs raffinierteste wiedergegeben. Durch all dies muß einesteils ein stärkerer Naturalismus erzielt worden sein, aber andrerseits auch eine erhöhte Idealität, eine duftige, schwebende, zauberische Wirkung von einem fast überirdischen Glanz, für deren Suggestion uns jede Analogie fehlt. Denn heutzutage vermag eben kein Mensch mehr eine Statue zu bemalen, ohne ins Panoptikum abzustürzen. Wir besitzen von den griechischen Skulpturen nur den rohen unverputzten Kern, der für unsere Begriffe bereits von staunenswerter Vollendung ist. Kann man im Ernst glauben, daß ein Praxiteles erlaubt hätte, seinen Hermes mit Farbe anzustreichen, wenn dies nicht den Superlativ der Marmorwirkung ins Übersuperlative gesteigert hätte? Es bleibt nichts übrig als sich mit dem peinlichen Gedanken vertraut zu machen, daß die griechischen Künstler Dinge gekonnt haben, die für uns unerreichbar, ja nicht einmal vorstellbar sind.

Der Hermes von Olympia ist das einzige Originalwerk eines großen griechischen Künstlers, das bisher aufgefunden wurde. Er war im Altertum nicht besonders berühmt; man kann daraus schließen, wie großartig die anderen Arbeiten des Praxiteles waren. Der Körper scheint zu atmen, das neben dem Gotte ruhende Gewand, das ganz selbständig behandelt ist, glaubt man greifen zu können, das Antlitz ist von ebenso geistvoller wie lebensvoller Menschlichkeit. Hier ist Kraft mit Wohllaut, Gliederung mit Fülle auf eine unnachahmliche Weise vereinigt und die Versicherung, man erwarte jeden Augenblick den Stein vom Postament steigen zu sehen, einmal keine Phrase. Der Apollon Sauroktonos (»der eine Eidechse tötet«) ist noch mehr ins Menschliche gerückt als der Hermes (man hat mit Recht bemerkt, es sei unmöglich, zu diesem Gott zu beten): ein eleganter, graziler Knabe mit koketter Modefrisur, entzückend feminin, aber gar nicht mit dem Auge des Homosexuellen gesehen. Sicher war Praxiteles am größten als Frauengestalter: von seiner knidischen Aphrodite berichtet Plinius, sie sei nicht nur unter den Statuen des Meisters die berühmteste gewesen, sondern unter allen der Erde. Als König Nikomedes von Bithynien den Knidiern die Tilgung ihrer ganzen Staatsschuld anbot, wenn sie ihm die Aphrodite überließen, gaben sie sie nicht her; und ein Jüngling entbrannte in wahnsinniger Liebe zu dem Stein. Noch in der flauen Replik ahnt man die einzigartige Verbindung von Reinheit und Reiz, Adel und Intimität, die hier dem Bildner gelungen ist. An den Augen der Göttin pries die Antike am meisten das ὑγρόν, den feuchten Glanz, der ihnen etwas unbeschreiblich Schwärmerisches und rätselhaft Verhülltes verlieh. Auch vom Eros des Praxiteles, den dieser selber für sein bestes Werk erklärt haben soll, hieß es, der süß träumerische Ausdruck des Antlitzes habe jeden Besucher geheimnisvoll berückt, und auch Alexander soll diesen schwimmenden Blick gehabt haben, der von Sehnsucht und verschleierter Sinnenlust kündet. Es war offenbar der Blick des Zeitalters.

Der Geist des Praxiteles lebte unter anderm auch in den Tanagrafiguren, Terrakotten, die ihren Namen von dem boiotischen Tanagra führen, wo die schönsten Hohlformen erzeugt wurden. Das Wort ist durch die geschmacklosen Kopien und plumpen Fälschungen der Gründerzeit fast zur Beschimpfung geworden, die Originale aber waren in ihrer heitern Anmut und geistreichen Lebensfülle den Porzellanschöpfungen des achtzehnten Jahrhunderts ebenbürtig. Selbst die Massenartikel, die als Grabbeigaben, Boudoirschmuck und Kinderspielzeug hergestellt wurden, überraschen durch die flotte Formbeherrschung, feine Farbenwahl und einfallsreiche Laune, mit der der ganze griechische Alltag hier *en miniature* zur Darstellung gelangt. Auch die Vasen des vierten Jahrhunderts erinnern in ihren schlanken schwellenden Körpern und weichen Armbewegungen und ihrer ganz auf Moll getönten Stimmung an Praxiteles. Nicht umsonst hat dieser gerade auf die Kleinkünste so stark eingewirkt, denn wie wir an Diogenes und Aristipp und selbst an Aristoteles und Philipp einen Stich ins Genrehafte beobachten konnten, so hatte auch seine Kunst bei aller Größe etwas vom Genre, einen Rokokozug. Praxiteles hat nur die Haut der Dinge gegeben, aber in dieser Haut alles ahnen lassen, was darunter liegt. Und wiederum werden wir an Nietzsches Wort erinnert, die Griechen seien »oberflächlich aus Tiefe« gewesen, und an Fausts Bekenntnis: »am farbigen Abglanz haben wir das Leben.« Praxiteles ist ein Epilog wie Mozart; und wie sich bisweilen im Schlußwort die größte Kraft sammelt, so hat auch er ein unvergleichlich reiches Finale gesungen, voll der Süßigkeit der letzten Reife und der lächelnden Wehmut des herbstlichen Abschieds.

Skopas und Lysipp

Wie neben Phidias Myron, so steht neben Praxiteles Skopas. Er ist Praxiteles ebenso verwandt wie entgegengesetzt. Auch seine Kunst ist ein Letztes, im doppelten Sinne. Aber während sich bei Praxiteles alles in silberne Harmonie auflöste, war die Domäne des Skopas das aufwühlende Pathos, die flammende Ekstase und die starke wilde Dissonanz. Es sind die beiden Formen der schöpferischen *décadence*. Seine Kunst war dionysisch, der schäumende Extrakt des Chaos, keine sanfte praxitelische Euphorie, sondern zuckender Todeskampf. Etwas besser als über die Gestalt des Skopas, die für uns nicht viel mehr ist als ein schwarzer, zitternder Schatten, sind wir über Lysipp unterrichtet. Er stammte aus Sikyon, das, vier Stunden von Korinth gelegen, lange Zeit der Sitz einer Kunstschule war, wie im neunzehnten Jahrhundert München, Düsseldorf, Darmstadt; etwas genial Lehrhaftes war dem Œuvre Lysipps auch immer eigentümlich, und er wurde wie der Sikyonier Polyklet der Schöpfer eines Kanons, der länger als ein Jahrhundert für klassisch galt. Er wirkte während der ganzen zweiten Hälfte des vierten Jahrhunderts, erreichte ein hohes Alter und hat Alexander schon in dessen Kinderzeit porträtiert, der sich in Bronze, die das bevorzugte Material des Meisters war, von niemand anderem abbilden ließ. Sein berühmtestes Bildnis des Königs, der *Alexander mit der Lanze*, zeigte diesen mit Stiernacken, Löwenmähne und lebensvoll geöffnetem Mund, den Blick in weite Fernen gerichtet, und auch alle seine übrigen Alexanderstatuen sollen einen schwärmerischen Zug zum Ausdruck gebracht haben. Das muß nicht bloß lysippisch, es wird auch alexandrisch gewesen sein. Alle griechischen Künstler waren sehr fleißig, aber Lysipp war der produktivste von allen: Er soll fünfzehnhundert Werke geschaffen haben. Von diesen sind aber nur einige in Kopien auf die Nachwelt gelangt, die zum Teil ganz minderwertig sind; zum Teil ist auch ihre lysippische Herkunft umstritten. Am charakteristischsten für sein

Schaffen ist der Apoxyomenos, der mit dem polykletischen Schaber offenbar in bewußte Konkurrenz tritt. Diesen kennen wir nicht; aber schon ein Vergleich mit dem Doryphoros genügt, um den Gegensatz und Fortschritt ins Auge springen zu lassen. Bei Polyklet ist alles wuchtig, eckig, scharf umrissen, bei Lysipp alles elastisch, rund, in weichem Flusse, dort alles schwer und gedrungen, hier alles schwebend und gestreckt. Es gehen im lysippischen Kanon mehr Kopflängen auf den Körper, weil der Kopf merklich kleiner und die Beine bedeutend länger sind. Und diese Beine sind nicht mehr auf die an sich schon geniale Formel von Standbein und Spielbein gebracht, sondern scheinen sich in höchster Lebendigkeit federnd zu wiegen. Der Doryphoros ist statisch und mit Reliefblick, der Apoxyomenos dynamisch und mit Tiefenblick gesehen, denn er streckt den rechten Arm in voller Länge dem Beschauer entgegen. Wir sagten, der Standpunkt Polyklets sei parmenideisch gewesen: alle Bewegung nur Schein; gerade diesen Schein wollte aber Lysipp in seiner fliehenden Einmaligkeit aus dem Erz zaubern; das ist aristippisch gedacht: Nur der Augenblick hat recht.

Effektkunst

Die Repliken, die auf Lysipp oder doch wenigstens auf seine Schule zurückgeführt werden können, zeigen eine auffallende Vorliebe für das Thema der physischen Ermattung: Poseidon stützt sich ermüdet auf seinen Dreizack, Hermes ruht aus, Herakles ist ganz erschöpft. Das ist die praxitelische Gelöstheit, gleichsam um eine Oktave tiefer. Eine noch stärkere Komponente des Zeitgefühls war der Gegenpol: die Übersteigerung der skopasischen Pathetik. Wie in den Isokrateern die Geschichtsschreibung, in den Gorgianern die Philosophie, in den Euripideern die Tragödie, wird in den Schulen von Sikyon und Athen die bildende Kunst Rhetorik, Dekoration, Affekt und Effekt als Selbstzweck. Bezeichnend ist auch die Vorherrschaft der korinthischen Säule, die sich für ihr Kapitell auf fast naturalistische Weise des Akanthusmotivs bedient. Der *acanthus mollis*, die echte oder weichblättrige Bärenklaue, im Altertum Arzneipflanze und noch heute Ziergewächs, ist eine stattliche Staude, deren glänzendgrüne, tief eingebuchtete Blätter gegenständig an zierlichen Stengeln sitzen; und verschwenderische Verschwendung dieses üppigen, bizarr gezackten Laubwerks verleiht der Säulenkrone etwas Strotzendes, Luxuriöses, Schwelgerisches, aber auch im Vergleich zu den bisherigen Formen etwas Gesuchtes, Ostentatives und Überprächtiges: Es ist der aristippische Hedonismus, der hier zu Wort kommt. Wir sagten, die ionische Säule habe neben der dorischen etwas Feminines: die korinthische hat geradezu etwas Hetärenhaftes. Auch sonst überall reiches Rankenwerk und kapriziöse Ornamentation; das uralte Mäandermotiv kehrt wieder, aber in feinster Raffinade, und ergeht sich, wie Arnold von Salis sehr schön bemerkt, in »nie endenwollenden Trillern«. Um 350 entstand der repräsentativste Bau des Jahrhunderts, das Mausoleum zu Halikarnaß, das zu den Sieben Weltwundern gerechnet wurde. Auf einem riesigen, rechteckigen Unterbau erhob sich eine ionische Säulenhalle, die statt des Daches eine vielstufige Pyramide trug und zuoberst Viergespanne mit dem König Mausolos und dessen Witwe Artemisia. Sie war es, die dieses prunkvollste aller Grabdenkmäler errichten ließ, das gleichwohl etwas von Gründertum und Amerikanismus an sich gehabt haben muß. Herrliche Friese schmückten alle Bauteile; die leidenschaftliche Aktion, die die Reste noch erkennen lassen, war der Stil der Zeit, der sich auch sonst allenthalben ausprägt, schon in der Behandlung des Gewandes, das in dramatische Bewegung gerät, flattert und wirbelt, sich wölkt und bläht, bisweilen fast schon wie in der Skulptur der Barocke. War einst die Jungfrau ein halber Knabe, so wird jetzt der Ephebe mädchenhaft. Keine Kraftheldenː selbst Ares ist entspannt und elegisch, ein »verliebter Leutnant«, wie Heinrich Brunn ihn genannt hat; keine

Mannweiber: selbst die Amazonen sind sanfte junge Mädchen; keine herben, unnahbaren Jungfrauen; selbst Athena wird kokett; keine brutale Brunst: selbst die Satyrn sind wohlerzogene Kurmacher. Der Zeus, von dessen Kopf eine gute römische Kopie Ende des achtzehnten Jahrhunderts in Otricoli, einem nordöstlich von Rom gelegenen Landstädtchen, zutage gekommen ist, war das kolossale Marmorkultbild eines unbekannten Meisters der zweiten Hälfte des vierten Jahrhunderts: es ist ganz der Göttervater Homers, königlich und milde, ein allmächtiger Tröster. Prachtvoll ist besonders die Haarbehandlung an Löwenmähne und Lockenbart. Gegen den phidiasischen gehalten, muß dieser Zeus theatralischer, aber auch weicher und wärmer, menschennaher und seelenvoller gewirkt haben. Der Apoll von Belvedere, »gepriesen viel und viel gescholten«, ein schlanker Jüngling in schwungvoller, fast schwebender Bewegung, im Antlitz Feuer und Reinheit des Sonnengotts, das Haar reich und geistreich und fast wie ein selbständiges Ornament behandelt, erinnert mit seinen übereleganten Armen und Beinen, seiner Frisur eines Modebeaus und seiner ungemein effektvollen, aber ihrer Wirkung allzu bewußten Pose ein wenig an einen sieghaften Bonvivant. Hier gleitet der praxitelische Schmelz bereits ins Satinierte. Nachdem unter dem Vorantritt Winckelmanns, Herders und Goethes vier Generationen über das Bildwerk in Verzückung geraten waren, wurde es um die Wende des neunzehnten Jahrhunderts in kunstkritischen Kreisen guter Ton, es als Friseurpuppe beiseite zu schieben, was sicherlich ebenso ungerechtfertigt war, denn es gibt auch eine Kalligraphie höchsten Ranges und einen Zustand der technischen Erfüllung, wo die Kunst eben nur noch schön ist.

Ende des Welttags

Auf allen Gebieten ist der Generalnenner diese Sättigung und Überreife. Überall dieselbe müde Melancholie des absterbenden Abendgolds: Es ist kein Zufall, daß aus diesem Jahrhundert die ergreifendsten Grabdenkmäler stammen. Das Griechentum schickte sich an, zum Weltgriechentum zu werden, sich aufzulösen, indem seine Volksseele, zur Seele der Menschheit sublimiert, sterben mußte, um unsterblich zu werden: die Tat des Empedokles, der sich in den Feuerschlund stürzt, damit die Götter ihn zu sich erhöhen. Indem Alexander die Welt eroberte, opferte er Hellas auf dem Altar der Geschichte. In dem Zeitalter, das nach ihm das alexandrinische heißt, ist die griechische Nation keine historische Größe mehr. Aber zum Bilde entrückt, strahlt sie noch heute als Sternzeichen am Himmel der Irdischen.

Namenregister

Nachbemerkung

Den vorliegenden Band hatte Egon Friedell 1938 eben vollendet, als er nach dem Einmarsch der deutschen Truppen in Österreich freiwillig aus dem Leben schied. Das Manuskript wurde von der Gestapo beschlagnahmt, aber durch den Mut der Erben Friedells gerettet.

Mit der im Jahre 1936 erschienenen *Kulturgeschichte Ägyptens und des alten Orients* bildet der Band das reife Spätwerk des geistvoll-ironischen Geschichtsphilosophen. Das zusammengefaßte Werk, dessen letztes Kapitel über das alte Rom jedoch nicht mehr geschrieben wurde, sollte

Kulturgeschichte des Altertums
Leben und Legende der vorchristlichen Seele

betitelt sein, so wie Egon Friedells *Kulturgeschichte der Neuzeit* durch den Untertitel *Die Krisis der europäischen Seele von der Schwarzen Pest bis zum Ersten Weltkrieg* gekennzeichnet ist.

Die mehrfachen Hinweise auf den »vorigen« Band beziehen sich auf die *Kulturgeschichte Ägyptens und des alten Orients*.

Wien, 1949 Walther Schneider

Das Diogenes Hörbuch zum Buch

Egon Friedell
Kulturgeschichte des Altertums

Auszüge gelesen von Achim Höppner

1 MP3-CD, Spieldauer 8 Stunden

Egon Friedell im Diogenes Verlag

»Ein brillanter und geistreicher Essayist, dessen Schriften sich durch die eigenwillige und gerade dadurch erfrischende Sehweise des Autors auszeichnen.«
Neue Zürcher Zeitung

»An die Stelle des Einblicks in das Detail tritt bei Friedell der Überblick über das Ganze: er wird, befand Karl Kraus ironisch, ›dem Herrn Shaw so gerecht wie einem Schiller, und er versteht Busch so gut wie Wedekind‹.« *Frankfurter Allgemeine Zeitung*

Die Rückkehr der Zeitmaschine
Phantastische Novelle

Vom Schaltwerk der Gedanken
Ausgewählte Essays zu Geschichte, Politik, Philosophie, Religion, Theater und Literatur
Herausgegeben von Daniel Keel und Daniel Kampa

Kulturgeschichte der Neuzeit
Die Krisis der Europäischen Seele von der Schwarzen Pest bis zum Ersten Weltkrieg
Mit einem Nachwort von Ulrich Weinzierl
Auch als Diogenes Hörbuch im MP3-Format erschienen, gelesen von Achim Höppner

Kulturgeschichte des Altertums
Kulturgeschichte Ägyptens und des alten Orients / Kulturgeschichte Griechenlands
Leben und Legende der vorchristlichen Seele
Auch als Diogenes Hörbuch im MP3-Format erschienen, gelesen von Achim Höppner

Das Egon Friedell Lesebuch
Herausgegeben von Heribert Illig